"이 책에 인용된 '환시'와 '받아쓰기'는 저자가 나름대로 예수의 생애를 이야기하기 위하여 사용한 문학적 표현 양식일 뿐, 그것을 초작연적인 기원에서 오는 것으로 여겨서는 안 된다."

신앙교리성성 장관 라씽거 추기경
교황청 공식 문서 제 144/58 i호
1994년 6월 21일

마리아 발또르따 (1948년)

마리아 발또르따의 영신 지도자 (좌측)

학생제복을 입은 15세 때의 모습

마리아 발또르따 저

하느님이시요 사람이신 그리스도의 시 : 〈전 10 권〉

* 제 1 권 - 준 비
* 제 2 권 - 공생활 첫해
* 제 3 권 - 공생활 둘째 해(상)
* 제 4 권 - 공생활 둘째 해(하)
* 제 5 권   공생활 셋째 해(상)
* 제 6 권 - 공생활 셋째 해(중)
* 제 7 권 - 공생활 셋째 해(하)
* 제 8 권 - 수난 준비
* 제 9 권 - 수   난
* 제10권 - 영광스럽게 되심

이탈리아어 원제목 :

(Il Poema dell' Uomo-Dio) - 《하느님이시요 사람이신 그리스도의 시》

Centro Editoriale Valtortiano
    Via Po, 95
03036   Isola del Liri (FR.) Italia에서 출판.

———————   ———   ———————

이 책의 번역권과 출판권은 이탈리아의 "Centro Editoriale Valtortiano" (발또르따 출판사)가 파 레몬드(현우) 신부와 크리스찬 출판사에 독점적으로 주었음.

주 의

이 책에 대한 몇 마디 설명:

1947년에 비오 12세 교황이 예수의 생애에 관한 마리아 발또르따의 글을 직접 읽으셨다. 1948년 2월의 어느 특별 알현 중에 교황은 거기에 대하여 호의적인 의견을 말씀하셨다. 그러므로 이 저서에서 아무것도 삭제하지 말고, "환시"(幻視)와 "받아쓰기"에 대하여 설명하는 명백한 언명까지도 삭제하지 말고 출판하라고 권고하셨다.

그러나 동시에 초자연적 현상에 대하여 말하는 어떤 머리말의 글은 인정하지 않으셨다. 교황의 조언에 따르면, 해석은 일체 독자가 해야 할 것이다. "읽는 사람은 이해할 것이다"라고 교황은 덧붙이셨다.

파 레몬드 신부

-일본에서는 마리아 발또르따의 저서를 페데리꼬 바르바로(Federico Barbaro) 신부가 다섯 권으로 요약 번역해서 출판하였다. 이 책 다섯 권은 베스트셀러가 되었다.

마리아 발또르따 저

하느님이시요 사람이신 그리스도의 시

제 7 권
공생활 셋째 해(하)

번 역 안 응 렬
추 천 파 레몬드(현우) 신부

도서 〈파티마의 성모〉
출판 크 리 스 챤

공생활 셋째 해 (하)

(La Troisieme Annee De La Vie Publique)

물의 분배에 대한 비유
에프라임의 열명의 문둥병자
장막절의 마지막 중요한 날
예수와 간음한 여자
배냇소경이 눈을 뜸
유다가 이제는 말을 듣지 않음
예수를 유혹하려고 보내진 죄녀

〈이 책은 원문의 완역본이다〉

공생활 셋째 해(하)

차 례

머 릿 말/15

156. 요르단강 건너편의 쿠자의 별장에서 ·················· 21
157. 예수께서 당신의 귀염둥이에 대하여 말씀하신다 ·················· 43
158. 베싸이다와 가파르나움에서. 또 다른 사도들의 여행을 위한 출발 ··· 49
159. 메론 호수 근처의 유다와 안나의 집에서 ·················· 62
160. 물의 분배에 대한 비유 ·················· 69
161. "나는 파멸하는 어떤 사람을 구했다고 말하는 것보다 더 나은
     휴식은 없다" ·················· 84
162. "어떤 타락도 시간을 두고 준비된다" ·················· 92
163. 코라진의 얼마 안 되는 신자들에게 작별인사를 하시다 ·················· 94
164. 예수께서 시어머니와 며느리 사이의 의무에 대하여 말씀하신다 ··· 98
165. 예수께서 당신의 나라와 당신의 율법에 대하여 말씀하시다 ·················· 106
166. 예수의 판결 ·················· 118
167. 예수께서 시돈의 배냇소경 어린 아이를 고쳐 주신다 ·················· 130
168. "이 환시의 교훈은 배우자의 충실에 있다" ·················· 136
169. 시로―페니키아 국경에서 돌아오는 길에 ·················· 140
170. 세포리스로 가는 길에 ·················· 143
171. 예수께서 갈릴래아의 베들레헴의 죄인인 문둥병자들에게 가시다 ··· 152
172. 예수와 성모님이 마타티아의 수풀에서 만나시다 ·················· 165
173. 예수께서 알패오의 요셉과 이야기를 나누시다 ·················· 178
174. 예즈라엘의 탑 근처에서 죠가나의 농부들을 기다리며 ·················· 191
175. 엔간님을 향하여 가면서 ·················· 197

176. 예수와 요한의 엔간님 도착 ······ 200
177. 예수와 사마리아인 목자 ······ 209
178. 에프라임 근처의 열 명의 문둥병자 ······ 219
179. 예수께서 에프라임에. 석류의 비유 ······ 232
180. 예수께서 장막절을 위하여 베다니아에 가시다 ······ 240
181. 예수께서 장막절을 위하여 성전에. "하느님의 나라는 화려하게 오지 않는다" ······ 249
182. 성전에서. "당신들은 내가 누구이며 어디서 왔는지 아는가?" ······ 261
183. 성전에서. "아직 잠시 동안은 내가 당신들과 같이 있습니다" ······ 275
184. 노베에서. 바람에 대한 기적 ······ 283
185. 예수께서 사촌인 사도들과 같이 갈릴래아 사람들의 야영지에 가시다 ······ 293
186. 장막절의 마지막 중요한 날 ······ 304
187. 베다니아에서. "사람을 여러가지 방식으로 죽일 수 있다" ······ 315
188. 엔 로젤의 샘 근처에서 ······ 320
189. 예수와 바리사이파 사람들과 간음한 여자 ······ 327
190. "나는 죄지은 여자에게 그의 죄를 갚기 위하여 가야 할 길을 알려준다" ······ 332
191. 사도들과 제자들에게 주신 교훈 ······ 337
192. 마을에서 그리고 솔로몬의 집에서 ······ 344
193. 예수와 요나의 시몬 ······ 351
194. 예수께서 타대오와 제베대오의 야고보에게 말씀하신다 ······ 358
195. 예수와 페트라 사람(헤스본 근처에서) ······ 366
196. 네보산에서 내려오면서 ······ 372
197. "어두움은 빛을 받아들이지 않는다" ······ 378
198. 예수께서 사도들의 용기를 돋우어 주신다 ······ 389
199. 강신술사(降神術師) 사두가이파 사람의 아내 ······ 395
200. "기도는 너희를 하느님과 결합시킬 수 있지만 주문(呪文)은 그렇게 하지 못한다" ······ 410
201. "저를 사랑하는 사람은 갑니다" ······ 413
202. 공정하지 못한 판사의 비유 ······ 422

203. "나는 세상의 빛이오" ·· 431
204. "우리는 아브라함의 후손이오" ······································ 439
205. 세포리스의 요셉의 집에서 ·· 458
206. 늙은 사제 마탄(또는 나탄) ·· 469
207. 배냇소경이 눈을 뜸 ·· 479
208. 예수께서 노베에. 가리옷 사람이 거짓말을 하다 ··············· 499
209. 예수께서 파괴된 어떤 마을의 폐허에 서시어 ····················· 510
210. 예수께서 산 위의 엠마오에서 말씀하신다 ························ 515
211. 베테론에서 ··· 526
212. 가바온을 향하여 ·· 543
213. 가바온에서 ··· 553
214. 예루살렘으로 돌아가시면서 ·· 559
215. "나는 착한 목자이다" ·· 556
216. 베다니아와 라자로의 집으로 가시면서 ··························· 581
217. 데쿠아로 가시는 중에. 늙은 엘리—안나 ························ 590
218. 예수께서 데쿠아에서 말씀하신다 ································· 604
219. 예리고에서 ··· 611
220. 예리고에서 전도하심 ··· 622
221. 자캐오의 집에서 회개한 사람들과 같이 ·························· 634
222. 예수께서 베틀레키의 사베아에 대하여 당신 의사를 표시하신다 ··· 648
223. 베타바라에서 ·· 674
224. 노베로 돌아오는 길에서 ··· 679
225. 노베에서. 가리옷의 유다가 이제는 말을 듣지 않는다 ········· 686
226. 노베에서 그후 얼마 동안 ·· 694
227. 예수께서 음란한 사람인 가리옷의 유다를 기다리신다 ········· 705
228. 예수와 발레리아. 노베의 어린 레위의 기적 ····················· 712
229. 예수와 예수를 유혹하려고 보내진 죄녀 ·························· 739
230. 예수와 유다가 예루살렘을 향하여 ································ 758
231. 예수께서 자유의 몸이 된 로마인들의 회당에 가시다 ·········· 763
232. 유다와 예수의 적들 ·· 776

233. 병이 고쳐진 일곱 문둥병자. 예수께서 사도들과 마르타와
     마리아에게 말씀하신다 ··· 792
234. 예수께서 성전 봉헌 축일에 ·· 807
235. 예수께서 혼자 계시기 위하여 당신이 나신 동굴에 가신다 ········ 825
236. 예수와 제베대오의 요한 ··· 837
237. 예수와 요한과 마나헨 ·· 850

○ ─ ○

● 일러두기

작은 요한 :
　예수님은 마리아 발또르따에게 가끔 '작은 요한' 이라는 이름으로 부르십니다.
　어떤 요한에 대해서 일까요? 가장 젊고, 순결하고, 겸손하고, 너그럽고, 용감하고, 십자가 밑에까지 충실했던 사도 요한에 대해서입니다.
　예수님은 마리아 발또르따를 사도 요한의 영혼과 마음과 정신과 똑같은 수준에까지 만들려고 생각하셨습니다. 이런 뜻에서 발또르따에게 말씀하시기 위해서 작은 요한이라는 이름을 사용하셨습니다.

머 릿 말

    마리아 발또르따는 1897년 3월 14일 까세르따(이탈리아)에서 태어났다. 마리아는 1862년 만뚜아에서 출생한 기병 하사관 요셉 발또르따와 1861년 크레모나에서 난 프랑스어 교사인 이시스 피오라반찌의 외딸이었다. 마리아가 겨우 18개월 되었을 때에 부모가 아이와 함께 북부 이탈리아로 가서 살게 되어, 처음에는 파엔짜에 자리 잡았다가 몇 해 후에는 밀라노에 정착하였고, 그곳에서 마리아를 우르술라회 수녀들이 경영하는 유치원에 다니게 하였다. 거기서 마리아가 그의 소명의 첫번째 표를 받았다. 그는 사랑으로 자진해서 받아들인 고통 속에서 그리스도와 동일화되기를 원하였다.

    역시 밀라노에서 일곱 살 때에 마르첼로회 수녀들이 경영하는 소학교에 다녔고, 그곳에서 1905년에 거룩한 안드레아 페라리 추기경에게서 견진성사를 받았다. 마리아는 그 후 1907년 가족이 이사해 가서 산 보게라의 공립학교에서 공부를 계속하였다. 1908년에 까스뗏지오에서 첫영성체를 하였다.

    매우 독선적인 여자인 어머니의 강요로 마리아는 1909년 몬자의 비앙꼬니 중학교에 들어가야 하였는데, 그 학교에서 매우 날카로운 지능과 대단히 강인한 성격으로 두각을 나타냈다. 마리아는 문예과목에는 매우 재능이 있었으나 수학에는 도무지 소질이 없었다. 꾸준히 노력한 결과로 그가 기술공부의 졸업증서를 받았는데, 이 공부도 어머니가 강요한 것이었다. 그런데도 그는 중학교에서 만족하고 있었는데, 그의 어머니가 4년 후에는 학교를 그만두게 하였다. 그 때에 마리아는 하느님께 열렬한 기도를 드렸는데, 이번에도 하느님께서는 잊지 않으시고 마리아에게 그의 장래를 알려 주셨다. 그동안 아버지는 건강상의 이유로 은퇴하였고 작은 가족이 피렌체로 가서 살았는데, 그곳에서 마리아가 어느 선량한 청년과 약혼하였다.

그러나 어머니의 좋지 못한 성격 때문에 그 젊은이와 헤어져야 하였다. 큰 위기의 시기가 있은 후, 1916년에 마리아는 주께로부터 또 다른 계시의 표를 받았고 1917년에는 "사마리아인" 간호원단에 들어가서 열 여덟 달 동안 피렌체의 육군 병원의 병사들에게 모든 간호를 아끼지 않고 베풀었다.

1920년 3월 17일, 어머니와 같이 거리를 지나가는데 어떤 과격주의자가 쇠막대기로 그의 허리를 때려 그로 인하여 그의 장래의 신체기능 불완전의 첫째 증상이 몸에 남게 되었다. 석 달 동안을 병상에서 지낸 다음 같은 해 10월에 부모와 같이 깔라브리아의 렛지오로 가서 호텔 주인인 어머니쪽 친척 벨판띠네 집에서 2년 가량을 살았다.

남부 이탈리아의 이 아름다운 해안 도시에서 지낸 긴 세월은 그의 정신을 튼튼하게 하는 많은 경험을 쌓게 하였다. 그러나 새로운 청혼들을 반대하는 어머니의 혐오의 흔적이 남기도 하였다. 그러자 마리아는 피렌체로 돌아가(그것은 1922년의 일이었다) 고통스러운 추억 속에서 또 2년을 보냈다.

1924년에는 비아렛지오로 마지막 이사를 하였는데, 이것이 끊임없이 하느님께로 올라가는 것을 온전히 지향하는 새로운 생활의 시초를 알리는 것이었다. 마리아는 몰래(어머니의 편협 때문에) 모든 교우 본분을 지켰고 이렇게 해서 가톨릭 액숀에 가입하는 데 성공하였다. 항상 자기를 바치고자 하는 소원으로 불타는 그는 1925년에 자비로우신 사랑에 자기를 바쳤고, 1931년에는 서원을 한 다음 더 결연한 의식(意識)을 가지고 하느님의 정의께로 자기를 바치고자 하였다.

점점 더 심해지는 고통에 짓눌려 마리아는 1934년 4월 1일부터는 병상을 떠나지 못하였다. 이 때부터 그는 하느님의 손 안에 든 말 잘 듣는 연장이 되었다. 다음 해에 마르따 디치오띠가 마리아의 집에 왔는데 마르따는 일생 동안 충실한 동반자로 있으면서 마리아를 떠나지 않았다. 이 무렵에 마리아는 그가 사랑하고 사람들 중에서 가장 훌륭한 분으로 생각하던 아버지의 죽음에서 오는 크나큰 고통을 맛보았다.

1942년에 마리아는 전에 선교사였던 독실한 신부로 마리아의 종복회(從僕會) 회원인 로무알도 M. 밀리오리니 신부의 방문을 받았는데, 이 신부는 4년 동안 그의 영신 지도자로 있었다. 1943년, 어머니가 세상을 떠난 그 해에 마리아 발또르따는 작가로서의 활동을 시작하였다. 마리아는 밀리오리니 신부의 권유로 자기의 능력껏 쓴 자서전에서 "받아쓰기"와 "환상 이야기"로 옮아갔는데, 이것들을 계시로 받는다고 언명하였다. 병석에 있으면서 심한 고통을 당하는데도 마리아는 직접, 단숨에, 어떤 시간에나 글을 썼고 밤에도 썼는데, 뜻밖에 중단을 하게 되어도 조금도 방해를 당한다는 느낌이 없이 항상 자연스러운 모습을 잃지 않고 있었다. 그가 참고할 수 있는 유일한 책은 성서와 비오 10세의 교리문답 뿐이었다.

1943년부터 1947년까지, 그러나 1953년까지는 좀 덜 빠른 속도로, 마리아는 공책 약 1만 5천 쪽을 썼다. 성서에 대한 주석, 초대 그리스도인들과 순교자들의 이야기, 신심에 관한 글들이었고 이밖에 여러 장의 영성 일기도 있다. 그러나 마리아 발또르따가 쓴 글의 약 3분의 2를 예수의 생애에 대한 엄청난 양의 작품이 차지한다.

자신의 지능에 이르기까지 모든 것을 하느님께 바친 다음 마리아는 여러 해 동안 정신에 관계되는 일종의 고독에 점진적으로 빠져들어가 마침내 임종하는 그의 머리맡에 불려와서 "Profissere, anima christiana, de hoc mundo"(그리스도인의 영혼아, 이 세상에서 떠나거라!) 하는 말로 기도하는 신부의 권고에 복종하는 듯이 꺼져가는 날에 이르렀다. 그것은 1961년 10월 12일이었다. 마리아는 회상의 글처럼 다음과 같은 글을 남겼었다.

"나의 고통은 끝났다. 그러나 나는 사랑하기를 계속하겠다."

그의 장례식은 10월 14일 아침 일찍 성 바울리노 본당에서 행하여

졌는데, 그의 유지(遺志)에 따라 매우 간소하게 치르졌고, 시체는 비아렛지오 공동묘지에 안장되었다. 그러나 1973년 7월 2일 마리아 발또르따의 유해는 피렌체의 "쌍띠시마 안눈찌아따" 대수도원 참사회 경당에 특전받은 묘소에 묻힐 수가 있었다.

마리아 발또르따의 가장 중요한 저서인 예수의 생애에 관한 책은 그 후 여러 해에 쓴 몇 장만 빼고는 1944년부터 1947년까지 쓴 것이다. 이 저서는 벌써 1956년에 「Il poema dell'Uomo-Dio(사람이요 하느님이신 분의 시)」라는 제목으로 이탈리아에서 출판되었다. 초판은 부피가 큰 네 권으로 나왔는데, 마리아의 종복회 회원인 곤라도 M. 베르띠 신부의 신학적·교리적 주석이 달린 열 권짜리 비평판(批評版)이 뒤따랐다. 끊임없이 중판되고 아무 광고없이 보급된 이 저서는 이제 이탈리아와 온 세계에 널리 알려졌다.

1971년에 프랑스인 교수 펠릭스 소바쥬씨가 「Il poema dell'Uomo-Dio」를 읽고 자기 나라 말로 번역할 욕망을 느꼈다. 그가 사는 뽕또드매르에서 그는 우리에게 자기 일의 진척 상황을 끊임없이 알려 주고, 자기가 나이가 많기 때문에 출판에 대한 우리의 결정을 재촉하였다. 그는 철학과 신학을 공부하였고 일생을 교직에서 보냈다고 언명하면서, 자기 자신의 능력을 우리에게 보증하기를 원한 때를 빼고는 자기 자신에 대한 말을 결코 하지 않았다.

1976년에야 우리는 소바쥬씨가 직접 쓴 여섯 권의 프랑스어 번역을 가지러 노르망디에 갔었다. 그러나 얼마 지나서야 그것을 검토하기 시작하였다. 우리는 원고를 고쳐야 하리라는 것을 알아차렸다. 많이 고치기는 했지만 이 번역은 일할 때에 그를 젊게 하는 믿음의 후원을 받은 연세 높은 분이 이룩하였다는 점에서 공로가 있다.

불행히도 펠릭스 소바쥬씨는 번역한 작품의 출판을 보지 못하였다. 그분은 1978년 9월 16일 87세의 고령으로 세상을 떠났다. 우리는 마리아 발또르따의 글에 주해나 설명을 달지 않고 그 제목 자체에서 작품의 성격이 솟아 오르게 하려는 그분의 변하지 않은 소원을 존중하였다.

  그러나 독자들에게 알리고자 하는 것은 일체의 설명이나 깊은 연구를 위하여는 이탈리아어판의 주석들이 여전히 가치가 있다는 것이다. 저서의 성질에 대하여는 이것이 가장 큰 사적인 계시 중의 하나라는 확신을 우리는 가지고 있다. 뿐만 아니라, 사적인 계시들은 공적인 계시에 종속하고 인간적으로 믿을 만한 가능한 표시를 가톨릭 신학이 인정하며, 하느님께서 모든 사람의 영적 이익을 위하여 어떤 사람들에게 주시는 것으로 되어 있다.

  독자들은 이 프랑스어 초판의 몇 가지 결함을 양해하여 주기 바란다.

이솔라 델리리(이탈리아)
1979년 10월 12일

에밀리오 뻬사니, 출판인

156. 요르단강 건너편의 쿠자의 별장에서

강 건너편 다리 어귀에 벌써 휘장을 친 수레가 한 채 기다리고 있다.
"선생님, 타십시오. 길이 멀더라도 피로하지 않으실 것입니다. 길이 멀다고 말씀드린 것은 가는 시간 때문에 그런 것보다도, 율법을 더 존중하는 손님들을 불안하게 하지 않기 위하여 이곳에 여러 쌍의 소를 항상 준비해 놓으라고 명령했기 때문입니다…. 그 사람들을 동정해야 합니다."
"그러나 그 사람들은 어디에 있소?"
"그들은 다른 수레들을 타고 우리보다 먼저 갔습니다. 토비트!"
"예?" 하고 소들에 멍에를 메우고 있는 수레 모는 사람이 말한다.
"다른 손님들은 어디 계신가?"
"오! 많이 앞서 가셨습니다. 집에 다 가셨을 것입니다."
"들으셨지요, 선생님?"
"그러나 만일 내가 오지 않았더라면?"
"오! 저희들은 선생님께서 오시리라고 확신했습니다. 왜 안오시겠습니까?"
"왜냐구!! 쿠자, 내가 온 것은 내가 겁쟁이가 아니라는 것을 당신에게 보이기 위해서요. 겁쟁이는 악인들밖에 없소. 정의를 두려워하게 하는 잘못이 있는 악인들… 그들이 우선, **오로지 하느님의 정의를** 두려워해야 할 터인데, 불행히도 사람들의 정의를 두려워하지만. 그러나 나는 죄가 없으니 사람들을 두려워하지 않소!!"
"그러나 주님! 저와 같이 있는 사람들은 모두 주님에 대해 존경심을 가지고 있습니다! 저처럼. 그러니까 주님께서 저희들을 두려워하실게 절대로 없습니다! 저희들은 선생님께 경의를 표하기를 원하지, 모욕을 드리기를 원치는 않습니다!"

수레가 푸른 들판으로 삐걱거리며 천천히 전진하는 동안, 쿠자와 마주 앉아계신 예수께서 대답하신다. "적들의 공공연한 전쟁보다 나는 거짓 친구들의 음험한 전쟁이나 참 친구들이기는 하지만 아직 나를 이해하지 못한 사람들의 옳지 않은 열성을 더 무서워해야 하오. 내가 베델에서 말한 것이 기억나지 않소?"

"저는 주님을 이해했습니다" 하고 쿠자가 중얼거린다. 그러나 썩 자신이 있는 것은 아니고, 또 질문에 직접 대답하는 것도 아니었다.

"그렇소. 당신은 나를 이해했소. 고통과 기쁨의 영향으로 마치 소나기가 오고 무지개가 꽂힌 다음 지평선이 맑아지듯이 당신의 마음은 맑아졌소. 그리고 당신은 정확하게 보았었소. 그리고… 쿠자, 몸을 돌려 우리의 갈릴래아 바다를 보시오. 저 바다가 새벽에는 몹시도 맑게 보였소! 밤 동안에 이슬이 공기를 맑게 하고, 시원한 밤기운이 물의 증발을 더디게 했었소. 하늘과 호수가 서로 아름다움을 돌려보내는 맑은 사파이아로 된 두개의 거울과 같았소. 빙 둘러 있는 야산들도 하느님께서 밤사이에 그것들을 창조하신 것처럼 신선하고 깨끗했었소. 그런데 지금은 보시오. 사람들과 짐승들이 지나다니는 호숫가 길의 먼지들과, 화덕에 올려놓은 큰 솥에서처럼 수풀과 정원들에서 김이 피어오르게 하고, 호수에 불을 질러 물을 증발시키는 뜨거운 태양, 이 모든 것이 얼마나 지평선을 흐리게 하는지 보시오. 전에는 호숫가가 대단히 맑은 공기로 인해서 맑았기 때문에 아주 가까이 보였었는데, 지금은 보시오…. 호숫가가 마치 흐린 물을 사이에 두고 보는 물건들과 같이 가려지고, 휘저어지고 떨리는 것 같소. 당신에게도 이렇게 되었소. 먼지는 인간성이고, 해는 교오요. 쿠자, 당신의 자아를 흐리게 하지 마시오…."

쿠자는 고개를 숙이고, 그의 옷의 장식들과 다른 화려한 허리띠의 고리를 기계적으로 만지작 거린다.

예수께서는 마치 졸리는 것처럼 눈을 거의 감고 계시면서 잠자코 계신다. 쿠자는 예수의 잠을, 또는 잠이라고 생각하는 것을 방해하지 않는다.

수레는 동남쪽으로 가벼운 땅의 기복을 향하여 천천히 가고 있다. 이 땅의 기복들은 적어도 내 생각으로는 이 동쪽의 요르단강 계곡가에 있는 높은 고원의 첫째 단계이다. 틀림없이 지하수가 풍부하고 몇 개의 물줄기 때문이겠지만, 들판이 매우 기름지고 아름다우며, 포도송이들과 실과들이 나뭇잎들 사이로 나타난다.

수레는 큰 길을 버리고 사도(私道)로 들어서서 잎이 매우 우거진 가로수길로 깊숙이 들어가는데, 그곳은 해가 쨍쨍 내리쬐는 화덕과 같은 큰 길에 비하면 적어도 비교적 그늘이 있고 서늘하다.

가로수길 저 안쪽에 우아한 모습을 한 낮고 흰 집이 있다. 더 보잘 것 없는 집들이 밭과 포도원 여기저기에 있다.

수레가 작은 다리와 울타리를 지나니, 울타리 너머로는 과수원 대신 정원이 나타나고, 그 길에는 자갈을 깔았다. 바퀴가 자갈 위를 가며 내는 다른 소리에 예수께서는 눈을 뜨신다.

"선생님, 다 왔습니다. 손님들이 듣고 달려 옵니다" 하고 쿠자가 말한다.

과연 모두 훌륭한 신분의 많은 사람이 가로수길이 시작되는 곳에 모여서, 오시는 선생님께 장중하게 절을 하며 인사한다. 내가 알아볼 수 있는 마나헨과 티몬과 엘르아잘이 보이고, 초면이 아닌 다른 사람들도 보이는 것 같은데, 그들의 이름은 모르겠다. 그리고 내가 한번도 보지 못했거나, 적어도 특별히 주의해 본 적이 없는 사람이 매우 많이 있다. 검을 차고 있는 사람이 많고, 검을 차지 않은 사람들은 바리사이파 사람들이나 사제들이나 교사들의 많은 장신구를 과시한다.

수레가 멎고, 예수께서 먼저 내려오시면서 집단적으로 인사하시느라고 몸을 굽히신다. 제자 마나헨과 티몬이 개별적인 인사를 나누기 위하여 앞으로 나아온다. 그 다음에는 엘르아잘(이스마엘의 집에서 있었던 연회 때의 착한 바리사이파 사람)이 나오고, 그와 더불어 자기를 알아보게 하고 싶은 율법학자 두 사람이 나온다. 다리케아에서 첫번째 빵을 많게 하신 날 손자의 병이 고쳐진 사람이 있고, 또 한 사람은 진복팔단의 산 아래에서 군중에게 음식을 준 사람이다. 그리고 또 한 사람이 다른 사람들을 헤치고 나아온다. 밀수확 때에 요셉의 집에서 그의 옳지 못한 질투의 진짜 동기에 대하여 예수께 가르침을 받은 바리사이파 사람이다.

쿠자가 소개를 시작하는데, 그것은 그냥 지나치겠다. 그 많은 시몬, 요한, 레위, 엘르아잘, 나타나엘, 필립보, 요셉 등등으로 정신을 차릴 수가 없으니까. 사두가이파 사람들, 율법학자들, 사제들, 많은 헤로데 당원, 사실 이 사람들이 제일 많다고 해야 하겠다. 그리고 얼마 안 되는 개종자와 바리사이파 사람, 최고회의 위원 두 사람과 회당장 네 사람, 그리고 어떻게 길을 잃고 이 군중 속에 왔는지, 에세네파 사람도 한 명 있다.

예수께서는 이름을 댈 때마다 몸을 구부리시고, 얼굴 하나하나를 유심히 들여다 보시며, 때로는 어떤 사람이 자기의 신분을 확실히 밝히기 위하여 자기가 예수와 관련이 있게 된 어떤 사실을 밝혀 말할 때 가벼운 미소를 지으신다.

이와 같이 보즈라의 요아킴이라는 사람이 예수께 말한다. "제 아내 마리아의 문둥병을 선생님께서 고쳐 주셨습니다. 찬미 받으십시오."

그리고 에세네파 사람은 이렇게 말한다. "선생님이 예리고 근처에서 말씀하실 때 저는 선생님의 말씀을 들었습니다. 그리고 저의 형제들 중의 한 사람은 사해 연안을 떠나서 선생님을 따라 갔습니다. 그리고 엔갓디의 엘리세오의 기적에 대해서 선생님 말씀을 또 들었습니다. 이 땅에서 저희들은 깨끗하게 살면서 기다립니다…."

그들이 무엇을 기다리는지는 모르겠다. 내가 아는 것은 이 사람이 그 말을 하면서 약간 흥분한 우월감을 가진 태도로 다른 사람들을 바라본다는 것이다. 다른 사람들은 분명히 열렬한 신앙심을 가진 사람인양 처신하지 않고, 그들의 신분으로 누릴 수 있게 되는 안락을 즐겁게 누리는 것 같다.

쿠자는 그의 주빈에게 까다로운 인사에서 벗어나시게 하고, 쾌적한 욕실로 인도하여, 이 더위에 틀림없이 상쾌할 관례적인 목욕을 하시게 남겨두고, 손님들에게로 돌아와 그들과 힘차게 말한다. 그런데 그들은 의견이 분분하기 때문에 거의 말다툼을 하기까지에 이른다. 어떤 사람들은 즉시 연설을 시작하자고 한다. 무슨 연설인가? 이와 반대로 어떤 사람들은 즉시 선생님을 공격하지 말고, 우선 자기들의 깊은 존경을 믿게 하자고 제안한다. 이 의견에 대다수가 찬성하기 때문에 이 의견이 우세하다. 그래서 쿠자는 주인의 자격으로 하인들을

156. 요르단강 건너편의 쿠자의 별장에서

불러, "눈에 띄게 피로하신" 예수님께 "쉬실" 시간을 드리기 위하여 저녁 때쯤에 하도록 연회를 준비하라고 명한다. 모두가 그것을 수락한다. 그래서 예수께서 돌아오시자, 손님들은 몸을 많이 굽혀 예수께 인사를 하고 물러가 쿠자와 단둘이 계시도록 남겨둔다. 쿠자는 호화로운 양탄자를 깐 낮은 침대가 있는 그늘진 방으로 예수를 인도한다.

혼자 남으신 예수께서는 먼지를 털고 전날 여행의 흔적을 없애라고 옷과 샌들을 하인에게 맡기신다. 예수께서는 주무시지 않으시고, 팔꿈치와 무릎까지만 내려오는 속옷을 입으신 채 침대가에 앉으셔서 방바닥에 깐 자리에 맨발을 얹으시고 골똘히 생각하신다. 이렇게 간소한 옷을 입고 계시니, 예수님은 당신의 남성적인 육체의 눈부신 완전한 조화 속에서 더 젊어보이시지만, 분명히 즐거운 것이 아닌 골똘한 생각으로 이마에 주름이 생기고, 얼굴이 찌푸려져서 고통스러운 피로의 표정을 지으시게 되어 나이가 들어 보이신다.

집 안에는 아무 소리도 없고, 무더위 속에서 포도가 익어가는 들판에는 사람이 하나도 없다. 문과 창 앞에 늘어져 있는 어두운 빛깔의 커튼들은 조금도 움직이지 않는다. 이렇게 여러 시간이 지나간다….

해가 짐과 동시에 어슴푸레한 그늘이 더해간다. 그러나 더위는 계속되고, 예수의 묵상도 계속된다.

마침내 집이 깨어나는 것 같다. 목소리와 발소리와 명령들이 들려온다.

쿠자가 예수를 방해하지 않고 살펴보려고 커튼을 살그머니 젖힌다.

"들어오시오! 나는 자고 있지 않소" 하고 예수께서 말씀하신다.

쿠자가 들어온다. 그는 벌써 화려한 연회복을 입고 있다. 그는 둘러보다가 사람의 몸을 받아들인 것 같지 않은 침대를 보고 말한다.

"안 주무셨습니까? 왜요? 고단하실 텐데…?"

"조용하고 그늘진 곳에서 쉬었소. 그것으로 넉넉하오."

"옷을 가져오라고 하겠습니다…."

"아니오. 내 옷이 틀림없이 말랐을 거요. 내 옷을 입는 것이 더 낫소. 나는 연회가 끝나는 대로 떠날 생각이오. 이를 위해 수레와 배를 준비시켜 주기를 부탁하오."
"주님께서 원하시는 대로 하십시오. 저는 내일 새벽까지 선생님을 모시려고 했었는데요…."
"그럴 수가 없소. 나는 가야 하오…."
쿠자는 몸을 구부려 절하면서 나간다. 속삭이는 소리가 많이 들려 온다….
얼마가 지난다. 하인이 빨아서 시원하게 되고, 햇볕으로 향기롭게 된 아마포옷과 깨끗이 하고 기름을 잘 발라 반짝반짝하고 부드럽게 된 샌들을 가지고 돌아온다. 다른 하인 한 사람이 대야와 물항아리와 손수건들을 가지고 따라와서 모두를 작은 탁자에 내려놓는다. 그리고 나간다….
예수께서는 손님들이 있는 안마당으로 오신다. 이 안마당은 집을 남북으로 갈라놓고 통풍이 잘 되는 상쾌한 장소를 만들어 놓으며, 의자들이 있고, 통풍을 방해하지 않으면서 빛에 변화를 일으키는 여러가지 빛깔로 된 가벼운 커튼으로 장식되어 있다. 지금은 옆으로 당겨 놓아서, 집을 둘러싸고 있는 초록빛 주위를 볼 수가 있다.
예수께서는 위엄있으시다. 주무시지 않았는데도 기운을 차리신 것 같고, 거동이 왕의 거동이다. 방금 입으신 아마포 옷은 매우 희고, 아침 목욕으로 빛나게 된 머리카락은 우아하게 반짝이며 그 황금빛으로 얼굴을 둘러싼다.
"선생님, 오십시오. 저희들은 선생님만을 기다리고 있습니다" 하고 쿠자가 말하며 제일 먼저 식탁들이 있는 방으로 인도한다.
기도를 드리고, 보충적으로 손을 씻은 다음, 언제나 그렇듯이 호화로운 식사가 시작되는데, 처음에는 말이 없다가, 어색한 분위기가 사라진다.
예수께서는 쿠자 옆에 앉아 계시고, 맞은편에는 마나헨이 티몬과 이웃하여 있다. 다른 사람들은 쿠자가 그의 궁정인다운 솜씨로 U자 모양으로 된 식탁 옆으로 자리를 정해 준다. 에세네파 사람만이 다른 사람들과 공동 식탁에 앉아 연회에 참가하기를 한사코 거절하였다. 쿠자의 명령으로 한 하인이 과일이 가득 찬 값진 바구니를 드릴 때에야 비로소 낮은 식탁 앞에 앉기를 수락하는데, 수없이 여러번 손을 씻고, 더럽히지 않으려고 그러는지 어떤 의식을 따르느라고 그러는지 모르지만, 흰 옷의 넓은 소매를 걷어올리고 나서 앉는다.

말보다는 눈길로 더 많이 연락을 취하는 이상한 연회이다. 그저 짤막한 인사말들이나 하고 서로서로 살펴본다. 예수께서 회식자들을 살펴보시고, 그들은 예수를 살펴본다.

마침내 쿠자가 하인들에게 큰 과일 쟁반들을 가져온 다음에 물러가라는 눈짓을 한다. 과일들은 아마 우물 속에 보관하였던 모양으로 신선하고 아름다운데, 얼음에 채워 보관한 과일의 특징이 되는 서리가 있어 거의 얼었다고도 하겠다.

하인들은 등에 불도 켜고 나가는데, 오래 가는 여름 황혼이라 아직 밝기 때문에 지금 당장은 쓸데없다.

"선생님!" 하고 쿠자가 시작한다. "선생님께서는 이 모임과 저희들이 지키고 있는 침묵의 이유를 의아하게 생각하셨을 것입니다. 그러나 저희가 말씀드려야 할 것은 매우 중대한 것이고, 조심성 없는 귀가 들어서는 안 되는 것입니다. 이제는 우리끼리만이라 말할 수 있습니다. 선생님께서 보시다시피 모두가 선생님께 대해 가장 큰 존경을 가지고 있습니다. 선생님께서는 지금 선생님을 사람으로서 또 메시아로서 숭배하는 사람들 가운데 계십니다. 선생님의 정의, 선생님의 지혜, 하느님께서 선생님께 지배권을 주신 선물들을 저희들은 알고 있고, 또 감탄하며 봅니다. 저희들 생각에 선생님께서는 이스라엘의 메시아, 정신적인 사상과 정치적인 사상에 따른 메시아이십니다. 선생님께서는 한 민족 전체의 고통과 굴욕에 종지부를 찍으시게 될 기다려지는 분이십니다. 이스라엘, 아니 그 보다도 팔레스티나의 경계 안에 들어 있는 이 민족뿐 아니라, 전 지구상에 퍼져 있는 디아스포라*의 수천 수만의 식민지의 이스라엘 민족 **전체**를 위하여 말씀입니다. 그들온 세계 각치에서 야훼의 이름을 울려퍼지게 하고, 재건자, 복수자, 해방자, 그리고 참다운 독립과 이스라엘 조국, 즉 세상에서 가장 위대한 조국을 만드는 분이신 메시아에 대한 약속과 소망을 알

---

* **역주** : Diaspora. 팔레스티나 밖에 특히 기원전 6세기의 유배 이래, 정착한 유대인 공동체의 총칭.

립니다.
　그런데 그 약속과 소망이 지금 실현되고 있습니다. 이스라엘 조국은 과거의 추억과 노예생활의 생생한 표를 일체 없애버리는 **여왕과 지배자**이고, 히브리주의는 모든 것과 모든 사람을 영원히 지배할 것입니다. 이렇게 예언되었고, 또 사실이 이렇게 되어가고 있기 때문입니다. 주님, 여기 주님 앞에서 지극히 높으신 분의 벌을 받지마는 그분께서 지극히 사랑하시고, '당신 백성'이라고 선언하시는 이 영원한 민족의 각계각층을 대표하는 사람들을 통하여 이스라엘 전체가 와 있습니다. 주님 앞에는 최고회의 위원들과 사제들을 통하여 이스라엘의 살아있고 건전한 마음이 있고, 바리사이파 사람들과 사두가이파 사람들을 통하여 권력과 성덕이 있고, 율법학자들과 교사들을 통하여 지혜가 있으며, 헤로데 당원을 통하여 정치가 가치가 있고, 부자들을 통하여 재물이 있고, 상인들과 지주들을 통하여 백성이 있습니다. 그리고 개종자들을 통하여 디아스포라도 와 있고, 지금까지 갈라져 있었지만, 선생님을 기다려지는 분으로 보기 때문에 지금은 다시 합칠 준비가 된 사람들, 즉 에세네파 사람들, 융합할 수 없는 에세네파 사람들까지도 와 있습니다. 주님, 이 첫번째 경탄할만한 일, 주님의 사명과 주님의 진리의 위대한 표를 보십시오. 폭력이 없고, 재산도 하인도 없고, 군사도 검도 없는 선생님께서 마치 빗물받이 웅덩이가 수많은 샘물을 모으듯 선생님의 민족 전체를 모으셨습니다. 거의 말씀이 없고, 절대로 명령하지 않으시는 선생님께서 저희들을 불행과 증오와 정치 및 종교 사상으로 갈라진 백성인 저희들을 모으셨고, 저희들을 화해시키십니다. 오 평화의 왕이시여, 왕홀을 잡고 왕관을 쓰시기도 전에 벌써 구제하시고 복구시키신 것을 기뻐하십시오. 선생님의 왕국, 기다리던 이스라엘 왕국이 태어났습니다. 저희들의 재산, 저희들의 권력, 저희들의 검이 선생님 발 앞에 있습니다. 말씀하십시오! 명령하십시오! 때가 왔습니다."
　모두가 쿠자의 연설에 찬성한다. 예수께서는 팔짱을 끼시고 잠자코 계신다.
　"말씀을 안 하십니까? 대답을 안 하십니까, 주님? 아마 이 일에 놀라셨나보군요…. 혹 주님께서 준비가 되지 않았다고 느끼시고, 특히 이스라엘이 준비가 되었는지 의심하시는가 보군요…. 그러나 그렇지 않습니다. 저희들의 목소리를 들으십시오. 제가 말씀드리고, 저와 함께 왕궁을 대표해서 마나헨이 말씀드립니다. 왕궁은 이제 존재할 자격이 없어졌습니다. 그것은 이스라엘의 치욕이요 타락입니다. 백성을 압제하고 비굴하게 되어서 찬탈자에게 아부하는 부끄러운 폭정입니다. 그의 최후가 왔습니다. 오 야곱의 별이여, 일어나셔서 저 범죄와 치욕의 집단을 쫓아버리십시오. 헤로데 당원이라고 불리는 사람들로, 그들에게는 신성한 헤로데가의 이름을 모독하는 자들의 원수인 사람들이 여기 있습니다. 여러분, 말씀하십시오."

"선생님, 저는 나이가 많아서 옛날의 찬란함이 어떠하였는지를 기억합니다. 역한 냄새가 나는 짐승의 썩은 시체에게 준 영웅이라는 명칭과 같이, 우리 민족의 품위를 떨어뜨리는 품격이 떨어진 후손들이 지닌 헤로데라는 이름이 그렇습니다. 지금이야말로 자격이 없는 군주들이 국민의 고통을 지배할 때에 이스라엘이 여러번 행한 행동을 되풀이 할 때입니다. 선생님만이 행동을 하실 자격이 있습니다."

예수께서는 잠자코 계신다.

"선생님, 우리가 의심할 수 있다고 생각하십니까? 저희들은 성경을 자세히 살폈습니다. 그런데 선생님께서 바로 그분이십니다. 선생님께서 다스리셔야 합니다" 하고 어떤 율법학자가 말한다.

"선생님은 왕과 사제가 되셔야 합니다. 느헤미야보다 더 위대하신 새로운 느헤미야이신 선생님께서 오셔서 깨끗하게 **하셔야 합니다.** 제단이 더럽혀졌습니다. 지극히 높으신 분께 대한 열성이 선생님을 재촉하기를 바랍니다" 하고 한 사제가 말한다.

"저희들 중에서 선생님을 공격한 사람이 많습니다. 선생님의 지혜로운 통치를 두려워하는 사람들입니다. 그러나 백성은 선생님 편이고, 저희들 중에서 가장 좋은 사람들은 백성들과 한편입니다. 저희들은 현인이 필요합니다."

"저희들은 깨끗한 분이 필요합니다."

"진짜 왕이 필요합니다."

"성인이 필요합니다."

"구속하시는 분이 필요합니다. 저희들은 점점 더 모든 것의 모든 사람의 노예가 되어 갑니다. 주님, 저희들을 구해 주십시오."

"세상에서 저희들은 짓밟히고 있습니다. 저희들은 수가 많고 재산이 있으면서도 목자 없는 양들과 같기 때문입니다. '이스라엘아, 네 장막으로 오너라' 하는 오래된 외침으로 모이라고 부르십시오. 그러면 디아스포라의 사방에서 선생님의 신민(臣民)들이 군대를 소집하는 것처럼 일어나, 하느님의 사랑을 받지 않는 권력자들의 흔들리는 왕좌를 쓰러뜨릴 것입니다."

예수께서는 여전히 입을 다물고 계신다. 예수님만이 40명쯤 되는 이 열광적인 사람들 가운데에서 마치 당신에 대한 일이 아닌 것처럼 조용히 앉아 계신다. 그들이 모두 함께 마치 혼란한 장마당에서처럼 말하기 때문에, 나는 그들이 말하는 이유를 겨우 10분의 1이나 기억할 뿐이다. 예수께서는 당신의 태도를 그대로 유지하시고, 계속 잠자코 계신다. 모두가 외친다. "한마디 하십시오! 대답하십시오!"

예수께서는 식탁 가장자리를 두 손으로 잡고 천천히 일어나시니 아주 조용해진다. 활활 타는 것 같은 여든 개의 눈동자가 뚫어지게 지켜보는 가운데, 예수께서는 입을 여시고, 다른 사람들은 마치 예수의 대답을 들이마시려는 듯이 입을 벌인다. 그런데 대답은 짧지만 분명하다. "아닙니다."

"아니, 뭐라구요? 아니, 왜요? 선생님께서는 저희들을 저버리십니까? 선생님은 당신의 백성을 저버리십니다! 선생님은 당신의 사명을 포기하십니다! 하느님의 명령을 물리치십니다!…." 야단법석이고! 소란이다! 얼굴들이 시뻘개지고, 눈이 활활 타오르고, 손들이 위협하는 것 같다…. 충실한 사람들이라기 보다는 오히려 원수들 같다. 그러나 다 그런 것이다. 어떤 정치적 사상이 마음을 지배하면, 온유한 사람들까지도 그들의 사상에 반대하는 사람들에 대하여 맹수처럼 된다.

이상한 침묵이 소란을 뒤따른다. 힘을 모두 써버리고 나서 기진맥진하고 한계에 이른 것을 느끼는 것 같다. 그들은 서로 바라다보며 질문한다. 슬퍼하며… 어떤 사람들은 화가 나서….

예수께서는 눈을 들어 휘 둘러보시고, 말씀하신다. "나는 여러분이 이 때문에 나를 여기 오게 하려고 한다는 것을 알고 있었습니다.

또 여러분의 행동방식이 무익하다는 것도 알고 있었습니다. 내가 다리케아에서 그 말을 했다는 것을 쿠자가 말할 수 있습니다. 나는 내 때가 오지 않았기 때문에 어떠한 계략도 두려워하지 않는다는 것을 여러분에게 보이려고 왔습니다. 그리고 내게 대한 계략의 때가 와도 그것을 두려워하지 않겠습니다. 나는 이 때문에 왔으니까요. 그리고 나는 여러분을 설득하려고 왔습니다.

여러분 모두는 아니지만, 여럿이 선의를 가지고 있습니다. 그러나 나는 여러분이 선의를 가지고도 빠져 들어간 오류를 고쳐 주어야 합니다. 아시겠습니까? 나는 여러분을 비난하지는 않습니다. 아무도 비난하지 않습니다. 내 충실한 제자여서 정의의 인도를 받고, 그들 자신의 격정을 정의로 조절해야 할 사람까지도 비난하지 않습니다. 의로운 티몬, 나는 당신을 비난하지 않소. 그러나 나를 공경하고자 하는 당신의 사랑 밑바닥에는, 아직도 흥분하는 당신의 **자아**, 당신에게 타격을 가한 사람들이 타격을 받는 것을 볼 수 있을 더 나은 때를 꿈꾸고 있는 당신의 **자아**가 있소. 마나헨, 비록 당신은 내게서 얻은, 그리고 그전에 세례자에게서 얻었던 아주 영적인 지혜와 모범을 잊었다는 것을 보이지만, 당신을 비난하지 않겠소. 그러나 당신 안에도 내 사랑이 불이 질러진 다음에 다시 나는 인간성의 뿌리가 있다는 것을 말해 주겠소. 당신에게 남겨진 늙은 아내에 대하여 그렇게도 의롭고, 항상 의로웠지만, 지금은 그렇지 않은 엘르아잘, 나는 당신도 비난하지 않소.

그리고 쿠자, 선의로 나를 왕을 만들기를 원하는 모든 사람보다도 당신 안에 당신의 **자아**가 더 살아 있기 때문에 당신을 비난해야 하겠지만, 비난을 하지 않겠소. 왕, 그렇소. 당신은 내가 왕이 되기를 원하고 있소. 당신의 말에는 계략이 없소. 당신은 내가 잘못을 저지르는 현장을 덮쳐, 최고회의나 왕이나 로마에 고발하려고 오지 않소. 그러나 사랑으로보다는 ──당신은 오직 사랑으로만 행동한다고 생각하지만, 사실은 그렇지 않소.── 사랑으로 행동하기보다는 왕궁에서 당신에게 오는 모욕을 복수하기 위하여 행동하오. 나는 당신의 손님이니 당신의 감정에 대한 진실을 말하지 말아야 할 것이오. 그러나 무슨 일에 있어서나 진리요, 그래서 당신의 이익을 위해서 말하오.

보즈라의 요아킴, 당신에 대해서도 마찬가지이고, 율법학자 요한, 당신에 대해서도 마찬가지요. 그리고 당신, 또 당신, 또 당신, 당신에 대해서 마찬가지요."

예수께서는 이 사람 저 사람을 원한을 가지지 않고, 그러나 서글프게 가리키신다…. 그리고 계속하신다. "내가 당신들을 비난하지 않은 것은, 당신들이 이것을 자발적으로 원하지는 않는다는 것을 내가 알기 때문이오. 이것을 꾸미는 것은 계략 자체인 자, 적대자이기 때문이오. 그리고 당신들은… 당신들은 그런 줄 알지 못한 채 그 자의 손에 들려 있는 연장이기 때문이오. 사랑, 오 나를 정말 사랑하는 사람들인 오 티몬, 오 마나헨, 오 요아킴, 오 나를 완전한 선생으로 예감하는 당신들, 당신들의 존경을 가지고도, 그것을 가지고도 말이오. 저주받은 자는 당신에게 해를 끼치고, 나를 해하는 데에 사용하오. 그러나 나는 당신들과 같은 감정을 가지지 않고, 점점 더 낮게 내려가서 배반과 범죄에까지 이르는 목적을 가지고 내가 왕이 되기를 수락하기를 바라는 사람들에게도 나는 안 됩니다, 하고 대답합니다. 내 나라는 이 세상의 것이 아닙니다. 내가 여러분 안에 다른 것 아무 것도 말고 내 나라를 세우게 내게로 오시오. 그럼 이제는 나를 가게 해 주시오."

"안 됩니다. 주님, 저희들은 단단히 결심했습니다. 저희들은 벌써 저희들의 재산을 움직이기 시작했고, 계획들을 짜놓았습니다. 그리고 이스라엘의 불안을 지속시키고, 또 다른 사람들이 이스라엘에 해를 끼치기 위하여 이용하는 이 불확실성에서 나오기로 결정했습니다. 선생님께 대해서 계략들을 꾸미는 사람들이 있는 것은 사실입니다. 선생님께서는 성전 자체내에 원수들을 가지고 계십니다. 연장자 중의 한 사람인 저는 그것을 부인하지 않습니다. 그러나 거기에 종지부를 찍기 위하여는 이것이 필요합니다. 즉 선생님께 기름을 바르는 것입니다. 그런데 저희들은 선생님께 기름을 발라 드릴 생각이 얼마든지 있습니다. 이스라엘에서 나라의 불행과 불화를 종식시키기 위해서 어떤 사람을 이렇게 왕으로 선포한 것이 처음이 아닙니다. 하느님의 이름으로 그렇게 할 수 있는 사람이 있습니다. 저희들이 하게 가만히 계십시오" 하고 사제 중의 한 사람이 말한다.

"안 됩니다! 당신들이 그렇게 해서는 안 됩니다. 당신들에게는 그렇게 할 권한이 없습니다."

"대사제가 그렇게 보이지는 않지만, 제일 먼저 그것을 원하는 사람입니다. 대사제는 로마가 지배하는 현사태와 왕의 추문을 더이상 묵인할 수 없습니다."

"사제 양반, 거짓말 하지 마시오. 당신의 입술에서는 하느님을 모독하는 말이 이중으로 부정(不淨)합니다. 혹 당신이 모르고, 또 잘못생각하는지는 모르겠으나, 성전에서는 **그것을 원치 않습니다.**"

"그러면 저희가 단언하는 것을 거짓말로 생각하시는 것입니까?"

"그렇습니다. 당신들 모두는 아니더라도, **당신들 중의 많은 사람의 경우에** 그렇습니다. 거짓말 하지 마시오. 나는 빛입니다. 그래서 사람들의 마음을 비춥니다…."

"선생님께서 저희들은 믿으실 수 있습니다" 하고 헤로데 당원들이 외친다. "저희들은 헤로데 안티파를 사랑하지 않고 다른 아무도 사랑하지 않습니다."

"그렇습니다. 당신들은 당신들 자신밖에 사랑하지 않는다는 것이 사실입니다. 그래서 당신들은 나를 사랑할 수 없습니다. 나는 당신들이 왕권을 쓰러뜨리고, 더 강력한 권력의 길을 트고, 백성에게 더 고약한 압제를 당하게 하는 데 지렛대 노릇을 할 것입니다. 나와 백성과 당신들 자신에 대한 속임수입니다. 당신들이 왕을 파멸시키고 나면, 로마가 당신들 모두를 파멸시킬 것입니다."

"주님, 디아스포라의 식민지 여러 군데에 봉기할 준비가 된 사람들이 있습니다…. 저희들은 저희 재력으로 그 사람들을 뒷받침 합니다" 하고 개종자들이 말한다.

"그리고 제 식민지에서두요. 그리고 아우리티데스와 트라코니티데스의 전적인 지원이 있습니다" 하고 보즈라에서 온 사람이 외친다.

"저는 이 사실을 확실히 압니다. 저희 산들은 군대를 기를 수 있고, 함정으로 보호되어 있는 군대를 선생님을 돕기 위해 내보낼 수 있습니다."

"페레아도 그렇습니다."

"가울라니티데스도 그렇습니다."

"가하의 계곡도 선생님 편입니다!"

"또 사해의 연안도, 저희들을 신으로 믿고 있는 유목민들과 더불어, 선생님께서 저희들과 합치기로 동의하시면, 선생님 편입니다" 하고 에세네파 사람이 외친다. 그는 흥분한 사람의 객설을 계속하지만, 그의 말은 소음 속으로 사라진다.

"유다의 산악지대 사람들은 용맹한 왕들의 혈통입니다."

"또 상부 갈릴래아 산악지대의 사람들은 데보라와 같은 기질을 가진 영웅들입니다. 여자들과 아이들까지도 영웅들입니다."

"선생님께서는 저희들의 수가 얼마 안 된다고 생각하십니까? 저희들은 수많은 집단입니다. 국민 전체가 선생님 편입니다. 선생님은 다윗 가문의 왕이시고 메시아이십니다! 이것은 마음의 외침이기 때문에 지혜로운 사람들과 무식한 사람들의 입술에서 나오는 외침입니다. 선생님의 기적들… 선생님의 말씀들… 표징들…." 그것은 내가 이해할 수가 없는 혼란이다.

예수께서는 회오리바람에 감싸인 아주 단단한 바위와 같이 움직이지 않으시고, 반응조차도 보이지 않으신다. 예수께서는 냉정하시다. 그리고 부탁과 간청과 이유들의 원무가 계속된다.

"선생님께서 저희들을 실망시키십니다. 왜 저희들의 파멸을 원하십니까? 선생님 혼자서만 행동하려고 하십니까? 그렇게는 하실 수 없습니다. 마타티아 마카베오도 앗시레아 사람들의 도움을 거절하지 않았고, 유다는 그들의 도움으로 이스라엘을 구해냈습니다…. 수락하십시오!!!" 이따금씩, 외치는 소리가 이 말마디에서 일치한다.

예수께서는 양보하지 않으신다.

매우 나이가 많은 연장자 중의 한 사람이 자기보다 더 나이 많은 사제 한 사람과 율법학자 한 사람과 의논을 하더니, 그들이 앞으로 나아와서 잠잠하기를 요구한다. 늙은 율법학자가 엘르아잘과 두 율법학자 요한을 자기에게로 부른 다음 말한다. "주님, 왜 이스라엘의 왕관을 쓰고자 하지 않으십니까?"

"그것은 내 것이 아니기 때문입니다. 나는 히브리왕의 아들이 아닙니다."

"주님은 알지 못하시는지도 모르겠습니다. 이 두 사람과 저 자신은 세 현자가 히브리인들의 왕으로 나신 분이 어디 계신지 물으러 왔기 때문에 부름을 받았었습니다. 아시겠습니까? '왕으로 나신 분' 입니다. 질문에 대답하라고 대헤로데의 명령으로 저희 대사제들과 백성의 율법학자들이 모였었습니다! 그리고 저희와 함께 의인 힐렐도 있었습니다. 저희들의 대답은 이러했습니다. '유다의 베들레헴입니다.' 선생님께서 그곳에서 나셨고, 선생님께서 나실 때에 큰 표징들이 일어났다는 것을 저희들은 압니다. 선생님의 제자들 중에 증인들이 있습니다. 선생님께서 세 현자에게서 왕으로서 경배를 받으셨다는 것을 부인하실 수 있습니까?"
"그 사실은 부인하지 않습니다."
"기적이 하늘의 표징처럼 선생님을 앞서가고, 동시에 일어나고, 뒤따른다는 것을 부인할 수 있습니까?"
"그 사실은 부인하지 않습니다."
"선생님이 언약된 메시아이시라는 것을 부인하실 수 있습니까?"
"그 사실은 부인하지 않습니다."
"그러면 살아계신 하느님의 이름으로 묻습니다. 왜 백성의 소망을 저버리고자 하십니까?"
"나는 하느님의 소망을 실현하려고 왔습니다."
"그것이 어떤 것들입니까?"
"세상의 구속과 하느님의 나라의 형성에 대한 소망입니다. 내 나라는 이 세상의 것이 아닙니다. 여러분의 돈과 여러분의 무기를 도로 가져가시오. 여러분의 눈을 뜨고 정신을 열어 성경과 예언서들을 읽으시오. 그리고 내 진리를 받아들이시오. 그러면 여러분 안에 하느님의 나라를 가질 것입니다."
"아닙니다. 성경은 해방자인 왕에 대해서 말합니다."
"사탄과 죄와 오류와 육체와 이교주의와 우상숭배에서의 해방입니다. 오! 지혜로운 백성인 히브리인들이여, 사탄이 당신들에게 어떻게 했기에 예언자들의 진리를 잘못 생각한단 말입니까? 내 형제들인 히브리인들이여, 사탄이 당신들에게 어떻게 하기에, 당신들이 이처럼 눈이 어두워졌단 말입니까? 오 내 제자들, 사탄이 그대들에게 어떻게 했기에, 그대들도 이제는 이해하지 못하게 되었단 말인가? 한 민족과 한 믿는이의 가장 큰 불행은 표징에 대한 틀린 해석에 떨어지는 것인데, 여기서 그 불행이 일어나고 있습니다. 개인적인 이해관계, 편견, 열광, 잘못 이해된 조국애, 모든 것이 심연을 만드는 데 소용됩니다…. 한 민족이 그의 왕을 알아보지 못함으로 그 안에서 파멸할 오류의 심연 말입니다."

"선생님께서 자신을 알아보지 못하시는 것입니다."

"여러분이 여러분을 알아보지 못하고 나도 알아보지 못하는 것입니다. 나는 인간적인 왕이 아닙니다. 그리고 여러분… 여기 모인 중의 4분의 3이나 저는 그것을 알고 있습니다. 그리고 당신들은 내 불행을 원하지, 내 행복을 원하지 않습니다. 당신들은 원한으로 이렇게 하지 사랑으로 이렇게 하는 것이 아닙니다. 나는 곧은 마음을 가진 사람들에게 말합니다. '깨어나시오, 그리고 악의 무의식적인 봉사자가 되지 마시오.' 나를 가게 내버려 두시오. 다른 말할 것이 없습니다."

몹시 놀란 가운데 침묵이 흐른다.

엘르아잘이 말한다. "저는 선생님의 원수가 아닙니다. 저는 잘 하는 줄로 생각했습니다. 그리고 저 혼자만이 아닙니다…. 착한 친구들은 저와 같이 생각합니다."

"나도 그것을 압니다. 그러나 당신도 솔직히 내게 말해 주시오. 가믈리엘은 무엇이라고 말합니까?"

"선생님이요?… 선생님은… 그렇습니다. 선생님은 이렇게 말씀하십니다. '만일 그분이 지극히 높으신 분의 그리스도이시면, 지극히 높으신 분이 표징을 주실 것이다' 하고."

"그분의 말이 옳습니다. 그러면 연장자 요셉은?"

"선생님께서 하느님의 아들이시고, 하느님 안에서 다스리실 것이라고요."

"요셉은 의인입니다. 그러면 배다니아의 라자로는?"

"그 사람은 고통을 겪고 있습니다…. 말을 별로 하지 않습니다…. 그러나 선생님께서는 저희들의 정신이 선생님을 받아들일 때에야 비로소 다스리실 것이라고… 말합니다."

"라자로는 현인입니다. 당신들의 정신이 나를 받아들일 때에. 지

156. 요르단강 건너편의 쿠자의 별장에서

금 당장은, 받아들이는 정신들이라고 내가 생각하던 당신들까지도 왕과 왕국을 받아들이지 않습니다. 그리고 이것이 내 고통이 되는 것입니다."

"요컨대 거절하시는 겁니까?" 하고 많은 사람이 외친다.

"당신들의 말 그대로입니다."

"선생은 우리를 위험한 일에 끌어넣으셨습니다. 선생은 우리에게 피해를 입히십니다. 선생은…" 하고 다른 사람들, 즉 헤로데 당원, 율법학자, 바리사이파 사람들, 사두가이파 사람들, 사제들…이 외친다.

예수께서는 식탁을 떠나셔서, 타는 듯한 눈으로 그 집단을 향하여 가신다. 그 눈길이라니! 그들은 본의 아니게 입을 다물고 벽에 바싹 붙어 선다…. 예수께서는 가셔서 정말 얼굴을 마주 갖다 대시며 조용히, 그러나 칼로 쳐서 자르는 듯이 신랄하게 말씀하신다. "'이웃을 몰래 치고, 선물을 받고서 무죄한 사람에게 사형선고를 내리는 사람은 화를 입을 것이다' 하는 말이 있습니다. 나는 당신들에게 말합니다. 나는 당신들을 사랑합니다. 그러나 당신들의 죄는 사람의 아들에게 알려졌습니다, 하고. 만일 내가 당신들을 용서하지 않으면… 이보다 훨씬 못한 일 때문에도 야훼께서는 이스라엘 사람 여럿을 잿더미를 만드셨습니다." 그러나 예수께서 이 말씀을 하실 때에 하도 무시무시하셔서 아무도 감히 움직이지를 못한다. 그러니까 예수께서는 무거운 이중 커튼을 쳐드시고 안마당으로 나가시는데, 아무도 감히 몸짓을 하지 못한다.

커튼이 움직이지 않게 되었을 때에야, 즉 몇 분 후에야 비로소 그들은 마음이 진정된다.

"따라 잡아야 해… 붙잡아야 해…" 하고 가장 악착스러운 사람들이 말한다.

"용서를 받아야 해" 하고 가장 좋은 사람들, 즉 마나헨, 티몬, 개 종자들, 보즈라에서 온 사람, 요컨대 곧은 마음을 가진 사람들이 한숨을 쉰다.

그들은 방 밖으로 서둘러 나가서 찾고 하인들에게 "선생님은? 어디 계신가?" 하고 묻는다.

선생님? 아무도 보지 못하였다. 안마당의 두 문에 있던 사람까지도 보지 못하였다. 선생님은 안 계신다…. 횃불과 등들을 가지고 어두운 정원에서 찾고, 예수께서 쉬셨던 방에서 찾는다. 아무도 없다! 그리고 침대 위에 놓아두었던 겉옷도 없어졌고, 안마당에 내려놓았던 배낭도 없어졌다….

"우리에게서 빠져 나갔다! 사탄이다!… 아니다. 하느님이시다. 마음대로 하신다. 우리를 배신할 거다! 아니다. 우리의 정체를 알 것이다." 서로 의견을 외치고 서로 욕을 한다. 착한 사람들이 외친다.

"당신들이 우리를 꾀었소. 배신자들! 우리가 그걸 생각했어야 하는건데!" 악한 사람들, 즉 대다수는 위협을 한다. 그리고 속죄의 염소를 잃어서 적대할 수가 없게 되자, 두 패는 서로 자기들끼리 적대한다.

그런데 예수님은 어디 계신가? 나는 예수께서 보기를 원하시기 때문에 예수를 본다. 매우 멀리 요르단강 하구(河口)에 있는 다리께에 계신다. 예수께서는 바람에 불려 가시는 것처럼 빨리 가신다. 머리카락은 창백한 얼굴 둘레에 나부끼고, 옷은 빨리 걸으시는 걸음걸이로 돛처럼 펄럭인다. 그리고 적당한 거리에 와 계신다는 것이 확실하자, 골풀 사이로 들어가셔서 동쪽 호숫가를 걸어 가신다. 그리고 높은 절벽의 처음 바위들을 발견하시자, 어두워서 가파른 비탈을 기어 올라가는 것이 위험한 것은 상관하지 않으시고 비탈을 올라가신다. 올라가고 또 올라가셔서, 호수로 불쑥 내민 바위가 있고, 수백년 묵은 참나무가 지키는 곳까지 올라가신다. 그리고 바위에 앉으셔서, 무릎에 팔꿈치를 세우시고, 손바닥으로 턱을 괴시고, 안개가 끼는 무한한 공간에 시선을 고정시킨다. 겨우 옷의 흰 빛깔과 얼굴의 창백함으로 보이는 예수께서는 꼼짝 하지 않고 계신다….

그러나 누군가가 예수를 따라왔다. 요한이다. 겨우 짧은 어부옷만 입고, 물 속에 들어갔던 사람처럼 머리카락이 뻣뻣하고, 숨을 헐떡이면서도 얼굴은 창백한 요한이다. 그는 울퉁불퉁한 절벽 위를 미끄러져 가는 그림자와 같다. 그는 좀 떨어져서 걸음을 멈추고 예수를 지켜본다…. 요한은 움직이지 않는다. 그래서 바위의 일부분인 것 같다. 그의 어두운 속옷 때문에 한층 더 감추어지고, 다만 얼굴과 옷으로 가려지지 않은 다리와 팔만이 밤의 어두움 속에서 겨우 보일 뿐이다.
 그러나 예수를 본다기 보다는 오히려 예수께서 우시는 소리를 듣자, 그 때에는 더이상 견디어내지 못하고 가까이 다가가서 "선생님!" 하고 부른다.
 예수께서는 그가 속삭이는 소리를 들으시고 머리를 드신다. 그리고 도망할 준비를 하시고 옷을 치키신다.
 그러나 요한이 외친다. "선생님, 그들이 선생님께 어떻게 했기에 이제는 요한도 알아보지 못하시게 됐습니까?"
 그러니까 예수께서 당신의 귀염둥이를 알아보시고 팔을 내미시니, 요한은 예수의 품 안으로 뛰어 들어가, 두 사람은 두 가지 다른 고통으로, 그리고 오직 한 사랑으로 운다.
 그러나 곧이어 울음이 가라앉고, 예수께서 먼저 정신을 차리시고 사태를 보신다. 예수께서는 요한이 겨우 축축한 속옷만을 입었고, 맨발이고, 몸이 얼어 있다는 것을 알아차리신다. "대관절 어떻게 이 지경으로 여기에 와 있느냐? 왜 다른 사람들과 같이 있지 않느냐?"
 "아니고! 선생님, 저를 야단치지 마십시오. 저는 그대로 있을 수가 없었습니다…. 저는 선생님을 가시게 내버려둘 수가 없었습니다…. 저는 이것만 말고 옷을 버리고, 물에 뛰어들어 헤엄을 쳐서 다리 케아로 돌아왔고, 거기서 강변을 따라 갔습니다. 그리고 다리를 건너 선생님을 따라 가서 집 근처 도랑에 숨어 있으면서 선생님을 도와드릴 준비를 하고, 적어도 그들이 선생님을 납치하는지, 선생님께 해를 입히는지 알려고 했습니다. 그런데 저는 그들이 다투는 것을 들었습니다. 그리고 선생님이 제 앞을 빨리 지나가시는 걸 보았습니다. 선생님은 천사 같으셨습니다. 선생님을 놓치지 않고 따라 오느라고, 저는 도랑과 늪에 빠져서 진흙 투성이가 되었습니다. 선생님의 옷을 더럽혔을 겁니다…. 선생님이 여기 와 계신 때부터 선생님을 보고 있습니다. 울고 계셨지요?… 주님, 그들이 주님께 어떻게 했습니까? 선생님께 욕을 했습니까? 때렸습니까?"
 "아니다. 나를 왕을 만들려고 했다. 초라한 왕을 말이다, 요한아! 그리고 여러 사람은 그것을 선의로, 참된 사랑으로, 착한 의향을 가

지고 하는 것이었다…. 대부분은… 나를 밀고해서 제거할 수 있기
위해서 그렇게 하는 것이었다….”
 “어떤 사람들입니까?”
 “묻지 말아라.”
 “또 다른 사람들은요?”
 “그들의 이름도 묻지 말아라. 너는 미워해서도 안 되고 비난해서
도 안 된다…. 나는 용서한다….”
 “선생님… 제자들이 있었습니까?… 그것만 말씀해 주십시오.”
 “그렇다.”
 “그럼 사도들은요?”
 “아니다, 요한아. 사도는 아무도 없었다.”
 “정말입니까, 주님?”
 “정말이다, 요한다.”
 “아! 이 때문에 하느님을 찬미합니다…. 그러나 왜 아직도 울고
계십니까, 주님? 제가 여기 주님과 함께 있습니다. 저는 선생님을
모든 사람을 대신해서 사랑합니다. 그리고 베드로와 안드레아와 다
른 사람들두요…. 그 사람들이 제가 호수로 뛰어드는 것을 보고는
저를 미치광이로 취급했습니다. 베드로는 화가 나 있었고, 제 형은
제가 소용돌이에 휘말려 죽으려고 한다고 말했습니다. 그러나 곧 이
어 이해하고 소리쳤습니다. ‘하느님께서 자네와 함께 계시기를. 가
게, 가!… ’하고. 저희들은 선생님을 사랑합니다. 그렇지만 보잘 것
없는 아이인 저만큼은 아무도 사랑하지 못합니다.”
 “그렇다. 아무도 너만큼은 사랑하지 못한다. 요한아, 춥겠다! 이
리 내 겉옷 속으로 오너라….”
 “아닙니다. 선생님 발 앞에, 이렇게… 선생님! 왜 그들이 모두 저
같은 보잘 것 없는 어린 아이처럼 선생님을 사랑하지 않습니까?”
 예수께서는 요한을 가슴으로 끌어당기시고 그의 곁에 앉으시며 말
씀하신다.
 “그들은 너같은 어린이 마음을 가지고 있지 못하기 때문이다.”
 “그들은 선생님을 왕을 만들고자 했습니까? 아니, 그들은 선생님
의 나라가 이 세상의 것이 아니라는 것을 아직 깨닫지 못했습니까?”

"그들은 깨닫지 못했다!"
"이름은 대시지 말고 이야기 해 주십시오, 주님…."
"그러나 너는 내가 말한 것을 말하지 않겠느냐?"
"주님이 원치 않으시면 말하지 않겠습니다…."
"사람들이 나를 보통의 민중 지도자로 소개하고자 할 때에만 이 말을 하여라. 언젠가 그런 때가 올 것이다. 너는 거기 가서 이렇게 말하여라. '선생님은 당신의 나라가 이 세상의 것이 아니기 때문에 이 세상의 왕이 되기를 원치 않으셨고, 그래서 이 세상의 왕이 되지 않으셨다. 선생님은 하느님의 아들, 사람이 되신 〈말씀〉이셨다. 그래서 지상의 것은 받아들이실 수가 없었다. 선생님은 육체와 영혼과 세상을 구속하시기 위하여 세상에 오시고, 육체를 취하기를 원하셨다.

그러나 세상의 화려함과 죄의 발생지를 받아들이고자 하지 않으셨고, 당신 안에 육체적인 것과 세속적인 것은 아무 것도 가지지 않으셨었다. 빛이신 그분은 어두움으로 둘러싸이지 않으셨고, 무한하신 그분은 한있는 것들을 받아들이지 않으셨다. 그러나 선생님은 육체와 죄로 한계가 지어진 인간들을 가지고 이제는 당신을 더 닮은 인간들을 만드셨는데, 당신을 믿는 사람들을 참된 왕위로 데려가셔서, 당신의 나라를 하늘에 세우시기 전에 사람들의 마음 속에 세우심으로 그렇게 하셨다. 하늘에서는 그분의 나라가 구원을 받는 모든 사람과 더불어 완전하고 영원할 것이다' 하고. 요한아, 나를 사람으로만 보려고 하는 사람들과 나를 영으로만 보고자 하는 사람들과 내가 유혹을 당하고… 고통을 겪었다는 것을 부인하는 사람들에게 이 말을 하여라…. 구세주가 울었고… 그들 사람들은 내 눈물에 의해서도 구속되었다고 사람들에게 말하여라…."

"예, 주님. 예수님, 얼마나 괴로우십니까!…."
"얼마나 내가 구속을 하느냐! 그러나 너는 내 고통을 위로한다. 새벽에 이곳을 떠나자. 배를 한 척 얻어 만나겠지. 우리가 노 없이도 갈 수 있다고 말하면 내 말을 믿겠느냐?"
"배 없이 갈 거라고 말씀하셔도 믿겠습니다…."
두 사람은 예수의 겉옷 하나 속에 감싸여 서로 껴안고 있는데, 요한은 피로하여 포근함 속에서 마치 엄마의 품에 안긴 어린 아이처럼 잠이 들고 만다.

157. 예수께서 당신의 귀염둥이에 대하여 말씀하신다

예수께서 말씀하신다.

"마음이 곧은 사람들에게 이 알려지지 않은, 그리고 정말 매우 설명적인 복음의 한 페이지가 주어졌다. 요한은 오랜 세월이 지난 후에 그의 복음서를 쓰면서 이 사실을 암시했다. 그가 다른 어떤 복음사가 보다도 그 천주성을 더 명백하게 설명하는 그의 선생님의 소원을 따라 알려지지 않은 이 세부사항을 사람들에게 알리는데, 그의 모든 행동과 그의 모든 말을 겸손하고 조심성 있는 수줍음으로 감싸는 처녀같은 신중함을 가지고 알린다.

내 생애의 가장 중대한 사실에 대해 나와 속내 이야기를 할 수 있던 사람인 요한은 내가 그에게 주던 이 특별한 호의를 보라는 듯 자랑한 적이 한번도 없었다. 너희들이 주의해서 읽기를 바란다마는, 오히려 반대로 요한은 그런 사실들을 알리는 것을 괴로워하는 것 같고 '이것이 우리 주님을 찬양하는 진리이기 때문에 말해야 하지만, 나 혼자만이 이것을 안다는 것을 보여야 하는 것에 대해 용서를 청한다'고 말하는 것 같으며 그가 혼자만 아는 세부사항을 암시를 할 때에는 간결한 말로 한다.

요한이 나와 만난 것을 이야기 하는 그의 복음서 첫장을 읽어라. '요한이 자기 제자 두 사람과 함께 다시 있다가… 그 두 제자는 요한의 말을 듣고… 요한의 말을 듣고 예수를 따라 간 두 사람 중의 하나는 시몬 베드로의 동생 안드레아였다. 안드레아가 먼저 만난….' 요한은 그의 이름을 말하지 않고, 오히려 안드레아를 돋보이게 하고, 자기는 그의 뒤에 가서 숨는다.

가나에서 요한과 나와 함께 있었다. 그런데 이렇게 말한다. '예수도 제자들과 함께 초대를 받아 와 계셨다…. 그리하여 제자들은 예수를 믿게 되었다.' 믿을 필요가 있는 것은 다른 제자들이었다. 요한은 벌써 믿고 있었다. 그러나 그도 믿기 위하여는 기적을 볼 필요가 있었던 것처럼 자기를 다른 제자들과 함께 쓸어넣는다.

내가 첫번째로 성전에서 장사꾼들을 쫓아낼 때, 니고데모와의 대화와 사마리아 여인과의 삽화 때의 목격자였던 그가 절대로 '내가 거기 있었다'는 말은 하지 않고, 그가 가나에서 채택했던 방침을 지켜, 그가 혼자 또는 다른 제자 한 사람과 같이 있었더라도 '예수의 제자들'이라고 말한다. 그리고 이렇게 계속해서, 자기의 이름은 결코 말하지 않고, 마치 자기가 가장 충실한 제자 항상 충실한, 완전히 충실한 제자가 아니었던 것처럼 언제나 동료들을 앞에 내세운다.

최후의 만찬의 삽화를 암시하는 데 요한이 가졌던 세심성을 기억하여라. 이 삽화에서는 요한이 다른 제자들도 그렇다고 인정하는 귀염둥이였다는 것이 나타나며, 다른 제자들은 선생님의 비밀을 알고자 할 때에는 그의 도움을 청했었다. '제자들은 누구를 가리켜서 하시는 말씀인지를 몰라 서로 쳐다 보았다. 그때 제자들 중에서 예수가 귀여워하던 제자가 예수의 품에 안겨 있었는데, 시몬 베드로가 그에게 눈짓을 하여 누구를 두고 하시는 말씀인지 여쭈어 보라고 하였다. 그 제자가 예수의 가슴에 기대 있었기 때문에 〈주님, 그게 누굽니까?〉 하고 여쭈어 보았다.'

또 게쎄마니 동산에 베드로와 야고보와 함께 부름을 받은 제자로서도 자기의 이름을 말하지 않는다. '나는 주님을 따라 갔다'고 말하지 않는다. 또 이렇게 말한다. '시몬 베드로와 또 다른 제자 한 사람이 예수를 따라 갔다. 그 제자는 대사제와 잘 아는 사이여서 예수를 따라 대사제의 집 안뜰까지 들어갔다.' 요한이 아니었더라면, 나는 내가 붙잡힌 후 처음 몇 시간 동안에 요한을, 요한과 베드로를 보는 위안을 얻지 못했을 것이다. 그러나 요한은 그것을 자랑하지 않는다. 수난 때에 주요 인물 중의 한 사람이고, 수난 현장에 끊임없이 있던 유일한 사도이며, 미친듯이 날뛰는 예루살렘 앞에서 사랑과 연민을 가득 안고 그리스도 곁에, 어머니 곁에 용맹하게 있으면서도, 십자가에 못박힘과 죽은 사람의 말이라는 두드러진 삽화를 이야기할 때조차 자기의 이름을 말하지 않는다. '어머니, 이 사람이 어머니의 아들입니다.' '이분이 네 어머니시다.' 그저 '제자'이고, 이름없는 사람이고, 그의 사명이었다가 그의 영광이 된 '제자'라는 이름 외에 다른 이름이 없다.

하느님의 어머니의 '아들'이 된 그가 이 명예를 얻은 뒤에도 자찬하지 않고, 부활 때에도 이렇게 말한다. '베드로와 다른 제자는 (라자로의 마리아에게서 무덤이 비어 있다는 말을 들은) 곧 떠나 무덤으로 향하였다…. 두 사람이 같이 달렸지만… 다른 제자가 베드로보다 더 빨리 달려 가 먼저 무덤에 다다랐다. 그는 몸을 굽혀 보았다…. 그러나 안에 들어가지는 않았다….' 우아한 겸손의 표현이다! 귀염둥이이고 충실한 제자인 그가 베드로를 먼저 들어가게 한다. 비겁해서 죄를 지었다지마는 우두머리인 베도로를 말이다. 요한은 베드로를 심판하지 않는다. 베도로는 그의 대사제인 것이다. 요한은 대사제를 자기의 거룩함으로 도와주기까지 한다. '우두머리' 자신들도 그들의 아랫사람들에게서 도움을 받도록 그들이 필요할 수도 있고, 또 실제로 필요하기도 하기 때문이다. '지도자들'보다 나은 아랫사람이 얼마나 많으냐! 오 거룩한 아랫사람들아, 그들이 잘 질 줄을 모르는 무거운 짐 때문에 몸이 구부러지거나, 명예의 흥분으로 눈이 멀고 취한 '우두머리들'을 불쌍히 여기기를 절대로 거절하지 말아라. 오 거룩한 아랫사람들아, 너희 웃사람들의 키레네 사람들이* 되어라. 내 작은 요한아 ─ 나는 모든 사람을 위해서 네게 말하기 때문에 이렇게 부른다. ─ 너희들은 앞으로 먼저 달려 가서 '베드로들'을 인도하고 나서, 그 다음에는 그들의 직책에 대한 경의로 그들을 들어가게 하려고 걸음을 멈추고, 또 ─오! 겸손의 걸작품! ─ 이해하고 믿을 줄을 알지 못하는 '베드로들'의 자존심을 상하게 하지 않으려고, 자기들도 '베드로들'과 같이 우둔하고 의심많은 사람들처럼 보이고, 또 그렇게 믿게 하기에 이르는 '요한들'이 되어라.

티베리아 호수에서 있은 마지막 삽화를 읽어 보아라. 다른 때에도 여러번 행한 행위를 되풀이하여, 호숫가에 서 있는 사람을 주님으로

---

* 역주 : 예수의 십자가를 대신 지고간 키레네 사람 시몬에 대한 암시로 생각됨(마태오 27 : 32, 마르코 15 : 21, 루가 23 : 26 참조).

알아본 것도 역시 요한이었다. 그런데 음식을 함께 나눈 다음에 '저 사람은 어떻게 되겠습니까?' 하는 베드로의 질문에서도 요한은 역시 '제자'이지 그 이상 아무 것도 아니었다.

자기에게 관한 것에서는 요한이 자기를 낮춘다. 그러나 사람이 되신 하느님의 말씀을 점점 더 숭고한 빛으로 빛나게 할 어떤 것에 대한 것일 때에는 요한은 덮은 보를 젖히고 비밀을 드러낸다.

그의 복음서 6장에서 요한은 이렇게 말한다. '예수께서는 그들이 달려들어 억지로라도 왕으로 모시려는 낌새를 알아채시고 혼자서 다시 산으로 피해 가셨다.' 그런데 그가 믿는 사람들에게 그리스도의 이 시간을 알린 것은, 그리스도가 사람, 선생님, 메시아, 구세주, 왕이라는 여러 가지 자격으로 당한 유혹과 겪은 투쟁이 다양하고 복잡했다는 것을 신자들에게 알게 하기 위해서였고, 또한 사람들과 사람들을 영원히 선동하는 사탄이 그리스도를 깎아내리고 쓰러뜨리고 파멸시키기 위하여 그에게 쓰지 않은 계략이 없었다는 것을 알게 하기 위해서였다. 사람과 영원한 사제와 선생님과 주님을 사탄과 인간의 온갖 악의가 좋은 것처럼 제시된 구실의 탈을 쓰고 공격했다. 시민, 애국자, 아들, 사람으로서의 격정이 모두 공격할 수 있을 약한 부위를 발견하기 위하여 자극되거나 시도되었다.

오! 처음의 유혹과 마지막 유혹밖에는 곰곰 생각하지 않는 내 자녀들아, 너희들에게는 구세주의 피로 중에서, 마지막 피로만이 '피로'로 보이고, 마지막 시간들만이 고통스러워 보이고, 마지막 체험들만이 쓰라리고 실망시키는 것으로 보인다. 잠시 동안 내 입장이 되어 보아라. 동포들과의 평화, 그들의 도움, 사랑하는 나라를 거룩하게 하기 위하여 필요한 정결의식을 행할 수 있는 가능성, 갈라진 이스라엘의 백성들을 회복시키고 다시 모을 수 있는 가능성, 고통과 노예상태와 독성(瀆聖)에 종지부를 찍을 수 있는 가능성을 사람들이 너희들에게 어렴풋이 예상하게 한다고 생각해 보아라. 또 사람들이 너희에게 왕관을 바친다고 생각하면서 내 입장이 되어 보라고도 말하지 않는다. 다만 한 시간 동안 사람으로서의 내 마음을 가져 보라고만 말한다. 그리고, 매혹적인 제안을 받고 너희들이 어떻게 되었겠는지 말하라고. 하느님의 사상에 충실한 승리자가 되었겠느냐? 그렇지 않고 오히려 패배자가 되었겠느냐? 그러한 제안을 받고, 그 어느 때보다도 더 거룩하고 영적인 사람이 되어 나왔겠느냐? 그렇지 않으면 유혹에 동의하거나 위협에 굴복해서 너희 자신을 파멸시켰겠느냐? 또 내 착한 제자들을 나쁜 길로 들게 하고, 이제는 정체가 드러나 그이들의 음모가 폭로된 것으로 인하여 미친 듯이 화가 난 내 원수들과 공공연한 싸움을 시작하게 함으로써, 내 사명과 내 애정에 있어서 내게 상처를 주기 위하여 사탄이 그의 무기를 어느 정도에까지 이르게 하는지를 확인하고 나서 어떤 마음으로 거기서 나왔겠느냐?

요한이 말을 제대로 했는지, 이것 또는 저것이 어느 정도까지 진실인지 재보고, 대조하고, 따져보려고 손에 콤파스와 자를 들고, 현미경과 인간적인 과학 또 율법학자들의 유식한 체하는 논리들을 가지고 있지 말아라. 어제 보여준 삽화에 요한의 글을 겹쳐 놓아서 상황들이 서로 일치하는지 보려고 하지 말아라. 요한은 늙음으로 인한 결함으로 잘못 생각하지 않았고, 작은 요한은 병자의 약함으로 잘못 생각하지 않았다. 작은 요한은 그가 본 대로 말했다. 큰 요한은 사실이 있은 후 많은 세월이 지나서 그가 아는 대로 이야기했고, 장소와 사실을 아주 재치있게 연결시켜 가면서, 그만이 아는 악의가 없지 않은 그리스도의 대관(戴冠) 시도의 비밀을 알렸다.

백성들 가운데 나자렛 선생님을 이스라엘의 왕을 삼겠다는 생각이 생긴 것은 다리케아에서 첫번째로 빵을 많아지게 한 뒤였다. 그곳에는 마나헨과 율법학자와 다른 사람도 여럿 있었는데, 그들의 정신은 아직 불완전하지만 성실한 마음을 가지고 있으면서 그 생각을 받아들여, 선생님을 공경하고, 선생님께 대한 옳지 않은 투쟁에 종지부를 찍기 위해 그 사상의 전파자가 되었었다. 그것은 성경을 잘못 해석하는 것이었는데, 그것은 인간적인 왕권에 대한 꿈과 많은 것으로 더럽혀진 조국을 거룩하게 하겠다는 희망으로 눈이 어두워진 온 이스라엘에 퍼져 있는 그릇된 생각이었다.

또 자연히 그렇게 되는 것처럼, 많은 사람이 순박하게 이 사상에 찬동하였다. 대다수는 나를 해치기 위하여 이 사상에 찬동하는 체하였다. 이들은 내게 대한 증오로 결합해서 그들을 항상 갈라 놓았던 패거리들 사이의 증오를 잊고 서로 결합하여, 이미 그들의 마음 속에 결정했던 죄악을 합법적인 것으로 보이게 하기 위하여 나를 유혹하려고 하였다. 그들은 내 편에서 약함이나 교만을 보이기를 바랐었다. 이 교만과 이 약함, 그런 다음 그들이 내게 바치는 왕관을 받으면, 그들이 내게 대해 하려고 하던 비난들을 정당화하였을 것이다. 또 그리고… 그런 다음 이것을 가지고 가책에 시달리는 그들의 음험한 정신을 편안하게 하는 데 썼을 것이다. 그들은 그렇게 믿을 수 있기를 바라면서 자기 자신들에게 '나자렛의 선동자를 벌한 것은 로마이지 우리가 아니다' 라고 말했겠기 때문이다. 그들은 원수의 **합법적인** 제거, 그들의 구세주를 그들은 원수라고 생각하고 있었다….

이 선언을 시도한 이유는 이런 것들이었다. 그 뒤에 따라온 더 강한 증오를 이해하는 관건은 이런 것이었다. 끝으로 그리스도의 심오한 가르침은 이런 것이었다. 그것을 이해들 하느냐? 이것은 하느님과 나 자신의 사명, 내 친구들, 몽상가들, 내 원수들, 사탄과 사탄이 나를 유혹하기 위하여 사용하던 사람들에 대한, 그리고 사물과 사상에 대한, 겸손과 정의, 순종, 용기, 조심성, 충실성, 용서, 참을성, 경계, 인종(忍從)의 교훈이다. 사람의 거룩한 목적, 즉 하늘과 하느님의 뜻을 생각하면서 모든 것을 곰곰 생각해서 받아들이거나 물리치거나 해야하고, 사랑하거나 사랑하지 않거나 해야 한다.

　작은 요한아, 내게 있어서 사탄의 시간 중의 하나는 이런 것이었다. 그리스도가 그런 시간들을 겪은 것과 같이 작은 '그리스도'들도 그런 시간들은 겪는다. 그 시간들을 교만하지 않고 낙담하지 않고 겪고 극복해야 한다. 그 시간들이 목적이 없지 않다. 좋은 목적이 없지 않다. 그러나 두려워하지 말아라. 그 시간 중에 하느님께서는 충실한 사람을 저버리지 않으시고 도와주신다. 그런 다음 사랑이 내려와서 충실한 사람들을 왕을 삼는다. 또 그뿐 아니라 이 세상의 시간이 끝난 다음에는 충실한 사람들은 영원한 승리자로 나라에 올라가 영원한 평화를 누린다….

　가시관을 쓴 작은 요한아, 내 평화가. 내 평화가….

158. 베싸이다와 가파르나움에서. 또 다른 사도들의 여행을 위한 출발

 "배를 베싸이다 쪽으로 돌려라" 하고 작은 배에 요한과 같이 계신 예수께서 명령하신다. 날이 밝아 옴과 동시에 천천히 환해지는 호수 가운데에 떠 있는 정말 호두 껍질 같은 작은 배이다.
 요한은 말없이 순종한다. 매우 힘있는 작은 바람이 작은 돛을 부풀게 하고 배를 빨리 미끄러져 가게 한다. 배가 어떻게 빨리 가는지 한편으로 기울기까지 하였다. 동쪽 호안(湖岸)이 빨리 달아나고, 호수의 북쪽 기슭의 곡선이 점점 가까워진다.
 "마을에 가기 전에 배를 대라. 나는 다른 사람들 보지 않게 폴피레아에게 가고자 한다. 너는 그리고 나서 늘 가는 곳으로 나를 찾아와서 배에서 기다리도록 해라."
 "예, 선생님. 그런데 누가 저를 보면요?"
 "내가 어디 갔다고 말하지 말고 붙잡아 두어라. 나는 빨리 끝내겠다."
 요한은 호숫가에서 배를 대기에 유리한 지점을 알아보았는데, 그것은 모래투성이의 개울 같은, 정말 개울 같은 곳이었다. 누군가가 필요한 데 쓰려고 거기서 모래를 파 가서, 넓이가 몇 미터밖에 안 되는 작은 만이 이루어졌지만, 그곳에는 수면에서 50센티미터쯤 되는 호안에 배가 닿을 수 있다.
 요한은 그리로 간다. 배는 가볍게 자갈을 긁었지만 호안에 닿는 데 성공하였다. 요한은 모래에서 나온 나무뿌리를 붙잡고 배를 기슭으로 끌어당겨 붙들고 있다. 예수께서는 호숫가로 뛰어 내리신다. 요한은 노를 호숫가에 대고, 배를 다시 호수로 들어가게 하려고 노를 힘껏 민다. 마침내 해냈다. 요한은 환한 미소를 짓는 얼굴을 들고 "선생님, 안녕히 가십시오" 하고 말한다.

"잘 가거라, 요한아." 그러시면서 예수께서는 나무들 사이로 멀어져 가시고, 요한은 그의 작은 배를 갈짓자로 저어 간다.

예수께서는 안쪽을 향하여 돌아서 베싸이다 뒤쪽에 있는 채소밭들 사이로 지나 가신다. 예수께서는 마을이 활기를 띠게 될 때에 들어가는 것을 피하시려고 빨리 가신다. 예수께서는 아무도 만나지 않으시고 베드로의 집에 이르셔서 부엌 문을 두드리신다. 조금 후에 폴피레아의 머리가 머뭇거리며 지붕의 낮은 담 위로 보인다. 폴피레아는 보고 놀라서 "오!" 하는 소리를 지른다. 폴피레아는 온통 어깨 위에 흐트러진 그의 눈부신 머래채를 ─그의 유일한 아름다움─ 한 손으로 그러 모으면서, 아침의 빠른 화장을 하던 중이다. 맨발로 작은 층계로 해서 아래로 뛰어 내려온다.

"주님이! 혼자서요?"

"그렇다. 폴피레아야, 마륵지암은 어디 있느냐?"

"자고 있습니다. 아직 자고 있어요. 어린 것이 좀 침울하고 활기가 없었습니다. 나이 탓도 있습니다…. 자라는 때라… 잘 때에는 생각을 하지 않고 울지 않습니다…."

"자주 우느냐?"

"예, 선생님. 저는 그것이 그 애의 현재의 약함이라고 생각합니다. 그래서 그 애의 정신을 단련하고… 그 애를 위로하려고 애를 씁니다…. 그러나 그 애는 이렇게 말합니다. '저는 혼자 남았어요. 제가 사랑하던 사람은 모두 떠났어요. 그리고 예수님이 안 계시게 되면…' 하고. 그리고 이 말을 선생님이 우리를 떠나시게 된 것처럼 말합니다…. 확실히 그 애는 살아오는 동안에 고생을 많이 했습니다…. 그러나 저와 시몬은 그 애를 사랑합니다. 정말이지 무척 사랑합니다, 선생님."

"나도 그것은 안다. 그러나 그의 마음을 짐작하고 있다…. 폴피레아야, 바로 이런 일에 대해서 네게 말할 필요가 있다. 이 때문에 시몬을 데려오지 않고 이 시간에 온 것이다. 마륵지암이 우리 말을 듣지 못하게 하고, 아무의 방해도 받지 않으려면, 우리가 어디로 가야 하느냐?"

"주님… 저희 부부방이나 그물을 두는 방밖에… 없습니다…. 마

158. 베짜이다와 가파르나움에서. 또 다른 사도들의 여행을 위한 출발

룩지암은 위층에 있습니다. 저희들은 더위를 피하려고 위층에 가서 자기 때문에 저도 거기 있었습니다….”

"그물 두는 방으로 가자. 그 방은 더 멀리 떨어져 있으니까, 마륵지암이 잠이 깨더라도 듣지 못할 것이다."

"주님, 이리 오십시오." 그러면서 폴피레아는 그물, 노, 식량, 베틀 하나 따위의 여러 가지 물건이 어수선하게 널려 있는 방으로 예수를 인도한다….

폴피레아는 서둘러 벽에 기대 놓은 탁자 같은 것에 있는 물건들을 치우고, 선생님이 앉으시도록 밧줄 부스러기 한 뭉치로 그것을 닦는다.

"상관없다. 나는 피곤하지 않다."

폴피레아는 몹시 유순한 눈을 들어 예수의 수척하고 피로한 얼굴을 쳐다본다. "어디가요? 선생님은 피로하십니다" 하고 말하려는 것 같다. 그러나 말을 하지 않는 습관이 되어 있어서 말을 하지 않는다.

"폴피레아야, 들어라. 너는 선량한 아내이고, 훌륭한 제자이다. 나는 너를 안 뒤로 많이 사랑했고, 매우 기쁘게 너를 제자로 받아들였고, 네게 아이를 맡겼다. 나는 네가 너 같은 여자가 별로 없으리 만큼 신중하고 덕행이 있다는 것을 안다. 그리고 네가 잠자코 있을 줄 안다는 것도 알고 있다. 그것은 여자들에게는 매우 드문 덕행이다. 이런 모든 이유로 네게 비밀히 말해서, 아무도 알지 못하는, 사도들도, 시몬조차도 알지 못하는 일 한 가지를 네게 말하려고 왔다. 내가 이 비밀을 네게 말하는 것은 네가 장차 마륵지암과… 모든 사람에 대해서 어떻게 처신해야 하는지를 말해 주어야 하기 때문이다…. 나는 내가 네게 부탁하는 것에 대해서 네가 선생님을 만족시키고, 언제나와 같이 조심성 있으리라는 것을 알기 때문이다…."

그에 대한 주님의 칭찬을 듣고 얼굴이 정말 새빨개진 폴피레아는 너무 감격하여 머리로만 동의를 나타낸다. ─몹시 소심하고, 자기가 동의할 기분이 되어 있는지 알지도 못한 채 그에게 과해지는 독선적인 명령으로 지배되어 버릇한 폴피레아는─ 동의한다고 말로 하기에는 너무나 감격하였다.

"폴피레아야…, 나는 이쪽으로 다시 오지 않겠다. 모든 것이 완수되기까지는 결코 오지 않겠다…. 너는 내가 무엇을 완수해야 하는지를 알지?…"

폴피레아는 이 말을 듣고, 아직 왼손으로 목덜미에 모아 가지고 있던 머리채를 놓아 제멋대로 흐트러지게 내버려두고, 부르짖기보다도 오히려 두 손으로 얼굴을 가리고 흐느낌을 참으며 무릎을 꿇으면서 탄식한다. "압니다, 주 하느님…." 그러면서 조용한 울음을 운다. 그 울음은 얼굴에 갖다 댄 손가락 사이로 땅바닥에 떨어지는 눈물로만 나타난다.

"폴피레아야, 울지 말아라. 이 때문에 내가 왔다. 나는 준비가 되어 있다…. 그리고 악을 섬기면서도, 구속의 시간이 오게 할 것이므로 사실은 선에도 봉사할 그 자들도 준비가 되어 있다. 나도 그들도 준비가 되어 있으니까, 그 일이 당장이라도 완수될 수 있을 것이다…. 그리고 이제 지나가는 다른 시간 하나하나와 일어날 사건 하나하나가… 그들의 죄악과… 내 희생을 위한 완전한 끝맺음에 지나지 않을 것이다.

그러나 **그 시간** 전에 흘러 갈 아직 많은 그 시간들도 소용이 있을 것이다…. 완수되어야 할 모든 것이 나를 알리면서 이루어지기 위하여는 아직 완수하고 말해야 할 것이 있다…. 그러나 나는 여기에는 다시 돌아오지 않겠다…. 나는 이곳을 마지막으로 바라다보고… 이 정직한 집에 마지막으로 들어 왔다…. 울지 말아라…. 나는 네게 작별 인사를 하지 않고, 네게 선생님의 강복을 주지 않고 떠나기는 원치 않았다. 나는 마륵지암을 데리고 가겠다. 나는 지금 페니키아의 경계 쪽으로 가면서 그 애를 데리고 가고, 또 그 다음에는 장막절을 지내러 유다에 내려갈 때에 데리고 가겠다. 한겨울이 오기 전에 그 애를 돌려보낼 가능성이 없지 않을 것이다. 가엾은 아이! 그는 얼마 동안 나를 누릴 것이다. 또 그리고… 폴피레아야, 마륵지암이 내 시간에 거기에 있는 것은 좋지 않다. 그러니까 그 애가 과월절을 지내러 떠나는 것을 내버려두지 말아라…."

"주님, 계명은…."

"나는 계명을 그에게 면제해 준다. 폴피레아야, 나는 너도 알다시피 선생이고 하느님이다. 하느님으로서 나는 미리부터 그의 태만을 사해 주는데, 내가 그것을 정의의 동기로 명령하기 때문에 그것은 태만도 아니다. 내 명령에 복종하는 것이 벌써 그 자체로 계명을 태만한 데 대한 사죄가 된다. 그것은 하느님께 대한 순종이 — 또 이것은 마륵지암에게 하나의 희생이 된다.— 언제나 다른 어떤 것보다 우월하기 때문이다. 또 나는 선생이다. 제자의 능력과 반응을 헤아려볼 줄을 알지 못하고, 제자가 감당할 수 있는 것 이상의 노력이 그에게 어떤 결과를 낼지 깊이 생각할 줄을 모르는 선생은 훌륭한 선생이 아니다. 덕행을 명령할 때에도 신중해서 인간의 영적인 소망과 전반적인 능력이 줄 수 있는 최고치를 요구하지 말아야 한다. 한 인간이 도달한 영적이고 정신적이고 육체적인 힘의 정도에 비해서 너무 높은 덕행이나 너무 강한 정신적 자제를 요구하면, 이미 쌓아 올린 힘을 분산시키고 영적, 정신적 및 육체적인 세가지 차원에서 인간의 용기를 꺾을 수 있다.

불쌍한 아이인 마륵지암은 벌써 너무 고통을 겪었고, 자기와 같은 인간들의 난폭함을 너무 잘 알아서 인간들에 대해 증오를 느끼게 되기까지 했다. 마륵지암은 내 수난의 정체를 감당해 내지 못할 것이다. 내가 세상의 죄를 씻을 고통스러운 사랑의 바다이며, 내가 사랑한 모든 사람을 물 속에 잠가서 선생으로서의 내 모든 일을 없애려고 애쓸 사탄의 증오의 바다일 내 수난 말이다. 정말 잘 들어 두어야. 가장 강한 사람들까지도 잠깐이나마 사탄의 물결에 휘청거릴 것이다…. 그러나 나는 마륵지암이 구부러져서 그 괴로운 물을 마시게 되기를 원치 않는다…. 그 애는 죄없는 아이이고… 내게 소중한 아이이다. 그의 힘이 감당할 수 있는 것 이상의 고통을 벌써 겪은 사람을 나는 동정한다. 크게 동정한다…. 나는 엔도르의 요한의 영을 저 세상으로 불러 갔다…."

"요한이 죽었습니까? 오! 마륵지암이 그를 위해서 두루마리를 여러장 썼는데요…. 그 애에게 또 하나의 고통입니다…."

"요한의 죽음에 대해서는 내가 마륵지암에게 말하겠다…. 나는 요한에게 그 시간의 충격을 면하게 하려고 이 세상에서 데려갔다고 말했다. 요한도 사람들에게서 너무나 많은 고통을 겪었다. 가라앉은 감정을 왜 다시 살아나게 하겠느냐? 하느님은 인자하시다. 하느님께서는 당신 자녀들을 시험하신다. 그러나 무모하게 시험하는 분은 아니시다…. 오! 사람들도 그렇게 할 줄 알았으면! 얼마나 파멸하는 마음이 덜하고, 또는 그저 마음 속에 위험한 돌풍이 얼마나 덜하겠느냐!… 그러나 다시 마륵지암 이야기로 돌아가서, 마륵지암은 오는 과월절에 예루살렘에 **가서는 안 된다**. 지금 당장은 이 말을 해 주지 말아라. 때가 되거든 이렇게 말해라. '선생님이 너를 예루살렘에 보내지 말라는 명령을 내게 주셨다. 그리고 네가 순종하면, 특별한 상을 주시겠다고 약속하셨다' 하고. 마륵지암은 착하니까 말을 들을 것이다…. 폴피레아야, 내가 네게서 원하는 것은 이것이다. 네 침묵, 네 충실, 네 사랑."

"주님, 원하시는 대로 모두 하겠습니다. 주님은 보잘 것 없는 종을 너무 명예롭게 해 주십니다…. 저는 이렇게 많은 것을 받을 자격이 없습니다…. 제 선생님, 제 하느님, 안녕히 가십시오. 주님이 원하시는 대로 하겠습니다…." 그러나 고통에 못 견디어 땅에 엎디며 얼굴을 땅바닥에 댄다. ─ 처음에는 무릎을 꿇고, 발꿈치에 몸을 의지하고, 예수의 얼굴을 똑바로 쳐다보고 있었다. ─ 이제는 땅바닥에 쓰러져 칠흑같은 머리채에 온통 겉옷처럼 덮힌 채 흐느껴 울기 시작한다.

"그러나 선생님, 오! 이 얼마나 큰 고통입니까? 끝나는 것이 무엇입니까? 세상에게 있어서 끝나는 것이 무엇입니까! 선생님을 사랑하는 저희들에게 있어서! 선생님의 종인 제게 있어서! 다만 한 분! 저를 정말로 사랑하신 다만 한 분! 저를 업신여기신 적이 없고! 제게 대해서 독선적이 아니셨고! 이다지도 무식하고 이다지도 보잘 것 없고, 이다지도 어리석은 저를 다른 사람들처럼 대우해 주신 오직 한 분! 오! 마륵지암과 저는 ─마륵지암이 제일 먼저 그 말을 제게 했었으니까요.─ 그후 안심했었습니다…. 모든 사람이 그것은 사실일 수가 없다고 말했습니다. 시몬, 나타나엘, 필립보 모두다…. 그리고 그들의 아내들이… 그런데 그 사람들은 압니다. 그 사람들은 지혜로우니까요…. 그리고 시몬… 어! 제 시몬도 선생님이 고르셨으니, 얼마 만큼의 쓸모는 있을 것입니다!…. 그런데, 모두가! 정말 모두가 그런 일은 있을 수 없다고 말했습니다…. 그러나 지금은 선생님이 그 말씀을 하시니, 선생님이 그 말씀을 하시니… 선생님의 말씀을 의심할 수는 없습니다…." 폴피레아는 정말 몹시 슬퍼한다. 그리고 그의 고통은 감동시킨다.

예수께서는 그의 머리에 손을 얹으실 만큼 몸을 구부리시고 말씀하신다. "그렇게 울지 말아라…. 마륵지암이 들을라…. 나도 그것을 안다…. 아무도 그것을 믿지 않고, 믿게 되기를 원치 않는다…. 그리고 그들의 슬기 자체가, 그들의 사랑 자체가 그들이 믿는 것을 거부하는 원인이다…. 그러나 사실이 그렇다…. 폴피레아야, 나는 간다. 너를 떠나기 전에 지금과 영원을 위해서 네게 강복한다. 내가 너를 사랑했다는 것과 내게 대한 사랑을 내가 기뻐했다는 것을 항상 생각하여라. 그 사랑을 꾸준히 가지라고는 네게 말하지 않겠다. 네 선생의 추억이 항상 네 즐거움일 것이고, 거기서 네 피난처를 찾아낼 것이기 때문에 네가 그러리라는 것을 나는 안다. 그 추억이 죽을 때에도 네 즐거움이고 네 평화이리라는 것을. 그 때에는 네 선생이 네게 천당 문을 열어 주려고 죽었고, 거기서 너를 기다리고 있다는 것을 생각하여라…. 자! 일어나거라. 나는 가서 마륵지암을 깨우고 데리고 있겠다. 너는 눈물 자국을 닦고 우리 있는 데로 오너라. 요한이 나를 가파르나움으로 데려다 주려고 기다리고 있다. 시몬에게 보낼 물건이 있으면, 준비하여라. 시몬에게는 두꺼운 옷이 필요하리라는 것을 기억하여라…."

완전히 온순하고 재빨리 순종하는 여자인 폴피레아는 예수의 발에 입맞춤하고 일어나려고 한다. 그러다가 파도처럼 밀려오는 사랑으로 분별을 잃고, 얼굴을 몹시 붉히면서 예수의 두 손을 잡고, 한번, 두번, 열번 입맞춤 한다. 그리고 일어나서 예수를 가시게 한다….

예수께서는 나오셔서 옥상으로 올라가, 밧줄로 휘장을 쳐서 만든 일종의 정자 밑으로 들어가신다. 그 속에는 두개의 작은 침대가 있다. 마륵지암은 작은 베개를 벤 얼굴을 거의 숙이고 아직 자고 있다. 그의 거무스름한 얼굴의 광대뼈 하나와 덮고 자는 홑이불 밑으로 나온 길고 야윈 팔 하나밖에 보이지 않는다.

예수께서는 작은 침대 곁에 바닥에 앉으셔서 자는 아이의 창백한 뺨 위로 늘어져 있는 흐트러진 머리카락을 가볍게 어루만지신다. 소년은 아직 깨지는 않고 조금 움직인다. 예수께서는 당신의 손짓을 되풀이 하시고, 이제는 드러난 얼굴로 몸을 구부리시고 이것에 입맞춤을 하신다. 마륵지암이 눈을 뜨고, 그의 곁에 몸을 구부리고 계신 예수를 본다. 그는 믿기가 어렵다. 어쩌면 꿈을 꾸고 있다고 생각하는지도 모른다. 그러나 예수께서 그를 부르신다. 그 때에야 소년은 일어나서 예수의 품으로 뛰어들어 안긴다….

"선생님이 여길?"

"몇 달 동안 같이 데리고 다니려고 부르러 왔다. 좋으냐?"

"오! 그런데 아버지는요?"

"가파르나움에 계신다. 나는 요한과 같이 왔다…."

"요한 아저씨도 돌아왔어요? 아저씨는 참 기쁘겠네요! 제가 쓴 걸 아저씨에게 드리겠어요."

"엔도르의 요한에 대해서 말하는 것이 아니라, 제베대오의 요한을 말하는 것이다. 기쁘지 않으냐?"

"기뻐요, 요한 아저씨를 사랑하거든요…. 그렇지만 다른 요한 아저씨도… 더 사랑한다고 할 수 있을 정도예요…."

"왜 그러냐, 마륵지암아? 제베대오의 요한은 참 착한데."

"그래요. 그렇지만 다른 요한 아저씨는 아주 불행해요. 저도 아주 불행했고, 아직도 조금 불행해요…. 고통을 받는 사람들끼리는 서로 이해하고 서로 사랑해요…."

"엔도르의 요한이 이제는 고통을 당하지 않고 매우 행복하다는 것을 알면 기쁘겠니?"

"예, 기쁠 거예요. 그렇지만 아저씨는 선생님과 같이 있어야 행복할 수 있어요. 그렇지 않으면… 혹 아저씨가 돌아가신 거 아닙니까, 주님?"

"요한은 평화 속에 있다. 그리고 그것을 이기주의 없이 기뻐해야 한다. 그는 의인으로 죽었기 때문이고, 또 지금은 그의 영과 우리 영 사이에는 이제 갈라짐이 없기 때문이다. 우리는 우리를 위해 기도하는 사람이 한 사람 더 생겼다."

마륵지암의 정말 매우 야위고 창백한 얼굴에는 굵은 눈물 두 줄기가 흘러 내린다. 그러나 그는 속삭인다. "그렇습니다."

예수께서는 그 문제에 대하여는 다른 말씀을 아무 말씀도 하지 않으시고, 눈에 띄게 쇠약해진 마륵지암의 육체적 정신적 상태에 대하여도 말씀을 하지 않으신다. 오히려 반대로 이렇게 말씀하신다. "자, 떠나자! 나는 네 어머니에게 벌써 말을 했으니까 네 옷을 준비해 놓았을 거다. 너도 준비해라. 요한이 우리를 기다리고 있으니까, 네 아버지를 한번 깜짝 놀라게 해 주자. 가파르나움으로 돌아가는 것이 네 아버지 배가 아니냐? 돌아오면서 아마 고기잡이를 했나 보구나…."

"예, 아버지의 배예요. 주님, 우리가 어디로 갑니까?"

"북쪽으로 갔다가 유다로 간다."

"오랫동안이요?"

"오랫동안."

마륵지암은 예수와 같이 있게 된다는 생각에 기뻐서 재빨리 일어나 세수를 하러 호수로 뛰어 간다. 그리고 아직 머리가 마르지 않은 채 돌아오면서 외친다. "요한 아저씨를 보았어요. 저한테 손짓으로 인사를 했어요. 강 어귀 갈대 사이에 있어요…."

"가자."

그들은 내려온다. 폴피레아는 배낭 두개를 마저 잡아매면서 설명한다. "두꺼운 옷은 나중에 오라비를 시켜서 장막절 때 게쎄마니로 보내려고 생각했습니다. 그러면 너와 아버지가 더 편하게 걸어 다니게 될 거다." 그러면서 끈을 마저 매면서 자기가 준비한 양젖과 **빵**과 과일들을 보인다….

"모두 가지고 가서 배에서 먹자. 나는 호숫가에 사람이 너무 많이 나오기 전에 떠나고자 한다. 폴피레아, 잘 있거라. 하느님께서 항상 네게 강복하시고, 의인들의 평화가 항상 네 안에 있기를 바란다. 마륵지암아, 오너라…."

그들은 짧은 거리를 빨리 지나갔고, 마륵지암이 요한을 데리러 가는 동안 예수께서는 배로 가셨는데, 두 사람이 갈대 사이로 뛰어서 이내 예수 계신 곳으로 왔다. 그들은 배로 뛰어 올라타고, 노를 호숫가에 대고 깊은 물로 밀어넣는다.

짧은 뱃길을 빨리 지나가서 그들은 가파르나움의 호숫가 모래밭에

배를 멈추고, 곧 도착하게 될 베드로의 배를 기다린다. 시간이 일러서 사람들이 몰려오는 것을 피할 수 있다. 그래서 그들은 배로 그늘이 진 모래에 누워서 편안하게 빵과 과일을 먹을 수 있다.

시몬은 그 작은 배를 알지 못한다. 그래서 호숫가에 발을 들여놓으면서 예수께서 배 뒤에서 일어나시는 것을 보고서는 예수를 알아본다.

"선생님! 그리고 마륵지암 너도! 아니 언제부터 여기 와 계십니까?"

"조금 전에. 나는 베싸이다로 들러 왔다. 빨리 해라. 곧 떠나야 한다…."

베드로는 예수를 쳐다보고 아무 말도 하지 않는다. 베드로와 그의 동료들이 잡은 고기와 옷을 넣은 배낭들을 배에서 내리는데, 그 중에는 요한의 배낭도 있어, 그가 마침내 옷을 입을 수 있게 되었다. 그러니까 시몬이 무슨 말인지 동료에게 물으니, 동료는 "기다리게…" 하고 말하는 것 같은 손짓을 한다.

그들은 집으로 가서 들어간다. 남아 있던 사도들이 달려 온다.

"빨리들 해라. 곧 떠난다. 이리로 다시 돌아오지 않으니까 모든 것을 가지고 가자" 하고 예수께서 명령하신다.

사도들은 서로 바라다 본다. 그리고 두 집단 사이에 무언의 몸짓이 오간다. 그러나 그들은 순종한다. 나는 그들이 다른 방들에서 자기들끼리 말할 수 있기 위하여 서둘러서 순종한다고 생각하기까지 한다.

예수께서는 마륵지암과 함께 부엌에 남아 계시면서 집주인들에게 작별 인사를 하신다. 그러나 그들에게 "다시는 돌아오지 않는다"고 말씀하시지 않고, 예수를 보고 인사하는 가파르나움 사람들에게도 그 말씀을 하지 않으신다. 그저 언제나 떠나실 때 하시는 것과 같이 인사만 하신다. 다만 야이로의 집에만 들르신다. 그러나 야이로는 돌아오지 않았다….

예수께서는 샘 근처에서 어린 알패오의 집 근처에 사는 작은 노파를 만나셔서 말씀하신다. "얼마 안 있으면 어떤 과부가 여기 올 것입니다. 그 과부가 할머니를 찾을 것입니다. 그 과부는 이곳에 자리잡습니다. 그 과부의 친구가 돼 주십시오. 그리고 어린 아이와 그의 형제들을 많이 사랑하십시오…. 그 일을 내 이름으로 거룩하게 하십시오….”

예수께서는 "모든 어린이에게 인사를 하고 싶었는데…" 하고 말씀하시면서 다시 걷기 시작하신다.

"선생님, 그렇게 하실 수 있습니다. 왜 쉬지 않으셨습니까? 선생님은 지치셨습니다. 얼굴이 창백하고, 눈이 피로했습니다. 몸에 해로울 것입니다…. 아직 더운데, 선생님은 티베리아에서도 쿠자의 집에서도 분명히 주무시지 않으셨습니다…."

"시몬아, 나는 그렇게 할 수가 없다. 나는 어떤 곳들에 가야 하는데, 시간이 급하다…."

일행은 호숫가 근처에 왔다. 예수께서는 베드로의 사환들을 부르셔서 그들에게 인사를 하시고, 작은 배를 이포 전에 있는 마을로 끌고 가서 즈가리야의 사울에게 돌려주라고 명령하신다.

예수께서는 강을 끼고 가는 그늘진 길로 가시다가, 길이 갈라진 곳에 이르러 갈라진 길로 들어가신다.

"주님, 어디로 갑니까?" 하고 그 때까지 동료들과 작은 소리로 말을 하고 있던 베드로가 묻는다.

"유다와 안나의 집으로 갔다가 코라진으로 간다. 친한 친구들에 인사를 하고 싶구나…."

사도들은 또 다시 서로 눈짓을 하고, 또 작은 목소리로 속삭인다. 마침내 알패오의 야고보가 앞으로 나아가, 마륵지암과 같이 앞장을 서 가시는 예수께로 왔다.

"선생님, 친구들에게 인사를 하고 싶다고 말씀하시니, 우리가 다시는 여기 돌아오지 않습니까? 저희들은 그걸 알고 싶습니다."

"확실히 너희들은 다시 올 것이다. 그러나 몇 날 후에 올 것이다."

"그럼, 선생님은요?"

예수께서는 대답을 피하시는 것 같은 몸짓을 하신다…. 마륵지암은 조심성있게 그 자리를 피하여 다른 사람들과 합류한다. 즉 예수와 같이 있는 알패오의 야고보와 맥없는 것처럼 매우 침울하게 뒤에서 혼자 오고 있는 가리옷 사람을 빼놓은 모든 사도가 있는 곳으로 간다.

"선생님, 무슨 일이 있었습니까?" 하고 야고보가 예수의 어깨에 손을 얹으면서 말한다.

"그것을 왜 묻느냐?"

"그것은… 제가 알지 못하니까요. 저희 모두가 의아하게 생각합니다. 저희들에게는 선생님이 달라지신 것 같이 보입니다…. 요한과 단둘이서 오셨지요…. 시몬은 선생님이 쿠자의 손님으로 가셨다고 말했습니다…. 선생님은 쉬지 않으시고… 인사를 하시는 사람이 별로 없고… 여기 돌아오기를 원치 않으시는 모양이구요…. 그리고 선생님의 얼굴은… 저희들은 이제 알 자격이 없어졌습니까? 저까지두요…. 선생님은 저를 사랑하셨는데요…. 제게는 저 혼자만이 알고 있는 것도 말씀해 주셨는데요…."

"나는 너를 아직 사랑하고 있다. 그러나 아무 할 말이 없다. 예정했던 것보다 하루를 낭비했다. 나는 그것을 회복한다."

"북쪽으로 가는 것이 필요했습니까?"

"그렇다."

"그러면… 오! 선생님은 고통을 겪으셨습니다. 저는 그것을 느낍니다…."

예수께서는 사촌의 어깨 뒤로 팔을 돌려 그를 껴안으며 말씀하신다. "엔도르의 요한이 죽었다. 그것을 아느냐?"

"옷을 준비하는 동안 시몬이 말해 주었습니다. 그리고는요?…."

"어머니와 이별했다."

"그리고요?" 예수보다 키가 작은 야고보는 밑에서 예수를 쳐다보며 탐색하는 듯이 계속 묻는다.

"그리고 나는 너와 너희들과 마륵지암과 같이 있는 것이 기쁘다. 나는 그 애를 몇 달 동안 데리고 있겠다. 그 애는 그럴 필요가 있다. 그 애는 슬퍼하고 괴로워 한다. 그 애를 보았느냐?"

"예, 그러나 그 문제가 아닙니다…. 말씀하시고 싶지 않으신 거군요. 상관없습니다. 저를 친구로 대우해 주지 않으셔도 저는 선생님을 많이 사랑합니다."

158. 베싸이다와 가파르나움에서. 또 다른 사도들의 여행을 위한 출발

 "야고보야, 너는 내게 있어서 친구 이상이다. 그러나 내 마음은 휴식이 필요하다…."
 "그러니까 선생님을 괴롭히는 것에 대해서 말씀하시지 않을 필요가 있다는 말이지요. 알아들었습니다. 유다가 선생님을 괴롭히는 것이지요?"
 "누가? 네 형이?"
 "아닙니다. 다른 유다 말입니다."
 "왜 그런 질문을 하느냐?"
 "모르겠습니다. 선생님이 안 계신 동안에 누가 보냈는지 저희가 알지 못하는 어떤 사람이 유다를 여러번 찾았습니다. 그런데 유다는 그 사람을 매번 물리쳤습니다. 그러나…."
 "너희들이 보기에는 유다의 행위 하나하나가 항상 죄악이다. 왜 사랑을 어기느냐?"
 "그가 하도 사납고 불안해해서 그럽니다. 그 사람 맥이 없습니다."
 "하는 대로 내버려 두어라. 그 사람이 우리와 함께 있는 것이 2년이 넘는데, 항상 그랬었다…. 저 두 작은 노인이 얼마나 기뻐하겠는지 그 사람들을 생각해라. 그리고 내가 왜 거기에 가는지 아느냐? 코라진의 어린 목수를 그 사람들에게 소개하고자 하는 것이다."
 두 사람은 말하면서 멀어져 간다. 그들 뒤로는 사도들이 떼를지어 오고 있다. 그들은 유다가 하도 눈에 보이게 귀찮아해서 정말 같이 있고 싶은 생각이 들지 않기는 하지만, 그를 뒤에 혼자 내버려 두지 않으려고 그를 기다렸었다.

159. 메론 호수 근처의 유다와 안나의 집에서

　일행은 비록 익은 과일들의 무게로 축 늘어진 가지들이 우거진 과수원들 사이로 걸어 왔지만 몹시 더위에 지쳐서 도착한다. 수많은 훌륭한 포도나무에서는 포도가 벌써 익고, 가을이 되면서 잎이 마르기 시작할 때 나는 포도의 독특한 냄새가 온다.
　우선 훌륭한 사과 바구니들을 들고 과수원에서 돌아오는 농부 두 사람이 오는 것이 보이는데, 그들이 하인 한 사람에게 알리니, 하인은 심부름 하러 간다. 그러는 동안 두 농부는 예수께 인사하고, "가우니티데스와 이두레아의 산에서 와서 예루살렘으로 가는 많은 제자들이 집에 머물고 있다"는 것을 알리고, "그들의 주인들이 제자들과 같이 데카폴리스와 베레아로 해서 장막절에 가기로 결정했다"는 것을 알린다. 그러나 소식을 다 전하기도 전에 벌써 주인들이 집 밖으로 선생님을 맞이하러 달려 나오는데, 많은 제자가 그들 앞에 오기도 하고 뒤에 따라 오기도 한다.
　제자들 가운데에는 베들레헴에서 목자였던 사람들이 거의 다 있고, 그들과 같이 첫번째로 문둥병이 고쳐진 사람과 기적으로 나은 불구자와 그의 친구와 또 다른 사람들, 즉 티몬이 빠진 요르단강 건너편 제자들도 있다. 이사악도 스테파노도 헤르마도 헤르마스테아도 엠마오의 요셉도 보이지 않고 베들레헴의 아벨도 안티오키아의 니콜라이도 에페소의 요한도 보이지 않는다. 그들 가운데 하인들과 농부들도 섞여 있는데, 그 중에는 지난번 포도 수확 때에 마비증이 고쳐진 어린이와 그의 어머니가 있다.
　"평화가 여러분 모두와 이 집에서 있기를" 하고 예수께서 강복하시려고 손을 드시며 말씀하신다.
　"선생님, 들어오셔서 저희 집에서 쉬십시오. 여러 시간 걷기에는 계절이 아직 덥습니다. 그러나 원기를 회복하실 것을 드리겠습니다.

159. 메롬 호수 근처의 유다와 안나의 집에서

그리고 방들이 밤에는 시원합니다."

"나는 몇 시간만 이곳에 머무르겠습니다. 오늘 저녁에 떠나겠습니다. 장막절 전에 시간이 별로 남지 않았는데, 나는 여러 군데에 가야 합니다."

주인들은 실망하였다. 그러나 조르지는 않는다. 그들은 이렇게만 말한다. "저희들은 선생님이 저희들을 기다려 주실 것으로 생각했었습니다. 내일은 포도 수확을 합니다. 그리고 과일 추수는 벌써 시작되었습니다. 그리고 포도의 압착이 끝나면, 저희들이 모두 여기 있는 제자들과 같이 떠나기로 되어 있습니다. 저희들은 늙었고, 길은 어디서 왔는지 모르는 도둑떼가 요르단강의 이 강변지방을 휩쓸고 다니기 시작한 뒤로 별로 안전하지 못합니다. 그들은 라밧 암만과 갈라앗의 산속과 야복 계곡을 따라 숨어 있다가 대상들을 덮칩니다. 로마의 군단병사들이 그들을 추적합니다…. 그러나… 그들을 만나는 것이 좋습니까? 저희들은 이 사람들과 같이 가는 것이 더 좋습니다. 이 사람들은 선생님의 제자들이니, 하느님께서 틀림없이 보호하십니다."

예수께서는 약간 미소를 지으신다. 그러나 거기에 대하여는 아무 말씀도 하지 않으신다. 예수께서는 집 안으로 들어가셔서, 주인들이 손발과 마른 목을 위하여 내놓는 찬 물을 쓰시고 찬 음료를 맛 보신다. 그런 다음 제자들이 산에서 한 일에 대하여 이야기하는 것을 들으신다.

"선생님, 그러나 성과가 별로 없었습니다. 필립보의 가이사리아에서는 괴롭힘을 당하지 않았습니다마는, 거기서도 성과가 별로 없었습니다. 그러나 선생님을 모시고 그리 다시 가겠습니다. 그러면!"

예수께서는 그들을 바라다보시고 그들을 실망시키지 않으며 대답하신다. "꾸준히 하면 너희들이 틀림없이 회개시킬 것이다. 하느님께서는 항상 당신 종들을 도와주신다."

그런 다음 제자들을 떠나, 식탁을 직접 차리고 있는 여주인에게도 가셔서, 할 말이 있으니까 같이 나가자고 하신다. 착한 작은 노파는 즉석에서 승낙한다. 그리고 더운 밖으로 가지 않기 위하여, 북향인 시원한 긴 방으로 예수를 인도한다.

"안나 할머니, 할머니는 어떻게 해서든지 내게 봉사하고 싶다고 말씀하셨지요…."

"예. 주님, 유다와 제가 그랬습니다. 그러나 주님은 한번도 저희에게 도움을 청하지 않으십니다. 지금은 저희가 매우 즐겁습니다. 주님의 제자들은 약간 주님과 같고, 그분들을 집에 데리고 있는 것은 주님께 봉사하는 것으로 생각되기 때문입니다."

"사실이 그렇습니다. 제자에게 한 것은 스승에게 한 것이고, 나를 위해 수고하는 사람을 돕기 위해서 주는 물 한 잔이나 빵 한 개도 하느님 자신에게서 상을 받을 터이니까요. 제자들은 신자들의 영을 돌보니까, 신자들은 제자들에 대해서 사랑을 가져야 합니다. 그리고 제자들은 모든 것을 포기했고, 선생님이 그것들을 신자들에게 주라는 명령과 함께 그들에게 준 길과 생명과 진리를 신자들에게 주기 위하여는 그들의 목숨까지도 버릴 준비가 되어 있다는 것을 생각하고, 제자들의 필요한 것을 도와주어야 합니다."

"아이고! 주님, 제 남편 유다를 부르게 허락해 주십시오. 주님의 말씀은 말할 수 없이 거룩합니다!…."

"할아버지를 부르세요" 하고 예수께서 빙그레 웃으시며 동의하신다. 그러니까 여인은 나갔다가 남편과 같이 돌아오면서, 선생님의 말씀을 되풀이 해 들려주고 있다.

"정말이지, 저희는 얼마든지 그렇게 하고 싶습니다. 그러나 저희는 길에서 떨어져 있습니다. 그래서 틀림없이 이 때문에 주님의 제자들이 여기에는 별로 오지 않습니다" 하고 노인이 말한다. 그리고 이렇게 버림받은 데 대한 그의 섭섭함을 느낄 수 있다.

"그들에게 자주 오라고 말하겠습니다. 그리고 우선 두 분께 은혜를 하나 청하겠습니다…."

"주님께서? 아니, 저희가 주님께 봉사하는 것이 은혜입니다! 주님, 명령하십시오. 저희는 나이가 많습니다. 그래서 많은 사람이 그렇게 하는 것처럼 주님을 따라 다닐 수는 없습니다. 그러나 주님께 봉사할 소원은 가지고 있습니다. 무엇을 원하십니까? 제 아버지에게서 오는 것이고 또 저희 아이들이 여기서 났기 때문에 몹시 소중한 저 포도나무들과 이 집이라 하더라도, 이것이 주님 마음에 드는지 말씀해 주십시오. 주님께서 이것들을 원하시면 드리겠습니다. 다만 저희 영에

159. 메론 호수 근처의 유다와 안나의 집에서

하느님의 자비만은 약속해 주십시오."

"하느님의 자비가 두 분께 없을 수 있다는 의심은 가지지 마시오. 그러나 나는 두 분께 그렇게 큰 희생을 청하지는 않습니다. 들어 보십시오. 나는 유다로 갑니다. 그리고 겨울이 닥쳐옵니다. 코라진에 많은 자녀를 둔 과부 한 사람이 있는데, 맏아들이 어린 아이를 약간 면했습니다. 그의 아버지는 목수였습니다…."

"아! 목수요! 아이고! 주님이 하신 것에 대해서 모두가 말했습니다. 그러나 주님의 말씀보다도 주님이 하신 일이 회개를 얻어내야 했을 터인데, 코라진은 회개하지 않았습니다. 어머니는 곡식다루는 일을 했습니다…. 그러나 건강이 별로 좋지 않습니다…. 저희도 압니다. 알아요."

"그러면, 그들을 할일 없이 놀게 하지 말고, 그들을 도와주라고 부탁하는 것입니다. 그들에게 이런 일 저런 일을 시킬 기회가 있을 것입니다. 요셉을 생각하세요. 그리고 정당한 보수가 두 분의 다정한 연민으로 보충되기 바랍니다."

"오! 선생님! 그렇게 조금이요? 제 생각에는 여보, 당신은 어떻게 생각하오? 나는 계집아이 둘을 데려다가 우리 집에서 이삭 줍는 일을 시켰으면 하는데, 집은 크고, 당신은 늙었고, 마리아와 노에미도 늙었소…. 자질구레한 일들은…."

"우리 어린 딸을 생각해서 그렇게 합시다, 유다…. 저희 외딸이었습니다. 주님… 세 번 봄을 꽃피웠다가… 그만… 세월이 그렇게 많이 지났는데도 비통한 마음은 여전히 여기 남아있습니다…. 주님이 저희들 가운데 계셨더라면 그 애가 죽지 않았을 것입니다…. 제가 그 애를 잃지 않았을 겁니다. 딸은 항상 웃음이거든요…." 작은 노파는 가슴아파하고, 노인은 한숨을 짓는다.

"그 딸은 잃은 것이 아닙니다…. 그 애는 두 분을 기다리고 있습니다. 그 애는 죄없는 영이니, 그 영을 다시 만나리라는 것을 확신하시오. 오히려 어른이 된 아들들, 완전히 주님의 길을 걷지는 않는 아들들을 더 염려해야 합니다…."

"맞습니다! 맞습니다!… 주님은 아시는군요…. 주님은 모든 것을 아시는군요. 이렇게도 조용한 이 집에 그 고통이 있습니다…. 선생님, 희생이 어쩌다 은총을 얻을 수도 있습니까?"

"어쩌다가 아니라, **항상**입니다."

"아! 선생님께서 그 말씀을 하시는 것을 들으니 기분좋습니다. 선생님, 안녕히 가십시오. 코라진의 과부는 도움을 받을 것입니다. 그리고 봄에는 그들이 만족한 것을 보시게 될 겁니다. 겨울철 때문에 그들을 부탁하시는 것은 선생님께서 봄이 되기 전에는 돌아오지 않으시리라는 표가 되니까요."

"나는 돌아오지 않습니다…. 나는 유다로 내려가서 돌아오지 않습니다."

"그런데 저 어린 제자도 유다에 갑니까?"

"예, 마륵지암도 유다에 갑니다…."

"선생님, 긴 여행입니다. 저 사람은 매우 창백한데요…."

"그 애는 마지막 친척을 잃었습니다. 두 분은 그 애의 내력을 아시지요…. 그런데 이 새로운 고통 때문에 약해졌습니다."

"자라는 나이 때문이기도 합니다…. 그러나 저희는 압니다. 그가 행한 좋은 일도 알고 있습니다. 어린 선생, 정말 어린 선생입니다…. 그의 친척이 에스드렐론 평야에 있었지요? 또 거기서 죽었구요? 그리고 저 젊은이는 그곳에서 고생을 많이 했지요?"

"그렇습니다, 할머니. 그건 왜 물으십니까?"

"그것은… 선생님, 선생이신 주님께 이런 말씀 드려서는 안 될 것입니다마는, 저는 여자이고 어머니이고, 또 울기도 했습니다…. 그래서 말씀드리는 것입니다. 왜 그 젊은이를 그곳에 데리고 가려고 하십니까? 예루살렘에 갈 때까지 제게 맡겨 주십시오…. 그러면 아직도 저희 어린 아이들과 같이 성도에 내려가는 것 같이 생각될 것입니다…. 그리고 저 젊은이도 피로하지 않을 것이고 고통을 더 당하지도 않을 것입니다. 다른 제자들도 가는 걸요…."

예수께서는 곰곰 생각하신다. 그리고 반대하신다. "그 애는 나와 같이 있는 것을 기뻐하고, 나도 그와 같이 있는 것이 기쁩니다."

"그렇습니다. 그러나 선생님께서 그에게 그렇게 말씀하시면, 그가 기꺼이 순종할 것입니다. 며칠 동안 헤어져 있는 것에 지나지 않을 것입니다. 그렇게 어린 나이에 그 까짓 2주일 남짓이 무엇입니까. 선생님을 누릴 시간이 있습니다…."
 예수께서는 노파를 바라다보시고, 그 남편을 바라다보신다. 두 사람은 구세주를 누릴 시간이 길지 않다는 것을 모른다. 그러나 아무 말씀도 하지 않으시고, "두 분이 원하시는 대로 합시다" 하고 말씀하시려는 것처럼 팔을 벌리신다. 그리고 이렇게만 말씀하신다. "그러면 마륵지암과 시몬을 부르시오."
 노인이 나갔다가 두 사람과 같이 돌아온다. 시몬은 탐색하는 듯한 눈이었다. 무엇인지를 수상히 여기는 눈치이다. 그러나 동기를 듣자 마음을 가라앉히며 말한다. "하느님께서 두 분께 갚아 주시기를 바랍니다! 제 아들은 몹시 지쳤습니다. 그래서 사실을 말하자면, 그렇게 많이 걷게 하는 것이 무모에게 생각되었습니다…."
 "그렇지만 저는 기꺼이 왔는걸요! 저는 선생님과 함께 있었는데, 선생님이 저를 데리고 가시는 것은, 제가 갈 수 있다는 표였습니다…. 선생님이 하시는 것은 무엇이든지 썩잘 하시는 거니까요…." 그리고 마륵지암의 목소리는 거의 울음섞인 목소리이다.
 "사실이다, 마륵지암아. 그러나 친절도 해야 한다. 이 두 분은 나와 내 제자 모두에게 아주 가까운 친구분들이다. 나로서는 이분들의 소원에 동의하는데, 너는…."
 "선생님 원하시는 대로 하겠습니다. 그렇지만 예루살렘에서는, 그래도…."
 "예루살렘에서는 나와 같이 있는 거다" 하고 예수께서 약속하신다. 그러니까 선량한 마륵지암은 아무 대꾸도 하지 않는다.
 그들은 방에서 나간다. 그리고 예수께서 제자들을 보러 가시니, 이들은 이 뜻밖의 만남을 기뻐한다.
 늙은 주인은 그들 주위를 돌아다닌다. 예수께서 그것을 알아보시고 물으신다.
 "사실은 선생님의 말씀을 듣고 싶은데, 선생님께서 피곤하시다는 걸 알겠습니다. 그러나 선생님께서는 적어도 저녁 때까지는 쉬실 터이니까, 자기 전 식사를 하기에 앞서 아무 말씀도 하지 않으시겠습니까?"
 "떠나기 전에 말하겠습니다. 그렇게 하면 집에 있는 하인들과 밭에서 일하는 하인들도 내 말을 들을 수 있을 것입니다. 이제는 할머니가 우리를 부르십니다. 보시다시피…."

그리고 예수께서는 일어나셔서 축복받은 손님들을 위하여 식탁을 차려 놓은 방으로 들어가신다.

160. 물의 분배에 대한 비유

선생님이 여기 와 계시고 저녁 전에 말씀을 하실 것이라는 소식이 퍼졌음이 틀림없다. 집 근처에 많은 사람이 웅성거리며, 선생님이 쉬고 계시다는 것을 알고 깨우지 않으려고 조용히 말하며, 나무 아래에서 참을성 있게 기다리고 있다. 나무들은 그들에게 해는 가려주지만, 아직 수그러지지 않은 더위를 막아 주지는 못한다. 병자들은 없다. 적어도 내가 보기에는 그렇다. 그러나 언제나 그런 것처럼 어린이들이 있다. 그래서 안나는 그들이 조용히 있게 하려고 과일을 나누어주게 한다.

그러나 예수께서는 오래 주무시지 않으시고, 해가 아직 지평선 위에 높이 떠 있는데, 커튼을 젖히시고 군중에게 미소를 보내시며 나타나신다. 혼자시다. 사도들은 아마 계속 자고 있는 모양이다. 예수께서는 사람들 쪽으로 가셔서 우물의 낮은 전이 있는 곁에 자리잡으신다. 그 우물에서는 작은 수로들이 부챗살 모양으로 시작되어서 나무들 사이로 가는 것으로 보아, 틀림없이 이 과수원의 나무들에 물을 대 주는 데 소용되는 모양이다. 예수께서는 낮은 우물전에 앉으셔서 즉시 말씀하기 시작하신다.

"이 비유를 들으시오.

한 부유한 영주(領主)가 그의 소유지 여러 군데에 딸린 사람을 많이 가지고 있었습니다. 그 소유지들은 모두가 물이 풍부하고 기름진 땅은 아니었습니다. 물이 부속해서 고생하는 곳들도 있었습니다. 그런데 땅보다는 사람들이 더 고통을 겪었습니다. 땅에는 가뭄을 잘 견디는 식물을 가꾸었지만, 사람들은 물이 귀한 것 때문에 고생을 많이 했기 때문입니다. 이와 반대로 부유한 영주가 사는 곳에는 지하수가 흘러 들어가는 물이 가득한 호수가 있었습니다.

하루는 영주가 소유지를 두루 돌아다니는 여행을 하기로 결정했습니다. 그는 호수에서 가장 가까운 어떤 땅에는 물이 많은데, 멀리 떨어져 있는 땅에는 물이 없고, 하느님께서 그들에게 비로 보내 주시는 얼마 안 되는 물밖에 없는 것을 보았습니다. 영주는 물을 많이 가진 사람들이 물이 부족한 형제들에게 친절하지 않아서, 물이 없게 될지도 모른다는 핑계로 물 한 동이를 가지고도 인색하게 군다는 것도 알았습니다. 영주는 곰곰 생각하고 나서 결정을 내렸습니다. '내 호수의 물을 가장 가까운 곳으로 끌어가게 하고, 이제는 땅이 메말라서 고통을 당하는 멀리 떨어져 있는 내 하인들에게 물을 거절하지 말라는 명령을 그들에게 주겠다' 하고.

그는 즉시 일을 시작했습니다. 호수의 좋은 물을 가장 가까운 소유지로 끌어 가는 수로(水路)들을 파게 하고, 그 소유지에는 큰 물받이 웅덩이들을 파게 해서 물이 많이 모여, 원래 그곳에 있던 수자원을 불어나게 했습니다. 그리고 그 소유지에서부터는 덜 중요한 수로들을 만들어서 더 멀리 떨어져 있는 물받이 웅덩이들에 물을 대 주게 했습니다. 그런 다음 그곳에 살고 있는 사람들을 불러 가지고 말했습니다. '내가 한 것은 너희들에게 필요 이상의 것을 주려고 한 것이 아니라, 너희들을 중개로 해서 필요한 것도 없는 사람들에게 혜택을 주려고 한 것이다. 그러므로 내가 자비로운 것과 같이 너희들도 자비롭게 굴어라.' 이렇게 말하고 그들을 돌려 보냈습니다.

시간이 흘렀습니다. 그리고 부유한 영주는 그의 모든 소유지를 둘러보는 여행을 다시 하기로 결심했습니다. 그는 가장 가까운 땅들이 아름답게 되었고, 유익한 식물만 많이 있는 것이 아니라, 집안과 근처 여기저기에 장식용 식물과 작은 못과 수영장과 분수가 많이 있었습니다.

'너희들은 집을 부자의 저택을 만들어 놓았구나' 하고 영주가 말했습니다. '나 자신도 사치스러운 아름다운 것들을 이렇게 많이 가지지 못했다.' 그리고 이렇게 물었습니다. '그러나 다른 사람들은 오느냐? 그들에게 풍부하게 주었느냐? 작은 수로들에 물을 댔느냐?'

'예, 그들은 요구한 것을 모두 받았습니다. 그들은 까다롭기까지 하고, 결코 만족하지 않고, 조심성도 없고 절도(節度)도 없어서, 마치 저희가 그들의 하인이거나 한 것처럼 아무 때나 와서 요구합니다. 그

160. 물의 분배에 대한 비유

래서 저희들은 저희들이 가진 것을 지켜야 합니다. 그들은 이제 작은 수로와 작은 물받이 웅덩이로는 만족하지 않고, 큰 수로와 큰 물받이 웅덩이까지 옵니다.'

'그래서 소유지에 울타리를 둘러치고, 각 소유지에는 사나운 개들을 놓아두었구나?"

"주인님, 그 때문입니다. 그들은 조심성 없이 들어와서 저희들에게서 모든 것을 빼앗아 가려고 하고, 모든 것을 망치곤 했습니다….'

'그러나 정말 그들에게 주었느냐? 내가 그들을 위해서 이렇게 했고, 호수와 그들의 메마른 땅 사이에 너희들을 중개자로 세웠다는 것을 너희도 알고 있지? 이해할 수가 없다…. 나는 호수에서 물을 넉넉히 끌어오게 해서 모든 사람이 쓸 만큼, 그러나 낭비는 하지 않도록 주었었다.'

'그렇지만 저희들은 물을 거절한 적은 한번도 없습니다. 정말입니다.'

영주는 더 멀리 있는 그의 소유지를 향해 갔습니다. 메마른 땅에 맞추어 심은 큰 나무들은 푸르고 잎이 우거져 있었습니다. '그들이 참말을 했구나' 하고 영주는 바람에 나부끼는 나무들을 멀리서 보면서 말했습니다. 그러나 가까이 갔더니, 그 아래 땅은 바싹 마르고, 거의 다 죽어 가는 풀을 지쳐빠진 양들이 간신히 뜯어먹고 있었고, 집 근처에 있는 채소밭은 모래에 휩쓸려 있었습니다. 그리고 농부들은 몸이 편치 않아서 눈은 열에 들떠 있었고, 창피스러워하고 있었습니다…. 그들은 영주를 바라보고는 겁이 나는 듯이 머리를 숙이고 피해 가고 있었습니다.

영주는 그 태도를 보고 놀라서 그들을 오라고 불렀습니다. '무엇을 두려워 하느냐? 나는 너희들을 돌보고 선견지명이 있는 공사로 너희들의 물이 적은 고통을 덜어준 마음 착한 너희들의 주인이 아니냐? 왜 그렇게 병자같은 얼굴을 하고 있고, 왜 땅들은 이렇게 메마르고, 왜 양떼들은 저렇게 작으냐? 그리고 왜 나를 무서워하는 것 같으냐? 너희를 괴롭히는 것이 무엇인지 너희들의 주인에게 무서워하지 말고 말해라.'

한 사람이 모두를 대표해서 말했습니다. '주인님, 저희들은 큰 실망을 했고, 고생을 많이 했습니다. 주인님은 저희들을 도와주시겠다고 약속하셨는데, 저희들은 전에 가졌던 것까지 잃었고, 주인님께 대한 희망도 잃었습니다.'

'뭐라구? 왜 그랬느냐? 내가 가장 가까이 있는 사람들에게 물을 풍성하게 대 주면서, 너희들도 그 풍부한 것을 이용하게 하라고 그들에게 명령하지 않았었느냐?'

'그렇게 말씀하셨습니까? 정말입니까?'

'물론이지, 확실히 그랬다. 땅이 나빠서 내가 여기까지 물을 직접 오게 할 수는 없었다. 그러나 너희들이 착한 뜻만 가지고 있으면, 물받이 웅덩이의 작은 수로까지 갈 수 있었고, 가죽 부대와 나귀를 써서 물을 마음대로 퍼 올 수가 있었다. 나귀와 가죽 부대가 넉넉히 있지 않았느냐? 그리고 그것들을 너희들에게 줄 내가 거기 있지 않았느냐?'

'자 봐! 내가 뭐라고 했어! 〈주인님이 물을 거절하라는 명령을 주셨을 수가 없어〉 하고 말했지. 우리가 갔으면 되는 건데 그랬어!'

'저희들은 겁을 냈습니다. 그 사람들은 물은 그들에게 주는 상이고, 저희들은 벌을 받는 것이라고 말했습니다.'

그러면서 그들은 혜택을 받은 소유지의 농부들의 말로는 주인님이 소출을 더 많이 낼 줄을 모르는 메마른 땅에 사는 하인들을 벌하기 위해서 물받이 웅덩이의 물뿐 아니라, 원시적인 우물의 물까지도 조금씩 내주라는 명령을 내리셨다고 하더라는 이야기를 했습니다. 그렇게 해서, 전에는 먼 거리를 고생스럽게 날라 가야 했지만, 그래도 그들이 쓸 물과 땅에 줄 물을 하루에 나귀짐으로 200짐까지 얻었었는데, 지금은 50짐밖에 얻지 못하고, 또 사람들과 짐승을 위해 이만한 양의 물을 얻기 위해서는 축복받은 곳 근처의 작은 시냇물, 즉 정원과 목욕탕의 물이 넘쳐 흐르는 곳에 가서 흐린 물을 떠 와야 하고, 그래서 죽어간다고 했습니다. 그들은 병과 목마름으로 죽어 가고, 채소밭들과 양들도 죽어 간다고 말했습니다….

'오! 이건 너무하다! 이대로 둘 수는 없다. 너희들의 가구를 가지고 짐승들을 데리고 나를 따라 오너라. 너희들은 지쳐 있으니까 고생스럽기는 할 것이다. 그러나 곧 이어 편안하게 될 것이다. 약해진 너

160. 물의 분배에 대한 비유

희들이 따라 올 수 있게 천천히 가마. 나는 인정 많은 주인이고, 너희들에게는 아버지이니, 내 자녀들에게 필요한 것을 마련해 준다.' 그러면서 천천히 길을 가기 시작했습니다. 그 뒤를 하인들과 그들의 짐승들의 초라한 무리가 따라 갔습니다. 그러나 이들은 마음씨 좋은 주인의 사랑의 위로를 받아 매우 기뻐하고 있었습니다.

그들은 물이 많은 땅에 이르렀습니다. 그곳에 도착하자, 주인은 가장 힘센 사람들 중에서 몇 사람을 불러내서 말했습니다. '가서 내 이름으로 목을 추길 물을 달라고 부탁해라.'

'그런데 저들이 저희들에게 개들을 풀어놓으면요?'

'내가 너희들 뒤에 있으니 염려 말아라. 가서 내가 너희들을 보낸다고 말하고, 모든 물은 하느님의 것이고, 사람들은 형제들이니까, 정의에 대해서 그들 마음의 문을 닫지 말라고 말해라. 수로를 즉시 터놓으라고 해라.'

그들은 가고, 주인은 그들 뒤를 따라 갔습니다. 그들은 어떤 대문 앞에 갔고, 주인은 담장 뒤에 숨었습니다. 그들이 부르니 농부들이 뛰어 나왔습니다.

'무슨 일인가?'

'우리에게 자비를 베풀어 주게, 우리는 죽어가네. 주인님이 우리를 보내시면서, 우리를 위해서 대 주신 물을 퍼 가라고 명령하셨네. 주인님은 하느님께서 그 물을 자기에게 주셨다고 하셨네. 그리고 우리는 형제들이니까 그 물을 우리를 위해서 자네들에게 주셨다고 하시면서, 수로들을 즉시 터놓으라고 말씀하셨네.'

'하! 하!' 하고 잔인한 사람들이 웃으면서 말했습니다. '이 누더기를 걸친 무리가 형제라구? 자네들이 죽어간다구? 거 잘됐구먼. 우리가 자네들 땅을 차지하고 물을 끌어가겠네. 그래, 그 때에는 물을 끌어가서 그곳을 기름지게 할 걸세. 자네들에게 물을 달라구? 바보들! 물은 우리 거야.'

'제발, 우린 죽어 가네. 문을 열게, 이건 주인님의 명령일세.'

심술궂은 농부들은 서로 의논을 하더니 말했습니다. '조금 기다리게.' 그리고 뛰어서 갔습니다. 그런 다음 돌아와서 대문을 열었습니다. 그러나 개들을 데려왔고, 무거운 곤봉들을 들고 있었습니다…. 불쌍한 사람들은 겁을 집어 먹었습니다.

'들어오게, 들어와… 이제는 문을 열어 주었는데, 안 들어오나? 그런 다음 우리가 너그럽지 않았다고 말할 테지….' 무모한 사람 하나가 들어갔습니다. 그랬더니 그에게로 몽둥이질이 수없이 쏟아지고, 그동안 풀어준 개들은 다른 사람들에게 달려들었습니다.

주인이 담장 뒤에서 나왔습니다. '잔인한 것들, 무슨 짓이냐? 이제는 너희들과 너희 짐승들을 알았다. 그래서 너희들을 벌한다.' 그러면서 개들에게 활을 쏘고 나서 성을 내며 들어가서 엄하게 말했습니다. '너희들은 내 명령을 이렇게 이행하느냐? 이렇게 하라고 내가 이 재물들을 너희들에게 주었단 말이냐? 너희 가족들을 모두 불러라. 너희들에게 말을 하고자 한다. 그리고 너희들은…' 하고 목마른 하인들에게 말했습니다. '너희들은 아내들과 아이들과 양, 나귀, 비둘기, 그 밖의 너희 다른 짐승들을 데리고 들어와서 물을 마시고, 몸을 시원하게 하고, 물이 많은 저 과일들을 따 먹어라. 그리고 너희 죄없는 어린 아이들은 꽃들 사이로 뛰어 다녀라. 이것들을 이용해라. 인정 많은 주인의 마음에는 정의가 있고, 정의는 모든 사람을 위한 것이다.'

그리고 목마른 사람들이 빗물받이 웅덩이로 달려가고 수영장에 몸을 담그고, 짐승들이 수반으로 가고, 그래서 그들에게는 모든 것이 기쁨이었는데, 다른 사람들은 벌벌 떨며 사방에서 달려 왔습니다.

주인은 어떤 빗물받이 웅덩이 둘레의 전에 올라가서 말했습니다. '나는 이 공사들을 하고, 내 명령과 이 재물들을 너희에게 맡겼었다. 내가 너희들을 내 대리자로 택했기 때문이었다. 그런데 너희들은 시험에 실패했다. 너희들은 착해 보였었다. 유복하면 착하게 되어야 하고, 은인에 대해서 감사해야 하는 것인데, 나는 너희에게 관개가 잘 된 이 땅을 빌려줌으로써 너희에게 항상 유리하게 해 주었으니까 너희는 착해야만 하였다. 그런데 너희는 풍부함과 내 선택으로 냉혹하게 되었고, 너희가 완전히 메마르게 한 땅들보다도 더 메마르게 되었고, 이 목마른 사람들보다도 더 병든 사람들이 되었다. 과연 이 사람들은 물만 먹으면 나을 수 있지만, 너희들은 너희들의 이기주의로 너희 정신을 태웠기 때문에, 너희 정신이 낫기가 훨씬 힘들 것이고, 너희들에게 사랑의 물이 돌아오기가 훨씬 어렵겠기 때문이다. 이제는

내가 너희들을 벌한다. 이 사람들의 땅으로 가서 이 사람들이 겪은 것을 겪어라.'

'주인님, 불쌍히 여기십시오! 저희들을 불쌍히 여기십시오! 주인님은 저희를 그곳에 가서 죽으라고 하십니까? 주인님은 저희들을 짐승들보다도 덜 불쌍히 여기십니까?'

'그러면 이 사람들은 무엇이란 말이냐? 이 사람들은 너희들의 형제인 사람들이 아니냐? 너희들은 어떤 동정을 가졌었느냐? 이 사람들이 너희들에게 물을 청하니까 너희들은 몽둥이질과 야유를 주었다. 이 사람들은 너희에게 내 것을, 내가 너희에게 준 것을 청했는데, 너희들이 이것이 너희 것이라고 말하면서 거절하였다. 물이 누구의 것이냐? 비록 호수가 내 것이기는 하지만, 나는 호수의 물이 내 것이라고도 말하지 않겠다. 물은 하느님의 것이다. 너희 중의 누가 이슬 한 방울이라도 창조했느냐? 가라!…. 그리고 고생을 한 너희들에게 말한다. 착하게 굴어라. 이 사람들이 너희에게 해주기를 너희가 바란 것처럼 이 사람들에게 해 주어라. 이 사람들이 막았던 수로를 터놓고, 너희가 할 수 있게 되는 대로 즉시 물이 이 사람들에게 흘러가게 하여라. 나는 너희들을 이 죄있는 형제들을 위한 분배자로 삼고, 이 사람들에게는 속죄할 가능성과 시간을 남겨준다. 너희가 물 없는 사람들의 가호자가 되라고 이 풍부한 물을 너희에게 맡기는 것은 나보다도 오히려 지극히 높으신 주님이시다. 만일 너희가 필요한 것으로 만족하고, 없어도 되는 것은 불행한 사람들에게 주고, 너희에게 주어진, 아니 오히려 맡겨진 선물인 것을 **너희 것**이라고 부르지 않고, 올바르게 살면서 사랑과 정의로 그렇게 할 줄을 알면, 너희의 평화가 클 것이고, 하느님의 사랑과 내 사랑이 항상 너희와 함께 있을 것이다.'

비유는 끝났습니다. 그리고 누구나 다 이해할 수 있습니다. 다만 내가 여러분에게 말하는 것은, 부유한 사람은 하느님께서 그것을 고통 당하는 사람들에게 나누어 주는 사람이 되라는 명령과 더불어 그에게 주시는 재물을 맡아가지고 있는 사람이라는 것입니다. 가난한 사람들과 병자들과 과부들과 고아들을 위하여 섭리의 사업에 협력하라고 부르심으로써 하느님께서 여러분에게 주시는 영광을 곰곰 생각하시오. 하느님께서 가난한 사람들의 문지방에 돈과 옷과 양식을 비 오듯 쏟아지게 하실 수가 있을 것입니다. 그러나 그렇게 하시면 부자 에게서 큰 공로를, 즉 형제들에게 사랑을 베푸는 공로를 빼앗는 것이 될 것입니다. 모든 부자가 유식할 수는 없습니다. 그러나 모두가 착 할 수는 있습니다. 모든 부자가 병자를 돌보고, 죽은이를 장사지내 고, 병자를 문병하고, 갇힌 사람을 찾아가 볼 수는 없습니다. 그러나 모든 부자가, 또는 그저 가난하지만 않은 사람들까지도 빵 한 덩어 리, 물 한 모금, 입지 않는 옷 한 벌을 줄 수 있고, 추워서 떠는 사람 을 불러 불을 쬐게 할 수 있고, 집이 없어서 비를 맞거나 뙤약볕에 있는 사람을 집에 맞아들일 수는 있습니다. 가난한 사람은 사는 데 필요한 것이 없는 사람입니다. 다른 사람들은 가난한 사람이 아닙니 다. 그들의 재산은 한정되어 있습니다. 그러나 굶주림과 궁핍과 추위 로 죽어가는 사람들에 비하면 그래도 부자입니다.

나는 갑니다. 나는 이 근처의 가난한 사람들에게 좋은 일을 할 수 가 없습니다. 그리고 그들이 친구를 잃는다는 것을 생각하니 마음이 아픕니다. 그러면 여러분에게 말하는 내가 ──여러분은 내가 누구인 지를 압니다.── 여러분에게 그들의 자비로운 친구를 잃은 채 남아 있 는 가난한 사람들의 가호자가 되어 달라고 청합니다. 적선을 하시오. 그리고 나를 기억해서 내 대신 그들을 사랑하시오…. 내 일을 계속하 는 사람들이 되시오. 짓눌린 내 마음을 이 약속으로 가볍게 해 주시 오. 그 약속이란 가난한 사람들에게서 언제나 나를 보고, 그들을 가 난한 그리스도의 가장 참된 대리자로 맞아들이겠다는 것입니다. 그 리스도는 세상에서 가장 불행한 사람들에 대한 사랑으로, 그리고 그 의 절제와 비통한 사랑으로 사람들의 옳지 못한 낭비와 이기주의를 속죄하기 위하여 가난하기를 원했습니다.

기억하시오! 사랑과 자비는 영원히 상을 받습니다. 기억하시오. 사 랑과 자비는 죄의 사함입니다. 하느님께서는 사랑하는 사람을 많이 용서하시는데, 아무 것도 대신 줄 수 없는 극빈자에 대한 사랑이 하 느님의 눈에 가장 공로가 되는 사랑입니다. 내가 여러분에게 하는 말 을 죽는 날까지 기억하시오. 그러면 여러분은 구원을 받아 하느님의 나라에서 지극히 행복한 사람이 될 것입니다.

주님의 말씀을 받아 그것을 행동으로 옮기는 사람들에게 내 강복이 내려가기를 바랍니다."

예수께서 말씀하시는 동안 사도들과 마특지암이 제자들과 함께 조용히 집에서 나와 사람들 뒤에 빽빽이 모여 있다. 그러나 예수께서 말씀을 끝내시자 앞으로 나아오며 기부금을 바치는 사람들의 돈을 받으며 지나와서 그 돈을 예수께로 가져온다.

제자들 뒤에 매우 가련한 얼굴을 가진 몸이 편찮은 사람이 슬그머니 끼어들었다. 그 사람이 하도 머리를 숙이고 나아오기 때문에 그의 얼굴을 볼 수가 없다. 그는 예수의 발 앞에 와서 가슴을 치며 탄식한다. "주님, 저는 죄를 지었습니다. 그래서 주님이 제게 벌을 주셨습니다. 저는 벌을 받아 마땅합니다. 그러나 떠나시기 전에 주님의 용서만이라도 주십시오. 죄인 야곱을 불쌍히 여겨 주십시오!" 그는 얼굴을 든다. 그래서, 한번은 유리한 배려를 받았다가, 또 한번은 두 고아에 대한 냉혹 때문에 벌을 받은 농부를 알아 보았다. 그런데 초췌한 그의 모습을 보고 알아 보았다기 보다는 그가 이름을 말했기 때문에 알아 보았다.

"내 용서를 바란다고! 전에도 당신은 그것을 고치기를 원했소. 그리고 당신의 낟알이 망쳐졌기 때문에 걱정을 했었소. 그런데 그들이 당신을 위해 씨를 뿌렸었소. 당신이 혹 빵이 없기라도 하오?"

"저는 빵은 넉넉히 가지고 있습니다."

"그것은 혹시 용서가 아니오?" 예수께서는 매우 엄하시다.

"아닙니다. 저는 차라리 굶어 죽고 싶습니다. 그러나 제 영혼이 평안한 것을 느끼고 싶습니다. 저는 얼마 안 되는 것을 가지고 속죄를 하려고 애썼습니다…. 저는 기도를 드리고 울었습니다…. 그러나 주님만이 용서하실 수 있고, 제 정신에 평화를 주실 수 있습니다. 주님, 저는 용서만을 청할 뿐입니다…."

예수께서는 그를 뚫어지게 들여다 보신다…. 그 사람이 숙인 얼굴을 들게 하시고, 몸을 약간 그에게로 구부리신 채로 그 빛나는 눈으로 그의 얼굴을 탐색하신다…. 그리고 이렇게 말씀하신다. "가시오. 당신이 여생을 어떻게 사느냐에 따라서 용서를 받을 수도 있고 받지 못할 수도 있을 것이오."

"아이고! 주님, 그렇게 하지 마십시오! 주님은 이보다 더 큰 죄도 용서하셨습니다…."

"그 사람들은 당신처럼 은혜를 받은 사람이 아니었고, 또 죄없는 어린 것들에게 죄를 짓지 않았었소. 가난한 사람은 항상 신성하오. 그러나 고아와 과부는 모든 사람보다 더 신성하오. 당신은 율법을 알지 못하오?…."

그 사람은 운다. 그는 즉각적인 용서를 바랐었다.

예수께서는 저항하신다. "당신은 두번 내려갔는데, 다시 올라오려고 서두르지 않았소…. 기억하시오. 사람인 당신이 서슴지 않고 한 것을 하느님께서도 서슴지 않고 하실 수 있소. 하느님께서 당신에게 용서를 절대적으로 거절한다고 말씀하시지 않고, 용서를 당신이 죽을 때까지 어떻게 사느냐에 달리게 하시는 것은 하느님께서 역시 매우 인자하시기 때문이오. 가시오."

"강복이라도 주십시오. 제가 올바른 사람이 되는 힘을 더 가지게요."

"벌써 강복을 주었소."

"그렇게 마시구요. 제게 개별적으로 강복해 주십시오. 주님은 제 마음을 보십니다…."

예수께서는 그의 머리에 손을 얹으시고 말씀하신다. "내가 말은 이미 했소. 그러나 내가 엄하기는 해도 당신을 미워하지는 않는다는 것을 이 애무가 당신에게 확신시켜 주기를 바라오. 내 엄한 사랑은 당신을 구하기 위한 것이고, 당신을 불행한 친구로 취급하기 위해서요. 당신이 가난해서 그런 것이 아니고, 당신이 나빴었기 때문이오. 내가 당신을 사랑했고, 당신의 영을 불쌍히 여겼다는 것을 기억하시오. 그리고 이 기억으로 인해서 당신이 나를 더 이상 엄하지 않은 친구로 가지기를 원하게 되기를 바라오."

"언젭니까, 주님? 주님이 가신다고 말씀하시니, 어디 가야 주님을 만나겠습니까?"

"내 나라에서."

"어떤 나라입니까? 그 나라를 어디에 세우십니까? 저는 그 나라에 가겠습니다…."

"당신이 당신 마음을 착하게 하면, 내 나라는 당신 마음 속에 있을 것이고, 그 다음에는 하늘에 있을 거요. 안녕히 가시오. 저녁 때가 되어가기 때문에 나는 떠나야 하오. 그리고 내가 떠나는 사람들에게 강복을 해야 하오." 그러시면서 예수께서는 그들 돌려 보내신다. 그런 다음 제자들과 집주인들에게로 향하시어 한 사람 한 사람에게 강복하신다. 그리고 돈을 유다에게 주신 다음 다시 길을 떠나신다.

예수께서 가파르나움을 향하여 서남쪽으로 걸어가시는데 들판의 푸른 빛 속으로 빨려 들어가신다….

"선생님, 너무 많이 걸으십니다" 하고 베드로가 외친다. "저희들은 지쳤습니다. 벌써 여러 십리를 걸어왔습니다…."

"시몬아, 좀 참아라. 곧 코라진이 보이는 데 가게 될 것이다. 너희들은 코라진으로 들어가서 우리 친구들인 몇몇 집으로 가고, 특히 과부의 집으로 가거라. 그리고 어린 요셉에게 내가 새벽에 그에게 인사하고 싶어한다고 말해라. 지스칼라 쪽으로 올라가는 길로 그를 데리고 오너라…."

"아니, 선생님은 코라진에 들어가지 않으십니까?"

"안 간다. 나는 산으로 기도하러 가겠다."

"선생님은 기진맥진하십니다. 얼굴이 창백합니다. 왜 몸을 아끼지 않으십니까? 왜 저희들하고 같이 가지 않으십니까? 왜 시내에 들어가지 않으십니까?" 그들은 질문을 퍼붓는다. 그들의 애정이 때로는 피로하게 한다.

그러나 예수께서는 참을성이 있다…. 그래서 참을성 있게 대답하신다. "너희들도 알지! 내게는 기도가 휴식이다. 그리고 병을 고치거나 복음을 전하기 위해서 사람들 가운데 있지 않을 때에는 그것이 피로가 된다. 그러니까 나는 산으로 가겠다. 전에 몇 번 갔던 곳으로, 너희들도 그곳을 알지."

"요아킴의 집으로 가는 오솔길 위에 말이지요?"

"그렇다. 너희는 어디 오면 나를 만날 수 있는지를 안다. 새벽에 내가 너희들 마중을 오겠다…."

"그리고… 우리는 지스칼라 쪽으로 갑니까?"

"그것이 시로—페니키아 국경 쪽으로 가는 좋은 길이다. 나는 아펙에게 그리 가겠다고 말했으니, 가겠다."

"이 말씀을 드리는 것은… 선생님은 지난번 일을 잊으셨습니까?"

"시몬아, 염려하지 말아라. 그들은 방식을 바꾸었다. 지금 당장은 그들이 내게 경의를 표한다…."

"오! 그럼 그들이 선생님을 사랑합니까?"

"아니다. 전보다도 더 미워한다. 그러나 힘으로 나를 쓰러뜨릴 수 없으니까, 계략으로 쓰러뜨리려고 애쓴다. 그들은 사람의 아들의 마음을 사로잡으려고 애쓴다…. 그리고 마음을 사로잡기 위해서, 그들은 거짓 것이기는 하지만 경의를 사용한다. 오히려… 모두 내 곁으로 오너라" 하고 예수께서는 당신이 베드로와 개별적으로 말씀하시는 것을 보고 떼를 지어 앞으로 가는 다른 사도들에게 말씀하신다.

사도들이 모이니, 예수께서 말씀하신다. "내가 시몬에게 말하던 것은 ─또 나는 벗들에 대해서 비밀이 없으니까 모두에게 말한다.─ 내가 시몬에게 말하던 것은 내 원수들이 나를 해치는 방법을 바꾸었지만, 내게 대한 생각은 바꾸지 않았다는 것이다. 그래서 전에 욕설과 위협을 쓰던 것과 마찬가지로 지금은 경의를 쓴다. 내게 대해서도 그렇고 확실히 너희에게 대해서도 그렇다. 굳세고 슬기로워라. 거짓말이나 선물이나 유혹에 속아 넘어가지 말아라. 신명기에 있는 말을 기억하여라. '선물은 현인들의 눈을 어둡게 하고 의인들의 말을 변질시킨다.' 삼손을 기억하여라. 삼손은 나면서부터, 어머니의 품에서부터 하느님의 수도자였다. 그의 어머니는 그가 이스라엘의 공정한 판관이 되도록 천사의 명령으로 절제를 하는 가운데 그를 뺐고 가르쳤다. 그러나 이렇게 많은 선의 종말이 어떠했느냐? 그리고 어떻게? 누구에 의해서 그렇게 되었느냐? 명예와 돈, 그리고 이런 목적으로 매수된 여자들에 의해서가 아니고 달리 그의 힘이 꺾여서 적의 수단에 넘어가게 되었느냐? 그러니 이제는 거짓말에 속아 넘어가지 않고, 무의식적으로라도 원수들에게 도움을 주지 않도록 경계하고 주의하여라. 새들처럼 자유로운 몸으로 남아있을 줄을 알아라. 새들은 먹이가 풍부하고 편안한 둥지가 있는, 그러나 사람들의 변덕이 그 놈을 사로잡아 두는 금칠 한 새장보다는 차라리 검소한 먹이를 먹고 나뭇가지에서 자는 것을 더 좋아한다.

너희들은 내 사도들이라는 것을, 그러니까 내가 다만 아버지의 뜻만 따르는 것과 같이 너희도 하느님만 섬기는 사람이라는 것을 생각하여라. 그들은 너희를 유혹하려고 애쓴다. 악의 봉사자들은 사탄에게 배워서 교활하기 때문에, 어쩌면 너희 각자의 약점을 이용해서 벌써 너희를 유혹했는지도 모른다. 그들의 말을 믿지 말아라. 그들의 말은 진실성이 없다. 그들의 말이 진실하면, 내가 제일 먼저 '그들에게 착한 형제들처럼 인사하자'고 말할 것이다. 오히려 이와 반대로 그들의 행동을 경계하고, 그들이 착하게 되도록 기대해야 한다. 나는 그렇게 한다. 너희를 위하여는 너희가 이 새로운 전쟁에 속아 넘어가지 않도록 기도하고, 그들을 위하여는 사람의 아들에 대하여 음모를 꾸미고 그의 하느님 아버지께 죄짓는 일을 그만두도록 기도한다. 너희가 분명히 보기 위한 빛을 주시도록 성령께 많이 기도하고. 성령을 친구로 모시기를 원하면 깨끗하여라. 나는 너희를 떠나기 전에 너희를 튼튼하게 해 주겠다. 만일 너희가 지금까지 죄를 지었으면 너희 죄를 사해 준다. 너희에게 모든 것을 사해 준다. 이제부터는 착하게 살아라. 착하고 슬기롭고, 순결하고, 겸손하고 충실하여라. 내 사죄(赦罪)의 은총이 너희를 튼튼하게 하기를 바란다…. 안드레아야, 왜 우느냐? 또 너, 내 사촌은 왜 불안해 하느냐?"

"이것이 작별인사 같기 때문에 그럽니다…" 하고 안드레아가 말한다.

"그래, 너는 내가 이렇게 몇 마디 안 되는 말로 너희들에게 인사할 것으로 생각하느냐? 이것은 이 시기를 위한 충고일 뿐이다. 나는 너희 모두가 불안해 하는 것을 본다. 그렇게 되어서는 안 된다. 불안은 평화를 어지럽힌다. 그런데 평화가 항상 너희에게 있어야 한다. 너희는 평화에 봉사하기로 되어 있고, 평화는 너희를 그 첫번째 봉사자로 선택할 만큼 너희를 극진히 사랑한다. 평화는 너희를 사랑한다. 그러므로 너희가 홀로 남아있을 때에도 평화가 항상 너희를 도울 것이라고 생각해야 한다. 평화는 하느님이시다. 너희가 하느님께 충실하면, 하느님께서 너희 안에 계실 것이다. 그런데 하느님께서 너희 안에 계시면, 두려울 것이 무엇이냐? 그리고 너희가 하느님을 잃을 처지에 스스로 들어가지 않으면, 누가 너희를 하느님에게서 갈라놓을 수 있겠느냐? 죄만이 하느님과 갈라놓는다. 그러나 그 나머지는 유혹도 박해도 죽음도, 죽음까지도 하느님에게서 갈라놓지 않는다. 오히려 그 것들은 하느님과 더 결합시킨다. 왜그런고 하니, 어떤 유혹이든지 이 기면 너희들이 하늘로 한층 더 올라가게 되고, 박해는 너희에게 하느님의 보호하는 사랑을 한층 많이 받게 해 주며, 성인이나 순교자의 죽음은 주 하느님과의 융합에 지나지 않기 때문이다.

나 분명히 너희에게 말한다마는, 파멸의 아들을 빼놓고는 내 큰 제자들 중의 아무도 내가 하늘의 문을 열기 전에 죽지 않을 것이다. 그러므로 내 충실한 제자들 중의 아무도 이 어두운 귀양살이에서 내세의 빛으로 건너간 다음 하느님의 포옹을 기다려서는 안 될 것이다. 만일 이것이 사실이 아니면, 내가 너희들에게 이 말을 하지 않을 것이다. 오늘 당장 너희들은 어떤 사람이 길을 잘못 들었다가 올바른 길로 돌아온 것을 보았다. 죄를 지어서는 안 될 것이다. 그러나 하느님께서는 자비로우시고, 뉘우치는 사람은 용서하신다. 그리고 뉘우침이 절대적이고, 뉘우침 뒤에 따라 오는 덕행이 영웅적이면, 뉘우치는 사람이 죄를 짓지 않은 사람을 능가할 수도 있다.

저 위에서는 서로 만나게 되면 그지없이 즐거울 것이다! 너희가 내게로 올라오는 것을 보고, 나는 너희들을 맞이하려고 달려가서 너희들을 아버지께 데리고 가서 '여기 제가 가장 사랑하는 사람 중의 한 사람이 왔습니다. 이 사람은 저를 항상 사랑했습니다. 그러니까 제가 아버지 말씀을 이 사람에게 해 준 때부터 아버지도 항상 사랑했습니다. 이제 이 사람이 왔습니다. 그러니 아버지, 이 사람에게 강복해 주십시오. 그리고 아버지의 강복이 이 사람의 빛나는 영관(榮冠)이 되게 해 주십시오' 하고 말하는 것이 말이다. 내 벗들… 여기서도 벗들이고, 하늘에서도 벗들이고, 이 영원한 기쁨을 얻기 위하여는 어떤 희생도 가볍다고 생각되지 않느냐? 이제는 너희들의 마음이 명랑하게 되었다. 여기서 헤어지자. 나는 저 위로 올라가니, 너희들은 착하게 지내라…. 서로 입맞춤 하자…."

그리고 예수께서 한 사람 한 사람에게 입맞춤 하신다. 유다는 입맞춤 하면서 운다. 언제나 첫째가 되려고 애쓰는 그가 마지막이 되려고 기다렸다가 예수를 껴안은 채로 여러번 입맞춤을 하고 예수의 귀 옆의 머리카락에 대고 속삭인다. "저를 위해 기도하고 기도하고 또 기도해 주십시오…."
 그들은 헤어진다. 예수께서는 언덕을 향하여 가시고, 다른 사람들은 벌써 푸른 나무들 사이로 희게 나타나는 코라신까지 길을 계속한다.

161. "나는 파멸하는 어떤 사람을 구했다고 말하는 것보다 더 나은 휴식이 없다"

예수께서 말씀하신다.

"그동안 네게 말하겠는데, 만일 너희가 정확한 작품을 만든다면, 수요일(1944년 9월 20일)의 삽화는 내가 죽기 1년 전에 이야기해야 할 것이다. 그것은 이 삽화가 내가 서른두 살되던 해* 추수 때에 있었기 때문이다.

내 사랑하는 딸아, 너와 다른 사람들을 위한 위로와 교훈의 필요로 인하여 거기에 관계되는 환시와 불러주기를 해 주는 데 특별한 순서를 따를 수밖에 없었다.

그러나 3년 동안의 공생활의 삽화들을 어떻게 배분해야 할지 적당한 시기에 너희에게 일러주겠다. 복음서의 순서는 좋다. 그러나 연대순으로는 완전하지 않다. 주의깊은 관찰자는 그것을 알아본다. 내가 복음 전파를 시작한 때부터 내가 승천할 때까지 나와 함께 있었기 때문에, 사실들의 정확한 순서를 말할 수 있었을 사람이 그렇게 하지 않았다. 과연 빛의 진짜 아들인 요한은 인간의 육체 안에 들어 있는 천주성의 실재를 공격하던 이단자들의 눈에 육체의 옷을 통하여 빛을 빛나게 하는 일을 하고 그 일에 골몰하였다. 요한의 숭고한 복음서는 그 초자연적인 목적은 달성하였다. 그러나 그로 인하여 내 공생활의 연대기(年代記)는 도움을 받지 못하였다.

다른 세 복음서의 작자는 사실에 대하여는 서로 비슷한 모습을 나타낸다. 그들도 시간의 순서를 바꾸어 놓는다. 그것은 그들 중에서 마태오 한 사람만이 내 공생활 거의 전기간에 있었는데, 그의 복음서를 15년이 지난 후에야 비로소 썼고, 나머지 두 사람은 그보다도 더 늦게, 그리고 내 어머니와 베드로와 다른 사도들과 제자들의 이야기를 듣고 썼기 때문이다.

3년 동안의 사실들을 1년 1년씩 모아 놓도록 너희를 인도해 주마.

---

* 원주 : 제6권 제95단락.

161. "나는 파멸하는 어떤 사람을 구했다고 … 더 나은 휴식이 없다"

이제는 보고 써라. 이 삽화는 수요일 (1944년 9월 20일)의 삽화 뒤에 오는 것이다."

나는 예수께서 달이 비추는 시골의 오솔길을 천천히 왔다갔다 하시는 것을 본다. 만월이다. 그리고 그 웃는 얼굴이 아주 맑은 하늘에서 빛나고 있다. 그러나 질 차비를 하고 있는 하늘에서의 그 위치 때문에, 나는 지금은 자정이 지났을 것이라고 결론짓는다.

예수께서는 곰곰 생각하시며 걸으시는데, 비록 말은 들리지 않지만 틀림없이 기도를 드리시며 걸으실 것이다. 그러나 둘레에 있는 것들을 놓치지 않으신다. 한번은 아르페지오 트레몰로로 된 일련의 선율과 독창곡 곡조를 길게 뽑는 사랑에 빠진 밤꾀꼬리의 긴 노래를 미소를 머금고 걸음을 멈추시며 들으신다. 그 소리가 어떻게나 강하고 긴지 그것이 깃밖에 없는 것 같은 그 작은 새에서 올 수는 없는 것같이 생각될 지경이다. 그 놈을 오솔길 위를 걷는 샌들과 풀을 스치는 옷소리만으로라도 방해하지 않으시려고, 걸음을 멈추시고, 팔짱을 끼시고 미소를 띤 얼굴을 드신다. 이제는 듣는 일에 더 잘 전념하시려고 눈을 감기까지 하신다. 그리고 밤꾀꼬리가 3도 음정의 간격을 두고(내 기억이 틀리지 않으면) 올라가고 올라가고 또 올라가고, 마침내 숨이 다할 때까지 오랫동안 뽑은 몹시 높은 음으로 끝나는 날카로운 소리로 노래를 끝내자, 예수께서는 만족의 미소를 띠시고 머리를 두세번 끄덕여 칭찬을 하시고, 말없이 박수를 보내신다.

한편 이제는 수많은 흰 꽃받침이 짙은 냄새를 풍기는 꽃이 되어 있는 인동(忍冬) 덩굴 한 포기에 몸을 숙이신다. 꽃받침들은 하품을 하는 뱀의 입을 닮았는데, 그 안에서는 노르스름한 혀같은 꽃술이 떨고 있고, 아랫쪽 꽃잎에는 금빛 흔적이 빛나고 있다. 꽃들은 달빛 아래서는 마치 은을 입힌 것처럼 한층 더 희게 보인다. 예수께서는 꽃들을 감상하시고, 향기를 맡으시고, 손으로 쓰다듬으신다.

예수께서는 발길을 돌리신다. 남쪽에 달빛으로 틀림없이 호수의 일부분을 볼 수 있는 것으로 보아 이곳은 약간 높은 곳인 모양이다. 틀림없이 호수의 일부분일 것이라고 말한 것은 달빛을 받은 유리처럼 반짝이는 것인데, 예수께서 계신 쪽의 반대쪽에는 야산들이 가장 자리를 둘러치고 있으므로 강이나 바다가 아니기 때문이다.

　예수께서는 여름밤의 고요 속에서 판판한 거울 같은 그 고요한 수면을 바라보신다. 그러다가 남쪽에서 서쪽으로 몸을 돌리시고, 기껏해야 2킬로미터, 그 보다 덜 떨어지면 덜 떨어졌지 더 떨어지지는 않은 하얗게 보이는 마을을 바라보신다. 아름다운 마을이다. 예수께서는 마을을 바라보시려고 걸음을 멈추신다. 그리고 당신을 몹시 슬프게 하는 어떤 생각을 하시면서 머리를 흔드신다.

　그런 다음 다시 천천히 거닐면서 기도를 시작하셨다가 마침내 키가 매우 큰 나무 아래 있는 큰 돌 위에 앉으셔서 늘 취하시는 자세를 취하신다. 팔꿈치를 무릎에 세우시고, 아래팔을 앞으로 내미시고, 기도하기 위하여 합장을 하시는 것이다.

　예수께서는 한동안 이렇게 계시는데, 만일 어떤 사람이, 어떤 그림자가 나무덤불에서 예수를 향하여 와서 "선생님?" 하고 부르지 않았더라면 더 오랫동안 그대로 계셨을 것이다.

　앞으로 나아오는 사람이 뒤에서 오기 때문에 예수께서는 몸을 돌리시며 "유다냐? 무슨 일이냐?" 하고 말씀하신다.

　"선생님, 어디 계십니까?"

　"호두나무 아래 있다. 앞으로 나아오너라." 그러시면서 예수께서는 일어나셔서 유다가 볼 수 있도록 달빛이 비추는 오솔길로 오신다.

　"유다야, 네 선생의 동무가 좀 되어 주려고 왔느냐?" 이제는 두 사람이 서로 가까이에 있고, 예수께서는 다정스럽게 한 팔을 제자의 어깨에 얹으신다.

　"또 코라진 사람들이 나를 요구하느냐?"

　"아닙니다, 선생님. 그런 일은 조금도 없습니다. 저는 선생님을 만나뵈러 오고 싶었습니다."

　"그러면 오너라. 이 바위에는 두 사람이 앉을 만한 자리가 있다."

　두 사람은 나란히 앉는다. 침묵이 흐른다. 유다는 말을 하지 않고, 예수를 쳐다본다. 그는 싸우고 있는 것이다.

　예수께서 그를 돕고자 하신다. 그를 다정스럽게, 그러나 통찰력을 가지고 들여다 보신다.

　"유다야, 얼마나 아름다운 밤이냐! 모든 것이 얼마나 깨끗한지 보

161. "나는 파멸하는 어떤 사람을 구했다고 … 것보다 더 나은 휴식이 없다"

아라! 나는 땅을 굽어보고 지상낙원에서 잠든 아담을 굽어보고 웃은 첫번째 밤도 더 깨끗하지도 않았으리라고 생각한다. 이 꽃들의 향기를 맡아 보아라. 냄새를 맡기만 하고 따지는 말아라. 이 꽃들이 몹시도 아름답고 몹시도 깨끗하다! 꽃들을 따는 것은 그것들을 더럽히는 것이기 때문에 나도 꽃을 따지 않았다. 초목에 대해서도 짐승에 대해서도, 짐승에 대해서도 사람에 대해서도 폭력을 사용하는 것은 언제나 좋지 않다. 왜 생명을 빼앗는 것이냐? 생명을 잘 쓰기만 하면 그렇게도 아름다운 것을!….

그런데 이 꽃들은 향기를 풍기고, 모양과 냄새로 기쁘게 하고, 벌과 나비들에게 꿀을 주고, 꽃술의 금빛 가루를 그 놈들에게 주어서 그 놈들의 진주빛 날개에 작은 황옥의 점을 찍어 놓고, 새둥지의 침대 노릇을 하기 때문에 생명을 잘 쓴다…. 조금 전에 네가 여기 있었더라면 밤꾀꼬리 한 마리가 삶의 기쁨과 주님을 찬미하는 기쁨을 아주 즐겁게 노래하는 것을 들었을 것이다. 사랑스러운 새들! 그 놈들이 사람들에게 얼마나 본보기가 되는지 모른다! 그 놈들은 얼마 안 되는 것으로, 또 허락되고 거룩한 것, 즉 창조주이신 아버지께서 그 놈들에게 주시기 때문에 낟알 한 알과 작은 벌레 한 마리만으로 만족한다. 그리고 그런 것이 없으면 성을 내거나 원한을 느끼지 않고, 주님의 찬미와 소망의 기쁨을 노래하게 만드는 넘쳐흐르는 마음으로 그 놈들의 몸의 굶주림을 달랜다. 그 놈들은 이기주의에서가 아니라 새끼들에 대한 사랑으로, 따뜻하고 폭신하고 안전한 둥지를 만들기 위하여 새벽에서 저녁까지 날아다니느라고 지친 것을 기뻐한다. 그리고 그 놈들은 올바르게 서로 사랑하는 기쁨을 노래하고, 밤꾀꼬리 수컷은 암컷을 위해서, 두 놈은 새끼들을 위해서 노래한다.

짐승들은 그 놈들의 마음에 그 놈들에게 무엇인가를 비난하는 가책을 느끼지 않기 때문에 항상 행복하다. 사람은 악의가 있고, 존경심이 없고, 강압적이고, 잔인하기 때문에 우리가 짐승들을 불행하게 만든다. 그리고 인간은 같은 인간들에 대해서 악의를 가지는 것으로 만족하지 않고, 그의 악의는 그보다 못한 존재에까지 쏟아져 간다. 사람은 가책이 있으면 있을수록 양심의 자극을 받고, 다른 사람들에게 그의 악의를 더 미치게 한다. 오늘 땀을 뻘뻘 흘리고 몹시 지친 그의 말에 피가 나도록 박차를 가하고, 하도 채찍질을 해서 목과 옆구리, 그리고 콧구멍과 그렇게도 인종하고 그렇게도 유순한 눈위로 고통스럽게 내리감기는 눈꺼풀에까지도 털이 곤두서게 한 그 말탄 사람은 평온한 마음을 가지지 못했었다고, 정직에 어긋나는 죄를 지으려고 하던가 죄를 지은 길이었다고 나는 확신한다." 예수께서 입을 다무시고 생각하신다.

유다도 말이 없다. 그도 생각한다. 그러다가 말한다.

"선생님, 선생님이 그렇게 말씀하시는 것을 듣는 것은 정말 기분이 좋습니다! 모든 것이 눈과 정신과 마음에 분명해집니다. 그리고 모든 것이 '저는 착하게 되고 싶습니다' 하고 말하는 것까지도 다시 쉬워집니다. 선생님께… 선생님께… 선생님께 '선생님, 저도 흐린 마음을 가지고 있습니다! 깨끗한 사람을 사랑하시는 선생님, 제게 대해서 혐오감을 가지지 마십시오!' 하고 말씀드리는 것까지두요."

"오! 내 유다야! 내가 혐오감을 가지다니? 벗아, 아들아, 네 마음을 어지럽게 하는 것이 무엇이냐?"

"선생님, 저를 선생님 곁에 두어 두십시오. 저를 꼭 껴안아 주십시오…. 저는 선생님이 제게 몹시 다정스럽게 말씀하신 때부터 착하게 되겠다고 맹세했습니다. 저는 처음 얼마 동안의 유다가 다시 되겠다고 맹세했습니다. 저는 선생님을 따르고, 신랑이 신부를 사랑하듯이 선생님을 사랑했고, 선생님에게서 모든 만족을 발견해서 선생님만을 생각했습니다. 저는 예수님을 이렇게 사랑했습니다…."

"나도 안다…. 또 그래서 너를 사랑했다…. 그러나 상처를 입은 가엾은 내 벗아, 아직도 나는 너를 사랑한다…."

"제가 상처 입은 것을 어떻게 아십니까? 무엇을 보고 아십니까?…."

침묵이 흐른다. 예수께서는 유다를 아주 부드러운 눈으로 들여다 보신다…. 눈물 한 방울이 그 광채를 약하게 하여 더 크고 더 부드럽게 하는 것 같다. 온전히 사랑에 바치는 죄없고 노여움이 없어진 어린 아이 같은 눈이다.

유다는 예수의 발 앞으로 미끄러져 내려가서 예수의 무릎에 얼굴을 대고 양팔로 예수의 옆구리를 껴안으며 탄식한다. "선생님, 저를

161. "나는 파멸하는 어떤 사람을 구했다고 … 것보다 더 나은 휴식이 없다" **89**

선생님 곁에 놔 두십시오…. 저를 지켜 주십시오…. 제 육체가 마귀처럼 부르짖습니다…. 그리고 제가 말을 들어주면, 모든 악이 몰려옵니다…. 저는 선생님이 알고 계시지만 그래도 제가 말씀드리기를 기다리신다는 것을 압니다…. 그러나 선생님, '저는 죄를 지었습니다' 하고 말하기가 어렵습니다."

"이 사람아, 나도 안다. 그렇기 때문에 '저는 죄를 지었습니다' 하고 말해서 품격이 떨어지지 않게 하려면 행동을 제대로 해야 할 것이다. 유다야, 그러나 이것에는 훌륭한 약이 하나 있다. 죄를 말하느라고 노력을 해야 하기 때문에 죄짓는 것을 삼가게 된다. 그리고 죄를 지었으면, 죄를 지었다고 고백하는 고통이 벌써 속죄하는 보속이 된다. 그리고 만일 어떤 사람이 교만으로나 벌에 대한 공포로 괴로워하지 않고, 위반함으로써 고통을 주었다는 것을 알기 때문에 괴로워하면, 그 때에는 내가 분명히 말하지만 죄가 사라진다. 구원하는 것은 사랑이다."

"선생님, 저는 선생님을 사랑합니다. 그러나 저는 몹시 약합니다…. 오! 선생님은 저를 사랑하실 수 없습니다! 선생님은 깨끗하시고, 또 깨끗한 사람들을 사랑하십니다…. 선생님이 저를 사랑하실 수 없는 것은 제가…. 제가…. 오! 예수님, 제게서 육욕의 갈망을 없애 주십시오! 선생님은 그것이 어떤 마귀인지를 아십니까?"

"나도 안다. 나는 그 갈망을 들어 주지 않았다. 그러나 그것이 어떤 목소리를 가지고 있는지도 안다."

"아시지요? 아시지요? 선생님이 거기에 대해 너무도 혐오감을 가지셔서 그 말만 하셔도 선생님의 얼굴이 엉망이 됩니다…. 오! 선생님은 저를 용서하실 수가 없습니다!"

"유다야. 너는 마리아를 기억못하느냐? 마태오를? 문둥병자가 된 저 세리를 기억 못하느냐? 내 용서를 받은 다음에 거룩하게 하는 힘을 가질 것이기 때문에 내가 그에게 천국에 자리를 마련했다고 말한 로마의 창녀였던 저 여자를 기억하지 못하느냐?"

"선생님… 선생님… 선생님…. 오! 제 마음에는 어떤 악이 들어 있는지요!… 오늘 저녁 저는 도망쳤습니다…. 코라진에서 도망쳤습니다…. 만일 거기 있었더라면… 거기 있었더라면… 제가 파멸했겠기 때문입니다. 아시겠습니까?… 저는 술을 마셔서 그것으로 인해 병자가 되는 사람과 같습니다…. 의사가 그에게서 술과 취하게 하는 음료를 어느 것이든지 빼앗아 버리면, 그 사람은 병이 낫고, 그 맛을 느끼지 않는 동안은 건강한 몸으로 있습니다…. 그러나 한번만이라도 견디지 못하면 그 맛을 다시 느끼게 되고… 갈증이… 그 음료에 대한 갈증이… 저항할 수 없게 될 만큼 강하게 와서… 마시고 또 마셔서… 다시 병자가 되고… 영원히 병자가 되고… 미치광이가 되고… 마귀들린 사람… 자기의 마귀에게 붙잡힌 사람이 됩니다…. 오! 예수님, 예수님, 예수님!… 다른 사람들에게는 이 말씀을 하지 마십시오…. 말씀하지 마십시오…. 저는 모든 사람 앞에서 부끄럽습니다….”
"그러나 내 앞에서는 그렇지 않다.”
유다는 잘못 알아듣는다. "맞습니다! 용서하십시오! 선생님은 완전하시니까 다른 어떤 사람 앞에서보다도 선생님 앞에서 더 부끄러워해야 할 것입니다….”
"아니다, 이 사람아. 내가 말한 것은 그 말이 아니다. 네 고통과 네 슬픔이 네 굴욕이 네게 진리를 가려서는 안 된다. 내가 말한 것은 네가 모든 사람 앞에서 부끄러워할 수는 있지만 내 앞에서는 부끄러워하지 않아도 된다는 것이다. 아들은 인자한 아버지 앞에서는 무서워하지 않고 부끄러워하지도 않으며, 병자도 유능한 의사 앞에서는 무서워하지도 부끄러워하지도 않는다. 그리고 아들이나 병자는 아버지와 의사에게 두려움없이 자기의 속을 털어놓는다. 그것은 한 사람은 사랑하고 용서하고 또 한 사람은 이해하고 고쳐 주기 때문이다. 나는 너를 사랑하고 이해한다. 그래서 너를 용서하고 고쳐 준다. 그러나 유다야, 말해 다오. 너를 네 마귀에게 넘겨주는 것이 누구냐? 너냐? 네 형제들이냐? 방탕한 여자들이냐? 아니다. 네 의지이다.
이제는 내가 너를 용서하고, 고쳐 준다…. 내 유다야, 네가 내게 얼마나 큰 기쁨을 주었느냐! 그렇지 않아도 나는 노래들이 기쁘게 해 주는 맑고 향기로운 이 밤을 많이 즐기고, 그로 인해서 주님을 찬미하고 있었다. 그러나 지금은 네가 내게 주는 기쁨이 저 달빛과 이 향기들과 이 평화와 이 노래들을 능가한다. 들리느냐? 밤꾀꼬리가 이 기쁨에 합류해서 나와 함께 네 착한 뜻이 기쁘다는 말을 네게 하려는 것 같다. 그가 창조된 목적을 달성하는 일을 하고자 하는 착한 뜻이 가득 찬 저 작은 가수가 말이다. 또 꽃들을 스치고 지나가며 잠을 깨우고 오목한 꽃받침에 금강석 같은 이슬을 맺히게 해서, 나비와 햇살이 그것을 발견해서, 하나는 목을 축이고 또 하나는 그 큰 광채를 반사하는 작은 거울이 되게 하도록 하는 아침의 이 첫번 바람도 보아라. 쳐다보아라, 달이 지려고 한다. 저 멀리서 들려 오는 닭의 울음 소리와 더불어 새벽이 밝아오려고 한다. 밤의 어두움과 밤의 환영들이 사라진다. 네가 내게 오지 않았더라면, 권태와 가책 속에서 지나갔을 시간이 얼마나 빨리 즐겁게 지나갔는지 보아라. 너 자신이 무서울 때에는 언제든지 오너라. 자신의 자아!!! 대단한 친구, 큰 유혹자, 무서운 원수, 무서운 심판자이나 유다야! 또 알겠느냐? 네가 착했으면 네 자아가 진실하고 **충실한 친구**인데, 네가 착하지 않으면 네 자아가 진실성이 없는 친구가 될 줄도 안다. 그리고 네게 공범 노릇을 하고 나서 네게 맞서서 **준엄한 심판자**가 되고 그 비난으로 너를 괴롭힌다…. 자아는 사납게 비난한다…. 그러나 나는 그렇지 않다! 그러면 가자, 밤이 다 지나갔다…."

"선생님, 제가 선생님을 쉬지 못하시게 했군요…. 그런데 선생님은 오늘 말씀을 많이 하셔야 하지요…."

"나는 네가 내게 준 기쁨 속에서 쉬었다. 나는 '오늘 파멸하는 어떤 사람을 구했다'고 말하는 것보다 더 나은 휴식이 없다. 오너라, 와…. 코라진으로 내려가자! 오! 이 도시가 너를 본받을 줄 알았으면 좋으련만, 유다야!"

"선생님… 제 동료들에게 뭐라고 말씀하시겠습니까?"

"그들이 묻지 않으면 아무 말도 하지 않고… 만일 물어보면, 우리가 하느님 자비 이야기를 했다고 말하겠다…. 이것은 참된 주제이고, **하도 무제한 한 것**이어서 아무리 장수하는 사람이라도 여기에 대해 충분히 설명할 수 없을 지경이다. 가자…."

그리고 두 사람은 내려오는데, 키가 크고, 아름다운 것이 서로 다르지마는 똑같이 젊었다. 두 사람은 나란히 걸어 어떤 나무숲 뒤로 사라진다.

162. "어떤 타락도 시간을 두고 준비된다"

예수께서 말씀하신다.

"이것은 마리아 막달레나의 삽화와 같이 자비에 관한 삽화이다. 그러나 만일 너희가 책을 만들면, **사건들을 범주에 따라서 보다는 연대순으로 차례차례 적어놓고**, 각 삽화가 어떤 범주에 속하는 것인지를 처음에 말하거나 주를 다는 데 그치는 것이 더 나을 것이다."

내가 왜 유다의 인물을 눈에 띄게 하는가? 여러 사람이 이것을 의아하게 여길 것이다.

내 대답은 이렇다. 세월이 흐르는 동안 유다의 모습이 너무나 변형되었다. 그리고 요 근래에는 완전히 왜곡되었다. 어떤 학파에서는 유다가 구속에 있어서 제2의 그리고 불가결한 장본인인 것처럼 그를 자기네 학파의 최고의 영예로 삼다시피 하였다. 그리고 그가 유혹자의 뜻하지 않은 맹렬한 습격에 졌다고 생각하는 사람이 많다. 그러나 그렇지 않다. 타락은 어떤 것이든 시간을 두고 준비되는 것이다. 타락이 중하면 중할수록 그만큼 준비가 더 되는 것이다. 전례들이 사실을 증명한다. 선에 있어서도 악에 있어서도 갑작스럽게 떨어지지도 않고 갑작스럽게 올라가지도 못한다. 내려가는 데에는 오랫동안 은밀히 진행되는 원인들이 있고, 올라가는 데에는 참을성이 있고 거룩한 원인들이 있다.

유다의 불행한 비극은 너희가 구원을 얻는 데, 그리고 구렁으로 내려가는 사람들을 구원하고 용서하기 위한 하느님의 방법과 그분의 자비를 아는 데 **아주 많은** 것을 너희에게 가르칠 수가 있다. 너는 유다가 죄를 지은 다음 악마같은 정신착란에 이르러 몸부림치는 것을 보았는데, 여러 해 동안 기분좋게 추구한 지옥에나 있음직한 습관으로 완전히 타락하지 않은 사람이면 그런 정신착란에는 이르지 않는다. 어떤 사람이 죄를 짓더라도, 그의 이성을 흐리게 하는 어떤 뜻밖의 사건에 끌려서 하였으면, 그는 괴로워한다. 그러나 속죄할 줄을 안다. 그의 마음에는 아직 지옥의 독의 해를 입지 않은 부분이 있기 때문이다. 자기 안에 너무나 사탄을 가지고 있어서 그것을 자각하지 못할 정도가 되고 사탄을 빨아들여서 자기의 **자아**의 일부가 되게 하였기 때문에 사탄을 부인하는 세상에게 나는 사탄이 존재하고 영원하며, 너희들을 그의 희생물을 만들기 위하여 쓰는 방법이 변함없다는 것을 보여준다.

"지금 당장은 이것으로 넉넉하다. 너는 내 평화와 함께 있어라."

163. 코라진의 얼마 안 되는 신자들에게 작별인사를 하시다

예수께서 열한 사도와 만나시는 것은 아직 새벽이 덜 되었을 때이다. 사도들 가운데에는 어린 목수 요셉이 있는데, 예수를 보자마자 쏜살같이 달려 와서 아직 어린 아이를 면하지 못한 사람과 같은 순진함으로 예수의 무릎을 껴안는다. 예수께서는 몸을 구부려 그의 이마에 입맞춤 하시고 나서 그의 손을 잡고 베드로와 다른 제자들을 만나러 가신다.

"너희들에게 평화. 너희들을 벌써 여기서 만날 줄로는 생각하지 못했었다."

"이 애가 아직 밤중인데 깨서, 늦게 도착할까봐 걱정이 돼서 오겠다고 했습니다" 하고 베드로가 설명한다.

"어머니도 다른 아이들을 데리고 곧 이리로 올 겁니다. 이 애 어머니가 선생님께 인사를 드리고 싶어 합니다" 하고 알패오의 유다가 덧붙인다.

"또 얼굴이 몹시 보기 흉하게 되었던 여인과 이사악의 딸과 엘리야의 어머니. 그리고 선생님이 고쳐 주신 다른 사람들도 옵니다. 그들이 저희들을 재워 주었습니다…."

"또 다른 사람들은?"

"주님…."

"코라진은 여전히 냉혹한 정신을 가지고 있구나. 알겠다. 상관없다. 좋은 씨는 뿌려졌으니 언젠가 싹이 틀 것이다…. 이들의 덕택으로…." 그러시면서 어린 아이를 내려다 보신다.

"이 애가 제자가 되어서 사람들을 회개시킬 것입니까?"

"제자는 벌써 되었다. 그렇지 요셉아?"

"그렇습니다. 그렇지만 저는 말을 할 줄 모릅니다. 그리고 제가 아

163. 코라진의 얼마 안 되는 신자들에게 작별인사를 하시다

는 것에 대해서는 사람들이 제 말을 듣지 않습니다."
"상관없다. 너는 네 착함으로 말해라."
예수께서는 긴 두 손으로 어린 아이의 작은 얼굴을 잡으시고, 잔뜩 치켜든 작은 얼굴 위로 몸을 약간 구부리고 말씀하신다.
"요셉아, 나는 간다. 착하게 살고 부지런히 일해라. 너희를 사랑하지 않는 사람들을 용서하고, 너희에게 좋은 일을 해 주는 사람들에게 감사하는 마음을 가져라. 늘 이것을 생각해라. 즉 너를 도와주시는 분에게는 하느님께서 계시다고. 따라서 어떤 은혜든지 공손히 받아들이면서 그것을 열망하지 말고, '나를 생각해 주는 사람이 있으니까 나는 아무 것도 하지 않고 있겠다'고 말하지 말고, 네가 얻은 도움을 낭비하지 말아라. 일은 거룩한 것이고, 또 너는 어리기는 하지만 집안에 하나밖에 없는 어른이니까 일을 해라. 어머니를 도와드리는 것은 어머니를 공경하는 것임을 기억해라. 네 이런 동생들에게 좋은 본보기를 주고, 네 누이 동생들의 정결을 보살피는 것이 네 의무라는 것을 기억해라. 네게 필요한 것을 가지기를 원하고 그것을 얻기 위해 일해라. 그러나 부자를 부러워하지 말고, 많이 즐기기 위해서 재산을 탐내지 말아라. 네 선생님이 네게 하느님의 말씀만 가르쳐 주지 않고, 일에 대한 사랑과 겸손과 용서도 가르쳐 주었다는 것을 기억해라. 요셉아, 항상 착하게 살아라. 그러면 우리가 언젠가 다시 함께 있을 것이다."
"그렇지만 다시는 오지 않으셔요? 주님은 어디로 가셔요?"
"나는 하늘에 계신 하느님의 뜻이 가라고 하시는 데로 간다. 하느님의 뜻은 언제나 완전한 뜻이니까 그 뜻이 **항상** 우리 뜻보다 더 힘 있어야 하고, 우리에게는 우리 자신의 뜻보다 더 소중해야 한다. 너도 살아 가는 동안에 네 뜻을 하느님의 뜻에 앞세우지 말아라. 순종하는 모든 사람이 하늘에서 다시 만날 것이고, 그 때에는 큰 즐거움이 될 것이다. 얘야, 내게 한번 입맞춤 해라."
입맞춤 한번! 어린 아이가 예수께 드리는 것은 수없이 많은 입맞춤과 눈물이다. 그리고 많은 자식들과 코라진의 얼마 안 되는 다른 사람, 전부 해서 일곱 사람에게 둘러싸여서 오는 그의 어머니가 이렇게 예수의 목에 매달려 있는 아이를 만나게 된다.

"제 아이가 왜 웁니까?" 하고 그 여자가 선생님께 인사를 드린 다음에 묻는다.

"어떤 이별이나 다 슬프기 때문입니다. 그러나 우리가 헤어져 있더라도, 여러분의 마음이 계속 나를 사랑하면 우리는 항상 결합해 있을 것입니다. 여러분은 내게 대한 사랑이 어떤 것인지, 내게 대한 사랑이 어떻게 하는 데 있는지를 압니다. 즉 내가 여러분에게 가르친 것을 하는 데 있습니다. 어떤 사람이 가르친 것을 하는 사람은 그 사람에 대해서 존경을 가진다는 것을 보이기 때문입니다. ─그런데 존경은 언제나 사랑입니다.─ 그러므로 내가 말과 본보기로 여러분에게 가르친 것을 하고, 장차 내 제자들이 내 이름으로 가르칠 것을 하시오. 울지 마시오. 세월은 빨리 지나갑니다. 그래서 머지 않아 우리는 더 나은 상태에서 모일 것입니다. 또 이기주의로도 울지 마시오. 아직 나를 기다리는 많은 사람, 나를 보지 못하고 죽을 많은 사람, 나를 도무지 알지 못하고서 나를 사랑해야 할 많은 사람을 생각하시오. 여러분은 나를 여러번 맞이 했었고, 이것으로 인해서 여러분 가운데 있는 믿음과 사랑의 바람이 쉬워질 수 있었습니다.

이와 반대로 저 사람들은 '그분은 정말 하느님의 아들이고 구세주였으며, 그분의 말은 진실하다'고 말하게 될 수 있으려면 큰 믿음, 맹목적인 믿음을 가져야 할 것입니다. 의로운 생활을 한 다음에 영원한 생명을 얻고 하느님을 즉시 차지한다는 큰 바람을 가질 수 있으려면 큰 믿음을 가져야 할 것입니다. 그 사람들은 자기들이 알지 못했던 사람, 말하는 것을 듣지 못한 사람, 기적을 행하는 것을 보지 못한 사람을 사랑해야 할 것입니다. 그렇지만 다만 이렇게 사랑해야만 영원한 생명을 얻을 것입니다. 여러분은 나를 여러분에게 알게 하심으로 많은 은혜를 베풀어 주신 주님을 찬미하시오. 이제는 가시오. 시나이산의 율법에 충실하고, 모두 형제처럼 서로 사랑하라는 내 새 계명에 충실하시오. 하느님은 사랑 가운데 계시기 때문입니다. 여러분을 미워하는 사람들까지도 사랑하시오. 하느님께서 죄로써 당신께 대한 증오를 보여준 사람들을 사랑하시는 본보기를 제일 먼저 주셨기 때문입니다.

원한과 갈라섬의 동기가 되는 죄를 없애기 위하여 구세주인 당신

163. 코라진의 얼마 안 되는 신자들에게 작별인사를 하시다

의 말씀을 보내심으로써 하느님께서 사람들을 용서하신 것과 같이 항상 용서하시오. 잘들 있으시오. 여러분에게 내 평화가 있기를 바랍니다. 내가 여러분의 구세주가 아니라고 여러분에게 믿게 하려고 할 사람들의 말에 대해서 여러분의 마음을 굳세게 하기 위해 여러분의 마음 속에 내 행동에 대한 추억을 간직하시오. 장차 있을 시련 중에 힘을 가지도록 내 강복을 보존하시오."

예수께서는 당신 발 앞에 엎드린 작은 양떼에 모세의 축복의 말을 하시면서 강복하시려고 양손을 내미신다. 그리고 돌아서서 떠나신다….

164. 예수께서 시어머니와 며느리 사이의 의무에 대하여 말씀하신다

　지스칼라가 있는 나무가 우거지고 기름진 산들은 푸르름과 산들바람과 물과 언제나 웅장화려하고 동서남북 어느 쪽을 향하느냐에 따라서 다양해지는 지평선의 휴식을 나타낸다. 북쪽에는 가장 다양한 푸른 빛을 지닌 나무가 우거진 봉우리들의 연속인데, 땅이 파란 하늘을 향하여 올라가서, 하늘이 제게 주는 물 햇살에 대한 감사의 표시로 그의 식물의 모든 아름다움을 바치는 것 같다. 동북쪽에서는 눈이 시간과 빛에 따라서 빛깔이 변하는 보석과 같은 대헬몬산에 매혹되어 멎는다. 대헬몬산은 ──해가 비추거나 물러가거나, 또는 바람에 불려 온 헝클어진 구름들이 그 만년설 위에 빛의 조화를 부리는 데 따라서── 금강석이나 오팔, 아주 연한 사파이어, 매우 넓은 루비, 또는 겨우 한번 담근 강철 빛깔의 어마어마한 오벨리스크(방첨탑-方尖塔)와 같은 가장 높은 꼭대기를 치켜세우고 있다.
　그런 다음 눈은 그 고원들과 능선들의 에메랄드 빛깔이 비탈들과 웅장한 거인의 바탕을 이루는 협곡들과 봉우리를 따라 내려온다. 그런 다음 눈을 조금 더 동쪽으로 돌리면, 가울라니티데스와 아우라니티데스의 넓고 푸른 고원이 펼쳐지는데, 동쪽 끝은 멀리 안개 속에 어렴풋하게 된 산들이 둘러쳐져 있고, 서쪽으로는 요르단강을 따라 그 계곡을 나타내는 다른 푸른 빛깔로 둘러쳐져 있다. 그리고 더 가까이에는 두 개의 사파이어 같은 두 호수가 있다. 관개가 잘 된 평야의 바탕을 이룬 메론 호수와, 모양과 빛깔이 다른 야산들과 사시장철 꽃이 피어 있는 기슭 가운데 둘러싸인 섬세한 파스텔화 같은 우아한 티베리아 호수이다. 티베리아 호수는 가까운 산에서 불어오는 바람에 꼭대기가 흔들리는 종려나무 숲과 더불어 동방(東方)의 꿈이고, 그 물이 고요하고 그 연안의 작물들 때문에 가장 아름다운 우리네 호수들의 시적인 미를 담고 있다.
 그런 다음 남쪽으로는 꼭대기가 독특한 다볼산과 어떤 산으로도 막히지 않은 지평선의 테두리 안에 펼쳐지는 에스드렐론 평야를 내려다보는 몹시 푸르른 소헬몬산이 있다. 남쪽으로 더 내겨가면, 높고 육중한 사마리아의 산들이 있는데, 유다 쪽으로는 보이지 않게 되고 만다. 보이지 않는 쪽은 다만 서쪽뿐이다. 그곳에는 가르멜산과 프톨레마이스 쪽으로 올라가는 평야가 있을 터이지만 그보다 더 높은 산맥이 시야를 가려서 보이지 않는다. 여기서는 팔레스티나에서 가장 아름다운 전망 중의 하나를 보게 된다.
 예수께서는 산가운데 나 있는 길을 걸어 가시는데, 때로는 혼자서, 때로는 사도들 중의 이 사람 또는 저 사람이 따라와서 같이 걷는다.
 예수께서는 양떼 곁에서 놀고 있는 목자의 아이들을 쓰다듬어 주시려고 한번 걸음을 멈추신다. 그리고 그 목자가 예수를 보고, 전에 예수를 본 적이 있는 다른 목자들이 묘사해 준 선생님으로 알아보았기 때문에 "선생님과 선생님의 제자들을 위하여" 드리는 양젖을 받으신다.
 또 한번은 한 작은 노파의 말을 들으시는데 그 노파는 예수께서 누구이신지를 알지 못하고, 불평이 많고 공손하지 않은 며느리 때문에 겪는 집안 걱정 이야기를 한다.
 작은 노파를 동정하시면서도 예수께서는 착함으로 착하게 하기 위하여 참을성을 가지라고 권고하신다. "며느리가 할머니의 딸이 아니더라도 며느리에게 어머니 노릇을 하셔야 합니다. 솔직히 말씀하세요. 만일 며느리가, 며느리가 아니고 딸이었더라면, 며느리의 결점이 그토록 커 보이겠습니까?"
 작은 노파는 곰곰 생각하더니 실토를 한다. "아니지요…. 그렇지만 딸은 역시 딸이지요…."
 "그런데 할머니의 딸들 중의 하나가 시집에서 시어머니가 학대한다고 말하면, 할머니는 뭐라고 하시겠습니까?"
 "시어머니가 인정머리 없다고 말하겠습니다. 왜냐하면 시어머니는 그 집안 관습을 —집안마다 다른 풍습을 가지고 있으니까요.— 며느리에게 친절하게 가르쳐 주어야 할 거니까요. 더구나 신부가 어리면 더 그렇지요. 그 시어머니가 신부였던 시절을 기억해야 할 거라고 말하겠습니다. 신부가 운좋게 착한 시어머니를 만났으면 시어머니의 사랑이 얼마나 기뻤겠고, 만일 시어머니가 인정머리 없었으면 얼마나 고통스러웠겠느냐구요. 그리고 그 시어머니가 겪지 않은 고통을 겪게 하지 말고, 고통을 당한다는 것이 어떤 것인지를 알기 때문에 고통을 겪게 하지 말라구요. 오! 나는 내 딸을 지키겠습니다!"

"며느리가 몇 살입니까?"

"선생님, 열여덟 살입니다. 야곱과 3년전에 결혼했습니다."

"아주 어리군요. 남편에게 충실합니까?"

"오! 충실하구 말구요. 늘 집에만 있고, 남편과 어린 레위와 어린 딸을 사랑하지요. 어린 딸은 나처럼 안나라고 합니다. 과월절에 났어요…. 아주 예쁩니다!…."

"누가 안나라는 이름을 지어 주기를 원했습니까?"

"그야 마리아가 그랬지요! 시아버지의 이름은 레위였고, 그래서 야곱이 맏아들에게 그 이름을 붙여 주었지요. 그런데 마리아는 딸을 낳았을 때 '이 애에게는 어머님의 이름을 붙입시다' 하고 말했습니다."

"그런데 그것이 사랑과 공경으로 생각되지 않습니까?"

작은 노파는 곰곰 생각한다…. 예수께서 말씀을 계속하신다. "며느리는 성실합니다. 며느리는 집안일에 전심하고, 다정스러운 아내이고 사랑하는 어머니입니다. 그리고 할머니를 기쁘게 해 드리려고 마음을 씁니다…. 며느리는 딸에게 친정 어머니의 이름을 줄 수도 있었는데, 할머니의 이름을 주었습니다. 그의 행동으로 할머니의 집 안에 경의를 표합니다…."

"아이고! 그건 그렇습니다! 내 며느리는 지사벨의 저 쓸모없는 며느리와 같지는 않습니다."

"그러면 며느리에 대해서 그렇게 한탄을 하고 불평을 하십니까? 며느리에 대해서는 딸에 대해서 했을 판정과는 다른 판정을 해서 경우에 따라 판정을 달리한다고 생각하지 않으십니까?"

"그건… 그건… 며느리가 내 아들의 사랑을 빼앗아 갔기 때문입니다. 전에는 아들이 내게 전부였었는데, 지금은 나보다 며느리를 더 사랑합니다…." 시어머니들의 편견의 한결같은 참다운 이유가 마침내 작은 노파의 마음에서 넘쳐나오고, 동시에 눈에서 눈물이 흘러 나온다.

"아들이 할머니께 무엇이 아쉽게 합니까? 결혼한 뒤로 할머니를 소홀히 합니까?…."

"아닙니다. 그렇게 말할 수는 없습니다. 그렇지만 결국 이제는 제 아내의 것이 돼 버렸어요…." 이렇게 탄식하며 더 크게 운다.

예수께서는 시기하는 작은 노파에 대하여 동정의 잔잔한 미소를 지으신다. 그러나 언제나 그러신 것처럼 온유하셔서 비난을 하지 않으신다. 어머니의 고통을 동정하시고, 그 고통을 가라앉히시려고 애쓰신다. 예수께서는 눈물이 할머니의 앞을 가려 보지 못하기 때문에 할머니를 인도하시려는 것처럼 노파의 어깨에 손을 얹으신다. 아마 이 접촉으로 많은 사랑을 느끼게 해서 노파가 위로를 받고 마음의 상처가 낫도록 하시기 위한 것 같다.

그리고 말씀하신다. "할머니, 그렇게 되는 것이 좋지 않습니까? 할머니의 남편도 할머니에 대해서 그렇게 했습니다. 그리고 할머니의 시어머니는 할머니가 말하고 생각하는 것처럼 아들을 잃지 않고, 다만 아들이 할머니와 그의 어머니 사이에 사랑을 나누어 주었기 때문에 사랑을 덜 가지기만 했었습니다. 또 할머니의 시아버지도 역시 그의 어머니에게 전적으로 딸려 있던 것을 그만두고 그의 아이들의 어머니를 사랑하게 되었습니다. 그리고 이와 같이 오랜 세월을 두고 대대로 하와에게까지 거슬러 올라 갑니다. 맨처음 어머니인 하와도 그의 자식들이 처음에는 부모에 대해서만 가졌던 사랑을 아내들에게 나누어 주는 것을 보았습니다. 그러나 창세기는 이렇게 말하지 않습니까? '드디어 나타났구나! 내 뼈에서 나온 뼈요, 내 살에서 나온 살이로구나…. 남자는 어버이를 떠나 아내와 어울려 둘이 한 몸이 될 것이다' 하고. 할머니는 아마 '그건 남자의 말이지요' 하고 말하시겠지요. 그렇습니다, 그러나 어떤 남자의 말입니까? 그 남자는 죄없고 은총의 지위에 있었습니다. 그러므로 그는 그를 창조하신 무한한 지혜를 확실히 반영했고, 그 지혜의 진리를 알고 있었습니다. 은총과 무죄로 인해서 그 남자는 하느님의 다른 선물들도 가득히 가지고 있었습니다. 그의 관능이 이성에 복종하고 있었기 때문에 그는 사욕

(邪慾)의 흥분이 가리지 않는 정신을 가지고 있었습니다. 그의 지위에 어울리는 지식 덕택으로 그는 진리의 말을 하는 것이었습니다.

그러므로 그는 예언자였습니다. 할머니도 아시지만 예언자란 다른 사람의 이름으로 말하는 사람을 가리키니까요. 그리고 **진짜** 예언자들은 겉으로 보매 현재와 육체에 관한 것 같이 보이지마는 사실은 언제든지 영과 미래에 관한 말을 하니까요. 사실, 육체의 죄와 현재의 사실에 미래의 벌의 씨가 들어 있습니다. 또는 미래의 사실이 옛날에 있었던 사실에 근원을 두고 있습니다. 가령, 구세주가 오는 것은 아담의 죄에 그 근원이 있고, 예언자들이 예언한 이스라엘의 벌의 근원은 이스라엘의 행동에 있습니다. 따라서 영에 관한 말을 하라고 예언자들의 입술을 움직이는 분은 모든 것을 영원한 현재로 보시는 영원하신 영일 수밖에 없습니다. 그러니까 성인들 안에서 말씀하시는 것은 영원한 영이십니다. 영원한 영이 죄인들 안에서 사실 수는 없으니까요. 아담은 거룩했었습니다. 즉 정의가 그의 안에 가득 차 있었고, 또 하느님께서 당신의 피조물 안에 당신의 은혜를 가득 부어주셨기 때문에 아담은 그의 안에 모든 덕행을 가지고 있었습니다. 지금은 사람이 그의 안에 악의 원인을 지니고 있기 때문에 정의와 덕행을 차지하기에 이르려면 고생을 많이 해야 합니다. 그러나 아담에게는 이 원인들이 없었고, 오히려 은총을 가지고 있어서 그의 창조주보다 조금만 못하게 되었었습니다.

그러므로 그의 입술이 말하던 것은 은총의 말이었습니다. 그러니까 '남자가 아내를 위하여 어버이를 떠나 아내와 결합하여 둘이 한 몸이 될 것이다' 하는 말은 진리의 말입니다. 이것이 하도 절대적이고 참된 것이어서, 지극히 인자하신 분께서 아버지와 어머니를 위로하시기 위해서 나중에 '부모를 공경하라'는 넷째 계명을 율법에 넣으시게 되었습니다. 이 계명은 남자의 결혼과 더불어 끝나지 않고, 결혼 후에도 계속됩니다. 전에는 착한 사람들이 새 가정을 꾸미기 위해 부모를 떠난 뒤에도 본능적으로 부모를 공경했습니다. 그런데 모세 이후에는 이것이 율법의 의무가 되었습니다. 그리고 이것은 결혼한 자식들에게 너무나 자주 잊혀지던 부모들의 고통을 덜어주기 위한 것이었습니다.

그러나 율법도 아담의 예언적인 말인 '남자가 아내를 위하여 어버이를 떠날 것이다' 라는 말을 무효가 되게 하지는 않았습니다. 그것은 정당하고 현실성 있는 말이었고, 하느님의 생각을 나타내는 것이었습니다. 그런데 하느님의 생각은 완전하기 때문에 변함이 없습니다. 그러니까 할머니도 아내에 대한 사랑을 이기심없이 받아들이셔야 합니다. 그러면 할머니도 거룩하게 되실 겁니다. 그뿐 아니라 어떤 희생이든지 이 세상에서부터 상을 받습니다. 할머니는 아들의 아이들인 손자들을 껴안는 것이 기쁘지 않습니까? 또 이제는 할머니의 집을 떠난 딸들을 대신해서 한 딸의 마음을 쓰는 사랑을 아주 가까이에서 느끼면 할머니의 여생과 마지막 잠이 평온하지 않겠습니까?…."

"사내 아이보다 모두 나이가 많은 내 딸들이 결혼을 해서 여기서 멀리 떨어져 산다는 걸 어떻게 아십니까?… 선생님도 예언자입니까? 선생님은 라삐(유대교 선생)입니다. 선생님의 옷에 달린 매듭으로 그것을 알 수 있습니다. 또 그 매듭이 없다 해도 선생님의 말로 그걸 알 수 있어요. 선생님은 훌륭한 박사처럼 말하니까요. 혹 가믈리엘의 친구입니까? 가믈리엘이 그저께 여기 왔었습니다. 지금은 모르겠습니다…. 가믈리엘은 라삐와 좋아하는 제자들을 많이 데리고 있었습니다. 그렇지만 선생님은 아마 늦게 도착하셨나보죠."

"나도 가믈리엘을 압니다. 그러나 그 사람을 만나러 가지는 않습니다. 나는 지스칼라에 들어가지도 않습니다…"

"그렇지만 선생님은 누구십니까? 라삐는 틀림없고, 또 가믈리엘보다도 말을 더 잘 하십니다…."

"그러면 내가 말한 대로 하세요. 평화를 가지시게 될 겁니다. 할머니, 안녕히 계세요. 나는 계속 길을 가겠습니다. 할머니는 틀림없이 시내로 들어가시지요."

"예… 할머니라구!… 다른 선생들은 보잘 것 없는 여인 앞에서 그렇게 겸손하지 않습니다…. 틀림없이 선생님을 배신 여인은 유딧보다도 더 거룩할 것입니다. 모든 사람에 대해서 다정스러운 그 마음을 선생님에게 주었으니 말입니다."

"사실 내 어머니는 거룩하십니다."

"이름을 말해 주세요."

"마리아."

"그럼 선생님의 이름은."

"예수요."

"예수라구!…" 작은 노파는 깜짝 놀랐다. 이 말을 듣고 노파는 몸이 굳어버려 그 자리에서 꼼짝 못한다.

"안녕히 계십시오, 할머니. 평화가 할머니와 함께 있기를 바랍니다." 그러면서 예수께서는 노파가 깊은 생각에서 깨어나기 전에 거의 뛰다시피 빨리 떠나신다. 사도들도 같은 걸음걸이로 예수를 따라가는데, 그들의 옷은 바람에 휘날리고, 애원하는 여인의 외침이 효과없이 그들을 뒤따른다.

"멈추세요! 예수 선생님! 멈추세요! 무슨 말씀을 드리고 싶습니다…." 이제는 나무가 우거진 산의 잎들도 다시 가려지고, 노새나 다닐 수 있는 좁고 가파른 길에서 지스칼라로 가는 길이 보이지 않게 되자 일행은 걸음의 속도를 늦춘다.

"여인에게 정말 말씀을 잘 하셨습니다" 하고 바르톨로메오가 말한다.

"박사의 강의! 그 여자 혼자 있는 것이 아깝습니다…" 하고 알패오의 야고보가 지적한다.

"저는 그 말씀을 기억하겠습니다…" 하고 베드로가 외친다.

"여인은 선생님의 이름을 들은 다음에 이해했습니다. 또는 거의 이해했습니다…. 이제는 그 여인이 시내에 가서 선생님 이야기를 할 겁니다…" 하고 토마가 말한다.

"그 여자가 말벌들을 건드려서 우리 뒤를 쫓게 하지 말았으면 좋겠구먼!" 하고 가리옷의 유다가 중얼거린다.

"오! 이젠 우리가 멀리 와 있는 걸!… 그리고 이 수풀 속에서는 흔적이 남지 않아. 그러니까 우리가 방해를 받지 않을 거야" 하고 안드레아가 낙천적으로 말한다.

"방해를 받더라도!… 나는 한 집안에 평화를 다시 세워 놓았다" 하고 예수께서 모두에게 대답하신다.

"그렇지만 어찌 그렇지! 시어머니나 장모들은 모두 같아!" 하고 베드로가 말한다.

"아니야. 우린 착한 시어머니도 보았어. 도코의 예루사의 시어머니 기억이 나나? 또 필립보의 가이사리아의 도르카의 시어머니도?"

"야고보, 맞아…. 착한 시어머니나 장모도 더러 있어…" 하고 베드로가 인정한다. 그러나 자기의 장모는 골치거리라고 생각하는 것이 틀림없다.

"여기서 멈추어서 식사를 하자. 그리고 계곡에 있는 마을에 밤에 도착하게 여기서 쉬자" 하고 예수께서 명령하신다.

일행은 그 고요한 가운데에 나그네들을 맞아들이기 위하여 벌어진, 산에 박힌 벽옥(碧玉) 빛깔의 커다란 고개 속같은 푸르른 작은 분지에 멎는다. 풀밭 위에 살랑거리는 둥근 천장을 이루고 있는 키가 크고 굵은 나무들 때문에, 시간은 대낮인데도 불구하고, 빛이 부드럽다. 산 위로 불며 지나가는 산들바람이 온도를 완화한다. 작은 샘에서 어두운 빛깔의 두 바위 사이로 은빛깔의 가느다란 물줄기가 흘러나와 조용히 졸졸거리며 우거진 풀 사이로 들어가 보이지 않게 제가 파놓은 손바닥 너비 만한 바닥으로 흘러가는데, 그 개울바닥은 가벼운 바람에 흔들리는 기슭의 풀로 꽉 덮여 있다. 그러다가 더 아랫쪽에 있는 깎아지른 곳에 가서는 작은 폭포가 되어 떨어진다. 시계(視界)는 굵은 나무줄기 둘 사이로 레바논의 산들 쪽으로 아련한 먼 지평선을 눈에 띄게 한다. 훌륭한 경관이다.

165. 예수께서 당신의 나라와 당신의 율법에 대하여 말씀하신다

작은 고원에서 취하는 휴식은 기분좋다. 그러나 아직 해가 있을 때에 계곡으로 내려가는 것이 현명하다. 산을 뒤덮고 있는 둥근 천장 같은 나무들의 잎들 아래에 밤이 이내 오고 어두워질 터이니까.

예수께서 먼저 일어나셔서, 작은 샘을 이룬 작은 시내에 가셔서 세수를 하시고 손발을 시원하게 하신다. 그리고 풀숲에 잠들어 있는 사도들을 부르셔서 준비를 하고 떠나자고 권하신다. 그리고 사도들이 당신을 본받아 차례로 시원한 개천에서 세수를 하고, 바위에서 나오는 물줄기에서 수통에 물을 채우는 동안, 예수께서는 작은 풀밭 끝, 동쪽 경계에 있는 수백년 된 두 나무 근처로 가셔서 그들을 기다리시며 먼 지평선을 바라보신다.

필립보가 제일 먼저 예수 계신 데로 와서 선생님이 바라보시는 쪽으로 바라보면서 말한다. "전망이 아름답습니다! 이 경치를 감상하십니까?"

"그렇다. 그러나 나는 아름다운 전망만을 바라보고 있지 않았다."

"그러면 무엇을 보고 계셨습니까? 혹 이스라엘이 위대하게 되었을 때, 지난 세월에 우리를 괴롭혔고, 지금도 아직 우리의 비탄인 레바논과 오론테강* 너머에 있는 저곳들에 대해서 생각하셨습니까? 그곳에 지방 총독으로 우리를 억압하는 세력의 중심이 있으니까요.

사실 그들에 대해서 한 예언자가, 아니 그 보다도 여러 예언자가 한 예언은 무섭습니다. '나는 앗시리아인을 내 땅에서 분쇄하겠고, 내 산 위에서 짓밟겠다…. 그것은 여러 민족 위에 뻗는 손이다…. 그런

---

* 역주 : 중동(레바논, 시리아, 터키)에 있는 강. 길이 570킬로미터로, 지중해로 흘러들어감.

165. 예수께서 당신의 나라와 당신의 율법에 대하여 말씀하신다 **107**

데 그 손을 누가 막을 수 있겠느냐?…. 보라, 다마스쿠스가 없어지게 될 것이고, 마치 폐허의 돌무더기처럼 남을 것이다…. 우리를 약탈한 자들이 이런 일을 당할 것이다.' 이사야가 이렇게 말했습니다! 또 예레미야도 이렇게 말합니다. '나는 다마스쿠스의 성곽에 불을 놓을 것이며, 그 불은 베나답의 성벽들을 휩쓸어버릴 것이다.' 그런데 이런 일은 언약되신 분인 이스라엘의 왕이 왕권을 잡을 때, 그리고 하느님께서 당신 백성에게 메시아 왕을 주시어 그들을 용서하실 때에 이런 일이 일어날 것입니다….

오! 에제키엘이 이 말을 했습니다! '너희 이스라엘의 산들아, 이스라엘 백성이 곧 돌아올 것이니, 그들을 위하여 너희 가지들을 돋아나게 하고, 너희 열매를 맺어라…. 내가 내 백성을 너희들에게 다시 데려올 것이니, 그들은 너를 상속재산으로 가질 것이다…. 나는 이제 네게 대한 여러 민족들의 모욕을 들지리 않게 하겠다….' 또 시편은 에탄 에스라이타와 더불어 이렇게 노래합니다. '나는 내 종 다윗을 찾아내서, 그에게 내 거룩한 기름을 발라 주었다. 내 손이 그를 도울 것이니… 원수가 그에 대하여 아무 것도 하지 못할 것이다…. 내 이름으로 그의 능력이 커질 것이다…. 그는 바다를 향하여 손을 펼 것이고, 강들을 향하여 그의 오른손을 펼 것이다. 그리고 나는 그를 세상의 왕들의 맏이와 지배자를 만들겠다.'

그리고 솔로몬은 이렇게 노래합니다. '그는 해와 달만큼 오래 갈 것이고… 이 바다에서 저 바다까지, 강에서 땅의 극변에 이르기까지 지배할 것이다…. 땅의 모든 왕들이 그에게 경배할 것이고, 모든 민족이 그의 신민이 될 것이다….' 선생님이 메시아이십니다. 선생님께 영과 육의 모든 표가, 예언자들이 말한 모든 표가 있으니까요. 다윗의 후손이신 메시아 왕, 거룩하신 왕이신 선생님께 알렐루야!"

"알렐루야!" 하고 예수와 필립보에게 합류하여 필립보가 하는 말을 들은 다른 사도들이 일제히 외친다. 그러니까 알렐루야 소리는 메아리지며 협곡에서 협곡으로, 언덕에서 언덕으로 울려 퍼진다. 예수께서는 매우 서글프게 그들을 바라보신다…. 그리고 이렇게 대답하신다. "그러나 너희들은 다윗이 그리스도에 대해서 말한 것과 이사야가 그리스도에 대해서 말한 것을 기억하지 못하는구나…. 너희들은 예언자들의 단 꿀을 먹고 취하게 하는 술을 마신다…. 그러나 왕중왕이 되기 위하여 사람의 아들은 쓸개와 초를 마셔야 하고, 그의 피로 물든 붉은 옷을 입어야 하리라는 것은 깊이 생각하지 않는다…. 그러나 너희가 알아듣지 못하는 것은 너희 탓이 아니다…. 그리고 너희의 잘못된 이해는 사랑이다. 나는 너희에게 **다른 사랑**이 있기를 원한다. 그러나 지금 당장은 너희가 그렇게 하지 못한다. 많은 세월을 두고 쌓여 온 죄가 사람들에게 빛이 들어가지 못하도록 막고 있다. 그러나 빛이 벽을 부수고 너희들 안으로 들어갈 것이다…. 가자."

그들은 고원으로 올라가려고 버렸던 좁고 가파른 길로 돌아와서 계곡을 향하여 빨리 내려간다. 사도들은 낮은 목소리로 서로 이야기한다….

그러다가 필립보가 앞으로 뛰어서 선생님께로 와서 묻는다. "주님, 제 말씀이 마음에 언짢았습니까? 제가 원하던 것은… 제게 대해서 원한을 품으셨습니까?"

"아니다, 필립보야. 그러나 나는 너희들만이라도 이해했으면 한다."

"선생님은 그쪽을 대단한 갈망을 가지고 바라보고 계셨습니다…."

"나를 아직 보지 못했고, 장차도 보지 못할 그 많은 곳을 생각하고 있기 때문이었다…. 내 시간이 빨리 지나가니까…. 사람의 시간이 얼마나 짧으냐! 그리고 사람의 행동은 얼마나 느리냐!…. 영은 세상의 한계를 얼마나 절실히 느끼느냐!… 그러나… 아버지, 당신의 뜻이 이루어지기를!"

"그러나 선생님은 옛날 지파(支派)들의 모든 지방을 두루 다니셨습니다. 적어도 한번은 선생님이 그 지방들을 거룩하게 하셨습니다. 그러니까 열두 지파를 손에 잡으셨다고 말할 수 있습니다…."

"그것은 사실이다. 그런 다음 너희들은 시간이 없어서 내가 할 수 없었던 것을 하여라."

"강물을 멈추게 하시고 성난 바다를 가라앉히시는 선생님이 시간을 느리게 가게 하실 수는 없습니까?"

"그렇게 할 수는 있을 것이다. 그러나 하늘에 계신 아버지와 땅에 있는 아들과 하늘과 땅에 계신 사랑은 용서를 완수하기를 열망하신다…." 그러면서 예수께서는 깊은 명상에 잠기신다. 필립보는 그 명

165. 예수께서 당신의 나라와 당신의 율법에 대하여 말씀하신다

상을 존중하여 예수를 혼자 남겨두고 동료들에게로 다시 가서 예수와의 대화에 대한 이야기를 한다.

…이제는 계곡이 가까웠고, 벌써 길이 하나 보이는데, 남쪽에서 와서 서쪽으로 향하여 가는 진짜 대로이다. 그 길은 바로 산밑에서 구부러지며 산밑을 따라 가다가 개울 가까이에 있는 녹음 속에 펼쳐지는 아름다운 마을 쪽으로 간다. 개울 바닥은 여기저기 남아 있는 몇 대의 갈대와 더불어 거의 돌들만이 차지하고 있는데, 갈대들은 특히 정말 실같이 가느다란 물줄기가 고집스럽게 바다 쪽으로 흘러 가고 있는 개울 바닥 한가운데에 남아 있다.

큰 길로 들어서기 전에 모두가 모였다. 그러나 몇 미터밖에 가지 않았는데 남자 두 사람이 마주 와서 인사를 한다.

"유대교 선생들의 두 제자이고, 그중 한사람은 성직자인데, 무슨 일이지?" 하고 사도들이 자기들끼리 말하는데, 이 만남을 도무지 기뻐하지 않는다. 나는 사도들이 무엇을 보고 그들이 제자들이라는 것과 그중 한 사람이 성직자라고 추론하는지 모르겠다. 나는 이스라엘 사람들의 옷의 매듭과 술장식의 뜻과 다른 비밀들은 아직 이해하지 못한다.

예수께서는 두 사람에게서 2미터 가량 되는 곳에 계시고, 또 이제는 걸어 가거나 말을 탄 길손들이 서둘러 마을 쪽으로 가서 길에 사람이 없기 때문에 조금도 불분명한 점이 없게 되자 그들의 되풀이 되는 인사에 답례를 하시고, 걸음을 멈추시고, 그들을 기다리신다.

"선생님께 평화" 하고 처음에는 그저 몸을 깊이 숙여 인사하는 데 그쳤던 성직자가 이제는 말을 한다.

"당신에게 평화, 그리고 당신에게도" 하고 예수께서 또 한 사람을 향하여 말씀하신다.

"선생은 예수라고 하는 선생님이십니까?"

"그렇소."

"한 여인이 열두시 전에 시내에 들어와서 가믈리엘보다 더 위대한 선생님과 길에서 말을 했다고 하면서, 그 선생님이 지혜로우신 것 외에 친절하시기 때문에 그렇다고 말했습니다. 그 소식이 저희들에게까지 왔습니다. 그러니까 선생님들이 예루살렘으로 출발하는 것을 미루고 저희들 있는 대로 모두 보내면서 선생님을 찾아내라고 했습니다. 지스칼라에서 평야의 길들 쪽으로 내려가는 길마다 두 사람씩을 보냈습니다. 선생님들은 그들의 이름으로 저희들을 통해서 이렇게 말합니다. '우리가 질문하고자 하니까 시내로 오십시오' 하고."

"그런데 무슨 동기로 그러는 거요?"

"지스칼라에서 일어나서 그 결과가 아직 지속되는 어떤 사건에 대해서 선생님의 의사를 표시해 주십사하고 그러는 것입니다."

"그런데 당신들은 심판을 내릴 수 있는 위대한 이스라엘의 박사들이 있지 않소? 왜 알려지지 않은 선생에게 부탁하는 거요?"

"만일 선생님이 그 선생들이 말하는 그분이시면 알려지지 않으신 분이 아니십니다. 나자렛의 예수가 아니십니까?"

"내가 그 사람이오."

"선생님의 지혜가 그 선생들에게 알려져 있습니다."

"그런데 나는 내게 대한 그들의 원한을 알고 있소."

"선생님, 모두가 그렇지는 않습니다. 가장 위대하고 가장 외로운 분이 선생님을 미워하지 않습니다."

"나도 그것은 아오. 그러나 나를 사랑하지도 않소. 그 사람은 나를 연구하고 있소. 그러나 가믈리엘 선생이 지스칼라에 계시오?"

"아닙니다. 그분은 안식일 전에 세포리스에 가기 위해 벌써 떠났습니다. 판결이 있은 후 즉시 떠났습니다."

"그러면 왜 나를 찾소? 나도 안식일을 지켜야 하는데, 내가 겨우 시간에 대서 그곳에 갈 수 있겠소. 나를 더 이상 붙잡지 마시오."

"선생님, 겁을 내시는 겁니까?"

"나는 겁내지 않소. 지금 당장은 내 적들에게 아무런 능력도 주어져 있지 않다는 것을 내가 알기 때문이오. 그러나 나는 현자들에게 판결하는 기쁨을 남겨 주오."

"무슨 뜻입니까?"

"나는 심판하지 않고, 용서한다는 뜻이오."

"선생님은 다른 누구보다도 더 잘 판단하십니다. 가믈리엘 선생이 그렇게 말했습니다. 가믈리엘 선생은 '나자렛의 예수만이 여기서 공평하게 판결할 수 있을 것이다' 하고 말했습니다."

165. 예수께서 당신의 나라와 당신의 율법에 대하여 말씀하신다   *111*

"좋소. 그러나 이제는 당신들이 판결을 내렸으니, 문제가 재검토 될 수는 없소. 나는 판결을 내리기 전에 격정을 가라앉히라는 충고를 했을 거요. 잘못이 있었다면 죄지은 사람이 뉘우치고 속죄를 할 수 있었을 거요. 만일 죄가 없었다면, 그 형벌이 없었을 거요. 그 형벌이 어떤 사람에 대해서는 하느님의 눈으로 보시기에는 계획적인 살인이오."

"선생님! 아니, 어떻게 아십니까? 여인은 선생님이 그 여인과 사업 이야기만 하셨다고 맹세했는데요…. 그런데… 선생님이 아시니… 그러면 선생님은 정말 예언자이십니까?"

"나는 그저 나요. 안녕, 당신에게 평화. 해가 지평선으로 내려오고 있소." 그러시면서 마을 쪽으로 가시려고 등을 돌리신다.

"선생님, 잘 하셨습니다! 틀림없이 그들이 선생님에 대해 계략을 꾸미고 있었습니다!" 사도들은 선생님과 공동책임을 진다. 그러나 그들의 칭찬과 그들의 이치는 지스칼라로 다시 올라가시자고 예수께 간청하려고 쫓아온 아까의 그 두 사람에 의하여 중단된다.

"안 되오. 길 가는 중에 해가 지고 말 거요. 당신들을 보낸 사람들에게 이렇게 말하시오. 나는 율법을 지키는 것이 안식일의 계명보다 더 큰 계명, 즉 사랑의 계명을 침해하지 않을 때에는 항상 율법을 지킨다고."

"선생님, 선생님, 제발 간청입니다. 여기서는 바로 사랑과 정의의 문제가 되는 것입니다. 선생님, 저희와 같이 가십시다."

"나는 할 수 없소. 당신들도 그곳으로 제 시간에 도로 올라갈 수가 없소."

"저희들은 이 경우에 그렇게 할 허락을 받았습니다."

"뭐라고요? 내가 안식일에 병자를 고쳐 주거나 죄를 사해 줄 때에는 목소리를 높였는데, 당신들에게는 쓸데 없는 토론을 위해서 안식일을 어기는 것이 허락된단 말이오? 그러면 이스라엘에서는 때에 따라서 생각이 달라진단 말이오? 가시오! 가요! 그리고 나를 가게 내버려 두시오."

"선생님은 예언자이십니다. 따라서 선생님께서는 아십니다. 저는 그것을 믿고, 이 사람도 믿습니다. 왜 저희들을 물리치십니까?"

"왜냐구요!…." 예수께서는 걸음을 멈추시고 그들을 뚫어지게 들여다보신다. 마음을 읽기 위하여 육체의 베일을 뚫고 사무치는 예수의 엄한 눈은 당신 앞에 있는 두 사람을 압도하여 내려다 보신다. 그리고 그 엄격함을 견딜 수가 없고 그 사랑으로 지극히 다정스러운 그 분의 눈의 눈길이 변하여 하도 다정스럽고 하도 자비로운 표정을 짓는 바람에, 처음에는 그 눈길의 힘 앞에서 마음이 두려움으로 떨렸지마는, 이제는 그리스도의 사랑의 광채 앞에서 감격으로 떨린다.

"왜냐구!" 하고 예수께서 되풀이 하신다…. "물리치는 것은 내가 아니오. 오히려 사람들이 사람의 아들을 물리치오. 그래서 사람의 아들은 형제들을 경계해야 하오. 그러나 마음 속에 악의를 가지지 않은 사람들에게는 '오시오' 하고 말하오. 그리고 나를 미워하는 사람들에게는 '나를 사랑하시오' 하고도 말하오…."

"선생님, 그러면…."

"그래서 나는 저 마을에 가서 안식일을 지내겠소."

"저희를 기다리기만이라도 하십시오."

"안식일 황혼에 나는 떠나오. 기다릴 수가 없소."

두 사람은 서로 바라다보고, 의논을 하려고 뒤에 처진다. 그러다가 그중의 한 사람, 얼굴이 더 총명하고 거의 줄곧 말을 한 사람이 뛰어서 돌아온다.

"선생님, 저는 안식일이 지날 때까지 선생님과 같이 있겠습니다."

예수 곁에 있는 베드로는 자기 쪽을 돌아다보지 않을 수 없게 예수의 옷을 잡아당기고 속삭인다. "안 됩니다. 염탐군입니다." 사촌 뒤에 있는 유다 타대오는 "믿지 마세요" 하고 속삭인다. 시몬과 필립보와 함께 앞으로 나가 있는 나타나엘은 뒤를 돌아다보며 "안 됩니다" 하는 뜻으로 눈을 크게 떠 보인다. 가장 남을 쉽게 믿는 안드레아와 요한까지도 성가신 사람 뒤에서 안 된다는 눈짓을 한다.

그러나 예수께서는 그들의 의심많은 겁은 아랑곳 하지 않으시고 "남아 있으시오" 하고 짤막하게 대답하신다. 그러니까 다른 사람들은 체념할 수밖에 없다.

그 사람은 기뻐서 덜 서먹서먹하게 느껴지고, 자기의 이름을 말하고, 자기가 누구인지, 왜 자기가 팔레스티나에 와 있는지 말할 필요를 느낀다. 그는 디아스포라*에서 났지만 그가 "부모의 위로"였기 때문에 태어나면서부터 하느님께 봉헌되었었다. 부모는 그를 얻은 것을 주님께 감사하여, 성전에 속한 사람이 되라고 예루살렘에 사는 친척들에게 그를 맡겼다. 그곳에서 성전에서 봉사하면서 가믈리엘 선생을 알았고, 그의 주의 깊고 사랑받는 제자가 되었다. "사람들은 제가 옛날의 요셉처럼 어머니에게서 아이를 낳지 못한다는 마음의 고통을 덜어드렸기 때문에 저를 요셉이라고 불렀습니다. 그러나 어머니는 저를 기르는 동안 항상 '내 위로'라고 그랬습니다. 그래서 저를 모든 사람이 바르나바라고 부르게 되었습니다. 위대한 선생님도 저를 그렇게 부르십니다. 그 선생님은 당신의 가장 나은 제자들에게서 위로를 얻으시기 때문입니다."

"하느님께서는 당신에게 그 이름을 주시게 하시오. 아니 무엇보다도 하느님께서 당신을 그렇게 부르시도록 하시오" 하고 예수께서 말씀하신다.

그들은 마을로 들어간다.

"이 마을을 아시오?" 하고 예수께서 물으신다.

"모릅니다. 저는 한번도 와 본 적이 없습니다. 제가 이곳 네프탈리로 온 것은 이번이 처음입니다. 제가 혼자 남아 있었기 때문에 다른 제자들과 같이 저를 데리고 오셨습니다…."

"당신은 하느님을 친구로 모시고 있소?"

"그렇다고 생각합니다. 저는 하느님을 할 수 있는 대로 잘 섬기려고 애를 씁니다."

"그러면 당신은 혼자가 아니오. 혼자인 사람은 죄인이오."

"저도 죄를 지을 수 있습니다."

"위대한 선생의 제자인 당신은 어떤 행동이 죄가 되는지 그 조건들을 분명히 알고 있겠지요."

"주님, 모두가 죄입니다. 계명이 하루의 매 순간보다도 더 많기 때문에 사람은 끊임없이 죄를 짓습니다. 그리고 심사숙고와 상황이 우리가 죄를 짓지 않는 데 항상 도움이 되지는 못합니다."

---

* **역주**: 팔레스타인을 떠나 분산된 유대인 집단.

"사실은 상황까지도, 특히 상황이 죄를 짓도록 우리를 이끌어 가오. 그런데 당신은 하느님의 주요한 속성에 대해서 명백한 생각을 가지고 있소?"
"정의입니다."
"아니오."
"능력입니다."
"아니오."
"…엄격입니다."
"더구나 그것은 아니오."
"그렇지만… 엄격이 시나이산에서 나타났습니다. 그리고 그 뒤에도 또…."
"그때 사람들은 지극히 높으신 분을 번개가 몹시 치는 가운데에서 보았소. 번개들이 아버지시요 하느님이신 분의 얼굴에 무시무시한 후광을 둘러쳤었소. 사실에 있어서 당신들은 하느님의 얼굴을 알고 하느님의 정신을 알면, 하느님의 주요한 속성은 사랑이라는 것, 자비로운 사랑이라는 것을 알 거요."
"저도 지극히 높으신 분께서 우리를 사랑하셨다는 것을 압니다. 우리는 선택된 민족입니다. 그러나 그분을 섬기는 것은 무서운 일입니다!"
"만일 당신이 하느님께서 사랑이시라는 것을 알면, 어떻게 그분이 무섭다고 말할 수 있소."
"우리가 죄를 지으면, 하느님의 사랑을 잃기 때문입니다."
"나는 어떤 행동이 죄가 되는지 그 조건들을 아느냐고 아까 당신에게 물었소."
"율법의 십계명 외에 육백열세 가지 계명과 전통과 결의와 풍습과 축복과 기도의 행동이 아닐 때나, 율법학자들이 이 일들을 가르치는 대로가 아닐 때에는 죄가 됩니다."
"사람이 그 일을 완전히 주의를 하고, 또 의지의 완전한 동의로 하지 않는 때에도 그렇소?"
"그 경우에도 그렇습니다. 그러니까 누가 '나는 죄를 짓지 않는다'고 말할 수 있습니까? 죽을 때에 누가 아브라함의 평화를 누릴 수 있습니까?"

"사람들이 완전한 정신을 가지고 있소?"

"그렇지 않습니다. 아담이 죄를 지었고, 우리는 그 죄를 우리 안에 가지고 있기 때문입니다. 그 죄는 우리를 약하게 합니다. 사람은 우리를 인도하는 유일한 힘인 주님의 은총을 잃었습니다…."

"그런데 주님이 그것을 알고 계시오?"

"주님은 무엇이든지 다 아십니다."

"그러면 당신은 하느님께서 사람을 약하게 하는 모든 것을 참작하시고 자비를 베풀지 않으신다고 믿소? 타격을 입은 사람들에게 첫째 아담에게 요구하실 수 있었던 것과 같은 것을 요구하신다고 생각하오? 거기에는 당신들이 고려하지 않는 차이가 있소. 하느님은 정의이시오. 그렇소. 하느님은 능력이신 것도 사실이오. 하느님은 뉘우치지 않고 계속 죄를 짓는 사람에 대해서는 엄격이실 수도 있소. 그러나 당신의 자녀가 —당신들은 모두 세상에 있는 자녀들인데, 사심판(私審判)에서 영원한 성년(成年)이 되는 영적인 심사를 받을 때 성인(成人)이 되는 영에게 세상은 영원의 **한 시간**이오.— 그러니까 당신의 자녀가 정신이 산만하기 때문에, 무엇을 분별하게 되는 데 느리기 때문에, 배운 것이 별로 없기 때문에, 한 가지나 여러 가지 일에 약하기 때문에 잘못을 저지르는 것을 보시면, 지극히 거룩하신 아버지께서 그를 용서없는 준엄으로 심판하시리라고 생각하오? 사람은 유혹과 욕망과 싸울 수 있게 하는 힘인 은총을 잃었다고 당신은 말했소. 그런데 하느님께서는 그것을 아시오. 하느님을 무서워해서는 안 되고, 죄지은 다음에 아담이 한 것과 같이 하느님을 피해서도 안 되고, 하느님은 사랑이시라는 것을 기억해야 하오.

하느님의 얼굴이 사람들 위에서 빛나지만, 그들을 잿더미를 만들려고 그러시는 것이 아니라, 해가 그 빛살로 격려하는 것과 같이 사람들의 기운을 돋우어 주기 위해서 그러시는 것이오. 하느님에게서 넘쳐 흐르는 것은 사랑이지 준엄이 아니오. 햇살이지 벼락치는 것 같은 화살이 아니오. 그 뿐 아니라… 사랑이 스스로 무엇을 사람에게 받으라고 명했소? 지고 갈 수 없는 무거운 짐이오? 사람들이 잊어버릴 수 있는 수없이 많은 조항이 있는 규칙이오? 아니오. 다만 십계명

뿐이오. 고삐가 없으면 파멸로 가는 동물적인 사람에게 망아지에게 처럼 고삐를 매기 위한 것이오. 그러나 사람이 구원을 받고, 은총이 다시 그에게 돌려지고, 하느님의 나라, 즉 사람이 나라가 되면, 하느님의 자녀들과 왕의 신민(臣民)들에게 모든 것이 포함된 오직 한가지 계명만이 주어질 것입니다. 그것은 '네 하느님을 네 온 힘을 다하여 사랑하여라. 그리고 네 이웃을 네 자신과 같이 사랑하여라' 하는 것이오. 여보시오, 사랑이신 하느님께서는 멍에를 가볍게 하실 수밖에 없고, 더 부드럽게 하실 수밖에 없다는 것이 확실하기 때문이고, 또 사랑이 있으면, 이제는 두려워하지 않고 사랑하는 하느님을 섬기는 것이 즐겁겠기 때문이오. 사랑하기만 하는 하느님을 말이오. 당신 자신을 위하여 사랑하고, 우리 형제들을 통하여 사랑하는 하느님을 말이오.

마지막 율법은 정말 간단할 거요! 단순하신 가운데 완전하신 하느님께서 간단하신 것처럼 말이오. 잘 들으시오. 하느님을 당신의 온 힘을 다해 사랑하고 당신의 이웃을 당신 자신같이 사랑하시오. 깊이 생각하시오. 힘드는 육백열세 가지 계명과 모든 기도와 축복이 벌써 이 두 마디 말에 열거되어 있으면서, 종교가 아니라 하느님께 대한 예속인 무익한 세분(細分)을 그 말에서 없애버리지 않았소? 만일 당신이 하느님을 사랑하면, 당신은 틀림없이 하느님을 괴롭혀 드리는 일은 하지 않소. 거짓말을 하지 않고, 도둑질을 하지 않고, 사람을 죽이지도 않고 상처를 입히지도 않고 간통도 하지 않소. 그렇지 않소?"

"그렇습니다…. 의로우신 선생님, 저는 선생님과 같이 남아 있고 싶습니다. 그러나 가믈리엘 선생은 선생님 때문에 벌써 그의 가장 훌륭한 제자들을 잃었습니다…. 저는…."

"내게로 올 시간이 아직 되지 않았소. 그 시간이 되면 당신 선생 자신이 당신에게 말해 줄 거요. 그 사람은 의인이니까."

"그분이 정말 의인입니까? 선생님께서 그것을 분명히 말씀하시는 것입니까?"

"내가 이렇게 말하는 것은 그것이 사실이기 때문이오. 나는 내가 쓰러뜨린 사람을 밟고 올라가기 위해서 쓰러뜨리는 사람이 아니오.

나는 각자에게 그의 몫을 인정하오…. 그러나 저들이 우리를 부르고 있소…. 그들은 틀림없이 숙박할 곳을 찾아낸 모양이오. 갑시다…."

166. 예수의 판결

"우리를 따라온 저 사람과 같이 지낸 이 휴식이 영 마음에 들지 않는데요…" 하고 우거진 과수원에 예수와 같이 있는 베드로가 투덜거린다.

그들이 마을에 도착하였을 때는 벌써 황혼이었는데, 지금은 해가 아직 중천에 높이 떠 있는 것으로 보아 벌써 안식일 오후가 된 모양이다.

"기도를 드린 다음 떠나자. 오늘은 안식일이라, 여행을 할 수 없었는데, 여기서 쉰 것이 우리에게 좋은 결과를 가져왔다. 이제 다음 안식일까지는 정지하지 않을 것이다."

"그렇지만 선생님은 별로 쉬지 못하셨는데요. 저 모든 병자들하고!…"

"그만큼 지금은 주님을 찬미하는 사람이 많아졌다. 너희들에게 그렇게 많은 길을 걷지 않게 하려고, 그리고 병이 고쳐진 사람들에게 국경 너머로 그 소식을 전할 시간을 주기 위해서 여기에 이틀 동안을 머물렀으면 했었다. 그러나 너희들이 원치 않았다."

"안 됩니다! 안 돼요! 저는 벌써 멀리 가 있었으면 좋겠습니다. 그리고… 선생님, 너무 믿지 마십시오. 선생님은 말씀을 하시고 또 하십니다! 그러나 선생님의 말씀 하나하나가 어떤 입에서는 선생님을 해치는 독약이 된다는 것을 아십니까? 그들이 왜 저 사람을 보냈을까요?"

"그것은 너도 알지."

"예. 그렇지만 저 사람이 왜 그대로 남아 있습니까?"

"내게 가까이 왔다가 머무른 사람으로 저 사람이 처음이 아니다."

베드로는 머리를 젓는다. 그는 설득되지 않았다. 그리고 "밀정이야! 밀정!…" 하고 중얼거린다.

"시몬아, 판단하지 말아라. 네가 언젠가 지금 판단한 것을 후회할 지도 모른다…."

"저는 판단하는 것이 아니라, 선생님 때문에 무서워하는 겁니다. 그리고 이것은 사랑입니다. 그런데 지극히 높으신 분은 제가 선생님을 사랑한다고 벌하실 수는 없습니다."

"나는 네가 그 때문에 후회하리라고 말하는 것이 아니라, 네 형제를 나쁘게 생각한 것을 후회할 것이라고 말하는 것이다."

"저 사람은 선생님을 미워하는 사람들의 형제입니다. 그러니까 제 형제는 아닙니다."

논리가 인간적으로는 정당하다. 그러나 예수께서는 이렇게 지적하신다. "저 사람은 가믈리엘의 제자인데, 가믈리엘은 나를 반대하지 않는다."

"그렇지만 선생님 편도 아닙니다."

"나를 반대하지 않는 사람은 그렇게 보이지 않아도 내 편이다. 오늘 이스라엘이 가지고 있는 가장 위대한 박사, 교사가 가져야 할 지식을 많이 갖춘 사람, 교사가 가져야 할 지식의 모든… 본질이 들어 있는 진짜 보고(寶庫)인 가믈리엘 같은 사람이 빨리 모든 것을 버리고 나를 택하라고 요구할 수는 없다…, 나를. 시몬아, 너희들에게까지도 모든 과거를 집어치우고 나를 택하기는 어려운 일이다…."

"그렇지만 저희들은 선생님을 택했습니다."

"아니다. 나를 택한다는 것이 어떤 것인지 아느냐? 나를 사랑하고 따르는 것만이 아니다. 그것은 오히려 나라는 사람, 너희들의 호감을 끄는 나라는 사람의 공로이다. 나를 택한다는 것은 내 가르침을 받아들이는 것인데, 내 가르침은 하느님의 율법으로 볼 때에는 옛날 율법과 같지마는, 세월이 흐르는 동안에 쌓이고 쌓여서 하느님다운 것이 아무 것도 없는 일련의 규범과 공식된 저 계율, 저 인간적인 계율의 무더기와는 완전히 다른 것이다. 모두 이스라엘의 비천한 사람들인 너희들과 매우 의로운 어떤 사람이 율법학자들과 바리사이파 사람들의 형식주의적인 번쇄(煩瑣)한 이론과 그들의 비타협성과 그들의 냉혹을 한탄하고 비판한다…. 그러나 너희들도 거기서 벗어나지 못했다. 너희들의 탓은 아니다. 여러 세기 세월이 흐르는 동안 너희 히브리인들은 순수하고 초인간적인 하느님의 율법을 다룬 사람들이 발산하는 인간적인 것을 천천히 흡수했다. 너도 그것을 안다. 어떤 사람이 그의 조국이 아닌 나라에서 살기 때문에 그의 조국의 생활방식과 다른 생활방식으로 오랜 세월을 두고 계속 살아가면, 그리고 그의 자식들과 손자들이 그곳에서 살면, 그의 후손들은 그들이 있는 곳의 후손같이 되고 마는 일이 생긴다. 후손들은 그곳 환경에 길들어서 도덕적인 습관 외에 조국에서 받는 육체적인 모습까지 잃을 정도에 이르고, 또 불행히도 조상들의 종교를 잃게까지 된다…. 그러나 다른 사람들이 저기 오니, 회당으로 가자."

"말씀을 하실 겁니까?"

"아니, 나는 단지 신자일 뿐이다. 나는 오늘 아침 기적으로 말을 했다…."

"그것이 선생님께 해로운 것이 되지 않았으면 좋겠습니다…." 베드로는 정말 불만이고 걱정이 된다. 그러나 다른 사도들과 합쳐지신 선생님을 따라간다. 선생님은 길에서 지스칼라에서 온 사람과 아마 마을에서 온 다른 사람들과 합류하신다.

회당 안에서는 회당장이 예수께로 공손히 몸을 돌리고 말한다.

"선생님, 율법을 설명하시겠습니까?"

그러나 예수께서는 거절하시고, 단지 신자로서 모든 의식을 따라 하셔서, 조수(회당장의 이 보조자를 어떻게 불러야 하는지 몰라서 그를 이렇게 부른다)가 내미는 두루마리에 다른 사람들처럼 입맞춤 하시고, 골라잡은 대목에 대한 해석을 들으신다. 그렇기는 하지만, 말씀은 하시지 않아도, 예수의 태도는 당신의 기도하시는 모양으로 벌써 전도가 된다. 많은 사람이 예수를 쳐다본다. 가믈리엘의 제자는 잠시도 예수에게서 눈을 떼지 않는다. 그리고 사도들은 의심을 하기 때문에 그 제자에게서 눈을 떼지 않는다.

예수께서는 회당 문지방에서 웅성거리는 소리가 나서 많은 사람의 정신이 산만해지는데도 뒤돌아 보지 않으신다. 그러나 의식이 끝나고 사람들이 회당이 세워져 있는 광장으로 나온다. 예수께서는 회당 문쪽 가까이에 계셨는데도 맨 마지막에 나오는 사람들 축에 끼여 나오셔서, 배낭을 가지고 떠나시려고 묵으신 집을 향하여 가신다. 그곳의 많은 사람이 예수를 따라 오는데, 그 중에는 가믈리엘의 제자도 있다. 어느 순간, 어떤 집 벽에 기대 서 있던 세 사람이 가믈리엘의 제자를 부른다. 그 사람은 그들과 말을 하더니, 그들과 같이 사람들을 헤치고 예수께로 향하여 온다.

"선생님, 이 사람들이 선생님께 말씀을 드리고 싶답니다" 하고 베드로와 사촌 유다와 말씀을 하시는 예수의 주의를 끌기 위하여 말한다.

"율법학자들! 내 그럴 줄 알았어!" 하고 베드로가 벌써 불안하여 외친다. 예수께서는 당신께 인사를 하는 세 사람에게 몸을 깊이 숙여 인사하시고 물으신다. "무슨 일입니까?"

제일 나이 많은 사람이 말한다. "선생님께서 오시지 않으셔서 저희들이 왔습니다. 그리고 저희가 안식일을 존중하지 않았다고 아무도 생각하지 말도록, 저희는 모든 사람에게 저희가 여행을 세 번에 나누어서 했다고 말하겠습니다. 처음에는 황혼의 마지막 희미한 빛이 사라질 때까지 왔고, 두번째는 6스타드*를 달이 오솔길을 비추는 동안에 왔고, 세번째는 지금 끝난 거리인데, 법정(法定)거리를 넘기지 않았습니다. 이 말은 우리의 영혼과 여러분의 영혼을 위해 한 말입니다. 그러나 저희의 정신을 위해서는 선생님의 지혜를 청합니다. 선생님께서는 지스칼라시에서 일어난 일을 알고 계십니까?"

"나는 가파르나움에서 왔기 때문에 아무 것도 모릅니다."

"들어 보십시오. 어떤 사람이 오래 걸리는 사업 관계로 집을 나가 있었는데, 돌아와서 그가 없는 동안에 아내가 부정을 저질렀다는 것을 알았습니다. 그것도 아들을 낳을 정도까지 되었는데, 남편은 14개월 동안 집에 없었기 때문에 그 아들이 남편의 아이일 수는 없었습니다. 그 남자는 아내를 몰래 죽였습니다. 그러나 하녀에게서 그 사실을 알게 된 어떤 사람에게 고발되어, 이스라엘법에 따라 사형에 처해졌습니다. 율법에 따라 돌로 쳐죽임을 당해야 할 정부는 케데스로 피신했는데, 틀림없이 그곳에서 다른 곳으로 가려고 할 것입니다. 사생아는 남편이 그 아이도 죽이려고 데려오려고 했지만, 그 아이를

---

* 역주 : Stade = 고대 그리이스의 거리 단위(약 180-190미터).

젖먹여 기르던 여인이 넘겨주지 않았습니다. 그리고 그 유모는 남편이 사생아를 집에 두기를 원치 않기 때문에 아기의 진짜 아버지에게 아이를 돌보라고 요구하려고 케데스에 갔습니다. 그러나 그 사람은 그의 아들이 자기가 도망하는 데 방해가 될 것이라고 말하면서 그 여자를 쫓아버렸습니다. 선생님께서는 이 사건을 판단하십니까?"

"이제는 그 사건을 판단할 수 있다고 생각하지 않습니다. 옳건 그르건 간에 이미 일체의 판결은 내려졌습니다."

"선생님 생각에는 어떤 것이 옳은 판결이고 어떤 것이 옳지 않은 판결입니까? 살인자의 처형에 대해서 저희들 가운데 의견의 대립이 있었습니다."

예수께서는 그들을 하나씩 뚫어지게 들여다 보시고 나서 말씀하신다. "말하겠습니다. 그러나 내가 질문을 할 테니, 그 무게가 어떠하든지 우선 질문에 대답하시오. 솔직히 대답하시오. 아내를 죽인 남자가 이 고장 사람이었습니까?"

"아닙니다. 아내를 얻은 다음에 이곳에 정착했습니다. 여자는 이 고장 사람이었습니다."

"간부는 이 고장 사람이었습니까?"

"예."

"배반을 당한 남자가 배반당했다는 것을 어떻게 알았습니까? 잘못이 공공연하게 알려졌었습니까?"

"사실 그렇지 않았습니다. 그래서 남자가 어떻게 그 사실을 알았는지 알 수 없습니다. 여자는 혼자 있지 않으려고 프톨레마이스의 친정에 간다고 말하면서 여러 달 동안 집을 나가 있었고, 돌아와서는 죽은 친척의 아기를 데리고 왔다고 말했습니다."

"여자가 지스칼라에 있을 때에 그의 행실이 뻔뻔스러웠습니까?"

"아닙니다. 오히려 저희들은 마르코와의 그 여자의 관계에 놀랐었습니다."

"제 친척은 죄인이 아닙니다. 죄없이 비난을 받는 사람입니다" 하고 지금까지 한 마디도 말하지 않은 세 사람 중의 한 사람이 말한다.

"그 사람이 당신의 친척입니까? 당신은 누구십니까?" 하고 예수께서 물으신다.

"지스칼라의 장로들 중의 첫째입니다. 그 때문에 저는 살인자의 죽음을 원했습니다. 그 사람은 사람을 죽이기만 했을 뿐 아니라 죄 없는 여자를 죽였으니까요." 그러면서 40세 가량 된 셋째 남자를 훌겨 본다. 그 남자는 "율법은 살인자를 죽이라고 말합니다."

"자넨 여자와 간부의 죽음을 원했지."

"그것은 율법입니다."

"다른 이유가 없었더라면, 아무도 말하지 않았을 거야."

예수를 거의 잊어버린 두 적대자 사이에 열렬한 토론이 벌어진다. 그러나 맨 처음에 말한 제일 나이 많은 사람이 그들의 말문을 막으면서 공정하게 말한다. "살인이 행해졌다는 것도 부인할 수 없고, 죄가 있었다는 것도 부인할 수 없네. 여자가 남편에게 죄를 자백했거든, 그러나 선생님의 말씀을 듣기로 하세."

"나는 남편이 그 일을 어떻게 알았느냐고 말했습니다. 당신들은 대답을 하지 않았습니다."

여자를 변호하는 사람이 말한다. "남편이 돌아오자마자 누군가가 말했기 때문입니다."

"그러면 나는 그 사람이 깨끗한 마음을 가지고 있지 않았다고 말하겠습니다" 하고 예수께서 당신 눈길을 가려 눈길이 비난하는 것을 막으려고 눈꺼풀을 내리까시며 말씀하신다.

그러나 여자와 간부의 죽음을 원하던 40세의 남자가 흥분한다.

"나는 그 여자를 욕심 내지 않았습니다."

"아! 이젠 분명해졌네! 자네 입으로 말했네! 내가 의심은 하고 있었지만, 이제는 자네가 본심을 드러냈네! 살인자!"

"그럼, 간부를 두둔하는 당신은 어떻구요? 만일 당신이 알려주지 않았더라면 그 사람이 도망치지 않았을 겁니다. 그렇지만 그 사람은 당신 친척이지요! 이스라엘에서는 재판을 이렇게 하는군요! 그렇기 때문에 당신은 여자의 명성을 옹호하는 거지요. 당신의 친척을 옹호하기 위해서. 그 여자뿐이었더라면, 당신은 이 일에 관심도 가지지 않았을 겁니다."

"그럼 자네는? 여자가 거절한 것을 복수하려고 남자를 그 여자에게 밀어넣은 자네는 어떻구?"

"그럼 남자에 반대해서 혼자서 증언한 당신은 어떻구요? 당신을 이롭게 하라고 그 집에서 하녀를 매수한 당신은요? 한 사람만의 증언은 효력이 없습니다. 율법이 그렇게 말합니다." 장마당처럼 와글와글 한다!

예수와 제일 나이 많은 사람이 두 가지 정반대의 이해관계와 경향을 나타내고, 두 집안 사이의 가라앉힐 수 없는 증오를 나타내는 두 사람을 진정시키려고 애쓴다. 어렵게 그렇게 하는 데 성공하고, 이제는 예수께서 말씀하신다. 침착하고 엄숙하게, 예수께서는 우선 두 적대자 중의 한 사람에게서 온 "창녀들을 비호하는 당신…"이라는 비난에 대하여 당신을 변호하신다.

"나는 실제로 행해진 간통만이 하느님과 이웃에 대한 죄라고 말하지 않고, 다른 사람의 아내에 대해서 부정한 욕심을 가지는 사람도 마음 속으로 간음을 했고 죄를 짓는다고 말합니다. 남의 아내를 원한 사람은 누구나 사형을 당해야 한다면, 불행한 일일 것입니다! 돌로 치는 사람들은 항상 조약돌들을 들고 다녀야 할 것입니다. 그러나 죄가 이 세상에서 사람들에게서 벌을 받지 않은 채로 있는 일이 많더라도, 죄는 내세에서 속죄될 것입니다. 지극히 높으신 분께서 '간음하지 말아라. 그리고 남의 아내를 탐내지 말아라' 하고 말씀하셨는데, 하느님의 말씀에 순종해야 하기 때문입니다.

그러나 나는 이렇게 말합니다. '파렴치한 행동을 하는 사람은 화를 입을 것이고, 이웃을 밀고하는 사람도 화를 입을 것이다' 하고. 여기에는 모든 사람에게 과오가 있었습니다, 남편에게. 그에게는 그렇게 오랫동안 아내를 내버려두어야 할 참다운 필요가 있었습니까? 그 사람이 항상 아내의 마음을 끄는 그 사랑을 가지고 아내를 다루었었습니까? 그 사람은 아내에게서 모욕을 당하기 전에 자기가 아내를 모욕하지 않았는지 반성해 보았습니까? 동태복수법(同態復讐法)은 '눈에는 눈, 이에는 이'라고 말합니다. 그러나 그 법이 보상을 요구하기 위하여 이렇게 말하지만, 이 보상을 한 사람만이 해야 합니까? 나는 간음한 여자를 두둔하지는 않습니다. 그러나 '그 여자가 그런 죄를 배우자에게 몇 번이나 비난할 수 있었겠습니까?' 하고 말합니다."

사람들이 중얼거린다. "사실이야! 사실이야!" 그리고 그들은 지스칼라의 노인과 가믈리엘의 제자도 칭찬한다.

예수께서 계속하신다. " …나는 이렇게 말합니다. 앙갚음으로 그런 비극을 초래한 그 사람이 어떻게 하느님을 두려워하지 않았습니까? 그 사람이 자기 가정에 그런 일을 원했겠습니까? 나는 이렇게 말합니다. 도망쳤고, 또 즐기고 불행을 초래하고 나서 지금은 죄없는 어린 아이를 물리치는 그 사람은 도망한다고 영원한 복수자를 피할 것이라고 생각하는 것입니까? 이것이 내 말입니다. 나는 또 이렇게 말합니다. 율법은 간통자들을 돌로 쳐 죽이고 살인자를 죽이라고 요구합니다. 그러나 언젠가는 주님의 은총으로 강하게 되지 않은 사람들의 폭력과 음란을 억제하기 위하여 필요한 율법이 변경될 것이고, '죽이지 말아라, 간음을 하지 말아라' 하는 계명들이 남아 있기는 하겠지만, 이 죄들에 대한 처벌은 증오와 피의 정의보다 더 높은 정의에 맡겨질 것입니다.

그 정의에 비하면 살인자는 아니더라도 모두가 간통자이고, 그것도 여러번 간통을 한 사람들인 재판관의 항상 기만적이고 공정하지 못한 현재의 정의는 정말 아무 것도 아닐 것입니다. 나는 하느님의 정의를 말하는 것입니다. 하느님의 정의는 복수와 밀고와 살인의 원인이 되는 부정한 욕망에 대해서까지도 사람들에게 해명을 요구할 것이고, 특히 죄지은 사람들에게 속죄할 시간을 주기를 거부하는 동기에 대해서, 또 그 때문에 죄없는 사람들이 남의 죄에서 오는 짐을 지우는 동기에 대해서 해명을 요구할 것입니다. 이 경우에는 모두가 죄가 있습니다. **모두가** 개인적인 복수의 서로 대립되는 동기로 움직인 재판관들까지도 말입니다. 죄없는 사람은 한 사람밖에 없습니다. 그리고 내 연민은 그에게로 갑니다. 나는 뒤로 돌아갈 수는 없습니다. 그러나 누가 그 어린 것과 어린 것을 위해서 괴로워하는 나를 위해서 자비를 베풀겠습니까?" 예수께서는 군중을 향하여 슬픈 기원의 눈길을 던지신다.

여러 사람이 말한다. "어떻게 하라고 그러시는 겁니까? 그렇지만 이걸 기억하십시오. 그 애는 사생아입니다."

"가파르나움에 사라라고 하는 여자가 있습니다. 아픈 사람이고, 내 제자의 한 사람입니다. 아이를 그 여자에게 데리고 가서 '나자렛의 예수가 당신에게 이 아이를 맡깁니다' 하고 말하시오. 여러분이 기다리는 메시아가 그의 나라를 세우고 시나이산의 말씀을 폐기하지 않고 사랑으로 그 말씀을 완성하고 나면, 사생아들이 어머니 없이 있게 되지 않을 것입니다. 내가 아버지 없는 사람들의 아버지가 되고, 내 신자들에게 '내게 대한 사랑으로 이들을 사랑해라' 하고 말하겠기 때문입니다. 그리고 폭력 대신에 사랑이 있을 것이니까 다른 것들도 변할 것입니다.

당신들은 내게 질문을 하면서 아마 내가 율법을 반대하리라고 생각했겠지요. 또 그래서 나를 찾은 것이지요. 나는 율법을 완성하러 왔지, 절대로 반대하려고 오지는 않았다고 당신 자신들에게 말하고, 당신들을 보낸 사람들에게도 말하시오. 하느님의 나라를 전하는 사람은 하느님의 나라에서 추악한 것이고, 따라서 받아들여질 수 없을 것은 물론 가르칠 수 없다고 당신들 자신과 다른 사람들에게 말하시오. 신명기의 말씀을 기억하라고 당신들 자신과 다른 사람들에게 말하시오. '주 네 하느님께서 너를 위하여 네 나라에서, 네 형제들 가운데에서 한 예언자를 일으킬 것이니, 그의 말을 들어라. 네가 호렙산 근처에서 주 네 하느님께 이렇게 청하여 말했다. 〈주 내 하느님의 목소리를 더 이상 듣지 않게 되고, 저 엄청나게 큰 불을 다시는 보지 않게 되고, 내가 죽지 않았으면 좋겠다〉고. 그리고 주님은 내게 이렇게 말씀하셨다. 〈그들은 말을 잘 했다. 그래서 나는 그들의 형제들 가운데에서 너와 비슷한 한 예언자를 그들에게 일으키고, 그의 입술에 **내 말들을 놓아두겠다**. 그래서 그는 내가 명령할 모든 것을 그들에게 말할 것이다. 그리고 어떤 사람이 그가 내 이름으로 하는 말을 듣고자 하지 않으면, 내가 그에게 복수를 하겠다.〉'

하느님께서는 여러분에게 당신의 말씀을 보내셔서 여러분에게 말을 하게 하셨지만, 그 목소리가 여러분을 죽이지는 않게 하셨습니다. 하느님께서는 사람에게 아주 많은 말씀을, 사람이 들을 자격이 있는 것 이상으로 말씀하셨습니다. 시나이산의 율법과 예언자들을 통하여 아주 많이 말씀하셨습니다. 그러나 아직도 말씀하실 것이 아주 많이 있었는데, 하느님께서는 그것을 은총의 시대의 당신 예언자를 위하여 당신 백성에게 언약하신 그분을 위하여, 그에게 하느님의 말씀이 있고 그에게서 용서가 이루어질 그 사람을 위하여 남겨 놓으셨습니다. 하느님의 나라를 세울 그는 율법을 새로운 사랑의 계명으로 체계화할 것입니다. 사랑의 시대가 왔기 때문입니다.

그리고 그는 지극히 높으신 분께 그의 말을 듣지 않는 사람들에 대한 복수를 청하지 않고, 다만 하느님의 불이 단단한 마음들을 녹여서 하느님의 말씀이 그리로 스며 들어가, 그 왕이 영적인 왕인 것과 같이 영의 나라인 왕국을 그곳에 세울 수 있게 해 주시기만을 청할 것입니다. 사람의 아들을 사랑하는 사람 누구에게나 사람의 아들이 길과 진리와 생명을 주어, 하느님께로 가고, 하느님을 알고, 영원한 생명을 살게 할 것입니다. 누구든지 내 말을 받아들이는 사람 안에는 빛의 샘이 솟아날 것인데, 그 덕택으로 그는 율법의 말씀의 숨은 뜻을 알 것이고, 또 금지가 위협이 아니라, 사람들이 복되기를 원하시지 지옥에 가기를 원치 않으시고, 사람들이 축복받기를 원하시지 저주받기를 원치 않으시는 하느님의 권고라는 것을 알 것입니다.

당신들은 거룩함이 그렇게 결정하지 않았을 방식으로 이미 결정지은 문제를 가지고 다시 한번 엄한 취조의 도구를 만들어서 내가 잘못하는 것을 잡으려고 했습니다. 그러나 나는 내가 잘못을 저지르지 않는다는 것을 압니다. 그리고 내 생각을 겁내지 않고 말합니다. 살인한 사람은 우선 불명예로, 다음에는 죽음으로 이득을 그의 인생의 목적을 삼은 데 대한 벌을 받았습니다. 여자는 그의 죽음으로 그의 죄값을 치렀고 또 ——이것을 당신들은 이상하게 생각하겠지마는 사실이 그렇습니다.—— 죄없는 어린 아이에 대한 남편의 연민을 얻을 생각으로 자백한 것으로 인해서 하느님 앞에 그의 죄의 무게가 가벼워졌습니다.

다른 사람들, 즉 당신과 당신, 그리고 그의 자식에 대한 연민조차 없이 도망친 그 사람은 처음의 두 사람보다 더 죄가 많습니다. 당신들 불평을 하십니까? 당신들은 죽음으로 죄값을 치르지 않았고, 또 배반을 당한 남편이나, 버림을 받았었고, 또 자기의 잘못을 자백했던 아내에게 있었던 정상을 참작케 하는 사정도 당신들에게는 없었습니다. 그리고 당신들 모두는, 죄없는 어린 아이의 유모를 빼놓고는 모두, 그 죄없는 어린 아이가 부끄러운 죄이기나 한 것처럼 물리친 죄를 지었습니다. 당신들은 살인자를 죽일 줄 알았습니다. 그리고 간통자들도 죽일 수 있었을 것입니다. 엄한 재판인 것은 당신들이 할 줄 알았고, 또 할 줄 알았을 것입니다. 그러나 아무도 죄없는 어린 아이에 대한 연민에 팔을 벌릴 줄은 알지 못했고, 지금도 알지 못합니다. 그러나 당신들이 완전히 책임이 있지는 않습니다. 당신들은 알지 못하는 것입니다…. 당신들은 당신들이 무슨 일을 하는지 절대로 정확히 알지 못하고, 무엇을 해야 할지도 알지 못합니다. 그래서 이것으로 당신들은 하나의 구실을 가지고 있습니다.

가믈리엘의 제자가 나를 찾아와서 이렇게 말했습니다. '오십시오. 저들은 그 결과가 지속되는 어떤 사건에 대해서 선생님께 질문하기를 원합니다' 하고 결과는 죄없는 어린 아이입니다. 그러면? 이제는 당신들이 내 생각을 알았으니, 혹 당신들의 판결을 바꿀 수 있는 데는 바꾸겠습니다. 가믈리엘의 제자에게 '나는 판결하지 않고 용서하오' 하고 말했습니다. 가믈리엘은 '나자렛의 예수만이 이 경우에 올바르게 판결할 것이다' 라고 말했습니다. 나는 이 사람에게 말한 것과 같이, **모두에게**, 분명히 말하지만 **모두에게**, 벌을 주려면 주의깊은 검토를 하고 격정들이 가라앉기를 기다리라고 충고했을 것입니다. 율법을 어기지 않고 많은 일이 바뀔 수 있었습니다. 그러나 이제는 일이 다 지나갔습니다. 그러니까 뉘우쳤거나 뉘우칠 사람을 하느님께서 용서해 주시기를 바랍니다. 다른 말 할 것이 없습니다. 아니 오히려 아직 말 할 것이 한 가지 있습니다. 하느님께서 당신들이 사람의 아들을 시험한 것을 다시 한번 용서해 주시기를 바랍니다."

"저는 아닙니다. 선생님! 저는 아닙니다! 저는… 가믈리엘 선생님을 제자가 스승을 사랑해야 하는 것처럼, 즉 아버지보다도 더 사랑합니다. 더 사랑해야 하는 것은, 선생님은 육체보다 더 중요한 것인 지성을 육성하기 때문입니다. 그래서… 저는 제 선생을 버리고 선생님을 따를 수가 없습니다. 그러나 보십시오. 선생님께 인사를 드리기 위해서 저는 유딧의 찬송가의 말밖에 찾아내지 못하겠습니다. 저는 선생님의 **모든** 말씀에서 정의와 지혜를 느꼈기 때문에 그 말씀들은 제 마음 속에서 피어납니다. '아도나이, 주님, 주님은 당신의 능력으로 위대하시고 찬란하십니다. 아무도 주님을 능가할 수 없습니다. 아무도 주님의 목소리에 저항할 수 없습니다. 주님을 두려워하는 자들이 항상 주님 앞에 있을 것입니다!' … 주님, 저는 주님이 말씀하신 가파르나움의 그 여자의 집으로 내려가겠습니다…. 그리고 선생님은 저를 위하여, 제 단단한 마음이 녹아서 우리 안에 하느님의 나라를 세우는 말씀이 스며 들어오도록 기도해 주십시오…. 이제 저는 깨달았습니다. 저희들은 잘못 생각하고 있습니다. 그리고 저희 제자들은 가장 죄가 적습니다…."

"자네 무슨 말을 하는 거야, 이 바보?" 하고 지스칼라의 연장자가 가믈리엘의 제자를 향하여 말하며 그의 말을 막는다.

"제가 무슨 말을 하느냐구요? 제 말은요. 제 선생님의 말씀이 옳고, 이 선생님을 시험하려고 이분에게 잠시 지나가는 나라를 드리는 사람은 사탄이라는 것입니다. 이분은 지극히 높으신 분의 참 예언자이시고, 영원한 지혜가 이분의 입술로 말씀하시기 때문입니다. 선생님, 제가 어떻게 해야 하는지 말씀해 주십시오."

"묵상하시오."

"그렇지만…."

"묵상하시오. 당신은 덜 익은 과일이오. 그래서 당신에게는 접목이 필요하오. 나는 당신을 위해 기도하겠소. 너희들은 가자…." 그러시면서 배낭을 짊어진 사도들과 같이 길을 떠나신다. 이러쿵저러쿵 말하는 것을 뒤에 남겨 두시고.

167. 예수께서 시돈의 배냇소경 어린 아이를 고쳐 주신다

나는 사도들과 군중에 둘러싸여 회당에서 나오시는 예수를 본다. 그것이 회당이라고 내가 아는 것은 활짝 열린 문으로, 수난 준비에 대한 환상 중의 하나에서 나자렛의 회당에서 본 것과 같은 가구가 보이기 때문이다.

회당은 마을 중심에 있는 광장 옆에 있다. 둘레에 집들만이 있고, 한가운데에 샘으로 물이 보급되는 수반이 있는 아무 장식 없는 광장이다. 분수에서는 기와처럼 파진 돌 하나로 된 하나밖에 없는 주둥이로 해서 아름다운 맑은 물이 흘러 내린다. 수반은 네발짐승에게 물을 먹이는 데 쓰이는데, 많은 비둘기들이 그 위를 이집에서 저집으로 날아 다닌다. 샘은 여자들이 항아리에 물을 채우는 데 쓰인다. 항아리 중에 많은 것이 돋을무늬 세공을 한 구리로 만든 아름다운 것들이고, 어떤 것들은 반들반들한 구리로 만든 것인데, 햇빛을 받아 반짝인다. 과연 해가 쨍쨍 나 있고 덥다. 광장의 흙은 뜨거운 해에 말랐을 때 그런 것처럼 마르고 누르스름하다. 광장에는 나무가 한 그루도 없다. 그러나 무화과나무 덤불들과 포도나무 햇가지들이 광장으로 통하는 네 갈래 길을 따라 늘어서 있는 정원들의 낮은 담 위로 해서 늘어져 있다. 지금은 늦 여름이고, 저녁 때인 것 같다. 과연 덩굴을 올린 시렁에는 익은 포도송이가 있고, 햇빛이 수직으로 내려오지 않고, 석양의 비스듬한 햇살들을 내려보낸다.

광장에서는 병자들이 예수를 기다리고 있다. 그러나 그들 가운데 기적은 보이지 않는다. 예수께서는 지나가시며 그들에게 몸을 숙이시고 강복하시고 용기를 돋우어 주시지만 그들을 고쳐 주시지는 않는다. 적어도 지금 당장은. 어린 아이들을 데리고 있는 여자들도 있고, 각 연령층의 남자들도 있다. 그들은 구세주께 알려진 사람들인 것 같다. 예수께서는 그들의 이름을 불러 인사하시고, 그들은 예수께로 친숙하게 바싹 가까이 몰려 오기 때문이다. 예수께서는 어린 아이들에게로 다정스럽게 몸을 굽히시고 쓰다듬어 주신다.

광장 한 구석에 한 여인이 사내 아이인지 계집 아이인지를(사내 아이들과 계집 아이들 모두가 밝은 빛깔의 옷을 입고 있다) 데리고 있다. 그 여인은 이 고장 사람인 것 같지 않다. 그리고 다른 여자들보다 더 높은 신분의 여자인 것 같다. 그의 옷은 선을 두르고 주름을 잡고 하여 더 공들여 만들어져서, 허리에 달린 끈이 옷의 유일한 장식과 유일한 변화가 되어 있는 서민층의 여자들의 수수한 내리닫이옷이 아니다. 이 여인은 반대로 더 복잡한 옷을 입고 있는데, 그 옷이 마리아 막달레나의 옷이 그랬던 것처럼 걸작품은 아니지만, 그 것만으로도 매우 장식이 많이 되어 있다. 머리에는 가벼운 베일을 쓰고 있는데, 고운 아마포로 만든 다른 여자들의 베일보다 훨씬 더 가볍다. 그의 베일은 어떻게나 가벼운지 거의 모슬린으로 만든 것 같이 보인다. 베일은 머리 한가운데에 우아하게 고정되어 있고, 그 속으로 잘 빗은 갈색 머리가 보이기도 하고 어렴풋이 엿보이기도 한다. 머리채는 그저 땋기만 했지만, 다른 여자들의 머리채보다 더 정성들여 땋았다. 다른 여자들은 머리채를 땋아서 목덜미에 모아 놓거나 머리에 둘러 얹었다. 어깨에는 참다운 겉옷을 걸쳤는데, 천을 꿰멘 것인지 둥글게 짠 것인지 모르겠다. 목에는 선이 둘러쳐져 있고, 끝에 은고리가 달려 있다. 겉옷은 매우 넓게 발목까지 내려온다.

여인은 아까 말한 사내 아인지 계집 아인지의 손을 잡고 있는데, 일곱 살쯤 된 예쁜 아이이다. 어린 아이는 튼튼하기까지 하지만, 활기가 없다. 어린 아이는 머리를 기울여 엄마의 손에 기대고, 주위에서 일어나는 일에는 무관심하게 조용히 있다.

여인은 쳐다본다. 그러나 예수 둘레에 몰려든 집단에 감히 가까이 가지 못한다. 갈까 하고 생각하기도 하고 앞으로 가기를 두려워하기도 하면서 결정을 내리지 못하는 것 같다. 그러나 곧 예수의 주의를 끈다는 온건한 방법을 취한다. 그 여인은 예수께서 어떤 여자가 내민 웃고 있는 아주 볼그레한 아기를 받아서, 어떤 작은 노인과 말씀을 하시면서 아기를 꼭 껴안고 흔들어 주시는 것을 본다. 그 여인은 자기 아이에게로 몸을 숙이고 무엇인지 말을 한다.
  어린 아이는 머리를 든다. 그때 나는 눈이 감긴 침울한 얼굴을 본다. 그 아이는 소경이다. "예수님, 저를 불쌍히 여겨 주세요!" 하고 말한다.
  어린 아이의 목소리가 광장의 고요한 공기를 가르고 그의 신음소리와 더불어 집단에까지 이른다.
  예수께서는 몸을 돌리시고 보신다. 예수께서는 다정스러운 마음씀으로 안고 계신 아기를 엄마에게 돌려주지도 않으신 채 즉시 자리를 옮기신다. 그리고 크고 지극히 아름다우신 분이 가엾은 어린 소경 쪽으로 가신다. 어린 소경은 다시 머리를 숙였다. 어머니가 되풀이해 소리를 지르라고 권하지만 소용없다.
  예수께서는 여인 앞에 오셨다. 그 여인을 바라보신다. 여인도 예수를 쳐다본다. 그리고 수줍어하는 눈을 내리뜬다. 예수께서 여인을 도와주신다. 안고 계시던 어린 아이는 그 아이를 드렸던 여자에게 돌려주신다.
  "아주머니, 아들입니까?"
  "예, 선생님, 제 맏아들입니다."
  예수께서는 숙인 그의 머리를 쓰다듬어 주신다. 예수께서는 어린 아이가 눈이 먼 것을 보지 못하신 것 같다. 그러나 나는 예수께서 어머니가 분명히 청을 하게 하시려고 의도적으로 그러시는 것으로 생각한다.
  "그러니까 지극히 높으신 분께서 많은 자식을 주시고, 우선 주님께 바친 사내 아이를 주셔서 아주머니의 집에 강복하셨군요."
  "저는 아들이 이 애 하나밖에 없습니다. 그리고 딸 셋이 있습니다. 그런데 이제는 다른 자식을 가지지 못하게 됐습니다…." 그 여인은 흐느낀다.
  "아주머니, 왜 우십니까?"
  "제 아들이 소경이어서 그럽니다. 선생님!"
  "그래서 아들이 눈을 뜨기를 바라는 거지요. 아주머니, 믿을 수 있습니까?"
  "믿습니다, 선생님. 감겼던 눈을 선생님이 뜨게 하셨다는 말을 들었습니다. 그러나 제 어린 것은 날 때부터 눈이 말라붙어 있었습니다. 예수님, 보십시오. 눈꺼풀 아래에는 아무 것도 없습니다…"
 예수께서는 너무 이르게 점잖게 된 아이의 작은 얼굴을 당신께로 드시고, 엄지로 눈꺼풀을 쳐들고 보신다. 아래는 텅 비었다. 예수께서는 당신께로 돌린 작은 얼굴을 한 손으로 잡으신 채 다시 말씀을 시작하신다.
 "그러면 왜 왔습니까?"
 "그것은… 제 아이의 경우는 더 어렵다는 것을 압니다…. 그러나 선생님이 기다려지는 분이시면, 하실 수 있습니다. 선생님의 아버지께서는 세상을 만드셨는데… 선생님은 제 아이에게 눈동자 두개를 만들어 주지 못하시겠습니까?"
 "아주머니는 내가 지극히 높으신 주님이신 아버지에게서 왔다는 것을 믿습니까?"
 "그것도 믿고, 선생님은 무엇이든지 하실 수 있다는 것도 믿습니다."
 예수께서는 그 여인에게 있는 믿음과 그 믿음의 순수함을 평가하기 위한 것처럼 그 여인을 들여다보신다. 그리고 미소를 지으시며 말씀하신다. "애야, 내게 오너라." 그리고 그의 손을 잡아, 어떤 집 앞에 길을 따라 쌓아올린 반미터쯤 되는 낮은 담으로 데려가신다. 그 낮은 담은 이곳에서 모퉁이를 이루고 있는 길에서 집을 보호하기 위한 일종의 흉벽(胸壁)이다.
 어린 아이가 낮은 담 위에 자리를 잘 잡고 난 다음, 예수께서는 정색을 하시고 위엄있게 되신다. 군중은 예수와 어린 아이와 불안해하는 어머니를 에워싼다. 나는 좀더 밝은 빛깔의 옷 위에 매우 짙은 파란색 겉옷에 감싸이신 예수를 비스듬히 옆모습으로 본다. 예수의 얼굴은 영감을 받은 모습이다. 예수께서는 어떤 기적적인 능력을 드러내실 때에는 항상 그러신 것처럼 더 커보이시고 더 튼튼해 보이기까지 하신다. 그런데 이번은 예수께서 가장 위엄있어 보이신 때의 하나이다. 예수께서는 두 손을 펴서 어린 아이의 머리에 얹으신다. 그러나 두 엄지는 빈 눈구멍 위에 얹으셨다. 그리고 머리를 들고 골똘히 기도하신다. 그러나 입술은 움직이지 않으신다. 분명히 당신 아버지와 대화를 나누시는 것이다. 그리고 나서 말씀하신다. "눈을 떠라! 명령이다! 그리고 주님을 찬미하여라!" 그리고 여인에게는 "당신의 믿음이 상을 받기 바랍니다. 여기 당신의 명예와 당신의 평화가 될 당신의 아들이 있습니다. 이 아들을 남편에게 보이시오. 그러면 그가 당신의 사랑으로 돌아올 것이고, 당신 집은 새로운 행복의 나날을 맛볼 것입니다."

예수의 엄지가 떨어지자, 빈 눈구멍 대신에 선생님의 눈과 같이 짙은 파란 빛깔의 훌륭한 두 눈이 새까만 머리카락이 늘어진 아래에서 놀라서 행복하게 자기를 뚫어지게 바라다보는 것을 보고 여인은 날카로운 기쁨의 함성을 지른다. 그러나 또 다른 소리를 한번 지르고, 아들을 꼭 껴안은 채 선생님의 발 앞에 무릎을 꿇고 말한다. "이것도 선생님은 아시는군요? 아! 선생님은 정말 하느님의 아들이십니다." 그리고 예수의 옷과 샌들에 입맞춤 하고 나서 기쁨으로 빛나게 된 얼굴을 쳐든다.

그 여인은 이렇게 말한다. "여러분 다들 들으세요. 저는 멀리 떨어져 있는 시돈 땅에서 왔습니다. 다른 어떤 어머니가 나자렛 선생님 이야기를 제게 해 주었기 때문에 왔습니다. 유다인이고 상인인 제 남편은 로마와의 무역을 위해서 그 도시에 지점들을 가지고 있습니다. 부유하고 율법에 충실한 남편이지만, 제가 불행한 아들을 낳아 준 다음에 딸 셋을 낳아 주고, 그 다음에는 아기를 가지지 못하게 되자 저를 사랑하지 않게 되었습니다. 남편은 집을 멀리했습니다. 그래서 저는 버림을 받지 않았으면서 버림받은거나 같은 처지에 있었습니다. 저는 남편이 다른 여자에게서, 장사를 계속하고 아버지의 재산을 누릴 능력이 있는 자식을 얻기 위해서 제게서 해방되기를 원하고 있다는 것을 벌써 알고 있었습니다. 저는 떠나기 전에 남편을 찾아가서 말했습니다. '여보, 기다려 주세요. 제가 돌아오기를 기다려 주세요. 만일 제가 아직 소경인 아들을 데리고 돌아오거든 저를 버리세요. 그러나 그렇지 않은 경우에는 제 마음에 치명상을 주지 마시고, 당신의 아이들에게 아버지 노릇을 거부하지 마세요.' 그러니까 남편은 제게 맹세했습니다. '여보, 만일 당신이 건강한 아이를 데리고 돌아오면 ─당신의 배가 그 애에게 눈을 주지 못했는데 당신이 어떻게 그렇게 할 수 있는지는 모르겠소.— 나는 우리의 처음 사랑의 시절같이 당신에게로 돌아오리라는 것을 주님의 영광을 위하여 맹세하오' 하고. 선생님은 아내로서의 제 괴로움을 도무지 아실 수 없었습니다. 그런데도 이 점에 대해서도 저를 위로해 주셨습니다. 하느님께, 그리고 선생님이시요 왕이신 주님께 영광이 있기를 바랍니다." 여인은 다시 무릎을 꿇고 기쁨의 눈물을 흘린다.

"가시오! 그리고 당신 남편 다니엘에게 세상을 창조하신 하느님께서 주님께 봉헌된 어린 아이에게 눈동자 대신 밝은 별 두 개를 주셨다고 말하시오. 하느님께서는 당신 약속에 충실하시고, 당신을 믿는 사람은 가지가지 기적을 볼 것이라고 맹세하셨기 때문입니다. 이제는 그가 한 맹세에 충실해야 하고, 간음죄를 짓지 말아야 합니다. 이 말을 다니엘에게 하시오. 가시오! 그리고 행복하게 사시오. 나는 당신과 이 어린 아이, 그리고 당신과 더불어 당신에게 소중한 모든 사람에게 강복합니다."

군중은 찬미와 축하의 합창대를 이루고, 예수께서는 쉬시려고 이웃집으로 들어가신다.

—— 환영은 이렇게 끝났다. 그리고 확실히 말하지만, 이 환시에 나는 깊은 감명을 받았다.

168. "이 환시의 교훈은 배우자의 충실에 있다"

예수께서 말씀하신다.

"당신을 믿는 사람들에 대하여는 하느님께서 항상 자녀들의 청을 앞지르시고 한층 더 많이 주신다. 너도 이것을 믿고, 너희 모두 이것을 믿어라. 마음 은밀한 속에 박힌 칼 두 개를 가지고 나를 찾아 시돈에서 왔던 여자는 감히 칼 하나의 이름밖에 내게 말하지 못했다. 어떤 은밀한 고통을 드러내는 것은 '저는 병자입니다' 하고 말하는 것보다 더 힘들기 때문이다. 그러나 나는 그에게 둘째 기적도 주었다.

세상 사람들이 볼 때에는, 어떤 동기로 인해서 갈라졌다가 이제는 다행히도 그 동기가 극복된 두 부부 사이를 다시 화합시키는 것이 눈동자없이 태어난 두 눈에 두 눈동자를 주는 것보다 훨씬 더 쉬운 것처럼 항상 보였을 것이고, 또 지금도 그렇게 보일 것이다. 그러나 절대로 그렇지 않다. 주님이시고 창조주이신 분에게는 눈동자 두 개를 만드는 것은 시체에 생명의 숨결을 돌려주는 것과 마찬가지로 매우 간단한 일이다. 삶과 죽음의 주재자이시고, 우주에 있는 모든 것의 주재자이신 분에게는 틀림없이 생명의 숨결이 없지 않아서 그것을 죽은 사람들에게 다시 부어 주실 수 있고, 말라버린 눈에 칠할 체액(體液) 두 방울을 못 가지실리 않다. 그렇게 하실 수 있으려면, 그것을 원하시기만 하면 되는 것이다. 그것은 다만 그분의 의지에만 달려 있기 때문이다.

그러나 사람들 사이의 화합의 경우에는 하느님의 소원과 일치한 사람들의 '의지'가 있어야 한다. 하느님께서 사람의 자유를 강제하시는 일은 아주 드물다. 대부분의 경우에는 하느님께서 너희들이 하고 싶은 대로 마음대로 하게 내버려 두신다.

우상 숭배자들의 나라에 살면서, 남편과 같이 조상들의 하느님을 계속 믿고 있던 그 여인은 벌써 하느님의 호의를 얻을 만한 자격이 있었다. 그리고 그의 믿음을 인간 능력의 한계 너머까지 밀고 갔고, 믿는 유다인 대부분의 의심과 부정(否定)을 극복했으므로 ─이것은 그 여인이 병이 고쳐진 아들을 데리고 돌아올 것을 확신하고 남편에게 '제가 돌아오는 것을 기다리세요' 하고 말한 것으로 증명된다.─ 그 여인은 두 가지 기적을 얻을 자격이 있었다. 그 여인은 남편의 정신의 눈을 뜨게 하는 그 어려운 기적을 받을 자격도 있었다. 아내의 사랑과 고통을 보지 못하도록 믿어서 죄가 아닌 죄를 아내에게 돌리던 남편의 정신의 눈을 말이다.

나는 또 ─이것은 아내들에게 하는 말이다.─ 그들의 자매의 공손한 겸손을 깊이 생각하기를 바란다.

'저는 남편을 찾아가서 말했습니다. 〈여보, 기다려 주세요〉 하고.' 출생의 어떤 결함을 어머니의 탓으로 돌리는 것은 어리석은 짓이고 잔인한 짓이기 때문에 그 여인은 당당하였다. 그렇지 않아도 그의 마음은 불행한 아들을 보는 것으로 몹시 상해 있었다. 그 여인은 두 가지로 당당하였다. 왜냐하면, 자기가 아이를 낳지 못하게 된 후로는 남편에게 버림을 받고, 남편이 이혼할 생각을 가지고 있다는 것을 알면서도, 그래도 '아내'로, 즉 하느님께서 원하시고 성경이 가르치는 것과 같이 남편에게 충실하고 복종하는 아내로 남아 있었다. 반항이나 복수를 하고자 하는 갈망도 없었고, 또는 '혼자 있는 여자'가 되지 않기 위하여 다른 남자를 찾으려는 의향도 없었다. '만일 제가 아들의 병을 고쳐 가지고 돌아오지 못하면 저를 버리세요. 그러나 그렇지 않은 경우에는 제 마음에 치명적인 상처를 주지 마시고, 당신의 아이들에게 아버지 노릇을 거부하지 마세요.' 사라와 옛날 히브리 여자들의 말을 듣는 것 같지 않으냐?

아내들아, 너희들이 지금 하는 말은 얼마나 다르냐! 그러나 또 너희들이 하느님에게서와 너희 남편에게서 받는 것은 얼마나 다르냐! 이래서 가정들은 점점 더 파괴된다.

언제나 그런 것같이, 나는 기적을 행하면서, 그것을 한층 더 날카롭게 하는 표를 주어야 했다. 나는 오랜 세월동안 내려오는 일련의 사고방식의 울타리 안에 갇혀 있고, 내게 절대적이던 어떤 종파에 의해서 지도되는 많은 사람을 설득해야 했다. 거기서 내 초자연적인 능력을 밝히 빛나게 할 필요가 생긴 것이다. 그러나 이 환시의 교훈은 거기에 있지 않다. 장미꽃을 기대하던 곳에서 가시를 만난 아내들과 어머니들아, 너희들을 찌르는 가시들 위에 꽃이핀 새 가지들이 나는 것을 보라고, 그 교훈은 믿음과 겸손에 있고, 남편에 대한 충실에 있으며, 너희들의 가야 하는 올바른 길에 있다.

남자와 여자가 외롭지 않고, 영원히 오직 한 몸을, 결합했기 때문에 갈라질 수 없는 한 몸을 이룸으로써 서로 사랑하라고 혼인을 만드시고, 너희들의 결합에 당신의 강복이 내리라고, 또 내 덕택으로 부부로서 또 생식자로서의 너희들의 새로운 생활에 필요한 것을 받으라고 성사를 너희에게 주신 주 너희 하느님께로 향하여라. 그리고 자신 있는 얼굴과 영혼으로 하느님께로 향하려면, 남편의 집에 들어 있는 단순한 손님이나 또는 그보다도 못한 것, 즉 어떤 여인숙에 손님들이 우연히 함께 있게 되는 것처럼, 우연히 한 지붕 아래 모이게 된 외부 사람과 같이 되지 말고, 남편의 성실하고, 착하고, 공손하고 충실한 **참된** 아내가 되어라.

지금은 이런 일이 너무나 자주 일어난다. 남자가 그의 의무를 게을리 하느냐? 그는 잘못 하는 것이다. 그러나 이것이 너무나 많은 아내들의 행동방식을 **정당화하지는 못한다**. 너희 아내들이 착한 남편에게 선을 선으로 갚고 사랑을 사랑으로 갚을 줄을 모르면 더구나 너희 행동방식을 정당화하지 못한다. 나는 너희들이 위선적으로 방탕하고, 또 너희들의 죄없는 자식들의 천사같은 영혼들이 에워싸고 있는 제단을 더럽힌다는 가중정상(加重情狀)과 더불어 창녀와 다를 것이 없게 되는 너무도 흔한 육체적인 부정(不貞)을 염두해 두고자 하지도 않는다. 오히려 나는 내 제단 앞에서 맹세한 사랑의 계약에 대한 너희들의 정신적 부정에 대해서 말하는 것이다.

그런데 나는 이렇게 말했다. '여자를 탐하면서 보는 사람은 마음 속으로 간음하는 것이다.' 또 이렇게도 말했다. '이혼장을 주고 아내를 돌려보내는 사람은 아내에게 간음할 위험을 당하게 한다'고. 그러나 지금은, 너무나 많은 아내들이 남편에게 외부 사람과 같은 존재인 지금, 나는 이렇게 말한다. '남편을 **그들의 마음과 그들의 정신과 그들의 육체로** 사랑하지 않는 아내들은 남편을 간통으로 밀어넣는 것이다. 그리고 내가 남편에게 그의 죄의 이유를 묻겠지마는, 죄를 짓지 않았지만 그 죄의 원인이 된 아내에게도 그것을 묻겠다'고. 하느님의 율법은 그 범위와 깊이를 모두 이해할 줄 알아야 하고, 완전히 진실하게 그것을 생활할 줄 알아야 한다.

　　이것과는 상관이 없는 너는 내 평화와 함께 있어라. 그리고 네 마음을 내게 고정시켜 두어라.

169. 시로 - 페니키아 국경에서 돌아오는 길에

 길을 가는 동안에는 아마 그런 기분전환으로 계속적으로 길을 가는 단조로움을 덜기 위하여 흔히 그렇게 하는 것처럼 최근에 있었던 일들을 상기하고 이러쿵저러쿵 말하면서 서로 이야기를 하고, 이따금씩 선생님께 질문도 한다. 선생님은 그저 불친절하지만 않으려고 보통 말씀을 별로 하지 않으시는데, 사람들이나 사도들을 가르치시며 그릇된 생각을 고쳐 주시고 불행한 사람들을 위로해야 할 경우에만 애쓰실 생각을 하신다.
 예수께서는 "말씀"이셨다. 그러나 분명히 "수다"는 아니셨다! 그 누구보다도 참을성있고 친절하셔서 어떤 사상을 바리사이파와 교사들의 계명으로 인하여 무감각하게 된 머리에 들어가게 하기 위하여 한번, 두번, 열번, 백번 되풀이 해야 하는 것을 귀찮아하지 않으시고, 한 인간에게서 육체적이거나 정신적인 고통을 없애 주기 위하여는 어떤 때는 고통이 될 정도로 큰 **당신의** 피로는 상관하지 않으신다. 그러나 말씀을 하지 않으시고 명상적인 침묵에 잠기시는 것을 더 좋아하시는 것이 분명하다. 어떤 사람이 질문을 해서 방해하지 않으면, 그 침묵은 여러 시간 계속될 수 있다. 보통은 사도들보다 조금 앞서 가시는데, 그런 때에는 머리를 약간 기울이고 가시다가 때때로 고개를 쳐드시고 하늘이나 들판이나 사람들이나 짐승들을 바라보신다. 바라보신다고 말했는데, 그것은 잘못 말한 것이다. 사랑하신다고 말해야 한다. 그 눈동자에서 쏟아져 나와 세상과 만물을 어루만지는 것은 미소, 하느님의 미소이고, 사랑의 미소이기 때문이다. 그것은 비쳐 보이고, 퍼지고, 축복하고, 항상 강렬한, 그러나 명상에서 깨어날 때에는 극도로 강렬한 그분의 눈길의 빛을 깨끗하게 하는 사랑이다….

 그 정신 집중은 도대체 어떤 것인가? 내 생각에는 ——그리고 그것이 어

169. 시로 – 페니키아 국경에서 돌아오는 길에

떤 것인지 알기 위하여는 예수의 얼굴 표정을 살펴보기만 하면 되니까 내 생각이 틀리지 않다는 것은 확실하다.── 그러니까 내 생각에는 인간이 벌써 하늘에 가서 사는 우리의 탈혼보다 훨씬 더한 것이다. 그것은 "하느님과의, 하느님의 깨달을 수 있는 만남"이다. 천주성은 아버지와 같이 하느님이신 그리스도께 항상 현존하였고 결합하여 있었다. 하늘에서와 같이 땅에서도 아버지는 아들 안에 계시고, 아들은 아버지 안에 계시며, 두 분은 서로 사랑하시며, 서로 사랑하심으로 셋째 위(位)를 낳으신다. 아버지의 능력은 아들을 낳으시는 것이고, 낳는 행위와 낳음을 받는 행위가 불을, 즉 하느님의 성령의 영을 만든다. 능력은 당신이 낳으신 지혜를 향하시고, 지혜는 능력을 향하시는데, 한 분이 다른 분을 위하여 계시다는 것과 당신들이 어떤 분이시라는 것을 아는 기쁨을 누리신다. 그리고 서로 잘 안다는 것은 어떤 것이든지 ──우리의 불완전한 앎까지도── 사랑을 만들어 내므로 여기 성령이 계신 것이다…. 만일 하느님의 완전들 가운데 한 완전을 제정할 수 있다면, 이분이 바로 완전의 완성이라고 불리셔야 할 것이다. 성령! 그분의 생각 다만 하나만으로도 빛과 기쁨과 평화를 채우시는 그분….

그리스도의 탈혼에서는 하느님의 하나이심과 세 위이심의 알아들을 수 없는 신비가 예수의 지극히 거룩하신 마음 안에서 되풀이 될 때에는, 아버지에 의하여 창조되고, 말씀이신 아들을 중개로 하여 만들어지고, 사랑을 위하여, 하느님의 모든 활동은 사랑이기 때문에 오직 사랑만을 위하여 만들어진 것들에 하느님의 입맞춤으로 입맞춤을 하기 위하여, 얼마나 고루 갖추어지고, 완전하고, 열렬하고, 기쁘고, 평화로운 사랑의 발생이 낳아져서, 불이 활활 타는 화덕에서 오는 열처럼, 불을 피운 향로의 향처럼 퍼져 나가게 되겠는가?

그리고 사람으로서 또 하느님으로서, 당신 자신 안에서 아버지와 당신 자신과 사랑을 바라보신 당신의 눈을 들어, 사람으로서는 하느님의 창조하시는 능력에 감탄하면서 우주를 바라보고, 하느님으로서는 이 우주의 완벽한 피조물인 사람들 안에서 창조하시는 능력을 구해 낼 수 있다는 환희 속에서 우주를 바라보실 때, 그것은 하느님이신 사람의 눈길이다.

오! 시인이건 예술가이건 화가이건 아무도 천주성과의 포옹에서, 깨달을 수 있는 결합에서 나오시는 예수의 그 눈길을 군중들에게 볼 수 있게 할 수 없고, 미래에도 할 수 없을 것이다. 천주성이 사람(그리스도)과 항상 일체를 이루며 결합하여 계시지만, 구세주이신 사람(그리스도), 따라서 당신의 수많은 고통과 수많은 좌절에 **매우 큰** 이 좌절까지도, 즉 하늘에서 그러셨던 것처럼 전능하시고… 자유로우시고… 기쁘게 커다란 사랑의 소용돌이 속에서 아버지 안에 항상 계실 수는 없다는 이 좌절도 보태야 하는 사람(그리스도)에게는 항상 그렇게까지 깊이 느껴지지는 않는 결합이다. 그분의 기적의 눈길은 찬란하고, 사람으로서의 그분의 눈길의 표정은 매우 다정스럽고, 고통의 시간에 보이는 고통의 빛은 매우 서글프다…. 그러나 이것들은 비록 그 표정이 완전하기는 하여도 아직 **인간**의 눈길들이다. 삼위일체의 일치에서 당신을 바라보고 사랑하신 하느님으로서의 그 눈길은 비교될 수가 없고, 그것을 형용할 형용사는 없다….

이렇게 해서 지스칼라의 삽화, 소경 어린이의 기적, 그들이 가고 있는 프톨레마이스, 시로—페니카아와 갈릴래아 사이에 있는 마지막 마을에 이르기 위하여 들어선 바위를 쪼아 계단처럼 만든 길 —그리고 이 길은 그들이 알렉산드로셴에 갈 때에 내가 본 그 길일 것이다.— 그리고 가믈리엘 등에 대하여 사도들이 하는 이야기들이 사라졌다. 아니 오히려 내가 거기 대하여 느낀 것으로 따지면 그 이야기들이 내 마음 속에 남아 있다. 나는 그저 이 말을 하려던 것뿐이다. 즉,

처음 얼마 동안은 영적으로 덜 훈련되어서 쉽게 선생님을 방해하던 사도들이, 이제는 영적으로 더 진보하여 선생님의 고독을 존중하고 2, 3미터 뒤에 처져서 자기들끼리 이야기하기를 더 좋아한다. 무엇을 좀 알아볼 필요가 있다든지 어떤 판단이 필요하다든지, 또는 선생님에 대한 그들의 사랑이 더 절실하게 되었을 때에만 선생님께로 가까이 간다.

170. 세포리스로 가는 길에

"일어나 떠나자" 하고 예수께서 건초 위에 깊이 자고 있는 사도들에게 명령하신다. 아니 건초보다는 오히려 바닥을 물로 채우기 위하여 가을비를 기다리는 개울 근처 밭에 쌓아올린 골풀 위에서 자고 있다.

아직 잠이 덜 깬 사도들은 말없이 순종한다. 그들은 배낭들을 줍고, 밤 동안에 이불처럼 덮었던 겉옷들을 입고, 예수와 함께 길을 떠난다.

"가르멜산으로 해서 갑니까?" 하고 알패오의 야고보가 묻는다.

"아니다, 세포리스로 해서 간다. 그런 다음 마젯도로 가는 길로 들어선다. 우리는 시간이 별로 없다…" 하고 예수께서 대답하신다.

"예. 그리고 어떤 이유로 어떤 집에서 우리를 받아주지 않을 때는 밭에서 자기에는 너무 습기가 많고 추워지는군요" 하고 마태오가 지적한다.

"사람들! 그러나 그들이 얼마나 쉽게 잊어버립니까!… 주님? 그렇지만 항상 이럴 것입니까?" 하고 안드레아가 묻는다.

"항상."

"그러면! 선생님과도 이러니, 저희가 행동할 때에는, 등을 돌리자마자 모든 것이 지워지겠군요" 하고 토마가 낙담하여 말한다.

"저는 여기에 잊어버리게 하는 어떤 사람이 있다고 말하겠습니다. 사람들은, 그렇습니다. 쉽게 잊어버리니까요. 그러나 항상 잊어버리지는 않습니다. 저는 우리 사람들 가운데에서는 우리가 가졌던 것과 준 것은 기억한다는 것을 압니다. 이와는 반대로 선생님에 대해서는… 그렇지 않습니다. 선생님에 대한 기억을 지워버리느라고 애를 쓰는 사람들은 항상 같은 사람들입니다" 하고 베드로가 말한다.

"확실한 근거 없이 판단하지 말아라" 하고 예수께서 말씀하신다.

"선생님, 근거는 제가 가지고 있기 때문에 그러는 겁니다!"

"근거를 자네가 가지고 있어? 무얼 알아냈나?" 하고 가리옷 사람이 매우 흥미를 느껴 묻는다. 그리고 그와 더불어 다른 사람들도 묻는다. 그러나 유다의 관심이 매우 강하다. 불안하다고 할 수 있겠다.

예수를 쳐다보고 있던 베드로가 몸을 돌려 가리옷 사람을 바라본다…. 주의깊고 빈틈없고 의심하는 눈길이다. 그리고 한동안 그를 바라보면서 말이 없다. 그러다가 말한다. "아! 아무 것도 아니야…. **또** 자네가 그것을 아는 것이 난처하지 않다면 **전부**이기도 해. 만일 내가 성공하기 위해서는 우리를 지배하는 자들에게 많은 것을 밀고하려고 뛰어 다닐 정도로 모든 방법을 쓰는 사람이라면, 어떤 사람이 근심거리가 있으리라는 것을 확신할 정도야. 그렇지만 나는 그쪽에서 도움을 얻는 것보다는 차라리 성공하지 않는 편을 택하네. 하느님의 일에서는 나는 하느님의 도움밖에 인정하지 않네. 그리고 뱀을 으스러뜨리기 위해서도 그들의… 도움을… 쓰는 것은 하느님의 일에 모독을 가져오는 것 같이 생각될 걸세. 그들 역시 뱀들이라… 그래서… 나는 그들을 믿지 않네…. 그들은 밀고당한 사람들과 밀고자들을 동시에 으스러뜨릴 수 있단 말이야…. 그래서… 나는 나 자신이 행동하네. 그 뿐이야!"

"그렇지만 자네는 선생님을 모욕한다는 걸 알아차리지 못하나?"

"내가? 왜?"

"선생님은 그들과 상종하시니까 말이야."

"선생님은 선생님이셔. 그리고 선생님이 그들과 상종하시는 것은 이기심으로 하시는 것이 아니라, 그들을 하느님께 데려오기 위해서야. 선생님은 그렇게 하실 수 있고… 또 그렇게 하시네. 그러나 선생님은 그들을 쫓아다니지는 않으셔…. 자네도 알지만… 그들이 말하는 것처럼 '철학자'의 말을 듣기 위해서 그들이 선생님께로 와야 하네. 그러나 이제는 그들이 그렇게 원치 않게 된 것같이 생각되네. 그리고 나는 그것을 슬퍼하지 않네."

"과월절에는 자네도 기뻐하는 것 같았는데!"

"그런 것 같았지. 사람은 어리석은 때가 자주 있어. 그러나 이제는 그런 것 같지 않네. 그리고 **이제는 그렇지 않게 되었네.** 그리고 내 생각은 옳으네."

"영적인 일에 인간의 이해관계를 섞지 않는 인간으로서는 베드로, 네 말이 옳다" 하고 예수께서 말씀하신다. "그러나 다른 사람들이 빛에서 멀어지는 것을 기뻐하는 사도로서는 그렇지 않다. 네 말이 옳지 않다. 만일 빛으로 데려온 영혼은 어떤 것이든 네 선생의 영광이 된다는 것을 네가 곰곰 생각하면 그렇게 말하지 않을 것이다."

가리옷의 유다는 비꼬는 웃음을 띠고 베드로를 바라본다. 베드로가 그것을 본다…. 그러나 자제하고 아무 말도 하지 않는다.

예수께서는 그것을 보신다. 그리고 베드로를 향하여, 그러나 모든 사람이 들으라고 말씀하시는 것처럼 말씀하신다.

"그러나 **좋은 목적을 위한** 지나친 종교적인 조심성이 인간적인 목적을 달성하기 위하여 태연하게 모든 것을 묵과하는 것보다 더 용서 받을 수 있다는 것을 알아라. 내가 너희들에게 여러번 말했다마는, 좋거나 나쁘거나 한 의지가 행동에 무게를 주는 것이다. 그런데 이 경우에는 비록 형식에 있어서는 불완전 하지만, 초자연적인 것에 인간적인 것을 가져오고, 우리가 부정한 것이라고 생각하는 것을 하느님 곁으로 가져오는 것을 반대하는 것은 착한 뜻이다. 나는 모든 사람을 위해서 왔기 때문에 그의 비타협성은 옳지 않다. 그러나 하느님의 일에서는 타산적이고 실리를 목적으로 하는 인간의 도움을 구걸하지 않고, 초자연적인 도움의 힘만을 빌어야 한다는 그의 판단은 완전에 매우 가깝다." 그리고 이 공평한 평가로 예수께서는 토론을 종결시키신다.

일행은 여름으로 인하여 바싹 마른 다른 개울바닥을 마른 발로 건너서 시카미논에서 사마리아로 가는 주요 도로에 이르렀다. 내 기억이 틀리지 않으면, 이곳은 내가 전에 한번 본 곳이라고 생각한다. 명절이 가까웠기 때문에 길에는 사람이 매우 많이 다니고, 성전에 의무적으로 순례를 해야 하는 시기에 팔레스티나의 길들이 보여주는 독특한 모습을 벌써 보여준다. 여행자들과 나귀들과 천막과 가구를 싣고 사람들을 태운 마차들이 있는데, 천막과 가구들은 숙박지와 숙박지 사이에서 쉴 때와 명절 때에는, 계절이 허락하는 한 예루살렘 둘레에 있는 야산에서 야영하기를 권할 정도로 항상 붐비는 예루살렘

자체를 위한 것이다.

그리고 이 장막절에는 온 가족들의 이 이동이 더 뚜렷한데, 그것은 과월절이나 오순절 때보다 순례자가 더 많아서 그런 것이 아니라, 여러날 동안 오두막집에서 살아야 하기 때문에, 다른 명절 때에는 끌고 다니는 것을 피하는 가구를 가지고 있기 때문이다. 그것은 정말이지 마치 피가 모든 정맥으로 해서 심장으로 흘러 들어오는 것처럼, 모든 도로에서 수도를 향하여 쏟아져 들어오는 민족의 집단이동이다.

몹시 끈질기고 한결같은 이스라엘의 고집센 종교심을 ──그렇기 때문에 그들이 운명에 끌려서 어떤 곳에서 살던지 같은 종교를 믿는 사람끼리 서로 도와주고, 그들이 어떤 나라에서 났던지 그것은 장애가 되지 않는다. 왜냐하면 다른 나라에 사는 다른 유대인은 자기를 그가 만나는 동교인(同敎人)의 형제와 동포로 생각하기 때문이다.── **지금이라도** 이해하려면, 흩어지고 박해 당하고 업신여김을 받고, 언뜻 보아 참 조국이 없는 그들이 이 모든 것을 도무지 느끼지 못한다는 것을 기억해야 한다. 그들은 **그들의** 조국을 가지고 있다. 그들의 야훼께서 그들에게 주신 조국이다. 그들은 **그들의** 수도, 즉 예루살렘을 가지고 있다. 그리고 이곳으로 세계의 어디에서나 그들 자신의 가장 좋은 부분, 즉 그들의 정신과 그들의 마음이 집중한다. 그들이 죄를 지었는가? 하느님께서 그들을 벌하셨는가? 예언들이 실현되었는가? 그렇다, 그것은 사실이다. 그러나 그들에게는 빛나는 바람과 이스라엘왕국의 재건의 원인인 빛나는 그 예언은 남아 있다…. 오기로 되어 있는 그 메시아에 대한 예언이…. 그리고 하느님께 문책받을 일을 하지 않았나 염려하는 고통 속에서, 그리고 "그러나 나자렛의 예수가 참 메시아였는가?" 하는 끝없이 반복되는 질문을 하면서, 그 메시아를 가지기 위하여 하나의 국가를 다시 형성하려고 애쓰고, 하느님의 용서를 받을 자격을 얻고, 약속이 이루어지는 것을 보기 위하여 그들의 종교에 대한 꾸준한 그 믿음을 보존하려고 애쓴다.

나는 하찮은 여자라 정치 문제는 아무 것도 알지 못하고, 오늘의 히브리인들과 그들의 불행에 대하여 관심을 가져본 적이 없다. 어떤 때는 벌써 오셔서 그들이 십자가에 못박아 죽인 분을 그들이 아직 기다리고 있는 것을 비웃기까지 하였고, 그들이 아마 거짓 눈물을 흘리는 것같이 생각되었고, 그들의 행동은 그들이 하느님에게서 바라는 것, 즉 이제는 마지막 날에나 오실 그리스도를 맞을 자격뿐 아니라, 흩어진 히브리 민족을 독립된 한 나라로 모아 놓는 것까지도 얻을 자격이 있는 것이라고 생각되지 않았고, 지금도 생각되지 않는다. 그러나 현재의 히브리인들의 조상들을 정신적으로 보는 지금, 나는 그의 매우 오래된 비극과 그들의 끈기와 그들이 여전히 가지고 있는 그 끈기의 근원을 이해한다. 그들은 여전히 하느님의 뜻에 의하여 조상들과 성조(聖祖)들에게 언약된 땅을 향하는 하느님의 백성이고, 오랜 세월 전부터 예루살렘을 생각하고, 모리아산 위에서 빛나는 성전을 생각하며 모세의 의식을 행하는 민족이다. 그들이 그곳에 갈 수 없는가? 갈 수 있다. 그러나 정신적으로 간다.

총검과 대포와 감옥이 사람에 대하여는 소용이 된다. 그러나 정신에 대하여는 소용이 없다. 이스라엘은 **그의 종교를 보존하였기 때문에** 멸망할 수가 없다. 이론적이고 바리사이파적이고, 종교의 참된 생명인 것이 들어 있지 않은, 즉 정신과 물질적인 의식의 일치가 없는 의식적(儀式的)인 종교라고? 아무래도 좋다. 그러나 한 나라였다가 부스러져서 온 세계에 흩어진 수 없이 많은 조각이 된 이 집단 둘레에는 그들의 일치를 유지시키는 예언자들과 교사들에게서 오는 오래된 사상과 의식과 계명의 총체가 있고, 세계 어디에서나 보이는 등대같은 한 곳이 빛나고 있으니, 그것은 예루살렘이다. 이 이름은 모이라고 부르는 소리와 같고, 소집과 기억과 약속을 위하여 펼친 깃발과 같다. 아니다. 이 민족은 인간의 어떤 힘으로도 입이 틀어막힐 수 없다.

이 민족에는 인간적인 것 이상의 힘이 있다. 이 모든 것은 이 민족이 성도(聖都)에 가는 것이 기뻐서 고생스러운 모든 것을 상관하지 않고 어려운 계절에 대단히 힘든 길로 해서 가는 것을 살펴보면 이해할 수 있다. 이 모든 것은 부자들이 가난한 사람들과 같이, 아이들이 노인들과 같이 팔레스티나에서 또는 디아스포라에서 그들의 심장인 예루살렘을 향하여 가는 것을 보면 이해된다. 이 모든 것은 그들이 찬송가를 부르는 것을 들으면 이해할 수 있다…. 그리고 솔직히 말하자면, 나는 우리 그리스도인과 가톨릭인들도 이 사람들과 같이 되고, 가톨릭교의 중심인 로마와 교회를 위하여, 그리고 그곳에서 사시는 분인 오늘의 베드로에 대하여 내가 지금 가고, 가고, 또 가는 것을 보는 이들과 같은 감정을 가졌으면 한다. 나는 우리가 그리스도인의 믿음이기 때문에 완전한 우리의 믿음 외에, 그들이 가진 것을 가졌으면 한다.

"그들은 결점 투성이다" 하고 사람들이 말할지 모른다. 그러면 우리는 어떤가? 우리는 결점이 없는가? 은총과 성사로 굳세게 되어서 결점이 없단 말인가? "하늘에 계신 아버지와 같이 완전해야" 할 우리들이 말이다.

나는 여담을 하나 하였다. 그러나 이스라엘 사람들의 군중과 섞여서 가는 사도들의 걸음을 따라 가면서 내 생각이 활동하는 것이었다.

그리고 내 생각은 어떤 네거리에서 한 떼의 제자가 선생님을 보고 그 둘레로 모여들 때까지 활동한다. 제자들 가운데에는 베들레헴의 아벨이 있는데, 그는 즉시 예수의 발 앞에서 엎디며 말한다. "선생님, 저는 선생님을 만나게 해 주십사고 지극히 높으신 분께 아주 많이 기도했었지만, 그것을 바라지 못하게 되었었습니다. 그러나 하느님께서는 제 기도를 들어주셨습니다. 이제는 선생님이 제자의 청을 들어 주십시오."

"아벨아, 무슨 부탁이냐? 저기 밭 가장자리로 가자. 여기는 사람이 너무 많아서, 우리가 방해가 된다."

그들은 일제히 예수께서 가리키는 곳으로 간다. 그리고 거기에서 아벨은 그가 무엇을 원하는지를 말한다.

"선생님, 선생님은 저를 죽음과 중상(中傷)에서 구해 주셨고, 제자 중의 한 사람을 만드셨습니다. 그러니까 저를 많이 사랑하시는 겁니까?"

"네가 그걸 물을 수가 있느냐?"

"제가 그걸 여쭈어보는 것은 선생님이 제 청을 들어주신다는 것을 확실히 알기 위해서입니다. 선생님이 저를 구해주실 때, 제 원수들에게 무시무시한 벌을 내리셨습니다. 선생님이 그 벌을 내리셨고, 그 벌은 분명히 정당한 것입니다. 그러나 오! 주님! 그 벌은 정말 소름 끼칩니다! 저는 그 세 사람을 찾았습니다. 제 어머니한테 올 때마다 그들을 산에서, 동굴에서, 시내에서 찾았습니다. 그런데 도무지 찾아낼 수가 없었습니다."

"왜 그들을 찾았느냐?"

"그들에게 주님에 대해서 말하려고 찾았습니다. 주님을 믿고 주님께 구원을 빌어 용서와 병나음을 얻게 하려구요. 여름에야 그들을 찾아냈는데, 모두 함께는 아니었습니다. 그들 중의 한 사람, 제 어머니 때문에 저를 미워하던 사람은 다른 사람들과 헤어졌는데, 이 사람들은 저기 지프타엘의 더 높은 산 쪽으로 갔습니다. 이 사람들이 그가 어디 있는지를 제게 말해 주었습니다. 그리고 이 사람의 행방은 그날 밤 선생님께 숙소를 제공한 베들레헴의 목자들을 통해서 알았습니다. 목자들은 양떼를 데리고 사방으로 돌아다닙니다. 그래서 많은 일을 알고 있습니다. 그 목자들은 제가 찾는 두 문둥병자가 고운 샘의 산에 있다는 것을 알고 있었습니다. 그래서 그리로 갔습니다. 아이고!…." 아직 매우 어린 젊은이의 얼굴에 공포의 빛이 역력히 나타난다.

"계속하여라."

"그들은 저를 알아 보았습니다. 저는 그 두 괴물을 제 동향인으로 알아볼 수가 없었습니다…. 그들은 저를 부르고, 제가 신이나 되는 것처럼… 제게 부탁을 했습니다…. 특히 하인에 대해서는 그의 순수한 뉘우침 때문에 불쌍한 생각이 들었습니다. 그 사람은 주님의 용서를 원합니다…. 아세르는 병을 고치기도 원합니다. 주님, 그 사람에게는 늙으신 어머니가 있습니다. 시내에서 슬픔 때문에 죽어가는 늙은 어머니가 있습니다…."

"그런데 다른 사람은? 왜 헤어졌다느냐?"

"그는 마귀이기 때문입니다. 주요한 죄인이고 벌써 간통자였던 그는 살인자가 되었고, 아세르를 부추겼고, 좀 어리석고 쉽게 남에게 좌우되기 쉬운 하인을 매수해서, 계속 마귀 노릇을 합니다. 그의 입에서는 증오와 하느님을 모독하는 말이 나오고, 그의 마음에서는 증오와 잔인이 나옵니다. 저는 그 사람도 보았습니다…. 저는 그 사람을 착하게 만들려고 했습니다. 그 사람은 독수리처럼, 제게 덤벼들었습니다. 그래서 제가 살게 된 것은 다만 제가 젊고 건강하기 때문에 빨리 저항해서 도망친 덕분이었습니다. 그러나 저는 그를 구원하는 것을 실망하지 않습니다. 또 갈 것입니다…. 한번, 두번, 구호물자와 사랑을 가지고 필요한 만큼 몇 번이든지 다시 가겠습니다. 저를 사랑하게 만들겠습니다. 그 사람은 제가 그의 불행을 비웃으려고 가는 줄로 믿고 있습니다. 저는 그를 다시 선도하려고 갑니다. 그 사람이 저를 사랑하게 되면 제 말을 들을 것이고, 제 말을 들으면 결국은 주님을 믿고야 말 것입니다. 제가 원하는 것은 이것입니다. 다른 사람들은, 오! 쉬웠습니다. 그들 자신이 묵상을 하고 알아들었으니까요. 그리고 하인은 많은 믿음을 가지고 있고, 용서하겠다는 큰 소원을 가지고 있기 때문에 그저 또 한 사람의 선생이 되고 말았습니다. 주님, 가십시다! 저는 주님을 만나면 모시고 가겠다고 그 사람들에게 약속했습니다."

"아벨, 그들의 죄는 컸다. 죄 하나 안에 여러 죄가 있었다. 그들이 속죄한 시간이 아주 짧다…."

"그들의 고통과 그들의 뉘우침이 컸습니다. 가십시다."

"아벨아, 그들은 네 죽음을 원했었다."

"주님, 상관없습니다. 저는 그들의 생명을 원합니다."

"어떤 생명을?"

"주님이 주시는 생명, 영의 생명, 용서, 구속을 원합니다."

"아벨아, 그들은 네 카인이었고, 너를 더할 수 없이 미워했다. 그들은 네게서 생명과 명예와 네 어머니, 이렇게 모든 것을 빼앗아 가려 했다…."

"그들 덕택으로 제가 주님을 모시게 되었으니까 그들은 제 은인이었습니다. 저는 그들이 제게 준 이 선물 때문에 그들을 사랑합니다. 그리고 제가 있는 곳에 그들도 있게, 즉 그들도 주님을 따르게 해 주십사고 청합니다. 저는 제 구원과 마찬가지로 그들의 구원도 원합니다. 그들의 죄는 더 크니까 제 구원보다 그들의 구원을 더 청합니다."

"만일 하느님께서 네게 요구하시면, 그들의 구원 대신으로 너는 어떤 제물을 그분께 바치겠느냐?"

아벨은 잠시 생각하더니… 자신있게 말한다. "저 자신까지, 제 목숨까지두요. 저는 하늘을 차지하기 위해 진흙 한 줌을 잃을 것입니다. 다행스러운 손해입니다. 그리고 크고 무한한 이익, 즉 하느님과 하늘을 얻는 것입니다. 그리고 두 죄인이 구원을 받을 것입니다. 제가 주님께 데려와서 바치기를 바라는 양떼의 맏이들일 것입니다."

예수께서는 공공연하게는 한번도 하신 적이 없는 행동을 하신다. 예수께서는 아벨보다 훨씬 더 크시기 때문에 몸을 숙여 그의 머리를 양손으로 잡으시고 입에 입맞춤을 하시며 말씀하신다. "그렇게 되기를 원한다." 예수께서 말씀하신 "마라나타"가 적어도 이런 뜻이라고 생각한다. 그리고 이렇게 덧붙이신다. "네 감정 때문에 네 말이 청하는 것과 같이 되기를 원한다. 나와 같이 가자. 네가 인도해라. 요한아, 나와 같이 가자. 그리고 너희들은 마젯도에서 엔간님으로 가는 길로 해서 먼저 가거라. 너희가 나를 아직 만나지 못하면, 거기서 기다려라."

"그러면 저희들은 선생님과 선생님의 가르침을 전하겠습니다" 하고 가리옷 사람이 말한다.

"아니다. 그저 올바르고 보잘 것 없는 순례자들처럼 행동하면서 나를 기다리기만 해라. 그 이상 아무 것도 하지 말고. **너희들끼리 형제들처럼 행동하면서.** 그리고 가는 길에 죠가나의 농부들에게 들러서 너희들이 가진 것을 주고, 선생님이 할 수 있으면 모레 새벽에 예즈라엘로 지나갈 것이라고 말해라. 가거라. 평화가 너희와 함께 있기를."

171. 예수께서 갈릴래아의 베들레헴의 죄인인 문둥병자들에게 가시다

지프타엘의 깎아지른 듯한 산괴(山塊)가 북쪽의 지평선을 막으며 내려다보고 있다. 그러나 이 산들의 집단이 무너져서 프톨레마이스에서 세포리스와 나자렛으로 가는 길 위에 거의 수직으로 앞으로 내민 비탈들이 시작되는 곳에는, 산에서 앞으로 내밀어 심연 위에 매달려 있는 바위 덩어리들 사이로 많은 동굴이 있는데, 그 바위 덩어리들은 거기 놓여서 그 굴들의 지붕과 바닥 노릇을 한다.

언제나 그런 것과 같이 가장 중요한 도로 근처에는 문둥병자들이 있는데, 고립되어 있기는 하지만, 동시에 여행자들이 보고 구제할 수 있도록 꽤 가까이 와 있다. 예수께서 요한과 아벨과 함께 지나가시는 것을 보고 경고와 호소의 외침을 보내는 문둥병자들의 작은 집단이다. 아벨은 그들에게로 얼굴을 들며 말한다. "이분은 내가 당신들에게 말한 그분이오. 나는 이분을 당신들이 아는 그 두 사람에게로 모시고 가오. 다윗의 후손께 아무 것도 청할 것이 없소?"

"우리가 누구에게나 청하는 것이오. 즉 여행자들이 지나가는 동안에 실컷 먹게 빵과 물을 청하오. 그런 다음 겨울에는 굶주리는 거요…."

"내게 오늘은 음식이 없소. 그러나 구원을 모시고 왔소…."

그러나 구원에 도움을 청하라는 암시를 주는 권고는 받아들여지지 않는다. 문둥병자들은 비탈을 떠나 등을 돌리고 산의 돌출부를 돌아 다른 여행자들이 다른 길로 해서 오는지 보러 간다.

"저는 저 사람들이 이방인 또는 완전히 우상숭배자들인 뱃사람들이라고 생각합니다. 저 사람들은 프톨레마이스에서 쫓겨서 온 지가 얼마 안 됩니다. 아프리카에서 온 사람들입니다. 그들이 어떻게 병에 걸렸는지는 모르겠습니다. 제가 아는 것은 저 사람들이 저희들의 나

171. 예수께서 갈릴래아의 베들레헴의 죄인인 문둥병자들에게 가시다

라에서는 건강한 몸으로 떠나서, 라틴사람들에게 팔려고 상아를 싣고. 또 아마 진주도 싣기 위해서 아프리카 해안을 오랫동안 돌아다닌 다음, 병이 들어 가지고 이곳에 왔다는 것입니다. 항구의 행정관들이 그들을 격리시키고 그들의 배를 불사르기까지 했습니다. 더러는 시로—페니키아의 도로 쪽으로 갔고, 더러는 이곳에 남았습니다. 여기 남아 있는 사람들은 거의 걸음을 걷지 못하니까 병이 제일 중합니다. 그러나 그들의 영혼은 더 병들었습니다. 저는 그들에게 믿음을 조금 주려고 해 보았습니다…. 그러나 그들은 음식밖에는 청하지 않습니다…."

"회개시키는 데에는 꾸준해야 한다. 1년에 성공하지 못하는 것은 2년 또는 그 이상에서 성공한다. 그들이 비록 그들이 살고 있는 바위 같더라도 그들에게 꾸준히 하느님에 대해 말해야 한다."

"그러면 제가 그들의 음식을 생각하는 것은 잘못이었습니까?…. 저는 항상 안식일 전에 그들에게 음식을 갖다 주기 시작했습니다. 안식일 동안에는 히브리 사람들이 여행을 하지 않고, 그래서 아무도 저 사람들 생각을 하지 않으니까요…."

"네가 한 일이 잘한 일이다. 네가 그 말을 했지. 저 사람들은 이교도들이다. 따라서 영혼보다는 살과 피를 더 걱정한다. 그들의 굶주림에 대한 네 다정스러운 보살핌은 그들을 생각하는 모르는 사람에 대한 그들의 애정을 일으킬 것이다. 그리고 그들이 너를 사랑하게 되면, 네가 음식 말고 다른 것에 대해서 말해도 네 말을 들을 것이다. 사랑은 언제나 우리가 사랑할 줄 알게 된 사람을 따를 마음이 생기게 하는 것이다. 그들이 언젠가는 너를 따라 영의 길을 걸을 것이다.

육체적인 자비의 일이 영적인 자비의 일을 위한 길을 평탄하게 하고, 그 길을 너무도 자유롭고 평평하게 해서, 하느님을 만나도록 이렇게 준비된 사람 안으로는 하느님께서 그 사람 자신도 모르게 들어오시게 된다. 그 사람은 자기 안에서 하느님을 발견하는데, 어디로 해서 들어오셨는지 알지 못한다. 어디로 해서! 때로는 한 가닥의 미소 뒤로, 동정의 말 한 마디 뒤로, 빵 한 덩어리 뒤로 닫혔던 마음이 은총을 향해 열리기 시작했고, 그 마음 속으로 들어오는 하느님의 길이 시작되었다. 영혼들! 이것이야말로 가장 다양한 것이다. 땅 위에 있는 물질들이 굉장히 많지만, 어떤 물질도 그 모습이 영혼의 경향과 반응 만큼 다양하지는 못하다.

저 굵은 테레빈나무를 보느냐? 저 나무는 같은 종류의 나무들이기 때문에 비슷한 나무들의 숲 가운데 있다. 그 나무들이 몇 그루나 될까? 수백 그루, 어쩌면 천 그루, 어쩌면 그 이상일 수도 있겠다. 이 나무들이 산의 이 가파른 비탈을 뒤덮고 그 시큼하고 몸에 좋은 수지의 향기로 계곡과 산의 다른 모든 냄새를 압도한다. 그러나 보아라. 이 나무가 천 그루도 넘는데, 자세히 살펴보면 굵기나 키나 기운이나 기울기나 모양이 다른 나무와 똑같은 나무는 한 그루도 없다. 어떤 나무는 칼날처럼 곧고, 어떤 것들은 동서남북으로 기울어져 있다. 어떤 나무는 흙이 많은 데에 났고, 어떤 나무는 산이 불쑥 내민 부분에 나서, 그곳이 어떻게 나무가 떠받칠 수 있는지, 그리고 지금은 말라있지만 우기에는 물이 소용돌이 치며 흘러갈 저 급류 위에 우뚝 서 있는 맞은편 절벽과 사이에 거의 다리를 놓을 정도로 어떻게 저렇게 공중에 매달려 있을 수 있는지 모를 지경이다.

어떤 나무는 아직 어린 나무였을 때 흉포한 사람이 못살게 굴었던 것처럼 뒤틀려 있고, 어떤 나무는 흠이 없다. 또 어떤 나무는 거의 아래까지 잎이 덮여 있고, 어떤 나무는 겨우 꼭대기에 잎이 작은 도가머리처럼 나 있을 뿐이다. 어떤 나무는 오른쪽에만 가지들이 있고, 어떤 나무는 아래쪽에는 잎이 있으면서도 꼭대기는 벼락에 탔다. 어떤 나무는 죽었다가, 꼭대기로는 이제 올라가지 않게 된 나머지 수액을 받아 가지고, 거의 뿌리에서 돋아나다시피 한 단 하나의 새싹으로 다시 살아나고 있다. 그리고 내가 처음에 너희에게 보여 준 더할 수 없이 아름다운 저 나무는 다른 것과는 같은 굵은 가지나 잔 가지나 잎이 ─저 나무에 있는 수천개의 잎 중에서 **오직 한 잎만이라도**─ 하나라도 있느냐? 나뭇잎들은 비슷한 것 같지마는 사실은 그렇지 않다. 제일 낮은 저 가지를 보아라. 그 가지의 끝을, 끝만을 보아라. 거기에 잎이 몇이나 있겠느냐? 푸르고 가는 잎이 아마 2백개는 있겠지. 그러나 보아라. 빛깔이나 튼튼한 것이나 신선함이나 유연성이나 모양이나 나이가 다른 것과 같은 것이 하나라도 있느냐? 없다.

영혼들도 이와 같다. 영혼의 수가 아무리 많다 하더라도, 그들의 경향과 반응의 차이도 그만큼 크다. 그래서 그 영혼들을 알아서, 그들의 다른 경향과 반응에 따라서 그들에게 작용할 줄을 알지 못하는 사람은 영혼의 훌륭한 선생도 아니고 훌륭한 의사도 아니다. 벗들아, 그것은 쉬운 일이 아니다. 계속적인 연구가 필요하고, 정해진 글을 오랫동안 읽는 것보다 더 잘 비추어 주는 묵상의 습관이 필요하다. 영혼의 선생과 의사가 연구해야 하는 책은 영혼들 자신이다. 잎이 있는 만큼 영혼도 있고, 잎 하나하나에는 과거와 현재와 시작되는 상태에 있는 많은 감정과 격정이 있다. 이를 위하여는 계속적이고 주의를 기울이고 명상적인 연구를 하고, 끊임없는 참을성과 용기를 가져서 가장 썩은 냄새가 나는 헌데도 치료할 줄 알고, 그 헌데로 인해서 괴로워하는 사람의 자존심을 상하게 하는 혐오감을 보이지 않고 그것들을 처매 주어야 하며, 또 헌데가 썩어 들어가는 것을 드러냄으로써 기분을 상하게 하거나, 썩은 부분을 아프게 할까봐 무서워서 깨끗하게 하지 않음으로 괴저에 걸려 온 몸을 썩게 내버려두는 거짓 동정을 가지지 말아야 하며, 동시에 마음의 상처를 너무 거칠게 다루어 악화시키지 않도록, 그리고 죄인들과 관계를 맺어도 감염할 염려가 없다는 것을 보이기 원하여 그들과의 관계로 감염하지 않도록 조심성을 가져야 한다.

그런데 영혼의 선생과 의사에게 필요한 이 모든 덕행이 보고 이해하기 위한 그들의 빛을 어디서 얻고, 쌀쌀함과 또 때로는 모욕까지도 당하면서도 꾸준히 해 나가기 위한, 어떤 때는 영웅적인 그들의 참을성을 어디서 얻으며, 지혜롭게 치료하는 그들의 용기와 병자와 자기 자신들에게 해를 끼치지 않기 위한 조심성을 어디서 얻느냐? 사랑에서, 언제나 사랑에서 얻는다. 사랑이야말로 모든 것을 위한 빛을 주고, 지혜와 용기와 조심성을 주는 것이다. 사랑은 고쳐진 죄를 지을 수 있는 호기심을 예방한다. 어떤 사람이 전적으로 사랑인 때에는, 다른 소원이 그의 안에 들어갈 수가 없고, 사람의 지식이 아닌 다른 지식이 들어갈 수가 없다. 알겠지. 의사들은 어떤 사람이 어떤 병으로 죽을 뻔 했으면, 그 병에 다시 걸리기가 매우 어렵다고 말하는데, 그것은 그의 피가 그 병을 받아 가지고 이겼기 때문이라고 한다. 이 생각이 완전한 것은 아니지만, 그렇다고 완전히 틀린 생각도 아니다.

그러나 병이 아니고 건강인 사랑은 의사들이 말하는 그것을 하고, 그것도 좋지 않은 모든 걱정에 대하여 그렇게 한다. 하느님과 형제들을 몹시 사랑하는 사람은 하느님과 형제들에게 고통을 줄 수 있을 것은 아무 것도 하지 않는다. 그 때문에 영적으로 병자인 사람들을 가까이 하고, 그 때까지는 사랑이 숨겨 왔던 일들을 알게 되면서도 타락하지 않는다. 그것은 그가 사랑에 충실한 채로 있어서 죄가 들어가지 못하기 때문이다. 사랑으로 관능을 이긴 사람에게 관능이 무엇이겠느냐? 하느님과 영혼들에 대한 사랑에서 그의 모든 보물을 찾아내는 사람에게 재산이 무엇이겠느냐? 하느님밖에는 갈망하지 않는 사람에게, 하느님을 섬기기 위하여 자기 자신을, 자기 자신까지도 바치는 사람에게, 자기의 믿음 안에서 자기의 모든 행복을 발견하는 사람에게, 항상 활동적인 사랑의 불꽃으로 자극되고, 하느님을 기쁘게 해 드리기 위해 꾸준히 힘쓰는 사람에게, 하느님을 알고 ─하느님을 사랑하는 것은 하느님을 아는 것이다.─ 또 하느님과 비교할 때에 **자기가 무엇인지를 알기 때문에** 거만해지지 않는 사람에게, 탐식과 인색과 불신과 게으름과 교만이 무엇이겠느냐?

언젠가 너희들은 내 교회의 사제가 될 것이다. 그러므로 너희는 영의 의사와 선생이 될 것이다. 내가 지금 하는 말을 기억하여라. 너희가 가질 이름이나 너희 옷이나 너희가 행할 임무가 너희를 사제, 즉 그리스도의 대리자와 영혼의 선생과 의사를 만들지 못할 것이고, 너희가 가지고 있을 사랑이 너희를 그런 사람이 되게 할 것이다. 사랑은 너희가 그런 사람이 되는 데 필요한 모든 것을 줄 것이고, 서로 완전히 다른 영혼들이, 만일 너희가 사랑을 가지고 그들에게 작용할 줄 알면, 유일한 유사성(類似性) 즉 하느님과의 유사성에 이를 것이다."

"오! 얼마나 아름다운 교훈입니까, 선생님!" 하고 요한이 말한다.

"그렇지만 저희가 언젠가 그렇게 될 수 있을까요?" 하고 아벨이 덧붙인다. 예수께서는 그 두 사람을 들여다보시더니, 두 사람의 목에 팔을 걸어 한 사람은 오른쪽으로 또 한 사람은 왼쪽으로 끌어당기셔서 그들의 머리카락에 입맞춤을 하시며 말씀하신다. "너희는 사랑을 이해했으니까 그렇게 될 것이다."

171. 예수께서 갈릴래아의 베들레헴의 죄인인 문둥병자들에게 가시다

 그들은 아직 얼마 동안 걸어 간다. 거의 산비탈을 깎아서 만든 길이 험하기 때문에 점점 더 어렵게 걸어 간다. 저 아래 아주 먼 곳에는 도로가 하나 있고, 그 위를 걸어가는 사람들이 보인다.
 "선생님, 여기서 멈추십시다. 저기 보이는 저 바위투성이의 평평한 곳에서 그 두 사람이 행인들에게 밧줄로 바구니를 내려 보냅니다. 그리고 저 평평한 곳 저쪽에 그들의 동굴이 있습니다. 이제 그들을 부르겠습니다." 그리고 앞으로 나아가면서 소리를 지른다. 그리고 예수와 요한은 뒤에 남아 우거진 나무에 가려져 있다.
 얼마 지나서 한 얼굴이… 그것이 몸 꼭대기에 있으니까 얼굴이라고 부르자. 그러나 짐승의 주둥이, 괴물, 무서운 꿈이라고 부를 수 있을 것이다…. 나무딸기 덤불 위에 나타난다.
 "자네가? 아니 자넨 장막절을 지내려고 떠나지 않았나?"
 "나는 선생님을 만났소. 그래서 되돌아 왔소. 선생님이 여기 계시오!"
 아벨이 "야훼께서 당신들 머리 위에 계시오" 하고 말했더라도, 두 문둥병자의 ─아벨이 말하는 동안에 또 한 사람도 왔기 때문에─ 외침과 행동과 충동이 아마 덜 갑작스럽고 덜 공손했을 것이다. 그들은 바깥에 해가 쨍쨍 내리쬐는 평평한 곳으로 튀어나와 얼굴을 땅바닥에 대고 엎드리며 부르짖는다. "주님, 저희들은 죄를 지었습니다. 그러나 주님의 자비는 저희 죄보다 더 큽니다!" 그들은 예수께서 정말 거기 오셨는지, 또는 아직 멀리 계시면서 그들에게로 오고 계신지 확인도 하지 않고 이렇게 부르짖는다. 그들의 믿음은 너무나 커서, 눈꺼풀의 헌데 때문에, 그리고 그들이 급히 땅에 엎디었기 때문에 그들의 눈이 틀림없이 보지 못하였을 것도 그들에게 보게 해준다.
 그들이 "주님, 저희 죄는 용서를 받을 만한 것이 되지 못합니다. 그러나 주님은 자비이십니다! 주 예수님, 주님의 이름으로 저희를 구해 주십시오. 주님은 정의를 이길 수 있는 사랑이십니다" 하고 되풀이 하는 동안 예수께서 앞으로 나아가신다.
 "나는 사랑이오. 그것은 사실이오. 그러나 내 위에는 아버지께서 계시고, 그분은 정의이시오." 하고 예수께서는 요한과 함께 오솔길로 해서 앞으로 나아가시며 엄하게 말씀하신다.

두 사람은 보기 흉하게 된 얼굴을 들고, 고름과 섞여서 흐르는 눈물 사이로 예수를 바라본다. 그 얼굴의 몰골은 소름끼친다. 늙었는가? 젊었는가? 누가 하인이고, 누가 아세르인가? 말할 수가 없다. 병은 그들을 소름끼치고 혐오감을 주는 두개의 형체를 만들어서 똑같이 되게 하였다.

그 빛살로 예수를 감싸고 그분의 금발을 빛나게 하는 햇빛을 받으며 오솔길 한가운데에 서 계신 예수께서 그들에게는 어떻게 보이실지는 모르겠다. 내가 아는 것은 그들이 예수를 바라보고 나서 얼굴을 가리면서 "야훼! 빛!" 하고 신음한다는 것이다. 그러나 곧이어 또 이렇게 부르짖는다. "아버지께서는 구원하시라고 주님을 보내셨습니다. 아버지께서는 주님을 당신의 사랑이라고 부르십니다. 아버지께서는 주님을 좋아하십니다. 아버지께서는 주님이 저희에게 용서를 주시는 것을 거절하지 않으실 것입니다."

"용서요, 건강이요?"

"용섭니다" 하고 한 사람은 외치고, 또 한 사람은 "… 그리고 건강이요. 제 어머니는 저 때문에 슬픔으로 죽어갑니다."

"내가 당신들을 용서한다 해도 사람들의 재판은 여전히 남아 있소, 특히 당신의 경우는. 그러면 내 용서가 당신의 어머니를 행복하게 하는 데 무슨 가치가 있겠소?" 하고 예수께서는 기적을 행하시기 위하여 기다리시는 말을 하게 하시려고 시험을 하신다.

"가치가 있습니다. 제 어머니는 진짜 이스라엘 여자입니다. 어머니는 제가 아브라함 품에 안기기를 원합니다. 그런데 저는 죄를 너무 많이 지었기 때문에 제게는 이곳이 사람들이 하늘을 기다리는 곳이 아닙니다."

"당신 말대로 죄를 너무 많이 지었소."

"너무 많이요!…. 사실입니다…. 그러나 주님은…. 오! 그 날은 주님의 어머님이 계셨습니다…. 주님의 어머님이 지금은 어디에 계십니까? 어머님은 아벨의 어머니를 불쌍히 여기셨습니다. 저는 그것을 보았습니다. 그리고 만일 들으시면 제 어머니도 불쌍히 여기실 것입니다. 하느님의 아들이신 예수님, 주님의 어머님의 이름으로 불쌍히 여겨 주십시오…."

171. 예수께서 갈릴래아의 베들레헴의 죄인인 문둥병자들에게 가시다

"그럼, 그 다음에는 어떻게 하겠소?"

"그 다음에는요?" 그들은 겁이 나서 서로 쳐다본다. "그 다음에는" 사람들의 단죄이고, 업신여김이나 도망, 추방이다. 병나음에 대한 전망 속에서 그들은 구원을 잃는 것처럼 몸을 떤다.

사람은 얼마나 생명에 집착하는가! 두 사람은 병이 고쳐져서 인간의 법률에 의하여 유죄선고를 받느냐, 그렇지 않고 문둥병자로 사느냐 하는 진퇴유곡의 궁지에 몰려서 거의 문둥병자로 사는 편을 택하다시피 한다. 그들은 그것을 말하고 그것을 이런 말로 실토한다. "형벌은 소름끼칩니다!" 이 말은 특히 살인자 중의 한 사람인 내가 알게 된 아세르라는 사람이 한다….

"소름끼치는 일이오. 그러나 적어도 그것은 정의일 뿐이오. 그런데 당신은 그 형벌을 이 죄없는 사람에게 주려고 했소. 어떤 수상한 목적으로? 돈 한줌 때문에 그랬소?"

"사실입니다! 오 하느님! 그러나 하느님께서는 저희를 용서해 주셨습니다. 주님도 용서해 주십시오. 그러면 저희는 죽겠습니다. 그러나 저희 영혼은 구원을 받을 것입니다."

"요엘의 아내는 간통한 여자로 돌에 맞아 죽었소. 네 아이는 그 여자의 천정 어머니와 함께 옹색하게 살고 있소. 요엘의 형제들이 요엘의 재산을 가로채기 위해 아이들을 사생아라고 내쫓았기 때문이오. 당신들은 그걸 알고 있소?"

"아벨이 그 말을 저희에게 해 주었습니다…."

"그런데 누가 그 어린 아이들의 불행에 대책을 세워 주오?" 예수의 목소리는 우뢰같다. 참으로 심판자이신 하느님의 목소리여서 무섭다. 햇볕이 내리쬐는 가운데 홀로 꼿꼿이 서 계신 정말 무시무시한 모습이다. 두 사람은 무서워하며 예수를 바라본다. 비록 해가 그들의 헌데를 악화시키겠지마는, 그들은 움직이지 않는다. 그리고 예수께서도 햇볕을 온 몸에 받으시며 움직이지 않고 계신다. 자연의 힘은 영혼들의 이 시간에 그 능력을 잃고 만다….

얼마 후에 아세르가 말한다. "만일 아벨이 저를 완전히 사랑할 생각이면 제 어머니를 찾아가서 하느님께서 저를 용서해 주셨다고 말하라고 하십시오. 그리고…."

"나는 아직 당신을 용서하지 않았소."

"그러나 주님이 제 마음을 보시니까 주님도 용서해 주실 것입니다 …. 그리고 제 어머니에게 제 소유물 전부를 요엘의 아이들에게 가게 하라고 말하게 하십시오. 그것이 제 뜻이라고. 제가 죽던살던, 저를 타락하게 한 재산을 포기합니다."

예수께서는 미소를 지으신다. 예수께서는 당신을 엄한 얼굴에서 연민이 가득한 얼굴로 되시게 하는 미소로 변모하신다. 그리고 완전히 변한 목소리로 말씀하신다. "당신들의 마음을 아오. 일어 나시오. 그리고 정신을 하느님께로 높이 올려 하느님을 찬미하시오. 당신들이 세상에서 격리되어 있으니까 당신들이 가더라도 세상 사람들이 당신들에 대해서 알아보지 않을 거요. 그리고 세상은 당신들에게 고통을 당하고 속죄할 가능성을 주기 위하여 당신들을 기다리고 있소."

"주님, 저희를 구해 주시는 겁니까?! 저희를 고쳐 주시는 겁니까?!"

"그렇소. 내가 당신들에게 목숨을 남겨 주는 것은 인생은 특히 당신들과 같은 추억을 가진 사람들에게 고통이기 때문이오. 그러나 지금은 당신들이 여기서 나올 수 없소. 아벨은 나와 같이 가야 하오. 모든 히브리 사람과 같이 예루살렘에 가야 하오. 아벨이 돌아오기를 기다리시오. 그가 돌아오는 것과 당신들의 병 고치는 것이 동시에 있을 거요. 아벨이 당신들을 사제에게 데려가는 일과 당신 어머니에게 알리는 일을 할 거요. 아벨이 무슨 일을 해야 하는지, 또 어떻게 해야 하는지 내가 말해 주겠소. 내가 당신들 고쳐 주지 않고 가도 내 말을 믿을 수 있소?"

"예, 주님. 그러나 저희 영을 용서해 주신다는 말씀을 다시 해 주십시오, 그것은요. 그런 다음 모든 것은 주님이 원하실 때 이루어질 것입니다."

"나는 당신들을 용서하오. 새로운 정신으로 다시 나시오. 그리고 다시는 죄를 짓지 않겠다는 뜻을 가지시오. 당신들이 죄를 짓지 않는 것 외에, 하느님이 보시기에 당신들의 빚을 완전히 갚도록 하는 정의의 행위를 해야 한다는 것을, 따라서 당신들의 빚이 매우 크기 때문

171. 예수께서 갈릴래아의 베들레헴의 죄인인 문둥병자들에게 가시다

에 당신들의 속죄가 계속적이어야 한다는 것을 기억하시오! 특히 당신의 빛은 주님의 모든 계명에 관계가 되는 것이오. 주님의 계명들을 생각하시오. 그러면 아무 계명도 제외하지 말아야 한다는 것을 알게 될 거요. 당신은 하느님을 잊었고, 당신의 관능을 당신의 우상으로 만들었소. 당신은 명절날을 한가한 열광의 날로 만들었고, 당신 어머니의 마음을 상해 드리고 체면을 상하게 했소. 당신은 살인에 협력하고 살인의 뜻에 동조했소. 당신은 남의 생명을 훔쳤고, 한 아들을 그의 어머니에서 빼앗으려고 했고, 네 아이에게 아버지와 어머니를 잃게 했소. 당신은 음란했고, 거짓 증언을 했고, 죽은 남편에게 충실한 여인을 음란하게 탐냈고, 아벨의 재산을 가로채기 위해 그를 없애고자 할 정도로 아벨의 재산을 탐했소."

아세르는 "사실입니다. 사실입니다!" 하고 긍정할 때마다 신음한다.

"당신도 보다시피 하느님께서는 사람들의 벌의 힘을 빌지 않고 당신을 잿더미가 되게 하실 수 있었소. 그런데 내가 한 사람을 더 구원할 수 있도록 당신을 너그럽게 봐 주셨소. 그러나 하느님의 눈은 당신을 지켜보시고, 하느님의 지능은 기억하고 계시오. 가시오." 그리고 몸을 돌려 비탈의 나무 아래로 피해 들어간 아벨과 요한 곁의 수풀로 돌아오신다.

그리고 아직 얼굴이 흥한 채로 있는 두 사람은 아마 미소를 지으면서 ―그러나 문둥병자가 언제 웃는지 누가 말할 수 있겠는가?― 예수께서 무서운 오솔길로 해서 산을 내려가시는 동안, 문둥병자들의 독특한 날카롭고 금속성이고 단속적인 목소리로 갑자기 음조를 바꾸어 가며 시편 114편을 노래하기 시작한다….

"저들은 행복하군요!" 하고 요한이 말한다.

"저두요" 하고 아벨이 말한다.

"저는 선생님이 저 사람들을 즉시 고쳐 주실 줄로 생각했었습니다" 하고 요한이 또 말한다.

"저두요, 주님이 늘 그렇게 하시는 것처럼."

"그들은 큰 죄인이었다. 이 기다림은 그렇게도 많은 죄를 지은 사람들에게는 당연한 것이다. 이제는 들어라, 아나니아야…."

"주님, 제 이름은 아벨입니다" 하고 젊은이가 놀라서 말하며, "선생님이 왜 틀리셨을까?" 하고 의아하게 여기는 듯이 예수를 쳐다본다.

예수께서는 빙그레 웃으신다. "내게는 네가 아나니아다. 너는 정말 주님의 인자에서 태어난 것 같기 때문이다. 점점 더 아나니아가 되어라. 그리고 들어라. 장막절에서 돌아오는 길로 네 읍내에 가서 아세르의 어머니에게 아들이 원하는 것을 하라고, 그것도 할 수 있는 대로 빨리 해서, 속죄하기 위하여 **10분의 1만 남겨 놓고 모두**를 주라고 말해라. 그리고 이 10분의 1도 노모에 대한 동정으로 그러는 것이다. 그 노모는 너와 함께 갈릴래아의 베들레헴을 떠나 프톨레마이스에 아들 있는 데로 가야 하며, 아들은 너와 그의 동료와 함께 그의 노모 있는 데로 와야 할 것이다. 너는 그 여인을 시내에 있는 어떤 여자 제자의 집에 자리잡게 한 다음, 문둥병자들의 정결의식을 위해 필요한 것을 가서 구하고, 모든 것이 다 행해지기 전에는 그들을 떠나지 말아라. 그리고 사제는 과거를 아는 사람들 중의 한 사람이어서는 안 되고 다른 곳의 사제이어야 한다."

"그런 다음에는요?"

"그런 다음에는 네 집으로 돌아가든지 제자들과 합치든지 해라. 그리고 저 사람은 병이 고쳐지고 나면 속죄의 길을 가야 할 것이다. 나는 필요불가결한 것만 말하고, 그 다음에는 사람이 자유롭게 행동하게 내버려둔다…."

그리고 일행은 길이 어렵고 해가 뜨거운데도 지칠 줄 모르고 내려오고 또 내려온다…. 지칠 줄은 모르지만 오랫동안 말이 없다.

그러다가 아벨이 침묵을 깨뜨리고 말한다. "주님, 은혜를 하나 청해도 되겠습니까?"

"어떤 것인데?"

"제 읍내에 가게 돼 두십사 하는 것입니다. 선생님을 떠나는 것은 섭섭합니다. 그러나 그 어머니는…."

"가거라, 그러나 지체하지 말아라. 예루살렘에 갈 시간이 빠듯할 거다."

"주님, 고맙습니다! 저는 그 가엾은 여인만 가서 만나겠습니다. 그분은 아세르가 죄를 지은 뒤로 무엇이든지 창피스러워하고 있습니다. 그러나 다시 웃음을 찾을 것입니다. 주님의 이름으로 그 어머니에게 무슨 말을 해야 하겠습니까?"

"그의 눈물과 기도가 은혜를 얻었고, 하느님께서 점점 더 희망을 가지라고 권하시며 강복하신다고 말해라. 그러나 헤어지기 전에 한 시간만 쉬자, 그 이상은 말고. 지금은 쉴 때가 아니다. 그런 다음 너는 네 쪽으로 가고 요한과 나는 지름길로 해서 우리 갈 데로 가기로 하자. 그리고 요한 너는 앞서 내 어머니께 가거라. 이 아마포옷이 든 배낭을 가지고 가서 모직옷을 가지고 오너라. 내가 어머니를 뵙고 싶어한다고 말씀드리고, 내가 마타티아의 수풀에서, 그러니까 아내의 수풀에서 기다린다고 말씀드려라. 네가 그 수풀을 알지. 내 어머니와만 말하고 빨리 돌아 오너라."

"그 수풀이 어디 있는지 압니다. 그러면 선생님은? 혼자서? 혼자 남아 계시는 겁니까?"

"나는 내 아버지와 함께 있다. 염려 말아라" 하고 예수께서 손을 들어 당신 곁에 풀에 앉아 있는 귀여워 하시는 제자의 머리에 얹으신다. 그리고 그에게 미소지으시며 말씀하신다.

"그러나 우리는 저녁 때에는 그 수풀에 있게 될 거다."

"선생님, 선생님을 기쁘게 해 드려야 할 때에는 제가 피로를 느끼지 않는다는 걸 선생님도 아시지요. 그리고 어머니께 가는 것은!… 마치 천사들이 저를 들고 가는 것 같습니다. 또 그리고 그렇게 멀지도 않은 걸요."

"기쁘게 일을 할 때는 결코 멀지 않지…. 그러나 너는 밤을 나자렛에서 지내라."

"그럼 선생님은요?"

"나는… 내 어머니와 조금 같이 있은 후에 내 아버지와 함께 있겠다. 그런 다음 새벽에 길을 떠나 나자렛에 들어가지 않고 다볼산으로 가는 길로 가겠다. 내가 모레 새벽에 예즈라엘에 가야 한다는 것을 너도 알지."

"선생님은 매우 피곤하실 겁니다. 그렇지 않아도 피로하신데요."

"우리가 겨울 동안에는 쉴 시간이 있을 것이다. 염려 말아라. 그리고 언제나 여기서처럼 아주 안심하고 복음을 전할 수 있기를 바라지 말아라. 우리는 많은 중지(中止)를 경험할 것이다…."
 예수께서 생각에 잠겨 머리를 숙이시고 두 사람의 동무가 되어 주시려고 빵을 드신다. 젊은 두 사람은 선생님을 모시고 있는 것이 기뻐서 먹고 싶은 욕망으로 보다는 오히려 맛있게 먹는다. 예수께서 빵을 드시는 것을 잊으실 정도로 침묵에 잠기시니, 두 사람은 그것을 존중하여 입을 다물고, 굵은 나무줄기들 아래 돋아나 있는 풀에서 서늘한 기운을 찾으려고 발을 벗고 산 그늘에서 쉰다. 그리고 졸기까지 할 참인데 예수께서 머리를 드시고 말씀하신다. "가자. 네거리에서 헤어지자."
 그래서 샌들 끈을 다시 매고서 길을 떠난다. 수풀의 그늘과 북쪽에서 불어오는 바람이, 비록 한여름의 몇 달 동안처럼 무덥지는 않지만 그래도 아직 더운 이 시간의 찌는 듯한 더위를 견디도록 도와준다.

172. 예수와 성모님이 마타티아의 수풀에서 만나시다

　예수께서 혼자 계신다. 약간 분지 모양으로 된 고원에 계신데, 그 고원은 가벼운 기복을 일으키며 계속되어, 틀림없이 갈릴래아 호수를 둘러싸고 있는 야산들의 비탈로 해서 올라 간다. 호수를 둘러싸고 있다고 말한 것은 그 호수가 저 아래 오른쪽에 보이기 때문이다. 호수는 해가 지기 시작해서 그 대부분의 수면에서 햇살의 반짝임이 없어지기 때문에 그 찬란한 파란 빛깔이 어두워진다. 분지 뒤로 북쪽에는 아르벨라산이 있고, 그 너머로는 호수 저쪽 메이에론과 지스칼라가 세워져 있는 더 높은 산들이 있으며, 동북쪽으로는 멀리, 그러나 크고 장엄한 대헬몬산이 보인다. 넘어가는 해는 그 가장 높은 뾰족한 산봉우리를 이상하게 비추어 서쪽은 불그레한 황옥(黃玉) 빛을 띠게 하고, 나머지 부분에는 유백색(乳白色)을 남겨 주는데, 이 빛깔은 내가 우리 국경에 있는 알프스산에서 몇 번 본 일이 있는 눈오는 하늘빛의 저 막연한 뉘앙스를 띠기 시작한다.
　나는 지금 북쪽을 바라보고 있는데, 이런 것이 보이고, 오른쪽 저 아래로는 호수를 어렵지 않게 볼 수 있고, 왼쪽으로는 해안의 평야를 보지 못하게 막는 더 높은 야산들을 볼 수 있다. 그러나 몸을 남쪽으로 돌리면, 비탈이 완만한 야산들 너머로 다볼산이 보이는데, 그 야산들은 나자렛을 둘러싸고 있는 산들일 것이 틀림없다. 저 아래에는 사람의 왕래가 매우 많은 길 옆에 작은 도시가 하나 있고, 그 길에서는 사람들이 두 숙박지 사이에서 쉴 곳을 찾아가기 위하여 걸음을 재촉하고 있다.
　예수께서는 내가 바라보고 있는 것은 아무 것도 바라보지 않으신다. 다만 앉을 곳을 찾으시다가 엄청나게 큰 사철푸른 떡갈나무 밑으로 정하신다. 이 나무의 잎들은 땅에 있는 풀을 삼복더위에서 보호하였다. 그래서 그 풀은 마치 더위가 모든 것을 말리면서 지나가지 않은 것처럼 아직 싱싱하게 우거져 있다.

예수께서는 이렇게 해서 당신 앞에는 호수가 있고, 옆에는 당신이 올라오신 나무들 사이에 나 있는 오솔길이 있고, 다른 쪽에는 분지의 북쪽을 당신이 계신 풀밭과 수풀로 둘러싸는 땅의 기복이 있게 되었다. 수풀은 늘푸른 떡갈나무와 가을의 영향을 받지 않는 다른 상록수들 덕택으로 아주 푸르다. 다만 군데군데 피빛깔의 붉은 반점이 있을 뿐이다. 그것은 새로 나는 잎에 자리를 내주기 위하여 떨어지기 전에 빛깔이 변하는 잎의 반점인데, 새 잎은 죽어 가는 잎 바로 곁에서 벌써 돋아나고 있다.

매우 피로하신 예수께서는 굵은 나무줄기에 기대셔서 쉬시려는 것처럼 한동안 눈을 감고 계신다. 그러나 곧이어 줄기에서 떨어지시며 당신이 늘 취하시는 자세를 취하시어, 몸을 약간 앞으로 숙이시고, 팔꿈치를 무릎에 괴신 채 팔을 앞으로 내미시고 두 손을 모아 깍지를 끼신다. 그리고 생각하신다. 틀림없이 기도하고 계실 것이다. 이따금씩, 들려오는 어떤 소리 때문에 ─밤을 지낼 자리를 찾으면서 싸우는 새들, 비탈로 돌을 떨어뜨리는 풀속의 짐승, 바람이 한번 불고 지나가 다른 가지와 부딪는 나뭇가지─ 눈을 들어, 틀림없이 보지는 못하시는 명상에 잠긴 시선으로 소리가 나는 쪽으로 돌리신다. 특히 늘푸른 떡갈나무들 사이로 올라오는 오솔길 쪽에서 소리가 들려오면 그렇게 하신다. 그리고는 다시 눈을 내리뜨시고 정신을 집중하신다. 두번에 걸쳐 이미 어둠에 잠긴 호수를 주의깊게 내려다보시고, 그 다음에는 머리를 돌려 나무가 우거진 야산 뒤로 해가 사라진 서쪽을 바라보신다. 그리고 두번째는 일어나셔서 누가 올라 오는지 보시려고 정말 오솔길에까지 가신다. 그런 다음 당신 자리로 돌아오신다.

마침내 발소리가 들리고 두 모습이 나타난다. 짙은 파란색 옷을 입으신 성모님과 배낭들을 멘 요한이다. 그리고 요한은 두번 "선생님!" 하고 외친다. 그리고 예수께서 돌아다 보시자마자 덧붙인다. "여기 어머님을 모시고 왔습니다." 그리고 성모님이 작은 개천을 건너고 오솔길에 깔린 조약돌들 위로 건너는 것을 도와드린다. 그 조약돌들은 오솔길을 튼튼하게 해서 오르거나 내려가는데 편리하게 하려

172. 예수와 성모님이 마타티아의 수풀에서 만나시다

는 목적으로 깐 것인데, 실제로는 신을 제대로 신지 않은 발에 진짜 함정을 만들어놓은 결과가 되었다.

예수께서는 즉시 일어나셔서 어머니께로 마주 나가 무너진 돌더미를 올라 오시도록 요한과 함께 어머니를 도와 드리신다. 돌무더기는 둔덕을 무너져 내리지 않게 해야 할 것이지만, 이 임무는 떡갈나무의 뿌리들만이 하고 있다. 이제는 성모님이 아들의 부축을 받고 계신데, 아들은 어머니를 살펴보고 물으신다.

"어머니, 피로하십니까?"

"아니다, 예수야." 그러시면서 성모님은 미소지으신다.

"그러나 반대로 어머니께서는 피로하신 것 같습니다. 어머니를 오시게 한 것이 후회가 되는군요. 그러나 저는 갈 수가 없었습니다…."

"오! 아무렇지도 않다. 땀을 좀 흘렸다마는 여기는 좋구나…. 오히려 네가 피로했구나. 그리고 가엾은 요한도…."

그러나 요한은 웃으면서 머리를 젓고 물건이 가득한 예수의 새 배낭과 그의 배낭을 떡갈나무 아래 풀에 내려놓고 물러가면서 말한다. "저는 조금 아래로 가겠습니다. 작은 샘을 하나 보았는데, 그 물로 몸을 좀 식히겠습니다. 그렇지만 두 분께서 부르시면 들릴 것입니다." 그러면서 두 분을 자유롭게 해드리기 위하여 물러간다.

성모님은 겉옷을 늦추시고, 이마에 송알송알 방울져 있는 땀을 닦으려고 베일을 벗으신다. 그리고 예수를 들여다보시며 미소를 보내시고, 예수께서도 어머니의 손을 어루만지고 그 애무를 받으시려고 뺨에 갖다 대시면서 미소를 보내시기 때문에 그 미소에 빨려들어가듯 바라다보신다. 다른 때도 그렇게 하시는 것을 보았지만, 이 행위를 하시는 예수는 지극히 "아들" 다우시다! 성모님은 손을 빼서 예수의 머리카락을 가다듬어 주시고, 머리채에 남아 있는 떡갈나무의 작은 껍질 조각을 떼어내신다. 그리고 그 손가락의 움직임 하나하나가 애무인데, 그 움직임을 하시는 사랑이 대단히 크다. 성모님이 말씀하신다.

"예수야, 땀이 흥건하구나. 네 겉옷 어깨가 비를 맞은 것처럼 젖어 있구나. 그렇지만 이제는 다른 겉옷을 입을 수 있게 되었다. 이 겉옷은 내가 벗기겠다. 해와 먼지로 빛깔이 낡았구나. 내가 모든 것을 준비했었다. 그리고… 잠깐! 나는 네가 겨우 무얼 좀 먹을까 말까 했다는 걸 안다. 굳어져서 딱딱한 빵 한 조각과 목구멍이 알알할 정도로 소금에 절인 올리브 한 줌. 요한이 그 말을 해 주었다. 요한은 집에 오자 물만 마시더라. 그러나 나는 신성한 빵을 가져왔다. 빵을 화덕에서 막 꺼낸 길이었다. 그리고 시몬의 아이들에게 주려고 어제 땄던 봉방(蜂房)도 하나 가져왔다. 그러나 그 애들 줄 것은 또 있다. 아들아, 이걸 먹어라. 우리 집에서 온 것이다…." 그러면서 배낭을 여시려고 몸을 굽히신다. 배낭에는 나머지 모든 것 뒤에 과일이 가득 들어 있는 버들가지로 만든 작은 바구니가 있고, 그 위에 긴 포도잎들로 싼 봉방이 있다. 성모님은 그 모든 것을 신선하고 먹음직스러운 빵과 함께 아들에게 주신다.

그리고 예수께서 잡수시는 동안, 성모님은 배낭에서 당신이 겨울 여러달 동안을 위하여 준비하신 튼튼하고 따뜻하고 추위와 비를 막을 수 있는 옷들을 꺼내서 예수께 보여 드리니, 예수께서는 이렇게 말씀하신다. "어머니, 일을 정말 많이 하셨군요! 지난 겨울에 입던 옷이 아직 있는데요…."

"남자들은 아내들에게서 멀리 떨어져 있을 때는 아무 것도 고치지 않아도 나무랄 데 없이 되도록 모든 것을 새 것으로 갈아야 한다. 그러나 나는 아무 것도 낭비하지 않았다. 내가 입고 있는 겉옷은 네가 입던 것을 줄이고 물을 다시 들인 거다. 내게는 아직 쓸만하다. 그러나 네게는 이제 어울리지 않게 되었다. 너는 예수이니까…."

이 말에 무엇이 들어 있는지 말하는 것은 불가능한 일이다. "너는 예수다." 간단한 말이다. 그러나 어머니와 제자, 언약된 메시아를 기다리는 옛날 이스라엘 여인, 예수를 모시는 축복받은 시대의 이스라엘 여인의 사랑 전체가 이 몇 마디 말에 들어 있다. 만일 어머니가 아들을 하느님으로 흠숭하며 땅에 엎드렸더라면, 그것은 그래도 그의 존경하는 표시에 한정된 형태에 지나지 않았을 것이다. 그러나 이 말에는 무릎을 구부리고 허리를 굽히고 땅에 이마를 조아리는 흠숭보다 더한 것이 있다. 거기에는 마리아의 존재 전체, 그의 살과 피와 영혼과 마음과 정신, 그리고 하느님이신 사람을 전적으로 완전히 흠숭하는 사랑이 들어 있다.

172. 예수와 성모님이 마타티아의 수풀에서 만나시다

나는 그분이 당신의 아들이지만 하느님이시라는 것을 항상 기억하는 하느님의 말씀에 대한 마리아의 이 흠숭보다 더 크고 더 절대적인 것을 아무 것도 본 일이 없다. 그들의 구세주를 흠숭하는 것을 내가 본, 예수에 의하여 병이 고쳐지거나 회개를 한 인간들 중의 아무도, 가장 열렬한 사람들까지도, 또 자각은 하지 못하지만 그들의 사랑에 있어서 극적으로 맹렬한 사람들까지도 이와 비슷한 무엇을 가지고 있지 못하다. 그들도 전적으로 사랑한다. 그러나 완전하게 되는 데에는 항상 무엇인가 부족한 인간으로서 사랑한다. 마리아는 하느님답게 사랑한다고 감히 말하겠다. 마리아는 인간 이상으로 사랑한다. 오! 마리아는 참으로 잘못이 하나도 없는 하느님의 딸이다! 그렇기 때문에 그렇게 사랑할 수 있는 것이다. 그래서 나는 사람이 원죄로 무엇을 잃었는지를 생각한다…. 나는 사탄이 첫째 조상들을 유혹함으로써 우리에게서 무엇을 훔쳐 갔는지를 생각한다. 사탄은 마리아가 하느님을 사랑하신 것처럼 하느님을 사랑하는 능력을 우리에게서 빼앗아 갔다…. 사탄은 우리에게서 제대로 사랑하는 능력을 빼앗아 갔다.

내가 완전하신 두 분을 바라보면서 이 생각을 하는 동안, 식사를 끝내신 예수께서는 미끄러져 내려가 어머니의 발 앞에 풀에 앉으셔서, 마치 위로해 줄 수 있는 오직 한 사람에게로 피해 들어오는 지치고, 또 슬퍼하기도 하는 어린 아이처럼 성모님의 무릎에 머리를 얹으신다. 그러니까 성모님은 예수의 머리카락을 쓰다듬으시고, 매끈한 이마를 살짝 스치신다. 성모님은 그 애무의 덕택으로 당신 아들을 슬프게 하는 모든 피로와 마음의 고통을 쫓아버리고 싶어하시는 것 같다. 예수께서 눈을 감으신다. 그러니까 성모님은 당신의 애무를 중단하시고, 손을 예수의 머리에 얹으신 채 생각에 잠겨서 움직이지 않고 똑바로 앞을 바라보신다. 아마 예수께서 잠드신 것으로 생각하시는가 보다. 예수님은 너무도 지치셨다….

그러나 예수께서는 거의 즉시 눈을 다시 뜨시고 저녁 때가 되어 오는 것을 보시고, 이 위로의 시간을 연장할 수 없다는 것을 아신다. 그래서 머리를 다시 드시고 앉으신 그대로 말씀하신다.

"어머니, 제가 어디서 오는지 아십니까?"

"안다. 요한이 말해 주었다. 두 영혼이 하느님께로 돌아온다지. 너와 내게 기쁨이 되는 일이다."

"그렇습니다. 저는 이 기쁨을 가지고 예루살렘으로 내려갑니다."

"우리가 헤어진 바로 그날 네가 가졌던 실망에 대한 위안을 받으려고."

"그걸 어떻게 아십니까? 요한이 말씀드렸습니까? 요한만이 그 일을 아는데요…."

"아니다. 내가 그에게 그 말을 물어 보았다. 그러나 요한은 '어머니, 곧 선생님을 보실 텐데, 선생님께 물어보십시오' 하고 대답했다."

예수께서는 빙그레 웃으시며 말씀하신다.

"요한은 소심할 정도로 충실합니다." 잠깐 사이를 둔 다음, 예수께서 물으신다. "그럼, 누가 그 말씀을 해 드렸습니까?"

"내게 해 준게 아니다. 사람들이… 네 형 요셉의 집에 왔다. 그리고… 요셉이 내게 왔다. 요셉은 아직 좀… 그렇지. 아들아, 사실을 말하는 것이 낫지. 네가 가파르나움에서 그를 만난 다음에, 그리고 특히 유다와 야고보와 이야기를 한 다음에 화가 좀 나 있었다. 그들은 네가 없는 동안에 서로 만났었는데, 야고보도, 아니 더 적절히 말하자면 특히 야고보가 준엄했었다…. 매우… 지나치게 라고 나는 말하겠다. 그러나 항상 인자하신 영원하신 분께서는 그 가벼운 불일치에서 이익을 끌어내셨다. 그것은 틀림없이 그 불일치가 사람의 두 가지 근원에서 오는 것이기 때문이었다. 다른 근원이기는 하지만 그래도 어쨌든 사랑이다. 불완전한 것도 사실이다. 만일 그 근원이 완전한 것이었더라면, 적어도 두 사람 중의 한 사람에게는 분노를 일으키지 않았을 것이기 때문이다…. 분노를 말하는 것은 야고보의 심경에 붙이는 이름으로 좀 너무 심할지도 모르겠다. 그러나 확실히 야고보는 준엄했다. 매우 준엄했어…. 너는 아마 사랑을 하라고 그에게 명령했을 거다. 나는… 그를 칭찬하지 않았다. 그러나 항상 참을성이 있는 야고보가 왜 그렇게 화를 내는지 그 까닭을 알았기 때문에 동정했다. 그더러 완전하라고 요구할 수는 없다…. 그는 사람이다. 그도 역시 아직 **너무나** 인간적이다. 오! 야고보가 내 요셉이 의인이었던 것과 같은 의인이 되려면 아직 갈 길이 많이 남았다! 요셉은… 항상

172. 예수와 성모님이 마타티아의 수풀에서 만나시다

자제할 줄을 알았고… 항상 착할 줄을 알았다.

 그러나 내가 횡설수설 하는구나! 네게 대한 두 사랑의 불완전한 사랑에 대해서 말하고 있었는데 ─사실 그들은 너를 사랑한다. 오! 몹시 사랑하지. 얼핏 보아서는 그렇게 보이지 않지만, 요셉도 너를 사랑한다. 그러나 그가 이 가엾은 여인에 대해서 가지는 모든 마음씀은 네게 대한 사랑이다. 그리고 제 아버지처럼 그의 사상에 집착하는 옛날 이스라엘 사람으로서의 그의 사고방식도 네게 대한 사랑이다. 네가 모든 사람에게 사랑받는 것을 보기 위해서는 그가 무엇인들 주지 않겠느냐! 물론… 그 나름대로…,─ 그러나 본론으로 돌아와서, 야고보의 단호한 태도에서 해를 입지 않은 요셉이 날마다 내게 오기 시작했다. 왠지 알겠니? 나더러 성경을 해석해 달라고 오는 것이다. '아주머니와 아주머니의 아들이 이해하는 것처럼'이라고 요셉은 말했다. 진리에 비추어서 성경을 해석하는 것!… 설명을 듣는 사람이 알패오의 요셉 같은 사람일 때, 즉 메시아의 현세적인 왕국과 그의 왕자다운 탄생이며 그 밖에 아주 많은 것을 굳게 믿는 사람일 때는 어려운 일이다!

 그러나 이스라엘의 왕은 왕족이어야 하고 다윗의 후손이라야 한다. 그렇다. 그러나 그가 왕궁에서 날 필요는 없다는 생각을 그에게 인정시키게 하는 데에는, 그의 자존심 자체가 내게 도움이 되었다. 요셉은… 오! 다윗 가문의 사람이라는 데에 어떻게나 집착하는지 모른다! 나는 그에게 조용히 아주 많은 말을 해 주었다…. 그리고 이 사상을, 그의 머리 속에 바로잡아 주었다. 요셉이 이제는 예언들에 비추어 네가 예언들이 예고한 사람이라는 것을 인정한다. 그러나 그를 찾으러 두번이나 오지 않았더라면, 네가, 네 참 위대함은 바로 너를 보편적이고 영원한 왕이 되게 할 수 있는 유일한 사실인 정신의 왕이라는 사실을 그에게 믿게 하는 데 성공하지 못했을 것이다. 오! 성공 못했고 말고… 첫번 사람들은 가파르나움 사람들과 그들과 같이 온 다른 사람들이었는데, 온 집안을 위해서 눈부신 영화의 약속으로 다시 그의 마음을 꾄 다음, 그가 그들을 위해 양보할 마음을 덜 가지고 있는 것을 보고는 ─그들은 네게 왕관을 받아들이게 하도록 요셉이 너와 내게 강요하기를 바랐었다.─ 위협으로 태도를 바꾸는 바람에 본심을 드러냈다…. 그들이 늘 사용하는 겉으로 드러나지 않는 위협이다. 해가 없는 것처럼 보이라고 보드러운 양털로 감싼 날카로운 칼 같은 것이었다…. 그러나 요셉은 이렇게 말하며 반발했다. '내가 맏이기는 하오. 그러나 그 사람도 성인(成人)이오. 그리고 우리 집안에는 어리석은 사람도 미친 사람도 일찌기 있었던 것 같지 않소. 그 사람은 성인이 된 지가 벌써 20년이나 되었으니, 자기의 일은 알아서 하오. 그러니 그 사람에게 가서 물어보시오. 그래서 그 사람이 거절하면 귀찮게 굴지 말고 놔 두시오. 그 사람은 자기 행위에 대해서 책임이 있소.'

 그러나 그 뒤, 바로 안식일 전날 네 제자들 몇 사람이 왔다…. 아들아, 바라보는 거냐? 그들의 이름을 말하지 않는 것을 허락해 다오. 그러나 그들을 용서해 주라고 네게 말하게 하락해 다오…. 아버지의 백발을 향해서 손을 들었을 아들이나 제단을 더럽혀 야훼의 분노를 두려워할 성직자도 그들 같지는 않았을 것이다…. 그들은 가파르나움으로 너를 찾아 갔다가 왔었다…. 그들은 너를 만나기를 바라며 호수로 해서 가파르나움에서 막달라로, 그 다음에는 티베리아로 갔었다. 그러다가 가믈리엘의 집에서 며칠 동안 손님으로 있다가 다른 사람들과 같이 예루살렘으로 내려가던 헤르마와 스테파노를 만났다. 그들이 한 말을, 네게 말하고 싶어하는 말을, 네게 말하기를 열망하는 말을 하고 싶지는 않다. 그러나 그들의 말은 사람을 속이는 감동시키는 말투로 너를 기만하고자 하는 자들과 합류할 정도로 길을 잃었던 제자들의 고통을 한층 더하게 했다. 그들이 왔을 때 요셉은 내게 와 있었다. 마침 잘 되었었다. 요셉은 아직 빛에 이르지는 못했다. 그러나 그에게는 벌써 새벽이 시작되고 있다. 요셉은 계략을 알아차렸다. 그래서… 우리 요셉이 이제는 너를 많이 사랑한다. 요셉은 너를 사랑한다. 옳게 사랑한다고는 감히 말하지 못하겠다. 그러나 적어도 네 고통 때문에 괴로워하고, 네 보호를 보살피고, 네 원수들을 아는 맏이로서는 사랑한다….

 아들아, 이래서 그들이 네게 어떻게 했는지를 안다. 고통… 또 네가 어떤 사람이라는 것을 **알아 본** 사람이 여럿이기 때문에 기쁨이기도 하다. 이 고통과 이 기쁨은 너와 나의 것이다. 그리고 우리는 모두에게 용서해 준다. 그렇지? 나는 내가 할 수 있는 한도 내에서 뉘우친 사람들에게는 벌써 용서해 주었다."

"어머니 제 대신까지도 모두 용서하실 수 있는 건데 그랬습니다. 저는 그들의 마음을 보고 벌써 용서했거든요. 그들은 사람들입니다…. 어머니 말씀이 옳습니다!…. 그러나 저는 요셉 형이 참 빛의 새벽을 향해 전진하는 것을 보는 기쁨도 누립니다…."

"그렇다. 요셉은 너를 보기를 바랐었다. 네가 요셉을 보는 것이 좋았을 텐데. 오늘은 해질 때까지 집에 없었다. 그런데 너를 보지 못하면 섭섭해할 거다. 그러나 예루살렘에서 너를 볼 수 있겠지."

"아닙니다, 어머니. 저는 사람들의 눈에 띄도록 예루살렘에 머무르지 않겠습니다. 저는 성도와 그 근방에서 복음을 전할 필요가 있습니다. 그런데 사람들은 저를 발견하면 즉시 내쫓을 것입니다. 그러니까 저는 선만을 행하기를 원하면서도 악을 행하는 사람처럼 행동해야 할 것입니다…. 그러나 사실이 그렇습니다."

"그러면 요셉을 보지 못하겠단 말이냐? 그 사람은 장막절을 지내러 내일 떠나니까, 너희가 같이 여행할 수 있을 텐데…."

"그렇게 할 수 없습니다…."

"그들이 그 정도로 벌써 너를 박해하느냐, 아들아?" 어머니의 목소리에는 얼마나 큰 고민이 들어 있는가!

"아닙니다. 어머니, 아니에요. 이전보다 더 하지는 않습니다. 안심하세요. 또 그리고… 착한 사람들이 제게로 오기까지 합니다. 착하지 않은 다른 사람들도 전에는 이유없이 해쳤었는데, 지금은 중지하고 곰곰 생각합니다. 제자들이 늘어나고, 노인들이 점점 더 교양을 쌓고, 사도들이 완성됩니다. 요한에 대해서 말씀드리는게 아닙니다. 요한은 항상 아버지께서 제게 주신 은총이었습니다. 저는 요나의 시몬과 다른 사람들 말씀을 드리는 겁니다. 날이 갈수록 변해서 사람이던 그가 사도가 돼 간다고 말씀드릴 수 있는 시몬, 어머니는 제가 무슨 말씀을 드리는 것인지 아시겠지요. 그래서 그 사람은 제게 많은 기쁨을 줍니다. 그리고 그들의 사상의 끈에서 풀려 나는 나타나엘과 필립보, 그리고 토마와… 아니 제가 무슨 말을 하고 있는 겁니까! 모두 정말 그렇습니다. 모두가 이 시간에는 착합니다. 그래서 제 기쁨입니다. 어머니는 제가 어머니의 아들의 친구요, 위로자요, 옹호자인 그들과 같이 있는 것을 아시니, 안심하셔야 합니다. 어머니도 그렇게 보호를 받으시고 사랑받으실 수 있었으면 좋겠습니다!"

"오! 내게는 마리아가 있다. 요셉과 시몬의 아내들과 그들 자신과 그들의 아이들이 있다. 내게는 착한 알패오가 있다. 또 그리고 나자렛에서 누가 나자렛의 마리아를 사랑하지 않니? 너도 안심해야 한다…. 온 마을이 네 어미를 사랑한다."

"그러나 그들이 몇 사람만 빼놓고는 아직 저를 사랑하지 않습니다. 저는 그걸 압니다. 그리고 어머니께 대한 그들의 사랑은 미친 사람과 떠돌이의 어머니에 대해서 가지는 동정의 기운이 배어 있다는 것도 압니다. 그러나 어머니는 제가 누군지를 아시고 제가 어머니를 사랑한다는 걸 아십니다. 어머니는 제가 어머니와 이별하는 것이 순종이라는 것을 아십니다. 가장 큰 순종이라고는 말하지 않겠지만, 아버지께서 제게 요구하시는 감정적으로 가장 고통스러운 순종이라고 말하겠습니다…."

"그렇다, 아들아! 그래 나도 안다. 나는 아무 것도 불평하지 않는다. 물론 나는 네가 멀리 떠나 가 있고, 내가 너를 생각할 때에 네가 어떤지 **알지 못하는** 동안, 집에 있는 대신에, 네가 그렇게도 여러번 그런 것처럼, 너와 함께 진흙탕 속에, 바람이 휘몰아치는 가운데, 한데서 박해를 당하고 지치고, 집도 없고 불도 없고 먹을 것도 없이 있기를 원하고, 그렇게 있는 것을 더 낫게 생각한다. 네가 나와 함께 있고, 내가 너와 같이 있으면, 너도 덜 괴로울 것이고, 나도 덜 괴로울 것이다…. 네가 내 아들이기 때문이고, 너를 항상 품에 안고, 내 사랑으로 내 가슴으로 내 품으로 너를 추위와 딱딱한 돌과 특히 냉혹한 마음에서 너를 보호할 수 있겠기 때문이다. 너는 내 아들이다. 나는 동굴에서, 에집트를 왕래할 때에 항상, 그리고 계절이나 사람들에게서 오는 생각지 못한 위험이 네게 해를 끼칠 수 있을 때에 그렇게 많이 너를 가슴에 꼭 껴안았다. 왜 내가 이제는 그렇게 할 수 없겠니? 네가 이제는 어른이 되었기 때문에 혹 내가 네 어머니가 아니란 말이냐? 어미는 아들이 이제는 어리지 않기 때문에 그에 대해서 모든 것이 될 수 없게 된단 말이냐? 나는 만일 내가 너와 같이 있으면 그들이 너를 해치지 못할 것이라고 생각한다…. 왜냐하면 아무도 … 아니, 내가 어리석다. 너는 구세주이다…. 그런데 사람들은 그들의 어머니조차도 불쌍히 여기지 않는 것을 나는 보았다…. 그러나 내가 네 가까이에 가 있게 내버려두어 다오. 내게는 멀리 있는 것보다는 모든 것이 낫다….”

"사람들이 더 나아졌더라면 제가 또 나자렛에 돌아왔을 것입니다. 그러나 나자렛조차도…. 상관없습니다. 그들도 제게로 올 것입니다. 지금 당장은 다른 사람들에게로 갑니다…. 그리고 어머니를 모시고 갈 수가 없습니다. 저는 그들이 제가 누구인지를 알게 된 다음에나 돌아올 것입니다. 지금은 유다 지방으로 갑니다…. 성전에 올라갑니다…. 그런 다음 그 지방에 머물러 있겠습니다…. 저는 다시 한번 사마리아를 두루 다니겠습니다. 할 일이 제일 많은 곳에서 일하겠습니다. 그러니까 어머니, 봄에 제게로 오시도록 준비하셔서 예루살렘 근처에 자리 잡으시도록 권합니다. 그러면 우리가 더 쉽게 만날 것입니다. 우리는 아직 몇 번 데카폴리스까지 다시 올라갈 것이니, 또 만나게 될 것입니다…. 그렇게 되기를 바랍니다. 그러나 저는 대개 유다에 있을 것입니다. 예루살렘은 가장 많이 보살펴야 할 양입니다. 그것은 예루살렘이 정말 늙은 양처럼 고집이 세고, 야생 염소같이 호전적이기 때문입니다. 저는 그 메마른 땅에 싫증내지 않고 떨어지는 이슬과 같이 거기에 말씀을 뿌리겠습니다….”

예수께서는 일어서서 그대로 서서, 당신을 뚫어지게 들여다보시는 어머니를 보신다. 예수께서는 입을 벌리신다. 그리고 머리를 흔드시며 말씀하신다. "마지막 말씀을 드려야 하기 전에 또 이 말씀을 드릴 것이 있습니다…. 어머니, 요셉 형님이 제게 말을 하고 싶다면, 모레 새벽녘에 나자렛에서 다볼산으로 해서 예즈라엘로 가는 길에 와 있으라고 하십시오. 제가 혼자나 요한과 같이 그리 가겠습니다.”

"그렇게 말하마.”

침묵이 흐른다. 황혼이 어두워 가는데, 새들도 나뭇잎 속에서 싸움을 그쳤고 바람도 잔잔해졌기 때문에 깊은 침묵이다. 그런 다음 마지막으로 해야 할 말을 어렵게 찾으신 것 같은 예수께서 말씀하신다.

"어머니, 휴식은 끝났습니다…. 어머니, 입맞춤을 해 주시고, 축복을 해 주십시오." 두 분은 입맞춤을 하시고 서로 축복을 하신다.
 그리고 예수께서는 어머니의 베일을 주으려고 몸을 굽히시며, 당신 말씀을 덜 엄숙하게 하시려는 것처럼 요한을 부르신다. 그리고 말씀하신다. "유다에 오실 때에는 제 가장 아름다운 옷을 가지고 오십시오. 제일 큰 명절 때 입으라고 어머니께서 짜신 그 옷을요. 예루살렘에서 저는 가장 넓은 의미로, 또 상당히 인간적인 의미로라도 '선생'이어야 합니다. 저 폐쇄적이고, 위선적인 정신을 가진 사람들은 가르침이라는 내용보다는 옷과 같은 외적인 것을 더 중하게 여기니까요. 그렇게 하면 가리옷의 유다도 기뻐할 것이고… 정말 왕의 옷을 입은 저를 볼 요셉 형님도 기뻐할 것입니다. 오! 그것은 하나의 개선(凱旋)일 것입니다! 그리고 어머니께서 짜신 옷이 거기 이바지 할 것입니다…." 그리고 이 말들이 감추는 가혹한 진실을 완화하기 위하여 머리를 끄덕이신다.
 그러나 성모님은 거기에 속아넘어가지 않으신다. 성모님은 일어나셔서 예수의 팔에 몸을 기대시며 외치신다. "아들아!" 애를 끊는 듯한 괴로움으로 외치시는 바람에 내가 고통을 느끼게 된다. 예수께서는 어머니를 가슴에 꼭 껴안으시니, 성모님은 아들의 가슴에 안겨 우신다….
 "어머니, 저는 이 조용한 시간에 이 말씀을 드리려고 했습니다…. 어머니께 제 비밀을 말씀드리고 이 세상에서 가장 소중한 것을 어머니께 맡겨 드립니다. 모든 것이 이루어진 후가 아니면, 우리가 이리로 돌아오지 못하리라는 것을 제자들 중의 아무도 알지 못합니다. 그러나 어머니는… 어머니께 대해서는 비밀이 없습니다…. 어머니께 약속드렸었지요. 울지 마세요. 아직 같이 있을 시간이 많이 있습니다. 그래서 '유다로 오십시오' 하고 말씀드린 것입니다. 어머니를 가까이에 모시는 것이 하느님의 말씀을 방해하는 저 냉혹한 마음을 가진 사람들에게 하는 가장 어려운 복음 전파에서 오는 피로를 보상해 줄 것입니다. 갈릴래아의 여자 제자들을 데리고 오십시오. 어머니와 제자들이 제게 대단히 유익할 것입니다! 요한이 어머니와 제자들을 위해서 거처할 곳을 얻는 일을 떠맡을 것입니다. 이제는 요한이 오기 전에 같이 기도를 드리십시다. 그런 다음 어머니는 마을로 돌아가십시오. 저도 밤에 가겠습니다…."

두 분이 같이 기도를 드리신다. 그리고 주의 기도 마지막 몇 마디에 이르셨는데, 그때 요한이 나타난다. 요한이 가까이 왔을 때 희미한 빛으로 성모님의 얼굴에 눈물 흔적을 보고 놀란다. 그러나 거기 대하여는 아무 말도 하지 않는다. 그는 선생님께 인사를 드리고 말한다. "저는 새벽에 나자렛 밖의 길에 가 있겠습니다…. 어머니, 오십시오. 수풀 밖에는 아직 밝습니다. 그리고 저 아래에는 길이 그리고 왕래하는 마차들의 등불로 잘 밝혀집니다…."

성모님은 베일 속에서 우시면서 예수께 입맞춤 하시고 나서 팔꿈치를 잡아 드리는 요한의 도움을 받으면서 오솔길을 내려가시고, 그 다음에는 아래쪽에 있는 계곡으로 내려가신다.

예수께서는 혼자 기도하시고, 곰곰 생각하시고, 우신다. 예수께서 어머니가 내려가시는 것을 보고 우시기 때문이다. 그런 다음 아까 계시던 곳으로 돌아오셔서 아까 취하셨던 자세를 다시 취하신다. 그동안 예수의 주위에는 어두움과 고요가 점점 짙어 진다.

173. 예수께서 알패오의 요셉과 이야기를 나누시다

 길의 먼지가 아직 젖어 있고, 그러면서도 진흙탕이 되지 않은 것으로 보아 틀림없이 온 지 얼마 안 되는 소나기로 축축하게 된 자연 위에 해가 겨우 떠오르는 참이다. 길이 그렇기 때문에 비가 온 지가 얼마 되지 않는다고, 그리고 소나기에 지나지 않았다고 말한 것이다. 가을의 첫번째 비, 팔레스티나의 길들을 질척거리는 진흙떠로 변하게 할 11월의 비의 전조이다. 그러나 여행자들에게 유리한 이 가벼운 비는 먼지를 ─진흙탕이 겨울 몇 달 동안에 골칫거리인 것과 같이, 여름 몇 달 동안을 위하여 남겨둔 팔레스티나의 또 다른 골칫거리 ─ 적시고, 공기와 나뭇잎들과 풀들을 씻어서 모두가 첫 햇살에 반짝이게만 해 놓았다. 부드럽고 깨끗한 가벼운 바람이 나자렛의 야산들을 덮고 있는 올리브나무들사이로 지나가는데, 평온한 나무들 사이로 많은 천사가 날아 지나가는 것 같다. 그 정도로 그 잎들이 살랑거리는 것이 날아 갈 때 움직이는 큰 날개 소리를 연상시키고, 마치 천사들이 날아간 뒤에 천국의 빛의 흔적이 남아 있는 것처럼 잎들이 모두 한쪽으로 쏠려 빛나는 은빛으로 반짝이고 있다.
 도시를 지나 이미 몇 백미터 가량 왔을 때, 야산들 사이에 있는 지름길을 걸어 오신 예수께서 나자렛에서 에스드렐론 평야로 가는 큰 길로 들어서신다. 여행자들이 지나가면서 점점 더 활기를 띠는 대상들의 길이다. 큰 길로 수백미터를 더 가신다. 어떤 곳에 이르러 양쪽에 글씨가 씌어 있는 이정표(里程標)가 있는 근처에서 길이 두 갈래로 갈라진다. 이정표 서쪽에는 "야피아─베들레헴 갈멜"이라고 씌어 있고, 동쪽에는 "살로─나임 쉬토폴리스─엔간님"이라고 씌어 있다. 거기서 예수께서는 사촌형 요셉과 시몬이 길가에 멈추어 있는 것을 만나신다. 그들은 제베대오의 요한과 함께 이내 예수께 인사를 한다.

"형님들께 평화! 벌써 와 계셨습니까? 제가 먼저 와서, 여기서 형님들을 기다릴 생각이었는데… 벌써 와 계시군요." 그러면서 눈에 띄게 기뻐하시며 그들에게 입맞춤 하신다.

"자네가 먼저 올 수야 없었지. 자네가 우리 도착하기 전에 지나갈까봐 염려돼서, 별빛을 이고 떠났거든. 별들은 이내 구름으로 가려졌지만."

"저를 만나게 되리라고 형님들께 말했었는데요. 요한아, 그럼 너는 자지 못했겠구나."

"별로 자지 못했습니다. 그렇지만 그래도 분명히 선생님보다는 많이 잤습니다." 그러면서 모든 것에 항상 만족한 그의 훌륭한 성격을 나타내는 진짜 거울과 같은 요한의 차분한 얼굴이 미소짓는다.

"그런데, 형님이 제게 말씀을 하고자 하셨다면서요?" 하고 예수께서 요셉에게 말씀하신다.

"그렇네…. 포도밭 안으로 좀 들어가세. 우리가 더 조용히 이야기할 수 있을 테니까." 그러면서 알패오의 요셉이 이미 포도를 다 딴 포도나무 두 줄 사이로 먼저 들어간다. 누렇게 되어서, 얼마 안 있어 떨어지게 된 잎들 가운데 작은 포도송이 몇 개가 가지에 남아 있는데, 그것은 모세의 명령에 따라 굶주린 가난한 사람과 나그네를 위하여 남겨 놓은 것이다.

예수께서는 시몬과 함께 요셉을 따라 가신다. 요한은 길에 남아 있다. 그러나 예수께서 이렇게 말씀하시며 그를 부르신다. "요한아, 너도 와도 된다. 너는 내 증인이다."

"그러나…" 하고 사도는 어리둥절하여 알패오의 두 아들을 바라보며 말한다.

"그래, 그래, 자네도 오게. 우리는 자네가 우리 말을 듣기를 바라기도 하네" 하고 요셉이 말한다. 그러니까 요한도 포도밭으로 내려온다. 모두가 포도나무들이 구불구불하게 줄지어 서 있는 것을 따라서 포도밭 안으로 들어가서 길에서는 그들이 보이지 않게 되었다.

"예수, 나는 자네가 나를 사랑한다는 것을 알고 기뻤네" 하고 요셉이 말한다.

"형님이 그걸 의심할 수 있었습니까? 제가 형님을 항상 사랑하지 않았습니까?"
 "나도 자네를 항상 사랑했네. 그렇지만 우리가 서로 사랑하면서도 얼마 전서부터 서로 이해하지 못하게 되었었네. 나는… 자네가 하는 일이 자네와 자네 어머니와 우리의 파멸인 것처럼 생각되었기 때문에 그것을 찬성할 수가 없었네. 정말이지…, 우리 갈릴래아의 늙은이들은 갈릴래아 사람인 유다가 어떻게 타격을 받았고, 그의 친척들과 제자들이 어떻게 흩어졌고, 그들의 재산이 어떻게 몰수 당했는지를 기억하고 있네. 죽임을 당하지 않은 사람들은 징역살이를 하게 되고, 그들의 재산은 몰수 당했네. 나는 우리가 그런 일을 당하기를 원치 않았네. 그것은… 그렇지, 바로 다윗 가문인 우리 집에서 그런 일이 사실일 수 없을 것으로 생각되기는 했네. 그래, 그러나… 우리는 생계 걱정은 안 해도 되네. 생계는 걱정없어. 그리고 여기 대해서 지극히 높으신 분을 찬미해야 하네. 하지만 모든 예언이 메시아일 사람에게 특유한 것으로 간주하는 왕으로서의 위엄이 어디 있나? 자네는 지배하기 위해서 치는 막대기인가? 자네는 날 때에 빛나지 않았네. 자네는 집에서 나지도 못했거든!… 오! 나도 예언들은 잘 알고 있네! 이제는 마른 나무가 된 우리에게서 주님이 잎이 돋아나게 하시리라는 징조는 도무지 없었네. 그런데 자네는 의인 외에 무엇이란 말인가?
 이런 생각 때문에 나는 우리의 파멸을 한탄하면서 자네를 반대했었네. 그리고 내가 이렇게 탄식하고 있는데 유혹하는 자들이 와서 위대함과 왕권에 대한 내 생각을 한층 더 흥분하게 만들었네…. 당신의 아우 예수는 바보였다고. 나는 그들의 말을 믿고 자네를 화나게 했었네. 이런 일을 실토하는 것은 힘드는 일이네. 그러나 나는 이 말을 해야 하네. 그리고 자네는 내 안에 나처럼 어리석고, 메시아의 모습이 자네가 우리에게 보여주는 모습이 아니라고 나처럼 확신하는 이스라엘 전체가 들어 있었다는 것을 생각하게…. '나는 잘못 생각했네. 우리는 잘못 생각했고, 지금도 잘못 생각하고 있네. 오래 전서부터…' 하고 말하기는 힘드는 일일세. 그러나 자네 어머니가 예언자들의 말을 내게 설명해 주었네.
 오! 그래! 야고보의 말이 옳아. 유다의 말도 옳고. 그 애들이 아주

어렸을 때 들었던 것처럼 예언자들의 말을 자네 어머니의 입을 통해서 들으니까, 자네가 메시아라는 것을 알게 되네. 보게, 내 머리가 희어 가네. 나는 이제 어린 아이가 아니니까. 그리고 마리아 아주머니가 아저씨 요셉의 아내로 성전에서 돌아왔을 때에도 나는 어린 아이가 아니었네. 그리고 나는 그 날을 기억하네. 또 내 아버지가 그분의 아우가 할 수 있는 대로 빨리 결혼식을 올리지 않은 것을 보고 깜짝 놀라서 질책했던 것도 기억하네. 아버지도 깜짝 놀라고, 나자렛 사람들도 깜짝 놀라고, 험담을 했지. 그것은 자기 자신이 죄지을 수 있는 상황에 있으면서… 결혼식을 올리지 않고 그렇게 여러 달이 지나가게 하는 것은 관례가 아니기 때문일세.

예수, 나는 마리아 아주머니를 존경하고, 돌아가신 아저씨의 평판을 존중하네. 하지만 세상 사람들은… 세상 사람들에게는 그것이 좋은 세월이 아니었네…. 자네는… 오! 이제는 내가 아네. 자네 어머니가 내게 예언서들을 설명해 주셨네. 하느님께서 결혼식이 늦추어지기를 원하신 것은 그 때문이었네. 자네가 태어나는 것이 칙령과 일치하고, 자네가 유다의 베들레헴에서 나게 하시려는 것이었지. 그리고 … 마리아 아주머니는 모두 설명해 주셨네. 그래 모두. 그리고 아주머니가 겸손해서 말하지 않은 것을 내가 이해하도록 일종의 빛이 있었네. 그래서 내가 말하는 건데, 자넨 메시알세. 내가 이렇게 말했고, 또 이렇게 말할 걸세. 그러나 이렇게 말한다고 해도, 그것은 아직 정신을 바꾸는 것은 아니었네…. 내 정신은 메시아가 **왕**이라고 생각하고 있으니까. 예언들이 말하고 있는데…, 메시아에게 왕이라는 것 이외의 성격이 있다고 믿는 것은 어려운 일이거든…. 내 말 듣고 있나? 자네 피곤한가?"

"아닙니다. 듣고 있습니다."

"그런데 내 마음을 유혹하려고 애쓰던 자들이 다시 와서 나더러 자네에게 강요하라는 것이었네…. 그리고 내가 그렇게 하지 않겠다고 하니까, 그들의 얼굴에서 베일이 벗겨져서 그들의 정체가 나타났네. 거짓 친구들이고 진짜 원수였네…. 그리고 다른 사람들이 죄인들처럼 울면서 왔기에, 그들의 말을 들었는데 그들은 쿠자의 집에서 자네가 한 말을 옮겼네…. 이제 나는 자네가 정신을 지배하리라는 것을, 즉 새롭고 보편적인 가르침을 주기 위해 이스라엘의 온 지혜가 그 안에 집중하는 사람이라는 것을 아네. 자네에게 성조들과 재판관들의 지혜가 있고, 예언들의 지혜와 우리 조상 다윗과 솔로몬의 지혜가 있으며, 왕들과 느헤미야와 에스드라를 인도한 지혜가 자네에게 있고, 마카베오 형제들을 인도한 지혜가 자네에게 있네. 한 민족, 우리 민족, 하느님의 백성의 지혜가 있네. 나는 자네의 권한에 전적으로 굴복한 세상에 자네의 지극히 지혜로운 규칙들을 주리라는 것을 아네. 그리고 자네의 백성이야말로 정말 성인들로 이루어진 백성일걸세.

동생; 그러나 자넨 이 일을 자네 혼자서는 할 수가 없네. 모세는 이보다 훨씬 더 작은 일을 위해서 조수들을 선택했었네. 그런데 그것은 하나의 민족에 지나지 않았었네! 그런데 자네는… 모든 사람일세. 전체가 자네 발 앞에 엎드린!… 아! 그러나 그렇게 하기 위해서는 자네를 알게 해야 하네…. 왜 자네는 눈을 감고 있으면서 입술에는 그 미소가 감돌고 있는 건가?"

"저는 들으면서 '형님은 내가 온 집안에 해를 끼칠 것이라고 말하면서 나를 알리게 한다고 나무라던 것을 잊으시는 건가!' 하고 생각하기 때문입니다. 그래서 웃는 것입니다. 그리고 저는 2년 반전부터 저를 알리는 일밖에 하지 않는다고도 생각합니다."

"그건 사실이네. 그러나… 누가 자네를 아는가? 가난한 사람들, 농부, 어부, 죄인, 여자들이지! 자네를 아는 사람들 중에서 가치없는 무능한 사람이 아닌 사람들을 세는 데는 한 손의 손가락으로도 넉넉할걸세. 내 말은 자네를 이스라엘의 실력자들, 사제, 대사제, 장로, 율법학자, 이스라엘의 고명한 선생, 즉 별로 많지 않지만 다수와 같은 가치가 있는 모든 사람에게 알려야 한다는 말이네. 그런 사람들이 자네를 알아야 하네! 자네를 사랑하지 않는 그 사람들의 비난들이 거짓이라는 것을 내가 이제는 깨닫지만, 그 비난 중에는 참된 것, 옳은 것이 하나 있네. 자네가 그들을 무시한다는 비난일세. 왜 그들에게 자네의 정체를 드러내지 않는 건가? 그리고 왜 자네의 지혜로 그들을 사로잡지 않는 건가? 성전에 올라가서 솔로몬 행각(行閣)에 자리잡게 ─자네는 다윗의 후예이고 예언자이니 그 자리는 자네에게 당

173. 예수께서 알패오의 요셉과 이야기를 나누시다

연히 주어져야 하네. 그 자리는 당연히 자네 아닌 다른 어떤 사람에게도 돌아가지 않네.— 그리고 말하게."

"저는 말했습니다. 이 때문에 그들이 저를 미워한 겁니다."

"버티어 나가게. 그리고 왕으로서 말을 하게. 자네는 솔로몬의 행위의 힘과 당당함을 기억 못하나? 만일(이 '만일'이라는 말은 장려하다!) 자네가 정말 예언자들이 예언한 그 사람이면, 정신의 눈으로 본 예언들이 보여주는 것과 같이 자네는 사람 이상일세. 그런데 솔로몬은 인간에 지나지 않았거든. 그러니 자네의 정체를 드러내게. 그러면 그들이 자네를 숭배할 걸세."

"유다인들과 우두머리들과 이스라엘의 가장들과 족장(族長)들이 저를 숭배하겠습니까? 모두는 아니지만 저를 숭배하지 않는 몇몇 사람이 정신과 진리로 저를 숭배할 것입니다. 그러나 그것은 지금이 아닙니다. 저는 그 전에 왕관을 쓰고, 왕홀(王笏)을 들고 주홍빛 옷을 입어야 합니다."

"아! 그럼 자넨 왕이로구먼. 자네는 머지않아 왕이 될거로구먼! 자네가 직접 그 말을 하는구먼! 내가 생각한 대로야! 많은 사람이 생각한 대로야!"

"정말로 형님은 제가 어떻게 군림할지 모르십니다! 지극히 높으신 분과 저, 그리고 주님의 성령께서 지금과 과거에 가르쳐 주기를 좋아하신 몇몇 사람만이 이스라엘의 왕, 하느님의 기름바름을 받은 사람이 어떻게 군림할 것인지를 압니다."

"그렇지만 동생, 내 말도 들어보게" 하고 알패오의 시몬이 말한다. "그렇지만 형님의 말이 옳으네. 만일 자네가 그들을 깜짝 놀라게 하는 것을 항상 피하면, 어떻게 그들이 자네를 사랑하거나 두려워하란 말인가? 자네는 이스라엘에게 무기를 들라고 호소하지 않으려나? 옛날의 선생과 승리의 함성을 사네는 시르고 싶시 않나? 그러나 적어도 —이스라엘에서 왕권에 대한 호소가 이렇게 일어나는 것이 처음이 아니네.— 적어도 백성의 호산나로, 적어도 선생님과 예언자로서의 자네의 능력으로 그 호산나 소리를 이끌어낼 줄 안 것으로 인해서 왕이 되게."

"저는 벌써 왕입니다. 애초부터."

"그래" 하고 시몬이 대꾸한다. "그 말은 성전의 어떤 지도자가 우리에게 한 말이네. 자네는 유다인들의 왕으로 태어났네. 그러나 자네는 유다를 사랑하지 않네. 자네는 유다에 가지 않으니까 의무를 버린 왕일세. 만일 백성의 뜻이 자네를 왕으로 세울 성전을 사랑하지 않으면, 자네는 거룩하지 않은 왕이네. 백성의 뜻이 없이는, 자네가 백성에게 폭력으로 자네를 인정하게 하지 않으면, 군림할 수가 없네."

"하느님의 뜻이 없으면이라는 뜻이지요, 시몬 형? 백성의 뜻은 무엇입니까? 누구의 힘으로 백성이 되는 것입니까? 백성을 백성이 되게 뒷받침 하는 것이 누굽니까? 하느님이십니다. 시몬 형, 그걸 잊지 마세요. 그리고 저는 하느님께서 원하시는 것이 될 것입니다. 제가 어떤 사람이 되어야 하는 것은 하느님의 뜻에 의해서 그렇게 될 것입니다. 그리고 제가 그렇게 되는 것을 아무 것도 막을 수 없을 것입니다. 저는 모이라고 소리 지를 필요가 없을 것입니다. 저를 선언하는 자리에 이스라엘 전체가 참석할 것입니다. 저는 환호를 받기 위해서 성전에 올라갈 필요가 없을 것입니다. 저들이 저를 그리고 모셔갈 것입니다. 한 국민 전체가 제가 왕좌에 오르라고 그리로 모셔갈 것입니다. 형님들은 제가 유다를 사랑하지 않는다고 비난하시는데… 저는 이 유다의 중심인 예루살렘에서 '유다인들의 왕'이 될 것입니다. 사울은 예루살렘에서 왕으로 선포되지 않았고, 다윗도 그러지 못했고, 솔로몬도 그러지 못했습니다. 그러나 저는 예루살렘에서 왕이 될 것입니다. 그러나 지금은 공공연하게 성전에 가지 않겠고, 거기에 자리잡지 않겠습니다. 제 때가 아니니까요."

요셉이 다시 말한다. "자네는 자네 시간이 지나가게 내버려두고 있네. 내 말은 이 말일세. 백성은 외국의 압제자들과 우리 지도자들에게 싫증을 내고 있네. 지금이 때란 말이야. 유다 지방을 빼놓은 팔레스티나 전체가, 아직 전부는 아니지만, 자네를 선생님으로, 또 그 이상으로 인정하고 따르고 있네. 자네는 산 위에 올린 깃발과 같아서 모두가 자네를 쳐다보고 있네. 자네는 수리와 같아서, 자네가 나는 것을 모두가 지켜보고 있네. 자네는 복수자와 같아서 자네가 활을 쏘기를 모두가 기다리고 있네.

가게, 갈릴래아와 데카폴리스와 베레아와 다른 지방들을 버리고 이스라엘의 심장부, 모든 악이 들어 있지만, 거기에서 모든 선이 나와야 하는 도시로 가서 그곳을 정복하게. 거기에도 자네의 제자들이 있지만, 자네를 별로 잘 알지 못하기 때문에 미적지근하네. 그리고 자네가 그곳에 별로 머물러 있지 않기 때문에 수가 별로 많지 않고, 다른 데서 행하는 일들을 그곳에서는 하지 않았기 때문에 확신을 가지고 있지 못하네. 유다로 가서 그들도 자네의 업적을 보고 자네가 어떤 사람인지를 알게 하게. 자네는 유다인들이 자네를 사랑하지 않는다고 비난하네. 그러나 만일 자네가 그들에게 알려지지 않은 채로 있으면, 어떻게 사랑받기를 바랄 수 있겠나? 공중 앞에서 갈채를 받으려고 애쓰고 그렇게 되기를 바라는 사람은 아무도 일을 숨어서 하지 않고, 군중이 그것을 볼 수 있도록 하네. 그러니까 만일 자네가 사람들의 마음과 몸과 자연의 힘에 기적을 행할 수 있으면, 그리로 가서 세상에 자네를 알리게."

"저는 형님들에게 말했습니다. 제 때가 아니라구요. 제 때가 아직 오지 않았습니다. 형님들에게는 언제나 좋은 시기로 생각되지만, 그렇지 않습니다. 저는 제 시간인 때를 택해야 합니다. 전에도 안 되고, 후에도 안 됩니다. 전에 하는 것은 무익할 것입니다. 저는 제 사업을 완성하기 전에 세상과 사람들의 마음에서 사라지게 될 것이고, 이미 할 일은 결과를 나타내지 못할 것입니다. 그것은 오직 말 한 마디나 오직 행동 하나만이라도 소홀히 하지 않고 완전히 끝마치기를 원하시는 하느님에 의해서 완성되지 못하고 도움도 받지 못할 것이기 때문입니다. 저는 제 아버지께 순종해야 합니다. 그래서 형님들이 바라시는 것은 제 아버지의 계획에 해를 끼치는 데 소용될 것이기 때문에 그렇게는 절대로 하지 않겠습니다.

저는 형님들을 이해하고 관대하게 보아 드립니다. 저는 형님들에 대해서 원한을 품지 않습니다. 저는 형님들의 몰이해 때문에 피도도 권태도 느끼지 않습니다…. 형님들은 모르십니다. 그러나 저는 압니다. 형님은 알지 못하시고, 세상의 얼굴의 표면을 보십니다. 그러나 저는 속 깊은 곳을 봅니다. 세상은 형님들에게 아직 좋은 얼굴을 보이고 있습니다. 형님들을 사랑해서 그런 것이 아니라, 형님들이 세상의 미움을 받을 만하지 않기 때문입니다. 세상이 보기에 형님들은 문제가 별로 되지 않기 때문입니다. 그러나 저는 세상에 대해서 위험한 존재이기 때문에 저는 미워합니다. 세상은 거짓이고, 탐욕이고, 폭력인데, 제가 거기에 대해 위험한 존재이기 때문입니다.

저는 빛입니다. 그런데 빛은 비춥니다. 빛이 세상의 행동을 보여주기 때문에 세상은 빛을 사랑하지 않습니다. 세상이 저를 사랑하지 않고, 저를 사랑할 수 없는 것은 내가 사람들의 마음 속에서 세상을 이기고, 세상을 지배하고 빗나가게 하는 암흑의 왕 안에서 세상을 이기기 위해서 왔다는 것을 알기 때문입니다. 세상은 제가 그의 의사이고 약이라는 것을 믿기를 원치 않고, 미치광이 모양으로 병을 고치지 않기 위해서 저를 쓰러뜨리려고 합니다. 제가 세상이 말하는 것과 반대되는 말을 하기 때문에, 세상은 제가 선생이라는 것을 아직 믿으려고 하지 않습니다. 그래서 세상은 제가 하느님을 가르치기 위해서, 그리고 나쁜 그의 행동의 참된 본질을 보여주기 위해서 그에게 말하는 목소리를 들리지 않게 하려고 애씁니다.

세상과 저 사이에는 심연이 가로놓여 있는데, 그것은 제 탓이 아닙니다. 저는 세상에 빛과 길과 진리와 생명을 주려고 왔습니다. 그러나 세상은 저를 받아들이기를 원치 않습니다. 그래서 저를 받아들이지 않는 사람들에게는 제 빛이 유죄판결의 원인이 되겠기 때문에 그에게는 제 빛이 어두움이 됩니다. 그리스도에게는 사람들 가운데에서 그를 받아들이고자 하는 사람들을 위한 모든 빛이 있습니다. 그러나 그리스도에게는 저를 미워하고 배척하는 사람들을 위한 모든 어두움도 있습니다. 그렇기 때문에 제가 세상에 태어난 초기에 제가 예언적으로 '반대의 표'로 지적되었습니다. 그것은 저를 어떻게 받아들이느냐에 따라서 구원이나 영벌, 죽음이나 삶, 빛이나 어두움이 될 것이기 때문입니다.

그러나 제가 분명히 말합니다만, 저를 받아들이는 사람들은 정말이지 빛의 아들, 즉 하느님의 아들이 될 것입니다. 그들은 하느님을 받아들였으므로 하느님 안에 태어났기 때문입니다. 따라서 제가 사람들을 하느님의 아들들을 만들기 위해서 왔으니, 어떻게 제가 이스라엘에서 많은 사람이 사랑으로나 미움으로, 또 순박함으로나 악의로 저를 그렇게 만들기를 원하는 것과 같은 왕이 될 수 있습니까?

형님들은 제가 저 자신을, 나자렛의 마리아와 요셉의 예수가 아니라, 진짜 저 자신을 즉 메시아를 파멸시키리라는 것을 깨닫지 못하십니까? 제가 왕중의 왕, 동정녀에게서 난 구속하는 사람, 임마누엘이라고 불리고 놀라운 사람, 충고하는 사람, 강한 사람, 미래시대의 아버지, 평화의 왕, 하느님이라고 불리는 사람을 파멸하게 하리라는 것을, 인간적인 계보(系譜) 때문에 다윗의 옥좌에 앉지만, 시편에서 말하는 것과 같이 하느님에게서 기원하는 초인적인 권리로 세상을 그의 발판을 삼고, 그의 모든 원수를 그의 발판을 만들고, 아버지를 곁에 모심으로써 권세와 평화가 한이 없을 그 사람을 파멸시키리라는 것을 깨닫지 못하십니까?

하느님께서는 사람을 구원하기 위하여 완전한 인자로나 사람이 되시지, 달리는 사람이 되실 수 없지만, 당신 자신을 하찮은 인간사에까지 낮추어서는 안 된다는 것을 형님들은 깨닫지 못하십니까? 만일 제가 형님들이 생각하시는 것과 같은 왕관와 왕권을 받아들인다면, 제가 가짜 그리스도라는 것을 인정하는 것이 될 것이고, 하느님께 거짓말을 하고, 저 자신을 부인하고 아버지를 부인하는 것이 될 것이고, 하느님에게서 형님들과 모든 사람을 가지는 기쁨을 빼앗는 것이 되기 때문에 제가 루치펠보다도 더 나쁜 사람이 될 것이고, 여러분을 천당에 갈 희망없이 영영 하느님을 떠나 임보에서 귀양살이 하도록 강요할 것이기 때문에 여러분에게는 제가 카인보다도 더 고약한 사람이 되리라는 것을 형님들은 깨닫지 못하십니까?

이 모든 것을 형님들은 깨닫지 못하십니까? 사람들이 저를 빠뜨리고자 하는 함정을 깨닫지 못하십니까? 영원하신 분이 사랑하시는 분과 그분의 피조물인 사람들을 통하여 영원한 분에게 타격을 가하기 위한 사탄의 계략을 말입니다. 이것이 제가 인간 이상이고, 제가 하느님인 사람이라는 표라는 것을 이해하지 못하십니까? 여러분에게 하느님의 영적인 나라를 주기 위하여 **제가 오직 영적인 일만을 갈망한다는 사실을?**… 형님들은 그 표를 깨닫지 못하십니까? 제가…."

"가믈리엘이 한 말이야!" 하고 시몬이 외친다.

"…제가 보통 왕이 아니라, **유일한 왕**이라는 것을, 이것이 제게 대한 온 지옥과 온 세상의 증오라는 것을 형님들은 깨닫지 못하십니까? 저는 가르치고, 고통을 당하고, 모든 사람을 가르쳐야 합니다. 제가 해야 하는 일은 이것입니다. 그리고 이것을 사탄은 원치 않고, 사탄같은 사람들이 원치 않는 것입니다. 두 분 중의 한 분이 이렇게 말했습니다. '가믈리엘이 한 말이야' 하고. 들어보십시오. 그 사람은 제 제자가 아닙니다. 그리고 제가 이 세상에 있는 동안에는 제 제자가 되지 않을 것입니다. 그러나 그 사람은 의인입니다. 그러면 하찮은 인간의 왕국을 제게 제공하고 형님들에게 제안하는 사람들 가운데 혹 가믈리엘이 있습니까?"

"아! 아닐세!" 하고 시몬이 말한다.

"스테파노가 말하는데, 쿠자의 집에서 일어났던 일에 대한 소식을 듣고는 이렇게 외쳤다네. '내 정신은 그 사람이 정말 그가 말하는 것 같은 사람일 수 있을까 하고 자문하면서 설렌다. 그러나 그 사람이 그 일에 동의했더라면, 일체의 질문이 내 정신에서 형성되기 전에 영원히 죽어버렸을 것이다. 그가 어린 아이었을 적에 내가 들었던 바로는 노예의 신분과 왕권은 우리가 예언자들의 말을 잘못 이해해서 믿고 있는 것과 같은 것, 즉 물질적인 것이 아니라, 죄를 구속하고 사람들의 정신에 하느님의 나라를 세울 그리스도의 덕택으로 영적인 것일 거라고 말했다. 나는 그 말을 기억하고 있다. 그리고 그 말에 비추어서 그 선생을 판단한다. 만일 그를 판단하면서 그가 이 품위보다 못하다는 것을 발견하게 되면, 나는 그를 죄인과 거짓말쟁이로 배척할 것이다. 그래서 나는 그 어린 아이가 내게 준 소망이 허무 속으로 분해되는 것을 보게 될까봐 몸을 떨었었다' 하고 말일세."

"그래. 하지만 우선은 그 선생을 메시아라고 부르지는 않았네" 하고 요셉이 말한다.

"그는 표를 하나 기다린다고 말했답니다" 하고 시몬이 대답한다.

"그럼, 자네가 표를 그에게 주게나! 그리고 표가 강력한 것이 되게 하게."

"저는 그분에게 약속한 것을 주겠습니다. 그러나 지금은 아닙니다. 형님들은 이 명절을 지내러 가십시오. 저는 제 때가 아직 되지 않았기 때문에 선생으로 예언자로 저를 인정시키기 위해서 공적으로는 가지 않습니다."

"그러나 적어도 유다에 가기는 가겠지? 유다인들에게 그들을 설득하는 증거를 보여 주겠지? 그들이 이렇게 말할 수 없게…."

"예. 그러나 그 증거들이 제게 평화를 마련해 주는 데 소용이 될 것이라고 생각하십니까? 형님, 저는 행동하면 할수록 더 미움을 받을 것입니다. 그러나 형님을 만족시키겠습니다. 저는 그들에게 있을 수 있는 가장 큰 증거들을 보여 주겠습니다. 그리고 늑대들을 어린 양으로 바꾸어 놓고, 단단한 돌을 물렁물렁한 초로 변하게 할 수 있을 말을 하겠습니다. 그러나 그것이 아무 소용도 없을 것입니다…." 예수께서는 침울하시다.

"내가 자네를 괴롭혔나? 나는 자네의 이익을 위해서 말한 건데."

"아닙니다. 형님이 저를 슬프게 하지는 않습니다…. 그렇기는 하지만, 저는 형님이 저를 이해하고 제 정체를 아셨으면 합니다…. 저는 형님이 제 벗이라는 것을 아는 기쁨을 가지고 떠나고 싶습니다. 벗은 이해하고, 벗의 이익을 보살피니까요…."

"그럼, 내가 그렇게 하겠다고 자네에게 분명히 말하네. 나는 그들이 자네를 미워한다는 것을 아네. 이제는 그걸 알아. 그렇기 때문에 내가 온 걸세. 그러나 알겠나, 나는 자넬 지키겠네. 나는 맏이니 중상(中傷)을 반박하고 자네 어머니를 생각하겠네" 하고 요셉이 약속한다.

"형님, 고맙습니다. 제 짐이 무거운데, 형님이 그걸 덜어주시는군요. 고통이 바다와 같이 저를 가라앉히려고 파도와 함께 밀려옵니다…. 그러나 제가 형님들의 사랑을 가지면, 그것은 아무 것도 아닙니다. 사람의 아들은 마음을 가지고 있는데… 이 마음에는 사랑이 필요하기 때문입니다…."

"그럼, 나는 그 사랑을 자네에게 주네. 그래. 나를 보시는 하느님의 눈 앞에서 내가 자네에게 사랑을 준다고 단언하네. 예수, 안심하고 일을 하러 가게. 내가 자네를 돕겠네. 우리는 서로 많이 사랑하네. 그리고… 그러나 이제는 우리가 서로 옛날의 우리로 돌아가세. 자네는 성인(聖人)이고, 나는 사람이네. 그러나 하느님의 영광을 위해서 일치해 있네. 잘 가게, 아우."

"안녕히 가세요, 형님."

두 사람은 서로 입맞춤 한다. 이번에는 시몬이 청한다. "우리의 마음이 활짝 열려 온 빛을 받아들이게 우리에게 강복해 주게."

예수께서는 그들에게 강복하신다. 그리고 그들과 헤어지시기 전에 그들에게 또 말씀하신다.

"형님들께 제 어머니를 맡겨 드립니다."

"안심하고 떠나게. 아주머니께는 우리가 두 아들이 될 걸세."

그들은 헤어진다.

예수께서는 길로 돌아오셔서, 요한을 옆에 데리고 빨리, 매우 빨리 걷기 시작하신다.

얼마 후에 요한이 침묵을 깨고 묻는다. "그런데 알패오의 요셉, 그 분이 이제는 확신을 가지게 된 겁니까, 아닙니까?"

"아직은 아니다."

"그럼, 선생님은 그분 생각에 무엇입니까? 메시아? 사람? 왕? 하느님? 저는 잘 이해하지 못했습니다. 제 생각에는 그분이…."

"요셉형은 마치 정신이 비현실적인 꿈이나 또 때로는 악몽을 주던 깊은 잠에서 빠져나와 벌써 현실의 세계로 되돌아오는 아침의 꿈 속에 있는 것과 같다. 밤의 환상들은 멀어져 간다. 그러나 정신은 아직 꿈 속에서 떠돌고 있다. 아름답기 때문에 끝나는 것을 보고 싶지 않은 꿈 속에서 말이다…. 요셉형의 경우는 이것이다. 잠을 깰 때가 가까웠다. 그러나 지금 당장은 아직 자기의 꿈을 어루만지고 있다. 그 꿈이 그에게는 아름답기 때문에, 말하자면 꿈을 붙들어두고 있는 것이다…. 그러나 사람이 줄 수 있는 것을 받을 줄 알고, 지금까지 일어난 변화에 대해서 지극히 높으신 분을 찬미할 줄 알아야 한다. 어린이들은 매우 행복하다! 그들은 그렇게 쉽게 믿거든!" 그러면서 예수께서는 요한에게 당신의 사랑을 느끼게 하시기 위하여, 어린이가 되고 믿을 줄을 아는 그의 허리에 한 팔을 감으신다.

174. 예즈라엘의 탑 근처에서 죠가나의 농부들을 기다리며

"요한아, 너 몹시 지쳤구나. 그렇지만 내일 해지기 전에 엔간님까지 가야 할 텐데."

"가게 될 겁니다. 주님" 하고 요한이 대답한다. 그리고 누구보다도 많이 걸어서 피로로 인하여 얼굴이 몹시 창백하면서도 미소를 짓는다. 그리고 자기가 매우 피로하지 않다는 것을 선생님께 믿게 하려고 더 성큼성큼 걸으려고 해 본다. 그러나 이내 다시 기진맥진한 사람의 걸음걸이로 돌아가 멍에에 짓눌리는 것처럼 등을 구부리고 머리를 앞으로 내밀고, 발을 질질 끌고 줄곧 부딪히면서 걷는다.

"배낭들만이라도 이리 다오. 내 배낭은 무겁다."

"아닙니다, 선생님. 선생님도 저보다 덜 지치지 않으셨습니다."

"너는 나자렛에서 마타티아의 수풀로 왔다가 다시 나자렛으로 갔었으니까, 네가 더 지쳤다."

"그런데 저는 침대에서 잤지만, 선생님은 그러시지 못했습니다. 선생님은 수풀 속에서 밤을 새우시고 일찍 떠나셨습니다."

"너는 일찍 떠났지. 요셉형이 그렇게 말했다. 너희들은 별이 있을 때 떠났다면서."

"오! 그러나 별들은 새벽까지도 있습니다!…" 하고 요한이 웃으면서 말한다. 그리고 진지한 표정을 하며 덧붙인다.

"그렇지만 괴롭히는 것은 잠이 부족한 것이 아닙니다….”

"다른 것 무엇이 있느냐, 요한아? 무엇이 네게 고통을 갖다 주었니? 혹 내 형들이….”

"아이고! 아닙니다, 주님! 그분들까지도… 그러나 저를 무겁게 하는 것은… 아니… 저를 늦게 하는 것은 선생님의 어머니께서 우시는 것을 본 것입니다…. 왜 우시는지 제게 말씀하지 않으셨고, 저도 생각은 간절하면서도 여쭈어보지 않았습니다. 그러나 제가 어머니를 하도 쳐다보았기 때문에 이렇게 말씀하셨습니다. '집에 가서 말해 주마. 더 크게 울게 될 테니까 지금은 안 된다.' 그리고 집에서 어떻게나 다정스럽고 슬프게 말씀하시는지 저도 울었습니다."

"무슨 말씀을 하셨는데?"

"선생님을 많이 사랑하라고 말씀하시고, 나중에 제가 그렇게 한 데 대해서 많은 가책을 느끼게 될 터이니까 선생님께 절대로 아주 조그마한 걱정도 끼쳐 드리지 말라고 하셨습니다. 어머니는 이렇게 말씀하셨습니다. '남아 있는 몇 달 동안에 우리의 모든 의무를 다하자. 그리고 우리의 의무 이상의 것을 하자.' 의무만으로는 하느님이신 선생님께 충분하지 못하기 때문입니다.

어머니는 이런 말씀도 하셨습니다. ─그리고 그 때문에 제가 몹시 괴로웠고, 만일 어머니께서 그말씀을 해 주지 않으셨더라면 저는 그것을 믿지 못했을 것입니다.─ '그리고 가는 사람, 우리가 다시는 모실 수 없을 어떤 분에 대해서 의무만 다하는 것은 별것이 아니기도 하다…. 그가 우리를 떠나 갔을 때 체념할 수 있으려면, 의무 이상의 것을 했어야 한다. 모든 것을 바쳤어야 한다. 모든 사랑과 정성과 순종, 모든 것을, 모든 것을 그 때에는 이별의 애를 끊는 듯한 괴로움 속에서 이렇게 말한다. 〈오! 나는 내가 그분을 모시는 것이 하느님의 뜻이었던 동안은 한 순간도 그치지 않고 그분을 사랑하고 섬겼다고 말할 수 있다〉' 하고 그래서 저는 이렇게 말했습니다. '그렇지만 선생님이 정말 가십니까? 하실 일이 아직도 너무나 많은데요! 시간이 걸릴 겁니다….'

그랬더니 어머니께서는 머리를 저으시면서 말씀하시는데, 눈에서는 굵은 눈물 두 줄기가 흘러내렸습니다. '사람이 새 낟알을 맛보는 것을 기뻐하게 되면, 진짜 만나, 살아 있는 빵은 아버지께로 돌아갈 것이다…. 요한아, 그 때에는 우리들만이 남게 된다.'

저는 어머니를 위로하느라고 이렇게 말했습니다. '큰 고통이긴 하겠습니다. 그러나 선생님이 아버지께로 돌아가시면, 우리는 기뻐해야 할 것입니다. 다시는 아무도 선생님께 해를 끼칠 수가 없을 테니까요.' 그러니까 어머니는 신음하셨습니다. '오! 그러나 그에 앞서!' 그래서 저는 알아들었다고 생각했습니다. 그러나 정말 그렇게 됩니까, 주님? 정말입니까, 정말? 아시지요, 저희가 선생님의 말씀을 믿지 않아서가 아닙니다. 저희가 선생님을 사랑해서 그러는 것입니다. 그리고… 저는 시몬이 언젠가 말씀드린 것처럼, 선생님께 그런 일이 있을 수는 없습니다, 하고 말씀드리지 않겠습니다. 저는 믿습니다. 저희 모두가 믿습니다…. 그러나 저희들은 선생님을 사랑합니다. 그래서…. 오! 주님! 사랑의 죄는 정말 죄입니까?"

"요한아, 사랑은 절대로 죄를 짓지 않는다."

"그러면 주님을 사랑하는 저희들은 주님을 보호하기 위해 싸우고 죽일 준비가 되어 있습니다. 갈릴래아 사람들은 다른 사람들에게서 사랑을 받지 못하는데, 바로 그들이 우리를 싸움꾼이라고 말하기 때문입니다. 그러면 저희는 주님을 보호하는 것으로 저희들의 평판이 옳다는 것을 증명하겠습니다. 우리는 지금 데보라 시대에 바락이 그의 장정 만 명을 가지고 시사라의 군대를 무찌른 곳에 있습니다. 그런데 그 만 명은 네프탈리와 자불론 사람들이었습니다. 그리고 저희들은 그들의 후손입니다. 이름이 지금은 달라졌지만, 마음은 같습니다."

"그들은 만 명이었다…. 그러나 지금은 너희가 만 명의 10배라 하더라도 무엇을 할 수 있겠느냐?"

"무슨 말씀입니까? 선생님은 로마 군대를 두려워하십니까? 그들은 그렇게 많지도 않고, 또… 그들은 선생님을 미워하지 않습니다. 선생님은 그들에게 걱정을 끼치지 않으시거든요. 선생님은 왕권을 생각하지 않으십니다. 로마의 독수리에게서 먹이를 가로채는 왕권을 생각하지 않으시니까요. 그들은 우리와 선생님의 적들과의 싸움에 끼어들지 않을 것이고, 선생님의 적들은 이내 패배할 것입니다."

"너희가 천, 만, 십만 명이 된다 해도 아버지 뜻에 대항해서 그것이 무엇이겠느냐? 나는 아버지의 뜻을 행해야 한다…."

요한은 압도되어 입을 다문다. 예수를 따르는 사람들 중에서 가장 나은 사람들에까지도 이러한 고집, 예수의 가장 중요한 사명을 이해하는 데 있어서의 이 정신적인 무능은 이상하다! 그들은 예수를 선생님으로, 메시아로 받아들이고, 구원하고 구속하는 그분의 능력을 믿는다. 그러나 예수께서 어떻게 구속을 하시겠는가 하는 **방식**에 부닥뜨리면, 그들의 이해력은 막혀 버린다. 그들이 볼 때에는 예언들이 가치를 잃는 것 같기까지 하다. 말하자면 예언들에 의하여 숨쉬고, 걷고, 먹고, 산다고 할 수 있는 이스라엘 사람들은 그 이상 말할 필요도없다! 성경에 있는 것은 모든 것이 참말이다. 다만 이것만은 빼 놓고. 즉 메시아가 고통을 당하고 죽어야 하고, 사람들에게 져야 한다는 것 말이다. 이것은 그들이 받아들일 수가 없다. 그들은 예수께서 당신의 미래의 수난이 어떤 것일지를 그들이 읽을 수 있도록 그 수난의 그림들을 보이시느라고 헛되이 애쓰시는 소경과 귀머거리들 같다. 그들은 눈을 감는다. 그래서 그 이유로 인하여 보지도 못하고 이해하지도 못한다.

두 사람이 예즈라엘이 보이는 곳에 이르렀을 때는 저녁이 좀 어둑어둑해졌을 때이다.

어떻게나 피곤한지 이제는 말을 하지 않고 몽유병자처럼 걷고 있는 요한을 예수께서 격려하신다. 예수께서는 "곧 저기 가게 된다. 너는 시내로 들어가서 네가 잘 곳을 찾아라."

"그리고 선생님 쉬실 곳두요."

"아니다, 요한아. 나는 평야에서 오는 길 가까이에 그대로 있겠다. 나는 그들이 밤에 올 것으로 생각한다. 그래서 그들을 위로하고 새벽이 되기 전에 돌려보내고자 한다."

"선생님은 몹시 지쳐셨는데요…. 그리고 어쩌면 지난 밤처럼 비가 올지도 모릅니다. 첫닭이 우는 오경(五更) 중간까지만이라도 가시지요."

"아니다, 요한아."

"그러면 저도 선생님을 모시고 그대로 있겠습니다. 우리는 지금 바리사이파 사람들의 토지 가까이에 있습니다. 또… 그리고 저는 어머니와 저 자신에게 약속했습니다. 저는 저 자신을 비난해야 할 일을 하기를 원치 않습니다…."

무엇에 소용되는지 알 수 없는 탑들이 예즈라엘의 네 모퉁이에 있다. 그 탑들은 내가 보는 그 때에 벌써 낡았던 것 같다. 그 탑들은 구름낀 저녁의 때 이른 어두움 속으로 사라져 가는 평야를 내려다 보는 언덕 위에 있는 작은 도시에 간수 노릇을 하라고 세워 놓은 얼굴을 찌푸린 네 거인과 같다.

"탑 근처의 저 비탈 위로 올라 가자. 거기서는 사람들에게 보이지 않은 채 길 전체를 보게 될 거다. 풀이 있어서 누울 수도 있고, 또 비가 오면 문 앞에 있는 낮은 층계에서 피할 수 있을 거다" 하고 예수께서 말씀하신다.

두 사람은 올라간다. 탑에서 10미터쯤 떨어진 곳에 있는 반쯤 쓰러진 매우 낮은 담 위에 앉는다. 옛날에 이 육중한 탑 둘레에 쌓았던 성벽이었던 것 같다. 지금은 그 담이 거의 완전히 무너져 내렸고, 폐허에는 빽빽한 풀이 덮혀 있고, 메싹과 폐허에 으레 있는 털이 난 넓은 잎을 가진 다른 풀들도 많이 쏟아져 내려오고 있다. 그 풀들의 이름은 모르겠다.

저녁의 마지막 희미한 빛을 이용하여 두 사람은 빵을 조금씩 갉아먹는다. 그들은 다른 것은 아무 것도 없다. 요한은 비록 매우 지쳤지만, 돌 틈에서 돋아난 몹시 뒤틀리고 뒤얽힌 무화과나무 가지를 한번 쳐다본다. 그리고 누렇게 되기 시작하는 잎들 가운데에서 새와 아이들이 남겨둔 보잘 것 없는 무화과 몇 개를 발견한다. 그들은 그것들을 먹어서 식사를 보충한다. 수통에 물은 있다. 식사는 이내 끝났다.

"탑에 사람이 살고 있을까요?" 하고 요한이 졸면서 묻는다.

"그렇지 않은 것 같다. 탑에서는 불빛도 나오지 않고, 목소리도 나오지 않는다. 몸 의지할 곳을 청하려고 했느냐? 몹시 지쳤구나…"

"아! 아닙니다. 그저 말해본 겁니다…. 그렇지만 여긴 괜찮은데요…."

"요한아, 눕기라도 해라. 풀이 우거졌고, 여기는 아직 비가 안 온 모양으로, 땅이 보송보송하다."

"…아닙니다…. 아닙니다…, 주님. 저는 졸리지 않습니다…. 이야기하십시다. 무슨 말씀을 해 주세요…. 비유를… 여기 주님 발 앞에 앉겠습니다. 주님의 무릎에 머리만 기대면 됩니다…." 그러면서 앉아서 머리를 예수의 무릎에 기대고, 얼굴은 하늘을 향하게 한다. 그는 자지 않으려고 영웅적인 노력을 한다. 잠을 이기려고 말을 해본다…. 그는 보이는 것에 관심을 기울이려고 애쓴다…. 하늘에 있는 별들과 길에 있는 불빛에. 바람이 불어 구름들이 흩어졌기 때문에 별들은 점점 더 많아지고, 밤이 되면서 여행자들의 걸음이 멎었기 때문에 불빛은 점점 더 드물어진다. 고집센 사람 한 사람만이 마차의 반원형 틀 위에 친 자리 또는 포장 위에 매달아서 흔들거리는 등불이 있는 마차를 계속 몰아 가고 있다.

그러나 점점 더 깊어가는 적막이 잠을 더 오게 한다….

요한은 점점 더 아득한 목소리로 말한다.

"하늘에는 빛도 많군요! 그리고 보세요. 별 몇 개가 땅에 내려와서 저 위에서처럼 떨고 팔딱거리는 것 같습니다…. 그러나 그것들은 더 작고 더 희미합니다…. 저희들은 별을 만들 수는 없지요…. 그리고 저희 별들에는 심지의 연기와 냄새가 있습니다…. 그리고 무엇이든지 그것들을 끌 수가 있습니다…. 선생님은 한번 이런 말씀을 하셨지요. 저희들 안에 있는 빛을 끄는 데는 나비 한 마리로 충분하다고. 그리고 세상의 유혹을 나비에 비하셨지요…. 그리고 이렇게도 말씀하셨지요…. 나비들은 불을 끌 수 있지만, 천사들의 날개는 저희들 안에 있는 빛을 더 환하게 할 수 있다고, 그리고 영적인 일들을 천사라고 부르셨습니다…. 저는… 천사… 빛…." 요한은 조용히 잠 속으로 미끄러져 들어가며, 피로에 못 견디어 본의 아니게 눕고 만다.

예수께서는 그가 정말 눕기를 기다리신다. 그런 다음 자애로운 몸짓으로 배낭을 그의 머리 밑으로 밀어넣으시고, 당신의 겉옷을 덮어 주신다. 마지막 맑은 정신이 반짝 할 때에 요한은 또 중얼거린다.

"선생님, 저는 자지 않습니다. 아시겠지요…. 다만 이렇게 하니까 별을 더 많이 볼 수 있고, 선생님을 더 잘 볼 수 있습니다…." 그리고 예수와 별이 총총한 하늘을 더 잘 보기 위하여 그것을 꿈꾸면서 깊은 잠 속으로 빠져 들어간다.

예수께서는 풀로 된 당신 자리로 돌아와서 앉으신다. 그리고 무릎에 오른 팔꿈치를 세우시고, 뺨을 손바닥에 대시고, 이제는 사람의 왕래가 끊어진 길을 바라보시면서 깊은 생각에 잠기시고 기도하신다. 그러는 동안 사랑받는 제자는 예수의 발 앞에서 팔을 구부려 베고 어린 아이와 같이 조용히 자고 있다.

175. 엔간님을 향하여 가면서

"요한아, 새벽이다. 일어나서 가자" 하고 예수께서 사도를 흔들어 깨우면서 말씀하신다.
"선생님! 해가 벌써 떴군요! 참 잘 잤습니다! 선생님은요?"
"나도 네 곁에서 우리 겉옷을 덮고 잤다."
"아! 선생님은 농부들이 오지 않으리라고 확신하시고 누우셨군요! 그럴 줄 알았습니다…"
예수께서는 빙그레 웃으시며 대답하신다. "그들은 북두칠성의 위치가 닭이 울 때가 시작된다는 것을 알릴 때 왔었다."
"오! 저는 아무 것도 듣지 못했습니다!" 요한은 자존심이 상하였다. "왜 저를 깨어 있게 하지 않으셨습니까?"
"너는 몹시 피로해 있었다. 너는 제 요람 속에서 잠든 어린 아이와 같았다. 왜 너를 깨우겠니?"
"선생님의 말벗이 되게요!"
"그러나 너는 조용한 잠 속에서 그렇게 했다. 너는 천사들과 별들과 영혼들과 빛에 대해 말하면서 잠들었다…. 그리고 자면서도 틀림없이 계속 천사들과 별들과 네 예수를 보고 있었다…. 네가 세상에서 그렇게 멀리 떨어져 있는데, 왜 너를 세상의 악의가 있는 곳으로 도로 데려 오겠느냐?"
"그렇지만 만일… 만일 농부들이 아니고 악당들이 이리 올라 왔더라면요?"
"그랬으면 너를 불렀을 거다. 그러나 누가 올 수 있었겠느냐?"
"그렇지만… 모르겠습니다…. 가령 죠가나요…. 그 사람은 선생님을 미워합니다…."
"나도 안다. 그러나 그의 하인들밖에 오지 않았고, 아무도 배신하지 않았다…. 내가 이렇게 말하는 것은 네가 이것도 생각했기 때문이다. 누군가가 나를 해치고 농부들을 해치기 위해서 말했을 것이라고. 그러나 아무도 배신하지 않았고, 내가 그들을 여기서 기다리기를 잘했다. 새 관리인은 주인에게 어울리는 사람이고, 매우 엄한 명령을 받아 가지고 있다. 그 명령을 잔인한 명령이라고 말해도 나는 사랑을 어기는 것이 아니다. 다른 말을 쓰면 거짓말이 될 것이다…. 농부들은 밤이 되자마자, 나를 만나게 해 주십사고 주님께 기도하면서 달려왔다. 하느님께서는 항상 믿음을 갚아 주시고, 당신의 불행한 자녀들의 용기를 돋우어 주신다. 만일 그들이 나를 만나지 못했더라면 새벽까지 여기 그대로 있다가, 사람들이 새벽에 그들을 밭에서 만날 수 있도록 돌아갔을 것이다…. 이렇게 해서 내가 그들을 보았고, 그들에게 강복을 주었다….”

"그리고 선생님은 그들이 그렇게 몹시 시달림을 받는 것을 보시고 슬퍼하시는군요.”

"사실이다. 너무나 슬프다…. 네가 말한 그 일 때문에, 기진맥진한 그들의 육체에 줄 것이 아무 것도 없었기 때문에, 내가 그들을 다시는 보지 못할 것이라는 생각 때문에….”

"그 말씀을 그들에게 하셨습니까?”

"안 했다. 그렇지 않아도 모든 것이 고통인 곳에 왜 고통을 더해 주겠느냐?”

"저도 마지막으로 그들에게 인사를 했으면 좋았을 텐데요.”

"너로서는 이번이 마지막이 아니다. 오히려 너는 내가 간 다음에 동료들과 함께 저들을 많이 돌보아라. 나를 따르는 모든 사람, 특히 가장 불행한 사람들과 그들의 믿음에서 그들의 유일한 원조를 얻고, 하늘에 대한 소망에서 그들의 유일한 기쁨을 얻는 사람들을 너희 모두에게 맡긴다.”

"오! 선생님! 저도 선생님의 요셉형과 같이 말씀드리겠습니다. 선생님, 안심하고 떠나십시오. 저는 힘 자라는 대로 선생님의 일을 계속하겠습니다. 정말입니다.”

"나도 그것을 확신한다. 가자… 길이 활발해진다. 구름이 하늘에 모이기 시작해서, 빛이 더해지기는 고사하고 줄어든다. 비가 올 모양이다. 그래서 모두들 다음 휴식처를 향해 서둘러 간다. 그러나 구름들이 우리에게는 친절했다. 밤이 훈훈했고, 한데에 있는 우리를 위해서 비가 오지 않았다. 아버지께서는 당신의 사랑하는 아들들을 항상 지켜 주신다."

"선생님은 사랑받으시지만 저는…."

"너도 나를 사랑하니까 사랑받는다."

"오! 선생님을 사랑하는 건 사실입니다. 죽을 때까지…."

그러면서 군중 속에 섞여 남쪽을 향하여 멀어져 간다….

176. 예수와 요한의 엔간님 도착

날씨는 정말 약속을 지켜 음산하고 가늘고 오래 계속되는 비가 되었다. 마차를 타고 가는 사람들은 비를 잘 막는다. 그러나 걸어 가거나 나귀를 타고 가는 사람들은 비를 맞고 고통을 당하며, 특히 머리와 어깨를 적시는 비에서 오는 걱정에다 점점 더 질척거려서 샌들 속으로 스며 들어오고 발목에 달라붙고 옷에 튀기는 진흙탕에서 오는 난처한 일을 보태는 사람들은 고통을 겪는다. 여행자들은 반으로 접은 겉옷이나 담요들을 머리에 얹었다. 그래서 모두 두건을 쓴 수사들 같다.

걸어 가는 예수와 요한도 비에 흠뻑 젖었다. 그러나 그들은 자신들보다는 갈아 입을 옷이 들어 있는 배낭을 보호하는 데 더 마음을 쓴다. 두 사람은 이렇게 엔간님에 도착하여, 사도들을 더 빨리 찾아내기 위하여 헤어져서 그들을 찾기 시작한다. 요한이 그들을 만난다. 아니 그보다도 안식일을 위하여 식량을 장만한 제베대오의 야고보를 만난다.

"우리는 걱정을 하고 있었다. 그래서 너희를 만나지 못하면 안식일도 상관하지 않고 뒤로 돌아가려고 했었다…. 선생님은 어디 계시냐?"

"형들을 찾으러 가셨어. 제일 먼저 찾아낸 사람은 대장간 근처로 가는 거야."

"그럼… 이거봐. 우리는 이 집에 있다. 딸 셋이 있는 친절한 여자다. 즉시 선생을 찾으러 갔다가 오너라…." 야고보는 목소리를 낮추고 사방을 둘러보며 속삭인다. "여긴 바리사이파 사람들이 많다…. 그리고… 분명히 나쁜 뜻을 가지고 있다. 그들은 선생님이 왜 우리와 함께 계시지 않는지 물었다. 선생님이 앞서 가셨는지 뒤에 처지셨는지 알려고 했다. 우리는 처음에는 '우리는 알지 못하오' 하고 말했지만 그들은 믿지 않았다. 그리고 그건 당연한 것이었다. 사실 우리가 선생님이 어디 계신지 모른다는 말을 어떻게 할 수 있냐 말이다. 그러니까 별로 망설임이 없는 가리옷 사람이 '선생님이 앞서 가셨다'고 말했다. 그리고 그들이 믿지를 않고, 누구와 같이 갔느냐, 무슨 방법으로, 언제 떠났느냐, 지난 금요일에 지스칼라 쪽에 있었던 걸 아느냐, 등등의 질문을 하니까 유다는 이렇게 말했다. '프톨레마이스에서 배를 타셨소. 그러니까 우리를 앞질러 가신 거요. 그리고 다마스커스 성문으로 해서 예루살렘에 들어가시고, 즉시 베제타의 집에 있는 아리마태아의 요셉에게 가시기 위해 요빠에서 내리실 거요' 하고 말했다."

"그렇지만 왜 거짓말을 그렇게 많이 하는 거야?" 하고 요한이 분개하여 묻는다.

"누가 아니? 우리도 그 말을 했단다. 그러나 그는 웃으면서 말했다. '눈에는 눈, 이에는 이, 거짓말에는 거짓말이야. 선생님만 무사하시면 돼. 그들은 선생님께 해를 끼치려고 찾는다는 걸 난 안단말이야' 하고. 요셉의 이름을 말한 것 때문에 그가 귀찮은 일을 당할지도 모른다고 베드로가 지적했지만 유다는 이렇게 대답했다. '그들은 그리로 달려갈 거야. 그리고 요셉이 깜짝 놀라는 걸 보고는 그게 참말이 아니라는 걸 알게 될 거야' 하고. '그러면 자네가 그들에게 짓궂은 장난을 한 것 때문에 자넬 미워할 걸세' 하고 우리가 반박을 했다. 그러나 그는 웃으면서 '오! 나는 그들의 증오를 우습게 여기네. 나는 그 증오를 어떻게 하면 해가 없는 것이 되게 하는지를 알거든' 하고 말했다. 그건 그렇고 가 봐라, 요한아. 선생님을 찾아내도록 해서 모시고 돌아오너라. 비가 우리에게 도움이 된다. 바리사이파 사람들이 거추장스러운 그들의 옷을 적시지 않으려고 집 안에 들어가 있거든…."

요한은 배낭을 형에게 주고 뛰어서 떠나려고 한다. 그러나 야고보가 그를 붙잡고 말한다. "그리고 선생님께 유다의 거짓말을 말씀드리지 말아라. 좋은 목적으로 했더라도 거짓말은 역시 거짓말이거든. 그런데 선생님은 거짓말을 미워하시지…."

"말씀드리지 않을게." 그러면서 요한은 뛰어서 간다.

야고보가 옳은 말을 했다. 부자들은 벌써 집 안에 들어가 있다. 거리에서 몸 둘 곳을 찾아 심하게 움직이는 사람들은 가난한 사람들 뿐이다.

예수께서는 대장간 곁에 있는 어떤 집 입구에 계신다. 요한은 예수께 가서 말한다. "빨리 가십시다. 동료들을 찾아냈습니다. 마른 옷을 입을 수 있게 되었습니다." 그는 자기가 서두르는 것을 설명하기 위하여 그 이상 아무 말도 하지 않는다.

그들은 이내 집에까지 왔다. 그리고 지쳐 놓기만 한 문으로 해서 들어간다. 집 안에서는 곧 이어서 열한 사도가 마치 몇 달째 예수를 뵙지 못한 것처럼 에워싼다. 퇴색하고 야윈 작은 여자인 집주인 여자는 벙싯 열린 문 틈으로 흘낏 한번 바라본다.

"너희들에게 평화" 하고 예수께서는 미소를 지으시며 말씀하시고, 똑같은 애정으로 모두에게 입맞춤 하신다.

할 말이 하도 많아서 모두가 한꺼번에 말한다. 그러나 베드로가 외친다. "조용해! 그리고 선생님을 그냥 놔 두게. 선생님이 얼마나 비에 젖고 피곤하신지 보지 못하나?" 그리고 선생님께는 "선생님을 위해서 뜨거운 목욕물을 준비시켰습니다…. 그리고 젖은 그 겉옷을 이리 주십시오…. 그리고 따뜻한 옷을, 선생님의 배낭에서 꺼냈습니다…." 그리고는 집 안을 향하여 소리친다. "여보세요! 아주머니! 손님이 오셨습니다. 물을 가져 오세요. 나머지 일은 내가 맡겠습니다."

그러니까 여인은 고통을 당한 모든 사람처럼 ─그의 얼굴에는 고통을 겪었다는 것이 나타난다.─ 조심스럽게 말없이 복도를 지나 뜨거운 물 남비를 가지러 부엌으로 가는데, 어머니와 같이 가냘픈 세 딸이 같은 표정으로 그의 뒤를 따라 간다.

"선생님, 오십시오. 그리고 요한, 자네도 오게. 두 분은 물에 빠져 죽은 사람처럼 몸이 찹니다. 그러나 저는 물에 넣으려고 노간주나무 열매를 식초와 같이 끓였습니다. 그건 몸에 좋습니다." 과연 남비들은 지나가면서 식초 냄새와 다른 향기들을 풍겼다.

예수께서는 아마 빨래에 쓰이는 나무로 만든 큰 함지 둘이 있는 작은 방으로 들어가시며, 딸들과 함께 나오는 여인을 바라보시고 인사하신다.

"아주머니와 따님들에게 평화. 그리고 주님께서 아주머니께 갚아 주시기 바랍니다."

"고맙습니다, 주님…." 그리고는 사라진다.

베드로는 예수와 요한과 함께 들어와서 문을 닫고 속삭인다. "선생님이 누구신지 그 여인이 알지 못하게 조심하십시오…. 우리는 모두 순례자들이고, 선생님은 어떤 선생님이시고, 저희들은 선생님의 친구들이라고 했습니다. 따지고 보면 이건 사실이지요…. 그건… 흠! 그건 가려진 진실일 뿐입니다…. 바리사이파 사람들이 너무 많이 있는데… 선생님께 관심을 가집니다. 옷차림을 제대로 하십시오…. 나중에 말씀드리겠습니다." 그리고는 두 사람만 남겨 놓고 어떤 작은 방에 앉아 있는 동료들에게로 돌아온다.

"그럼 이제는 선생님께 무슨 말씀을 드리지? 우리가 거짓말을 했다고 말씀드리면, 선생님은 슬퍼하실 거야. 그렇지만… 말씀 안 드릴 수도 없단 말이야" 하고 베드로가 말한다.

"그렇지만 자넬 희생하지 말게! 거짓말 한건 나니까 내가 말씀드리겠네."

"그러면 선생님이 한층 더 슬퍼하실 걸세. 선생님이 얼마나 슬퍼하시는지 보지 못했나?"

"봤네. 하지만 그건 선생님이 피곤하시기 때문이야…. 그뿐 아니라… 나는 바리사이파 사람들에게 '내가 거짓말을 했소' 하고 말할 수도 있네. 이건 하찮은 일일 뿐이야. 중요한 건 선생님이 고통받을 일이 없는 거야."

"나같으면 아무 말도 하지 않겠네. 아무에게도. 만일 자네가 선생님께 그 말씀을 드리면, 선생님을 숨어 계시게 할 수가 없을 거고. 바리사이파 사람들에게 그 말을 하면, 선생님을 계략에서 구해내게 되지 못할 걸세…" 하고 필립보가 지적한다.

"두고 보세" 하고 유다가 자신있게 말한다.

한 동안이 지난다. 그리고 예수께서 목욕으로 원기를 회복하시고 마른 옷을 입으시고 돌아오신다. 요한이 그 뒤를 따른다.

그들은 사도들의 집단과 선생님과 요한이 당한 모든 일에 대하여 말한다. 그러나 아무도 바리사이파 사람들에 대한 말을 하지 않는데 어느 순간에 유다가 이렇게 고백한다. "선생님, 저는 선생님을 미워하는 사람들이 선생님을 찾고 있다는 것을 확신합니다. 그래서 선생님을 구하기 위해, 선생님이 늘 다니는 길로 해서 예루살렘에 가지 않으시고 요빠까지는 바다로 해서 가신다는 소문을 퍼뜨렸습니다. 그 자들은 그쪽으로 갈 겁니다. 하! 하!"

"그러나 왜 거짓말을 하느냐?"

"그럼 그들은 왜 거짓말을 합니까?"

"그들은 그들이다. 그리고 너는 그들과 같지 않고, 그들과 같아서는 안 될 것이다…."

"선생님, 저는 이것일 뿐입니다. 즉 그들을 알고 또 선생님을 사랑하는 사람입니다. 선생님은 파멸하기를 원하십니까? 저는 그걸 막을 준비를 갖추고 있습니다. 제 말씀을 잘 들으세요. 그리고 제 말에서 제 마음을 느끼십시오. 내일은 여기서 나가지 마십시오…."

"내일은 안식일이다…."

"좋습니다. 그러나 여기서 나가지 마십시오. 쉬십시오. 그리고…."

"유다야, 죄만 빼놓고는 무엇이든지 좋다. 어떤 이유도 나로 하여금 안식일을 거룩히 지내는 것을 어기는 것을 용납하게는 못할 것이다."

"그들은…."

"그들은 그들이 원하는 것을 하라고 해라. 나는 죄를 짓지 않을 것이다. 만일 내가 죄를 지으면, 나를 짓누를 내 죄 외에, 나를 파멸시킬 무기를 그들의 손에 쥐어 주게 될 것이다. 그렇지 않아도 그들이 나를 안식일을 모독하는 사람이라고 말하는 것을 기억하지 못하느냐?"

"선생님의 말씀이 옳아" 하고 다른 사도들이 말한다.

"좋습니다…. 안식일에 관해서는 선생님 마음대로 하십시오. 그러나 길에 관해서는 안 됩니다. 모두가 다니는 길로 가지 마십시다, 선생님. 제 말씀을 들으십시오. 그들에게 방향을 잃게 하십시오…."

"아니, 결국! 그렇게 말하는 자네는 무엇을 정확히 안단 말인가?" 하고 시몬이 그 짧은 팔을 저으면서 외친다. "선생님, 이 사람에게 말하라고 명령하십시오!"

"조용해라, 시몬아. 만일 네 형제가 어쩌면 자기 자신에 대한 위험을 무릅쓰면서 어떤 위험을 알아 가지고 우리에게 그것을 가르쳐주면, 우리는 그를 적으로 취급하지 않고, 그에게 감사해야 한다. 만일 그가 모든 것을 말할 수 없는 것이, 솔선해서 말을 할 만큼은 용기가 없지만, 그래도 죄악을 허용하지 않을 만큼은 정직한 제3자를 위험에 끌어넣을 지도 모르기 때문이라면, 왜 그에게 억지로 말을 하라고 강요하려 하느냐? 그러니 이 사람이 말하게 내버려두어라. 그러면 나는 그의 계획에 좋은 것이 있으면 그것은 취하고, 좋은 것이 아닐 수도 있을 것은 물리치겠다. 말해라, 유다야."

"고맙습니다, 선생님. 선생님만이 제가 어떤 사람이라는 것을 정말 아십니다. 제가 말씀하려던 것은 이렇습니다. 사마리아의 경계 안에서는 우리가 안전하게 갈 수 있을 것입니다. 왜냐하면 사마리아에서는 갈릴래아와 유다에서보다 로마의 지배력이 더 강한데, 선생님을 미워하는 자들은 로마와의 말썽을 원치 않기 때문입니다. 그렇지만 역시 염탐꾼들에게 방향을 잃게 하기 위해서 제 말씀은 곧장 가는 길로 해서 가지 말고, 여기서 나가서 도타인 쪽으로 가다가, 사마리아로 가지 말고, 그 지방을 가로질러 세겜으로 지나가고, 그 다음에는 아도민산과 가릿산으로 해서 에프라임으로 내려가고, 거기서 베다니아로 가자는 것입니다."

"멀고 어려운 길이야. 특히 비가 오면…."

"위험하고! 아도민산은…."

"자넨 위험을 찾는 것 같구먼…."

사도들은 마음이 썩 내키지 않는다. 그러나 예수께서는 이렇게 말씀하신다.

"유다의 말이 옳다. 이 길로 해서 가자. 그 다음에는 우리가 쉴 시간이 있을 것이다. 나는 시간이 와서 다 채워지기 전에 아직도 할 일이 있다. 그러니까 모든 것이 이루어질 때까지는 어리석게 나를 그들의 손에 넘겨 주어서는 안 된다. 이렇게 해서 라자로의 집에 들르자. 라자로는 틀림없이 병이 매우 중할 것이고, 나를 기다릴 것이다…. 너희들은 먹어라. 나는 물러가겠다. 피곤하다…."

"아니, 음식을 조금도 안 드시구요! 병드신 거 아닙니까, 예?"

"아니다, 시몬아. 그러나 침대에서 자지 못한 것이 1주일이나 된다. 벗들아, 안녕. 평화가 너희와 함께 있기를…." 그리고 물러가신다.

유다는 몹시 기뻐한다. "자네들 보았지? 선생님은 겸손하고 정의로우시네. 그래서 좋다고 느끼시는 것은 물리치지 않으시네…."

"그래… 하지만… 자넨 선생님이 기뻐하신다고 생각하나? 정말 만족하시다고?"

"그렇게는 생각하지 않아…. 그렇지만 내 말이 옳다는 것은 깨달으시네…."

"나는 자네가 어떻게 그렇게 많은 일을 알게 되었는지 알고 싶네. 그렇지만… 자넨 늘 우리와 같이 있었는데 말이야!…"

"그래, 그리고 자네들은 나를 무슨 위험한 짐승이라도 되는 듯이 감시하지. 난 그걸 아네. 그렇지만 상관없어. 이걸 기억하게. 거지도, 도둑까지도 무엇을 아는 데 소용될 수 있고, 여자까지도 소용될 수 있다는 것을 말이야. 나는 거지하고 말을 하고, 동냥을 주었네. 도둑과는 내가 알아냈지…. 그리고… 여자하고는… 여자가 얼마나 많은 걸 알 수 있는데!"

사도들은 깜짝 놀라서 서로 바라다본다. 그들은 눈길로 서로 묻는다. 언제? 어디서 유다는 알고 접근했을까?…

그는 웃으면서 말한다. "그리고 병사하고도! 그래. 여자가 어떻게나 말을 많이 하는지 나를 병사에게 보낼 정도였거든. 그래서 나는 확증을 얻었고, 그리고 알린 걸세…. 필요한 때에는 모든 것이 허용되네. 창녀와 군대까지도!"

"자넨… 자넨!…" 하고 바르톨로메오가 하려던 말을 참고 이렇게 말한다.

"그래, 나는 나야. 나 이상의 아무 것도 아닐세. 자네들이 보기에는 죄인이지. 그렇지만 나는 내 죄를 가지고 선생님을 자네들보다 더 잘 돕네. 게다가… 창녀가 예수님의 적들이 무엇을 하고자 하는지 알고 있으니, 이건 그들이 창녀들에게 가거나 즐기기 위해서 창녀들을 발레리나나 판토마임 배우로 데려간다는 표가 되는 걸세…. 그리고 그들이 창녀들을 데려가면… 나도 데려올 수 있는 거지. 이것이 내게 도움이 됐네. 알겠나? 유다 국경에서 선생님이 잡히실 수 있었다는 걸 곰곰이 생각해 보게. 그리고 내가 그걸 피하게 했으니 현명했다고 말하게…."

모두가 생각에 잠기며 음식을 마지 못해 먹는다. 그러다가 바르톨로메오가 일어난다.

"어디 가나?"

"선생님을 뵈러… 나는 선생님이 주무시지 않는다고 확신하네. 뜨거운 양젖을 갖다 드리려네…. 그리고 보겠네."

그는 나갔다가 한동안 있다가 돌아온다.

"침대 위에 앉아 계신데… 울고 계시네…. 유다, 자네가 선생님을 슬프게 해 드렸네. 나는 그럴 줄 알았어."

"선생님이 그렇게 말씀하셨나? 내가 가서 해명하겠네."

"가지 말게. 그 말씀을 하시지는 않았어. 오히려 자네도 공로가 있다고 말씀하셨네. 그러나 나는 알아들었네. 가지말게. 조용히 계시게 해 드리게."

"자네들은 모두 바보들이야. 선생님은 박해를 당하고, 당신 사명에 방해를 받기 때문에 괴로워하시는 거야. 이것 때문이야" 하고 유다가 분개해서 말한다.

그러니까 요한이 확인한다. "사실이야. 선생님은 자네들을 만나시기 전에도 우셨어. 선생님은 어머니 때문에도, 형들 때문에도, 불행한 농부들 때문에도 몹시 괴로워하셔. 오! 너무나 많은 고통!…."

"이야기 하게, 이야기 해…."

"당신 어머니를 떠나시는 것이 하나의 고통이고, 사람들이 당신을 이해하지 못하는 것을, 아무도 당신을 이해하지 못하는 것을 보는 것이 또 하나의 고통이네. 죠가나의 하인들을 보는 것도…."

"어! 그렇구 말구! 그들을 보는 것은 정말이지 하나의 고통이야! …. 난 마륵지암이 그들을 보지 않은 것을 다행으로 여기네. 그 애는 괴로워했을 거고, 바리사이파 사람을 미워했을 걸세…" 하고 베드로가 말한다.

"그렇지만 우리 형들이 또 예수를 괴롭혔나?" 하고 유다 타대오가 엄하게 묻는다.

"아니야, 그 반대야! 그분들을 만나서 다정스럽게 말하고 조용히,

그리고 좋은 약속들을 하면서 헤어지셨어. 그러나 선생님은 그분들이… 우리같이 되기를… 우리 모두 보다 더 나은 사람이 되기를 원하시네…. 선생님은 우리 모두가 당신의 나라와 당신의 나라의 성격을 확신하기를 원하시네. 그런데 우리는….” 요한은 그 이상의 말을 하지 않는다…. 그리고 심지가 둘 달린 등불이 여러가지 모양으로 생각에 잠긴 열두 얼굴을 비추면서 동시에 비추는 작은 방에 침묵이 내려온다.

177. 예수와 사마리아인 목자

사마리아의 어떤 곳에 있는지 말하지 못하겠다. 이 산들이 가장 높은 산들은 아니지만, 사마리아의 산들 가운데에 있는 것만은 확실하다. 사실 가장 높은 산들은 더 남쪽에 있어서 그 가파른 뾰족한 봉우리들을 이제는 다시 맑아진 하늘로 치켜세우고 있다.

사도들은 할 수 있는 대로 예수를 둘러싸고 걸어 간다. 그러나 지름길인 오솔길이 그렇게 할 수 없게 하는 일이 자주 있다. 그래서 집단이 끊임없이 이루어졌다 흩어졌다 한다. 산 위에는 양떼들을 데리고 있는 목자들이 많이 있다. 그래서 사도들은 이 오솔길이 바다에서 펠라로 가는 대상들의 길로 가는 길이 틀림없냐고 그들에게 물어본다. 비록 사마리아인들이기는 하지만, 그들은 항상 무례하지 않게 질문에 대답한다. 그들 중의 한 사람은 작은 길들이 사방으로 갈라지고, 또 다른 분기점에서 갈라지는 곳에서 이렇게 말하기까지 한다.

"조금 있다가 나는 계곡으로 내려갑니다. 조금 쉬시오. 그리고 길을 같이 갑시다. 이 산 중에서 길을 잃으면… 좋은 일이 아닐 거요…." 그는 목소리를 낮추어 덧붙인다. "도둑들이!…." 그는 도둑이 아주 가까이서 위협하고 있을까봐 두려워하는 것처럼 사방을 휘 둘러본다. 그리고 안심이 되어 말한다.

"가리짐산과 에발산 비탈에서 내려와서 이 순례 시기에 사방으로 흩어지는데, 로마인들이 도로 감시를 강화하지만 그들은 언제나 할 일이 있어요…. 왜냐하면 더 빨리 가려고, 또는 다른 동기로 행인들이 많이 지나다니는 길을 피하는 사람들이 언제나 있거든요."

"당신들은 산적이 많소, 응?" 하고 필립보가 의미있는 미소를 지으며 말한다.

"갈릴래아 사람인 당신은 그들이 사마리아인들이라고 생각하오?" 하고 목자가 갑자기 기분이 상해서 말한다.

가리웃 사람이 끼어든다. 이렇게 돌아가자고 발설을 한 것이 그 였으므로 어떤 난처한 사건도 그가 피할 의무가 있다고 느끼기 때문이다.

"아니오, 아니오! 그게 아니라, 사람들은 당신들이 인심이 좋다는 것을 알고 있어서, 나쁜 짓을 한 사람들이 이리 피신해 오기 때문에 그렇게 말한 거요. 마치… 당신들은 은신처와 같기 때문이오. 악당들은 갈릴래아 사람이건 유다 사람이건 아무도 그들을 여기까지 쫓아 오지 않는다는 것을 잘 알고, 그것을 이용하는 거요. 그리고 자연도 그들을 도와주오. 이 산들이…."

"하! 난 또 당신들 생각은… 그렇지요. 산들은 그들에게 많은 도움이 되지요, 제일 높은 산 둘, 그리고… 그렇소…. 그러나 아도민산과 에프라임 협곡에서도 얼마나 많이 오는지 모르오! 별별 종족이 다 와요. 그렇지요! 그래요? 그리고… 로마 병사들은 약아빠져서… 그들을 끌어내러 가지는 않거든요. 뱀들과 독수리들만이 그들의 소굴을 알고 뚫고 들어갈 수 있소. 그리고 사람들은 무시무시한 얘기들도 하오. 그러나 앉으시오. 양젖을 좀 드리겠소…. 사마리아 사람이긴 하지만, 나도 모세의 오경(五經)은 알고 있소! 그래서 나를 모욕하지 않는 사람은 나도 모욕하지 않소. 당신들은… 나를 모욕하지 않소. 그렇지만 당신들은 갈릴래아 사람들과 유다 사람들이오. 그러나 나는 당신들에게는 우리에게 서로 사랑하라고 가르치는 예언자가 왔다는 말을 들었소. 만일 내가 이스라엘의 율법학자들과 바리사이파 사람들의 말대로 우리가 그들이 말하는 것처럼 저주받은 사람들이라고 생각하지 않으면, 우리가 비록 사마리아 사람이기는 해도 우리를 사랑한 위대한 예언자들이 그분을 통해서 다시 살아 왔다고 생각할 거요. 어떤 사람들이 말하는 것처럼. 그러나 나는 그 말을 믿지 않소….

자, 양젖이 여기 있소…. 그렇지만 나는 그 예언자를 만났으면 좋겠소. 다른 예언자, 우리 경계 안으로 피신해 왔었는데, 우리가 배신하지는 않은 ─우리를 무시하는 사람들은 이것을 기억해야 할 거요.─ 그 예언자는 이스라엘에 나타난 그 예언자를 엘리야보다도 더 위대한 분이라고 말했다는 말을 들었소. 그 예언자는 이 위대한 예언자를 하느님의 어린 양, 그리스도라고 불렀다 하오. 또 세겜의 사마리아 사람들이 그분에게 말을 했는데, 그 사람들은 그분에 대해서 훌륭한 말들을 하오. 그래서 많은 사람들이 그분이 큰 길로 지나갈 거라고 생각하고 그곳에 갔소. 그리고 또 ―이런 일이 있는 건 처음인데― 바리사이파 사람들과 박사들 같은 유다인들이 모든 도시에서 우리에게 말을 물어보면서, 그들이 그분을 굉장히 환영하기를 원하니까 그분을 보거든 앞으로 달려 가서 그분이 온다고 말해 달라고까지 했소."

사도들은 몰래 서로 바라본다. 그러나 조심성 있게 말을 하지 않는다. 그 까만 눈이 의기양양한 빛으로 반짝이는 것이 보이는 유다는 "자네들 들었나? 이젠 내 말이 옳다는 걸 믿겠나?" 하고 말하는 것 같다.

목자는 말을 계속한다. "당신들은 틀림없이 그분을 알지요. 어디서 오시오?"

"위쪽 갈릴래아에서 오는 길이오" 하고 유다가 즉시 대답한다.

"하! 당신들은… 아니, 당신은 갈릴래아 사람이 아니오."

"우리는 사방에서 온 사람들이오. 우린 박사들의 무덤에 순례 하러 갔었소."

"하! 당신들은 아마 제자들인 모양이군요…. 그러나 저 사람 자신도 선생이 아니오?" 하고 그 사람은 예수를 가리키면서 말한다.

"우린 제자들이오. 당신이 제대로 말했소. 그렇소. 저 사람은 선생이오. 그러나 선생이라고 다 같지 않다는 걸 당신은 알지요…."

"나도 아오. 확실히 저 사람은 젊으니까 아직 **당신들의** 성전의 훌륭한 박사들에게서 많이 배워야 할 거요." 그런데 그 당신들의라는 형용사에는 업신여기는 신랄한 말투가 명백히 들어 있다. 그러나 항상 재빠르게 대꾸하는 유다가 기막히게 시기적절한 말을 한다.

다른 사도들은 말을 하지 않고, 예수께서는 생각에 잠겨 계신 것 같다. 그래서 신랄한 말이 대꾸를 불러일으키지 않는다. 오히려 유다는 빙그레 웃으면서 말한다. "과연 저 사람은 매우 젊소. 그러나 우리들 중에서 제일 지혜롭소." 그리고 위험하게 될지도 모르는 회화에 끝을 맺기 위하여 말한다. "당신은 아직도 오래 여기 있어야 하오? 우린 밤에는 저 아래 내려가 있고 싶은데요?"

"아니오. 나도 가오. 양들을 모아 가지고 오겠소."

"좋소. 그동안 우리는 앞으로 가겠소…." 그러면서 그는 다른 사람들과 같이 일어나서 즉시 오솔길로 들어간다.

그리고 그와 목자 사이에 우거진 작은 숲이 가로놓이자 그는 웃고 또 웃으며 말한다. "아니, 사람들 놀려먹기가 정말 쉽구먼! 그리구 이제는 내가 거짓말을 안했고, 바보가 아니었다는 걸 믿겠나?"

"그래, 자네가 거짓말을 하지는 않았어…. 그렇지만 방금 거짓말을 한 길일세."

"내가 거짓말을 했다고? 아니야. 필립보, 자네가 어떻게 그렇게 말할 수 있나? 나는 **손해를 초래하지 않고 진실을 말할 줄 알았네**. 우리가 혹 상부 갈릴래아에서 오지 않았단 말인가? 혹 우리가 여러 군데서 오지 않았단 말인가? 혹 우리가 어느날 박사들의 무덤에 경의를 표하려고 가서 돌팔매를 맞지 않았단 말인가? 그리고 지스칼라 쪽으로 마지막으로 갔을 때에 거기서 아주 가까운 데를 지나지 않았느냐 말이야. 혹 예수님이 선생님이라는 것을 내가 부인했나? 혹 선생님이 우리 모두 가운데에서 가장 지혜로운 분이 아니라고 말했나? …. 그 말을 하면서, 그러니까 '우리' 라고 말하면서, 모두 선생님보다 못한 ─그들은 그렇지 않다고 생각하지만─ 선생들을 내가 모욕한다고 생각하고 속으로 웃었네. 그리고 목자를 놀려먹었네…. 하! 하! 하! 말은 할 줄 알아야 하는 거야…. 그리고 무슨 말이든지 죄짓지 않고, 손해 보지 않고 말하는 거야."

알패오의 유다는 불쾌해서 얼굴을 찌푸리며 말한다. "내 생각에는 그것도 역시 거짓말 하는 거야."

"그러면, 내가 거짓말을 했다고 하세! 그러나 자네도 들었지, 응? 저들은 그들의 편견과 불쾌감과 자만을 버리고 사마리아 사람들에게 선생님이 지나가시는 걸 알려 달라고 말했네, 국경지대에서 환영을 하겠다고 말이야! 하! 하! 어떤 환영이겠나!"

"환영이라고! 그들도 말할 줄 알았고, 거짓말로 말하면서 진리를 생각할 줄 알았어…. 가리옷의 유다의 말이 옳아" 하고 토마가 말한다.

예수께서 돌아다보시며 말씀하신다.

"그렇다. 그들의 말은 속임수이고 가증스럽다. 그러나 좋은 뜻을 가지고라도 이 말을 해야 할 것을 저 말을 하는 것은 역시 비난할 만한 것이다. 주님께서는 당신의 메시아를 보호하시는 데 이것이 필요하다고 생각하느냐? 좋은 목적으로라도 다시는 거짓말을 하지 말아라. 마음은 거짓말을 생각해 내는 데 습관이 되고, 입술은 거짓말을 하는 데 습관이 된다. 그러지 말아라, 유다야. 진실성의 부족을 피해라."

"그렇게 하겠습니다, 선생님. 그러나 이제는 잠자코 있세. 목자가 뛰어서 우릴 따라 오네."

과연 목자가 양들을 몰고 오는데, 그의 뒤에는 목동과 개가 따라온다. 양들은 우리가 가까워진 것을 느끼고 매애 매애 소리를 지르면서 깡충걸음으로 뛰기 시작하여, 서로 부딪고 사도들 가운데로 막 뚫고 지나가며 거의 떼밀다시피 한다. 목자는 아이와 개의 도움을 받아 양들의 걸음을 늦추고, 흩어지거나 저희들끼리 계곡으로 내려가는 것을 막기 위하여 모아놓고 나서야 걸음을 멈춘다.

"이 놈들은 이 세상에 있는 짐승들 중에서 제일 우둔한 놈들이오. 그렇지만 매우 유익한 놈들이지요!" 하고 그는 땀을 씻으면서 말한다. 그리고 한숨을 쉰다. "아! 루벤이 아직 있었으면! 그러나 이 아이만 가지고는…." 그는 개와 아이가 양떼 앞으로 가서 모아 놓은 양들 뒤로 내려가면서 머리를 흔든다. 그리고 혼잣말을 한다. "만일 그 예언자를 만나기만 하면, 내가 사마리아인이긴 하지만 그분에게 말을 할 텐데…."

"그래 그분에게 무슨 말을 하겠소?" 하고 예수께서 물으신다.

"이렇게 말하겠습니다. '저는 목마른 사람에게 산의 물같이 착한 아내가 있었는데, 지극히 높으신 분이 데려가셨습니다. 제 어미처럼 착한 딸이 하나 있었는데, 어떤 로마인이 보고 아내로 달라고 해서 멀리 데려갔습니다. 저는 아들이 하나 있었습니다. 제게 있어서는 모든 것인 맏아들이었습니다…. 그런데 비오는 어느날 산에서 미끄러져서 척추가 부러져서 꼼짝 못하고, 이제는 속병까지 들어서 앓고 있는데 의사들은 그 애가 죽을 거라고 말합니다. 저는 선생님께 영원하신 분이 왜 저를 벌하셨는지는 묻지 않고, 제 아들을 고쳐 주시기를 청합니다' 하고."

"그런데 당신은 그분이 당신 아들을 고쳐 줄 수 있다고 믿으시오?"

"예, 확실히 그럴 수 있다고 믿습니다. 그렇지만 저는 그분을 절대로 보지 못할 것입니다…."

"왜 그것을 확실히 믿소? 그분은 사마리아 사람이 아닌데."

"그분은 의인이고 하느님의 아들이라고들 합니다."

"당신들은 조상들을 통해서 하느님께 죄를 지었소."

"그것은 사실입니다. 그러나 하느님께서는 구속하는 분을 보내셔서 사람의 죄를 용서하실 거라는 말도 있습니다. 모세의 5경에는 아담과 하와에 대한 단죄와 더불어 이 약속도 있습니다. 그리고 그 책에는 이 약속이 여러 군데에 있습니다. 하느님께서 그 죄를 용서하시는데, 사마리아인으로 태어난 것이 제 탓이 아닌 제게 자비를 베풀지 않으실 수 있습니까? 저는 만일 메시아가 제 고통을 아시면 그걸 불쌍히 여길 거라고 생각합니다."

예수께서는 빙그레 웃으신다. 그러나 아무 말씀도 하지 않으신다. 사도들도 잘 알고 있다는 듯한 미소를 짓는다. 그러나 목자는 알아차리지 못한다.

"저 아이는 그럼 당신의 아들이 아니오?" 하고 예수께서 물으신다.

"아닙니다. 아들 여덟을 두어서 굶주려 고생하는 어떤 과부의 아들입니다. 저는 저애를 조수로… 또 아들처럼… 혼자 있지 않으려고 썼습니다. 그리고… 루벤이 무덤 속에 들어간 다음에는…." 그러면서 그 사람은 한숨을 쉰다.

"그러나 만일 당신 아들이 나으면, 저 아이는 어떻게 하겠소?"

"그냥 데리고 있겠습니다. 저애는 착하고, 또 불쌍합니다…." 그러면서 목소리를 낮추어 말한다. "저애는 알지 못하지만… 저애 아버지는 노예선에서 징역을 살다가 죽었습니다."

"무슨 짓을 했기에 징역을 살게 되었소?"

"고의적인 것은 아무 것도 없습니다. 그러나 그의 마차가 술취한 로마 병사를 쓰러뜨렸는데, **고의로** 그렇게 했다고 고발됐었습니다.

"그가 죽었다는 걸 어떻게 아시오?"

"오! 노를 젓다가 살아 남은 사람은 많지 않습니다!* 그러나 그 소식은 어떤 사마리아 상인을 통해서 들었습니다. 그 사람은 그 사람이 죽은 것을 사슬에서 끌러서 저 먼 바다로 던지는 것을 보았답니다."

"그래, 정말 저애를 데리고 있겠소?"

"맹세라도 하겠습니다. 저애도 불행하고 저도 불행합니다. 그리고 저 혼자만이 아닙니다. 다른 사람들이 과부의 다른 아들들을 데려갔습니다. 그래서 과부는 딸 셋만을 데리고 있습니다. 그것도 여전히 너무 많습니다. 그러나 열둘이 있는 것보다는 넷이 있는 것이 낫지요…. 그렇지만 제가 맹세를 할 필요도 없습니다…. 루벤이 죽을 거니까요…."

벌써 길이 보인다. 길에는 쉴 곳을 찾아 걸음을 재촉하는 행인이 매우 많이 다닌다. 저녁이 가까웠다.

"주무실 데가 있습니까?" 하고 목자가 묻는다.

"사실은 없습니다."

"'오십시오' 하고 말했으면 좋겠는데, 여러분 모두를 받기에는 집이 작습니다. 그렇지만 양목장은 넓습니다."

"당신이 나를 재워 준거나 다름없이 하느님께서 당신에게 갚아 주시기를 바랍니다. 그러나 나는 달이 질 때까지 계속 길을 가겠소."

"좋을 대로 하십시오. 그렇지만 길을 잃어서 싫은 사람을 만날까 봐 걱정이 안 됩니까?"

"도둑들에 대해서는 내 가난과 동행들의 가난으로 보호를 받소. 길에 대해서는 순례자들의 천사에게 맡기오."

"저는 양떼 앞으로 가야 합니다. 저애는 아직 할 줄 모릅니다…. 그런데 길에는 마차가 꽉 들어 찼거든요…." 그러면서 목자는 양들을 안전한 곳으로 데려가려고 앞으로 뛰어 간다.

"선생님, 지금은 좋지 못한 시간입니다. 한동안 사람들 가운데로 길을 가야 하겠습니다…" 하고 사도들이 속삭인다.

---

* **역주** : 옛날에 죄수들에게 노를 젓게 하던 형벌을 말함.

이제 일행은 산과 목자의 지팡이와 개의 감시 사이에 끼어서 줄을 지어 전진하는 양들 뒤에 큰 길로 들어섰다. 어린 아이는 이제는 예수 가까이에 있는데, 예수께서 그를 쓰다듬어 주신다.

그들은 길이 갈라지는 곳에 이르렀다. 목자는 양떼를 멎게 하면서 말한다. "선생님이 가실 길은 그것이고, 제 길은 이것입니다. 그러나 마을 쪽으로 가시면, 이웃 마을에 가는 데 더 가까운 셋째 길을 만나실 겁니다. 보십시오. 저 굉장히 큰 무화과나무가 보이지요. 그곳까지 가셔서 오른쪽으로 돌아 가십시오. 샘이 있는 작은 광장이 있을 거고, 그 다음에는 연기에 그을은 집이 있을 겁니다. 그것이 대장간입니다. 그 사람의 집을 지나면 길이 나옵니다. 틀리실 수가 없습니다. 안녕히 가십시오."

"안녕히 가시오. 당신은 친절했으니, 하느님께서 당신을 위로하실 거요."

목자는 그의 길을 가고, 예수께서는 당신의 길을 가신다. 목자 둘레에는 양들이 있고, 예수 둘레에는 사도들이 있다. 그들의 양떼 가운데에 있는 두 목자이다….

그들이 이제는 헤어져서, 목자가 가는 큰 길과 마을의 볼품없는 변두리로 들어가는 작은 길을 갈라놓는 한 무더기의 집들에 가려졌다. 그곳은 가장 가난한 변두리 같다…. 조용하고 쓸쓸하다…. 불쌍한 사람들은 벌써 집안에 들어가 있고, 벙싯 열린 문으로는 부엌에 있는 불을 볼 수가 있다…. 저녁이 황혼의 안개와 더불어 내려온다.

"마을에서 나가면 쉬기로 하지" 하고 유다가 말한다. "밭들 가운데 집들이 보이는데."

"아니야, 계속 가는게 더 나아." 의견들이 서로 다르다.

그들은 샘에 이르러서 달려 가 세수를 하고 수통에 물을 채운다. 저기 대장장이가 있다. 그는 그을은 그의 작업장을 닫고 있는 중이다. 여기 들판 쪽으로 가는 길이 있다…. 일행은 그 길로 들어선다.

그러나 멀리 마을에서 외치는 소리가 들려온다. "라삐*! 라삐! 제 아들이! 시민 여러분! 오시오! 나그네가 어디 계십니까?"

---

* 역주 : 선생님이라는 말.

"아니 저 사람들은 우리를 찾습니다. 주님! 무슨 일을 하셨습니까?"

"뛰어라. 우리가 저 숲 속으로 들어가면 아무도 우리를 보지 못하게 될 것이다."

그들은 마지막으로 벤 목초가 덮혀 있는 풀밭으로 해서 뛰어 간다. 그리고 비탈에 이르러 기어 올라가 사라진다. 이제는 많은 목소리와 사람들이 뒤쫓는다. 그 사람들은 마을 밖에 흩어져서, 이제는 희미한 빛으로 많은 것이 가려지기 때문에 바라보기 보다는 오히려 부른다. 그들은 비탈 아래에서 발을 멈춘다.

"그분은 세겜으로 가시는 선생님에 틀림없다니까. 그분일 수밖에 없어. 그리고 그분이 우리 루벤의 병을 고쳐 주셨어. 그런데 나는 그분을 알아보지 못했단 말이야. 라삐! 라삐! 라삐! 선생님께 경의를 표하게 해 주십시오! 어디 숨어 계신지 말씀해 주십시오!"

메아리만이 대답하는데, '아비! 아비! 아비!' 하고 말하는 것 같다.

"그렇지만 그분이 멀리 갔을 순 없어" 하고 대장장이가 말한다.

"당신이 오기 전에 내 앞으로 지나갔거든…."

"그렇지만 여기 안 계신 걸 알겠나? 길에는 아무도 없어. 이 길로 가실 거였는데."

"수풀 속에 계시지 않을까?"

"아니야. 급하다고 하셨는 걸…." 그리고 도와 달라고 개를 불러 "찾아라! 찾아라!" 하고 부추긴다. 그리고 개가 한동안 풀밭 냄새를 맡은 다음 수풀 쪽으로 향하여 가기 때문에 숨은 곳을 찾아 낼 수 있을 것 같다. 그러나 곧 이어서 짐승은 어리둥절하여 다리 하나를 들고 턱을 쳐들고 걸음을 멈추더니… 무엇에 의해서인지 속아가지고 짖으면서 반대 방향으로 떠나고, 사람들도 그 놈을 뒤쫓아 간다….

"오! 주님을 잔미합니다!" 하고 사도늘은 안도의 한숨을 쉬면서 외친다. 그리고 선생님께 "아니, 무슨 일을 하셨습니까?" 하고 묻지 않을 수가 없다. 그리고 그렇게 하신 것을 거의 나무라다시피 한다.

"선생님은 사람들이 선생님을 알리지 않는 것이 좋다는 것을 아시면서 선생님은…."

"그러면 나는 믿음을 갚아주지 말아야 했느냐. 그리고 그들이 내가 도타인에서 펠라로 가는 길에 있다고 믿는 것이 잘된 일 아니냐? 혹 그들이 무엇이 무엇인지 영문을 모르게 되는 것을 너희들은 원치 않느냐?"

"맞습니다. 선생님의 생각이 옳습니다! 그렇지만 개가 선생님을 찾아냈더라면요?"

"오! 시몬아! 그래 너는 떨어진 곳에서도 병과 자연의 힘에 자기의 뜻을 받아들이게 하고 마귀들을 쫓아내는 사람이 짐승에게 자기의 뜻을 강요할 수 없다고 생각하느냐? 이제는 길이 구부러지는 저쪽에서 길로 다시 들어서자. 그들이 우리를 이제는 보지 못할 것이다. 가자."

그래서 야산의 작은 수풀 속을 거의 더듬다시피하며 나아와서 마침내 떠오르는 달이 비추는 작은 길로 돌아왔다. 마을은 멀리 떨어져 있고, 야산에 완전히 가려졌다….

178. 에프라임 근처의 열 명의 문둥병자

일행은 여전히 산 속에 있다. 깎아지른 산 속에 있는 어떤 작은 길을 가고 있는데, 그 길에는 물론 마차는 다니지 못하고, 걸어 다니는 여행자나 산골의 힘센 나귀를 탄 사람들만이 다닌다. 이 나귀들은 기복이 덜 심한 지방에서 늘 만나게 되는 나귀들보다 더 크고 더 튼튼하다. 여러 사람에게는 쓸데 없는 것같이 보일 관측이지만, 그래도 나는 이 관측을 한다. 사마리아에는 옷과 다른 많은 것에 관하여 다른 지방들의 풍습과 다른 풍습들이 있다. 그리고 그 중의 한 가지는 다른 곳에서는 예사롭지 않을 만큼 개가 많다는 것이다. 나는 데카폴리스에 돼지가 있는 것으로 인하여 놀란 것과 같이 이것으로 인하여 놀랐다.

개가 많은 것은 아마 사마리아에 목자가 많기 때문일 것이고, 몹시 황량한 이 산 중에는 늑대가 많을 것이 틀림없다. 개가 많은 것은 사마리아에서는 목자들이 흔히는 혼자서, 기껏해야 아이를 하나 데리고 **그들 자신의** 양떼를 치는 것을 보게 되기 때문이다. 그런데 다른 곳에서는 대부분의 경우, 여럿이 어떤 부자의 수많은 양떼들을 지키고 있다. 사실은 이곳에서는 목자가 각기 자기 양떼의 양의 수효에 따라서 개를 한 마리 또는 여러 마리를 가지고 있는 것이다. 또 한 가지 특색은 바로 저 나귀들인데, 거의 말만큼이나 크고 튼튼해서 길마에 무거운 짐을 싣고, 굵은 장작을 싣고도 이 산들을 올라갈 수가 있고, 또 힘이 세어서 수백 년 된 수풀이 뒤덮인 이 현란한 산에서 굵은 장작을 지고 내려온다는 사실이다.

또 한 가지 특색은 주민들의 거리낌 없는 태도이다. 그들은 유다인과 갈릴래아 사람들이 판단하는 것처럼 "죄인"이 아니면서 개방적이고 솔직하며, 다른 사람들과 같은 편협한 믿음과 저 모든 시시한 것들이 없고, 인심이 좋다는 것이다. 이 확인으로 인하여, 착한 사마리아 사람의 비유에는 좋은 사람과 나쁜 사람은 어디에나, 모든 장소와 모든 종족에 다 있고, 이단자들 가운데에도 올바른 마음을 가질 수 있는 사람들이 있다는 것을 두드러져 보이게 하려는 의향만이 있었던 것이 아니라, 정말이지 도움을 받을 필요가 있는 사람들에 대한 사마리아 사람들의 습관에 대한 실제적인 묘사도 있었다고 생각하게 되었다. 그들은 모세의 5경에서 멎었다. ─나는 그들이 이것에 대하여 말하는 것밖에 듣지 못하였다.─ 그러나 적어도 이웃에 대하여는, 다른 사람들이 그들의 613조목이나 되는 계명 따위를 가지고 하는 것보다 더 올바르게 그것을 실천한다.

사도들은 선생님과 말을 한다. 그리고 비록 교정할 수 없을 만큼 이스라엘 사람들이지만, 그들이 세겜의 주민들에게서 발견한 정신을 인정하고 칭찬해야 한다. 내가 그들의 이야기를 듣고 안 것이지만, 세겜의 주민들은 자기들 가운데에 머무르시라고 예수를 청하였었다.

"선생님 들으셨지요, 예?"하고 베드로가 말한다. "그 사람들은 유다인들의 증오를 안다는 것을 얼마나 분명히 말했습니까? 그 사람들은 이렇게 말했습니다. '선생님에 대해서, 선생님 위에는 현재의 우리 사마리아 사람 전부와 과거의 사마리아 사람 모두에 대한 증오보다도 더 많은 증오가 있습니다. 선생님에 대한 그들의 증오는 한이 없습니다' 하고."

"또 그 노인은요? 그분이 얼마나 말을 잘 했습니까! '따지고 보면 그렇게 되는 것이 당연합니다. 선생님은 사람이 아니시고, 그리스도요 세상의 구세주이시고, 그러니까 하느님의 아들이시기 때문입니다. 하느님만이 타락한 세상을 구하실 수 있으니까요. 따라서 선생님은 하느님처럼 한이 없으시고, 선생님의 능력과 거룩함과 사랑이 한이 없고, 악에 대한 선생님의 승리가 한이 없을 것과 같이, 악과 또 악과 더불어 오직 하나인 증오가 선생님께 대해서 한이 없다는 것은 당연한 일입니다' 하고. 그 노인 정말 잘 말했습니다! 그리고 이 논거는 매우 많은 것을 설명합니다!"하고 열성당원이 말한다.

"자네 생각으로는 그 논거가 뭘 설명하는 건가? 나는… 그저 그들이 어리석다는 것을 설명한다고 말하겠네"하고 무엇이든지 재빨리 해치우는 토마가 말한다.

"아니야 어리석음은 하나의 변명이 될 걸세. 그러나 그들은 어리석지는 않네."

"그럼 취했구먼. 증오에 취했단 말이야" 하고 토마가 대꾸한다.

"그것도 아니야. 취기는 폭발한 다음에는 수그러지네. 그런데 그 원한은 수그러지지 않네."

"그리고 취기보다도 더 흥분해 있어! 그것도 하두 오래 전부터 그래서… 이제는 수그러져야 할 텐데 말이야."

"벗들아, 그 원한이 아직 목표에 도달하지 못했다" 하고 예수께서는 마치 그들의 증오의 목표가 당신의 형벌이 아닌 것처럼 침착하게 말씀하신다.

"그렇지 않다구요?! 그러나 그들이 우리를 영영 가만 놔 두지 않으면요?!"

"선생님, 이 사람들은 아직 제가 사실을 말했다는 걸 믿지 않고 있습니다. 그러나 저는 사실을 말했습니다. 오! 사실을 말했구 말구요! 그리고 자네들 나름대로 되었더라면, 자네들은 모두 세례자가 계략에 걸려든 것처럼 계략에 걸려들었을 거라고 나는 장담하네. 그렇지만 내가 지키고 있으니까 그들은 성공하지 못할 걸세…" 하고 가리옷 사람이 말한다.

그러니까 예수께서 그를 바라보신다. 나도 가리옷 사람의 행동이 선행의 길과 선생님에 대한 사랑의 길에 착하게 실제로 돌아온 데 기인한 것인지, 그리고 그를 지배하고 있던 인간적인 힘과 인간외적인 힘에서의 해방인지 또는 치명적인 타격을 준비하는 더 교묘한 솜씨이고, 그리스도의 적들과 사탄에 대한 더 큰 종속인지 의아해하면서 그를 바라본다. 나는 며칠 전부터 이 의문을 가지고 있다. 그러나 유다는 하도 특별한 인간이어서 그를 꿰뚫어보는 것은 불가능하다. 하느님민이 그를 이해하실 수 있다. 그런데 하느님, 즉 예수께서는 당신 사도의 모든 행동과 인격 위에 자비와 신중의 베일을 드리우신다…. 하늘의 책이 펴질 때에는 이 베일이 찢어지면서, 지금은 수수께끼같은 수많은 이유가 완전히 밝혀질 것이다.

사도들은 원수들의 증오가 아직 그 목표에 도달하지 못하였다는 생각에 너무도 몰두해서 한동안 말들을 못한다. 그러다가 토마가 또 다시 열성당원을 향하여 말한다.

"그러면 저들이 취하지도 않았고 어리석지도 않으면, 그들의 증오가 많은 것을 설명하면서 이 이유는 설명하지 못하면 그 증오는 그럼 뭘 설명한단 말인가? 그들은 뭔가? 자네가 그 말을 안 했네…."

"뭣들이냐구? 마귀들린 자들이지. 그들은 선생님더러 그렇다고 말하는 그것들이네. 쉴 줄을 모르고, 선생의 능력이 나타나는 데 따라서 점점 더 커지는 그들의 악착스러움이 이것으로 설명되네. 그 사마리아 사람이 제대로 말했네. 아버지와 마리아의 아들이시고, 사람이시고 하느님이신 선생님께는 하느님의 무한이 있고, 오직 하느님만이 당신 행동에 있어서 완전하시기 때문에, 증오는 한이 없으면서도 완전하지는 못하지만, 이 완전한 무한에 대립되는 증오도 무한하네. 그러나 만일 증오가 완전의 심연에 도달할 수가 있으면, 그 심연에 도달하려고 내려가고, 그 심연에 도달하기 위해서 곤두박질까지 해서, 지옥의 심연에 맹렬히 떨어진 것으로 인해서 이내 다시 그리스도를 향해 튀어 올라서 지옥의 심연에서 빼앗아 가지고 온 모든 무기로 그리스도께 상처를 입히려고 할 걸세.

하느님에 의해서 조절되는 하늘에는 해가 하나밖에 없네. 해는 떠서 빛나다가 사라지면서 달이라는 더 작은 해에게 자리를 내주고, 이번에는 달이 빛난 다음에 져서 태양에게 자리를 내주네. 천체들은 사람들에게 많은 것을 가르쳐 주네. 그것들은 조물주의 뜻에 복종하기 때문이지. 그러나 사람들은 그러지 않네. 그리고 선생님께 대항하고자 하는 것이 그 한 가지 예일세. 만일 어느날 새벽에 달이 '나는 사라지기 싫다. 그래서 내가 온 길로 돌아간다'고 말하면 무슨 일이 일어나겠나? 틀림없이 해에 가서 부딪혀서 온 우주가 소름이 끼치고 손해를 볼 테지. 그들이 해를 부술 수 있다고 믿고서 하려고 하는 것이 바로 이런 거야…."

"이것은 빛에 대한 어두움의 싸움이야. 우리는 이 싸움을 날마다 새벽과 저녁에 보네. 서로 싸우고, 번갈아 가며 땅에 지배력을 행사하는 두개의 힘을 말이야. 그러나 어두움은 절대적인 것이 아니기 때문에 항상 지네. 별이 하나도 없는 밤에도 약간의 빛이 발산되네. 공기가 제 힘으로 천공의 무한한 공간에 그 빛을 만들어내고, 비록 매우 한정된 것이기는 해도 그것을 퍼뜨려서, 천체들이 꺼지지 않았다고 사람들을 설득하는 것 같네. 그래서 나는 이와 마찬가지로 예수라는 빛에 대항하는 악의 저 독특한 어두움 속에서도, 어두움의 모든 노력에도 불구하고 빛이 있어서 그 빛을 믿는 사람들의 용기를 북돋아 줄 것이라고 단언하네" 하고 요한이 완전히 정신집중이 되어 자기 생각에 미소를 보내며 혼잣말을 하듯이 말한다.

그의 생각은 알패오의 야고보의 찬성을 받는다. "성경에서 그리스도는 '샛별'이라고 불리네. 그러니까 그리스도도 밤을 겪을 것이고, 또 ─이 생각을 하면 소름끼치지만─ 우리도 밤을 겪을 걸세. 빛이 힘을 잃은 것 같고 어두움이 승리를 거둔 것 같은 밤을, 한 순간을 말이야. 그러나 그리스도는 시간에 있어서 일체의 한계를 배제하는 방식으로 '샛별'이라고 불리었으니까, 그리스도는 첫번날 혼돈에 뒤이어 온 빛과 같이 세상을 새롭게 할 순수하고 신선하고 순결한 아침 빛일 걸세. 오! 그렇구 말구, 세상은 그리스도의 빛에 의해서 다시 만들어질 거야."

"그리고 루치펠에서부터 거룩한 백성을 모독하는 자들에게 이르기까지 이미 저질러진 잘못을 되풀이 하면서 빛을 치려고 손을 들고자 한 자들 위에는 저주가 내릴 걸세. 야훼께서는 사람에게 행동의 자유를 남겨 주시지만, 사람 자신에 대한 사랑으로 지옥이 지배하도록 허락하지는 않으실 거야."

"오! 그렇게도 오랫동안 정신이 반수면(半睡眠)상태에 있어서 마치 조로(早老)의 결과로 그런 것처럼 막히고 마비된 것 같았었는데, 다행히도 우리 입술 위에 지혜가 다시 꽃피는구먼! 우리는 지금까지 우리 같지 않았거든! 그런데 이제는 열성당원과 요한, 이전의 두 형제를 다시 찾아내게 됐네!" 하고 가리옷 사람이 만족해하며 말한다.

"나는 우리가 우리 사신 같지 않게 될 정도로 변한 것 같지는 않는데" 하고 베드로가 말한다.

"우리가 변했구 말구! 모두, 자네를 위시해서, 그리고 시몬과 다른 사람들, 나까지 포함해서. 거의 언제나와 같은 사람이 있다면, 그건 요한이야."

"흠! 난 정말 모르겠는데 뭣이…."

"무엇이 달라졌느냐구? 우리는 말이 적어졌고, 지치고, 무관심하고, 생각에 잠긴 것 같아…. 전에 하던 것과 같은 회화, 지금 한 것과 같은 대단히 유익한 회화는 도무지 듣지 못하게 됐었단 말이야…."

"싸우기 위해서"하고 타대오가 과연 자주 그런 것과 같이 이야기가 말다툼이 되려고 한다는 것을 상기시키면서 말한다.

"아니야. 우리가 교양을 쌓기 위해서야. 우리는 모두가 출신이나 지혜로 나타나엘이나 시몬이나 알패오네 자네들 같진 못하거든. 그래서 덜 지혜로운 사람이 항상 더 지혜로운 사람에게서 배우는 거야"하고 가리옷 사람이 대꾸한다.

"정말이야…. 난 뭣보다도 의덕으로 성숙해져야 할 것 같네. 그리고 이 점에서는 시몬이 우리에게 훌륭한 교훈을 주었네"하고 토마가 말한다.

"내가? 자네 잘못 봤네. 나는 모두들 중에서 제일 바볼세"하고 베드로가 말한다.

"아니야. 자네가 제일 많이 변한 사람이야. 이 점에 대해서는 가리옷의 유다의 말이 옳아. 내가 자네들하고 같이 왔을 때가 내가 알았던 시몬이 이제는 자네에게 많이 남아 있지 않네. 이렇게 말하는 건 미안하지만, 얼마 동안은 그대로 있었는데 말이야. 등불 명절을 위해서 헤어졌다가 자네를 다시 만난 뒤로 자넨 그저 변하기만 했네. 지금은 자네가… 그래 내가 단언하지만, 더 온정이 넘치고, 동시에 더 엄하네. 자네는 모든 불쌍한 형제들을 동정하네. 전에는… 그리고 그것이 자네에게 괴로운 일이지만 자네가 자제한다는 걸 알 수 있네. 적어도 나는 아네. 그리고 자네가 말을 적게 하고 우리를 별로 비난하지 않는 지금만큼 자네가 우리에게 존경심을 일으킨 적은 없었네…."

"아니, 이 사람아! 자네가 나를 그렇게 보는 건 자네가 착해서 그런 걸세…. 나는 선생님에 대해서 점점 더 커지는 사랑을 가지는 것 외에는 정말 아무 것도 변한 게 없네."

"아니야. 토마의 말이 옳아. 자네는 많이 변했어"하고 여러 사람이 확인한다.

"그렇지만 그건 자네들 말이야…"하고 베드로가 어깨를 들썩 하고 말한다. 그리고 덧붙인다. "확실한 것은 선생님의 판단뿐일 거야. 그렇지만 선생님의 판단을 청하지 않도록 조심하네. 선생님은 내 무능을 아시고, 나쁜 칭찬이 내 정신에 해를 끼칠 수 있다는 것도 알고 계시네. 그래서 선생님은 나를 칭찬하지 않으실 건데, 잘 하시는 일일 거야. 나는 선생님의 마음과 방법을 점점 더 잘 이해하고, 그것이 모두 옳다는 것을 알아."

"그것은 네가 마음이 곧고 점점 더 사랑하기 때문이다. 너로 하여금 보고 이해하게 하는 것은 내게 대한 네 사랑이다. 너로 하여금 참다운, 그리고 가장 위대한 선생인 네 선생을 이해하게 하는 것은 사랑이다" 하고 그 때까지 말씀을 하지 않고 들으신 예수께서 말씀하신다.

"제 생각에는… 거기에는 고통도 있는 것 같습니다…."

"고통이? 왜?" 하고 여럿이 묻는다.

"오! 아주 많은 것이 있네. 그런데 그것들은 따지고 보면 **오직 한 가지** 것에 지나지 않네. 선생님을 괴롭히는 모든 것… 그리고 선생님이 고통을 당하시리라는 생각이야. 사람들이 어떤 일을 할 수 있는지. 또 사람들을 구원하기 위해서는 얼마나 고통을 겪어야 하는지를 알게 된 지금은, 우리가 처음처럼, 아무 것도 알지 못하는 아이들처럼 정신이 멍할 수가 없네. 오! 처음에는 우리가 모든 것이 쉬운 줄로 생각했었지! 우리가 나타나기만 하면, 다른 사람들이 우리와 같은 의견을 가질 거라고 생각했었네! 우리는 이스라엘과 세상을 쟁취하는 것이 고기가 많은 호수바닥에 그물을 던지는 것과… 같을 것이라고 생각했었네! 나는 선생님이 고기를 많이 잡으시게 되지 않으면, 우리는 아무 것도 못할 거라고 생각했네. 그러나 이것이 아직 아무 것도 아닐세! 나는 저들이 악의를 가지고 있어서 선생님을 괴롭히다고 생각하네. 그리고 이것이 일반적으로 우리 변화의 동기라고 생각하네…."

"사실이야. 내 경우에는 사실이야" 하고 열성당원이 확인한다.

"내 경우도 그래. 내 경우도 그래" 하고 다른 사람들도 말한다.

"나는 오래 전부터 이 때문에 불안했고, 그래서 가치가 있는 보조자들을 얻으려고… 힘썼네. 그렇지만 그들은 나를 실망시켰네…. 그리고 자네들은 나를 이해하지 못했네…. 그리고 나도 자네들을 이해하지 못했네. 나는 자네들이 그런 것이 정신의 무기력과 낙담과 실망 때문일 줄로 생각했었네…"

"나는 결코 인간적인 기쁨을 바라지 않았네. 따라서 실망하지 않았네" 하고 열성당원이 말한다.

"내 형과 나는 선생님이 승리자가 되기를 원했네. 그렇지만 선생님의 기쁨을 위해 그렇게 되기를 원했지. 우리는 제자로서 그렇게 하기 전에 항상 친척의 사랑으로 선생님을 따랐네. 우리는 어렷을 적부터 항상 선생님을 따랐네. 우리 형제들 중에서 제일 나이 어리지만, 언제나 우리보다 아주 더 위대하신 선생님을…" 하고 야고보가 그의 예수에 대한 한없는 감탄을 가지고 말한다.

"우리가 고통을 느끼는 것은 선생님의 친척인 우리 모두가 선생님을 정신으로 사랑하지 않고, 우리의 정신으로만 사랑한다는 거야. 그러나 선생님을 잘못 사랑하는 것은 이스라엘에서 우리뿐이 아닐세" 하고 타대오가 말한다.

가리옷의 유다가 그를 바라본다. 그리고 아마 말을 하려고 하였다. 그러나 그들이 들어서려고 길을 찾으면서 옆으로 끼고 지나가고 있는 중인 마을을 내려다보는 작은 산에서 들려오는 외침으로 방해를 받는다.

"예수님! 예수 선생님! 다윗의 후손이며 우리들의 주님, 우리를 불쌍히 여기십시오."

"문둥병자들입니다! 선생님, 가십시다. 그렇지 않으면, 마을 사람들이 달려와서 그들 집에 우리를 붙들어놓을 것입니다" 하고 사도들이 말한다.

그러나 문둥병자들은 일행에 비하여 길에 올라가 있다는 이점을 가지고 있다. 그러나 마을에서는 적어도 50미터는 떨어져 있다. 그들은 다리를 절고 내려온다. 그리고 그들의 고함을 되풀이하면서 예수를 향하여 뛰어 온다.

"선생님, 마을로 들어가십시다. 저 사람들은 마을에 들어오지 못합니다" 하고 어떤 사도들이 말한다. 그러나 다른 사도들은 "벌써 여자들이 보러 옵니다. 만일 마을에 들어가면 문둥병자들은 피하겠지만,

178. 에프라임 근처의 열 명의 문둥병자

사람들이 우리를 알아보고 붙드는 것을 피하지는 못할 거야" 하고 대꾸한다.

그리고 그들이 어떻게 해야 할지 망서리고 있는 동안에 문둥병자들은 점점 더 예수께로 가까이 온다. 예수께서는 사도들이 **그러나, 만일** 하고 소리를 하는 것은 상관하지 않으시고 계속 길을 가신다. 사도들이 할 수 없이 예수를 따라가는데, 여자들이 치마에 매달리는 아이들을 데리고 보러 오고, 마을에 남아 있던 노인들도 보러 와서 문둥병자들과는 조심스런 거리를 두고 있다. 그러나 문둥병자들은 예수에게서 몇 미터 되는 곳에서 멈추어 서서 또 애원한다. "예수님, 저희들을 불쌍히 여기십시오!"

예수께서는 잠시 그들을 바라보시고 나서 그 고통스러운 집단에 가까이 가지는 않으신 채 물으신다. "당신들은 이 마을 사람들이요?"

"아닙니다, 선생님. 여러 곳에서 왔습니다. 그러나 저희들이 있는 이 산 저쪽은 예리고로 가는 길에 면해 있습니다. 그래서 저희들에게는 좋은 곳입니다…."

"그러면 당신들이 있는 산에서 가장 가까운 마을로 가서, 당신들을 사제들에게 보이시오."

그리고 예수께서는 다시 걷기 시작하시는데, 문둥병자들을 스치지 않으시려고 길가로 해서 움직이신다. 문둥병자들은 예수께서 앞으로 나아가시는 것을 바라보는데, 그들의 불쌍한 병든 눈에는 희망의 눈길 외의 아무 것도 없다. 그런데 예수께서는 그들의 위치에 이르러서는 손을 들어 그들에게 강복하신다.

마을 사람들은 기대가 어긋나서 집으로 돌아간다…. 문둥병자들은 그들의 동굴 또는 예리고로 가는 길을 향하여 가려고 산으로 다시 기어 올라간다.

"그들을 고쳐주지 않으시기를 잘하셨습니다. 마을 사람들이 우리를 가게 내버려두지 않았을 것입니다…."

"그렇습니다. 그리고 밤이 되기 전에 에프라임에 도착해야 할 것입니다."

예수께서는 잠자코 걸어 가신다. 이제는 길이 구부러진 것으로 인하여 마을이 보이지 않게 되었다. 길은 여러 가지로 변하는 산 밑에 나 있어서 산의 굴곡을 따라 가기 때문에 매우 구불구불하다.

그러나 한 목소리가 그들을 쫓아온다.

"지극히 높으신 하느님과 그분의 참 메시아에게 찬미. 메시아께 모든 능력과 지혜와 연민이 있습니다! 메시아를 통하여 우리에게 평화를 주시는 지극히 높으신 하느님께 찬미. 유다와 사마리아와 갈릴래아와 요르단강 너머의 사람 여러분 모두 하느님을 찬미하시오. 그리고 매우 높은 헬몬산의 눈에 이르기까지, 이두메아의 뜨거운 돌에 이르기까지. 큰 바다의 물에 잠긴 모래에 이르기까지 지극히 높으신 분과 그분의 그리스도께 대한 찬미가 울려 퍼지기 바랍니다.

여기에 발라암의 예언이 이루어졌습니다. 참 목자에 의해 모인 조국의 회복된 하늘에 야곱의 별이 빛납니다. 여기에 성조(聖祖)들에게 주신 약속들도 이루어졌습니다! 여기에, 우리를 사랑한 엘리야의 말이 여기에 있습니다. 팔레스티나의 백성들이여, 그 말을 듣고 이해하시오. 이제는 이쪽 저쪽으로 절름거리지 말고 영의 빛을 골라 잡아야 합니다. 그리고 정신이 올바르면 선택을 잘 할 것입니다. 이분은 주님이십니다. 이분을 따르시오! 아! 이제까지도 우리가 이해하려고 노력하지 않았기 때문에 벌을 받았습니다! 하느님의 사람은 이렇게 예언하면서 거짓 제단을 저주했습니다. '보라 다윗 가문에서 요시아라 불리는 아들이 나리니, 그는 제단 위에 아담의 뼈를 제물로 바치고 태워버릴 것이다. 그 때에 제단이 땅 속까지 갈라지고, 제물의 재가 북쪽과 남쪽, 동쪽과 해지는 곳으로 퍼질 것이다.' 지극히 높으신 분께서 이스라엘에 계신데 아카론의 신에게 문의하려고 사람을 보낸 어리석은 오코시아 같이 하지 마시오. 발라암의 암나귀보다 못한 사람이 되지 마시오. 그 나귀는 빛의 영에 대한 공경으로 생명을 받을 만 했을 것이고, 보지 못하던 예언자는 벌을 받아 쓰러졌을 것입니다. 우리 가운데로 지나가시는 빛이 여기 계십니다. 정신의 눈이 먼 여러분, 눈을 뜨고 보시오."

그러면서 문둥병자들 중의 한 사람이 이제는 큰 길에 들어선 데까지 일행을 점점 더 가까이 따라 오면서 행인들에게 예수를 가리킨다. 사도들은 화가 나서 두세번 뒤돌아보며 완전히 병이 나은 문둥병자에게 입을 다물라고 명한다. 그리고 마지막번에는 그를 위협하기까지 한다.

그러나 그는 모든 사람에게 말하기 위하여 그렇게 목소리를 높이던 것은 그만두고 대답한다. "그럼, 어떡하란 말입니까? 하느님께서 제게 해 주신 큰 일을 찬미하지 말란 말입니까? 저더러 하느님을 찬미하지 말란 말입니까?"

"마음 속으로 찬미하고 잠자코 있으시오" 하고 사도들이 화를 내며 대답한다.

"안 됩니다. 저는 잠자코 있을 수가 없습니다. 하느님께서 제 입술에 말을 놓아 주십니다." 그리고 큰 소리로 다시 말한다. "국경의 양쪽에 있는 여러분, 우연히 지나가는 여러분, 발을 멈추고, 주님의 이름으로 군림하실 분께 경배하시오. 나는 그 많은 말을 비웃었습니다. 그러나 지금은 그 말들이 실현된 것을 보기 때문에 그 말들을 되풀이 합니다. 보시오. 모든 민족이 움직이며 바다와 사막을 통하여, 언덕과 산을 넘어 주님께로 기쁘게 옵니다. 그리고 어두움 속을 걸어온 백성인 우리도 죽음의 지역에서 나와 나타나신 큰 빛을 향하여, 생명을 향하여 걸어갈 것입니다.

늑대와 표범과 사자이던 우리가 주님의 성령 안에 다시 태어나, 서양 삼송(杉松)이 된 이새의 새싹의 그늘에서 우리가 주님 안에서 서로 사랑할 것입니다. 이 서양 삼송(杉松) 아래에는 주님에 의해서 땅의 네 방향에서 모여 온 만민이 야영을 할 것입니다. 이제는 이스라엘과 유다가 없고, 다만 한 나라, 즉 주님의 그리스도의 나라만이 있을 것이니까 에프라임의 시기가 끝날 날이 옵니다. 보시오. 나는 나를 구해 주시고 위로하신 주님의 찬미를 노래합니다. 보시오. 나는 말합니다. 주님을 찬미하고 구세주의 샘에 와서 구원의 물을 마시시오. 호산나! 주님께서 하신 위대한 일에 호산나! 구세주가 되시라고 육체를 취하게 하시어 당신의 영을 사람들 가운데 가져다 놓으신 지극히 높으신 분께 호산나!"

그 사람은 끝이 없이 말한다. 사람들이 더 많이 모여 와서 길을 막는다. 뒤에 있던 사람들이 달려 오고, 앞서 가던 사람들은 가던 길을 다시 온다. 일행이 지금 그 곁에 있는 작은 마을의 주민들도 행인들과 합류한다.

"아니, 주님, 저 사람이 입을 다물게 하십시오. 이 사람은 사마리아 인입니다. 사람들이 그렇게 말합니다. 저희가 먼저 가면서 선생님을 전하는 것을 선생님이 허락지 않으시니, 이 사람이 선생님에 대해서 말하면 안 됩니다" 하고 사도들이 기분이 좋지 않아서 말한다.

"벗들아, 나도 엘다드와 마다드가 야영지에서 예언을 하는 것을 한탄하던 눈의 아들 여호수아에게 모세가 한 말을 다시 해야겠다. '너는 내 대신 나를 위하여 시기하느냐? 오! 온 백성이 그렇게 예언을 하고, 주님께서 모두에게 당신의 영을 주실 수 있었으면!' 그러나 너희를 기쁘게 하기 위해서 걸음을 멈추고 저 사람을 돌려보내겠다."

그리고 걸음을 멈추고 돌아서니 병이 나은 문둥병자를 당신께로 부르시니, 그는 달려 와서 예수 앞에 엎드리어 먼지에 입맞춤을 한다.

"일어나시오. 그런데 다른 사람들은 어디 있소? 당신들은 열 명이 아니었소? 다른 아홉 명은 주님께 감사할 필요를 느끼지 못했군요. 아니, 그래? 열 명 중에 사마리아 사람이 한 명뿐이었는데, 자기 자신의 생활과 가정으로 돌아가기 전에 하느님께 영광을 돌리기 위해 돌아올 필요를 느낀 것은 이 외국인밖에 없었단 말입니까? 그런데 사람들은 이 사람을 '사마리아인'이라고 부릅니다. 그러면 이들이 착각을 일으키지 않고 보고, 비틀거리지 않고 구원의 길로 달려오고 있으니, 이제는 사마리아 사람들이 취해 있지 않단 말입니까? 외국 사람들은 이 말을 알아듣는데 그의 백성들은 알아듣지 못하니, 대관절 말씀이 외국말을 한단 말입니까?"

예수께서는 그 찬란한 눈을 들어 팔레스티나의 곳곳에서 거기 와 있는 사람들을 둘러보신다. 그런데 빛을 발하는 그 눈은 견딜 수가 없다…. 여러 사람이 고개를 숙이고 말이나 나귀를 재촉하거나 그곳을 떠난다….

예수께서는 당신 발 앞에 무릎을 꿇고 있는 사마리아 사람에게로 눈을 내리뜨시는데, 그 눈길은 매우 부드러워진다. 예수께서 옆구리로 내려져 있던 손을 들어 강복하는 손짓을 하시며 말씀하신다. "일어나서 가시오. 당신의 믿음은 당신 안에서 당신의 육체보다 더한 것을 구원했소. 하느님의 빛 안에서 전진하시오. 가시오."

그 사람은 다시 먼지에 입맞춤을 하고 일어나기 전에 청한다. "주님, 이름 하나를 주십시오. 제 안에는 모든 것이 새로워졌고, 영원히 새로워졌으니, 새 이름을 하나 주십시오."

"우리가 지금 어떤 지방에 있소?"

"에프라임 지방입니다."

"그러면 영원한 생명이 당신에게 생명을 두번 주셨으니까. 이제부터 당신 이름이 에프렘이오. 가시오."

그 사람은 일어나서 간다.

그곳 사람들과 몇몇 순례자들이 예수를 붙들려고 한다. 그러나 예수께서는 당신의 눈길로 그들을 굴복시키신다. 그들을 바라보실 때 그분의 눈길이 엄하지 않고 오히려 부드럽지만, 아무도 예수를 붙들려고 몸짓을 하지 않는 것을 보면 어떤 힘을 발산하는 것이 틀림없다.

그리고 예수께서는 작은 마을에 들어가시지 않고 길을 떠나 밭을 건너지르신 다음 작은 개울과 오솔길을 지나, 수풀이 우거진 동쪽 비탈을 올라가셔서 제자들과 함께 수풀 속으로 깊숙이 들어가시며 말씀하신다. "길을 잃지 않게 길을 따라 가자. 그러나 수풀을 떠나지는 말자. 저 구부러진 곳을 지나면, 길이 산을 따라 간다. 우리는 거기서 어떤 동굴을 만나 자고, 에프라임은 새벽에 지나가기로 하자…."

179. 예수께서 에프라임에. 석류의 비유

과연 예수께서는 새벽이 훤히 밝아올 때에 아주 고요하고 길에 사람이 없는 에프라임을 아무에게도 들키지 않고 지나갈 수 있을 것으로 생각하신다. 아침보다는 더 이른 시간인데도 불구하고, 신중을 기하느라고 시내로 들어가지 않고 돌아가신다.

그러나 마을 뒤로 해서 지나온 작은 길에서 일행이 큰 길로 들어서려고 할 때에 온 마을 사람이 통 털어 나왔다고 할 만한 사람들과, 마을 사람들과 더불어 이미 지나온 다른 여러 곳에서 온 사람들과 마주친다. 그들은 예수께서 이르시자마자 에프라임 사람들에게 예수를 가리킨다. 다행히 바리사이파 사람들과 율법학자들과 그들의 동류는 한 사람도 없다.

에프라임 사람들은 마을의 유력자들을 앞으로 보낸다. 이들 중의 한 사람이 점잖게 인사를 하고 나서 모든 사람을 대신해서 말한다.

"저희들은 선생님께서 저희 고장에 와 계시고, 또 어떤 사람들을 불쌍히 여겨 주셨다는 것을 알았습니다. 저희들은 선생님께서 세겜 사람들에게 많은 동정을 베푸신 것을 벌써 알고 있었고, 그래서 선생님을 뵙기를 바랐습니다. 그런데 사람들의 생각을 보시는 분께서 선생님을 저희들 가운데로 인도하셨습니다. 저희들도 아브라함의 자손들이니, 머무르시면서 말씀해 주십시오."

"나는 머무를 수가 없습니다…."

"오! 저희들은 그들이 선생님을 찾는다는 것을 알고 있습니다. 그러나 이쪽에서는 찾지 않습니다. 이 도시는 사막과 피의 산들 경계에 있습니다. 그들은 이리로 잘 지나다니지 않습니다. 또 그리고 이번에는 첫번 사람들 다음으로는 그 사람들을 단 한명도 보지 못했습니다."

"나는 머무를 수는 없습니다…."

"성전이 선생님을 기다리고 있다는 것을 저희도 압니다. 그러나 저희를 믿으십시오. 선생님네들은 저희들이 이스라엘의 대사제들 앞에서 머리를 숙이지 않기 때문에 저희들을 추방당한 사람들처럼 생각하십니다. 그러나 혹 대사제가 하느님이라도 됩니까? 저희들은 멀리 떨어져 있습니다. 그러나 그곳 사제들이 저희들의 사제들보다 더 낫지도 못하다는 것을 알지 못할 정도로 멀리 떨어져 있지는 않습니다. 그리고 저희들은 하느님께서 이미 저들과 함께 계실 수는 없다고 생각합니다. 아닙니다. 지극히 높으신 분께서는 이제 유향 연기 속에 숨어 계시지 않습니다. 향을 피우는 것을 그만둘 수도 있을 것이고, 당신 영광 위에서 쉬고 계신 하느님의 광휘로 잿더미가 될까봐 염려하지 않고 지성소(至聖所)에 들어갈 수 있을 것입니다. 그래서 저희들은 하느님께서 당신이 살고 계시지 않는 성전의 돌들 바깥쪽에 계시다는 것을 느끼고 하느님을 흠숭합니다. 그리고 선생님네들이 저희들을 우상의 신전을 가지고 있다고 비난하고자 하신다면 저희들의 신전이 선생님네의 성전보다 더 비었다고 말하지는 않겠습니다. 보시다시피 저희들은 공평합니다. 그러나 이 이유 때문에 저희 말씀을 들어 주십시오."

그는 장엄한 어조를 취한다. "다른 사람들은 진리가 들어 있지 않은 종교 정신을 가지고 있다는 것을 인정하고자 하지 않고, 저희들을 모욕하는 것처럼, 진리가 들어 있지 않은 종교정신을 가지고 있다는 것을 적어도 인정하는 사람들 가운데에서 아버지를 흠숭하기 위하여 걸음을 멈추시는 것이 나을 것입니다. 문둥병자들처럼 배척을 당하고, 예언자와 박사도 없이 외로이 있으면서도, 적어도 저희들은 우리가 형제라는 것을 느끼면서 일치해 있을 줄을 알았습니다. 그리고 저희들의 계율은 배신하지 말라는 것입니다. 성경에 이렇게 쓰여 있으니까요. '악을 행하기 위하여 군중을 따라가지 말고, 판단할 때에는 다수의 의견으로 만족하느라고 진리에서 빗나가지 말아라.' 또 이런 말도 있습니다. '죄없는 사람과 의인을 죽게 하지 말아라. 나는 부도덕한 사람을 미워하기 때문이다. 현인들까지도 눈이 어둡게 하고, 의인들의 말을 혼란케 하는 선물을 받지 말아라. 너희들은 남의 땅에서 외국인으로 있다는 것이 어떤 것인지 아니까 외국 사람을 괴롭히지 말아라.' 그리고 주님께서 그 산을 축복의 산으로 택하셨기 때문에 주님께 소중한 산인 가리짐산의 것이라고 옳게 불린 축복 속에서 모세의 5경에 있는 참된 율법으로 만족하는 사람에게 모든 행복이 약속되었습니다.

그러면 저희가 사람들의 말은 우상숭배적이라고 배척하지만 하느님의 말씀은 지키는데, 혹, 저희들이 우상숭배자라고 불릴 수 있습니까? 이웃을 몰래 치고, 사례를 받고 죄없는 사람에게 유죄판결을 하는 사람은 하느님의 저주를 받습니다. 저희들은 저희들의 행동 때문에 하느님께 저주받기를 원치 않습니다. 하느님께서는 선을 발견하시는 곳에서 선을 상주시는 공정한 분이시므로, 저희들이 사마리아 사람들이라고 해서 저주를 받지는 않을 것이기 때문입니다. 이것이 저희들이 주님에게서 바라는 것입니다."

그는 잠깐 동안 정신을 가다듬고 나서 말한다. "저희는 이 모든 것 때문에 저희들 가운데 남아 계시는 것이 선생님께 나은 일일 것입니다, 하고 말씀드리는 것입니다. 성전 사람들이 선생님을 미워하고 선생님을 괴롭히기 위해서 선생님을 찾고 있습니다. 그리고 성전 사람들뿐이 아닙니다. 선생님께서는 언제나 선생님을 치욕처럼 배격하는 사람들 가운데 너무나 많이 계실 것입니다. 유다인들에게서 선생님께 사랑이 오지는 않을 것입니다."

"나는 머무를 수는 없습니다. 그러나 여러분의 말은 기억하겠습니다. 어떻든 여러분이 상기시켰고, 이웃에 대한 사랑의 계명에서 생기는 정의의 계율을 꾸준히 지키라고 말하겠습니다. 이 계명은 하느님께 대한 사랑의 계명과 더불어 옛날 종교와 내 종교의 주요한 계명입니다. 의인으로 사는 사람에게는 하늘의 길이 멀리 있지 않습니다. 이제는 신념보다는 오히려 명예에 관한 문제로만 갈라져서 곁에 있는 오솔길을 가고 있는 사람들을 하느님의 나라의 길로 데려오는 데에는 한 발짝으로 넉넉할 것입니다."

"선생님의 나라지요."

"내 나라입니다. 그러나 사람들이 생각하는 것 같은 나라, 즉 기껏해야 일시적이고, 또 때에 따라서는 강대하기 위하여 폭력을 쓰는 그런 나라는 아닙니다. 오히려 정신적인 왕에게서 정신적인 규칙을 받고 정신적인 상급을 받을 사람들의 마음에서 시작되는 나라입니다. 정신적인 왕은 나라를 줄 것입니다. 그 나라에는 오로지 유다인들이나 갈릴래아 사람들이나 사마리아 사람들만이 있지 않고, 세상에서 오직 하나인 믿음, 즉 내 믿음을 가질 사람, 그리고 하늘에서는 오직 한 가지 이름, 즉 성인이라는 이름을 가질 모든 사람이 있을 것입니다. 종족들과 종족들 사이의 분열은 세상에 남아 있고, 세상에 한정되어 있습니다. 내 나라에는 서로 다른 여러 가지 민족이 없고, 다만 하느님의 아들들의 종족만이 있을 것입니다. 오직 한 분이신 분의 아들들은 오직 한 근원에 밖에는 속할 수가 없습니다. 이제는 나를 가게 내버려두시오. 밤이 되기 전에 가야 할 길이 아직 멉니다."

"예루살렘으로 가십니까?"

"엔세메스로 갑니다."

"그러면 저희들만이 알고 있는, 쉬지도 않고 위험도 당하지 않고 걸어서 건너가는 데로 가는 길을 가르쳐 드리겠습니다. 선생님께서는 짐도 없고 마차도 없으니까 그 길로 가실 수 있습니다. 세시에는 그곳에 도착하실 것입니다. 그리고 그 오솔길을 알아 두시는 것이 선생님께 유익할 것입니다. 그러나 한 시간 동안 저희들 가운데에서 쉬시면서 저희와 같이 식사를 드십시오. 그리고 그 대신 저희들에게는 선생님의 말씀을 주십시오."

"여러분이 원하시는 대로 하십시다. 그러나 여기 그대로 있습시다. 날씨가 매우 온화하고, 경치가 아주 좋으니까요."

과연 그들은 전체가 과수원으로 되어있는 오목한 곳에 있다. 한가운데로는 작은 개울이 흘러 가는데, 첫번째 비로 물이 불어서 요란스러운 소리를 내고 햇빛에 반짝이며, 물을 자개빛 거품으로 부수어 놓는 돌들 사이로 요르단강을 향하여 내려간다. 여름을 이겨낸 나무들은 양쪽 기슭에서 거품이 되는 물보라를 즐기는 것 같으며, 익은 사과는 괴는 중에 있는 포도즙의 향기를 실어오는 산들바람을 맞아 가볍게 몸을 떨며 반짝인다.

예수께서는 바로 급류 곁으로 가셔서 바위에 앉으셨는데, 머리 위로는 버드나무의 가벼운 그림자가 드리웠고, 곁에는 계곡으로 내려가는 아름다운 물이 있다. 사람들은 급류의 양쪽 기슭에 나 있는 풀에 자리잡는다.

　그동안 마을에서는 빵과 방금 짠 양젖과 치즈와 과일과 꿀을 가져와서 제자들과 함께 잡수시라고 모든 것을 예수께 드린다. 그리고 음식을 바치시고 강복하신 다음 그지없이 아름다운 일반 사람과 같이 소박하게 그리고 하느님과 같이 정신적으로는 위엄있게 드시는 것을 바라본다. 예수께서는 집에서 길쌈한 모직의 빛깔처럼 상아 빛깔이 도는 흰 빛깔의 모직 옷을 입으셨고, 어깨에는 짙은 파란 빛깔 겉옷을 걸치셨다. 버드나무의 잎들 사이로 새 내려오는 햇빛은 예수의 머리카락에 금빛 불똥을 반짝이게 하는데, 그것들은 버드나무의 가벼운 잎들과 동시에 움직인다. 햇살 하나가 예수의 뺨을 스치게 되어 뺨을 따라 늘어진 머리채의 끝에 있는 보드라운 컬을 금실 타래처럼 보이게 하는데, 그 빛깔은 턱과 얼굴 아래쪽을 덮은 보드랍고 가벼운 수염에서 더 엷게 되어 다시 나타난다. 오래된 상아 빛깔의 살갗에는 햇빛을 받아 뺨과 관자놀이에 수를 놓은 것 같은 정맥들이 나타나는데, 정맥들 중의 하나는 코에서 시작되어 반들반들하고 넓은 이마를 건너질러 머리카락에 이른다….

　　나는 수난 동안에 정맥을 꿰뚫은 가시 때문에 피가 몹시 흐르는 것을 본 것이 바로 이 정맥이라고 생각한다….
　　그다지도 아름답고 남성적인 옷차림이 매우 정돈된 예수님을 볼 때마다, 나는 항상 사람들에게서 예수께 온 고통과 모욕이 그분을 어떻게 만들어 놓았는지를 기억하게 된다.

　예수께서는 음식을 드시면서, 머리를 당신 무릎에 갖다 대고 바싹 다가앉거나 무엇인지를 보는 것처럼 예수께서 음식을 드시는 것을 쳐다보는 어린이들에게 미소를 보내신다. 과일과 꿀을 드실 때가 되자, 예수께서는 그것을 어린이들에게 나누어 주시고, 가장 어린 아이들의 입에는 마치 그들이 새새끼인 것처럼 포도알이나 끈쩍거리는 꿀을 바른 한입거리를 넣어 주신다.
　한 어린이가 ─확실히 그 석류들이 그의 마음에 들고, 그것을 받기를 바라는 모양이다.─ 사람들 사이로 뛰어 과수원으로 가더니, 두 팔은 그 작은 가슴에 꼭 갖다 대서 살아 있는 바구니를 만들어

가지고 돌아오는데, 거기에는 굉장히 아름답고 큰 석류 세개가 놓여 있다. 어린이는 그것들을 받으시라고 간청하면서 예수께 드린다.

　예수께서는 과일들을 받으셔서 그중 두개를 쪼개서 어린 친구들의 수효대로 나누어서 돌려 주신다. 그런 다음 세번째 석류를 손에 드시고 일어나셔서, 그 훌륭한 석류를 잘 보이게 왼손으로 드시고 말씀하기 시작하신다.

　"일반적으로 세상을, 그리고 특별히, 옛날에는 그리고 하느님의 생각에는 오직 한 나라로 결합해 있다가 형제들 사이의 그릇된 생각과 완고한 증오로 인하여 갈라진 팔레스티나를 무엇에 비할까요? 자발적으로 이렇게 된 이스라엘을 무엇에 비할까요? 나는 이 석류에 비하겠습니다.

　또 나 진정으로 여러분에게 말합니다만, 유다인들과 사마리아인들 사이에 있는 불화는 형태와 정도는 다르지만 같은 증오의 바탕을 가지고 세상의 모든 민족들 사이에 다시 나타나고, 때로는 한 나라의 지방들 사이에도 다시 나타납니다.

　그리고 사람들은 이 불화들이 마치 하느님 자신에 의해서 만들어지기라도 한 것처럼 극복할 수 없다고 말합니다. 그러나 그렇지 않습니다. 창조주께서는 서로 적대하는 민족이 있는 만큼, 서로 원수들처럼 대접하고 있는 부족과 가족들이 있는 만큼 아담과 하와를 많이 창조하지는 않으셨습니다. 하느님께서는 **다만 한 아담과 다만 한 하와를 창조하셨고, 그들에게서 모든 사람이 왔습니다**. 그후 이 사람들이 퍼져서 세상을 채우게 되었습니다. 그것은 마치 자녀들이 장성해서 그들의 조상들의 후손을 생산하기 위하여 결혼함에 따라 점점 더 방이 많아지는 오직 한 집과 같은 것입니다.

　그러면 왜 사람들 사이에 그다지도 증오가 많고, 장벽과 몰이해가 그렇게 많습니까? 여러분은 이렇게 말했습니다. '우리는 형제들이라는 것을 느끼면서 일치할 줄을 압니다' 하고. 그것으로는 충분하지 않습니다. 여러분은 사마리아인이 아닌 사람들도 사랑해야 합니다.

　이 과일을 보시오. 여러분은 이 과일의 아름다움뿐 아니라 맛도 알고 있습니다. 벌어지지 않은 채로 있으면서도 이 과일은 여러분에게 안에 단 즙이 있다는 것을 약속합니다. 그리고 벌어지면, 이 과일은 금고에 들어 있는 루비와 같이 빽빽하게 가지런히 정돈된 씨로 눈을 즐겁게 합니다. 그러나 씨 한 무더기 한 무더기 사이에 있는 매우 쓴 분리시키는 것을 떼내지 않고 입에 넣는 사람은 화를 입을 것입니다. 그 사람은 입술과 내장이 손상될 것입니다. 그래서 '이건 독약이구나' 하고 말하면서 과일을 버릴 것입니다.

한 민족과 다른 민족, 한 부족과 다른 부족 사이의 갈라섬과 미워함도 마찬가지입니다. 이것들은 단 것이 되라고 창조되었던 것을 '독약'이 되게 합니다. 이것들은 무익한 것이고, 이 과일에서와 같이 공간을 줄이고 압박하고 괴롭히는 경계를 만들어 놓는 일밖에는 하지 않습니다. 이것들은 이것을 깨우는 사람들에게나, 사랑하지 않는 이웃을 모욕하고 괴롭히기 위하여 그를 비난공격하는 사람에게 쓴 맛을 주고, 정신을 중독시키는 쓴 맛을 줍니다. 이것들은 지워질 수가 없는 것입니까? 아닙니다. 창조주께서 당신 자녀들의 즐거움을 위하여 만드신 이 단 과일 속에 있는 이 쓴 구획(區劃)을 어린 아이의 손이 없애는 것과 같이 착한 뜻이 이것들을 없앱니다.

그리고 착한 뜻을 제일 먼저 가지실 분은 유다인들과 갈릴래아 사람들, 사마리아 사람들과 바탄 사람들의 하느님이신 오직 한 분뿐이신 같은 주님이십니다. 주님은 착한 뜻을 가지셨다는 것을 오직 한 분뿐인 구세주를 보내심으로 보여 주십니다. 구세주는 당신의 본성과 당신의 가르침에 대한 믿음 이외에 다른 것을 요구하지 않고 이 사람들과 저 사람들을 모두 구원할 것입니다. 여러분에게 말하고 있는 구세주는 지나 가면서 쓸데 없는 장벽을 부수고, 여러분을 갈라놓은 과거를 지우고, 그 대신 그의 이름으로 여러분을 형제가 되게 하는 현재를 가져다 줄 것입니다. 여기 있는 여러분 모두와 경계 너머에 있는 모든이들은 구세주를 지원하기만 하면 됩니다. 그러면 증오가 진정되고, 원한을 일으키는 품격 저하가 없어지고, 불의를 일으키는 교만이 약해질 것입니다.

내 계명은 이렇습니다. 사람들은 사실 형제들이니 형제들처럼 서로 사랑해야 한다는 것입니다. 사람들은 하늘에 계신 아버지께서 그들을 사랑하시는 것과 같이, 사람의 아들이 그들을 사랑하시는 것과 같이 서로 사랑해야 합니다. 사람의 아들은 그가 취한 인성으로는 자기가 사람들의 형제라는 것을 느끼고, 그의 아버지의 자격으로는 자기가 악과 악의 모든 결과를 이길 수 있다는 것을 느낍니다. 여러분은 이렇게 말했지요. '우리의 계율은 배반하지 않는 것'이라고. 그러면 우선 여러분의 영혼에게서 하늘을 빼앗음으로 배반하지 마시오. 서로 사랑하시오. 나를 통해 서로 사랑하시오. 그러면 약속된 대로 평화가 사람들의 정신에 올 것입니다. 그리고 그들의 주 하느님을 섬길 진실한 뜻을 가진 모든 사람에게 평화와 사랑의 나라인 하느님의 나라가 올 것입니다.

나는 여러분을 떠납니다. 하느님의 빛이 여러분의 마음을 비추기를 바랍니다…. 가자…."

예수께서는 겉옷을 입으시고, 당신 배낭을 어깨에서 허리로 비스듬히 메시고, 양 옆에 베드로와 처음에 말을 한 유력자가 따르는 가운데 앞장서 가신다. 그 뒤에는 사도들이, 또 그 뒤에는 에프라임의 젊은이들이 따라온다. 개울을 끼고 가는 오솔길에서 떼를 지어 갈 수가 없기 때문이다.

180. 예수께서 장막절을 위하여 베다니아에 가시다

 언덕 꼭대기를 지나서 구불구불한 길로 해서 베다니아로 내려가는 남쪽 비탈에 발을 들여놓자마자, 눈 앞에는 베다니아를 둘러싸고 있는 들판의 짙고 엷은 갖가지 푸른 빛이 나타난다. 올리브나무들의 은빛도는 초록, 여기저기에 첫번째 노란 잎이 섞인 매우 산뜻한 사과나무들의 초록, 포도나무들의 더 누르스름한 드문 초록, 참나무와 캐롭나무*들의 짙고 치밀한 초록이 벌써 갈아져서 씨앗을 기다리는 밭들의 갈색과 새 풀이 돋아나는 목장들과 기름진 정원들의 연한 초록과 섞여서, 위에서 베다니아와 그 둘레를 내려다보는 사람에게 갖가지 빛깔로 된 일종의 양탄자를 만들어 놓는다. 그리고 더 아래쪽에는 항상 우아하고 동방(東方)을 연상시키는 대추야자나무들의 비같이 생긴 잎들이 초록빛 위에 두드러지게 보인다.
 푸르름 가운데 몰려 있고 곧 넘어가게 된 해가 비추고 있는 엔세메스의 작은 읍은 이내 지났고, 베다니아가 시작되는 곳의 약간 북쪽에 있는 샘이 많은 곳도 이내 지나니, 초록빛 가운데 베다니아의 첫째 집들이 나타난다….
 일행은 많은 길을, 피로하게 하는 길을 걸은 후에 도착하였다. 그래서 몹시 피로한데도 불구하고, 베다니아의 정다운 집 근처에 와 있다는 것만으로도 몸의 형편이 좋아지는 것 같다.
 작은 도시는 조용하고 거의 비어 있다. 많은 주민이 명절을 지내러 벌써 예루살렘에 간 모양이다. 그래서 예수께서는 사람의 눈에 띄지 않고 라자로의 집 근처에까지 오신다. 섭금류(涉禽類)가 대단히 많이 있던 집 근처의 미개간 정원 가까이에 오셨을 때에야 두 사람을 만나시게 된다. 그들은 예수를 알아보고 인사를 하고 나서 묻는다. "선

---

* 역주 : 지중해 연안에서 자라는 콩과(科)의 상록수.

생님, 라자로의 집에 가십니까? 잘 하시는 일입니다. 라자로는 병이 심합니다. 나귀 젖을 그에게 갖다 주고 그 집에서 오는 일입니다. 과일즙과 꿀 조금하고 나귀젖이 그의 위가 아직 소화할 수 있는 유일한 음식입니다. 두 누이동생은 밤샘과 고민으로 지쳐서 그저 울기만 합니다…. 라자로는 선생님을 원하기만 하구요. 그 사람이 벌써 죽었을 텐데, 선생님을 애타게 다시 보고 싶어하는 것 때문에 아직까지 살아있다고 생각합니다."

"곧 가겠습니다. 하느님께서 당신들과 함께 계시기를 바랍니다."

"그럼… 그 사람을 고쳐 주시겠습니까?" 하고 그들은 호기심을 가지고 묻는다.

"하느님의 뜻이 그에게 나타날 것이고, 그와 더불어 주님의 능력이 나타날 것입니다" 하고 예수께서 어리둥절한 두 사람을 떠나시면서 대답하시고, 정원의 대문 쪽으로 걸음을 재촉하신다.

한 하인이 예수를 보고 뛰어 와서 문을 열어 드린다. 그러나 아무 기쁨의 함성도 지르지 않는다. 대문을 열자마자 예수께 경의를 표하기 위하여 무릎을 꿇고 서글픈 목소리로 말한다. "주님, 마침 잘 오셨습니다! 그리고 주님의 오심이 눈물에 젖은 이 집에 기쁨의 표가 되기 바랍니다. 주인 라자로님은…."

"나도 아네. 모두 주님의 뜻에 인종하도록 하게. 주님은 자네들의 뜻을 당신의 뜻에 희생하는 것을 갚아 주실 걸세. 가서 마르타와 마리아를 불러 오게. 나는 정원에서 기다리고 있겠네."

하인은 뛰어서 그곳을 떠나고, 예수께서는 사도들에게 "나는 라자로 곁으로 간다. 너희들은 쉴 필요가 있으니 쉬어라…" 하고 말씀하신 후 하인들을 천천히 따라가신다.

두 자매가 문지방에 나타나는데, 그들의 눈이 밤샘과 눈물로 너무도 피로해서 주님을 잘 알아보지 못한다. 게다가 해가 그들의 정면에서 비추기 때문에 그들이 예수를 보는 데 느끼는 어려움을 더한다. 그동안 다른 하인들이 옆문으로 사도들의 마중을 나가서 데리고 간다.

"마르타야! 마리아야! 나다. 나를 알아 보지 못하느냐?"

"아이고! 선생님!" 하고 두 자매는 부르짖고 예수께로 달려 오기 시작하더니, 예수의 발 앞에 엎드리며 흐느낌을 쉽게 억누르지 못한다. 전에 바리사이파 사람 시몬의 집에서와 같이 입맞춤과 눈물이 예수의 발에 쏟아진다.

그러나 이번에는 예수께서 꼿꼿이 서서 마르타와 마리아의 비오듯 하는 눈물을 받지 않으신다. 지금은 몸을 숙여 그들의 머리를 만지시고 쓰다듬으시며, 이 손짓으로 그들에게 강복하시고, 이렇게 말씀하셔서 그들을 일어나게 하신다. "오너라. 재스민 정자로 가자. 라자로를 혼자 두어도 되느냐?"

몹시 흐느끼며, 말보다는 눈짓으로 그렇다고 대답한다. 그리고 세 사람은 무성하고 짙은 잎들 아래 그늘진 정자 밑으로 간다. 잎들 가운데에는 끈질긴 별모양의 어떤 재스민꽃이 희게 피어서 향기를 풍긴다.

"그러면 말들 해라…."

"오! 선생님! 선생님은 매우 침울한 집에 오셨습니다! 저희들은 고통으로 인해서 바보가 됐습니다. 하인이 와서 '어떤 분이 찾습니다' 하고 말했을 때, 저희들은 선생님을 생각하지 못했습니다. 그리고 선생님을 보았을 때 알아보질 못했습니다. 그러나 보십시오. 저희 눈은 눈물로 시들어 버렸습니다. 오빠가 죽어 갑니다!…." 그러면서 눈물이 다시 흐르기 시작하여 번갈아 가며 말을 한 두 자매의 말을 중단한다.

"그래서 내가 왔다…."

"오빠를 고쳐 주시려구요?! 오! 주님!" 하고 마리아가 눈물을 흘리는 가운데 희망이 빛나며 말한다.

"오! 저는 그렇게 말했어요! 선생님이 오시면…" 하고 마르타가 기쁨의 몸짓으로 합장을 하며 말한다.

"오! 마르타야! 마르타야! 하느님의 하시는 일과 명령에 대해서 네가 무엇을 아느냐?"

"아이고, 선생님! 오빠를 고쳐 주지 않으시렵니까?!" 하고 두 자매는 다시 슬픔에 잠기며 부르짖는다.

"나는 너희들에게 주님께 끝없는 믿음을 가지라고 말한다. 어떤 암시와 어떤 사건이 있더라도 그런 믿음을 계속 가져라. 그러면 너희 마음이 큰 일을 보기를 바랄 필요가 없게 되었을 때 너희는 그것들을 볼 것이다. 라자로는 뭐라고 말하느냐?"

"오빠의 말에는 선생님의 말씀의 반향(反響)이 있습니다. 오빠는 저희들에게 이렇게 말합니다. '하느님의 인자와 능력을 의심하지 말아라. 어떤 일이 일어나든지 하느님께서는 너희의 이익과 내 이익, 그리고 많은 사람의 이익, 나와 너희와 같이 주님께 충실할 줄을 알 모든 사람의 이익을 위해 개입할 줄을 알 모든 사람에게 이익을 위해 개입하실 것이다' 하고요. 그리고 그렇게 할 힘이 있을 때에는 저희들에게 성경을 해석해 줍니다. 이제는 성경밖에 읽지 않습니다. 그리고 선생님 말씀을 합니다. 그리고 평화와 용서의 시대가 시작되었으니까 행복한 때에 죽는다고 말합니다. 그러나 오빠의 말씀을 들으세요…. 오빠보다도 저희를 더 울게 하는 다른 말들도 하니까요…." 하고 마르타가 말한다.

"주님, 오십시오. 지나가는 1분 1분이 오빠의 희망에서 떨어져나가는 것입니다. 오빠는 시간을 세고 있었어요…. '그렇지만, 선생님은 명절을 지내러 예루살렘에 오실 거고, 그러면 오실 거다…' 하고 말했습니다. 저희들은, 오빠에게 고통을 주지 않기 위해서 오빠에게 말하지 않는 많은 일을 알고 있는 저희들은 희망을 덜 가지고 있었습니다. 선생님을 찾는 사람들을 피하기 위해서 선생님이 오시지 않을 것이라고 생각했었으니까요…. 언니가 그렇게 생각하고 있었습니다. 저는 그렇게 생각하지 않았어요. 왜냐하면… 제가 선생님이라면 원수들에게 도전할 테니까요. 저는 사람들을 무서워하는 여자가 아니거든요. 그리고 **지금은** 하느님도 무서워하지 않게 되었어요. 하느님께서 뉘우치는 영혼에 대해서 얼마나 인자하신지를 알 거든요…" 하고 마리아가 말한다. 그러면서 사랑의 눈길로 예수를 쳐다본다.

"마리아야, 너는 아무 것도 무섭지 않으냐?" 하고 예수께서 물으신다.

"죄는 무서워합니다…. 저 자신도 무서워하구요…. 저는 다시 악에 떨어질까봐 무서워합니다. 저는 사탄이 저를 몹시 미워할 거라고 생각합니다."

"네 생각이 옳다. 너는 사탄이 가장 미워하는 영혼들 중의 하나이다. 그러나 하느님께 가장 많은 사랑을 받는 영혼들 중의 하나이기도 하다. 이걸 기억해라."

"오! 기억하구 말구요. 이 기억이 제 힘이예요! 저는 선생님이 시몬의 집에서 제게 말씀하신 것을 기억합니다. 선생님은 이렇게 말씀하셨지요. '이 여자는 많이 사랑했기 때문에 많이 용서받소.' 그리고 제게는 '너는 죄들의 용서를 받았다. 네 믿음이 너를 구해 주었다. 편안한 마음으로 가거라' 하고. 선생님은 '죄들'이라고 말씀하셨어요. 여러 죄가 아니라 모든 죄요. 그래서 저는 제 하느님이신 선생님이 저를 한없이 사랑하셨다고 생각합니다. 그런데 죄로 둔중해진 제 영혼 안에 갑자기 생겨날 수 있었던 것 같은 그 때의 보잘 것 없는 제 믿음이 선생님에게서 그다지도 많은 것을 얻었는데, 지금의 제 믿음은 저를 악에서 지켜주지 못하겠습니까?"

"그렇다, 마리아야. 경계를 하고 너 자신을 감시하여라. 그것이 겸손이고 조심성이다. 그러나 주님을 믿어라. 주님이 너와 함께 계신다."

그들은 집으로 들어간다. 마르타는 오빠를 보러 간다. 마리아는 예수께 잡수실 것을 대접하려고 한다. 그러나 예수께서는 먼저 라자로를 보러 가고자 하신다. 그들은 희생이 성취되고 있는 어슴푸레한 방으로 들어간다.

"선생님!"
"라자로!"

라자로의 바싹 마른 팔은 위를 향하여 올라오고, 예수의 팔은 쇠약한 친구의 몸을 안기 위하여 내려간다. 오랜 포옹이다. 그런 다음 예수께서는 병자를 베개 위에 다시 누이시고 불쌍히 여기시며 살펴 보신다. 그러나 라자로는 미소를 짓는다. 행복한 것이다. 초췌한 그의 얼굴에는 움푹 들어간 눈만이, 그러나 거기 예수를 모신다는 기쁨으로 환하게 된 눈만이 생기있게 빛난다.

"보시오. 내가 왔소. 그리고 당신과 오래 같이 있으려고 왔소."

"오! 주님, 그렇게는 못하십니다. 사람들이 제게는 다 말해 주지 않습니다. 그러나 주님이 그렇게 하실 수 없다는 것을 말씀드릴 수 있을 만큼은 제가 넉넉히 압니다. 그들이 주님께 드리는 고통에 제 고통도 보탭니다. 저를 주님의 품에서 숨을 거두게 내버려두지 않음으로 제 몫의 고통을 보탭니다. 그러나 주님을 사랑하는 저는 이기주의로 주님을 제 곁에 붙들어 두어서 위험을 당하시게 할 수는 없습니다. 선생님을 위해서… 이미 마련해 놓았습니다…. 선생님은 끊임없이 옮겨 다니셔야 합니다. 제 집은 모두가 선생님께 열려 있습니다. 지키는 사람들이 명령들을 받아 가지고 있고, 제 밭의 관리인들도 마찬가지입니다. 그러나 게쎄마니아에 가서 머무르지는 마십시오. 그곳은 매우 감시를 받고 있습니다. 집에 대해서 말씀드리는 것입니다. 올리브밭, 특히 위쪽에 있는 올리브밭에는 가셔도 되기 때문인데, 그들이 알지 못하게 여러 길로 해서 가실 수 있습니다. 마륵지암이 벌써 여기 와 있는 걸 아십니까? 마륵지암이 마르코와 같이 압착기에 있을 때 어떤 사람들에게 질문을 받았답니다. 그들은 선생님이 어디 계신지, 오시는지 알고자 하더라는군요. 어린 아이가 썩 잘 대답했습니다. '선생님은 이스라엘 사람이니까 오실 겁니다. 저는 선생님과 메론 호수에서 헤어졌으니까 어디로 해서 오실지는 모릅니다' 하고. 그렇게 해서 그들이 선생님을 죄인이라고 말하지 못하게 막았고, 거짓말도 하지 않았습니다."

"고맙소, 라자로. 당신 말대로 하겠소. 그러나 우리는 그래도 자주 만나게 될 거요." 그리고 그를 다시 들여다 보신다.

"선생님, 저를 살펴 보십니까? 제가 어느 지경이 되었는지 보시지요? 가을에 잎이 떨어지는 나무와 같이 제게서는 시시각각으로 살과 힘과 생명의 시간이 빠져나갑니다. 그러나 제가 선생님의 개선을 볼 만큼 오래 살지 못하는 것을 섭섭하게 생각하지만, 선생님 주위에서 커지고 있는 증오를 억제할 능력이 없는 채 그것을 보지 않고 떠나는 것이 기쁘다고 말씀드리면, 그것은 참말입니다."

"당신은 무능하지 않소. 당신은 절대로 무능하지 않소. 당신은 당신 친구가 오기 전부터 그에게 필요한 것을 마련해 주오. 나는 평화로운 집을 둘 가지고 있소. 그리고 그 집들이 똑같이 소중하다고 말할 수 있을 거요. 나자렛의 집과 이 집이오. 저기에는 어머니가, 하느님의 아들에 대해, 말하자면 하늘만큼 큰 하늘의 사랑이 있지만, 여기에는 사람의 아들에 대한 사람들의 사랑, 믿음과 존경이 가득한 우정어린 사랑이 있소…. 친구들, 고맙소!"

"선생님의 어머님은 영영 안 오실 겁니까?"

"초봄에 오실 거요!"

"오! 그럼, 저는 다시는 뵙지 못하겠군요…."

"그렇지 않소. 당신은 보게 될 거요. 내가 말하는 것이니 틀림없소. 나를 믿어야 하오."

"주님, 저는 모든 것을 믿습니다. 사실로 부인되는 것까지두요."

"마륵지암은 어디 있소?"

"제자들과 같이 예루살렘에 갔습니다. 그러나 저녁에는 여기 올 것이니까. 이제 얼마 안 있어 올 겁니다. 그런데 사도들은 선생님과 함께 오지 않았습니까?"

"그들은 그들의 피로와 쇠약을 도와 주러 온 막시민과 같이 옆에 있소."

"많이 걸으셨습니까?"

"많이 걸었소, 끊임없이. 이야기해 주겠소…. 우선은 쉬시오. 지금은 당신에게 강복하오." 그리고 예수께서는 그에게 강복하시고 물러가신다.

사도들이 이제는 마륵지암과 거의 모든 목자들과 같이 있는데, 예수에 대하여 무엇인지 알려고 하는 바리사이파 사람들의 고집에 대하여 말하고 있다. 목자들은 이 때문에 그들의 의심이 생겨서 그들의 제자들이 선생님께 알려드리기 위하여 예루살렘 내부로 들어가는 모든 길에서 경계를 할 생각을 하였다고 말한다.

"사실" 하고 이사악이 이야기한다. "우리는 여러 성문에서 몇 백 미터 되는 곳에 있는 모든 길에 흩어져 있습니다. 그리고 번갈아 가며 여기서 하룻밤을 지냅니다. 이번은 우리 차례입니다."

"선생님" 하고 유다가 웃으면서 말한다. "이 사람들 말을 들으면 야파 성문에는 최고회의 위원의 반이나 있다고 합니다. 그들은 서로 다투고 있더랍니다. 어떤 사람들은 제가 엔간님에서 한 말을 기억하고 있고, 어떤 사람들은 선생님이 도타인에 계셨다고 단언하고, 또 어떤 사람들은 선생님을 에프라임 근처에서 보았다고 말하기 때문이었다고 합니다. 그리고 선생님이 어디 계신지 알지 못해서 미친듯이 화를 내더라고 합니다….” 그러면서 예수의 원수들을 놀려먹은 것을 재미있어 한다.

"내일 그들은 나를 볼 것이다."

"안 됩니다. 내일은 저희들이 갑니다. 벌써 결정됐습니다. 저희가 떼를 지어서 눈에 잘 띄게 하면서 갈 것입니다."

"나는 원치 않는다. 너는 거짓말을 할 것이다."

"저는 거짓말을 하지 않겠다고 선생님께 맹세합니다. 그들이 제게 아무 말도 하지 않으면, 저도 그들에게 아무 말도 하지 않겠습니다. 그들이 저희들에게 선생님이 저희와 같이 계시냐고 물으면, 저는 '그래 당신들은 선생님이 여기 계시지 않다는 걸 보지 못하시오?' 하고 말하겠습니다. 그리고 선생님이 어디 계신지 알려고 하면 저는 이렇게 대답하겠습니다. '당신들이 찾으시오. **지금 이 시간에 선생님이 어디 계신지 내가 어떻게 안단 말이오?**' 하고. 사실, 선생님이 집에 계신지, 과수원에 계신지, 또 제가 모르는 어느 곳에 계신지 저는 확실히 알 수가 없을 것입니다."

"유다야, 유다야. 내가 네게 말했다마는…."

"그리고 저는 선생님의 말씀이 옳다고 말씀드립니다. 그러나 제 편에서는 언제나 비둘기의 순진이 아니라, 뱀의 용의주도함일 것입니다. 선생님은 비둘기, 저는 뱀입니다. 그래서 함께 선생님이 가르치신 그 완전을 이루게 될 것입니다." 유다는 예수께서 가르치실 때에 쓰시는 말투를 쓰고, 선생님을 완전히 흉내내며 말한다. "'나는 너희들을 늑대들 가운데로 보내는 양들처럼 보낸다. 그러므로 뱀처럼 용의주도하고 비둘기처럼 순진하여라…. 어떻게 대답할까 하고 걱정하지 말아라. 말하는 것은 너희가 아니고, 너희 안에서 성령께서 말씀하실 것이므로, 그 때에 너희 입술에 말들이 놓여질 것이기 때문이다…. 어떤 도시에서 너희를 박해하면, 사람의 아들의 나라가 이를 때까지 다른 도시로 피하여라….' 저는 이 말씀을 기억합니다. 그런데 지금이 이 말씀을 적용할 때입니다."

"나는 그 말들을 **그렇게** 말하지 않았다. 그리고 **그 말만 한 것이 아니다**" 하고 예수께서 반박하신다.

"오! 지금 당장은 이 말씀만 기억해야 합니다. 그리고 이렇게 말해야 합니다. 선생님의 말씀이 무슨 뜻인지 저도 압니다. 그러나 선생님 안에 신념이 단단히 자리잡지 않았으면, 또 그것은 선생님의 나라의 기초인데, 자기를 적들의 손에 스스로 넘겨 주는 것은 옳지 않습니다. 그런 다음… 나머지를 말하고 행할 것입니다….”

유다의 표정이 하도 총명과 장난끼로 빛나서 한숨을 쉬시는 예수를 **빼놓고는** 모든 사람을 사로잡는다. 정말이지 사람들을 제압하는 데에는 아무 것도 부족한 것이 없는 유혹자이다.

예수께서는 한숨을 쉬시며 곰곰 생각하신다…. 그러나 유다의 선견지명이 전적으로 나쁘지는 않다는 것에 주의하시고 양보하신다. 유다는 의기양양하게 그의 계획 전체를 설명한다.

“그러니까 저희들은 내일과 모레, 이렇게 안식일 다음 날까지 가서, 완전한 이스라엘 사람으로 키드론 골짜기에 나뭇가지로 초막을 짓고 머물러 있을 것입니다. 그들은 선생님을 기다리느라고 지칠 것입니다…. 그 때에 선생님이 오시는 것입니다. 그 동안은 여기 조용히 계시면서 쉬십시오. 선생님은 기진맥진 하십니다. 그런데 저희들은 그것을 원치 않습니다. 성문이 닫힌 다음에는 저희 중의 한 사람이 와서 그들이 무엇을 하는지 말씀드릴 것입니다. 오! 그들이 실망하는 것을 보는 것은 멋있는 일일 것입니다!”

모두가 찬성한다. 그리고 예수께서도 반대를 하지 않으신다. 아마도 당신의 극도의 피로, 어쩌면 라자로를 위로하고자 하시는 욕망, 마지막 싸움에 앞서 그에게 모든 격려를 주고자 하시는 욕망 때문에 양보하기로 결정하신 것 같다. 어쩌면 또 이스라엘이 당신을 죄있는 사람으로 판결하기 전에 당신의 본성에 대하여 의심을 가지지 않게 되는 데 필요한 모든 업적이 끝마쳐지기 전에는 자유로운 몸으로 계셔야 하는 필요성 때문일 수도 있겠다…. 확실한 것은 예수께서 이렇게 말씀하시는 것이다.

“그러면 그렇게 하여라. 그러나 싸움을 걸지 말고, 거짓말을 피하여라. 차라리 잠자코 있지, 거짓말은 하지 말아라. 이제는 가자, 마르타가 우리를 부르고 있으니까. 마륵지암아, 이리 오너라. 너 얼굴이 나아졌구나….” 예수께서는 아주 어린 제자의 어깨에 팔을 두르시고 말씀을 하시면서 멀어져 가신다.

181. 예수께서 장막절을 위하여 성전에. "하느님의 나라는 화려하게 오지 않는다"

　예수께서 성전으로 들어가신다. 예수께서는 사도들과 내가 적어도 얼굴은 아는 매우 많은 제자들과 같이 계신다. 그리고 이 모든 사람 뒤에는 마치 자기들도 선생님의 제자로 간주되기를 바라는 듯이 벌써 제자들의 집단에 합쳐진 새 얼굴들이 있다. 안티오키아에서 온 저 약아빠진 그리이스 사람만을 빼고는 모두 모르는 얼굴들이다. 이 사람은 아마 자기와 같이 이방인인 다른 사람들과 이야기를 하고 있는데, 예수와 제자들이 이스라엘 사람들의 마당으로 들어가는 동안, 이 사람과 그와 더불어 말하는 사람들은 이교도들의 마당에서 걸음을 멈춘다.
　사람이 꽉 찬 성전에 예수께서 들어가시는 것이 자연 사람들의 눈에 띄지 않을 수는 없다. 벌집을 쑤셔놓은 벌떼의 윙윙거리는 소리와 같은 새로운 속삭임이 일어나서 이교도의 행각에서 가르치는 박사들의 목소리를 들리지 않게 한다. 그뿐 아니라 수업이 마치 마술에 걸린 듯이 중단되고, 율법학자들의 제자들은 사방으로 달려가 예수의 도착 소식을 전한다. 그래서 예수께서 이스라엘 사람들의 안마당이 있는 제2의 경내로 들어가실 때에는 벌써 바리사이파 사람과 율법학자와 사제 여럿이 모여서 예수를 살핀다. 그러나 예수께서 기도를 드리시는 동안은 예수께 아무 말도 하지 않고 가까이 오지도 않는다. 그늘은 그저 감시만 할 뿐이다.
　예수께서 이교도들의 행각으로 돌아오시니 이교도들이 그를 따른다. 그리고 구경꾼들과 선의를 가지고 따라 오는 사람과 마찬가지로 악의를 가지고 따라 오는 사람의 수도 불어난다. 그리고 작은 소리로 말하는 속삭임이 사람들 사이로 퍼져 간다. 이따금씩 큰 소리로 하는 의견이 들린다. "자 보라구. 오시지 않았나? 저분은 의인이셔. 그러니까 명절을 안 지킬 수가 없었단 말이야." 또는 "저 사람 뭣하러 왔지? 백성들을 한층 더 타락시키려고?" 또는 "이젠 만족하시오? 저 사람이 어디 있는지 이젠 알지요? 그렇게도 찾더니!"

외따로 떨어져 나오다가 제자들이나 그들의 사랑 바로 그것으로 증오심을 품은 원수들을 위협하는 지지자들의 의미있는 시선으로 인하여 목구멍 속에서 약해져서 이내 사라지는 목소리들도 있고, 독을 뿜어내다가 군중이 무서워서 진정되는 빈정거리고 독을 품는 목소리들도 있다. 그 다음에는 선생님을 위하여 뜻있는 발표를 한 다음 군중도 입을 다문다. 유력자들의 보복이 무섭기 때문이다. 상호간의 공포가 지배하고 있다….

무서워하지 않는 사람은 다만 예수뿐이다. 예수께서는 당신이 가고자 하시는 곳을 향하여 천천히 위엄있게 걸어가시는데, 약간 생각에 잠겨 계시지만, 그래도 당신의 깊은 생각에서 나와, 한 어머니가 내미는 어린 아이를 쓰다듬어 주시고, 인사를 하는 노인에게 미소를 보내시고 강복하실 준비를 갖추고 계신다.

이교도들의 행각 안에는 가믈리엘이 한떼의 제자들 가운데에 서 있다. 눈부시게 하얗고 매우 넓은 찬란한 옷을 입고 팔짱을 끼고 있는데, 그의 옷은 가믈리엘이 있는 곳에 땅에 깔아놓은 짙은 빨간색의 두꺼운 양탄자 위에 부각되어 한참 더 희게 보인다. 가믈리엘은 고개를 약간 기울이고 생각하는 것 같고, 옆에서 일어나는 일에 관심을 가지지 않는 것 같다. 그와는 반대로 그의 제자들 가운데에는 가장 큰 호기심으로 인하여 소란이 일어난다. 키가 작은 한 제자는 더 잘 보려고 등받이 없는 걸상 위에 올라가기까지 한다.

그러나 예수께서 가믈리엘과 같은 위치에 가셨을 때 라삐는 얼굴을 들고, 사상가의 이마 아래 있는 그윽한 그의 눈이 예수의 평온한 얼굴을 잠시 뚫어지게 본다. 탐색하는 듯한, 괴롭히기도 하고 고민도 하는 눈길이다. 예수께서 그것을 느끼시고 몸을 돌려 그를 바라보신다. 두개의 반짝임이, 새까만 눈들과 사파이어 빛깔의 눈들이 서로 교차한다. 예수의 눈길은 탐색하도록 내버려두는 솔직하고 부드러운 눈길인데, 가믈리엘의 헤아릴 수 없는 눈길은 진리의 신비를 알고 깨뜨리려고 애쓰지만 ─왜냐하면 그에게는 갈릴래아의 라삐가 하나의 수수께끼이기 때문이다.— 그분의 생각에 대하여 바리사이파 사람답게 새암을 내서, 하느님께 대한 것이 아닌 일체의 탐구에 눈을 감는 시선이다. 잠깐 사이이다. 그러다가 예수께서는 앞으로 나아가시고, 라삐 가믈리엘은 다시 고개를 숙이고, 그를 둘러싸고 있는 사람들 중 어떤 사람들의 솔직하고 불안스러운 질문이나 다른 사람들의 음험하고 증오를 품은 질문인 "선생님, 저분입니까? 어떻게 생각하십니까?", "자, 선생님의 판단은 어떠십니까? 저 사람은 누굽니까?" 하는 말에는 일체 귀를 기울이지 않는다.

예수께서는 당신이 택하신 자리로 가신다. 오! 예수의 발 밑에는 양탄자가 없다! 예수께서는 행각 아래 계시지도 않다. 행각 저 안쪽 가장 높은 계단의 단 위에 서시어 그저 기둥에만 기대어 계신다. 가장 보잘 것 없는 자리이다. 그 주위를 빙 둘러싸고 사도들과 제자들과 지지자들과 구경꾼들이 있다. 좀 더 떨어져서는 바리사이파 사람들과 율법학자들과 사제들과 교사들이 있다. 가믈리엘은 있던 자리에 그대로 있다.

예수께서는 벌써 수없이 전도하신 하느님의 나라가 왔다는 것과 그 나라를 준비하라는 설교를 시작하신다. 그런데 나는 예수께서 거의 같은 장소에서 20년 전에 설명하신 것과 같은 사상을 더 힘있게 되풀이해 말씀하신다고 말할 수 있을 것이다. 예수께서는 다니엘의 예언과 예언자들이 예언한 예고자에 대하여 말씀하시고, 동방 박사들의 별과 죄없는 어린 아이들의 학살을 상기시키신다. 그리고 그리스도가 세상에 왔다는 표들을 보여 주기로 되어 있는 이 서두 다음에는 당신이 오셨다는 것을 확인하기 위하여, 마치 전에 사람이 되신 그리스도의 내림을 동반한 다른 표들과 같이 가르치는 그리스도를 동반하는 지금의 표들을 증거로 드신다. 즉 당신을 따라 다니는 반내, 예고사의 죽음, 끊임없이 일어나서 하느님께서 그리스도와 함께 계시다는 것을 확인하는 것을 상기시키신다. 예수께서는 절대로 반대자들을 공격하지 않으시고, 그들을 보지도 못하시는 것 같다. 예수께서는 당신을 따르는 사람들의 믿음을 굳게 하시려고 말씀하시고, 그들의 잘못없이 밤중에 있는 사람들에게 진리를 비추어 주기 위하여 말씀하신다···.

어떤 기분 나쁜 목소리가 군중의 끝부분에서 나온다. "선생의 기적들이 안식일에 오면, 어떻게 하느님께서 선생의 기적 속에 계실 수 있습니까? 바로 어제 선생은 벳파게에 가는 길에서 문둥병자 한 사람을 고쳤습니다."

예수께서는 방해하는 사람을 바라보시고 대답은 하지 않으신다. 그리고 계속하여 사람들을 억압하는 힘에서의 해방과 영원하고 패배를 모르고 영광스럽고 완전한 그리스도의 나라의 설립에 대하여 말씀하신다.

"그런데 그것이 언젭니까?" 하고 한 율법학자가 빈정거리며 묻는다. 그리고 이렇게 덧붙인다. "우리는 선생이 왕이 되고자 한다는 걸 압니다. 그러나 선생같은 왕은 이스라엘의 파멸일 것입니다. 선생의 왕권이 어디 있습니까? 선생의 군대와 재물과 동맹관계가 어디 있습니까? 선생은 미치광입니다." 그리고 그와 같은 많은 사람이 업신여기는 웃음을 웃으며 머리를 내젓는다.

어떤 바리사이파 사람이 말한다. "그렇게 하지 마시오. 그렇게 하면 저 사람이 말하는 나라가 어떤 것인지, 그 나라에 어떤 법률들이 있을 것인지, 그 나라가 어떻게 생겼을 것인지 알지 못할 것입니다. 아니? 혹 옛날 이스라엘 왕국이 다윗과 솔로몬의 시대에처럼 대번에 완전하게 됐습니까? 완전한 왕의 왕으로서의 광휘가 오기 전에 얼마나 많은 불안정과 어두운 시기가 있었는지 기억하지 못합니까? 첫번 왕을 가지기 위해서는 우선 왕에게 기름을 부어야 할 하느님의 사람을 양성해야 했고, 따라서 엘카나의 안나의 수태불능을 없애야 하고, 안나에게 아들을 바칠 생각을 가지게 해야 했습니다. 안나의 찬미의 노래를 묵상하시오. '주님 같이 거룩한 사람은 아무도 없네…. 호언장담으로 교만한 말을 늘리지 말아라…. 죽게 하고 살리시는 것은 주님이시네…. 주님은 가난한 사람을 일으키시네…. 주님은 성인들의 걸음을 확실하게 하시고, 불경건한 자들은 입을 다물게 될 것이니, 사람이 강한 것은 제 힘으로 되는 것이 아니고, 하느님에게서 오는 힘으로 그렇게 되기 때문일세.'

오! 기억하시오! '주님은 땅의 극변(極邊)을 심판하시고, 당신 왕에게 권세를 주실 것이고, 당신의 그리스도의 능력을 끌어올린 것입니다.' 예언의 그리스도는 혹 다윗에게서 오기로 되지 않았습니까? 그러면 사무엘의 출생에서부터 모든 준비가 그리스도의 나라에 대한 준비가 아니었습니까? 선생님, 선생님은 베들레헴에서 났으니, 혹 다윗의 후손이 아니십니까?" 하고 그는 마침내 예수께 직접 묻는다.

"당신이 바로 말했습니다" 하고 예수께서는 짤막하게 대답하신다.

"오! 그러면 우리의 이해력을 만족시켜 주십시오. 선생님은 침묵이 마음 속에 의심의 망상을 조장하기 때문에 좋은 것이 아니라는 걸 아시지요."

"의심의 망상이 아니라, 교만의 망상입니다. 이것이 한층 더 중대합니다."

"뭐라구요? 선생님을 의심하는 것이 교만한 것보다 덜 중대하다구요?"

"그렇습니다. 교만은 지능의 음란이고, 이것은 루치펠 자신의 죄이므로 가장 큰 죄이기 때문입니다. 하느님께서는 많은 것을 용서하시고, 하느님의 빛은 무지를 비추고 의심을 흩뜨리기 위하여 사랑으로 빛납니다. 그러나 하느님께서는 자기가 당신보다 더 위대하다고 말하면서 당신을 비웃는 교만은 용서하지 않으십니다."

"우리 중에서 누가 그런 말을 합니까. 하느님이 우리보다 더 못하시다고? 우리는 하느님을 모독하지 않습니다…" 하고 여러 사람이 외친다.

"당신들이 입술로는 그렇게 말하지 않습니다. 그러나 행위로는 그렇게 단언합니다. 당신들은 하느님께 이렇게 말하고자 합니다. '그리스도가 갈릴래아 사람, 서민일 수는 없습니다. 저 사람일 수는 없습니다' 하고. 하느님께 불가능한 것이 무엇입니까?"

예수의 목소리는 천둥소리 같다. 처음에 예수께서 거지처럼 기둥에 기대 계실 때에는 그분의 모습이 매우 보잘 것 없었지만 지금은 몸을 꼿꼿이 일으키시고, 기둥에서 떨어지시며, 머리를 위엄있게 목 위에 똑바로 드시고, 빛나는 눈으로 군중을 쏘아보신다. 예수께서는 아직 계단 위에 계신다. 그러나 그 태도가 어떻게나 당당한지 옥좌 위에 계신 것과 같다.

사람들은 무서워서 뒷걸음질 하고, 아무도 마지막 질문에 대답을 하지 못한다.
 그러다가 그의 영혼도 그럴 것이 틀림없는 무뚝뚝한 모습의 주름 투성이의 작은 교사가 질문을 하는데, 질문에 앞서 목이 쉰 억지웃음을 웃는다.
 "음란은 두 사람이 있을 때 행해집니다. 지능은 누구와 음란을 행합니까? 지능은 육체가 아닌데요. 그런데 어떻게 음란으로 죄를 지을 수 있습니까? 지능은 무형의 것인데, 죄를 짓기 위해 무엇과 결합합니까?" 그러면서 그의 말을 끌면서 계속 웃는다.
 "누구와 결합하느냐구요? 사탄과 결합합니다. 교만한 자의 지능은 하느님과의 사랑을 거스려 사탄과 함께 간음죄를 짓습니다."
 "그럼 루치펠은 아직 사탄이 없었는데, 누구와 간음죄를 지어서 사탄이 되었습니까?"
 "자기 자신과 더불어, 자기 자신의 지적이고 무질서한 생각으로 그렇게 했습니다. 율법교사 양반, 음란이란 무엇입니까?"
 "그야… 나는 그 말을 선생에게 했습니다! 그래 음란을 알지 못하는 사람이 어디 있습니까? 우리는 모두 그것을 체험했습니다."
 "선생은 악의 삼중의 결과인 이 보편적인 죄의 성질을 알지 못하니 지혜로운 교사가 아닙니다. 아버지와 아들과 성령이 사랑의 세 가지 형태이심과 같이 말입니다. 율법교사 양반, 음란은 무질서입니다. 자기의 욕심이 나쁘다는 것을 알지만, 그래도 그것을 만족시키기를 원하는 자유롭고 의식적인 지능에 유도된 무질서입니다. 음란은 자연법칙을 거스르고 정의를 거스리고 하느님과 자기 자신과 우리 형제들에 대한 사랑을 거스르는 무질서와 폭력입니다. 어떤 음란이든지 다 그렇습니다. 육체의 음란도 그렇고, 세상의 재물과 권력을 노리는 음란도 그렇고, 그리스도가 그의 사명을 완수하는 것을 막기를 원하는 사람들의 음란도 그렇습니다. 내가 사명을 완수하는 것을 막으려고 하는 것은 내가 그것을 할까봐 벌벌 떠는 터무니 없는 야망으로 음모를 꾸미기 때문입니다."
 커다란 중얼거림이 군중 가운데로 퍼져 나간다. 그의 양탄자 위에 혼자 남아 있는 가믈리엘은 머리를 들고 예수를 날카로운 눈초리로 바라본다.

"그러나 언제 하느님의 나라가 올 것입니까? 거기 대해서는 대답하지 않으셨습니다…." 조금 전의 바리사이파 사람이 공격을 되풀이한다.

"그리스도가 이스라엘이 그에게 준비하는 옥좌에, 어떤 옥좌보다도 더 높고, 이 성전 자체보다도 더 높은 옥좌에 있을 때입니다."

"호화로운 것이 아무 것도 없는데, 어디서 그것을 준비하고 있는 중입니까? 로마가 이스라엘이 일어나게 내버려둔다는 것이 사실일 수 있습니까? 도대체 수리들이* 눈이 멀어서 무엇이 준비되고 있는지 보지 못한단 말입니까?"

"하느님의 나라는 화려하게 오지 않습니다. 하느님의 눈만이 그것이 형성되는 것을 보십니다. 하느님의 눈은 사람들의 마음 속을 읽으시니까요. 그러므로 '바타네아에서 함께 음모를 꾀한다. 엔갓디 광야의 동굴들에서 함께 음모를 꾸민다. 해변에서 함께 음모를 꾀한다'고 말하는 사람들을 믿지 마시오. **하느님의 나라는 당신들 안에 있고, 당신들의 마음 속에, 하늘에서 온 율법을 참 고향의 율법으로, 그것을 실천함으로 나라의 시민이 되는 율법으로 받아들이는 여러분의 정신 안에 있습니다.** 이 때문에 그것을 통해서 내 가르침이 사람들의 마음 속에 스며들어가기로 되어 있던 마음의 길을 준비하기 위하여 요한이 나보다 먼저 왔습니다. 회개로 일이 준비되고, 사랑으로 나라가 세워지고, 사람들에게 하늘 나라를 금하는 죄의 속박이 무너질 것입니다."

"아니, 이 사람은 정말 위대합니다! 그런데 당신들이 이 사람이 장색이라고 말합니까?" 하고 주의깊게 듣고 있던 어떤 사람이 큰 소리로 말한다. 그리고, 그들의 옷으로 보아 유다인들이고, 또 아마도 예수의 원수들에게 교사(敎唆)된 다른 사람들은 어리둥절하여 서로 바라보고, 교사하는 사람들을 바라보면서 묻는다. "아니, 당신들은 우리에게 어떤 암시를 주었소? 이 사람이 백성을 선동한다고 누가 말할 수 있소?" 또 다른 사람들은 또 이렇게 말한다. "우리는 의아하게 생각하오. 그래서 당신들에게 이걸 묻겠소. 만일 당신들 중의 아무도

---

* **역주** : 로마의 군기에 수리 모양을 만들어 놓았던 것을 말함.

이 사람을 가르치지 않았다는 것이 사실이라면, 어떻게 이 사람이 그렇게도 많은 지혜를 가지고 있소? 이 사람이 선생하고 공부한 일이 없다면, 그것을 어디서 배웠단 말이요?" 그리고 예수께 이렇게 묻는다. "말씀해 주십시오. 선생님이 가르치시는 이 교리를 어디서 발견하셨습니까?"

예수께서는 영감을 받은 얼굴을 드시고 말씀하신다. "정말 잘 들어 두시오. 이 가르침은 내 가르침이 아니라, 나를 여러분 가운데로 보내신 분의 가르침입니다. 나 진정으로 진정으로 말합니다마는, 어떤 선생도 이것을 내게 가르쳐 주지 않았고, 그것을 지금 저술되는 어떤 책에서도, 어떤 두루마리나 어떤 기념 건조물에서도 찾아내지 않았습니다. 정말 잘 들어 두시오. 나는 살아 계신 분께서 내 영에 말씀하시는 것을 들으면서 이 시간을 준비했습니다. 이제는 내가 하늘에서 온 말씀을 하느님의 백성에게 줄 시간이 되었습니다. 그래서 나는 그렇게 합니다. 그리고 마지막 숨을 거둘 때까지 그렇게 하겠습니다.

그리고 내가 마지막 숨을 거두었을 때 내 말을 듣고도 부드러워지지 않는 돌들은 모세가 시나이산에서 느낀 공포보다도 더 큰 공포를 느낄 것이고, 두려움 가운데에서 축복하거나 저주하는 진실을 말하는 목소리로 내 가르침의 말들이 돌에 새겨질 것입니다. 그리고 그 말들은 지워지지 않을 것입니다. 표가 남아 있을 것입니다. **적어도 그 때에는 내 가르침을 받아들일 사람들에게는 빛이 남아 있을 것이고, 당신의 나라를 세우라고 나를 보내신 것은 하느님의 뜻이라는 것을 그 때에도 깨닫지 못할 사람들에게는 절대적인 어두움이 남아 있을 것입니다.**

창조의 시초에 이렇게 말씀하셨습니다. '빛이 생겨라.' 그러자 혼돈 가운데 빛이 생겨났습니다. 내 생애의 시초에 이런 말이 있었습니다. '착한 뜻을 가진 사람들에게 평화가 있어라' **착한 뜻은 하느님의 뜻을 행하고, 그것에 저항하지 않는 뜻입니다.** 그런데 하느님의 뜻을 행하고 그것에 저항하지 않는 사람은 내 가르침이 나 자신에게서 오지 않고, 하느님에게서 온다는 것을 깨닫기 때문에 나를 반대할 수가 없습니다. 혹 내가 내 영광을 찾습니까? 혹 내가 은총의 율법과 용서의 시대의 창시자라고 말합니까? 아닙니다. 나는 내 것이 아닌 영광

181. 예수께서 장막절을 위하여 성전에. "하느님의 나라는 … 오지 않는다"

은 취하지 않고, 모든 좋은 것의 창시자이신 하느님의 영광에 영광을 바칩니다. 그런데 내 영광은 아버지께서 내가 하기를 원하시는 것을 하는 것입니다. 이것이 아버지께 영광을 드리는 것이기 때문입니다.

사람들의 칭찬을 듣기 위해서 자기 자신에게 유리하게 말하는 사람은 자기 자신의 영광을 추구합니다. 그러나 사람들의 영광을 추구하지 않으면서도 그것을 얻을 수 있는 사람이 그것을 물리치면서 '이것은 내가 만들어낸 내 말이 아니라, 내가 아버지에게서 나오는 것과 같이 아버지의 뜻에서 나온 것이다' 하고 말하면, 그는 진리를 말하는 것이고, 그에게는 부정이 없습니다. 그는 자기의 것이 아닌 것을 아무 것도 자기가 가지지 않고 각자에게 그의 것을 주기 때문입니다. 내가 있는 것은 아버지께서 보내셨기 때문입니다."

예수께서는 잠깐 말씀을 멈추신다. 눈을 군중에게로 돌리시고, 양심을 조사하시고, 읽고, 헤아리신다. 그리고 다시 말씀하신다. "여러분은 잠자코 있군요. 반은 감탄하면서, 반은 어떻게 해야 내 입을 막을 수 있을까 하고 생각하면서. 십계명은 누구의 것입니까? 그것들은 어디에서 왔습니까? 누가 그것들을 여러분에게 주었습니까?"

"모세요!" 하고 군중이 외친다.

"아닙니다. 지극히 높으신 분이십니다. 그분의 종인 모세가 그것을 여러분에게 가져왔습니다, 그러나 그것은 하느님에게서 온 것입니다. 문례(文例)는 가지고 있으면서도 믿음을 가지고 있지 않은 여러분은 아마 마음 속으로 이렇게 말할 것입니다. '하느님을 우리는 보지 못했고, 히브리인들도 시나이산 밑에서 보지 못했다'고. 오! 여러분에게는 하느님께서 모세가 있는 앞에서 벼락과 천둥을 던지시는 동안 산에 불을 놓은 벼락조차도 하느님께서 현존하셨다는 것을 믿는 데 충분하지 않았습니다. 하느님께서 구원과 단죄(斷罪)의 영원한 계약을 쓰시기 위하여 여러분 위에 계시다는 것을 여러분에게 믿게 하는 데에는 벼락과 지진도 소용이 없습니다.

여러분은 무시무시한 새로운 공현(公現)이, 그것도 오래지 않아 이 담 안에 나타나는 것을 볼 것입니다. 그리고 빛의 나라가 시작되고, 지성소(至聖所)가 3중의 휘장 속에 감추어져 있지 않고 세상이 보는 앞에서 높이 들리겠기 때문에 신성한 숨는 곳이 어둠 속에서 나올 것입니다. 그런데도 여러분은 믿지 않을 것입니다. 도대체 여러분에게는 믿기 위해 무엇이 필요합니까? 정의의 벼락이 여러분의 육체에 흔적을 남기기를 원합니까? 그러나 그 때에는 정의가 진정되고, 사랑의 벼락이 내려올 것입니다. 그러나 그것들도 여러분의 마음에, 여러분의 모든 마음에 진리를 쓰지 못할 것이고, 뉘우침을, 또 그 다음에는 사랑을 일으키지 못할 것입니다…."

이제는 가믈리엘의 얼굴이 긴장하였고, 그의 눈은 예수의 얼굴을 뚫어지게 바라본다….

"그러나 모세는 사람들 중의 사람이었다는 것을 여러분은 압니다. 그의 시대의 편년사가(編年史家)들이 그에 대한 기술(記述)을 여러분에게 남겨 주었습니다. 그러나 모세가 어떤 사람인지, 그가 누구에게서 어떻게 율법을 받았는지를 아는 여러분이 혹 그 율법을 지킵니까? 아닙니다. 여러분 중의 아무도 지키지 않습니다."

항의하는 외침이 군중에게서 일어난다. 예수께서는 조용하라고 명하신다. "여러분은 그것은 사실이 아니라고 말합니까? 여러분이 율법을 지킨다고? 그러면 왜 나를 죽이려고 합니까? 다섯째 계명이 사람을 죽이는 것을 금하지 않습니까? 여러분은 나를 그리스도로 인정하지 않습니까? 그러나 여러분은 내가 사람이라는 것은 부인하지 못합니다. 그런데 왜 나를 죽이려고 합니까?"

"아니 선생은 미쳤군요! 마귀들렸군요! 마귀가 선생 안에서 말하고, 선생에게 헛소리를 하게 하고 거짓말을 하게 합니다! 우리 중의 아무도 선생을 죽일 생각을 하고 있지 않습니다! 누가 선생을 죽일 생각을 합니까?" 하고 바로 그렇게 하고자 하는 사람들이 말한다.

"누가? 당신들이오. 그리고 당신들은 그렇게 하려고 구실을 찾습니다. 그래서 사실이 아닌 잘못들을 내게 비난합니다. 이것이 첫번이 아니지만, 당신들은 안식일 동안에 사람들을 고쳐 주었다고 나를 비난합니다. 그래 모세는 쓰러진 나귀와 소가 당신의 형제의 재산이기 때문에 그것을 불쌍히 여긴다고 말하지 않습니까? 그런데 되찾은 건강이 육체의 이익이 되고, 또 하느님의 인자 때문에 하느님을 찬미하고 사랑하는 정신적인 방법이 되는 형제의 병든 몸을 내가 동정하지 않아야 되겠습니까? 그리고 모세가 이미 성조들에게서 그것을 받았기 때문에 당신들에게 준 할례를 당신들은 혹 안식일 동안에도 행하지 않습니까? 안식일 동안에 한 남자에게 할례를 행하는 것은 할례가 한 남자 아이를 율법의 아들이 되게 하는 데 소용되기 때문에 안식일에 관한 모세의 율법을 어기는 것이 아닌데, 어째서 내가 어떤 사람의 육체와 정신 전체를 안식일 동안에 고쳐서 하느님의 아들을 만들었다고 해서 분개합니까? 겉보기와 글자에 따라서 판단하지 말고 올바른 판단을 당신들의 정신으로 내리시오. 글자와 문례와 겉보기는 죽은 물건과 **그림이지 참 생명이 아닌데**, 말과 겉보기의 **정신이야말로 실제적인 생명이고 영원한 샘이기 때문입니다**. 그러나 당신들은 이런 것들을 이해하기를 원치 않기 때문에 이해하지 못합니다. 가자."

그러시면서 모든 사람에게 등을 돌리시고 출입구 쪽을 향하여 가시는데, 사도들과 제자들이 뒤따르고 에워싼다. 이들은 선생님 때문에 슬퍼하고, 선생님의 원수들을 몹시 경멸한다.

예수께서는 창백한 얼굴로 그들에게 미소를 지으시며 말씀하신다. "슬퍼들 하지 말아라. 너희들은 내 친구이다. 그리고 내 때가 끝나게 되어 가니, 너희들이 내 친구인 것이 잘하는 일이다. 너희들이 사람의 아들의 이 날들 중의 **하나**를 보기를 갈망할 날이 오래지 않아 올 것이다. 그러나 보지 못할 것이다. 그 때에는 '우리는 선생님이 우리 가운데 계신 동안 선생님을 사랑했고 선생님께 충실했다'고 생각하는 것이 위로가 될 것이다. 그런데 저들은 너희를 조롱하려고 또 너희들을 미친 사람으로 보이게 하려고 '그리스도가 돌아왔다. 여기 있다! 저기 있다!' 하고 말할 것이다. 저들의 말을 믿지 말아라. 가지도 말고 저 빈정거리기 잘하는 사람들을 따라 가지도 말아라. 사람의 아들은 가고 난 다음에는 그의 날이 되어야만 돌아올 것이다.

그런데 그의 나타남은 하늘 이쪽에서 저쪽으로 하도 빨리 번쩍이며 지나가서 눈이 지켜보기가 어려울 정도인 번개와 같을 것이다. 너희들은, 그리고 너희들뿐 아니라 어떤 사람도 지금까지 있었고, 현재에 있고, 장래에 있을 모든 사람을 모으려고 내가 마지막으로 나타날 때에 나를 따라 올 수가 없을 것이다. 그러나 이 일이 오기 전에 사람의 아들은 많은 고통을, **모든 고통을** 인류의 모든 고통을 당해야 하고, 게다가 이 세대에게 부인(否認)을 당해야 한다."

"아니. 그럼 주님은 이 세대가 주님께 가할 수 있는 모든 고통을 당하실 거란 말씀이군요" 하고 목자 마티아가 지적한다.

"아니다. 나는 '인류의 모든 고통'이라고 말했다. 인류는 이 세대 전에도 있었고, 이 세대 후에도 세세대대로 존재할 것이다. 그리고 항상 죄를 지을 것이다. 그리고 사람의 아들은 구속자가 되기 전에 과거와 현재와 미래의 죄의 모든 고통을 정신으로 맛볼 것이다. 그리고 또 그의 영광도 인류가 자기의 사랑을 짓밟는 것을 보고 사랑의 정신으로 또 고통을 당할 것이다. 너희들이 지금도 알아듣지 못한다…. 이제 저 집으로 가자. 저 집은 나와 친한 집이다."

그러면서 문을 두드리시니, 문이 열리며 예수를 들어가시게 하는데, 문지기는 예수의 뒤에 들어오는 사람들의 수에 대하여 놀라움을 표시하지 않는다.

182. 성전에서. "당신들은 내가 누구이며 어디서 왔는지 아는가?"

성전에는 전날보다도 한층 더 사람이 꽉 찼다. 그리고 성전을 꽉 채우고 첫째 마당에서 요란스럽게 움직이는 군중 속에는 이방인이 많이 있는데, 어제 보다도 훨씬 더 많다. 그들은 이스라엘 사람 이방인 할 것 없이 모두 초조하게 기다리고 있다. 그리고 이방인들은 이방인들과 같이, 히브리인들은 히브리인들과 같이 떼를 지어 여기저기 흩어져서 말을 하면서 문들 쪽으로 놓치지 않고 지켜본다.

율법학자들은 행각들 아래서 사람들을 끌고 열변을 토하기 위하여 목소리를 높이느라고 애를 쓴다. 그러나 사람들은 정신이 산만하다. 그래 얼마 안 되는 생도들에게 말한다. 가믈리엘도 거기 자기 자리에 있다. 그러나 그는 말하지 않는다. 그는 호화로운 그의 양탄자 위에서 팔짱을 끼고 고개를 기울이고 명상을 하면서 왔다갔다 한다. 그리고 그의 긴 옷과 앞을 벌리고 죔쇠로 어깨에 고정시켜서 늘어뜨린 훨씬 더 긴 겉옷은 그의 뒤로 늘어져 땅에 끌리는 옷자락을 만들어 놓고 있어, 그가 발길을 돌려 돌아올 때에는 발로 밀어낸다. 가장 충실한 그의 제자들은 벽에 기대 서서 겁을 내고 그를 바라보며, 그들의 선생의 묵상을 존중한다.

바리사이파 사람들과 사제들은 할 일이 많은 체하며 왔다갔다 한다…. 그들의 참다운 의향을 알아차리는 사람들은 그들을 손가락으로 서로 가리키고, 어떤 비난이 불붙은 화살처럼 날아가서 그들의 위선을 괴롭힌다. 그러나 그들은 못 듣는 체한다. 그들은 예수를 미워하지 않고 오히려 그들을 미워하는 사람들의 많은 수에 비하여 별로 많지 않다. 그래서 맞서지 않는 것이 사려깊은 일이라고 생각한다.

"저기 오신다! 저기 오셔! 오늘은 황금문으로 해서 오신다."
"뛰어 가자!"

"난 여기 그대로 있을 거야. 선생님은 여기 와서 말씀하실 거야. 난 내 자리를 지키겠어."

"나도 마찬가지야. 그리고 가는 사람들은 남아 있는 우리에게 자리를 만들어 주기까지 하네."

"그러나 저들이 선생님이 말씀을 하시게 놔 둘까?"

"그들은 선생님이 들오시게 가만 놔 두었는데!…."

"그래, 하지만 그건 달라. 율법의 아들로서는 저들이 선생님이 들어오시는 것을 막을 수 없어. 그렇지만 라삐로서는 저들이 원하기만 하면 내쫓을 수 있어."

"구별이 많기도 하구먼! 선생님이 하느님께 말씀드리러 가게 내버려 두는데, 왜 사람들에게 말하는 것은 내버려 두지 말아야 하겠는가?" (말하는 사람은 이방인이다.)

"맞아!" 하고 다른 이방인이 말한다. "우리는 부정하기 때문에 저들이 저기로 가게 내버려 두지는 않지만, 우리가 할례를 받을 것이라는 희망으로 여기에 있는 것은 가만 놔 두거든…."

"입닥쳐, 권뚜스. 저들이 선생님이 말하는 것을 가만 놔 두는 것이 이 때문이란 말이야. 즉 우리가 나무(木)라도 되는 듯이 자르기를 바라서 그러는 거란 말이야. 반대로 우리는 야생의 나무같은 우리에게 접붙일 접수(接穗)처럼 선생님의 사상을 얻으러 왔단 말이야."

"자네 말 잘했네. 우리를 무시하지 않는 것은 선생님 한 분뿐이야!"

"오! 그 점에 있어서는! 우리가 두둑한 돈주머니를 가지고 물건을 사러 가면 저사람들도 우리를 무시하지 않지."

"자 보게! 우리 이방인들이 이 광장의 주인이 됐네. 우린 잘 들을 걸세! 더 잘 보기도 하고! 나는 선생님의 원수들의 얼굴을 보는 것이 마음에 드네. 주피터의 이름으로! 얼굴들의 싸움이라…."

"닥쳐! 자네가 주피터라고 말하는 걸 사람들이 듣지 못하게. 여기서는 그것이 금지돼 있어."

"오! 주피터와 야훼 사이에는 차이가 별로 없어. 그리고 신들 사이에서는 기분이 상하지 않는다네…. 나는 선생님 말을 들으려는 진정한 뜻을 가지고 왔지, 조롱하려고 오지는 않았네. 사방에서 저 나자렛 선생 이야기를 너무나 많이 하거든! 나는 계절이 좋으니 선생님 말을 들으러 가야지, 하고 말했지. 신탁(神託)을 들으려고 더 멀리가는 사람들도 있단 말이야."

"자넨 어디서 왔나?"

"페르가에서. 그럼 자네는?"

"타르소에서."

"나는 거의 유다인이야. 내 아버지는 이코니움의 그리이스 문화에 동화한 유다인이었어. 그러나 칠리치아의 안티오키아에서 로마 여자와 결혼을 했었고, 내가 나면서 돌아가셨어. 그러나 씨는 히브리인의 씨야."

"선생님이 오시는 게 늦어지는 걸…. 저들이 붙잡은 걸까?"

"염려 말게. 군중의 외침으로 우리가 그걸 알게 될 걸세. 저 히브리인들은 불안한 까치들처럼 소리를 지른단 말이야. 항상…."

"오! 바로 저기 오신다. 정말 이리 오실까?"

"자넨 저 사람들이 이 구석만 빼놓고 다른 장소는 모두 차지한 걸 보지 못하나? 자기들이 선생이라는 걸 믿게 하려고 떠들어대는 저 개구리같은 사람들의 소리가 들리나?"

"그렇지만 저 사람은 잠자코 있는데. 저 사람이 이스라엘의 가장 위대한 박사라는 게 사실인가?"

"그래, 그렇지만…. 굉장히 학자연하는 사람이야! 어느날 저 사람의 말을 들었는데. 저 사람의 지식을 소화하기 위해서 베제타에 있는 티토의 팔레르노 포도주를 여러 잔 마셔야 했네." 그러면서 그들은 자기들끼리 웃는다.

예수께서 천천히 가까이 오신다. 가믈리엘 앞으로 지나오시는데, 가믈리엘은 고개조차 들지 않는다. 예수께서는 전날의 당신 자리로 가신다.

이제는 이스라엘 사람들과 개종자들과 이방인들이 섞인 군중은 예수께서 말씀하시려는 것을 깨닫고 속삭인다. "저분이 공공연하게 말을 하는데, 저 사람이 아무 말도 하지 않는데."

"대사제들과 지도자들이 아마 저분을 그리스도로 인정했나 보지. 어제 가믈리엘이 갈릴래아의 선생님이 떠난 다음 장로들과 오랫동안

이야기했어."

"그럴 수가 있을까? 얼마 전만 하더라도 저분이 죽어 마땅한 사람이라고 생각하던 사람들이 어떻게 해서 갑자기 저분을 인정하게 됐지?"

"어쩌면 가믈리엘이 증거들을 가지고 있었는지도 모르지."

"그래 어떤 증거들이란 말이오? 가믈리엘이 이 사람을 위해 어떤 증거를 가지고 있을 거란 말이오?" 하고 어떤 사람이 대꾸한다.

"입닥치시오, 재칼같은 사람. 당신은 성서 해석자 중에 제일 꼴찌요. 누가 당신에게 물었소?" 그러면서 그를 비웃는다. 그러니까 그는 가버린다.

그러나 성전에는 속해 있지 않지만 틀림없이 쉽게 믿지 않는 유다인들인 다른 사람들이 뜻 밖에 와서 말한다. "증거들은 우리가 가지고 있소. 저 사람이 어디서 왔는지를 우리는 알고 있소. 그러나 그리스도가 올 때에는 그가 어디에서 오는지 아무도 알지 못할 거요. 우리는 그의 태생을 알지 못할 거요. 그러나 저 사람에 대해서는!!! 저 사람은 나자렛의 목수의 아들이오. 그리고 만일 우리가 거짓말을 하면 그의 마을 사람 전부가 우리를 반박하는 증언을 이리 가져올 거요…."

그 때에 이렇게 말하는 한 이방인의 목소리가 들린다. "선생님, 오늘은 저희들에게 말씀을 좀 해 주십시오. 선생님께서는 모든 사람이 오직 한 분뿐인 신에게서, 즉 선생님의 신에게서 온다고 말씀하셨다는 말을 들었습니다. 선생님께서는 사람들을 아버지의 아들들이라고 부르실 정도로 말입니다. 저희네 스토아학파 시인들도 이와 같은 사상을 가지고 있습니다. 그들은 '우리는 신의 겨레이다'라고 말했습니다. 그런데 선생님의 동포들은 너희들은 짐승들보다 더 더럽다고 말합니다. 선생님께서는 이 두 가지 경향을 어떻게 양립시키십니까?"

질문은 철학 토론의 습관에 따라서 제기되었다. 적어도 나는 그렇게 생각한다. 그리고 예수께서 대답하려고 하시는데, 그 때 쉽게 믿지 않는 유다인들과 믿는 사람들 사이에 토론이 더 세차게 벌어지고, 한 날카로운 목소리가 이렇게 되풀이 하여 말한다. "이 사람은 보통 사람이오. 그리스도는 이렇지 않을 거요. 그에게는 모습이나 성

182. 성전에서. "당신들은 내가 누구이며 어디서 왔는지 아는가?" **265**

질이나 출생 따위 모두가 예외적일 거요…."
　예수께서는 그 쪽으로 몸을 돌리시고 큰소리로 말씀하신다. "그러면 당신들은 나를 알고, 내가 어디에서 오는지 안단 말이로군요. 거기에 대해 자신이 있습니까? 그런데 당신들이 아는 이 별것 아닌 것만도 당신들의 관심을 끌지 않습니까? 그것이 예언들을 확인하지 않습니까? 그러나 당신들은 내게 대해서 모든 것을 알지는 못합니다. 나 진정으로 당신들에게 말하지만, 나는 내게서 오지 않았고, 당신들이 내가 거기서 왔다고 생각하고 있는 곳에서 오지 않았습니다. 나를 보내신 분은 당신들이 알지 못하는 진리 자체이십니다."
　원수들 쪽에서 분개하여 지르는 외침이 들린다.
　"진리 자체입니다. 그러나 당신들은 진리가 하는 일을 알지 못하고, 진리의 길을 알지 못하고 내가 어떤 길로 해서 왔는지 알지 못합니다. 증오는 사랑의 길과 사랑이 하는 일을 알 수 없습니다. 어두움은 빛을 보는 것을 견디지 못합니다. 그러나 나는 나를 보내신 분을 압니다. 나는 그분의 것이고, 그분의 일부를 이루고, 그분과 하나의 전체를 이루기 때문입니다. 그리고 그분은 그분의 생각을 완수하라고 나를 보내셨습니다."
　소란이 일어난다. 원수들은 예수께 손을 대고, 붙잡아서 때리려고 달려든다. 사도들과 제자들과 일반 대중과 이방인들과 개종자들은 예수를 보호하기 위하여 저항한다. 다른 공격자들이 첫번 공격자들을 도우러 달려온다. 그래서 어쩌면 성공할지도 모르게 되었다. 그러나 그 때까지 모든 것과 관계가 없는 것 같던 가믈리엘이 그의 양탄자를 떠나, 보호하려고 하는 사람들에게 밀려 행각 아래로 가신 예수께로 와서 외친다. "이분을 가만 놔 두시오. 이분이 무슨 말을 하는지 **내가 듣고 싶소**."
　소란을 진정시키기 위하여 안토니아에서 달려오는 로마 군단의 분견대보다도 가믈리엘의 목소리가 더 영향을 미친다. 소란은 회오리바람이 멎듯 약해지고 고함소리들은 가라앉으면서 그저 웅성거리는 소리가 된다. 병사들은 신중을 기하여 바깥 울타리 근처에 그대로 있으나, 이제는 소용없게 되었다.
　"말하시오!" 하고 가믈리엘이 예수께 명령한다. "선생을 비난하는 사람들에게 대답하시오." 명령적이기는 하지만 경멸적인 말투는 아닙니다.

예수께서는 마당으로 나아가신다. 침착하게 말씀을 다시 시작하신다. 가믈리엘은 그곳에 그대로 있고, 그의 제자들은 그가 더 편안하게 있도록 그의 양탄자와 의자를 서둘러 가져온다. 그러나 그는 그대로 서서 팔짱을 끼고, 머리를 기울이고, 눈을 감고, 잘 들으려고 정신을 집중시키고 있다.

"당신들은 마치 내가 진리를 말하지 않고 하느님을 모독하는 말을 하는 것처럼 나를 이유없이 비난했습니다. 내가 말하는 것은 나를 변호하기 위해서가 아니라, 당신들에게 빛을 주어 진리를 알 수 있게 하기 위해서입니다. 내가 말하는 것은 나 자신을 위해서가 아니라 당신들이 믿고, 그것에 대고 맹세하는 말들을 당신들에게 상기시키기 위해서 입니다. 그 말들은 내게 대해서 증언합니다. 당신들은 나를 당신들과 같고, 당신들보다 못한 사람으로 생각하고 있다는 것을 나는 압니다. 그리고 당신들 생각에는 사람이 메시아가 될 수는 없을 것 같습니다. 당신들은 적어도 그 메시아는 천사이어야 할 것이고, 그의 출신의 신비가 일으키는 권위 때문에만 왕이 될 수 있을 정도로 매우 신비로운 출신이어야 할 것이라고 생각합니다.

그러나 우리 민족의 역사에, 이 역사가 들어 있는 책들에, 그리고 모든 나라와 모든 시대의 박사들이 과거에 대한 그들의 지식과 그들의 탐구를 진리의 빛을 빌어 보강하기 위하여 이 책들을 참고하겠기 때문에 세상만큼이나 영원할 책인 이 책들에 대관절 언제 하느님께서 당신의 천사들 중 하나에게 '내가 너를 낳았으니, 이제는 네가 내게 아들이 될 것이다' 하고 말씀하셨다는 말이 있습니까?"

나는 가믈리엘이 작은 탁자와 양피지들을 달라고 해서 글을 쓰려고 앉는 것을 본다….

"신령한 피조물이고, 지극히 높으신 분의 종들이고 심부름꾼들인 천사들은 사람과 같이, 동물들과 같이, 창조된 모든 것과 같이 지극히 높으신 분에 의해서 창조되었습니다. 그러나 지극히 높으신 분께서 그들을 낳지는 않으셨습니다. 하느님께서는 다만 다른 당신 자신을 낳으시기 때문이고, 완전하신 분은 완전하신 분밖에 낳으실 수가

182. 성전에서. "당신들은 내가 누구이며 어디서 왔는지 아는가?"

없고, 당신보다 못한 피조물을 낳음으로 당신의 완전의 품격을 떨어 뜨리지 않기 위하여 당신 자신과 같으신 다른 존재밖에 낳으실 수가 없기 때문입니다.

 그러므로 하느님께서 천사들을 낳으실 수가 없고, 그들을 아들의 지위로 올리실 수도 없으니, 하느님께서 '너는 내 아들이다. 내가 오늘 너를 낳았다' 하고 말씀하시는 아들은 누구입니까? 그리고 하느님께서는 아들을 낳으시면서 당신 천사들에게 그를 가리키시며 '그리고 하느님의 모든 천사가 그에게 경배 하여라' 하고 말씀하시니, 그 아들은 어떤 본성을 가지고 있겠습니까? 그리고 이 아들이 어떠하기에 아버지께서, 그분의 은총으로 사람들이 흠숭으로 겸손해지는 마음으로 그 이름을 부를 수 있는 그 아버지께서 '내가 네 원수들을 네 발판을 만들때까지 내 오른편에 앉아라' 하고 말씀하시는 것을 들을 자격이 있겠습니까? 이 아들은 아버지와 같이 하느님이실 수밖에 없고, 그분의 속성(屬性)과 능력을 같이 가지실 수밖에 없고, 아버지와 더불어 완전이 당신 자신에 대하여 가지는 이루 말할 수 없고 알 수 없는 사랑 속에 그분들을 기쁘게 하는 사랑을 누리실 수밖에 없습니다.

 그러나 하느님께서 천사를 아들의 지위로 올리는 것을 적당하다고 판단하지 않으셨는데, 당신들에게 말하고 있는 이 사람에 대해서 지금으로부터 2년전 연말께 저기 베타바라의 걸어서 건너가는 곳에서 말씀하신 것을 ──그리고 나를 공격하는 당신들 중의 여러 사람이 하느님께서 그 말씀을 하실 때 거기 있었습니다.── 어떤 사람에 대해서 말씀하실 수 있었겠습니까? 당신들은 그 말씀을 듣고 몸을 벌벌 떨었습니다. 하느님의 목소리는 다른 어떤 목소리와도 혼동될 수 없고, 하느님의 특별한 은총이 없으면, 그 목소리를 듣는 사람을 쓰러뜨리고, 그의 마음을 흔들어 놓기 때문입니다.

 그러면 당신들에게 말하는 사람은 무엇입니까? 당신들 모두와 같이 남자의 씨와 의욕에서 낳겠습니까? 그리고 지극히 높으신 분께서 육욕에서 태어난 사람들의 육체가 그런 것처럼 은총이 없는 육체에 살라고 당신의 영을 거기에 놓아 두실 수 있었겠습니까? 또 지극히 높으신 분께서 큰 죄를 속죄하는 데 한 사람의 희생으로 만족하실 수 있겠습니까? 곰곰이 생각해 보시오. 하느님께서는 메시아와 구속자가 되라고 천사를 택하지 않으셨습니다. 그러면 메시아와 구속자가 되라고 사람을 택하실 수 있겠습니까? 그리고 아버지의 아들이 인성을 취하지 않고, 그러나 인간의 논리를 초월하는 방법과 능력을 가진 인성을 취하지 않고 구속자가 될 수 있었습니까? 그리고 하느님의 맏아들이 영원한 맏아들인데, 부모를 가질 수 있었습니까?

점점 더 가까워지고, 겸손하고 믿음이 가득한 마음에서만 하나의 대답을 얻는, 진리의 나라로 올라가는 이 질문들을 대하고 오만한 생각은 당황하지 않습니까?

그리스도는 누구이어야 합니까? 천사여야 합니까? 천사 이상이어야 합니다. 사람이 이어야 합니까? 사람 이상이어야 합니다. 하느님이어야 합니까? 그렇습니다. 하느님이어야 합니다. 그러나 죄지은 육체의 속죄를 위하여 그에게 결합한 육체를 가진 하느님이어야 합니다. 어떤 것이든지 그것을 가지고 죄를 지은 재료로 대속(代贖)되어야 합니다. 따라서 죄에 떨어진 천사들이 죄를 속죄하기 위하여 한 천사를 보내서 루치펠과 그의 제자 천사들을 위하여 속죄하게 하셨어야 했을 것입니다. 왜냐하면 당신들도 알다시피 루치펠도 죄를 지었으니까요. 그러나 하느님께서는 악마들을 대속하라고 천사를 보내지 않으십니다. 그들은 하느님의 아들에게 경배하지 않았는데, 하느님께서는 당신의 사랑으로 낳으신 당신의 말씀에 대한 죄는 용서하지 않으십니다. 그러나 하느님께서는 인간을 사랑하셔서, 인간을 위하여 대속하고 하느님과의 화해를 얻게 하려고 사람을, 오직 하나뿐인 완전한 사람을 보내십니다. 그리고 오직 하나뿐인 하느님인 사람이 사람의 구속을 완수하고 하느님의 의노(義怒)를 가라앉힐 수 있다는 것이 정당합니다.

아저지와 아들은 서로 사랑하고 서로 이해하셨습니다. 아버지께서 '내가 원한다' 하고 말씀하시니 아들도 저도 '저도 원합니다' 하고 말했습니다. 그런 다음 아들이 '제게 주십시오' 하고 말하니, 아버지께서는 '가져라' 하고 대답하셨습니다. 그러니까 말씀은 그 형성이 신비로운 육체를 취했고, 이 육체는 메시아 예수 그리스도라고 불렸습니다. 이 사람이 사람들을 구속하여 영원한 나라로 데려가고, 마귀를 이기고, 속박을 부수기로 되어 있습니다.

　마귀를 이긴다! 천사는 그렇게 할 수가 없었고 완수할 수가 없는데, 사람의 아들은 그것을 완수할 수 있습니다. 그리고 이 때문에 하느님께서는 위대한 사업을 위하여 천사들을 부르지 않으시고 사람을 부르십니다. 당신들이 그 혈통을 확실히 알지 못하거나 부인하거나 그 때문에 생각에 잠기는 사람이 여기 있습니다. 그 사람이 여기 있습니다. 하느님께서 받아들이시는 사람. 그의 모든 형제를 대표하는 사람. 모습으로는 당신들과 같은 사람, 사람에게서 오지 않고 낳음을 받은 하느님에게서 온다는 그 근원으로는 당신들보다 높고 당신들과 다른 사람, 그리고 그의 임무를 위하여 축성된 그 사람이 세상의 죄를 위하여 사제와 제물이 되려고, 멜기세덱의 품계에 의한 영원한 최고의 대사제, 최고의 사제가 되려고 높은 제단 앞에서 있습니다.

　벌벌 떨지 마시오! 나는 대사제의 삼중관(三重冠) 쪽으로 손을 내밀지 않습니다. 다른 왕관이 나를 기다리고 있습니다. 벌벌 떨지 마시오! 나는 당신들에게서 대사제의 흉패(胸牌)를 빼앗지 않겠습니다. 다른 흉패가 벌써 나를 위하여 준비되어 있습니다. 그러나 사람의 희생과 그리스도의 자비가 당신들에게 소용이 없을까봐, 그것 때문에만 두려워 하시오. 나는 아버지에게서 나 자신이 사라질 허락을 받을 정도로 당신들을 많이 사랑했고 지금도 사랑합니다. 당신들에게 영원한 구원을 주기 위하여 세상의 모든 고통을 소모하기를 청할 정도로 당신들을 많이 사랑했고, 지금도 사랑합니다.

　왜 내 말을 믿으려고 하지 않습니까? 아직도 믿지 못합니까?

　그리스도에 대해서 '너는 영원히 멜기세덱의 품계에 의한 사제이다' 하고 말하지 않았습니까? 그러나 사제직이 언제 시작되었습니까? 혹 아브라함의 시대입니까? 아닙니다. 그리고 당신들도 그것을 압니다. 우리 민족의 초창기에 나를 예고하기 위하여 나타나시는 정의와 평화의 왕이, 아무도 도무지 그 태생을 말 할 수가 없어서 '사제'라고 불렀고, 또 영원히 사제로 남아 있을 멜기세덱과 같이 직접 하느님에게서 오는 더 완전한 사제직이 있다고 당신들에게 알리지 않으십니까? 당신들이 이제는 영감을 받은 말들을 믿지 않게 되었습니까? 그리고 만일 당신들이 그것을 믿는다면, 오 율법학자들이여,

대관절 어떻게 해서, 내게 대해서 하는 말인 '너는 영원히 멜기세덱의 품계에 의한 사제이다' 하고 말하는 말에 대해 받아들일 만한 해석을 할 줄을 모릅니까?

그러므로 아론의 사제직에 앞서 그 밖에 다른 사제직이 있습니다. 그리고 이 사제직에 대하여는 '**너는**⋯ **이다**' 라고 말했지, '너는⋯ 이었다' 라고도 말하지 않았고, '너는⋯ 일 것이다' 라고도 말하지 않았습니다. 너는 영원히 사제이다. 그러니까 이 말은 영원한 사제가 잘 알려진 아론의 기원에서 나오지도 않고, 아무 사제의 기원에서도 나오지 않고, 멜기세덱과 같이 신비로운 새 근원에서 나오리라는 것을 예고하는 것입니다. 영원한 사제는 이 근원에 속해 있습니다. 그리고 하느님의 능력이 이 영원한 사제를 보내시는 것은 하느님께서 사제직과 제식(祭式)을 개혁하시어 **인류**에게 유익한 것이 되게 하기를 원하신다는 표입니다.

당신들은 내 근원을 압니까? 모릅니다. 내 업적을 압니까? 모릅니다. 내 업적의 결과들을 압니까? 모릅니다. 당신들은 나에 대해서 아무 것도 모릅니다. 그러므로 당신들은 이것으로도 내가 '그리스도' 라는 것을 보게 됩니다. 그리스도의 근원과 본성과 사명은 하느님께서 사람들에게 알리고자 하실 순간까지 알려지지 않은 채로 있게 되어 있습니다. 하느님의 무시무시한 계시가 그 무게로 그들을 땅바닥에 눌러 부수고, 또 '그는 하느님의 그리스도였다'고 하늘이 고함치고 땅이 외치는 번개같은 강력한 진리로 눌러 부수기 전에 믿을 줄 알 사람, 믿을 줄 아는 사람들은 매우 행복합니다.

당신들은 이렇게 말합니다. '저 사람은 나자렛 사람이다. 어버지는 요셉이었고, 어머니는 마리아다' 하고. 아닙니다. 나는 사람으로 나를 낳은 아버지를 두지 않았습니다. 나는 하느님처럼 나를 낳은 어머니를 가지지 않았습니다. 그러나 나는 육체를 가졌습니다. 나는 이 육체를 성령의 신비로운 작용으로 취했고, 거룩한 감실(龕室)을 통해서 당신들 가운데 왔습니다. 그리고 나는 하느님의 뜻으로 나 자신을 형성한 다음에 당신들을 구하겠고, 참다운 나 자신을 내 육체의 감실에서 나오게 해서 사람의 구원을 위하여 자기를 제물로 바치는 하느님의 위대한 제사를 완성함으로써 당신들을 구할 것입니다.

아버지, 내 아버지! 저는 제 날들의 시초에 이렇게 말씀드렸습니다. '아버지의 뜻을 행하려고 제가 여기 대령했습니다' 하고. 고통을 당하기 위하여 육체를 취하려고 아버지를 떠나기 전 은총의 시간에도 이렇게 말씀드렸습니다. '아버지의 뜻을 행하려고 제가 여기 대령했습니다' 하고. 제가 구하려고 온 그들을 거룩하게 하기 위하여 또 한번 아버지께 이렇게 말씀드립니다. '아버지의 뜻을 행하려고 제가 여기 대령했습니다' 하고. 그리고 아직도 여전히, 아버지의 뜻이 이루어질 때까지 아버지께 이 말씀을 드리겠습니다…."

기도를 드리기 위하여 팔을 하늘로 드셨던 예수께서는 팔을 내려 가슴 앞에 팔짱을 끼시고, 고개를 숙이시고, 눈을 감으시고, 은밀한 기도에 잠기신다.

사람들은 속삭인다. 모두가 알아듣지는 못하였다. 못 알아들은 사람이 대부분이다(나도 그중의 한사람이다). 우리는 너무 무식하다. 그러나 우리는 예수께서 위대한 사실들을 말씀하셨다는 직감을 가지고 있다. 그래서 몹시 감탄하여 입을 다물고 있다.

알아듣지 못하였거나 알아듣기를 원치않은 악의를 품은 사람들은 "저 사람이 헛소리를 한다!" 하고 빈정거린다. 그러나 그들은 감히 그 이상의 말을 하지 못하고 비켜 서거나 머리를 흔들면서 문 쪽으로 간다. 그렇게도 많은 조심성은 담 끝에서 해에 반짝이고 있는 로마 병사들의 창과 단검에서 오는 것으로 나는 생각한다.

가믈리엘은 남아 있는 사람들 가운데를 헤치고 온다. 군중과 그곳에서 멀리 떠나 아직 기도에 몰두하고 계신 예수 곁에 이르러서 "라삐 예수!" 하고 부른다.

"무슨 일입니까. 가믈리엘 선생님?" 하고 예수께서 고개를 들고 물으시는데, 눈은 아직도 내적인 환시에 잠겨 있다.

"선생의 설명 한 가지를."

"말씀하십시오."

"모두 물러나시오!" 하고 가믈리엘이 명령한다. 그 말투가 어떻게나 당당한지 사도들과 제자들과 지지자들과 구경꾼들 그리고 가믈리엘의 제자 자신들까지도 물러난다. 두 사람만이 남아서 서로 마주 서서 바라본다. 예수께서는 여전히 몹시 우아한 친절을 보이고 상대는 본의 아니게 독선적이고 거만한 태도를 보인다. 분명히 오랜 세월 동안 지나친 아첨을 받은 데에서 그에게 생긴 표정일 것이다.
"선생… 선생이 어떤 연회석상에서 한 말 중의 몇 마디를 내게 와서 말했소…. 나는 그 말들에 진실성이 없기 때문에 찬성하지 않았소. 나는 공격하거나 공격하지 않거나 항상 공공연하게 하오…. 나는 그 말들을 깊이 생각했소. 그리고 그 말들을 내 기억에 있는 말들과 대조해 보았소…. 나는 그 말들에 대해서 물으려고 여기서 선생을 기다렸소…. 그리고 그 전에 선생이 말하는 것을 듣고자 했소…. 저들은 알아듣지 못했소. 그러나 나는 알아들을 수 있기를 바라오. 나는 선생이 말하는 동안 선생의 말을 적었소. 그 말들을 깊이 생각해보기 위해서이지 선생을 해치기 위해서는 아니오. 내 말을 믿으시오?"
"선생님 말씀을 믿습니다. 그리고 지극히 높으신 분께서 그 말들을 선생님의 정신에 불같이 번쩍이게 해 주시기를 바랍니다."
"그렇기를 바랍니다. 들어보시오. 전율해야 하는 돌들은 아마 우리들의 마음의 돌이겠지요?"
"아닙니다, 선생님. 이 돌들입니다. (그러면서 원을 그리는 손짓으로 성전의 성벽을 가리키신다). 왜 그것을 물으십니까?"
"사람들이 연회석상에서의 선생의 말과 유혹하는 사람들에게 한 선생의 대답을 내게 와서 말했을 때 내 마음이 전율했기 때문이오. 나는 그 전율이 표라고 생각했었소…."
"아닙니다, 선생님. 선생님의, 선생님의 마음의 전율과 몇몇 다른 사람들의 마음의 전율도 의심을 남기지 않는 표가 되기에는 너무나 하찮은 것입니다…. 비록 선생님께서 선생님 자신에 대한 보기 드문 겸손한 인식의 판단 덕택으로 선생님의 마음을 돌이라고 부르시지만 말입니다! 오! 가믈리엘 선생님, 선생님의 돌같은 마음을 가지고 정말로 하느님을 받아들이기 위한 빛나는 제단을 만들지 못하십니까? 선생님, 제 이익을 위해서가 아니라, 선생님의 의덕이 완전하게 되라고 그러는 것입니다…."
그러면서 예수께서는 원로 선생을 온화하게 바라보신다. 가믈리엘은 수염을 만지작거리고 두건 밑으로 손가락을 넣어 이마를 꽉 죄면서 중얼거리며 고개를 숙이고 이렇게 말한다. "그렇게 할 수 없소….

182. 성전에서. "당신들은 내가 누구이며 어디서 왔는지 아는가?"

아직은 그렇게 할 수 없소…. 그러나 그렇기를 바라오…. 그 표를, 선생은 여전히 주시겠소?"

"주겠습니다."

"라삐 예수, 안녕히."

"주께서 선생님께 오시기를 바랍니다. 가믈리엘 선생님."

두 사람은 헤어진다. 예수께서는 제자들에게 손짓을 하시고, 그들과 함께 성전 밖으로 향하신다.

율법학자들과 바리사이파 사람들과 사제들과 율법교사들의 제자들이 그가 쓴 종이들을 넓은 허리띠에 넣고 있는 가믈리엘의 둘레로 독수리떼같이 달려든다.

"그래서요? 그 사람에 대해서 어떻게 생각하십니까? 미치광이지요? 그 자의 횡설수설을 적기를 잘하셨습니다. 그게 우리에게 소용이 될 겁니다. 결정을 하셨습니까? 확신이 생겼습니까? 어제… 오늘… 선생님이 확신을 가지시는 데 필요한 것 이상이었습니다." 그들은 시끄럽게 말한다. 가믈리엘은 허리띠를 바로잡고, 거기에 매달린 잉크병을 집어넣고, 양피지에 글을 쓰기 위하여 의지하였던 작은 탁자를 제자에게 주고 하는 동안 말을 하지 않는다.

"대답을 하지 않으시오? 어제부터 당신은 말을 하지 않는구려…" 하고 그에게 결심을 시키려고 동료 중의 한 사람이 말한다.

"나는 듣고 있소. 당신들의 말이 아니라, 저 사람의 말을. 그리고 지금의 말들 가운데에서 언젠가 내게 말한 말을 알아보려고 애쓰고 있소. 여기서 한 말을."

"그래서 혹 성공을 하시는 거요?" 하고 여러 사람이 웃으면서 말한다.

"더 가까이 있느냐 더 멀리 있느냐에 따라서 소리가 다른 천둥과 같소. 그러나 역시 천둥소리요."

"그럼 결론을 내리지 못하게 하는 소리로군요" 하고 어떤 사람이 농담조로 말한다.

"웃지 마시오, 레위. 소리 속에는 하느님의 목소리가 있을 수도 있소. 그런데 우리는 그것이 갈라지는 구름의 소리라고 생각할 만큼 어리석을 수도 있소…. 엘키아, 당신도 웃지 말고, 시몬, 당신도 웃지 마시오. 천둥이 벼락으로 변해서 당신들을 잿더미를 만들어 놓을까봐 무서우니 말이요…."

"그러면…. 당신은… 갈릴래아 사람이 당신이 힐렐과 같이 예언자라고 믿었던 그 어린 아이라고, 그리고 그 어린 아이와 저 사람이 메시아라고 말하는 거나 거의 같군요…" 하고 빈정거리는 사람들이 묻는다. 가믈리엘은 존경을 자아내는 사람이기 때문에 소리를 죽여서 말하기는 하지만.

"나는 **아무 것도** 말하지 않소. 나는 천둥소리는 언제나 천둥소리라고 말하는 거요."

"더 가까운 거요. 더 먼 거요?"

"아아! 그 말들은 나이가 용납할 수 있는 것보다 더 강력한 것이오. 그러나 20년이라는 세월이 지나고 보니 내 지능은 그 안에 있는 보물을 싸고 스무 곱절이나 더 단단히 닫혀 버렸소. 그래서 소리가 더 약하게 뚫고 들어오오…." 그러면서 가믈리엘은 머리를 다시 가슴쪽으로 떨어뜨리고 생각에 잠긴다.

"하! 하! 하! 당신은 늙고 어리석게 되어가오. 가믈리엘! 당신은 환영(幻影)을 현실로 생각하고 있소. 하! 하! 하!" 그러면서 모두가 웃기 시작한다. 가믈리엘은 멸시하듯 어깨를 들썩 한다. 그리고 어깨에서 늘어져 있던 겉옷을 치켜서, 얼마나 넓은지 여러번을 둘러 몸을 감싸고, 아무 말도 대꾸하지 않고, 그의 침묵 속에 몹시 멸시를 나타내며 모든 사람에게 등을 돌린다.

183. 성전에서. "아직 잠시 동안은 내가 당신들과 같이 있습니다"

남의 나쁜 감정은 조금도 걱정하지 않으시고, 예수께서는 사흘째 성전에 다시 오신다. 그러나 예수의 샌들이 먼지 투성이인 것으로 보아 예루살렘 안에서 주무시지는 않으신 모양이다. 아마 예루살렘을 둘러싸고 있는 야산에서 밤을 지내신 것 같은데, 예수와 함께 사촌 야고보와 유다도 요셉(목자)과 솔로몬과 더불어 남아 있은 것 같다. 예수께서는 성전의 동쪽 성벽 근처에서 다른 사도들과 제자들과 만나신다.

"그들이 왔습니다. 아시겠어요? 저희들 있는 데에도 오고 가장 잘 알려진 제자들의 집에도 갔습니다. 선생님이 거기 계시지 않기를 잘 하셨습니다!"

"우리는 항상 이렇게 행동해야 합니다."

"됐다. 그러나 그 이야기는 나중에 하기로 하고, 가자."

"선생님의 기적을 찬양하는 많은 군중이 선생님과 저희들보다 앞서 갔습니다. 확신을 가지고 선생님을 믿는 사람들이 얼마나 많은지요! 이 점에 대해서 선생님의 사촌들의 말이 옳습니다"하고 사도 요한이 말한다.

"그들은 안날리아의 집에까지 선생님을 찾아갔습니다, 아시겠어요?"

"그리고 요안나의 저택에두요. 그러나 쿠자밖에 만나지 못했는데 … 쿠자는 기분이 몹시 나빴답니다! 쿠자는 자기 집에 염탐꾼들을 받아들이지 않겠다고 말하고 이제는 그들이 진저리가 난다고 말했답니다. 주인과 같이 있는 요나타가 저희들에게 그 말을 했습니다"하고 다니엘(목자)이 말한다.

"아시겠어요? 율법학자들은 선생님을 기다리던 사람들에게 선생님이 그리스도가 아니라고 믿게 하려고 하면서 흩어버리고자 했습니다. 그러나 기다리던 사람들은 이렇게 대꾸했습니다. '그리스도가 아니라구요? 그러면 그분이 누구란 말입니까? 그분이 하는 기적들을 다른 어떤 사람이 할 수 있겠습니까? 혹 자칭 그리스도라고 하던 사람들이 그런 기적들을 했습니까? 아닙니다. 아니예요. 당신들에게 매수돼서 자칭 그리스도라고 하는 사기꾼이 백 명이고 천 명이고 일어날 수 있을 겁니다. 그렇지만 올 수 있을 어떤 사람도 절대로 그분이 하는 것 같은 기적을 그것도 그분이 하는 것만큼 많이 할 수는 없을 겁니다.' 그리고 율법학자들과 바리사이파 사람들이 선생님이 기적을 행하시는 것은 선생님이 베엘제불이기 때문이라고 주장하니까. 그 사람들은 이렇게 대꾸했습니다. '오! 그렇다면 당신들을 거룩한 분과 비교하면 당신들이 베엘제불들이니까 당신들이 어마어마한 기적들을 해야 하겠군요' 하고." 이렇게 베드로가 이야기 하며 웃는다. 그러니까 모두가 군중의 대꾸를 생각하고, 분개해서 가버린 율법학자들과 바리사이파 사람들의 분노를 생각하며 웃기 시작한다.

일행이 이제는 성전 안으로 들어왔는데, 전날들보다도 훨씬 더 많은 군중에 둘러싸이게 되었다.

"주님께 평화! 평화! 평화!" 하고 이스라엘 사람들이 외친다.

"선생님, 안녕하십니까?" 이방인들은 이렇게 인사한다.

"평화와 빛이 여러분에게 가기를 바랍니다" 하고 예수께서는 한마디 인사로 모두에게 대답하신다.

"저희들은 그들이 선생님을 붙잡지 않았나 또는 선생님이 신중을 기해서 또 기분이 나빠서 안 오시지나 않나 하고 염려했습니다. 그리고 사방으로 선생님을 찾으려고 흩어졌을 것입니다" 하고 여러 사람이 말한다.

예수께서는 생기없는 미소를 지으시며 물으신다. "그러면 여러분은 나를 잃고 싶지 않습니까?"

"저희가 선생님을 잃으면 선생님이 저희에게 주시는 가르침과 은총을 누가 주겠습니까?"

"내가 가고 나면 내 가르침이 여러분에게 남아 있을 것이고, 여러분은 그것을 한층 더 이해할 것입니다…. 그리고 내가 사람들 가운데 없는 것이 믿음을 가지고 기도하는 사람들에게 은총이 내려오는 것을 막지 않을 것입니다."

"아이고! 선생님! 아니, 선생님은 정말 가시려는 겁니까? 어디로 가시는지 말씀하십시오. 그러면 저희도 선생님을 따라 가겠습니다. 저희들에게는 선생님이 매우 필요하십니다!"

"선생님이 그렇게 말씀하시는 건 우리가 선생님을 사랑하는지 보시려고 그러시는 거야. 이스라엘의 라삐가 이곳 이스라엘 말고 어디로 가시겠느냐 말이야."

"나 진정으로 여러분에게 말합니다만, 아직 잠깐 동안은 내가 여러분과 같이 있고, 아버지께서 나를 보내신 사람들에게로 갑니다. 그런 다음에는 여러분이 나를 찾아도 찾아내지 못할 것입니다. 그리고 내가 있는 곳에는 여러분이 오지 못할 것입니다. 그러나 이제는 나를 가게 놔 두시오. 오늘은 이 안에서 말하지 않겠습니다. 다른 데에서 나를 기다리는 가난한 사람들이 있는데, 그 사람들은 병이 매우 심하기 때문에 올 수가 없습니다. 기도를 드린 다음 그들에게로 가겠습니다." 그리고 제자들의 도움으로 군중을 헤쳐 길을 내고 이스라엘 사람들의 마당 쪽으로 가신다. 남아 있는 사람들은 서로 바라본다.

"대관절 어디로 가시는 걸까?"

"분명히 친구 라자로에게 가실 거야. 라자로가 몹시 앓고 있거든."

"어디로 가시는 건가 하고 내가 말한 건 오늘을 말하는 게 아니라, 우리를 영영 떠나실 때를 말하는 거야. 우리가 선생님을 찾아낼 수 없으리라고 말씀하시는 걸 듣지들 못했나?"

"어쩌면 여러 나라에 흩어져 있는 우리 동포들에게 복음을 전해서 이스라엘을 모으러 가시는지도 몰라. 디아스포라도 우리처럼 메시아에 희망을 걸고 있거든."

"혹은 이교도들을 당신 나라로 끌어들이시려고 그들을 가르치러 가실지도 몰라."

"아니야, 그렇지는 않을 거야. 선생님이 먼 아시아나 아프리카의 한가운데, 또는 로마나 갈리아나 이베리아나 트리키아*나 사르마트

———
*역주 : 동유럽의 그리이스와 터키와 불가리아의 일부를 이루는 지역.

인*들의 고장에 가 계신다 해도 우리는 언제나 선생님을 찾아낼 수 있을 걸세. 우리가 찾아도 찾아내지 못하리라고 말씀하시는 건 위에 말한 곳 어디에도 안 계시겠다는 뜻이야."

"그렇고 말고! '당신들은 나를 찾겠지만 찾아내지 못할 거요. 그리고 내가 있는 곳에는 당신들이 올 수가 없소' 하고 말씀하신 건 무슨 뜻일까? '내가 있을 곳'이 아니라 '**내가 있는** 곳'이라고 하셨거든. 대관절 어디 계시는 건가? 여기 우리 가운데 계시지 않은가?'

"유다, 나 자네에게 분명히 말하지만 선생님이 사람같지만, 영이야!"

"천만에! 제자들 중에는 선생님을 갓난 아기 적에 본 사람들이 있는걸. 또 그 이상의 것도 있어! 그 사람들은 선생님이 나시기 몇 시간 전에 선생님을 밴 어머니를 보았단 말이야."

"그렇지만 정말 그 아기가 지금의 어른이 됐을까? 다른 사람이 아니라는 걸 누가 보증해 주겠어?"

"어! 그렇지 않아, 선생님은 다른 사람일지도 모르고, 목자들이 틀릴지도 몰라. 그렇지만 선생님의 어머니는! 선생님의 형제들은! 그리고 온 마을은!"

"목자들이 어머니를 알아봤나?"

"물론이지…."

"그러면…. 그렇지만 왜 '내가 있는 곳에 당신들은 못 올 것입니다' 하고 말씀하셨지? 우리에 대해서는 미래로, 못 올 것입니다 하고 말씀하셨는데 당신에 대해서는 '내가 있는'이라고 현재로 있단 말이야. 그러면 그분에게는 미래라는 것이 없단 말인가?"

"난 자네에게 어떻게 말해야 할지 모르겠네. 사실이 그렇단 말이야."

"나는 당신들에게 분명히 말하지만 그 사람은 미친 사람이오."

"당신이야말로 미친 사람일 거요. 최고회의 첩자."

"내가 첩자라구요? 나는 선생님을 우러러보는 유다인이오. 그런데 당신들은 선생님이 라자로의 집으로 가신다고 말하지 않았소?"

---

*역주 : 중앙 아시아에서 와서 다뉴브강에까지 이르렀던 유목민족.

183. 성전에서. "아직 잠시 동안은 내가 당신들과 같이 있습니다"

"우리는 아무 말도 하지 않았소. 이 늙은 첩자. 우린 아무 것도 모르오. 또 우리가 안다 해도 당신에겐 말하지 않을 거요. 당신을 보낸 사람들에게 가서 직접 찾으라고 하시오. 첩자! 첩자! 배반자!"

그 사람은 일이 잘못되어 간다는 것을 깨닫고 사라진다.

"그렇지만 우린 그대로 여기 있구먼! 우리가 나갔더라면 선생님을 보았을 텐데. 이쪽으로 뛰어가게! 저쪽으로 뛰어 가게!…. 선생님이 어느 길로 가셨는지 말해 주시오. 선생님께 라자로의 집으로 가시지 말라고 말씀드리시오."

다리가 튼튼한 사람들이 급히 갔다가 돌아온다…. "안 계시는데…. 군중에 섞이셨는데, 아무도 말을 못해…."

군중은 실망하여 천천히 헤어진다.…

…그러나 예수께서는 그들이 생각하는 것보다 훨씬 더 가까이 계신다. 어떤 문으로 해서 나가셔서 안토니아를 빙돌아 양떼의 성문으로 시내에서 나가셔서 개울 바닥 한복판에만 물이 아주 조금밖에 없는 키드론 개울의 골짜기로 내려가신다. 예수께서는 물 밖으로 솟아나온 돌들을 딛고 뛰어서 개울을 건너시고, 올리브산 쪽으로 향하신다. 이곳에는 올리브나무들이 우거지고 아직 잡목림(雜木林)과 섞여 있다. 한편으로는 이쪽 산 전체를 차지하는 성전의 회색성벽이 있고, 다른 쪽에는 올리브산이 있는 가운데 끼여 있는 예루살렘의 이 부분은 이 잡목림으로 인하여 어둡다. 음산하다고도 할 수 있을 것이다. 더 남쪽에는 골짜기가 밝아지고 더 넓어진다. 그러나 여기는 정말 좁아서, 모리아산과 올리브산 사이에 깊은 고랑을 파놓은 엄청나게 큰 발톱 자국과도 같다.

예수께서는 게쎄마니 쪽으로 가지 않으시고 오히려 정반대 편으로 북쪽을 향하여 계속 산 위로 가신다. 산은 곧이어 황량한 계곡으로 넓어지는데, 그곳에는 역시 황량하고 돌이 많은 또 다른 낮은 야산들이 빙 둘러쳐져 있는 쪽으로 치우친 급류가 흘러 내려가면서 시 북쪽에 하나의 곡선을 그려 놓는다. 올리브나무들 다음에는 열매를 맺지 않고 가시가 많고 뒤틀리고 잎들이 헝클어진 다른 나무들이 나오는데, 이 나무들은 사방으로 촉수(觸手)를 내밀고 있는 가시덤불들과 섞여 있다.

매우 음산하고 매우 쓸쓸한 곳이다. 무엇인지 끔찍하고 황량한 것이 있다. 무덤이 몇 개 있을 뿐, 그 이상의 아무 것도 없다. 문둥병자조차도 없다. 그렇게도 사람과 소음이 가득 찬 아주 가까이에 있는 도시의 군중과 대조를 이루는 이 정적은 이상하다. 여기서는 돌들 위로 흐르는 물의 졸졸거리는 소리와 돌 틈에서 자라는 나무 사이로 지나가는 바람 소리밖에 아무 소리도 들리지 않는다. 게쎄마니와 올리브 재배지의 올리브나무에는 그렇게도 많은 새들의 명랑한 노래도 없다. 동북쪽에서 불어 와서 먼지의 작은 소용돌이들을 일으키는 꽤 센 바람이 도시의 소음을 밀어내고, 적막이, 죽음의 곳의 적막이 이 곳을 지배하며 숨막히게 하고, 거의 무시무시하게 만들어 놓는다.

"아니, 정말 이리로 해서 가는 거요?" 하고 베드로가 이사악에게 묻는다.

"예, 예, 헤로데 성문이나 더 낫게는 다마스커스 성문으로 해서 나오면 다른 길로도 갈 수 있습니다. 그러나 여러분은 덜 알려진 오솔길들도 알아 두는 것이 좋습니다. 저희들은 이 오솔길들을 알아서 여러분에게 가르쳐 드리려고 여러 군데를 모두 돌아다녔습니다. 여러분은 이렇게해서 흔히 다니는 길로 지나가지 않고도 이 근처에 가고 싶은 데를 마음대로 갈 수 있을 것입니다."

"그리고…. 노배 사람들을 믿을 수 있소?" 하고 베드로가 또 묻는다.

"사도님의 집안 사람과 같이요. 토마는 지난 겨울에 니고데모는 항상, 그분의 제자인 사제 요한과 다른 사람들이 그 작은 마을을 선생님께 딸린 곳을 만들었습니다."

"그리고 당신은 모든 사람보다 더 많은 일을 했지요" 하고 베냐민(목자)이 말한다.

"오! 나야!! 내가 행동했다면, 그러면 모두가 그 일을 한거지요. 그러나 선생님, 정말이지 도시 둘레에 어디에나 선생님 안전한 곳을 가지고 계십니다…."

"라마도…." 하고 자기 고향도시에 애착을 가진 토마가 말한다. "제 아버지와 매부가 니고데모와 함께 선생님 생각을 했습니다."

"그러면 엠마오도 그렇습니다" 하고 어떤 사람이 말하는데 내가 모르는 사람은 아니지만 정확이 누구라고 말하지는 못하겠다. 또 엠마오라는 곳은 다리케아 근처에 있는 그곳 말고도 유다의 여러 군데에 있기 때문이기도 하다.

"내가 지금 하는 것처럼 하려면 갔다 오기가 멀다. 그러나 틀림없이 몇 번은 가겠다."

"그리고 제 집에두요" 하고 솔로몬이 말한다.

"거기도 틀림없이 한번은 가겠다. 노인에게 인사를 하러."

"베델도 있습니다."

"벳수르도."

"노는 여자 제자들의 집에는 가지 않겠다. 그러나 필요한 때에는 그들을 오게 하겠다."

"저는 엔 로젤 근처에 성실한 친구가 하나 있습니다. 그의 집에는 아무 때고 가실 수 있습니다. 그리고 선생님을 미워하는 사람들 중의 아무도 선생님이 그토록 그들 가까이에 계시다고는 생각하지 않을겁니다" 하고 스테파노가 말한다.

"왕의 정원을 돌보는 정원사도 선생님을 그의 집에 모실 수 있습니다. 그 사람은 마나헨과 아주 가깝습니다. 마나헨이 그 자리를 얻어 주었습니다…. 또 그리고…. 선생님이 언젠가 그 사람을 고쳐 주셨습니다.…"

"내가? 나는 그 사람을 알지 못하는데…."

"그 사람은 과월절에 선생님이 쿠자의 집에서 고쳐 주신 가난한 사람들 가운데 끼여 있었습니다. 두엄으로 더럽혀진 낫에 다친 다리가 썩어 들어갔습니다. 그의 첫번째 주인이 이 이유로 그를 내보냈었습니다. 그래서 아이들을 위해서 구걸을 하고 있었는데, 선생님이 고쳐 주셨습니다. 안티파스가 기분이 좋을 때 마나헨이 그 자리를 그에게 얻어주어서 정원일을 보살피게 했습니다. 지금은 이 사람이 마나헨이 시키는 모든 일을 합니다. 또 그리고는 선생님을 위해서…" 하고 (목자) 마티아가 말한다.

"나는 마나헨이 너희와 같이 있는 것을 한번도 보지 못했다…" 하고 예수께서 오랫동안 마티아를 똑바로 들여다 보시며 말씀하신다. 마티아는 얼굴빛이 변하고 당황한다. "나와 같이 좀 앞으로 가자."

제자가 예수를 따라간다.
"말해라!"
"주님… 마나헨은 잘못 생각했습니다…. 그래서 티몬과 또 다른 어떤 사람과 같이 많이 괴로워합니다. 그들은 마음이 편치 않습니다. 선생님이…."
"그들이 내가 미워한다고는 생각하지 않겠지…."
"오! 그건 아닙니다.! 그러나… 선생님의 말씀과 선생님의 얼굴을 두려워 합니다."
"오! 대단한 잘못이다! 그들이 잘못 생각한 바로 그것 때문에 구제책을 찾아와야 하는 것이다. 그들이 어디 있는지 아느냐?"
"예."
"그러면 그들을 찾아가서, 내가 그들을 노베에서 기다리고 있다고 말해 주어라."
마티아는 시간을 허비하지 않고 떠난다.
산의 오솔길은 높아져서, 북쪽에서 보면 예루살렘이 완전히 보이게 한다…. 예수께서는 제자들을 데리시고 예루살렘을 등지시고, 바로 시와 정반대 되는 방향으로 가신다.

184. 노베에서. 바람에 대한 기적

집들이 모여 있고 정돈이 꽤 잘된 마을이다. 바람이 많이 불기 때문에 주민들은 집 안에 있다. 그러나 제자들이 예수께서 오셨다고 알리러 가자, 모든 여자들과 어린이들과 나이 때문에 마을에 남아 있는 노인들이 주요한 광장인 조그마한 광장에 머물러 계신 예수의 둘레로 모인다.

마을이 높은 곳에 있기 때문에 바람이 있고, 흐린 날에도 빛이 있으며, 여기서는 남쪽으로 예루살렘이 보이고 북쪽으로는 라마가 보인다(라마라고 말하는 것은 이 이름이 이정표에 이수(里數)의 표시와 함께 쓰여 있기 때문이다).

사람들은 매우 감동하였다. 주님을 환대하는 사람이 된다는 것은 그들에게는 너무나 새로운, 너무나 감동시키는 일이다!

진짜 족장인 한 노인이 모든 사람들을 대신해서 그 말을 하니, 여자들은 머리를 끄덕여 동의한다.

사제들과 바리사이파 사람들의 교만에 찍어눌려 버릇한 그들은 겁이 많다…. 그러나 예수께서는 아장아장 걷기 시작하는 계집 아이를 안으시고 노인을 어루만지시며 "당신들은 나를 아직 보지 못했습니까?" 하고 말씀하심으로 이내 그들의 마음을 편하게 하신다.

"멀리서… 길로 지나가시는 것을 보았습니다…. 어떤 남자들은 성전에서 뵈었구요. 그러나 도시에서 이렇게 가까운 곳에 있는 저희들로서는 멀리서 온 다른 사람들이 가지는 것을 가지기가 훨씬 더 어렵습니다" 하고 노인이 말한다.

"언제나 그렇습니다. 할아버지. 일을 쉽게 할 것 같은 것이 일을 어렵게 만듭니다. 모든 사람이 쉽다는 생각에 의지하기 때문입니다. 그러나 이제는 우리가 서로 알게 되었습니다. 할아버지, 집으로 들어가십시오. 가을에는 바람이 부는데, 바람이 노인들에게는 이롭지 않습니다.”

"오! 저는 혼자 남았습니다. 산다는 것이 제게는 가치가 없습니다…."

"할아버지의 딸은 먼 곳으로 시집갔고, 할머니는 등불 명절에 돌아가셨습니다" 하고 한 여자가 설명한다.

"요한, 그렇게 말하면 안 돼요. 오늘은 선생님을 모셨는데 당신은 선생님을 몹시 갈망했지요!" 하고 한 작은 노파가 말한다.

"그건 사실입니다. 그러나… 선생님은 메시아시지요?"

"그렇습니다, 할아버지."

"그러면 내가 메시아를 뵙고 아브라함에게 주신 약속이 이루어진 것을 본 지금 무엇을 더 바랄 수 있습니까? 한 노인이, 그 때는 그분이 노인이었지요. 어느날 성전에서 노래했습니다. 그날 저는 제 리아가 단 한번 아기 낳은 것으로 인해서 정결례를 하기 때문에 성전에 가서 리아 곁에 있었습니다. 그런데 우리보다 먼저, 어린이보다 조금 더 나이 먹은 한 여자가 의식을 행했었습니다…. 그리고 한 노인이 그 아주 어린 여인의 아기에게 입맞춤을 하면서 '주여, 이제는 제 눈이 구세주를 보았으니 이 종이 평안히 가게 해 주십시오' 하고 노래했습니다. 그 때 그 갓난 아기가 선생님이셨군요. 오! 제게는 얼마나 큰 행복입니까! 그 때 저는 주님께 이렇게 기도했습니다. '저도 구세주를 안 다음에 죽게 해 주십시오' 하고. 이제는 주님을 알았습니다. 주님이 여기 계십니다. 내 주님의 손이 제 머리에 놓였습니다. 주님의 목소리가 제게 말했습니다. 영원하신 분께서 제 소원을 들어주셨습니다. 유식하고 의인인 시므온 노인의 말 말고 제가 무슨 말을 하겠습니까? 저도 그 말을 합니다. '주여 제 눈이 당신의 그리스도를 보았으니 당신 종이 평안히 가게 해 주십시오!'"

"할아버지는 그리스도의 나라를 보고 싶지 않으세요?" 하고 한 여인이 말한다.

"마리아, 아닐세. 축제 기분은 늙은이들을 위한 것이 아닐세. 그리고 나는 대부분의 사람들이 말하는 것을 믿지 않네. 나는 시므온의 말을 기억하고 있네…. 시므온은 세상 전체가 구세주를 사랑하지는 않을 것이기 때문에 그 젊은 여인의 마음에 검이 꽂힐 것이라고 예고했네…. 시므온은 구세주로 인해서 많은 사람에게 파멸이나 부활이 올 것이라고 말했네…. 그리고 이사야가 있고… 다윗도 있어…. 아니야, 나는 죽어서 그곳에서 은총을 기다리는 편이 더 좋겠어…. 그곳에서 구세주의 나라를 기다리는 편이…."

"할아버지는 젊은이들보다 더 분명히 보십니다. 내 나라는 하늘 나라입니다. 그러나 할아버지에게는 내가 온 것이 파멸이 아닙니다. 할아버지는 나를 믿을 줄 아시니까요. 할아버지 댁으로 가십시다. 나는 할아버지 댁에 머무르겠습니다."

그리고 노인에게 인도되어, 바람으로 인하여 나뭇잎이 모두 떨어진 정원들 가운데 작은 거리에 있는 흰 작은 집으로 가신다. 그리고 베드로와 알패오의 두 아들과 요한을 데리고 들어가신다. 다른 제자들은 다른 여러 집으로 흩어진다….

…그들은 조금 후에 돌아와서 작은 집과 정원과 옥상에 꽉 들어차고 정원 한 쪽을 길과 갈라놓은 낮은 돌담과 굵은 호두나무와 튼튼한 사과나무에까지 올라가서, 점점 더 세차지기만 하고 먼지를 일으키는 바람은 상관하지도 않는다.

그들은 예수의 말씀을 듣기를 원한다. 그러니까 예수께서는 잠시 망서리시다가 목소리가 집 안팎에 퍼지도록 부엌문 어귀에서 말씀을 시작하신다.

"매우 넓은 나라를 가진 세력있는 왕이 하루는 백성들을 찾아가 보려고 했습니다. 왕은 높은 왕궁에 살고 있으면서 거기서 하인들과 심부름꾼들을 통해서 백성들에게 명령을 보내고 은혜를 베풀곤 했습니다. 백성들은 이렇게 해서 왕이 있다는 것과 그들에 대한 왕의 사랑과 그의 계획들을 알았습니다. 그러나 왕을 개인적으로는 알지 못하고 그의 목소리도 말투도 알지 못했습니다. 한마디로 왕이 있다는 것과 자기들의 지배자라는 것은 알고 있었지만, 그 이상은 아무 것도 알지 못했습니다.

그래서 흔히 일어나는 것과 같이, 이 사실로 인해서 혹은 악의로 혹은 그것들을 이해할 능력이 없음으로 인해서 왕의 많은 법률과 많은 지시가 왜곡되어서, 백성들의 이익과 그들이 행복하게 되기를 원하던 왕의 소원들이 그로 인해 손실을 입게 되었습니다. 왕은 때때로 그들을 벌할 수밖에 없었는데, 그로 인해 왕은 백성들보다도 더 고통을 느꼈습니다. 그런데 벌을 해도 나아지지 않았습니다. 그 때 왕은 이렇게 말했습니다. '내가 가서 그들에게 직접 말을 하겠다. 나를 알리겠다. 그러면 그들은 나를 사랑하고 나를 더 잘 따를 것이고, 그래서 행복하게 될 것이다' 하고. 그리고 높은 궁궐을 떠나 백성들 가운데로 갔습니다.

왕이 온 것은 큰 놀람을 일으켰습니다. 백성들은 마음이 동요하고 흥분했는데, 어떤 사람들은 기뻐서, 더러는 두려워서, 더러는 성이 나서, 어떤 사람들은 불신으로, 어떤 사람들은 증오로 그랬습니다. 왕은 참을성을 가지고, 결코 싫증을 내지 않고, 그를 사랑하는 사람이나 두려워하는 사람이나 미워하는 사람이나 모두 가까이 하기 시작했습니다. 왕은 그의 법률을 설명하고, 백성들의 말을 듣고, 은혜를 베풀고 그들을 참아받기 시작했습니다. 그래서 마침내 여러 사람이 왕을 사랑하게 되고, 왕이 너무 위대하기 때문에 피하던 것을 피하지 않게 되었고, 얼마 안 되는 어떤 사람들은 왕을 불신하고 미워하던 것을 그만두게까지 되었습니다. 그들은 가장 좋은 사람들이었습니다. 그러나 많은 사람은 마음 속에 착한 뜻을 가지고 있지 않아서 전과 마찬가지였습니다. 그러나 매우 슬기롭던 왕은 이것도 참아견디면서, 그의 수고에 대한 갚음을 받기 위해 가장 좋은 사람들의 사랑 속으로 피해 들어갔습니다.

그렇지만 무슨 일이 일어났습니까? 가장 착한 사람들 가운데에서도 왕은 모두에게 이해되지는 못하는 일이 생겼습니다. 왕은 아주 먼 곳에서 왔었습니다. 왕의 말투는 아주 새로운 것이었습니다. 왕의 뜻은 그 백성의 뜻과 너무도 틀렸습니다. 그래서 모두에게 이해되지 않았습니다…. 그리고 어떤 사람들은 왕을 괴롭히기까지 했습니다. 또 고통과 더불어 손해를 보게 했거나, 왕을 잘못 이해했기 때문에 적어도 손해를 보게 할 뻔했습니다. 그리고 그들이 왕을 괴롭히고 왕에게 손해를 끼쳤다는 것을 깨닫고는 유감스럽게 생각해서 왕 앞에서 피했고, 왕의 말이 두려워서 다시는 그에게로 오지 않았습니다.

그러나 왕은 그들의 마음을 알아챘습니다. 그래서 날마다 그의 사랑으로 그들을 부르고 영원하신 분께 그들을 다시 만나 그들에게 이렇게 말하게 해 주십사고 기도를 드렸습니다. '왜 나를 무서워하느냐? 너희들의 몰이해로 인해서 내가 고통을 당한 것은 사실이다. 그러나 나는 그것이 악의가 있어서 그런 것이 아니라, 다만 너희들의 말투와 몹시 다른 내 말투를 너희가 이해하지 못하는 데에서 오는 결과라는 것을 알았다. 나를 슬프게 하는 것은 너희들의 두려움이다. 그것은 너희가 나를 왕으로서만 이해하지 못한 것이 아니라, 친구로서도 이해하지 못했다는 것을 내게 알리는 것이다. 왜 오지들 않느냐? 오란 말이다. 나를 사랑하는 기쁨으로 너희가 이해하지 못했던 것을 너희들은 나를 괴롭혔다는 고통으로 분명히 알게 되었다. 오! 벗들아, 오너라, 와. 내게서 멀리 떨어져 있는 것으로 너희들의 무지를 더하지 말고, 숨어 있음으로 해서 막연한 것을 더하지 말고, 내 사랑이 너희 안으로 들어가지 못하게 함으로써 너희 고민을 더하지 말아라. 알겠느냐? 우리가 헤어져 있음으로 해서 너희들과 내가 똑같이 고통을 당한다. 나는 너희들보다 더 당한다. 그러니 와서 내게 기쁨을 다오.'

왕이 말하고자 하는 것이 이것이었고, 이것이 왕의 말이었습니다. 하느님께서도 죄짓는 사람들에게 이렇게 말씀하시고, 구세주도 잘못 생각했을 수 있는 사람들에게 이렇게 말합니다.

이스라엘의 왕이 그의 백성에게 이렇게 말합니다. 이스라엘의 진짜 왕, 자기 백성들을 세상의 작은 나라에서 하늘의 큰 나라로 데려가기를 원하는 왕이 그의 백성들에게 이렇게 말합니다. 왕을 따르지 않는 사람들, 왕의 말과 생각을 이해하기를 배우지 않는 사람들은 이 나라에 들어가지 못합니다. 그러나 한번 잘못을 저지르고 나서 주인을 피하면 어떻게 이해하겠습니까?

죄를 짓고 나서 뉘우쳤으면, 잘못 생각한 후에 자기 잘못을 인정했으면 아무도 낙심해서는 안 됩니다. 잘못을 없애고 빛과 지혜를 주는 샘으로 와서 자기를 주기를 갈망하고 자기를 사람들에 주기 위하여 하늘에서 온 그 샘에서 갈증을 풀어야 합니다."

예수께서 입을 다무신다. 바람 소리만이 점점 더 크게 들린다. 노베가 있는 언덕 위에는 바람이 어떻게나 극성을 부리는지 나무들이 무섭게 삐걱거리는 소리가 들린다.

사람들은 집으로 돌아가지 않을 수가 없다. 그러나 사람들이 떠나가고 예수께서 집으로 돌아오셔서 문을 닫으셨을 때, 마티아가 작은 담 뒤에서 나와 닫힌 문을 두드리려고 작은 정원으로 들어오고, 그 뒤에는 마나헨과 티몬이 따라 온다.

예수께서 친히 와서 문을 여신다. "선생님, 이 사람들이 왔습니다! …" 하고 마티아가 두 사람을 가리키며 말한다. 두 사람은 부끄러워서 정원가에 남아 있으면서 감히 얼굴을 들어 예수를 쳐다보지 못한다.

"마나헨! 티몬! 내 친구들!" 예수께서 정원으로 나오시면서, 그리고 안에 있는 사람들에게 호기심으로 나오지 말라는 것을 알리시려고 문을 닫으시면서 말씀하신다. 그리고 그들을 껴안으시려고 벌써 벌리신 팔을 더 크게 벌리시며 두 사람을 향하여 가신다.

두 사람은 선생님의 목소리에서 떨고 있는 사랑에 감동하여 얼굴을 들고 사랑이 가득한 얼굴과 눈을 본다. 그러자 그들의 공포가 사라지고, 그들은 앞으로 뛰어 오면서 눈물로 인하여 쉰 목소리로 "선생님!" 하고 말한다. 그리고 예수의 발목을 껴안으려고 그 발 앞에 엎드리며 예수의 맨발에 입맞춤 하며 눈물로 적신다.

"벗들아! 거기 말고! 여기 이 가슴에 입맞춤 하시오. 나는 당신들을 얼마나 기다렸는지 모르오! 그리고 나는 정말 많이 이해했소! 자!…." 그러면서 그들을 일으키려고 하신다.

"용서하십시오! 오! 용서하십시오!…. 선생님, 용서를 거절하지 마십시오. 저희들은 몹시 괴로웠습니다."

"나도 아오. 그러나 당신들이 더 일찍 왔더라면 나는 더 일찍 당신들을 '사랑하오' 하고 말했을 거요."

"저희를 사랑하십니까? 선생님?! 전처럼이요?!" 하고 티몬이 의아스러운 듯한 얼굴을 들며 제일 먼저 말한다.

"당신들이 이제는 내게 대한 당신들의 사랑 속에 있던 일체의 인간성에서 벗어났기 때문에 전보다도 더 사랑하오."

"그것은 사실입니다! 오! 우리 선생님"

그러면서 마나헨은 펄쩍 뛰어 일어나 이제는 억제하지 못하고, 예수의 가슴으로 뛰어든다. 그러니까 티몬도 그렇게 한다…

"당신들은 여기가 얼마나 좋은지 아시오? 보잘 것 없는 왕궁보다 여기가 더 낫지 않소? 나를 구세주로, 구속자로, 영적인 왕으로, 다정스러운 벗으로 차지함으로써 나를 더 차지하고, 더 능력있고 더 친절하고 끝없는 보화로 더 부유한 나를 차지하는 이곳이 더 낫지 않소?"

"맞습니다! 맞습니다! 오! 저들이 저희를 꾀었었습니다! 그래서 저희들은 그들이 선생님을 공경하고, 그들의 사상이 올바른 것같이 생각했었습니다!"

"이제 그 생각은 그만하시오. 그것은 지나간 일이고, 과거에 속한 일이오. 지금 우리를 치고 있는 회오리바람처럼 빨리 흘러 가는 시간이 과거를 멀리 가져가서 영원히 흩어 버리게 놔 두시오…. 그러나 집 안으로 들어갑시다. 여기 남아 있을 수가 없소…."

사실 북쪽에서 마을로 오는 것은 진짜 소용돌이이다. 나뭇가지들이 떨어지고 기와들이 날아가고, 옥상에 있는 별로 단단하지 못한 어떤 낮은 담이 요란스러운 소리를 내며 무너진다. 호두나무와 사과나무가 땅에서 뽑혀 나오려는 것처럼 뒤틀린다.

그들은 집 안으로 들어간다. 그러니까 네 사도는 얼굴의 미소와는 대조를 이루는 두 제자의 아직 눈물에 젖은 얼굴을 놀라서 바라본다. 그러나 아무 말도 하지는 않는다.

"어떤 불행한 일이 일어나려고 합니다" 하고 늙은 요한이 말한다.

"그렇습니다. 오두막집에 있는 사람들은 어떻게 하려는지 모르겠군요…" 하고 베드로가 말한다.

바람이 어떻게나 세게 부는지 문을 닫은 방을 비추려고 켜 놓은 심지 셋이 있는 등불의 작은 불꽃들이 문들을 막았는데도 펄럭인다. 점점 더 세어지면서 가는 우박이 떨어지는 것같이 생각될 정도로 흙과 파편으로 집을 후려치는 바람의 요란스러운 소리에 점점 더 가까워지는 여자들의 부르짖는 소리가 섞인다. 공포에 사로잡힌 아내들과 몹시 불안해 하는 어머니들이다. "저희 남편들! 저희 아들들! 이 길에 있습니다. 저희들은 겁이 납니다. 버려진 집의 벽이 무너졌습니다. 주님! 예수님! 불쌍히 여기십시오!"

예수께서는 일어서시어, 바람이 온 힘으로 미는 문을 어렵게 여신다. 바람에 —험악한 하늘 아래 휘몰아치는 진짜 소용돌이이다.—
저항하기 위하여 몸을 구부린 여인들이 팔을 내밀며 신음한다.
 "들어들 오시오. 무서워하지 마시오!" 하고 예수께서 말씀하신다.
그리고 하늘과 뽑혀 나가려고 하는 나무들을 바라보신다.
 "예수님, 들어오세요! 얼마나 나뭇가지들이 꺾어져 내려오고 기왓
장이 떨어지는지 보세요? 밖에 있는 것은 신중한 일이 아닙니다" 하
고 알패오의 유다가 소리친다.
 "가엾은 올리브나무들! 이건 우박인데, 우박이 떨어지는 데는 수확
은 끝장이야" 하고 베드로가 점잔을 빼며 말한다.
 예수께서는 들어가지 않으신다. 오히려 회오리바람 속으로 완전히
나온신다. 회오리바람은 예수의 옷을 휘감고 머리카락을 흩날린다.
예수께서는 팔을 벌리시고 기도하신다. 그런 다음 명령하신다. "그만
해라! 내 명령이다!" 그리고 집 안으로 들어가신다.
 바람은 마지막으로 으르렁거리는 소리를 내고 나서 완전히 잔다.
그렇게 격렬한 소리가 나다가 찾아온 정적은 놀랍다. 그 정적이 얼마
나 놀라운지 집들에서 놀란 얼굴들이 나타난다. 소용돌이가 지나간
표들은 남아 있다. 떨어지고 부러진 잎과 나뭇가지들, 커튼 조각들.
그러나 모든 것이 조용하다. 하늘도 이제는 뒤죽박죽이 되지 않은 땅
에 구름을 엷게 함으로써 호응한다. 구름들은 시꺼멓던 것이 빛깔이
엷어지면서 손해를 주지 않고 흩어진다. 그러나 가는 비를 내려 그
많은 먼지로 더럽혀진 공기를 마저 맑게 해준다.
 "그런데 무슨 일이 있었나?"
 "이제 끝났나?"
 목소리들이 이 집에서 저 집으로 서로 묻는다.
 예수 곁으로 달려 왔던 여인들은 밖으로 뛰어 나가며 외친다. "주
님이! 주님이 우리와 함께 계십니다! 주님이 기적을 행하셨습니다!
주님이 바람을 멎게 하셨습니다! 주님이 구름들을 흩으셨습니다! 호
산나! 호산나! 다윗의 후손께 찬미! 평화! 축복! 그리스도께서 우리
와 함께 계십니다! 축복받으신 분이 우리와 함께 계십니다! 거룩하
신 분! 거룩하신 분! 거룩하신 분! 메시아가 우리와 함께 계십니다!
알렐루야!"

마을은 진짜 주민들과 우연히 그곳에 있는 사람들, 즉 사도들과 제자들 모두를 밖으로 쏟아낸다. 그들은 모두 예수께서 계신 작은 집으로 몰려온다. 모두가 예수를 껴안고 만지고 찬양하고자 한다.

"지극히 높으신 주님을 찬미하시오. 주님이 바람과 물의 주재자이십니다. 주께서 당신 아들의 청을 들어주신 것은 여러분이 그분에 대해 가진 믿음과 사랑을 갚아주시기 위한 것이었습니다."

그러면서 예수께서는 그들을 돌려보내려고 하신다. 그러나 명백한 기적으로 흥분하여 몹시 기뻐하는 한 마을을 어떻게 가라앉힐 수 있는가? 더구나 여인들이 가득 차 있는 마을인 경우에는? 예수의 노력은 소용이 없다. 그러니까 예수께서는 참을성 있게 미소지으시는데, 예수를 유숙시킨 노인은 예수의 왼손에 입맞춤하며 눈물로 적신다.

이제는 예루살렘에서 돌아오는 첫번째 남자들이 숨을 헐떡이며 겁에 질려서 나타난다. 그들은 무엇인지 모를 불행을 염려하고 있는 것이다. 그런데 그들은 사람들이 몹시 기뻐하고 있는 것을 본다.

"무슨 일이냐? 무슨 일이 있었어? 아니, 자네들은 폭풍우를 만나지 않았었나? 산에서 보니까 도시가 구름 같은 먼지 속에 사라지는 것이 보이던데, 우리는 도시가 무너지는 줄 알았어. 그런데 여긴 모든 것이 무사하구먼!"

"주님이! 주님이! 주님이 때맞추어 오셔서 우리를 멸망에서 구해 주셨어요. 저주받은 집만이 무너졌고, 기와 몇 장, 나무가지 몇 개가 상했을 뿐이에요. 그런데 당신들은? 예루살렘에는 무슨 일이 있었어요?"

질문과 대답이 엇갈린다. 그러나 남자들은 구세주께 경의를 표하려고 사람들을 헤치고 나아온다. 그리고 나서야 그들은 설명을 한다. 예루살렘은 위협적인 폭풍우 때문에 질겁을 했고, 모두가 오두막에서 집으로 피해 갔고, 올리브나무 주인들은 벌써 그들의 수확을 한탄하고 있었다…. 그런데 갑자기 바람이 자고, 하늘이 환해지면서 비만 조금 뿌렸다…. 그래서 도시 전체가 놀랐다. 그리고 어떤 경우에는 상상이 빨리 활동하기 때문에 남자들의 이야기로는 사람들이 도망하는 동안, 전날과 전전날 성전 안에 있었던 사람들은 모리아산이 가장 돌풍의 습격을 받아서 환전상들의 계산대들이 엎어지고 대사제의 집이 손해를 입을 정도가 된 것을 보고, 그것은 하느님의 메시아에게 한 모욕에 대한 하느님의 벌이라고 말했다는 것이었다. 어쩌구 저쩌구… 남자들이 오면 올수록 그들의 이야기는 더 윤색(潤色)이 되는 것이었다. 어떤 때는 이야기들이 성금요일의 이야기들보다도 참담한 것이 되었다….

185. 예수께서 사촌인 사도들과 같이 갈릴래아 사람들의 야영지에 가시다

"유다와 야고보, 나와 같이 가자."

알패오의 두 아들은 즉석에서 승락한다. 그들은 곧 일어나서 오늘 그들이 몸담고 있는 예루살렘 남쪽 변두리의 한 작은 집에서 예수와 함께 나온다.

"예수님, 어디로 갑니까?" 하고 야고보가 묻는다.

"올리브산에 있는 갈릴래아 사람들에게 인사하려고."

그들은 얼마 동안 예루살렘 쪽으로 걷다가, 녹음 속에 아마 주인들 소유의 집들이 있는 작은 언덕들을 끼고 돌아, 토펫과 실로안 사이에서 끝나는 베다니아와 예리고로 가는 길을 건너지르고, 벌써 올리브산의 지맥을 이루는 다른 야산 뒤로 돌아, 올리브산에서 직접 베다니아로 가는 다른 길을 건너지르고, 올리브나무들 사이로 지나가는 중요하지 않은 길로 해서 갈릴래아 사람들의 야영지로 올라간다. 그곳에는 벌써 천막들이 많지 않고, 군중이 있었다는 표로 땅에 뒹굴고 있는 이제는 시들은 나뭇가지들과, 야영을 한 곳에는 으레 있게 마련인 풀을 태운 불완전한 화덕들의 나머지, 재, 깜부기불, 고물들이 있다.

춥고 때 이르게 비가 많이 오는 계절 때문에 순례자들이 서둘러 떠났다. 여자와 어린이들의 무리들이 지금도 떠나려 하고 있다. 남자들, 특히 건장한 남자들은 명절을 마치려고 남았다.

주님을 믿는 갈릴래아 사람들은 모두, 그리고 내가 가장 잘 아는 모든 마을에서 온 사람들인 것으로 보아 아마 어떤 제자들에게 통지를 받은 모양이다. 나자렛은 예수께서 그의 어머니가 죽은 후에 용서해 주신 사람인 알패오와 또 한 사람, 이렇게 두 제자로 대표된다. 그러나 알패오의 요셉도 시몬도 보이지 않고, 반면에 다른 사람들도 없지 않다. 그 중에는 회당장도 있는데, 그는 예수를 몹시 방해하고 나서 공손히 인사를 하자니 분명히 거북한 것 같다. 그러나 그는 예수의 친척들이 밤바람으로 인하여 고통을 느끼는 아이들 때문에 '선생님이 아시는 그 친구' 집에 머물러 있다고 말함으로써 곤경에서 빠져 나간다. 또 가나는 수산나의 남편과 그의 아버지와 다른 사람들로, 마찬가지로 나임은 부활한 사람과 다른 사람들로, 갈릴래아의 베들레헴은 많은 주민들로 대표된다. 그리고 호수의 서쪽 도시들의 주민들도 남아 있다….

"여러분에게 평화! 여러분에게 평화!" 하고 예수께서 그들 가운데로 지나가시며 말씀하신다. 그리고 아직 남아 있는 갈릴래아의 마을들의 당신의 꼬마 친구들을 쓰다듬어 주시고, 지난 번에 없었던 것이 분하다고 말씀드리는 야이로의 말을 들으신다.

예수께서는 아페카의 과부가 가파르나움에 자리잡았는지, 또 지스칼라의 고아를 받아들였는지 아시려고 물으신다.

"저는 모르겠습니다, 선생님. 아마 제가 그전에 떠났나 봅니다…" 하고 야이로가 말한다.

"예, 맞아요. 어떤 여자가 왔는데 아이들에게 꿀을 많이 주고, 많이 쓰다듬어 주고, 우리한테 비스킷을 많이 줘요. 그래서 선생님에게 오던 아이들이 늘 그 집에 가요. 그리고 마지막 날에는 그 아주머니가 우리에게 아주 아주 작은 어린 아이를 보여 줬어요. 그리고 젖 때문에 암염소 두 마리를 샀어요. 그러면서 그 아이는 하늘의 아이, 주님의 아이라고 말했어요. 그 아주머니는 명절에 오고 싶었지만 오지 못했어요. 그렇게 어린 아이를 데리고 올 수가 없었거든요. 그리고 그 아주머니는 **우리더러** 그 아이를 올바르게 사랑하겠다고, 선생님을 찬미한다고 선생님에게 말하라고 했어요."

가파르나움의 어린이들은 회당장조차 알지 못하는 것을 **자기들이** 안다는 것과 어른들에 대해서와 마찬가지로 주의 깊게 그들의 말을 들으시는 좋은 선생님에게 자기들이 사자(使者) 노릇을 한다는 것이 아주 자랑스러워서 예수의 둘레에서 조잘거린다. 예수께서는 그들에게 이렇게 대답하신다. "그럼 너희들은 그 아주머니에게 나도 아주머니에게 강복한다고 말하고, 어린이들을 내 대신 사랑하란다고 말해

라. 그리고 너희들도 아주머니를 많이 사랑하고, 그분의 친절을 남용하지 말아라. 또 아주머니를 꿀과 비스킷 때문에만 사랑하지 말고, 아주머니가 착하기 때문에 사랑해라.

내 이름으로 어린이를 사랑하는 사람은 나를 행복하게 한다는 것을 알아들었을 만큼 착한 사람이기 때문에. 그리고 내 이름으로 한 어린 아이를 받아들이는 사람은 하늘에 뚜렷이 표시된 자리를 가지고 있다는 것을 늘 생각하고, 어린이들이나 어른들이나 모두 그 아주머니를 본받도록 해라. 자비는 내 이름으로 주는 물 한잔에 대해서도 갚음을 받지만, 어린이들을 굶주림과 목마름과 추위에서 뿐 아니라 세상의 타락에서도 구해 줌으로 그들에게 베푸는 자비는 무한히 갚음을 받기 때문이다…. 나는 여러분이 떠나기 전에 여러분에게 강복하려고 왔습니다. 내 강복을 여러분의 아내와 집에 가져가시오…."

"그러나 선생님은 저희들에게로 다시 오시지요?"

"다시 오겠습니다…. 그러나 지금은 아니고, 과월절 뒤에…."

"오! 선생님이 그렇게 지체하시면, 틀림없이 약속을 잊으실 것입니다…."

"염려 마시오. 태양이 빛나지 않게 될 수는 있어도 예수는 자기에게 희망을 거는 사람들을 잊지 않습니다."

"시간이 아주 오래 걸릴 겁니다!"

"또 쓸쓸하고!"

"저희들이 병이 들면…."

"저희가 걱정거리가 생기면…."

"만일 죽음이 저희들 집에 내려오면…."

"누가 저희를 도와주겠습니까?" 하고 여러 군데서 온 여러 사람이 말한다.

"하느님께서. 만일 여러분이 여러분의 뜻으로 내 안에 남아 있으면 하느님께서 여러분과 같이 계십니다."

"그럼 저희들은요? 저희들은 선생님을 믿은 지가 얼마 안 되는데요. 저희들은 그걸 인정합니다. 그러면 저희들은 위안을 받지 못하게 됩니까? 그렇지만 지금은, 선생님이 기적을 행하시는 것을 보고 성전에서 말씀하시는 걸 들은 다음부터는, 오! 선생님을 믿습니다…."

"그래서 나는 매우 기쁩니다. 내 고향 사람들이 구원의 길로 나아오는 것을 보는 것이 가장 열렬한 소원이니까요."

"저희들을 그토록 사랑하십니까? 그러나 아주 오랫동안 선생님의 기분을 상해 드리고, 선생님을 비웃고 했는데요!…."

"그것은 과거입니다. 과거는 없어졌습니다. 미래에 충실하시오. 그러면 나 진정으로 말하지만 여러분의 과거는 땅에서도 하늘에서도 지워졌습니다."

"저희들과 함께 계시지요? 저희가 모두 같을 때, 안식일에 저희들이 올리브 밭에서 쉬고 있을 때 나자렛에서, 또는 선생님이 그저 예수이기만 하고 명절을 지내려 저희들처럼 예루살렘에 오실 때 그렇게도 여러번 한 것처럼 식사를 같이 하십시다…." 이제는 믿는 나자렛 사람들의 목소리에는 과거에 대한 아쉬움과 향수가 들어 있다.

"나는 요셉형과 시몬형을 보러 가려고 했지만, 나중에 가겠습니다. 여러분 모두가 내게는 하느님 안에서 형제인데, 살과 피는 죽지만 영과 믿음은 죽지 않기 때문에 내게는 영과 믿음이 살과 피보다 더 가치가 있습니다."

그리고 어떤 사람들은 고기를 구우려고 서둘러 불을 피우고, 식사를 준비하려고 올리브나무 가지들을 때는데, 갈릴래아의 모든 지방에서 온 가장 나이 많고 사회적으로 가장 높은 사람들은 예수 둘레로 다가와서 왜 그날 아침과 그 전날 아침에 성전에 오지 않으셨는지, 명절의 마지막 날인 그 이튿날에는 성전에 가시려는지 묻는다.

"나는 딴 곳에 가 있었습니다…. 그러나 내일은 틀림없이 가겠습니다."

"그리고 말씀하실 겁니까?"

"할 수 있으면…."

사라의 알패오가 목소리를 낮추고, 주위를 둘러보며 아주 작은 목소리로 선생님께 말한다. "선생님의 형제들이 선생님께 도움을 확보하려고 시내에 갔습니다…. 이러저러한 사람이 많은 일을 알고 있습니다. 그 사람은 여자들 편으로 성전의 어떤 사람과 친척이니까요…. 요셉은 선생님 걱정을 합니다. 아시겠어요? 결국… 그 사람은 착합니다."

185. 예수께서 사촌인 사도들과 같이 갈릴래아 사람들의 야영지에 가시다

"나도 아네. 그리고 요셉형이 영적으로 착하게 되면 점점 더 착하게 될 걸세."

시내에서 다른 갈릴래아 사람들이 온다. 그들의 수는 예수 둘레에 늘어난다. 그래서 어른들에게 밀려서 예수께 가까이 올 수가 없게 된 어린이들이 매우 기분이 나쁘다. 마침내 예수께서 그 죄없는 무리가 뿌루퉁한 것을 눈치채시고 빙그레 웃으시며 말씀하신다. "내 어린이들을 내게로 오게 놔 두시오."

오! 그래서 둘러싼 사람들이 비키니까 어린이들은 다시 기뻐하며 새들이 날아오듯이 예수께로 뛰어 온다. 예수께서는 어른들과 말씀을 계속하시면서 그들을 쓰다듬어 주신다. 아직도 여름해에 그을은 예수의 긴 손이 갈색 머리와 밤색머리, 그리고 그 머리들 가운데 섞여 있는 작은 금발 머리 몇 위로 왔다 갔다 한다. 어린이들은 할 수 있는 대로 예수 가까이로 다가와서 작은 얼굴들을 옷 속과 겉옷 속으로 숨기고, 무릎과 옆구리에 매달리며 애무를 탐내고, 애무를 받는 것을 몹시 기뻐한다.

예수께서 음식에 강복하시고 나누어 주신 다음 그들을 빙 둘러 앉아서 마음이 조용하고 정답게 일치한 가운데 먹는다.

다른 사람들, 즉 예수를 따르지 않는 사람들은 멀리서 빈정거리고 의심쩍은 태도로 바라보고 있다. 그러나 아무도 그들에 대하여 걱정을 하지 않는다.

식사가 끝났다. 예수께서 제일 먼저 일어나셔서 야이로, 알패오, 나임의 다니엘, 코라진의 엘리야, 사무엘(어디 사는지 모르겠지만 전에 불구자였던), 그리고 우리아라는 사람, 다음에는 그 수많은 요한 중의 한 사람, 수많은 시몬 중의 한 사람, 레위라는 사람, 이사악이라는 사람, 베들레헴의 아벨, 그리고 다른 사람들, 요컨대 한 마을에서 한 사람씩을 부르신다. 그리고 사촌들의 도움을 받아 돈이 잔뜩 들어 있는 돈 주머니 둘을 똑같은 몫으로 노느매기를 하셔서 불린 사람 하나하나에게 한 몫씩을 주시며, 그의 마을의 가난한 사람들을 위하여 쓰라고 하신다.

그런 다음 돈이 다 없어지자, 모두에게 강복하시고 작별 인사를 하신다. 그리고 그들과 헤어져 양들의 성문으로 해서 시내로 다시 들어

가시기 위하여 게쎄마니 쪽으로 가려고 하신다. 그러나 거의 모두가 따라 왔고, 특히 어린이들은 예수의 옷과 겉옷 자락을 놓치 않아 틀림없이 귀찮으시겠지만, 그들이 하는 대로 그냥 놔 두신다….

그런데 막달라의 그 어린이, 어느날 가리옷의 유다에게 자기가 생각하는 것을 명백히 말한 베냐민이 예수의 옷을 끌어당겨, 마침내 예수께서 그의 말을 개별적으로 들으시려고 몸을 구부리셨다.

"이제는 그 나쁜 사람이 선생님하고 같이 있지 않아요?"

"무슨 나쁜 사람 말이냐? 나에게는 나쁜 사람이 없는데…" 하고 예수께서는 그에게 미소를 보이시며 말씀하신다.

"아니예요, 있어요! 웃고 있던 그 키 크고 갈색 머리를 가진 사람이요…. 선생님도 알지요. 겉으로 아름답지만 속은 추하다고 내가 말해 준 그 사람이요…. 그 사람은 나빠요."

"유다 이야기를 하는 것입니다" 하고 예수 뒤에 있어서 어린 아이의 말을 들은 타대오가 말한다.

"나도 안다" 하고 예수께서는 몸을 돌려 대답하신다. 그리고는 어린아이에게 말씀하신다. "그 사람은 물론 나와 같이 있다. 그 사람은 내 사도들 중 한 사람이다. 그러나 그 사람이 이제는 매우 착하다…. 왜 머리를 내젓니? 이웃에 대해서 나쁘게 생각하면 안 된다. 특히 알지 못하는 사람에 대해서는."

어린이는 고개를 숙이고 잠자코 있다.

"나한테 대답 안 하니?"

"선생님은 나더러 거짓말 하지 말라고 그랬어요…. 그리고 나는 거짓말 하지 않겠다고 선생님께 약속했고, 그렇게 했어요. 그렇지만 내가 지금 선생님한테 그렇다고. 그 사람이 착하다고 생각한다고 말하면, 참말이 아닌 걸 말하는 거예요. 나는 그 사람이 나쁘다고 생각하고 있으니까요. 나는 선생님을 기쁘게 하기 위해서 입은 다물고 있어요. 그렇지만 생각을 못하게 내 머리를 닫고 있을 수는 없어요."

엉뚱한 말이 하도 격렬하고, 순박한 가운데 하도 논리적이어서 그의 말을 듣는 사람들이 모두 웃기 시작한다. 예수를 빼고는 모두. 예수께서는 한숨을 쉬며 말씀하신다. "그러면 네가 할 일이 한 가지 있다. 만일 네 생각에 그 사람이 정말 나쁜 사람 같으면, 착한 사람

되도록 기도해야 한다. 그렇게 하겠니? 그 사람이 나아지면 나는 더 기쁠 거다. 그러니까 그 사람을 위해서 기도하면 내가 행복하라고 기도하는 것이 된다."

"그렇게 하겠어요. 그렇지만 그 사람이 선생님에 대해서 좋은 사람이 되지 않으면, 제 기도는 아무 소용이 없을 거예요."

예수께서는 걸음을 멈추시고, 어린이들에게 입맞춤 하시려고 몸을 구부리심으로 토론을 중단하신다. 그리고 모두에게 돌아가라고 명하신다….

예수와 두 사촌만이 있게 되었을 때 알패오의 유다는 잠시 침묵을 지킨 다음, 속으로 추리를 한 것처럼 결론으로 이렇게 말한다. "그 애 말이 옳습니다! 전적으로 옳아요! 저도 그 애처럼 생각합니다."

"아니! 누구 이야기를 하는 거야?" 한 사람밖에는 지나갈 수 없는 좁은 오솔길에 약간 생각에 잠긴 채 앞서 걸어가고 있던 동생 야고보가 묻는다.

"베냐민과 그 애가 말한 것에 대해서 말하는 거다. 그리고… 그러나 선생님은 그 애 말을 들으려고 하지 않으시지요. 그런데 저도 유다가 … 아니, 그 사람은 사도가 아닙니다…. 그 사람은 진실하지 않습니다. 선생님을 사랑하지 않습니다. 그 사람은…."

"유다야! 유다야! 왜 나를 괴롭히느냐?"

"선생님을 사랑하기 때문입니다. 그리고 저는 가리옷 사람이 무섭습니다. 뱀보다도 더 무섭습니다…."

"너는 불공평하다. 그가 아니었더라면 내가 벌써 붙잡혔을지도 모른다."

"예수님의 말씀이 옳아. 유다는 많은 일을 했어. 그 사람은 거침없이 미움과 비웃음을 샀어. 그래도 예수님을 위해 일했고, 또 일하고 있어" 하고 야고보가 말했다.

"나는 네가 바보라고, 네가 거짓말쟁이라고 생각하지는 못하겠다 …. 그리고 저는 선생님이 왜 유다를 두둔하시는지 의아스럽게 생각합니다. 저는 질투나 증오로 말하는 것이 아닙니다. 제가 말하는 것은 그가 나쁘다고, 그가 진실성이 없다고 마음 속으로 느끼기 때문입니다…. 제가 선생님께 대한 사랑으로 인정할 수 있는 것은 그가 미치광이라는 것입니다. 오늘은 이런 뜻으로, 내일은 저런 뜻으로 헛소리를 하는 불쌍한 미치광이입니다. 그러나 착하다니, 아닙니다. 그는 착하지 않습니다. 예수님, 조심하세요! 경계하세요…. 저희들 중의 아무도 착하지 못합니다. 그러나 저희를 잘 보십시오. 저희들의 눈은 맑습니다. 저희를 잘 살펴보십시오. 저희들의 행동은 변하지 않습니다. 그러나 바리사이파 사람들이 그의 빈정거림에 대해서 앙갚음을 하지 않는 것이 아무렇게도 생각되지 않습니까? 성전 사람들이 그의 말에 반응을 보이지 않는 것이 아무렇게도 생각되지 않습니까? 그가 명백히 모욕하는 바로 그 사람들 가운데 항상 친구들이 있다는 사실이 아무렇게도 생각되지 않습니까? 언제나 돈을 가지고 있다는 것이 아무렇게도 생각되지 않습니까? 저는 저희 두 사람에 대해서 말하는 것이 아닙니다. 그러나 부자인 나타나엘도 재산이 없지 않은 토마도 겨우 필요한 것이나 가지고 있을 뿐인데, 그 사람은…. 오!…."

예수께서는 잠자코 계신다.

야고보가 지적한다. "제 형의 말이 부분적으로는 맞습니다. 유다가 언제나 혼자 있고, 혼자 가고… 하게 된다는 것은 분명합니다. 그러나 저는 원망하고 판단하기는 원치 않습니다. 선생님도 아시지요…."

"그래, 안다. 그리고 이 때문에 나는 판단하는 것을 원치 않는다고 말하는 것이다. 너희들이 내 대신 일을 하려고 세상에 가 있게 될 때, 너희들은 유다보다도 훨씬 더 이상한 사람들을 가까이하게 될 것이다. 만일 그 사람들이 괴상하다고 해서 너희가 무시하면, 너희는 어떤 사도가 되겠느냐? 바로 그들이 괴상하기 때문에 너희들은 그들을 주님의 어린 양을 만들기 위해 참을성 있는 사랑으로 사랑해야 할 것이다. 이제는 요셉형과 시몬형에게 가자. 너희들도 들었지? 형님들은 나를 위해서 은밀히 일하고 있다. 너희들은 가족의 사랑이라고 말하겠지. 그래, 그것은 사실이다. 그러나 역시 사랑은 사랑이다. 지난 번에 너희들은 사이가 나쁘게 헤어졌지. 이제는 화해해라. 형님들과 너희들이 모두 옳고 그른 것이 있다. 각자가 **자기 잘못을** 인정하고, 자기가 옳게 생각하는 면을 강조하지 말아야 한다."

"형님은 선생님을 극도로 모욕해서 제 마음을 많이 상하게 했습니다" 하고 야고보가 말한다.

"너는 내 아버지 요셉을 많이 닮았다. 그리고 네 형 요셉은 네 아버지 알패오를 닮았고. 그런데 내 아버지 요셉은 형에게 자주 비난을 받았지만, 큰 의인이었기 때문에 항상 너그러웠고 용서했다! 너도 그렇게 되어라."

"그런데 형님이 마치 제가 아직 어린 아이인 것처럼 꾸지람을 하면요? 형님은 화가 나면 도리를 따르지 않습니다. 아시겠지요?…"

"너는 잠자코 있어라. 분노를 가라앉히는 유일한 방법이다. 겸손하고 참을성 있게 잠자코 있어라. 그리고 예의를 어기지 않고는 그렇게 할 수가 없으면, 그 자리를 떠나라. 비겁해서도 아니고, 무슨 말을 할지 알지 못해서도 아니고, 덕행으로, 조심성으로, 사랑으로, 겸손으로 입을 다물 줄 알아야 하고, 피할 줄 알아야 한다. 말다툼을 할 때에는 공평하기가 몹시 어렵다! 정신의 평온을 보존하기도 어렵고. 무엇인가 항상 내려와서 마음 속 깊은 곳을 변질시키고, 흔들고, 소란을 피운다. 착한 영에는 어떤 것이나 반영되는 하느님의 모습이 흐리게 되고 사라져서 그분의 말씀을 듣지 못하게 된다.

평화! 형제 사이에 평화. 원수들 하고도 평화가 있어야 한다. 그들이 우리의 원수면, 사탄의 친구들이다. 그러나 우리를 미워하는 사람들을 미워해서 우리도 사탄의 친구가 되기를 원하겠느냐? 만일 우리가 사랑 밖에 머물러 있으면, 어떻게 그들을 사랑으로 데려올 수 있겠느냐? 너희들은 이렇게 말한다. '예수님, 그 말은 벌써 수없이 했고, 또 그렇게 하십니다. 그러나 여전히 미움을 받으십니다' 하고. 나는 그 말을 항상 하겠다. 내가 너희들과 같이 있지 않게 되었을 때에는 하늘에서 그 말을 너희 마음에 불러일으키겠다. 또 나는 패배를 세지 말고, 승리를 세라고 말하겠다. 그것에 대해서 하느님을 찬미하자! 어떤 쟁취가 기록되지 않은 달이 지나가지 말아야 한다. 하느님의 일꾼은 이것에 주의하고, 그것을 주님 안에서 몹시 기뻐하며, 그들의 보잘 것 없는 승리들을 잃을 때에 세상 사람들이 가지는 분한 마음을 가지지 말아야 한다. 너희들이 이렇게 하면…."

"선생님께 평화. 저를 못알아 보십니까?" 하고 시내에서 게쎄마니 쪽으로 올라오던 젊은이가 말한다.

"당신이?… 당신은 작년에 우리와 함께 사제와 같이 있던 레위파 사람이구려."

"저 올시다. 주위에 그렇게 많은 사람을 보시는 선생님이 어떻게 저를 알아 보셨습니까?"

"나는 얼굴과 정신의 특징을 잊지 않소."

"제 정신의 특징이 되는 것은 무엇입니까?"

"당신의 정신은 착하고 불만족스럽소. 당신은 당신을 둘러싸고 있는 것에 싫증이 나고, 당신의 정신은 더 나은 것을 목표로 삼고 있소. 당신은 그것들이 있다는 것을 느끼오. 당신은 지금이 영원한 행복을 위하여 결정할 때라는 것을 느끼고, 안개 저쪽에는 해가 있고, 빛이 있다는 것을 느끼오. 당신은 빛을 원하고 있소."

젊은이는 무릎을 꿇는다. "선생님, 바로 말씀하셨습니다. 그것은 사실입니다. 제 마음 속에 있는 것이 그것입니다. 그런데 저는 결정을 내릴 줄을 몰랐습니다. 노인 사제 요나타는 믿었습니다. 그리고 세상을 떠났습니다. 그분은 연세가 많았습니다만, 저는 젊습니다. 그러나 저는 선생님이 성전에서 말씀하시는 것을 들었습니다…. 주님, 저를 물리치지 마십시오. 거기 있는 사람들이 모두 주님을 미워하지는 않는데, 저는 주님을 사랑하는 사람들 축에 듭니다. 레위파 사람으로서 제가 해야 할 일을 말씀해 주십시오…."

"새 시대까지 당신의 의무를 다하시오. 내게로 오는 것은 영광을 향해 가는 것이 아니고, 고통을 향해 가는 것이니까 곰곰 생각하시오. 끝까지 꾸준하면 당신은 하늘에서 영광을 얻을 거요. 내 가르침을 배우고, 그것을 단단히 따르시오…."

"무엇으로 그렇게 합니까?"

"하늘이 직접 그 표들로 그것을 단단하게 해줄 거요. 그리고 내 제자들의 도움으로 다시 단단히 믿고, 내가 가르친 것을 점점 더 배우고 실천하시오. 이렇게 하시오. 그러면 영원한 생명을 얻게 될 거요."

"주님, 그렇게 하겠습니다. 그러나… 아직 성전에서 일을 해도 됩니까?"

"내가 새 시대가 올 때까지라고 말했소."

"선생님, 제게 강복해 주십시오. 그것이 제 새로운 축성이 될 것입니다."

185. 예수께서 사촌인 사도들과 같이 갈릴래아 사람들의 야영지에 가시다 **303**

예수께서 그에게 강복을 주시고 입맞춤 하신다. 그들은 헤어진다.
"보았느냐? 주님의 일꾼들의 생활은 이런 것이다. 1년 전에 저 마음 속에 씨가 떨어졌는데, 그가 즉시 우리에게 오지 않았기 때문에 그것이 승리로 보이지 않았다. 1년 후에 와서 내가 방금 한 말을 확인해 준다. 하나의 승리다. 그리고 그 승리가 우리에게 이 날을 아름답게 해 주지 않느냐?"

"예수님, 예수님의 말씀은 항상 옳습니다…. 그러나 유다는 조심하세요! 제가 이런 말씀을 드리는 것은 어리석은 일이라는 건 압니다. 선생님도 아시지요…. 그렇지만 제 마음 속에는 이 고통이 있습니다 …. 다른 사람들에게는 그것을 말하지 않지만, 있기는 있습니다…. 그리고 저는 다른 사람들도 이 고통을 가지고 있다고 확신합니다."

예수께서는 대꾸를 하지 않으신다. 그리고 이렇게 말씀하신다. "요셉과 니고데모가 그 돈을 내게 준 것이 기쁘다. 이렇게 해서 갈릴래아의 내 정다운 가난한 사람들에게 도움을 보낼 수가 있다…."

그들은 성문에 이르러 시내로 들어가서 군중 속에 섞인다.

186. 장막절의 마지막 중요한 날

성전에는 정말 사람이 가득 찼다. 그러나 여자들과 어린이들은 없다. 바람이 불고, 비록 짧기는 하지만 때이른 세찬 소나기가 오는 계절이 계속되기 때문에 여자들은 어린이들과 함께 떠나기로 결심한 모양이다. 그러나 온 팔레스티나의 남자들과 디아스포라의 개종자들은 문자 그대로 성전을 채우고 마지막 기도를 드리고, 마지막 제물을 드리고, 율법학자들의 마지막 가르침을 듣는다.

예수를 따르는 갈릴래아 사람들은 모두 있고, 가장 중요한 우두머리들이 맨 앞줄에 있는데, 그 가운데에는 친척이라는 자신에 찬 알패오의 요셉이 아우 시몬과 함께 있다. 빽빽이 모여서 기다리는 다른 집단은 72 제자의 집단이다. 내가 그들을 이렇게 부르는 것은 복음을 전하라고 예수께 선택된 제자들을 가리키기 위해서이다. 그 수는 변하였고, 얼굴들도 바뀌었다. 그것은 하늘에서 내려온 빵에 대한 말씀이 있은 후에 있은 탈퇴 후에 오래된 제자들 중의 어떤 사람들이 없어지고, 안티오키아의 니콜라이 같은 새 제자들이 왔기 때문이다. 역시 한데 몰려 있고 수가 매우 많은 셋째 집단은 유다인들의 집단인데, 그들 가운데에는 엠마오와 헤브론과 가리옷의 회당장들이 보이고, 한편 유다에서는 사라의 남편이 와 있고, 벳수르에서는 엘리야의 친척들이 와 있다.

그들은 아름다운 문 곁에 있는데, 선생님이 나타나시자마자 에워싸겠다는 의사가 분명하다. 과연 예수께서 구내에 한 발을 들여놓으시기가 무섭게 이 세 집단은, 마치 예수를 악의를 품은 사람들이나 그저 호기심만 가진 사람들에게서도 격리시키려는 것처럼 예수를 둘러싼다.

예수께서는 기도를 하시기 위하여 이스라엘 사람들의 안마당으로 향하시는데 다른 사람들도 군중 가운데에서 그렇게 할 수 있는한 빽

186. 장막절의 마지막 중요한 날

빽이 떼를 지어 따라 간다. 그래서 예수를 에워싸고 가는 사람들의 많은 수에 밀려 비켜나야 하는 사람들의 불만을 자아낸다. 예수께서는 당신의 형제들 가운데 계신다. 그런데 어떤 바리사이파 사람들을 표정 풍부하게 위아래로 훑어보는 알패오의 요셉의 눈길은 예수의 눈길처럼 부드럽지 않고, 태도도 예수의 태도처럼 겸손하지 않다….

그들은 기도를 하고 이교도들의 마당으로 돌아온다. 예수께서는 행각의 벽에 등을 기대시고 겸손하게 땅에 앉으신다. 반원이 하나 생기고, 예수 더 가까이에 있는 사람들 뒤에는 와서 빽빽이 몰려 있는 사람들의 줄로 인하여 점점 더 빽빽해진다. 그들은 앉기도 하고 기대서 있기도 한다. 얼굴과 눈길들이 오직 한 얼굴로 집중한다. 구경꾼들과 멀리서 와서 모르는 사람들과 악의를 품은 사람들은 신자들의 이 울타리 저쪽에 있는데, 목을 길게 빼고 발돋움을 하면서 보려고 애쓴다.

그동안 예수께서는 조언을 청하거나 소식을 전해 드리는 이 사람 저 사람의 말을 들으신다. 가령 엘리사의 친척들은 엘리사의 소식을 전하며, 엘리사가 선생님께 봉사하러 와도 되느냐고 묻는다. 그러니까 예수께서는 이렇게 대답하신다. "나는 이곳에 머물지 않습니다. 엘리사는 나중에 오라고 하시오."

가리옷의 유다의 어머니인 시몬의 마리아의 친척은 농장을 지키기 위하여 남아 있었으나, 마리아는 거의 언제나 요안나의 어머니와 같이 있다고 말한다. 유다는 놀라서 눈을 크게 뜬다. 그러나 말은 하지 않는다. 그 다음에는 사라의 남편이 다른 아이가 난 것을 알리며 무슨 이름을 주어야 하겠느냐고 묻는다. 예수께서는 "사내 아이면 요한, 계집 아이면 안나라고 하시오" 하고 대답하신다. 엠마오의 늙은 회당장은 어떤 양심문제를 조용히 속삭이고, 예수께서도 가만히 대답하신다 등등.

그러는 동안 사람들은 점점 더 많아진다. 예수께서는 머리를 쳐들고 바라보신다. 행각은 계단의 몇 단쯤 높은 곳에 있기 때문에 예수께서는 앉아 계시면서도 이쪽 마당의 대부분을 내려다보시고, 그래서 많은 얼굴을 보신다.

예수께서는 일어나셔서 큰 소리로, 정확하고 힘찬 당신 목소리를 다하여 말씀하신다. "목마른 사람은 내게로 와서 마시시오. 나를 믿는 사람의 품에서는 맑게 흐르는 강물이 솟아날 것입니다."

예수의 목소리는 넓은 마당과 정려한 행각들을 채우고, 틀림없이 이 쪽에 있는 행각들을 넘어 다른 곳에까지 퍼지며, 기대가 큰 듣기 좋은 천둥소리 같이 다른 모든 목소리를 압도한다. 예수께서는 말씀을 하시고 나서, 마치 연설의 주제를 발표하신 다음 듣는 데 흥미를 느끼지 못하는 사람은 나중에 방해하지 말고 가라고 여유를 주시려는 것처럼 얼마 동안 잠자코 계신다. 율법학자들과 박사들은 잠자코 있다. 아니 그보다도 목소리를 낮추어 분명히 악의를 품은 말을 속삭인다. 가믈리엘은 보이지 않는다.

예수께서는 반원의 한가운데로 나아가신다. 그러니까 예수께서 가시면 사람들이 비켜났다가 다시 제 자리로 돌아온다. 그래서 반원이 고리로 변한다. 예수께서는 천천히 위엄있게 걸으신다. 약간 벌어지고 뒤에 끌리고 옷자락 같이 된 겉옷을 입으신 채 바닥에 깔린 여러 가지 빛깔의 대리석 위를 미끄러져 가시는 것 같다. 예수께서는 행각의 모퉁이까지 가셔서 마당에 면한 계단의 단 위에서 걸음을 멈추신다. 이렇게 해서 첫째 성벽의 양쪽을 굽어 보신다. 그리고 말씀을 시작하실 때에 보통 그렇게 하시는 몸짓으로 오른 팔을 드시고, 왼손은 가슴에 얹어 겉옷을 바로 잡으신다.

예수께서는 처음에 하신 말씀을 되풀이 하신다. "목마른 사람은 내게로 와서 마시시오! 나를 믿는 사람의 품에서는 맑게 흐르는 강물이 솟아날 것입니다!

주님의 나타나심을 본 사람인 사제요 예언자인 에제키엘은 더럽혀진 주님의 집에서 행해지는 부정한 행위들을 예언자로서 본 다음, 그리고 타우*(T)자로 표가 된 사람들만이 참 예루살렘에서 살아 있는 사람이 될 것이고, 다른 사람들은 하나같이 학살과 단죄와 벌을 겪게 되리라는 것을 역시 예언자로서 본 다음에 ─그런데 내 말을 듣고 있는 여러분, 때가 가까웠고, 여러분이 생각하는 것보다 더 가까웠습니다. 그래서 나는 여러분에게 구원하는 표를 하는 것을 더 미루지

---

* 역주 : 그리이스 자모의 제19번째 자.

말고, 여러분 안에 빛과 지혜를 받아들이는 것을 더 이상 지체하지 말고, 여러분과 다른 사람들을 위해서, 여러분이 구원을 받을 수 있기 위해서 뉘우치고 우는 것을 더이상 지체하지 말라고 선생과 구세주로서 권고합니다.── 그러니까 에제키엘은 이 모든 것과 그 밖에 또 다른 것을 본 다음에 무시무시한 환시(幻視), 즉 말라빠진 해골에 대한 환시 이야기를 합니다.

언젠가 천사들이 나팔 소리에 죽은 사람들의 해골과 그 해골이 죽은 세상에 빛이 사라진 하늘 아래 나타나는 날이 올 것입니다. 아기를 낳기 위하여 배가 갈라지는 것처럼, 땅은 아담으로부터 마지막 사람에 이르기까지 땅 위에서 죽어서 진흙 속에 묻힌 사람들의 모든 해골을 그 속에서 내놓을 것입니다. 그러면 그 때에는 중요한 최고의 심판을 위한 죽은 사람들의 부활일 것인데, 그 심판이 있은 다음에는 마치 소돔의 사과처럼 세상이 비어서 허무가 되고 천공과 천체의 종말이 올 것입니다. 모든 것이 끝나고, 깊이를 헤아릴 수 없는 두 심연 끝에 형태와 모습과 그 안에서 영원히 계속될 방식으로는 서로 대립된 멀리 떨어진 두 가지 영원한 것만이 남을 것입니다. 즉 빛과 기쁨과 평화와 사랑인 천국과 어두움과 고통과 공포와 증오인 지옥입니다.

그러나 세상이 아직 죽지 않았고, 천사들의 나팔이 아직 모이라고 울리지 않았다고 해서 끝없는 땅의 들판에 지나치게 말라 빠지고, 생명력이 없고, 분리되어 죽고 죽고 또 죽고 또 죽은 목숨 없는 해골들이 뒤덮여 있지 않다고 생각하십니까? 아직 숨을 쉬고 있기 때문에 살아 있는 사람들 가운데, 시체와 같은 사람, 에제키엘이 본 말라빠진 해골과 같은 사람이 수없이 많습니다. 어떤 사람들입니까? 그들 안에 정신의 생명을 가지고 있지 못한 사람들입니다.

온 세상에도 그렇고 이스라엘에도 그런 사람들이 있습니다. 그리고 이방인들과 우상숭배자들 가운데에는 생명으로 생기가 주어지기를 기다리는 죽은 사람들만이 있다는 것은 당연한 일입니다. 그리고 이 사실로 고통을 느끼는 사람들은 진짜 진리를 가진 사람들 뿐입니다. 그것은 영원하신 분께서 피조물들을 창조하신 것은 당신을 위해 하신 것이지 우상숭배를 하라고 그러신 것이 아니라는 것을, 그래서 죽음 속에 그렇게도 많은 사람이 있는 것을 보시고 슬퍼하신다는 것을 지혜가 그들에게 이해하게 하기 때문입니다. 그러나 지극히 높으신 분께서 이 고통을 가지고 계시고, 그 고통이 벌써 큰데, 생명이 없고 영이 없는 하얗게 된 해골같은 당신 백성의 죽은 사람들에 대하여는 그분의 고통이 얼마나 크겠습니까?

지극히 높으신 분에 의해서 선택되고 특별한 사랑을 받고 보호되고 길러지고 하느님께 직접, 또는 하느님의 종들과 그분의 예언자들을 통하여 가르침을 받은 사람들이, 그들을 위하여는 하늘에서 항상 생명을 주는 물줄기가 흘러 생명과 진리의 물을 먹여 주었는데, 어째서 죄가 되게 말라빠진 해골이 돼야 합니까? 주님의 땅에 심어진 그들이 왜 말랐습니까? 영원하신 영께서 그렇게도 많은 지혜의 보물을 그들에게 맡기셔서 거기에 도달해서 **그것으로 살게** 하셨는데, 왜 그들의 정신이 죽었습니까? 만일 그들이 하느님께서 주신 샘과 풀밭과 빛을 버리고, 안개 속을 더듬거리며 나아가고, 깨끗하지 못한 샘물을 마시고, 거룩하지 않은 양식을 실컷 먹으면, 그들 중의 누가, 또 어떤 기적으로 생명에 돌아올 수가 있겠습니까?

그러면 그 사람들은 절대로 생명에 돌아오지 못할 것입니까? 그렇지 않습니다. 나는 이것을 지극히 높으신 분의 이름으로 단언합니다. 많은 사람이 생기를 되찾을 것입니다. 하느님께서는 벌써 기적을 준비하셨고, 기적이 벌써 활동 중이기까지 하고, 기적이 어떤 사람들에게는 벌써 작용해서 말라빠졌던 해골이 다시 생명을 지니게 되었습니다. 아무 것도 못하실 것이 없는 지극히 높으신 분께서 당신 약속을 지키셨고 지금도 지키시며, 항상 더 보충하시기 때문입니다. 하느님께서는 하늘 높은 곳에서 생명을 기다리는 해골들에게 외치십니다. '자, 내가 너의 안에 영을 부어주리니, 너희는 살 것이다.' 그리고 당신 영을 가지시고, 당신 자신을 가지시고, 육체를 만들어 당신의 말씀을 그 안에 넣으셔서, 그 죽은 사람들에게 보내셔서, 그들에게 말함으로써 그들 안에 생명을 다시 쏟아넣어 주게 하셨습니다.

오랜 세월이 흐르는 동안 이스라엘은 얼마나 여러번 부르짖었습니까. '우리의 뼈는 말라빠졌고, 우리의 바람은 죽었고, 우리는 갈라졌다!' 하고? 그러나 약속은 어느 것이나 신성하고, 예언은 어느 것이나 참 됩니다. 자 이제 하느님께서 보내신 사람이 와서 무덤을 열고 죽은 사람들을 나오게 해서 그들에게 생명을 주어 진짜 이스라엘로, 주님의 나라, 내 아버지와 여러분의 아버지이신 분의 나라로 데리고 갈 때가 왔습니다.

나는 부활이요 생명입니다! 나는 어두움 속에 누워있던 사람들을 비추러 온 빛입니다! 나는 영원한 생명이 솟아나는 샘입니다.

내게로 오는 사람은 죽음을 당하지 않을 것입니다. 생명을 목말라 하는 사람은 와서 마시시오. 생명, 즉 하느님을 차지하기를 원하는 사람은 나를 믿으시오. 그러면 그의 가슴에서는 맑은 물이 방울방울 흐르지 않고 강물처럼 흐를 것입니다. 그것은 나를 믿는 사람들은 에제키엘이 말하는 건강에 이로운 물이 솟아나오는 새 성전을 나와 함께 만들겠기 때문입니다.

백성들이여, 내게로 오시오! 인간들이여! 내게로 오시오! 나는 아무도 물리치지 않고, 사랑으로 여러분이 나와 함께 내 일에, 내 공로에, 내 영광에 같이 있기를 원하니까, 와서 오직 하나인 성전을 만듭시다.

'그리고 나는 동쪽에 있는 집의 문아래에서 솟아나오는 물을 보았다…. 그리고 물은 제단 남쪽 오른쪽에서 내려오고 있었다.'

그 성전은 주님의 메시아를, 그리스도를, 새 율법을, 구원과 평화의 시대의 가르침을 믿는 사람들입니다. 이 성전의 벽이 돌로 된 것과 같이, 영원히 죽지 않고, 그 창시자와 같이 투쟁과 시련을 겪은 다음에는 땅에서 하늘을 향하여 올라갈 성전의 신비적인 벽은 살아 있는 영들로 이루어질 것입니다.

물이 솟아나오는 그 제단, 동쪽에 있는 그 제단은 나입니다. 그리고 내 물이 오른쪽에서 솟아나오는 것은 오른쪽이 하느님 나라의 선택된 사람늘의 자리이기 때문입니다. 이 물은 내게서 솟아나와 내 선택된 사람들에게 부어져서 그들을 동서남북 사방으로 데리고 가서 널리 퍼뜨릴 임무를 가진 생명수로 부유하게 해서 땅과, 즉 빛의 시기, 장차 올 시기를 기다리는 그 땅의 민족들에게 생명을 주게 할 것입니다. 이 시기는 땅이 그 존재를 그치기 전에 어디에나 올 것이고, 또 반드시 와야 할 시기입니다.

내 물은 솟아나와서, 내가 나를 따르는 사람들에게 주었고 장차도 줄 물과 섞여서 퍼집니다. 그리고 땅을 기름지게 하기 위하여 퍼지면서 그 물은 하나밖에 없는 은총의 강에 합쳐질 것인데, 은총의 강은 점점 깊고 점점 넓게 되고, 날이 갈수록, 거리가 멀어질수록 새로운 신자들의 물로 불어나서 마침내 온 땅을 거룩하게 하기 위하여 모든 곳을 잠글 바다 같이 될 것입니다.

하느님께서 그것을 원하시고, 하느님께서 그렇게 하실 것입니다. 홍수는 죄인들에게 죽음을 줌으로써 세상을 깨끗이 했습니다. 새로운 홍수는 비가 아닌 액체로 세상을 깨끗이 해서 생명을 줄 것입니다.

그리고 신비로운 은총의 작용으로 사람들은 그들의 뜻에 내 뜻에, 그들의 피로를 내 피로에, 그들의 고통을 내 고통에 합침으로 이 거룩하게 하는 홍수에 속할 수가 있을 것입니다. 그리고 세상은 진리와 생명을 알 것이고, 거기에 참여하기를 원하는 사람은 그렇게 할 수 있을 것입니다. 그래서 생명의 물로 길러지기를 원치 않을 사람들만이 질퍽하고 악취를 풍기는 곳이 되거나 또는 그런 사람으로 계속 남아 있어서 내 안에서 살 사람들이 알게 될 은총이 지혜와 구원의 열매를 풍성하게 거두는 일을 알지 못할 것입니다.

정말 다시 한번 진정으로 말합니다만, 목이 말라 내게로 와서 마실 사람은 다시는 목마르지 않을 것입니다. 그것은 내 은총과 그의 안에 맑은 물이 흐르는 샘과 강을 터 놓을 것이기 때문입니다. 그리고 나를 믿지 않는 사람은 생명이 존속할 수 없는 염전과 같이 죽을 것입니다.

나 분명히 말합니다만, 나는 죽지 않고 살 것이니까 나 이후에도 이 샘은 마르지 않을 것입니다. 그리고 내가 하늘의 문을 열기 위하여 가고 난 다음에는, **죽는 것이 아니라 가고 난 다음에는**, 나와 같은 다른 분이 오셔서, 여러분으로 하여금 내가 말한 것을 이해하게 하고, 여러분이 빛을 받아들였기 때문에 여러분으로 '빛'을 만들기 위하여 여러분 안에 불을 질러놓음으로써 내 사업을 보충할 것입니다."

예수께서 입을 다무신다.

강연의 영향력에 눌려 말이 없던 군중이 이제는 속삭이고, 이러쿵 저러쿵 여러 가지로 평을 한다.

어떤 사람이 말한다. "기막힌 말이야! 저분은 진짜 예언자야!"

다른 어떤 사람은 말한다. "저분은 그리스도라니까. 요한 자신도 저렇게는 말하지 못했고, 아무 예언자도 저렇게 강력하지는 못해."

"그리고 저분은 몹시 모호한 상징이 들어 있는 에제키엘까지 포함해서 예언자들을 이해할 수 있게 해 준단 말이야."

"자네 들었나, 응? 물! 제단! 분명하단 말이야!"

"그리고 말라빠진 해골은?! 율법학자들과 바리사이파 사람들과 사제들이 얼마나 당황하는지 보았나? 그들은 강연의 말뜻을 알아들었어!"

"그래! 그래서 그들은 경비원들을 보냈어. 그렇지만 경비원들은! …. 선생님을 붙잡는 것을 잊고, 천사들을 보는 어린 아이들처럼 우두커니 있었어. 저기 저 사람들을 보게! 저 사람들은 깜짝 놀란 것 같네."

"저거 보게! 저거 보라구! 어떤 관리가 저 사람들을 도로 불러들여 가지고 야단을 치고 있네. 가서 들어보세!"

그동안 예수께서는 사람들이 데려오는 병자들을 고쳐 주시며 다른 일은 상관하지 않으신다. 마침내 모든 사람이 공포와 같은 두려움을 가지고 피하는 30세 내지 35세쯤 된 남자를 앞세운 사제와 바리사이파 사람 한떼가 예수 앞에 이르렀다.

"당신 아직 여기 있소? 가시오! 최고 대사제의 명령이오!"

예수께서는 몸을 일으키신다. ─어떤 마비환자에게로 몸을 숙이고 계셨었다.─ 그리고 그를 침착하고 부드럽게 바라보신다. 그리고 병자에게 손을 얹어 주시려고 다시 몸을 숙이신다.

"가시오! 알아늘었소? 군중 선동자, 그렇지 않으면 당신을 체포하게 하겠소."

"가시오. 그리고 거룩한 생활로 주님을 찬미하시오" 하고 예수께서 병이 고쳐져서 일어나는 병자에게 말씀하신다. 예수를 위협하는 사람들은 그들의 독설을 뱉아내는데, 이것이 예수의 유일한 대답이다. 그러나 군중은 그들의 호산나로 예수께 해를 끼치지 말라고 그들에게 경고한다.
 그러나 예수께서는 온화하시지만, 알패오의 요셉은 그렇지 않다. 그는 가슴을 펴고, 더 커 보이려고 고개를 뒤로 젖히면서 몸을 일으키고 외친다. "엘르아잘, 당신의 동류(同類)들과 같이 하느님의 선택된 아들이고 다윗의 후손인 사람의 왕권을 무너뜨리고 싶어하는 당신, 당신은 지금 당신이 몹시 자랑하는 당신의 나무를 위시해서 나무란 나무는 모두 베고 있는 중이라는 것을 아시오. 왜냐하면 당신의 타락이 당신 머리 위에 주님의 칼을 흔들어 놓기 때문이오!" 그리고 다른 말을 하려고 한다. 그러나 예수께서 그의 어깨에 손을 얹으시고 말씀하신다. "조용하세요. 조용하세요, 형님!" 그러니까 분개하여 얼굴이 시뻘개진 요셉은 입을 다문다.
 그들은 출입문을 향하여 간다. 그리고 구내 밖으로 나오자, 사람들이 와서 사제장들과 바리사이파 사람들이 경비원들에게 예수를 붙잡지 않았다고 꾸짖었는데, 경비원들은 예수처럼 말한 사람은 일찌기 아무도 없었다고 말하면서 변명하였다는 것을 예수께 말하였다. 이 대답으로 사제장들과 바리사이파 사람들은 몹시 화가 났는데 그들 중에는 최고회의 위원이 여럿 있었다. 그들은 어떻게나 화가 났던지 미치광이에게 유혹당할 수 있는 것은 바보들뿐이라는 것을 경비원들에게 증명하기 위하여 예수를 하느님을 모독한 말을 한 자로 체포해서 군중에게 진리를 알아듣도록 가르치려고 할 지경이었다. 그러나 그곳에 있던 니고데모가 이렇게 말하면서 반대하였다.
 "당신들은 저 사람을 반대하는 행동을 할 수 없소. 우리 율법은 어떤 사람의 말을 들어보고, 그 사람이 하는 것을 보기 전에 그 사람을 단죄하는 것을 금하오. 그런데 우리가 저 사람에게서 듣고 본 것은 비난받을 만하지 않은 일들뿐이오." 그러자 예수의 원수들의 분노는 니고데모에게로 방향을 돌렸고, 그들은 니고데모를 위협하고, 바보와 죄인인 것처럼 욕을 하고 망신을 주었다. 그리고 엘르아잘 벤 안나가 군중 때문에 그 이상의 일을 아무 것도 할 수 없으므로 예수를 내쫓으려고 직접 가장 성이 많이 난 사람들과 같이 떠나왔다는 것이었다.
 알패오의 요셉은 화가 나 있다. 예수께서는 그를 바라보시고 말씀하신다. "보세요, 형님!" 그 이상 아무 말씀도 하지 않으신다…. 그러나 이 말에는 많은 것이 함축되어 있다! 당신이 말씀을 하시건 잠자코 계시건 당신의 생각이 옳다는 경고가 있고, 당신의 말씀을 회상시킴이 있고, 유다에 있어서의 지도계급이 어떤 것이며 성전이 어떤 것인지에 대한 지시 등등이 들어 있다.

요셉은 머리를 숙이며 말한다. "자네 말이 옳으네…." 그는 입을 다물고 생각에 잠긴다. 그러다가 갑자기 예수의 목을 두 팔로 껴안고, 예수의 가슴에 얼굴을 묻고 운다.

"불쌍한 내 동생! 불쌍한 마리아 아주머니! 불쌍한 어머니!"

내 생각에는 이 순간에 요셉이 예수의 운명에 대한 분명한 예감을 가진 것 같다….

"울지 마세요! 형님도 저처럼 우리 아버지의 뜻을 행하세요!" 하고 예수께서 그의 용기를 돋우어 주시려고 말씀하시고, 그를 위로하기 위하여 껴안으신다.

요셉이 조금 진정되자, 일행은 요셉이 머무르는 집으로 가서, 거기서 서로 포옹하며 인사한다. 그리고 극도로 감동한 요셉은 마지막 말을 하듯이 말한다.

"예수, 평안히 가게! 무엇보다도. 내가 나자렛 근처에서 자네에게 말한 것을 다시 되풀이 하네, 그리고 한층 더 강하게. 평안히 가게. 자네 일만 걱정하게. 나머지 일은 내가 떠맡겠네. 가게, 그리고 하느님께서 자네의 힘을 북돋아 주시기 바라네." 그러면서 예수를 다시 아버지다운 태도로 껴안는다. 그리고 가장으로서의 그의 축복을 예수의 머리에 남겨 놓으려는 듯이 예수를 쓰다듬는다. 그런 다음 요셉은 아우들에게 인사한다. 시몬도 그들에게 인사한다. 그러나 나는 무슨 이유 때문인지 모르지만 야고보가 요셉에 대하여는 꽤 조심성 있는 태도를 취하고 요셉도 야고보에 대하여 그런 태도를 취한다는 것을 알아 보았다. 반면에 시몬과는 더 다정스럽다.

요셉이 야고보에게 이렇게 말한다. "그래 네가 내게는 없어진 사람과 같다고 말해야 하겠니?"

"형님, 아니예요. **형님**은 제가 어디 있는지 아시니까 저를 찾아내는 것은 형님이 하실 일이라고 말씀하셔야 합니다. 원한은 없어요.

오히려 저는 형님을 위해서 많이 기도해요. 그러나 영의 일에서는 동시에 두 갈래의 오솔길을 가서는 안 됩니다. 형님은 제 말이 무슨 뜻인지 아시지요…."

"내가 예수를 보호한다는 걸 너도 알지…."

"형님은 사람과 친척을 보호하십니다. 예수님이 말씀하신 그 은총의 강물을 형님에게 주는 데는 그것으로는 충분하지 않아요. 세상을 무서워하지 말고, 이해타산을 하지 않고 하느님의 아들을 옹호하세요. 그러면 형님이 완전할 것입니다. 안녕히 계세요. 우리 어머니와 요셉 아저씨의 마리아 아주머니를 형님께 부탁합니다…."

예수께서는 다른 나자렛 사람들과 갈릴래아 사람들과 인사하시는데 골몰하고 계셨기 때문에 들으셨는지 모르겠다. 인사가 끝나자, 예수께서는 이렇게 명령하신다. "올리브산으로 가자. 거기서 다른 곳으로 가자…."

187. 베다니아에서. "사람을 여러 가지 방식으로 죽일 수 있다"

점점 더 슬픔에 잠겼지만 여전히 환대하는 베다니아의 집이다. 벗들과 제자들이 있다고 해서 이 집에서 슬픔이 사라지지는 않는다. 요셉과 니고데모와 마나헨, 그리고 엘리사와 아나스타시카가 있다. 엘리사와 아나스타시카는 내가 알아차린 바로는 예수에게서 멀리 떨어져 있을 수가 없었고, 거기 대하여 불복종을 한 것처럼 용서를 청한다. 그러면서도 떠나가지 않기로 단단히 결심하고 있다. 그리고 엘리사는 거기 대하여 타당한 이유들을 설명하는데, 그 타당한 이유란 이런 것이다. 라자로의 누이동생들이 선생님을 따라다니면서, 남자들만의, 그것도 박해를 받는 남자들만의 집단에 필요한 여자의 보살핌을 선생님과 사도들에게 드릴 수 없다는 것이다.

"저희들만이 그렇게 할 수 있습니다. 마르타와 마리아는 오빠를 내버려둘 수 없지요. 요안나는 여기 없지요. 안날리아는 너무 젊어서 선생님네를 따라다닐 수가 없지요. 니까로서는 있는 곳에 그대로 있으면서 선생님네를 맞이하는 것이 좋을 테구요. 제 머리가 백발이라, 쑥덕공론을 피할 수 있구요. 선생님이 가실 곳에 제가 먼저 가겠습니다. 그리고 선생님이 남아 있으라고 말씀하시는 데 그대로 있겠습니다. 그러면 선생님은 항상 어머니를 선생님 곁에 두시게 되고, 저는 아직도 아들을 하나 가지고 있다고 생각하겠습니다. 선생님이 하라시는 대로 하겠습니다. 그러나 선생님께 봉사하게 그냥 놔 두십시오."

모든 사람이 그 말이 옳다고 생각한다는 것을 느끼시고 예수께서는 동의하신다. 또 어쩌면 틀림없이 마음 속에 가지고 계실 큰 고민 중에 어머니의 상냥한 마음씨의 반영을 보시게 될 어머니다운 마음을 당신 곁에 가지기를 바라시는지도 모르겠다….

엘리사는 기뻐서 어쩔 줄을 모른다.

예수께서 엘리사에게 말씀하신다. "저는 노베에 자주 가겠습니다. 아주머니는 늙은 요한의 집으로 가세요. 요한은 제가 머무르라고 그 집을 주었습니다. 제가 그리로 돌아갈 때마다 아주머니를 만날 겁니다…."

"비가 오는데도 떠나려고 아십니까?" 하고 아리마태아의 요셉이 묻는다.

"그렇소. 나는 베레아 지방으로 또 가서 솔로몬의 집에 머무르고 싶소. 그런 다음 예리고와 사마리아로 가고. 오! 나는 아직 아주 많은 곳에 가고 싶소…."

"선생님, 수비대가 있는 길과 백부장이 있는 도시에서 멀리 떨어지지 마십시오. **저들은** 믿을만 하지 못합니다. 그리고 다른 사람들도 역시 믿을만 하지 못합니다. 선생님에 대한 두 가지 두려움과 두 가지 감시이고, 또 저희들끼리도 서로 두려워하고 감시합니다. 그러나 정말이지 선생님께는 로마인들이 덜 위험합니다…."

"그들은 우리를 버렸습니다!…" 하고 가리옷의 유다가 퉁명스럽게 말한다.

"당신은 그렇게 생각하오? 그렇지 않소. 선생님의 말씀을 듣는 이 방인들 중에서 끌라우디아나 본시오가 보낸 사람을 알아낼 수 있소? 끌라우디아의 해방된 노예들 가운데에는 만일 그들이 이스라엘 사람이라면 미남 니드락에게 말 할 수 있을 사람이 적지 않소. 유식한 사람은 어느 곳에나 다 있고, 로마가 세계를 굴복시켰고, 로마의 귀족들은 그들의 집을 꾸미기 위해 가장 좋은 전리품을 가지기를 좋아한다는 것을 잊지 마시오. 체육장(體育場)의 장과 곡마단을 지도하는 사람들은 그들에게 돈과 명예를 마련해 줄 수 있는 모든 것을 택하지만, 로마의 귀족들은 교양과 아름다움이 그들의 집과 그들 자신의 장식과 즐거움이 되는 사람들을 택하고…. 선생님, 이렇게 말하다 보니까 어떤 기억이 되살아나는군요…. 질문을 한 가지 해도 되겠습니까?"

"말하시오."

"작년에 우리와 같이 있었던 그 여자… 선생님에 대한 비난조항을

187. 베다니아에서. "사람을 여러가지 방식으로 죽일 수 있다" **317**

제공하던 그 그리이스 여자가 어디 있습니까? 여러 사람이 그것을 알려고 애를 썼습니다…. 좋은 의향으로는 아니었지만, 그러나 저는 나쁜 의도는 없습니다…. 다만… 그 여자가 오류로 돌아갔으리라는 것은 있을 수 있는 일로 생각되지 않습니다. 그 여자는 큰 총명과 진정한 정의를 가지고 있었습니다. 그러나 그 여자가 이제는 보이지 않습니다…."

"이 세상 어딘가에서 이교도인 그 여자가 박해받는 한 이스라엘 사람에게 이스라엘 사람들이 가지지 않았던 사랑을 베풀 줄 알았소."

"엔도르의 요한을 말씀하시는 것입니까? 그 사람이 그 여자와 같이 있습니까?"

"그 사람은 죽었소."

"죽었어요?"

"그렇소. 그리고 사람들은 그가 내 곁에서 죽게 놔 둘 수도 있었소…. 많이 기다릴 필요가 없었소…. 그가 멀리 떨어져 나가도록 유발하려고 힘을 기울인 사람은 대단히 많은데, 그 사람들은 그를 치려고 칼을 쥔 손을 쳐든 것과 마찬가지로 살인을 했소. 그 사람들은 그의 마음을 찢어 놓았소. 그리고 그가 이것으로 인해서 죽었다는 것을 알면서도 자기들이 살인자라고는 생각하지 않소. 그들은 살인자가 되었다는 가책을 느끼지 않소. **사람은 형제들을 여러 가지 방식으로 죽일 수 있소. 무기로나 말로나 또는 나쁜 행동으로.** 박해받는 사람의 은신처를 박해자에게 밀고하거나, 불행한 사람에게 그가 위안을 발견하는 장소를 빼앗는 것 따위와 같이 말이오…. 오! 얼마나 많은 방식으로 사람을 죽이는지… 그러나 사람은 거기에 대해서 가책을 느끼지 않소. **사람은 양심의 가책을 죽였소. 그리고 이것이 그의 정신적 쇠퇴의 표요.**"

예수께서 이 말씀을 하시면서 어떻게나 엄하신지 아무도 말을 할 힘을 얻어내지 못한다. 그들은 가장 죄없고 가장 착한 사람들까지도 부끄러워서 고개를 숙이고 서로 곁눈질로 바라본다.

예수께서는 잠시 잠자코 계시다가 말씀하신다. "아무도 내가 한 말을 죽은 사람의 원수와 내 원수들에게 알려서 그들에게 악마같은 기

뺨을 주어서는 안 되오. 그러나 누가 당신들에게 묻거든 그저 요한은 평화 중에 있고, 그의 육체는 먼 곳의 무덤 속에 있고, 그의 영은 나를 기다리고 있다고만 말하시오."

"주님, 그로 인해서 고통을 겪으셨습니까?" 하고 니고데모가 묻는다.

"무엇 말이오? 그의 죽음 말이오?"

"예."

"아니오. 그의 죽음은 그의 평화였기 때문에 내게 평화를 주었소. 그가 제자들 가운데 있다는 것을 야비한 감정으로 최고회의에 밀고해서 그를 떠나게 한 사람들이 내게 준 것이 고통이고, 그것도 큰 고통이오. 그러나 사람은 각기 생각이 다르고, 본능과 사상을 바꿀 수 있는 것은 크고 착한 뜻뿐이오. 그러나 나 당신들에게 말하오만, '밀고한 사람은 또 밀고할 것이고, 죽게 한 사람은 또 죽게 할 것이오.' 그러나 그 사람은 화를 입을 것이오. 그는 승리하는 줄로 믿고 있지만 자신의 파멸을 향해 가고 있소. 그리고 하느님의 심판이 그를 기다리고 있소."

"선생님, 왜 저를 그렇게 바라보십니까?" 하고 제베대오의 요한이 자기가 죄를 지은 사람이기나 한듯이 당황하고 얼굴을 붉히며 묻는다.

"내가 너를 바라보는 것은 아무도, 가장 악한 사람까지도 네가 형제를 미워할 수 있다고는 생각하지 않겠기 때문이다."

"바리사이파 사람이나 로마인일 수 있겠지요…. 그가 로마인들에게 달걀을 팔았으니까요…" 하고 가리옷의 유다가 말한다.

"그것은 마귀였다. 그러나 그는 그에게 해를 끼치고자 하다가 그에게 좋은 일을 했다. 요한의 정화와 평화를 재촉했으니까."

"어떻게 아셨습니까? 누가 선생님께 소식을 가져왔습니까?" 하고 요셉이 묻는다.

"선생님은 혹 누가 소식을 갖다 드릴 필요가 있습니까? 선생님은 사람들의 행동을 보지 못하기라도 하십니까? 선생님은 요안나가 당신께 오도록, 그래서 고쳐 주시도록 요안나를 부르러 가지 않으셨습니까?" 하고 막달라의 마리아가 격렬하게 말한다.

"그건 사실이야. 하지만 네 믿음과 같은 믿음을 가진 사람은 별로 많지 않다…. 그래서 내가 어리석은 질문을 했었다."

"좋습니다. 그러나 이제는 선생님, 오세요. 오빠가 깨서 선생님을 기다리고 있습니다…."

그리고 단호하고 결단성 있게 회화와 질문의 가능성을 일체 끊어 버리고 예수를 모시고 간다.

188. 엔 로젤의 샘 근처에서

 예수께서는 아랫길로 해서 베다니아에서 돌아오신다(이 말은 올리브산으로 지나오지 않고, 변두리 동네 토펫으로 해서 시내로 들어오는 제일 먼 길을 가리키느라고 하는 말이다).
 예수께서는 우선 빵밖에 청할 줄을 알지 못한 문둥병자들에게 도움을 주시기 위하여 걸음을 멈추시고. 그런 다음 뚜껑이 있고 한쪽만 내놓고 사방이 막힌 커다란 장방형의 우물로 곧바로 가신다. 큰 우물, 뚜껑을 덮은 큰 우물인데, 내가 일찌기 본 것 중에서 제일 큰 우물이다. 이 우물은 사마리아 여인의 우물보다 더 크고 물이 더 많을 것이 틀림없다. 주위에 있는 땅이 그 영양물의 영향을 받아 매우 기름진 것이 나타나, 서북쪽에 부분적으로 희미하게 보이는 메마르고 음산한 흰논 골짜기와 대조를 이루기 때문이다. 이 우물과 그 뚜껑의 돌들과 같은 육중한 돌로 만든 건조물만이 땅의 습기를 견디어낼 수 있었을 것이다. 그래서 전문가가 아니더라도 오래 되었다고 판단할 수 있는 검고 육중한 돌들이 끄떡없이 귀중한 물을 보호하는 것이다.
 비록 흐린 날씨이고, 근처에 항상 몹시 쓸쓸한 기운을 풍기는 문둥병자들의 무덤들이 아주 가까이에 있는데도 이곳은 기분좋은 것이다. 그것은 땅이 기름지기 때문이기도 하고, 뒤편인 북쪽에는 시내 위로 내려앉은 회색 하늘로 잎이 우거진 꼭대기들을 꼿꼿이 세우고 있는 가지가지 나무를 심은 넓은 정원들이 있고, 앞쪽인 남쪽으로는 키드론 계곡이 있는데, 키드론 개울은 폭이 넓어지면서 더 많은 물이 흐르고, 계곡도 베다니아와 예리고로 가는 길을 따라 꽤 긴 구간에 걸쳐 더 명랑해지고 더 밝아지기 때문이다.
 많은 사람들, 물항아리를 든 여인들, 양동이를 든 나귀 모는 사람들, 떠나거나 오는 대상들이 우물 곁에 있고, 물을 긷고 한다. 땅은 양동이에서 다른 그릇으로 물을 옮겨 부을 때 거기서 넘쳐 흐르는 물 때문에 넓은 부분이 젖어 있다.

조용하고 부드러운 여자들의 목소리, 어린이들의 날카로운 목소리, 낮고 쉬고 힘찬 남자들의 목소리들이 들리고, 앙앙하고 우는 나귀들과 낙타 몰이가 물을 가지고 돌아오기를 기다리며 짐을 실은 채로 앉아서 얼굴을 찌푸리고 있는 낙타들이 보인다. 그것은 어두운 황혼의 매우 독특한 광경으로, 하늘에는 모든 것 위에 이상한 빛을 퍼뜨리는 자연스럽지 않고 예기치 않은 노란 빛깔의 이상한 반점들이 있고, 더 높이는 납빛깔의 무거운 구름들이 쌓이면서 서쪽으로 달려간다.

시의 가장 높은 부분들은 유황 빛깔의 가는 줄이 쳐져 있는 납빛깔의 지평선을 배경으로 한 이상한 빛 속에 유령같은 모습을 보인다.

"이 모두가 물과 비야…" 하고 베드로가 점잖을 빼며 말한다. 그리고 묻는다. "오늘 저녁은 어디로 갑니까?"

"과수원 가꾸는 사람 집에 간다. 내일은 성전에 올라가서…."

"또요? 선생님 하시는 일에 주의하세요. 차라리 해방된 노예들의 회당에 초청하는 걸 받아들이시지요" 하고 열성당원이 권한다.

"그러면 회당도 회당 나름이지. 다른 회당들, 즉 선생님을 원한다는 걸 나타낸 회당들도 있는데! 왜 하필이면 그 사람들이야?" 하고 가리옷의 유다가 말한다.

"그 사람들이 가장 확실한 사람들이니까 그렇지. 그건 말할 것도 없어" 하고 열성당원이 대꾸한다.

"확실하다구? 자넨 무엇으로 그런 확신을 가지나?"

"그들이 당한 것에도 불구하고 여전히 충실하다는 사실이지."

"다투지 말아라. 나는 내일 성전에 올라간다. 그것은 결정된 것이다. 지금 당장은 여기 좀 머물러 있자. 여기는 언제나 복음을 전하기에 알맞은 곳이다."

"다른 곳보다 더 낫지 않습니다. 저는 선생님이 왜 이곳을 더 좋아하시는지 모르겠습니다."

"왜냐고, 유다야? 여러 가지 이유 때문인데, 그 이유들은 여기 모인 사람들에게 말하겠다. 그리고 너희들에게 특별히 말하는 한 가지 이유 때문이다. 동방의 세 현자를 그렇게 먼 곳에서 데려왔던 별이 이곳에서 사라졌었기 때문에 그들이 자신이 없고 실망해서 머물렀던 곳이 로젤의 샘의 이 우물이다. 다른 사람이면 누구나 하느님과 자기 자신에 대한 신뢰를 잃었을 것이다. 그들은 잠이 든 하인들 가운데에서 홀로 깨어 있으면서 피로한 그들의 낙타 곁에서 기도했다.

그리고 새벽에 일어나서 미치광이와 폭동 도발자로 간주될 위험을 무릅쓰고, 그들의 목숨을 위협하던 위험까지도 무릅쓰고 성문을 향해 갔다. 그 때는 잔인한 헤로데의 통치시대였다는 것을 기억해라. 그래서 현자들이 그에게 말하고자 하던 몇 마디 말보다 훨씬 덜 말했더라도 헤로데는 그들을 죽이기로 결정할 수도 있었을 것이다. 그러나 현자들은 나를 찾고 있었지, 영광과 재물과 명예를 찾고 있지 않았다. 나만을 찾고 있었다. 한 어린 아이를, 그들의 메시아를 그들의 하느님을. 하느님을 찾는 것은 좋은 일이기 때문에 항상 모든 도움과 모든 대담성을 준다. 공포와 저속한 것들은 저속한 것들을 열망하는 사람들의 몫이다. 그들은 하느님께 경배하기를 열망했었다. 그들은 그들이 가지고 있던 이 사랑으로 강했었고, 몇 시간 후에는 그들의 사랑이 갚음을 받았다. 이곳에서 달밤에 그 별이 그들의 눈에 다시 나타난 것이다. 정의와 사랑을 가지고 하느님을 찾는 사람에게는 하느님의 별이 없는 일이 절대로 없다.

세 사람의 현자! 그들은 사제장들과 율법학자들과 박사들의 대답이 있은 후에 헤로데가 그들에게 주는 거짓 경의 가운데 머물러 있을 수 있었다. 그들은 몹시 지쳐 있었으니까!…. 그러나 그들은 하룻밤도 머무르지 않고, 성문이 닫히기 전에 나와서 이곳에서 새벽까지 머물렀다. 그런 다음… 태양에 의한 새벽이 아니라 하느님의 새벽이 다시 나타나 길을 은빛깔이 되게 했으니, 별이 그 밝은 빛으로 그들을 부른 것이다. 그래서 그들은 빛에 온 것이다. 지극히 행복한 사람들! 그들도 지극히 행복하고, 그들을 본받을 줄 아는 사람들도 지극히 행복하다."

사도들과 마륵지암과 이사악은 예수께서 당신의 탄생을 상기시키실 때면 언제나 보이는 지극히 행복한 얼굴을 하고 온 정신을 집중하여 듣고 있다. 그리고 이사악은 멍하니 추억에 한숨을 짓고 미소를 지으며… 황홀한 얼굴로 이 장소와 이 시간을 멀리 떠나, 30년이 넘는 뒤로 돌아가 그 밤과 그가 그의 양떼 가운데에서 분명히 본 그 별을 다시 생각한다….

이곳은 사람이 많이 다니는 길이기 때문에 다른 사람들도 와서 듣는다. 그리고 어떤 사람은 엄청난 여행자의 무리와 그 무리가 가져왔던 소식을…, 그리고 그 뒤에 일어났던 일을 상기시킨다.

"이곳은 언제나 심사숙고하는 곳입니다. 역사는 언제나 되풀이 되는 것입니다. 여기는 언제나 시련의 곳입니다. 착한 사람들에게도, 악한 사람들에게도. 그러나 **일생이 사람의 믿음과 정의에 대한 시련입니다.**

나는 쿠사이와 사독과 아비아타르, 그리고 요나타와 아키마아의 충성을 여러분에게 상기시킵니다. 그들은 그들의 왕을 구하기 위하여 이곳에서 떠났는데, 그들이 정의를 가지고 행동했기 때문에 하느님의 보호를 받았습니다.

나는 이곳과 관계되는 사건으로, 부당한 행위였기 때문에, 또 그이유로 하느님께서 그 일에 강복하지 않으셨기 때문에 결말이 나쁘게 된 사건을 상기시킵니다. 로젤의 샘에 가까운 조엘렛의 돌 근처에서 아도니아는 아버지의 뜻에 대하여 음모를 주며 그의 도당들로 하여금 자기를 왕으로 선언하게 했었습니다. 그러나 이 잘못이 그에게 소용되지 않았습니다. 연회가 끝나기도 전에 기혼에서 울려 퍼지는 호산나 소리가 아비아타르의 요나타가 말을 하기도 전에 솔로몬이 왕이 되었다는 것과 왕권을 찬탈하고자한 자기는 그저 솔로몬의 자비에만 일임하는 수밖에 없다는 것을 알렸기 때문이었습니다.

아도니아의 행동을 되풀이 해서, 그들이 가장 강하다고 생각하는 도당을 따라 진짜 왕을 공격하거나 왕에 대해 음모를 꾸미는 사람이 너무나 많습니다. 그리고 이렇게 하는 사람들 중에서 그후 용서를 빌고 하느님의 자비에 의지하기 위하여 제단에 전념할 줄 아는 사람이 너무도 적습니다.

이 우물 근처에서 일어난 세 가지 사건을 살펴본 우리는 장소 때문에 좋거나 나쁜 영향을 받는다고 말할 수 있습니까? 아닙니다. 장소가 아니고, 시간이 아닙니다. 사건들이 아니라, 사람의 의지가 사람의 행동을 어지럽게 하는 것입니다. 엔 로젤은 다윗의 봉사자들의 충성과 아도니아의 죄를 보았고, 마찬가지로 세 현자의 믿음도 보았습니다. 같은 우물입니다. 이 우물의 돌에 요나타와 아키마아, 아도니아와 그의 도당, 세 현자가 기댔었고, 이 우물물로 그들 모두가 목마름을 풀었습니다. 그러나 물과 돌들은 세 가지 다른 일을 보았습니다. 다윗 왕에 대한 충성과 다윗에 대한 배반과 하느님과 왕중왕에 대한 충성을 본 것입니다. 선이나 악을 행하게 하는 것은 언제나 사람의 의지입니다. 그리고 사람의 의지에 하느님의 의지는 당신의 빛을 비추시고, 사탄의 의지는 그의 독이 든 김을 내뿜습니다. 빛을 받아들여서 의인이 되거나 독을 받아들여서 죄인이 되거나 하는 것은 사람에게 달렸습니다.

　이 우물에는 지키는 사람을 두어 아무도 물을 썩게 하지 못하게 했습니다. 지키는 사람 외에도 귀중한 물을 더럽힐 나뭇잎이나 쓰레기들이 바람에 불려 안으로 들어오지 못하게 하려고 우물에 담을 둘러쌓고 지붕을 얹었습니다. 사람을 위해서도 하느님께서는 지키는 것을 세워놓았으니, 지능을 갖추고 의식을 가진 사람의 의지입니다. 또 보호하는 것들을 세워놓으셨으니, 계명들과 천사들의 충고입니다. 이것은 사람의 정신이 의식적으로나 무의식적으로 부패하지 말라고 그러신 것입니다. 그러나 사람이 그의 양심과 그의 지성을 타락시키는 때에는 하늘의 영감에 귀를 기울이지 않고, 율법을 짓밟습니다. 그는 우물을 보살피지 않고 내버려두는 지키는 사람과 같고, 또는 방어물을 부수는 미치광이와 같습니다. 그런 사람은 원수인 사탄과 세속과 육신의 정욕과 유혹을 마음대로 행동하게 내버려두는데, 이런 것을 비록 돕지는 않는다 하더라도, 항상 감시하고 물리치는 것이 사려깊은 일입니다.

　우연히 여기 모여서 하느님의 목소리를 듣게 된 예루살렘의 아들들, 히브리사람들, 개종자들, 여행자들, 사람의 명예를 손상하는 행동에서 자신의 자아를 지킬 줄 아는 진짜 지혜로 지혜로운 사람들이 되시오.

　나는 여기에 많은 이방인들이 있는 것을 봅니다. 그분들에게 말합니다만, 재물과 상품을 손에 넣는 것만이 중요한 것이 아니고, 획득해야 할 다른 것이 한 가지 있으니, 그것은 자기 자신의 영혼의 생명입니다. 과연 사람은 영혼을 가지고 있는데, 그것은 만져서 느껴지지 않는 것이지만, 사람에게 생명을 주는 것이고, 육체가 죽은 후에도 죽지 않는 것이며, 참된 영원한 생명을 살 권리를 가지고 있는 것입니다. 그런데 만일 사람이 나쁜 행동으로 진짜 자기 자신을 죽이면, 영혼의 그 영원한 생명을 얻을 수가 없습니다.

우상숭배와 이방인신분은 극복할 수 없는 것이 아닙니다. 현인은 묵상하고 이렇게 말합니다. '참 하느님께로 가면 기쁨을 영원히 얻을 수 있는데, 나는 왜 우상들을 따라야 하고, 더 나은 생명에 대한 바람도 없이 살아야 하나?' 하고. 사람은 자기의 생명을 아끼고 죽음을 몹시 무서워합니다. 거짓 종교의 어두움이나 무신앙 속에 에워싸여 있으면, 그럴수록 죽음을 더 무서워합니다. 그러나 참 믿음에 오는 사람은 죽음에 대한 공포를 잃습니다. 죽음 너머에는 영원한 생명이 있고, 거기서 영들이 서로 다시 만날 것이고, 고통과 헤어짐이 다시는 없으리라는 것을 알기 때문입니다. 생명의 길을 따라가는 것은 어려운 일이 아닙니다. 오직 한 분뿐이신 참 하느님을 믿고, 이웃을 사랑하고, 모든 행동에서 정직을 사랑하기만 하면 됩니다.

이스라엘 사람 여러분, 여러분은 명령된 일이 어떤 것들이고 금지된 일이 어떤 것들인지 압니다. 그러나 내 말을 듣는 사람들과 내 말을 멀리 가지고 갈 사람들에게 그 일들이 어떤 것인지 말하겠습니다 …(그리고 십계명을 말씀하신다).

참 종교는 이렇게 하는 데 있는 것이지 헛되고 성대한 제사에 있는 것이 아닙니다. 완전한 도덕과 결함없는 덕행의 계명에 복종하고, 자비를 베풀고, 사람의 품위를 떨어뜨리는 것을 피하고, 허영심과 그릇된 점(占)과 거짓된 전조(前兆)와 악인들의 꿈을 버리는 것이고, 지혜서에서 말하는 것과 같이 하느님의 선물, 즉 건강, 번영, 재산, 총명, 능력 따위를 올바르게 쓰며, 사람은 하느님께서 그에게 허락하시는 동안만 살고 건강하고 부유하고 지혜롭고 능력있기 때문에 어리석음의 표인 교만을 가지지 않고, 때로는 범죄에까지 이끌어가는 터무니 없는 욕심을 가지지 않는 것입니다. 한 마디로 말해서, 자신에 대한 자존(自尊)으로라도 짐승처럼 살지 않고 사람답게 사는 것입니다.

내려가기는 쉽고, 다시 올라 오기는 어렵습니다. 그러나 타락의 심연에 떨어졌다는 오직 그 사실 하나만으로, 거기서 나와 꽃이 만발하고 햇빛이 쨍쨍 나는 꼭대기로 다시 올라가려고 애쓰지 않고 타락의 심연에서 그대로 살기를 원할 사람이 누가 있겠습니까? 정말 잘 들어 두시오. 죄인의 생활은 깊은 구렁 속에 있고, 오류 속에서 사는 생활도 마찬가지 입니다. 그러나 진리의 말을 받아들여 진리에 오는 사람들은 꼭대기로 올라가 빛 속으로 들어갑니다.

이제는 모두 볼 일들을 보러 가시오. 그리고 엔 로젤의 샘 근처에서 지혜의 샘이 여러분에게 그의 물을 마시라고 주어서, 여러분이 그 물을 다시 목말라해서 그리로 돌아오게 했다는 것을 기억하시오."

예수께서는 사람들이 이러쿵 저러쿵 평을 하고, 서로 묻고 대답하게 내버려두신 채 군중을 헤치시고 시내를 향하여 가신다.

189. 예수와 바리사이파 사람들과 간음한 여자

나는 성전의 성벽 안쪽, 즉 행각에 둘러싸인 그 수많은 마당 중의 하나를 본다. 그리고 흰 빛깔이 아니고 짙은 빨간색인 옷(옷은 두꺼운 모직으로 지은 것 같다) 위에 입으신 겉옷에 잘 감싸여 계신 예수도 본다. 예수께서는 당신을 에워싸고 있는 군중에게 말씀하신다.

모든 사람이 포근한 옷에 감싸여 있는 것을 보면 겨울인 것 같고, 사람들이 가만히 있지 않고, 몸을 덥게 하려고 빨리 걸어 다니는 것을 보면 날씨가 꽤 추운 모양이다. 바람이 불어 겉옷 자락을 펄럭이게 하고, 마당의 먼지를 일으킨다.

이 선생 저 선생을 에워싸고 있는 다른 모든 집단이 왔다 갔다 하는데, 예수를 빽빽이 둘러싸고 있는 집단만이 제 자리에 그대로 있었는데, 그 집단이 벌어지면서, 연방 몸짓을 하고 어느 때보다도 더 독살스러운 일단의 율법학자와 바리사이파 사람들을 지나가게 한다. 그들은 눈길과 시뻘건 얼굴과 입으로 독을 내뿜는다. 무서운 독사들이다! 그들은 학대를 받은 사람처럼 머리가 헝클어지고 옷이 흐트러지고 눈물을 흘리고 있는 서른 살쯤 된 한 여자를 데리고 온다기 보다는 오히려 끌고 온다. 그들은 그 여자를 넝마 뭉치나 송장처럼 예수의 발 앞에 동댕이친다. 그러니까 그 여자는 잔뜩 몸을 움츠리고, 얼굴은 몸을 가리고 얼굴과 땅바닥 사이에 일종의 방석 노릇을 하는 두 팔에 파묻혀 그곳에 그대로 있다.

"선생님, 이 여자는 간통하는 현장에서 붙잡혔습니다. 이 여자의 남편은 아내를 사랑하고, 무엇 하나 부족한 것이 없게 해 주었습니다. 이 여자는 그의 집의 여왕이었습니다. 그런데 이 여자는 죄녀이고, 방탕하고, 배은망덕하고, 하느님을 모독하는 여자이기 때문에 남편을 배반했습니다. 이 여자는 간통한 여자입니다. 그래서 간통한 여자로서 돌에 맞아 죽어야 합니다. 모세가 그렇게 말했습니다. 그의 율법에서 이런 여자는 부정한 짐승들처럼 돌로 쳐 죽이라고 명령합니다. 그런데 이런 여자들은 부정한 것이, 부부의 신의를 배신하고, 그들을 사랑하고 보살피는 남자를 배반하기 때문이고, 절대로 만족할 줄을 모르고 항상 음란을 갈망하는 땅과 같기 때문입니다. 이런 여자들은 창녀들보다도 더 나쁩니다. 심한 필요의 공격이 없는데도, 그들의 음란에 먹이를 주기 위해서 몸을 내놓기 때문입니다. 이런 여자들은 타락했습니다. 이런 여자들은 오염시키는 여자들입니다. 이런 여자는 사형에 처해져야 합니다. 모세가 그렇게 말했습니다. 그런데 선생님은 어떻게 생각하십니까?"

바리사이파 사람들이 소란을 피우며 오는 바람에 연설을 중단하시고, 증오에 불타는 일당을 날카로운 눈길로 바라보시고 나서 당신 발 앞에 동댕이쳐진 타락한 여자를 내려다보신 예수께서는 잠자코 계신다. 예수께서는 앉아 계신 채로 몸을 숙이시고, 바람에 불린 먼지로 흙이 한 켜 앉은 행각의 돌에 손가락으로 글씨를 쓰신다. 그들은 말하고, 예수께서는 쓰신다.

"선생님, 우리는 선생님께 말하는 것입니다. 우리 말을 듣고 대답하시오, 못 알아 들으셨습니까? 이 여자는 간통하는 현장에서 붙잡혔습니다. 그의 집에서 남편의 침대에서. 이 여자는 정염으로 남편의 침대를 더럽혔습니다."

예수께서는 글씨를 쓰신다.

"아니, 이 사람 바보로구먼! 당신들은 이 사람이 아무 것도 알아듣지 못하고, 보잘 것 없는 미치광이처럼 먼지에 무슨 부호들을 그리고 있는 걸 보지 못하시오?"

"선생님의 좋은 평판을 위해서 말씀하시오. 선생님의 지혜가 우리 질문에 대답하기를 바랍니다. 되풀이 해서 말합니다만, 이 여자는 부족한 것이 아무 것도 없었습니다. 옷이 있고 음식이 있고 사랑이 있었습니다. 그런데 배신을 했습니다."

예수께서는 글씨를 쓰신다.

"이 여자는 자기를 믿던 남편에게 거짓말을 했습니다. 거짓말 하는 입으로 이 여자는 남편에게 인사를 하고, 미소를 지으면서 문까지 배웅했습니다. 그리고 나서 비밀문을 열고 정부를 들어오게 했습니다.

그리고 남자가 집에서 나가서 자기를 위해 일하고 있는 동안에, 이 여자는 부정한 짐승처럼 음란에 빠졌습니다."

"선생님, 이 여자는 부부의 잠자리를 더럽힌 외에 율법을 모독했습니다. 이 여자는 반역자이고, 독성자(瀆聖者)이고 하느님을 모독한 여자입니다."

예수께서는 쓰신다. 쓰시고는 샌들을 신으신 발로 지우시고, 더 멀리 가서 쓰시고, 자리를 찾아내기 위하여 천천히 몸을 돌리신다. 장난을 하는 어린 아이와 같으시다. 그러나 쓰시는 것은 웃기기 위한 말들이 아니다. 예수께서는 차례차례로 이렇게 쓰신다. "고리대금업자", "거짓", "불손한 아들", "간음하는 자", "살인자", "율법을 모독하는 자", "도둑", "음탕한 자", "횡령자", "부당한 남편과 아비", "하느님을 모욕하는 자", "하느님께 반역하는 자", "간통자" 예수께서는 쓰시고 새로운 비난자들이 말하는 동안, 다시 쓰신다.

"아니, 요컨대, 선생님! 심판을 하십시오. 이 여자는 심판을 받아야 합니다. 이 여자는 그 몸무게로 땅을 오염시켜서는 안 됩니다. 이 여자의 입김은 마음들을 어지럽게 하는 독입니다."

예수께서 일어서신다. 아이고! 기막힌 얼굴이다! 그것은 비난자들에게 떨어지는 번갯불과 같다. 어떻게나 머리를 꼿꼿이 쳐드시는지 키가 한층 더 커 보인다. 어떻게나 엄하고 장중하신지 옥좌에 앉은 왕과도 같으시다. 겉옷이 한 어깨에서 미끄러져 내려 뒤에 약간 끌린다. 그러나 그것은 상관하지 않으신다.

무감각한 얼굴로, 그리고 입술과 눈에는 지극히 작은 미소의 흔적도 없이, 군중을 똑바로 바라보시니, 군중은 마치 날카로운 칼날 둘이 앞에 있는 것처럼 뒷걸음친다. 예수께서는 탐색하는 날카로운 눈초리로 쏘아보시는데 겁이 날 지경이다. 예수께서 쏘아보시는 사람들은 군중 속으로 뒷걸음 쳐서 그 속에 섞이려고 애쓴다. 따라서 둘러싼 군중이 느슨해지고, 마치 숨은 어떤 힘에 의하여 약하게 되는 것처럼 허물어진다.

마침내 예수께서 말씀하신다. "당신들 중에 죄가 없는 사람이 이 여자에게 먼저 돌을 던지시오." 그런데 예수의 목소리는 천둥 소리 같고, 동시에 눈길이 번갯불처럼 번쩍인다. 예수께서는 팔짱을 끼시고 그대로 서 계신다. 기다리는 재판관과 같이 꼿꼿이 서 계신다. 예수의 눈길은 평화를 주지 않고, 찾고, 꿰뚫고, 비난한다.

우선 한 사람, 다음에는 두 사람, 그 다음에는 다섯 사람, 또 그 다음에는 떼를 지어 그곳에 있던 사람들이 고개를 떨어뜨리고 물러간다. 율법학자들과 바리사이파 사람들뿐 아니라, 전에 예수 둘레에 있던 사람들과 판결과 단죄를 들으려고 가까이 왔다가 모두 함께 죄지은 여자에게 욕을 하고 돌로 쳐 죽이기를 요구하였던 다른 사람들도 떠나간다.

예수께서는 베드로와 요한과만 남아 계시다. 다른 사도들이 도망하는 동안 예수께서는 다시 글씨를 쓰기 시작하셨는데, 이제는 이런 말을 쓰신다. "바리사이파 사람들", "독사들", "썩은 것이 들어 있는 무덤", "거짓말쟁이들", "배신자들", "하느님의 원수들", "하느님의 말씀을 모욕하는 자들"….

마당이 완전히 텅 비고 아주 조용해져서, 바람 살랑거리는 소리와 한구석에 있는 분수 소리만이 남았을 때, 예수께서는 머리를 들고 바라보신다. 이제는 얼굴이 가라앉았다. 슬퍼하는 얼굴이지만 이제는 성난 얼굴은 아니다. 예수께서는 조금 떨어져서 어떤 기둥에 기대 서 있는 베드로를 한번 슬쩍 바라보시고, 거의 예수 뒤에서 사랑 가득한 눈길로 쳐다보고 있는 요한을 잠시 바라보신다. 베드로를 바라보시면서는 약간 미소를 지으시고, 요한을 바라보시면서는 더 뚜렷한 미소를 지으신다. 두 가지 다른 미소이다.

그런 다음 아직 당신의 발 앞에 엎드려 눈물을 흘리고 있는 여자를 내려다보신다. 예수께서는 일어나서 길을 떠나시려는 것처럼 겉옷을 바로잡으신다. 그리고 두 사도에게 출입문 쪽으로 가라는 눈짓을 하신다.

혼자 남으시자, 예수께서는 여자를 부르신다. "여보시오. 나를 쳐다보시오." 여자가 감히 얼굴을 들지 못하기 때문에 예수께서는 명령을 되풀이 하신다.

"여보시오. 우리 둘뿐이오. 나를 보시오."

불행한 여인이 얼굴을 드는데, 눈물과 먼지로 인하여 품위를 떨어뜨리는 몰골이 되었다.

"여보시오. 당신을 고발하던 사람들이 어디 있소?" 예수께서는 연민이 가득한 근엄한 태도로 조용히 말씀하신다. 예수께서는 얼굴과 몸을 약간 땅 쪽으로, 그 비참한 여자에게로 기울이고 계신데, 눈에는 관대하고 새롭게 하는 표정이 가득하다. "아무도 당신을 단죄하지 않았소?"

여자는 흐느끼는 가운데 대답한다. "아무도요, 선생님."

"나도 당신을 단죄하지 않았소. 가시오, 그리고 다시는 죄짓지 마시오. 당신 집으로 가서 하느님과 모욕을 당한 사람에게서 용서를 받을 줄 알도록 하시오. 주님의 인자를 남용하지 마시오. 가시오."

예수께서는 그 여자의 손을 잡아 일어나도록 도와 주신다. 그러나 강복을 주시지 않고 평화도 주지 않으신다. 예수께서는 그 여자가 고개를 푹 숙이고 부끄러움으로 인하여 약간 비틀거리며 멀어져 가는 것을 바라보신다. 그런 다음 그 여자가 보이지 않게 되자, 당신도 두 제자와 함께 떠나신다.

190. "나는 죄지은 여자에게 그의 죄를 갚기 위하여 가야 할 길을 알려준다"

예수께서 말씀하신다.

"내 감정을 상하게 하는 것은 비난하는 사람들에게 사랑과 진실성이 없는 것이었다. 비난이 거짓이기 때문에 그런 것은 아니었다. 여자는 실제로 죄가 있었다. 그러나 그들은 그들이 수없이 많이 저질렀는데도 순전히 더 꾀가 많고 더 운이 좋아서 감추어진 채로 있을 수 있는 일에 대해 분노함으로써 진실성을 가지지 못했었다. 여자는 처음 죄를 지으면서 덜 교활했고, 운이 덜 따랐었다. 그러나 그 여자를 비난하는 남자와 여자들 중에 ㅡ여자들도 목소리는 높이지 않았지만 마음 속으로는 그 여자를 비난하고 있었으니까.ㅡ 아무도 죄가 없지 않았다.
 실제로 행위를 하는 사람과 행위를 하기를 갈망하는 사람과 행위를 온 힘을 다해 원하는 사람 모두가 간통자이다. 음란은 죄를 짓는 사람에게도 죄짓기를 원하는 사람에게도 있다. 악은 행하지 않는 것으로 충분치 않고, 행하기를 원치도 말아야 한다.

　　　마리아야, 네가 낭떠러지 가장자리에 있는데 네 선생이 불렀을 때 네 선생이 한 처음 말을 기억해라. '악은 행하지 않는 것으로 충분치 않고, 행하기를 원치도 말아야 한다.'

 육감적인 생각을 품고, 일부러 추구한 독서와 구경거리와 불건전한 습관으로 육감적인 느낌을 유발하는 사람은 물질적으로 죄를 짓는 사람과 마찬가지로 부정(不淨)하다. 나는 감히 말한다. 그는 죄가 더 있다고. 그는 생각으로, 윤리만을 거스르지 않고 자연도 거스르기 때문이다. 나는 또 참으로 반자연적인 행동을 하는 사람들에 대해서

190. "나는 죄지은 여자에게 그의 죄를 갚기 위하여 가야 할 길을 알려준다"

말하는 것도 아니다. 유일한 변명은 체질적이거나 정신적인 병뿐이다. 이 핑계를 가지지 못한 사람은 가장 불쾌한 짐승보다도 열 곱절이나 더 못하다. 공평하게 판결하기 위하여 죄가 없어야 할 것이다.

심판자가 되는 데 절대로 필요한 조건들에 대해서 말하느라고 전에 불러준 것을 참조하여라.

나는 바리사이파 사람들의 마음과 율법학자들의 마음과 또 그들과 한패가 돼서 죄지은 여자에 대해서 감정을 폭발시킨 사람들의 마음을 환히 알고 있었다. 하느님과 이웃에 대해 죄를 짓는 그들에게는 종교에 대한 죄, 부모에 대한 죄, 이웃에 대한 죄, 특히 그들의 아내에 대한 수많은 죄가 있었다. 만일 내가 기적으로 그들의 피에 그들의 이마에 그들이 지은 죄를 쓰라고 명했더라면, 수많은 비난 가운데 사실 또는 욕망으로서의 '간통'이라는 비난이 지배적이었을 것이다. 나는 '마음에서 나오는 것이 사람을 더럽힌다'는 말을 했다. 그런데 내 마음을 빼놓고는, 심판자들 중에 흠 없는 마음을 가진 사람이 아무도 없었다.

그들은 진실성도 없고 사랑도 없었다. 육감적인 욕망의 갈망으로 그 여자가 자신들과 비슷하다는 사실까지도 그들을 사랑으로 이끌어 가지 못하였다. 타락한 여자에 대해서 사랑을 가진 것은 나였다. 그 여자에 대해서 혐오감을 가졌어야 할 오직 한 사람뿐인 내가 말이다. 그러나 이것을 잘들 기억하여라. '사람이 더 착하면 더 착할수록 죄지은 사람들에 대하여 더 동정한다.' 죄 자체에 대하여 관용을 가지는 것은 아니다. 그것은 아니다. 그러나 죄에 저항할 줄을 모른 약한 사람들에 대하여 동정하는 것이다.

사람! 오! 연약한 갈대보다도 허약한 메싹보다도 사람은 유혹으로 더 쉽게 구부러지고, 위안을 찾아내기를 바라는 곳에 더 달라붙는 경향이 있다.

죄가 특히 여성의 경우에는 이 위안추구 때문에 오는 일이 매우 흔하기 때문이다. 그렇기 때문에 나 분명히 말하지만, 자기 아내와 자기 자신의 딸에 대해서도 애정이 없는 사람은 열의 아홉은 그의 아내와 딸의 잘못에 대해서 책임이 있고, 그들에 대해서 책임을 질 것이다. 아내에 대한 남편, 또는 딸에 대한 아버지의 어리석은 예속에 지나지 않은 바보스런 애정과 마찬가지로 애정이 없는 것이나 또는 남편을 다른 사장들로 끌어가고, 부모들의 자식들과는 관계가 없는 걱정으로 끌어가는 자기 자신의 격정의 잘못도 간통과 매음의 원인이고, 그러한 것으로 내게서 단죄를 받는다. 그러므로 미개인이나 짐승과 같은 생활로 스스로 품격을 떨어뜨리는 것은 너희들의 큰 자존심을 놀라 소스라치게 해야 할 것이다. 그러나 이 경우에는 유익하기까지 할 자존심을 너희들은 아주 다른 일에 대해서 가진다.

나는 베드로와 요한을 다른 모양으로 바라보았다. 그것은 베드로, 즉 어른에게는 '베드로야, 너도 사랑과 진실성이 없는 일이 없도록 하여라' 하고 말하고자 하였고, 또 미래의 내 대사제로서의 그에게 '장차 이 시간을 기억하고, 네 선생같이 심판하여라' 하고 말하고자 하였다. 그리고 요한, 즉 아직 어린 아이와 같은 영혼을 가진 젊은이에게는 '심판할 수 있는데도 나와 같은 마음을 가지고 있기 때문에 심판하지 않는다. 사랑하는 요한아, 네가 너무나 내 사람이 되어 제2의 나 자신이 될 정도가 되었으니 고맙다' 하고 말하고자 하였다. 내가 여자를 부르기 전에 그들을 떠나가게 한 것은 두 증인이 있으므로 인해서 그 여자의 창피를 더하지 않기 위해서였다.

동정심이 없는 사람들아, 배워라. 어떤 사람이 아무리 죄가 많다 하더라도, 그를 항상 존경과 사랑을 가지고 다루어야 한다. 그의 어리둥절함을 보고 좋아해도 안 되고, 호기심 있는 눈길만으로라도 그를 악착같이 몰아세워서는 안 된다. 동정, 넘어지는 사람에 대하여는 **동정을 가져라!**

죄지은 여자에게 나는 그의 죄를 갚기 위하여 가야 할 길을 가르쳐 준다. 집으로 돌아가서 겸손하게 용서를 청하고, 올바른 생활로 용서를 얻도록 하라는 것이다. 다시는 죄를 짓지 말고, 하느님의 인자와 사람의 친절을 남용해서 2중 또 3중의 죄를 첫번보다도 더 심하게 갚지 않도록 하라는 것이다. 하느님께서는 용서하신다. 그리고 인자이시기 때문에 용서하신다. 그러나 사람은, 비록 내가 '네 형제에게 일곱번씩 일흔번을 용서하라'고 말했지마는, 두번도 용서할 줄을 모른다.

나는 그 여자에게 평화와 강복을 주지 않았다. 그것은 그 여자는

190. "나는 죄지은 여자에게 그의 죄를 갚기 위하여 가야 할 길을 알려준다"

용서를 받기 위하여 요구되는 죄에서의 완전한 해탈을 마음 속에 가지고 있지 않기 때문이었다. 그의 육체에, 그리고 불행히도 그의 마음 속에 죄에 대한 혐오감을 가지고 있지 않았다. 막달라의 마리아는 내 말씀의 맛을 보고 나서 죄에 대한 혐오감을 가졌었고, 딴 사람이 되겠다는 전적인 의지를 가지고 내게로 왔었다. 그러나 그 여자는 아직도 육체의 목소리와 정신의 목소리 사이에서 망설이고 있었다. 그리고 그 당장의 혼란 속에서 그 여자는 아직 그의 탐욕의 무거운 짐을 잘라내고, 그에게 파멸이 되는 것을 잘라내고, 그러나 구원이 되는 것은 지니고 하느님의 나라를 향해 가기 위하여, 육체의 그루터기에 도끼를 대고 그것을 쓰러뜨리지를 못했었다.

그 여자가 그후 구원을 받았는지 알고 싶으냐? 나는 모든 사람에게 구세주가 되지 못했다. 모든 사람에게 구세주가 되기를 원했으나, 모든 사람이 구원받을 의지를 가지지 않았기 때문에 그렇게 되지 못했다. 그리고 이것이 게쎄마니아 동산에서 겪은 내 임종의 고통의 가장 깊이 파고드는 화살들 중의 하나였다.

마리아의 마리아야, 너는 평안히 있거라. 그리고 하찮은 일에도 죄지은 마음을 가지지 말아라. 내 어머니 마리아의 망또 밑에는 깨끗한 것밖에 없다. 그것을 기억하여라.

어느날 내 어머니 마리아는 네게 이렇게 말씀하셨다. '나는 울면서 너희들을 내 예수에게 청한다.' 또 한번은 이렇게 말씀하셨다. '나는 내 예수에게 내가 사랑받게 하는 소임을 맡긴다…. 너희가 나를 사랑하면 내가 오고, 내가 오는 것은 기쁨과 구원이다.'

내 어머니는 너를 원하셨고, 나는 너를 어머니께 드렸다. 아니 오히려 **내가 너를 안아다 드렸다**. 내가 권위로 복종시킬 수 있는 곳에 어머니께서는 너희들을 사랑으로 애무로 안아다 주시는데, 나보다도 훨씬 더잘 안아다 주신다는 것을 내가 알기 때문이다. 내 어머니께서 만지시는 것은 도장을 찍는 것과 같은데, 그 앞에서는 사탄이 도망친다. 이제는 네가 내 어머니의 옷을 입고 있는데, 만일 네가 두 수도회*의 기도에 충실하면, 우리 어머니의 일생, 즉 어머니의 기쁨과 고통, 즉 내 **기쁨과** 내 **고통을** 날마다 묵상하게

---

* 역주 : 마리아 발또르따는 수도자가 아니므로, 여기서는 어떤 수도회의 제3회를 말하는 것으로 생각됨.

된다. 그것은 내가 말씀에서 예수가 된 때부터 나는 어머니와 함께, 또 같은 동기로 몹시 기뻐하거나 울거나 했기 때문이다.

그러므로 너는 마리아를 사랑하는 것이 예수를 사랑하는 것임을 알게 되었다. 예수를 더 쉽게 사랑하는 것이다. 나는 네게 십자가를 지게 하고, 십자가에 못박는데, 어머니는 반대로 너를 안고 가시거나 십자가 아래 남아 계시면서 오직 사랑할 줄만 아는 당신 가슴에 너를 받고자 하시기 때문이다. 죽을 때에도 마리아의 품은 요람보다도 더 아늑하다. 마리아의 품 안에서 숨을 거두는 사람은 마리아 주위를 맴돌고 있는 천사들의 무리의 목소리밖에 듣지 못한다.

그는 어두움을 보지 않고, 샛별의 기분좋은 빛남을 본다. 울음소리를 듣지 않고 샛별의 미소 소리를 듣는다. 그는 공포를 느끼지 않는다. 마리아를 사랑하는 우리 중에서 누가 그분의 팔에서 그분의 사람들 중의 하나를 감히 빼앗겠느냐?

내게 '고맙습니다' 하고 말하지 말고, 마리아에게 그렇게 말씀드려라. 어머니는 네가 행한 얼마 안 되는 선행과 네가 내게 대해 가진 사랑을 빼놓고는 아무 것도 기억하지 않고자 하셨다. 또 그 때문에 네 착한 뜻이 제압하게 되지 못하던 것을 당신 발로 굴복시키기 위하여 너를 원하셨다. '마리아 만세!' 하고 외쳐라. 그리고 십자가 아래서 어머니의 발 앞에 머물러 있어라. 너는 내 피의 루비와 마리아의 눈물의 진주로 네 옷을 꾸밀 것이다. 너는 내 나라에 들어오기 위하여 여왕의 옷을 입을 것이다. 평안히 있거라. 나는 네게 강복한다."

191. 사도들과 제자들에게 주신 교훈

예수께서는 올리브산 아래 실로암의 샘 근처에 있는 열 사도와 주요한 제자들 있는 데로 오신다. 예수께서는 베드로와 요한 사이에서 빠른 걸음으로 오시는 것을 보고 제자들은 마중을 나간다. 그래서 샘 근처에서 서로 합친다.

"베다니아 길로 올라 가자. 나는 얼마 동안 예루살렘을 떠나겠다. 걸으면서, 너희들이 해야 할 일을 말해 주겠다."

제자들 가운데에는 명랑해져서 그들의 자리를 다시 차지한 마나헨과 티몬도 있다. 또 스테파노와 헤르마, 니콜라이, 에페소의 요한, 사제 요한도 있다. 요컨대 순박한 사람들보다 지혜가 더 뛰어나지만 하느님의 은총과 그들 자신의 의지로 매우 활동적인 제자가 모두 있다.

"예루살렘을 떠나십니까? 선생님께 무슨 일이 있었습니까?" 하고 여럿이 묻는다.

"아니다. 그러나 기다리는 곳들이 있다…."

"오늘 아침에 뭣을 하셨습니까?"

"말을 했다…. 예언자들에 대해서… 또 한번. 그러나 그들은 알아듣지 못한다…."

"아무 기적도 행하지 않으셨습니까?" 하고 마태오가 묻는다.

"아무 기적도. 용서 하나와 방어 하나."

"그게 누구였습니까? 누가 공격했습니까?"

"자기들은 죄가 없다고 믿는 사람들이 한 죄녀를 고발하였다. 나는 그 여자를 구해 주었다."

"그러나 그 여자가 죄녀였으면 그들이 옳았는데요."

"그 여자의 육체는 분명히 죄가 있었다. 그의 영혼은… 나는 영혼에 대해서는 말을 많이 해야 하겠다. 그리고 나는 죄가 분명한 영혼들만을 죄녀라고 부르지 않겠다. 다른 영혼들을 죄로 유도하는 영혼들도 죄가 있다. 그리고 그들의 죄는 더 교활하다. 그런 영혼들은 뱀과 죄인의 역할을 동시에 하는 것이다."

"그러나 그 여자가 무슨 짓을 했었습니까?"

"간통."

"간통이요? 그런데 그 여자를 구해 주셨습니까?! 그렇게 하시는 게 아니었습니다!!" 하고 가리옷 사람이 외친다.

예수께서는 그를 똑바로 들여다보시며 물으신다. "왜 그렇게 해서는 안 되었느냐?"

"그야… 그것이 선생님께 해가 될 수 있으니까요. 선생님은 그들이 선생님을 미워하고 선생님께 대한 비난거리를 찾고 있다는 것을 아시지요! 그런데 틀림없이… 간통한 여자를 구한다는 것은 율법을 어기는 것입니다."

"나는 그 여자를 구해 준다는 말은 하지 않았다. 나는 그들에게 죄 없는 사람이 그 여자를 치라고만 말했다. 그런데 아무도 죄가 없지 않았기 때문에 아무도 그 여자를 치지 못했다. 그러므로 나는 간통한 사람들을 돌로 쳐 죽이라고 명령하는 율법을 확증했다. 그러나 돌로 치는 사람이 없었기 때문에 그 여자를 구해 주었다."

"그러나 선생님은…."

"너는 내가 그 여자를 돌로 쳤어야 한다고 그러는 것이냐? 나는 그 여자를 돌로 칠 수 있었을 터이니까 그것은 옳은 일이었을 것이다. 그러나 자비로운 일은 아니었을 것이다."

"아! 그 여자는 뉘우쳤었군요! 선생님께 애원했고, 그래서 선생님은…."

"아니다. 그 여자는 뉘우치지도 않았었다. 그저 창피하고 무서워하기만 했다."

"아니 그러면… 왜?… 선생님을 이해할 수가 없습니다! 전에는 막달라의 마리아와 엔도르의 요한에 대한, 요컨대… 그 밖에 많은 죄… 에 대한 선생님의 용서를 이해할 수 있었습니다…."

"마태오 라고 분명히 말하게. 나는 그로 인해서 기분을 상하지는 않네. 오히려 선생님께 대한 내 감사의 빚을 기억하도록 자네가 도와

191. 사도들과 제자들에게 주신 교훈

주면 자네를 고맙게 생각하네" 하고 마태오가 침착하고 점잖게 말한다.

"그러면 말하지. 마태오까지두요…. 그러나 이 사람들은 그들의 죄와 그들의 난잡한 생활을 뉘우쳤습니다. 그러나 그 여자는!… 이제는 선생님을 이해하지 못하겠습니다! 그리고 선생님을 이해하지 못할 사람은 저 혼자뿐이 아닙니다…."

"나도 안다. 너는 나를 이해하지 못한다…. 너는 항상 나를 별로 이해하지 못했고, 또 너 혼자만도 아니다. 그러나 그것이 내 행동 방식을 바꾸지는 못한다."

"용서는 그것을 청하는 사람에게 주어져야 합니다."

"오! 만일 하느님께서 용서를 청하는 사람만 용서하셔야 한다면! 그리고 죄를 지은 다음 뉘우치지 않는 사람은 즉시 벌하셔야 한다면! 너는 뉘우치기 전에 너를 용서한다는 말을 들은 적이 한번도 없느냐? 너는 네가 뉘우쳤고, 또 그 때문에 용서를 받았다고 정말 말할 수 있느냐?"

"선생님, 저는…."

"너희 모두 들어라. 내가 이렇게 말하는 것은 너희 중의 여럿이 내가 잘못 했고, 유다의 말이 옳다고 생각하기 때문이다. 여기 베드로와 요한이 있다. 이들은 내가 여자에게 한 말을 들어서 너희들에게 그대로 옮길 수 있다. 나는 용서함으로써 어리석음을 나타내지는 않았다. 나는 완전히 뉘우쳤기 때문에 용서해 준 다른 영혼들에게 한 말을 하지는 않았다. 다만 그 영혼에게 만일 그가 뉘우침과 성덕에 이르기를 원하면, 거기에 도달할 가능성과 시간을 주었다. 너희가 영혼들의 선생이 될 때를 위해서 이것을 기억하여라.

참 선생이 될 수 있기 위하여, 그리고 참 선생이 되기에 마땅한 사람이기 위하여 반드시 가져야 할 것이 두 가지 있다. **첫째** 것은 자기가 자기 자신에게는 용서해 주는 것을 다른 사람들에게는 단죄하는 위선 없이 심판할 수 있게 자기 자신이 엄한 **생활**을 하는 것이다. 둘째 것은 영혼들에게 병을 고치고 튼튼하게 되는 가능성을 주기 위한 참을성 있는 자비이다. 모든 영혼이 그들의 상처를 즉시 고치지는 못한다. 어떤 영혼들은 연속적인 단계를 거쳐 상처가 낫게 되는데, 그

단계가 때로는 느리고, 다시 상처를 입을 수도 있다. 그들을 내쫓고, 단죄하고, 그들에게 겁을 주는 것은 영신의 의사의 비법이 아니다.

만일 너희가 그들을 멀리 쫓아버리면, 그들은 돌아가 거짓 친구들과 거짓 선생들의 품에 뛰어들 것이다. 가엾은 영혼들에게 항상 너희 팔을 벌리고, 너희 마음을 열어라. 그 영혼들로 하여금 너희를 그 무릎에 엎드려서 우는 것이 부끄럽지 않을 참되고 거룩한 절친한 친구로 느끼게 하여라. 만일 너희가 그들에게 영적인 도움을 주지 않으면서 단죄하면, 너희는 그들을 점점 더 병들고 점점 더 약하게 만들 것이다.

만일 그들이 너희와 하느님을 무서워하면, 어떻게 너희와 하느님께로 눈을 들 수 있겠느냐? 사람이 우선 첫번째 심판으로 만나는 것은 인간이다. 영적으로 사는 사람만이 우선 하느님을 만날 줄 아는 것이다. 그러나 벌써 영적으로 살게 된 인간은 중죄에는 떨어지지 않는다. 인간적인 부분은 아직 약함을 가질 수 있다. 그러나 강한 정신이 감시하고 있어서 그 약함이 큰 죄가 되지는 않는다. 그러나 아직 많은 부분이 살과 피로 되어 있는 사람은 죄를 짓고 인간을 만난다. 그런데 그에게 하느님을 알려주고 그의 정신을 형성해야 하는 사람이 그 공포를 일으키게 하면, 어떻게 죄지은 사람이 탁 믿고 자기를 그에게 맡길 수 있겠느냐? 그리고 자기와 같은 사람 중의 하나가 착하지 않은 것을 그가 보면, 어떻게 그 사람이 이렇게 말할 수 있겠느냐? '나는 하느님께서 인자하시고 용서하신다는 것을 알기 때문에 나를 낮춘다'고.

너희들은 마치 작은 주화가 한 탤런트*의 가치를 이해하게 하는 일부분이 되는 것과 같이 하느님께서 어떤 분이신지를 알게 하는 비교의 항(項)과 척도가 되어야 한다. 그러나 만일 영원하신 분의 일부분이고 그분을 대리하는 너희가 영혼들에 대하여 가혹하면, 그 때에는 그 영혼들이 하느님께서 어떠하시다고 믿겠느냐? 하느님께 얼마나 융통성 없는 준엄이 있는 것으로 생각하겠느냐?

엄하게 심판하는 너 유다야, 만일 내가 지금 네게 '나는 네가 마술

---

* 역주 : 고대 그리이스의 화폐.

을 한다고 최고회의에 가서 고발하겠다'고 말하면…."

"주님! 그러지 마십시오! 그것은… 그것은… 선생님도 아시지요…."

"알기도 하고 알지 못하기도 한다. 그러나 너를 위하여는 네가 얼마나 즉각 동정을 구하는지를 알았다…. **그리고 너는 그들에 의해서 단죄되지 않으리라는 것도 안다. 왜냐하면….**"

"선생님, 그것은 무슨 뜻입니까? 왜 그런 말씀을 하십니까?" 유다는 예수의 말씀을 막으면서 매우 불안해 한다.

예수께서는 매우 침착하게, 그러나 유다의 마음을 꿰뚫어보시고, 동시에 열한 사도와 여러 제자들의 시선이 집중되는 당황한 당신의 사도를 억제하는 눈길을 보이시며 말씀하신다. "그야 그들이 너를 사랑하니까. 거기에 너는 친한 친구들이 있지. 네가 여러번 그 말을 했다."

유다는 안도의 한숨을 내쉬고, 이렇게 춥고 바람이 많이 부는 날씨에는 이상한 땀을 닦으면서 말한다. "그것은 사실입니다. 오래된 친구들입니다. 그러나 선생님이 생각하지 마셔야 할 것은 만일 제가 죄를 지으면…."

"그런데 너는 그 때문에 동정을 구하느냐?"

"물론입니다. 저는 아직 불완전합니다. 그래서 완전하게 되기를 원합니다."

"네가 바로 말했다. 그 여자도 매우 불완전하였다. 나는 그 여자에게 그가 원하면 착하게 될 수 있는 시간을 주었다."

유다가 다시는 대꾸를 하지 않는다.

일행이 이제는 예루살렘에서 멀리 떨어진 베다니아 길에 있다. 예수께서 걸음을 멈추시고 말씀하신다. "그런데 너희들은 내가 준 것을 가난한 사람들에게 주었느냐? 내가 말한 것을 다 했느냐?"

"다 했습니다. 선생님" 하고 사도들과 제자들이 말한다.

"그러면 내 말을 들어라. 이제 나는 너희들에게 강복하고 너희들을 돌려보내겠다. 늘 그러는 것과 같이 온 팔레스티나에 흩어져라. 과월절을 기해서 여기 다시 모여라. 그 때는 빠지지 말아라…. 그리고 이 몇달 동안에 너희 마음과 나를 믿는 사람들의 마음을 굳세게 하여

라. 점점 더 의롭고, 욕심이 없고, 참을성 있게 되어라. 내가 그렇게 되라고 가르친 대로 되어라. 도시와 마을과 외딴 집들을 두루 다녀라. 내가 나자렛의 예수의 자아에 봉사하지 않고, 내 아버지께 봉사하는 것과 같이 너희들도 너희 자아에 봉사하는 것이 아니다. 너희들도 너희들의 아버지께 봉사하는 것이다. 따라서 하느님의 이익이 너희들의 인간적인 이익에 타격을 주고 해를 끼칠 수 있다 하더라도, 너희들의 이익이 아니라, 하느님의 이익이 너희에게 신성한 것이 되어야 한다.

희생과 순종의 정신을 가져라. 내가 너희들을 부르거나 있는 곳에 그대로 있으라고 명령을 할 수도 있을 것이다. 내 명령을 비판하지 말아라. 내 명령이 어떤 것이건, 그것이 좋은 명령이고 너희들의 이익을 위하여 너희들에게 주어진 것이라고 굳게 믿고, 순종하여라. 또 내가 어떤 사람들은 부르면서 다른 사람들은 부르지 않는다 해도 새암을 내지 말아라. 너희들도 알지…. 어떤 사람들이 내게서 떨어져 나갔다…. 그리고 그 때문에 나는 괴로웠다. 그들은 아직도 자기들의 정신에 따라서 스스로 조절하기를 원한 사람들이었다. **교만은 정신들을 쓰러뜨리는 지렛대이고, 정신을 억지로 떼어놓는 자석이다.** 그들이 돌아오도록 기도하여라…. 내 목자들은 두 사람씩 두 사람씩 예루살렘 바로 근처에 있도록 하여라. 이사악은 당분간 마륵지암과 같이 나를 따라와야 한다. 서로 많이 사랑하여라. 서로 도와주어라. 벗들아, 나머지는 모두 내가 너희에게 가르친 것을 기억하며 너희들의 영이 너희들에게 말해 주기를 바라며, 천사들이 너희들에게 말해 주기를 바란다. 너희들에게 강복한다."

예수께서 모세의 축복의 말을 하시는 동안 모두 엎드린다. 그리고 그들은 서둘러 예수께 인사한다. 마침내 그들은 예수와 헤어진다. 예수께서는 열두 사도와 이사악과 마륵지암과 같이 베다니아 길로 가신다.

"이제는 라자로에게 인사할 시간 동안만 멈추고, 그 다음에는 요르단강 쪽으로 계속 간다."

"예리고로 갑니까?" 하고 가리옷의 유다가 관심을 가지고 묻는다.

"아니다. 베타바라로 간다."

"그러나… 밤이….”
 "여기서 강까지는 마을이나 집이 더러 있다….”
 이제는 아무도 말하지 않는다. 그리고 올리브나무 살랑거리는 소리와 발걸음 소리 말고는 다른 소리가 없다.

192. 마을에서 그리고 솔로몬의 집에서

사람들의 눈에 띄지 않으려고 일행은 강둑의 길로 해서 올라오며 솔로몬의 작은 집이 있는 마을로 들어간다. 11월이나 10월말의 때이른 저녁 어두움이 내려깔리고 사람들은 벌써 집 안에 있기 때문에 쓸데 없는 조심인 것 같다. 길은 비어 있는데, 정말 텅 비어 있다. 그래서 양들이 매애 하고 우는 소리가 좀 들리지 않으면 사람이 없는 곳이라고 할 수 있을 것이다.

그들은 쪽문을 흔든다. 쪽문은 잠겨 있다. 어둑어둑한 가운데에도 잘 정리되어 있는 것이 보이는 작은 정원을 막은 쪽문은 단단히 잠겨 있다.

"불러라! 노인은 부엌에 있다. 빛 한 줄기가 덧문 틈으로 새나온다" 하고 예수께서 말씀하신다.

토마가 그의 커다란 목소리로 노인을 부르는 일을 떠맡는다. 노인은 즉시 문을 열고 길쪽을 바라본다. 노인은 밖에 별로 빛이 없는데다가 불이 피워져 있고 등불을 켜 놓은 부엌에서 나오기 때문에 잘 분간을 하지 못한다.

그러나 예수께서 "우립니다" 하고 말씀하시자, 노인은 즉시 목소리를 알아 듣고 "선생님!" 하고 외치면서 문을 열러 뛰어 오려고 촌스러운 현관앞 층계를 내려온다.

"주님! 들어오십시오. 주님의 집으로 들어오십시오. 그리고 선생님이 오시는 것으로 끝나는 날은 축복을 받기 바랍니다!" 하고 문의 잠그는 장치를 매만지며 말한다. 그리고 설명한다. "저는 혼자 있기 때문에 조심스럽게 잠급니다…. 도둑들은 무엇이든지 할 수 있습니다. 갈라앗산에서 계곡으로 내려와 여기 저기에 손해를 끼치는 도둑들이 있습니다. 제 목숨 때문에 무서워하는 것이 아니라, 선생님을 위해 준비를 했었습니다. 그리고… 자, 선생님, 오십시오. 저녁은 축축합니다. 그리고 선생님의 머리카락이 이슬에 젖었습니다…."
 "그런데 할아버지는 아가(雅歌)의 신부보다도 더 열의가 있군요. 길손을 맞아들이기 위해 수고하시는 것을 괴롭게 여기지 않으시는군요" 하고 예수께서 빙그레 웃으시며 말씀하신다.
 "제가 수고를 한다구요? 세월이 어찌나 긴지요! 하루가 지나면 또 하루, 하루가 지나면 또 하룹니다. 선생님이 주신 씨앗을 뿌렸습니다. 그리고 야채들이 싹트는 것을 보았습니다. 저는 이렇게 말했지요. '선생님이 오시면, 틀림없이 이것을 좋아하실 거다' 하고. 그러나 야채들이 성숙했는데도 선생님은 오시지 않았습니다…. 그리고 과일들이 나무 위에서 빨갛게 물들었는데, 선생님이 잡숫지 않으시기 때문에 마지 못해 제가 먹었습니다.
 그 양은 아주 하얀 새끼를 낳았습니다. 그 어린 양을 선생님과 같이 먹으려고 오랫동안 두었습니다. 장막절 전에 선생님을 뵙기를 바랐거든요. 그리고… 어린 양 한 마리 전부는 제게… 너무 과했습니다! 그 어린 양을 작은 양과 바꿨습니다. 그런데 그 사람들이 제게 친절하게 해 주어서 차액을 받으려고 하지 않았습니다. 그러나 과일과 치즈는 선생님을 위해서 할 수 있는 대로 많이 보관했습니다. 그리고 말린 생선과 야채두요. 멜론이 아직 몇 개 있습니다. 그리고 포도주도 조금 있습니다…. 저는 술을 마시지 않습니다. 그러나 선생님을 위해서 겨울에 드시라고 준비했습니다."
 노인은 식탁을 훔치면서 말을 하고, 식기를 놓고, 불을 쑤셔 일으키고, 남비에 물을 더 붓고, 아주 기뻐하며 분주히 움직인다. 이제는 몇 달 전의 비참한 늙은이 같지 않다.
 노인은 나갔다가 양젖을 가지고 돌아오며 변명한다. "젖이 나는 양이 한 마리밖에 없기 때문에 젖이 조금밖에 없습니다. 그렇지만 얼마 안 있어 두 마리가 될 겁니다. 그러나 선생님께는 이것으로 넉넉합니다."
 그는 아버지답다. 충성스럽기도 하고 아버지답기도 하다. 그는 젖은 겉옷과 진흙 투성의 샌들을 다른 곳으로 가져 갔다. 그리고 사과와 석류와 포도와 반쯤 말린 무화과 몇 개를 가지고 돌아와서 설명한다. "선생님께 맛보시게 하려고 이렇게 말렸습니다. 저는 이런 생각을 했습니다…. 제 아나니아가 이렇게 마련한 무화과를 좋아하던 걸 생각했지요!…." 노인이 이 말을 하는 동안, 처음에는 침착하던 목소리가 슬픈 어조로 낮아졌고, 노인은 마침내 말을 끝낸다. "그리고… 그리고 이것들을 선생님이 좋아하실 거라고 생각했고, 이것들을 마련하면서… 아직도 손자를 위해서 마련한다는 생각을 했습니다." 노인은 머리를 내젓고, 눈에는 반짝이는 눈물이 글썽거리며 미소를 지으려고 애쓴다.

식탁에 앉으셨던 예수께서 일어나셔서 작은 노인의 목에 팔을 감고 끌어당기시며 말씀하신다. "이 무화과들이 마음에 듭니다. 이것을 보니 제 어린 시절과… 제 아버지 생각이 납니다. 그러나 저 때문에 할아버지께서 이렇게 많은 걸 포기하시는 게 아닌데 그랬습니다. 이것들은 노인에게 이롭습니다. 할아버지는 늘 이렇게 저를 맞이하기 위해 건강하고 튼튼하셔야 합니다. 우리를 기다리는 할아버지가 계신 집을 이렇게 만난다는 건 아주 즐거운 일입니다. 그렇지, 벗들아?"

"물론 그렇구 말구요! 그리고 아나니아 할아버지를 도와드리지 않고 느긋하게 지내는 것이 참 좋습니다" 하고 베드로가 말하고, 일어나면서 "자, 예수께서 할아버지와 말씀하시는 동안 우리는 가서 침대나 준비하세" 하고 말한다.

"오! 필요없어요. 침대는 언제나 준비되어 있고, 모두가 깨끗해요…. 다만… 넉넉하질 못합니다. 당신네도 열두 사람이 넘는데 그렇지만 나는 건초 위에서 잘거고 또…."

"그건 안 됩니다, 할아버지. 그러면 제가 그리 가겠습니다" 하고 요한이 말한다.

"아니야, 내가 갈 거야" 하고 안드레아와 다른 사람들이 말한다.

"아니야, 그럴 필요없어. 나는 여기 이 식탁 위에서 잘 거야. 이 식탁이 분명히 내 뱃바닥보다 더 딱딱하진 않아. 그리고 마륵지암은…" 하고 베드로가 말한다.

"마륵지암은 나하고 같이 잔다…" 하고 예수께서 말을 막으신다.

"혹은 선생님이 원하시면 저하고요…" 하고 노인이 말하는데, 그의 눈은 사뭇 애원하는 빛이다.

"그렇습니다, 선생님. 선생님은 저를 아직 데리고 계시지요. 그런데 할아버지는… 저는 할아버지와 같이 자겠어요" 하고 마륵지암이 말한다.

예수께서는 마륵지암의 행동을 이해하시고, 그를 쓰다듬으신다.

"그 사람들이 오순절 후에 선생님을 여러번 찾아왔습니다. 그 다음에는 오지 않았습니다" 하고 작은 노인이 말한다.

"누가 선생님을 찾았어요?"

"바리사이파 사람들이지요. 그야! 또 그들과 같은 다른 사람들하고. 그 사람들은 선생님께 질문을 하겠다고 했습니다. 그러나 저는 '선생님의 마을에 가 보시오. 여기는 안 계시오. 그리고 언제 오실지도 모르오….' 그것은 사실이었습니다. 그랬더니 지쳐서 오지 않았습니다. 또 그 사람들은 또 한 사람, 요한이라나 하는 사람을 찾았는데, 그 사람이 선생님과 같이 있는데, 여기 숨어 있을지도 모른다고 말했습니다. 저는 '아니 그 사람은 선생님의 사도라 선생님과 같이 있소' 하고 말했더니, 그자들은 '그의 사도가 혹 애꾸눈이오? 늙고, 병들고, 죽어가고?' 하고 말했습니다. 나는 당신 이야기가 아닌 걸 알고 대답했지요. '거의 어린 아이와 같은 젊은이고 마음과 몸이 건강한 사도 요한밖에 알지 못하오' 하고. 그들은 저를 위협했습니다. 그러나 제가 달리 무슨 말을 할 수 있었습니까? 사실이 그런 걸요…."

"예, 사실이 그렇습니다. 그리고 언제나 사실대로 말씀하세요. 제게 해를 끼치게 되더라도 절대로 거짓말은 하지 마세요, 할아버지."

"주님, 제 머리는 항상 주님께 순종하려고 애쓰면서 셌습니다. 그리고 순종 가운데에는 거짓을 말하지 않는 순종도 있습니다. 그러나 … 그들이 왜 주님을 찾습니까? 저는 소경이었기 때문에 예루살렘에는 가지 않았었습니다. 이제는 그리로 다시 갔습니다. 제식(祭式)을 위해서만 갔던 것입니다. 저는 여기서 주님을 기다리기를 원했으니까요…. 그런데 저는 선생님을 둘러싸고 있는 증오와 사랑을 느꼈습니다…. 그리고 백성의 지도자들에게는 사랑보다 증오가 더 많다고 생각했습니다. 그들이 선생님께 모욕을 주고자 하던 그날 아침 저는 성전에 있었습니다…. 그래서 슬퍼서 도망쳐, 여기서 선생님을 기다리고 울기도 했습니다. 왜 사람이 그렇게 고약합니까?"

"그의 정신을 죽였기 때문입니다. 그리고 정신과 더불어 옳지 못한 데 대한 가책을 느끼는 능력도 죽였습니다."

"사실입니다!…. 그런데 그 사람들이 선생님을 해하려고 찾는 것이 었습니까?"

"그렇습니다."

"그래요!! 이스라엘이 그의 왕에게 해를 끼치려고 해요? 소름끼치는 일입니다! 이스라엘이 스스로를 예언자들이 말한 벌에 몰아 넣는 것이로군요!… 오! 저는 **이제는** 제 아들이 죽은 것이 기쁩니다…. 그리고 저도 이스라엘의 죄를 보지 않게 죽었으면 좋겠습니다…."

깊은 침묵이 흐른다. 화덕에서 나무가 탁탁 소리를 내는 것만이 들린다.

"그렇지만 다른 이야기를 합시다! 죽음이니! 증오니! 배반이니! 하는 말밖에 하지 않는단 말입니다! 지긋지긋해요! 지긋지긋해! 거기 대해서 말하는 걸 들을 수가 없어요!" 하고 가리옷 사람이 말하는데, 그는 마음이 몹시 흔들리고 사나운 눈을 하고 불안해하며, 부엌 안에서 다리, 팔, 몸 전체로 흥분해 있다.

"유다의 말이 옳습니다" 하고 여러 사람이 말한다.

"그러나 듣고 싶어하지 않는 것은 아무 것에도 소용되지 않는다. 필요한 것은 동의하지 않는 것이다." 예수께서 투박한 식탁 위에 손바닥을 위로 하고 손을 펴시는 체념한 몸짓을 하시며 말씀하신다.

"무슨 말씀입니까? 동의하다니요? 누가 거기에 동의합니까?" 유다는 선생님에게 다다르기 위하여 식탁으로 달려드는 것처럼 몸을 숙이면서, 거의 예수 앞에서 손을 내젓는다.

"누가? 내가 내 피 속에서 죽는 것을 보기를 열망하는 모든 사람이 그렇다. 피! 네 메시아의 피! 땅아, 내 주님을 받아들이지 않는 네 위에 떨어지는 피다! 이 불꽃보다도 더 빛나는 피! 죄를 지은 세상의 얼음과 어둠 속에 있는 불인 피! 그들은 빛에서 피를 빼앗아감으로 빛을 죽이기를 바란다. 그러나 빛은 영인데, 피는 아직 물질이다. 물질은 영을 둔하게 한다. 운모판에 피가 묻어 있으면, 혹 빛을 약하게 하지 않느냐? 그래서, 나 너희들에게 분명히, 분명히 말한다만, 이 나무가 불꽃이 될 때까지는 비추지 않았고, 이 송진들이 불이 붙으면서 빛으로 변할 때까지는 비추지 않았는데, 지금은 백열하는 빛인 것과 마찬가지로 모든 것이 이루어져서 피와 살이 제물로 다 타버리고 나면, 그 때에는 지금 모든 것을 빛으로 바꾸어 놓은 이 불처럼 내 영이 그 어느 때보다도 세상 위에서 불같이 번쩍일 것이고, 나는 그 어느 때보다도 빛이 될 것이다. 빛을 미워하는 자들, 빛을 죽이고자한 자들의 눈을 언제나 부시게 할 그런 빛 말이다. 오랜 세월 전부터 인류에게 닫혀 있던 하늘의 황금문을 녹일 그런 빛 말이다. 심연의 둥근 천장을 이루고 있는 돌을 꿰뚫을 그런 빛이 될 것이고, 지옥의 끔찍한 불은 내 빛살의 번쩍임을 받아 더할 수 없이 혹독하게 될 것이다. 그리고 빛에 대하여 계략을 꾸민 자들은 화를 당하고, 당하고 또 당할 것이다! 피와 빛! 이 두 가지가 그들 앞에 있어 그들을 미치게 하고 실망하게까지 할 것이다. 마귀가 되게까지 할 것이다!"

"분명히"라고 말씀하실 때 일어나셔서 화덕의 불로 후광에 싸인 벽이 우중충한 낮은 부엌에서 어떻게나 위엄이 있는지 겁이 나게 하셨던 예수께서 앉으시면서 입을 다무신다.

모두가 서로 바라본다. 불타고 있는 나무를 보는 데 정신이 빼앗기는 것 같은 유다를 빼놓고는 모두가…. 그는 정신을 빼앗기고 공포에 질린 것 같다. 그의 모습을 푸르스름하고 창백하게 하고, 그 위에 나무가 타는 불로 불그스름한 반점이 만들어지게 하는 공포이다. 그 얼굴은 성금요일의 그의 무서운 얼굴을 연상시킨다. 그리고 그는 갑자기 몸을 돌리며 부르짖는다. "아니 잠자코 계세요! 잠자코 계시라구요! 왜 저희들을 괴롭히십니까?!" 그리고 문을 꽝 닫고 나간다.

"저 사람 나름으로는 사실입니다. 그러나 선생님을 많이 사랑합니다…. 그리고 어떤 말을 듣는 것은 고통이 됩니다" 하고 토마가 말한다. 그리고 이렇게 끝맺는다. "그 말들은 저희들에게도 몹시 고통을 줍니다! 그러나 저희들은 덜… 이상합니다. 그렇습니다, 이상하지요…."

다른 사람은 아무도 말이 없다. 예수께서도 잠자코 계신다….

"채소가 익었습니다. 양젖도 데웠구…" 하고 겁을 먹고 있던 작은 노인이 가만히 말한다. 그리고 그런 사건이 있은 후라 이 아무 것도 아닌 말도 감히 하지 못한다….

"유다를 불러 오너라. 그리고 저녁을 먹자" 하고 예수께서 명령하신다.

요한이 동료를 부르러 나간다. 그들이 돌아온다…. 유다는 고민하는 얼굴을 하고 있다. 그러나 그것은 평화가 없는 고민이다…. 그러나 그는 식탁에 앉는다. 그리고 예수께서 음식을 바치시고 강복하실 때 다른 사람들과 같이 일어나고, 예수께서 노느매기를 하시고, 맨 마지막 몫을 당신 몫으로 남겨 놓으실 때 아래쪽에서 올려다 본다.

모두가 방안에 감돌고 있는 침울한 기운을 흩어버렸으면 한다. 그러나 아무도 그렇게 하는데 성공하지 못한다. 마침내 예수께서 친히 작은 노인을 향하여 작은 마을과 근처 사람들이 주님의 말씀을 받아들였느냐고 물으신다.

"예, 예, 선생님. 그리고 아주, 아주 썩잘 받아들였습니다. 강 건너 편보다 더 낫게 받아들인 것 같습니다. 아시겠습니까?…. 이곳에는 세례자의 기억이 매우 생생하게 남아 있습니다. 그리고 지금은 선생님의 제자가 된 세례자의 제자들이 그분의 기억을 살아있게 하고, 그분의 말을 이용해서 선생님을 명백히 설명합니다. 또 그리고… 여기서… 베레아와 데카폴리스에는 바리사이파 사람이 별로 없습니다. 그러니까…."

193. 예수와 요나의 시몬

그들이 어디 있는지 모르겠다. 푸른 계곡과 아름다운 파란 강이 저 아래에 보이고, 높은 산꼭대기들이 요르단강 동쪽에 펼쳐진 넓은 고원 위로 솟아오른 것을 보면, 분명히 이제는 요르단강 계곡에 있지 않고, 벌써 그 계곡 둘레에 있는 산 위에 있는 것 같다.

나는 한 작은 언덕에서 혼자 매우 서글프게 동북쪽으로 뚫어지게 바라보면서 한숨을 쉬고 있는 베드로를 본다. 그는 나뭇단을 하나 발 앞에 놓고 있는데, 분명히 이 언덕을 뒤덮고 있는 수풀에서 나무를 하였을 것이다. 녹음 속에 한 작은 마을이 자리잡고 있다. 베드로는 정말 완전히 의기소침하다. 그는 마침내 나뭇단 위에 앉아 양손으로 머리를 감싸고 잔뜩 몸을 구부리고 있다. 그는 시간과 모든 것에 대한 의식을 잃고 이렇게 있으면서, 어떻게나 깊은 생각에 잠겨 있는지 어린 아이 몇 명이 변덕스러운 염소새끼들을 따라 지나가는 것도 알아차리지 못한다. 어린이들은 그를 살펴보고는 염소들 뒤로 뛰어서 작은 마을 쪽으로 간다. 해가 천천히 기운다. 그런데도 베드로는 움직이지 않는다. 마을에서 비탈로 올라가는 오솔길로 예수께서 올라오신다. 예수께서는 소리 내는 것을 피하시며 천천히 가신다. 베드로가 있는 곳까지 오셔서, 그의 앞에서 계시면서 "시몬아!" 하고 부르신다.

"선생님!" 베드로는 소스라치게 놀라 이 말을 하면서 어리둥절한 얼굴을 든다.

"뭘 하고 있었느냐, 시몬아? 네 동료들은 모두 돌아왔다. 너만이 돌아오지 않아서 우리는 걱정했다. 그래서 네 아우와 제베대오의 아들들과 토마와 유다가 산으로 흩어졌고, 내 사촌들과 이사악과 마륵지암은 평야 쪽으로 내려갔다."

"죄송합니다…. 걱정을 끼쳐 드리고 피로하게 해 드려서 죄송합니다…."

"네 동료들이 너를 대단히 사랑한다…. 그리고 바로 유다가 제일 먼저 걱정하고, 마륵지암에게 너를 혼자 가게 내버려두었다고 야단쳤다."

"흠!…."

"시몬아, 왜 그러느냐?"

"아무 것도 아닙니다, 선생님."

"저녁이 되어 가는데, 여기 이 비탈에서 혼자 뭘 했느냐?"

"바라보고 있었습니다…."

"시몬아, 네가 아마 전에 바라보았는지도 모르겠지만, **지금은** 바라보고 있지 않았다…. 어린 아이들이 네 곁으로 지나갔는데, 네가 하도 몸을 구부리고 있는 바람에 네가 죽지 않았나 무서워하다시피 했다. 그 아이들이 우리가 들어있는 양우리로 와서 내게 그 말을 해 주었다. 그래서 내가 왔다…. 무엇을 바라보고 있었으냐, 시몬아?"

"저는 바라보고 있었습니다…. 라못 갈라앗 쪽과 게라사, 보즈라, 아르벨라 쪽을 바라보고 있었습니다. 지난 해에는 그렇게도 아름다웠고 그렇게도… 우리 여행을… 어머님이 우리와 함께 계셨고! 여자 제자들… 엔도르의 요한… 상인… 그 상인까지도 친절해서 여행을 기분좋게 했었습니다…. 얼마나 사정이 달라졌습니까! 얼마나 많은 차이가… 그리고 얼마나 큰 고통이!… 제가 바라보던 것이 이런 것입니다. 과거요."

"오, 내 시몬아, 그리고 미래도." 예수께서 베드로의 곁에 나뭇단에 앉으셔서 팔을 그의 목에 감으시고 말씀하신다. "너는 지평선을 바라보고 있었는데… 슬픔 때문에 그 지평선이 네 눈에 흐려졌다. 현재가 회오리바람처럼 무서운 구름을 일으켰고, 약속과 희망이 가득한 평화로운 기억을 네게 보이지 않게 감추어 놓았다. 시몬아, 너는 지금 우리 인성이 가는 길에서 만나는 그 슬픔과 불쾌감의 시간을 겪고 있는 것이다. 그런 시간은 사람을 미워하는 자에 의해서 생기기 때문에 아무도 그것을 면하지는 못한다. 그리고 사람이 하느님께 봉사하면 봉사할수록 사탄은 그를 겁나게 하고, 그에게 싫증을 나게 해서 그의 성직에서 떼어내려고 애를 쓴다. 너도 권태의 시간을 겪고 있다

… 네 선생에 대한 박해의 끊임없는 망치질 때문에 너는 피곤하게 되는 것이다. 또 마침내 ―그리고 너는 그것이 네가 아니라 유혹자라는 것을 알지 못한다.― 너는 '그러면 내일은? 내일은 어떠하겠느냐?' 하고 네게 속삭이는 목소리를 듣는다…"

"주님, 사실입니다. 주님은 제 마음 속을 알아채십니다. 그렇지만 제가 스스로 이 질문을 하는 것은 저를 걱정해서 그러지는 않는다는 것도 아십니다. 그것은… 아니. 저는 선생님이 고통 당하시는 것을 절대로 보지 못할 것입니다…. 선생님은 죄악이다 배신이다 하는 말씀을 자주 하십니다. 그런데 저는… 오! 저 혼자만 그런 것이 아닙니다! 특히 나이 먹은 사람들 가운데에서 얼마나 많은 사람이 그들의 왕이 모욕당하시는 것을 보기 전에 죽게 해 주십사고 선생님께 청했습니까? 그리고 저는!… 저는 아시다시피, 제게는 선생님이 전부이십니다. 저는 선생님이 아닌 것은 아무 것도 이제는 관심이 없습니다. 그것은 유다가 말하는 것처럼 제 배와 제 아내에 대한 향수가 아닙니다. 보십시오. 제가 진실을 말씀드리는지 아십니다. 저는 마륵지암을 가지려고 몹시 졸랐습니다. 제 인간성은 영속하기를 원하는 제 남자로서의 능력에 모욕을 주면서 제 아내가 낳아 주지 않는 아들 대신에, 적어도 양자는 가지고 싶어했습니다. 그러나 지금이라도, 오늘이라도 저는… 그 애를 사랑하기는 합니다. 그러나 선생님이 그 애를 빼앗아 가신다 해도, 저는 반항하지 않겠습니다. 저는 그저 이렇게 말씀드리겠습니다…. 아, 아닙니다! 저는 아무 말도 하지 않겠습니다."

"내게 무슨 말만 하겠다고? 마저 말해라."

"소용없습니다, 선생님."

"말해 봐라!"

"저는 '저보다 더 낫게 그 애를 의인으로 자라게 할 사람에게 주십시오' 하고 말씀드리겠습니다. 그 이상은 아무 말도 하지 않겠습니다! 즉… 그리고 이 말씀은 그 애를 위해서, 저를 위해서, 제 아우를 위해서, 그리고 요한과 야고보, 또 다른 사람들을 위해서 말씀드리는 것입니다마는, 저희들은…. 저희들은 선생님의 첫번째 제자들입니다…." 그러면서 베드로는 무릎으로 미끄러져 가서 예수의 무릎에 기대고, 손바닥을 위로 하여 두 손을 들고, 애원을 하는데, 눈물은 뺨으로 흘러내려 수염 속으로 사라진다….

"…저는 이 말씀을 저희들을 위해서 드립니다. 저희들을 죽게 하시고, 저희가 어떻게 되기 전에… 데려가 주십시오…. 오! 저는 여러 달 전부터 이 생각을 했고, 항상 하고 있습니다. 그리고 이 생각이 저를 괴롭히고 저를 늙게 하는지, 또 제게 잠을 못자게 방해하는 끊임없는 두려움인지는 선생님이 아십니다. 선생님이 말씀하시는 대로라면, 저나 안드레아나 요한이나 야고보나 마륵지암도 배반자가 될지 모른다고 생각합니다…. 그리고 그렇게 하기에 이르지 못하면, 즉 사흘 전 저녁에 아나니아 노인 집에서 말씀하신 그 사람들 중의 하나, 선생님의 피가 없어지기를 원하기에 이르는 사람들 중의 하나, 겁이 많음으로 인해서 그것을 반대할 줄을 모르고, 악에 대한 공포로 악에 동의하는 사람들 중의 하나가 된다면… 제가… 만일 제가 반발력이 없어서, 겁이 나서 동의하게 되기만 한다더라도… 선생님! 오! 제 선생님, 저 자신을 벌하기 위해 스스로 목숨을 끊거나… 선생님을 죽인 자들을 만나면 그들을 죽이겠습니다. 저는… 만일 그것을 원치 않으시면, 저를 그 전에, 즉시 여기서 죽게 해 주십시오…. 목숨은 아무 것도 아닙니다. 그러나 선생님께 대한 사랑을 어긴다는 것은… 그들 중의 하나가 된다는 것은…. 보고서도…."

그는 너무도 흥분하여 말이 모자랄 지경이다. 그는 몸을 구부려 얼굴을 예수의 무릎에 묻고 운다. 눈물을 별로 흘려 버릇하지 않은, 그리고 너무나 많은 감정으로 짓눌린 거칠고 나이 많은 사람다운 맹렬한 눈물이다.

예수께서는 그 고통을 가라앉히고 어지럽게 생각들을 흩어버리시려듯이 베드로의 머리에 두 손을 얹으시고 말씀하신다. "이 사람아, 그래 너는 그 시간에 네가 완전하지 못한… 일이 있다 하더라도, 공정하신 주님이 네 잘못을 지금의 네 사랑과 내 의지의 무게를 가지고 달지 않으실 것으로 생각하느냐? 그리고 이 값진 사랑과 의지가 네 일시적인 불완전보다 무게가 덜 나가서 하느님의 관용을 얻기에 불충분하고, 관용과 더불어 다시 너 자신이 되고, 지극히 사랑하는 내 시몬이 되기 위한 모든 도움을 받기에 불충분할까봐 염려하느냐?"

"저를 죽게 해 주십시오! 저를 구원해 주십시오! 저는 무섭습니다!"

"시몬아, 너는 내 베드로*이다. 이 세상에서 나를 영속시켜야 하는 교회를 그 위에 세워야 하는 그 바위를 내가 잘게 부술 수가 있느냐?"

"저는 그럴 자격이 없습니다. 저는 그것을 느낍니다. 저는 보잘 것 없고 무식하고 죄인입니다. 모든 나쁜 경향이 제게 있습니다. 저는 자격이 없습니다. 자격이 없습니다! 저는 타락한 사람, 살인자가 되고, 가장 나쁜 것은 모두 될 것입니다…. 저를 죽게 해 주십시오. 선생님이 이해하셔야 할 것은, 만일 선생님을 미워하는 사람을 제가 알아내면…."

"시몬아, 나를 미워하는 사람은 수없이 많다. 용서해야 한다…."

"저 주된 장본인을 말하는 것입니다. 주된 장본인이 하나 있을 것입니다. 그리고…."

"**하나가 많이** 있을 것이고, 모두가 그들의 주요한 역할을 할 것이다…."

"무슨 역할입니까? 그 역할은… 오! 제가 그 낱말을 말하지 않게 해 주십시오! 그러나 저는…."

"그러나 너는 나와 같이 나와 함께 용서해야 한다. 시몬아, 어째서 너는 벌하기 위해서 네가 무엇을 할 수 있을까 하고 생각하면서 그렇게 흥분하느냐? 그 책임은 주님께 맡겨 드리고, 너는 사랑하고 용서하고, 동정하고 용서하여라. 네 예수에 대해서 죄를 지을 그 사람들은 모두가 용서를 받으려면 **많은** 도움을 받을 필요가 있다!"

"그들에게는 용서가 없습니다."

"오! 시몬아, 너는 네 형제들에 대해서 정말 엄하구나! 물론 그들에게도 뉘우치면 용서가 있다. 내게 죄를 짓는 사람 모두가 용서를 받을 수 없다면 불행한 일일 것이다! 자, 시몬아, 일어나거라. 이제는 나까지 양우리에 없는 것을 보고는 틀림없이 네 동료들의 걱정이 더

---

* **역주** : '베드로'는 '바위'라는 뜻.

해졌을 것이다. 그러나 얼마 동안 더 그들을 괴롭게 할 것을 각오하고, 그들을 만나러 가기 전에 기도하자. 함께 기도하자. **평화와 영적인 힘과 사랑과**… 우리 자신에 대해서까지도 동정을 되찾는 데에는 달리 할 것이 아무 것도 없다. 기도는 사탄의 환상을 쫓아버리고, 우리가 하느님 곁에 있다는 것을 느끼게 한다. 그리고 하느님을 자기 곁에 모시고 있으면, 모든 것을 무릅쓰고, 정의와 공로로 견디어낼 수 있다. 마치 네보산 위에서 약속된 땅의 조망이 모세에게 나타난 것과 같이, 우리 조국의 이렇게 큰 부분이 펼쳐지는 여기 이 산 위에서 너와 내가 함께 이렇게 기도하자.

우리는 모세보다 운이 더 좋아서 그리스도에게 속할 이 땅에 말씀과 구원을 가져다 준다. 우선 내가, 그 다음에는 네가. 보아라! 이 날의 마지막 어렴풋한 빛 속에 아직 유다의 산들이 보인다. 그러나 그 너머에는 평야와 바다가 있고, 또 다른 땅들과 세상이 있다…. 베드로야, 저 다른 땅들과 세상이 너를 기다린다. 그들은 참 하느님이 계시다는 것을, 이방인 사상과 우상숭배의 암흑 속에서 더듬거리며 가는 영혼들에게 참된 빛을 주실 하느님이 계시다는 것을 알기 위하여 너를 기다린다. 보아라, 땅 위에 빛이 흐려지고 있다. 빛이 없는 밤에 어떻게 여행자들이 방향을 잃지 않을 수 있겠느냐? 그러나 저기 북극성이 있다. 북극성은 여행자들을 인도하기 위하여 벌써 뜨고 있다. 내 종교는 영적인 여행자들을 하늘길에서 인도할 별일 것이다. 그리고 너는 나와 내 교리와 하나가 될 정도로 그 별과 결합할 것이다. 내 베드로야, 축복받은 내 바위야 사람들이 내 이름의 덕택으로 구원을 받을 그 시간을 위해 기도하자. '하늘에 계신 우리 아버지'….''

예수께서는 베드로의 손을 잡고 천천히 '주의 기도'를 외신다. 당신 오른손에 사도의 왼손을 잡으시고 이렇게 팔과 손을 드시면서 예수께서는 베드로를 아버지께 소개드리시는 것 같다.

"그러면 이제는 무익한 슬픔과 내일의 쓸데 없는 걱정을 여기에 버려두고 내려가자. 일용할 양식과 더불어, 아버지께서는 내일, 날마다 내일, 우리에게 도움을 주실 것이다. 시몬아, 만족하냐?"

"그렇습니다. 선생님, 그렇게 생각합니다" 하고 베드로가 단호하게 대답한다.

그의 얼굴은 이제 불안한 기색이 없고 몇 달 전부터 실제로 그런 것과 같이 엄하다. 이 엄한 얼굴로 인하여 처음 두 해 동안 그랬던 것과 같은 촌스럽고 익살스러운 어부와 아주 다르게 보이게 된다.

예수는 앞에서, 베드로는 그의 나뭇단을 메고 뒤에서 내려온다. 그리고 거의 마을의 첫째 집에 이르렀을 때 불안해 하는 사도들을 만난다.

"아니, 자네 어디 갔었나?" 하고 그들이 베드로에게 외친다.

"오래 전에 여기 왔을 건데, 내가 게라사 쪽을 바라보면서 베드로와 말을 하느라고 지체했다…" 하고 예수께서 베드로 대신 대답하신다.

그들은 오른쪽으로 돌아 반쯤 쓰러진 양우리 쪽으로 간다. 반은 무너지고 나머지는 곰팡슬고 건들거리는 말뚝 울타리 안쪽에, 투박한 벽에 지붕이 제대로 되어 있지 않고, 세 쪽은 벽으로 마지막 한 쪽은 널빤지로 시원치 않게 둘러쳐진 헛간이 하나 있다. 그 안에는 땅바닥에 그저 짚이 조금 있고, 한 구석에는 조잡한 화덕이 있다.

내 생각에는 그들이 마을에 받아들여지지 않아서 이곳을 찾아들 것 같다….

194. 예수께서 타대오와 제베대오의 야고보에게 말씀하신다

"아니, 정말 이 길로 가려고 하십니까? 여러 가지 이유로 그것은 조심성 없는 일인 것 같습니다" 하고 가리옷 사람이 반대한다.

"무슨 이유들이냐? 혹 이들 마을 사람들이 구원과 지혜를 찾으려고 가파르나움까지 나를 보러 오지 않았었느냐? 그 사람들도 하느님의 피조물이 아니냐?"

"그렇긴 합니다…. 그러나 선생님께서는 마케론테에 너무 가까이까지 가는 것이 조심성 있는 일이 아닙니다…. 그곳은 헤로데의 적들에게는 불길한 곳입니다."

"마케론테는 멀리 있고, 나는 거기까지 갈 시간이 없다. 나는 페트라까지, 그리고 그 너머까지 갔으면 한다…. 그러나 그 길은 반밖에 가지 못할 것이고, 그것도 다 못할 거다. 어떻든 가자…."

"요셉이 선생님께 충고하기는…."

"감시된 길로만 다니라고 말이지. 이 길은 마침 로마인들의 강력한 수비대들이 있는 요르단강 건너에 있는 길이다. 유다야, 나는 비겁한 사람도 아니고, 무모한 사람도 아니다."

"저같으면 그걸 믿지 않겠습니다. 저같으면 예루살렘에서 멀리 떨어지지 않겠습니다. 저같으면…."

"그렇지만 선생님 하시는 대로 가만 놔 두게. 선생님은 선생님이시고, 우리는 제자들이야. 도대체 제자가 스승에게 충고를 해야 한다는 걸 언제 보았나?" 하고 제베대오의 야고보가 말한다.

"언제냐구? 자네 형님이 선생님께 아코르에 가시지 말라고 말하고, 선생님은 그의 말을 들으신 것이 여러 해가 되지 않았어. 이제는 선생님이 내 말을 들으셔야 해."

"자넨 샘바리구 독선적이야. 내 형님이 말을 했고, 그 말이 받아들여진 건 형님의 의견이 옳았고 받아들여져야 했다는 표야. 그 의견을 받아들이는 것이 옳다는 걸 이해하려면 그날 요한을 보기만 하면 넉넉했어."

"오! 그의 온 지혜를 가지고도 요셉은 절대로 선생님을 보호하지 못했고, 절대로 구할 수도 없을 거야. 반대로 예루살렘에 오면서 내가 한 건 더 근래의 일이란 말이야."

"그건 자네 의무였어. 형님도 필요한 경우에는 그렇게 했을 거야. 다른 방법을 써서. 형님은 좋은 일을 위해서도 거짓말을 할 줄 모르니까 말이야. 그리고 난 그게 기쁘단 말이야…."

"자넨 날 모욕하는구먼. 날 거짓말쟁이 취급을 한단 말이야…."

"여봐! 자넨 그럼 얼굴빛 하나 바꾸지 않고 교묘하게 거짓말을 했는데 자네가 진실됐다고 말하라는 건가?"

"내가 그렇게 한건…."

"그래. 나도 알아. 나도 그건 알아! 선생님을 구하기 위해서였지. 그렇지만 그건 내겐 어울리지 않고 우리 중의 아무에게도 어울리지 않아. 우린 그 늙은이의 순박한 대답이 더 좋단 말이야. 우린 잠자코 있어서 바보취급 당하는 것을 더 낫게 생각하고, 거짓말 하는 것보다는 난폭하게 다루어지는 것까지도 낫게 생각해. 좋은 일을 위해서 시작했다가 끝내는 좋지 않은 일을 하고 만단 말이야."

"누가 나빠? 난 아니야. 누가 바보야? 난 아니야."

"그만들 해 두어라! 너희들은 옳은 생각을 가지고 있으면서 결국은 옳지 못하게 행동하고 있다. 너희들이 서로 비난하는 잘못과는 다른 잘못을 저지르고 있다. 그것은 사랑을 어기는 잘못이니까. 진실함에 대해서 내가 어떻게 생각하는지 너희는 **모두** 알고 있고, 사랑을 위해서 내가 요구하는 것이 무엇인지도 알고 있다. 자, 너희 말다툼은 내 원수들의 욕설보다도 더 괴롭게 느껴진다."

분명히 불쾌해지신 예수께서는 혼자서 빨리 도로로 걸어 가기 시작하신다. 고고학자가 아니더라도 그 도로가 로마인들에 의하여 건설되었다는 것을 알 수 있다. 그 도로는 꽤 주목할 만한 두 산맥 사이로 거의 직선으로 까마득히 남쪽으로 간다. 도로는 단조롭고, 그것을 둘러싸서 지평선을 찾아내지 못하게 하는 나무 우거진 언덕들로 인하여 어둡지만, 잘 정돈되어 있다. 이따끔씩, 분명히 요르단강이나 사해로 흘러 내려가는 급류나 개울에 놓인 로마인들이 만든 다리가 있다. 강들과 바다가 있을 것이 틀림없는 서쪽이 산들에 가려 볼 수가 없기 때문에 강으로 흐르는지 바다로 흐르는지 정확히 알지는 못하겠다. 도로에는 어떤 대상이 지나간다. 아마 홍해에서 많은 낙타와 분명히 히브리족과는 다른 종족의 낙타몰이와 장사꾼과 더불어 올라오는 대상이겠지만, 어디로 가는지는 모르겠다.

예수께서는 여전히 혼자서 앞서 가신다. 뒤에서는 사도들이 두 집단으로 나뉘어 서로 이야기 하고 있다. 갈릴래아 사람들은 앞에, 뒤에는 유다인들이 오는데, 그들 뒤에도 안드레아와 요한이 있고, 그들과 합류한 두 제자가 있다. 첫째 집단은 선생님의 엄한 질책으로 인하여 의기소침한 야고보를 위로하려고 애쓰고, 다른 집단은 늘 그렇게 고집을 부리고 공격적인 사람이 되지 말라고 유다를 설득하려고 해본다. 두 집단은 꾸중을 들은 두 사람에게 선생님을 찾아가서 선생님과 화해하라고 권고하자는 데 의견이 일치한다.

"나? 나는 곧 가겠네. 나는 내 생각이 옳다는 걸 알고 있네. 나는 내 행동을 안단 말이야. 내가 악의에 찬 암시를 하지는 않았어. 그러니까 나는 가네" 하고 가리옷 사람이 말한다. 그는 예수를 따라 가려고 걸음을 빨리 한다. 그는 대담하다. 아니 뻔뻔스러운 것 같다. 그는 예수를 따라 가려고 걸음을 빨리 한다. 나는 그가 이 며칠 동안 벌써 배반할 마음을 가지고 있지 않았는지, 그리스도의 적들과 함께 벌써 음모를 꾸미고 있지 않았는지 또 한번 의아하게 생각한다….

따지고 보면 죄가 덜한 야고보는 반대로 선생님께 괴로움을 끼쳐드린 것 때문에 너무나 기가 죽어 앞으로 갈 용기를 가지지 못할 지경이다. 그는 이제는 유다와 말씀을 하고 계신 그의 선생님을 바라본다…. 그는 예수를 바라본다. 그런데 그의 얼굴에는 용서한다는 말을 들었으면 하는 욕망이 역력히 나타난다. 그러나 진실하고 꾸준하고 강한 바로 그의 사랑이 그의 죄를 용서받을 수 없는 것으로 보이게 한다.

이제는 두 집단이 함께 모였다. 그리고 열성당원 시몬과 안드레아와 야고보까지도 말한다. "자! 이 사람아! 자네는 선생님을 알지 못하기라도 하는 것 같구먼! 선생님은 벌써 자네를 용서하셨네!"

그리고 나이 먹고 분별있는 바르톨로메오는 매우 예민한 판단으로 야고보의 어깨에 손을 얹고 말한다. "나는 이렇게 장담하네. 선생님은 다른 격론을 불러일으키지 않으시려고 공평하게 자네 두 사람을 나무라셨지만, 선생님의 마음은 유다에게만 말을 한 거라고."

"맞아, 바르톨로메오! 우리 사촌은 저 사람을 참아견디고 저 사람의 뉘우침을 고집스럽게 원하느라고 지치고, 저 사람을 우리 중의 한 사람처럼… 보이게 하느라고 애를 쓰셔. 사촌은 선생님이시고 나는 … 나야…. 그렇지만 내가 선생님이라면, 오! 가리옷 사람은 우리와 같이 있지 못할 거야!" 하고 타대오가 그리스도의 눈을 연상시키는 매우 아름다운 눈을 빛내면서 말한다.

"자넨 그렇게 생각하나? 자넨 의심을 하는 건가? 뭘?" 하고 여럿이 말한다.

"아무 것도. 정확한 것은 아무 것도 없어. 그러나 저 사람은 내 마음에 들지 않아."

"저 사람이 형의 마음에 든 적은 한번도 없었어. 그건 처음 만났을 때 생긴 것이니까 이치에 맞지 않는 반감이야. 처음부터 그랬다는 건 형이 실토했어. 그건 사랑에 어긋나는 거야. 형은 예수를 기쁘게 하기 위해서 만이라도 그 반감을 이겨야 할 거야" 하고 알패오의 야고보가 침착하고 설득력 있게 말한다.

"네 말이 옳다. 하지만… 나는 그렇게 되지 않는다. 야고보, 이리 오게. 우리 같이 우리 사촌을 만나러 가세." 그러면서 알패오의 유다는 과단성 있게 제베대오의 야고보의 팔을 잡고 끌고 간다.

유다가 그들이 오는 소리를 듣고 몸을 돌리더니 예수께 무슨 말인지 한다. 예수께서는 걸음을 멈추시고 그들을 기다리신다. 유다는 비꼬는 눈으로 모욕을 당한 사노를 살펴본다.

"미안하네만 좀 비켜 주게. 나는 사촌에게 말할 필요가 있네" 하고 타대오가 말한다. 말은 예의바르지만, 말투는 매우 딱딱하다.

가리옷 사람은 조금 웃고 나서 어깨를 들썩 하면서 가던 길을 도로 와서 동료들과 합친다.

"예수님, 저희들은 죄인입니다…" 하고 유다 타대오가 말한다.

"내가 죄인이지 자넨 아니야" 하고 야고보가 고개를 푹 숙이고 말한다.

"야고보, 자네가 한 것을 나는 생각했고, 찬성했고, 그 생각을 마음속에 품고 있으니까 우리는 죄인들일세. 그러니까 나도 죄 중에 있네. 내 마음에서 유다에 대한 비판이 나와서 내 사랑을 오염시키니까 그렇네…. 예수님, 그들의 죄를 인정하는 제자들에게 아무 말씀도 하지 않으십니까?"

"너희들이 벌써 알고 있지 않은 무슨 말을 해야 하겠느냐? 내 말 때문에 너희가 혹 너희 동료에 대해 달라지기라도 하겠느냐?"

"아닙니다. 저 사람도 선생님이 그에게 말씀하시는 것 때문에 변하지 않구요" 하고 사촌은 자기와 다른 사람들을 위하여 솔직하게 예수께 대답한다.

"타대오, 가만 놔 두게. 가만 놔 두어! 잘못을 저지른 건 나고, 문제가 되는 것도 나야. 그래서 나는 내 일을 돌봐야지. 다른 사람들 상관을 해선 안 돼. 선생님, 저를 언짢게 생각하지 마십시오…."

"야고보야, 나는 네게서, 모두에게서 한 가지 일을 바란다. 나는 내가 만나는 그 많은 몰이해로 인해서… 그 많은 완고한 저항으로 인해서 매우 많은 고통을 느낀다. 너희들도 알지… 내게 기쁨을 주는 한 군데에 대해서 내게 기쁨을 주기를 거부하고, 나를 악당처럼 내쫓는 곳은 세 군데가 있다. 그러나 다른 사람들이 주지 않는 이 이해와 이 찬성을 적어도 너희들에게서는 받고 싶다. 세상이 나를 사랑하지 않는 것, 나를 에워싸고 있는 저 증오, 저 반감, 저 의심, 가지가지 비열한 행위와 이기주의, 사람에 대한 내 사랑으로만 참을 수 있게 되는 모든 것으로 인해서 숨막히는 느낌을 가지게 되는 것, 이것은 괴로운 일이다. 그러나 나는 그것을 참고 견디어 나간다. 나는 구원을 미워하는 사람들에게서 이 때문에 고통을 당하기 위하여 왔다. 그러나 너희들은! 아니다, 이것은 참아견딜 수가 없다! 너희가 서로 사랑할 능력이 없고, 따라서 나를 이해할 능력이 없다는 이것 말이다. 내가 하는 대로 하려고 애씀으로써 내 정신에 찬동하지 않는 이것 말이다.

너희 모두 내가 유다의 잘못을 보지 못하고, 그에 대해서 모르는 것이 있다고 믿느냐, 또는 믿을 수 있느냐? 오! 그렇지 않다는 것을 확실히 믿어라. 그러나 만일 내가 정신이 완전한 사람들을 원했더라면, 천사들에게 육체를 가지게 해서 그들에게 둘러 싸였을 것이다. 나는 그렇게 할 수 있었을 것이다. 그것이 정말로 좋은 일이었겠느냐? 아니다. 나로서는 그것이 이기주의요 멸시였을 것이다. 나는 너희들의 불완전에서 오는 고통을 피했을 것이고, 아버지께서 창조하시고, 그들을 구원하시려고 나를 보내실 정도로 사랑하신 사람들을 내가 업신여긴 것이 되었을 것이다. 또 사람 편으로 보아도 그것은 미래에 대하여 해로웠을 것이다.

내 사명을 끝내고 나서 내가 내 천사들을 데리고 하늘로 다시 올라간 다음에는 내 사명을 계속할 수 있는 것이 무엇이 남아 있었겠고, 누가 남아 있었겠느냐? 만일 정신으로 조절된 새로운 생활의 본보기를 주는 것이 하느님과 천사들밖에 없었다면, 어떤 사람이 내가 말한 것을 하려고 힘쓸 수 있었겠느냐? 사람에게 그가 원하기만 하면 순결할 수 있는 모든 관점에서 거룩하게 될 수 있다는 것을 확신시키기 위하여는 내가 육체를 취하는 것이 필요하였다. 또 사람들을 고를 때에 그들이 부자냐 가난하냐, 유식하냐 무식하냐, 도시사람이냐 시골사람이냐 하는 것을 상관하지 않고, 그들의 정신으로 내 정신의 부름에 응할 사람들을 이렇게 택하는 것이 필요하였다. 그들을 내가 발견한 그대로 택해서 내 의지와 그들의 의지가 그들을 천천히 다른 사람들의 선생으로 바꾸어 놓는 것이 필요하였다.

사람은 사람을, 그가 보는 사람을 믿을 수 있다. 아주 깊숙이 떨어진 사람으로서는 그가 보지 못하는 하느님을 믿기가 어렵다. 시나이 산 위에 벼락이 아직 끝나지 않았는데, 산 밑에서는 벌써 우상 숭배가 생겨나고 있었다…. 사람들이 그 얼굴을 쳐다보지도 못하던 모세가 아직 죽지노 않았는데, 사람들은 벌써 율법을 어기고 죄를 지었다. 그러나 너희가 선생으로 바뀌어서 사람들 가운데에 본보기처럼, 증언처럼, 누룩처럼 되었을 때, 사람들은 '저들은 사람들 가운데 내려온 신들이니, 우리는 그들을 본받을 수 없다'고 말하지 못하고, '저들도 우리와 같은 사람들이다. 분명히 그들도 우리와 같은 본능과 같은 경향과 같은 반응을 가지고 있다. 그런데도 그들은 그들의 경향과 본능에 저항할 줄을 알고, 우리들의 짐승 같은 반응과는 아주 다른 반응을 보일 줄 안다'고 말해야 할 것이다.

그리고 사람이 하느님의 길로 들어가기를 원하기만 하면, 하느님처럼 될 수 있다고 확신할 것이다. 이방인들과 우상 숭배자들을 살펴보아라. 그들의 올림포스산의 모든 신들과 그들의 모든 우상이 그들을 더 나은 사람이 되게 하느냐? 그렇지 않다. 믿지 않는 사람들은 그것을 지어낸 이야기라고 말하고, 또 믿는 사람들이면 '저들은 신이고, 나는 사람이다' 하고 생각하면서 신들을 본받으려고 힘쓰지 않기 때문이다. 그러므로 너희들은 제2의 나 자신이 되도록 힘써라. 그리고 서두르지 말아라. 사람은 이성적 동물의 상태에서 영적인 존재의 상태로 천천히 변화하는 것이다. 서로 관용을 가져라. 하느님 말고는 아무도 완전하지 못하다.

그러면 이제는 모든 것이 다 지나갔지? 요나의 시몬을 본받아 굳은 의지로 변화하여라. 요나의 시몬은 1년도 못 되는 사이에 급속도로 발전하였다. 그렇지만… 너희들 중에 누가 매우 물질적인 인간성의 모든 결점을 가진 시몬보다 더 인간적이었느냐?"

"맞습니다, 예수. 저는 그 사람을 끊임없이 검토합니다만, 그 사람은 제 감탄의 대상이 됩니다" 하고 타대오가 동의한다.

"그렇습니다. 저는 어릴 때부터 그와 같이 있습니다. 저는 그 사람을 친형제같이 압니다. 그러나 제 앞에는 새로운 시몬이 있습니다. 솔직히 말씀드립니다만, 선생님이 그 사람을 저희의 우두머리라고 말씀하셨을 때 저는 어리둥절했습니다. 그리고 저만이 그런 것도 아닙니다. 그 사람은 모든 사람 중에서 제일 적합하지 않은 사람으로 생각되었습니다. 다른 시몬과 나타나엘과 비교한 시몬! 제 동생과 선생님의 사촌들과 비교한 시몬! 특히 이 다섯 사람과 비교해서 말입니다! 제게는 그것이 잘못으로 생각되었습니다…. 그런데 지금은 선생님의 생각이 옳았다고 말하겠습니다."

"그런데 너희들은 시몬의 겉밖에 보지 못한다! 그러나 나는 그의 속을 본다. 완전하게 되려면 그는 아직 할 일이 많고, 많은 고통을 당해야 한다. 그러나 나는 모두가 그의 착한 뜻, 그의 소박, 그의 겸손과 그의 사랑을 가졌으면 한다…."

예수께서는 앞쪽을 바라보신다. 무엇인지 보시는 것 같다. 그리고 당신 생각중 하나에 잠기시고, 보시는 것에 미소를 보내신다. 그리고 야고보에게로 눈을 내리뜨고 그에게 미소를 보내신다.

"그러면… 저는 용서를 받은 것입니까?!"

"나는 너를 용서하는 것처럼 모두를 용서했으면 한다…. 자, 저 도시가 헤스본일 것이다. 그 사람은 홍예가 셋 있는 다리를 지나면 도시가 있다고 말했다. 다른 사람들을 기다려서 함께 시내로 들어가자."

195. 예수와 페트라 사람(헤스본 근처에서)

 헤스본시는 보이지 않는다. 예수와 제자들은 벌써 그곳에서 나오는데, 사도들의 얼굴로 보아 실망이었다는 것을 알 수 있다. 몇 미터 거리를 두고 고래고래 소리를 지르고 위협하는 군중이 그들 뒤를 따라온다. 아니 그 보다도 뒤쫓고 있다….
 "사해를 둘러싸고 있는 이곳들은 바다 자체와 같이 저주 받은 곳이야" 하고 베드로가 말한다.
 "이곳! 여전히 모세 시대의 그곳입니다. 그러니 선생님이 그 시대에 벌받은 것처럼 벌하지 않으시는 것은 너무나 착하셔서 그런 것입니다. 그러나 벌을 받아 마땅할 것입니다. 그래서 하늘의 힘이나 땅의 힘으로 마지막 사람과 마지막 마을까지 모두 끝장을 내야 할 것입니다" 하고 나타나엘이 화가 나서 그 그윽한 눈에 경멸의 빛을 띠고 말한다. 멸시가 폭발하는 가운데 마르고 나이 많은 이 사도에게서는 히브리 민족의 기질이 강하게 드러난다. 그리고 그로 인하여 항상 예수와 대립하는 수많은 라삐와 바리사이파 사람들과 많이 비슷하게 된다.
 예수께서는 돌아서시며 손을 들고 말씀하신다. "조용해라! 조용해! 저들도 진리에 끌릴 것이다. 그러나 화합이 필요하다. 동정이 필요하다. 우리는 이곳에 한번도 오지 않았다. 그래서 이들은 우리를 알지 못한다. 다른 곳들도 처음에는 이러했지만 나중에는 변했다."
 "이곳들은 마사다와 같습니다. 변절자들입니다! 요르단강으로 돌아가십시다" 하고 베드로가 고집을 부리며 말한다. 그러나 예수께서는 방금 다시 들어선 군사도로로 해서 남쪽을 향하여 가신다. 예수께 대하여 가장 흥분한 사람들은 계속 쫓아와서 여행자들의 주의를 끈다. 어떤 사람이 ─그 사람은 부유한 상인이거나 적어도 어떤 상인에게 봉사하는 사람일 것이다.─ 북쪽으로 가는 긴 대상행렬을 인도

한다. 그는 깜짝 놀라서 그의 낙타를 멈추고 이들을 살펴본다. 그리고 다른 사람들도 그와 동시에 걸음을 멈춘다. 그는 무기도 안 가지고 지극히 친절한 모습을 한 예수를 바라보고 사도들을 바라본다. 그리고 소리를 지르며 위협하면서 오고 있는 사람들을 바라보고, 호기심이 생겨서 그들을 부른다. 그 사람의 말은 들리지 않는다. 그러나 그에게 대답하는 고함소리는 들린다. "저 사람은 저주받은 나자렛 사람, 미치광이, 마귀들린 사람이오. 우리는 우리 성 안에 저 사람을 받아들이고 싶지 않소!"

그 사람은 더 묻지 않는다. 그는 그의 낙타를 돌리고, 그를 가까이 따라가던 어떤 사람에게 무엇이라고 큰 소리로 외치더니 낙타를 막대로 찌른다. 낙타는 몇 발걸음에 사도들을 따라 잡았다.

"당신들의 하느님의 이름으로, 당신들 중의 누가 나자렛 사람 예수입니까?" 하고 맨 끝에 작은 집단을 이루고 있는 마태오, 필립보, 열성당원 시몬, 그리고 이사악에게 묻는다.

"왜 그분을 찾소? 당신도 그분을 귀찮게 하려고 그러는 거요? 그분의 동포들만으로 충분하지 않소? 당신도 한 몫 낀단 말이요?" 하고 필립보가 몹시 화가 나서 말한다.

"나는 저들보다는 낫습니다. 그리고 한 가지 은혜를 청합니다. 나를 물리치지 마시오. 당신들의 하느님의 이름으로 청합니다"

그 사람의 목소리에는 네 사람을 설득하는 것이 들어 있다. 그래서 시몬이 말한다. "모든 사람들 중에 맨 앞에 제일 젊은 사람 둘 가운데 가시는 분이오."

그 사람은 다시 짐승을 자극한다. 예수께서는 알지 못하시는 짧은 대화가 진행되는 동안 그렇지 않아도 앞서 가시던 예수께서 더 앞서 가시기 때문이다.

"주님!… 불행한 사람의 말씀을 들어 주십시오…" 하고 예수 계신 데까지 가서 그 사람이 말한다.

예수와 요한과 마륵지암이 놀라서 돌아선다.

"무슨 일이오?"

"주님, 저는 페트라 사람입니다. 저는 다른 사람을 위해서 홍해에서 오는 상품들을 다마스커스까지 운반합니다. 저는 가난하지는 않지만, 가난한 거나 마찬가지입니다. 주님, 저는 자식이 둘 있는데, 눈병이 생겨서 소경들이 되었습니다. 한 아이는 눈이 완전히 멀었는데 그 놈이 맏이이고, 또 한 아이는 눈이 거의 멀었는데, 오래지 않아 완전히 소경이 될 것입니다. 의사들은 기적을 행하지 못합니다. 그러나 선생님은 기적을 행하십니다."

"그것을 어떻게 아시오?"

"저는 선생님을 아는 부유한 상인을 한 사람 압니다. 그이가 가끔 제 고장에 머무르고, 어떤 때 제가 그이 시중을 듭니다. 그이가 제 아이들을 보고 제게 말했습니다. '나자렛의 예수만이 저 애들을 고칠 수 있소. 그분을 찾으시오' 하고. 저는 선생님을 찾았을 것입니다. 그러나 시간이 별로 없고, 또 가장 적합한 길로 다녀야 합니다."

"알렉산데르를 언제 보았소?"

"선생님네의 봄의 두 명절 사이에 보았습니다. 그 때부터 여행을 또 두 번을 했습니다만 선생님을 한번도 만나지 못했습니다. 주님, 불쌍히 여겨 주십시오!"

"여보시오, 나는 페트라에 내려갈 수가 없소. 그리고 당신은 대상을 떠날 수가 없고…."

"아닙니다. 떠날 수 있습니다. 아리사는 믿을 만한 사람입니다. 그 사람을 먼저 보내겠습니다. 그 사람은 천천히 갈 것입니다. 저는 페트라로 날아갑니다. 저는 사막의 바람보다 더 빠르고 영양보다 더 날쌘 낙타를 가지고 있습니다. 저는 아이들과 다른 충실한 하인 한 사람을 데리고 옵니다. 저는 선생님 계신 곳으로 오고, 선생님은 아이들을 고쳐 주십니다…. 오! 지금은 두꺼운 구름에 가려진 그 애들의 눈의 검은 별들을 위한 빛! 그리고 저는 계속 가고, 그 애들은 그들의 어미에게로 돌아갑니다. 주님, 주님이 길을 계속 가시는 걸 봅니다만, 어디로 가십니까?"

"데본으로 가는 길이었소…."

"그리 가지 마십시오. 거기에는 마케론테 사람들이… 우굴우굴합니다. 주님, 저주받은 곳입니다. 주님, 불행한 사람들에게서 벗어나서 저주받은 사람들의 손에 몸을 맡기지 마십시오."

"내가 말하던 것이 그것이었어" 하고 바르톨로메오가 수염 속에서 투덜댄다. 그리고 여럿이 그의 말이 옳다고 인정한다.
　이제는 그들이 모두 예수와 페트라 사람 둘레에 있다. 반대로 헤스본 사람들은 대상이 박해받는 사람에게 친절한 것 같은 것을 보고 돌아간다. 대상은 멈추어서 결과와 결정을 기다린다.
　"여보시오, 만일 내가 남쪽 도시들로 가지 않으면 북쪽으로 돌아가오. 그리고 당신 말을 꼭 들어준다는 법도 없소."
　"제가 이스라엘의 여러분에게는 천한 사람이라는 것을 저도 압니다. 저는 할례를 받지 않았으니까 제 청이 들어져야 할 만한 자격이 없습니다. 그러나 선생님은 세상의 왕이신데, 세상에는 저희들도 있습니다…."
　"그게 아니오. 내 말은… 의사들이 할 수 없을 것을 내가 하리라는 것을 당신은 어떻게 믿을 수 있소?"
　"선생님은 하느님의 메시아이시고, 그들은 사람이기 때문입니다. 선생님은 하느님의 아들이십니다. 미사스가 그렇게 말했고, 저도 그렇게 믿습니다. 선생님은 저같은 보잘 것 없는 사람을 위해서도 무엇이든지 하실 수 있습니다." 대답은 확신에 차 있고, 그 사람은 낙타를 무릎을 꿇게도 하지 않은 채 땅으로 미끄러져 내려와 먼저 속에 넓죽 엎드리는 것으로 대답을 보충한다.
　"당신의 믿음은 많은 사람의 믿음보다 더 크오. 좋소! 당신은 네보산이 어디 있는지 아시오?"
　"압니다, 주님. 저 산이 네보산입니다. 저희들도 모세는 압니다. 그분은 위대한 분입니다. 너무 위대하기 때문에 저희들도 그분을 모를 수가 없습니다. 그러나 주님은 더 위대하십니다. 모세와 주님 사이는 마치 바위와 산 사이와 같습니다."
　"페트라로 가시오. 나는 네보산에서 당신을 기다리겠소…."
　"산 아래에 산을 구경하러 오는 사람들을 위한 마을이 하나 있습니다. 여인숙들이 있습니다…. 늦어도 열흘 후에는 그리 가겠습니다. 저는 짐승을 지치도록 달리게 하겠습니다. 그리고 주님을 보내신 분께서 저를 보호하시면 저는 폭풍우도 만나지 않을 것입니다."
　"가시오! 그리고 할 수 있는 대로 일찍 돌아오시오. 나는 다른 데로 가야 하오…."

"주님! 저는… 할례를 받지 않았습니다. 제 축복이 주님께는 치욕이 됩니다. 그러나 아이 아버지의 축복은 절대로 치욕이 아닙니다. 주님께 축복합니다. 그리고 떠납니다."

그는 은으로 만든 호각을 꺼내더니 세번 분다. 대상의 선두에 있던 사람이 낙타를 빨리 달리게 하여 온다. 그들은 서로 말을 하더니, 서로 인사를 한다. 그러더니 그 사람은 대상으로 돌아가고, 대상은 움직이기 시작한다. 페트라 사람은 다시 낙타에 올라타더니 구보로 남쪽을 향하여 달려가고, 예수와 제자들은 다시 길을 떠난다.

"정말 네보산으로 갑니까?"

"그렇다. 도시들을 떠나 아바림산맥의 비탈로 가자. 거기에는 목자들이 많을 것이다. 우리는 그들을 통해서 네보산에 가는 길을 알게 될 것이고, 그들은 우리를 통해서 하느님의 산에 가는 길을 알게 될 것이다. 그런 다음 우리가 아르벨라산맥과 가릿산 근처에서 한 것처럼 며칠 동안 머무르기로 하자."

"오! 참말 좋을 것입니다! 그리고 저희들은 더 착해질 것입니다. 저희들은 그런 곳에서는 언제나 더 강하고 더 착하게 되어서 내려왔습니다" 하고 요한이 말한다.

"그리고 네보산이 생각나게 하는 것을 말씀해 주세요. 우리가 어린 아이였을 적에 어느날 선생님이 죽기 전에 이스라엘에게 축복하던 모세 노릇을 하시던 것이 생각납니까?" 하고 알패오의 유다가 말한다.

"그랬어요. 그리고 선생님의 어머니는 선생님이 죽은 사람처럼 누워 있는 것을 보시고 소리를 지르셨어요. 이제는 우리가 정말 네보산엘 가는군요" 하고 알패오의 야고보가 말한다.

"그리고 선생님의 이스라엘에 강복하십시오. 선생님은 하느님의 백성의 참 지도자이십니다!" 하고 나타나엘이 외친다.

"그러나 선생님은 거기서 돌아가지는 않으시지요. 선생님은 절대로 돌아가지 않으시지요. 선생님?" 하고 가리옷의 유다가 이상하게 웃으며 묻는다.

"나는 예언된 것과 같이 죽었다가 다시 살아날 것이다. 많은 사람이 그 날 죽지 않으면서도 죽을 것이다. 그리고 의인들은 여러 해 전에 죽은 사람들까지도 다시 살아날 것이지만, 육체로는 살아 있지만, 그날 결정적으로 죽은 영을 가진 사람들은 다시 살아나지 못할 것이다. 그런 사람들 축에 끼지 않도록 조심하여라."

"그리고 선생님은 선생님이 다시 살아날 것이라고 되풀이 해 말씀하시는 것을 사람들이 듣지 않도록 조심하십시오. 그들은 그것이 하느님을 모독하는 것이라고 말합니다" 하고 가리옷의 유다가 대꾸한다.

"그것이 사실이니까 나는 그 말을 하는 것이다."

"그 사람은 정말 기막힌 믿음을 가졌어! 또 저 미사스도!" 하고 열성당원이 화제를 돌려보려고 말한다.

"그렇지만 미사스란 누구야?" 하고 지난 해에 요르단강 건너편 여행 때에 그곳에 있지 않았던 사람들이 묻는다. 그리고 그들은 그 일에 대하여 말하면서 멀어져 가는데, 예수께서는 마록지암과 요한과 같이 전에 중단되었던 이야기를 다시 시작하신다.

196. 네보산에서 내려오면서

그들이 매우 황량한 비탈로 해서 계곡으로 내려오려고 준비를 하고 있는데 베드로가 "나는 이 산과 주님 안에서 쉰 이 휴식을 항상 그리워할 거야" 하고 말한다.

그들은 매우 높은 산맥 가운데 있다. 동쪽에는 계곡 너머로 다른 산들이 있고, 남쪽에도 산들이 있고, 북쪽에는 훨씬 더 높은 산들이 있다. 서북쪽에는 사해로 흘러 들어가는 요르단강의 푸른 계곡이 있고, 서쪽에는 우선 어두운 빛깔의 바다가 있고, 그 너머로는 메마르고 돌이 많은 황야가 있는데, 다만 눈부신 엔갓디의 오아시스가 그 가운데 끼여 있다. 그리고 유다의 산들이 보인다. 어느 쪽으로 눈을 돌리든지 위압하는 넓은 파노라마이다.

그리고 거기에 살고 있다고 가정하거나 살고 있다는 것을 아는 식물성 생명의 이런 광경을 보고 있노라면, 배도 없고, 생명도 없고, 햇빛 아래서도 항상 어둡고, 동쪽에서 거의 호수 중간에까지 쑥 내민 낮고 넓은 반도에서까지도 음산한 아스팔트 같은 호수의 어두운 풍경은 잊게 된다. 그러나 계곡으로 내려가는 데에는 기막힌 오솔길이다! 이 오솔길에서는 야생동물들만이 편히 다닐 수 있을 것이다. 나무 줄기와 덤불에 매달릴 수가 없으면 꼭대기에서 내려올 수가 없을 것이다. 그래서 가리옷 사람이 투덜댄다.

"그렇지만 나는 또 다시 오고 싶은 걸" 하고 베드로가 대꾸한다.

"자넨 이상한 취미를 가지고 있구먼. 여긴 첫번째 장소와 두번째 장소보다도 훨씬 더 고약하네."

"그렇지만 우리 선생님이 전도를 준비하신 곳보다는 더 나쁘지 않아" 하고 요한이 반박한다.

"오! 자네에게는 모든 것이 항상 아름답지…."

"그래. 선생님을 둘러싸고 있는 것은 모두 아름답고 좋아. 그래서 나는 그것을 사랑해."

"그 모든 것 가운데는 나도 들어 있다는 것…. 그리고 흔히는 바리사이파 사람들과 사두가이파 사람들과 율법학자들과 헤로데 당원들도 있다는 것에 주의하게…. 자넨 그들도 사랑하나?"

"선생님은 그들을 사랑하시네."

"그럼 자네는, 하! 하! 자네도 선생님처럼 하나 응? 그러나 선생님은 선생님이고, 자넨 자네지. 배반과 죽음에 대해서 말하는 걸 듣거나, 그런 것을 바라는 사람들을 볼 때에는 얼굴이 창백해지는 자네가 그들을 항상 사랑할 수 있을는지 모르겠네."

"선생님에 대한 두려움과 죄있는 사람들에 대한 분개로 인해서 마음이 어지러워지면, 그건 내가 아직 매우 불완전하다는 표야."

"아, 자넨 분개로 인해서도 마음이 어지러워지나? 난 그렇게 생각하지 못했는 걸…. 그럼 만일 자네가 혹 어느날 선생님을 실제로 해치는 사람을 보면, 어떻게 하겠나?"

"나 말이야?! 그걸 내게 묻나? 율법에 '눈에는 눈, 이에는 이' 라는 말이 있지. 내 손이 그 자의 목을 집게 처럼 조를 걸세."

"오! 오! 선생님은 용서해야 한다고 말씀하시는데! 그것이 묵상에서 자네가 얻는 좋은 것 전분가?"

"마음을 어지럽게 하는 사람, 날 가만 놔 두게! 왜 나를 시험하고 내 마음을 어지럽게 하는 건가? 자넨 마음 속에 무슨 생각을 하고 있나? 그 마음을 알아챌 수 있으면 좋겠네…."

"사해의 물을 탐색하는 사람에게는 밑바닥의 수수께끼가 나타나지 않는 걸세. 그 물은 그것이 받은 부패물을 덮은 무덤의 돌일세" 하고 모든 사람의 제일 뒤에 남아 있는 바르톨로메오가 그들 뒤에서 말한다. 다른 사람들은 그럭저럭 앞으로 가서 아무 말도 듣지 못하였다. 그러나 바르톨로메오는 들었다. 그래서 두 사람의 이야기에 끼어드는데, 그의 눈길은 비난하는 눈길이다.

"오! 지혜로운 바르톨로메오! 그렇지만 자넨 내가 염해(塩海)와 같다고 말하려는 건 분명히 아니겠지!"

"나는 자네에게 말하지 않고 요한에게 말했네. 제베대오의 아들, 이리 오게. 나는 자네의 마음을 어지럽게 하지 않겠네." 그러면서 그는 나이 먹은 사람이 날쌔고 젊은 동료에게 기대려는 것처럼 요한의 팔을 잡는다.

유다는 뒤에 처져서, 그들 뒤에서 성이 난 심술궂은 몸짓을 한다. 스스로 무슨 다짐을 하거나 위협을 하는 것 같다.

"유다는 무슨 말을 하려는 거였나? 그리고 자네 말은 무슨 뜻이었구?" 하고 요한이 늙수그레한 나타나엘에게 묻는다.

"이 사람아, 그 생각은 하지 말게. 오히려 요 며칠 동안 선생님께서 우리에게 설명해 주신 모든 것을 생각하세. 우리는 정말 이스라엘을 이해했네!"

"참말이야. 나는 세상이 선생님을 이해하지 못하는 걸 이해 못하겠어!"

"요한, 우리도 선생님을 완전히 이해하지는 못하네. 우리는 선생님을 이해하기를 원치 않네. 우리가 선생님의 메시아 사상을 받아들이기가 얼마나 어려운지 알겠나?"

"응. 모든 것에 대해서는 우리가 선생님을 맹목적으로 믿지만, 이것에 대해서는 그렇지 않아. 유식한 자네가 그 이유를 말해 줄 수 있나? 우리는 그리스도 앞에서 라삐들이 몹시 우둔한 걸 보는데, 그러면 왜 우리도 메시아의 영적인 왕권에 대해 완전한 개념에 이르지 못하느냐 말이야."

"그걸 나는 나 자신에게 여러번 물어 보았네. 나는 자네가 완전한 개념이라고 부르는 것에 도달하고 싶으니까. 그런데 나는 나 자신에게 이렇게 말하는 것으로 안심할 수 있다고 생각하네. 즉 선생님을 실제적으로 그리고 교리적으로 뿐 아니라 영적으로도 따르고자하는 의지를 가진 우리에게 있어서 이것을 받아들이는 데 반대하는 것은 우리 위에 있고…, 또 우리에게, 우리 마음 속에 있는 모든 세월이라고. 알겠나? 동쪽과 남쪽과 서쪽을 바라보게. 돌 하나하나, 샘 하나하나, 각 오솔길, 각 촌락이나 각 성채, 각 도시, 강 하나하나 산 하나하나가 우리에게 무엇을 상기시키나? 그것들이 우리에게 무엇을 외치나? 구세주의 약속을 외치고, 당신 백성에 대한 하느님의 자비를 외치네. 뚫어진 가죽부대에서 새나오는 기름 방울과 같이, 장래의 이 스라엘 민족의 구성분자인 처음의 작은 집단이 아브라함과 더불어

먼 에집트에 이르기까지 세상에 퍼졌고, 그 다음에는 점점 더 많아져서 모세와 더불어 조상 아브라함의 땅에 돌아왔는데, 점점 더 광범하고 더 확실한 약속들과 하느님께서 아버지라는 여러 가지 표로 부유하게 되었고, 법률 중에서 가장 거룩한 법률인 율법을 갖추었기 때문에 참 민족이 되었네.

그러나 그후 어떤 일이 일어났나? 조금 전에는 햇빛에 반짝이던 저 산꼭대기에 일어난 것과 같은 일이 일어났네. 지금 저 산꼭대기를 보게. 구름에 휩싸여서 모습이 변했네. 만일 우리가 저것이 그 산꼭대기라는 것을 알지 못하고, 그 산꼭대기를 알아보아야 확실한 길로 전진할 수 있다면, 둥근 언덕과 둥근 천장 같은 두꺼운 구름층으로 인해서 저렇게 변했으니, 그것을 알아볼 수 있겠나? 우리에게도 그런 일이 일어났네. 메시아는 하느님께서 우리 조상들, 즉 성조들과 예언자들에게 약속하신 그대로일세. 변함이 없단 말이야. 그러나 하찮은 인간의 지혜에 따라 메시아를 …설명하기 위해서 우리 스스로가 이 개념에 넣은 것이 하도 틀린 메시아를 만들어놓고, 하도 틀린 메시아의 정신적인 모습을 만들어 놓아서 이제는 진짜 메시아를 알아보지 못하게 되었단 말일세. 그래서 우리는 우리 과거의 많은 세월과 세대가 지나는 동안에 우리가 상상한 메시아, 즉 복수자, 인간적인, 매우 인간적인 왕으로서의 메시아를 믿네. 그래서 우리가 말하고 믿는 것에도 불구하고 실제로 메시아이시고 왕이신 분, 하느님께서 생각하시고 원하신 그런 메시아를 생각하게 되지 못하네. 이 사람아, 이런 걸세."

"아니 그럼 우리는, 적어도 우리는 절대로 진짜 메시아를 보고, 믿고, 원하게 되지 못하리란 말인가?"

"우리는 그렇게 될 걸세. 만일 우리가 그렇게 되지 못할 거라면, 선생님이 우리를 뽑지 않으셨을 걸세. 그리고 만일 인류가 메시아의 혜택을 절대로 입지 못하게 될 것이라면, 지극히 높으신 분께서 선생님을 보내지 않으셨을 걸세."

"그렇지만 선생님은 인류의 협력없이도 죄를 속죄하실 거야! 당신의 공로만으로."

"이거봐, 원죄에 대한 구속(救贖)은 위대한 구속일 걸세. 그러나 그 구속은 완전하지 않을 거야. 우리는 우리 안에 원죄 말고도 개인적인 다른 죄들을 가지고 있는데, 이 죄들이 씻어지기 위해서는 구속자(救贖者)가 필요하고, 자기의 구원에 호소하듯이 그분께 도움을 청하는 사람의 믿음이 필요하네. 나는 구속이 세상 마칠 때까지 작용하리라고 생각하네. 그리스도는 당신이 구속자가 되실 순간부터 잠시도 비활동적으로 계시지 않고, 당신 안에 있는 생명을 인류에게 주실 걸세. 그리스도는 나날이, 다달이, 해마다, 세기마다, 계속적으로, 목마른 사람에게 물을 주는 샘과 같으실 걸세. 인류는 언제나 생명이 필요할 것이니, 그리스도는 지혜와 정의로 당신께 바라고 당신을 믿는 사람들에게 생명을 주는 일을 그만두실 수는 없네."

"자네는 유식하네, 나타나엘. 나는 보잘 것 없는 무식쟁이야."

"내가 곰곰 생각해서 겨우 행하는 것, 즉 우리를 이스라엘 사람에서 그리스도인으로 바꾸는 일을, 자네는 영적인 본능으로 하네…. 그러나 자네는 생각하는 것보다는 오히려 사랑할 줄을 아니까, 종말에 더 빨리 다다를 걸세. 자네를 옮겨 가고 변화시키는 것은 사랑일세."

"나타나엘, 자넨 친절하네. 우리 모두가 자네 같았으면!" 하고 요한은 한숨을 푹 쉰다.

"그 생각은 하지 말게, 요한! 우리 유다를 위해 기도하세" 하고 요한의 한숨의 뜻을 깨달은 나이 많은 사도가 요한에게 말한다….

"오! 자네들도 여기 있었구먼! 우린 자네들이 오는 걸 보고 있었네. 자네들 무슨 말을 그렇게 많이 했나?" 하고 토마가 웃으면서 묻는다.

"우린 옛날, 이스라엘에 대해서 말했어. 선생님은 어디 계신가?"

"병든 목자를 보시려고 사도들과 이사악과 같이 먼저 가셨어. 산꼭대기로 가는 길까지 이 길로 해서 가라고 말씀하셨어."

"그럼 가세."

그들은 이제는 덜 위험한 오솔길로 해서 네보산으로 올라가는 진짜 노새들이나 다닐 수 있는 길까지 내려온다. 수풀 속에는 집들이 몇 채 있고, 더 아래에는 본격적인 마을이 매우 완만해지는 비탈에 그 흰 집들의 모습을 나타낸다. 그들이 있는 작은 길에서는 마을로 들어가는 사람들이 보인다.

"저기서 우리가 페트라 사람을 기다리는 건가?" 하고 베드로가 묻는다.

"맞아, 저 마을이야. 그 사람이 와 있었으면 좋겠는데. 그렇게 되면, 내일 요르단강으로 가는 길을 다시 갈 테니까 말이야. 모르겠어. 난 여기가 도무지 안심이 안 돼" 하고 마태오가 말한다.

"선생님은 훨씬 더 앞으로 가라고 말씀하셨는데" 하고 가리옷 사람이 말한다.

"그래. 그렇지만 나는 선생님께 반대로 하시라고 설득할 거라고 생각하네!!"

"그렇지만 자넨 뭘 겁내는 건가? 헤로덴가? 헤로데의 깡패들인가?"

"깡패는 헤로데 곁에만 있지 않아. 오! 선생님이 오신다! 목자들이 많은데, 아주 기뻐하고 있구먼. 저 사람들은 마음이 사로잡혔네. 저 사람들은 유목민이니까 메시아가 세상에 오셨다는 기쁜 소식을 가서 퍼뜨릴 걸세" 하고 마태오가 또 말한다.

예수께서는 목자들과 양떼들을 동행으로 데리시고 그들이 있는 곳으로 오신다.

"가자. 우리는 겨우 마을에 갈 시간밖에 없다. 이 사람들이 숙소를 마련해 줄 것이다. 이 사람들은 잘 알려진 사람들이니까." 예수께서는 주님을 믿을 줄 아는 순박한 사람들 가운데 계신 것을 기뻐하신다.

197. "어두움은 빛을 받아들이지 않는다"

아름다운 가을 아침이다. 땅에 깔려 있는 노랗고 빨간 나뭇잎들을 빼 놓고는, 10월의 비로 인하여 생기를 되찾은 덤불들에서 피어나는 꽃들과 더불어 풀이 어떻게나 파랗고, 잎이 벌써 부분적으로 떨어진 나뭇가지들 사이로 돌아다니는 바람이 어떻게나 맑은지 초봄을 생각하게 한다. 더구나 낙엽수들에 섞여 있는 상록수들이 다른 나무들의 잎이 떨어진 가지들 곁에 저희들 가지 끝에서 돋아난 에메랄드 빛깔의 새 잎으로 명랑한 색조를 놓아 주어, 마치 앙상한 가지에 첫잎들이 돋아나는 것처럼 보이게 하기 때문에 더 그러하다. 양들은 울타리 안에서 나와, 가을에 낳은 어린 양들과 같이 매애 매애 울면서 풀밭으로 간다. 마을 초입에 있는 샘의 물은 햇빛을 받아 액체로 된 금강석처럼 반짝이고, 어두운 수반으로 떨어져서, 세월이 흐르는 데 따라 벽이 검게 된 작은 집을 배경으로 하고 여러 가지 빛깔의 반짝이는 빛을 만들어 놓는다.

예수께서는 한 쪽이 길로 면한 낮은 담에 앉으셔서 기다리신다. 제자들은 예수를 둘러싸고 마을 사람들도 그렇게 하는데, 양떼에서 너무 떨어질 수가 없는 목자들은 더 높이 올라가지 않고, 평야 쪽으로 가는 길 양편에 흩어진다.

계곡에서 네보산으로 올라가는 길에서는 지금 당장은 아무도 오지 않는다.

"그 사람이 올까요?" 하고 사도들이 묻는다.

"올 것이다. 그러니까 우리는 기다리자, 나는 생겨나는 바람을 실망시키고 싶지 않고, 장래의 믿음을 소멸시키고 싶지 않다" 하고 예수께서 대답하신다.

"우리들 가운데에서 편하지 않습니까? 우리는 우리가 가진 것 중에 제일 좋은 것을 드렸는데요" 하고 햇볕을 쬐고 있는 노인이 말한다.

"다른 데보다도 더 편했습니다. 그러니까 하느님께서 여러분의 친절을 갚아 주실 것입니다" 하고 예수께서 대답하신다.

"그러면 저희들에게 또 말씀해 주십시오. 여기에는 열정적인 바리사이파 사람들과 교만한 율법학자들이 어쩌다가 옵니다. 그러나 그 사람들은 우리에게 할 말이 하나도 없습니다. 그것은 당연합니다. 모든 것… 위에 높이 올라가 앉은 그들은 별개의 사람들이고 현인들인데, 우리들은… 그렇지만 우리는 그림 운명이 우리를 여기서 나게 했기 때문에 아무 것도 알지 말아야 합니까?"

"내 아버지의 집에서는 사람이 내 아버지의 나라에서 영원한 상급을 받기 위하여 의인으로 살기만 하면, 내 아버지를 믿고, 아버지의 뜻의 법전인 그분의 율법을 지키게 되는 사람들에게는 분리도 없고 차이도 없습니다.

들으시오. 어떤 아버지가 아들 여럿을 두었었습니다. 어떤 아들들은 항상 아버지와 긴밀한 접촉을 취하며 살았고, 어떤 아들들은 여러 가지 이유로 아버지에게서 비교적 더 멀리 떨어져 있었습니다. 그러나 그들은 멀리 떨어져 있어도 아버지의 소원을 알고 있었기 때문에, 아버지가 같이 계신 것처럼 행동할 수 있었습니다. 또 어떤 아이들은 훨씬 더 멀리 떨어져 있었고, 태어난 첫날서부터 다른 말을 하고 다른 관습을 가진 하인들 가운데에서 자랐지만, 그들은 지식보다는 오히려 본능으로 그렇게 하면 아버지의 마음에 들 것이라는 것을 아는 얼마 안 되는 것에 따라서 아버지를 섬기려고 애썼습니다.

하루는 그의 명령에도 불구하고, 하인들이 교만한 생각으로, 멀리 떨어져 있는 아들들을 열등(劣等)한 것으로 생각하고, 아버지와 같이 살고 있지 않다는 이유만으로 사랑을 받지 않는 것으로 생각했기 때문에, 아버지의 생각을 그들에게 알리지 않았다는 것을 잘 알고 있는 아버지가 그의 모든 자손을 모으고자 했습니다. 그래서 자손들을 그에게로 불렀습니다. 그러면, 여러분은 아버지가 인간적 이론에 따라서 판단해서, 항상 그의 집에 있었거나 별로 떨어져 있지 않아서 그의 명령과 그의 희망을 아는 데 지장이 없었던 아들들에게만 자기의 재산을 차지하게 했으리라고 생각하십니까? 아버지는 이와 반대로 아주 다른 판단 방식을 취했습니다. 아버지는 그들이 이름으로 알던 아버지, 또 그들의 모든 행동으로 공경한 아버지에 대한 사랑으로 의로웠던 그 아들들의 행동을 깨닫고, 그들을 곁으로 불러서 말했습니다. '너희들은 도움을 받지 않고 너희들 자신의 의지만으로 의로운 사람이 되었으므로 이중으로 공로가 있다. 와서 내 둘레에 있어라. 너희들은 그럴 권리가 있다! 첫번째 아들들은 항상 나를 모시고 있었고, 그들의 모든 행동은 내 조언으로 조절되었고, 내 미소로 갚음을 받았다. 너희들은 다만 믿음과 사랑으로만 행동해야 했다. 내 집에는 너희들의 자리가 마련되어 있고, 그것도 오래 전부터 마련되어 있으니까 이리들 오너라. 그리고 내 눈으로 보기에 차이를 이루는 것은 항상 집 사람이었다거나 집에서 멀리 떨어져 있었다거나 하는 것이 아니고, 내 곁에 있거나 내게서 멀리 떨어져 있거나, 내 아들들이 한 행동들이다.'

이것은 비유인데, 그 설명은 이렇습니다. 성전 주위에서 사는 율법학자들이나 바리사이파 사람들이 영원한 날에 하느님의 집에 있지 않을 수도 있고, 꽤 멀리 떨어져 있어서, 하느님의 일을 간단하게나 겨우 아는 많은 사람이 그 때에는 하느님의 품에 있을 수 있을 것입니다. 나라를 주는 것은 하느님께 대한 순종으로 향하는 사람의 뜻이지, 한 무더기의 행동이나 지식이 아니기 때문입니다.

그러므로 내가 어제 여러분에게 설명한 대로 하시오. 그렇게 하되, 마비시키는 지나친 두려움없이 그렇게 함으로써 벌을 피할 생각을 하지 않고 하시오. 그러면 여러분은 아버지의 집에 한 자리를 차지할 것입니다."

"오! 더 말씀해 주세요!"

"무슨 말을 해야 합니까?"

"선생님은 어제 어린 양과 숫양의 제물보다 하느님의 마음에 더 드는 제물이 있고, 또 육체의 문둥병보다 더 부끄러운 문둥병들이 있다고 말씀하셨습니다. 저는 선생님의 생각을 잘 이해하지 못했습니다" 하고 한 목자가 말한다. 그리고 이렇게 말을 끝맺는다. "어린 양이 한 돌이 되기 전에, 흠이 없고 결점이 없어 양떼에서 가장 훌륭한 양일 때에는 그 놈을 양떼의 으뜸 양으로 그냥 두든가, 그런 양으로 팔든가 할 유혹을 몇 번이나 물리쳐야 하고 얼마나 한 희생을 해야 하는지 아십니까? 그런데 1년 동안 온갖 유혹에 저항하고 그 놈을 돌보아서 그 놈에 대한 애착을 느끼게 되면, 그 놈을 이득없이 또 마음의 고통을 안고 제물로 바치는 것이 얼마나 큰 희생인지 아십니까? 주님께 바칠 그보다 더 큰 제물이 있습니까?"

"여보시오, 정말 잘 들어 두시오. 희생은 제물로 바쳐진 짐승에 있는 것이 아니라, 제물로 바치려고 그 짐승을 보존하기 위해서 당신이 기울인 노력에 있습니다. 나 진정으로 여러분에게 말합니다만, 영감을 받은 말씀이 말하는 것과 같이, 하느님께서 '나는 어린 양과 숫양 제물이 필요없다'고 말씀하시고, 오직 하나뿐이고 완전한 제물을 요구하실 날이 올 것입니다. 그리고 그 시간부터 어떤 제사든지 정신적인 것이 될 것입니다.

그러나 벌써 여러 세기 전에 주께서 어떤 제물을 더 좋아하시는지 말한 것이 있습니다. 다윗은 울면서 이렇게 부르짖었습니다. '만일 주님이 제물을 원하셨더라면 제가 드렸을 것입니다마는 번제는 주님의 마음에 들지 않습니다. 하느님께 드리는 제물은 뉘우치는 정신입니다(그리고 나는 이렇게 덧붙입니다. 순종하고 다정스러운 정신입니다. 우리는 속죄의 제사뿐 아니라 찬미와 기쁨과 사랑의 제사도 행할 수 있기 때문입니다). 하느님께 드리는 제사는 찢어진 정신이고, 뉘우치고 겸손한 마음입니다. 하느님, 당신은 그 제사는 업신여기지 않으십니다' 하고. 그렇습니다. 여러분의 아버지께서는 죄를 짓고서 자기를 낮춘 마음도 업신여기지 않으십니다.

그러면 당신을 사랑하는 깨끗하고 올바른 마음의 제사를 하느님께서는 어떻게 받아들이시겠습니까? 가장 하느님 뜻에 맞는 제물은 이런 것입니다. 율법과 영감과 날마다 일어나는 사건들에서 나타나는 하느님의 뜻에 사람의 뜻을 날마다 희생하는 것입니다. 또 가장 부끄러운 문둥병은 사람의 눈에 띄지 못하게 하고, 기도하는 곳에 못오게 하는 육체의 문둥병이 아니라, 죄의 문둥병입니다. 하기는 이 문둥병은 흔히 사람들이 모르고 지나칩니다. 그러나 여러분은 사람들을 위해 사십니까 주님을 위해 사십니까? 모든 것이 여기서 끝납니까, 그렇지 않으면 저 세상에서 계속됩니까? 여러분은 그것을 압니다. 그러면 사람들의 마음을 보시는 하느님의 눈에 문둥병자로 보이지 않기 위하여 거룩하게 되시오. 그리고 영원히 살 수 있기 위하여 여러분의 정신을 깨끗하게 간직하시오."

"그런데 어떤 사람이 죄를 지었으면요?"

"그 사람은 카인을 본받지 말고, 아담과 하와를 본받지 말고, 하느님의 발 앞으로 달려 가서, 참된 뉘우침으로 불쌍히 여기심을 청하십시오. 병자나 상처를 입은 사람은 고쳐 달라고 의사에게로 달려 갑니다. 죄인은 하느님의 용서를 얻기 위하여 하느님께로 가야 합니다. 나는…."

"선생이 여기에?" 하고 다른 여러 사람 가운데에 온통 겉옷에 감싸여서 길로 올라오는 어떤 사람이 외친다.

예수께서는 그를 보시려고 몸을 돌리신다.

"나를 못 알아보십니까? 나는 라삐 사독입니다. 우리는 가끔 만나는군요."

"하느님께서 두 사람이 만나기를 원하실 때에는 세상이 언제나 좁은 것입니다. 우리는 또 만날 것입니다, 라삐. 우선 평화가 당신과 함께 있기를."

그 사람은 평화의 인사 답례를 하지 않고 묻는다. "여기서 뭘 하십니까?"

"당신이 하려고 하는 것을 나는 했습니다. 이 산이 당신에게는 신성하지 않습니까?"

"선생이 바로 말했습니다. 그래서 내 제자들을 데리고 왔습니다. 그러나 나는 율법학자입니다!"

"그런데 나는 율법의 아들입니다. 그러므로 당신이 모세를 공경하는 것처럼 나도 모세를 공경합니다."

"거짓말입니다. 당신은 당신의 말을 가지고 모세의 말을 무효화하고, 이제는 우리에게 복종하지 말고 당신에게 복종해야 한다고 주장하고 있소."

"**당신들**에게는 아닙니다. 당신들에게 복종하는 것은 필요치 않습니다."

"필요치 않다구요? 소름끼치는 일이오!"

197. "어두움은 빛을 받아들이지 않는다"

"그렇습니다. 가을 바람을 막는 데 당신 옷을 장식하고 있는 펄럭이는 많은 지짓이 당신 옷에 필요치 않은 것처럼 말입니다. 당신을 보호하는 것은 당신의 옷입니다. 이와 같이 사람들이 가르치는 많은 말들 중에서 나는 필요하고 거룩한 말, 즉 모세의 말을 받아들이고, 다른 말에 대해서는 상관을 하지 않습니다."

"사마리아인! 당신은 예언자들을 믿지 않는군요!"

"예언자들은, 당신들도 예언자들의 말을 지키지 않습니다. 예언자들의 말을 지킨다면, 나보고 사마리아인이라고는 말하지 않을 것입니다."

"아니, 사독, 저 사람을 가만 놔 두시오. 마귀와 말을 하고자 하오?" 하고 다른 사람들과 같이 도착하는 다른 순례자가 말한다. 그리고 예수를 둘러싸고 있는 집단으로 매정한 눈길을 돌리다가 가리옷의 유다를 보고, 빈정거리며 인사를 한다.

마을 사람들이 예수를 옹호하고자 하기 때문에 어떤 작은 사건이 얼어날지도 모를 일이었다. 그러나 하인 한 사람이 뒤따르는 페트라 사람이 소리를 지르며 군중 사이를 헤치고 온다. 그 사람과 하인은 아이를 하나씩 안고 있다. "나를 지나가게 해 주시오. 주님, 너무 많이 기다리시게 했지요?"

"아니오, 내게로 오시오."

사람들은 그를 지나가게 하려고 비킨다. 그는 예수께로 와서 머리를 아마포 붕대로 감은 작은 계집 아이를 땅에 내려 놓으려고 무릎을 꿇는다. 하인도 주인이 하는 것을 따라 눈이 먼 사내 아이를 땅에 내려놓는다.

"애들아, 주 선생님이시다!" 하고 그 사람이 말한다. 그런데 이 짤막한 말 속에서 아버지의 온 고통과 소망이 떨고 있다.

"여보시오, 당신은 많은 믿음을 가졌소. 그런데 만일 내가 당신을 실망시켰더라면 어쩔뻔 했소? 만일 당신이 나를 만나지 못했더라면? 만일 내가 이 아이들을 고칠 수가 없다고 말하면?"

"저는 선생님의 말씀을 믿지 않을 것입니다. 저는 선생님을 보지 못하는 명백한 사실도 믿지 않을 것입니다. 저는 선생님이 제 믿음을 시험하시느라고 숨으셨다고 말하고, 선생님을 찾아낼 때까지 찾을 것입니다.”

"그럼 대상은 어떡하고? 당신의 벌이는 어떡하고?"

"그런 것들이요? 제 아이들을 고쳐 주실 수 있고, 선생님께 대한 확신이 가득한 믿음을 제게 주실 수 있는 선생님과 비교해서 그것들이 무엇입니까?"

"계집 아이의 얼굴을 드러내 놓으시오."

"얼굴을 가린 채로 두는 것은 이 애가 빛을 몹시 고통스러워하기 때문입니다."

"잠깐 동안의 고통에 지나지 않을 거요" 하고 예수께서 말씀하신다.

그러나 계집 아이는 절망적으로 울기 시작하고, 붕대를 풀지 못하게 한다.

"선생님도 의사들처럼 불로 저를 괴롭히실 것으로 생각해서 그럽니다" 하고 아버지가 붕대에서 계집 아이의 귀여운 손을 치우려고 애를 쓰면서 말한다.

"오! 얘야, 무서워하지 말아라. 이름이 뭐냐?"

계집 아이는 울면서 대답을 하지 않는다. 아버지가 딸 대신 대답한다. "태어난 곳의 이름을 따서 타마르라고 합니다. 사내 아이는 파라입니다."

"타마르야, 울지 말아라. 나는 아프게 하지 않는다. 내 손을 느끼지. 나는 손가락 사이에 아무 것도 가지지 않았다. 내 무릎으로 오너라. 우선 네 동생을 고쳐 주겠다. 그러면 네 동생이 무엇을 느꼈는지 말해 줄 거다. 꼬마야, 이리 오너라."

하인은 트라코마로 눈이 흐려진 가엾은 어린 소경을 예수의 무릎 곁으로 밀어 놓는다. 예수께서는 그의 머리를 쓰다듬으시며 물으신다. "내가 누군지 아니?"

"이스라엘의 라삐, 하느님의 아들, 나자렛의 예수요."

"나를 믿고 싶으니?"

"예."

예수께서 그의 눈 위에 손을 얹으시는데, 얼굴의 반 이상이 가려진다. 예수께서 말씀하신다. "내가 그렇게 되기를 원한다! 눈동자의 빛

197. "어두움은 빛을 받아들이지 않는다"

이 믿음의 빛에 길을 열어주도록 하여라." 그리고 손을 떼신다.

어린 아이는 손을 자기 눈으로 가져가며 소리를 지른다. 그러더니 말한다. "아빠! 눈이 보여!" 그러나 그는 아버지에게로 달려 가지 않고, 어린이다운 자연스러움으로 예수의 목에 매달리며 예수의 **뺨**에 입맞춤을 하고, 그대로 목에 매달린 채로 있으면서 그의 눈동자를 해에 다시 익숙하게 하려고, 그의 작은 머리를 예수의 어깨에 묻는다.

군중은 기적이라고 외치고, 그동안 아버지는 어린 아이를 예수의 목에서 떼어 내려고 한다.

"가만 놔 두시오. 귀찮게 굴지 않소. 다만 파라야, 내가 네게 어떻게 했는지만 누나에게 말해라."

"누나, 한번 쓰다듬었어. 엄마의 손처럼. 오! 누나도 나아, 그래서 또 같이 놀아!"

계집 아이는 아직 약간 주저하면서 예수의 무릎에 앉히게 한다. 예수께서는 붕대에 손을 대지도 않고 고쳐 주려고 하신다. 그러나 율법학자들과 그들의 동료들이 외치기 시작한다. "저건 속임수다. 계집 아이는 눈이 보인다. 이곳 주민 여러분, 당신들의 솔직성을 속이려고 꾸민 수작이오."

"내 딸은 병자요. 나는…."

"그냥 놔 두시오. 타마르야, 너 이제는 얌전히 있고, 내가 네 붕대를 끄르게 가만 있어라."

계집 아이는 설득되어 하는 대로 그냥 놓아둔다. 마지막 붕대가 떨어지니 기막힌 광경이다! 딱딱한 딱지가 앉고 붓고 새빨간 헌데 둘이 눈 있는 자리에 있고, 눈물과 고름이 흘러 나온다. 사람들은 질겁을 하고 불쌍해서 수근거리는데, 계집 아이는 무서운 고통을 줄 것이 틀림없는 빛을 가리기 위하여 그의 작은 손을 얼굴로 가져간다. 관자놀이에는 최근에 지진 자리가 빨개진다.

예수께서는 그의 작은 손을 떼어 놓으시고, 그 심한 상처 위에 손을 대고 가볍게 어루만지시며 말씀하신다. "살아 있는 사람들의 기쁨을 위하여 빛을 창조하시고, 각다귀*들에게까지도 눈동자를 주신 아

---

* 역주 : 모기과에 속하는 곤충의 이름.

버지, 당신의 사람인 이 아이에게 빛을 돌려주셔서, 이 아이가 당신을 보고 당신을 믿게 하시며, 이 세상의 빛에서 믿음으로 당신의 나라의 빛으로 들어가게 해 주십시오." 예수께서 손을 떼신다.

"오!" 하고 모든 사람이 외친다.

헌데는 없어졌다. 그러나 계집 아이는 눈을 감은 채로 있다.

"타마르야, 눈을 떠라. 염려하지 말라. 빛이 너를 아프게 하지 않을 거다."

계집 아이는 조금 염려하면서 순종한다. 그리고 눈꺼풀을 벌려 매우 초롱초롱한 두 작은 눈을 드러낸다.

"아버지! 아버지가 보여요!" 그러면서 계집 아이도 빛에 천천히 익숙해지기 위하여 예수의 어깨에 엎딘다.

군중은 흥분하고, 페트라 사람은 기쁨으로 흐느끼며 예수의 발 앞에 쓰러진다.

"당신의 믿음이 갚음을 받았소. 이제부터는 당신의 감사하는 마음이 사람에 대한 당신의 믿음을 더 높은 영역으로, 즉 참 하느님에 대한 믿음으로 가져가기를 바라오. 일어나시오. 갑시다."

예수께서는 기쁨으로 상그레 웃고 있는 계집 아이를 땅에 내려 놓으시고, 일어 나시면서 사내 아이와도 떨어지신다. 예수께서는 그들에게 강복하시고, 고쳐진 눈을 보기 위하여 당신을 에워싸고 있는 사람들을 뚫고 나가려고 하신다.

"영감님도 영감님의 흐리멍덩한 눈을 고쳐 주십사고 청해야 할 텐데 그랬어요" 하고 한 제자가 눈이 너무 흐려서 누가 손을 잡고 인도하는 어떤 늙은이에게 말한다.

"내가?! 내가?! 나는 마귀의 빛은 가지고 싶지 않아. 오히려 나는 오 영원하신 하느님, 당신께 부르짖습니다! 제 말을 들어 주십시오. 제게는! 제게는 캄캄한 어둠을 주십시오! 그러나 마귀의 얼굴, 이 마귀, 이 독성자(瀆聖者), 이 하느님을 모독하는 자, 이 하느님을 죽이는 자의 얼굴은 보지 못하게 해 주십시오! 어둠이 영원히 내 눈에 떨어지게 하십시오. 그를 절대로, 절대로, 절대로 보지 않게 어둠이 어둠이!" 그 사람이야말로 마귀 같다! 절정에 이른 발작으로 그는 마치 눈을 터뜨리려는 듯이 스스로 눈구멍을 때린다.

"염려 마시오. 당신은 나를 보지 못할 거요. 어두움은 빛을 받아들이지 않소. 그리고 빛은 자기를 물리치는 사람에게 자기를 강요하지 않소. 늙은 양반, 나는 가오. 당신은 이 세상에서 나를 보지 않을 거요. 그러나 그래도 다른 곳에서 나를 볼 거요."

그러면서 예수께서는 키 큰 사람들의 독특한 걸음걸이를 두드러지게 하는 낙담을 안고, 약간 앞으로 몸을 숙이신 채 비탈을 내려가기 시작하신다. 예수께서는 어떻게나 낙담하셨는지 벌써 십자가를 지고 모리아산을 내려가시는 사형선고 받으신 분과 같다…. 그리고 화가 난 늙은이가 흥분시킨 원수들의 외침은 성금요일의 예루살렘의 군중들의 외침과 매우 비슷하다.

페트라 사람은 원통하여, 무서워서 울고 있는 어린 딸을 안은 채 속삭인다.

"주님 저 때문에! 저 때문에! 주님은 제게 이렇게 많은 사랑을 베푸셨는데! 그리고 저는 선생님을 위해서! 저는 낙타 위에 있는 천막 안에 주님께 드릴 물건들을 놔 두었는데, 그러나 제가 주님께 당하시게 한 모욕에 비하면 그까짓 것들이 무엇입니까? 주님께 온 것이 부끄럽습니다…."

"여보시오, 그렇지 않소. 이것은 내가 날마다 먹는 쓴 빵이오. 그리고 당신은 그 빵맛을 달게 하는 꿀이오. 빵은 언제나 꿀보다 많소. 그러나 꿀 한 방울만 있어도 많은 빵을 달게 할 수 있소."

"주님은 친절하십니다…. 그러나 이 마음의 상처를 돌보아 드리기 위해서 제가 어떻게 해야 하는지 만이라도 말씀해 주십시오."

"내게 대한 믿음을 보존하시오. 지금 당장은 당신이 할 수 있는 대로, 그리고 당신이 할 수 있는 만큼. 얼마 안 있어…. 그렇소, 내 제자들이 페트라까지, 페트라 너머까지 갈 거요. 그 때에는 그들의 가르침을 따르시오. 그들을 통해서 내가 말을 할 것이니까. 그리고 우선은 내가 당신에게 해 준 것을 페트라 사람들에게 말하시오. 그래서, 내 둘레에 있는 사람들과 다른 사람들이 내 이름으로 갈 때에 내 이름이 페트라의 사람들에게 모르는 이름이 아니게 하시오."

내려오는 길 아래, 로마인들의 길에 낙타 세 마리가 멎어 있다. 한 마리는 안장만 얹혀 있고, 다른 놈들은 닫집이 얹혀 있다. 하인 한 사람이 낙타들을 지키고 있다.

그 사람은 한 천막으로 가서 꾸러미들을 가지고 와서 예수께 드리며 말한다. "옛습니다. 이것들은 주님께 유익할 것입니다. 제게 고맙단 말씀을 하지 마십시오. 주님께서 제게 주신 것에 대해서 제가 주님을 찬미해야 합니다. 주님, 만일 할례를 받지 않는 사람들을 위해서 그렇게 하실 수 있으면 저와 제 아이들에게 축복해 주십시오!" 그러면서 아이들과 같이 무릎을 꿇는다. 하인들도 따라서 한다.

예수께서는 두 손을 내미시고 하늘을 쳐다보시며 낮은 소리로 기도하신다.

"자! 올바르게 사시오. 그러면 당신이 가는 길에서 하느님을 만날 거요. 다시는 하느님을 잃지 말고 따르시오. 안녕, 타마르! 안녕, 파라!" 예수께서는 그들이 한 낙타에 하나씩 하인들과 같이 올라가는 동안 그들을 쓰다듬어 주신다.

짐승들은 낙타몰이들의 끄르르르, 끄르르르 소리에 일어나서 몸을 돌려 남쪽으로 가는 길을 속보로 달린다. 두 작은 손이 커튼 사이로 나오고 "안녕, 주 예수님! 안녕, 아빠!" 하는 어린 두 목소리가 들린다.

그 사람도 이제 낙타에 오르려고 한다. 그는 몸을 땅에까지 구부려 예수의 옷에 입맞춤 하고, 안장에 올라 북쪽으로 떠나 간다.

"그럼 이제는 가자" 하고 예수께서 북쪽으로 향하시며 말씀하신다.

"아니? 가시려던 곳으로는 이제 안 가십니까?" 하고 사도들이 묻는다.

"아니다. 우리는 이제 그리 갈 수 없게 되었다!…. 세상의 목소리가 옳았다!…. 그런데 그것은 세상이 약삭 빨라서 마귀의 활동을 알기 때문이다…. 우리는 예리고로 간다…."

예수께서는 얼마나 침울하신가!…. 모두가 그 사람이 준 꾸러미들을 지니고, 낙심하여 말없이 예수를 따라 간다.

198. 예수께서 사도들의 용기를 돋우어 주신다

 방금 베타바라의 걸어서 건너는 곳을 지나왔다. 가을비로 인하여 가득 찬 지류들의 물을 받기 때문에 넉넉히 불어난 파란 강을 통하여, 쉴새없이 요란한 손짓을 하는 사람들의 무리가 있는 건너편, 즉 동쪽 강기슭이 보인다. 반대로 서쪽 기슭, 즉 예수께서 제자들과 같이 계신 기슭에는 강가의 푸른 풀을 뜯고 있는 양떼를 데리고 있는 목자 한 사람밖에 없다.
 베드로는 걸어서 건너는 곳으로 건너 오느라고 흠뻑 젖은 다리를 닦지도 않고 그곳에 있는 허물어지다 남은 낮은 담에 털썩 주저앉는다. 걸어서 건넌다는 것은, 이 계절에는 배를 이용하는 것이 사실이지만, 배를 얕은 바닥에 좌초시키지 않기 위하여 가장 깊은 곳에서만 배를 사용하고, 용골이 물에 잠긴 풀들을 스치는 곳에서는 벌써 멈추어서 손님들을 내려 놓기 때문이다. 따라서 배에서 내려 몇 걸음을 물 속으로 걸어야 하기 때문이다.
 "무슨 일이야? 어디 몸이 불편한가?" 하고들 묻는다.
 "아니야, 그렇지만 이젠 견딜 수가 없어. 네보산에서 그 난폭함을 당하고, 또 그 전에는 헤스본에서, 또 그 전에는 예루살렘에서, 또 그 전에는 가파르나움에서, 또 네보산 다음에는 갈리로에서, 그리고 지금은 베타바라에서… 오!…." 그는 머리를 두 손으로 감싸고 운다….
 "낙담하지 말아라, 시몬아. 나를 네 용기, 너희들의 용기 마저 가지지 못한 사람을 만들지 말아라!" 하고 예수께서 그에게로 가까이 가셔서 사도를 감싸고 있는 두꺼운 회색옷에 손을 얹으시며 말씀하신다.
 "저는 볼 수가 없습니다. 정말 볼 수 없습니다! 저는 선생님이 그렇게 학대 당하시는 것을 볼 수가 없습니다! 선생님이 제가 저항하는 것을 그냥 놔 두시면…, 혹 견딜 수 있을지도 모릅니다. 그러나 이렇게… 저를 억제해야 하고… 힘없는 어린 아이처럼 저들의 모욕과 선생님의 고통과 구경만 하고 있어야 한다는 것은… 오! 이것은 내 속을 갈기 갈기 찢어 놓고, 저는 나약한 사람이 되고 맙니다…. 아니, 이 사람들아, 선생님이 저렇게 되신 걸 볼 수 있는지 쳐다 보란 말이야. 병자 같으시고, 열에 들떠 죽어가는 사람 같으셔…. 쫓겨 다니면서 어디 머물러서 빵 한 입을 먹고, 물 한 모금을 마시고, 머리를 쉬게 할 만한 돌 하나도 찾을 데를 발견하지 못하는 죄지은 사람과 같으시단 말이야!

네보산의 저 잔인하고 비열한 사람! 갈리로에의 저 교활한 사람들! 아직 저기 있는(그러면서 건너편 강가를 가리킨다) 저 미치광이! 선생님은 둘째 사람에 대해서만 베엘제불의 지배를 받는다고 말씀하셨지만, 갈리로에의 사람은 덜 마귀 같습니다! 저는 마귀들린 사람들을 무서워합니다. 사탄이 그들을 그렇게 차지한 것은 그들이 틀림없이 아주 나빴었기 때문이라고 저는 생각합니다. 그러나… 사람은 그렇게 하겠다는 절대적인 의지는 가지고 있지 않으면서도 넘어질 수 있습니다. 이와 반대로 마귀가 들리지 않고서도, 완전한 추리력의 자유를 가지고도 그들이 지금 하는 것과 같은 행동을 하는 것은!…. 오! 선생님은 그들을 벌하기를 원치 않으시니까 절대로 그들을 이기지 못하실 것입니다! 그리고 그들이… 선생님을 이길 것입니다…." 그리고 불같이 분개하는 바람에 조금 말랐던 충실한 사도의 눈물이 다시 줄줄 흐르기 시작한다….

"내 베드로야, 그래 너는 그들이 마귀들리지 않았다고 생각하느냐? 마귀들린 사람이라면 갈리로에 사람과 우리가 만난 다른 사람들 같아야 한다고 생각하느냐? 마귀들린 것은 무질서한 부르짖음이나 뛰어오르는 것이나 격노의 발작이나 짐승의 굴에서 사는 괴벽이나 말을 하지 않은 것이나 팔다리의 마비나 이성이 마비되어 마귀들린 사람이 무의식적으로 말하고 행동하게 되는 것 따위로만 나타나는 줄로 생각하느냐? 그렇지 않다. 더 치밀하고 더 강력하며 가장 위험한 마귀붙음, 아니 그보다도 마귀들림도 있다.* 왜냐하면 그런 마귀들림은 착한 일을 하지 못하도록 막기 위하여 이성을 방해하고 약하게 하지 않고 오히려 발달시키고, 그것을 차지하고 있는 자에게 더 힘있게 봉사하도록 그것을 증가시키기 때문이다.

  하느님께서는 어떤 지능을 차지하셔서 당신에게 봉사하도록 그것을 사용하실 때에는, 그 지능이 하느님께 봉사하고 있는 시간에 그 지능에 초자연적인 지능을 옮겨 부어 주시는데, 이 초자연적인 지능이 그 사람의 자연적인 지능을 많이 증가시킨다. 예를 들어 이사야와 에제키엘과 다니엘과 다른 예언자들이 그 예언들을 다른 사람들이 쓴 예언처럼 읽고 해석해야 했다면, 현대의 사람들이 거기에서 발견하는 알아듣기 어려운 난해한 점들을 그들은 발견하지 않았으리라고 생각하느냐? 그렇지만 나 너희들에게 분명히 말하지만, 그들이 그 예언을 받을 때에는 그것을 완전히 이해했었다. 보아라! 시몬아. 네 발 앞에 여기 나 있는 저 꽃을 보자. 꽃받침 둘레에 있는 어두움 속에서 무엇이 보이느냐? 아무 것도 안 보이지. 너는 깊은 꽃받침과 조그마한 입을 보고, 그 이상은 아무 것도 보지 못한다. 이제는 내가 저 꽃을 따서 여기 햇빛으로 가져올 테니 보아라. 무엇이 보이느냐?"

  "꽃술들이 보이고, 꽃가루가 보이고, 꽃술들 둘레에 속눈썹 같이 보이는 솜털의 작은 화관과 넓은 꽃잎과 더 작은 꽃잎 두개를 꾸미고 있는 섬모가 꽉 덮힌 띠가 보입니다…. 그리고 꽃받침 속에 작은 이슬 방울이 보이구요…. 그리고… 오! 보십시오! 각다귀 한 마리가 이슬을 먹으려고 속으로 내려갔다가 섬모같은 솜털 속에 달라붙어서 빠져나오지 못합니다…. 아니 그러면! 더 잘 보게 해 주십시오. 오! 솜털은 꿀을 바른 것같이 잘 붙는군요…. 알아들었습니다! 하느님께서는 화초가 영양을 취하라고, 또는 새들이 각다귀들을 쪼아먹으러 와서 영양을 취하라고, 또는 공중에서 각다귀들이 없어지라고 꽃에 이런 걸 만들어 주셨군요…. 참 희한합니다!"

  "환한 햇빛이 없었더라면, 그래도 너는 아무 것도 보지 못했을 것이다."

---

* 역주 : 여기서는 obsession을 마귀붙음으로, possession을 마귀들림으로 편의상 번역하였으나 아무래도 정확한 표현은 아닐 것이다.

"어! 그렇구 말구요!"

"하느님께서 차지하시는 것도 이와 마찬가지이다. 자기의 착한 뜻을 하느님으로 완전히 사랑하고, 자기의 뜻을 버리고, 덕행을 닦고 격정을 억제하는 데에만 스스로 전념해서, 하느님과 하느님이신 빛과 하느님이신 지혜에 몰두하게 되는 사람은 모든 것을 보고 이해한다. 그런 다음 절대적인 행동을 그치면, 그 사람 안에는 받은 것이 생활과 성화의 규칙으로 변하지마는, 처음에는 그렇게도 분명히 보이던 것이 다시 어두워지는, 아니 오히려 어렴풋해지는 상태가 이어진다. 끊임없이 하느님 흉내를 내는 마귀는 정신적으로 마귀들린 사람들, 승리를 거두기 위하여 스스로 자기를 마귀에게 바쳐서 마귀가 차지하게 된 사람들에게 비록 한정된 것이기는 하지만 ─하느님만이 무한하시니까.─ 비슷한 결과를 나타내서, 그들에게 더 뛰어난 지능을 건네준다.

그러나 그 지능은 하느님과 사람에게 해를 끼치고 모욕을 주기 위하여 오직 악으로만 향한다. 이와 같이 사탄의 행동은 영혼 안에서 공범을 발견할 때에는 계속적으로 활동한다. 따라서 단계적으로 악에 대한 완전한 지식으로 이끌어간다. 이것이 가장 고약한 마귀들림이다. 그것이 겉으로는 아무 것도 나타나지 않는다. 따라서 사람들은 이런 마귀들린 사람들을 피하지 않는다. 그러나 이런 마귀들림이 있기는 있다. 내가 여러번 말한 것과 같이 사람의 아들은 이런 종류의 마귀들린 사람들에게서 해침을 받을 것이다."

"그러나 하느님께서는 지옥을 치실 수 없을까요?" 하고 필립보가 묻는다.

"하느님께서는 그렇게 하실 수 있을 것이다. 가장 강한 분이시니까."

"그런데 왜 선생님을 보호하기 위해서 그렇게 하지 않으십니까?"

"하느님의 이유는 하늘에서나 알게 될 것이다. 자, 너희들의 낙담을 떨쳐버려라."

듣지 않는 체하며 듣고 있던 목자가 묻는다. "어디 가실 데가 있습니까? 기다리는 사람이 있습니까?"

"없소. 나는 예리고 너머로 가야 할 터이지만, 기다리는 사람은 없소."
　"그런데 선생님은 몹시 피곤하시지요?"
　"피곤하긴 하오. 네보산에서부터 사람들은 받아들이지도 않고 쉬게도 하지 않았소."
　"그러면… 저는 이 말을 선생님께 하려고 했었습니다…. 저는 옛날 베타글라 근처에 있습니다…. 제 아버지가 눈이 보이지 않기 때문에, 아버지를 여러 달 동안 버려두고 멀리 갈 수가 없습니다. 그렇지만 그 때문에 제 마음이 아프고, 양떼도 괴롭습니다. 원하신다면 … 제가 숙소를 드리겠습니다. 멀지 않습니다. 노인은 선생님을 대단히 믿습니다. 선생님의 제자인 요셉의 아들 요셉이 그걸 압니다."
　"갑시다."
　그 사람은 즉석에서 승낙한다. 그는 양떼를 모아 가지고, 그들이 지금 있는 곳에서 서북쪽에 있을 것이 틀림없는 마을 쪽으로 데리고 간다. 예수께서는 제자들과 같이 양떼 뒤로 따라 가신다.
　"선생님" 하고 조금 후에 가리옷 사람이 말한다. "베타글라에는 그 사람의 선물을 살 수 있을 사람이 분명히 없을 것입니다…"
　"니까에 집에 가기 위해 예리고에 갈 때에 팔자."
　"그것은… 이 사람이 가난해서 그를 보상해 주어야 하겠기 때문에 그러는 것입니다. 저는 동전 한닢도 없습니다."
　"우리는 식량이 있고, 그것도 어떤 거지에게 줄 수 있을 만큼 많이 있다. 당장은 그 이상 아무 것도 필요없다."
　"좋으실 대루요. 그러나 선생님이 저를 먼저 가게 보내시는 게 더 나았을 텐데요. 저는…."
　"그럴 필요는 없다."
　"선생님, 그것은 불신입니다! 왜 전처럼 저희들 두 사람씩 보내지 않으십니까?"
　"너희들을 사랑하고, 너희들의 이익을 생각하기 때문이다."
　"저희를 이렇게 알려지지 않게 붙잡아 두시는 건 좋지 않습니다. 사람들은 저희가 자격이 없고 능력이 없는 줄로 생각할 것입니다…. 한번은 선생님이 저희들이 가게 내버려두셔서, 저희들이 전도를 하고, 기적을 행하고, 그래서 알려졌었는데요…."

"이제는 그렇게 할 수 없어서 섭섭하냐? 나 없이 가는 것이 네 마음에 들었느냐? 혼자서 가지 못하는 것을 한탄하는 사람은 너뿐이다. 유다야!…."

"선생님, 제가 선생님을 사랑한다는 걸 아시지요!" 하고 유다가 자신있게 말한다.

"안다. 그리고 내가 너를 데리고 있는 것은 네 정신이 타락하지 말라고 그러는 것이다…. 너는 벌써 걷어들이고 나누어주는 사람, 가난한 사람들을 위해서 팔거나 바꾸는 사람이다. 그것으로 족하다. 벌써 지나치다. 네 동료들을 주의해 보아라. 네가 청하는 것을 청하는 사람은 한 사람도 없다."

"그렇지만 제자들에게는 그렇게 하게 하셨습니다…. 이 차별은 불공평합니다."

"유다야, 나를 불공평하다고 말하는 사람은 너뿐이다…. 그러나 너를 용서해 준다. 앞으로 가서 안드레아를 내게 보내라."

예수께서는 안드레아를 기다려서 그에게 따로 말씀하시려고 기다리신다. 나는 예수께서 무슨 말씀을 하시는지 모른다. 내가 아는 것은 안드레아가 그 다정스러운 미소를 지으며 웃고 선생님의 손에 입맞춤 하고 나서 앞으로 돌아간다는 것이다.

예수께서는 모두의 뒤에 혼자 처져 계신다…. 그리고 머리를 매우 기울이시고, 땀을 흘리시는 것처럼, 당신 겉옷 자락으로 얼굴을 닦으시며 앞으로 나아가신다. 그러나 예수의 야위고 창백한 뺨으로 흘러내리는 것은 눈물이지 땀방울이 아니다.

199. 강신술사(降神術師) 사두가이파 사람의 아내

예수께서 지금도 팔레스티나의 길을 지치지 않고 걸어 가신다. 강은 아직 오른쪽에 있고, 예수께서는 아름다운 물이 흘러가는 것과 같은 방향으로 나아가신다. 물이 햇빛을 받는 곳에서 파랗게 반짝이고, 나무 그늘이 짙은 초록색으로 비치는 강가 가까운 곳에서는 초록색을 띤 파란빛으로 보인다.

예수께서는 제자들 가운데 계신다. 바르톨로메오가 예수께 이렇게 묻는 것이 들린다. "그럼 우리는 정말 예리고로 갑니까? 어떤 계략을 염려하지 않으십니까?"

"염려하지 않는다. 나는 과월절을 지내려고 다른 길로 해서 예루살렘에 왔었고, 그들은 실망해서 이제는 어디서 군중들의 주의를 별로 끌지 않고 나를 잡을지를 알지 못한다. 바르톨로메오야, 내게는 외따로 떨어진 오솔길보다 사람이 많은 도시가 덜 위험하다는 것을 분명히 알아라. 대중은 착하고 진실하지만, 과격하기도 하다. 그래서 내가 복음을 전하고 병을 고쳐 주느라고 그들과 같이 있을 때 내가 붙잡히면 들고 일어날 것이다. 뱀들은 쓸쓸한 곳과 그늘진 곳에서 활동한다. 또 그리고… 나는 아직도 오늘, 또 오늘, 또 오늘 일할 수 있다…. 그러다가 마귀의 시간이 되면, 너희들은 나를 잃을 것이다. 나중에 나를 다시 찾아내겠지만. 그것을 믿어라. 그리고 사건들이 내 말과 그 어느 때보다도 모순되는 것 같을 때 그것을 믿을 줄 알아라."

사도들은 괴로워서 한숨을 쉬며, 예수를 사랑과 고통으로 쳐다본다. 그리고 요한은 "안 됩니다!" 하고 신음소리를 내고, 베드로는 예수를 보호하려는듯이 그의 짧고 튼튼한 팔로 예수를 껴안으며 말한다. "오 내 주님, 내 선생님!" 그 이상 아무 말도 하지 않는다. 그러나 이 말에 참으로 많은 감정이 들어 있다.

"벗들아, 그렇다. 이 때문에 내가 온 것이다. 굳세어라. 태양을 향해 가면서 이마를 어루만지는 태양을 보고 미소를 보내는 어떤 사람과 같이 내가 얼마나 자신 있게 내 목적을 향해 나아가는지 보아라. 내 희생은 세상에 태양이 될 것이다. 은총의 빛이 사람들의 마음 속으로 내려올 것이고, 하느님과의 화해로 그 마음들이 기름지게 될 것이며, 내 수난의 공로는 사람들로 하여금 하늘나라를 얻을 수 있게 할 것이다. 그런데 이것 말고 내가 무엇을 원한단 말이냐? 너희들의 손을 내 아버지이시며 너희들의 아버지이신 영원하신 분의 손에 갖다 놓으면서 '보십시오. 이 아들들을 아버지께 도로 데려왔습니다. 아버지, 보십시오. 이들은 깨끗합니다. 이들은 아버지께로 돌아올 수가 있습니다' 하고 말하는 것 말이다. 너희들이 아버지의 품으로 바싹 다가서는 것을 보고 '아버지와 너희들이 이것 때문에 몹시 걱정을 했고, 서로 깊이 사랑하지 못한 것 때문에 괴로워했으니, 마침내 서로 사랑하여라' 하고 말하는 것 말이다. 이것이 내 기쁨이다. 그리고 나로 하여금 이 돌아옴, 이 용서, 이 결합의 완성에 가까이 가게 하는 하루하루가 너희들에게 하느님과 하느님의 나라를 주기 위하여 번제를 완성해야겠다는 내 걱정을 증가시킨다."

예수께서 이 말씀을 하실 때는 장엄하시고 거의 탈혼 상태에 계신 것 같다. 예수께서는 파란 옷과 더 짙은 빛깔의 겉옷을 입으시고, 아직 아침의 선선한 시간인데도 맨머리 바람으로 걸어가시며, 맑은 하늘의 파란 빛 속에서 당신의 눈이 보는 무엇인지 모를 환영에 미소를 보내시는 것 같다.

예수의 왼쪽 뺨을 어루만지는 해는 빛나는 그분의 눈길을 더 타오르게 하고, 가벼운 바람으로 일어나는 머리채와 빠른 걸음걸이를 금빛으로 반짝이게 한다. 해는 미소짓기 위하여 벌어지는 예수의 입술의 붉은 빛을 두드러져 보이게 하고, 얼굴 전체를 기쁨으로 빛나게 하는 것 같다. 그 기쁨은 사실은 우리에 대한 사랑으로 불타는 당신의 흠숭하올 마음 속에서 오는 것이다.

"선생님, 한 마디 말씀드려도 됩니까?" 하고 토마가 묻는다.

"무슨 말이냐?"

"그저께 선생님은 구속자이신 선생님이 배반자를 가지실 거라고 말씀하셨습니다. 사람이 어떻게 하느님의 아들이신 선생님을 배반할 수 있겠습니까?"

"과연 사람은 아버지와 같이 하느님인 하느님의 아들을 배반할 수는 없을 것이다. 그러나 배반자는 사람이 아닐 것이다. 그것은 사람들 중에서 가장 마귀들린, 가장 마귀가 붙은 사람의 몸 속에 들어가 있는 마귀일 것이다. 막달라의 마리아는 일곱 마귀를 가지고 있었다. 그런데 마지막 날의 마귀들린 사람은 베엘제불의 지배를 받을 것이다. 그러나 그에게 베엘제불과 그 마귀의 측근 전체가 들어있을 것이다…. 오! 지옥이 그 마음 속에 들어 있어, 마치 누가 어린 양을 푸주한에게 파는 것처럼 하느님의 아들을 그의 원수들에게 팔아넘길 대담성을 그에게 주리라는 것은 엄연한 사실이다!"

"선생님, **지금** 그 사람이 벌써 사탄에게 사로잡혀 있습니까?"

"아니다, 유다야. 그러나 그 사람은 사탄에게로 기울어지고 있다. 그런데 사탄에게로 기울어진다는 것은 사탄에게로 떨어질 조건으로 스스로 들어간다는 뜻이다"(예수께서 가리웃 사람에게 말씀하신다).

"그런데 그 사람은 왜 자기의 경향을 고치기 위해서 선생님께로 오지 않습니까? 그 사람은 그걸 압니까? 또는 모릅니까?"

"만일 그 사람이 그것을 모른다면, 지금 죄가 있는 것처럼 죄가 있지는 않을 것이다. 그는 자기가 악을 향해 간다는 것을 알고, 거기서 빠져나오겠다는 결심을 꾸준히 하지 않기 때문이다. 그 결심을 꾸준히 하고 있으면, 내게로 올 것이다…. 그러나 오지 않는다…. 독이 스며드는데, 내가 가까이 있는 것도 그것을 깨끗하게 하지 못한다. 그것을 바라기는 고사하고 그것을 피하기 때문이다…. 사람들아, 너희들의 잘못은 내가 너희들에게 더 필요할 때에 너희들이 나를 피하는 것이다"(이것은 예수께서 안드레아에게 대답하신 말씀이다).

"그러나 그 사람이 어떤 때 선생님께로 왔습니까? 선생님은 그를 아십니까? 저희들도 그를 압니까?"

"마태오야, 나는 사람들이 나를 알기 전에도 그들을 안다. 너도 그것을 알고, 사람들도 그것을 안다. 내가 너희들을 알기 때문에 너희들을 불렀다."

"그러나 저희가 그 사람을 압니까?" 하고 마태오가 재차 묻는다.

"그래 너희들은 너희 선생에게로 오는 사람들을 알지 못할 수가 있느냐? 너희들은 내 벗들이고, 나와 음식과 휴식과 피로를 함께 한다. 나는 내 집까지도, 내 거룩하신 어머니의 집까지도 너희들에게 열어 주었다. 내가 너희들을 그 집으로 데려가는 것은 거기서 풍기는 기운과 내 어머니의 목소리와 명령이 너희들로 하여금 하늘을 이해할 수 있게 하기 위해서이다. 나는 마치 의사가 어떤 병의 후유증에서 겨우 벗어난 그의 환자들을 다시 해롭게 될 수 있는 병의 나머지 증세를 이겨서 그들을 튼튼하게 하는 건강에 이로운 샘으로 데려가듯이 너희들을 내 어머니께로 데려간다. 그러므로 너희들은 내게로 오는 사람을 다 알고 있다."

"어떤 도시에서 그를 만나셨습니까?"

"베드로야, 베드로야!"

"맞습니다, 선생님. 저는 험담하기 좋아하는 여자보다 더 나쁩니다. 그러나 이것은 사랑입니다. 아시겠지요…."

"안다. 따라서 네 결점이 내게 불쾌감을 주지 않는다고 네게 말한다. 그러나 그 결점을 제거해야 한다."

"그러겠습니다, 주님."

오솔길이 줄지어 서 있는 나무들과 도랑 사이에 끼여서 좁아진다. 그래서 집단이 흩어진다. 예수께서는 마침 가리옷 사람과 말씀하시며, 그에게 지출과 애긍에 대한 명령을 주신다. 다른 사도들은 뒤에 두 사람씩 따라 온다. 베드로는 뒤에 혼자서 온다. 그는 곰곰 생각하고 있다. 그는 머리를 숙이고 하도 그의 생각에 골몰해서 걷는 나머지, 그가 다른 사람들과 많이 떨어져 있다는 것을 알아채지 못한다.

"어! 여보시오!" 하고 지나가던 말탄 사람이 그를 불러세운다.

"당신도 나자렛 선생과 같이 있소?"

"그렇소, 왜 그러오?"

"당신들 예리고로 가오?"

"당신은 그걸 꼭 알고 싶소? 난 아무 것도 알지 못하오. 나는 선생님을 따라 가고, 아무 것도 여쭈어보지는 않소. 선생님이 어디로 가시든지, 좋소. 길은 예리고로 가는 길이오만, 우리가 데카폴리스로 돌아갈 수도 있을 거요. 그럴 수도 있는 일이오. 더 알고 싶거든, 선생님은 저기 계시오."그 사람은 말에 박차를 가한다. 그리고 베드로는 뒤에서 이상하게 얼굴을 찡그리면서 투덜거린다. "이 양반, 나는 당신을 신용하지 않소. 당신들은 모두 한떼의 개와 같단 말이오! 나는 배반자가 되고 싶지 않소. 나는 나 스스로에게 맹세하오. '이 입은 봉해져 있을 거다' 하고. 자 이렇소." 그리고 마치 입술에 자물쇠를 채우는 것과 같은 표를 한다.

말탄 사람은 예수 계신 데로 가서 불러세운다. 그로 인하여 베드로는 다른 사람들 있는 데로 갈 수 있게 되었다. 그 사람이 다시 떠나갈 때에 손으로 가리옷 사람에게 인사를 한다. 맨 끝으로 온 베드로밖에는 아무도 그것을 알아채지 못하였다. 그런데 베드로는 그 인사를 달갑게 여기지 않는 것 같다. 베드로는 유다의 소매를 잡고 묻는다.

"누군가? 저 사람을 아나? 어떻게?"

"안면은 있네. 예루살렘의 부자야."

"자넨 고위층에 친구들이 있구먼! 좋아…, 잘만 된다면 말 좀 해 보게. 저 여우같은 얼굴은 한 사람이 자네에게 그렇게도 많은 일을 말해 주는 건가?…."

"무슨 일을?"

"그야, 선생님에 대해서 자네가 안다고 말하는 그 일들 말이야!"

"내가?"

"그래, 자네가. 자넨 저 비가 오고 진흙이 질척거리던 날을 기억 못하나? 강물이 불었을 때 말이야."

"아! 아니야! 아니야! 아니, 자네는 기분이 나빴을 때 한 말을 아직도 기억하고 있나?"

"나는 예수께 해가 될 수 있는 것은 모두 생각하네. 일이고, 사람이고, 친구고, 원수고… 그리고 나는 예수께 해를 끼치고자 하는 사람에게 내가 하는 약속을 지킬 준비를 항상 갖추고 있네. 안녕."

유다는 베드로가 가는 것을 이상한 태도로 바라 본다. 놀람과 고통과 원한이 있고, 그 이상의 것. 증오가 있는 것 같기도 하다.

베드로는 예수 계신 곳까지 가서 예수를 부른다.

"오! 베드로! 오너라!" 그러시면서 그의 어깨에 팔을 얹으신다.

"그 텁수룩한 유다인은 누구였습니까?"
"텁수룩하다고, 베드로야? 그 사람 한껏 모양을 내고, 향기를 풍기던 걸!"
"그의 양심이 텁수룩합니다. 예수님, 경계하십시오."
"내게는 아직 때가 되지 않았다고 네게 말했다. 그리고 때가 되면, 어떤 경계도 나를 구하지 못할 것이다…. 내가 나 자신을 구하기를 원해도 말이다. 만일 내가 나를 구하고자 하면 돌들까지도 소리를 지르며 나를 끌고 갈 것이다."
"그럴지도 모릅니다…. 그러나 경계하십시오…. 선생님?"
"무슨 일이냐, 베드로야?"
"선생님… 말씀 드릴 일 하나가 있고, 제 마음을 찍어 누르는 무거운 짐이 있습니다."
"한 가지 일? 무거운 짐?"
"예. 무거운 짐은 죄이고, 일은 충고입니다."
"죄부터 시작해라."
"선생님… 저는… 저는 미워합니다…. 선생님은 미워하지 말라고 하시니까 제가 미워하지 않으면, 보십시오. 저희들 중의 한 사람에 대해서 혐오감을 느낍니다. 저는 발정기에 있는 뱀들의 역한 냄새가 나오는 굴 옆에 있는 것 같습니다…. 그리고 그 뱀들이 선생님을 해치려고 그 굴에서 나오지 않기를 바랍니다. 그 사람은 뱀굴이고, 그 자신 마귀와 발정기에 있습니다."
"어디서 그런 결론을 끌어내느냐?"
"체!… 모르겠습니다. 저는 촌놈이고 무식쟁이입니다. 그러나 바보는 아닙니다. 저는 바람과 구름을 알아채는 데 습관이 되어 있습니다…. 그래서 사람들의 마음을 알아채게도 됩니다. 예수님… 저는 무섭습니다."
"베드로야, 판단하지 말아라. 의심해서는 안 된다. 의심은 망상을 만들어낸다. 그래서 있지 않은 것들을 보게 된다."
"제발 아무 것도 없었으면 좋겠습니다. 그러나 저는 자신이 없습니다."
"베드로야, 그게 누구냐?"

"가리옷의 유다입니다. 유다는 고위층에 친구들을 가졌다고 자랑합니다. 그리고 방금 그 수상한 사람이 아는 사람에게 인사하듯이 그에게 인사했습니다. 전에는 그런 친구들이 없었는데요."

"유다는 돈이나 물건을 받고 나누어 주는 사람이다. 그래서 부자들 집에 드나들 기회가 있다. 그는 빈틈없이 행동한다."

"예, **빈틈없이 행동합니다**…. 선생님, 진실을 말씀해 주십시오. 선생님은 수상히 여기지 않으십니까?"

"베드로야, 너는 네 마음 때문에 내게 소중하다. 그러나 나는 네가 완전하기를 원한다. 순종하지 않는 사람은 완전하지 못하다. 나는 판단하지 말고, 의심하지 말라고 말했다."

"그러나 우선, 선생님은 제게 말씀을 하지 않으시는데…."

"우리는 곧 예리고 근처에 가게 될 터인데, 거기서 우리를 자기 집에 받아 들일 수 없는 어떤 여인을 기다린다…."

"왜요? 죄녀입니까?"

"아니다. 불행한 여자이다. 너를 몹시 걱정시킨 그 말탄 사람이 나더러 그 여자를 기다리라고 말하러 왔었다. 그래서 내가 그 여자를 위해서 아무 것도 할 수 없다는 것을 알지만 기다리겠다. 그런데 그 여자와 또 그 말탄 사람에게 내 행방을 일러준 사람이 누군지 아느냐? 유다이다. 유다가 그 유다인을 아는 진정한 이유를 알겠지."

베드로는 부끄러워서 머리를 숙이고 입을 다문다. 아마 확신은 가지지 못하고 아직 호기심은 가지고 있을 것이다. 그러나 잠자코 있다.

예수께서는 도시의 성곽 밖에서 걸음을 멈추시고, 피곤하셔서 샘 위에서 해를 가려 주는 작은 숲의 그늘에 앉으신다. 샘 근처에서는 네발 짐승들이 수조에서 물을 마시고 있다. 제자들도 앉아서 기다린다. 이곳은 이 도시의 별로 중요하지 않은 동네인 것 같다. 분명히 여행 중에 있는 상인들의 소유일 것이 틀림없는 말과 나귀들을 빼놓고는 사람이 별로 없기 때문이다.

짙은 빛깔 겉옷에 푹 감싸이고 얼굴을 거의 가린 한 여자가 이 쪽으로 온다. 두껍고 짙은 빛깔의 베일이 얼굴 중간까지 내려왔다. 조금 전의 말탔던 사람이 이제는 걸어서 그 여자와 같이 오고, 화려한 옷을 입은 다른 사람 셋도 같이 있다.

"선생님, 안녕하십니까?"

"당신들에게 평화."

"이 여자입니다. 말씀을 들으시고, 이 여자의 소원을 들어주십시오."

"내가 할 수 있으면요."

"선생님은 무엇이든지 하실 수 있습니다."

"사두가이파 사람인 당신이 그렇게 생각하시오?" 사두가이파 사람은 아까 말을 타고 왔던 사람이다.

"저는 제가 보는 것은 믿습니다."

"그런데 당신은 내가 할 수 있다는 것을 보았소?"

"보았습니다."

"그러면 왜 내가 그렇게 할 수 있는지 아시오?" 말이 없다. "당신이 어떻게 내가 그렇게 할 수 있다고 판단하는지 내게 말할 수 있겠소?" 말이 없다.

예수께서는 이제 그 사람도 다른 사람들도 상관하지 않으신다. 그리고 여자에게 말씀하신다.

"무슨 일이오?"

"선생님… 선생님…."

"걱정하지 말고 말하시오."

여자는 같이 온 사람들을 힐끗 곁눈질 해 본다. 그런데 그들은 이 곁눈질을 그들 나름대로 해석한다.

"이 여자의 남편이 병이 들었는데, 그를 고쳐 주십사고 청하는 것입니다. 그 사람은 헤로데의 조정에 유력한 인사입니다. 선생님은 그의 청을 들어 주시는 것이 유리할 것입니다."

"이 여자가 유력하기 때문에가 아니라 불행하기 때문에, 만일 할 수 있으면, 청을 들어주겠소. 이 말은 내가 벌써 한 말이오. 당신 남편이 어떻게 되었소? 남편은 왜 오지 않았소? 그리고 왜 내가 남편을 만나러 가는 것을 싫어하시오."

또 말이 없고, 또 다시 힐끗 곁눈질을 한다.

"증인없이 내게 말하고자 하는 거요? 이리 오시오." 그들은 몇 걸음 비켜난다.
 "말하시오."
 "선생님… 저는 선생님을 믿습니다. 선생님께 제 남편과 저와 저희들의 불행한 생활을 모두 아신다고 확신할 만큼 저는 선생님을 믿습니다…. 그러나 제 남편은 믿지 않습니다…. 남편은 선생님을 미워합니다…. 남편은…."
 "그러나 당신 남편은 믿음을 가지고 있지 않기 때문에 나을 수가 없습니다. 그 사람은 내게 대한 믿음만 없는 것이 아니고, 참 하느님께 대한 믿음도 없소."
 "아! 선생님께서도 아십니까?" 그 여자는 절망적으로 운다.
 "제 집은 지옥입니다! 지옥이요! 선생님께서는 마귀들린 사람들을 구해 주십니다. 그러니까 마귀가 어떤 것인지 아십니다. 그러나 저 치밀하고 영리하고 불성실하고 유식한 마귀를 아십니까? 그 사람이 어떤 퇴폐로 이끌어가는지 아십니까? 그 주위에 어떤 파멸을 만들어 놓는지 아십니까? 제 집이요? 그것이 집입니까? 아닙니다. 지옥의 문지방입니다. 제 남편이요? 그것이 제 남편입니까? 이제는 병이 들어서 제게 대해서 관심이 없습니다. 그러나 그가 건강하고 사랑을 갈망할 때에, 저를 안고, 저를 붙들고, 저를 차지하던 것이 사람이었습니까? 아닙니다. 저는 마귀의 나사에 붙들려 있어서, 마귀의 숨결을 느끼고, 성가시게 구는 마귀와 같은 것을 느꼈습니다.
 저는 남편을 몹시 사랑했고, 지금도 사랑합니다. 저는 그의 아내입니다. 그리고 남편은 제가 겨우 어린 아이를 면했을 때에 제 처녀성을 차지했습니다. 그때 저는 겨우 열네 살이었습니다. 그러나 그 **첫시간**을 기억하고, 또 그 첫시간과 더불어, 처음에는 제 안에 있는 가장 훌륭한 것으로, 그 다음에는 삶과 피로 저를 여인이 되게 한 첫번 포옹의 숫된 느낌을 다시 생각할 때면, 남편이 강신술(降神術)로 더럽혀졌다는 것을 생각하고 몸서리치며 물러나곤 했습니다. 제게는 욕심을 채우려고 저를 찍어누르고 있는 것은 제 남편이 아니라, 그가 불러내는 죽은 사람들인 것 같았습니다…. 그리고 지금도, 지금도 남편이 죽어가면서도 그 마술에 잠겨 있는 것을 보기만 해도, 그에 대한 혐오감을 느낍니다. 제가 보는 것은 남편이 아니라 사탄입니다. 오! 제 고통은 어떤 고통입니까! 죽을 때에도 저는 남편과 같이 있지 못할 것입니다. 율법이 그것을 금하니까요. 선생님, 제 남편을 구해 주십시오. 그에게 바로잡을 시간을 주도록 그를 고쳐 주시기를 청합니다." 여자는 극도로 불안해하며 운다.

"가엾은 여인! 나는 그 사람을 고쳐 줄 **수가 없소**."

"주님, 왜요?"

"그 사람이 낫기를 원치 않기 때문이오."

"아닙니다. 남편은 죽음을 무서워 합니다. 아닙니다, 낫기를 원합니다."

"그 사람은 그것을 원치 않소. 그 사람은 미치광이도 아니고, 자기의 처지를 알지 못하는 마귀들린 사람도 아니고, 자유롭게 생각할 수가 없기 때문에 풀려나기를 원치 않는 마귀들린 사람도 아니오. 억압받은 의지를 가지고 있는 사람도 아니오. 그 사람은 **그렇기를** 원하는 사람이오. 그는 그가 하는 일이 금지된 일이라는 것을 알고 있소. 그는 자기가 이스라엘의 하느님께 저주받은 사람이라는 것을 알지만, 그대로 계속하고 있소. 내가 우선 그의 영혼부터 시작해서 고쳐 주더라도 그는 악마적인 향락으로 돌아갈 거요. 그의 의지가 타락했소. 그는 반역자요. 나는 할 수 없소."

여자는 더 크게 운다. 그 여자와 같이 온 사람들이 그 여자에게로 가까이 온다.

"이 여자를 만족시켜 주지 않으십니까, 선생님?"

"나는 할 수 없습니다."

"내가 당신들에게 그 말을 했었소. 그런데 그 이유는요?"

"사두가이파 사람인 당신이 그것을 물으시오? 열왕기를 참조하시오. 사무엘이 사울에게 무슨 말을 했는지, 또 엘리야가 오코지아에게 무슨 말을 했는지 읽어 보시오. 예언자의 영은 죽은 자들의 나라에서 자기를 불러냄으로 자리를 뜨게 했다고 왕을 비난하오. 그렇게 하는 것은 허용되지 않소. 존재하는 모든 것의 창조주이시고 주님이시며, 생명과 죽은 사람들을 지키는 분이신 하느님의 말씀을 기억하지 못하면, 레위기를 읽어 보시오. 죽은 자들과 산 사람들이 하느님의 손 안에 있으니, **당신들에게는 그들을 하느님의 손에서 빼앗는**

것이 허용되지 않소. 참된 호기심으로도, 독성적(瀆聖的)인 폭력으로도, 저주받은 불신으로도.

 당신들은 무엇을 알고자 하오? 영원한 미래가 있는가 하고? 그러면서 당신들은 하느님을 믿는다고 말하고 있소. 하느님이 한 분 계시면 하느님도 조정(朝廷)을 가지셨을 거요. 그런데 그 조정은 하느님과 같이 영원한 영으로 이루어진 영원한 것이 아니오? 당신들이 하느님을 믿는다고 말하면서 왜 하느님의 말씀을 믿지 않소? 하느님의 말씀은 '점을 치지 말고, 꿈을 관찰하지 말라'고 하시지 않았소? 하느님께서는 '누가 마술사와 점쟁이에게 문의하고 그들과 깊은 관계를 맺으면, 내 얼굴을 그에게로 돌리고 그를 그의 백성 가운데에서 추방하겠다'고 말씀하시지 않소? '너희들의 형편에 맞는 신들을 만들어 가지지 말라'고 말씀하시지 않소?

 그런데 당신들은 누구요? 사마리아 사람과 미친 사람들이요, 그렇지 않고 이스라엘의 아들들이오? 그리고 당신들은 무엇이오? 바보들이오, 그렇지 않고 이치를 따질 수 있는 사람들이오? 또 만일 당신들이 영혼의 불사불멸을 부인하기 위하여 추론을 한다면, 왜 죽은 사람들을 불러내시오? 만일 사람에게 생명을 주는 저 무형의 부분이 불멸의 것이 아니라면, 죽은 다음에는 사람에게서 무엇이 남아 있소? 부패와 해골, 벌레가 파먹고 남은 검게 타버린 해골이오. 또 만일 당신들이 그의 건강을 회복시켜 달라고 청하는 그 사람이 하는 것과 같이, 병나음과 돈과 대답을 얻기 위하여 우상들과 징조들에 도움을 청할 정도로 하느님을 믿지 않으면 어떻게 되겠소? 왜 이 말을 하냐 하면, 당신들은 당신들 형편에 맞는 신들을 만들어 가지고, 그들이 하느님께서 당신들에게 하시는 말씀보다 더 참되고 더 거룩하고 더 숭고한 말을 해 줄 수 있다고 믿기 때문이오. 이제 나는 당신들에게 엘리야가 오코지아에게 한 것과 같은 대답을 하겠소. '당신은 왜 이스라엘에 문의할 수 있는 하느님이 안 계신 것처럼 아카론의 신인 베엘제불에게 문의하라고 사자들을 보냈소? 이 때문에 당신이 올라간 침대에서 내려오지 못할 것이고, 당신은 틀림없이 죄 중에서 죽을 것이오' 하고."

 "역시 당신이 우리를 모욕하고 공격하는구려. 나는 당신에게 지적하겠는데, 우리가 당신에게로 온 것은⋯."

"나를 함정에 끌어넣으려고 온 것이지요. 그러나 나는 당신들의 마음을 알아채오. 이스라엘의 적에게 매수된 헤로데 당원들, 가면을 벗으시오! 거짓되고 잔인한 바리사이파 사람들, 가면을 벗으시오! 진짜 사마리아 사람들인 사두가이파 사람들, 가면을 벗으시오! 사실과 반대되는 말을 하는 율법학자들, 가면을 벗으시오! 하느님의 율법을 어기고, 진리의 적이고, 악의 공모자인 당신들 모두, 가면을 벗으시오! 하느님의 집을 더럽히는 사람들, 가면을 벗으시오! 약한 양심들을 끌고 가는 당신들, 가면을 벗으시오! 희생자를 스치고 지나온 바람 속에서 희생자의 냄새를 맡고, 그 발자취를 따라 가며, 죽이기에 유리한 시간을 기다리며 길목을 지키고, 피의 맛을 미리 맛보는 입술을 핥으며, 그 시간을 꿈꾸는 재칼같은 사람들, 가면을 벗으시오!⋯.

민족들 가운데에서도 '맏아들의 권리를 강남콩 한줌보다도 못한 값을 받고 팔아서 축복을 받지 못하게 된 고물 장수와 밀통자들. 다른 민족들이 하느님의 어린 양의 털로 짠 옷을 입을 것이고, 참 그리스도들처럼 지극히 높으신 분의 눈 앞에 나타날 것이오. 그리고 그들에게서 풍겨 나오는 당신의 그리스도의 향기를 맡으시고는 이렇게 말씀하실 거요. '이것이 내 아들의 향기이다! 하느님의 축복을 받은 꽃이 만발한 밭의 냄새와 같은 향기! 너희들 위에 하늘의 이슬인 은총이 내릴 것이고, 너희들 안에 땅의 풍요함, 즉 내 피의 열매들이 있을 것이다. 너희에게 밀과 포도주의 풍요가 있을 것이니, 즉 사람들이 생명을 얻고 내게 대한 기억을 하라고 내가 그들에게 줄 내 몸과 내 피이다. 민족들이 너희들에게 봉사하고, 사람들이 너희 앞에 머리 숙이기를 바란다. 내 어린 양의 표가 있을 그곳에 하늘이 있을 것이기 때문이다. 그리고 땅은 하늘에 복종할 것이다. 내 그리스도를 따르는 사람들은 빛을 가지고 있기 때문에 정신의 왕이며, 내 그리스도의 도움을 바라면서 이 빛을 향하여 다른 사람들이 눈을 돌릴 것이므로, 너희들은 너희 형제들의 우두머리가 될 것이다. 그들 앞에 너희들의 어머니의 아이들, 즉 땅이 머리 숙이기를 바란다. 그렇다, 땅의 모든 자녀들이 어느날 내 표 앞에서 머리를 숙일 것이다.

199. 강신술사(降神術師) 사두가이파 사람의 아내

너희들을 저주하는 사람은 저주를 받고, 너희에게 축복하는 사람은 축복을 받기 바란다. 너희들에게 주는 저주와 축복이 너희들의 아버지요 너희들의 하느님인 내게로 오기 때문이다.' 지극히 높으신 분께서 이렇게 말씀하실 것이오. 당신들의 영혼의 사랑하는 신부 같은 참 믿음을 가질 수 있으면서 사탄과 그의 거짓 주의와 밀통하는 밀통자들, 당신들에게 이렇게 말씀하실 것이오. 암살자들, 당신들에게 이렇게 말씀하실 것이오. 양심의 암살자들, 육체의 암살자들. 여기에 당신들의 희생자가 있소. 그러나 암살을 당하는 마음이 둘 있지만, 육체는 요나의 시간만큼 밖에는 당신들이 가지지 못할 것이오. 그리고 그는 자기의 불멸의 본질과 결합하여 당신들을 심판할 것이오."

이 논고를 하시는 예수님은 무서우시다. 무시무시하시다! 나는 마지막 날에 이러하시리라고 생각한다.

"그런데 그 암살자들이 어디 있소? 당신은 헛소리를 하고 있소! 당신이 베엘제불의 밀통자요. 당신은 베엘제불과 밀통하고, 그이 이름으로 기적을 행하오. 그리고 우리는 하느님의 우정을 가지고 있기 때문에, 우리의 경우에는 당신이 능력이 없소."

"사탄은 자기 자신을 내쫓지 않소. 그런데 나는 마귀들을 내쫓소. 그러면 누구의 이름으로 내쫓는 거요?" 대답이 없다.

"대답하시오!"

"아니, 이 마귀 접한 자를 상관할 필요가 없소! 내가 당신들에게 이 말을 했었는데, 당신들은 믿지 않았소. 이자에게서 직접 들으시오. 나자렛의 미치광이, 대답하시오. 쉬에만플로라스크를 아시오?"

"나는 그것이 필요없소!"

"당신들 들었지요? 또 한 가지 질문 하겠소. 당신 에집트에 간 일이 없소?"

"간 일이 있소."

"보시오. 누가 강신술사이고, 누가 사탄이오? 소름끼치는 일이오! 아주머니, 오시오. 당신의 남편은 이 자에 비하면 성인이오. 오시오! …. 아주머니는 정결례를 해야겠습니다. 사탄을 만졌으니까!…." 그러면서 그들은 심한 불쾌감을 나타내는 몸짓을 하며 우는 여인을 끌고 간다.

예수께서는 팔짱을 끼시고 반짝이는 눈으로 그들을 지켜보신다.

"선생님… 선생님…." 사도들은 예수의 맹렬함과 동시에 유다인들의 말 때문에 겁을 집어먹었다.

베드로가 질문을 하는데, 그 말을 하면서 몸을 몹시 구부린다. "그 사람들의 마지막 질문은 무슨 뜻이었습니까? 그것이 무엇입니까?"

"뭣 말이냐? 쉬에만플로라스크 말이냐?"

"예. 그게 뭡니까?"

"그것은 생각하지 말아라. 그들은 진리를 거짓말과 혼동하고 하느님을 사탄과 혼동한다. 그리고 그들의 악마적인 교만으로 하느님께서 사람들의 뜻에 따르시기 위하여는 당신의 야훼라는 말로 청원을 받으실 필요가 있다고 생각한다. 아들은 아버지와 더불어 참된 언어로 말하며, 이 언어를 통해서 아버지와 아들 서로간의 사랑으로 기적들이 행해지는 것이다."

"그러나 왜 그 사람이 선생님께 에집트에 가신 일이 있느냐고 물었습니까?"

"악은 치고자 하는 사람에 대한 고발장을 내기 위하여는 가장 해가 없는 것들도 사용하기 때문이다. 내가 어렸을 때 에집트 땅에 머무른 것이 그들이 복수를 할 시간에 고소조항 중의 하나가 될 것이다. 너희들과 너희 후계자들은 몹시 교활한 사탄과 그의 충실한 종들을 상대할 때에는 이중으로 간사해야 한다는 것을 알아라. 이 때문에 내가 너희들에게 '비둘기처럼 순진하지만 말고 뱀처럼 꾀바르라'고 말했다. 이것은 마귀의 손에 아주 작은 무기도 들려 주지 않기 위해서이다. 그러나 이것도 소용없다. 가자."

"어디로 갑니까, 선생님? 예리고로 갑니까?"

"아니다. 배를 타고 다시 데카폴리스로 건너가자. 에논이 있는 데까지 요르단강을 거슬러 올라가서 배를 내리자. 그런 다음 겐네사렛 호숫가에서 다른 배를 타고 티베리아로 건너가고, 거기서 가나와 나자렛으로 가자. 나는 어머니가 필요하다. 너희들도 내 어머니가 필요하다. 그리스도가 말로 하지 못하는 것을 마리아는 침묵으로써 한다. 내 능력이 하지 못하는 것을 내 어머니의 순결이 한다. 오! 어머니!"

"선생님, 우십니까? 선생님 우십니까? 오! 안 됩니다! 저희가 선생님을 지키겠습니다! 저희들은 선생님을 사랑합니다!"

"나는 울지 않는다. 그리고 나를 해치고자 하는 사람들을 두려워하지 않는다. 내가 우는 것은 사람들의 마음이 벽옥(碧玉)보다도 더 굳고, 그들 중의 많은 마음에 대해서 내가 **아무 것도** 할 수가 없기 때문이다. 오너라, 벗들아."

일행은 강가에 이르러서 배로 강을 거슬러 올라간다. 모든 것이 이렇게 끝난다.

200. "기도는 너희를 하느님과 결합시킬 수 있지만 주문(呪文)은 그렇게 하지 못한다"

예수께서 말씀하신다.

"너와 너를 지도하는 사람은 베드로에게 한 내 대답을 많이 묵상하여라.

세상은 ─ 그런데 세상이라는 말로 나는 평신도들만을 뜻하는 것은 아니다. ─ 초자연적인 것을 부인한다. 그러나 곧 이어 하느님의 표시를 보고는 그것들을 이내 설명하는데, 초자연적인 것으로 설명하지 않고, 숨은, 불가해(不可解)한 힘으로 설명한다. 세상은 두 가지 다른 것을 혼돈하는 것이다. 이제는 잘 들어라. 하느님에게서 오는것은 초자연적인 것이다. 세상 밖의 근원에서 오지만 그 뿌리가 하느님 안에 박혀 있지 않은 것은 불가해한 것이다.
정말 잘 들어라. 영들이 너희들에게 올 수 있다. 그러나 어떻게 오느냐? 두 가지로 올 수 있다. 하느님의 명령으로나 사람의 폭력으로. 하느님의 명령으로 천사들이 오고, 지극한 행복을 누리는 사람들과 벌써 하느님의 빛 속에 있는 영들이 온다. 사람의 폭력으로도 영들이 올 수 있는데, 이 영들은 활동적인 은총은 없어졌더라도 은총의 기억은 아직 남아 있는 인간의 지역보다 더 낮은 지역에 잠겨 있기 때문에, 인간도 그들에 대하여는 권위를 가지고 있는 것이다. 처음에 말한 영들은 자발적으로, 오직 하나의 명령, 즉 내 명령에 순종해서 온다. 그리고 그들은 너희들이 알기를, 내가 원하는 진리를 가지고 온다. 그러나 다른 영들은 복잡하게 결합한 힘으로, 즉 우상숭배하는 사람과 사탄 ─ 우상의 합친 힘으로 온다. 그 힘들이 너희들에게 진리를 줄 수 있느냐? 아니다. 한번도 못 준다. 절대로 한번도. 주문은, 비록 사탄이 가르친 것이라도 하느님을 사람의 뜻에 굴복시킬 수 있느냐? 아니다. 하느님께서 **항상 스스로** 오신다. 기도는 너희들을 하느님과 결합시킬 수 있지만, 주문은 그렇게 하지 못한다.

그리고 누가 '사무엘이 사울에게 나타났다'고 반대하면 나는 말하겠다. '그것은 여자마술사의 덕택으로 그렇게 된 것이 아니라, 내 뜻으로, 내 율법을 어기는 왕에게 충격을 주고자 하는 목적으로 그렇게 한 것이라'고. 어떤 사람들은 이렇게 말할지 모른다. '예언자들은요?' 하고. 예언자들은 그들에게 **직접 주입되었거나 천사들의 임무로 주입된 진리를 알기 때문에** 말하는 것이다. 또 어떤 사람들은 이렇게 반박할 것이다. '그러면 발타사르왕의 잔치에서 글을 쓰던 손은요?' 하고. 그런 사람들은 다니엘의 대답을 듣기 바란다. '…당신도 보지도 못하고 듣지도 못하고 알지도 못하는 은, 구리, 쇠, 금, 나무, 돌 따위로 만든 신들을 찬양하므로… 하늘의 중재자에게 반대하였고, 당신의 숨 전체와 당신의 모든 움직임이 그 손 안에 있는 그 하느님을 찬미하지 않았습니다. 그렇기 때문에 하느님께서 손가락을 보내셨습니다. (어리석은 왕이요, 어리석은 사람인 당신이 당신 배나 채우고 당신 정신이나 가득 채울 생각을 하고 그 일에만 전념할 때 **자발적으로 보내셨습니다**.) 저기 있는 것을 쓴 저 손의 손가락을 말입니다.'

그렇다. 때로는 하느님께서 너희들이 '영매(靈媒)의'라고 부르는 표시로 너희들에게 상기시킨다. 그러나 그 영매의 표시라는 것이 사실은 너희들을 구하기를 원하시는 사랑의 연민이다. 그러나 너희들은 그것들을 만들어내고자 해서는 안 된다. 너희들이 만들어내는 영매의 표시는 절대로 진실하지 않고, 절대로 유익하지 않으며, 절대로 선을 가져다 주지 못한다. 너희를 파멸시키는 것의 노예가 되지 말아라. 다만 너희들이 불복종에서 너희들의 부정한 본능에 대한 동의**를 찾는 교만한 사람**이기 때문에, 오랜 세월 전부터 내 교회 안에 맡겨져 있는 진리를 따르는 **겸손한 사람**들보다 너희가 더 **총명하다**고 말하지 말고 믿지도 말아라. 많은 세월을 지나온 규율 안으로 돌아와서 머물러 있어라. 모세에서 그리스도까지, 그리스도에서 너희들에게까지, 너희들에게서 마지막 날까지 이 **규율만이 있고, 다른 규율은 없다**. 너희들의 지식이 지식이냐? 아니다. 참 지식은 나와 내

가르침에 있고, 사람의 지혜는 내게 순종하는 데 있다. 호기심에 위험이 없느냐? 그렇지 않다. 너희들이 곧 이어 그 결과를 겪게 될 전염병이다. 너희들이 그리스도를 가지기를 원하면 사탄은 밖으로 내쫓아라. 나는 착하다. 그러나 악의 영과 같이 살려고 오지는 않는다. 나나 사탄, 선택하여라.

오 내 '대변자'야, 이 말을 해 주어야 할 사람들에게 하여라. 이것이 그들에게로 갈 마지막 말이다. 그리고 너와 네 지도자는 신중하여라. 증거들이 큰 원수와 내 친구들의 원수들의 손에서는 검증(檢證)이 된다. 조심들 하여라.

내 평화와 더불어 있어라."

201. "저를 사랑하는 사람들은 갑니다"

"일어나거라, 떠나자. 다시 강으로 가서 배를 구하자. 베드로, 너는 야고보와 같이 가거라. 배가 우리를 베타바라 근처까지 데려다 주었으면 한다. 우리는 솔로몬의 집에서 하루를 지낸다. 그리고…."
"그렇지만 나자렛으로 가는 것이 아니었습니까?"
"안 간다. 나는 밤 동안에 그렇게 결정했다. 너희들에게는 안 됐다마는, 나는 뒤로 되돌아가야 한다."
"저는 기쁩니다!" 하고 마룩지암이 외친다. "저는 선생님과 같이 더 있게 됐으니까요!"
"그렇다. 가엾은 어린 것이 내 곁에서는 매우 고통스러운 날들을 보게 되지만."
"바로 그것 때문에 저는 선생님과 같이 있기를 좋아합니다. 선생님께 사랑을 드리기 위해서요. 저는 그것밖에는 원하지 않아요. 그 이상은 아무 것도 바라지 않아요."
예수께서는 그의 이마에 입맞춤 하신다.
"그러면 베타바라로 다시 지나갑니까?" 하고 마태오가 묻는다.
"아니다. 어떤 어부의 배를 타고 강을 건넌다."
베드로가 야고보와 같이 돌아온다. "선생님, 저녁 때까지는 배가 없습니다…. 그리고… 이 말씀을 드려야 할까요?"
"말해라."
"어떤 사람들이 이리로 지나갔답니다…. 그들이 돈을 듬뿍 주었거나 위협을 몹시 했나 봅니다…. 오늘 저녁에도 선생님이 배를 발견하시리라고 생각지 않습니다…. 그들은 무자비합니다…." 베드로는 한숨을 쉰다.
"상관없다. 길을 떠나자…. 그러면 주님이 우리를 도와주실 것이다."

계절이 좋지 않아서, 비가 오고 진흙탕이 있다. 길은 질척거리고, 강둑길을 따라 가느라면, 강을 끼고 많이 내린 밤이슬이 비에 보태진다. 그러나 일행은 그럼에도 불구하고 길옆에 있는 좁은 둔덕으로 해서 간다. 그곳은 질기도 덜하고, 비를 약간 막아 주는 줄지어 서있는 포플라 때문에, 가늘기는 하지만 계속적으로 내리는 빗방울을 덜 맞게 된다. 그렇지만 바람이 휙 불어서 가지에 달려 있던 물방울이 모두 단번에 쏟아지지 않을 때만 그렇다.

"이봐! 지금은 선생님의 때인 걸!" 하고 토마가 그의 옷을 치켜 올리며 초연하게 말한다.

"선생님의 시간이야!" 하고 바르톨로메오가 확인하며 한숨을 쉰다.

"어디 가서 말리세. 그들 모두가… 우리에게 흥분해 있진 않겠지" 하고 베드로가 말한다.

"그래도 배를 얻을 수 있겠지…. 그러지 말라는 법은 없어!" 하고 알패오의 야고보가 말한다.

"우리가 돈이 있으면 무엇이든지 얻을 수 있을 거야. 그렇지만 선생님은 내가 물건을 팔러 예리고로 가는 걸 원치 않으셨어!" 하고 가리옷의 유다가 말한다.

"잠자코 있어! 제발. 선생님은 몹시 슬퍼하고 계셔. 잠자코 있으라구!" 하고 요한이 애원하며 말한다.

"잠자코 있겠네. 그리고 한 걸음 더 나아가 선생님의 명령을 기뻐하기만 하네. 그러면 예리고 근처의 사두가이파 사람들을 내가 보냈다는 말은 하지 못할 거야." 그러면서 베드로를 바라본다. 그러나 베드로는 생각에 잠겨 보지도 못하고 아무 말도 대답하지 않는다.

그들은 간다. 흐린 날씨에 안개처럼 가는 보슬비를 맞으며 간다. 이따금씩 서로 말을 한다. 그러나 말은 보이지 않는 상대자와의 대화의 결론인 것 같기 때문에, 자기 자신들에게 말하는 것 같다.

"우리는 결국 어떤 곳에 가서 멈추어야 하겠는데."

"어디나 다 마찬가지야. **그들은** 어디든지 오니까."

"아무래도 박해를 받을 바에야 도시에서 쉬는게 낫지. 적어도 비는 맞지 않으니까."

"그렇지만 그들이 결국 어떻게 하겠다는 건가?"
"가엾은 마리아 어머님! 어머님이 이걸 아신다면!"
"지극히 높으신 하느님, 당신 종들을 보호하소서!" 등등. 그런 다음 모여서 작은 소리로 의논한다.

예수께서는 혼자 앞서 가신다…. 혼자서! 마륵지암과 열성당원이 따라 미칠 때까지는.

"다른 사람들은 배가 있나 보려고 강가로 내려갔습니다…. 그러면 더 빨리 갈 테니까요. 저희들이 같이 있어도 되겠습니까?"

"오너라. 너희들은 아까 무슨 말을 했느냐?"

"선생님의 고통에 대해서요."

"또 사람들의 증오에 대해서 말했습니다. 선생님의 고통을 덜어 드리고, 증오를 억제하기 위해서 저희들이 어떻게 할 수 있습니까?" 하고 열성당원이 묻는다.

"내 고통을 위하여는 너희들의 사랑이 있다…. 증오를 위하여는… 그것을 견디는 길밖에 없다…. 이것은 세상의 목숨과 더불어 끝나는 것이다…. 그리고 이 생각은 참을성과 용기를 주어서 증오를 견디게 해 준다. 마륵지암! 어린 아이! 왜 불안해 하느냐?"

"이 때문에 도라가 생각나서 그럽니다."

"네 말이 옳다. 너를 집으로 돌려보낼 때가 되었다…."

"아니예요! 예수님! 아니예요! 왜 제가 하지 않은 악 때문에 저를 벌하려고 하세요?"

"너를 벌하려는 것이 아니라 너를 보호하려는 것이다…. 나는 네가 도라 생각을 하는 것을 원치 않는다. 그 기억으로 네 마음 속에 무엇이 일어나느냐? 대답해라…."

마륵지암은 고개를 숙이고 운다. 그러다가 얼굴을 들고 말한다.

"선생님 말씀이 옳아요. 제 정신은 보고서 용서할 수가 없어요. 아직 그럴 능력이 없어요. 그렇지만 왜 저를 멀리 하세요? 선생님이 고통을 당하시면, 저는 선생님 곁에 남아 있는 것이 더 도리가 아니예요? 선생님은 저를 늘 위로해 주셨어요, 저는 이제는 작년에 선생님께 '제게 선생님의 고통을 보여주지 마세요' 하고 말하던 어리석은 어린 아이가 아니예요. 저는 이제 정말 어른이 됐어요. 주님, 그냥 있게 허락해 주세요! 오! 시몬 아저씨가 선생님께 그 말을 해 주세요!"
  "선생님은 우리에게 좋은 일이 어떤 것인지 아신다. 또 어쩌면… 선생님이 네게 무슨 일을 맡기고자 하시는지도 모른다…. 나는 모르겠다…. 내 생각을 말하는 것이다…."
  "네가 제대로 말했다. 나는 기꺼이 이 애를 등불 명절 이후까지 데리고 있으려고 했다. 그러나… 내 어머니는 저기 혼자 계신다. 증오에 대한 소문은 도가 지나친다. 내 어머니는 필요 이상으로 염려하실지도 모른다. 내 어머니는 혼자 계시고, 틀림없이 울고 계실 것이다. 너는 어머니께 가서 내가 인사를 드린다고, 이제 등불 명절이 지난 다음에 만나 보려고 기다린다고 말씀 드려라. 그리고 마륵지암아, 다른 것은 아무 것도 말씀드리지 말아라."
  "그렇지만 물어보시면요?"
  "오! 너는 거짓말 안 하고 이렇게 말씀드릴 수 있다…. 어머니의 예수의 생명은 에타민달의 이 하늘 같다고. 구름과 비, 때로는 돌풍도 있다. 그러나 해가 나는 날도 없지 않다. 잠자코 있는 것은 거짓말 하는 것이 아니다. 네가 본 기적을 말씀드려라. 엘리사가 나와 같이 있고, 아나니아는 나를 아버지처럼 맞아 들였고, 노베에서는 내가 어떤 착한 이스라엘 사람의 집에 있다고 말씀드려라. 나머지는… 나머지에 대해서는 침묵을 지켜라. 그런 다음 폴피레아에게로 가서 내가 부를 때까지 거기 있어라."
  마륵지암은 크게 운다.
"왜 그렇게 우니? 마리아 어머님한테 가는 게 기쁘지 않니? 어제는 좋아하더니…" 하고 시몬이 말한다.
  "어제는 그랬어요. 다들 그리 가는 것이었으니까요. 또 그리고 저는 선생님을 다시 보지 못할까봐 걱정이 되기 때문에 울어요…. 오! 주님! 주님! 지난 얼마 동안처럼 행복한 날이 다시는 영영 없을 거예요!"
  "우리는 또 만나게 된다. 마륵지암아, 약속한다."
  "언제요? 과월절 전은 아니지요? 시간이 오래 걸려요!" 예수께서는 잠자코 계신다. "정말 과월절 전에는 저를 안 보시겠어요?"

예수께서는 아직 가냘픈 그의 어깨에 한 팔을 감아 당신께로 끌어당기시며 말씀하신다. "왜 미래를 알고자 하느냐? 우리는 오늘은 있다가, 내일 존재하지 않게 된다. 사람은 아무리 부자이고 아무리 권력이 있어도 그의 생명에 하루도 보탤 수가 없다. 그의 생명은 미래 전체와 마찬가지로 하느님의 손 안에 있다…."

"그렇지만 과월절에는 제가 성전에 **가야 합니다**. 저는 이스라엘 사람이니까요. 선생님은 저더러 죄를 지으라고는 못하시지요!"

"너는 죄를 짓지 않을 것이다. 그리고 네가 절대로 짓지 않겠다고 내게 약속해야 하는 첫째 죄는 불복종의 죄다. 너는 항상 순종해라. 지금 내게, 다음에는 내 이름으로 네게 말할 사람에게. 약속하느냐? 네 선생님이요 네 하느님인 내가 내 아버지께 순종했고 또 내 생애의 끝까지… 순종하리라는 것을 기억해라." 예수께서는 이 마지막 말씀을 하실 때에 엄숙하시다.

마륵지암은 매혹된 것처럼 말한다.

"순종하겠어요. 선생님과 영원하신 하느님 앞에서 맹세합니다."

침묵이 흐른다. 그리고 열성당원이 묻는다. "이 애 혼자 갑니까?"

"물론 아니다. 제자들과 같이 갈 것이다. 이사악 말고도 다른 제자들을 만날 것이다."

"이사악도 갈릴래아에 보내십니까?"

"그렇다. 이사악은 내 어머니를 모시고 돌아올 것이다."

강에서 부른다. 세 사람은 움직여 길을 건너질러 물 쪽으로 간다.

"보십시오, 선생님. 저희들은 발견했습니다만, 이들은 원치 않습니다. 이 사람들은 기적을 입은 사람의 친척들입니다. 그러나 이들은 저 마을에 모래를 가져 간답니다. 그곳까지 걸어가야 합니다. 그런 다음 우리를 태운답니다."

"하느님께서 그들에게 갚아 주시기를. 우리는 오늘 저녁에는 아나니아의 집에 갈 것이다."

베드로는 만족하여 길 쪽으로 다시 올라온다. 그리고 마륵지암의 불안한 얼굴을 본다.

"무슨 일이냐? 이 애가 어떻게 했습니까?"

"잘못된 것 아무 것도 없다. 제자들을 만나는 첫번 장소에 가게 되면 이 애를 집으로 돌려보내겠다고 말했다. 그랬더니 그것을 슬퍼하는 것이다."
 "집으로… 예!… 아니, 그건 당연합니다…. 계절이…." 베드로는 곰곰 생각한다. 그리고 예수를 쳐다보고는 예수의 소매를 끌어 그의 입에까지 얼굴을 숙이시게 한다. 그리고 예수의 귀에 대고 말한다.
 "선생님, 그런데 왜 기다리지 않고 보내십니까?"
 "계절 때문이다. 네가 말했듯이."
 "또 그리구요?"
 "시몬아, 네게 거짓말을 하고 싶지는 않다. 또 그리고 마룩지암의 마음이 손상되지 않는 것이 좋기 때문이다…."
 "선생님 생각이 옳습니다. 마음이 손상되는 것… 그겁니다! 바로 이런 것이 오고야 마는 것입니다." 그리고 목소리를 높인다. "선생님의 말씀이 정말 옳다. 너는 갔다가… 과월절에 다시 만나게 된다…. 결국… 그건 이내 오거든… 가슬레우달만 지나면… 오! 얼마 안 있으면 아름다운 니산달이다. 물론 그렇구 말구! 선생님 말씀이 옳아…." 베드로의 목소리가 덜 자신있게 된다. 그는 천천히 침울하게 되풀이 한다. "선생님 말씀이 옳아…." 그리고 자기 자신에게 말한다. "니산달까지는 무슨 일이 있을 건가?" 그는 비탄에 잠긴 태도로 손으로 이마를 친다.
 그리고 그들은 간다. 축축한 날씨에 간다. 무릎까지 진흙 투성이가 되어 축축하고 모래 투성이인 작은 배 다섯 척에 오르는 순간까지는 비가 그쳤다. 배들은 다시 물살을 따라 내려간다. 그 때에 비가 다시 오기 시작하여 회색 구름이 반사되는 강의 고요한 수면을 치면서 거기에 동그라미들을 그려놓으니, 동그라미들은 끊임없이 생겼다 없어졌다 하면서 자개 빛깔의 결정면(結晶面)을 움직이는 놀이를 한다.
 풍경은 황야와 비슷하다. 강둑에 있는 작은 마을들에는 사람 하나 보이지 않는다. 비 때문에 집들은 닫혀 있고, 길에는 사람이 없다. 그래서 황혼이 시작될 때쯤 솔로몬의 작은 마을이 있는 곳에서 배에서 내렸을 때에, 그들은 길이 조용하고 행인이 없는 것을 보게 되고, 아무의 눈에도 띄지 않고 집에 도착하게 되었다. 그들은 두드리고 부르고 한다. 아무 기척도 없다. 비둘기들의 구구거리는 소리와 양들이 매애매애 하고 우는 소리와 비오는 소리밖에 들리지 않는다.

"아무도 없습니다. 어떻게 합니까?"

"마을의 집들에 가보아라. 우선 어린 미카엘의 집에" 하고 예수께서 명령하신다.

그리고 제일 젊은 사람들이 빨리 가는 동안, 예수께서는 더 나이 먹은 사람들과 같이 집 곁에 계시고, 그들은 관찰을 하고 이러쿵 저러쿵 말을 한다.

"모두가 잠겨 있습니다…. 창살문까지도 단단히 붙들어매지고 고정되어 있습니다. 보십시오! 커다란 못까지 있고, 창들은 밤에 그러는 것처럼 닫혀 있습니다. 참 쓸쓸하군요! 그리고 양들과 비둘기의 저 비명은요? 아마 앓는 모양이지요? 어떻게 생각하십니까, 선생님?"

예수께서는 머리를 흔드신다. 지치시고 슬프시다….

사도들이 뛰어서 돌아온다. 안드레아가 제일 먼저 오는데, 아직 몇 미터 거리에 있을 때에 소리친다. "돌아가셨답니다…. 아나니아 영감님이 돌아가셨답니다…. 집이 아직 정화되지 않았기 때문에 집 안으로 들어갈 수가 없습니다…. 무덤에 묻힌 지가 몇 시간 된답니다. 우리가 어제 올 수 있었더라면…. 여인이, 미카엘의 어머니가 곧 옵니다."

"아니, 뭣이 우릴 괴롭히는 거지?!" 하고 바르톨로메오가 분노를 터뜨린다.

"불쌍한 노인! 몹시 행복했었는데! 아주 만족스러워했는데! 하지만 왜? 언제 병이 들었지?" 그들은 모두 한꺼번에 말한다.

여인이 나타나서 모두에게서 떨어져 있으면서 말한다. "주님, 평화가 주님과 함께. 제 집에는 오셔도 됩니다. 그러나… 어떨지 모르겠습니다…. 저는 돌아가신 분을 다루었거든요. 그렇기 때문에 멀리 떨어져 있습니다. 그렇지만 여러분을 받아들일 집들을 주님께 일러드릴 수 있습니다."

"그러시오, 아주머니. 하느님께서 당신에게 갚아 주시기를 바라오. 그리고 당신과 더불어 여행자들에게 동정을 베푸는 사람들에게도. 그러나 할아버지가 어떻게 돌아가셨소?"

"오! 저는 모릅니다. 할아버지는 앓지도 않았습니다. 그저께도 건강하셨습니다. 미카엘이 아침에 할아버지의 양 두 마리를 데려다 저희 양들과 같이 두려고 갔었습니다. 그렇게 결정되었었거든요. 그리고 오정 때에는 제가 빤 옷을 갖다 드렸습니다. 할아버지는 아주 건강하게 식탁에 앉아 식사를 하고 계셨습니다. 저녁 때도 미카엘이 양들을 도로 데려가고, 물 두 병을 길어다 드렸더니, 할아버지가 만드신 비스킷 두개를 미카엘에게 주셨습니다. 어제 아침 제 아들이 양들을 데리러 갔더니, 모두가 지금처럼 잠겨 있고 아이가 소리치는데 아무도 대답하지 않더랍니다. 창살문을 밀었지만 열 수가 없었답니다. 단단히 잠겨 있었답니다. 그 때에 미카엘이 겁이 덜컥 나서 제게로 달려 왔습니다. 제 남편과 제가 다른 사람들과 같이 달려 갔습니다. 저희들은 창살문을 열고 들어가 부엌 문을 두드렸습니다…. 문을 억지로 부수고 들어갔습니다…. 할아버지는 아직도 식탁 위에 머리를 숙이고 화덕 곁에 앉아 계셨고, 등잔은 아직 아주 가까이에 있는데, 할아버지처럼 꺼져 있었습니다. 그리고 큰 식칼이 발 옆에 있고, 나무로 만드는 식기가 반쯤 파여 있었습니다…. 죽음이 이렇게 할아버지를 데려간 것입니다…. 할아버지는 미소를 짓고 있었습니다…. 화평하게 보였습니다…. 오! 정말 의인의 얼굴이었습니다! 더 아름다워 보이기까지 했습니다…. 저는… 할아버지를 돌보는 것이 얼마 안 되지만 애착을 느꼈습니다…. 그래서 웁니다."

"할아버지는 평화롭게 계시오. 당신이 말한 대로요. 울지 마시오. 어디다 묻었소?"

"저희들은 선생님이 할아버지를 몹시 사랑하셨다는 것을 알고 있었습니다. 그래서 레위가 얼마 전에 자기를 위해 만든 무덤에 모셨습니다. 그곳에 하나밖에 없는 무덤입니다. 레위는 부자니까요. 저희는 부자가 아닙니다. 길 건너 저 안쪽입니다. 이제는 선생님이 원하시면 저희들이 모두 깨끗하게 하고, 그리고…."

"그렇게 하시오. 양들과 비둘기들은 가져가시오. 나머지는 내가 가끔 머무를 수 있게 내 제자들과 나를 위해 그대로 두시오. 하느님께서 당신에게 강복하시기 바라오. 무덤으로 갑시다."

"다시 살리시려는 것입니까?" 하고 토마가 놀라서 묻는다.

"아니다. 할아버지에게는 그것이 기쁨이 아닐 것이다. 지금 있는 곳에서 할아버지는 더 행복하시다. 하긴 그걸 원하기도 하셨다⋯."

그러나 예수께서는 완전히 의기소침하시다. 모든 것이 예수의 슬픔을 증가시키는 데 협력하는 것 같다. 집들의 문에서는 여자들이 바라보고, 이러쿵 저러쿵 평을 하며 인사를 한다.

이내 무덤에 이르렀다. 아주 새로 만든 작은 입방체이다. 예수께서는 무덤 바로 곁에서 기도하신다. 그리고 눈물에 젖은 눈으로 돌아서시며 말씀하신다. "가자⋯, 마을의 여러 집으로. 우리의 작은 집에는 이제 우리에게 축복하려고 우리를 기다리는 사람이 아무도 없다⋯. 아버지! 고독이 당신 아들을 에워싸고, 공허가 점점 더 넓어지고 더 어두워집니다. 저를 사랑하는 사람들은 가고, 저를 미워하는 사람들은 남아 있습니다⋯. 아버지! 아버지의 뜻이 항상 이루어지고 찬미받기 바랍니다!⋯."

그들은 마을로 돌아와서, 여기는 두 사람, 저기는 세 사람, 이렇게 쉴 곳과 식사 할 곳을 찾아 시체를 만지지 않은 사람들의 집으로 들어간다.

202. 공정하지 못한 판사의 비유

예수께서는 다시 예루살렘에 계신다. 바람이 불고 음산한 겨울의 예루살렘이다. 마륵지암이 아직 예수와 함께 있고, 이사악도 같이 있다. 일행은 말을 하면서 성전을 향하여 간다.

열두 사도들과는 요셉과 니고데모가 있는데 다른 사도들보다도 열성당원과 토마와 말을 한다. 그러나 곧 이어 그들은 헤어져서 앞으로 가 예수께 인사를 하고 걸음을 멈추지는 않는다.

"저 사람들은 선생님과의 우정을 눈에 띄게 하기를 원치 않는 거야. 그건 위험하거든!" 하고 가리옷 사람이 안드레아의 귀에 대고 속삭인다.

"나는 그 사람들이 올바른 판단으로 그러는 것이지 비겁해서 그런 건 아니라고 생각해" 하고 안드레아가 그들을 옹호하기 위하여 말한다.

"게다가 그 사람들은 제자가 아니니까 그렇게 할 수 있네. 그 사람은 제자가 된 적이 없어" 하고 열성당원이 말한다.

"아니라구?! 내 생각에는…."

"라자로도 제자가 아니야, 또…."

"그렇지만 그렇게 이 사람 제외하고 저 사람 제외하면 누가 남나?"

"누가? 제자로서의 사명을 가진 사람들이지."

"그럼 저 사람들은 뭔가?"

"친구들이네. 친구 이상이 아니야. 혹 저 사람들이 예수를 따르기 위해서 집을 떠나나, 사업을 떠나나?"

"아니지. 그렇지만 선생님 말씀을 즐겨 듣고, 도움을 드리고 또…."

"만일 그것 때문이라면! 그럼 이방인들도 그렇게 하네. 우리가 니까의 집에서 선생님을 생각한 이방인들을 만났다는 것을 자네도 알지. 그런데 그 여자들은 분명히 제자들이 아닐세."

"흥분하지 말게. 난 그저 말하느라고 그렇게 말한 것뿐이야. 자넨 자네 친구들이 제자가 아니기를 그렇게까지 바라는 건가? 내 생각에는 자네가 그 반대를 원해야 될 것 같은데."

"나는 흥분하지 않고 아무 것도 원하지 않네. 자네가 그들이 선생님의 제자라고 말해서 그들에게 해를 끼치는 것까지도 원치 않네."

"그렇지만 내가 누구에게 그 말을 한단 말인가? 나는 늘 자네들과 같이 있는데…."

열성당원 시몬이 하도 엄하게 그를 바라보는 바람에 미소가 유다의 입술에서 굳어버리게 된다. 그리고 그에게는 화제를 바꾸는 것이 적당하다고 생각된다. 그래서 이렇게 묻는다. "그 두 사람이 자네들과 그렇게 말을 했으니, 오늘은 무슨 말을 하는 것이었나?"

"그들은 니까를 위해서 성문 근처에 있는 동산 곁에 집을 하나 발견했다네. 요셉이 소유주를 알고 있었는데, 알맞은 값으로 팔고자 한다는 것을 알았다는군. 우리가 니까에게 그걸 알려줄 걸세."

"돈을 그렇게 버리고 싶어하다니!"

"돈은 그 여자 것일세. 그 여자가 맘대로 쓸 수 있는 거야. 니까는 선생님 곁에 남아 있기를 원해. 이 점에 있어서 니까는 그의 남편의 뜻과 자기의 마음을 따르는 걸세."

"우리 어머니만 멀리 계시구먼…" 하고 알패오의 야고보가 한숨을 쉰다.

"또 우리 어머니두" 하고 다른 야고보가 말한다.

"그렇지만 별로 오랜 기간은 아닐 걸세. 예수님이 이사악과 요한과 마티아에게 말씀하시는 것을 들었나? '너희들이 스밧 새달에 돌아올 때에는 내 어머니 외에 여자 제자들과 같이 오너라' 하고 말씀하셨지."

"나는 선생님이 왜 마룩지암을 여자 제자들과 같이 다시 오는 것을 원치 않으시는지 모르겠네. '너는 내가 부를 때에 오너라' 하고 말씀하셨거든."

"아마 폴피레아가 도와주는 사람없이 있지 말라고 그러시는 거겠지…. 거기 아무도 없으면 먹고 살 수가 없거든. 누가 가지 않으면,

마록지암이 가야 해. 무화과나무 한 그루, 벌통 몇 개, 올리브나무 몇 그루 가지고는 여자 한 사람 부양하고 입히고 먹이고 하는 데 넉넉하지 못하단 말이야…" 하고 안드레아가 지적한다.

예수께서는 성전을 둘러싼 성곽에 기대 서서 그들이 오는 것을 바라보신다. 베드로와 마록지암과 알패오의 유다를 데리고 계신다. 가난한 사람들이 성전으로 가는 길에 ─시온에서 모리아산으로 가는 길이지, 오펠에서 성전으로 가는 길이 아니다.─ 놓여 있는 돌로 된 그들의 침대에서 일어나서 동냥을 달라고 신음하며 예수께로 간다. 아무도 병을 고쳐 달라고 청하지는 않는다. 예수께서는 그들에게 돈을 주라고 유다에게 명령하시고는 성전으로 들어가신다.

군중이 없다. 명절 때에 사람이 많이 몰려들은 후에는 순례자들이 없다. 중요한 일 때문에 예루살렘으로 와야 하는 사람들이나 예루살렘 시내에 사는 사람들만이 성전에 올라온다. 그래서 마당들과 행각들에 사람이 아주 없지는 않지만, 훨씬 덜 붐벼서 훨씬 더 넓어 보이고, 덜 소란스럽기 때문에 더 신성해 보인다. 환전상들과 비둘기와 다른 짐승들을 파는 사람들도 더 적은데 해가 드는 쪽 벽에 기대 서 있다. 회색 구름 사이를 뚫고 지나오는 창백한 태양이다.

이스라엘 사람들의 마당에서 기도하신 다음 예수께서는 가셨던 길로 되돌아오셔서 살펴보시기 위하여 기둥에 기대신다…. 당신 자신도 관찰을 당하신다.

예수께서는 한 남자와 여자가 분명히 히브리인들의 마당에서 돌아오는 것을 보신다. 그들은 드러내놓고 울지는 않지만, 눈물보다도 더 고통스러운 얼굴을 보인다. 남자는 여자의 용기를 북돋아 주려고 애쓰고 있으나, 그도 역시 매우 슬퍼한다는 것을 알 수 있다.

예수께서는 기둥에서 떨어지시며 그들에게로 마주 가신다. "무슨 일로 괴로워하십니까?" 하고 동정심을 가지고 물으신다.

남자는 아마 그의 생각으로는 무례해 보이는 이 관심에 놀라서 예수를 바라본다. 그러나 예수의 눈이 너무도 다정스러워서 그만 노여움이 진정되고 만다. 그러나 자기의 고통에 대하여 말하기 전에 묻는다. "대관절 라삐가 어떻게 보통 신자의 고통에 관심을 가지십니까?"

"그 라삐가 당신의 형제이기 때문입니다. 주님 안에서 당신의 형제입니다. 그리고 이 형제는 계명이 하라고 하는 것처럼 당신을 사랑합니다."

"선생님의 형제라구요! 저는 도라 근처 사론 평야의 농군입니다. 선생님은 라삐이시고."

"고통은 라삐들에게도 모든 사람의 경우와 같습니다. 나는 고통이 어떤 것인지를 압니다. 그래서 당신을 위로하고 싶습니다."

여인은 예수를 쳐다보려고 잠시 베일을 젖힌다. 그리고 남편에게 속삭인다. "말씀드려요. 어쩌면 저분이 우리를 도와주실 수 있을지도 몰라요…."

"선생님, 저희에게는 딸이 하나 있었습니다. 아니 있습니다. 지금 당장은 아직 저희가 딸을 가지고 있습니다…. 그리고 양쪽 집을 잘 아는 친구가 좋은 신랑감이라고 보증하는 젊은이와 정중하게 결혼시켰습니다. 그들은 결혼한 지가 6년이 되고 그들 사이에 아이가 둘이 있습니다. 둘입니다…. 그 뒤에는 사랑이 끝났기 때문입니다…. 이제는 남편이 이혼을 원할… 정도가 되었습니다. 저희 딸은 울고 지냅니다. 그래서 몸이 축갑니다. 그렇기 때문에 저희가 아직 딸을 가지고 있다고 말씀드린 것입니다. 얼마 안 가서 그 애는 홧병으로 죽을 테니까요. 저희들은 남자를 설득하려고 갖은 애를 다 썼고, 지극히 높으신 분께 기도를 많이 드렸습니다…. 그러나 그 사람도 하느님도 저희들의 청을 들어주지 않았습니다…. 이 때문에 저희들은 여기 순례를 와서 온 한 달을 머물렀습니다. 날마다 성전에 와서, 저는 제 자리에, 이 사람은 자기 자리에 갔습니다…. 오늘 아침에 제 딸의 하인이 왔는데, 남편이 저희 딸에게 이혼장을 보내기 위해서 가이사리아에 갔다는 소식을 가지고 왔습니다. 그리고 이것이 저희 기도에 대한 응답이었습니다…."

"야고보, 그렇게 말하지 마세요" 하고 여인이 낮은 소리로 말하고 이렇게 말을 끝맺는다. "라삐께서 우리를 하느님 모독하는 사람이라고 저주하시겠어요…. 그리고 하느님께서 우리를 벌하실 거예요. 이건 우리의 고통인데 이 고통은 하느님에게서 오는 거예요…. 그리고 하느님께서 우리를 벌하신 것은, 우리가 벌을 받아 마땅하다는 표예요." 하고 여인은 흐느끼면서 말을 끝낸다.

"아닙니다. 아주머니, 나는 당신들을 저주하지 않습니다. 그리고 하느님께서도 당신들을 벌하지 않으실 것입니다. 내가 당신들에게 말하는 것과 같이 그 고통을 당신들에게 주는 것은 하느님이 아니시고 사람입니다. 그 고통을 하느님께서 허락하시는 것은 당신들을 시험하고, 당신들의 딸의 남편을 시험하시기 위해서입니다. 믿음을 잃지 마시오. 그러면 주님이 당신들의 청을 들어주실 것입니다."

"너무 늦었습니다. 이제는 저희 딸이 소박을 맞아서 명예가 손상됐고, 그래서 죽을 것입니다…" 하고 남자가 말한다.

"지극히 높으신 분께는 너무 늦었다는 것은 절대로 없습니다. 일순간에, 그것도 꾸준히 기도를 드린 까닭에 사태의 진전을 바꾸어놓으실 수 있습니다. 입술에 독약잔이 닿아 있어도 죽음이 그 비수를 슬그머니 거두고, 잔을 입술에 가까이 가져가던 사람에게 마시지 못하게 막을 시간은 아직 있습니다. 그리고 이것은 하느님의 개입으로 될 수 있는 것입니다. 나는 당신들에게 분명히 말합니다. 당신들이 기도하던 자리로 돌아가서 오늘, 내일, 또 모레까지 꾸준히 기도하시오. 그리고 당신들이 믿음을 가질 줄 알면 기적을 볼 것입니다."

"라삐, 선생님은 저희를 위로하려고 그러시는 거지요…. 그러나 이 순간에는… 일단 이혼장이 소박맞은 여자에게 넘겨지면 취소될 수 없다는 것은 선생님도 아시지요" 하고 남자가 중언부언한다.

"믿음을 가지라니까요. 이혼장을 취소할 수 없다는 것은 사실입니다. 그러나 당신 딸이 이혼장을 받았는지 아십니까?"

"도라에서 가이사리아까지는 길이 멀지 않습니다. 하인이 여기까지 오는 동안에 야곱은 분명히 집으로 돌아와서 마리아를 내쫓을 것입니다."

"길은 멀지 않지요. 그러나 당신은 그 사람이 그 길을 다 왔다고 확실히 압니까? 여호수아가 하느님의 도움으로 해를 멈추게 했는데, 사람의 의지보다 높은 의지가 사람을 멈추게 하실 수 없겠습니까? 착한 의향으로 한 당신들의 꾸준하고 신뢰하는 기도는 그 사람의 나쁜 의지에 반대되는 거룩한 의지가 아닙니까? 그리고 당신들이 당신들의 아버지이신 하느님께 좋은 일을 청하시니, 하느님께서 당신들을 도와서 미치광이의 걸음을 멎게 하시지 않겠습니까? 이미 당신들을 도와주지 않으셨겠습니까? 그리고 그 사람이 아직도 가려고 고집을 부린다 하더라도, 만일 당신들이 아버지께 올바른 일을 계속 청하시면, 그 사람이 갈 수가 있겠습니까? 당신들에게 분명히 말합니다. 가서 오늘과 내일과 모레, 이렇게 기도하시오. 그러면 기적을 볼 것입니다."

"아이고! 갑시다. 여보! 선생님은 아십니다. 선생님이 기도하라고 말씀하시는 것은 이 일이 옳다는 것을 아신다는 표예요. 여보, 믿음을 가지세요. 저는 그렇게 많은 고통이 있던 곳에 큰 평화와 굳센 바람이 생겨나는 것을 느껴요. 선생님, 하느님께서 친절하신 선생님께 갚아 주시기를 바랍니다. 그리고 선생님의 말씀을 들어 주시기를 바랍니다. 선생님도 저희들을 위해 기도해 주세요. 오세요, 야고보, 오세요." 이렇게 하여 여자는 남편을 설득하는 데 성공한다. 남편은 히브리인들이 늘 하는 인사로 "평화가 선생님과 함께 있기를" 하고 인사한 다음 아내를 따라간다. 예수께서도 그에게 같은 말로 답례하신다.

"왜 선생님이 누구라고 말씀하지 않으셨습니까? 그 사람들은 더 안심하고 기도했을 텐데요" 하고 사도들이 말한다. 그리고 필립보는 "제가 가서 말하겠습니다" 하고 덧붙인다.

그러나 예수께서는 이렇게 말씀하시며 말리신다. "나는 그것을 원치 않는다. 그 사람은 사실 안심하고 기도했을 것이다. 그러나 가치가 덜할 것이고 공로가 덜할 것이다. 이렇게 하면 그들의 믿음이 완전할 것이고, 갚음을 받을 것이다."

"사실입니까?"

"그러면 너희들은 내가 불행한 두 사람을 속이려고 거짓말을 한다고 말하는 것이냐?"

예수께서 한 백명쯤 되는 거기 모인 사람들을 바라보시고 말씀하신다. "여러분에게 꾸준한 기도의 가치를 말해 줄 이 비유를 들으시오.

여러분은 신명기가 재판관과 행정관들에 대해 말할 때에 어떻게 말하는지 아시지요. 그들은 그들에게 호소하는 사람들의 말을 침착하게 듣고, 그들이 판결해야 하는 일이 자기 개인의 경우인 것처럼 판결한다고 생각하면서, 선물이나 위협을 상관하지 말고, 죄있는 친구를 보아주지도 말고, 재판관의 친구와 사이가 나쁜 사람들에 대하여 냉혹하지도 말고, 공정하고 자비로워야 합니다. 그러나 율법의 말은 공정하지만, 사람들은 그만큼 공정하지 못하고 율법을 따를 줄을 모릅니다. 그래서 우리는 인간의 정의가 흔히 불완전한 것을 보게 됩니다. 그것은 타락에서 자기를 깨끗하게 지키고, 부자들에 대해서와 마찬가지로 가난한 사람에 대해서도 자비롭고 참을성 있고, 과부와 고아가 아닌 사람들에 대해서와 마찬가지로 과부와 고아들에 대해서도 자비롭고 참을성 있는 재판관들이 드물기 때문입니다.

  어떤 도시에 권력 있는 친척을 이용해서 얻은 공직에 매우 어울리지 않는 재판관이 있었습니다. 그는 부자와 유력자들 또는 부자나 유력자들이 부탁하는 사람들, 또는 많은 선물을 해서 그를 매수하는 사람들을 항상 옳다고 인정하는 경향이 있었기 때문에, 판결을 하는 데 지나치게 불공정했습니다. 그는 하느님을 두려워하지 않고, 가난하고 약한 사람이 혼자들뿐이고 강력한 옹호자가 없기 때문에 그들의 하소연은 무시했습니다. 부자를 이길 만한 명백한 이유들을 가지고 있어서 아무래도 그르다고 인정할 수 없는 사람이 말을 듣지 않으려고 할 때에는 그를 감옥에 집어넣겠다고 위협하면서 그의 앞에서 내쫓게 하는 짓이었습니다. 그래서 대부분의 사람은 재판이 열리기도 전에 졌다고 물러가고, 패소를 체념하고 물러남으로써 그의 난폭한 짓을 어쩔 수 없이 받아들이곤 했습니다.

  그러나 그 도시에 자녀 여럿을 둔 과부도 살고 있었습니다. 과부는 죽은 남편이 권력있는 부자를 위해서 한 일의 대가로 그 권력자에게서 많은 돈을 받기로 되어 있었습니다. 과부는 필요하기도 하고 어머니로서의 사랑에 끌리기도 해서, 아이들을 배불리 먹이고, 오는 겨울에 입힐 옷을 마련할 수 있게 할 돈을 부자에게서 받아내려고 해 보았습니다. 그러나 부자에 대해서 한 모든 압력과 애원이 헛되다는 것이 드러난 다음, 과부는 재판관에 호소했습니다.

  재판관은 그 부자의 친구였는데, 부자가 그에게 '나를 옳다고 인정하면 그 돈의 3분의 1은 자네걸세' 하고 말했습니다. 그래서 '상대방에 대해서 제 권리를 인정해 주십시오. 제게 그 돈이 필요하다는 것을 나으리도 아시지요. 제가 그 돈을 받을 권리가 있다는 것은 모든 사람이 말할 수 있습니다' 하고 간청하는 과부의 말을 들으려고 하지 않았습니다. 그는 들은 척도 하지 않고 서기보(書記補)를 시켜 과부를 내쫓았습니다. 그러나 여인은 한번, 두번, 열번, 아침, 오전, 오후 세시, 저녁, 이렇게 지치지 않고 다시 왔습니다. 그리고 길에서 재판관을 따라 가면서 외쳤습니다. '제 권리를 인정해 주세요. 제 아이들이 배가 고프고 추워합니다. 저는 밀가루와 옷을 살 돈이 없습니다' 하고.

과부는 재판관이 자녀들과 같이 식사하려고 집에 돌아올 때에는 그 집 문간에 와 있었습니다. 그리고 '제 상대방에 대해 제 권리를 인정해 주세요. 제 아이들과 저는 배가 고프고 춥습니다' 하는 과부의 외침은 집안에까지, 식당에까지, 그리고 밤에는 침실에까지 뚫고 들어갔고, 오디새 소리처럼 애걸하는 것이었습니다. '하느님의 벌을 받고 싶지 않거든, 제 권리를 인정해 주세요! 제 권리를 인정해 주세요. 과부와 고아들은 하느님께 신성하고, 그들을 짓밟는 사람들은 화를 입는다는 것을 기억하세요! 나으리가 어느날 우리가 당하는 것과 같은 고통을 당하기를 원치 않으시면, 제 권리를 인정해 주세요. 제 권리를 인정하지 않으시면, 내세에서 우리들의 굶주림과 우리들의 추위를 당하시게 될 것입니다! 나으리는 불행하십니다!'

재판관은 하느님을 두려워하지 않고, 이웃도 무서워하지 않았습니다. 그러나 하도 들볶이고, 과부가 계속 쫓아다니는 것 때문에 자기가 온 시내 사람들의 웃음거리가 되었다는 것을 알고는 그만 지쳐버렸습니다. 그래서 하루는 이렇게 생각했습니다. '비록 내가 하느님도, 여인의 위협도, 주민들이 생각하는 것도 무서워하지 않는다 해도, 이렇게 많은 귀찮은 일을 끝장내기 위해서 과부를 만나 그의 권리를 인정해 주고, 부자에게는 돈을 주라고 강요하겠다. 그 과부가 나를 쫓아다니지 않고, 내 주위에서 맴돌지만 않으면 된다.' 그리고 부자 친구를 불러서 말했습니다. '여보게, 이제는 자네를 만족시켜 줄 수 없게 되었네. 자네 때문에 들볶이는 것을 더이상 견딜 수가 없으니, 자네 의무를 이행해서 돈을 주게 이상일세.' 그래서 부자는 정의에 따라 그 돈을 내놓아야 했습니다. 비유는 이렇습니다. 이제 이 비유를 적용하는 것은 여러분이 할 일입니다.

여러분은 '이렇게도 많은 귀찮은 일을 끝장내게 과부를 만나주겠다'고 한 공정하지 못한 사람의 말을 들었습니다. 그런데 그 사람은 공정하지 못한 사람이었습니다. 그러나 지극히 인자한 아버지이신 하느님께서 나쁜 재판관보다 못하실 수가 있겠습니까? 밤낮으로 당신께 구원을 빌 줄 아는 당신 자녀들을 옳다고 인정하지 않으시겠습니까? 은총을 너무 오래 기다리게 해서 그들의 영혼이 낙담해서 기도하는 것을 그만두게까지 하시겠습니까? 나 여러분에게 분명히 말합니다. 하느님께서는 당신 자녀들의 권리를 빨리 인정하셔서 그들의 영혼이 믿음을 잃지 않게 하실 것입니다. 그러나 처음 몇 번 기도한 다음에도 싫증내지 말고 기도할 줄도 알아야 하고, 좋은 일을 청할 줄 알아야 합니다. 그리고 '그러나 당신의 지혜가 저희들에게 더 유익하다는 것을 아시는 일이 이루어지기를 바랍니다' 하고 말하면서 하느님께 탁 맡길 줄도 알아야 합니다.

믿음을 가지시오. 기도에 대한 믿음, 여러분의 아버지이신 하느님께 대한 믿음을 가지고 기도할 줄을 아시오. 그러면 하느님께서는 사람이거나 마귀이거나, 병이거나 다른 불행이거나 여러분을 억압하는 자들에 대해서 여러분의 권리를 인정해 주실 것입니다. 기도가 어떤 모양으로 들여지고 이루어지든지 간에 꾸준한 기도는 하늘의 문을 열고, 믿음은 영혼을 구합니다. 가자!"

그리고 예수께서는 출입문 쪽으로 향하신다. 거의 성곽 밖으로 나오셨을 때 머리를 들어 당신을 따라 오는 얼마 안 되는 사람들과 멀리서 당신을 바라보는 무관심하거나 적의를 품은 사람들을 살펴보시고 서글프게 외치신다. "그러나 사람의 아들이 돌아왔을 때, 혹 아직 이 세상에서 믿음을 발견할 것인가?" 그리고 한숨을 쉬시면서 겉옷을 더 단단히 여미시고 오펠 변두리를 향하여 성큼성큼 걸어가신다.

203. "나는 세상의 빛이오"

예수께서는 아직 예루살렘에 계신다. 그러나 성전 안에 계시지는 않다. 그렇지만 분명히 동네만큼이나 큰 구내에 있는 그 많은 방 중의 하나인 잘 꾸며진 넓은 방 안에 계신다.

그곳에 들어오신 지가 얼마 되지 않는다. 예수께서는 아마 모리아 산에 불고 있는 찬 바람을 막아 드리기 위하여 들어오시라고 권한 사람 곁에서 아직 걷고 계신 중이다. 예수 뒤에는 사도들과 제자 몇 사람이 걷고 있다. "몇 사람"이라고 말한 것은, 이사악과 마륵지암 외에 요나타가 있고, 선생님 뒤에 들어오는 사람들 가운데에는 며칠 전에 제자가 되고 싶다고 선생님께 말씀드린 그 레위족의 신관(神官) 즈가리야가 있고 또 제자들과 같이 있는 것을 이미 보았지만 이름은 알 수 없는 다른 두 사람도 있기 때문이다.

그러나 호의를 가진 그들 가운데에는 으레 있는 필연적이고 불가피한 바리사이파 사람들도 있다. 그들은 사업 이야기를 하려고 우연히 거기 온 것처럼 거의 문지방에서 걸음을 멈추었지마는, 들으려고 그곳에 온 것이다. 그곳에 있는 사람들은 주님의 말씀을 몹시 기다린다. 예수께서는 비록 히브리인의 종교를 가졌지마는 모두가 팔레스티나 사람은 아닌, 분명히 여러 가지 국적의 사람들인 이 군중을 바라보신다. 예수께서는 그들 중의 많은 사람이 어쩌면 내일, 그들이 떠나온 지방들에 퍼져서 당신의 말씀을 전하면서 "우리는 우리의 메시아라고 사람들이 말하는 분의 말을 들었다"고 말할 그 사람들의 군중을 바라보신다. 그리고 율법에 대한 지식을 벌써 가지고 있는 그들에게는, 율법을 알지 못하거나 믿음이 흔들리는 사람들이 당신 앞에 있다는 것을 깨달으실 때에 하시는 것과 같이 율법에 대하여 말씀하시지 않고, 당신을 알게 하시려고 당신 자신에 대하여 말씀하신다.

예수께서 말씀하신다. "나는 세상의 빛입니다. 그래서 나를 따르는 사람은 어두움 속을 걷지 않고 생명의 빛을 가질 것입니다." 그리고 보통 큰 연설을 하실 때에 하시는 것과 같이 자세히 말씀하실 연설의 주제를 말씀하신 다음 입을 다무신다. 입을 다무시는 것은 사람들에게 주제가 흥미있는 것인지 아닌지를 결정할 시간을 주시고, 또 예고된 주제에 흥미를 느끼지 못하는 사람들에게는 떠나갈 시간을 주시려고도 하시는 것이다. 거기 있는 사람들 중에서는 아무도 가지 않는다. 또 문어귀에서 억지로 꾸민 회화를 하고 있던 바라사이파 사람들까지도 예수의 첫마디 말씀에 입을 다물고 회당 안쪽으로 몸을 돌렸고, 언제나와 같이 독선적인 태도로 사람들을 헤치며 들어온다.

일체의 소음이 멎자, 예수께서는 이미 하신 말씀을 한층 더 큰 소리로 되풀이 하신다. "나는 빛의 아버지이신 아버지의 아들이기 때문에 세상의 빛입니다. 아들은 항상 자기를 낳아 준 아버지를 닮고 같은 본성을 가집니다. 이와 마찬가지로 나도 나를 낳으신 분을 닮았고, 같은 본성을 가지고 있습니다. 완전하고 영원한 영이신 지극히 높으신 하느님께서는 사랑의 빛이시고, 지혜의 빛이시고, 능력의 빛이시고, 인자의 빛이시며, 아름다움의 빛이십니다. 하느님은 빛의 아버지이시고, 하느님으로 하느님 안에서 사는 사람은, 하느님께서 피조물들이 보기를 원하시는 것과 같이 빛 안에 있기 때문에 봅니다. 하느님께서는 사람이 빛을, 즉 당신 자신을 보고, 이해하고 사랑할 수 있도록 그에게 지능과 감정을 주셨습니다. 그리고 사람에게는 눈을 주셔서 창조된 것 중에서 가장 아름다운 것, 완전한 자연의 힘, 천지만물을 볼 수 있게 하는 것, 창조주이신 하느님의 맨처음의 활동 중의 하나인 것, 그리고 그것을 창조하신 분의 가장 뚜렷한 표인 것, 즉 모든 사람의 아버지이신 영원하시고 지극히 높으신 하느님이 그러신 것처럼, 무형이고, 빛나고, 축복을 주는 힘이 있고, 위로하는 빛을 볼 수 있게 하셨습니다.

당신 생각의 명령으로 하느님께서는 하늘과 땅을, 즉 공기 덩어리와 먼지 덩어리, 무형의 것과 유형의 것, 매우 가벼운 것과 무거운 것을 창조하셨습니다. 그러나 이 두 가지는 모두 천체와 생명이 없이 어두움에 싸여 있었기 때문에 아직 볼품 없고, 비고, 형태를 알 수 없는 것이었습니다. 그러나 땅과 하늘에 그것들의 참 모습을 주어 창조사업의 계속에 알맞은 아름답고 유익한 두 가지를 만들기 위하여, 그러니까 땅과 하늘에 그것들의 참 모습을 주기 위하여, 우주에 계시던 하느님의 영께서 외치셨는데, 그것이 말씀이 처음으로 나타나신 것입니다. '빛이 생겨라' 하고. 그러니까 좋고 유익한 빛이 생겼는데, 낮 동안에는 강하고, 밤 동안에는 약해집니다. 그러나 시간이 존재하는 한 그 빛은 없어지지 않을 것입니다. ―그런데 빛이 만들어지기 전에 하느님의 영은 물 위에 계셨고, 창조하시던 창조주와 완전히 하나이시며, 창조하시도록 하는 부추기는 분이었습니다. 그것은 아버지와 아들 안에 계신 당신 자신을 사랑할 뿐 아니라 천체, 유성, 물, 바다, 삼림, 초목, 꽃, 날고 움직이고 기고 달리고 뛰고 기어올라가는 동물들과 마침내 사람이라는 이름을 가진 수 없이 많은 피조물 안에서 당신 자신을 사랑할 수 있기 위해서였습니다.

사람은 피조물 중에서 가장 완전한 것으로, 물질 외에 **영혼을**, 본능 외에 **지능을**, 명령 외에 **자유를** 가지고 있기 때문에 태양보다 더 완전하고, 사람은 영으로는 하느님과 비슷하고, 육체로는 동물과 비슷하며, 하느님의 **은총**과 자기 자신의 의지로 신이 되는 **반신**(半神)이며, 사람은 자기 의지로 천사가 될 수 있습니다. 사람은 감각할 수 있는 피조물 중에서 가장 사랑받는 존재로, 그를 위하여는 시간이 생기기 전부터 ―그가 죄인이 되리라는 것을 아시면서 하느님께서는 **한 없이 사랑하시는 존재, 그를 위하여 모든 것이 만들어진 아들인 말씀 안에 구세주인 희생을 준비하셨습니다.**― 하느님의 옥좌라는 수 없이 많은 경이(驚異)에서 하느님께서는 가장 아름다운 보석을 꺼내셨는데, 그것이 사람의 창조라는 가장 완전한 보석보다 먼저 있은 빛이었습니다. 사람 안에는 하느님의 보석이 들어 있는 것이 아니라, 하느님께서 진흙에 입김을 보내시어 그것을 육체와 생명이 되게 하시고, 당신 자녀들 안에 즐기시고, 의인인 자녀들은 당신 안에서 즐기게 하시려고 그들을 기다리시는 천당의 상속자가 되게 하신 입김으로 더불어 당신이 친히 계신 것입니다.

창조의 시초에 하느님께서 당신이 만드신 것들 위에 빛이 있기를 원하셨고, 빛을 만들기 위하여 당신의 말씀을 쓰셨고, 하느님께서 더 많이 사랑하시는 사람들에게 당신을 가장 완전히 닮은 것, 즉 빛을, 즐거운 물질적인 빛과 지혜롭고 거룩하게 하는 무형의 영적인 빛을 주셨는데, 당신 사랑의 아들에게 당신 자신인 것을 주시지 않을 수가 있었겠습니까? 정말로, 영원으로부터 좋아하시는 이에게 지극히 높으신 분께서는 모든 것을 주셨고, 그 모든 것 중에서 첫째이고 가장 중요한 것이 빛이기를 원하셨습니다. 그래서 사람들로 하여금 하늘에 올라가기를 기다릴 것 없이 삼위일체의 경이를, 즉 하늘에서 지극히 복된 합창단들이 노래하게 하는 것, 빛이신 하느님을, 천당을 채우고 하늘에 있는 모든 이의 더없는 행복이 되는 빛을 보는 데에서 천사들에게 오는 마음을 사로잡는 기쁨의 조화 때문에 노래하는 것을 알게 하셨습니다.

 나는 세상의 빛입니다. 나를 따르는 사람은 어두움 속을 걷지 않고, 생명의 빛을 얻을 것입니다! 형태가 정해지지 않은 땅을 비춘 빛이 초목과 동물들을 위한 생명을 허락한 것과 같이, 내 빛은 영들에게 영원한 생명을 허락합니다. 나는 빛이므로 여러분 안에 생명을 만들어내서 보존하고 발전시키며, 그 안에서 여러분을 새로 만들고, 변화시키고, 지혜와 사랑과 성화의 길로 해서 여러분을 하느님의 집으로 데려갑니다. 자기 안에 빛을 가지고 있는 사람은 그의 안에 하느님을 차지합니다. 빛은 사랑과 하나인데, 사랑을 가진 사람은 하느님을 차지하기 때문입니다. 자기 안에 빛을 가지고 있는 사람은 그의 안에 빛을 가지고 있습니다. 하느님께서는 당신의 지극히 사랑하는 아들을 받아들이는 곳에 계시기 때문입니다."

 "당신은 이치에 닿지 않는 말을 하고 있습니다. 하느님이 어떠시다는 것을 누가 보았습니까? 모세조차도 하느님을 보지 못했습니다. 과연 호렙산에서, 누가 타오르는 덤불숲에서 말하는지를 알자마자 모세는 얼굴을 가렸습니다. 또 다른 때의 여러번도 눈부신 번갯불 사이에서 하느님을 볼 수가 없었습니다. 하느님이 말씀하시는 것을 듣기만 한 모세의 얼굴에는 빛나는 빛이 남아 있었습니다. 그러나 당신은 얼굴에 어떤 빛을 가지고 있습니까? 당신은 당신들 가운데 대부분이 그런 것처럼 얼굴이 창백한 볼품 없는 갈릴래아 사람입니다. 당신은 피로하고 야윈 병자입니다. 정말이지, 만일 당신이 하느님을 보았고 하느님께서 당신을 사랑하셨다면, 당신이 다 죽어가는 사람 같지는 않을 것입니다. 당신 자신도 가지지 못한 생명을 주고자 합니까?" 그러면서 그들은 빈정거리는 동정으로 머리를 내젓는다.

"하느님은 빛이시고, 나는 하느님의 빛이 어떤 것인지 압니다. 아이들은 아버지를 알고, 각자는 자기 자신을 알기 때문입니다. 나는 내 아버지를 알고, 내가 누구인지를 압니다. 나는 세상의 빛입니다. 내 아버지께서 빛이시고, 내게 당신 본성을 주시면서 나를 낳으셨기 때문에 나는 빛입니다. 말은 지성이 생각하는 것을 표현하기 때문에 말씀은 생각과 다르지 않습니다. 또 그뿐 아니라, 당신들은 예언자들을 알지 못합니까? 에제키엘과 특히 다니엘을 기억하지 못합니까? 짐승 네 마리가 끄는 수레 위에서 그가 그 환시에서 본 하느님을 묘사하기 위하여 에제키엘은 이렇게 말합니다. '옥좌 위에는 사람의 모습과 비슷한 모습을 가진 어떤 분이 있었는데 그분에게서와 그분 주위에 불같이 보이는 꿀빛같이 노란 호박같은 것이 보였고, 그분의 허리의 위 아래에는 빙 돌아가며 반짝이며, 비오는 날 구름 가운데 만들어질 때의 무지개의 모습을 가진 일종의 불같은 것이 보였다. 빙 둘러 있는 그 찬란함의 모습은 이런 것이었다.' 또 다니엘은 이렇게 말합니다. '나는 바라보는 데 골몰하고 있었는데 마침내 사람들이 옥좌를 설치하고 나이 많으신 노인이 앉으셨다. 그분의 옷은 눈같이 희었고, 그분의 머리카락은 눈부시게 하얀 양털 같았고, 그분의 옥좌는 활활 타는 불꽃이었으며, 그분의 옥좌의 바퀴들은 타오르는 불이었다. 불로 된 강이 그분의 얼굴 앞으로 빨리 흐르고 있었다.' 하느님은 이러하시고, 내가 당신들을 심판하려고 올 때에 이러할 것입니다."

"당신의 증언은 가치가 없습니다. 당신은 당신 자신에 대해서 증언을 하고 있습니다. 그러니 당신의 증언이 무슨 가치가 있습니까? 우리가 보기에는 그 증언은 참된 것이 아닙니다."

"비록 내가 나 자신에 대해서 증언을 하더라도, 나는 내가 어디서 왔고 어디로 가는지를 알고 있기 때문에 내 증언은 참된 것입니다. 그러나 당신들은 내가 어디에서 왔는지도 어디로 가는지도 알지 못합니다. 당신들은 당신들이 보는 것에 대한 지혜를 가지고 있습니다. 이와 반대로 나는 사람에게 알려지지 않은 모든 것을 알고 있고, 그것을 당신들도 알게 하려고 왔습니다. 그렇기 때문에 나는 빛이라고 말했습니다. 빛은 어두움으로 가려져 있던 것을 알게 하니까요. 하늘에는 빛이 있습니다. 땅에서는 주로 어두움이 지배하고 있고, 어두움은 사람들의 정신을 미워하고, 사람들이 영원한 진리와 다른 진리들을 알아 거룩하게 되는 것을 원치 않기 때문에 사람들의 정신에 진리들을 가려놓습니다. 그래서 이 때문에, 즉 당신들이 빛을 가지도록, 따라서 생명을 가지도록 하게 하려고 내가 왔습니다.

그러나 당신들은 나를 받아들이고자 하지 않습니다. 당신들은 알지 못하는 것을 판단하고자 하는데, 그것을 당신들은 판단할 수가 없습니다. 그것은 하도 당신들을 초월하는 것이고, 그것을 정신의 눈과 믿음으로 길러진 겸손한 정신으로 자세히 살펴보지 않는 사람은 아무도 이해할 수 없기 때문입니다. 그러나 당신들은 육체에 의해서 판단하므로 올바르게 판단할 수가 없습니다. 이와 반대로 나는 판단하지 않을 수만 있으면 아무도 판단하지 않습니다. 나는 당신들을 자비를 가지고 바라보고, 당신들이 빛을 받아들이도록 당신들을 위해 기도합니다. 그러나 내가 정말로 판단해야 할 때에는 내 판단이 참된 것입니다. 나는 혼자가 아니라 나를 보내신 아버지와 함께 있는데, 아버지께서는 당신 영광 속에서 사람들의 마음 속을 보고 계시기 때문입니다. 그리고 당신들의 마음 속을 보시는 것과 같이 내 마음 속도 보십니다. 그런데 만일 아버지께서 내 마음 속에서 옳지 않은 판단을 보신다면, 내게 대한 사랑으로, 그리고 당신의 정의의 명예를 위하여 그것을 내게 알려주실 것입니다. 그러나 아버지와 나는 똑같은 모양으로 판단하고, 판단하고 증언하는 데 있어 우리는 둘이지 혼자가 아닙니다. 당신들의 율법에는 같은 것을 단언하는 두 증인의 증언은 참되고 가치 있는 것으로 간주되어야 합니다. 그러므로 나는 내 본성에 대하여 증언을 하고, 나와 더불어 나를 보내신 아버지께서 같은 것에 대하여 증언하십니다. 따라서 내가 말하는 것은 참된 것입니다."

"우리는 지극히 높으신 분의 목소리를 듣지 못합니다. 그분이 당신의 아버지라고 말하는 것은 당신입니다."

"아버지께서는 요르단강 위에서 내게 대해 당신들에게 말씀하셨습니다.”

 “좋습니다. 그러나 요르단강에는 당신 혼자만 있지 않았습니다. 요한도 있었습니다. 하느님께서 요한에 대해 말씀하실 수도 있었습니다. 요한은 위대한 예언자였으니까요.”

 “당신들은 바로 당신들 입술로 당신들을 단죄합니다. 말해 보시오. 누가 예언자들의 입술로 말합니까?”

 “하느님의 영이십니다.”

 “그런데 당신들 생각에는 요한이 예언자였습니까?”

 “가장 위대한 예언자는 아니더라도 가장 위대한 예언자들 중의 한 사람입니다.”

 “그러면 당신들은 왜 그의 말을 믿지 않았고, 왜 지금도 믿지 않습니까? 요한은 나를 세상의 죄를 없애러 온 하느님의 어린 양이라고 알려주었습니다. 그가 그리스도이냐고 묻는 사람들에게 그는 이렇게 말했지요. '나는 그리스도가 아니라, 그리스도를 앞서 오는 사람이오. 그리고 내 뒤에 오시는 분이 사실은 나보다 앞서신 분이오. 그분이 나보다 먼저 계셨기 때문이오. 나는 그분을 알지 못했소 그러나 내 어머니의 배에서 나를 가지시고, 광야에서 나를 임명하셔서 세례를 베풀라고 보내신 분이 내게 이렇게 말씀하셨소.〈그 위에 성령이 내려오시는 것을 네가 보게 될 그가 성령과 불로 세례를 줄 분이다〉하고.' 당신들은 이것을 기억하지 못하십니까? 그렇지만 당신들 중의 여럿이 거기 있었는데… 그러면 하늘의 말을 들은 다음에 나를 가리킨 예언자의 말을 당신들은 왜 믿지 않습니까? 이 말을 내가 내 아버지께 말씀드려야 합니까? 즉 아버지의 백성이 예언자들의 말을 믿지 않게 되었다고?”

 “그런데 당신의 아버지는 어디에 있단 말입니까? 목수 요셉은 무덤에 들어가 있는 지가 여러 해가 되었는데 당신은 이제 아버지가 없습니다.”

 “당신들은 내 아버지도 알지 못하고 나도 알지 못합니다. 그러나 만일 당신들이 나를 알기를 원하면, 내 참 아버지도 알게 될 것입니다.”

 “당신은 마귀에게 붙들린 사람이고 거짓말쟁이입니다. 당신이 지극히 높으신 분을 당신의 아버지라고 말할 때에는 당신이 하느님을 모독하는 자입니다. 그래서 율법에 따라 벌받아 마땅할 것입니다."

바리사이파 사람들과 성전의 다른 사람들은 위협하는 소리를 지르는데, 사람들은 그리스도를 보호하기 위하여 그들을 흘겨본다.

예수께서는 한 마디도 덧붙이지 않고 그들을 바라보신다. 그런 다음 어떤 행각으로 통하는 작은 옆문으로 해서 그곳에서 나오신다.

204. "우리는 아브라함의 후손이오"

예수께서 사도들과 제자들과 같이 다시 성전으로 들어가신다. 그런데 어떤 사도들은 ─그리고 사도들뿐이 아니다.─ 그렇게 하는 것이 조심성 없는 것이라고 예수께 지적한다. 그러나 예수께서는 대답하신다. "무슨 권리로 나를 들어가지 못하게 할 수 있겠느냐? 혹 내가 유죄선고를 받은 사람이라도 되느냐? 지금 당장은 아직 그렇지 않다. 그러므로 나는 주님을 두려워하는 어떤 이스라엘 사람이나 마찬가지로 하느님의 제단을 향하여 올라간다."

"그렇지만 선생님은 말씀을 하실 생각을 가지고 계시지요…."

"그런데 이곳이 라삐들이 일반적으로 말을 하려고 모이는 곳이 아니냐? 말을 하고 가르치기 위하여 이곳 밖으로 간다는 것은 예외이고, 라삐가 취하는 휴식이나 어떤 개인적인 필요와 관련이 있을 수 있다. 그러나 각자가 제자들을 가르치기를 즐기는 곳은 이곳이다. 라삐들 둘레에는 유명한 라삐들의 말을 적어도 한번은 듣기 위하여 가까이 오는 여러 국적의 사람들이 보이지 않느냐? 그것은 그들의 고국에 돌아가서 '우리는 어떤 선생님, 어떤 철학자가 이스라엘식으로 말하는 것을 들었다'고 말할 수 있기 위해서가 아니냐? 벌써 히브리인이 되었거나 되기를 지향하는 사람들에게는 선생님이고, 엄밀한 의미의 이방인들에게는 철학자이다. 그리고 라삐들은 이방인들을 개종자를 만들 것을 희망해서 그들이 자기들의 말을 듣는 것을 마다하지 않는다. 이런 바람은 만일 겸손하면 거룩할 것인데, 그런 바람이 없으면, 이교도들의 마당에 있지 않고, 히브리인들의 마당에서 말하겠다고 요구하고, 또 가능하면 바로 거룩한 곳에서 말하겠다고 요구할 것이다. 그들이 자신에 대해서 하는 판단에 의하면 그들은 하도 거룩해서, 다만 하느님만이 그들보다 더 높으실 정도이기 때문이다…. 그래서 선생인 나는 선생들이 말하는 곳에서 말하는 것이다. 그러나 염려 말아라! 아직 그들의 때가 되지 않았다. 그들의 때가 되면, 너희들이 마음을 굳세게 하도록 그 말을 해 주마."

"그 말씀을 하지 마십시오" 하고 가리옷 사람이 말한다.

"왜?"

"선생님이 그것을 아실 수 없을 테니까요. 어떤 표도 그걸 선생님께 알려드리지 않을 겁니다. 제가 선생님과 같이 있는 것이 거의 3년이 됩니다. 그런데 선생님이 항상 위협을 당하시고 박해를 당하시는 걸 보았습니다. 그리고 그 때만 해도 혼자셨지요. 지금은 선생님 뒤에 선생님을 사랑하고, 바리사이파 사람들이 두려워하는 백성이 있습니다. 그러니까 선생님은 더 강하십니다. 무엇이 선생님께 그 때를 가르쳐 드릴 수 있습니까?"

"나는 사람들의 마음 속을 보기 때문이다."

유다는 잠깐 동안 어리둥절해 있다. 그러다가 말한다. "그리고 선생님이 그렇게 말씀하시지 말아야 하는 이유는 또… 선생님은 저희들의 용기를 의심하셔서 저희들을 너그럽게 봐 주십니다."

"선생님이 말씀을 하지 않으시는 것은 우리를 슬프게 하지 않기 위해서야" 하고 제베대오의 야고보가 말한다.

"그것도 있어. 그러나 분명히 그 말씀은 하지 마십시오."

"나는 너희들에게 그 말을 해 주겠다. 그러니까 내가 너희들에게 그 말을 해 주지 않는 동안에는, 내게 대한 어떤 폭력이나 증오를 보더라도 무서워하지 말아라. 그것들은 아무 중요성도 없는 것이다. 먼저들 가거라. 나는 여기서 마나헨과 마륵지암을 기다리고 있겠다."

열두 사도와 그들과 같이 있는 사람은 마지못해 앞서 간다.

예수께서는 두 사람을 기다리시려고 성곽의 문께로 돌아오시고, 길로 나오기까지 하셔서 안토니아 쪽으로 돌아서신다.

요새 근처에 있는 군단의 병사들은 예수를 서로 손가락질 하여 가리키며 자기들끼리 말한다. 토론 같은 것이 조금 있는 것 같다. 그러다가 그 중의 한 사람이 큰 소리로 말한다. "내가 저 사람에게 물어 보겠네." 그리고 떨어져서 예수께로 온다.

"선생님, 안녕하십니까? 오늘도 안에서 말씀하십니까?"

"빛이 당신을 비추기를 바라오. 그렇소, 말하겠소."

"그러면… 조심하십시오. 상황을 잘 아는 어떤 사람이 저희들에게 알렸고, 선생님을 우러러보는 어떤 여자가 주의하라고 명령했습니다. 저희들은 동쪽 지하통로 근처에 있을 것입니다. 그 입구를 아십니까?"

"모르지 않소. 그러나 그 지하도는 양쪽이 다 막혀 있소."

"그렇게 생각하십니까?" 병사는 잠깐 웃는다. 그러나 그의 투구의 그늘에서 그의 눈과 이가 빛나며 그를 더 어려보이게 한다. 그런 다음 몸을 꼿꼿이 하고 인사한다. "선생님, 안녕히 가십시오. 권뚜수 펠릭스를 기억하십시오."

"기억하겠소. 빛이 당신을 비추기를 바라오."

예수께서는 다시 길을 가기 시작하시고, 병사는 그가 있던 곳으로 돌아가 동료들과 말한다.

"선생님, 저희들이 늦었지요? 문둥병자들이 너무 많아서요!" 하고 짙은 밤색의 수수한 옷을 입은 마나헨과 마룩지암이 동시에 말한다.

"아니오. 빨리 했소. 그러나 다른 사람들이 우리를 기다리고 있으니 갑시다. 마나헨, 당신이 로마인들에게 알렸소?"

"무엇을요, 주님? 저는 아무하고도 말하지 않았습니다. 또 그렇게 할 수도 없을 것입니다…. 로마 여자들은 예루살렘에 있지 않습니다."

그들은 다시 성곽의 문 근처에 왔다. 우연히 그곳에 있는 것처럼 레위파 신관 즈가리야가 거기 있다.

"선생님께 평화. 말씀드리고 싶습니다…. 저는 이 안에서 항상 선생님 계신 곳에 있도록 애쓰겠습니다. 그리고 선생님은 저를 놓치지 말고 보십시오. 그리고 소동이 벌어지는데 제가 떠나가는 것을 보시거든, 항상 저를 따라 오도록 힘쓰십시오. 그 사람들은 선생님을 몹시 미워합니다. 서는 그 이상의 일은 할 수 없습니다. 저를 이해해 주십시오…."

"당신이 하느님의 말씀에 베푸는 동정을 하느님께서 갚아 주시고 당신에게 강복하시기를 바라오. 당신이 말하는 대로 하겠소. 그리고 내게 대한 당신의 사랑을 누가 알까봐 걱정하지 마시오."

그들은 헤어진다.

"아마 저 사람이 로마인들에게 말했나보군요. 저 사람은 안에 있으니까 알았을 것입니다…" 하고 마나헨이 속삭인다.

그들은 사람들 사이를 지나 기도하러 간다. 사람들은 그들을 여러 가지 다른 감정을 가지고 바라본다. 그리고 예수께서 기도를 마치신 다음 히브리인들의 마당에서 돌아오실 때에는 예수께로 모인다.

둘째 성곽 밖에서 예수께서 걸음을 멈추려고 하신다. 그러나 율법학자들과 바리사이파 사람들과 사제들의 혼합된 집단에 둘러싸이시게 된다. 성전의 행정관 중의 한 사람이 모든 사람을 대표해서 말한다.

"당신 아직 있습니까? 당신은 우리가 당신을 받아들이지 않는다는 것을 깨닫지 못합니까? 여기서 당신을 위협하는 위험도 염려하지 않습니까? 당신이 기도하러 들어오는 것을 우리가 가만 봐 두는 것만도 대단한 것입니다. 우리는 당신의 교리를 가르치는 것을 허락지 않습니다."

"옳소, 가시오. 가요, 하느님을 모독하는 자!"

"예. 당신들이 가라고 하면 가겠습니다. 그리고 이 성곽 밖으로만 가지 않겠습니다. 나는 떠날 것입니다. 나는 벌써 떠나고 있는 중입니다. 당신들이 나를 따라 오지 못할 더 먼 곳으로. 그리고 당신들도 나를 찾을 시기가 올 것입니다. 그 때는 나를 박해하기 위해서뿐 아니라, 나를 쫓아낸 것 때문에 타격을 받지 않을까 하는 미신적인 공포와 자비를 얻기 위하여 당신들의 죄에 대한 용서를 받아야 하겠다는 미신적인 불안으로도 나를 찾을 때가 올 것입니다. 그러나 당신들에게 분명히 말하지만, 지금은 자비의 시간이고, 지극히 높으신 분의 친구가 될 수 있는 시간입니다. 이 시간이 한번 지나가고 나면, 어떤 피난처도 쓸데 없을 것입니다. 당신들은 나를 찾아내지 못하고, 당신들의 죄 속에서 죽을 것입니다. 당신들이 온 땅을 두루다니고 천체와 유성에까지 가게 된다 하더라도 나를 찾아내지 못할 것입니다. 내가 가는 곳에 당신들은 올 수가 없기 때문입니다.

내가 당신에게 이미 말했습니다마는, 하느님께서 오셨다가 지나가십니다. 지혜로운 사람은 하느님께서 지나가실 때에 그분을 그분의 선물들과 더불어 맞아들입니다. 어리석은 사람은 하느님께서 지나가시는 것을 그냥 놔 둡니다. 그리고 다시는 절대로 만나지 못합니다. 당신들은 이 세상 사람들이지만, 나는 하늘에서 왔습니다. 당신들은 이 세상 사람들이지만, 나는 이 세상 사람이 아닙니다. 그러므로 내가 당신들의 것인 이 세상 밖에 있는 내 아버지의 집으로 돌아가고 나면, 당신들은 나를 다시는 찾아내지 못할 것이고, 당신들의 죄 속에서 죽을 것입니다. 당신들은 믿음으로 영적으로 나 있는 데로 올 줄도 모르겠기 때문입니다."

"당신은 자살을 하려는 거요, 사탄? 그러면 분명히 난폭한 자들이 내려가는 지옥으로 우리가 당신을 쫓아갈 수는 없을 거요. 지옥은 천벌을 받은 자들, 저주를 받은 자들의 것인데, 우리는 지극히 높으신 분의 축복을 받은 자식들이기 때문이오" 하고 어떤 사람들이 말한다.

그러니까 어떤 사람들은 이렇게 말하면서 찬성한다. "틀림없이 저 자는 자살하려는 거야. 그가 가는 곳에 우리는 가지 못한다고 말하니까 말이야. 저자는 들켰다는 것을, 제가 하려고 하던 일을 실패했다는 걸 깨닫고, 가짜 그리스도인 다른 갈릴래아 사람처럼 제거되기를 기다리지 않고 자살을 하는 거야."

또 호의를 가진 어떤 사람들은 말한다.

"그런데 반대로 저 사람이 정말로 그리스도이고, 그를 보내신 분께로 정말 돌아가면?"

"어디로? 하늘로? 아브라함도 거기 없는데, 저자가 거길 가리라는 거야? 그 전에 메시아가 오기로 되어 있어."

"그렇지만 엘리야는 불수레에 태워져서 하늘로 실려 갔어."

"불수레에 실려간 건 맞아. 그렇지만 하늘에 갔다는 건!…. 누가 그걸 보증하느냐 말이야?"

그리고 토론이 계속되는 동안 바리사이파 사람들과 율법학자들과 행정관들과 사제들, 그리고 사제들과 율법학자들과 바리사이파 사람들에게 예속한 사람들은 마치 사냥개 떼가 그 놈들이 발견한 짐승을 괴롭히듯이 넓은 행각들 복판에서 그리스도를 괴롭힌다.

그러나 적의를 품은 사람들의 집단 가운데에서도 착한 사람들인 어떤 사람들, 정말 올바른 욕망으로 움직이는 사람들은 사람들을 헤치고 예수께로 와서, 사랑으로 또 증오로 내놓는 것을 내가 벌써 많이 들은 적이 있는 "선생님은 누구십니까? 저희가 어떻게 처신해야 할지 알게 말씀해 주십시오. 지극히 높으신 분의 이름으로 진실을 말씀해 주십시오" 하는 걱정스러운 질문을 한다.

"나는 진리 바로 그것입니다. 그래서 거짓말은 절대로 사용하지 않습니다. 나는 내가 팔레스티나의 모든 곳에서 군중들에게 말한 첫날부터 항상 어떤 사람이라고 언명한 그 사람, 이곳 지성소 옆에서 여러번 어떤 사람이라고 말한 그 사람입니다. 나는 진리를 말하기 때문에 지성소의 벼락을 두려워하지 않습니다. 내 날이 계속되는 동안, 그리고 이 백성에 관해서 말해야 할 것과 심판해야 할 것이 아직 많이 있습니다. 그리고 내게 저녁이 벌써 가까워지기는 했지만, 나는 그 말들을 하리라는 것과 모든 사람을 심판하리라는 것을 압니다. 나를 보내신 진실하신 분께서 그것을 내게 약속하셨기 때문입니다. 그분은 영원한 사랑의 포옹 속에서 나와 말씀을 하시면서 당신의 모든 생각을 내게 말해 주셔서 내가 그 말씀을 내 말로 세상에 말할 수 있게 하셨습니다. 그러므로 내가 아버지에게서 들은 모든 것을 세상에 전할 때까지는 내가 잠자코 있을 수가 없고, 아무도 내게 입을 다물게 할 수는 없을 것입니다."

"당신 아직도 하느님을 모독하는 말을 하고 있소? 계속해서 당신을 하느님의 아들이라고 말하는 거요? 그러나 누가 당신 말을 믿는단 말이오? 누가 당신을 하느님의 아들로 본단 말이오?" 예수의 원수들은 증오로 미치다시피 하여 손짓을 몹시 하고, 주먹을 거의 예수의 얼굴에 갖다 대며 말한다.

사도들과 제자들과 호의를 품은 사람들이 그들을 밀어내며 선생님을 보호하기 위하여 일종의 바리케이드를 만든다. 레위파 신관 즈가리야는 흥분해서 떠드는 사람들의 주의를 끌지 않도록 그의 움직임을 조절하면서 마나헨과 알패오의 두 아들 곁에 계신 예수에게까지 살그머니 뚫고 들어왔다.

그들이 이제는 이교도들의 행각 끝에 와 있다. 사람들이 서로 반대되는 흐름으로 인하여 걸음이 느려지기 때문이다. 예수께서는 동쪽의 마지막 기둥인 당신이 늘 계시던 자리에서 걸음을 멈추신다. 예수께서는 걸음을 멈추셨다. 그들이 있는 곳에서는 이교도들도 참다운 이스라엘 사람을 쫓아내면 군중을 흥분시키지 않을 수가 없다. 그래서 그들은 음험하게도 그렇게 하는 것을 피한다. 그래서 예수께서는 그곳에서 당신의 연설을 다시 시작하셔서 당신께 모욕을 주는 사람들에게 대답하시고, 그들과 더불어 모든 사람에게 대답하신다. "당신들이 사람의 아들을 높이 올렸을 때에…."

바리사이파 사람들과 율법 학자들이 외친다.

"그래 누가 당신을 높이 올린단 말이오? 미친 수다쟁이와 하느님께 창피를 당한 하느님 모독하는 자를 왕으로 가진 나라는 비참한 나라요. 우리 중의 아무도 당신을 높이 올리지 않으리라는 것을 확실히 아시오. 그리고 당신에게 남아 있는 얼마 안 되는 빛으로, 당신이 시험을 당할 때에 늦지 않게 그것을 알게 되었소. 당신은 우리가 당신을 절대로 우리 왕을 삼지 않으리라는 것을 분명히 알고 있소."

"나도 압니다. 당신들은 나를 옥좌에 올리지는 않을 것입니다. 그러나 나를 높이 올리기는 할 것입니다. 그리고 당신들은 나를 높이 올리면서 나를 낮추는 줄로 믿을 것입니다. 그러나 당신들이 나를 낮추었다고 생각할 바로 그 때에 나는 높이 올려질 것입니다. 팔레스티나 위에 뿐 아니라, 세상에 흩어져 있는 이스라엘 전체 위에 뿐 아니라, 온 세상 위에, 이교도의 나라들 위에까지, 세상의 학자들이 아직 모르는 곳들 위에까지. 그리고 나는 사람의 한 평생 동안만 높이 올려져 있지 않고, 세상이 있는 동안 줄곧 높이 올려져 있을 것이고, 내 옥좌의 닫집의 그림자는 세상에 점점 더 넓게 퍼져서 세상을 완전히 덮게 될 것입니다. 그 때에야 비로소 내가 돌아올 것이고, 당신들이 나를 볼 것입니다. 오! 나를 보구 말고요!"

"아니 이 미치광이의 논증을 들어보시오! 우리가 저 사람을 낮추면서 높이 올리고, 높이 올리면서 낮춘답니다! 미치광이요! 미치광이! 그리고 그의 옥좌의 그림자가 온 땅을 덮는다구! 키루스보다 더 위대하다구! 알렉산더보다도! 카이사르보다도 더 위대하다구! 당신은 카이사르를 어디다 두는 거요? 카이사르가 당신이 로마 제국을 빼앗게 내버려 둘 걸로 생각하시오? 그리고 저 사람이 세상이 존재하는 동안 줄곧 옥좌에 남아 있을 거라구! 하! 하! 하!" 그들의 빈정거림은 채찍보다도 더 가차없다.

그러나 예수께서는 그들이 말하게 내버려 두신다. 예수께서 당신을 비웃는 사람들과 당신을 옹호하는 사람들의 외침 속에서 들리게 하시려고 목청을 돋우시니 성난 바닷소리와 같이 그 목소리가 그곳을 꽉 채운다.

"당신들이 사람의 아들을 높이 올렸을 때, 그 때에 당신들은 내가 누구인지를 깨닫고 내가 나 자신의 자의로는 아무 것도 하지 않고, 내 아버지께서 내게 가르쳐 주신 것만을 말하고, 아버지께서 원하시는 것만 한다는 것을 알게 될 것입니다. 그리고 나를 보내신 분은 나를 혼자 놔 두지 않으시고, 나와 함께 계십니다. 그림자가 몸을 따라 다니는 것과 같이, 내 뒤에는 비록 보이시지는 않지만, 아버지께서 계시며 지키십니다. 아버지께서는 내 뒤에 계시면서 내 용기를 돋우어 주시고 나를 도와주시며, 내가 항상 아버지의 마음에 드는 것을 하기 때문에 내게서 멀리 떠나지 않으십니다. 이와 반대로 하느님께서는 자녀들이 당신의 법과 당신의 영감을 따르지 않을 때에는 멀리 떠나가십니다. 그 때에는 떠나가시고 그들을 혼자 내버려 두십니다.

이스라엘에서 많은 사람이 죄를 짓는 것은 이 때문입니다. 자기 자신이 처리하도록 버려진 사람이 자기 자신을 올바르게 지키기는 어렵고, 쉽게 뱀의 나사 홈에 빠지기 때문입니다. 정말 정말 잘 들어두시오. 하느님의 빛과 자비에 반항하는 당신들의 죄 때문에 하느님께서 당신들에게서 멀리 떠나가시어, 이곳과 당신들의 마음을 당신이 없어 텅 비게 하실 것이고, 예레미야가 그의 예언과 애가에서 한탄한 것이 정확히 이루어질 것입니다. 그 예언의 말씀을 묵상하고, 떨고, 착한 정신으로 반성하시오. 위협을 듣지 말고, 아직은 속죄를 하고 구원을 받는 것이 허락될 때에 당신 자녀들에게 경고하시는 아버지의 인자한 말씀을 들으시오. 말과 사실에서 하느님의 말씀을 들으시오. 그리고 만일 묵은 이스라엘이 당신들을 질식시키기 때문에 내 말을 믿고 싶지 않으면, 적어도 묵은 이스라엘의 말은 믿으시오. 묵은 이스라엘에서는 주 하느님께로 돌아서서 구세주를 따르지 않으면, 성도(聖都)와 우리 조국 전체가 당할 위험과 불행을 외치고 있습니다. 이 민족은 지난 세월에 벌써 하느님의 손이 짓눌렀습니다.

그러나 과거나 현재는 이 민족이 하느님께서 보내신 사람을 받아들이고자 하지 않았기 때문에 그를 기다리고 있는 무서운 미래에 비하면 아무 것도 아닐 것입니다. 그리스도를 거부하는 이스라엘을 기다리는 것은 그 준엄함으로도 기간으로도 비교가 안 됩니다. 많은 세기를 바라보며 내가 이렇게 말하는 것입니다. 부러져서 세찬 강의 소용돌이 속에 던져진 나무와 같이, 하느님의 저주를 받은 히브리 민족이 그러할 것입니다. 히브리 민족은 끈질기게 이 지점이나 저 지점의 강안(江岸)에 자리잡으려고 애쓸 것입니다. 그리고 원기가 있기 때문에 순이 돋아나고 뿌리를 내릴 것입니다. 그러나 영구히 자리잡았다고 믿을 때에 다시 세찬 물살에 휩쓸려서 또 뽑아지고 뿌리와 순이 부러져서, 더 멀리 가 고통을 당하고 또 달라붙고, 그랬다가 또 다시 뽑혀서 흩어질 것입니다. 그리고 아무 것도 그에게 평화를 주지 못할 것이니, 그를 못살게 구는 물살은 하느님의 분노와 다른 민족들의 업신여김이겠기 때문입니다. 살아 있고 거룩하게 하는 피의 바다에 뛰어드는 것으로만 평화를 얻을 수 있을 것입니다. 그러나 비록 그 피가 히브리 민족을 또 권유하겠지만, 천상의 아벨을 죽인 카인인 그들에게는 그들을 부르는 그 피가 아벨의 피의 목소리를 가지고 있는 것 같이 생각되기 때문에 그것을 피할 것입니다."

성전 구내에 다른 광범한 소음이 밀물 소리처럼 퍼진다. 그러나 그 소음 속에는 바리사이파 사람들과 율법학자와 그들에게 충실한 유다인들의 사나운 목소리는 없다.

예수께서는 그것을 이용하여 떠나가시려고 한다. 그러나 멀리 있던 사람들이 가까이 오며 말한다. "선생님, 저희 말을 들으십시오. 저희들은 모두 저 사람들(그러면서 원수들을 가리킨다) 같지는 않습니다. 그러나 저희는 선생님을 따르기가 힘듭니다. 그것은 선생님의 목소리는 선생님이 말씀하시는 것과 반대되는 것을 말하는 수백 수천의 목소리에 대해서 오직 하나뿐이고, 또 그들이 말하는 것은 저희가 어려서부터 저희 아버지들에게서 들은 것들이기 때문입니다. 그렇지만 선생님의 말씀은 믿으라고 저희들을 끌어당깁니다. 그러나 완전히 믿고 생명을 얻으려면 어떻게 해야 합니까? 저희들은 과거의 생각으로 결박되어 있는 것 같습니다…"

"만일 여러분이 내 말에 집착하면, 그것은 새로 태어나는 것과 같을 것이고, 여러분이 완전히 믿어 내 제자가 될 것입니다. 그러나 여러분은 과거를 떨쳐버리고 내 가르침을 받아들여야 합니다. 내 가르침은 과거를 전부 지워버리지는 않습니다. 오히려 반대로 과거의 것에 거룩하고 초자연적인 것은 그대로 두고 새로운 힘을 주고, 항상 불완전한 인간적인 가르침이 있던 곳에 완전한 내 가르침을 두어서 인간적인 군더더기를 없앱니다. 만일 여러분이 내게로 오면 진리를 알 것이고, 진리가 여러분을 자유롭게 할 것입니다."

"선생님 저희들이 마치 과거에 매여 있는 것 같다고 말씀드린 것은 사실입니다. 그러나 이 끈은 감옥도 아니고 노예 상태도 아닙니다. 저희들은 영적인 사정에 있어서는 아브라함의 후손입니다. 과연 저희가 오류에 빠져 있지 않으면, 노예의 후손인 아가르의 후손과는 대조적으로 영적인 후손이라는 뜻으로 아브라함의 후손이라고 부릅니다. 그런데 어떻게 저희가 자유롭게 될 것이라고 말씀하십니까?"

"나는 이스마엘과 그의 자손들도 아브라함의 후손이라는 것을 여러분에게 지적하겠습니다. 아브라함은 이사악과 이스마엘의 아버지였으니까요."

"그러나 그는 노예인 에집트 여자의 아들이었기 때문에 불순한 후손이었습니다."

"나 진정으로, 분명히 여러분에게 말합니다만, 노예 상태는 죄의 노예 상태 하나밖에 없습니다. 죄를 짓는 사람은 돈을 아무리 많이 주어도 속량(贖良)할 수 없는 노예 상태에, 그것도 냉혹하고 흉포한 주인에 대한 노예 상태에 있는 노예가 됩니다. 그래서 하늘 나라에서 최고의 자유를 누릴 권리를 모두 잃습니다. 노예, 전쟁이나 불행으로 인해서 노예가 된 사람은 착한 주인의 소유가 될 수도 있습니다. 그러나 주인이 그를 잔인한 주인에게 팔 수 있으므로, 그의 좋은 처지는 항상 불안정합니다. 그는 하나의 상품이지, 그 이상의 아무 것도 아닙니다. 때로는 노예를 빚 갚는 돈처럼 쓰기도 합니다. 그리고 그는 울 권리조차도 없습니다. 이와 반대로 하인은 주인의 집에서 사는데, 그러나 주인이 내보낼 때까지만 삽니다. 그러나 아들은 항상 아버지의 집에 남아 있고, 아버지도 아들을 내쫓을 생각을 하지 않습니다. 아들은 그의 자유의사로만 집에서 나갈 수 있습니다. 그리고 여기에 노예신분과 하인의 신분, 하인의 신분과 친자관계의 차이가 있는 것입니다.

노예신분은 사람을 예속상태에 놓아두고, 하인신분은 사람을 주인의 자의(恣意)에 맡기는데, 친자관계는 사람을 영구히 일생 동안 아버지의 집에 둡니다. 노예신분은 인간을 없애고, 하인신분은 어떤 사람에게 지배받게 하는데, 친자관계는 사람을 자유롭고 행복하게 합니다. 죄는 끝없이 가장 흉포한 주인인 사탄의 노예가 되게 합니다. 하인신분은 이 경우에는 옛날 율법인데, 사람을 하느님에 대해서 마치 양보 없는 존재에 대해서 모양으로 겁을 집어먹게 합니다. 친자관계, 즉 맏아들인 나와 함께 하느님께로 오는 사실은 사람을 자유롭고 행복하게 합니다. 사람이 그의 아버지를 알고, 아버지의 사랑을 신뢰하기 때문입니다. 내 가르침을 받는 것은 사랑받는 많은 아들들 중의 맏이인 나와 함께 하느님께로 오는 것입니다. 여러분이 사슬을 끊어달라고 내게로 오기만 하면, 나는 여러분의 사슬을 끊어줄 것이고, 그러면 여러분은 참으로 자유롭게 되고, 나와 함께 하늘나라의 공동 상속자가 될 것입니다.

여러분이 아브라함의 후손이라는 것을 나도 압니다. 그러나 여러분들 중에서 나를 죽이려고 하는 사람들은 아브라함을 공경하지 않고 사탄을 공경하며, 충실한 노예로서 사탄을 섬깁니다. 왜 그렇습니까? 그것은 그들이 내 말을 물리치고, 그래서 내 말이 여러분들 가운데 많은 사람 안에 들어갈 수가 없기 때문입니다. 하느님께서는 사람을 강제로 믿게 하지 않으시고, 강제로 나를 받아들이게 하시지는 않으십니다. 그러나 여러분에게 당신의 뜻을 알리라고 나를 보내셨습니다. 그래서 나는 내 아버지 곁에서 보고 들은 것을 말하고, 아버지께서 원하시는 것을 합니다. 그러나 여러분 중에서 나를 박해하는 사람들은 그들의 아버지에게서 배운 것과 그들의 아버지가 그들에게 암시하는 것을 합니다."

어떤 병에서 병세가 뜸하다가 다시 절정에 이르는 것과 같이, 좀 가라앉은 것 같던 유다인들과 바리사이파 사람들과 율법학자들의 분노가 맹렬하게 되살아난다. 그들은 예수를 빽빽이 둘러싸고 있는 군중을 쐐기 모양으로 뚫고 들어와 예수께로 가까이 가려고 애쓴다. 군중 가운데에서는 사람들의 마음의 감정이 서로 반대되는 것과 같이 서로 반대되는 물결과 같은 움직임이 일어난다. 유다인들은 분노와 증오로 얼굴이 창백해져 가지고 부르짖는다. "우리의 아버지는 아브라함이오. 우리는 다른 아버지가 없소."

"사람들의 아버지는 하느님이십니다. 아브라함 자신도 모든 사람의 아버지이신 분의 아들입니다. 그러나 많은 사람이 참 아버지를 버리고, 아버지가 아닌 사람에게로 가는데, 그 사람은 아버지는 아니지만 그들의 무절제한 욕망을 만족시키는 데 더 힘있고 더 그렇게 할 마음이 있는 것처럼 보이기 때문입니다.

아들들은 아버지가 하는 일을 보고 그대로 합니다. 만일 당신들이 아브라함의 후손이면 왜 아브라함이 한 일을 하지 않습니까? 당신들은 아브라함이 한 일을 알지 못합니까? 내가 그의 행위의 성질과 상징을 열거해 주어야 하겠습니까? 아브라함은 순종해서 하느님께서 그에게 일러주신 곳으로 갔습니다. 이것은 하느님께서 보내시는 곳으로 가기 위하여 모든 것을 버릴 준비를 하고 있어야 하는 사람의 상징입니다. 아브라함은 동생의 아들에 대해 친절해서, 그가 더 좋아하는 지방을 선택하게 놔 두었습니다. 이것은 이웃에 대하여 가져야 하는 행동의 자유의 존중과 사랑의 상징입니다. 아브라함은 하느님께서 그를 특히 사랑하신다는 것을 나타내신 다음에도 겸손해서 자기는 자기에게 말씀하신 지극히 높으신 분 앞에서 아무 것도 아니라는 것을 항상 깨닫고, 맘브레에서 그분을 공경했습니다. 이것은 사람이 그의 하느님께 대해서 항상 가져야 하는 공손한 사랑의 입장의 상징입니다. 아브라함은 가장 믿기 어려운 일과 가장 행하기 힘든 일에서도 하느님을 믿고 하느님께 순종했으며, 자기가 안전하다는 것을 느끼기 위해서 이기적인 사람이 되지 않고, 소돔 사람들을 위해 기도했습니다. 아브라함은 그의 수많은 순종에 대한 갚음을 원해서 주님과 계약을 맺지 않았고, 주님을 끝까지, 마지막 한계에 이르기까지 공경하기 위하여 지극히 사랑하는 아들을 주님께 제물로 바치기까지 했습니다."

"제물로 바치지는 않았소."

"아브라함은 순종하려는 의지로 길을 가는 동안, 사실은 마음 속으로 벌써 지극히 사랑하는 아들을 제물로 바쳤었기 때문에 그를 제물로 바쳤습니다. 다만 아들의 가슴을 갈라놓는 순간에 아버지의 마음이 벌써 찢어지고 있을 때 천사가 그 제사를 중단시킨 것입니다. 아브라함은 하느님을 공경하기 위하여 아들을 죽이려고 하였습니다. 그런데 당신들은 사탄을 공경하기 위하여 하느님의 아들을 죽입니다. 그러면 당신들은 당신들의 아버지라고 부르는 분이 한 일을 하는 것입니까? 아닙니다. 당신들은 그가 한 것과 같은 일을 하지 않습니다. 당신들은 내가 하느님에게서 들은 대로 당신들에게 진리를 말하기 때문에 나를 죽이려고 합니다. 아브라함은 이렇게 하지 않았습니다. 아브라함은 하늘에서 오던 목소리를 죽이려고 하지 않고, 그 목소리에 순종했습니다. 아닙니다. 당신들은 아브라함의 행위를 하지 않고, 당신들의 아버지가 알려주는 행위들을 합니다."

"우리는 창녀에게서 나지 않았고, 사생아가 아니오. 사람들의 아버지는 하느님이시라고 당신 자신이 말했소. 그리고 우리는 선택된 민족의 사람들이고, 그 민족 중에서도 선택된 계급에 속하는 사람들이오. 그러니 우리는 하느님을 오직 한 분뿐이신 아버지로 모시고 있소."

"만일 당신들이 영과 진리로 하느님을 아버지로 인정하면, 내가 하느님에게서 나왔고 하느님에게서 왔으니까 나를 사랑할 것입니다. 나는 나 스스로 오지 않았고, 하느님께서 나를 보내셨습니다. 따라서 당신들이 정말 아버지를 알면, 하느님의 아들이요, 당신들의 형제이며 구세주인 나도 알 것입니다. 형제들이 서로 알아보지 못할 수가 있습니까? 오직 한 분뿐인 아버지의 자녀들이 오직 한 분뿐인 아버지의 집에서 하는 말을 알아듣지 못할 수가 있습니까? 그러면 왜 내 말투를 알아듣지 못하고, 내가 하는 말을 용납하지 않습니까? 그것은 나는 하느님에게서 오고, 당신들은 그렇지 않기 때문입니다.

당신들은 아버지의 집을 떠났고, 거기 사는 분의 얼굴과 말투를 잊어버렸습니다. 당신들은 자진해서 하느님이 아닌 다른 사람이 지배하고, 다른 말씨를 쓰는 다른 지방의 다른 집에 갔습니다. 그리고 그곳을 지배하는 자는 그곳에 들어가기 위하여는 그의 아들이 되고 그에게 복종하기를 강요합니다. 그런데 당신들은 그렇게 했고, 지금도 그렇게 하고 있습니다. 당신들은 하느님 아버지를 버리고 모른다고 하며, 다른 아버지를 택합니다. 그런데 그 아버지는 사탄입니다. 당신들은 마귀를 아버지로 두었고, 그가 암시하는 것을 행하고자 합니다. 그리고 마귀의 욕망은 죄와 폭력의 욕망인데, 당신들은 그것을 받아들입니다. 마귀는 처음부터 살인자였고, 진리에 대하여 반란을 일으킨 그는 그의 안에 진리에 대한 사랑을 가질 수가 없기 때문에 진리에 꾸준하지 못했습니다. 마귀가 말할 때에는 저 생긴 대로 말합니다. 즉 거짓말쟁이와 음험한 자로서 말합니다. 사실 그는 거짓말쟁이이고, 교만으로 배여서 반란으로 길러진 다음 거짓말을 배서 낳았기 때문입니다. 그는 그의 안에 모든 사욕(邪慾)을 가지고 있고, 모든 인간들을 중독시키려고 그것을 내뱉고 불어넣습니다. 그는 음험한 자이고 빈정거리기 잘하는 자이고, 기어다니는 저주받은 뱀이며 치욕이요 추악한 존재입니다. 오랜 옛날부터 그의 행위는 사람을 괴롭히고, 사람들의 지능을 눈 앞에 그 행동의 표와 결과를 봅니다. 그런데도 당신들은 거짓말을 하고 파멸시키는 그의 말에 귀를 기울이고, 내가 참되고 좋은 말을 하는데도 당신들은 내 말을 믿지 않고 나를 죄인으로 취급합니다.

그러나 증오를 가지거나 사랑을 가지고 내게 가까이 온 이 수많은 사람들 가운데에서 내가 죄짓는 것을 보았고 말할 수 있는 사람이 누구입니까? 누가 정말 진정으로 그렇게 말할 수 있습니까? 내가 죄인이라는 것을 내게 확인시키고 나를 믿는 사람들에게 확인시킬 수 있는 증거가 어디에 있습니까? 내가 십계명 중에서 어떤 계명을 어겼습니까? 내가 율법과 관례, 계명, 전통, 기도를 어기는 것을 보았다고 누가 하느님의 제단 앞에서 맹세할 수 있습니까? 모든 사람 가운데에서 확실한 증거를 가지고 내가 죄를 지었다는 것을 확인케 해서 내게 얼굴빛을 변하게 할 수 있는 사람이 누구입니까? 아무도 그렇게 할 수 없습니다. 사람들 중에서 아무도 그렇게 할 수 없고, 천사들 중에서도 아무도 그렇게 할 수 없습니다. 하느님께서 사람들의 마음에 '그는 죄가 없다'고 외치십니다. 여기 대해서는 당신들도 확신합니다. 그리고 당신들과 나 사이에 누가 옳은지는 나를 비난하는 당신들이 알지 못하는 이 다른 사람들보다 훨씬 더 확신하고 있습니다. 그러나 하느님께 속해 있는 사람만이 하느님의 말씀을 듣습니다. 그 말씀이 당신들의 영혼 안에서 밤낮으로 쾅쾅 울리는 데도 당신들은 그것을 듣지 않습니다. 그런데 당신들이 그 말씀을 듣지 않는 것은 당신들이 하느님의 사람이 아니기 때문입니다."

"율법을 위하여 살고, 지극히 높으신 분을 공경하기 위하여 계명들을 가장 엄밀하게 지키면서 사는 우리가 하느님의 사람이 아니란 말이오? 그래 당신이 감히 그런 말을 하는 거요? 아!!!"

그들은 마치 밧줄이 그들의 목을 조르는 것처럼 증오로 숨이 막히는 것 같다.

"그러니 우리가 당신을 마귀들린 사람이라고 사마리아인이라고 말해야 되지 않겠소?"

"나는 마귀들린 사람도 아니고 사마리아 사람도 아닙니다. 다만 나는 비록 당신들이 나를 비난하기 위하여 그것을 부인하지만 내 아버지를 공경합니다. 그러나 당신들의 비난이 나는 괴롭지 않습니다. 나는 내 영광을 찾지 않으니까요. 내 영광을 돌보시고 심판하시는 분이 계십니다. 나는 이 말을 나를 모욕하고자 하는 당신들에게 말합니다. 그러나 착한 뜻을 가진 사람에게는 이렇게 말하겠습니다. 내 말을 받아들일 사람이나 이미 받아들인 사람으로 그것을 지킬 줄 알 사람은 영원히 죽음을 보지 않을 것이라고."

"아! 이제는 당신에게 붙어 있는 마귀가 당신 입술로 말한다는 것을 분명히 알겠소! 당신이 직접 그 말을 했소. '마귀는 거짓말쟁이로 말한다'고. 그런데 당신이 말한 것은 거짓말이오. 그러니까 당신의 말은 마귀의 말이오. 아브라함도 죽었고, 예언자들도 죽었소. 그런데 당신은 당신의 말을 지킬 사람은 영원히 죽음을 보지 않을 것이라고 말했소. 그럼 당신은 죽지 않을 거란 말이오?"

"나는 사람으로서만 죽었다가 은총의 시대에 부활할 것입니다. 그러나 말씀으로서는 죽지 않을 것입니다. 말씀은 생명이라 죽지 않습니다. 그리고 말씀을 받아들이는 사람은 그의 안에 생명을 가지고 있어 영원히 죽지 않을 것이고, 내가 그를 부활시킬 것이므로 하느님 안에 다시 살아날 것입니다."

"하느님을 모독하는 자! 미치광이! 마귀! 우리 조상 아브라함도 죽었고, 예언자들도 죽었는데, 당신은 그들보다 낫단 말이오? 당신을 누구라 주장하는 거요?"

"당신들에게 말하는 나는 근원이오."

소란이 일어난다. 그리고 이동안 레위파 사람 즈가리야가 예수를 행각의 한 구석으로 느낄 수 없을 만큼 천천히 미는데, 이 일을 알패오의 아들들과 다른 사람이 도와준다. 이 사람들은 아마 무엇을 하는지도 알지 못하면서 그렇게 하는 것 같다.

예수께서 벽에 단단히 기대시고, 당신 앞에 있는 가장 충실한 사람들에 의해 보호되셨을 때, 그리고 마당 안에도 소란이 좀 가라앉았을 때, 예수께서는 깊이 파고 드는 지극히 아름다운 목소리, 가장 어지러운 순간에도 지극히 침착한 목소리로 말씀하신다.

"내가 나 자신을 찬양하면, 내 영광은 가치가 없습니다. 누구든지 자기 자신에 대해서 마음대로 말할 수 있는 것입니다. 그러나 나를 영광스럽게 하시는 분은 내 아버지이십니다. 당신들은 그분을 당신들의 아버지라고 말하지만, 도무지 당신들의 아버지가 아니신 것이, 당신들은 그분을 알지 못하고, 그분을 전에도 안 적이 없었고, 그분을 알기 때문에 그분에 대해서 말하는 나를 통해서 그분을 알기를 원치 않기 때문입니다. 또 만일 내게 대한 당신들의 증오를 가라앉히기 위하여 내가 그분을 알지 못한다고 말하면, 당신들이 그분을 안다고 말할 때에 거짓말쟁이가 되는 것과 같이 나도 거짓말쟁이가 될 것입니다. 나는 내가 어떠한 이유로도 거짓말을 해서는 안 된다는 것을 압니다. 사람의 아들은 진실을 말하는 것이 그에게 죽음을 가져다 주게 되더라도 거짓말을 해서는 안 됩니다. 만일 사람의 아들이 거짓말을 하면, 그는 이미 진리의 아들이 아닐 것이고, 진리가 그를 멀리 쫓아내겠기 때문입니다. 나는 하느님을 압니다. 하느님으로서도 알고, 사람으로서도 압니다. 그리고 하느님으로서, 또 사람으로서 하느님의 말씀을 간직하고 지킵니다. 이스라엘이여, 깊이 생각하시오! 여기서 약속이 이루어집니다. 그 약속은 내게서 이루어집니다. 내 정체를 알아보시오! 당신들 조상 아브라함은 내 날을 보기를 갈망했습니다. 그는 하느님의 은총으로 예언적으로 내 날을 보았고, 기뻐서 어

204. "우리는 아브라함의 후손이오"

쩔 줄을 몰랐습니다. 그런데 정말로 내 날에 살고 있는 당신들은…."

"입닥치시오! 당신은 쉰 살도 안 됐는데, 아브라함이 당신을 보았고, 당신이 아브라함을 보았단 말이오?" 그리고 그들의 빈정거리는 웃음은 독이 들어 있는 물결이나 부식(腐蝕)하는 산(酸)처럼 퍼진다.

"나 진정으로 분명히 당신들에게 말하지만, 아브라함이 나기 전부터 나는 있습니다."

"'나는 있습니다.' 하느님만이 영원하시기 때문에 그렇게 말씀하실 수 있소. 당신은 그렇게 말할 수 없소! 하느님을 모독하는 자! '나는 있소!' 저주받으시오! 당신이 그런 말을 하다니, 당신이 하느님이라도 된다는 거요?"

어떤 사람이 예수께 이렇게 외친다. 그 사람은 온지가 얼마 안 되는데, 그가 오자 모든 사람이 거의 공포에 질리다시피 되어 비켜났기 때문에 벌써 예수 가까이에 와 있는 것으로 보아 큰 인물인 모양이다.

"당신이 바로 말했습니다" 하고 예수께서는 천둥소리 같은 목소리로 대답하신다. 마지막으로 선생님께 질문을 한 사람이 소름끼칠 정도로 분개한다는 일련의 몸짓을 하며, 자기 두건을 잡아채고, 머리카락과 수염을 마구잡아 뽑고, 혐오로 인하여 졸도할 것 같이 느껴지는 듯이 옷을 목에 고정시키는 쇠들을 푸는 동안, 흙을 한줌씩과 돌들을 선생님께로 던진다. 돌들은 비둘기와 다른 짐승들을 파는 사람들이 울타리의 밧줄을 팽팽하게 하는 데 쓰는 것이고, 또 환전상들이 목숨보다도 더 집착하는 그들의 돈궤를 조심스럽게 지키기 위하여 쓰는 것이다. 그런데 예수께서는 행각 밑 너무 안쪽에 계셔서 맞힐 수가 없기 때문에 흙과 돌은 자연 군중 위에 떨어지고, 군중은 투덜서리고 한탄한다….

레위파 사람 즈가리야는 예수를 한번 세게 민다. 행각의 담에 감추어져 있는 것으로 벌써 열 준비가 되어 있는 낮은 작은 문으로 예수를 가시게 하는 데에는 그 방법밖에는 없다. 그리고 그는 알패오의 두 아들과 요한과 마나헨과 토마와 같이 예수를 그리로 밀어 넣는다. 다른 사람들은 밖에 소동이 벌어지는 가운데 남아 있다. 그 소음은 약해져서 돌로 된 두꺼운 두 벽 사이에 있는 긴 복도에까지 들어온다. 이 돌로 된 벽을 건축용어로 무엇이라고 부르는지는 모르겠다. 그 벽의 돌들은 박아넣어서 더 넓은 돌들이 더 작은 돌들을 둘러싸고 있는 것도 있고, 그와 반대되는 것도 있다. 내가 설명을 잘 하는지 모르겠다. 그 돌들은 우중충하고 두껍고 대강 다듬은 것인데, 이곳에 환기를 하고 완전히 어두운 것을 막기 위하여 위쪽에 일정한 간격을 두고 낸 틈으로 들어오는 희미한 빛으로 겨우 보일 뿐이다. 그것은 좁은 통로인데, 무슨 소용인지는 모르겠지만, 행각 전체의 밑을 도는 것 같은 느낌이 든다. 어쩌면 엄밀한 의미의 성전, 즉 지성소의 울타리들과 같은 행각들의 담을 보호하고 막아주고 겹쳐놓기 위하여, 그래서 더 저항력 있게 하기 위하여 만들어 놓은 것인지도 모르겠다. 결국 잘 모르겠다. 나는 보이는 것을 말하는 것이다. 습기 냄새, 어떤 포도주 지하광에서와 같이 찬 것인지 그렇지 않은 것인지 알 수 없는 그런 습기의 냄새가 있다.

"그래 여기서 우리는 뭘 하는 거야?" 하고 토마가 묻는다.

"잠자코 있어! 즈가리야는 자기가 올 터이니까 꼼짝 말고 조용히 있으라고 내게 말했네" 하고 타대오가 대답한다.

"그렇지만… 믿을 수 있을까?"

"그럴 걸로 생각하네."

"염려 말아라. 그 사람은 좋은 사람이다" 하고 예수께서 그들의 용기를 돋우어 주시려고 말씀하신다.

밖에서는 소란이 멀어져 간다. 얼마 동안 시간이 지난다. 그런 다음 희미한 발소리가 들려오고 펄럭이는 작은 빛이 어두운 저 속에서 다가온다.

"선생님, 거기 계십니까?" 하고 들리기를 바라면서 들릴까봐 염려하는 듯한 목소리가 말한다.

"그렇소, 즈가리야."

"야훼께 찬미! 기다리셨지요? 저는 사람들이 모두 다른 문으로 달려 가기를 기다려야 했습니다. 오십시오, 선생님…. 선생님의 사도들은… 시몬에게 베테스다로 가서 거기서 기다리라고 말해 줄 수 있었습니다. 여기서는 내려갑니다…. 그다지 밝지는 않지만, 길은 안전합

204. "우리는 아브라함의 후손이오"

니다. 빗물받이 웅덩이로 내려가서…. 키드론 개울 쪽으로 나가게 됩니다…. 이것은 오래된 길인데, 언제나 좋은 일에만 쓰이지는 않던 길입니다. 그러나 이번에는 좋은 일에 쓰입니다…. 그리고 이 때문에 이 길이 거룩하게 됩니다…."

일행은 계속하여 등불의 펄럭이는 희미한 빛만으로 비추어지는 어두움 속을 내려간다. 마침내 다른 종류의 빛이 저기 끝 쪽에서 보이고… 그 저편으로는 초록빛도는 빛이 보이는데, 멀리 떨어져 있는 것 같다…. 격자가 어떻게나 촘촘한지 보통문과 같이 보이는 창살문으로 통로가 끝난다.

"선생님, 제가 선생님을 구해 드렸습니다. 이제는 가셔도 됩니다. 그러나 제 말씀을 들으시고, 얼마 동안은 오지 마십시오. 언제나 사람들에게 눈치채이지 않고 선생님을 도와드릴 수는 없을 것입니다. 그리고 …이 길과 여러분을 이 길로 인도한 저를 선생님도 잊으시고 여러분도 잊으십시오" 하고 즈가리야는 육중한 문에 있는 장치를 움직여, 겨우 사람들이 빠져나갈 수 있게 벙긋이 열면서 말한다. 그리고 "제게 대한 동정으로 잊어 주십시오" 하고 다시 말한다.

"염려 마시오. 우리 중의 아무도 말하지 않을 거요. 그리고 당신의 이 사랑 때문에 하느님께서 당신과 함께 계시기를 바라오." 예수께서는 손을 들어 젊은이의 숙인 머리에 얹으시며 말씀하신다.

예수께서 나오시고, 사촌들과 다른 사람들도 따라 나온다. 올리브 밭 앞에 있는 가시덤불이 뒤엉킨 황량한 작은 공간으로 겨우 모두가 들어설 수 있는 곳이다. 좁고 험한 길이 가시덤불 사이로 급류를 향하여 내려간다.

"가자. 곧 이어서 양들의 문 있는 곳으로 다시 올라갈 터인데, 나는 내 사촌들과 함께 요셉의 집으로 갈 터이니, 그동안 너희들은 베네스타에 가서 다른 사람들을 데리고 나 있는 데로 오너라. 내일 저녁 황혼이 지난 다음에 노베에 가기로 하자."

205. 세포리스의 요셉의 집에서

요셉의 집은 아리마태아의 요셉의 집이 아니라, 세포리스의 늙은 갈릴래아 사람의 집이다. 이 사람은 알패오의 아들들, 특히 제일 나이 많은 아들들의 친구이다. 그것은 그가 지금은 고인이 된 늙은 알패오의 친구였었고, 또 아마 먼 친척이기도 하였기 때문이다. 그리고 내 생각이 틀리지 않다면, 겐네사렛 호수의 건어물 거래 때문에 제베대오의 아들들과도 계속적인 연락을 취하고 있다. 이 건어물들은 고향을 떠나 예루살렘에 와서 사는 갈릴래아 사람들에게 소중한 갈릴래아의 다른 산물들과 같이 수도(首都)에 수입되는 것이다. 알패오의 두 아들과 요한이 토마에게 말하는 것에서 내가 추론하는 것은 이런 것이다.

한편 예수께서는 조금 뒷쪽에 마나헨과 같이 계신데, 그에게 아리마태아의 요셉과 니고데모에게 가서 당신 계신 곳으로 오라고 부탁하라는 책임을 맡기시니, 마나헨은 즉시 그렇게 한다. 예수께서는 잠시 동안 또 세 사람과 같이 계시면서 "그들을 안전하게 하여 준 레위파 사람에 대한 사랑으로" 회화할 때에 조심하라고 부탁하신 다음, 그들을 떠나 오솔길로 해서 성큼성큼 걸어 가신다.

그러나 요한이 이내 예수를 따라 갔다.

"왜 왔느냐?"

"저희들은 선생님을 이렇게 혼자 계시게 할 수 없었습니다…. 그래서 제가 왔습니다."

"그러면 그 많은 사람에 대항해서 너 혼자 나를 지킬 수 있을 것이라고 생각하느냐?"

"그건 자신이 없습니다. 그러나 적어도 선생님보다 먼저 죽기는 할 것입니다. 제게는 이것으로 충분합니다."

"너는 나보다 매우 오래 후에야 죽을 것이다. 그러나 그것을 섭섭하게 생각하지 말아라. 지극히 높으신 분께서 너를 세상에 남겨 두시는 것은, 네가 하느님을 섬기고 그분의 말씀을 섬기라고 그러시는 것이다."

"그러나 그 다음에는요?…."

"후에도 너는 봉사할 것이다. 우리의 두 마음이 원하는 것과 같이 내게 봉사하기 위해서는 네가 얼마 동안이나 살아야 하겠느냐? 그러나 죽고 나서도 너는 내게 봉사할 것이다."

"선생님, 제가 어떻게 그렇게 하게 됩니까? 만일 제가 선생님과 함께 하늘에 있으면, 선생님께 경배를 할 것입니다. 그러나 이 세상을 떠나고 난 다음에는 세상에서 선생님께 봉사할 수는 없을 것입니다."

"정말 그렇게 생각하느냐? 그런데 나는 네게 말하는데, 너는 내가 마지막으로 다시 올 때까지 내게 봉사할 것이다. 강들이 마르는 것과 같이, 그래서 파랗고 유익한 아름다운 물줄기였던 것이 푸석푸석한 부식토와 메마른 돌무더기가 되는 것과 같이, 많은 것이 마지막 시간이 오기 전에 마를 것이다. 그러나 너는 아직 내 말이 울리고, 내 빛을 반영하는 강으로 있을 것이다. 너는 전혀 영적인 빛일 것이기 때문에 그리스도를 상기시키기 위하여 남아 있을 최후의 빛일 것이다. 그리고 마지막 시기는 빛에 대항하는 어두움의 싸움이고 영에 대한 육체의 싸움일 것이다. 믿음을 꾸준히 지킬 줄 아는 사람들은 네가 뒤에 남겨 놓을 것에서 힘과 바람과 위안을 얻을 것이다. 그런데 네 뒤에 남겨 놓을 것은 아직도 너일 것이고… 또 무엇보다도 나일 것이다. 그것은 너와 내가 서로 사랑하고, 네가 있는 곳에 내가 있고, 내가 있는 곳에 네가 있기 때문이다.

나는 베드로에게 내 반석을 우두머리와 기초로 가지게 될 교회가 지옥의 되풀이 되고 점점 더 사나워지는 공격으로도 무너지지 않을 것이라고 약속했다. 그러나 지금은 네게 말하는데, 역시 나일 것인 그것, 빛을 찾는 사람들을 위하여 네가 빛으로 남겨 놓을 그것이, 그것을 없애려고 하는 지옥의 모든 노력에도 불구하고 부수어지지 않을 것이다. 한 걸음 더 나아가, 나를 받아들이면서도 내 베드로는 받아들이지 않겠기 때문에 나를 불완전하게 믿을 사람들까지도 조종사도 없고 나침반도 없는 작은 배들과 같이 항상 네 등대로 끌릴 것이다. 그 배들은 **그들의** 폭풍우를 뚫고 빛을 향하여 간다. 빛은 구원을 뜻하는 것이기도 하니까."

"그러나 주님, 제가 무엇을 남겨 놓겠습니까? 저는… 보잘 것 없고 … 무식한데요…. 저는 사랑밖에 가진 것이 없습니다…."

"그것이다. 너는 사랑을 남겨 놓을 것이다. 그리고 네 예수에 대한 사랑이 말이 될 것이다. 그리고 많은 사람이, 아주 많은 사람이, 내 교회에 속해 있지 않고, 아무 교회에도 속해 있지 않고, 다만 채워지지 않은 그들의 정신에 자극되고, 사람들이 그들의 고통을 동정하기를 바라는 욕구로 빛과 위안을 찾을 사람들도 네게로 와서 나를 발견할 것이다."

"선생님을 제일 먼저 발견하는 사람들이 저 흉포한 유다인들, 저 바리사이파 사람들과 저 율법학자들이었으면 좋겠습니다…. 그렇지만 저는 그 많은 사람들에게…."

"모든 것이 꽉 차 있는 곳에는 아무 것도 들어갈 수가 없다. 그러나 너는 낙심하지 말아라…. 자, 요셉의 집에 다 왔다. 문을 두드려라. 그리고 들어가자."

좁고 높은 집인데, 곁에는 낮고 쌓아둔 상품으로 인하여 고약한 냄새가 나는 상점이 있다. 그리고 그 곁에는 위쪽이 불쑥 나온 담들 때문에 어두워진 마당이 있는데, 그 마당은 그 당시의 여관들과 같은 여관의 마당과 같은 것이었다. 즉 상품들을 넣어 두는 회랑들이 있고, 나귀들을 매 두는 마구간이 있고, 손님들을 위한 방들이나 큰 침실들이 있다. 여기에는 포석이 제대로 깔려 있지 않은 마당과 수반과 낮고 어두운 두 마구간이 있고, 집에 대서 짓고 상점 안으로 통하는 문이 있는 회랑으로 쓰이는 투박한 헛간이 있다. 그리고 이것들 말고 내가 말한 낡고 어두운 집이 있는데, 문이 높고 좁으며, 닳아빠진 돌로 된 세 단으로 해서 올라가게 되어 있다.

요한이 문을 두드리고 기다리고 있노라니, 이윽고 좁은 틈이 빠끔히 벌어지고 작은 노파의 주름진 얼굴이 나타나 희미한 속을 살핀다. "아이고! 요한! 곧 열겠네. 하느님께서 자네와 함께 계시기를!" 하고 그 주름진 얼굴에 딸린 입이 말하고, 빗장 소리가 요란스럽게 나며 문이 열린다.

"할머니, 저 혼자가 아닙니다. 선생님을 모시고 왔어요."

"갈릴래아의 영광인 선생님께도 평화. 그리고 참된 이스라엘 사람의 집에 거룩하신 분의 발을 옮겨 온 이 날은 복된 날일세. 주님, 들어오십시오. 곧 가서 요셉에게 알리겠습니다. 음산한 에타민달에는 황혼이 빨리 오기 때문에 마지막 인도(引渡)를 하는 중입니다."

"일을 하게 그냥 두세요, 할머니. 우리는 내일까지 여기 있을 것입니다."

"저희들에게는 큰 기쁨입니다. 선생님을 오래 전부터 기다리고 있었습니다. 그리고 며칠 전에는 선생님의 형님 요셉이 선생님의 소식을 물으러 사람을 보내기까지 했습니다. 그렇지만 제 남편이 더 낫게 말씀드릴 수 있을 겁니다. 이상입니다. 선생님은 여기 그대로 계셔도 됩니다…. 저는 주님을 떠납니다. 지금 빵을 다 구어 가고 있는 중이니까요. 황혼이 되기 전에 구워져야 합니다. 무엇을 원하시면, 요한이 저 있는 데를 압니다."

"안심하고 가세요. 우리에게는 숙소를 주시는 것 외에는 아무 것도 필요치 않습니다."

얼마 동안 두 분만이 남아 있다. 그러다가 무서워하면서도 동시에 호기심 많은 작은 갈색 얼굴이 방과 복도를 갈라 놓는 커튼 뒤에 보인다.

"저 어린이는 누구냐?" 하고 예수께서 요한에게 물으신다.

"모르겠습니다, 주님. 다른 때 왔을 적에는 없었는데요. 하긴 선생님을 모시고 있은 뒤로는 아버지를 위해서 여기 오지 않았습니다. 얘야, 이리 오너라." 어린 아이는 잔 걸음으로 다가온다.

"너 누구냐?"

"말하지 않을래."

"왜?"

"기분나쁜 말을 듣기 싫어서 그래. 아저씨가 그런 말하면 내가 대답을 할 텐데. 할아버지가 그걸 싫어한단 말이야."

"별난 소리 다 듣겠구나! 선생님, 어떻게 생각하십니까?" 하고 요한은 어린 아이의 논거가 재미있어서 웃는다.

예수께서도 빙그레 웃으신다. 그러나 손을 들어 어린 아이를 끌어 당기시고 살펴보신다. 그리고 말씀하신다. "그럼, 너는 내가 누구인지는 아니?"

"알구 말구요! 아저씨는 메시아야. 온 세상을 자기 것을 만들 사람이야. 그 때에는 사람들이 나같은 어린 아이들에게 기분나쁜 말을 하지 않을 거야."

"너, 이스라엘 아이는 아니지?"

"난 할례를 받았어…. 아주 아팠어. 그렇지만… 배고픈 것도 아팠어. 그리고… 엄마가 없게 되고 아무도 없게 된 것도…. 그렇지만 사람들이 우리를… 말하는 걸 듣는 건 지금도 아파…." 어린 아이는 처음의 대담성을 잃고 운다.

"이 애는 외국 고아인 것 같다. 요한아, 요셉이 동정해서 거두고, 할례를 받게 한 모양이구나…" 하고 예수께서는 어린 아이의 논거 (論據)와 울음에 놀라셔서 요한에게 설명하신다. 그리고 예수께서는 어린 아이를 번쩍 들어올려 당신 무릎에 앉히신다.

"애야, 이름을 말해 봐라. 나는 너를 좋아한다. 예수는 모든 어린이를 사랑하고, 특히 고아들을 많이 사랑한다. 나도 고아를 하나 데리고 있는데,이름은 마룩지암이라고 하고 또…."

"나도 그래. 나는 (작은 목소리가 이제는 겨우 들을 수 있을까 말까한 속삭임에 지나지 않게 된다), 나는 로마 아이거든…."

"내가 말한 대로다! 그리고 너도 고아지?"

"응… 아빠는 기억도 안나. 엄마는 기억나. 내가 벌써 컸을 때 엄마가 죽었거든…. 그래서 난 혼자 남았어. 아무도 날 받아주지 않았어. 주인이 멀리 떠나간 다음에 나는 가이사리아에서 걸어서 여행자들의 뒤를 따라 왔어. 그리고 아주 배가 많이 고팠어. 그런데 내가 이름을 말하면 매를 맞았어…. 이름으로 알게 되는 모양이지. 응? 그리고 나는 어떤 명절에 여길 왔어. 그런데 배가 고팠어. 나는 대상을 따라서 마구간으로 들어가서 나귀들에게 주는 귀리와 케롭*을 먹으려고 밀짚 속에 숨어 있었어. 그런데 나귀 한 마리가 나를 물었어.

＊ 역주 : 지중해 연안산 콩과의 상록수인 캐롭나의 열매.

205. 세포리스의 요셉의 집에서

그래서 울부짖었더니 사람들이 달려 와서 나를 때리려고 했어. 그런데 요셉 할아버지가 말했어. '안 돼. 선생님은 그렇게 하셨고, 당신이 하시는 대로 하라고 말씀하셨네. 그러니까 나는 이 애를 거두어서 이스라엘 아이를 만들겠네' 하고. 그리고 할아버지는 나를 거두어서 마리아 할머니와 함께 보살폈어. 그리고 다른 이름을 하나 지어 주었어. 내 이름은… 엄마는 나를 마르시알이라고 불렀었어…." 그러면서 다시 눈물을 흘리기 시작한다.

"그럼, 나도 네 엄마처럼 마르시알이라고 부르마. 요셉 할아버지가 하신 건 썩잘 하신 거다. 너는 요셉 할아버지를 많이 사랑해야 한다."

"응, 그렇지만 난 아저씨를 더 좋아해야 돼. 할아버지는 늘 그러는걸. '언젠가 메시아인 나자렛의 예수를 만나면, 정성을 다해서 사랑해야 한다. 너를 잘못된 것에서 구해 준 건 예수님이니까' 하고. 그리고 할머니는 곁에 있는 하녀한테 메시아가 집에 있다고 말했어. 그래서 나를 구해 준 사람을 보러 온 거야."

"저는 요셉이 이런 일을 한 줄은 몰랐습니다. 요셉은 몹시… 인색했거든요…. 그분이 이런 일을 할 수 있으리라고는 도무지 생각 못했습니다…. 가엾은 요셉! 인색하고 자식들과는 사이가 나빴구요. 자식들은 아버지의 백발을 존중하지 않았습니다."

"나도 안다. 그러나 봐라. 어쩌면 이 어린 아이를 통해서 그가 새로워지고… 잊어버리는지도 모른다. 하느님께서는 그가 어린 아이를 위해서 한 것을 이렇게 갚아 주신다. 지금은 네 이름이 뭐냐?"

"못생긴 이름이야. 난 내 이름처럼 시작되는 것 때문에만 그 이름을 좋아해. 내 이름은 마낫세야!…. 그렇지만 할머니는 눈치를 채고 날 '만'이라고 불러." 그리고 어린 아이가 그 말을 어떻게나 애석하게 여기는 태도로 하는지 예수와 요한은 빙그레 웃음이 나오는 것을 참지 못한다.

그러나 예수께서는 그를 위로하기 위하여 설명하신다. "마낫세는 우리에게는 매우 기분좋은 뜻을 가진 이름이다. 이 이름은 주님이 내게 모든 고통을 잊게 하셨다는 뜻이다. 요셉 할아버지가 네게 그 이름을 붙여 주신 것은 네가 할아버지의 모든 고통을 잊게 하리라는 뜻으로 그러신 거다. 그러니까 얘야, 할아버지께 감사하는 마음으로 그렇게 해라. 너 자신도 네 새 이름으로, 주님이 너를 아주 많이 사랑하셔서 네게 아버지와 엄마와 집을 다시 주셨다고 생각해라. 그렇지?"

"응, 그렇게 설명하니까 그래…. 그렇지만 할아버지는 나보구 내 집까지도 잊어버려야 한다구 말해. 난 엄마는 잊어버리고 싶지 않아!"

예수께서는 요한을 바라보시고, 요한은 예수를 바라본다. 그리고 작은 갈색 머리 위로 진짜 눈길의 대화가 오간다….

"얘야, 엄마는 잊어버리지 않는 거다. 요셉 할아버지가 잘못 설명하신 거다. 아니, 오히려 네가 잘못 알아들은 거다. 할아버지는 분명히 네가 지난 날의 모든 고통을 잊어버리고, 지금은 이 집이 있으니까 네 집의 고통을 잊어버리고, 네가 행복해야 한다는 뜻으로 말씀하신 거다."

"아! 그러면 됐어. 할머니도 착하고 나를 기쁘게 해줘. 지금도 나 주려고 비스킷을 만들고 있어. 다 구워졌는지 가볼래. 그리구 아저씨한테도 갖다 주겠어." 그리고 예수의 무릎에서 미끄러져 내려가 방 밖으로 뛰어 나간다. 작은 맨발 소리가 긴 복도로 사라진다.

"우리 중의 가장 착한 사람들에게까지도 엄하게 하려는 저 경향이 항상 있구나! 불가능한 것을 고집하는 것 말이다! 하느님의 백성의 자식들이 하느님보다 더 엄하다! 가엾은 어린 것! 어떤 어린 아이가 이제는 할례를 받았으니 어머니를 잊어버릴 것이라고 우길 수 있겠느냐? 요셉에게 그 말을 해 주겠다."

"저는 요셉이 이런 일을 한 줄은 정말 몰랐습니다. 저희 아버지도 많은 갈릴래아 사람들처럼 명절 때에는 여기에 드시는데, 이 일을 알지 못하시는 것처럼 말씀하지 않으셨습니다…. 그런데 요셉의 목소리가 들립니다…."

예수께서 일어나시고, 요한도 따라 일어나서, 들어오는 집주인에게 마땅히 표해야 하는 경의를 표하며 인사할 준비를 갖추신다. 주인도 역시 몸을 깊숙이 구부리며 들어와서 마침내 예수의 발 앞에 와서 무릎을 꿇는다.

205. 세포리스의 요셉의 집에서

"일어나세요. 할아버지, 보시다시피 제가 왔습니다."

"기다리시게 해 드려서 죄송합니다. 금요일은 중요한 날이라서요! 요한, 잘 있었나? 제베대오의 소식을 들었나?"

"부모님을 뵌 장막절 이후로는 듣지 못했습니다."

"그러면 아버지도 안녕하시고 어머니도 안녕하시다는 걸 알게. 오늘 아침에 고기를 마지막 보내는 것과 함께 최근의 소식을 전해 왔네. 그리고 선생님께도 친척들이 나자렛에 모두 무사히 있다는 말씀을 드릴 수가 있습니다. 이리온 사람들이 안식일 다음날 떠납니다. 소식을 보내고 싶으시면… 두 분뿐이십니까?"

"아닙니다. 얼마 안 있어 다른 사람들이 올 것입니다…."

"좋습니다. 모두가 들 만한 자리가 있습니다. 이 집은 충실한 집입니다. 마리아가 빵 때문에 바쁘고, 저는 물건 파는 일로 바쁜 것을 섭섭하게 생각합니다. 이렇게 두 분만 남겨 놓고… 선생님께 경의를 표하는 것을 소홀히 했고, 손님에 대해서 마땅히 해야 하는 것처럼 상대가 되어 드리는 것을 소홀히 했습니다. 그것도 중요한 손님에 대해서!"

"할아버지와 같은 하느님의 아들입니다. 하느님의 율법을 지키는 사람들은 다 같습니다."

"어! 아닙니다. 선생님은 선생님이시지요. 저는 저 유다인들처럼 어리석지는 않습니다. 선생님은 메시아이십니다."

"그것은 하느님의 뜻에 의한 것이구요. 그러나 내 뜻과 내 의무로 말하면, 할아버지와 같이 율법의 아들입니다."

"아! 선생님을 중상하는 사람들은 선생님이 지금 말씀하시고 늘 행하시는 것처럼 말하고 행할 줄을 모릅니다!"

"그러나 할아버지는 내가 가르치는 것을 많이 하시더군요. 어린 아이를 보았습니다. 할아버지…."

"아! 그 놈을 보셨습니까? 왔었군요! 제가 그렇게 하지 말라는 것을 알면서! 선생님 때문에… 저는 그렇게 한 것을 기쁘게 생각합니다. 그렇지만 선생님이 아닌 다른 사람일 수도 있었거든요…."

"그러면 어떤 일이 일어났을 것입니까?"

"그… 그것이 제 마음에 들지 않는다는 것입니다. 그뿐입니다!"

"왜요? 사람들의 칭찬을 듣지 않으려구요? 할아버지의 생각은 칭찬할 만한 것입니다. 그러나 아이는 할아버지가 그 애를 보이는 것을 부끄러워한다고 생각할지도 모릅니다…."

"그런데 그것은 사실입니다!"

"사실이라구요? 왜요? 그것을 설명해 주십시오."

"이렇습니다. 그 애는 히브리인에게서나 개종자에게서 난 히브리인도 아니고, 우리나라 여자와 이방인 사이에서 난 히브리인도 아닙니다. 그 애는 해안의 가이사리아에 있던 어떤 로마인의 집에 살던 해방된 노예인 두 로마인에게서 태어난 아이입니다. 그 주인은 그곳에 있는 동안은 아이를 돌보았습니다. 그러나 해안의 가이사리아를 떠나면서 어린 아이는 상관하지 않아서 그 애 혼자 남았습니다. 히브리인들은 자연 그 애를 거두어 주지 않았습니다. 로마인들은… 로마인들이 어떤지는 선생님도 아시지요…. 특히 가이사리아의 저 로마인들은! 그 애는 빌어먹으면서…."

"예, 그건 압니다. 그 애는 여길 왔고, 할아버지가 그 애를 거두어 주셨습니다. 하느님께서는 할아버지의 행위를 하늘에 새겨 놓으셨습니다."

"그리고 저는 그 애에게 할례를 받게 했습니다! 그리고 이름을 갈아주었습니다. 그 애 이름은! 이교도의 이름! 우상숭배자의 이름이었습니다! 그러나 저는 그 애가 사람들 앞에 나타나고 제 과거를 기억하는 것을 원치 않습니다."

"왜요?" 하고 예수께서 조용히 물으시고 이렇게 덧붙이신다.

"어린 아이가 그것을 괴로워합니다. 그 애는 엄마 생각을 합니다. 그것은 이해할 만한 일입니다."

"그러나 어떤… 아이를 거두어 주었다고 비난받고 싶어하지 않는 제 소원도 이해할 수 있는 것입니다."

"죄없는 어린 아이를 거두어 준 것입니다. 그 이상의 아무 것도 아닙니다, 할아버지. 더 높은 심판, 즉 하느님의 심판은 할아버지의 행위가 거룩하기 때문에 그것을 승인하는데, 왜 사람들의 판단을 두려워하십니까? 왜 인간적인 체면이나 보복이 두려워서 착한 행동을 부끄러워 하십니까? 왜 어린 아이에게 이름을 가는 것에서 나타나는 것 같은 이중성의 본보기를, 할아버지에게 손해가 될까봐 두려워서 과거를 덮어버리는 이중성의 본보기를 주려고 하십니까? 왜 어린 아이에게 아버지와 어머니에 대한 업신여기는 마음을 불어넣어 주려고 하십니까? 할아버지, 아시겠습니까? 할아버지는 칭찬받을 만한 행동을 하셨습니다. 그러나 그 행동에 그… 불완전한 사상의 먼지를 뒤집어 씌우십니다. 할아버지는 내 행위 중의 하나를 본받으셨습니다. 할아버지는 내 말을 받아들이셨습니다. 그것은 좋습니다. 그러나 왜 이 일을 솔직하게 행하셔서 나를 본받는 것을 완전하게 하시지 않고, 이렇게 말씀하지 않으십니까? '그렇다. 이 아이는 로마 아이였다. 그런데 이 아이가 너희들과 똑같이 창조주의 아들이기 때문에 그에 대해서 혐오감을 느끼지 않았다. 다만 이 아이가 우리 율법을 따르기를 원해서 그에게 할례를 베풀었다'하고. 정말로… 이제 참다운 할례가 오고 사람들의 마음에 행해져서, 세 가지 사욕의 목을 죄는 듯한 고리를 없앨 것입니다. 따라서 저 아이가 그 때까지 아이로 있었다 하더라도… 그러나 할아버지를 비난하고자 하는 것은 아닙니다. 히브리인인 할아버지가 저 아이를 히브리인을 만드신 것은 잘 하신 일입니다. 그렇지만 저 애의 이름은 그대로 두세요. 오! 장차 얼마나 많은 마르시알과 까이우스와 펠릭스와 꼬르넬리우스와 끌라우디우스와 그 밖의 사람들이 그리스도와 하늘의 사람이 될지 모릅니다! 히브리인이 무엇이고 이방인이 무엇인지 알지 못하고 새 성전과 새 사제들을 가진 참된 새로운 율법이 제정되었을 때에야 성년이 될 저 아이도 그렇게 될 수 있을 것입니다. 저 아이는 할아버지가 생각하시는 것처럼 그 새로운 성전에 이르지 않고, 하느님의 심사를 받고 당신으 성전에 들어올 자격이 있다고 인정되어 들어올 것입니다. 저 애에게 엄마가 붙여 준 이름을 그대로 두십시오. 저 애에게 그것이 아직 엄마의 애무가 될 것입니다. 할아버지가 저 애에게 마낫세라는 이름을 주신 뜻은 이해합니다. 그러나 마르시알이라는 이름을 그대로 두십시오. 그리고 물어보는 사람들에게는 이렇게 대답하십시오. '그렇소. 마르시알이오. 마리아가 그 이름을 지어준 그리스도의 제자와 거의 같은 거요' 하고. 할아버지, 용맹하게 선을 행하세요. 그러면 크게 매우 크게 되실 것입니다."

"선생님… 하라시는 대로 하겠습니다. 선생님의 말씀을 거역하고 싶지는 않습니다. 그러면 선생님은 제가 사람으로서도 잘 했다고… 생각하시는 겁니까?"

"잘 하셨습니다. 할아버지의 고통 때문에 할아버지가 착하게 되셨습니다. 그래서 할아버지가 하신 것이 다 잘 하신 것이고, 이 행위도 착한 것입니다."

거리 쪽으로 난 문을 두드리는 소리에 대화가 중단되었다.

206. 늙은 사제 마탄(또는 나탄)

 베드로는 들어오면서, 베타바라의 걸어서 건너는 데로 해서 건넌 다음 요르단강에서 보였던 것과 같은 낙담한 태도를 보인다. 그는 기진맥진한 것처럼 아무 의자에나 털썩 주저 앉아서 머리를 두 손으로 감싸 쥔다. 다른 사람들은 그렇게까지 낙담하지는 않았지만, 더하고 덜한 차이는 있어도 모두가 정신나간 사람들 같다. 알패오의 아들들과 제베대오의 야고보와 안드레아는 세포리스의 요셉과 뜨거운 빵과 여러 가지 음식을 가지고 늙은 하녀와 함께 오는 그의 아내의 인사에 답례를 하는 둥 마는 둥 한다.
 마륵지암은 눈 아래 눈물 자국이 있고, 이사악은 예수 곁으로 달려 와서 예수의 손을 잡고 어루만지면서 속삭인다. "언제나 학살이 행해진 밤과 같습니다…. 그리고 또 한번 살아나시고. 오! 주님, 언제까지 이렇게 됩니까? 언제까지 살아나실 수 있겠습니까?"
 이 부르짖음이 입들을 열게 한다. 그래서 모두가 혼란한 가운데 말을 하고, 그들이 받은 학대와 위협과 그들이 가졌던 공포에 대하여 이야기 한다…. 또 다시 문 두드리는 소리가 난다.
 "오, 그들이 우릴 따라 오진 않았겠지?! 그러기에 몇 명씩 떨어져서 오라고 했었는데!…" 하고 가리옷 사람이 말한다.
 "그게 나았을 거야. 그래, 그들이 항상 우리 뒤를 쫓고 있으니까. 그러나 이제부터는… " 하고 바르톨로메오가 말한다.
 요셉은 별로 마음이 내키지는 않지만 직접 내다보는 문구멍으로 살펴보려고 가는데, 그의 아내는 말한다. "옥상에서는 외양간으로 내려갈 수 있고, 거기서는 뒤에 있는 텃밭으로 갈 수 있습니다. 여러분에게 보여 드리겠습니다…." 그러나 그 여자가 가는데, 그의 남편이 외친다. "요셉 어른이십니다! 굉장한 영광입니다!" 그러면서 아리마태아의 요셉을 들어오게 하려고 문을 연다.

"선생님께 평화. 저도 거기 있어서 보았습니다…. 저는 개입을 할 수 없고 선생님께 더 유익한 존재가 되게 그렇게 할 수 없기 때문에 의기소침해서 성전에서 나오는데 마나헨을 만났습니다…. 오! 가리옷의 유다! 당신도 여기 있소? 친구를 많이 가진 당신은 행동할 수 있었을 텐데! 선생님의 사도인 당신이 그렇게 할 의무를 느끼지 않았소?"

"선생님도 제자이신데요…."

"아니오. 만일 내가 제자였더라면 다른 제자들과 같이 선생님을 따라 다녔을 거요. 나는 선생님의 친구 중의 한 사람이오."

"그것은 마찬가지입니다."

"아니오. 라자로도 선생님의 친구요. 그러나 그 사람이 제자라고 말하려는 건 아니겠지요…."

"마음 속으로는 그렇습니다."

"사탄에게 속해 있지 않은 사람은 모두가 선생님의 말씀이 지혜의 말씀이라는 것을 느끼기 때문에 그 말씀의 제자들이오."

요셉과 가리옷의 유다 사이에 작은 입씨름이 끝나 가는데, 그 때에야 비로소 어떤 나쁜 일이 있었다는 것을 깨달은 세포리스의 요셉이 관심을 가지고 고통스러운 몸짓을 하며 이 사람 저 사람에게 묻는다. "알패오의 요셉에게 이 말을 해야 하겠습니다. 이 말을 해야 하는데, 내가 그 일을 떠맡겠습니다…. 요셉 어른, 제게 무슨 용건이 있습니까?" 하고 그에게 무슨 말을 물으려는듯이 어깨를 건드리는 아리마태아의 요셉에게로 몸을 돌리며 묻는다.

"아무 것도 아닙니다. 나는 그저 영감님의 안색이 좋은 것을 같이 기뻐하려고 한 것뿐입니다. 충실하고 모든 일에 의로운 착한 이스라엘 사람. 여보시오! 나는 그걸 압니다. 영감님에 대해서는 하느님께서 그를 시험을 하셨고 아셨다고 말할 수 있습니다…."

또 문 두드리는 소리가 들린다. 두 요셉은 문을 열려고 함께 문 쪽으로 가는데, 아리마태아의 요셉이 다른 요셉의 귀에 대고 무슨 말인지를 하는 것이 보인다. 그러니까 그 사람은 깜짝 놀라서 몸짓을 하고는 잠깐 사도들 쪽을 바라본다. 그리고 문을 연다.

니고데모와 마나헨이 들어오고, 그들의 뒤를 따라 예루살렘에 있던 모든 목자들, 즉 요나타와 전에 세례자의 제자였던 목자들이 들어온다. 그리고 그들과 함께 사제 요한이 매우 나이 많은 어떤 사제와 니꼴라이와 같이 온다. 그리고 맨 뒤에는 니까와 예수께서 그에게 맡기신 처녀가 오고, 안날리아가 그의 어머니와 같이 온다. 여자들이 얼굴을 가렸던 베일을 벗으니 불안한 그들의 얼굴이 보인다.

"선생님! 아니 무슨 일을 당하셨습니까? 마나헨을 통해서 알기 전에 먼저 다른 사람들을 통해서… 알았습니다…. 벌통에 벌이 윙윙거리는 소리가 가득 차 있듯이 시내에는 이 소문이 가득 차 있습니다. 그리고 선생님을 사랑하는 사람들은 선생님께서 계시리라고 생각하는 곳으로 선생님을 찾아 달려 갑니다. 요셉, 틀림없이 당신 집에도 달려 갔겠지요…. 나 자신 라자로의 집으로 가려던 참이었소…. 이건 너무 합니다! 어떻게 도망하셨습니까?"

"섭리가 나를 지켜 주셨소. 제자들은 울지 말고, 영원하신 분을 찬양하고 마음을 굳세게 가지시오. 그리고 여러분 모두에게 은총과 강복이 내리기를 바라오. 사랑과 정의가 이스라엘에서 완전히 죽지는 않았소. 그리고 이것이 내게 위안이 되오."

"그렇습니다. 그러나 다시는 성전에 가지 마십시오, 선생님. 가지 마십시오, 오랫동안 가지 마세요!" 모든 목소리가 일치하여 이 말을 하고, "가지 마세요" 하는 말을 애원하는 경고의 목소리처럼 낡은 집의 튼튼한 벽 사이에 반향을 일으킨다.

어디 숨어 있는지 알 수 없는 어린 마르시알이 이 웅성거리는 소리를 듣고 달려 와서 커튼이 벌어진 틈으로 그 작은 얼굴을 내밀다가 마리아를 보고는, 세포리스의 요셉의 꾸지람이 무서워서 노파에게로 달려가 그의 품으로 피해 들어간다. 그러나 요셉은 너무 흥분하고, 이 사람 저 사람의 말을 듣고 조언을 하고 찬성을 하는 등의 일에 골몰하여 그를 상관하지 못하고 있다가, 늙은 마리아가 뭐라고 하는 말을 듣고 어린 아이가 예수께로 가서 두 팔로 목을 껴안을 때에야 비로소 그를 보았다. 예수께서는 당신께 어떻게 하는 것이 제일 좋은 일인지를 말씀드리는 여러 사람에게 대답하시면서 한 팔로 그를 껴안고 당신께로 끌어당기신다.

"아니오. 나는 여기서 움직이지 않겠소. 나를 기다리던 라자로의 집에는 당신들이 가서 나는 갈 수 없다고 말하시오. 갈릴래아 사람이며 여러 해 전부터 이 집안의 친구인 나는 내일 황혼까지 이곳에 머무르겠소. 그런 다음… 어디로 갈지 생각해 보겠소…."

"선생님은 언제나 그렇게 말씀하시고는 또 가시곤 하십니다. 그러나 이제는 저희들이 선생님이 가시게 가만 있지는 않겠습니다. 적어도 저는 가만 놔 두지 않겠습니다. 저는 정말 선생님이 끝장이 나신 줄로 생각했습니다…." 베드로가 이렇게 말하는데, 튀어나온 그의 눈구석에는 두개의 눈물이 맺힌다.

"그런 일은 일찌기 본 일이 없습니다. 그리고 이것으로 넉넉합니다. 그로 인해서 제가 결정을 했습니다. 만일 선생님께서 저를 거부하지 않으시면… 저는 이제 제단에서 봉사하기에는 너무 나이가 많습니다. 그러나 선생님을 위해 죽기에는 아직 튼튼합니다. 그래서 만일 필요하다면, 저는 지혜로운 즈가리야와 같이 현관과 제단 사이에서 죽겠습니다. 그렇지 않으면, 성전과 성전의 보물고(寶物庫)를 지키던 사람인 오니아와 같이, 제가 일생을 바쳐 온 거룩한 울타리 밖에서 죽겠습니다.

그러나 선생님께서는 더 거룩한 장소를 제게 열어 주십시오! 오! 저는 모독을 볼 수가 없습니다! 왜 제 눈은 그렇게도 많은 모독을 보아야 했습니까? 예언자가 본 모독이 벌써 담 안으로 들어와서, 시내를 잠궈버리려고 하는 불어난 강물처럼 올라오고 또 올라옵니다! 물이 올라오고 또 올라옵니다. 마당들과 행각들을 지나고, 계단들을 지나서 자꾸만 전진합니다! 올라옵니다! 또 올라옵니다! 물은 벌써 지성소를 후려칩니다! 흙탕물이 신성한 곳에 깔린 돌들을 핥습니다! 값진 빛깔들이 사라집니다! 사제의 발이 흙탕물로 더럽혀졌습니다! 속옷이 흙탕물에 잠겼습니다! 제복(祭服)에 흙탕물이 스몄습니다! 흉패(胸牌)의 돌들이 흙탕물로 가려져서 말들을 읽을 수가 없게 되었습니다! 오! 오! 모독의 물이 대사제의 얼굴에 올라가서 더럽히고, 주님의 지성소 위에 진흙 껍질이 덮혔고 삼층관이 흙탕물 연못에 떨어진 손수건처럼 되었습니다. 흙탕물! 흙탕물! 그러나 그 흙탕물이 밖에서 올라옵니까? 그렇지 않으면 모리아산 꼭대기에서 넘쳐, 시내와 온 이스라엘로 흘러내립니까? 아브라함 아버지! 아버지 아브라함! 아버지는 아버지의 충실한 마음의 번제물이 빛나라고 그곳에 제사의 불을 피우고자 하지 않으셨습니까? 이제는 불이 있어야 하던 곳에 흙탕물이 솟아오르고 있습니다! 이사악이 저희들 가운데 있고, 백성이 그를 제물로 바칩니다. 그러나 희생물은 너무도 깨끗합니다…. 희생물이 너무도 깨끗해요…. 그리고 제물을 바치는 사람들은 더럽혀졌습니다. 저희들 위에 저주가 내립니다. 산 위에서 주님은 당신의 백성의 모독을 보실 것입니다!… 아!" 그러면서 사제 요한과 같이 있는 노인은 얼굴을 가리고 방바닥에 쓰러지며 비탄에 잠긴 노인의 울음소리를 낸다.

"제가 선생님께 모시고 왔습니다…. 아주 오래 전부터 이것을 원하셨습니다…. 그러나 오늘 그 일을 보신 다음에는 아무도 노사제를 만류할 수 없었습니다…. 노사제 마탄(또는 나탄)은 자주 예언자적인 정신을 가지고 계십니다. 그리고 이분의 눈동자의 시력은 점점 더 흐려지지만, 정신의 시력은 점점 더 빛납니다. 주님 제 선배를 받아 주십시오." 하고 사제 요한이 말한다.

"나는 아무도 물리치지 않소. 사제님, 일어나십시오. 그리고 정신을 높이 올리십시오. 저 위에는 진흙탕이 없습니다. 또 진흙탕은 저 위에 있는 사람은 건드리지 못합니다."

노인은 일어난다. 그런데 매우 존경하는 태도로 일어나기 전에 예수의 옷자락을 잡고 입맞춤 한다.

여자들, 특히 안날리아는 아직도 슬픈 감정으로 긴 베일 속에서 울고 있는데, 노인의 말로 눈물을 더 흘리게 된다. 예수께서 그들을 부르시니, 그들이 있던 구석에서 고개를 숙이고 선생님 곁으로 온다. 니까와 안날리아의 어머니는 눈물을 억제하여 거의 감출 수 있지만, 어린 여자는 여러 가지 다른 감정을 가지고 살펴보는 사람들은 상관하지 않고 정말 흐느껴 운다.

"이 애를 용서해 주십시오. 이 애는 선생님 덕택에 목숨을 건져서 선생님을 사랑합니다. 그리고 그후… 부터는 몹시 외롭게… 몹시 고통스럽게 지냈습니다…" 하고 어머니가 말한다.

"오! 아닙니다! 그건 아닙니다! 주님! 선생님! 제 구세주! 저는… 저는…." 안날리아는 한편으로는 흐느낌 때문에, 또 한편으로는 부끄러움이나 다른 일로 인하여 말을 하지 못한다.
"처녀는 제자이기 때문에 보복을 두려워하는 겁니다. 틀림없이 그 때문입니다. 그 때문에 떠나는 사람이 많습니다…" 하고 가리옷 사람이 말한다.
"오! 아닙니다! 그것 때문에 그런 건 더구나 아닙니다! 이거 보세요. 당신은 아무 것도 이해하지 못하십니다. 그렇지 않으면 당신이 생각하는 것을 다른 사람들도 생각하는 걸로 간주하십니다. 그러나 주님, 주님은 제가 왜 우는지를 아십니다. 저는 주님이 돌아가셔서 주님의 약속을 기억하지 못하실까봐 염려하는 것입니다…" 그러면서 안날리아는 유다의 암시에 대하여 반항하느라고 처음 말을 힘있게 한 다음 한숨을 지으면서 말을 끝맺는다.
예수께서 그에게 대답하신다. "나는 절대로 잊어버리지 않는다. 염려 말아라. 안심하고, 집으로 가거라. 내 승리와 네 평화의 시간을 기다리기 위해서. 가거라, 해가 지려고 한다. 여자들은 물러가시오. 평화가 당신들과 함께 있기를."
"주님, 저는 주님을 떠나고 싶지 않습니다…" 하고 니까가 말한다.
"순종은 사랑이다."
"맞습니다, 선생님. 그러나 저는 엘리사처럼 못합니까?"
"그것은 엘리사가 노베에서 내게 유익한 것과 같이 너는 여기서 내게 유익하기 때문이다. 니까야, 가거라, 가! 사람들이 귀찮게 하지 못하도록 남자들이 여자들을 데려다 주어라."
마나헨과 요나타가 순종할 준비를 한다. 그러나 예수께서 요나타를 붙잡고 물으신다. "그럼, 너는 갈릴래아로 돌아가느냐?"
"예, 선생님. 안식일 다음날 떠납니다. 주인님이 저를 그리로 보내십니다."
"마차에 자리가 있느냐?"
"저 혼자올시다, 선생님."
"그러면 마륵지암과 이사악을 데리고 가거라. 이사악, 너는 무슨 일을 하는지 알고 있지. 그리고 마륵지암, 너도…."
"예, 선생님" 하고 두 사람이 대답하는데, 이사악은 부드러운 미소를 지으며, 마륵지암은 떨리는 입술로, 울음 섞인 목소리로 말한다.

예수께서 그를 쓰다듬어 주시니, 마륵지암은 자제를 일체 잊고 예수의 가슴에 몸을 맡기며 말한다. "선생님을 떠나다니… 모두가 선생님을 박해하는 지금!… 아이고! 선생님! 이제 다시는 선생님을 뵙지 못하겠군요!…. 선생님은 제 행복 전부였는데. 저는 선생님에게서 모든 것을 얻었습니다…. 왜 저를 돌려 보내세요? 선생님과 같이 죽게 놔 두십시오! 선생님을 모시지 못하면, 이제는 목숨이 제게 뭐가 중요하단 말입니까?"

"네게도 니까에게 한 말을 하겠다. 순종은 사랑이다."

"가겠습니다! 예수님, 강복을 주십시오!"

요나타는 마나헨과 니까와 다른 세 여자와 같이 간다. 다른 제자들도 몇 사람씩 떼를 지어 간다.

꽉 차 있던 방이 거의 비다시피 되었을 적에야 사람들은 유다가 거기 없는 것을 알아차린다. 조금 전에는 거기 있었고, 그가 아무 명령도 받지 않았기 때문에 여러 사람이 그것을 이상히 여긴다.

"우리를 위해 물건을 사러 갔나보다" 하고 예수께서 이러쿵 저러쿵 말하는 것을 막으려고 말씀하시고, 열한 사도와 마륵지암과 같이 둘만이 남아 있는 아리마태아의 요셉과 니고데모와 같이 말씀을 계속하신다. 마륵지암은 마지막 시간에 예수를 누리려는 욕심으로 예수 가까이에 있다. 이리하여 예수께서는 어린 마륵지암과 어린 아이 마르시알 사이에 계시게 되었다. 갈색이고 지나치게 야윈 두 어린이는 어릴 적에 똑같이 불행하였고, 똑같이 예수의 이름으로 두 착한 이스라엘 사람에게 거두어진 아이들이다.

세포리스의 요셉과 그의 아내는 선생님을 자유롭게 계시게 하려고 조심스럽게 사라졌다.

니고데모가 묻는다. "그런데 그 아이는 누굽니까?"

"마르시알이오. 요셉이 양자를 삼은 아이요."

"저는 알지 못했었는데요."

"아무도, 거의 아무도 알지 못했었소."

"저 사람은 매우 겸손하군요. 다른 사람 같으면 그의 행동을 부각시켰을 터인데요" 하고 요셉이 지적한다.

"그렇게 생각하시오?… 마르시알아, 가거라. 마륵지암에게 집구경을 시켜 주어라…" 하고 예수께서 말씀하신다. 그리고 두 어린이가 나가자 말씀을 다시 시작하신다. "요셉, 당신의 생각은 틀렸소. 올바르게 판단하기는 정말 어려운 일이오!"

"그러나, 주님! 고아를 거두어 주고서 ─저 애는 분명히 고아일 터이니까요.─ 그것을 자랑하지 않는 것은 확실히 겸손입니다."

"저 아이는 그의 이름으로 알 수 있듯이 이스라엘 아이가 아니오…."

"아! 이제는 이해하겠습니다! 그러면 저 애를 숨겨 두는 것이 잘 하는 일입니다."

"그러나 저 애는 할례를 받았소…."

"상관없습니다. 아시겠습니까?…. 엔도르의 요한도 할례를 받았었습니다…. 그러나 그 사람은 비난의 원인이 되었었습니다. 게다가 갈릴래아 사람인 요셉은 할례를 베풀었더라도 귀찮은 일을 당할 수 있을 것입니다. 이스라엘에도 고아가 얼마든지 있는데요…. 저 이름 하고… 저 얼굴 모습 하고… 분명히…."

"당신들은 가장 훌륭한 사람들까지도 정말 '이스라엘'이구려! 그리고 선을 행하면서도 도무지 이해하지 못하고 완전할 줄을 모르는구려. 하늘에 계신 아버지께서 오직 한 분뿐인 아버지이시고 인간은 누구나가 그분의 자녀라는 것을 아직 깨닫지 못하시오? 사람은 상급이나 벌을 오직 하나밖에 받을 수 없고, 그것이 정말로 상급이나 벌이라는 것을 아직 이해하지 못하시오? 왜 사람들에 대한 공포의 노예가 되오? 그러나 이것은 하느님의 율법을 지키는 의인의 생각까지도 이해하지 못하고 모호하게 될 정도로 인간적인 규제로 몹시 손질을 하고 몹시 괴롭힌 하느님의 율법의 타락의 결과요. 모세의 율법, 따라서 하느님의 율법에, 또 오로지 도의적이거나 하늘의 영감에서 온 모세 이전의 율법에 이스라엘에 속해 있지 않은 사람은 거기 들어와서 그 일원이 될 수 없다는 말이 있기라도 하오? 창세기에 이런 말이 있지 않소? '여드레 후에는 너희들 중에 사내 아이는 누구나, 집안에서 난 아이거나 샀거나, **너희 겨레에 속하지 않는 아이라도** 할례를 받아야 한다'고 말한 것은 이런 것이었소. 덧붙인 것은 모두 당신들에게서 온 것이오.

나는 이 말을 요셉에게 했는데, 당신들에게도 하오. 머지 않아 종래의 할례는 별로 중요성이 없게 될 거요. 새 것이고 더 참되고 더 고상한 부분에 행해질 할례가 와서 종래의 할례를 대신하게 될 거요. 그러나 첫번 율법이 존속하고, 당신들이 주님께 대한 충성으로, 당신들에게서 났거나 당신들이 양자를 삼은 사내아이에게 그것을 베푸는 동안은 다른 겨레의 살에 그것을 베푼 것을 부끄러워하지 마시오. 육체는 무덤에 속하는 것이지만, 영혼은 하느님께 속해 있소. 영적인 것에 할례를 행할 수 없기 때문에 육체에 할례를 베푸는 거요. 그러나 영 위에야말로 거룩한 표가 빛나는 것이오. 그런데 영은 모든 사람의 아버지의 것이오. 이것을 묵상하시오."

 침묵이 흐른다. 그런 다음 아리마태아의 요셉이 일어나면서 말한다. "선생님, 저는 가겠습니다. 내일 제 집에 오시지요."

 "아니오. 내가 거기 가지 않는 것이 낫소."

 "그러면 베타니에 가는 올리브밭 길에 있는 제 집에 오시지요. 거기는 조용하고 또…."

 "거기도 안 가오. 기도하러 올리브밭에는 가겠소…. 그러나 내 영은 고독을 찾소. 용서들 해 주시오."

 "선생님 좋으신 대로 하십시오. 그리고 성전에는 가지 마십시오. 선생님께 평화."

 "당신들에게 평화."

 두 사람은 간다….

 "나는 유다가 어디 갔는지 알았으면 좋겠는데!" 하고 제베대오의 야고보가 외친다. "가난한 사람들을 찾아간 것 같은데, 돈주머니가 있단 말이야!"

 "상관들 하지 말아라…. 올 것이다…."

 방의 천창(天窓) 노릇을 하는 두꺼운 운모판(雲母板)을 이제는 빛이 뚫고 들어오지 못하기 때문에 요셉의 마리아가 등잔 둘을 가지고 들어온다. 그리고 두 소년도 다시 들어온다.

 "저는 제 이름과 비슷한 이름을 가진 아이 곁에 선생님을 놔 두는 것이 기쁩니다. 그래서 이 애를 부르실 때면 저를 생각하세요" 하고 마륵지암이 말한다.

예수께서 그를 당신에게로 끌어당기신다.

이번에는 하녀가 열어 준 문으로 유다가 돌아온다. 자신있게 빙그레 웃으며, 결연한 태도로!

"선생님, 저는 보려고 했습니다…. 폭풍우가 가라앉았습니다. 그래서 여자들을 배웅했습니다…. 그 처녀는 겁이 어찌나 많은지요! 선생님은 저를 말리셨을 것이기 때문에 아무 말씀도 드리지 않았습니다. 그래도 저는 선생님께 위험이 있는지 살펴보려고 했습니다. 그러나 이제는 아무도 그 생각을 하지 않습니다. 안식일이라 길에 사람이 없습니다."

"좋다. 이제 우리는 여기 조용히 있게 되었다. 그리고 내일은…."

"벌써 성전에 가려고 하시는 것은 아니겠지요!" 하고 여러 사람이 외친다.

"아니다. 충실하고 착한 갈릴래아 사람으로 우리 회당에 간다."

207. 배냇소경이 눈을 뜸

 예수께서 사도들과 세포리스의 요셉과 함께 나오셔서 회당을 향하여 가신다. 맑고 고요한 날이 바람 불고 흐린 진짜 겨울 날씨가 지난 다음 봄의 약속처럼 사람들을 즐겁게 한다. 그래서 많은 예루살렘 사람들이 길에 나와 있는데, 회당으로 가는 사람들도 있고, 회당에서 돌아오거나 다른 곳에서 오는 사람들도 있고, 가족들과 같이 시골에서 햇볕을 즐기려고 시내에서 나오는 사람들도 있다. 세포리스의 요셉의 집에서 보이는 헤로데의 성문에서는 야외에서 즐거운 기분전환을 하기 위하여 성곽을 빠져나오는 사람들이 보인다. 높은 집들 사이에 있는 좁은 거리 밖에서 녹음 속으로 공간 속으로 자유 속으로 빠져 들자는 것이다. 예루살렘을 둘러싸고 있던 녹지대는 안식일에 걸을 수 있는 길의 거리와 집의 옥상에서뿐 아니라 길에서도 취하던 공기와 해에 대한 그들의 욕망을 양립시키고자 하던 주민들이 자발적으로 원했던 것으로 생각한다.
 그러나 예수께서는 헤로데의 문 쪽으로 가지 않으시고, 오히려 그리로 등을 돌리시고 시내 쪽으로 향하신다. 그러나 세포리스의 요셉의 집이 있는 작은 길과 이어진 더 넓은 길로 몇 걸음 가지 않았는데, 가리옷의 유다가 그들을 향하여 오는 한 청년에게 예수의 주의를 끈다. 그 청년은 소경들 특유의 걸음걸이로 지팡이로 벽을 더듬고, 눈이 없는 그의 얼굴을 하늘로 쳐들고 온다. 그의 옷은 초라하지만 깨끗하다. 그리고 여러 사람이 그를 손가락으로 가리키고 어떤 사람들이 "여보시오, 오늘은 당신이 길을 잘못 들었소. 모리아산의 길들은 전부 지나쳐서, 이제는 벌써 베짜타에 왔소" 하고 말하는 것으로 보아, 예루살렘의 많은 사람이 아는 사람인 모양이다.
 "오늘은 돈을 구걸하는 게 아닙니다" 하고 소경은 미소를 지으며 대답하고, 그 미소를 그대로 머금은 채 시의 북쪽을 향하여 계속 나아간다.

"선생님, 저 사람을 살펴 보십시오. 저 사람의 눈꺼풀은 달라 붙었습니다. 아니 그보다도 눈꺼풀이 없는 것 같습니다. 이마가 아무 구멍도 없이 뺨에 이어져 있고, 그 밑에는 눈망울이 없는 것 같습니다. 저 불행한 사람은 저렇게 태어났고, 한번도 햇빛이나 사람의 얼굴을 보지 못한 채 저 모양으로 죽을 것입니다. 이제는 선생님, 말씀해 주십시오. 저 사람이 저렇게 벌을 받은 것을 보면, 틀림없이 죄를 지었습니다. 그러나 저 사람이 배냇소경인 것이 분명한데, 어떻게 나기 전에 죄를 지을 수 있었습니까? 아마 저 사람의 부모가 죄를 지었는데, 하느님께서는 저 사람을 저렇게 태어나게 하셔서 부모를 벌하셨나 보지요?"

다른 사도들도 이사악과 마륵지암과 같이 예수의 대답을 들으려고 예수께로 바싹 다가 온다. 그리고 군중을 내려다보시는 예수의 큰 키에 끌린 것처럼, 소경 조금 뒤에 있던 유복한 신분의 두 예루살렘 사람이 달려 오고, 소경과 그들 사이에는 아리마태아의 요셉이 있다. 요셉은 가까이 오지는 않고 두 단 위에 세워진 대문에 기대 서서 모든 얼굴 쪽으로 눈길을 돌려 그들을 살펴본다.

예수께서 대답하시는데, 잠잠해진 가운데 그 말씀이 분명히 들린다. "저 사람도 그의 부모도 누구나가 짓는 것보다 죄를 더 많이 짓지 않았다. 또 가난은 흔히 죄에 대한 억제가 되니까 어쩌면 죄를 덜 지었는지도 모른다. 그러나 저 사람이 저렇게 태어난 것은 다시 한번 저 사람에게서 하느님의 능력과 일이 나타나기 위해서이다. 나는 하느님을 잊거나 그분의 영적인 모습을 잃어버린 세상 사람들 보고 기억하게 하려고, 또 하느님을 찾거나 이미 하느님께 속해 있는 사람들의 믿음과 사랑이 튼튼하게 되게 하기 위해서 세상에 온 빛이다. 아버지께서는 아직 이스라엘에 주어진 날이 계속되는 동안에 이스라엘과 세상에서 하느님에 대한 지식을 보충하라고 나를 보내셨다.

그러므로 나는 내가 나를 보내신 분과 하나이기 때문에 그분이 하실 수 있는 것은 나도 할 수 있다는 것을 증언하기 위하여, 그리고 아들은 아버지와 다르지 않다는 것을 세상이 알고 보며, 내 정체를 믿으라고 나를 보내신 분의 일을 행해야 한다. 그 뒤에는 밤이 오고 어두움이 올 것인데, 그 동안에는 일을 할 수 없게 되고, 내 표와 내게 대한 믿음을 자기 마음 속에 새겨 넣지 않은 사람은 이곳을 뒤덮고, 고통의 이상자극으로 정신을 어지럽게 할 어두움과 혼란과 고통과 황폐와 와해 속에서 그렇게 할 수가 없을 것이다. 그러나 세상에 있는 동안에는 내가 빛과 증언, 말씀, 길과 생명, 지혜, 능력과 자비이다. 그러니 소경에게로 가서 이리 데려 오너라."

"안드레아, 자네가 가게. 나는 여기 남아 선생님이 어떻게 하시는지 보고 싶네" 하고 유다가 예수를 가리키면서 대답한다. 예수께서는 먼지 투성이 길에 몸을 굽히시고 작은 흙덩어리에 침을 뱉으시고, 손가락으로 먼지를 침으로 연하게 하여 진흙알을 만들고 계신 중이다. 항상 친절한 안드레아가 세포리스의 요셉의 집이 있는 작은 길로 돌려고 하는 소경을 데리러 가는 동안, 예수께서는 진흙을 양쪽 검지에 펴시고, 사제가 미사 성체를 드리는 동안에 하는 것처럼 이렇게 손을 내밀고 계신다. 그동안 유다는 그의 자리를 떠나 마태오와 베드로에게 가서 말한다. "키가 크지 않은 자네들, 이리 오게. 그러면 더 잘 보일 걸세." 그리고 모든 사람의 뒤에 가서 서는데, 키가 큰 알패오의 아들들과 바르톨로메오에 거의 가리다시피 된다.

안드레아가 소경의 손을 잡고 돌아오는데, 소경은 목이 쉬도록 외친다. "나는 돈은 바라지 않아요. 나를 가게 내버려 둬요. 예수라고 하는 분이 어디 계신지 나는 알아요. 그래서 청하러 가는 거예요…."

"예수님이 당신 앞에 계셔요" 하고 안드레아가 선생님 앞에서 걸음을 멈추며 소경에게 말한다.

예수께서는 늘 하시던 것과는 반대로 그 사람에게 아무 것도 묻지 않으시고, 즉시 양쪽 검지에 있는 진흙을 조금 잠겨 있는 눈꺼풀에 바르시고 명령하신다. "그럼 이제는 누구하고 말하느라고 걸음을 멈추지 말고 할 수 있는 대로 **빨리** 실로암의 빗물받이 웅덩이로 가시오."

소경은 진흙이 묻은 얼굴로 잠시 어쩔 줄을 모르고 있다가 말을 하려고 입술을 벌린다. 그러다가 입을 다물고 시키는 대로 한다. 생각에 잠겼거나 기대가 어긋난 듯이 처음 걸음은 느리다. 그러다가 지팡이로 벽을 더듬으면서, 소경이 할 수 있는 만큼, 또는 인도를 받는 것으로 느끼는 것처럼 더욱 더 점점 빨리 걸음을 재촉한다….

그 두 예루살렘 사람은 빈정거리는 웃음을 짓고 머리를 흔들면서 간다. 아리마태아의 요셉은, 나는 이 사실이 이상스럽게 생각되는데, 선생님께 인사를 하지도 않은 채, 그들을 따라서 오던 길로 다시 간다. 즉 그 쪽에서 왔던 성전 쪽으로 가는 것이다. 이리하여 소경도, 두 사람도, 아리마태아의 요셉도 시의 남쪽을 향하여 가는데, 예수께서는 서쪽으로 돌아서신다. 그래서 예수를 놓치게 된다. 그것은 주님의 뜻이 나로 하여금 소경과 소경을 따라 가는 사람들을 따라 가게 하시기 때문이다.

베짜타를 지난 다음, 그들은 모두 모리아산과 시온 사이에 있는 계곡으로 들어가서 ─전에 몇 번인가 이곳을 티로페온이라고 부르는 것을 들은 것 같다.─ 그 계곡을 죽 지나 오펠까지 간다. 그리고 오펠을 끼고서 실로암 샘으로 가는 길로 나가는데, 여전히 이 순서대로이다. 우선 소경이 가는데, 그 사람은 이 서민적인 동네에 잘 알려진 사람인 모양이다. 그 다음에는 그 두 사람, 맨 끝으로 얼마간 거리를 두고 아리마태아의 요셉이 따라 간다.

요셉은 시시한 작은 집 근처에서 걸음을 멈춘다. 그 보잘 것 없는 집의 작은 정원에 둘러쳐져서 툭 튀어나온 회양목 울타리에 반쯤 가려진 집이다. 그러나 그 두 사람은 샘 바로 곁에까지 간다. 그들은 소경을 살펴본다. 소경은 조심조심 넓은 연못으로 가까이 가더니, 축축한 담을 더듬으면서 한 손을 담갔다가 물이 뚝뚝 흐르는 손을 꺼내서 눈을 한번, 두번 세번 씻는다. 세번째에는 지팡이를 떨어뜨리면서 다른 손으로 얼굴도 누른다. 그리고 고통 때문에 지르는 것 같은 소리를 지른다. 그리고 천천히 두 손을 떼는데, 처음에 질렀던 고통의 부르짖음이 기쁨의 외침으로 변한다.

"오! 지극히 높으신 분! 눈이 보인다!" 그리고 감격에 못 견디는 듯이 땅에 엎드리며, 눈을 보호하기 위하여 손으로 가리고, 관자놀이를 누르며, 애타게 보고 싶지만 빛 때문에 거북해 하며 되풀이한다. "눈이 보인다! 눈이 보여! 그러니까 이것이 땅이구나! 빛이고! 그저 신선한 것으로만 알던 풀은 이것이고…." 그는 일어난다. 그러나 짐을 지고 있는 사람처럼, 그의 기쁨의 짐을 진 사람처럼 몸을 구부린 채 넘치는 물을 빼는 작은 시냇물로 가서, 반짝이며 즐거운 듯이 흘러 내려가는 것을 보고 중얼거린다.

"그리고 이것이 물이야…. 그래! 이렇게 손가락 사이로(손을 담근다) 차게 흘러 가는 걸 느꼈어. 그렇지만 그걸 알진 못했었어…. 아! 아름다워라! 아름다워라! 아름다워라! 모두가 이렇게 아름다울 수가!"

그는 얼굴을 들어 나무를 본다…. 나무에 가까이 가서 만지고, 손을 뻗어 잔가지 하나를 잡아당겨 들여다보며 웃고 또 웃는다. 그리고 손으로 눈을 챙처럼 가리고 하늘과 해를 올려다 본다. 그러다가 세상을 바라보려고 뜬 더럽혀지지 않은 눈꺼풀에서 눈물 두 방울이 떨어진다. 그리고는 눈을 내리떠서 꽃 한 송이가 줄기 끝에서 흔들리고 있는 풀밭을 보고, 실개천에 비치는 자기 모습을 보고, 제 모습을 내려다보며 말한다. "내가 이렇게 생겼구나!" 그는 조금 떨어진 곳에 가서 물을 먹는 멧비둘기와 야생 장미나무의 마지막 잎들을 뜯어 먹는 염소새끼를 놀라서 바라보고, 그 다음에는 아기를 안고 샘으로 오는 어떤 여자를 바라본다. 그러니까 그 여자가 그에게 어머니를, 얼굴을 알지 못하는 어머니를 생각나게 한다. 그래서 그는 팔을 하늘을 향하여 들어올리며 외친다. "지극히 높으신 분, 빛 때문에, 어머니 때문에, 이제는 찬미받으십시오!" 그리고 이제는 소용없게 된 지팡이를 땅바닥에 남겨둔 채 뛰어서 간다.

그 두 사람은 이 모든 것을 보느라고 기다리지 않았다. 그들은 그 사람의 눈이 보이게 된 것을 알자마자 시내 쪽으로 뛰어 갔다.

그와 반대로 요셉은 끝까지 남아 있다. 그리고 이제는 소경이 아닌 소경이 그의 앞을 지나 인구가 많은 오펠 동네의 뒤얽힌 골목길로 들어가자, 그도 역시 그가 있던 자리를 떠나 깊은 생각에 잠긴 채 시내를 향하여 가던 길로 돌아온다.

항상 떠들썩한 오펠 동네가 지금은 온통 흥분상태에 있다. 이리 저리 뛰고, 묻고, 대답하고 한다.

"아니, 당신들이 다른 사람하고 혼동한 거겠지…."

"아니라니까 그러네. 내가 그 사람에게 '아니, 자네가 바르톨마이라는 별명을 가진 사도니아가 틀림없나?' 하고 말했더니, '접니다' 하고 말했다니까 그 일이 어떻게 일어났는지 물으려고 했는데, 그 사람은 뛰어서 가 버렸어."
 "그 사람이 지금 어디 있나?"
 "틀림없이 어머니한테 가 있겠지."
 "누가? 누가 그 사람을 봤어?" 하고 사람들이 뛰어 오면서 묻는다.
 "나. 나" 하고 여럿이 대답한다.
 "하지만 그 일이 어떻게 일어난 거야?"
 "… 나는 그 사람이 지팡이 없이 두 눈이 달린 얼굴로 뛰어 가는 것을 보고 말했어. '저거봐!' 저 사람은 바르톨마이가 틀림없을 텐데…."
 "난 지금도 몸이 부들부들 떨린다니까. 들어오면서 그 사람은 '어머니, 나는 어머니가 보여요!' 하고 외쳤단 말이예요."
 "부모가 몹시 기뻐하겠군. 이제는 그 사람이 아버지를 도와 밥벌이를 할 수 있겠구먼…."
 "가엾은 여인! 어머니는 기뻐서 몸이 불편했었어요. 오! 굉장한 일이예요! 굉장한 일! 난 소금을 좀 얻으러 갔었는데…."
 "그 사람 집으로 뛰어가서 알아 봅시다…."
 아리마태아의 요셉은 이 소란 속에 휩쓸리게 되었는데, 호기심으로 그러는지 모방 정신으로 그러는지 모르지만, 사람들의 흐름을 따라서 아마 키드론 개울 쪽으로 가게 되어 있는 막다른 골목에 이르렀다. 거기에는 군중이 몰려들어서 그들이 떠드는 소리 때문에 가을비로 물이 불은 급류의 소리도 들리지 않는다.
 요셉이 그곳에 이르렀을 때, 막다른 골목으로 통하는 다른 골목에서 아까의 그 두 사람이 다른 세 사람과 같이 온다. 율법학자 한 사람과 사제 한 사람, 그리고 그의 옷으로는 신분을 알 수 없는 셋째 사람이다. 그들은 권력을 남용하여 군중 사이를 뚫고 사람이 꽉찬 집안으로 들어가려고 한다. 집에는 역청(瀝靑)같이 검은 넓은 부엌과 투박한 칸막이로 부엌과 갈라놓은 한 구석이 있고, 그 너머로는 초라한 침대 하나와 더 큰 침대가 하나 있는 다른 방으로 통하는 문이 있다. 맞은 편 벽에 뚫린 문으로는 사방 몇 미터 되는 작은 정원이 있다. 이것이 전부이다.

눈을 뜬 소경은 식탁에 기대서 말하며, 물어보는 사람들에게 대답한다. 그 사람들은 모두 그와 같이 보잘 것 없는 사람들로, 아마 모든 동네 중에서 제일 가난한 이 동네에 사는 예루살렘의 서민들이다. 그의 어머니는 아들 곁에 서서 그를 바라보며 울고 그의 베일로 눈을 닦는다. 일을 많이 해서 지쳐버린 남자인 아버지는 떨리는 손으로 수염을 만지작거린다.

독선적인 유다인들과 박사들도 집 안으로 들어갈 수는 없다. 그래서 그 다섯 사람은 눈이 떠진 사람의 말을 밖에서 들을 수밖에 없다.

"어떻게 눈이 떠졌느냐구요? 예수라고 하는 그 사람이 내 눈에 축축한 흙을 바르고 나보고 '실로암의 샘에 가서 씻으라'고 말했습니다. 그래서 가서 씻었더니, 눈이 떠지고, 눈이 보였습니다."

"그렇지만 어떻게 해서 자네가 라삐를 만났느냐 말일세. 자넨 라삐가 게쎄마니의 요나의 집에 가느라고 여기로 해서 지나갈 때에도 도무지 만나지 못하기 때문에 불행하다고 항상 말했었는데 말이야. 그런데 그가 어디 있는지 도무지 알 수 없는 오늘…."

"이거 보세요! 어제 저녁에 그분의 제자 한 사람이 와서 돈 두 푼을 주면서 말했습니다. '왜 당신은 보려고 하지 않소?' 하고 나는 그 사람에게 이렇게 말했습니다. '그러려고 애썼습니다. 그러나 기적을 행하는 그 예수를 한번도 만나지를 못합니다. 그분이 우리 동네에 사는 안날리아의 병을 고쳐 준 다음부터 그분을 찾습니다. 그렇지만 내가 어떤 곳에 가면, 그분은 다른 데 있곤 합니다….' 그랬더니 그 제자가 이렇게 말했습니다. '나는 그분의 사도 중의 한 사람이오. 그리고 내가 그분께 말씀드리는 것은 해 주시오. 내일 베짜타에 와서, 헤로데의 문과 광장 동쪽 모퉁이 근처에 있는 갈릴래아 사람 요셉, 건어물 장수인 세포리스의 요셉의 집을 찾으시오. 그러면 언젠가는 그분이 그리로 지나가거나 집으로 들어가시는 것을 보게 될 거요. 그러면 내가 당신을 선생님께 알려 드리겠소.' 나는 '그렇지만 내일은 안식일인데요' 하고 말했습니다. 그분이 안식일에는 아무 것도 하지 않을 것이라는 뜻이었습니다.

그랬더니 그 사람은 말했습니다. '당신이 낫고 싶으면 내일이 그

날이오. 그 뒤에는 시내를 떠날 터이니, 당신이 그분을 만날 수 있을지 알 수 없소.'

나는 또 이렇게 말했습니다. '나는 사람들이 그분은 박해한다는 걸 압니다. 내가 구걸하러 가는 성전 성곽의 문에서 들었습니다. 그러니까 사람들이 그분을 박해하는 지금, 그분을 박해받는 것을 한층 더 원치 않을 것이고, 그래서 안식일에 나를 고쳐 주지 않으실 거란 말입니다.' 그랬더니 그 사람은 '내가 하라는 대로 하시오. 그러면 당신은 안식일에 해를 보게 될 거요' 하고 말했습니다. 그래서 갔지요. 가지 않을 사람이 누구겠습니까? 그분의 사도가 그렇게 말하는데 말입니다!

그 사람은 이렇게도 말했습니다. '선생님은 내 말을 제일 잘 들으시오. 그래서 당신이 불쌍하기 때문에, 그리고 그들이 선생님을 업신여긴 다음에 나는 선생님의 능력이 빛나기를 원하기 때문에 일부러 왔소. 더 이상 설명하지 않겠소. 오시오, 그러면 당신이 보게 될 거요.' 그래서 갔습니다. 그런데 아직 요셉의 집에까지 가지 못했는데 어떤 사람이 내 손을 잡았습니다. 그렇지만 목소리를 들으니 어제의 그 사람은 아니었습니다. 그 사람은 나보고 '형제, 나하고 같이 갑시다' 하고 말했습니다. 그래서 나는 가려고 하지 않았습니다. 나는 그 사람이 빵과 돈, 어쩌면 옷을 주려고 하는 줄로 생각했으니까요. 나는 그 사람에게 나는 예수라고 하는 분이 어디 있는지 아니까 가게 내버려두라고 말했습니다.

그러니까 그 사람은 '여기 예수님이 계십니다. 당신 앞에 계셔요' 하고 말했습니다. 그러나 나는 소경이니까 아무 것도 보지 못했습니다. 나는 젖은 흙이 묻은 손이 양쪽에서 나를 만지는 것을 느꼈고 '빨리 실로암에 가서 당신 눈을 씻고 아무에게도 말을 하지 말라'고 하는 목소리를 들었습니다. 그렇지만 나는 즉시 눈을 뜨기를 바랐기 때문에 낙심했고, 하마터면 인정머리 없는 젊은이들의 장난일 줄로 생각할 뻔 했습니다. 그래서 거의 가기를 싫어했는데 '희망을 가지고 순종해라' 하는 일종의 목소리가 들려 왔습니다. 그래서 샘에 가서 눈을 씻고 보게 되었습니다." 그리고 청년은 넋을 잃고 말을 그만두고 첫번 보았을 때의 기쁨을 다시 생각한다⋯.

"저 사람을 내 보내시오. 우리가 그에게 질문을 하고자 하오" 하고 그 다섯 사람이 외친다.

청년은 사람들 사이를 뚫고 문 어귀로 나온다.

"자네를 고쳐 준 사람이 어디 있나?"

"나는 모릅니다" 하고 젊은이가 대답한다. 어떤 친구가 그에게 "율법학자들과 사제들이야" 하고 속삭였었다.

"어떻게 그걸 알지 못한단 말인가? 방금 자네가 안다고 말했는데. 율법학자들과 사제에게 거짓말 하지 말게! 백성의 행정관을 속이려고 하는 자는 화를 입는 걸세!"

"나는 아무도 속이지 않습니다. 그 제자가 내게 '그분이 이 집에 계시오' 하고 말했습니다. 그건 사실입니다. 나는 그 집에 아주 가까이 갔을 적에 붙잡혀서 그분에게 안내되었으니까요. 그렇지만 그분이 지금 어디 있는지는 알지 못합니다. 제자는 그들이 떠난다고 말했습니다. 그분이 벌써 성문 밖으로 나갔는지도 모르지요."

"하지만 어디로 가더냐 말이야."

"그걸 내가 어떻게 압니까?! 어쩌면 갈릴래아로 갔는지도… 여기서 사람들이 그분을 대우하는 꼴로 봐서!…."

"바보에다 버릇없는 녀석! 말버릇 조심해. 이 최하층민! 어느 길로 해서 갔느냐고 묻는 거야."

"아니, 내가 소경이었는데 그걸 어떻게 알란 말입니까? 소경이 혹 다른 사람이 어디로 갔는지를 말할 수 있습니까?"

"됐네. 우릴 따라 오게."

"나를 어디로 데려가려구요?"

"바리사이파의 지도자들에게로."

"왜요? 그 사람들이 나와 무슨 상관이 있습니까? 혹 그 사람들이 나를 고쳐 주어서 그 사람들에게 고맙다는 인사를 해야 한단 말입니까? 내가 소경으로 구걸할 때, 내 손은 그 사람들의 돈을 만져본 적이 없고, 내 귀는 그 사람들에게서 동정의 말을 한번도 들은 일이 없고, 내 마음은 그 사람들의 사랑을 받은 적이 한번도 없습니다. 내가 그들에게 무슨 말을 해야 합니까? 내가 '고맙습니다' 하고 말해야 할 사람은 그렇게도 많은 세월 동안 나를 불행한 그대로 사랑해 주신 아버지 어머니 다음으로는 한 사람밖에 없습니다. 그런데 그 사람은 당신들의 사랑으로 나를 사랑해 주시는 부모님처럼 당신의 온 마음으로 나를 사랑하셔서 고쳐 주신 저 예수님이십니다. 나는 바리사이파 사람들을 만나러 가지 않겠습니다. 나는 어머니와 아버지와 함께 여기 있으면서 그분들의 얼굴을 보는 것을 즐기고, 아버지 어머니는 내가 태어난 봄 이래로 빛을 보지 못한 채 그 많은 봄을 지나고 나서 이제 겨우 태어난 내 눈을 보며 즐기시게 하겠습니다."

"그렇게 말을 많이 하지 말고, 우리를 따라 오게."

"안 갑니다! 안 가겠어요! 당신들은 혹 내 불행으로 인해서 창피해하는 내 어머니의 눈물을 씻어 준 적이 있습니까? 일을 해서 기진맥진한 내 아버지의 땀을 닦아 준 적이 있습니까? 이제는 내가 내 모습으로 그렇게 할 수 있게 되었는데, 부모를 떠나서 당신들을 따라가야 하겠습니까?"

"우리가 자네에게 명령하는 걸세. 자네가 명령하는 것이 아니라 성전과 백성의 지도자들이 명령하는 거야. 만일 병이 고쳐졌다는 오만으로 인해서 자네 지능이 막혀서 우리가 명령한다는 걸 일깨워 주지 않는다면, 우리가 일깨워 주겠네. 자! 와!"

"그러나 왜 내가 가야 합니까? 당신들은 나를 어떻게 하려는 겁니까?"

"자네가 공술(公述)을 하라고 그러는 걸세. 오늘은 안식일이야. 안식일에 행한 일이란 말이야. 죄 때문에, 자네 죄와 저 사탄의 죄 때문에 그 행동은 기록되어야 한단 말이야."

"당신들이 사탄이고, 당신들이 죄입니다! 그런데 내게 은혜를 베푼 사람에게 불리하게 진술을 해야 한단 말입니까? 당신들은 취했습니다! 나는 주님을 찬양하러 성전에 가겠습니다. 그 이상은 아무 것도 하지 않겠습니다. 나는 오랜 세월 동안 눈이 멀어서 어두움 속에 있었습니다. 그렇지만 닫힌 내 눈꺼풀은 내 눈에만 어두움을 만들어 주었습니다. 내 지능은 그럼에도 불구하고 빛 속에, 하느님의 은총 속에 남아 있었는데, 내 지능은 이스라엘에 있는 오직 한 분뿐인 성인에게 해를 끼쳐서는 안 된다고 내게 말해 줍니다."

"이봐, 그만 해둬! 자넨 행정관들에게 대항하는 자들은 벌을 받는다는 걸 모르는가?"
"나는 아무 것도 모릅니다. 나는 여기 있고, 여기 그대로 있을 겁니다. 그리고 당신들은 나를 해하는 것이 이로울 게 없습니다. 당신들이 보다시피 오펠 전체가 내 편입니다."
"그렇소! 그렇소! 비열한 자들! 하느님께서 그 사람을 보호하시오. 그 사람에게 손대지 마시오. 하느님은 가난한 사람들과 함께 계시오! 하느님은 우리와 함께 계시오. 굶주리게 하는 자들과 위선자들!"
사람들은 그들을 압제하는 사람들에 대한 비천한 사람들의 분개나, 그들을 보호하는 사람에 대한 사랑의 폭발인 저 자발적인 시위중의 하나를 하며 소리를 지르고 위협한다. 그리고 외친다. "만일 당신들이 우리의 구세주를 치면 화를 입을 거요! 가난한 사람들의 벗! 삼중으로 거룩하신 메시아를! 당신들은 화를 입을 거요! 우린 우리가 원했을 때에는 헤로데의 분노도 지도자들의 분노도 무서워하지 않았소. 우린 이가 빠진 턱뼈를 가진 늙은 하이에나요. 발톱이 잘라진 재칼인 당신들의 분노를 무서워하지 않소. 쓸데 없는 독선을 부리는 자들! 로마는 소요를 원치 않는데, 라삐는 평화이시기 때문에 라삐를 압제하진 않소. 그러나 당신들은 알고 있소. 여기서 나가시오! 당신들의 욕심을 채우고 부끄러운 거래를 맺기 위한 돈을 장만하려고 수입보다도 더 호된 십일조를 매겨 압제하는 사람들의 동네에서 나가시오. 야손의 후손들! 시몬의 후손들! 진짜 엘르아잘과 거룩한 오니아를 고문하는 자들. 당신들은 예언자들을 업신여기오! 여기서 나가시오! 썩 나가요!" 소란은 점점 더 열을 띤다.
낮은 담에 꼭 달라붙어서 그 때까지 사실을 주의깊게 구경하고 있었지만 행동은 하지 않고 있던 아리마태아의 요셉이 나이 먹고, 게다가 옷과 겉옷으로 몸이 갑갑하게 된 사람으로서는 생각할 수 없을 만큼 민첩하게 낮은 담 위에 올라 서서 외친다. "여러분, 조용하시오. 그리고 늙은 요셉의 말을 들으시오!"
머리가 하나, 둘, 열이 소리 나는 쪽으로 돌려진다. 그 머리들은 요셉을 보고 그의 이름을 외친다. 분개해서 지르던 외침이 기쁨의 외침으로 변하는 것을 보면 아리마태아의 요셉은 잘 알려져 있고 서민들의 인기를 얻고 있는 것이 틀림없다.

"요셉 어른이 계시다! 요셉 어른 만세! 의인에게 평화와 장수가 있기를! 불행한 사람들의 은인께 평화와 축복! 요셉 어른이 말씀하시게 조용합시다! 조용합시다!"

쉽지 않게 조용해진다. 그리고 몇 분 동안은 막다른 골목 저쪽에 있는 키드론 개울 소리를 들을 수 있다. 모든 머리가 그들을 반대편으로 돌게 하던 대상, 즉 소란을 불러일으킨 불행하고 선견지명이 없는 다섯 사람은 잊어버리고, 요셉 쪽으로 향하여 있다.

"예루살렘의 주민인 오펠의 여러분, 왜 의심과 분노로 분별을 잃습니까? 조상들의 계율에 항상 그렇게도 충실한 여러분이 왜 존경과 관습을 어기려고 합니까? 여러분은 무엇을 염려합니까? 혹 성전이 그가 받아들이는 것을 돌려 주지 않는 몰록*이기라도 할까봐 염려하는 것입니까? 혹 여러분의 재판관들이 모두 여러분의 친구가 눈이 멀었던 것보다도 더 눈이 멀고, 마음의 눈이 멀고, 정의의 문제에 있어서 귀가 먹었을 것 같습니까? 놀랄 만한 사실에 대해서는 증언을 해서 담당자에 의해서 이스라엘의 연대기를 위해 기록되고 보존되는 것이 관례가 아닙니까? 그러니까 여러분이 사랑하는 라삐의 명예를 위해서라도 기적을 받은 사람이 올라가서 라삐께서 하신 일에 대해 증언을 하게 허락하시오. 여러분은 아직 망서립니까? 그러면, 바르톨마이에게 아무런 해도 미치지 않으리라는 것을 내가 보증합니다. 여러분은 내가 거짓말을 하지 않다는 것을 알지요. 내게 소중한 아들처럼 저 위에까지 내가 동행을 하고, 나중에 이리 여러분에게도 도로 데려다 주겠습니다. 나를 믿으시오. 그리고 여러분의 지도자들에게 반항함으로 안식일을 죄의 날로 만들지 마시오."

"어르신네의 말씀이 옳아! 그렇게 해선 안 돼. 어르신네를 믿을 수 있어. 저분은 의인이셔. 최고회의의 훌륭한 의결에는 항상 저분의 표가 있어." 사람들이 생각을 바꾸어 마침내 외친다. "어르신네께는 예, 우리들의 친구이신 어르신네께는 이 사람을 맡겨 드립니다!" 그리고 청년에게는 이렇게 말한다. "가게! 염려 말고. 아리마태아의 요셉 어

---

* 역주 : 사람을 제물로 바쳤다고 하는 셈족의 잡신.

른하고 있으면, 자네 아버지와 같이 있는 것만큼이나, 그보다 더 안전하네." 그리고 그들은 청년이 즉흥적으로 만들어진 연단에서 내려온 요셉에게로 갈 수 있도록 갈라선다. 그리고 그가 지나갈 때에 그들은 "우리도 가네. 염려 말게!" 하고 말한다.

사치스러운 모직으로 만든 호화로운 옷을 입은 요셉은 젊은이의 어깨에 한 손을 얹고 걷기 시작한다. 젊은이의 낡은 갈색 속옷과 작은 겉옷이 늙은 최고회의 위원의 짙은 빨간색의 넓은 옷과 훨씬 더 짙은 빛깔의 호화로운 겉옷을 스친다. 뒤에는 그 다섯 사람이 따라가고, 그 다음에는 수많은 오펠 사람들이 따라 간다.

그들은 시내의 중심 거리를 지난 다음 성전에 이르렀는데, 많은 군중의 주의를 끌었다. 그 사람들은 전에 소경이었던 사람을 서로 손가락질 하여 가리키면서 말한다. "아니 저 사람은 구걸을 하던 소경인데! 지금은 눈이 있네! 그렇지만 그와 비슷한 사람인지도 모르지! 아니야, 틀림없이 그 사람이야. 그래서 성전으로 데리고 가는 거야. 우리도 가서 알아보세." 그래서 행렬이 점점 불어나고, 마침내 모두 성전의 성벽 안으로 빨려 들어간다. 요셉은 젊은이를 많은 바리사이파 사람들과 율법학자들이 있는 큰 방으로 데리고 가는데, 최고회의 실은 아니다. 요셉이 들어가고, 그와 함께 바르톨마이와 그 다섯 사람도 들어간다. 오펠의 서민들은 마당으로 쫓겨났다.

"이 사람입니다. 사람들의 눈에 띄지 않고 이 사람이 라삐와 만나는 것과 병이 낫는 것을 보고 나서 내가 직접 이 사람을 여러분에게 데리고 왔습니다. 그런데 나는 그것이 라삐 쪽에서는 전혀 우연이었다는 것을 말할 수 있습니다. 여러분도 이 사람에게서 들으시겠지만, 이 사람이 라삐가 있는 곳에 인도된 것은, 아니 그보다도 가라는 권유를 받은 것은 여러분이 아시는 가리옷의 유다에 의해서였습니다. 그리고 어떻게 유다가 나자렛의 예수로 하여금 기적을 행하도록 끌어들였는지를 나도 들었고, 이 두 사람도 그곳에 있었기 때문에 나와 같이 들었습니다. 이제 나는 여기서 증언합니다만, 만일 어떤 사람을 벌할 필요가 있다면, 그것은 소경도 아니고 라삐도 아니고, 가리옷 사람입니다. 그 사람은, 내 지능이 생각하는 것을 말하면서 내가 거짓말을 하는지는 하느님께서 내려다 보십니다. 이 사실을 계획적인 술책으로 유발한 만큼, 이 사실의 유일한 장본인입니다. 이상입니다."

"당신의 언명도 라삐의 잘못을 무효화하지는 못합니다. 제자가 죄를 짓는다 하더라도 스승은 죄를 지어서는 안 됩니다. 그런 그 사람은 안식일에 병을 고침으로 죄를 지었습니다. 그 사람은 육체노동을 했습니다."

"땅에 침 뱉는 것은 육체노동을 하는 것이 아니고, 다른 사람의 눈을 만지는 것도 육체노동을 하는 것이 아닙니다. 나도 이 사람을 만집니다. 그러나 내가 죄를 짓는다고는 생각하지 않습니다."

"그 사람은 안식일에 기적을 행했습니다. 여기에 죄가 있는 것입니다."

"안식일을 기적으로 영광스럽게 하는 것은 하느님과 그분의 인자의 은총입니다. 안식일은 그분의 날입니다. 그런데 전능하신 분께서 당신의 능력을 빛나게 하는 기적으로 당신의 날을 축하하실 수 없습니까?"

"우리는 당신의 말을 들으려고 여기 있는 것이 아닙니다. 당신은 피고가 아닙니다. 우리가 신문하고자 하는 것은 그 사람입니다. 네가 대답해야 한다. 어떻게 시력을 얻었느냐?"

"나는 그 말을 했고, 이 사람들이 내 말을 들었습니다. 그 예수의 제자가 어제 내게 이렇게 말했습니다. '오시오. 그럼 당신을 낫게 해 주겠소.' 그래서 갔습니다. 그래서 갔더니, 누군가가 진흙을 여기다 바르고 나더러 실로암에 가서 씻으라고 말하는 목소리를 느꼈습니다. 그대로 했더니 눈이 보이게 되었습니다."

"그러나 누가 너를 고쳐 주었는지 아느냐?"

"물론 압니다! 예수님입니다. 나는 이 말도 했습니다."

"그러나 예수가 정확히 어떤 사람인지 아느냐?"

"나는 아무 것도 알지 못합니다. 나는 보잘 것 없고 무식한 사람입니다. 그리고 조금 전까지만 해도 소경이었습니다. 이것만은 압니다. 그리고 그분이 나를 고쳐 주셨다는 것도 알고 있습니다. 그런데 그분이 그렇게 하실 수 있었으니, 하느님께서 분명히 그분과 같이 계십니다."

"하느님을 모독하는 말을 하지 말아라! 하느님께서는 안식일을 지키지 않는 사람과 함께 계실 수가 없다"하고 어떤 사람들이 외친다.

그러나 요셉과 바리사이파 사람들인 엘르아잘과 요한과 요아킴이 지적한다.

"그러나 죄인은 그런 기적을 행할 수 없습니다."

"당신들도 그 마귀들린 자의 꾐에 빠졌습니까?"

"아닙니다. 우리는 공정합니다. 그래서 하느님께서 안식일에 일하는 사람과 함께 계실 수 없으시지만, 어떤 사람이 하느님의 도움없이 배냇소경을 보게 할 수는 없다고 말하는 것입니다"하고 엘르아잘이 침착하게 말하고, 다른 사람들도 그와 의견을 같이한다.

"그럼, 마귀는 어디에 있다고 당신들은 말하는 것입니까?"하고 악한 자들이 공격적으로 외친다.

"주님을 찬미하게 할 수 있는 일을 마귀가 할 수 있다고는 나도 믿지 못하고, 당신들도 믿지 못합니다"하고 바리사이파 사람 요한이 말한다.

"그런데 누가 주님을 찬미합니까?"

"이 젊은이, 그의 부모, 오펠 사람들 모두, 그리고 그들과 더불어 나, 또 나와 더불어 의롭고 하느님에 대한 거룩한 두려움을 가진 모든 사람입니다"하고 요셉이 대꾸한다.

악한 자들은 몹시 당황하여 어떻게 반박할지를 몰라 바르톨마이라고 하는 사도니아에게로 화살을 돌린다. "너는 네 눈을 뜨게 해 준 사람을 어떻게 생각하느냐?"

"내 생각에는 그분이 예언자이고, 사렙타의 과부의 아들에 대한 엘리야 보다도 더 위대한 예언자입니다. 왜냐하면 엘리야는 어린 아이에게 영혼을 돌아오게 했지만, 저 예수님은 내가 가진 일이 없었기 때문에 잃은 일도 없는 것, 즉 시력을 내게 주셨기 때문입니다. 그런데 내 어머니가 아홉달 동안에 그의 살과 피로 만들어 주지 못한 눈을 그분이 진흙 조금을 빼놓고는 아무 것도 가지지 않고, 눈깜짝 할 사이에 내게 만들어 주셨으니, 그분은 진흙으로 사람을 만드신 하느님과 같이 위대하신 분일 것이 틀림없습니다."

"가라! 가! 하느님을 모독하는 놈! 거짓말쟁이! 매수당한 놈!" 그러면서 그들은 그 사람을 지옥 선고를 받은 사람인 것처럼 내쫓는다.

"저 사람은 거짓말을 하는 것입니다. 그것은 사실일 수가 없습니다. 배냇소경이 나을 수 없다는 것은 모든 사람이 말할 수 있습니다. 저 사람은 아마 바르톨마이와 비슷한 사람으로 나자렛 사람이 준비한 자일 것입니다…. 그렇지 않으면… 바르톨마이가 절대로 소경이 아니었던가."

이 놀라운 단언을 듣고 아리마태아의 요셉이 대꾸한다. "증오가 맹목적이라는 것은 카인 때부터 알려진 일입니다. 그러나 사람을 어리석게 만든다는 것은 아직 알려지지 않은 일입니다. 여러분들 생각에는 어떤 사람이 추측할 수 있는, 그것도 매우 먼 장래의 어떤 눈부신 사건을 기다리기… 위하여 소경인 체하면서 완전한 성장에 이를 수 있을 것 같습니까? 또는 바르톨마이의 부모가 그들의 아들을 알아보지 못하거나 이런 거짓말에 동의할 것 같습니까?"

"돈이면 무엇이든지 할 수 있는데 그 사람들은 가난합니다."

"나자렛 선생님은 그들보다 더 가난하십니다."

"거짓말입니다! 굉장히 많은 돈이 그의 손으로 들어갑니다."

"그러나 그 돈이 잠시도 그 손 안에 남아 있지 않습니다. 그 돈들은 선을 위하여 쓰이지 거짓말을 위하여 쓰이지는 않습니다."

"그 사람을 몹시도 옹호하시는군요! 그런데도 당신이 어른 중의 한 사람이라니!"

"요셉의 말이 옳습니다. 사람은 어떤 직책을 맡고 있던지 진실을 말해야 합니다" 하고 엘르아잘이 말한다.

"뛰어 가서 소경을 다시 불러 이리 데려 오고, 다른 사람들은 부모를 찾아가서 이리 데려 오너라" 하고 엘키아가 문을 활짝 열고, 밖에서 기다리던 어떤 사람들에게 명령을 내리며 외친다. 그리고 그의 입에 거의 거품이 일 정도로 증오로 숨이 막힌다.

어떤 사람들은 이리 뛰어 가고, 어떤 사람들은 저리 뛰어 간다. 제일 먼저 돌아오는 사람은 놀라고 귀찮아하는 바르톨마이라고 불리는 사도니아이다. 그들은 그를 한 구석에 처박고, 사냥개의 떼가 사냥감을 노리듯이 바라본다….

"너희들은 안으로 들어오고, 다른 사람들은 밖으로 나가라!"

그들은 무서워하며 들어와서 아들이 저 안쪽에 원기 왕성하게 있지만, 구금 상태에 있는 것을 본다. 어머니는 탄식한다. "내 아들아! 우리에게는 오늘이 기쁜 날이어야 했는데!"

"우리 말을 들어라. 저 사람이 너희 아들이냐?" 하고 한 바리사이파 사람이 거칠게 묻는다.

"예, 우리 아들입니다! 저 애가 우리 아들이 아니고 누구란 말입니까?"

"정말 확실하냐?"

아버지와 어머니는 그 질문에 하도 어리둥절해서 대답하기 전에 서로 바라본다.

"대답해라!"

"고귀한 바리사이님, 아버지 어머니가 그들의 아이를 잘못 알아볼 수 있다고 생각하실 수 있습니까?" 하고 아버지가 겸손하게 말한다.

"그러나… 너희들이 맹세할 수 있느냐?…. 그렇다 돈은 얼마간 주고서 너희 아들과 비슷한 사람인데, 너희 아들이라고 말하라는 요청을 하지 않았다는 것을 말이다."

"말하라고 요청했다구요? 그래 누가 요청을 했단 말입니까? 맹세하라구요? 그야 당신이 원하시면 천번이라도, 그리고 하느님의 제단과 이름을 걸고라도 맹세하겠습니다." 그리고 그들이 너무도 자신있게 그것을 단언하기 때문에 아무리 완고한 사람이라도 당황하게 될 지경이었다.

그러나 바리사이파 사람들은 당황하지 않는다! 그들은 묻는다.

"그러나 너희 아들은 소경으로 태어나지 않았지?"

"천만에요, 그렇게 태어 났었습니다. 눈꺼풀이 닫힌 채로, 그리고 그 밑은 비어서 아무 것도 없고…."

"그런데 어떻게 지금은 눈이 보이느냐? 저 사람은 눈이 있고 그 위에서 눈꺼풀이 벌어진단 말이다. 너희들은 그래도 눈이, 봄에 꽃이 생겨나듯이 생겨나고, 눈꺼풀이 꽃받침이 벌어지는 것과 똑같이 벌어진다고 말하려는 건 아니겠지!…" 하고 다른 바리사이파 사람이 빈정거리는 웃음을 웃으며 말한다.

"우리는 저 사람이 거의 30년째 우리 아들이고, 소경으로 태어났다는 것은 압니다. 그러나 어떻게 지금은 눈이 보이는지는 알지 못하고, 누가 저 애의 눈을 뜨게 했는지도 알지 못합니다. 그뿐 아니라, 저 애에게 물어 보십시오. 저 애는 바보도 아니고 어린 아이도 아닙니다. 저 애는 나이가 있습니다. 저 애에게 물어 보십시오, 대답할 것입니다."

"너희들은 거짓말을 하고 있다" 하고 늘 소경을 따라 다녔던 두 사람 중의 하나가 외친다. "저 사람은 너희들 집에서 어떻게 고쳐졌는지, 누가 고쳐 주었는지 말했다. 왜 너희는 알지 못한다고 말하느냐?"

"우리는 하도 놀라 정신이 멍해서 듣지 못했습니다" 하고 두 사람은 변명하며 말한다.

바리사이파 사람들은 바르톨마이라고 하는 사도니아에게 말한다.

"너는 이리 나아오너라. 그리고 그렇게 할 수 있으면 하느님을 찬양해라! 너는 네 눈을 만진 사람이 죄인이라는 것을 알지 못하느냐? 그걸 알지 못해? 그러면 그걸 알아라. 그것을 아는 우리가 네게 말하는 것이다."

"그렇지만, 당신들이 말하는 대로 라고 합시다. 나로서는 그분이 죄인인지도 모릅니다. 내가 아는 것은 다만 내가 소경이었었는데, 지금은 눈이 보인다는 것입니다. 그것도 아주 분명히 보인다는 것입니다."

"그러나 그 사람이 네게 어떻게 했느냐? 어떻게 네 눈을 뜨게 했느냐?"

"내가 당신들에게 벌써 말해서 당신들이 들었습니다. 이제 그 말을 또 다시 듣고 싶습니까? 왜요? 아마 당신들도 그분의 제자가 되고 싶은 모양이지요?"

"바보 자식! 너나 그 사람의 제자가 되어라. 우리는 모세의 제자이고, 모세에 대해서 모든 것을 알고, 하느님께서 그에게 말씀하셨다는 것을 안다. 그러나 그 사람에 대해서는 어디서 왔는지 어떤 사람인지 아무 것도 알지 못하고, 또 하늘의 아무 기적도 그를 예언자라고 알려주지 않는다."

"바로 그 점이 희한한 점입니다! 그분이 어디서 왔는지 당신들이 알지 못하고, 아무 기적도 그분이 의인이라고 알려주지 않는다고 당신들이 말하는 것 말입니다. 그러나 그분은 내 눈을 뜨게 해 주셨는데, 이스라엘 사람 우리 가운데 아무도 그런 일을 일찌기 할 수 없었고, 어머니의 사랑도 내 아버지의 희생도 그런 일을 할 수가 없었습니다. 그렇지만 당신들이나 나나 모두 아는 사실은 하느님께서 죄인의 청은 들어주지 않고, 하느님을 두려워하고 그분의 뜻을 행하는 사람의 청을 들어주신다는 사실입니다. 온 세상에서 배냇소경의 눈을 뜨게 할 수 있는 사람이 있었다는 말은 들은 적이 없습니다. 그러나 예수님은 이 일을 하셨습니다. 만일 그분이 하느님에게서 오지 않으셨으면, 그 일을 하시지 못했을 것입니다."

"너는 온전히 죄 중에 태어났고, 내 정신은 네 육체보다도 더 불구인데, 우리에게 교훈을 주겠다고 하는 거냐? 이 보잘 것 없는 팔삭동이 가라. 그리고 너를 타락시키는 자와 같이 사탄이 돼라. 나가라! 나가, 어리석고 죄많은 천민들, 모두!" 그러면서 아들과 아버지와 어머니를 문둥병자이기나 한 것처럼 밖으로 밀어낸다.

세 사람은 빨리 가고, 친구들은 따라 간다. 그러나 성전 성곽 밖으로 나오자 사도니아는 뒤로 돌아서며 말한다. "그럼, 당신들은 거기 남아서 하고 싶은 대로 말하시오! 틀림 없는 사실은 내가 눈이 보인다는 것이고, 그로 인해 하느님을 찬미한다는 사실이오. 그리고 사탄은 당신들이 될 것이지, 나를 고쳐주신 착하신 분은 아니오."

"얘야, 입 다물어라! 잠자코 있어! 이 일로 우리에게 해가 돌아오지 않았으면 좋겠다만!…" 하고 어머니가 한탄한다.

"아이고! 어머니! 그 방의 공기가 어머니의 마음을 중독시켰습니까? 제 고통 중에서도 늘 하느님을 찬미하라고 가르치시던 어머니가 이제는 기쁜 가운데에서 하느님께 감사할 줄을 모르고 사람들을 무서워하시니 말입니다. 하느님께서 우리들에게 기적을 주실 정도로 저를 사랑하시고 어머니를 사랑하셨는데, 몇 명 안 되는 사람들에게서 우리를 보호하지 못하시겠습니까?"

"여보, 당신 아들의 말이 옳소. 저들이 우리를 성전에서 쫓아냈으니, 우리 회당에 가서 주님을 찬미합시다. 안식일이 끝나기 전에 빨리 갑시다…."

그리고 걸음을 재촉하면서 계곡의 길로 사라진다.

208. 예수께서 노베에. 가리옷 사람이 거짓말을 하다

예수께서 노베에 계신다. 그런데 예수께서 유기적으로 조직을 하시고 열두 사도를 여러 집으로 보내시기 위하여 네 사람씩 세 무리로 나누고 계신 중으로 보아 이곳에 오신 지가 얼마 안 되는 것 같다. 예수와 함께 베드로와 요한과 가리옷의 유다와 열성당원 시몬이 있는데, 마태오와 알패오의 유다와 필립보로 이루어진 무리는 제베대오의 야고보가 지휘하고, 셋째 무리는 바르톨로메오가 지휘하는데, 그에게는 알패오의 야고보와 안드레아와 토마가 복종한다.

"저녁식사 후에는 너희를 받아들이겠다고 제안한 곳으로 갔다가 아침에 이리 돌아오너라. 그러면 너희가 무엇을 해야 하는지를 말해 주겠다. 식사 시간에는 함께 있자. 내가 여러번 너희에게 말해 준 것을 기억하여라. 그것은 이런 것이다. 너희들은 너희들의 **생활방식**으로도, 너희들끼리의 **생활방식**과 너희를 받아들이는 사람들과의 **생활방식**으로도 내 가르침을 전파해야 한다. 그러므로 너희는 너희들의 회화와 행동과 눈길에 있어서 절제하고 참을성있고 정직해서, 정의가 향기처럼 너희들에게서 풍기도록 하여라. 세상 사람들의 눈이 우리를 중상하거나 조사하기 위해서 얼마나 항상 우리를 지켜보고 있는지를 너희들은 알고 있다. 또 존경하는 마음을 가지고 그러기도 한다는 것을.

그러나 존경하는 마음을 가지고 지켜보는 눈은 수많은 눈 가운데 소수이다. 그렇지만 이 소수에 대해서 우리가 가장 많은 정성을 기울여야 한다. 그것은 세상의 조사가 이 소수의 믿음을 메마르게 하기 위하여 그것을 대상으로 하며, 모든 것이 내게 대한 착한 사람들의 사랑, 따라서 너희들에 대한 착한 사람들의 사랑을 부수기 위한 무기로 쓰이기 때문이다. 그러므로 너희들의 거룩하지 못한 **생활방식으**

로 세상을 도와주지 말고, 내 반대자들의 계략에 대항해서 그들의 믿음을 지켜야 하는 사람들에게 빈축의 대상이 됨으로써 그들의 수고를 더하게 하지 말아라. 빈축을 사는 행위는 사람들을 당황하게 하고 멀리 떨어져나가게 하며 약하게 한다. 영혼들에게 죄짓는 기회가 되는 사도는 화를 입을 것이다. 그는 그의 선생과 그의 이웃에 대하여 죄를 짓고, 하느님과 하느님의 양떼에 대하여 죄를 짓는다. 나는 너희들을 믿는다. 몹시 큰 내 고통에 너희들에게서 올 수도 있는 다른 고통이 보태지지 않도록 하여라."

"선생님, 염려 마십시오. 사탄이 저희 모두를 타락시키지 않는 한, 저희들에게서는 고통이 선생님께 가지 않을 것입니다" 하고 바르톨로메오가 말한다.

엘리사와 같이 부엌에 있던 아나스타시카가 들어와서 말한다. "선생님, 저녁식사가 준비되었습니다. 식기 전에 내려 오셔서 식사하십시오."

"가자."

그리고 예수께서는 일어나셔서 작은 층계로 내려가는 여자를 따라가신다. 그 층계는 벌써 침대들이 준비된 위층 방에서 작은 정원으로 내려온다. 예수께서는 그곳에서 탁탁 튀면서 타는 불로 흥겹게 된 부엌으로 들어가신다. 늙은 요한은 벌써 불 옆에 있고, 음식을 차리느라고 분주하면서 들어오시는 예수를 보기 위하여 어머니같이 자애로운 미소를 띠고 돌아다보는 엘리사는 양젖에 삶은 보리알들을 큰 접시에 서둘러 담는다. 그 음식은 요한과 신디카가 떠나기 전에 나자렛에서 알패오의 마리아가 하는 것을 벌써 본 일이 있다.

"자요. 저는 선생님이 이걸 좋아하신다고 글레오파의 마리아가 제게 말한 것을 기억했습니다. 그래서 이걸 만들려고 제일 좋은 꿀을 남겨 두었었습니다. 마륵지암을 위해서도 그랬는데… 그 애가 오지 않아서 섭섭합니다…."

"이사악과 그 애가 내일 새벽에 떠나는데 니까가 아주머니도 아시는 임무를 수행하기 위해 예리고에까지 마차를 이용하기 때문에, 이사악과 같이 그 애를 붙잡아두었습니다…."

"무슨 임무입니까, 선생님?" 하고 가리옷 사람이 관심을 가지고 묻는다.

"매우 여성적인 임무이다. 아이를 기르는 임무야. 다만 젖은 필요 없고, 믿음이 필요한 아이이다. 그의 정신이 어린 애다우니까. 그러나 여자는 언제나 어머니 같아서 이런 일들을 할 줄 안다. 그리고 이해했을 때에는!… 여자가 남자만 못하지 않고, 거기에다 어머니다운 상냥함의 힘을 가지고 있다."

"선생님은 저희들에 대해서 정말 인자하십니다!" 하고 엘리사가 어루만지는 듯한 눈길로 말한다.

"나는 진실을 말합니다, 엘리사. 우리 이스라엘 남자들은, 또 우리뿐이 아닙니다. 여자를 열등한 존재로 보고, 또 여자가 열등하다고 생각하는 데 습관이 되어 있습니다. 그러나 그렇지 않습니다. 그렇게 되는 것이 마땅한 것과 같이 여자가 남자를 따르게 되어 있고, 하와의 죄 때문에 벌의 영향을 더 입고 있고, 그의 임무가 눈부신 행위나 큰 소리없이 베일 속에서 그늘 속에서 행해지게 되어 있고, 여자에게는 모든 것이 마치 베일로 덮어씌워진 것 같지만, 그렇다고 해서 남자들보다 덜 강하지도 않고 능력이 덜 하지도 않습니다. 이스라엘의 위대한 여자들을 상기시키지 않더라도, 여자의 마음 속에는 많은 힘이 있다는 말을 하겠습니다. 우리 남자들에게는 지성이 있는 것과 같이 마음 속에 말입니다. 그리고 여자는 풍습과 그 밖에 수많은 일에 관해서 여자의 지위를 바꿀 것이라고 말하겠습니다. 그리고 내가 모든 사람을 위해서 그렇게 하는 것과 같이 한 여인이 특별한 방식으로 여자들을 위하여 은총과 구속을 얻을 것이므로, 그것은 당연한 일일 것입니다."

"한 여인이요? 그런데 어떻게 여자가 구속을 한다고 그러시는 겁니까?" 하고 가리옷의 유다가 웃으면서 말한다.

"나 진정으로 네게 말한다마는, 그 여인은 벌써 구속을 하는 중이다. 구속한다는 것이 무엇인지 아느냐?"

"물론 알지요! 어떤 사람을 죄에서 구해내는 것입니다."

"그렇다. 그러나 원수는 영원하고, 그가 돌아와서 함정을 파놓을 것이니까 죄에서 구해내는 것이 별로 소용이 없을 것이다. 그러나 지상낙원에서 어떤 목소리가, 하느님의 목소리가 와서 이렇게 말했다.

'나는 너를 여자와 원수가 되게 하리라…. 너는 그 발꿈치를 물려고 하다가 여자에게 머리가 으스러지리라.' 함정을 파는 것 이상의 일은 아무 것도 하지 못할 것이다. 그것은 여인이 원수를 이길 만한 것을 자기 안에 가지고 있을 것이고, 벌써 가지고 있기 때문이다. 그래서 그 여인은 존재하는 순간부터 구속한다. 그 여인은 비록 숨어 있지만 활발한 구속이다. 그러나 머지 않아 그 여인은 세상 앞에 나타날 것이고, 여자들은 그 여인을 통하여 강하게 될 것이다."

"선생님이 구속하신다는 것은… 좋습니다. 그러나 여자가 그렇게 할 수 있다는 것은… 저는 그것은 인정하지 않습니다. 선생님!"

"너는 토비아를 기억하지 못하느냐? 그의 찬송가를?"

"기억합니다. 그러나 그가 말하는 것은 예루살렘에 대해서입니다."

"예루살렘에 혹 하느님께서 계신 장막이 있기라도 하느냐? 하느님께서 성전의 담 안에서 행해지는 죄에 당신 영광으로 계실 수 있느냐? 다른 장막이 하나 필요했던 것이다. 그것도 거룩하고, 길잃은 사람들을 지극히 높으신 분께로 다시 데려올 별이 될 장막이 말이다. 그런데 이것을 우리는 영원토록 구속된 사람들의 어머니가 되는 기쁨을 가질 공동 구속자 안에 가지게 된다. '너는 찬란한 광채로 빛나리라. 세상의 모든 민족이 네 앞에 엎드릴 것이다. 민족들이 멀리서 네게 선물을 가져올 것이고, 너를 통하여 주님께 경배할 것이다…. 민족들은 네 위대한 이름을 불러 기도할 것이다…. 네 말을 듣지 않는 사람들은 저주받은 자들 가운데 있을 것이고, 네게로 바싹 다가서는 사람들은 축복을 받을 것이다…. 너는 네 자녀들을 통하여 행복하리니, 그들은 주님 곁에 모여 있는 축복받은 사람들이겠기 때문이다.'

공동 구속자의 참된 찬송가이다. 그리고 보고 있는 천사들이 이 찬송가를 벌써 하늘에서 부르고 있다…. 새로운 천상의 예루살렘이 그 여인 안에서 시작된다. 오! 그렇고 말고, 이것이 사실이다. 그런데 세상은 이 사실을 모르고, 이스라엘의 어두운 선생들도 이 사실을 모른다…." 예수께서는 생각에 잠기신다….

"그렇지만 누구에 대해서 말씀하시는 건가?" 하고 가리옷 사람이 곁에 있는 필립보에게 묻는다.

필립보가 대답하기 전에, 식탁 위에 치즈와 검은 올리브를 놓고 있던 엘리사가 꽤 거칠게 그에게 말한다. "주님의 어머니에 대해서 말씀하시는 거요. 알아듣지 못하겠소?"

"그러나 나는 선생님의 어머니를 예언자들이 고통당하는 여인이라고 부른다는 것을 도무지 알지 못했습니다…. 다만 구속자 한 사람에 대해서만 말하고 또…."

"그러면 당신은 육체의 고통밖에 없다고 생각하오? 그리고 한 어머니에게 있어서는 자기 아들이 죽는 것을 보는 고통에 비하면 육체의 고통은 아무 것도 아니라는 것을 알지 못해요? 당신의 지능 — 나는 당신의 마음의 움직임은 알지 못하니까 당신의 마음에 대해서는 말하지 않겠어요.— 당신이 자랑하는 당신의 지능이 한 어머니가 자기 아들의 신음소리 한 마디를 듣지 않기 위해서라면 열번이고 백번이고 고문과 죽음을 당할 것이라고 말해 주지 않아요? 이봐요 당신은 남자이고, 지식을 가지고 있어요. 나는 여인이고 어미일 줄밖에 아는 것이 없어요. 그렇지만 분명히 말하겠는데, 당신은 당신 어머니의 마음조차도 알지 못하니, 나보다도 더 무식해요."

"오! 아주머니는 나를 모욕하십니다!"

"아니오. 나는 늙은이라 당신에게 충고하는 거요. 당신 마음을 총명하게 해요. 그러면 눈물과 벌을 피하게 될 거요. 그렇게 할 수 있으면 해요."

사도들, 특히 알패오의 유다와 제베대오의 야고보와 바르톨로메오와 열성당원은 슬쩍 서로 바라보며, 자기를 완전하다고 믿고 있는 사도에 대한 엘리사의 솔직한 비판 때문에 입술에 감도는 미소를 숨기기 위하여 고개를 숙인다. 예수께서는 여전히 생각에 잠겨 계셔서 아무 것도 듣지 못하신다.

엘리사는 아나스타시카에게로 몸을 돌리고 말한다. "이분들이 식사를 끝내는 동안 다른 침대 두개를 준비하러 가자. 셋 가지고는 모자라니까." 그러면서 나가려고 한다.

"엘리사 아주머니, 분명히 아주머니 침대를 주시는 건 아니겠지요!" 하고 베드로가 말한다. "그건 안 됩니다. 요한과 저는 탁자 위에서 잘 수 있어요. 저희들은 습관이 돼 있습니다."

"시몬, 아니예요. 살평상들과 돗자리들이 있어요. 그렇지만 챙겨 두었어요. 이제 그것들을 받침대에 올려 놓으려는 거예요." 그러면서 아나스타시카와 같이 나간다.

사도들은 피곤하여 뜨뜻한 부엌에서 졸다시피 한다. 예수께서는 팔꿈치를 식탁에 괴고 손으로 머리를 받치시고 곰곰 생각하신다.

문 두드리는 소리. 문에 제일 가까이 있는 토마가 문을 열려고 일어나더니, 외친다. "요셉 어른이?! 그리고 니고데모님과 함께?! 들어오십시오! 들어오세요!"

"선생님께 평화, 그리고 이 집에 있는 모든 이에게 평화. 선생님, 저희는 라마에 갑니다. 니고데모가 저를 초대했습니다. 지나가면서 저희는 '여기서 멈춰서 선생님께 인사를 드립시다' 하고 말했습니다. 저희는… 저들이 선생님을 찾으려고 요셉의 집에 갔기 때문에, 선생님이 또 귀찮은 일을 당하셨는지 알고 싶었습니다. 선생님께서 그 소경을 고쳐 주신 때부터 그들은 사방으로 선생님을 찾아 다녔습니다. 그들이 성곽 밖으로 나오지 않은 것은 사실입니다. 그들은 안식일을 모독하지 않기 위해서 의자 하나 옮겨놓지 않았습니다. 그리고 이 때문에 그들이 깨끗하다고 믿고 있습니다. 그러나 선생님을 찾고 바르톨마이를 따라 가기 위해서는 오! 저들은 허용되는 것보다 훨씬 더 많은 길을 걸었습니다!"

"그렇지만 선생님이 길을 오시는 동안 아무 것도 하지 않으셨는데, 그 사람들이 어떻게 알았습니까?" 하고 마태오가 묻는다.

"그렇습니다. 우리는 그 사람이 고쳐졌는지도 알지 못했습니다. 우리는 회당에 갔다가 니까와 니까의 집에 있는 이사악과 마룩지암에게 인사하려고 니까의 집에 갔다가, 해가 진 다음에는 빨리 이리로 왔으니까요." 하고 베드로가 말한다.

"당신들은 알지 못했지요. 그러나 바리사이파 사람들이 보낸 사람들은 그것을 알았어요. 당신들은 보지 못했지요. 그러나 나는 보았소. 그들 중의 두 사람이 선생님께서 소경의 눈을 만지실 때에 그곳에 있었소. 여러 시간 전부터 기다리고 있었소."

"도대체 왜요?" 하고 가리옷의 유다가 순진한 태도로 묻는다.

"당신이 그걸 내게 묻는 거요?"

"그건 이상한 일입니다. 그래서 묻는 것입니다."

"가장 이상한 것은, 얼마 전부터 선생님 계신 곳에서 언제나 염탐꾼이 있다는 사실이오."

"독수리들은 먹이가 있는 곳으로 가고, 늑대들은 양떼 근처로 가는 거지요."

"그리고 도둑질은 대상이 있다고 공범이 알려준 곳으로 가오. 당신이 제대로 말했소."

"무엇을 암시하시려는 것입니까?"

"아무 것도 아니오. 당신의 격언을 사람에게 적용해서 보충한 거요. 예수님은 사람이시고, 선생님께 함정을 파 놓은 것도 사람들이니까."

"얘기 하세요. 요셉 어른, 얘기 하세요…" 하고 여럿이 말한다.

"선생님께서 승락하시면, 나는 그 얘기를 하러 왔소."

"말하시오" 하고 예수께서 말씀하신다.

그러니까 요셉은 그가 유의한 것을 모두 세밀하게 이야기 한다. 다만 소경에게 예수의 거처를 일러준 것이 유다라는 세부 사항은 빼놓는다. 마음에 따라서 증오를 품거나 괴로워 하는 많은 비판이 나오는데, 가리옷의 유다가 (겉으로는) 가장 괴로워하고, 모든 사람에 대하여, 그리고 특히 선생님의 잘 알려진 친절을 믿고 안식일에 예수께서 지나 가시는 길에 와서 자리잡은 분별없는 소경에 대하여 가장 화를 낸다….

"오! 그래, 자네가 그 사람에게 알려줬어! 내가 자네 곁에 있어서 들었어" 하고 필립보가 놀라서 말한다.

"알려주는 건 하라고 시킨다는 건 아니야."

"오! 나도 자네가 감히 선생님을 어떻게… 하시라고 명령을 하지 않았으리라고 생각하네…" 하고 타대오가 말한다.

"내가? 오히려 반대로, 나는 선생님께 설명을 청하려고 그 사람을 가리켰을 뿐이야."

"그래. 그러나 가리키는 것이 어떤 때는 하도록 끌어 넣는 것이기도 해. 그런데 자넨 그렇게 했단 말이야" 하고 타대오가 대꾸한다.

"자넨 그렇게 말하지만, 그것은 사실이 아니야" 하고 유다가 뻔뻔스럽게 단언한다.
 "사실이 아니라고?" 하고 아리마태아의 요셉이 묻는다. "그것이 확실하오? 당신이 살아 있는 것과 마찬가지로 확실하오? 소경에게 한 번도 예수에 대해서 말하지 않았고, 예수께 말을 붙이라는 암시를 그에게 주지 않았고, 더구나 예수께서 시내를 떠나시기 전에 즉시 그렇게 하라고 그 사람을 부추기지 않았다는 것이 확실하냐 말이오."
 "그야 물론입니다! 그리고 누가 그 사람과 말을 한 일이 있단 말입니까? 분명히 나는 아닙니다. 나는 밤낮 언제나 선생님과 같이 있고, 선생님과 같이 있지 않을 때는 동료들과 같이 있는 걸요…."
 "나는 자네가 어제 여자들과 같이 갔을 때에 그렇게 한 걸로 생각하네" 하고 바르톨로메오가 말한다.
 "어제라구! 내가 갔다 오는 데 제비가 날아서 갔다 온 것보다도 시간이 덜 걸렸네. 어떻게 그 짧은 시간에 소경을 찾아 발견하고 그에게 말을 하고 할 수 있었겠나?"
 "자네가 그 사람을 만날 수도 있었을 거야…."
 "절대로 본 일이 없어!"
 "그러면 그 사람이 거짓말쟁이오. 당신이 그에게 어디로 와서 어떻게 하라고 말했고, 또 예수님이 당신 청은 들어주실 거라고… 장담했다고 그 사람이 말했으니까 말이오. 그리고…." 유다가 그의 말을 세차게 중단시킨다.
 "그만 해 두세요! 그만이요! 그자는 그가 한 모든 거짓말 때문에 다시 소경이 되어 마땅합니다! 나는 그를 본 일은 있지만 그에게 말한 일은 절대로 없습니다. 나는 이걸 거룩하신 분을 걸고 맹세할 수 있습니다."
 "이제 정말 그만 해 두시오. 당신의 행동이 거룩하다는 것을 알기 때문에 하느님을 두려워하지 않는 가리옷의 유다, 당신의 영혼은 나무랄 데가 없구려. 당신은… 아무 것도 두려워할 것이 없으니 행복하오…." 하고 요셉은 그를 엄한 눈으로, 그를 꿰뚫어보는 눈으로 바라보며 말한다.
 "나는 죄가 없으니까 두려워하지 않습니다. 두려워하지 않아요."
 "우리는 모두 죄를 짓소, 유다. 그리고 처음 죄를 지은 다음에 뉘우치고, 그 수와 사악(邪惡)을 더하지 않을 줄 안다고 해도 그것은 역시 별것이 아니오!" 하고 그 때까지 아무 말도 하지 않은 니고데모가 말한다. 그리고 선생님을 향하여 말한다. "난처한 일은 세포리스의 요셉이 만일 선생님을 받아들이면 회당에서 쫓아내겠다는 위협을 받았다는 것과 바르톨마이가 회당에서 쫓겨났다는 것입니다. 그 사람이 아버지 어머니와 같이 회당에 갔었지만 바리사이파 사람들이 그들의 회당에서 기다리고 있다가 들어가지 못하게 하고, 그에게 저주를 외쳤답니다."

"아니, 이건 너무합니다! 주님, 언제까지…" 하고 여러 사람이 부르짖는다.

"조용해라! 조용해! 이것은 아무 것도 아니다. 바르톨마이는 하늘나라의 길에 들어서 있다. 그러니 그 사람이 무엇을 잃었느냐? 그는 빛 속을 걸어 가고 있다. 그러니 전보다 더 하느님의 아들이 아니냐? 오! 가치들을 혼동하지 말아라! 조용해라! 조용해! 우리는 이제는 요셉의 집에 가지 않는다…. 내가 유감스럽게 생각하는 것은 이사악이 내 어머니와 알패오의 마리아를 그리로 모셔 가기로 되어있다는 것이다…. 그러나 어떤 사람이 벌써 마련을 해 놓았으니까 몇 시간만의 일일 것이다." 예수께서는 노베의 요한에게 말씀하신다. "할아버지, 최고회의를 무서워하십니까? 사람의 아들을 받아들이는 것이 얼마나 큰 고통을 주는지 아시지요…. 할아버지는 연세가 높으십니다. 그리고 충실한 이스라엘 사람이십니다. 할아버지는 만년의 안식일에 회당에서 쫓겨나실지도 모릅니다. 그것을 견디실 수 있겠습니까? 솔직히 말씀하십시오. 저는 가겠습니다. 이스라엘의 산에는 아직 하느님의 아들을 위한 동굴이 하나쯤 있을 것입니다…."

"주님, 제가요? 아니, 제가 하느님 말고 무엇을 두려워하겠습니까? 저는 무덤의 입(구멍)을 무서워하지 않고, 오히려 그것을 친구처럼 바라보는데, 사람들의 입을 무서워하라는 말씀입니까? 만일 제가 사람들이 무서워서 하느님의 그리스도이신 예수님을 제 집에서 쫓아내면, 하느님의 심판만을 두려워할 것입니다!"

"좋습니다. 할아버지는 의인이십니다…. 저는 여기 남아 있겠습니다…. 제가 다시 한번 그렇게 하려고 생각하는 것처럼 이웃 도시 여기 저기에 가 있지 않을 때는 말입니다."

"라마의 제 집으로 오십시오, 주님!" 하고 니고데모가 말한다.

"그러다가 그 때문에 당신이 해를 입으면요?"

"바리사이파 사람들이 혹 선생님을 나쁜 의도를 가지고 초대하는 일이 있지 않습니까? 저는 선생님의 마음을 알아보기 위하여 그렇게 할 수 없겠습니까?"

"그렇습니다, 선생님. 라마에 가십시다. 아버지가 집에 계시면, 몹시 기뻐하실 겁니다. 또 흔히 그런 것처럼 집에 안 계시면, 돌아와서 선생님의 강복을 얻으실 것입니다" 하고 토마가 애원하는 목소리로 말한다.

"첫째 목적지로 라마에 가자. 내일…"

"선생님, 저희들은 떠나겠습니다. 밖에 말을 매 놓았으니까 2경이 끝나기 전에 라마에 도착할 것입니다. 달이 창백한 태양처럼 길을 희게 해 줍니다. 안녕히 계십시오, 선생님. 선생님께 평화" 하고 니고데모가 말한다.

"선생님께 평화…. 그리고 아리마태아의 요셉의 올바른 충고를 들으십시오. **꾀바르십시오. 주위를 둘러보시고, 눈은 좀 뜨시고, 입술은 다무십시오. 행하십시오, 그리고 행하고자 하시는 것을 절대로 미리 말씀하지 마십시오**…. 그리고 얼마 동안 예루살렘에 오지 마십시오. 오시더라도 성전에는 기도하는 데 필요한 시간 이상은 머무르지 마십시오. 아시겠습니까? 안녕히 계십시오, 선생님. 선생님께 평화." 요셉은 내가 밑줄 친 말들을 매우 분명하게 강조하였다. 그리고 그 말을 하면서 예수를 똑바로 쳐다보았다. 그의 눈길만도 하나의 경고였다.

그들은 흰 달빛을 받으며 작은 정원으로 나와, 호두나무 줄기에 매 놓은 튼튼한 말들을 끌러 안장에 올라타고 사람이 없는 흰 길로 간다….

예수께서는 당신 제자들과 같이 부엌으로 돌아오신다.

"그런데 결국 그 사람의 말은 무슨 뜻일까?"

"그리고 어떻게 해서 저들이 알았을까?"

"저들이 세포리스의 요셉에게 어떻게 할 건가?"

"아무 것도 아니다. 그저 말뿐이다. 말 이상의 아무 것도 아니다. 그 생각은 이제 그만들 두어라. 지나간 일이고 중요성이 없는 일이다. 자, 기도를 드리자. 그리고 밤을 지내러 헤어지자. '하늘에 계신 우리 아버지….'"

예수께서는 그들에게 강복하시고, 그들이 떠나는 것을 보신 다음, 당신과 같이 붙잡아 두신 네 사람과 같이 침대가 있는 방으로 올라가신다.

209. 예수께서 파괴된 어떤 마을의 폐허에 서시어

　예수께서 어떤 곳에 계시는지 모르겠다. 분명히 산 속이고, 격변이나 전쟁 중의 군사활동으로 인하여 파괴된 다음에 버려진 장소이다. 그런데 내 생각에는 오히려 전쟁으로 인하여 파괴된 것 같다. 그것은 집들의 잔해에서 비를 맞지 않은 둥근 천장에는 불꽃의 흔적까지 보이며, 가시덤불과 담쟁이와 여기저기에 돋아난 덩굴식물이나 기생식물이 얽힌 가운데에서 아직 그것들을 볼 수 있기 때문이다.
　이름은 모르지만 이탈리아에서도 알아본 일이 있는 어떤 나무의 잔털 많은 잎이 깎아지른 작은 산 같아 보이는 어떤 폐허에 꽉 덮여 있다. 좀 더 떨어진 곳에는 벽만이 홀로 선 채로 남아 있어 무너진 집의 잔해를 내려다보는 것 같은데, 양각초(羊角草)와 쐐기풀이 뒤덮였으며, 옥상의 나머지인 듯한 구멍이 뚫린 난간에서는 참으아리의 가지들이 늘어져서 헝클어진 머리채 모양으로 바람에 흔들리고 있다.
　안쪽은 허물어졌지만 바깥벽은 아직 서 있는 또 한 집은 엄청나게 큰 화분 같은데, 그 화분에는 꽃줄기 대신에 애초에는 방들이었던 공간에 저절로 돋아난 나무들이 들어 있다. 층계의 단 여러 개와 함께 일부분이 서 있는 또 한 집은 어떤 의식을 위하여 준비되고 온통 푸른 빛으로 꾸민 제단과 같다. 이 폐허 위에는 가늘고 높은 포플라 한 그루가 이같은 불행의 이유를 하늘에 물어보는 것 같다.
　그리고 이 집에서 저 집에, 이 폐허에서 저 폐허에 걸쳐, 떨어진 열매에서 담구멍이나 물이 마른 우물에서 나와, 뒤틀리거나 곤거나 땅을 기어가면서 끈질기지만 퇴화한 과일나무들이 야생식물이 되어 다른 식물들에게 압도되거나 다른 식물들을 압도하거나 하는데, 그것을 보면 마술에 걸린 수풀을 보는 기분이다. 폐허의 갈라진 틈에서 새들과 비둘기들이 나와서 욕심사납게 덤벼드는데, 그곳에 옛날에는

209. 예수께서 파괴된 어떤 마을의 폐허에 서시어

틀림없이 경작된 밭들이 있었겠지만, 지금은 봄에 돋아날 씨를 떨어뜨리려고 꼬투리를 벌리는 햇볕에 마른 단단한 갈퀴나물들과 줄과 가라지가 엉키어 있다.

비둘기들은 멀리 떨어진 어떤 곳에서 왔는지 알 수 없는 씨에서 돋아난 조알이나 삼씨를 찾아 다니는 더 작은 새들을 사나운 날개짓으로 쫓는다. 그 씨앗은 많은 세월동안 경작하지 않은 밭에 저절로 씨가 떨어져서 이어져 내려오는 것이다. 저희들의 둥지로 가져 가려고 보잘 것 없는 말라빠진 조이삭을 빼앗아서 복수를 하는 새들, 특히 싸움 잘하는 참새들은 원추화서(圓錐花序)의 무게와 장애 때문에 잔뜩 몸을 구부리고 겨우 날아간다.

예수께서는 사도들만 데리고 계시지 않고 꽤 많은 제자의 무리도 데리고 계신데, 그 중에는 글레오파와 늙은 회당장 글레오파의 아들인 엠마오의 헤르마와 스테파노도 있다. 또 남자들과 여자들도 있는데, 자기네 마을로 예수를 청하기 위하여 어떤 마을에서 온 사람들 같기도 하고, 그들의 마을을 예수께서 들르신 다음 따라 온 사람들같기도 하다. 예수께서는 무너진 집들의 잔해가 뒤덮인 그곳을 지나시면서 자주 걸음을 멈추고 바라보시다가 더 높은 곳에서 폐허와 식물이 뒤엉킨 그곳을 내려다보실 수 있게 되었을 때 완전히 걸음을 멈추신다. 그곳에 생명을 나타내는 것은 다만 비둘기들뿐인데, 그 놈들은 전에는 틀림없이 온순하고 길들었었겠지만, 지금은 야생의 사나운 놈들이 되었다. 팔짱을 끼시고 머리를 약간 기울이시고 관찰하시는데, 바라보실수록 점점 더 창백해지시고 침울해지신다.

"왜 여기 멈추어 계십니까, 선생님? 이곳을 보시고 선생님께서 슬퍼하신다는 것을 알겠습니다. 여길 바라보시느라고 지체하지 마십시오. 이리로 해서 지나가시게 한 것을 후회합니다. 그러나 이 길이 더 가까워서 그랬습니다" 하고 엠마오의 글레오파가 말한다.

"오! 나는 너희들이 보는 것을 바라보지 않는다!"

"그러면 무엇을 보십니까, 주님? 아마 지난 날의 사건을 다시 생각하시는 거겠지요? 분명히 그것은 무서운 사건이었을 것입니다. 그것은 로마의 방식입니다…" 하고 엠마오의 다른 사람이 말한다.

"그런데 이것을 보고 곰곰이 생각해야 할 것이다. 모두들 보아라.

여기에는 도시가 하나 있었다. 크지는 않지만 아름다운 도시였다. 초라한 집들보다는 호화로운 저택이 더 많았다. 그리고 지금은 황량한 수풀인 이곳이 부자들의 것이었고, 가시덤불과 가라지와 쇠기풀이 뒤덮인 이 메마른 밭들이 부자들의 것이었다…. 그 때에는 아름다운 과수원들과 곡식이 뒤덮인 밭들이 있었다. 그리고 그 때에는 꽃이 가득한 정원들과 우물, 그리고 비둘기들이 미역을 감고 어린이들이 노는 샘이 있는 집들이 아름다웠다. 이곳의 주민들은 모두 행복했었다. 그러나 큰 행복이 그들을 외롭게 만들지 못했다. 그들은 주님과 주님의 말씀을 잊어버렸다…. 그래서 이렇게 되었다!

집도 없어지고, 꽃도 없어지고, 샘도 밭의 곡식도, 과일도 없어졌다. 남은 것이라고는 비둘기들뿐인데, 옛날처럼 행복하지는 못하다. 전에는 즐겨 실컷 먹던 황금빛 낟알과 회향(茴香) 대신에 지금은 떫은 갈퀴나물과 쓴 가라지를 좀 얻으려고 싸운다. 그리고 폐허 사이에 돋아난 보리 이삭 하나라도 발견하면, 즐거워한다!…. 그리고 바라보고 있노라면, 비둘기들조차 보이지 않게 되고… 얼굴들과 얼굴들이 보이게 된다…. 그들 중의 많이는 아직 태어나지도 않았다…. 그리고 조국의 땅을 뒤덮고 있는 폐허와 폐허, 가시덤불과 야생 포도나무, 야생의 갈퀴나물들이 보인다….

그런데 이 모든 것은 사람들이 주님을 받아들이고자 하지 않았기 때문이다. 저 새들보다도 더 불행한 몹시 지친 어린 아이들의 울음소리가 들린다. 저 새들에게는 하느님께서 아직 최소한의 도움은 마련해 주셔서 목숨을 보존해 주시지만, 저 어린 아이들은 전반적인 벌의 희생이 되어 어떤 도움도 받지 못하고, 어머니들의 말라붙은 가슴 위에서 쇠약해지고, 궁핍과 고통과 말할 수 없이 큰 공포로 죽어갈 것이다. 그리고 그들의 가슴에서 굶어 죽는 그들의 아이들 때문에 우는 어머니들의 통곡 소리가 들린다. 또 남편을 잃은 아내들과 붙잡혀 승리자들의 쾌락을 만족시키게 된 동정녀들과 전쟁의 온갖 수모를 겪은 다음 사로잡혀 간 남자들과 오래 살아서 다니엘의 예언이 실현되는 것을 보게 된 노인들의 탄식이 들린다. 그리고 폐허 사이로 부는 이 바람 소리와 부서진 잔해들 가운데에서 우는 비둘기들의 신음 소리에서 이사야의 지칠 줄 모르는 목소리가 들려온다. '주님께서 〈이

곳이 내가 쉴 곳이다. 피로한 사람에게 먹을 것을 주어라. 그것이 내 위안이다〉 하고 말씀하신 이 민족에게 야만의 말과 외국어로 말씀하실 것이다.'

그러나 그들은 듣고자 하지 않았다. 그렇다. 그들은 들으려 하지 않았고, 주님은 당신 백성에게서 휴식을 얻으실 수가 없었다. 자기의 고장을 두루 다니며 가르치고, 병을 고쳐 주고, 기운을 돋우어 주느라고 피로하고 기진맥진한 사람이 휴식을 얻지 못하고, 박해를 당한다. 위안을 얻지 못하고, 계략과 배반을 얻어 만난다. 아들은 아버지와 하나일 뿐이다. 그리고 형제에게 베푼 자비의 행위는 어떤 것이든지 하느님께 한 것이기 때문에 어떤 사람에게 준 물 한 잔까지도 갚음을 받을 것이라고 진리가 너희에게 가르쳤으니, 사람의 아들의 머리에 베개노릇을 할 수 있을 오솔길의 돌까지도, 창조주의 인자로 인하여 흘러 내리는 산의 샘물까지도, 병들었거나 익지 않아서 버려두어서 가지에 잊혀진 채로 있는 과일까지도, 비둘기들과 다투는 이삭까지도 빼앗으려고 하고, 목구멍에 공기를 조르고, 공기와 더불어 생명을 질식시키려고 벌써 밧줄을 준비한 사람들에게는 어떤 벌이 있겠느냐? 오! 네 안에는 정의를 잃고, 하느님의 자비를 잃은 불행한 이스라엘아!

자, 여기 저녁 바람 속에, 죽음의 새의 부르짖음보다 더 무서운, 거의 죄지은 두 사람을 단죄하기 위하여 지상낙원에서 울려 퍼진 목소리만큼이나 무서운, 이사야의 목소리가 다시 들린다. 그리고 ―오! 소름 끼치는 일이다!― 이 예언자의 목소리에는 그 때처럼 용서의 약속이 합쳐져 있지 않다! 그렇지 않다. 하느님을 업신여기는 자들에게는 용서가 없고, '우리는 죽음과 동맹을 맺었고, 지옥과 조약을 체결했다. 재앙이 오더라도 우리에게는 오지 않을 것이니, 그것은 우리가 거짓말*에 기대를 걸었고, 능력있는 거짓말의 보호를 받겠기 때문이다' 하고 말하는 자들에게는 용서가 없다. 자, 여기 이사야가 주님에게서 들은 것을 되풀이 하는 말이 여기 있다. '보라, 나는 시온의 기

---

*역주 : 사탄을 가리킴.

초로 선택된 귀중한 모퉁이돌을 놓겠다…. 그리고 내가 심판을 달고 정의를 잴 것이니, 거짓말에 거는 기대를 우박이 부술 것이고, 물이 피난처를 뒤엎을 것이고, 죽음과 맺은 너희들의 동맹이 파기될 것이고, 지옥과 체결한 너희들의 조약이 없어질 것이다. 재앙이 휘몰아치며 지나갈 때에는 너희들을 뒤덮어 놓을 것이며, 매번 그리고 매시간 너희들을 뒤엎어 놓을 것이니, 너희에게 교훈을 깨닫게 하기 위한 벌들밖에는 없을 것이다.'

불행한 이스라엘! 메마른 갈퀴나물과 쓴 가라지만이 남아 있고 낟알은 없어진 이 밭들과 같이 이스라엘은 그렇게 될 것이고, 하느님을 원치 않은 땅은 그의 자식들에게 줄 빵이 없을 것이며, 피로한 그분을 받아들이고자 하지 않은 땅의 자식들은 벌을 받고 야만이 되어, 노를 젓는 갤리선의 노예들과 같이 그들이 열등하다고 업신여기던 자들의 노예가 되어 떠날 것이다. 정말로 하느님께서는 교만한 이 민족을 당신 정의의 무게로 치실 것이고, 당신 심판의 도리깨로 부수실 것이다.

내가 이 폐허에서 보는 것은 이런 것이다. 폐허! 폐허! 동서남북 어디에나, 그리고 특히 중심지에, 심장부에 폐허가 있을 것이니, 심장부에서는 죄지은 도시가 고약한 냄새가 나는 도랑으로 변할 것이다…."

그리고 예수의 창백한 얼굴로 눈물줄기들이 천천히 흘러 내린다. 예수께서는 당신 겉옷을 들어 얼굴을 감추시고, 고통스러운 환시로 인하여 커진 눈만을 드러내 보이신다.

그리고 다시 길을 가기 시작하시는데, 동행하는 사람들은 공포로 소름이 끼쳐 말하기를 망서린다.

210. 예수께서 산 위의 엠마오에서 말씀하신다

엠마오의 광장. 광장에는 사람이 가득 찼다. 완전히 꽉 찼다. 그리고 한가운데에 예수께서 계신데, 에워싸고 있는 사람들에게 어떻게나 숨막히게 둘러싸이셨는지 움직이시기가 어려울 지경이다. 예수께서는 회당장의 아들과 또 한 사람의 제자 사이에 계시고, 예수 둘레에는 아마 예수를 보호할 생각으로 사도들과 제자들이 있다. 그리고 이들 사이로는 두꺼운 울타리를 넘나드는 도마뱀들처럼 어디에나 비집고 들어갈 수 있게 되는 어린이들, 또 어린이들이 있다.

예수께서 어린 아이들을 끄시는 매력은 놀랄 만하다. 알려진 곳이건 알려지지 않은 곳이건 예수께서 즉시 어린이들에게 둘러싸이지 않으시는 곳은 도무지 없다. 어린이들은 예수의 옷에 매달리면서 기뻐하고, 비록 동시에 어른들에게 엄한 말씀을 하시더라도 손으로 가볍게 아주 다정스럽게 스치시면 더 기뻐하며, 의자에나 낮은 담 위에나 돌 위에나 쓰러진 나무줄기 위에나 풀 위에 앉으시면 몹시 좋아한다.

그런 때에는 예수께서 그들과 같은 높이에 계시게 되어, 그들은 예수를 껴안고, 머리를 예수의 어깨나 무릎에 기대고, 보호 중에서 가장 다정스럽고 가장 잘 보호해 주는 것을 만난 병아리들처럼 예수의 겉옷 속으로 기어들어가 품에 안길 수 있는 것이었다. 그리고 예수께서는 수많은 중대한 동기 때문에 나타낼 수 없는 지나친 영성을 선생님에게서 어린이들을 멀리 떼어놓는 것으로 나타내고자 하는 어른들의 자기 만족과 당신께 대한 그들의 불완전한 경의에서 항상 어린이들을 보호하신다….

지금도 당신의 어린 친구들을 보호하기 위한 예수의 일상적인 말씀이 들린다. "어린이들을 그냥 놔 두시오! 오! 이 애들은 나를 귀찮게 하지 않습니다! 나를 귀찮게 하고 괴롭히는 것은 어린이들이 아닙니다!"
 예수께서는 당신을 어떤 죄없는 장난에 친절하게 동조하는 형과 비슷하게 만들면서 젊게 하는 환한 미소를 지으시며 그들에게로 몸을 굽히시고 속삭이신다. "얌전히 굴고 조용해라. 조용해, 그러면 어른들이 너희들을 쫓아보내지 않을 거고, 우리가 더 함께 있게 된다."
 "그러면 선생님은 아름다운 비유를 말해 줄 거지요?" 하고 가장… 대담한 어린이가 말한다.
 "그래, 너희들만을 위해서. 그 다음에는 너희들의 부모에게 말하겠다. 모두 들으시오. 어린이들에게 도움이 되는 것은 어른들에게도 도움이 됩니다.
 어느날 어떤 사람이 어떤 위대한 왕에게서 부름을 받았습니다. 왕은 그에게 이렇게 말했습니다. '나는 네가 현명하고 네 일과 지식으로 네 도시를 명예롭게 하기 때문에 상급을 받아 마땅하다는 것을 알게 되었다. 그런데 나는 네게 이러저러한 물건을 주지 않고, 내 보물이 보관된 큰 방으로 너를 데리고 가겠다. 마음대로 골라라. 그러면 그것을 네게 주겠다. 이렇게 해서 네가 평판이 묘사하는 것 같은 그런 사람인지를 내가 판단하겠다.'
 그와 동시에 그의 안마당 둘레에 있는 흙 쌓아올린 곳에 가까이 간 왕은 왕궁 앞에 있는 광장을 바라보다가 초라한 옷을 입은 아주 작은 어린이가 지나가는 것을 보았습니다. 틀림없이 매우 가난한 집의 아이이었고, 아마 고아이고 거지인 것 같았습니다. 왕은 하인들을 향해 '가서 저 아이를 불러서 데려 오너라' 하고 말했습니다.
 하인들은 가서 어린 아이를 데리고 왔는데, 그 아이는 왕 앞에 있는 것이 무서워서 벌벌 떨었습니다. 궁중의 고관들이 '몸을 굽혀 인사를 하며 이렇게 말씀 드려라.〈임금님께 존경과 영광. 온 땅이 이 세상에서 가장 위대하신 분으로 찬양하는 능하신 임금님 앞에 무릎을 꿇습니다〉' 하고 말하며 간절히 부탁하는데도 어린 아이는 절도 하지 않고, 그 말을 하려고도 하지 않았습니다. 그래서 고관들은 분개해서 그 아이를 붙잡고 세게 흔들면서 말했습니다. '임금님, 이 버릇없고 더러운 아이가 임금님의 처소의 명예를 손상합니다. 이 아이를 여기서 내쫓아 거리에 팽개치게 허락해 주십시오. 임금님께서 어린이를 하나 데리고 계시고 싶으신데, 저희들의 자녀에 싫증이 나시면, 시내의 부잣집에 가서 찾아서 데려 오겠습니다. 그러나 인사도 할 줄 알지 못하는 이 시골뜨기는 안 됩니다!' 하고.

그전에 마치 제단 앞에나 있는 것처럼 몸을 깊이 굽혀 굽실거리며 비굴한 절을 수없이 많이 한 부유하고 영리한 사람이 말했습니다. '임금님의 고관들의 말이 옳습니다. 임금님의 왕위의 위엄을 위해서는 신성하신 분께 마땅히 드려야할 경의를 드리지 않는 것을 막으셔야 합니다.' 그리고 이 말을 하면서 엎드려 왕의 발에 입맞춤까지 했습니다.

그러나 왕은 말했습니다. '아니다, 나는 이 아이를 원한다. 그뿐 아니라, 나는 이 아이도 내 보물들이 있는 방으로 데리고 가서 마음대로 고르게 하고, 그가 고른 것을 주고자 한다. 내가 왕이기 때문에 불쌍한 어린 아이를 행복하게 하는 것이 내게 허용되지 않겠느냐? 이 아이도 너희들 모두와 같이 내 국민이 아니냐? 이 아이가 불행한 것이 그의 잘못이냐? 아니다, 하느님 만세! 나는 한번만이라도 이 아이를 기쁘게 해 주고 싶다. 애야, 나를 무서워하지 말고 이리 오너라.' 그러면서 왕이 어린 아이에게 손을 내미니, 어린 아이는 소박하게 그 손을 잡고 자발적으로 입맞춤 했습니다. 왕은 빙그레 웃었습니다. 그리고 경의를 표하기 위하여 몸을 굽히고 있는 고관들이 두 줄로 늘어선 가운데로 금실로 꽃무늬를 놓은 주홍빛 양탄자 위를 걸어 보물 있는 방으로 가는데, 오른쪽에는 부유하고 영리한 사람이 있고, 왼쪽에는 무식하고 가난한 어린 아이가 있었습니다. 그리고 왕의 겉옷은 불쌍한 어린 아이의 올이 풀어진 작은 옷과 신을 신지 않은 맨발과 몹시 대조가 되었습니다.

그들은 궁중의 두 교관이 문을 열어 준 보물 있는 큰 방으로 들어갔습니다. 그것은 높고 둥글고 창문이 없는 방이었습니다. 그러나 어마어마하게 큰 석영판에 지나지 않는 천장에서 빛이 쏟아져 내려왔습니다. 은은한 빛이었지만, 그래도 금고의 금못들과 장식된 높은 책상 위에 놓여 있는 수많은 두루마리의 주홍빛 리본들을 반짝이게 했습니다. 값진 막대기에 감기고, 빛나는 보석으로 꾸민 고리쇠와 제목이 달린 호화로운 두루마리로, 왕이나 가질 수 있는 희귀한 작품들이었습니다. 그리고 별로 높지 않은 우중충하고 아무 장식도 없는 책상에 흰 나무로 만든 작은 막대기에 감고, 투박한 실로 매서, 소홀히 하는 물건처럼 먼지 투성이인 작은 두루마리가 아무렇게나 놓여 있었습니다.

왕은 벽들을 가리키며 말했습니다. '자, 여기에는 세상의 모든 보물이 있고, 세상의 보물들보다도 훨씬 더 큰 다른 보물들이 있다. 왜냐하면 여기에는 인류의 모든 작품이 있고, 초자연적인 정보원(情報源)에서 오는 작품들도 있기 때문이다. 가서 마음대로 가져라.' 그리고 왕은 살펴보기 위하여 방 한가운데에 가서 팔짱을 끼고 있었습니다.

부유하고 영리한 사람은 우선 금고들 쪽으로 가서 점점 더 열에 들뜬 듯한 손으로 뚜껑을 열었습니다. 지금(地金), 가공한 금, 은, 진주, 사파이어, 루비, 에메랄드, 오팔…이 모든 금고에서 번쩍이고 있었습니다. 금고를 열 때마다 탄성이 터져 나왔습니다…. 그런 다음 그 사람은 책상 쪽으로 가서 두루마리의 제목들을 읽는데, 그의 입술에서는 새로운 감탄의 소리가 나왔습니다. 마침내 그 사람은 흥분하여 왕에게로 돌아서서 말했습니다. '임금님께서는 비할 데 없는 보물을 가지고 계십니다. 그리고 보석들은 두루마리만한 가치가 있고, 또 두루마리들은 보석들만한 가치가 있습니다! 그런데 제가 정말 마음대로 골라도 됩니까?'

'내가 말했지 모든 것이 네 것인 것과 같이 하라고.'

그 사람은 얼굴을 방바닥에 대고 엎드리면서 말했습니다. '위대하신 임금님, 임금님께 예배하옵니다!' 그러면서 일어나서, 우선 금고 쪽으로 그 다음에는 책상 쪽으로 달려가 금고와 책상에서 가장 좋은 것으로 생각되는 것을 가졌습니다.

왕은 그 사람이 이 금고에서 저 금고로 뛰어 다니는 것을 보고 처음으로 몰래 웃었고, 그 사람이 땅에 엎드려 자기에게 예배하는 것을 보고 두번째로 빙그레 웃었고, 그 사람이 얼마나 탐욕스럽고, 얼마나 규율 있게, 또 얼마나 기호에 맞게 보석과 책들을 고르는지를 보고 세번째로 빙그레 웃었습니다. 왕은 자기 곁에 그대로 있는 어린 아이 쪽으로 몸을 돌리고 말했습니다. '그런데 너는 아름다운 보석들과 값

있는 책들을 고르지 않을 참이냐?'
 어린 아이는 싫다는 뜻으로 고개를 저었습니다.
 '그건 왜?'
 '두루마리들은 제가 글을 읽을 줄 모르기 때문이고, 보석들은… 그 가치를 알지 못하기 때문입니다. 제가 보기에는 저것들이 조약돌들이지, 그 이상의 아무 것도 아닙니다.'
 '그렇지만 저것들이 있으면 네가 부자가 될 텐데….'
 '저는 아버지도 어머니도 형제도 없습니다. 제가 가슴에 보물을 품고 제 피신처에 간다고 해도 그것이 제게 무슨 소용이 있겠습니까?'
 '그러나 저것들을 가지고 집을 살 수가 있을 거다….'
 '그 집에서 저는 여전히 혼자 살 것입니다.'
 '옷두 살 것이고.'
 '제게는 부모의 사랑이 없을 것이기 때문에 여전히 추울 것입니다.'
 '먹을 것도.'
 '저는 엄마의 입맞춤을 실컷 받지 못할 것이고, 어떤 값을 주고도 그것을 살 수가 없을 것입니다.'
 '선생님들을 구해서 읽기를 배울 수도 있을 것이다.'
 '그것은 제 마음에 더 들 것입니다. 그렇지만 그 다음에는 무엇을 읽습니까?'
 '시인들과 철학자들과 현인들의 작품과 옛날 사람들의 말들과 민족들의 역사를 읽을 수 있을 것이다.'
 '무익하거나 헛되거나 지나간 일들입니다…. 그렇게 할 만한 가치가 없습니다.'
 '정말 어리석은 아이로구나!' 하고 지금은 두루마리를 잔뜩 안고, 허리띠와 속옷의 가슴 부분이 보석으로 부풀어 오른 그 사람이 외쳤습니다.
 왕은 또 몰래 웃었습니다. 그리고 어린 아이를 안고 금고들 있는 데로 데려 갔습니다. 그리고 손을 진주와 루비와 황옥과 자수정들 속으로 깊숙이 넣어서 그것들을 반짝이는 비처럼 떨어뜨리면서 아이더러 그것들을 집으라고 부추겼습니다.

'임금님, 아닙니다. 저는 다른 것을 가지고 싶습니다…'

왕은 그를 책상으로 데리고 가서, 시인들의 싯귀와 영웅들의 이야기와 나라를 묘사한 것들을 읽어 주었습니다.

'오! 읽는 것은 더 훌륭합니다. 그렇지만 제가 바라는 것은 그것이 아닙니다…'

'그러면 무엇이냐? 말해 보아라. 그러면 그것을 네게 주마.'

'오! 임금님, 임금님이 아무리 능력을 많이 가지셨더라도 그것을 하실 수 있으리라고는 생각지 않습니다. 그것은 이 세상의 물건이 아닙니다…'

'아! 너는 이 세상의 것이 아닌 작품들을 원하는구나! 자 그러면, 여기에는 하느님께서 당신 종들에게 불러 주신 책들이 있다. 들어 보아라.' 그러면서 영감을 받아서 쓴 글들을 읽었습니다.

'그것은 훨씬 더 아름답습니다. 그렇지만 그것들을 알아들으려면 먼저 하느님의 말을 알아야 합니다. 하느님의 말을 가르치고, 또 하느님이 어떤 분인지 알아듣게 하는 책은 없습니까?'

왕은 깜짝 놀란 몸짓을 하고, 웃음을 그쳤습니다. 그러나 어린 아이를 가슴에 꼭 껴안았습니다.

그와 반대로 그 영리한 사람은 비꼬는 웃음을 지으면서 말했습니다. '아무리 유식한 사람들도 하느님이 어떤 분이신지 알지 못하는데, 무식한 어린 아이인 네가 그것을 알고자 한단 말이냐? 그것으로 부자가 되기를 원한다면!…'

왕은 그 사람을 엄하게 바라보았고 어린 아이는 이렇게 대답했습니다. '저는 재산을 찾지 않고 사랑을 찾습니다. 그런데 어느날 하느님은 사랑이시라는 말을 들었습니다.'

왕은 어린 아이를 노끈으로 맨 먼지 투성이의 작은 두루마리가 있는 장식이 없는 책상 가까이로 데려 갔습니다. 그리고 그 두루마리를 집어서 펴고 처음 몇 줄을 읽었습니다. '보잘 것 없는 사람은 내게로 오너라. 그러면 하느님인 나는 그에게 사랑의 지식을 가르쳐 주겠다. 그 지식은 이 책에 들어 있다. 그리고 나는…'

'오! 제가 원하는 것은 이것입니다. 그러면 저는 하느님을 알겠고, 하느님을 제가 가지고 있으면, 모든 것을 가지는 것이 될 것입니다.

임금님, 이 두루마리를 주십시오. 그러면 제가 행복할 것입니다.'
  '그러나 그것은 금전상의 가치가 없는데! 저 아이는 정말 어리석구나! 글을 읽을 줄 모르면서 책을 가지다니! 총명하지 못하면서도 배우려고 하지 않고, 가난하면서도 보물을 가지지 않고.'
  '저는 사랑을 가지도록 힘쓰겠습니다. 그런데 이 책이 그것을 제게 가르쳐줄 것입니다. 임금님, 이제 다시는 제가 고아이고 가난하다는 것을 느끼지 않게 해 줄 만한 것을 제게 주셨으니, 찬미 받으십시오!'
  '만일 네가 임금님을 통해서 그렇게까지 행복하게 됐다고 생각하거든, 내가 한 것과 같이 임금님께 예배라도 해라!'
  '저는 사람에게는 예배하지 않고, 저를 이렇게 착한 사람이 되게 하신 하느님께 예배합니다.'
  '이 어린 아이가 내 나라의 참 현자이다. 현자라는 명성을 부당하게 얻은 이 사람아. 교만과 탐욕은 너를 너무 취하게 해서 예배를 창조주께 드리는 대신에 인간에게 드리게까지 했고, 그것도 그 인간이 보석과 인간의 작품들을 네게 주었기 때문에 그렇게 했다. 그리고 네가 보석들을 가지고 있고, 내가 그것들을 가졌었던 것은 하느님께서 그것들을 창조하셨기 때문이라는 것을 생각하지 않았고, 인간의 사상이 들어 있는 진귀한 두루마리들을 네가 가진 것은 하느님께서 사람에게 지능을 주셨기 때문이라는 것을 깊이 생각하지 않았다. 굶주리고, 춥고, 외롭고, 갖가지 고통으로 타격을 입은 이 어린 아이는 재물들을 보고 흥분하더라도 용서를 받았을 것이고 또 용서를 받을만 했을 터인데도, 하느님께서 내 마음에 친절을 주셨기 때문에 올바르게 하느님께 감사할 줄을 알고, 다만 필요한 것 한 가지, 즉 하느님을 사랑하는 것과 이 세상과 내세에서 참된 재산을 차지하기 위하여 사랑을 아는 것만을 찾는다.
  이 사람아, 나는 네가 고른 것을 네게 주겠다고 약속했다. 왕의 말은 신성하다. 그러니 여러 가지 빛깔의 돌들과 지푸라기 같은 인간의 사상인 네 보석들과 두루마리들을 가지고 가라. 그리고 도둑들과 좀을 무서워하면서 살아라. 도둑은 보석의 원수이고, 좀은 양피지의 원수이다. 또 이 부질없는 이야기들의 거짓 빛에 현혹되고, 맛만 있을 뿐 영양분이 없는 인간 지식의 들척지근한 맛의 불쾌감을 맛보아라. 가라! 이 어린 아이는 내 곁에 있을 것이고, 우리는 함께 사랑인 책, 즉 하느님을 읽도록 힘쓰겠다. 그리고 우리는 찬 보석의 하찮은 빛을 가지지 않을 것이고, 지푸라기 같은 인간지식의 작품의 들척지근한 맛도 보지 않을 것이다. 그렇지 않고 영원하신 성령의 불이 여기에서부터 벌써 천당의 황홀감을 우리에게 줄 것이고, 우리는 포도주보다도 더 튼튼하게 하고 꿀보다도 더 영양분이 많은 지혜를 차지할 것이다. 애야, 이리 오너라. 영원한 지혜가 네게 그 얼굴을 보여서 너로 하여금 참다운 신부처럼 그 지혜를 갈망하게 하였다.'

그리고 그 사람을 내쫓은 다음, 어린이를 데리고 그가 의인이 되고, 땅에서는 거룩한 기름 바름을 받을 자격이 있는 왕이 되고, 저세상에서는 하느님 나라의 시민이 되도록 하기 위하여 하느님의 지혜를 가르쳤습니다. 이것이 어린이들에게 약속하고 어른들에게도 제공하는 비유입니다.

여러분은 바룩을 기억하십니까? 바룩은 이렇게 말합니다. '이스라엘아, 너는 무슨 이유로 원수의 땅에서 살고 남의 나라에서 늙어 가며, 어찌하여 죽은 자들 가운데에서 부정을 탔으며, 지옥으로 가는 자들 틈에 끼게 되었느냐?' 그리고 이렇게 대답합니다. '네가 지혜의 샘을 외면했기 때문이다. 만일 네가 하느님의 길을 걸었더라면, 너는 오래 영원히 평화롭게 살았을 것이다.'

잘 들으시오. 여러분은 조국 안에 있으면서도 귀양살이를 한다고 자주 불평을 하십니다. 그만큼 조국이 이제는 우리의 것이 아니고, 우리를 지배하는 사람들의 것이 된 것입니다. 여러분은 이것을 불평하시지만, 이것을 미래에 여러분을 기다리고 있는 것과 비교하면, 사형 선고 받은 사람에게 주는 취하게 하는 술잔에 비해서 포스카* 한 방울과 같은 것임을 알지 못하십니다. 여러분도 아시다시피 사형 선고 받은 사람에게 주는 술은 다른 어떤 음료보다도 더 쓴 것입니다. 하느님의 백성이 고통을 당하는 것은 지혜를 외면했기 때문입니다. 만일 여러분이 지혜의 샘물을 마시지 않으시면 어떻게 조심성과 힘

───────────────

＊역주 : posca, 물과 식초를 섞은 것으로 음료나 약으로 썼음.

과 총명을 가질 수 있고 어떻게 그것들이 어디에 있는지 만이라도 알고, 따라서 그보다 덜 중요할 것들을 알 수가 있겠습니까?

지혜의 나라는 이 세상의 것이 아닙니다. 그러나 하느님의 자비는 그 지혜의 샘물을 주십니다. 지혜는 하느님에게 있습니다. 지혜는 바로 하느님이십니다. 그러나 하느님께서는 당신의 품을 벌리셔서 그 지혜가 여러분에게로 내려오게 하십니다. 그런데, 재산과 정복과 명예를 가지고 있거나 가졌었던 이스라엘이 —이스라엘은 낭비자들의 교만으로 그들이 잃은 것을 아직도 가지고 있다고 믿고, 자기들이 아직도 부유하다고 믿고, 그렇게 믿음으로써 자기들에게 복종하기를 요구하고 있습니다. 그런데 그들은 다만 동정이나 조소를 받을 뿐입니다.— 그러니까 이 이스라엘이 오직 하나밖에 없는 보물을 가지고 있습니까? 아닙니다. 그리고 지혜를 잃은 사람은 위대하게 될 가능성을 잃기 때문에 이스라엘은 나머지 것조차도 잃습니다. 지혜를 가지고 있지 못한 사람은 오류에서 오류로 빠져들어 갑니다. 그래서 이스라엘은 많은 것을 알고 너무 많이 알기까지 하지만, 이제 지혜는 알지 못하게 되었습니다. 바룩은 적절하게 이런 말을 합니다. '이 백성의 젊은이들은 빛을 보며 땅 위에서 살았지만, 지혜의 크고 작은 길을 알지 못하였고, 그들의 자손들도 지혜를 받아들이지 않았다. 그래서 지혜는 그들에게서 멀리 떠나 갔다.'

그들에게서 멀리! 자손들이 빛을 받아들이지 않았다! 이것이 예언자의 말입니다. 나는 여러분에게 말하는 지혜입니다. 그런데 이스라엘의 4분의 3은 나를 받아들이지 않습니다. 그래서 지혜는 멀리 떠나가고 점점 더 멀리 떠나가서 그들을 혼자 내버려둘 것입니다…. 그러면 자기들을 거인이라고 믿고, 따라서 주님께 그들을 도와주시고 그들에게 봉사하시도록 강요할 수 있다고 생각하던 사람들이 어떻게 하겠습니까? 하느님의 나라를 세우는 데 있어서 하느님께 유익한 거인들이라고? 아닙니다. 나는 바룩과 같이 말합니다. '하느님의 참된 나라를 세우기 위하여 하느님께서는 저 교만한 자들을 택하지 않으시고, 그들을 당신 길에서 멀리 떨어진 곳에 그들의 어리석음 가운데 내버려두실 것이다.'

정신으로 하늘에 올라가고 지혜의 교훈을 알아듣기 위하여는 겸손하고 순종하는 정신이 필요하고, 특히 **전적으로 사랑**인 정신이 필요하기 때문입니다. 그것은 지혜가 그의 독특한 언어를, 즉 지혜 자체가 사랑이므로 사랑의 언어를 말하기 때문입니다. 지혜의 길을 알기 위하여는 맑고 겸손하고 세 가지 사욕에서 벗어난 눈길이 필요합니다. 지혜를 차지하기 위하여는 그것을 살아 있는 돈으로, 즉 덕행으로 사야 합니다.

이것을, 즉 살아 있는 돈을 이스라엘은 가지고 있지 못했습니다. 그래서 나는 여러분에게 지혜를 설명해서 그의 길로 인도하려고, 여러분의 마음 속에 덕행의 씨를 뿌리려고 왔습니다. 나는 모든 것을 알아보고 모든 것을 알고 있어서 그것을 내 종 야곱과 내가 지극히 사랑하는 이스라엘에게 가르쳐 주려고 왔습니다. 아버지의 말씀인 내가 사람들과 말을 하려고, 하느님의 아들이고 사람의 아들인 나, 생명의 길인 내가 사람의 아들들의 손을 붙잡아 주려고 이 세상에 왔습니다. 내 아버지에게서 모든 것을 받은 내가 여러분을 영원한 보물들이 있는 방으로 들어오게 하려고 왔습니다. 영원한 애인인 내가 내 옥좌에 올리고 내 신방에 들어오게 해서 나와 함께 하늘에 있게 하기를 원하는 내 신부인 인류를 데려다가, 포도덩굴들이 생명을 얻어내는 진짜 포도나무의 포도주로 취하도록 포도주광으로 인도하려고 왔습니다. 그러나 이스라엘은 게으른 신부여서 집에 온 신랑에게 문을 열어 주려고 일어나지 않습니다. 그래서 신랑은 갑니다. 신랑은 지나갈 것입니다. 지나가려고 합니다. 나중에 이스라엘이 신랑을 찾겠지마는 헛일일 것이고, 그의 구세주의 자비로운 사랑을 얻어만나지 못하고, 그를 지배할 자들의 전차(戰車)들을 만날 것이고, 하느님의 자비로운 뜻까지 눌러 부수고자 한 다음에 그가 으스러져서 그의 교만과 생명을 잃을 것입니다.

오! 이스라엘아, 권력의 헛된 환상을 보존하기 위하여 참 생명을 잃는 이스라엘아! 오! 지혜의 길이 아닌 길로 너를 구한다고 믿고 구하기를 원하면서, 너 자신을 거짓말과 죄악에 팔아넘겨 파멸하는 이스라엘아, 파선했으면서도 너를 구하기 위하여 던져주는 든든한 밧줄에 매달리지 않고, 부수어진 네 과거의 잔해에 매달리는 이스라엘아, 그래서 폭풍우는 너를 다른 곳으로, 저 먼바다, 빛이 없는 무서운 바다로 휘몰아간다. 이스라엘아, 범죄에 의해서 네 목숨을 한 시간, 1년, 10년, 20년, 30년 구하던가, 구한다고 생각해도, 그 다음에 영원히 파멸하면, 그것이 네게 무슨 소용이 있느냐? 목숨과 영광과 권력이 무엇이란 말이냐? 빨래하는 여자들이 쓴 알칼리성 용액의 표면에 있는 더러운 물방울로, 무지개 빛깔을 내지마는, 그것이 보석으로 이루어져서 그런 것이 아니라, 더러운 지방으로 이루어져서 그런 것인데, 이 더러운 지방은 초석(礎石)과 더불어 빈 방울로 부풀어 올랐다가 터져서, 사람의 땀으로 더러워진 물 위에 그려지는 동그라미 외에는 아무 것도 남지 않게 되어 있다. 이스라엘아, 다만 한 가지만이 필요하다. 목숨을 희생해서라도 지혜를 차지하는 것이다. 과연 목숨은 가장 귀중한 것이 아니며, 자기 영혼을 잃는 것보다는 목숨 백 개를 잃는 것이 더 낫다."

몹시 감탄하여 조용한 가운데 예수께서 말씀을 끝내셨다. 예수께서는 빠져나오셔서 가시려고 하신다…. 그러나 어린이들은 입맞춤을 요구하고, 어른들은 강복을 청한다. 그런 다음에야 엠마오의 글레오파와 헤르마와 작별 인사를 하시고 떠나실 수가 있다.

211. 베테론에서

 예수께서는 또 산중에 계신데, 사도들과 제자들 외에도 다른 사람들이 따라 온다. 제자들 가운데에는 이제는 이전에 목자였던 제자들도 있는데, 아마 일행이 지나온 어떤 작은 마을에서 만난 모양이다. 예수께서는 계곡에서 산비탈을 구불구불 돌아가는 길로 해서 산으로 올라 가시는데, 그 길은 혼동할 수 없는 포장공사와 정성들인 유지로 보아 로마인들이 만든 길인 것이 틀림없다. 이런 것들은 로마인들이 건설하고 유지하는 도로에서만 만나는 것이다. 사람들은 그 길을 지나서 계곡 쪽으로 가거나, 꼭대기에 마을이나 도시가 있는 산맥으로 올라간다. 어떤 사람들은 예수와 예수 뒤에 따라가는 사람들을 보고 누구냐고 물으면서 따라 오고, 어떤 사람들은 그저 바라보기만 하고, 또 어떤 사람들은 고개를 끄덕이며 비웃는다.
 로마 군인들의 한 분견대가 무기와 갑옷의 시끄러운 소리를 내며 육중한 걸음으로 일행을 따라 왔다. 그들은 로마인들의 길을 떠나 마을이 있는 꼭대기로 가는 유다인들의… 길로 들어서려고 하시는 예수를 바라보려고 얼굴을 돌린다. 그 길은 조약돌이 많고 비가 왔기 때문에 질다. 그래서 조약돌을 밟는 발이 미끄러지기도 하고 수레 바퀴 자국에 빠지기도 한다. 병사들도 분명히 같은 도시 쪽으로 가는 모양인데, 잠깐 쉬고 나서 다시 행진을 시작한다. 그래서 사람들은 엄격하게 통솔된 분견대에 자리를 내주기 위하여 길 옆으로 비켜 설 수밖에 없게 된다. 욕설 몇 마디가 공중으로 날카롭게 울린다. 그러나 열을 지어 행진하는 규율은 병사들에게 같은 말로 대꾸하는 것을 막는다.
 병사들은 다시 예수 가까이에 왔다. 예수께서는 그들을 지나가게 하시려고 비켜 서서 지극히 온화한 눈으로 그들을 바라보신다. 그 눈은 사파이어 빛깔의 홍채(虹彩)의 빛으로 그들에게 강복하고 그들을 어루만지는 것 같다. 병사들의 딱딱한 얼굴은 희미한 미소로 빛나는데, 그 미소는 빈정거리는 웃음이 아니라, 오히려 인사와 같이 경의를 표하는 웃음이다.

그들은 지나간다. 사람들은 맨 앞에 서서 가시는 예수의 뒤에서 다시 걷기 시작한다. 한 젊은이가 군중에서 떨어져나와 선생님께로 와서 공손히 인사한다. 예수께서도 그에게 답례를 하신다.

"무슨 말씀을 한 가지 여쭈어보고 싶습니다, 선생님."

"말하시오."

"저는 과월절 후에 가릿 협곡 근처의 산 곁에서 우연히 선생님의 말씀을 들었습니다. 그리고 그 때부터 저도 선생님이 부르시는 사람들 가운데 낄 수 있다는… 생각을 했습니다. 그러나 오기 전에, 저는 할 필요가 있는 것이 무엇이며, 해서는 안 되는 것이 무엇인지 정확히 알고 싶었습니다. 그래서 선생님의 제자들을 만날 때마다 그들에게 물어보았습니다. 그랬더니 어떤 사람은 이렇게 말하고, 어떤 사람은 저렇게 말했습니다. 그리고 그들은 더 강경하고 덜 강경한 차이는 있어도 모두가 한가지 점에는 일치하는데, 그것은 완전해야 한다는 의무에 대해서였기 때문에 자신이 없고 공포에 사로잡히기까지 했습니다. 저는… 보잘 것 없는 사람입니다, 주님. 그리고 완전은 하느님께만 있는 것입니다…. 선생님의 말씀을 두번째로 들었습니다…. 그런데 선생님이 직접 '완전하여라' 하고 말씀하셨습니다. 그래서 저는 낙심했습니다. 세번째는 며칠 전 성전에서였습니다. 그런데 비록 선생님이 엄하기는 하셨지만 완전하게 되는 것이 불가능한 것으로 생각되지는 않았습니다. 왜냐하면… 저는 왜 그런지조차도 모르겠고, 어떻게 이해할지 어떻게 선생님께 설명드릴지 모르겠습니다.

그러나 만일 그것이 불가능한 일이거나 신이 되는 것 같이 되기를 원하는 것이 그렇게도 위험한 일이면, 우리를 구하러 오신 선생님이 우리에게 그것을 권하지 않으셨을 것 같이 생각되었습니다. 자만은 죄이고, 하느님같이 되기를 원하는 것은 루치펠의 죄니까요. 그러나 아마 죄를 짓지 않고 하느님같이 되기 위해 완전하게 되는 방법이 있을 터인데, 그것은 확실히 구원의 가르침인 선생님의 가르침을 따르는 일일 것입니다. 제가 말씀을 제대로 드렸습니까?"

"제대로 말했소. 그런데?"

"그래서 저는 계속해서 이 사람 저 사람에게 물어보았고, 선생님이 라마에 계시다는 말을 듣고 그리로 갔습니다. 그리고 그 때부터 아버지의 허락을 받고 선생님을 따라 다녔습니다. 그런데 이제는 점점 더 오고 싶습니다…."

"그러면 오시오! 무엇을 염려하오?"

"모르겠습니다…. 저 자신도 모르겠습니다…. 저는 묻고 또 묻습니다…. 그러나 언제나 선생님의 말씀을 듣노라면 쉬운 것 같이 생각되어서 오기로 결심을 하는데, 그 다음에 곰곰 생각하고, 그보다 더 나쁜 것은, 이 사람이나 저 사람에게 물어보면 너무 어려운 것 같이 생각됩니다."

"그런 일이 어떻게 일어나는지 말해 주겠소. 그것은 당신을 오지 못하게 하려는 마귀의 계략이오. 마귀는 환상으로 당신에게 겁을 주고, 당신을 정신없게 만들고, 당신과 마찬가지로 빛이 필요한 사람들에게 질문을 하게 하오…. 왜 직접 내게로 오지 않았소?"

"그것은… 저는… 무서워하지는 않았습니다. 그러나… 우리 사제들과 라삐들은! 대단히 엄격하고 교만합니다! 그리고 선생님은… 저는 감히 선생님께 가까이 오지 못했습니다. 그러나 엠마오에서, 어제! …오! 저는 겁을 내지 말아야 한다는 것을 깨달은 것으로 생각합니다. 그래서 지금 여기 와서 제가 알고 싶던 것을 선생님께 여쭈어 보는 것입니다. 조금 전에 선생님의 사도 한 분이 '겁내지 말고 가 보시오. 선생님은 죄인들에 대해서까지도 인자하시오' 하고 말했습니다. 또 한 분은 '당신의 신뢰로 선생님을 기쁘게 해 드리시오. 선생님께 신뢰를 가지는 사람은 선생님이 어머니보다도 더 다정스러우신 것을 알게 되오' 하고 말했습니다. 또 한 분은 '내가 잘못 생각하는지는 모르지만, 선생님은 완전히 사랑에 있다고 말씀하실 거라고 장담하오' 하고도 말했습니다. 선생님의 사도들이 말해 준 것은 이런 것이었습니다. 적어도 제자들보다 더 친절한 어떤 사도들은 말입니다.

그렇지만 전부가 그렇지는 않습니다. 왜냐하면 제자들 중에는 선생님의 목소리의 메아리 같은 어떤 사람들이 있지만, 그 수는 별로 많지 않기 때문입니다. 그리고 사도들 가운데에는 저같이 보잘 것 없는 사람에게는 겁을 주는… 분도 더러 있습니다. 그중 한 분은 착하지 않은 웃음을 웃으면서 '완전하게 되고 싶다구요? 사도들인 우리도 완전하지 못한데, 당신이 완전하기를 원한다구요? 그건 불가능한 일이오' 하고 말했습니다. 만일 다른 분들이 말하지 않았더라면, 저는 낙심해서 도망쳤을 것입니다. 그러나 마지막 시도를 합니다…. 만일 선생님도 그것이 불가능하다고 말씀해 주시면…."

"젊은이, 그래 내가 사람들에게 불가능한 일을 권하려고 올 수 있었겠소? 완전하게 되고 싶다는 그 욕망을 누가 당신 마음에 생기게 한 줄로 생각하오? 당신의 마음이 그렇게 생각했소?"

"아닙니다, 주님. 제 생각에는 선생님이 선생님의 말씀으로 그렇게 하신 것 같습니다."

"당신은 진리에서 멀리 떨어져 있지 않소. 그러나 또 대답하시오. 당신 생각에 내 말은 무엇이오?"

"올바른 말씀입니다."

"됐소. 그러나 내가 말하는 것은 내 말이 사람의 말이냐, 그렇지 않으면 사람 이상인 어떤 이의 말이냐 하는 것이오."

"오! 선생님은 영원한 지혜처럼 말씀하시는데, 훨씬 더 부드럽고 명백하게 말씀하십니다. 그래서 선생님의 말씀은 사람 이상인 어떤 분의 말씀이라고 장담합니다. 그리고 선생님이 성전에서 말씀하신 것을 제가 잘 알아들었으면, 제 생각이 틀린다고 생각하지는 않습니다. 그 때 선생님은 선생님이 바로 하느님의 말씀이라고 말씀하셨고 따라서 선생님은 하느님으로서 말씀하시는 것 같이 생각되기 때문입니다."

"당신은 제대로 이해했고 제대로 말했소. 그러면 누가 당신 마음에 완전에 대한 욕망을 넣어 주었소?"

"하느님께서 당신의 말씀이신 선생님을 통해서 넣어 주셨습니다."

"그러면 하느님이시오. 이제는 곰곰 생각해 보시오. 사람의 능력을 아시는 하느님께서 그들에게 '내게로 오너라. 완전하게 되어라' 하고 말씀하시는 것은, 사람이 원하기만 하면 완전하게 될 수 있다는 것을 하느님께서 아신다는 뜻이 되오. 이것은 오래 된 말이오. 이 말은 맨 처음 계시처럼, 명령처럼, 권고처럼 아브라함의 귀에 울렸소. '나는 전능한 하느님이다. 너는 내 앞을 떠나지 말고 흠없이 살아라' 하고. 하느님께서는 성조(聖祖)가 이 명령의 거룩함과 권고의 진실함에 대하여 의심을 하지 않도록 하시려고 그에게 나타나셨소. 당신 앞을 떠나지 말라고 명령하신 것은 사는 동안에 움직이는 사람이 그것을 하느님께서 보시는 앞에서 한다고 확신하면, 나쁜 행동을 하지 않기 때문이오. 따라서 그는 하느님께서 그렇게 되라고 권하시는 대로 완전하게 될 수 있는 조건에 있게 되는 것이오."

"그렇습니다! 틀림없이 그렇습니다! 하느님께서는 그렇게 말씀하신 것은 그것이 할 수 있는 것이기 때문입니다. 오! 선생님! 선생님이 말씀하시는 때는 정말 모든 것을 알아듣게 됩니다! 그러나 그렇다면, 왜 선생님의 제자들과 그 사도까지도 성덕에 대해서 그렇게도 … 무서운 생각을 나타냅니까? 혹 그 사람들은 그 말들과 선생님의 말씀을 참말이라고 믿지 않는 것입니까? 그렇지 않으면 그 사람들이 하느님 앞에서 움직일 줄을 모르는 것입니까?"

"그것이 어떤 것인지 생각하지 마시오. 판단하지 마시오. 이거 보시오, 젊은이. 때로는 완전하고자 하는 그들의 욕망과 그들의 겸손이 결코 그렇게 되지 못하지 않을까 하고 염려하게 하오."

"그렇지만, 그러면 완전에 대한 욕망과 겸손은 완전하게 되는 데 장애가 됩니까?"

"아니오. 욕망과 겸손이 장애가 아니오. 그것들을 깊이있게, 그러나 질서 있게 가지도록 힘쓰는 것까지도 필요하오. 무분별하게 서두르지 않고 이유없이 낙담하지 않고, 사람은 불완전하기 때문에 완전하게 될 수가 없다고 믿는 것 같은 의심과 불신이 없을 때 욕망과 겸손은 질서 있는 것이 되오. 모든 덕행이 필요하고, 의덕에 이르고자 하는 강한 욕망도 필요하오."

"그렇습니다. 제가 질문을 한 사람들도 그렇게 말했습니다. 그들은 덕행들을 가지는 것이 필요하다고 말했습니다. 그러나 어떤 이들은 이런 덕행이 필요하다고 생각하고, 또 어떤 이들은 저런 덕행이 필요하다고 생각하는 것이었습니다. 그런데 모두가 거룩하게 되는 데 불가결한 것이라고 추천하는 덕행의 절대적인 필요성을 확언했습니다.

그런데 그것 때문에 저는 겁이 났습니다. 어떻게 모든 덕행을 완전한 형태로 갖출 수 있고, 그것들을 여러 가지 꽃으로 만들어진 꽃다발처럼 함께 나게 할 수 있습니까? 시간이 필요한데… 인생은 몹시 짧으니 말입니다! 어떤 덕행이 불가결한 것인지 선생님이 설명해 주십시오.”

"그것은 사랑이오. 당신이 사랑하면 거룩할 거요. 지극히 높으신 분과 이웃에 대한 사랑에서 모든 덕행과 모든 선행이 오기 때문이오.”

"그렇습니까? 따라서 더 쉽군요. 그러면 거룩함은 사랑이고, 제가 사랑을 가지면 모든 것을 차지하는 것이로군요…. 거룩함은 이것으로 이루어졌군요.”

"그것으로, 또 다른 덕행들로 이루어졌소. 거룩함이란 겸손만 하거나 조심성있기만 하거나 순결하기만 하거나 등등이 아니라, 덕행들을 가지고 있어야 하기 때문이오. 이거 보시오, 젊은이. 어떤 부자가 연회를 하고자 할 때에 혹 요리를 한 가지만 시키오? 또 어떤 사람이 경의를 표하기 위하여 드리려고 꽃다발을 만들고자 할 때에 혹 꽃 한 송이만을 쓰오? 그렇지 않지요? 한 가지 요리만을 식탁들에 놓으면, 손님들은 주인이 손님들의 다양한 취미에는 마음을 쓰고 또 각자가 이 요리나 저 요리를 배불리 먹을 뿐 아니라 즐기기도 바라는 양반의 통찰력은 보이지 않고 그의 물건 살 수 있는 능력을 보이는 데만 마음을 쓰는, 무능한 주인이라고 비난하겠기 때문이오.

또 꽃다발을 만드는 사람도 마찬가지요. 꽃 한 송이로는, 그것이 아무리 큰 꽃이라도 꽃다발이 되지 못하고, 꽃다발을 만들려면 많은 꽃이 필요하오. 그래야 여러 가지 빛깔과 향기가 눈과 후각을 즐겁게 하고, 주님을 찬미하게 하오. 주님께 바치는 꽃다발처럼 생각해야 하는 거룩함은 모든 덕행으로 이루어져야 하오. 어떤 정신에서는 겸손이 우세할 것이고, 어떤 정신에서는 힘이, 어떤 정신에서는 절제가, 또 어떤 정신에서는 참을성이, 또 어떤 정신에서는 희생 정신이나, 속죄 정신이 우세할 것인데, 이 모든 덕행이 사랑이라는 아름답고 완전한 향기가 나는 초목의 그늘에서 나는 것들이오. 이 사랑의 꽃이 항상 꽃다발에서 지배적이겠지만, 거룩함을 이루는 것은 모든 덕행이오."

"그런데 어떤 덕행을 더 정성스럽게 닦아야 합니까?"

"내가 말한 것과 같이 사랑이오."

"그 다음에는요?"

"순서가 없소, 젊은이. 만일 당신이 주님을 사랑하면 주님이 당신의 선물들을 당신에게 주실 것이오. 즉 자기 자신을 주님이 당신에게 주실 것이오. 그러면 당신이 힘있게 자라게 하려고 애쓰는 덕행들이 은총의 태양 아래에서 자랄 것이오."

"달리 말하면, 사랑하는 영혼 안에는 하느님이 계셔서 크게 활동하신단 말씀이지요?"

"그렇소. 크게 활동하시는 하느님이 계신데, 하느님께서는 사람이 스스로 완전을 지향하고자 하는 그의 자유의지와 그가 할 생각을 가진 것에 충실하기 위하여 유혹을 물리치려고 하는 노력과 육신과 세속 마귀가 공격할 때에 그것들과의 싸움을 보태게 내버려두시오. 그런데 이것은 당신의 아들이 그의 성덕에 공로가 있게 하기 위한 것이오."

"아! 그것입니다! 그러면 사람이 하느님께서 원하시는 것과 같이 완전할 수 있게 되어 있다고 말하는 것이 매우 옳은 것이로군요. 고맙습니다, 선생님. 이제는 제가 알았으니, 그렇게 하겠습니다. 그리고 선생님은 저를 위해 기도해 주십시오."

"당신 생각을 내 마음 속에 간직하겠소. 가시오, 그리고 하느님께서 당신을 도움없이 내버려두실까봐 걱정을 하지 마시오."

젊은이는 만족하여 예수와 헤어진다….

일행은 이제 마을 가까이에 왔다. 바르톨로메오가 스테파노와 같이 예수께로 와서, 예수께서 젊은이와 말씀하시는 동안 바리사이파 사람 엘키아의 친척인 베테론의 어떤 사람이 와서 선생님을 즉시 죽어 가는 자기 아내 곁으로 모셔와 달라고 청했다는 이야기를 한다.

"가자. 말은 나중에 하겠다. 그 여자가 어디 있는지 아느냐?"

"그 사람이 하인 한 사람을 남겨 놓았습니다. 하인은 뒤에 다른 사람들과 같이 있습니다."

"그 사람을 오게 하여라. 그리고 걸음을 재촉하자."

하인이 달려 온다. 튼튼한 노인인데, 비탄에 잠겨 있다. 그는 인사를 하고 예수를 아래 쪽에서 올려다본다. 예수께서는 그에게 미소를 지으시며 물으신다.

"당신의 안주인이 무슨 병으로 죽어갑니까?"

"저… 아기를 낳게 되어 있었지만, 아기가 뱃속에서 죽었습니다. 그래서 그분의 피가 썩었습니다. 미친 사람처럼 헛소리를 하고 돌아가시게 되었습니다. 열을 내리게 하느라고 정맥을 절개했습니다만, 피에 완전히 독이 들어 있어서 돌아가실 것입니다. 열을 식히기 위해서 빗물받이 웅덩이에 넣었습니다. 안주인이 찬 물 속에 있는 동안은 열이 내리지만, 그 다음에는 전보다도 더 높아지고, 기침을 하고 또 합니다…. 돌아가시게 됐습니다."

"물론이지! 그런 치료로는!" 하고 마태오가 입 속으로 중얼거린다.

"언제부터 병들었습니까?"

하인이 대답하려고 하는데 로마 중대장이 내리받이로 뛰어 내려온다. 그는 예수 앞에서 걸음을 멈춘다.

"안녕하십니까? 선생님이 나자렛 선생님이시지요?"

"그렇소. 내게 무엇을 원하시오?"

예수를 따라 가는 사람들은 무슨 일이 일어났나 하고 달려 온다….

"어느날 저희 말들 중의 한 마리가 히브리 어린이에 부딪쳤습니다. 그런데 선생님은 히브리인들이 저희를 반대해서 시위하는 것을 막기 위해 그 어린이를 고쳐 주셨습니다. 이제는 히브리인의 돌들이 병사 한 사람을 쓰러뜨려서 다리가 부러진 채 누워 있습니다. 저는 임무 수행 중이어서 멈출 수가 없습니다. 마을에서 아무도 그 병사를 받아 주지 않습니다. 그는 걸을 수가 없고, 저는 다리가 부러진 그를 끌고 갈 수가 없습니다. 저는 선생님이 모든 히브리인이 그러는 것처럼 저희들을 업신여기지 않으시는 것을 압니다."

"나더러 그 병사를 고쳐 달라는 말이오?"

"그렇습니다, 선생님. 백부장의 하인을 고쳐 주셨고, 발레리아의 어린 딸도 고쳐 주셨습니다. 선생님은 선생님의 동포들의 분노에서 알렉산데르를 구해 주셨습니다. 그것은 고위층에서도 알고 있고, 일반 서민들도 알고 있습니다."
"병사를 보러 갑시다."
"그러면 제 안주인은요?" 하고 하인이 불만스럽게 말한다.
"나중에." 그리고 예수께서는 계급을 지닌 병사 뒤로 걸어 가신다. 하사관은 근육이 발달하고 거추장거리는 옷의 방해를 받지 않는 다리로 성큼성큼 길을 걸어 간다. 그러나 이렇게 모든 사람 앞에 걸어 가면서도 그는 바로 뒤에 따라 오는 사람에게 몇 마디 말을 하게 된다. 그런데 그 사람은 예수이시다. 하사관은 말한다. "저는 알렉산데르와 함께 있었습니다. 알렉산데르는 선생님을… 선생님에 대한 말을 했습니다. 그런데 우연히 지금 저를 선생님 곁에 있게 하는군요."
"우연이오? 왜 하느님이라고. 말하지 않소? 참 하느님?"
군인은 잠시 잠자코 있다가 예수만이 들으실 수 있을 만큼 말한다. "참 하느님은 히브리인들의 하느님일 터인데요. 그러나 사랑을 받게 하지 않습니다. 만일 그 하느님이 히브리인들 같다면! 그들은 동정심이 없습니다. 부상자에 대해서까지두요…."
"참 하느님은 히브리인들의 하느님이신 것과 같이 로마인, 그리이스인, 아랍인, 파르티인, 스키티아인, 이베리아인, 갈리아인, 켈트족 사람들, 리비아인, 북방 민족들의 하느님이시오. 하느님은 한 분밖에 안 계시오! 그러나 많은 사람이 하느님을 알지 못하고, 어떤 사람들은 잘못 알고 있소. 만일 그들이 하느님을 잘 알면, 형제들과 같을 것이고, 불의, 증오, 중상, 복수, 음란, 도둑질과 살인, 간통과 거짓말이 없을 거요. 나는 참 하느님을 알고 있소. 그리고 그분을 알게 하려고 왔소."
"사람들이 말하기로는… 저희는 백부장들에게 보고하기 위해 항상 귀를 기울이고 있어야 합니다. 백부장들은 총독에게 보고하구요. 사람들이 말하기로는 선생님이 하느님이시라는데, 그것이 사실입니까?" 병사는 그 말을 할 때에 매우… 열중한다. 그는 투구 그늘 밑에서 예수를 쳐다보고, 거의 겁을 집어먹은 것 같다.
"나는 하느님이오."
"맙소사! 그러면 신들이 내려와서 사람들과 이야기를 나눈다는 것이 사실입니까? 군기를 따라 세상을 두루 다닌 다음 나이 먹어 여기 와서 신을 한 분 만나다니!"

"하느님이오. 오직 한 분뿐인. 신 한 분이 아니오" 하고 예수께서 바로잡아 주신다.

그러나 신 한 분의 앞장을 서서 간다는 생각에 어리둥절하여… 이제는 말을 하지 않고… 곰곰 생각한다. 그는 그들이 바로 마을 어귀에서 땅에 누워 신음하는 부상자 둘레에 정지하여 있는 분견대를 발견할 때까지 곰곰 생각한다.

"여깁니다" 하고 하사관은 매우 간결하게 말한다.

예수께서는 사람들을 헤치시고 가까이 가신다. 다리는 몹쓸 골절상을 입어 발이 안쪽으로 돌아갔고, 다리는 벌써 붓고 납빛이 되었다. 그 사람은 많이 아픈 모양으로, 예수께서 손을 내미시는 것을 보고 애원하며 말한다. "많이 아프게 하지 마세요!"

예수께서는 미소를 지으신다. 그리고 납빛으로 된 동그라미가 골절 부위를 나타내는 곳을 손가락 끝으로 겨우 만질까 말까 하신 다음 말씀하신다. "일어나시오."

"그러나 이 사람은 좀 더 위 허리께에 또 다른 골절상이 있습니다" 하고 하사관이 말한다. 그것은 분명히 "그 곳은 만지지 않으십니까?" 하는 뜻이다.

그 때에 베테론의 주민 한 사람이 와서 말한다. "선생님, 선생님! 선생님은 이교도들과 시간을 허비하시는데 제 아내는 죽어갑니다!"

"가서 아내를 데려 오시오!"

"할 수 없습니다. 제 아내는 미쳤습니다!"

"만일 나를 믿으면, 가서 데리고 오시오."

"선생님, 아내를 붙잡을 수가 없습니다. 옷을 벗고 있는데, 옷을 입힌 수가 없습니다. 미쳐서 옷을 찢습니다. 죽어 가서 가만히 있질 못합니다."

"만일 당신의 믿음이 이 이방인들의 믿음보다 못하지 않거든. 가서 데리고 오시오."

그 사람은 불만스럽게 간다.

예수께서는 당신 발 앞에 누워 있는 로마인을 내려다 보신다. "그럼, 당신은 믿음을 가질 수 있소?"
"저는 가질 수 있습니다. 제가 어떻게 해야 합니까?"
"일어나야 하오."
"조심하게 가밀로, 그…" 하고 하사관이 말하고 있는 중이다. 그러나 병사는 벌써 나아서 날쌔게 일어나 있다.
이스라엘 사람들은 호산나라는 함성을 올리지 않는다. 고쳐진 사람은 히브리인이 아닌 것이다. 그들은 불만족스러운 것 같기까지 하거나 적어도 그들의 얼굴은 예수의 행위에 대한 비난을 나타낸다. 그러나 병사들은 그렇지 않다. 그들은 짧고 넓은 단검을 칼집에서 뽑아서 기쁨의 표시로 단검으로 방패를 친다음 음산한 하늘을 향하여 단검을 쳐든다. 예수께서는 칼날이 만든 원의 한가운데에 계신다.
하사관은 예수를 바라본다. 한 신 옆에 있는 그는, 하느님 곁에 있는 이교도인 그는 자기의 생각을 어떻게 나타내야 할지, 어떻게 해야 할지를 모른다…. 그는 곰곰 생각하다가 적어도 그가 카이사르에 할 것은 하느님께 대하여 해야 하겠다고 생각한다. 그리고 황제에게 하는 군대식 인사를 명령한다(병사들이 뻗친 팔 위로 단검들을 거의 수평으로 들고 있을 때 칼날이 번쩍이는 동안 힘찬 "아베"* 소리가 울려 퍼지는 것으로 보아서 적어도 나는 그렇다고 생각한다). 그리고 그것으로도 아직 만족하지 않아서 하사관은 낮은 목소리로 말한다. "안심하고 가십시오, 밤이라두요. 도로는… 모두 감시되어 있습니다. 도둑에 대한 복무가 있습니다. 선생님은 안전하실 것입니다. 저는 …." 그는 이제 무슨 말을 할지 몰라서 중단한다.
예수께서는 그에게 미소를 보내시며 말씀하신다. "고맙소. 가시오, 그리고 착하게 사시오. 도둑들에게도 인정을 베푸시오. 당신 임무에 충실하시오. 그러나 흉포하지 않게 하시오. 그들은 불행한 사람들이오. 그리고 그들의 행동에 대해서 하느님 앞에 책임을 져야 할 거요."
"그렇게 하겠습니다. 안녕히 가십시오! 선생님을 또 뵙고 싶습니다…."

---

*역주 : "Ave." 로마식 인사말. "인사드립니다"로 번역할 수 있을까?

예수께서 그를 뚫어지게 보시더니 말씀하신다. "우리는 다시 만날 거요. 다른 산 위에서." 그리고 되풀이 하신다. "착하게들 사시오, 안녕."

병사들은 다시 행진을 시작하고, 예수께서는 마을로 들어가신다. 몇 미터를 가신 다음, 당신과 당신을 따라 오는 사람들에게로 이러쿵저러쿵 떠들면서 많은 사람의 무리가 마주오는 것을 보신다. 그리고 그 무리에서 한 남자와 한 여자가 ─우선 남자가─ 떨어져 나와 예수 앞에 몸을 굽히고, 여자는 무릎을 꿇고, 남자는 절만 한다.

"일어나서 주님을 찬미하시오. 그러나 여보시오. 당신에게는 당신의 양심이 맑지 않다고 말해야 하겠소. 당신이 내게 호소한 것은 이기주의로 그런 것이지. 내게 대한 사랑으로나 내게 대한 믿음으로 그런 것은 아니었소. 당신은 내 말을 의심했소. 그런데 당신은 내가 누구인지를 알고 있소! 그리고 당신은 내가 이방인을 고쳐 주기 위해서 걸음을 멈추었기 때문에 좋지 않은 생각을 가졌었소. 마찬가지로 마을 전체도 부상자를 받아들이는 것을 거부함으로 좋지 않은 태도를 가졌었소. 나는 지극한 자비로, 그리고 당신 마음을 착하게 만들어 보려고 당신 집에 들어가지도 않고 당신 아내를 고쳐 주었소. 당신은 그런 것을 받을 만한 자격이 없었소. 내가 그렇게 한 것은 내가 행동하기 위하여는 갈 필요가 없고, 원하기만 하면 넉넉하다는 것을 당신에게 보이기 위해서였소. 그러나 당신들 모두에게 진정으로 말하지만, 당신들이 업신여기는 사람들이 당신들보다 낫고, 내 능력을 당신들보다 더 믿을 줄 아오. 아주머니, 일어나시오. 당신은 이성을 누리지 못하고 있었으니까 죄가 없소. 가시오, 그리고 이제부터는 주님께 대해 감사하는 마음으로 믿을 줄을 알도록 하시오."

주민들의 태도는 예수의 꾸지람을 듣고 냉냉하고 불손해진다. 그들은 찌푸린 얼굴로 예수를 광장까지 따라 온다. 회당장이 회당으로 들어오시라고 청하지 않고, 아무 집도 선생님을 맞아들이지 않으므로, 예수께서는 말씀하시기 위하여 광장에서 걸음을 멈추신다.

"하느님께서 사람들과 함께 계실 때에는 사람들이 어떤 이름을 가진 불행이든지 불행에 대항해서 무엇이든지 할 수 있습니다. 반대로 하느님께서 사람들과 함께 계시지 않을 때에는 사람들이 불행에 대항해서 아무 것도 할 수 없습니다. 이 도시는 그 연대기에서 이 일을 여러번 상기시킵니다. 하느님께서 여호수아와 함께 계셨기에 여호수아가 가나안의 왕들을 무찔렀고, 또 이 길에서 하느님께서는 '이스라엘의 원수들 위에 하늘에서 큰 돌들을 보내시어' 여호수아를 도와 원수들을 쳐부수게 하셨고, '검으로 죽은 것보다는 돌우박으로 죽은 사람이 더 많았다'고 여호수아기는 말하고 있습니다. 하느님께서는 시리아 군대의 두목 세론의 강력한 군대를 바라보기 위하여 그의 작은 군대를 이끌고 이 야산 위로 전진한 유다 마카베오와 함께 계셨고, 빛나는 승리로 이스라엘의 지도자의 말을 확인해 주셨습니다.

그러나 하느님을 우리와 함께 모시는 데 필요한 조건은 올바른 동기로 행동하는 것입니다. '전투에서는 승리가 수에 달려 있지 않고, 하늘에서 오는 도움에 달려 있다'고 마카베오가 말합니다. 인생의 모든 일에 있어서 행복은 재산이나 권력이나 다른 원인들에서 오지 않고, 하늘에서 내려오는 도움에서 옵니다. 그런데 하늘의 도움은 우리가 좋은 일을 위하여, 우리의 생명과 우리의 계율을 위하여 청하기 때문에 온다고 역시 마카베오가 말합니다. 그러나 나쁘거나 순수하지 못한 목적을 위하여 하느님께 빌 때에는 그분의 도움을 청해도 소용없습니다. 하느님께서는 대답을 하지 않거나, 강복 대신에 벌로 대답하거나 하실 것입니다.

이 진리는 지금 이스라엘에서 너무 잊혀져 있고, 사람들은 좋지 않은 목적을 위하여 하느님께서 도와주시기를 바라고 기원합니다. 덕행들을 닦지 않고 계명들을 실제적으로 지키지 않습니다. 즉 계명들 중에서 사람들이 보고 칭찬할 수 있는 것은 합니다. 그러나 겉으로 드러나는 것 아래 감추어진 것은 매우 다릅니다.

나는 이렇게 말하러 왔습니다. 여러분의 행동을 솔직하게 하시오. 하느님께서는 모든 것을 보셔서, 마음 속에는 죄와 증오와 나쁜 욕망이 가득 차 있는데 제물과 기도 드리는 것을 다만 예배 한다는 것을 드러내보이기 위해서만 하면, 그 제물이 무익한 것이고, 그 기도가 헛된 것이라고.

베테론아, 네 주민들이 압디아가 에돔에 대해 말한 것과 같이 하지 말아야 한다. 자기가 안전하다고 믿고 있던 에돔은 서슴지 않고 야곱을 압제하였고, 그의 실패를 기뻐하였다. 사제들의 도시야, 그렇게 하지 말아라. 압디아의 두루마리를 집어 가지고 묵상하여라. 묵상하고, 묵상하고, 또 묵상하여라. 그리고 네 길을 바꾸어라. 무서운 세월을 체험하기 싫거든 정의를 따라라. 그 때에는 네가 이 꼭대기에 위치함으로 인해서도 겉으로 보기에 전쟁의 길에서 벗어나 있는 네 위치로 인하여 구원을 받지 못할 것이다. 나는 네 안에서 하느님을 모시고 있지 않은 사람들과 하느님을 받아들이지 않는 사람들을 많이 본다. 여러분은 불평을 하십니까? 나는 진실을 말합니다. 나는 진실을 말하려고, 여러분을 아직 구하려고 여기까지 올라 왔습니다.

여러분은 이름 하나만을 가지고 있지 않았습니까? 이스라엘이 전부가 아니었습니까? 그러면 왜 이스라엘이 갈라져서 이름 둘을 가지게 되었습니까? 오! 정말이지 이것은 오세아와 창녀의 결혼과 간음한 여자에게서 난 자식들을 내게 상기시킵니다. 그러나 예언자는 무엇이라고 말합니까? '이스라엘의 자손들의 수는 바다의 모래알 수와 같을 것이다…. 그 때에는 그들에게 〈너희들은 내 백성이 아니다〉하고 말하는 대신에 〈너희들은 하느님의 자녀들이다〉하고 말할 것이다. 그리고 유다의 자손들과 이스라엘의 자손들은 모여서 오직 한 사람의 지도자를 뽑을 것이고, 땅에서 올라갈 것이니, 예즈라엘의 날이 위대하기 때문이다' 하고. 오! 그러나 모든 것을 모아서 오직 하나뿐인 민족을, 위대한 민족을, 하느님이 그러신 것처럼 오직 하나인 민족을 만들어야 하는 사람이, 그리고 지금은 죽은 것 같이 보이는 사람들까지도 살아 계신 하느님의 아들을 만들어야 하는 사람이 사람들의 모든 아들이 하느님의 아들이기 때문에 그들을 사랑한다고 여러분은 왜 비난하십니까? 그런데 여러분은 내 행동과 그들의 마음과 여러분의 마음을 판단할 수 있습니까? 빛이 어디에서 옵니까? 빛은 하느님에게서 옵니다. 그러나 만일 하느님께서 오직 하나뿐인 왕권 아래 모든 사람을 모으라는 임무를 주셔서 나를 보내시는데, 빛이 여러분으로 하여금 사물을 하느님께서 보시는 것과 반대되는 방식으로 보게 한다면, 여러분이 어떻게 정말 하느님에게서 오는 빛을 가질 수 있겠습니까? 그런데 여러분은 하느님께서 보시는 것과 반대되는 방식으로 보십니다.

 불평하지 마시오. 이것은 진실입니다. 여러분은 정의에서 벗어나 있습니다. 그러나 여러분을 불의로 끌어들이는 사람들이 정의에서 더 벗어나 있고, 그들은 이중으로 벌을 받을 것입니다. 여러분은 내가 적과, 즉 우리를 지배하는 자들과 깊은 관계를 맺고 있다고 비난합니다. 나는 여러분의 마음을 환히 들여다 봅니다. 그러나 여러분은 하느님께서 보내신 사람의 아들을 공격하는 사람의 편이 됨으로써 사탄과 깊은 관계를 맺지 않습니까? 여러분이 나를 미워하십니다. 그러나 나는 여러분의 마음 속에 증오심을 불어넣어 주는 사람의 얼굴을 압니다. 호세아에서 말하는 것과 같이, 나는 양손에 선물을 잔뜩 들고 사랑이 가득 찬 마음을 가지고 와서, 나를 사랑하게 하기 위하여 가장 다정스럽게 여러분을 끌어들이려고 애썼습니다. 나는 내 백성에게 영원한 사랑과 평화와 정의와 자비를 내보이면서 신랑이 신부에게 말하듯이 말했습니다. 나를 배척하는 백성과 백성이 왕 없이, 지도자없이, 제사와 제단이 없이 있도록 부추기는 지도자들을 ─ 나는 그들을 압니다.─ 못하게 막기 위하여는 아직 한 시간이 남아 있습니다. 그러나 증오가 가장 강렬하고 벌이 가장 엄할 소굴 근처에서는 사람들이 양심들을 죄악으로 끌어들이기 위하여 매수하려고 애를 쓰고 있습니다. 오! 정말이지 양심들을 일탈시켜 빗나가게 하는 사람들은 그들이 빗나가게 한 사람들보다 일곱 곱절이나 더 엄한 심판을 받을 것입니다.

 가자. 나는 와서 기적을 행하고 진리를 말해서 여러분으로 하여금 내가 누구인지를 알게 하려고 했습니다. 이제 나는 갑니다. 그런데 여러분 중에 의로운 사람이 한 명이라도 있으면, 나를 따라 오시오. 유혹하고 배반하기 위하여 뱀들이 도사리고 있는 이곳의 장래는 매우 참담하기 때문입니다.″

 그리고 예수께서는 오신 길로 가시려고 돌아서신다.

 ″선생님, 왜 그들에게 그렇게 말씀하셨습니까? 그들이 선생님을 미워할 것입니다″ 하고 사도들이 묻는다.

 ″나는 거짓말과 타협하면서 사랑을 얻으려고 애쓰지 않는다.″

 ″그렇지만 오지 않는 것이 낫지 않았습니까?″

"아니다. 아무 의심도 남겨 놓아서는 안 된다."
"그런데 누구를 설득하셨습니까?"
"아무도. 지금 당장은 아무도 설득하지 못했다. 그러나 머지 않아 그들은 말할 것이다. '우리는 경고를 받았는데 행동하지 않았으니까 아무도 저주할 수 없다'고. 그리고 만일 그들이 하느님께서 그들을 벌하신다고 비난하면, 그들의 비난은 하느님께 대한 모독이 될 것이다."
"그러나 말씀하실 때에 누구를 넌지시 가리키고자 하셨습니까?…."
"가리옷의 유다에게 물어보아라. 유다는 이곳 사람들을 많이 알고, 그들의 간계도 안다."
모든 사도가 유다를 바라본다.
"그렇습니다. 이곳은 거의 엘키아의 지배하에 있습니다. 그러나… 제 생각에는 엘키아가…." 태연한 척하느라고 바로잡던 허리띠에서 눈을 들다가 예수의 눈길, 너무도 반짝이고 꿰뚫는 듯하여 사람의 마음을 끄는 것 같은 눈길과 마주친 유다의 입술에서 말이 죽어 버리고 만다. 그는 고개를 떨어뜨리고 말을 끝마친다. "확실히 이 고장은 이곳을 지배하는 사람에게 어울리는 교만하고 가증스런 고장입니다. 각자는 그가 가질 자격이 있는 것을 가집니다. 저들은 엘키아를 가지고 있고, 저희들은 예수님을 모시고 있습니다. 그리고 선생님은 당신이 알고 계신 것을 썩잘 알고 계신 것을 그들에게 알려 주시기를 잘 하셨습니다."
"저 사람들은 확실히 나쁘네. 자네들 보았지? 기적이 있은 다음에 인사 한 마디, 헌금 한 푼 없었네! 아무 것도!" 하고 필립보가 지적한다.
"그렇지만 나는 선생님이 그들의 정체를 폭로하실 때는 떨리네" 하고 안드레아가 한숨을 쉰다.
"그렇게 하는 거나 하지 않는 거나 마찬가지야. 그들은 선생님을 똑같이 미워해. 나는 갈릴래아로 돌아갔으면 좋겠어!" 하고 요한이 말한다.
"갈릴래아로! 그래!" 하고 베드로가 한숨을 쉬며 말한다. 그리고 고개를 떨어뜨리고 생각에 잠긴다.

뒤에서는 예수를 따라 와서 떠나지 않는 사람들이 제자들과 같이 끊임없이 이러쿵 저러쿵들 평을 한다.

212. 가바온을 향하여

그러나 예수께서 오래 당신 생각에 잠겨 계실 수가 없다. 요한과 예수의 사촌 야고보, 그리고 베드로가 열성당원 시몬과 함께 예수께로 와서 야산 위에서 보는 전경에 예수의 주의를 끈다. 그리고 예수께서는 눈에 띄게 침울하시기 때문에 아마 예수의 기분을 전환시킬 생각으로, 그들의 눈 앞에 나타나는 지방에서 일어난 일들을 상기시킨다. 아스칼론으로 간 여행… 예수께서 가말라와 야곱의 늙은 아버지의 눈을 다시 보게 하신 사론평야의 농부들의 집… 가르멜산으로 예수와 야고보가 피해 들어갔던 일… 해항 가이사리아와 젊은 여자 갈라… 신디카와의 만남… 요빠의 이방인들… 모딘 근처의 도둑들… 아리마태아의 요셉의 집에서 있은 추수의 기적… 이삭 줍는 작은 노파… 그렇다. 기쁘게 하고 싶은 모든 일이다…. 그러나 그 일들 가운데에는 모두에게 또는 예수께만 눈물과 고통의 추억이 섞여 있다. 사도들 자신이 그것들을 알아차리고 중얼거린다. "정말이지 이 세상의 일에는 어디에나 고통이 있어. 세상은 속죄하는 곳이야…."

그러나 마침 안드레아도 제베대오의 야고보와 함께 이 집단에 합류하였었는데, 그가 이렇게 지적한다. "죄인인 우리들에게는 정당한 법칙이지만, 선생님께는 왜 이다지도 고통이 많은 건가?"

조용한 토론이 일어나서, 이 사람들의 목소리에 끌려 다른 사람들이 모두 집단과 합류할 때까지 그대로 계속된다. 소박한 사람들 가운데에서 선생님의 목소리와 몸짓을 흉내내면서 가르치느라고 부주한 가리옷의 유다만이 빠졌다. 그러나 그것은 과장되고 허식적인 모방으로 열과 확신이 들어 있지 않다. 그 말을 청중이 직설적으로 유다에게 하기까지 하니, 유다는 신경이 날카로워져서, 그들이 아둔해서 아무 것도 이해하지 못한다고 비난한다. 그리고 "지혜의 진주를 돼지들에게 던져 줄 필요는 없기" 때문에 그들을 그대로 놔 두겠다고 언명한다. 그러나 소박한 사람들이 모욕을 느끼면서 자기들은 "짐승이 사람보다 못한 것처럼 그보다 못하다"고 인정하면서 동정해 달라고 청하기 때문에 그대로 머물러 있다.

예수께서 열한 사도가 말하는 것을 건성으로 들으신다. 그것은 유다가 말하는 것을 귀를 기울여 들으시는데, 당신이 들으시는 것이 틀림없이 당신을 기쁘게 하는 것이 아니기 때문이다…. 그러나 한숨을 쉬고 잠자코 계신다. 마침내 바르톨로메오가 죄없는 예수께서 왜 고통을 당하셔야 하는지 그 이유에 대하여 여러 가지 관점을 내놓아 직접 관심을 기울이시게 한다.

바르톨로메오는 말한다. "제 생각으로는 사람이 착한 사람을 미워하기 때문에 이런 일이 생기는 것 같습니다. 저는 죄있는 사람, 즉 대부분의 사람에 대해서 말하는 것입니다. 이 대부분의 사람은 죄없는 사람과 비교하면 자기의 유죄성이 자기의 악습들과 더불어 더 두드러지게 나타난다는 것을 깨닫고, 그래서 홧김에 착한 사람을 괴롭게 해서 복수를 하는 것입니다."

"제 생각으로는 선생님이 선생님의 완전과 저희들의 무가치함 사이의 대조로 인해서 괴로워하시는 것 같습니다. 아무도 선생님을 조금도 업신여기지 않는다 하더라도, 선생님의 완전은 사람들의 죄 때문에 고통스러운 혐오감을 느낄 것이기 때문에 선생님은 똑같이 고통을 당하실 것입니다" 하고 유다 타대오가 말한다.

"이와 반대로, 제 생각에는 선생님이 역시 인성을 가지고 계시기 때문에, 선생님의 원수들에 대한 선생님의 인성의 격분을 선생님의 초자연적인 부분으로 억제하셔야 하는 노력 때문에 고통을 당하시는 것 같습니다" 하고 마태오가 말한다.

"저는 어리석은 사람이기 때문에 제 생각은 분명히 틀린 생각이겠지만, 저는 오히려 선생님이 선생님의 사랑이 배척당하는 것을 보시고 괴로워하신다고 말하겠습니다. 선생님은 인간적인 면이 바랄 수 있을 것처럼 벌할 수 없는 것을 괴로워하지 않으시고, **오히려 선생님이 원하시는 대로 선을 행하실 수 없는 것을 괴로워 하시는 것입니다**" 하고 안드레아가 말한다.

"끝으로 저는" 하고 열성당원이 말한다. "선생님이 고통을 당하시는 것은 모든 고통을 보상하기 위하여 모든 고통을 당하셔야 하기 때문이라고 주장합니다. 선생님 안에서는 두 가지 성 중의 하나가 우세하지 않고, 그 두 가지 성이 선생님 안에 똑 같이 있고 완전한 조화로 결합해서 완전한 희생을 이루는데, 그 희생이 하도 초자연적이어서 천주성에 대해서 한 모욕을 가라앉히는 힘을 가질 수 있고, 하도 인간적이어서, 인류를 대표해서 그 인류를 최초의 아담의 더렵혀지지 않은 상태로 도로 데려가 과거를 없애고 새로운 인류를 낳을 수 있을 정도가 되는 것입니다. 하느님의 생각에 맞는 새로운 인류, 즉 실제로 하느님의 모습이 있고, 하느님과의 닮음이 있고, 사람의 운명, 즉 하느님의 나라에서 하느님을 차지함과 하느님을 차지하고자 하는 갈망이 있는 인류를 새로이 만드시는 것입니다.

선생님은 초자연적으로 고통을 당하시기로 되어 있습니다. 그래서 사람들이 하는 것을 보시는 모든 것으로 인해서, 선생님을 둘러싸고 있는 것으로 끊임없이 하느님을 모욕한다고 말할 수 있는 것으로 인해서 고통을 당하십니다. 선생님은 인간적으로 고통을 당하시기로 되어 있습니다. 그래서 사탄으로 인하여 해독을 입은 저희 육체의 음란을 눌러 부수기 위하여 고통을 당하십니다. 두 가지 완전한 성*의 완전한 고통으로 선생님은 하느님께 지은 죄와 사람의 죄를 완전히 없애실 것입니다."

다른 사람들은 잠자코 있다. 예수께서 그들에게 물으신다. "그런데 너희들은 아무 말도 하지 않느냐? 너희들 생각에는 어떤 것이 가장 옳은 정의이냐?"

어떤 사람들은 이 의견을 지지하고, 어떤 사람들은 저 의견을 지지한다. 알패오의 야고보만이 요한과 같이 잠자코 있다.

"그럼 너희 두 사람은 아무 의견에도 찬성하지 않는 것이냐?" 하고 예수께서 그들의 관심을 자극하기 위하여 말씀하신다.

"아닙니다. 저희들은 모든 의견에서 참된 것을 조금 또는 많이 발견합니다. 그러나 더 참된 것이 있는데, 그것이 들어 있지 않다는 것을 느끼기도 합니다."

***역주** : 천주성과 인성.

"그런데 너희는 그것을 찾아낼 줄을 모른단 말이냐?"

"어쩌면 요한과 저는 그것을 찾아냈을지도 모릅니다. 그러나 그것을 말하는 것은 거의 하느님을 모욕하는 일인 것 같이 생각됩니다. 왜냐하면… 저희들은 훌륭한 이스라엘 사람들이라, 거의 하느님의 이름을 말할 수 없을 정도로 하느님을 두려워 합니다. 그런데 선택된 민족의 사람, 하느님의 아들인 사람이 말하자면 복되신 이름을 입에 내서 말할 수가 없어서 대용하는 용어로 그의 하느님의 이름을 부르는데, 사탄이 감히 하느님께 해를 끼칠 수 있다고 생각하는 것은 저희들에게는 하느님을 모독하는 생각으로 보입니다. 그런데도 저희들은 선생님이 하느님이시고 사탄이 선생님을 미워하기 때문에 고통이 선생님께 대해서 끊임없이 작용한다는 것을 알아차립니다. 사탄은 선생님을 누구보다도 더 미워합니다. 선생님은 하느님이시기 때문에, 증오를 만나시는 것입니다" 하고 야고보가 말한다.

"그렇습니다" 하고 요한이 말한다. "선생님은 사랑이시기 때문에 증오를 만나십니다. 선생님께 고통을 드리려고 몸을 일으키는 것은 바리사이파 사람들이나 라삐들도 아니고, 이 사람이나 저 사람도 아니고, 이것 때문이나 저것 때문에도 아닙니다. 선생님이 선생님의 사랑으로 증오에게서 너무나 많은 희생물을 빼앗아 오시기 때문에, 증오가 사람들 안으로 뚫고 들어가서 그들을 증오로 새파랗게 된 얼굴로 선생님께 맞서게 하는 것입니다."

"그 많은 정의에 아직 한 가지가 빠졌다. 가장 참된 이유를 찾아보아라. 내가 그 때문에 존재하는 이유를…" 하고 예수께서 그들을 격려하시려고 말씀하신다.

그러나 아무도 찾아내지 못한다. 그들은 곰곰 생각하고 또 생각한다. 그러다가 단념하고 말한다. "저희는 찾아내지 못하겠습니다…."

"아주 간단한 것이다. 항상 너희들 앞에 있다. 우리 성경 말씀과 우리 역사의 상징들 속에서 울리고 있다…. 자, 찾아보아라! 너희들의 모든 정의에 참된 것이 들어 있다. 그러나 첫째 이유가 빠졌다. 그것을 찾아보아라. 현재에서가 아니라 가장 먼 과거에서. 예언자들 이전에, 성조들 이전에, 우주의 창조 이전에…."

사도들은 곰곰 생각하지만… 찾아내지 못한다.

예수께서는 미소지으신다. 그리고 말씀하신다. "그러나 만일 너희가 내 말을 기억하면, 그 이유를 찾아낼 것이다. 그렇지만 너희는 아직 모든 것을 기억할 수는 없다. 그래도 언젠가는 기억할 것이다. 잘 들어라. 우리 함께 세기의 흐름을 거슬러 올라가자 시간의 한계에까지. 누가 사람의 정신을 타락시켰는지 너희는 알지. 사탄, 뱀, 적수, 원수, 증오이다. 너희들 좋을 대로 불러라. 그러나 그가 왜 사람의 정신을 타락시켰느냐? 큰 새암 때문이다. 제가 쫓겨난 하늘에 사람이 가기로 되어 있는 것을 보는 데서 느끼는 새암이다. 사탄은 그가 받고 있는 유형(流刑)을 사람에게도 받게 하고자 한 것이다. 그가 왜 쫓겨났었느냐? 하느님께 대하여 반란을 일으켰기 때문이라는 것은 너희도 안다. 그러나 무슨 일에 반란을 일으켰느냐? 순종 때문이다. 고통의 시초에는 불복종이 있는 것이다. 그러면, 항상 기쁨인 질서를 회복하기 위하여는 완전한 순종이 있어야 한다는 것이 반드시 논리적인 것이 아니냐? 순종하는 것은 특히 중대한 문제인 경우에는 어려운 일이다. 어려운 것은 그것을 행하는 사람에게 고통을 준다. 그러므로 만일 내가 하느님의 아들들에게 기쁨을 다시 가져다 주기를 원하면, 하느님의 생각에 대한 순종을 하기 위하여 무한히 고통을 당해야 한다고 사랑이 내게 요구했겠는지를 깊이 생각해 보아라.

그러므로 나는 이기기 위하여 고통을 당해야 하는데, 죄 하나나 천개를 **지우기** 위해서가 아니라, 루치펠의 천사적인 정신에서나 아담에게 생명을 주던 영에서나 항상 하느님께 대한 불복종의 죄였고, 마지막 사람에 이르기까지 항상 하느님께 대한 불복종의 죄일 **전형적인 의미의 죄 자체**를 지우기 위해서이다. 사람들인 너희들로서는 너희 순종은 하느님께서 너희에게 요구하시는 그 얼마 안 되는 것에 —너희들에게는 아주 큰 것으로 보이지마는 아주 얼마 안 되는 것인— 한정되게 되어 있다. 당신 정의로써 하느님께서는 너희들이 드릴 수 있는 것만을 요구하신다. 너희들은 하느님의 뜻들 가운데에서 너희들이 행할 수 있는 것만을 안다. 그러나 나는 큰 사건에 대해서나 가장 작은 사건에 대해서나 하느님의 생각을 완전히 알고 있다. 내게는 앎과 실행에 있어서 한계가 없다. 사랑 가득한 제물봉헌자인 숭고한 아브라함은 제물과 아들을 아끼지 않는다. 충족되지 않고 모욕을 당한 사랑이 속죄와 제물을 요구하는 것이다. 그리고 내가 천만 년을 산다 하더라도 내가 〈사람〉을 그 마지막 심금(心琴)까지 태워버리지 않으면 아무 것도 아닐 것이고, 이와 마찬가지로 만일 영원으로부터 내가 천주 성자로서 또 〈사람〉으로서 내 아버지께서 옳다고 생각하셨을 순간에 순종할 뜻을 가지고 아버지께 '예' 하고 말씀드리지 않았더라면 아무 것도 존재하지 않았을 것이다.

순종은 고통과 영광이다. 순종은 영과 마찬가지로 절대로 죽지 않는다. 진정으로 너희들에게 말한다마는, 참으로 순종하는 사람들은 하느님같이 될 것이다. 그러나 자기 자신들과 세상과 사탄에 대한 끊임없는 싸움을 한 뒤에야 그렇게 될 것이다. 순종은 빛이다. 순종하면 할수록 더 비춤을 받고 더 분명히 본다. 순종은 참을성이다. 그래서 순종하면 순종할수록 사물과 사람들을 더 잘 참아견딘다. 순종은 겸손이다. 그래서 순종하면 순종할수록 이웃에 대해 더 겸손하게 된다. 순종은 사랑의 행위이기 때문에 사랑이다. 그래서 순종하면 순종할수록 사랑의 행위가 더 많아지고 더 완전하게 된다. 순종은 영웅적인 행위이다. 그리고 정신의 영웅은 성인이고, 하늘나라의 시민이며, 신격화된 사람이다. 사랑이 한 분이시고 세 위이신 하느님을 만나는 덕행이라면, 순종은 너희들의 선생인 나를 만나는 덕행이다. 거룩한 모든 것에 대한 순종으로 세상이 너희들을 내 제자로 알아보게 하여라. 유다를 불러라. 유다에게도 할 말이 있다…."

유다가 달려 온다. 예수께서는 내려오는 데 따라서 점점 더 좁아지는 전경(全景)을 가리키시며 말씀하신다. "장차 정신의 선생들이 될 너희들에게 작은 비유 하나를 말하겠다. 너희들은 어렵고 힘든 완전의 길을 더 올라갈수록 더 분명하게 볼 것이다. 맨 처음에 우리는 많은 마을이 있고, 밭과 과수원들이 있는 펠리시테인들의 평야와 사론평야 이렇게 두 평야를 보고, 큰 바다인 먼 곳의 파란 빛깔과 저쪽에 있는 아주 초록색인 가르멜산까지 보았었다. 이제는 별로 보이는 것이 없게 되었다. 지평선이 좁아졌고, 또 점점 더 좁아져서 마침내 계곡 아래에서 사라지고 말 것이다.

올라가지 않고 오히려 내려가는 정신을 가진 사람에게도 같은 일이 일어난다. 그의 덕행과 지혜가 점점 더 제한되고, 그의 판단력이 점점 더 좁아져서 마침내 없어지게까지 된다. 그러면 정신의 선생은 그의 사명이라는 면에서는 죽은 것이다. 그는 이제 식별을 못하게 되고, 인도하지 못하게 된다. 그는 시체와 같아서, 자기가 썩은 것과 같이 부패시킬 수가 있다. 내리받이는 어떤 때, 아니 거의 언제나 그를 끌어당긴다. 그가 아래에서 관능적인 만족을 발견하기 때문이다. 우리도 휴식과 음식을 얻기 위해서 계곡으로 내려간다. 그러나 이것이 우리 육체를 위하여는 필요한 것이지만, 윤리적 정신적 관능성의 계곡에 내려감으로써 관능적인 욕구와 정신의 게으름을 만족시키는 것은 필요치 않다. 내려가도 되는 계곡은 하나밖에 없으니, 그것은 겸손의 계곡이다. 그러나 겸손한 영을 잡아 당신께로 올리시기 위하여 하느님께서 친히 그 계곡으로 내려오신다. 자기를 낮추는 사람은 들어올림을 받을 것이다. 다른 계곡은 어느 것이든 하늘에서 멀어지게 하기 때문에 죽음을 가져오는 것이다.”

"그것 때문에 저를 부르셨습니까, 선생님?"

"이것 때문이었다. 너는 질문하는 사람들과 말을 많이 했지."

"예, 그런데 그렇게 할 필요가 없었습니다. 그들은 노새보다도 더 머리가 둔합니다."

"그런데 나는 모든 것이 빠져나간 그곳에 생각 하나를 집어넣고자 했다. 네가 네 정신에 영양을 취할 수 있게 하려고."

유다는 어리둥절해서 예수를 쳐다본다. 그는 그것이 선물인지 또는 꾸지람인지 알지 못한다. 그들을 따라 오던 사람들과 가리옷 사람이 이야기하는 것을 알아차리지 못하였던 다른 사람들은 예수께서 유다에게 그의 교만을 꾸짖으신다는 것을 알아차리지 못한다.

유다는 화제를 조심스럽게 다른 데로 돌리는 길을 택하여 묻는다. "선생님은 어떻게 생각하십니까? 저 로마인들이 페트라의 그 사람처럼, 선생님의 가르침에 이를 수가 있겠습니까? 선생님과 아주 한정된 접촉을 가진 그 사람들이 말입니다. 또 저 알렉산데르는요? 그 사람은 갔고… 우리는 그 사람을 다시는 보지 못할 것입니다. 그리고 바로 요전의 로마인들도 그렇구요. 그들 안에는 진리에 대한 본능적인 탐구가 있는 것 같습니다. 그러나 그들은 이교주의에 완전히 잠겨 있습니다. 그들이 어떤 좋은 결과를 끌어내게 되는 때가 있을까요?"

"진리를 발견한다는 뜻이냐?"

"그렇습니다, 선생님."

"그런데 왜 그들이 성공하게 되지 못한단 말이냐?"

"그들은 죄인이니까요."

"죄인은 그들밖에 없느냐? 우리 가운데는 죄인이 없느냐?"

"많습니다. 그것은 저도 인정합니다. 그러나 제 말씀은 바로 이런 것입니다. 즉 여러 세기 전서부터 벌써 지혜와 진리로 키워진 우리가 죄인이어서, 의인이 되고, 선생님이 나타내시는 진리를 따르기에 이르지 못하는데, 부정이 가득 차 있는 그들이니 어떻게 그렇게 할 수 있겠습니까?"

"사람은 누구나 진리에 이르기 위한 그의 출발점이 어디이든, 진리, 즉 하느님께로 올 수 있고 차지하기에 이를 수 있다. 정신의 교만과 육체의 타락이 없고, 진리와 빛에 대한 진지한 탐구가 있고, 순수한 의향이 있고, 하느님께 대한 갈망이 있을 때에는 인간이 확실히 하느님의 길에 있는 것이다."

"정신의 교만… 과 육체의 타락… 선생님… 그러면…."

"네 좋은 생각을 계속해라."

유다는 머뭇거리다가 말한다. "그러면 그들은 타락한 사람들이니까 하느님께로 갈 수 없군요."

"유다야, 네가 말하려던 것은 그것이 아니었다. 왜 네 생각과 네 양심에 재갈을 물렸느냐? 오! 사람이 하느님께로 올라가는 것이 얼마나 어려운 일이냐! 그런데 가장 큰 장애는 자기 자신을 반성하고 자기의 결점을 인정하기를 원치 않는 그 자신에게 있다. 정말이지 사람들은 정신적인 파멸의 원인을 모두 사탄에게 돌림으로써 사탄을 중상하는 일도 매우 많다. 또 모든 사건을 하느님께 돌림으로써 하느님을 중상하는 일은 훨씬 더 많다. 하느님께서는 사람의 자유를 침해하지 않으신다. 사탄은 선에 확고하게 자리잡은 의지를 이기지는 못한다.

나 너희들에게 분명히 말하지만, 백에 일흔 번은 사람이 자기 자신의 의지로 죄를 짓는다. 그리고 ――사람들이 그렇게 생각하지는 않지만, 이것은 사실이다.―― 사람이 죄에서 다시 일어나지 못하는 것은 자기 성찰하기를 싫어하고, 비록 그의 양심이 뜻하지 않은 충동으로 들고 일어나 그가 묵상하고자 하지 않은 진리를 외친다 하더라도 사람이 그 소리를 들리지 않게 하고, 엄하고 고민하는 그의 지성 앞에 마주서는 이 충고를 없애버리고, 비난하는 목소리가 불어넣어주는 그의 생각을 변질시키려고 애쓰며, 예를 들어 이렇게 말하기를 거부하기 때문이다. '아니 그렇다면, 우리는, 나는, 정신의 교만과 육체의 타락을 가졌기 때문에 진리에 이를 수가 없구나'하고. 그렇다. 사실, 우리 가운데에서 하느님의 길로 나아가지 못하는 사람들이 있는 것은 우리 가운데 정신의 교만과 육체의 타락이 있기 때문이다. 하느님의 **행동**이 사람들이나 당파의 이익에 반대 될 때에는 하느님의 **행동**을 비판하거나 방해할 정도로 사탄의 교만과 견줄 수 있는 교만이다. 그리고 이 죄는 많은 이스라엘 사람들을 영원한 벌을 받는 사람을 만들 것이다."

"그렇지만 우리 모두가 그렇지는 않습니다."

"그렇다. 착한 사람들이 아직 모든 계급에 있다. 유식한 사람들과 부유한 사람들 가운데 보다는 보잘 것 없는 일반 서민들 가운데에 더 많이 있다. 그러나 있기는 있다. 얼마나 되느냐? 내가 근 3년째 복음을 전하고, 많은 은혜를 베풀고, 그들을 위하여 내가 기진맥진한 팔레스티나의 이 민족에 비해서 얼마나 되느냐 말이다. 이스라엘에서 내 나라에 오기를 결정한 사람보다는 구름낀 밤에 보이는 별이 더 많다."

"그런데 이방인들은, 저 이방인들은 선생님의 나라에 올 것입니까?"

"다는 아니지만 많이 올 것이다. 그리고 내 제자들 가운데에도 모두가 끝까지 꾸준하지는 않을 것이다. 그러나 강한 햇볕에 타서 가지에서 떨어지는 열매들은 걱정하지 말자! 할 수 있는 한, 온유와 굳셈, 나무람과 용서, 참을성과 사랑으로 그 열매들을 타지 않게 하도록 힘쓰자. 그런 다음 그들이 그들을 구하고자 하는 하느님과 형제들에게 '싫소'하고 말하면서 뉘우치지 않고 죽어서 죽음과 사탄의 품으로 뛰어들면, 고개를 숙이고, 그 영혼의 구원이라는 기쁨을 하느님께 드리지 못한 데에서 오는 우리의 고통을 하느님께 드리자. 선생은 누구나 이런 실패를 체험한다. 그리고 이 실패들은 영적인 선생들의 교만을 꺾고, 그들의 임무에 꾸준한지를 시험하는 데 소용되기도 한다. 실패가 영적인 교육자의 의지를 싫증나게 해서는 안 되고, 오히려 장래에는 더 많이 더 잘 하도록 자극을 주어야 한다."

"왜 십인대장(十人隊長)에게 어떤 산에서 그를 다시 보실 것이라고 말씀하셨습니까? 어떻게 그 일을 아십니까?"

예수께서는 유다를 이상한 눈으로 오랫동안 바라보신다. 그 눈길에는 슬픔이 미소에 섞여 있다. "내가 높이 올려질 때에 그가 그곳에 있을 것이고, 이스라엘의 위대한 박사에게 뼈아픈 진리의 말을 하겠기 때문이다. 그리고 그 때부터 그는 빛을 향한 확실한 전진을 시작할 것이다. 그러나 이제 가브온에 다 왔다. 베드로는 다른 사람 일곱 명과 같이 가서 내가 간다는 것을 알려라. 나는 나를 따라 오는 이웃 마을 사람들을 돌려 보내기 위하여 즉시 말을 하겠다. 다른 사람들은 안식일이 끝날 때까지 나와 함께 남아 있을 것이다. 유다야, 너는 마태오와 시몬과 바르톨로메오와 함께 남아 있어라."

(나는 십인대장을 예수께서 십자가에 못박히실 때 있었던 병사들 중의 어떤 사람으로 알아보지는 못하였다. 그러나 내 예수를 살펴보는 데 전념하여 그들을 많이 눈여겨보지 않았다는 말도 해야 하겠다. 내가 보기에는 그들이 임무가 맡겨진 한 떼의 병사이었지, 그 이상의 아무 것도 아니었다. 그뿐 아니라 "모든 것이 이루어졌기" 때문에 내가 더 잘 살펴볼 수 있었을 때에는 빛이 너무 약해서 아주 잘 아는 얼굴들만을 알아볼 수가 있었다. 그러나 예수님의 말씀에 따라서 내 생각에는 그가 가믈리엘에게 어떤 말을 한 병사라고 생각한다. 그 말을 지금 기억하지는 못하겠고, 또 내가 지금 혼자 있어서 수난에 대한 이야기를 쓴 공책을 가져다 달라고 부탁할 사람이 아무도 없기 때문에 확인할 수가 없다.)

213. 가바온에서

가파르지 않고 높지 않은 언덕 위에 자리잡고 매우 기름진 평야 한가운데에 외따로 떨어져 있는 가바온은 봄, 여름, 가을에는 통풍이 잘 되고 훌륭한 파노라마를 누리는 쾌적한 도시일 것이 틀림없다. 흰 집들은 지금은 계절 탓에 잎이 떨어진 나무들에 섞인 가지가지 종류의 상록수의 푸르름 속에 거의 완전히 가려져 있다. 그러나 늦봄부터 여름까지의 철에는 활엽수들이 언덕을 가벼운 꽃잎구름으로 바꾸어 놓을 것이고, 나중에는 과일의 승리가 되게 할 것이다. 지금은 겨울의 회색 풍경 속에 잎이 떨어진 포도나무와 회색빛의 올리브나무들로 줄이 그어지던가 잎이 떨어진 우중충한 과일나무들로 얼룩이 진 비탈들을 보여준다. 그런데도 이 도시는 아름답고 통풍이 잘 되며, 눈은 언덕 비탈과 갈아엎은 들판을 보고 휴식을 취한다.

예수께서는 넓은 빗물받이 웅덩이 또는 우물 쪽으로 가시는데, 그것은 사마리아 여인의 그 우물이나 또는 엔 로젤, 또는 오히려 헤브론의 물웅덩이들을 연상시킨다.

이제는 임박한 안식일을 위하여 물을 길어다 두려고 서두르는 사람들이 많고 마지막 거래를 마무리짓는 사람들과 일을 마치고 벌써 안식일의 휴식을 즐기는 사람들도 많다.

이들 가운데에는 선생님을 예고하는 여덟 명의 사도가 있는데, 병자들을 데려오고, 거지들과 자기들의 집에서 나와서 모이는 사람들이 보이는 만큼, 사도들이 벌써 성공을 거두었다.

예수께서 웅덩이가 있는 곳에 발을 들여놓으시자 수근거리는 소리가 나더니, 그 소리는 일제히 지르는 이 소리로 변한다. "호산나, 호산나! 다윗의 후손이 우리 가운데 오셨다! 기원을 한 곳에 오신 지혜여, 찬미받으십시오!"

"지혜를 맞이할 줄 아는 여러분, 강복을 받으시오. 평화! 평화와 강복!" 그러시면서 즉시 병자들과 사고나 병으로 불구가 된 사람들, 으레 있는 소경들이나 눈이 멀어 가는 사람들 쪽으로 가셔서 그들을 고쳐 주신다.

어머니가 울면서 내미는 벙어리 어린 아이를 예수께서 입에 입맞춤 하심으로 고쳐 주셨는데, 그 어린 아이가 그가 받은 말하는 능력을 가장 아름다운 두 이름인 "예수! 엄마!"를 외치는 데 쓴 그 기적은 아름다운 기적이다. 그 어린 아이는 그를 군중 위로 치켜올리고 있던 엄마의 팔에서 예수의 품으로 뛰어들어 예수께서 그를 행복한 어머니에게 돌려주실 때까지 목을 꼭 껴안고 있다. 아이 어머니는 맏아들이고, 그가 나기 전부터 부모가 마음 속으로 제관을 만들려고 생각하였던 그 아이가 결점이 없어진 지금은 어떻게 제관이 될 수 있겠는지를 설명한다.

"이 아이를 제 남편 요아킴과 함께 주님께 청한 것은 저를 위해서가 아니라 이 애가 주님께 봉사하라고 그랬던 것입니다. 그리고 이 애가 말할 수 있기를 청한 것도 저를 엄마라고 부르고 저를 사랑한다는 말을 하라고 그런 것이 아닙니다. 이 애의 눈과 입맞춤이 벌써 저를 사랑한다고 말하고 있었습니다. 그게 아니고, 제가 그것을 청한 것은 이 애가 흠없는 어린 양과 같이 온전히 주님께 바쳐지고, 주님의 이름을 찬미할 수 있으라고 그런 것입니다."

그 말에 예수께서는 이렇게 대답하신다. "주님이 이 애의 영혼의 말을 들으셨소. 주님은 어머니와 같이 감정을 말과 행위로 바꾸니까요. 그러나 당신의 소원도 훌륭한 것이어서 지극히 높이신 분이 받아들이셨소. 이제는 당신 아들을 완전한 찬미를 위하여, 주님께 봉사하는 데 있어서 완전한 사람이 되도록 가르치는 데 전념하시오."

"예, 선생님. 그러나 제가 어떻게 해야 할지 선생님이 말씀해 주십시오."

"이 아이가 온 몸을 바쳐 주 하느님을 사랑하게 하시오. 그러면 그의 마음 속에 완전한 찬미가 꽃필 것이고, 하느님께 대한 봉사를 완전하게 할 거요."

"선생님, 잘 말씀하셨습니다. 지혜가 선생님의 입술에 있습니다. 제발 저희 모두에게 말씀해 주십시오" 하고 한 점잖은 가바온 사람이 군중을 헤치고 예수에게까지 와서 말하고 나서 회당으로 들어가시자고 청한다. 틀림없이 회당장일 것이다.

예수께서 회당을 향하여 가시고, 모든 사람이 따라 간다. 그러나 시민 전부와 거기에다 벌써 예수와 같이 있던 사람들을 모두 회당에 들어가게 할 수는 없으므로, 예수께서는 회당에 붙어 있는 자기 집 옥상에서 말씀하시라는 회당장의 권고를 받아들이신다. 그 집은 넓고 낮은 집으로 양 옆은 덩굴을 올린 재스민의 늘 푸른 잎으로 탁 덮혀 있다.

예수의 힘있고 듣기 좋은 목소리가 황혼이 내리깔리는 저녁의 고요한 공기 속에 펴지면서 광장과 그리로 들어오는 세 군데 길로 번지고, 작은 바다를 이룬 머리들은 예수의 말씀을 들으려고 얼굴을 쳐들고 있다.

"자기 아들의 말하기를 바랐지만, 아들의 입술에서 다정스러운 말을 듣기 위해서가 아니라 하느님께 봉사할 자격을 가진 사람이 되게 하려고, 그렇게 바란 여러분의 도시의 여인은 바로 이 도시에서, 한 위대한 사람의 입술에서 나온 오랜 옛날의 다른 말을 내게 생각나게 합니다. 여러분의 동향인 여자의 말과 그 말을 하느님께서 승낙하신 것은, 정의와 일치하는 청을, 기도들이 하느님에게서 환영과 은총을 얻기 위하여 모든 기도에 있어야 할 정의와 일치하는 청을 하느님께서 그 두 말에서 보셨기 때문이었습니다. 이 다음에 끝없는 지복(至福) 안에서 영원한 상급, 즉 끝없는 참 생명을 얻기 위하여는 살아 있는 동안에 무엇을 하는 것이 필요합니까? 주님을 온 몸을 다하여 사랑하고, 이웃을 자기 자신같이 사랑해야 합니다. 그리고 이것이야말로 하느님을 친구로 모시고, 하느님에게서 은총과 강복을 얻기 위하여 가장 필요한 일입니다.

솔로몬이 다윗이 죽은 다음 왕이 되어 실제로 권력을 잡았을 때, 그는 이 도시로 올라와서 많은 희생을 제물로 바쳤습니다. 그런데 그날 밤 지극히 높으신 분께서 그에게 나타나셔서 '네가 내게서 바라는 것을 청하여라' 하고 말씀하셨습니다. 이것은 하느님으로서는 큰 호의이고, 사람으로서는 큰 시험입니다. **어떤 선물에도 그것을 받는 사람 편으로는 큰 책임이 따르기 때문입니다. 그리고 그 책임은**

선물이 크면 클수록 더 큰 것입니다. 그리고 이것은 그의 정신이 어떤 정도의 교양에 이르렀는지를 알아보는 시험입니다. 만일 하느님의 선물을 잔뜩 받은 사람이 자기 완성을 하지 않고 오히려 물질주의를 향하여 내려가면, 그 사람은 시험에 실패한 것이고, 그로써 자기가 소양이 없다는 것이나 자기의 부족함을 나타내는 것이 됩니다.

어떤 사람의 정신적인 가치를 나타내는 두 가지가 있습니다. 하나는 기쁠 때에 그가 어떻게 처신하느냐 하는 것이고, 또 하나는 고통 중에서 어떻게 행동하느냐 하는 것입니다. 의덕에 관하여 소양을 쌓은 사람만이 영광 중에서 겸손할 줄을 알고, 기쁨 가운데에서 충실할 줄 알며, 얻은 다음에도, 이제 원하는 것이 아무 것도 없을 때에도 감사하는 마음을 가지고 한결같을 줄을 압니다. 그리고 실제로 거룩한 사람만이 마음 고통이 악착같이 따라 다닐 때에 참을성을 가지고 하느님을 사랑하는 사람으로 남아 있을 줄을 압니다."

"선생님, 한 가지 여쭈어 보아도 되겠습니까?"

"말하시오."

"선생님이 말씀하시는 것은 모두 사실입니다. 그리고 제가 제대로 알아들었다면, 선생님의 말씀의 뜻은 솔로몬이 시험을 다행스럽게 이겨냈다는 것입니다. 그러나 그후에 그는 죄를 지었습니다. 그러나 말씀해 주십시오. 그가 나중에 죄를 짓게 되어 있었는데, 왜 하느님께서 그에게 그렇게 많은 은혜를 베푸셨습니까? 틀림없이 주님은 왕의 미래의 죄를 알고 계셨습니다. 그러면 왜 왕에게 '네가 원하는 것을 내게 청하여라' 하고 말씀하셨습니까? 그것이 좋은 것이었습니까, 그렇지 않으면 나쁜 것이었습니까?"

"항상 좋은 것이었소. 하느님께서는 나쁜 행동은 하지 않으시니까요."

"그렇지만 어떤 선물에든지 책임이 따른다고 말씀하셨지요. 그런데 솔로몬은 지혜를 청하고 나서 얻은 다음에…."

"그는 분별있게 행동할 책임이 있었는데, 그렇지 않았다는 말이지요. 그것은 사실입니다. 그리고 나는 그가 분별을 가지지 못했던 것이 벌을 받았는데, 당연한 일이라고 말하겠습니다. 그러나 솔로몬이 청한 지혜를 그에게 주신 하느님의 행위는 좋았고, 다른 물질적인 것들 말고 지혜를 청한 솔로몬의 행위도 좋은 것이었습니다. 그리고 하느님께서는 아버지이시고 정의이시므로, 솔로몬이 잘못을 저지를 때에, 하느님께서는 죄인이 전에 다른 어떤 것보다도, 어떤 피조물보다도 지혜를 사랑했었다는 것을 기억하시고, 잘못의 대부분을 용서하셨습니다. 한 행위가 다른 행위를 완화했을 것이란 말입니다. 죄를 짓기 전에 행한 좋은 행동은 남아 있어서 용서를 위해 가치가 있게 됩니다. **그러나 죄인이 죄를 지은 다음에 뉘우칠 때에만 그렇습니다.** 그렇기 때문에 나는 여러분에게 착한 행동을 할 기회를 놓치지 말고, 여러분이 하느님의 은총으로 죄를 뉘우칠 때에, 그것들이 여러분의 죄에 대한 선불금(先拂金)이 되게 하라고 말하는 것입니다.

착한 행동들은, 지나간 일같이 생각되고, 또 그 때문에 이제는 우리 안에 좋은 일들을 위한 새로운 자극과 새로운 힘을 만들어 놓기 위하여 작용하지 않는다고 잘못 생각할 수 있을 때에도 비천하게 된 영혼 저 속에서 올라와서 그가 착했던 시절에 대한 회한을 불러일으키는 추억에 의해서 만이라도 항상 활동을 합니다. 그런데 회한은 흔히 의덕으로 돌아오는 길에 들여놓는 첫 걸음이 됩니다. 목마른 사람에게 사랑으로 준 물 한 잔도 갚음을 받는다고 내가 말했습니다. 물 한 모금은 물질적 가치로 따지면 아무 것도 아닙니다. 그러나 사랑이 그것을 위대하게 만들어서, 상을 받지 않고 그대로 있게 되지 않습니다. 때로는 그 상급이 그 행위와 목마르던 형제의 말과 그 때의 마음의 움직임과 하느님의 이름으로 그리고 사랑으로 마실 물을 주던 마음의 움직임에 대한 기억으로 이루어지는 선으로의 돌아옴일 수도 있습니다. 그러면 하느님께서는 추억들의 결과로 어두운 밤이 지난 뒤에 떠오르는 해와 같이 다시 오셔서, 당신을 잃었던 불쌍한 영혼의 지평선에서 빛나십니다. 그러면 그 마음은 하느님의 이루 말할 수 없는 현존 앞에서 겸손해지면서 '아버지, 저는 죄를 지었습니다! 용서해 주십시오. 저는 다시 아버지를 사랑합니다' 하고 외치게 됩니다.

하느님께 대한 사랑은 지혜이고, 지혜 중의 지혜입니다. 사랑하는 사람은 모든 것을 알고 모든 것을 차지하기 때문입니다. 여기서 저녁 어두움이 내려오고, 저녁 바람이 옷 속에 있는 몸을 떨리게 하고, 여러분이 켠 햇불들을 흔드는 동안, 나는 여러분이 벌써 알고 있는 것을 말하지는 않겠습니다. 그것은 솔로몬이 어떻게 지혜를 얻었는지와 그가 지혜를 얻기 위하여 어떤 기도를 했는지를 기술하는 지혜서의 대목들을 말하는 것입니다. 그러나 나를 기억하고, 확실한 오솔길과 여러분을 인도하는 빛을 기억하고, 여러분의 회당장과 더불어 그 대목들을 묵상하라고 권고합니다. 지혜서는 영적 생활의 준칙이 되어야 할 것입니다. 지혜서는 어머니의 손처럼 여러분을 인도하고, 덕행들과 내 가르침에 대한 완전한 지식으로 들여보내야 할 것입니다. 지혜는 내 길을 닦고, '단명하고 판단과 규칙을 이해할 수 없는' 사람들을 가지고 '하느님의 봉사자와 하느님의 여종들의 아들들을' 만들고, 하느님의 낙원의 신들을 만들기 때문입니다.

무엇보다도 먼저 지혜를 찾으시오. 그래서 영원한 날에 주님에게서 이런 말을 듣도록 하시오. '네가 특히 여기에 관심을 쏟고, 재산이나 이익이나 영광이나 장수, 또는 원수에 대한 승리에 집착하지 않았으니, 네게 지혜가 주어지기를 원한다' 하고. 즉 하느님 자신이 주어지기를 원하신다는 말이니, 지혜의 영은 하느님의 영이시기 때문입니다. 무엇보다도 먼저 거룩한 지혜를 찾으시오. 그러면 ─이것은 내가 여러분에게 분명히 말하는 것입니다.─ 다른 것은 무엇이든지 여러분이 받게 될 것입니다. 그것도 이 세상의 어떤 권력자도 마련할 수 없을 정도로 받게 될 것입니다. 하느님을 사랑하시오. 하느님을 사랑할 것만 걱정하시오. 하느님을 공경하기 위하여 이웃을 사랑하시오. 하느님을 섬기는 일과 사람들의 마음 속에서 하느님께서 승리를 거두시는 일에 몸바치시오. 하느님의 친구가 아닌 사람을 주님께 회개시키시오. 거룩하게 되시오. 인간에게 있을 수 있는 약함에 대해서 여러분을 지키기 위하여 거룩한 행동을 쌓으시오. 주님께 충실하시오. 산 사람도 죽은 사람도 비판하지 말고, 착한 사람들을 본 받으려고 힘쓰시오. 그리고 여러분의 이 세상의 기쁨을 위해서가 아니라 하느님의 기쁨을 위해서 주님께 은총들을 청하시오. 그러면 여러분이 받게 될 것입니다.

자, 내일은 우리 같이 기도합시다. 그리고 하느님께서 우리와 함께 계시기를 바랍니다."

그리고 예수께서는 그들을 돌려보내시며 강복을 주신다.

214. 예루살렘으로 돌아가시면서

 축축하고 찬 바람이 야산의 나무들을 빗질 하고, 하늘에서는 잿빛 구름들을 몰고 간다. 두꺼운 겉옷을 꼭 여미고, 예수께서 열두 사도와 스테파노와 같이 평야로 가는 길로 해서 가바온에서 내려오신다. 제자들은 그들끼리 이야기를 하는데, 그동안 예수께서는 흔히 보이시는 당신의 침묵에 잠기셔서 주위에 있는 것에서 멀리 떨어져 계신다. 그리고 그렇게 침묵에 잠기신 채로 계시다가 마침내 언덕 중턱에, 아니 거의 언덕 밑의 십자로에 이르렀을 때에 말씀하신다. "이쪽으로 해서 노베로 가자."
 "뭐라구요? 예루살렘으로 돌아가지 않으십니까?" 하고 가리옷 사람이 묻는다.
 "노베와 예루살렘은 많이 걸어 버릇한 사람에게는 거의 마찬가지이다. 그러나 나는 노베에 가 있는 편을 택한다. 이것이 네 마음에 들지 않느냐?"
 "아이고! 선생님! 저로서야 여기나 저기나… 저는 오히려 선생님이 아주 호의적인 곳에 모습을 별로 보이지 않으시는 것이 마음에 들지 않습니다. 선생님은 분명히 선생님께 호의적이 아닌 베테론에서 말씀을 더 많이 하셨습니다. 제 생각에는 그 반대로 하셔야 할 것 같은데요. 선생님께 호의적이라고 느끼시는 도시들을 점점 끌어당기셔서, 선생님께 적의를 가진 사람들이 지배하는 도시들에 대항해서 … 방어물을 만들도록 힘쓰시는 것 말입니다. 예루살렘에 인접한 도시들을 선생님 편으로 끌어들이는 것이 얼마나 중요한지 아십니까? 요컨대 예루살렘이 전부가 아닙니다. 다른 곳들도 중요성을 가질 수 있고, 그 중요성으로 예루살렘 사람들의 뜻에 압력을 가할 수도 있습니다. 왕들은 일반적으로 가장 충실한 도시에서 선포됩니다. 그리고 다른 도시들은 선포가 되고 나면 체념합니다…"

"그 도시들이 반란을 일으키지 않으면 그렇지. 반란이 일어나면 골육상쟁이 되는 거지. 나는 메시아가 그의 나라를 내란으로 시작하고자 하리라고는 믿지 않네" 하고 필립보가 말한다.

"내가 원하는 것은 오직 한 가지뿐, 즉 메시아가 너희들에게 우선 사물에 대한 올바른 이해를 가지게 하기를 바란다. 그러나 너희들은 아직 이 이해력을 가지지 못했다…. 대관절 언제나 알아듣겠느냐?"

어쩌면 비난이 올지도 모른다는 것을 알아차리고, 가리옷 사람은 다시 묻는다.

"그런데 왜 여기 가바온에서는 별로 말씀을 하지 않으셨습니까?"

"나는 사람들의 말을 듣고 쉬는 편을 더 낫게 여겼다. 너희들은 나도 휴식이 필요하다는 것을 이해하지 못하느냐?"

"우리가 거기 머물러서 그 사람들을 기쁘게 해 줄 수도 있었는데요. 그렇게 피로하시면, 왜 다시 길을 떠나셨습니까?" 하고 바르톨로메오가 몹시 슬퍼하며 말한다.

"팔다리가 피로한 것이 아니다. 나는 팔다리를 쉬게 하기 위해 멈출 필요는 없다. 내 마음이 지쳐서 휴식이 필요한데, 사람을 얻어만 나는 곳에서 나는 휴식을 얻는다. 너희들은 혹 내가 그 많은 원한에 대해서 둔감한 것으로 생각하느냐? 내게 대한 음모들에 대하여 내가 무관심한 것으로 생각하느냐? 우정을 가장하면서 내 곁에 있는 내 원수들의 첩자의 배신이…."

"주님, 절대로 그런 일이 있어서는 안 됩니다! 그리고 주님이 그런 일을 가정만 하셔도 안 됩니다. 그렇게 말씀하시는 것은 저희를 모욕하시는 것입니다" 하고 가리옷 사람이 다른 모든 사도들의 분개를 능가하는 고민하는 분개로 주장한다. 다른 사도들도 모두 "선생님은 그 말씀으로 저희를 슬프게 하시고 저희를 의심하시는 것이 됩니다" 하고 확언한다. 그리고 제베대오의 야고보는 충동적으로 부르짖는다.

"선생님, 저는 선생님을 하직하고 가파르나움으로 돌아가겠습니다. 상심한 마음을 안고서. 그러나 떠나겠습니다. 그리고 가파르나움이 충분하지 않으면, 띠로와 시돈의 어부들과 같이 친티움에, 어딘지 모르는 곳으로 가겠습니다. 그러나 제가 선생님을 배반한다고 선생님이 생각하실 수 없을 만큼 멀리 가겠습니다. 노자로 선생님의 강복을 주십시오!"

예수께서는 야고보를 껴안으시며 말씀하신다. "내 사도야, 조용해라. 자기들이 내 친구라고 말하는 사람은 매우 많다. 너희들만이 아니다. 내 말 때문에 네가 괴로워하고, 너희들이 괴로워한다. 그러나 지극히 사랑하는 내 사도들과 믿을 수 있는 내 제자들의 마음 말고 어떤 마음에 내 고민을 털어놓아야 하고, 어떤 마음에서 위안을 찾아야 하겠느냐? 나는 사람들을 결합시키기 위하여 떠난 일치, 즉 하늘에 계신 내 아버지와의 일치의 일부분을 너희 안에서 찾고, 사람들에 대한 사랑을 위하여 떠난 사랑, 즉 내 어머니의 사랑을 조금 너희들에게서 찾는다. 나는 나 스스로를 지탱하기 위하여 그것을 찾는다. 오! 쓴 물결과 인정없는 무거운 짐이 내 마음을, 사람의 아들을 침범하고 찍어누른다!…. 내 수난이 내 시간이 점점 더 꽉 찬다…. 그것을 견디어내게, 그것을 완수하게 나를 도와다오…. 그것이 너무도 고통스러우니까 말이다!"

사도들은 선생님의 말씀 안에서 떨고 있는 심각한 고통에 충격을 받아 서로 바라보며, 선생님께로 바싹 다가와서 어루만지고 껴안고 하는 것 외에는 아무 것도 할 줄을 모른다…. 그리고 동시에 유다는 오른쪽에서 요한은 왼쪽에서 예수의 얼굴을 입맞춤 한다. 예수께서는 가리옷의 유다와 요한이 입맞춤 하는 동안 눈을 가리기 위하여 감으신다….

일행은 다시 걷기 시작한다. 그리고 예수께서는 중단되었던 당신 생각을 끝마치실 수 있다. "이 큰 고민 중에 내 마음은 사랑과 휴식 얻는 곳을 찾는다. 메마른 돌들과 음험한 뱀들, 또는 정신이 산만한 나비들에게 말하는 대신에, 어디에서 내 마음이 다른 마음들의 말을 들을 수 있고, 그 마음들이 진실하고, 다정스럽고, 올바르다는 것을 느끼기 때문에 위로를 받을 수 있겠느냐? 가바온이 이런 곳들 중의 하나이다. 나는 한번도 여기에 오지 않았었다. 그러나 나는 여기에서 하느님의 훌륭한 일꾼들이 갈아서 씨를 뿌린 밭을 발견했다. 그 회당장! 그는 빛을 향해 왔다. 그러나 그의 정신은 벌써 빛을 발하고 있었다. 훌륭한 하느님의 봉사자는 어떤 일을 할 수 있느냐! 가바온은 나를 미워하는 사람들의 음모에서 보호되어 있지 않다. 거기서도 그들은 암시와 타락을 시도할 것이다. 그러나 거기에는 의인이, 회당장이 있다. 그래서 악의 독이 거기에서는 독성(毒性)을 잃는다. 항상 꾸중하고, 흠집을 잡아내고, 비난까지 하는 것이 내게 기분좋은 일일 것이라고 생각하느냐? 내가 가바온의 회당장에게 말한 것처럼 '너는 지혜를 이해하였다. 네 길로 전진하고 거룩한 사람이 되어라' 하고 말할 수 있는 것이 훨씬 더 즐겁다."

"그럼 우리가 그리로 다시 갈 것입니까?"

"아버지께서 내게 평온한 곳을 만나게 해 주시면, 나는 그것을 누리고, 그 일에 대해서 아버지를 찬미한다. 그러나 내가 온 것은 그 때문이 아니다. 나는 죄있고 주님에게서 멀리 떨어져 있는 곳들을 주님께 회개시키려고 왔다. 너희들은 내가 베다니아에 머무를 수 있으리라는 것을 안다. 그러나 나는 그곳에 머무르지 않는다."

"그것은 라자로에게 해를 끼치지 않기 위해서이기도 하지요."

"아니다, 시몬의 유다야. 라자로가 내 친구라는 것은 돌들까지도 안다. 그러니까 그것 때문에 위안을 얻고자 하는 내 욕망을 억제하는 것은 쓸데 없는 일일 것이다. 그것이 아니라…."

"라자로의 누이동생들 때문이지요. 특히 마리아 때문에."

"그것도 아니다, 시몬의 유다야. 육체의 음란이 내 마음을 어지럽게 하지 못한다는 것은 돌들까지도 안다. 사람들이 내게 대해서 한 수많은 비난들 중에서 제일 먼저 소멸한 것이 이것이라는 것에 유의하여라. 그것은 가장 악착스러운 내 반대자들도 이것을 주장하는 것은 거짓말 하는 그들의 습관을 폭로하는 것임을 깨달았기 때문이다. 성실한 사람들 중에서 아무도 내가 관능적이라고 믿지 않았을 것이다.

관능성은 초자연적인 것을 양식을 삼지 않고, 희생을 몹시 싫어하는 사람들에게나 매력을 느끼게 한다. 그러나 희생에 몸바친 사람, 희생이 되는 사람에게는 한 시간의 쾌락이 어떤 매력을 느끼게 하겠느냐? 희생이 되는 영혼의 즐거움은 완전히 정신에 있다. 그리고 그 영혼들이 육체를 쓰고 있다 하더라도, 그 육체는 옷 이상의 것이 아니다. 우리가 입고 있는 옷들이 감정을 가지고 있다고 생각하느냐? 영으로 사는 사람들에게 있어서 육체도 마찬가지이다. 즉 옷이지, 그 이상의 아무 것도 아니다. 영적인 사람은 관능의 노예가 아니기 때문에 참다운 초인(超人)이다. 그런데 관능적인 사람은 짐승과 공통적인 욕망을 너무 많이 가졌기 때문에, 그리고 동물에게 자연적인 본능을 가지고 품위를 떨어뜨리는 악습을 만들어 짐승보다 지나친 일을 함으로써 짐승보다도 더 낮게까지 되기 때문에, 진짜 인간의 품격에 관해서는 가치없는 사람이다."

유다는 어쩔 줄을 모르고 입술을 깨물다가 말한다. "그렇습니다. 그리고 또 하긴 선생님이 더이상 라자로에게 해를 끼치실 수도 없을 것입니다. 얼마 안 가서 라자로는 죽어 일체 복수의 위험을 당하지 않게 될 것입니다…. 그렇다면 왜 베다니아에 더 자주 가지 않으십니까?"

"나는 즐기러 오지 않고, 회개시키러 왔기 때문이다. 이 말은 이미 네게 한 말이다."

"그렇지만… 선생님은 선생님의 형제들을 데리고 계신 것을 즐기시지요?"

"그렇다. 그러나 내가 그들을 다른 사람들보다 더 낫게 여기지 않는 것도 사실이다. 이 집 저 집에 자리를 얻기 위해서 헤어질 때에, 보통은 그들이 나와 함께 있지 않고, 너희들이 나와 같이 있다. 그리고 이것은 구속에 몸을 바친 사람의 눈과 정신에는 살과 피는 가치가 없고, 가치가 있는 오직 한 가지는 마음들을 교육하는 것과 그들을 구속하는 일임을 너희에게 보이기 위해서이다. 이제 우리는 노베로 가서, 잠을 자기 위해 다시 헤어질 터인데, 이번에도 너를 데리고 있겠고, 마태오와 필립보와 바르톨로메오도 데리고 있겠다."

"저희는 아마 교양을 더 쌓은 사람들인 모양이지요? 특히 항상 선생님 곁에 두시는 저는요?"

"네가 바로 말했다, 시몬의 유다야."

"고맙습니다, 선생님. 그 말씀을 알아 들었습니다" 하고 가리옷 사람이 분노를 억제하지 못하며 말한다.

"그런데 만일 네가 알아들었으면, 왜 교양을 쌓으려고 힘쓰지 않느냐? 혹 내가 네 자존심을 해하지 않기 위해서 내가 거짓말을 할 수 있으리라고 생각하느냐? 게다가 우리는 형제들끼리라, 한 사람의 결점이 조롱거리가 되어서도 안 되고, 또 그렇지 않아도 형제들 한 사람 한 사람이 어떤 일을 게을리하는지 서로 알고 있는 다른 사람들 앞에서 주는 충고가 기가 죽게 되는 거리가 되어서도 안 된다. 완전한 사람은 아무도 없다. 내가 분명히 말하는 것이다. 그러나 보기 힘들고 참아견디기 어려운 각자의 결점들도 서로서로의 걱정을 증가시키지 않기 위해서 그 자신의 개선의 원인이 되어야 한다. 그리고 유다야, 내가 네 정체를 보기는 하지마는, 내가 너를 사랑하는 것만큼 너를 사랑하는 사람은 아무도 없고, 네 어머니조차도 그렇지 못하며, 네 예수만큼 너를 착하게 만들려고 힘쓰는 사람이 아무도 없다. 정말이다."

"그러나 우선은 제게 질책을 하시고 제게 모욕을 주십니다. 제자 앞에서까지두요."

"내가 네게 주의를 준 것이 이번이 처음이냐?" 유다는 대답이 없다. "대답하라니까 그러는구나!" 하고 예수께서 명령조로 말씀하신다.

"아닙니다."

"또 내가 몇 번이나 공공연하게 그렇게 했느냐? 내가 네게 창피를 주었다고 말할 수 있느냐? 또는 내가 너를 감싸주고 변호해 주었다고 말해야 하겠느냐? 말해라."

"선생님이 저를 변호해 주셨습니다. 그러나 지금은…."

"그러나 지금은 네 이익을 위해서이다. 죄지은 아들을 어루만져 주는 사람은 나중에 그의 상처를 처매 주어야 할 것이라는 격언이 있다. 길들지 않은 말은 다루기 어렵게 되고, 아무렇게나 내버려둔 아들은 분별없는 일을 하는 사람이 된다는 또 다른 격언도 있다."

"그러나 혹 제가 선생님의 아들이기라도 합니까?" 하고 유다가 묻는데, 그의 얼굴은 그의 뉘우침을 나타내기 위하여 노한 빛을 누그러뜨린다.

"내가 너를 낳았다 하더라도 그 이상으로 내 아들이 될 수가 없을 것이다. 그리고 네게 내 마음을 주고 너를 내가 바라는 것과 같은 사람이 되게 하기 위해서는 내 오장육부를 도려내게라도 하겠다…."

유다는 반성을… 진실한, 정말 진실한 반성을 또 한번 하여, 예수의 품으로 뛰어들며 부르짖는다. "아! 저는 그런 자격이 없습니다! 저는 마귀입니다. 선생님을 모실 자격이 없습니다! 선생님은 너무나 인자하십니다! 예수님, 저를 구해 주십시오!" 그러면서 운다. 좋지 못한 일과 자기를 사랑하시는 분을 슬프게 해 드렸다는 가책으로 어지러워진 마음의 불안한 울음으로 실제로 운다.

215. "나는 착한 목자이다"

 헤로데문으로 해서 시내에 들어오신 예수께서는 티로페온산과 오펠 변두리로 가시기 위하여 시내를 건너지르시는 중이다.
 "우리는 성전으로 갑니까?" 하고 가리옷 사람이 묻는다.
 "그렇다."
 "무엇을 하시는지 주의해서 하십시오!" 여러 사람이 예수께 경고를 하려고 말한다.
 "기도하는 시간밖에는 머무르지 않겠다."
 "그들이 선생님을 붙들 것입니다."
 "아니다. 우리는 북쪽 문으로 해서 들어갔다가 남쪽 문으로 해서 나올 터이니까 그들이 내게 해를 끼치기 위해서 조직화될 시간이 없을 것이다. 내 뒤에 나를 감시하고 밀고하는 사람이 항상 있으면 몰라도."
 아무도 대꾸하는 사람이 없고 예수께서는 성전을 향하여 나아가신다. 성전은 어두운 겨울 아침의 누르스름한 초록색 빛 속에 일종의 유령처럼 그 언덕 위에 나타나는데, 이런 날 아침에는 떠오르는 해가 남아 있으려고 고집을 부리면서 겹겹이 쌓인 구름 사이를 뚫고 지나가려고 애를 쓰는 추억에 지나지 않는 것 같다. 그것은 쓸데 없는 노력이다! 새벽의 즐거운 광채는 퍼지지는 않고, 고작 초록색 줄이 있는 남빛깔의 반점이 있는 환상적인 노랑의 창백한 반사광이 될 뿐이다. 그리고 이런 빛을 받는 성전의 대리석과 황금들은 창백하고 음산하게 나타나며, 죽음의 지역에 솟아나는 폐허와 같이 음울하다고까지 할 수 있을 것이다.
 예수께서는 성전 성곽을 향하여 올라 가시며 성전을 자세히 바라보시고, 이른 시간에 길을 다니는 사람들의 얼굴을 바라보신다. 대부분은 야채장수, 도살장으로 가는 짐승들을 데리고 가는 목자들, 장보러 가는 하인들이나 주부 같은 비천한 사람들이다. 그 사람들은 모두 겉옷을 입고, 아침의 매운 바람을 막으려고 몸을 좀 구부리고 말없이 걸어 간다. 얼굴들까지도 이 종족의 사람들의 얼굴들이 보통 그런 것보다 더 창백한 것 같다. 이상한 빛이 여러 가지 빛깔인 그들의 겉옷에 둘러싸인 그 얼굴들을 이렇게 푸름스름하거나 거의 진주빛깔로 보이게 하는 것이다. 겉옷의 초록색이나 선명한 자주빛 진한 노랑 따위가 얼굴에 볼그레한 반사광을 거의 보낼 수가 없다. 어떤 사람들은 선생님께 인사한다. 그러나 걸음을 멈추지 않는다. 지금은 유리한 시간이 아닌 것이다. 네거리나 줄곧 거리를 덮고 있는 차양 아래에서 애처로운 소리를 지르는 거지들은 아직 없다. 시간과 계절은 예수께서 장애없이 자유롭게 가시는 데 이바지한다.

일행은 성벽에 이르러서 안으로 들어가 이스라엘 사람들의 안마당으로 간다. 그들이 기도하는 동안, 그 음색으로 보아 은으로 만든 것으로 생각되는 나팔 소리가 언덕들 위로 퍼지면서 틀림없이 어떤 중요한 일을 알리고, 향 냄새가 퍼지면서 모리아산 꼭대기에서 맡을 수 있는 덜 기분좋은 다른 냄새들을 맡지 못하게 한다. 그 냄새들이란 목을 따서 불에 태우는 살 냄새, 밀가루 타는 냄새, 기름 태우는 냄새 따위의 줄곧 있는 냄새, 말하자면 자연적인 냄새로, 더 강하고 덜 강한 차이는 있어도 줄곧 드리는 번제물 때문에 항상 저 위에 감돌고 있는 냄새들이다.

일행은 다른 방향으로 가는데, 성전으로 달려 오는 첫번째 사람들과 성전에 속한 사람들, 계산대를 차리거나 울타리를 만들고 있는 환전상들과 장사꾼들의 눈에 띄기 시작한다. 그러나 그들은 수가 별로 많지 않고, 또 너무 놀라서 반응을 보일 줄을 모른다. 그들은 서로 놀람을 나타내는 말을 주고 받는다.

"저 사람 또 왔구먼!"
"사람들이 말하는 것처럼 갈릴래아로 가지 않았군 그래."
"그렇지만 어디 숨어 있었기에 아무 데서도 찾아내지 못했을까?"
"저 사람은 정말 그들과 맞서려고 하는 거로구먼."
"참 바보야!"
"정말 거룩하신 분이야!" 등등, 각자의 정신상태에 따라서 말한다.

예수께서는 벌써 성전 밖으로 나오셔서 오펠 쪽으로 가는 길을 향하여 내려오신다. 그러다가 시온으로 가는 길과 엇갈리는 곳에서 뜻밖에 눈을 뜬 지 얼마 안 되는 배냇소경을 만나신다. 그 사람은 향기로운 사과가 가득 찬 바구니들을 들고 역시 사과 바구니들을 들고 예수께서 가시는 방향과 반대방향으로 가는 다른 젊은이들과 농담을 하며 즐겁게 오는 중이었다.

젊은이는 예수의 얼굴과 사도들의 얼굴을 알지 못하기 때문에 그로서는 어쩌면 이 만남이 주목되지 않은 채 지나갔을지도 모른다. 그러나 예수께서는 기적을 받은 사람의 얼굴을 잘 아신다. 그래서 그를 부르신다. 바르톨마이라고도 하는 사도니아는 돌아서며 어떤 골목길로 향하여 가면서 자기의 이름을 부르는 키가 크고, 소박한 옷을 입었는데도 위엄이 있는 그 사람을 의아한 눈으로 바라본다.

"이리 오시오" 하고 예수께서 명령하신다.

젊은이는 짐을 내려놓지 않은 채 가까이 오며, 예수를 곁눈질로 쳐다보고, 사과를 좋아하는 사람인 것으로 생각하고 이렇게 말한다. "제 주인이 이 사과들은 팔았습니다. 그렇지만 사과를 사고 싶으시면 아직 있습니다. 어제 사론의 과수원에서 온 것들인데, 아름답고 맛이 좋습니다. 또 많이 사시면 값을 아주 싸게 해 드릴 겁니다. 왜냐하면…"

예수께서 빙그레 웃으면서 손을 들어 젊은이의 수다를 막으시고 말씀하신다. "나는 사과를 사려고 당신을 부른 것이 아니라, 당신과 함께 기뻐하며 당신에게 은총을 베풀어 주신 지극히 높으신 분을 당신과 함께 찬미하려고 불렀소."

"오! 그렇습니다! 저는 끊임없이 그렇게 합니다. 제가 보는 빛 때문에도 그리고, 아버지 어머니를 도와 드리기 위해서 일을 할 수 있는 것 때문에도 그럽니다. 저는 마침내 마음씨 좋은 주인을 만났습니다. 그분은 히브리인은 아니지만 착합니다. 히브리인들은 저를 받아들이지 않았습니다. 그것은… 그것은 제가 회당에서 쫓겨났다는 걸 그들이 알기 때문입니다" 하고 청년은 바구니들을 땅에 내려놓으면서 말한다.

"그들이 당신을 내쫓았소? 왜? 당신이 무슨 일을 했기에?"

"저는 아무 일도 하지 않았습니다. 정말입니다. 주님이 하신 것입니다. 안식일에 주님은 사람들이 메시아라고 하는 그분을 만나게 해 주셨는데, 그분이 보시다시피 저를 고쳐 주셨습니다. 그런데 그 때문에 그들이 저를 내쫓았습니다."

"그러면 당신을 고쳐 준 사람은 조금도 당신에게 좋은 일을 한 것이 아니로구려" 하고 예수께서 그를 시험하시려고 말씀하신다.

"여보세요, 그런 말씀 마세요! 그것은 선생님 편에서 하느님을 모독하는 말이 됩니다! 무엇보다도 먼저 그분은 하느님께서 저를 사랑하신다는 것을 보여 주셨고, 그 다음에는 내 눈을 뜨게 해 주셨습니다…. 선생님은 항상 보셨으니까 '눈이 보인다'는 것이 어떤 것인지 모르시지요. 그렇지만 한번도 본 일이 없는 사람은! 오!… 그것은… 눈이 보임과 동시에 모든 것을 가지게 되는 것입니다. 저는 저기 실로암 근처에서 눈이 보이게 되었을 때 정말이지 웃고 울고 했습니다. 그러나 기뻐서 그런 것이었습니다. 예! 저는 제가 불행한 동안에도 그렇게 운 일이 없을 정도로 울었습니다. 그 때에 저는 지극히 높으신 분이 얼마나 위대하시고 얼마나 착하신지를 깨달았기 때문입니다. 그리고 저는 생활비를 벌 수 있게 되었습니다. 그것도 적당한 일로요. 또 그리고… ──이건 무엇보다도 바라는 것이고, 제가 받은 기적이 제게 주는 생각입니다만── 그리고 자기가 메시아라고 말하는 그분과 그분의 제자를 만나기를 바랍니다…."

"그러면 어떻게 하겠소?"

"저는 그분과 그분의 제자를 찬미하고 싶습니다. 그리고 정말 하느님에게서 오신 것이 틀림없는 선생님께 저를 하인으로 써 주십사고 말씀드리고 싶습니다."

"뭐라구요? 그 사람 때문에 당신이 저주를 받았고, 일거리를 얻기가 힘들었고, 벌을 더 받을 수도 있을 터인데, 그 사람에게 봉사하겠다는 거요? 당신을 고쳐 준 사람을 따르는 사람들은 모두 박해를 당한다는 것을 알지 못하오?"

"이거 보세요! 저도 그건 압니다! 그렇지만 그분은 우리들끼리 말하는 것처럼 하느님의 아들이십니다. 저기(그러면서 성전을 가리킨다)사람들은 우리가 그런 말하는 것을 원치 않지만요. 그리고 그분을 섬기기 위해서 모든 것을 버릴 만한 가치가 있지 않습니까?"
"그러면 당신은 하느님의 아들을 믿고 그분이 팔레스티나에 계시다는 것을 믿소?"
"믿습니다. 그러나 저는 그분을 지능으로뿐 아니라, 제 몸 전체로 알고 싶습니다. 만일 그분이 누구이신지, 어디 계신지 아시면 말씀해 주십시오. 그래서 그분께 가서 그분을 보고, 그분을 완전히 믿고 그분께 봉사하게 해 주십시오."
"당신은 벌써 그분을 보았소. 그러니까 그분께 갈 필요가 없소. 당신이 지금 보고, 당신에게 말하는 사람이 하느님의 아들이오."
나는 확신을 가지고 단언하지는 못하겠지만, 이 말씀을 하시면서 예수께서는 매우 아름다워지시고 찬란해지신 것 같아서 말하자면 아주 짧은 현성용(顯聖容)을 하시는 것같이 보였다. 당신을 믿는 소박한 사람에게 상을 주시기 위하여, 그리고 그의 믿음을 굳게 하시기 위하여, 눈 한번 깜짝 할 동안 만큼 당신의 미래의 아름다움을 드러내 보이신 것 같다. 미래의 아름다움이란, 예수께서 부활하신 후에 가지시고 하늘에서 계속 가지고 계실 그 아름다움, 영광스럽게 된 인간으로서의 그분의 아름다움, 영광스럽게 되어 원래 당신의 것인 완전의 형언할 수 없는 아름다움 속에 섞여 들어간 육체로서의 그분의 아름다움을 말하는 것이다. 한 순간, 번개가 번쩍 하는 사이였다. 두 사람이 말을 하기 위하여 물러갔던 약간 어두운 길 모퉁이, 장식창틀 밑이 예수에게서 발산하는 빛으로 이상하게 빛난다. 되풀이 말하지만 그 때 예수께서는 매우 아름다워지신다.
그리고 모든 것이 다시 전과 같이 되는데, 다만 젊은이는 이제는 땅바닥에 엎드려서 얼굴을 먼지에 파묻고 경배를 하며 말한다. "주 하느님, 저는 믿습니다!"
"일어나시오. 나는 빛과 하느님에 대한 지식을 가져다 주고, 사람들을 시험하고 심판하려고 세상에 왔소. 내 때인 이 때는 선택과 간선과 선별의 때요. 내가 온 것은 마음과 의향이 깨끗한 사람들과 겸손한 사람들과 온유한 사람들, 그리고 정의와 자비와 평화를 사랑하는 사람과 여러 가지 부(富)에 그 실제적인 가치를 인정할 줄 알아서 물질적인 재산보다 정신적인 재산을 낮게 여기는 사람들이 그들의 정신이 갈망하는 것을 발견할 수 있게 하기 위해서이고, 사람들이 빛, 즉 하느님에 대한 지식을 막기 위하여 두꺼운 벽을 쌓아 올렸기 때문에 소경으로 있었던 사람들이 밝히 볼 수 있게 하고, 자기들을 천리안이라고 생각하는 사람들은 소경이 되게 하기 위해서요…."

"그러면 선생은 대부분의 사람을 미워하고, 선생이 스스로 말하는 것처럼 착하지 않습니다. 만일 착하면, 모든 사람이 밝히 보기를 보도록 힘쓰고, 이미 눈이 보이는 사람은 소경이 되지 않게 되도록 힘쓸 테니까 말입니다" 하고 어떤 바리사이파 사람들이 말을 가로막는다. 그들은 큰 거리에서 와서 다른 사람들과 같이 사도들의 무리 뒤에 조심스럽게 다가 왔었다.

예수께서는 몸을 돌려 그들을 바라보신다. 이제는 물론 기분좋은 아름다움의 변모를 하고 계시지 않다. 당신의 파란 눈으로 당신을 박해하는 자들을 뚫어지게 바라보시는 그분은 매우 엄하신 예수이시고, 예수의 목소리의 음색은 그 기쁨을 나타내는 금과 같은 음색이 아니고, 청동의 음색이며, 대답을 하실 때의 그 음색은 그 청동의 음색과 같이 날카롭고 엄하다.

"지금 진리를 공격하는 사람들이 보지 못하기를 원하는 것은 내가 아닙니다. 바로 그 사람들 자신이 보지 않으려고 그들의 눈동자 앞에 판자를 들어올려서 그들의 자유의지로 소경이 되는 것입니다. 그런데 아버지께서는 갈라놓으라고, 그래서 빛의 아들들과 어두움의 아들들, 보기를 원하는 사람들과 소경이 되기를 원하는 사람들을 정말로 알도록 하라고 나를 보내셨습니다."

"우리도 아마 그 소경들 축에 드는 모양이지요?"

"만일 당신들이 소경이어서 눈이 보이게 되려고 애를 쓰면, 당신들은 잘못이 없을 것입니다. 그러나 당신들은 '우리는 눈이 잘 보인다'고 말하고, 그 다음에는 보려고 하지 않기 때문에 죄를 짓는 것입니다. 당신들의 죄가 남아 있는 것은 당신들이 소경이면서 눈을 뜨려고 애를 쓰지 않기 때문입니다."

"그런데 우리가 무엇을 보아야 하는 것입니까?"

"길과 진리와 생명을 보아야 합니다. 전에 이 사람이 그렇던 것과 같이 배냇소경은 그의 집을 알기 때문에 언제든지 지팡이를 가지고 자기 집의 문을 찾아 집 안으로 들어갈 수가 있습니다. 그러나 그 사람을 다른 곳으로 데려가면, 새 집의 문이 어디 있는지 알지 못하기 때문에 그리로 해서 들어갈 수가 없을 것이고, 벽에 부딪게 될 것입니다.

새로운 율법의 시대가 왔습니다. 모든 것이 새로워지고, 새로운 세계, 새로운 국민, 새로운 나라가 일어납니다. 지금 지난 시절의 사람들은 이 모든 것을 알지 못합니다. 그들은 **그들의** 시대를 압니다. 그들은 아버지의 왕궁이 있는 새로운 나라, 그러나 그 왕궁이 있는 자리를 알지 못하는 새로운 나라에 데려다 놓은 소경들과 같습니다.

나는 그들을 인도하여 그리로 들어가게 하고, 그들로 하여금 보게 하려고 왔습니다. 그러나 나 자신이 아버지의 집, 하느님의 나라, 빛, 길, 진리, 생명에 이르는 문입니다. 또 나는 인도자가 없는 채로 있었던 양떼를 모아서 오직 하나밖에 없는 양의 우리, 즉 아버지의 양의 우리로 인도하기 위해서 온 사람이기도 합니다. 나는 문임과 동시에 목자이기 때문에 양의 우리의 문을 압니다. 그리고 내가 원하는 대로 원하는 때에 양의 우리를 드나듭니다. 또 양의 우리에 마음대로, 그것도 문을 통해서 들어갑니다. 그것은 내가 참 목자이기 때문입니다.

어떤 사람이 와서 하느님의 양들에게 다른 지시를 주고, 다른 우리와 다른 길로 데리고 가서 빗나가게 하려고 하면, 그 사람은 착한 목자가 아니라 거짓 목자입니다. 이와 마찬가지로 양의 우리의 문으로 들어가지 않고, 울타리 위로 뛰어서 다른 곳으로 해서 들어가려고 하는 사람도 목자가 아니고 도둑과 암살자입니다. 그런 자는 훔칠 마음을 가지고 들어가는데, 그가 훔치려고 하는 어린 양들이 목소리를 내서 소리를 질러 지키는 사람들과 목자의 주의를 끌지 못하게 하려고 어린 양들을 죽일 마음을 가지고 들어가는 것입니다. 또 이스라엘의 양떼의 양들 가운데에서는 거짓 목자들이 슬그머니 끼어들어 양들을 목장에서 나오게 해서 참 목자에게서 멀리 떨어지게 하려고 애씁니다. 그리고 거짓 목자들은 양들을 폭력으로 양떼에서 떼어낼 마음을 가지고, 또 경우에 따라서는 양들을 여러 가지 모양으로 죽이고 쳐서, 양들로 하여금 목자에게 거짓 목자들의 계략을 말하지 못하게 하고, 그들의 적수들과 목자의 적수들에게서 자기들을 보호해 주십사고 하느님께 호소하지 못하게 할 마음을 가지고 양의 우리로 들어가는 것입니다.

나는 착한 목자입니다. 그래서 내 양들은 나를 알고, 영원히 참 양의 우리의 문지기들인 사람들도 나를 압니다. 그들은 나와 내 이름을 알았고, 이스라엘에 그 이름이 알려지라고 그것을 말했습니다. 그리고 그들은 나를 묘사하고 내 길을 닦았습니다. 그리고 내 목소리가 들리게 되었을 때, 그들 중의 맨 마지막 사람이 내게 문을 열어 주면서 참 목자를 기다리던 양떼에게, 그의 지팡이 둘레에 모였던 양떼에게 이렇게 말했습니다. '보아라! 저 분이 내가 내 뒤에 오시는 분이라고 말한 그분이시다. 나보다 먼저 계셨기 때문에 내 앞장을 서 가시는 분이신데, 나는 그분을 알지 못했었다. 그러나 나는 이를 위하여, 너희들이 그분을 받아들일 준비가 되어 있게 하려고, 그분이 이스라엘에 나타나시도록 하기 위하여 물로 세례를 주러 왔다' 하고. 그리고 착한 양들은 내 목소리를 들었고, 내가 양들의 이름을 불렀을 때 달려 왔습니다. 그래서 나는 양들이 목소리를 듣고 알아보고 어디로 가든지 데려가는 착한 목자가 그렇게 하는 것처럼 데리고 왔습니다. 착한 목자는 양들을 모두 나오게 한 다음에는 양들의 앞장을 서서 걸어가고, 또 양들은 목자의 목소리를 좋아하기 때문에 그를 따라 갑니다. 그런데 양들이 외부 사람은 알지 못하고 무서워하기 때문에 따라가지 않고, 오히려 그에게서 멀리 도망칩니다. 나도 양들에게 길을 알려주고, 내가 제일 먼저 위험을 무릅써서, 내 나라 안의 완전한 곳으로 인도하기를 원하는 양떼에게 그 위험을 알려주기 위하여 내 양들의 앞장을 서서 걸어갑니다."

"이스라엘이 이제는 하느님의 나라가 아닐 것이란 말입니까?"

"이스라엘은 하느님의 백성이 참 예루살렘과 하느님의 나라로 올라가야 하는 출발점입니다."

"그러면 약속된 메시아는요? 선생 자신이라고 단언하는 그 메시아는 그럼 이스라엘을 승리하고 영광스럽고 세상의 지배자가 되도록 하기로 되어 있지 않단 말입니까? 모든 민족을 그의 왕권에 복종시키고, 이스라엘이 한 민족이 된 뒤로 그를 굴복시켰던 자들 모두에게 복수를, 오! 사납게 복수를 하면서 말입니다. 그러면 이것들 중에서 아무 것도 사실이 아닙니까? 선생은 예언자들을 부인합니까? 우리 라삐들을 바보로 취급합니까? 선생은…."
"메시아의 나라는 이 세상의 것이 아닙니다. 그것은 사랑 위에 세워진 하느님의 나라입니다. 그외의 아무 것도 아닙니다. 메시아는 민족들과 군대들의 왕이 아니라 정신의 왕입니다. 메시아는 선택된 민족에서, 왕족의 가문에서 올 것이고, 특히 그를 낳으시고 보내신 하느님에게서 올 것입니다. 이스라엘 민족에 의해서 하느님의 나라 건설이 시작되었고, 사랑의 율법의 공포와 예언자가 말하는 기쁜 소식의 전파가 시작되었습니다. 그러나 메시아는 세상의 왕, 왕중왕일 것이고, 그의 나라에는 시간에 있어서나 공간에 있어서나 한계가 없고 국경이 없을 것입니다. 눈을 뜨고 진리를 받아들이시오."
"선생의 횡설수설을 하나도 알아듣지 못했습니다. 선생은 의미가 없는 말을 하고 있습니다. 비유를 쓰지 말고 말하고 대답하시오. 선생은 메시아입니까, 아닙니까?"
"그래 당신들은 아직 알아듣지 못했다구요? 그래서 나는 문이요 목자라고 당신들에게 말한 것입니다. 지금까지는 아무도 하느님의 나라에 들어가지 못했습니다. 담을 둘러치고 출입문이 없었기 때문이지요. 그러나 이제는 내가 와서 들어가는 문이 만들어졌습니다."
"오! 자기들이 메시아라고 말한 다른 사람들도 있었는데, 나중에 그들이 도둑이고 반역자라는 것을 알아 보았습니다. 그래서 인간의 재판이 그들의 반란을 벌했습니다. 선생이 그들과 같지 않다는 것을 누가 보증합니까? 우리는 자기들이 왕이라고 말하며 백성들을 반란을 일으키도록 부추기는 거짓말쟁이들의 덕택으로 로마의 준엄함을 우리도 당하고 백성들에게도 당하게 하는데 지쳤습니다!"
"아닙니다. 당신들의 말은 정확하지 않습니다. 당신들이 고통을 당하기를 원치 않는다는 것은 사실입니다. 그러나 백성들이 고통당하는 것은 당신들이 괴로워하지 않습니다. 이것이 말할 수 없이 사실인 것이, 우리를 지배하는 사람들의 준엄함에다 당신들은 과도한 십일조와 그 밖에 많은 것으로 서민을 압제해서 당신들의 준엄함을 보탭니다. 내가 부랑배가 아니라는 것을 누가 보증하느냐구요? 내 행동입니다. 로마의 손길을 무겁게 하는 것은 내가 아닙니다. 때로는 우리를 지배하는 사람들에게 인정을 권고하고 지배받는 사람들에게는 참을성을 권하는 일이 있으니까 오히려 그 반대입니다. 적어도 이것은 있습니다."

이것이 많은 사람의 의견이다. 과연 지금은 청중이 많이 붙었고, 끊임없이 붙어나서 큰 길의 통행이 방해를 받게 될 지경이고, 사람들이 모두 골목길로, 목소리가 반향하는 차양 아래로 물러갈 지경이다. 그들은 예수의 말씀에 찬성하며 말한다. "십일조에 대해서는 잘 말했습니다. 그건 사실이오! 그리고 선생님은 우리에게 복종을 권하시고, 로마인들에게는 연민을 권하십니다."

바리사이파 사람들은 언제나 그런 것과 같이 군중의 찬성 때문에 화가 나서 그리스도께 말하는 그들의 말투가 훨씬 더 실랄해진다.

"그렇게 말을 많이 하지 말고, 선생이 메시아라는 것을 증명하시오."

"나 진정으로 진정으로 말하지마는, 내가 메시아입니다. 나만이 하늘의 양의 우리의 문입니다. 나를 통해서 들어가지 않는 사람은 들어갈 수 없습니다. 물론 다른 거짓 메시아들이 있었고, 또 있을 것입니다. **그러나 유일한 참된 메시아는 나입니다.** 메시아가 아니고 다만 도둑과 산적이면서 자기들이 메시아라고 말한 사람들이 지금까지 얼마나 있었습니까? 또 그들과 같은 정신상태를 가진 몇 명 안 되는 사람들에 의해 메시아라고 불리던 사람들만이 아니고, 자기들이 메시아라고 하지는 않으면서도, 참다운 메시아에게조차도 드리지 않는 경배를 요구하는 다른 사람들도 있습니다. 들을 줄 아는 귀를 가진 사람은 들으시오.

그러나 이 점에 유의하시오. 양들은 거짓 메시아들과 거짓 목자와 거짓 선생들의 말을 듣지 않았습니다. 그들의 정신은 부드럽게 들리게 하려고 하지만 잔인한 거짓 목자들의 목소리가 거짓이라는 것을 느꼈기 때문입니다. 염소 수컷들만이 그들을 따라 가서, 그들의 악랄함의 동무가 되었습니다. 하느님의 양의 우리에, 진짜 왕과 목자의 왕홀(王笏) 아래로 들어오기를 원치 않는 야성적이고 길들지 않은 염소들이었습니다. 지금 이스라엘에는 참 임금과 목자의 왕홀이 있기 때문입니다. 왕중의 왕인 사람이 양떼의 목자가 되는데, 옛날에는 양떼의 목동이던 사람이 왕이 되었습니다. 그리고 약속과 예언서에서 말하는 것과 같이 두 사람 다 오직 한 가문에서, 즉 이새의 가문에서 나왔습니다. 거짓 목자들은 솔직하게 말하지도 않고 위로도 해주지 않았습니다. 그들은 양떼를 흩어버리고 괴롭히거나 늑대들에게 내맡기거나, 또는 팔아서 이익을 남겨 생활비를 확보하려고 죽이거나, 양들에게서 목장을 빼앗아 창가(娼家)를 만들고 우상들을 위한 작은 숲을 만들었습니다.

늑대가 무엇인지 아십니까? 그것은 거짓 목자들 자신이 제일 먼저 행하면서 양떼에게 가르쳐준 나쁜 정열과 악습입니다. 그 우상들의 작은 숲이 무엇인지 아십니까? 그것은 그 앞에서 너무나 많은 사람들이 향을 피우는 자기 자신들의 이기주의입니다. 다른 두 가지는 그 말의 뜻이 너무나 명백하므로 설명할 필요도 없습니다. 그러나 거짓 목자들이 그렇게 하는 것은 당연합니다. 그들은 양들을 훔치고 죽이고 몰살하려고 오거나, 양의 우리 밖으로 거짓 목장으로 데려가거나, 사실은 도살장에 지나지 않는 거짓 양의 우리로 데려가려고 오는 도둑에 지나지 않으니까요. 그러나 내게로 오는 양들은 안전합니다. 그 양들은 나와서 내 목장으로 갈 수도 있을 것이고, 돌아와 내 휴식처로 와서 거룩함과 건강의 즙으로 튼튼하게 되고 살이 찔 수 있을 것입니다. 내가 이것 때문에 왔기 때문입니다. 즉 지금까지 야위고 병을 앓던 내 백성, 내 양들이 생명을 얻도록, 그것도 풍부한 생명, 평화와 기쁨의 생명을 얻게 하려고 온 것입니다. 이렇게 원하는 내 의지가 너무 절실해서, 내 양들이 하느님의 아들로서의 충만하고 풍성한 생명을 얻도록 내 목숨을 바치려고 왔을 정도입니다.

나는 착한 목자입니다. 목자가 착하면, 늑대와 도둑들에게서 양떼를 지키기 위하여 목숨을 바칩니다. 그런데 양들은 사랑하지 않고, 목장으로 양들을 데리고 가는 것으로 버는 돈을 사랑하는 고용인은 얼마 안 되는 돈을 품에 넣고 자기 목숨을 구하는 데에만 몰두하고, 늑대나 도둑이 오는 것을 보면 달아납니다. 나중에 돌아와서 늑대에게 반쯤 죽은 채 남겨진 양이나 도둑이 잃어버린 양을 찾아내서 첫째 양은 잡아서 먹고, 둘째 양은 자기 양인 것처럼 팔아서 자기의 돈을 불리고, 그리고 나서는 주인에게 가서 거짓 눈물을 흘리면서 양이

한 마리도 살아남지 않았다고 말할 각오를 하고 말입니다. 늑대가 양들을 잡아가고 흩어놓건, 도둑이 약탈을 해서 양들을 도살업자에게 끌고 가건, 돈만 바라고 일하는 사람에게는 무슨 상관이 있습니까? 그 사람이 혹 양들이 크는 동안에 양들을 돌보고, 양들을 튼튼하게 하려고 고생을 했습니까? 그러나 주인인 사람, 양 한 마리가 얼마 만한 값어치가 있고, 얼마나 많은 시간의 피로와 얼마나 많은 밤샘과 얼마나 많은 희생이 드는지를 아는 사람은 양들을 사랑하고, 자기의 재산인 그 양들을 보살핍니다.

그러나 나는 양들의 주인보다 더 합니다. 나는 내 양떼의 구세주이며, 다만 한 영혼의 구원도 내게 얼마나 값있는 것인지를 압니다. 그래서 나는 한 영혼을 구하기 위해 무엇이든지 할 준비를 갖추고 있습니다. 영혼은 내 아버지께서 내게 맡기셨습니다. 모든 영혼이 엄청나게 많은 영혼을 구원하라는 명령과 더불어 내게 맡겨졌습니다. 내가 영혼들을 영의 죽음에서 많이 빼앗아내면 그럴수록 내 아버지께는 더 많은 영광이 돌아갈 것입니다. 그래서 이 때문에 나는 영혼들을 그들의 원수들, 즉 그들의 **자아**, 세속, 육신, 마귀, 그리고 나를 괴롭히기 위하여 영혼들을 빼앗아가려고 다투는 내 반대자들에게서 구해내기 위하여 싸우는 것입니다. 내가 이렇게 하는 것은 내 아버지의 생각을 내가 알기 때문입니다. 그리고 내 아버지께서 이것을 하라고 나를 보내신 것은 아버지와 영혼들에 대한 내 사랑을 아버지께서 아시기 때문입니다. 또 내 양떼의 양들도 나와 내 사랑을 알고, 그들에게 기쁨을 주기 위하여 내가 목숨을 바칠 준비를 하고 있다는 것을 느낍니다.

나는 다른 양들도 가지고 있습니다. 그러나 그 양들은 이 양의 우리의 양들이 아닙니다. 그래서 내 정체를 알지 못하고, 또 많은 양은 내가 있다는 것과 내가 누구인지를 모릅니다. 여러분 중의 많은 사람에게는 야생 염소보다도 못한 것같이 보이고, 그래서 여러분은 진리를 알고 생명과 나라를 얻을 자격이 없다고 생각하는 양들입니다. 그렇지만 사실은 그렇지 않습니다. 아버지께서는 그 양들도 원하십니다. 그러니까 나는 그 양들에게 가까이 가서 나를 알리고, 기쁜 소식을 전해 주고, 내 목장으로 데려오고, 모으고 해야 합니다. 그리고 그 양들도 내 목소리를 들을 것이고, 끝내는 내 목소리를 사랑하게 될 것입니다. 그래서 오직 한 목자 밑에 오직 한 양의 우리가 있을 것이고, 하느님의 나라가 땅 위에 형성되어, 내 왕권과 내 표와 내 참 이름 아래 하늘로 옮겨져서 받아들여질 준비가 될 것입니다.

내 참 이름! 그 이름은 나 혼자만이 압니다! 그러나 뽑힌 사람들의 수가 차고, 환희의 노래가 울려 퍼지는 가운데 그들이 신랑과 신부의 큰 혼인 잔치상에 앉게 되면, 그 때에는 내 이름으로 표가 되고, 그 이름에 대한 사랑에 대해서 상을 받는 것이 어떤 것인지, 또 그 범위와 그 깊이를 완전히 알지 못하면서도, 그 이름에 충실함으로 자기 자신을 거룩하게 한 내 뽑힌 사람들에게 내 이름이 알려질 것입니다…. 이것이 내가 내 양들에게 주고자 하는 것이고, 이것이 바로 내 기쁨입니다….”

예수께서는 눈물이 반짝이는 황홀한 눈을 당신 쪽으로 향한 얼굴들을 향하여 돌리시는데, 입술에서는 미소가 떨고 있다. 영화(靈化)된 얼굴에 나타나는 하도 영화된 미소여서, 지복직관(至福直觀)으로 그리스도께서 황홀하게 되고, 그 지복직관이 이루어지기를 사랑으로 바라신다는 것을 깨닫는 군중도 몸서리를 칠 지경이다. 예수께서는 다시 침착해지신다. 당신의 영이 보는 것으로 눈이 너무나 나타낼지도 모르는 신비를 숨기기 위하여 잠깐 눈을 감으신다. 그리고 다시 말씀하신다.

"오 내 백성, 오 내 양떼여! 그렇기 때문에 아버지께서 나를 사랑하십니다. 여러분을 위하여, 여러분의 영원한 행복을 위하여 내가 목숨을 바치기 때문입니다. 그 다음에 나는 목숨을 다시 가질 것입니다. 그러나 그전에 나는 여러분이 생명을 얻도록, 여러분 자신의 생명을 위하여 여러분의 구세주를 가지도록 그 목숨을 내놓겠습니다. 그리고 내 목숨을 내놓아서 여러분이 그것을 실컷 먹게 하고, 나를 목자에서 목장과 샘으로 바꾸게 하려는 것입니다. 그 목장과 샘은 먹을 것과 마실 것을 줄 것이지만, 광야에 있던 히브리인들에게처럼 40년 동안이 아니라, 이 땅의 황야를 지나가는 귀양살이의 기간동안 줄곧 줄 것입니다. 실제에 있어서 아무도 내게서 목숨을 빼앗아 가지는 못합니다. 나를 전심으로 사랑함으로써 내가 그들을 위하여 나 자신을 희생할 만한 자격이 있는 사람들도 그렇게 못할 것이고, 한없는 증오와 어리석은 두려움에 목숨을 내게서 빼앗는 사람도 그렇게 못할 것입니다.
　만일 아버지와 내가 죄지은 인류에 대한 사랑의 열광에 붙잡혀, 나 스스로 목숨을 내놓기로 동의하지 않고, 또 아버지께서 그것을 허락하지 않으시면, 아무도 내게서 목숨을 빼앗아 가지 못할 것입니다. 내가 스스로 내 목숨을 내놓는 것이고, 내가 원하는 때에 다시 그것을 가질 능력을 가지고 있습니다. 죽음이 생명보다 우세하다는 것은 적절하지 않기 때문입니다. 이 때문에 아버지께서 내게 그 능력을 주셨고, 아버지께서 그렇게 하라고 내게 명령까지 하신 것입니다. 그리고 바쳐져서 없어진 내 목숨으로 인하여 민족들이 오직 하나의 민족, 즉 내 백성, 하느님의 아들들의 천상의 백성이 되어, 민족들 가운데에서 양과 염소를 갈라놓아 양들은 그들의 목자를 따라 영원한 생명의 나라로 들어갈 것입니다."
　그 때까지 큰 소리로 말씀하신 예수께서 향기로운 냄새가 나는 사과 바구니를 예수의 발 앞에 내려놓고 여전히 예수 앞에 서 있는 바르톨마이라고 불리는 사도니아에게 낮은 목소리로 말씀하신다.
　"당신은 나 때문에 모든 것을 잊어버렸구려. 이제 당신은 틀림없이 벌을 받고 일자리를 잃게 되었소. 알겠소? 나는 당신에게 항상 고통을 갖다주오. 나 때문에 회당을 잃었고, 이제는 나 때문에 당신 주인을 잃게 되었소…."
　"그런데 제가 선생님을 차지하면, 그게 무슨 상관이 있습니까? 제게는 선생님만이 가치가 있습니다. 그래서 선생님이 허락하신다면, 저는 모든 것을 버리고 선생님을 따르겠습니다. 다만 이 과일들을 산 사람에 가져다 주게 해 주십시오. 그리고 선생님의 사람이 되겠습니다."
　"같이 갑시다. 그리고 당신 아버지께 갑시다. 당신은 아버지를 모시고 있으니 아버지께 축복을 청함으로 공경을 드려야 하오."
　"예, 주님. 하라시는 대로 다 하겠습니다. 그렇지만 저는 아무 것도 알지 못하니까, 소경이었기 때문에 읽고 쓰는 것도 알지 못하니까 많이 가르쳐 주십시오."

"그것은 걱정 마시오. 당신의 착한 뜻이 당신에게 학교 노릇을 할 거요."

그리고 예수께서는 그곳을 떠나 큰 길로 돌아오시는데, 군중은 이러쿵 저러쿵 평을 하면서 토론을 하고 다투기까지 하며, 늘 똑같은 서로 반대되는 두 가지 의견 사이에서 망서린다. 즉 나자렛의 예수는 마귀들린 사람인가, 그렇지 않으면 성인인가? 의견이 맞지 않는 사람들은 토론을 하는데, 그동안 예수께서는 멀어져 가신다.

216. 베다니아와 라자로의 집으로 가시면서

　예수께서는 어디서 만나셨는지 알 수 없는 제자들 레위와 요셉과 마티아와 요한을 떠나 보내시며, 그들에게 새 제자 바르톨마이라고 하는 사도니아를 맡기신다. 이 일은 베다니아의 첫번째 집들이 있는 곳에서 생긴 일이다. 그러니까 목자인 제자들은 새로 온 사람과 그들이 데리고 있던 다른 일곱 사람과 같이 간다. 예수께서는 그들이 떠나는 것을 바라보시다가 돌아서시어 사도들을 바라보시며 말씀하신다. "그럼 이제는 여기서 시몬의 유다를 기다리자."
　"아! 그가 간 것을 알아차리셨군요?" 다른 사람들이 놀라서 묻는다. "저희들은 선생님이 그걸 알아차리지 못하신 줄 알았습니다. 사람이 대단히 많았고, 또 선생님은 처음에 젊은이와, 그 다음에는 목자들과 끊임없이 말씀하고 계셨으니까요…."
　"나는 그가 떠나갔다는 것을 처음부터 알았다. 나는 아무 것도 놓치지 않는다. 그래서 나는 친한 집들에 들어가서 유다가 나를 찾으면 베다니아로 보내달라고 말했다…."
　"제발 그러지 말았으면" 하고 알패오의 유다가 입 속으로 중얼거린다.
　예수께서 그를 바라보신다. 그러나 그 말을 들추어내지 않으시리라는 것을 보이신다. 그리고 모두가 타대오와 같은 의견임을 보시기 때문에 —때로는 얼굴이 말보다 더 웅변이다.— 모두에게 말씀하신다. "그가 돌아오기를 기다리면서 이렇게 쉬는 것은 좋은 일일 것이다. 이 휴식으로 모두가 기운을 차릴 것이다. 그런 다음 데쿠아로 가자. 날씨는 차지만 맑아간다. 나는 이 도시에서 복음을 전하겠다. 그런 다음 예리고로 해서 다시 올라와서 강 건너편으로 가자. 목자들이 많은 병자가 나를 찾는다고 말하기에, 그들에게 여행의 위험을 무릅쓰지 말고 그곳에서 나를 기다리라고 말하라고 일러 보냈다."

"가세" 하고 베드로가 한숨을 쉬며 말한다.

"자넨 라자로의 집에 가는게 좋지 않은가?" 하고 토마가 묻는다.

"나도 좋아."

"그런데 그걸 말하는 투가 이상하네."

"나는 라자로 때문에 그렇게 말하는 게 아닐세. 유다 때문에 그렇게 말하는 거야…"

"너는 죄인이다. 베드로야" 하고 예수께서 그에게 주의를 주시려고 말씀하신다.

"저는 죄인입니다. 그러나… 떠나가고, 무례하고, 고통거리인 가리옷의 유다는 죄인이 아닙니까?" 화가 나서 견딜 수가 없는 베드로가 격렬하게 말한다.

"그 사람도 죄인이다. 그러나 그가 죄인이라 하더라도 너는 죄인이 되어서는 안 된다. 우리 중의 아무도 죄인이어서는 안 된다. 하느님께서 우리에게 해명을 요구하시리라는 것을 기억하여라. **우리에게 요구하실 것**이라고 말하는 것은 하느님께서 너희들에게보다도 먼저 내게 그 사람을 맡기셨고, 그 사람을 구제하기 위하여 우리가 무엇을 했는지에 대해 해명을 요구하시겠기 때문이다."

"그러면 그 일을 성공하시리라고 믿으시는 것입니까? 저는 그렇게 믿을 수가 없습니다. 선생님은 과거와 현재와 미래를 아십니다. 이것은 믿습니다. 따라서 선생님은 그 사람에 관해서 틀리게 생각하실 수가 없습니다. 그리고… 그러나 그 나머지는 말하지 않은 것이 더 낫습니다" 하고 타대오가 말한다.

"사실, 입을 다물 줄 아는 것도 큰 덕행이다. 그러나 더 **정확하건 덜 정확하건 어떤 마음에 대한 예측은 그 마음을 파멸에서 구해내기 위하여 끝까지 꾸준해야 하는 의무를 아무에게도 면제해 주지 않는다**는 것을 알아라. 너도 바리사이파 사람들의 숙명론에 빠지기 말아라. 그들은 운명으로 정해져 있는 것은 이루어져야 하고, 운명으로 정해져 있는 것이 이루어지는 것을 막는 것은 아무 것도 없다고 주장한다. 그들은 이런 이유로 그들의 잘못을 변명하고, 내게 대한 그들의 극도의 증오의 행위도 변명한다. 하느님께서는 어떤 사람이 빠져들어가는 늪에서 그 사람을 구해내기 위하여 구역질과 분격과 당연하기까지한 반감을 극복하는 마음을 가진 사람의 희생을 기다리시는 일이 매우 많다. 그렇다, 이것은 내가 너희들에 분명히 하는 말이다. 전능하시고 전부이신 하느님께서 아무 것도 아닌 한 인간이 희생한번, 기도 한 번을 하느냐 하지 않느냐를 기다려서 어떤 영의 유죄판결에 서명을 하시는 일이 매우 많다. 어떤 영혼을 구하려고 애쓰고 구하기를 바라는 데 늦었다는, 너무 늦었다는 일은 절대로 없다. 그리고 나는 너희들에게 거기 대한 증거를 보여 주겠다. 죽음 직전에, 죄인이나 자기를 위하여 괴로워하는 의인이 세상을 떠나 하느님의 첫번째 심판에 가려고 하는 때에도 언제나 구원을 하거나 받을 수가 있다. 잔과 입술 사이에는 항상 죽음을 위한 자리가 있다고 격언은 말한다. 그러나 나는 반대로 임종의 끝과 죽음 사이에는 자기 자신을 위해서나 용서 받기를 우리가 바라는 사람들을 위하여 용서를 얻을 시간은 언제나 있다고 말하겠다."

아무도 한 마디 말도 하지 않는다.

예수께서 이제는 육중한 격자문에 이르셔서 문을 열게 하려고 큰 소리로 하인을 부르신다. 예수께서는 들어가셔서 라자로의 소식을 물으신다.

"아이고! 주님! 보십시오. 포도주와 송진과 함께 끓여서 주인님을 위한 목욕물을 만들기 위해 월계수와 녹나무 잎들과 실편백 열매와 향내나는 다른 나뭇잎과 열매를 따러 갔다가 돌아온 길입니다. 살이 조각조각 떨어지고, 고약한 냄새를 견딜 수가 없습니다. 주님이 오셨지만 들어가시게 봐 둘지 모르겠습니다…." 그리고 공기까지도 듣지 못하게 하려고, 하인은 목소리를 죽여 속삭인다. "이제는 주인님이 헌데 투성이라는 것을 숨길 수가 없습니다. 여주인님들은 모든 사람을 물리칩니다…. 두려워서요…. 아시겠습니까?…. 라자로님을 사랑하는 사람은 정말 별로 없거든요…. 그리고 많은 사람이 여러 가지 이유로 기뻐할 것입니다…. 오! 온 집안의 두려움인 것을 제게 생각하도록 하지 마십시오."

"여주인들이 잘 하는 걸세. 그러나 걱정들 말게. 그런 불행은 오지 않을 걸세."

"그러나… 누가 낫게 합니까? 주님의 기적이나…"

"자네 주인님이 낫지는 않을 걸세. 그러나 그것이 주님을 찬미하는 데 소용될 걸세."

하인은 실망한다…. 모든 사람의 병을 고쳐 주시는 예수님이 여기서는 아무 것도 하지 않으시다니!…. 그러나 그는 한숨 한번 쉬는 것으로나 자기의 생각을 나타낸다. 그런 다음 그는 말한다. "여주인님들에게 가서 주님이 오셨다는 것을 알리겠습니다."

예수께서는 라자로의 건강 상태에 관심을 보이는 사도들에게 둘러싸이시는데, 예수께서 사정을 알리시자 그들은 비탄에 잠긴다. 그러나 벌써 두 누이동생이 온다. 건강해 보이고 서로 다른 그들의 아름다움이 고통과 오랜 시간의 밤샘으로 인하여 어둡게 된 것 같다. 창백하고 기가 죽고 수척하고, 전에는 두 사람 다 그렇게도 초롱초롱하던 눈이 피로해 있고, 반지도 팔찌도 없고, 짙은 잿빛 옷을 입고 있는 그들은 여주인들이라기 보다는 오히려 하녀들과 같다. 두 자매는 예수께 다만 그들의 눈물만을 드리기 위하여 예수에게서 약간 떨어진 곳에 무릎을 꿇는다. 안에 있는 샘에서 처럼 흘러 내려 그칠 줄을 모르는 눈물이다.

예수께서 가까이 가신다. 마르타는 두 손을 내밀면서 속삭인다. "주님, 가까이 오지 마십시오. 사실 이제는 저희가 문둥병에 대한 법률을 어겨서 죄를 짓지 않나 걱정했습니다. 그러나 하느님, 저희는 오빠에 대해서 그와 같은 명령을 내리게 유발할 수는 없습니다! 그러나 가까이 오지 마십시오. 저희는 끊임없이 헌데를 만지기 때문에 부정하니까요. 저희들만이 부정합니다. 다른 사람은 모두 가까이 오지 못하게 해서, 모든 것을 문어귀에 갖다 놓고, 저희가 그것을 집어다가, 오빠의 방과 붙은 방에서 씻고 태우고 하기 때문입니다. 저희들 손을 보십시오. 하인들에게 돌려주어야 하는 그릇들을 위해서 쓰는 생석회에 타서 그렇습니다. 저희들은 이렇게 하면 죄가 덜하다고 생각합니다." 그러면서 마르타는 운다.

이번에는 지금까지 잠자코 있던 막달라 마리아가 탄식을 하며 말한다. "저희들은 사제를 모셔와야 할 것입니다. 그러나… 제가 제일 죄가 있는 사람입니다. 제가 그것을 반대하고, 그것이 이스라엘에서 저주받은 무서운 병이 아니라고 말하니까요. 아닙니다, 절대로 아닙니다! 그러나 그들이 저희를 하도 미워하고, 그들이 하도 수가 많기 때문에 그런 병이라고 말할 것입니다. 그보다 훨씬 덜한 것으로도 선생님의 사도 시몬이 문둥병자라는 선고를 받았으니까요."

"마리아야, 너는 사제도 아니고 의사도 아니다" 하고 마르타가 흐느끼면서 말한다.

"그래. 하지만 언니는 내가 말하는 것에 대해서 확신을 가지기 위해 내가 어떻게 했는지 알지. 주님, 저는 힌논 골짜기에 가서 온 골짜기를 돌아다녔고, 온 실로암과 엔 로젤 근처의 무덤들을 전부 돌아다녔습니다. 하녀차림을 하고, 베일을 쓰고, 새벽부터 음식과 몰약과 붕대와 옷을 가지구요. 그리고 주고 또 주었습니다. 저는 그것이 제가 사랑하는 사람을 위한 기원이라고 말했습니다. 그것은 사실이었습니다. 저는 다만 문둥병자들의 헌데만 볼 수 있게 해 달라고 부탁했습니다. 그 사람들은 저를 미친 여자로 생각했을 것입니다…. 도대체 누가 그 추악한 것을 보겠다고 하겠습니까?! 그러나 저는 비탈 끝에 제 선물들을 갖다 놓고 보자고 부탁했습니다. 그 사람들은 위에 있고, 저는 좀 아랫쪽에 있고, 그들은 놀라고, 저는 진저리를 치면서, 그들도 울고 저도 울면서 보고, 보고, 또 보았습니다. 저는 인비늘과 딱지와 헌데 투성이의 몸과 부식된 얼굴과 말굽보다도 더 뻣뻣한 센 머리, 고름이 스며나오는 눈, 이들이 보이는 뺨, 살아 있는 몸 위에 달려 있는 두개골, 괴물같은 발톱이 되어버린 손, 옹이 투성이의 나뭇가지 같은 발, 악취가 나는 것, 소름끼치는 것, 썩은 것을 바라보았습니다.

오! 제가 육체를 대단히 좋아해서 죄를 지었고, 눈과 후각과 귀와 촉각으로 아름다운 것, 향기로운 것, 듣기 좋은 것, 부드럽고 매끄러운 것을 즐겼습니다마는, 오! 제 오관이 이제는 그것들을 아는 고행으로 깨끗하게 되었다고 분명히 말씀드리겠습니다! 제 눈은 그 몹시 추한 사람들을 봄으로써 남자의 매혹적인 아름다움을 잊었고, 제 귀는 인간적인 것이 아니게 된 저 귀에 거슬리는 목소리를 듣고 지난날의 남성적인 목소리에서 누린 향락을 속죄했습니다. 그리고 제 살이 떨렸고, 제 후각이 반발했고… 또 사람이 죽은 다음 다음에는 어떻게 되느냐 하는 것을 보았기 때문에 그 나머지 개인적인 예찬이 모두 죽어버렸습니다…. 그러나 저는 이 확신은 가지고 왔습니다. 오빠는 문둥병자가 아니라는 확신입니다. 오빠의 목소리는 변하지 않았고, 오빠의 머리카락과 털이 모두 말짱합니다. 그리고 헌데도 다릅니다. 오빠는 문둥병자가 아닙니다. 절대로 아닙니다! 그리고 언니가 제 말을 믿지 않고, 오빠가 부정하다고 믿지 못하게 해서 오빠를 위로하지 않기 때문에 저는 괴롭습니다. 아시겠어요? 오빠는 주님이 와 계신 것을 아는 지금, 주님이 부정을 타지 않으시게 하려고 뵙기를 원치 않습니다. 언니의 어리석은 두려움 때문에 오빠가 주님의 위안도 받지 못하게 됩니다…."

그의 격렬한 성질 때문에 마리아는 화를 내려고 한다. 그러나 슬퍼서 흐느낌을 터뜨리는 언니를 보고는 갑자기 그의 성이 풀려 언니를 껴안고 입맞춤을 하며 말한다. "아이고! 언니! 용서해 줘! 용서해 줘! 괴로움 때문에 내가 옳지 못하게 됐어! 언니와 오빠를 설득하고 싶어하는 건 내가 언니와 오빠를 사랑하기 때문이야! 가엾은 언니! 우리는 정말 불쌍한 여자들이야!"

"자! 그렇게 울지들 말아라. 너희들에게는 너희와 라자로를 위해서 평화와 서로간의 동정이 필요하다. 게다가 라자로는 문둥병자가 아니다. 이 말을 나는 너희에게 분명히 해 준다."

"아이고! 주님, 와서 보십시오. 오빠가 문둥병자인지 누가 주님보다 더 잘 판단할 수 있습니까?" 하고 마르타가 애원한다.

"오빠가 문둥병자가 아니라고 내가 벌써 말하지 않았느냐?"

"그렇게 말씀하셨습니다. 그러나 오빠를 보지 않으시고 어떻게 그렇게 말씀하실 수 있습니까?"

"오! 마르타야! 마르타야! 네가 괴로워하고, 마치 정신착란을 일으키는 것 같기 때문에 하느님께서 너를 용서하신다! 너를 불쌍히 여겨서 라자로를 보러 가고, 헌데를 들쳐 보고 또…."

"그리고 오빠를 고쳐 주시는 거지요!!!" 하고 마르타가 일어나면서 외친다.

"내가 그렇게 할 수 없다고 너희들에게 여러번 말했다…. 그러나 너희가 문둥병자들에 대한 법률 관계에서 규정을 따르고 있다는 것을 아는 마음의 평화를 주겠다. 가자…."

216. 베다니아와 라자로의 집으로 가시면서

그리고 사도들에게 따라 오지 말라는 눈짓을 하시면서 제일 먼저 집 쪽을 향하여 가신다.

마리아는 앞으로 달려가 문 하나를 열고 뛰어서 복도를 건너지르고 작은 안마당으로 난 다른 문을 열고, 안마당을 몇 걸음 걸어가서, 대야와 작은 그릇들과 항아리와 붕대들이 어지럽게 널려 있는 어두컴컴한 작은 방으로 들어간다…. 향기와 썩는 냄새가 섞인 냄새가 코를 찌른다. 첫번째 문 맞은 편에 문이 하나 있는데, 마리아가 그 문을 열면서 기쁨으로 빛나기를 원하는 목소리로 외친다.

"선생님이 오셨어요. 오빠, 선생님은 제 말이 옳다고 오빠에게 말씀하시려고 오셨어요. 자, 웃으세요. 우리의 사랑이요 평화이신 분이 들어오시니까요!"

그러면서 오빠에게로 몸을 구부리고, 베개에 기대 앉히고, 모든 일시적 완화제에도 불구하고 헌데 투성이의 몸에서 풍기는 냄새는 상관하지 않고 그에게 입맞춤 한다. 그리고 다시 몸을 구부려 오빠의 몸을 정돈하려고 하는데, 벌써 예수의 부드러운 인사가 방에 울려 퍼진다. 그러니까 희미한 빛이 들어오던 그 방이 하느님의 현존 사실로 인하여 빛나는 것 같다.

"선생님, 겁나지 않으십니까…. 저는…."

"병자요! 그 이상 아무 것도 아니오. 라자로, 이해할 수 있는 조심성의 대책으로 규칙들이 정해졌고, 또 매우 광범위하고 매우 엄격하게 적용되고 있소. 조심성에 관한 한, 전염병의 경우와 같은 어떤 경우에는 무모한 것보다는 조심성을 강조하는 편이 더 낫소. 그러나 가엾은 친구, 당신은 전염성이 없고 부정하지 않소. 그래서 이렇게 당신을 포옹해도 형제들에게 조심성을 어긴다고 생각하지 않소." 그러시면서 야윈 몸을 안으시고 입맞춤 하신다.

"주님은 정말 평화이십니다! 그러나 주님은 아직 보지 못하셨습니다. 마리아가 그 소름끼치는 것을 드러내 놓습니다. 주님, 저는 이미 죽은 사람입니다. 동생들이 어떻게 견디어 낼 수 있는지 모르겠습니다…." 다리의 정맥류(靜脈瘤)를 따라 생긴 헌데들이 어떻게나 무섭고 비위에 거슬리는지 나도 견디어내지 못하겠다. 마리아의 눈부신 손이 헌데들 위에서 경쾌하게 움직이는 동안 그는 훌륭한 목소리로 대답한다. "오빠의 병은 동생들에게는 장미꽃들이예요. 다만 오빠가 괴로워하기 때문에 가시가 있는 장미꽃이지요. 자, 선생님. 보셔요. 문둥병은 이렇지 않아요!"

"문둥병은 그렇지 않다. 그것은 큰 병이고, 당신을 쇠약하게 하는 병이오. 그러나 위험은 없소. 당신 선생의 말을 믿으시오. 마리아야, 덮어라, 보았다."

"그런데… 만지지는 않으십니까?" 하고 마르타는 끈질기게 바라면서 한숨지으며 말한다.

"그래서는 안 된다. 불쾌감 때문에가 아니라 헌데에 염증을 일으키지 않기 위해서이다."

마르타는 더 조르지 않고, 향료를 가한 포도주 또한 식초가 있는 대야에 몸을 구부리고, 헝겊을 담갔다가 동생에게 건네준다. 말없이 흘리는 눈물이 불그스름한 액체에 떨어진다….

마리아는 불쌍한 다리를 싸매고, 송장의 발과 같이 벌써 생기가 없고 누르스름한 발을 다시 담요로 덮어 준다.

"혼자 오셨습니까?"

"아니오, 가리웃의 유다만 빼놓고는 모두 같이 왔소. 유다는 예루살렘에 처졌지만 올 거요…. 또 내가 벌써 멀리 떠나갔으면 그를 베타바라로 보내시오. 내가 그리 갈 터이니까 그곳에서 나를 기다리라고 말해 주시오."

"곧 떠나시는군요…."

"곧 또 오겠소. 성전 봉헌 기념일이 얼마 남지 않았소. 그 때 당신한테 오겠소."

"등불 명절에는 선생님을 모시지 못하겠군요…."

"그날은 베들레헴에 가 있겠소. 내 요람을 다시 볼 필요가 있소."

"선생님은 슬프십니다…. 저도 그걸 압니다…. 오! 아무 것도 할 수 없다니!"

"나는 슬퍼하지 않소. 나는 구속자요…. 그러나 당신은 피곤하오. 여보시오, 자지 않으려고 애쓰지 마시오."

"선생님께 경의를 표하기 위해서였습니다…."

"쉬시오. 쉬어요. 우린 나중에 다시 만나게 될 거요…." 그러면서 예수께서는 소리없이 물러 나오신다.

"선생님, 보셨지요?" 마당으로 나오자 마르타가 묻는다.

"보았다. 내 불쌍한 제자들…. 나도 너희들과 같이 운다…. 그러나 진정 너희들에게 털어놓는다만, 내 마음에는 너희 오빠보다 상처가 더 많다. 내 마음은 고통으로 짓이겨지고 있다…." 그러면서 두 자매를 어떻게나 심한 슬픔을 가지고 바라보시는지 두 자매는 예수님의 고통 때문에 **그들의** 고통을 잊을 지경이다. 그리고 여자들이기 때문에 포옹할 수는 없으므로, 그저 손과 옷에 입맞춤 하고, 다정스러운 누이동생들처럼 대접하기를 원하는 것으로 만족한다. 그리고 작은 방에서 애정으로 감싸며 대접을 한다.

사도들의 큰 목소리가 마당 저쪽에서 들려온다…. 나쁜 제자의 목소리만 **빼놓고** 모든 목소리가. 그리고 예수께서는 들으시며 한숨을 쉬신다…. 도망꾼을 참을성 있게 기다리면서 한숨 지으신다.

217. 데쿠아로 가시는 중에 늙은 엘리—안나

일행이 다시 길을 떠날 때에도 그들은 아직 열한 명이다. 두 자매와 작별인사를 하신 예수의 괴로워하는 얼굴 둘레에서 생각에 잠기고 혐오감을 일으킨 열한 얼굴이다. 예수께서는 잠깐 생각하시더니, 격자문을 넘으시기 전에 열성당원 시몬과 바르톨로메오에게 명령하신다. "너희들은 여기 남아 있어라. 그리고 데쿠아의 시몬의 집이나 베타바라로 나를 찾아 오너라. 그가 오거든 그렇게 하여라. 그리고… 사랑에 봉사하여라. 내 말 알아들었느냐?"

"안심하고 가십시오, 선생님. 저희들은 조금도 이웃에 대한 사랑을 어기지 않겠습니다" 하고 바르톨로메오가 약속한다.

"그가 어떤 시간에 너희를 찾아오든지 즉시 떠나라."

"즉시 떠나겠습니다, 선생님. 그리고… 저희를 믿어 주시니 고맙습니다" 하고 열성당원이 말한다.

그들은 서로 입맞춤을 한다. 그리고 하인이 대문을 닫고 예수께서 떠나 가시는 동안, 남아 있는 두 사람은 두 자매와 같이 집으로 돌아간다.

예수께서 혼자 앞서 가시고, 뒤에는 베드로가 마태와 알패오의 야고보 사이에서 가고, 그 다음에는 필립보가 안드레아와 제베대오의 야고보와 요한과 같이 간다. 맨 끝에는 다른 사람들 만큼이나 말없는 토마와 유다 타대오가 간다. 그러나 나는 표현을 잘못했다. 말이 없는 것은 베드로도 마찬가지이다. 그의 두 동행은 말을 몇 마디 주고받는다. 그러나 둘 사이에 있는 그는 말을 하지 않는다. 그는 말없이 고개를 떨어뜨리고 걸어가며, 그가 밟고 지나가는 돌과 풀과 말없는 대화를 주고받는 것 같다.

맨 뒤에 가는 두 사람도 거의 같은 태도를 취한다. 토마는 그가 잎을 하나씩 따는 작은 버들가지를 골똘히 들여다보는 것 같다. 그는

217. 데쿠아로 가시는 중에 늙은 엘리-안나 **591**

뜯어낸 잎 하나하나를 마치 한쪽은 연푸른 색이고 한쪽은 은빛인 그 빛깔과 망상조직의 맥들을 연구하려는 듯이 들여다 본다. 유다 타대오는 똑바로 앞을 바라본다. 어떤 야산 마루터기를 넘은 다음에 새벽의 들판의 어렴풋한 빛 속에 나타나는 지평선을 바라보는지, 또는 머리 위에 12월의 따뜻한 햇볕을 즐기시려는 듯이 겉을 뒤로 젖히신 예수의 금발 머리만을 바라보는지 모르겠다. 토마의 일과 유다 타대오 쪽에서 지평선 또는 선생님을 살펴보는 일이 동시에 끝난다. 유다 타대오가 눈을 내리뜨고 동행을 보려고 머리를 돌리는데, 작은 가지를 채찍처럼 만들고 나서 토마도 타대오를 보려고 눈을 든다. 날카로우면서도 동시에 착하고 침울한 눈길이 그와 같은 눈길을 만난다.

"여보게, 이렇게 됐네! 정말 이렇게 됐어!" 하고 토마가 어떤 회화를 끝내는 것처럼 말한다.

"그래, 이렇게 됐어. 그리고 내 고통은 매우 크네…. 나로서는 게다가 친척으로서의 사랑이 있네…."

"이해하네. 그러나… 자네는 마음에 애정의 고통이 있지만, 나는 어떤가? 나는 나를 괴롭히는 가책이 있는데, 이건 훨씬 더 고통스러운 거야."

"가책이라니, 자네가? 자네에게는 가책의 원인이 될 만한 것이 아무 것도 없네. 자넨 착하고 충실하네. 예수님은 자네를 만족하게 생각하시고, 우리도 자네에 대해서 아무런 분개의 이유가 없네. 그런데 그 가책의 느낌이 어떻게 오는 건가?"

"한 가지 추억에서… 성전에 나타나신 새 라삐를 따르기로 내가 결정한 날의 추억이네…. 유다와 나는 나란히 있었는데, 우리는 선생님의 태도와 말씀에 감탄했네. 그래서 나는 선생님을 찾기로 결정했네…. 내가 유다보다 훨씬 더 결단력이 있었고, 말하자면 내가 그를 끌었어. 그 사람은 이와 반대되는 말을 하지만 사실은 이런 거야. 이게 내 가책의 원인이야. 그에게 오라고 간청한 것 말이야…. 나는 예수님께 끊임없는 고통을 갖다 드렸어. 그렇지만 나는 유다가 많은 사람의 호평을 받고 있다는 것을 알았었네. 그래서 유익할 수 있을 거라고 생각했었네. 나는 다윗과 솔로몬보다 더 위대한 이스라엘의 왕, 어떻든 왕… 선생님은 당신은 절대로 그렇게 되지 않을 것이라고 말쏨하시는 것 같은 왕밖에 생각하지 않는 모든 사람들처럼 어리석었네. 그래서 유익한 존재가 될 수 있는 그가 제자들 가운데 있기를 열렬히 바랐었네!…. 나는 그렇게 바랐었어. 그리고 지금에 와서야 비로소 깨닫네. 그를 즉시 받아들이지 않으시고, 당신을 찾는 것을 그에게 금하기까지 하신 예수님의 올바름을 이제야 비로소 점점 깨닫는단 말이야…. 가책이라니까! 가책! 저 사람은 좋지 않아."

"그 사람은 좋지 않네. 그러나 가책을 스스로 만들어 가지지 말게. 자네가 한 것이 악의로 한 것은 아닐세. 따라서 잘못은 없네. 내가 장담하네."

"거기 대해 아주 자신이 있는 건가? 그렇지 않으면 나를 위로하려고 그렇게 말하는 건가?"

"그것이 사실이니까 그렇게 말하는 걸세. 토마, 이제 과거는 생각하지 말게. 그건 과거를 없애는 데 도움이 되지 않네…."

"자네는 말을 잘 하네! 그렇지만 곰곰 생각해 보게! 만일 나 때문에 선생님이 불행을 당하시면… 내 마음에는 불안과 의심이 가득 차 있네. 나는 동료를 판단하고, 또 내 판단이 무자비하기 때문에 나는 죄인일세. 그리고 나는 죄인인 것이 선생님의 말씀을 믿어야 할 테니까 그렇단 말일세…. 선생님은 유다를 용서하시거든…. 자네는… 자네 사촌의 말을 믿나?"

"이것만은 빼놓고 다 믿네. 그러나 괴로워하지 말게. 우리 모두가 같은 생각을 가지고 있네. 몹시 속이 타고, 저 사람에 대해서 가지가지 좋은 일을 생각하려고 애쓰는 베드로까지도, 어린 새끼양보다도 더 온유한 안드레아까지도, 우리 중에서 어떤 죄인이나 죄녀에 대해서도 혐오감을 가지지 않는 유일한 사람인 마태오까지도. 또 너무도 사랑과 순결이 가득 차 있어서 다른 것을 받아들일 자리가 없기 때문에 악과 악습을 두려워하지 않는 훌륭한 운명을 타고난 몹시 다정스럽고 몹시 깨끗한 요한도 말이야. 또 내 사촌도 같은 생각을 가지고 있어. 나는 예수님에 대해 말하는 걸세. 그리고 예수님은 분명히 이것과 함께 다른 생각들, 그 때문에 유다를 데리고 있어야 할 필요성을 보시는 생각들을 가지고 계실 거야…. 그를 착하게 만들려고 하는 시도를 남김없이 하실 때까지 말일세."

"맞아. 그렇지만… 이게 어떻게 끝날 건가?…. 그 사람은 너무나 많은… 그 사람은… 요컨대 내가 말하지 않아도 자넨 알아듣지. 그 사람은 마침내 어떻게 될 건가?"

"모르겠어…. 어쩌면 우리와 헤어질지도 모르고… 어쩌면 남아 있으면서 예수와 히브리인 세계와의 싸움에서 누가 더 강한지 보기를 기다릴지도 모르지…."

"또 다른 것은? 자네는 그가 지금부터 벌써 두 주인을 섬기고 있다고 생각하지 않나?"

"그건 확실해."

"그리고 자넨 그가 다수를 섬겨서 전적으로 선생님을 해칠 수 있을지 염려하지는 않나?"

"아니야. 나는 그 사람을 좋아하지는 않네. 그렇지만 그가… 그러리라고는 생각못하겠네…. 적어도 지금 당장은 그렇지 않을 거야. 그렇지만 어느날 군중의 호의가 선생님을 버리는 일이 있으면, 분명히 그렇게 되지 않을까 염려되네. 반대로 민중이 환호하면서 선생님을 우리의 왕으로 우리의 지도자로 인정하면, 유다가 선생님을 위해서 모든 사람을 버릴 것이라고 확신하네. 그 사람은 무엇이나 이용하려드는 사람이야…. 하느님께서 그 사람을 제지해서 예수와 우리 모두를 보호하시기를 바라네!…."

두 사람은 걸음을 매우 느리게 걸어서 동행들과 거리가 많이 벌어졌다는 것을 알아차리고, 이제는 말을 하지 않고, 그들을 따라 가려고 빨리 걷기 시작한다.

"아니 그런데 자네들 뭘 했나?" 하고 마태오가 묻는다. "선생님이 자네들을 찾으시던데…."

토마와 타대오는 서둘러 예수를 찾아 간다.

"무슨 이야기를 했느냐?" 하고 예수께서 그들의 얼굴을 뚫어지게 들여다 보시며 물으신다.

두 사람은 서로 바라본다. 말을 할까? 하지 말까? 그러나 솔직성이 이긴다. "유다에 대해서요" 하고 함께 말한다.

"나도 알고 있었다. 그러나 너희 솔직성을 시험하고자 했다. 만일 너희가 거짓말을 했더라면 나는 슬퍼했을 것이다. 그러나 그 말은 이

제 그만두어라. 특히 **그런** 식으로 말하는 것은. 우리가 말할 수 있는 좋은 일이 얼마든지 있는데, 왜 매우, 너무 속된 것을 주시하느라고 항상 비천하게 되느냐? 이사야는 '정신이 콧구멍에 있는 사람은 내버려 두어라' 하고 말한다. 나는 너희들에게 이렇게 말하겠다. 그 사람을 분석하는 것을 그만두고, 그의 영을 걱정해라 하고. 그 사람 안에 있는 짐승, 그의 괴물이 너희 눈길이나 판단을 끌어서는 안 된다. 그러지 말고, 그의 영에 대해서 사랑을, 고통스럽고 활동적인 사랑을 가져라. 그 사람을 붙잡고 있는 괴물에게서 그를 구해내라. 너희들은 알지 못한다."

예수께서는 돌아서서 다른 일곱 사도를 부르신다. "모두 이리 오너라. 너희는 모두가 마음 속에 같은 생각을 하고 있기 때문에 내가 말하는 것이 모두에게 유익해서 그런다…. **너희들은 다른 어떤 사람을 통해서보다도 가리옷의 유다를 통해서 더 많은 것을 배운다는 것을 알지 못한다.** 너희들은 사도로서 성직을 행하는 중에 많은 유다를 만날 것이고 예수는 별로 만나지 못할 것이다. 예수들은 착하고, 온유하고, 깨끗하고, 충실하고, 순종하고, 조심성 있고, 탐욕이 없을 것이다. 그런 사람은 아주 적을 것이다…. 그러나 세상의 길에서 너희와 너희를 따를 사람들과 너희 후계자들이 얼마나 얼마나 많은 가리옷의 유다를 만날 것이냐! 그런데 선생이 되고 알기 위해서는 이 학교에서 배워야 한다…. 그 사람은 그의 결점들과 더불어, 있는 그대로의 사람을 너희에게 보여준다. 나는 사람이 어떠해야 하는지를 너희에게 보여준다. 똑같이 필요한 두 가지 본보기이다. 너희들은 두 가지를 다 잘 알아서 둘째 것을 통해서 첫째 것을 바꾸도록 힘써야 한다…. 그리고 내 참을성이 너희 준칙이 되어야 한다."

"주님, 저는 큰 죄인이었습니다. 그리고 저도 분명히 큰 본보기가 될 것입니다. 그러나 제가 죄인이었던 만큼은 죄인이 아닌 유다가 제가 회개한 것처럼 회개했으면 합니다. 이렇게 말하는 것이 교만입니까?"

"아니다. 마태오야, 그것은 교만이 아니다. 그렇게 말하는 것으로 너는 두 가지 진리를 명예롭게 한다. 첫째는 '사람의 착한 뜻은 하느님다운 기적을 행한다'는 격언이 진실을 말한다는 것이고, 둘째는 네가 그것을 생각하고 있지 않던 때부터 하느님께서 너를 무한히 사랑하셨는데, 하느님께서 이렇게 하신 것은 네가 영웅적인 행동을 할 수 있다는 것을 잘 알고 계셨기 때문이라는 것이다. 너는 두 가지 힘이 만들어낸 결과이다. 즉 네 뜻과 하느님의 사랑이다. 그리고 네 뜻이 없었으면 하느님의 사랑도 쓸데 없는 것이었을 것이기 때문에 네 뜻을 첫자리에 놓겠다. 네 뜻이 없었더라면 하느님의 사랑이 헛것이고 꼼짝할 수가 없었을 것이다…"

"그러나 하느님께서는 저희들의 뜻이 없이도 저희들을 회개시키실 수 없을까요?" 하고 알패오의 야고보가 묻는다.

"물론 하실 수 있다. 그러나 그런 다음에는 기적적으로 얻은 회개를 꾸준히 지키기 위해서 사람의 의지가 항상 요구될 것이다."

"그러면 유다에게는 그 의지가 선생님을 알기 전에도 있지 않았고, 지금도 있지 않군요…" 하고 필립보가 격렬하게 말한다. 어떤 사람들은 웃고 어떤 사람들은 한숨을 쉰다.

예수 혼자만이 그 자리에 없는 사도를 변호하신다. "그렇게들 말하지 말아라! 그런 의지를 그가 가졌었고, 지금도 가지고 있다. 그러나 육체의 나쁜 권력이 때때로 그 뜻을 억제한다. 그 사람은 병자이다…. 병든 가엾은 형제이다. 어떤 가정에나 약한 사람, 병든 사람, 집안의 고통거리, 걱정거리, 짐이 되는 사람이 있다. 그렇지만 약한 아이가 어머니의 사랑을 가장 많이 받지 않느냐? 불행한 어린 동생이 형들에게 가장 귀여움을 받지 않느냐? 아버지가 기쁨을 주기 위해서, 그 아이가 짐이 되지 않는다는 것을 깨닫게 하기 위해서, 그리고 그렇게 함으로써 그의 병약이 짐스러운 것이 되지 않게 하기 위해서 큰 접시에서 제일 맛있는 음식을 주는 것은 이런 아이가 아니냐?"

"사실입니다. 틀림없이 그렇습니다. 제 쌍동이 누이동생이 어렸을 때 약했습니다. 힘이란 힘은 제가 전부 가졌었습니다. 그렇지만 온 집안 식구가 그 애를 어떻게나 떠받쳐 주었던지 지금은 기운찬 아내요 어머니입니다" 하고 토마가 말한다.

"자 봐라. 너희들도 영적으로 허약한 형제에 대해서, 건강이 허약한 형제에 대해서 할 것처럼 하여라. 나는 꾸짖는 말 한 마디도 하지 않겠다. 너희들이 나보다 더 낫지는 않다. 너희들의 참을성있는 사랑이 가장 강한 질책이고, 대항할 수 없는 비난이다. 데쿠아에서는 마태오와 필립보를 남겨 놓아서 유다를 기다리게 하겠다…. 마태오는 그가 죄인이었다는 것을 기억하고, 필립보는 아버지라는 것을 기억하여라….”

"예, 기억하겠습니다. 선생님!"

"예리고에서는, 그가 아직 우리와 합류하지 않았으면, 안드레아와 요한을 남겨 놓겠다. 그리고 이 두 사람은 모든 사람이 하느님께서 거저 주시는 선물을 같은 정도로 받지 않았다는 것을 기억해야 한다…. 그러나 길에서 비틀거리고 있는 저 늙은 거지에게 가 보아라. 도시가 보이니, 돈을 좀 가지면 빵을 구할 수 있을 것이다."

"주님, 그렇게 할 수가 없습니다. 유다가 돈주머니를 가진 채 갔습니다…" 하고 베드로가 말한다. "그리고 자매들도 저희에게 아무 것도 주지 않았습니다."

"시몬아, 네 말이 옳다. 자매들이 고통으로 인해서 얼이 빠진 것 같고, 우리도 그들과 같이 어리둥절한 것 같다. 상관없다. 우리에게 빵이 좀 있는데, 우리는 젊고 튼튼하니, 빵을 노인에게 주어서 길에서 쓰러지지 않게 하자."

그들은 배낭을 뒤져 빵조각들을 모아서 작은 노인에게 준다. 노인은 놀라서 그들을 쳐다 본다.

"드십시오. 드세요!" 하고 예수께서 노인에게 용기를 주기 위하여 말씀하시고, 당신 수통의 물을 마시게 하시면서 어디로 가느냐고 물으신다.

"데쿠아에요. 내일은 큰 장날이지요. 그러나 나는 어제부터 먹질 못했어요."

"혼자십니까?"

"혼자인 것보다도 더하지요…. 내 아들이 나를 내쫓았답니다…" 노인의 목소리를 들으니 가슴이 찢어진다.

"할아버지께서 하느님의 자비를 믿을 줄 아시면, 하느님께서 당신 나라의 문을 할아버지께 열어 주실 것입니다."

"그리고 하느님의 메시아의 자비두요. 그러나 내 아들은 메시아를 모시지 못할 겁니다. 왜냐하면 메시아를 사랑한다고 해서 아비를 미위할 정도로 메시아를 미워하는 그 애는 메시아를 모실 수가 없거든요."

"아드님이 그 때문에 할아버지를 내쫓았습니까?"

"그 때문이지요. 그리고 메시아를 박해하는 어떤 사람들의 우정을 잃지 않으려고 그런 거지요. 그 애는 혈육의 목소리까지도 억제할 정도로 그의 증오가 그들의 증오를 능가한다는 것을 보이려고 한 겁니다."

"정말 소름끼치는 일이로군요" 하고 모든 사도가 말한다.

"만일 내가 내 아들과 같은 생각을 가지고 있으면 더 소름끼치는 일일 겁니다" 하고 작은 노인이 격렬하게 말한다.

"그렇지만, 아들이 누굽니까? 할아버지의 말씀을 들으니 권력이 있고, 다른 사람들이 그의 말을 경청하는 사람 같은데요…" 하고 토마가 말한다.

"여보시오. 아비가 죄지은 아들의 이름을 말해서 아들이 업신여김을 받게는 하지 않소. 나는 내 아들을 행복하게 하려고 일을 많이 해서 집안의 안락을 더해준 내가 배가 고프고 춥다는 말을 해야 하겠어요. 그러나 그 이상은 아무 것도 말하지 않겠어요. 내가 유다 사람이고 아들도 유다 사람이니까 우린 같은 겨레요. 그러나 같은 것을 생각하지는 않는다는 것을 생각하시오. 그 나머지는 무익한 겁니다."

"그런데 의인이신 할아버지는 하느님께 아무 것도 청하지 않으십니까?" 하고 예수께서 조용히 물으신다.

"제 아들의 마음을 감동시키셔서 제가 믿는 것을 믿도록 이끌어 주십사고 청합니다."

"그러나 할아버지를 위해서, 할아버지만을 위해서는 아무 것도 청하지 않으십니까?"

"제 생각에는 하느님의 아들이신 그분을 공경하고 나서 죽게 그분을 만나게 해 주십사고 청합니다."

"그러나 할아버지께서 돌아가시면 그분을 보지 못하시게 될 텐데요. 할아버지는 임보에 계실 테니까…"

"잠깐 동안일 겁니다. 선생님은 라삐이시지요. 나는 눈이 아주 잘 안 보입니다…. 나이도 그렇고… 눈물을 많이 흘리고 굶주려서도 그렇고… 그러나 선생님의 허리띠의 매듭들이 보입니다…. 만일 선생님이 내가 생각하듯이 훌륭한 라삐이시면, 선생님도 때가 왔다는 것을 깨달으실 것입니다. 이사야가 말하는 그 때 말입니다. 그리고 어린 양이 세상의 모든 죄를 지고, 우리의 모든 불행과 모든 고통을 짊어질 시간이 곧 오리라는 것을 이 때문에 우리의 병이 고쳐지고 영원하신 분과 화해하도록 어린 양이 꿰뚫리고 제헌될 시간이 곧 올 것입니다. 그 때에는 영들을 위해서도 평화가 올 것입니다…. 나는 하느님의 자비를 탁 믿으면서 그것을 바랍니다."

"할아버지는 선생님을 한번도 보지 못하셨습니까?"

"예. 명절때 성전에서 선생님이 말씀하시는 것은 들었습니다. 그러나 나는 작은 데다가 늙어서 더 작아졌고, 아까 말한 대로 눈이 잘 보이지 않습니다. 그래서 군중 가운데에 가면 내 앞에 있는 사람들 때문에 보지 못하고, 멀리 있으면 거리 때문에 보이지 않습니다. 오! 나는 선생님을 보고 싶습니다. 다만 한번만이라도!"

"할아버지께서는 선생님을 보시게 될 겁니다. 하느님께서 할아버지를 만족시켜 주실 겁니다. 그런데 데쿠아에는 어디 가실 데가 있습니까?"

"없습니다. 어떤 회랑 밑이나 문어귀에 있겠습니다. 이젠 이 일에 익숙해졌습니다."

"저와 같이 가십시다. 저는 착한 이스라엘 사람을 한 사람 압니다. 그 사람이 할아버지를 갈릴래아의 선생님 예수의 이름으로 받아들일 것입니다."

"그렇지만 선생님도 갈릴래아 사람이시지요. 선생님의 억양으로 그걸 알겠습니다."

"그렇습니다…. 피곤하십니까? 그러나 벌써 첫째 집들 있는 곳에 왔습니다. 곧 쉬시게 되고 식사도 하실 수 있을 것입니다."

예수께서 몸을 굽혀 베드로에게 무슨 말씀을 하시니, 베드로는 자리를 떠서 다른 사람들에게 예수께서 말씀하신 것을 말해 준다. 나는 그 말을 알지 못한다. 그리고 베드로는 걸음을 빨리 걸어서 시내로 들어간다. 예수께서는 다른 사도들과 같이 그를 따라 가시는데, 작은 노인의 걸음에 맞추어서 걸으신다. 노인은 이제는 말을 하지 않는데 완전히 기진맥진하여 마침내 뒤로 처져서 안드레아와 마태오와 같이 가게 된다.

시내는 텅 빈 것 같다. 오정이라, 많은 사람이 식사를 하느라고 집안에 있다. 몇 미터쯤 가니까 베드로가 온다.

"주님 됐습니다. 선생님이 노인을 데려 오시니까 시몬이 받아들이겠다고 하면서, 자기를 생각하신 것을 고맙게 여긴다고 합니다" 하고 말한다.

"주님을 찬미하자! 이스라엘에 아직 의인들이 있구나. 이 노인이 그중 한 분이고, 시몬이 또 한 사람이고. 그렇다, 착하고 자비롭고 주님께 충실한 사람들이 아직 있다. 그리고 이것이 그 많은 고통을 완화하고, 그 의인들 때문에 하느님의 정의가 가라앉기를 바라게 한다."

"그렇지만!… 틀림없이 어떤 유력한 바리사이파 사람의 우정을 잃지 않으려고 아버지를 내쫓는 아들은!"

"선생님에 대한 증오는 이 정도에까지 이를 수가 있군요! 저는 그로 인해 분개합니다!" 하고 필립보가 말한다.

"오! 너희들은 그런 것보다 훨씬 더한 것을 볼 것이다!" 하고 예수께서 대답하신다.

"더한 것을요? 선생님을 미워해서 내쫓는 아버지보다 더한 것이 무엇이 있습니까? 그 사람의 죄는 엄청나게 큽니다!…."

"그의 하느님에 대한 한 민족의 죄는 더 엄청날 것이다…. 그러나 노인을 기다리자…."

"아들이 대관절 누굴까?"

"바리사이파 사람일 테지!"

"최고회의 위원일 테지!"

"라삐일 거야." 의견이 가지가지이다.

"불행한 사람이다. 알려고 애쓰지 말아라. 그가 오늘은 자기 아버지를 치지만, 내일은 나를 칠 것이다. 그러므로 너희들은 부랑아처럼 이렇게 떠나간 유다의 죄는 여기에 비하면 아무 것도 아니다. 그런데도 나는 저 배은망덕 하는 아들은, 하느님께 죄를 짓는 저 히브리인을 위해서 그가 뉘우치도록 기도하겠다. 너희도 그렇게 하여라…. 할아버지, 오십시오. 성함이 어떻게 되십니까?"

"엘리―안나입니다. 나는 행복했던 적이 없습니다! 아버지는 내가 나기 전에 돌아가셨고, 어머니는 나를 낳다가 돌아가셨습니다. 나를 기르신 외할머니가 아버지의 이름과 어머니의 이름, 이렇게 두 이름을 합해서 내게 주었습니다."

"할아버지는 정말 엘리십니다. 아들은 핀네스와 비슷하구요" 하고 이러한 죄를 감수할 수 없는 필립보가 말한다.

"여보시오, 그런 일이 있어서는 안 됩니다. 핀네스는 죄인으로 죽었고, 그것도 결약의 궤가 탈취되었을 때 죽었습니다. 그것은 그의 영혼에도 불행이고, 온 이스라엘에도 불행일 거요" 하고 작은 노인이 말한다.

"이거 보세요. 이 집이 저와 친한 집인데, 제가 청하는 것을 얻었습니다. 이 집은 하느님과 사람들 앞에서 의인인 시몬이라고 하는 사람의 집입니다. 그 사람은 만일 할아버지께서 좋다고 하시면 제게 대한 사랑으로 받아드립니다" 하고 예수께서 문을 두드리기 전에 말씀하신다.

"내가 선택을 할 수 있습니까? 나는 내게 빵과 사랑의 피신처를 주는 사람 위에 하늘의 축복을 빌겠습니다. 그러나 나는 일을 하고 싶습니다. 하인노릇 하는 것은 수치가 아닙니다. 죄를 짓는 것이 부끄러운 일이지요…."

"우리가 그 말을 시몬에게 하지요" 하고 예수께서 궁핍과 정신적 고통으로 인하여 형편없이 된 노인을 바라보시면서 동정의 미소를 지으시며 말씀하신다. 문이 열린다.

"선생님, 들어오십시오. 선생님과 함께 있는 모든 사람에게 평화. 선생님이 데려오시는 형제가 어디 있습니까? 그에게 평화와 환영의 입맞춤을 하게요" 하고 50세쯤 되어 보이는 남자가 말한다.

"여기 계시오. 그리고 주님이 당신께 상을 주시기를."

"저는 상을 받았습니다. 선생님이 제 손님이신데, 선생님을 모시는 사람은 하느님을 모시는 것입니다. 저는 선생님이 오실 줄 알지 못했습니다. 그래서 제가 원하는 대로 경의를 표하지 못하겠습니다. 그러나 선생님이 며칠 후에 다시 이리로 지나가실 생각이라는 말을 들었습니다. 그러니까 그 때에는 예의바르게 맞아들일 준비를 하고 있겠습니다."

일행이 이제는 몸을 씻기 위한 김나는 대야들이 준비되어 있는 방에 들어가 있다. 노인은 겁을 먹고 문에 기대있다. 그러나 집주인이 손을 잡아 의자로 데리고 가서, 자기 손으로 그의 신발을 벗기고 왕에게처럼 봉사하고 새 샌들을 신기려고 한다. 그러니까 노인은 말한다. "왜요? 아니 왜요? 내가 봉사를 하려고 왔는데, 당신이 내게 봉사하다니오! 이건 옳지 않습니다."

"할아버지, 이건 옳은 일입니다. 저는 집에 있어야 하기 때문에 선생님을 따라 다닐 수는 없습니다. 그러나 거룩하신 선생님의 꼴찌 제자로서 선생님의 말씀을 실천에 옮기도록 마련합니다."

"당신은 선생님을 잘 아시는군요. 당신은 착하니까 선생님을 정말 아시는군요. 이스라엘에는 선생님을 아는 사람이 많아요. 그렇지만 어떻게 압니까? 그들의 눈과 증오로 알지요. 그러니까 알지 못하는 겁니다. 어떤 여자를 아는 것은 그에 대해서 모르는 것이 없고, 그 여자를 차지할 때입니다. 나자렛의 예수님도 마찬가지입니다. 그분을 나는 본 일은 없지만, 많은 사람보다 더 잘 압니다. 나는 그분에게 지혜가 있다고 믿으니까요. 그러나 당신은 그분을 정말 알고, 그분과 그분의 가르침을 아는군요."

그 사람은 예수를 쳐다본다. 그러나 아무 말도 하지 않는다.

노인이 말을 잇는다. "나는 이 라삐에게 일을 하고 싶다고 말했어요…."

"예, 할아버지를 위해 일을 마련해 드리겠습니다. 그러나 우선은 식탁으로 오십시오. 선생님, 제자들이 곧 올 겁니다. 그래도 식사를 시작할 수 있습니까. 그렇지 않으면 그 사람들을 기다리는 편을 택하시겠습니까?"

"나는 기다리고 싶소. 그러나 당신이 할 일이 있으면…."

"아이고! 선생님. 선생님은 선생님의 아주 작은 소원에도 순종하는 것이 제게는 기쁨이라는 것을 아시지요."

작은 노인은 이 때에 비로소 길에서 자기를 구원하여 준 사람의 신분에 대하여 의심을 품기 시작하고, 그를 쳐다보고 또 쳐다본다.

그리고 동행들을 바라보고… 유심히 살펴보고… 그들 주위를 빙빙 돈다…. 알패오의 아들들이 요한과 같이 들어온다. 예수께서 그들의 이름을 부르신다.

"오! 지극히 높으신 하느님! 아니 그럼… 선생님이시로군요!" 하고 노인이 외치며 경의를 표하기 위하여 방바닥에 엎드린다.

그의 놀람은 다른 사람들의 놀람보다 덜하지 않다. 그가 선생님을 알아보는 방식이 아주 이상하다! 그래서 베드로가 노인에게 묻는다. "이스라엘에 그렇게도 흔한 이 이름들에 무슨 특별한 것이 있기에 할아버지께서 메시아 앞에 계시다는 것을 깨닫게 되었습니까?"

"내가 유다를 알기 때문이지요. 그 사람이 늘 내 아들에게 옵니다. 그리고…." 노인은 아들의 이름을 말한 것이 거북하여 말을 중단한다
….

"그렇지만 저는 할아버지를 본 일이 없는데요" 하고 타대오가 노인 바로 앞에 가 서며, 아주 마주 보기 위하여 몸을 숙이면서 말한다.

"나도 당신을 알지 못해요. 그러나 그리스도의 제자인 유다 한 사람이 내 아들에게 자주 옵니다. 그리고 요한과 야고보, 또 베다니아의 라자로의 친구 시몬, 그리고 다른 여러 가지 많은 이야기를 하는 것을 들었어요…. 선생님의 가장 친근한 제자들의 이름으로 알려진 이름 중에서 셋을 들었으니! 그리고 선생님은 그렇게도 친절하시니! …. 나는 알아차렸습니다. 이렇게 됐어요! 그렇지만 다른 유다는 어디 있습니까?"

"여기 없습니다. 그러나 사실입니다. 나입니다. 할아버지, 주님은 인자하십니다. 할아버지는 나를 보기를 바라셨는데, 이제 보셨습니다. 하느님의 자비를 찬미합시다…. 비키지 마세요. 엘리―안나 할아버지. 내가 할아버지 보시기에는 길손이고 그 이상의 아무것도 아니었을 때 내 곁에 계셨는데, 내가 목적이라는 것을 아신 지금은 왜 물러서려고 하십니까? 할아버지는 할아버지의 마음이 나를 얼마나 위로했는지 모르십니다. 가장 많은 것은 할아버지가 아니라 나입니다 …. 이스라엘의 4분의 3이, 그 보다도 더 많은 사람이 죄인이 될 정도로 나를 미워할 때에, 약한 사람들이 내 길에서 멀어질 때에, 배운

망덕과 원한과 중상의 고난이 사방에서 내게 상처를 입힐 때, 내 희생이 이스라엘에 구원이 되리라는 생각에서 위안을 얻을 수가 없을 때, 할아버지 같은 분을 만나는 것은 내 고통에 대한 보상을 받는 것입니다…. 할아버지는 모르십니다…. 사람의 아들의 점점 더 심해 가는 슬픔을 아는 사람은 아무도 없습니다. 나는 사랑에 목마릅니다…. 그런데 너무나 많은 마음이 물이 마른 샘들이라, 가까이 가도 소용이 없습니다…. 그러나 가십시다…."

그러면서 노인을 당신 곁에 두시고 벌써 식탁들이 차려져 있는 방으로 들어가신다….

218. 예수께서 데쿠아에서 말씀하신다

데쿠아의 시몬의 집 뒤쪽은 그저 집의 양 익면(翼面)으로 경계선이 이루어진 광장이다. 광장이라고 말한 것은 내가 보는 오늘과 같은 장날이면, 더 큰 공공 광장과 광장을 갈라놓은 든든한 철책 세 군데를 열고, 그러면 많은 장사꾼이 집의 삼면에 있는 회랑으로 진열대들을 가지고 들어오기 때문이다. 나는 이제야 그 회랑들의 재정적인… 이점을 알겠다. 시몬은 장사꾼 한 사람 한 사람에게서 훌륭한 히브리인답게 자릿세를 받는 것이다. 그는 단정한 옷차림을 한 작은 노인을 따라오게 하면서 모든 장사꾼에게 이렇게 소개한다.

"자, 이제부터는 정한 값을 이분에게 드리시오." 그리고 회랑들을 한 번 돌아다니고 나서는 엘리—안나에게 말한다. "자, 이것이 할아버지의 일입니다. 이곳과 집안과 여관과 마구간입니다. 이 일은 어렵지도 않고 고되지도 않습니다. 그러나 제가 할아버지께 대해서 가지는 존경을 표시하는 것입니다. 저는 점원 세 사람을 차례로 내보냈습니다. 정직하지 않았기 때문입니다. 그렇지만 할아버지는 제 마음에 듭니다. 그리고 선생님이 데리고 오셨으니까요. 선생님은 사람들의 마음을 읽을 줄 아십니다. 이제는 선생님께 가서 만일 원하시면 지금이 말씀하시기에 좋은 시간이라고 말씀드립시다." 그러면서 노인을 뒤따라오게 하면서 간다….

사람들이 점점 더 광장 안으로 밀려오고, 소음은 점점 더 커진다. 물건을 사러 온 여자들, 짐승 파는 사람들, 밭갈이 할 소나 다른 짐승들을 사는 사람들, 과일 바구니의 무게로 몸을 잔뜩 구부리고 그들의 물건 자랑을 하는 농부들, 날이 서 있는 연장들을 벌려놓고, 날이 든든하다는 것을 보이기 위하여 요란스러운 소리를 내면서 나무 그루터기를 도끼로 찍거나, 날의 담금질을 완전히 하였다는 것을 보이기 위하여 버팀대에 매달아 놓은 낫들을 망치로 치거나 보습을 쳐

218. 예수께서 데쿠아에서 말씀하신다

들어서 아무 땅도 저항하지 못하는 보습날의 든든함을 증명하기 위하여 두 손으로 땅에 박아 땅이 갈라지게 하는 칼붙이 파는 사람들, 항아리와 양동이, 난로와 등잔들을 늘어놓고 금속이 묵직하다는 것을 보이기 위하여 귀가 찢어질 듯한 소리를 내며 금속을 두드리고, 가슬레우달의 임박한 명절에 쓸 화구(火口)가 하나나 여럿 달린 등을 사라고 목청껏 외치는 주물 파는 사람들, 그리고 이 모든 소음을 누르고, 장마당의 전략적인 지점에 흩어져서 밤 동안에 우는 올빼미의 구슬픈 소리 같이 단조롭고 날카로운 거지들의 외치는 소리가 들린다.

예수께서 베드로와 제베대오의 야고보와 같이 집에서 오신다. 다른 사도들은 보이지 않는다. 군중이 이내 예수를 알아보고, 많은 사람이 달려오고, 장마당의 목소리와 소음이 약해지는 것으로 보아 사도들이 선생님이 오신 것을 알리기 위하여 시내를 한 바퀴 도는 모양이다. 예수께서는 몇몇 거지에게 동냥을 주게 하시고, 물건을 산 다음 하인들을 뒤따르게 하고 장마당을 떠나려고 하는 두 사람에게 인사하시려고 걸음을 멈추신다. 그러나 이제는 그 사람들도 선생님의 말씀을 듣기 위하여 걸음을 멈춘다. 그런데 예수께서는 당신이 보시는 것에서 주제를 따서 말씀하기 시작하신다.

"각 물건이 제 때에, 각 물건이 제 자리에 있어야 합니다. 안식일에 장이 서지 않고, 회당에서 장사를 하지 않으며, 또 일을 밤에 하지 않고, 해가 있는 동안에 합니다. 죄인인 사람만이 주님의 날에 장사를 하고, 기도하기로 되어 있는 곳을 인간 관계로 더럽히며, 밤 동안에 도둑으로 행동해서 도둑질을 하고 죄를 짓습니다. 마찬가지로 정직한 상인은 사는 사람들에게 자기의 물건이 질이 좋다는 것과 자기의 연장이 든든하다는 것을 증명하느라고 분주하고, 물건을 산 사람은 또 자기가 물건을 잘 산 것을 만족해하며 갑니다. 그러나 예를 들어 파는 사람이 계략을 써서 사는 사람을 속이는 데 성공했는데, 물건을 산 사람이 물건이나 연장의 질이 좋지 않다는 것과 자기가 비싸게 샀다는 것을 알아차리게 되면, 그 사람은 작게는 그 장사꾼에게서 다시는 절대로 물건을 사지 않는 데서부터, 크게는 재판관에게 호소해서 자기의 돈을 되찾는 것까지에 이르는 방어 수단에 호소하지 않겠습니까? 이렇게 될 것인데, 그것은 당연한 일일 것입니다.
 그러나 이스라엘에 있는 우리들은 손상된 상품들을 좋은 상품으로 팔고, 좋은 상품을 파는 사람은, 그가 주님의 의인이기 때문에 헐뜯는 사람들에게 백성들이 속아넘어가는 것을 보지 않습니까? 그렇습니다. 우리는 모두 그런 사람들을 봅니다. 어제 저녁에 여러분 중에서 여러 사람이 와서 나쁜 장사꾼들의 술책을 이야기 했습니다. 그래서 나는 '가만 놔 두시오. 마음을 굳세게 가지시오. 그러면 하느님께서 대비책을 마련해 주실 것입니다' 하고 말했습니다.
 좋지 않은 물건을 파는 사람들은 누구를 모욕하는 것입니까? 여러분입니까? 나입니까? 아닙니다. 바로 하느님을 모욕하는 것입니다. 죄짓는 사람은 속는 사람보다도 속이는 사람입니다. 좋지 않은 물건들을 팔아서 사는 사람이 좋은 물건 쪽으로 가지 못하게 하려고 애쓰는 것은 사람에게 대한 죄이기보다는 오히려 하느님께 대한 죄입니다. 나는 여러분에게 '반항하시오, 복수하시오' 하고 말하지는 않습니다. 이런 말은 내게서 올 수 있는 말이 아닙니다. 나는 여러분에게 이렇게만 말하겠습니다. 말의 진짜 소리를 듣고, 여러분에게 말하는 사람의 행동을 환한 빛으로 잘 살펴보고, 여러분에게 주는 것을 처음 한 모금, 처음 한 입을 맛보시오. 그래서 귀에 거슬리는 소리가 들리든지, 남의 행동에 어두운 구석이 있든지, 여러분의 마음 속에 남아 있는 맛이 여러분을 어지럽게 하든지 하면, 여러분에게 제공되는 것을 좋지 않은 것으로 생각해서 물리치시오. 지혜와 정의와 사랑은 절대로 귀나 눈에 거슬리지 않고, 마음을 어지럽게 하지 않으며, 어둠 속에서 행동하기를 좋아하지 않습니다.
 나는 내 제자들이 앞서 이리로 지나갔다는 것을 압니다. 그리고 내 사도 두 사람을 여러분에게 남겨 놓습니다. 그뿐 아니라, 어제 저녁에 나는 말보다는 오히려 행동으로 내가 어디에서 무슨 사명을 가지고 왔는지를 증언했습니다. 그러므로 여러분을 내 길로 이끌기 위하여 긴 말이 필요치 않습니다. 깊이 생각하고 내 길에 남아 있을 뜻을 가지시오. 메마른 황야에 인접한 곳에 이 도시를 건설한 사람들을 본받으시오. 내 가르침 밖은 메마른 광야인데, 내 가르침에는 생명의 샘이 있다는 것을 끊임없이 생각하시오. 그리고 닥쳐올지도 모르는 사건이 아무리 많다 하더라도, 불안해 하지 말고 눈쌀을 찌푸리지 마시오. 이사야서에 있는 주님의 말씀을 기억하시오. 내 길을 걷는 사람들에게 은혜를 베푸는 내 손이 절대로 짧아지지도 작아지지도 않을 것이고, 마찬가지로 내게 —와서 나를 받아들이는 사람을 별로 만나지 못하고, 불렀지만 대답한 사람이 별로 없는 나에게— 모욕과 고통을 주는 사람들을 벌하시는 지극히 높으신 분의 손이 절대로 아무 것도 아닌 것이 되지는 않을 것입니다. 내게 경의를 표하는 사람은 나를 보내신 아버지를 공경하는 것임과 같이, 나를 업신여기는 사람은 나를 보내신 분을 업신여기는 것이기 때문입니다. 그리고 나를 배척하는 사람은 옛날 반좌법(反坐法)에 따라서 배척을 당할 것입니다.

그러나 내 말을 받아들인 여러분은 사람들의 치욕을 두려워하지 말고, 우선 나에게, 다음에는 여러분이 나를 사랑하기 때문에 여러분에게 보내는 그들의 모욕 때문에 떨지 마시오. 나는 비록 박해를 당하는 것 같고, 타격을 당하는 것 같겠지만, 내가 여러분을 위로하고 보호하겠습니다. 오늘 있다가 내일은 추억과 먼지에 지나지 않을, 죽음을 면할 수 없는 사람을 두려워하지 말고 무서워하지 마시오. 오히려 주님을 두려워하시오. 주님을 두려워하되, 거룩한 사랑으로 사랑하지, 겁을 먹고 두려워하지 말고, 주님의 무한한 사랑에 알맞게 사랑할 줄 모르는 것을 두려워하시오. 나는 여러분에게 이러저러한 일을 하시오 하고 말하지는 않습니다. 무슨 일을 해야 하는지는 여러분이 알고 있습니다. 나는 여러분에게 사랑하라고 말합니다. 내가 가르친 대로 하느님과 그분의 그리스도를 사랑하고, 여러분의 이웃을 사랑하시오. 그리고 여러분이 사랑할 줄 알면 모든 것을 하는 것이 될 것입니다.

황야에 인접해 있지만, 박해를 당하는 사람의 아들에게 평화의 오아시스인 데쿠아의 주민 여러분, 나는 여러분에게 강복합니다. 그리고 내 강복이 지금과 영원히 여러분의 마음과 여러분의 집에 머물기를 바랍니다."

"선생님, 더 계십시오! 저희들과 함께 계십시오. 황야는 언제나 이스라엘의 성인들에게 좋은 곳이었습니다!"

"그렇게 할 수 없습니다. 나를 기다리는 다른 사람들이 있습니다. 우리가 서로 사랑하니, 여러분이 내 안에 있고, 내가 여러분 안에 있습니다."

예수께서는 장사와 다른 어떤 것도 잊고 당신을 따라오는 군중 사이를 뚫고 지나가시기가 힘들다. 아직도 예수를 찬미하는 병이 고쳐진 병자들, 감사하는 위로받은 마음들, "하느님의 살아 계신 만나"라고 인사하는 거지들…. 작은 노인은 예수 곁에 있고, 시내의 경계에까지 그대로 따라 온다. 그리고 데쿠아에 남아 있는 마태오와 필립보에게 예수께서 강복하실 때에야 비로소 작은 노인도 그의 구원자를 떠나기로 결심하는데, 선생님의 맨발에 입맞춤 하고, 감사의 눈물을 흘리고 말을 하면서 하직을 한다.

"엘리—안나 할아버지, 일어나서, 제가 입맞춤을 하게 오세요. 아버지께 드리는 아들의 입맞춤이니, 이것이 할아버지께 모든 것을 갚아드립니다. 저는 할아버지께 예언자의 말을 적용합니다. '지금 울고 있는 너는 자비로우신 분께서 너를 불쌍히 여기셨으므로 다시는 울지 않게 될 것이다' 하는 말을. 주님은 할아버지께 빵과 물을 조금 주셨습니다. 저는 그 이상의 것을 할 수가 없었습니다. 할아버지는 다만 한 사람에게서 쫓겨나셨지만, 저를 쫓아내는 것은 한 민족의 모든 권력자들입니다. 그래서 저와 제 사도들을 위해 음식과 몸 쉴 곳을 얻는 것만도 다행입니다. 그러나 할아버지의 눈은 할아버지가 원하던 사람을 보았고, 할아버지의 귀는 제 말을 들었고, 마찬가지로 할아버지의 마음은 제 마음을 느낄 것이 틀림없습니다. 자, 할아버지는 정의의 순교자이시고, 저 때문에 박해를 받을 모든 사람들의 선구자 중의 한 분이시니, 평안히 계십시오. 할아버지, 울지 마세요!" 그러시면서 그의 백발이 된 머리에 입맞춤 하신다.

노인은 예수의 뺨에 입맞춤 하는 것으로 답례를 하며 귀에 대고 속삭인다. "주님, 또 한 사람의 유다를 경계하십시오. 저는 혀를 더럽히고 싶지는 않습니다…. 그러나 그를 경계하십시오. 그 사람이 제 아들을 찾아오는 것은 착한 뜻으로 하는 것이 아닙니다…."

"예, 그러나 이제 과거는 생각하지 마세요. 이제 곧 모든 것이 끝날 것이고, 다시는 아무도 저를 해치지 못할 것입니다. 엘리—안나

218. 예수께서 데쿠아에서 말씀하신다

할아버지, 안녕히 계십시오. 주님이 할아버지와 함께 계십니다."
 두 사람은 헤어진다.
 "선생님, 노인이 아주 작게 무슨 말씀을 드렸습니까?" 하고 예수 곁에서 걸어가는 베드로가 묻는다. 예수께서 그 긴 다리로 성큼성큼 걸어가시는데, 키가 작은 베드로는 그렇게 할 수가 없으므로 예수의 곁에서 걸어가기가 무척 힘들다.
 "가엾은 노인! 그 노인이 내가 벌써 알고 있는 것 말고 무슨 말을 할 것 같으냐?" 하고 예수께서는 정확한 대답을 피하시면서 대답하신다.
 "아들에 대한 말을 했지요. 예? 누구라고 하던가요?"
 "아니다, 베드로야. 정말 아니다. 그 이름은 노인이 마음 속에 간직했다."
 "그러나 선생님은 그를 아시지요?"
 "안다. 그러나 네게 말해 주지는 않겠다."
 긴 침묵이 흐른다. 그런 다음 베드로의 고민하는 질문과 고백이 나온다. "선생님, 왜 가리옷 사람이 엘리—안나의 아들같은 아주 고약한 사람의 집엘 갑니까? 선생님, 저는 겁이 납니다! 그 사람은 착한 친구들이 없습니다. 그 사람은 거기에 드러내놓고 가지 않습니다. 그 사람은 악에 저항할 힘을 그의 안에 가지고 있지 못합니다. 선생님, 저는 겁이 납니다. 왜? 왜 유다는 그런 사람들한테 몰래 다닙니까?" 베드로의 얼굴은 불안스러운 의문을 나타낸다.
 예수께서 그를 바라보시면서 대답을 하지 않으신다. 과연 무슨 대답을 하셔야 하겠는가?
 "선생님은 대답을 하지 않으십니까? 저는 어제부터, 노인이 저희들 가운데 유다가 있는 것을 알아본 순간부터 마음이 평안치 않습니다. 마치 선생님이 사두가이파 사람의 아내에게 말씀하신 날과 같습니다. 기억하십니까? 제 의심을 기억하십니까?"
 "기억난다. 그러면 너는 그때 내가 네게 한 말을 기억하느냐?"
 "기억합니다, 선생님."
 "시몬아, 다른 말 할 것이 없다. 사람의 행동은 실제와 다르게 보인다. 그러나 나는 그 사람의 필요에 대비해 준 것을 기쁘게 생각한다. 마치 아나니아가 돌아온 것 같다. 그리고 정말이지, 만일 데쿠아의 시몬이 그를 받아주지 않았더라면, 우리를 기다리는 할아버지가 한 분 항상 있게 솔로몬의 작은 집으로 데리고 갔을 것이다. 그러나 엘리 노인을 위해서는 이편이 낫다. 시몬은 착한 사람이고 손자들이 많다. 엘리 노인은 어린 아이들을 좋아한다…. 그리고 어린 아이들은 많은 고통스러운 일을 잊게 한다….”

위험한 질문에 대답하는 것이 좋지 않다고 생각하실 때에 이야기 상대자의 주의를 딴 데로 돌리게 하고 다른 화제로 이끌어가는 일상적인 솜씨로, 예수께서는 베드로의 생각을 딴 데로 돌리게 하신다. 그래서 여기저기서 아신 어린이들에 대하여 계속 말씀하시면서, 이 시간에 어쩌면 아름다운 겐네사렛 호수에서 고기잡이를 한 뒤에 그물을 끌어올리고 있을지 모르는 마륵지암의 기억을 베드로에게 불러 일으키시게 된다.

베드로는 이제는 엘리와 유다의 생각을 도무지 하지 않고 빙그레 웃으면서 묻는다. “그렇지만 과월절 후에는 우리가 그리 가지요? 참 아름답지요! 오! 여기보다 훨씬 더 아름답습니다. 우리 갈릴래아 사람들, 유다 사람들이 보기에는 죄인들입니다…. 그러나 여기서 살기란! 오! 맙소사! 우리가 벌을 받게 되면 이 지방에는 분명 상이 없을 것입니다.”

예수께서는 뒤에 처져 있는 다른 사도들을 부르셔서, 그들과 함께 12월의 해로 따뜻해진 길로 해서 멀어져 가신다.

219. 예리고에서

사람들이 예수를 몹시 기다린다. 많은 사람이 시내에 가까운 시골에 머무르면서 기다린다. 높은 호두나무에 올라가 있는 망꾼이 "하느님의 어린 양이 오신다!" 하고 소리를 지르자마자 사람들은 일어나서 황혼의 처음 안개를 헤치고 오시는 예수께로 달려 온다.

"선생님! 선생님! 저희들은 정말 오래 전부터 선생님을 기다렸습니다! 저희 병자들! 저희 아이들! 선생님의 강복을! 노인들은 평안히 숨을 거두기 위해서 선생님을 기다립니다! 주님, 주님이 저희들에게 강복하시면, 저희들은 불행을 면할 것입니다!" 사람들이 모두 함께 말을 하는데, 예수께서는 강복하는 반복된 몸짓으로 손을 드시고 거듭 말씀하신다. "여러분 모두에게 평화, 평화, 평화!" 아직 예수를 모시고 있는 사도들은 군중의 소용돌이에 휩쓸려 예수와 갈라졌고, 오랫동안 기다렸다고 부드럽게 비난한 바로 그 사람들이 예수를 거의 앞으로 나아가시지 못하게 한다.

가엾은 자캐오는 예수께로 가려고, 자기의 말을 예수께 들리게 하고, 적어도 자기를 예수의 눈에 띄게 하려고 경련을 일으킬 정도로 싸운다. 그러나 몹시 키가 작은 데다가 썩 날쌔지도 못하고 썩 기운이 있지도 못하기 때문에 항상 새로운 군중의 파도에 밀려나게 되고, 그의 외치는 소리는 커다란 함성 속으로 사라져 버리고, 그의 몸은 흔들리는 머리들과 팔들과 옷들이 혼란한 가운데 사라지고 만다. 동정을 좀 얻기 위하여 애원을 하고, 때로는 비난을 해도 소용없다. 사람들은 그들에게 쾌락을 마련해주는 사람들에 대하여는 항상 이기주의적이고, 가장 약한 사람들에 대하여는 잔인하다. 가엾은 자캐오는 그가 한 노력으로 인하여 기운이 빠지고, 노력이 쓸데 없다는 것을 확실히 알고는 싸울 의지를 잃고, 모욕감을 느끼며 체념한다. 과연 거리거리에서 다른 사람들이 쏟아져 들어와서, 거리들이 모두 오직 하나뿐인 강, 즉 예수께서 지나가시는 길로 흘러 들어오는 개울들 같은데, 이제는 어떻게 성공할 수 있겠는가? 그리고 새로운 사람의 물결을 몰고 와서, 그 속에 있기가 무서울 정도로 군중을 뚫고 들어갈 수 없게 만들어놓는 새 지류 하나하나가 가엾은 자캐오를 뒤로 밀어낸다.

타대오가 그를 보고, 군중이 밀어붙여서 가로막고 있는 길모퉁이에서 그를 나오게 하려고 군중을 뚫고 가려고 해 본다. 그러나 이번에는 알패오의 유다도 뒤에서 미는 사람들에게 밀려나게 되어, 그의 시도가 실패하게 된다. 몸이 튼튼한 데서 힘을 얻고 있는 토마가 팔꿈치로 밀면서 그 우렁찬 목소리로 "비키시오"하고 외치면서 같은 시도를 한다…. 아아! 그러나 사람들은 돌담보다도 더 든든하고, 동시에 고무보다도 더 탄력있는 담을 만들어 놓는다. 그 담은 휘기는 하지만 뚫리지는 않는다. 이제는 감싸고 있는 것이 아니라, 끊을 수가 없는 사슬이다. 토마도 단념한다.

디디모*가 사람 물결에 휩쓸려 간 마지막 사도이기 때문에 자캐오는 어떤 희망도 다 잃었다. 그리고 마침내 사람의 흐름이 지나간다…. 이제는 다 지나갔다…. 헝겊 조각, 매듭, 옷단, 머리핀, 옷의 쇠 따위가 땅 위에 널려 있어 사람의 흐름이 얼마나 맹렬하였는지를 증언한다. 작은 어린 아이 샌들 한 짝까지 있는데, 완전히 납작하게 찌그러져서 그것을 잃은 작은 발을 서글프게 기다리는 것 같다…. 자캐오도 군중에 의하여 어린 주인에게서 벗어진 그 작은 신발처럼 서글프게 모든 사람의 뒤를 따라 가기 시작한다.

이제는 예수님이 보이지도 않는다. 길모퉁이가 예수를 자캐오의 눈에 보이지 않게 하고 말았다…. 그러나 군중의 맨 꼴찌로 전에 그가 계산대를 가지고 있던 광장에 이르렀을 때, 그는 사람들이 멈추어 서서 소리를 지르고, 청을 하고, 애원하는 것을 본다. 그리고 예수께서 어떤 낮은 층계 위에 올라가셔서 팔과 머리로 아니라는 몸짓을 보고, 군중의 웅성거림 때문에 알아들을 수는 없지만 무슨 말씀을 하시는 것을 것을 본다. 그리고 마침내 그는 예수께서 받침대에서 어렵

---

*역주 : 토마의 별명.

게 내려오셔서 다시 걷기 시작하시는데, 바로 그의 집이 있는 쪽으로 돌아서시는 것을, 그렇다. 그 쪽으로 돌아서시는 것을 본다. 그러자 자캐오는 그의 온 열정을 되찾는다. 사람들은 많다, 그러나 광장은 넓다, 따라서 군중이 덜 빽빽하다. 그래서 결심이 단단하고 찰과상 따위는 겁을 내지 않는 사람이면 별로 두껍지 않은 울타리 모양으로 뚫을 수가… 있다. 그래서 자캐오는 쐐기, 쇠뇌, 파성추(破城槌)가 되어, 사람들에 부딪고, 떼밀고, 슬그머니 끼어들고, 갈라놓고 하면서 얼굴을 주먹으로 맞고, 팔꿈치에 배가 찔리고, 정강이에 발길질을 받는다. 그러나 군중 사이를 헤치고 앞으로 나아간다…. 이제 그는 광장 반대편으로 갔다…. 그러나 거기에도 자리가 없다. 다시 뚫고 들어갈 수가 없는 담이다. 벌써 그의 집 곁에 멈추어 서신 예수와는 몇 미터만 떨어져 있다. 그러나 예수에게서 갈라놓은 사막과 강들이 있다 하더라도, 그는 예수께로 갈 희망을 더 가지게 될 것이다. 그는 화가 나서 외치고 강요한다. "나는 내 집으로 가야 하오! 지나가게 해 주시오! 선생님이 내 집에 오시고자 하신 걸 보지 못하시오?"

그는 그 말을 하지 말았어야 했을 것이다! 이 때문에 군중들 속에서는 선생님을 다른 집들로 모시려는 뜻이 불길처럼 일어난다. 어떤 사람들은 가엾은 자캐오를 조롱하면서 웃고, 어떤 사람들은 그에게 심술궂은 대답을 한다. 동정을 가진 사람은 아무도 없다. 오히려 그들은 선생님이 자캐오를 보고 그의 말을 들으시는 것을 막으려고 소리를 지르고 심하게 움직이기 시작한다. 그리고 더러는 이렇게 외치기도 한다. "당신은 선생님에게서 벌써 너무 많이 받았소. 늙은 죄인!"

이 원한과는 이전의 부당징세와 억압의 기억이 무관하지 않은 것으로 생각한다…. 아무리 초자연적인 것을 받아들일 마음이 있는 사람이라도 돈에 대한 사랑이 살아 있는 조그만 구석이 거의 항상 남아 있고, 거기에는 그 돈에 해를 끼친 사람에 대한 기억이 더 생생하게 살아 있다….

그러나 자캐오에게는 시련의 시간이 지났고, 예수께서 그의 꾸준함을 갚아 주신다. 예수께서 당신 목소리의 힘을 다해서 외치신다. "자캐오! 내게로 오시오! 나는 자캐오의 집에 들어가고자 하니까 그 사람을 지나오게 놔 두시오."
 순종할 밖에 별도리가 없다. 군중은 자리를 내주기 위하여 죄어 서고, 자캐오는 피로로 얼굴이 붉어지고, 기뻐서도 얼굴이 붉어져서 앞으로 나아온다. 그리고 헝클어진 머리카락과 단추가 빠진 옷과 매듭들이 앞에 있지 않고 옆구리에 있는 허리띠를 제대로 해 놓느라고 애를 쓴다. 그는 겉옷을 찾지만 어디 있는지 알 수가 없다!…. 상관없다. 이제 그는 예수 앞에 경의를 표하기 위하여 몸을 반쯤 구부리고 있다. 겨우 몸을 조금 구부릴 만한 자리가 겨우 있기 때문에 몸을 더 구부릴 수가 없다.
 "자캐오, 당신에게 평화. 평화의 입맞춤을 하게 이리 오시오. 그걸 받을 만한 자격이 넉넉히 있소"하고 예수께서 정말 기쁜 미소를 지으시며 말씀하신 건 실제로 예수를 젊어 보이게 하는 젊은이다운 미소이다.
 "오! 예, 주님. 저는 그럴 만한 자격을 충분히 얻었습니다. 주님, 주님께로 오기가 얼마나 어려운지요" 하고 자캐오는 그를 포옹하시려고 몸을 숙이시는 예수의 높이에 이르기 위하여 할 수 있는 대로 몸을 일으키면서 말한다. 그렇게 하면서 그는 할퀸 것 때문에 피가 흐르는 얼굴과 눈구멍을 팔꿈치로 맞아서 시퍼렇게 멍이 든 눈을 보인다.
 예수께서는 그를 껴안으신 다음 말씀하신다. "그러나 나는 이 피로 때문에 당신에게 상을 주는 것이 아니오. 그게 아니고, 많은 사람에게는 눈에 띄지 않지만 나는 알고 있는 다른 피로들 때문이오. 그렇소, 사실이오. 내게 오는 것은 어렵소. 그러나 군중이 유일한 장애가 아니고, 내게로 오는 데에서 만나는 가장 어려운 장애도 아니오.
 그러나 나를 말하자면 헹가래 치다시피한 여러분, 가장 어렵고, 가장 완성되고, 부수거나 뛰어넘으려고 애쓴 뒤에 늘 다시 생겨나는 장애는 각 개인의 자아입니다. 나는 아무 것도 보지 못하는 것 같았지만 다 보았습니다. 그리고 모든 것을 평가했습니다. 그런데 내가 무엇을 보았습니까? 나는 회개한 한 죄인을, 냉혹한 마음을 가지고, 생활을 안락하게 하는 것들을 좋아하고, 교만하고, 허영심이 많고, 음란하고, 인색했던 사람을 보았습니다. 그리고 그 사람이 아주 중요성이 없는 일에서까지도 그의 이전 **자아**를 떨쳐버리고, 그의 행동 방식과 애정도 바꾸는 것을 보았습니다. 그의 구세주에게로 달려 오기 위하여, 그에게로 오기 위하여 싸우고, **겸손되이 애원하고, 야유와 비난을 참을성 있게 받고, 군중과 부딪히는 것으로 인하여 육체에 고통을 당**하고, 내 **눈길 하나 받을 수 없게 모든 사람에게서 뒤로 밀려나게 되어 마음 속에 고통을 당하는 것 같은 것** 말입니다. 또 나는 그에게서 여러분도 아는 다른 것들을 발견했습니다. 그러나 여러분은 비록 그것으로 도움을 받았지만 그것을 참작하고자 하지 않습니다.

여러분은 아마 이렇게 말하겠지요. '그런데 우리와 같이 살지 않는 선생님이 어떻게 그걸 아십니까?' 하고. 나는 여러분에게 이렇게 대답하겠습니다. 나는 사람들의 마음 속을 알아채는 것과 같이, 사람들의 행동도 잘 압니다. 그리고 공정해서, 내게로 오기 위해서 걸은 길에 따라서, 정신을 뒤덮고 있던 황량한 수풀을 깎아 버리고 생명의 나무가 아닌 모든 것을 치워서 좋은 땅을 만들고, **자아** 안에 생명의 나무를 왕으로 심고, 그 나무가 공경을 받도록 덕행이라는 초목을 둘러치고, 기어 다니기 때문에, 즉 타락을 탐내거나 음탕하거나 아무 일도 하는 것이 없기 때문에 ──이것은 여러 가지 나쁜 열정을 말하는 것입니다.── 부정한 어떤 짐승도 그 잎들 사이에 깃들지 못하게 살피고, 다만 여러분의 정신과 같은 정신과, 좋고 주님을 찬미할 수 있는 것, 즉 초자연적인 애정들만이 거기에서 살도록 살피는 노력에 대해 상급을 줄 줄도 압니다. 이 초자연적인 애정들이란 노래를 부르는 새들과 제헌될 뜻을 가지고 있고, 하느님에 대한 사랑을 위하여 완전한 찬미를 할 뜻이 갖추어져 있는 온유한 어린 양들을 말하는 것입니다.

이와 마찬가지로 나는 자캐오의 행동과 그의 생각과 그의 피로를 잘 알았고, 나를 환영한 이 도시의 시민 여러 사람에게는 영적이기보다는 오히려 감성이 강한 사랑이 있다는 것도 잘 알았습니다. 만일 여러분이 나를 정의에 따라서 사랑한다면, 여러분의 동향인에 대해서 동정을 가졌을 것이고, 그에게 과거를 상기시켜서 모욕을 주지 않았을 것입니다. 이 과거는 자캐오가 무효화했고, **하느님께서도 기억하지 않으시는 것입니다. 하느님께서 인간이 다시 죄를 짓지 않는 한**

당신이 주신 용서를 취소하시는 일이 없습니다. 그리고 용서를 재검토하시더라도 그것은 새 죄에 대해서이지, 용서를 받은 죄에 대한 것은 아닙니다. 그런데 나는 여러분에게 이것을 말해서 이것을 오늘밤의 여러분의 묵상의 동무로 줍니다. 즉 내게 대한 참다운 사랑은 환호에 있지 않고, 서로 사랑함과 겸손과 자비를 실천하는 데 대해서 내가 하고 가르치는 것을 행하는 데 있다는 것을 말입니다. 그런데 여러분은 물질적인 부분에 있어서는 여러분이 진흙으로 만들어졌고, 진흙은 항상 늪에 대한 매력을 느끼며, 따라서 여러분 안에 있어서 여러분을 지금까지 항상 늪 위에 들어올리고 있은 힘, 즉 정신이 실패를 맛본 적이 한 번도 없다 하더라도 ―그런데 사람은 죄인이고 하느님만이 죄없는 분이시기 때문에 이것은 불가능한 일이지마는― 내일 여러분의 정신이 실패를 맛볼 수도 있을 것이고, 그것도 이제는 은총에 새로 태어난 이 늙은 죄인의 실패보다 더 많고 더 중대한 실패를 맛볼 수도 있다는 것을 기억하면서 그렇게 해야 한다는 것입니다. 이 늙은 죄인은 자기가 죄인이었다는 기억에서 오는 겸손과 그의 여생에 온전히 선을 행하는 데 바쳐진 긴 일생을 채우기에 충분할 만큼의 선을 행할 단단한 의지를 자기 편으로 가지고 있어서, 그가 했을 수 있는 모든 악을 차고도 넘칠 정도로 속죄할 정도가 되었기 때문에, 마치 어린 아이와 같이 젊어지고 새로워졌습니다.

내일 여러분에게 말하겠습니다. 오늘 저녁은 끝마쳤습니다. 내 충고를 가지고 가서, 마치 표면상의 건강이라는 허울을 쓰고 생명을 갉아먹는 숨은 병들과 같이 영적인 건강이라는 허울을 쓴 여러분의 관능성을 잘라내기 위하여 의사를 보내 주신 하느님을 찬미하시오…. 자캐오, 오시오."

"예, 주님. 저는 이제 늙은 하인 한 사람밖에 남지 않았습니다. 그래서 제가 직접 대문을 엽니다. 그와 더불어 주님의 무한한 인자로 오! 얼마나! 감격한 제 마음의 문도 엽니다."

그리고 격자문을 연 다음 예수와 사도들을 들어가게 한다. 그리고 텃밭이 된 정원을 통하여 예수를 집 쪽으로 모시고 간다…. 집에서도 사치스러운 것은 모두 없어졌다. 자캐오는 등불을 켜고 하인을 부른다.

"자, 선생님이 제자들과 같이 여기 오셨네. 여기서 제자들과 같이 주무시고, 여기서 저녁 식사를 하시네. 내가 말한 대로 준비했나?"

"예, 이제 끓는 물에 야채를 넣는 것 말고는 다 준비되었습니다."

"그럼, 옷을 갈아입고, 자네가 누군지 아는 사람들에게 가서 선생님이 오셨다고, 오라고 말하게."

"가겠습니다, 주인님. 저를 기쁘게 죽게 하시는 선생님은 찬미받으십시오!" 그러면서 나간다.

"저 사람은 제 아버지의 하인이었는데, 그대로 남아 있습니다. 다른 하인들은 돌려 보냈습니다. 그러나 저 사람은 제게 소중합니다. 제가 죄를 지을 때에 절대로 잠자코 있지 않는 목소리였습니다. 그래서 저 사람을 구박했었습니다. 지금은 선생님 다음으로는 다른 누구보다도 제가 더 사랑하는 사람입니다. 친구들, 이리 오시오. 여기에는 불이 있고, 피로하고 언 팔다리를 회복시킬 수 있는 것이 있습니다. 선생님은 제 방으로 가시지요…." 그러면서 복도 끝에 있는 방으로 예수를 인도한다.

그는 들어가서 문을 닫고, 물병에 뜨거운 물을 섞고, 예수의 샌들을 벗기고 시중을 든다. 예수의 발에 샌들을 다시 신겨 드리기 전에 맨발에 입을 맞추고 발을 들어 자기 목에 얹으면서 말한다. "이렇게 하십시오! 늙은 자캐오의 나머지를 밟아 으깨시게요!" 그는 일어나서 입술 위에서 떨고 있는 미소를 머금고 예수를 쳐다 본다. 약간 눈물에 젖은 겸손한 미소이다. 그는 온 둘레를 가리키는 손짓을 한다. 그리고 말한다. "저는 여기서 아주 많은 죄를 지었습니다! 그러나 그 맛을 가진 것이 아무 것도 남아 있지 않게 하려고 모든 것을 바꿨습니다…. 추억들도… 저는 약합니다…. 저는 아무 장식도 없는 이 벽에, 이 딱딱한 침대에 제 회개의 기억만을 생생하게 남겨 두었습니다…. 나머지는… 제게는 이제 돈이 없었기 때문에, 그리고 선심을 쓰기를 원했기 때문에 돈을 만들었습니다. 선생님, 앉으십시오…."

예수께서는 나무의자에 앉으시고, 자캐오는 예수의 발 앞에 방바닥에 앉는데, 반은 앉고 반은 무릎을 꿇었다. 그는 다시 말하기 시작한다.

"제가 잘 했는지. 제가 한 일을 선생님이 칭찬하실 수 있는지 모르겠습니다. 어쩌면 제가 끝마쳐야 하는 것부터 시작했는지도 모르겠습니다. 그러나 **그들도** 이 길에 들어섰습니다. 그리고 늙은 세리만이 이스라엘에서 그들에 대해 불쾌감을 가지지 않을 수 있습니다. 아니, 제가 말을 잘못 했습니다. 늙은 세리뿐 아니라, 선생님도 계십니다. 아니 그보다도 정말로 그들을 사랑하라고 가르쳐 주신 것은 선생님이십니다. 전에는 악습에 있어서 그들이 제 공범자들이었습니다.

그러나 저는 그들을 사랑하고 있지 않았습니다. 지금은 그들을 나무랍니다. 그러나 그들을 사랑합니다. 선생님과 제가 사랑합니다. 지극히 거룩하신 분과 회개한 죄인이. 선생님은 죄를 지으신 일이 없고, 선생님의 기쁨인, 죄없는 사람의 기쁨을 저희들에게 주기를 원하시기 때문입니다. 그리고 저는 죄를 너무 많이 지어서, 용서를 받고 구속(救贖)되고 새롭게 된다는 사실에서 오는 평화가 얼마나 기분좋은 것인지를 알기 때문입니다…. 저는 그 평화를 그들에게도 누리게 하기를 원했습니다. 저는 그들을 찾았습니다. 오! 처음에는 정말 어려웠습니다! 저는 그들을 착하게 만들기를 원했는데, 착하게 만들어야 할 제가 있었던 것입니다…. 정말 힘들었습니다! 저 자신을 살펴야 했습니다. 그들이 저를 감시한다는 것을 깨달았기 때문입니다. 하찮은 것 하나만 있어도 얼마든지 그들을 멀어지게 할 수 있었습니다…. 또 그리고… 여러 사람이 필요에 의해서, 직업상의 필요로 죄를 지었습니다. 저는 그들이 덜 유리하고 더 피곤하게 하는, 그러나 정직한 다른 직업을 얻을 때까지 그들을 부양하기 위해서 모든 것을 팔았습니다.

그리고 **그들** 중에서 조금은 호기심으로, 조금은 짐승만이 아닌 사람이 되고자 하는 욕망으로 오는 사람이 항상 있습니다. 그래서 그들이 새 멍에에 익숙해지기까지는 그들을 받아들여야 합니다. 여러 사람이 할례를 받았습니다. 참 하느님께로 향한 첫걸음입니다. 그러나 저는 그것을 강요하지는 않습니다. 비참에 대해서 혐오감을 느낄 수가 없는 저는 비참들을 안기 위한 넓은 팔을 가지고 있습니다. 저도 선생님이 모두에게 주기를 원하시는 것을 그들에게 주고 싶습니다. 저희들은 선생님처럼 죄를 짓지 않을 수가 없기 때문에, 가책을 가지지 않게 되는 기쁨이 그것입니다. 이제는 주님, 제가 지나친 일을 감히 하지 않았는지 말씀해 주십시오."

"자캐오, 일을 잘 했소. 당신은 그들에게 당신이 바라는 것 이상의 것을 주고, 내가 사람들에게 주기를 원한다고 당신이 생각하는 것 이상의 것을 주오. 용서를 받고 가책이 없는 기쁨뿐 아니라, 머지 않아 내 하늘나라의 주민이 되는 기쁨도 주오. 나는 당신이 하는 일들을 잘 알고 있었고, 당신이 힘들지만 영광스러운 사랑의 길로 전진하는 것을 지켜 보았소. 그것은 사랑이고, 사랑이라도 가장 순수한 사랑이기 때문이오. 당신은 나라의 말을 알아들었소. 많은 사람들 안에는 옛날 사고방식과 자기들이 벌써 거룩하고 유식하게 되었다는 자신이 남아 있기 때문에 그것을 알아들은 사람이 별로 없소. 당신은 당신의 마음에서 과거가 없어지자, 당신은 빈 상태로 있었고, 그래서 당신 안에 새 말씀과 미래와 영원한 것을 넣을 수가 있었소. 아니 그보다도 오히려 넣기를 **원했소**. 자캐오, 그렇게 계속하시오. 그러면 당신의 주 예수의 부당징세자가 될 거요" 하고 예수께서는 미소를 지으시고, 자캐오의 머리에 한 손을 얹으시면서 말을 마치신다.

"주님은 저를 칭찬하시는 겁니까? 모든 일에요?"

"모든 일에 칭찬하오. 자캐오, 당신에 대해서 내게 말해 주는 니까에게도 이 말을 했소. 니까는 당신을 이해하오. 니까는 전반적인 동정에 마음의 문을 열어놓고 있소."

"니까가 저를 많이 도와주었습니다. 그러나 지금은 매번 새 달이 될 때밖에는 보지 못합니다…. 저도 니까를 따라 가고 싶었습니다만, 예리고가 제 새 일에 유리합니다…."

"니까는 예루살렘에 오래 머물지 않을 거요…. 당신은 공연히 자리를 옮기는 것이 될 거요. 곧 이어서 니까는 이리로 돌아올 거요…."

"주님, 언제 다음입니까?"

"내 나라의 선포 후에."

"주님의 나라…. 저는 그 때가 겁이 납니다. 지금 주님께 충실하다고 말하는 사람들이 그 때에도 충실할 수 있을는지요? 틀림없이 폭동이 일어나고 주님을 사랑하는 사람들과 주님을 미워하는 사람들 사이에 싸움이 있을 터이니까요…. 주님, 주님의 원수들은 수를 채워서 상대편을 압도하기 위해 최하층민인 도둑들까지도 매수한다는 것을 아시지요? 저는 이것을 불쌍한 제 형제 중의 한 사람에게서 들어서 압니다…. 오! 합법적으로 도둑질을 하는 사람과 명예를 훔치고 여행자의 돈을 빼앗는 사람 사이에는 아마 차이가 많겠지요? 저도 주님이 구해 주실 때까지는 합법적으로 도둑질을 했습니다. 그러나 그 때에도 주님을 미워하는 사람들을 돕지는 않았을 것입니다. 제가 말하는 사람은 젊은이이고 도둑입니다. 예, 도둑이예요. 어느날 저녁 저는 짐승들을 더 싼 값으로 사 가지고 에프라임에서 오는 저와 같은 세 사람을 기다리려고 아도민산 쪽으로 갔었는데, 좁은 골짜기에서 망보고 있는 그 사람을 만났습니다. 저는 그 사람에게 말했습니다…. 저는 가족을 가져본 적이 없습니다. 그러나 만일 제게 아들들이 있었더라면, 그들에게 생활을 바꾸라고 설득하기 위해서 그들에게 그렇게 말했을 것입니다.

그는 자기가 어떻게, 왜 도둑이 되었는지를 설명해 주었습니다…. 오! 나쁜 일을 아무 것도 하지 않는 것 같은 사람들이 진짜 죄있는 사람인 때가 얼마나 많습니까!…. 저는 그에게 말했습니다. '다시는 도둑질을 하지 말게. 배가 고프면 내가 아직 자네를 먹여 줄 수 있네. 내가 자네에게 성실한 일거리를 구해 주겠네. 자네가 살인자가 되지 않았으니, 그만두고, 자네 자신을 구하게' 하고. 그래서 그를 설득했습니다. 그 사람은 다른 사람들이 주님을 미워하는 사람들에게 돈을 많이 받고 **매수**되었기 때문에 혼자 남았다고 말했습니다. 지금 그들은 폭동을 선동하고 백성을 분개시키기 위해서 자기들이 주님의 제자로 말할 준비를 갖추고, 파셀로산 쪽 키드론 개울의 동굴과 무덤, 그리고 왕들과 판관들의 무덤들 가운데 있는 시 북쪽 동굴에 숨어 있답니다…. 주님, 그들이 무엇을 하려는 것입니까?"

"여호수아는 해를 정지시켰소. 그러나 그들은 그들의 모든 수단을 써서도 하느님의 뜻을 멎게는 하지 못할 거요."

"주님, 그들은 돈이 있습니다! 성전은 부자입니다. 그리고 그들이 성공을 거두는 데 소용되면, 성전에 바친 황금도 그들 생각에는 하느님께 바친 돈이 아닙니다."

"그들은 아무 것도 가지고 있지 못하오. 힘을 가지고 있는 것은 나요. 그들의 건조물은 마치 어린 아이가 그것을 가지고 성을 만들었던 마른 나뭇잎들이 가을 바람에 쓰러지듯이 쓰러질 거요. 자캐오, 염려 마시오. 당신의 예수는 예수일 거요."

"제발 그렇게 되기를 바랍니다. 주님!… 우리를 부르는군요. 가십시다…."

220. 예리고에서 전도하심

예수께서 자캐오의 집에서 나오신다. 아침나절 시간이 좀 흘렀다. 예수께서는 자캐오와 베드로와 알패오의 야고보를 데리고 계신다. 다른 사도들은 아마 벌써 시골로 흩어져서 선생님이 시내에 와 계시다는 것을 알리는 모양이다.

자캐오와 사도들을 데리고 계신 예수의 집단 뒤에는 얼굴 모습과 나이와 옷이 아주… 가지각색인 다른 집단이 있다. 그 사람들이 서로 다른, 어쩌면 서로 적대하는 종족들에 속하여 있는데, 인생의 여러 가지 사건으로 인하여 팔레스티나의 이 도시에 와서, 그들이 있던 깊숙한 곳에서 빛을 향하여 올라오기 위해 모여 있다고 확신을 가지고 말하기가 어렵지 않다. 대부분은 인생을 여러 가지로 이용하고 남용한 사람들의 퇴색한 얼굴들이고, 어떤 사람들에게서는 국고금 횡령이나 거친 명령… 같은 일에 오래 훈련되어서 탐욕스럽고 냉혹하게 된 눈길을 보게 되는데, 때로는 이 이전의 눈길이 새로운 생활이 그것을 덮어놓은 초라하고 생각에 잠긴 베일을 들치고 다시 나타나기도 한다. 그리고 이런 일은 특히 예리고의 어떤 사람이 업신여기는 태도로 그들을 바라보거나 그들에게 대하여 불손한 언동을 보이거나 할 때에 일어난다. 그러다가는 그들의 눈길이 다시 지치고 겸손한 눈길이 되고, 그들의 머리는 기가 꺾여 숙여진다.

예수께서는 그들을 살펴보시느라고 두 번 뒤돌아 서신다. 그리고 말씀을 하시기 위하여 택하셔서 벌써 사람이 잔뜩 모인 장소에 가까이 오는 데 따라 뒤에서 그들이 걸음을 늦추는 것을 보시고, 그들을 기다리시기 위하여 걸음을 늦추시고 마침내 말씀하신다. "내 앞으로 지나가시오. 그리고 겁내지 마시오. 당신들은 악을 행할 때에 세상에 저항했으니, 악을 떨쳐버린 지금 세상을 무서워해서는 안 됩니다. 그때 세상을 제압하는 데 소용되었던 것, 즉 세상으로 하여금 판단하는

데 싫증이 나게 하는 유일한 무기인 세상의 판단에 대한 무관심을 지금도 쓰시오. 그러면 세상은 당신들에게 관심을 가지는 데 싫증이 날 것이고, 비록 느리기는 하겠지만 당신들을 흡수해서 당신들을 이 보잘 것 없는 세상이라는 무명의 큰 집단 속에 사라지게 할 것입니다. 이 세상은 사실 사람들이 너무 중요하게 생각합니다."

열다섯 명인 그 사람들은 복종하여 앞으로 간다.

"선생님, 저기 시골 병자들이 옵니다" 하고 예수께로 마주 가며 햇볕으로 따뜻하게 된 한 구석을 가리키면서 제베대오의 야고보가 말한다.

"가겠다. 다른 사람들은 어디 있느냐?"

"사람들 가운데 있습니다. 그러나 선생님을 벌써 보았으니까, 곧 올 것입니다. 그들과 같이 솔로몬과 엠마오의 요셉과 에페소의 요한과 아르벨라의 필립보도 있습니다. 그들은 아르벨라의 필립보의 집으로 가는데, 요빠와 릿다와 모딘에서 왔습니다. 그들은 해안의 사람들과 여자들을 데리고 왔습니다. 그들은 어떤 여자에 대해서 해야 할 판단에 서로 의견이 일치하지 않기 때문에 선생님을 찾기까지 했습니다. 그러나 그들이 선생님께 말씀을 드릴 겁니다…."

과연 예수께서는 이내 공손하게 인사를 하는 다른 제자들에게 둘러싸이신다. 그들 뒤에는 새로 예수의 가르침에 끌린 사람들이 있다. 그러나 에페소의 요한이 없어서, 예수께서 그 이유를 물으신다.

"그 사람은 사람들과 멀리 떨어져서 어떤 여자와 여자의 부모와 같이 어떤 집에 있습니다. 여자는 마귀들린 사람인지 예언자인지 알 수가 없습니다. 그 고장 사람들의 말로는 그 여자가 놀라운 말을 한다고 합니다. 그러나 그 여자의 말을 들은 율법학자들은 그 여자를 마귀들린 여자로 판단했습니다. 부모는 여러번 마귀 쫓는 사람들을 불렀었지만, 그 여자에게 붙어 있으면서 그 여자에게 말을 하게 하는 마귀를 내쫓지 못했습니다.

그러나 그들 중의 한 사람은 여자의 —그 여자 친정에 그대로 있는 처녀과부입니다.— 아버지에게 이렇게 말했답니다. '당신의 딸에게는 메시아 예수가 필요하오. 그분은 당신 딸의 말을 알아듣고, 그 말이 어디에서 오는 것인지 알 것입니다. 나는 그 여자 안에서 말하는 영에게 그리스도라고 하는 예수의 이름으로 나가라고 명하려고 해 보았습니다. 내가 이 이름을 쓸 때에는 어두움의 영들이 항상 도망쳤습니다. 그런데 이번에는 그렇지 않습니다. 나는 이 문제에 대해서 이렇게 말합니다. 즉 베엘제불 자신이 직접 말을 하고, 내가 부르는 이름에까지도 대항하기에 이르던가, 그렇지 않으면 하느님의 성령 자신이고, 따라서 하느님의 영은 그리스도와 오직 한분이시니까 두려워하지 않으신다고. 나는 첫째 해석보다는 오히려 이 둘째 해석을 믿습니다. 그러나 그것을 확실히 알기 위하여는 그리스도만이 판단하실 수 있습니다. 그분은 말을 알아들을 것이고, 그 말이 어디에서 오는지도 아실 것입니다' 하고.

그래서 그 사람은 거기 있는 율법학자들에게 구박을 당했습니다. 율법학자들은 그 사람도 그 여자와 선생님처럼 마귀들린 사람이라고 언명했습니다. 선생님께 이런 말씀을 드려야 하는 것을 용서하십시오…. 그리고 율법학자들은 저희들을 놓아주지 않았고, 여자 곁에도 지키는 사람들이 있습니다. 그들은 선생님이 오신 것을 사람들이 그 여자에게 알릴 수 있었는지를 밝히고자 하기 때문입니다. 사실 그 여자는 선생님의 얼굴과 목소리를 알고, 그래서 수천 명 가운데서라도 선생님을 알아볼 것이라고 말합니다. 15년 전 그의 남편이 혼인잔치 하기 전날 죽은 그 시절부터 그 여자가 그의 마을에서 절대로 나온 일이 없고, 그의 집에서조차도 나온 일이 없다는 것이 증명되었고, 또 선생님이 베틀레키라는 그의 마을로 지나가신 일이 한번도 없다는 것도 증명되었는데 말입니다. 그래서 율법학자들은 그 여자가 마귀들렸다는 것을 증명하기 위하여 이 마지막 증거를 기다리고 있습니다. 그 여자를 곧 보시겠습니까?"

"아니다. 나는 사람들에게 말을 해야 하는데 여기 이 군중 가운데에서 만나면 너무 소란스러울 것이다. 가서 에페소의 요한과 여자의 부모와 율법학자들에게도 해가 지기 시작할 무렵에 강을 끼고 있는 수풀, 걸어서 건너는 곳의 오솔길에서 그들 모두를 기다리겠단다고 말해라. 가라."

그리고 모든 사람을 대신하여 말한 솔로몬을 보내신 다음, 예수께서는 병이 낫기를 청하는 병자들을 보러 가셔서 고쳐 주신다. 관절염으로 관절에 경직이 생긴 나이먹은 여인과 남자 마비환자와 저능한 젊은이와 결핵에 걸린 것 같은 소녀와 눈병이 있는 두 사람이 있다.

군중은 기쁨의 환성을 지른다.

그러나 병자의 무리는 아직 끝나지 않았다. 슬픔으로 인하여 얼굴이 흉하게 된 한 어머니가 친구인지 친척인지 두 여자의 부축을 받으며 와서 무릎을 꿇으며 말한다. "제 아들이 죽어 갑니다. 그 애를 이리 데려올 수가 없습니다…. 저를 불쌍히 여겨 주십시오!"

"제한없이 믿을 수 있소?"

"모두 믿습니다, 주님!"

"그러면 집으로 돌아가시오."

"제 집으로!… 선생님을 모시지 않고!…" 여자는 한동안 몹시 불안해하며 예수를 쳐다 본다. 그러다가 알아듣는다. 가엾은 얼굴이 환하게 변한다. 그리고 여자는 외친다. "가겠습니다, 주님. 그리고 선생님을 보내신 지극히 높으신 분은 찬미받으시기 바랍니다!" 그리고 그 여자는 동행한 여자들보다도 더 날쌔게 뛰어 간다….

예수께서는 예리고의 어떤 사람, 점잖은 주민에게로 몸을 돌리시고 물으신다.

"저 여자는 히브리 여자입니까?"

"아닙니다. 적어도 히브리 태생은 아닙니다. 저 여자는 밀레에서 왔습니다. 그렇지만 저희 중의 한 사람과 결혼했고, 그 때부터 우리와 믿음을 같이합니다."

"저 여자는 많은 히브리인보다 더 잘 믿을 줄 알았습니다" 하고 예수께서 지적하신다.

그리고 어떤 집의 낮은 층계 위에 올라가셔서, 강연을 하시기 전에 침묵을 명하는 데 소용되는 팔을 벌리는 늘 하시는 몸짓을 하신다. 사람들이 조용해지자, 몸짓을 하실 때에 가슴 앞에 벌어졌던 겉옷의 주름을 모아서 왼손으로 잡으시고, 오른손은 맹세를 하는 사람의 자세로 내리시면서 말씀하신다. "예리고의 주민 여러분, 주님의 비유를 들으시오. 그런 다음 각자가 마음 속으로 그 비유들을 묵상해서, 교훈을 끌어내어 그의 정신에 양식을 주도록 하시오. 여러분이 그렇게 할 수 있는 것은, 여러분이 하느님의 말씀을 아는 것이 어제나 지난

달의 일도 아니고, 지난 겨울의 일도 아니기 때문입니다. 내가 선생이 되기 전에 내 예고자 요한이 내가 오는 것에 대한 준비를 시켰고, 내가 선생이 된 다음부터 내 제자들이 이 땅을 일곱 번씩 일곱 번이나 갈아서, 내가 그들에게 준 모든 씨를 뿌렸기 때문입니다. 그러므로 여러분은 말과 비유를 알아들을 수 있습니다.

죄인이었다가 나중에 회개한 사람들을 누구와 비교할까요? 나는 그런 사람들을 병이 낫는 병자들과 비교하겠습니다. 공공연하게 죄를 짓지 않았거나, 이런 사람은 검은 진주보다도 더 드물지만, 숨어서라도 중한 죄를 지은 일이 없는 다른 사람은 어떤 사람과 비교할까요? 그런 사람들은 건강한 사람에 비하겠습니다.

세상은 영의 문제에 있어서나 살과 피의 문제에 있어서나 이 두 가지 부류로 되어 있습니다. 그러나 비교들은 같다 하더라도, 육체에 병이 들었다가 나은 병자들에 대해서 세상이 쓰는 방법은 회개한 죄인들, 즉 건강을 회복하는 영적인 병자들에 대해서 쓰는 방법과는 다릅니다.

우리가 보는 것은 이런 것입니다. 어떤 병자가, 가장 위험한 병자이어서 그 위험 때문에 격리해야 하는 문둥병자까지도 치유의 은총을 얻게 되면, 사제의 검사를 받고 정결례를 행한 다음, 사회에 다시 받아들이고, 그가 살던 도시의 사람들은 그가 나아서 목숨을 다시 얻고, 가족과 사업에 돌아왔기 때문에 그를 환영하기까지 합니다. 문둥병자였던 어떤 사람이 은총을 얻어 병이 낫게 되면, 그 가족과 도시에 큰 즐거움이 됩니다! 집안 식구들이나 주민들은 앞다투어 이 물건이나 저 물건을 가져다 주고, 그 사람이 혼자이고 집도 없고 가구도 없으면, 침대나 가구를 그에게 줄 것입니다. 그리고 모두가 이렇게 말합니다. '저 사람은 하느님의 특은을 받은 사람이다. 하느님의 섭리가 그를 낫게 하셨으니 그를 명예롭게 하고, 그를 다시 창조하신 분을 공경하자' 하고. 또 그렇게 하는 것이 옳습니다. 또 이와 반대로 불행히도 어떤 사람이 문둥병의 첫번 증세를 보이면, 아직 그렇게 할 수 있는 동안은 부모와 친구들이 얼마나 가슴아파하는 사랑을 가지고 그에게 애정을 듬뿍 줍니까? 마치 여러 해에 걸쳐 그에게 주었을 애정의 보배를 단 한번에 주어서, 살아서 들어가는 그의 무덤으로 그것들을 가져가게 하려는 듯이 말입니다.

그러나 그렇다면 왜 다른 병들에 대하여는 그렇게 하지 않습니까? 어떤 사람이 죄를 짓기 시작하고, 집안 식구들과, 특히 동향인들이 그것을 봅니다. 그러면 왜 그들은 그 사람을 사랑으로 죄에서 빼내려고 힘쓰지 않습니까? 어머니, 아버지, 아내, 자매는 아직 그렇게 합니다. 그러나 형제들이 그렇게 하는 것이 벌써 어렵고, 사촌형제들이 그렇게 한다고는 말하지 않겠습니다. 끝으로 동향인들은 비판하고, 조롱하고, 건방지게 굴고, 눈쌀을 찌푸리고, 죄인의 죄를 과장하고, 그 사람을 손가락질 할 줄밖에 모릅니다. 그리고 가장 의로운 사람들은 그 사람을 문둥병자처럼 멀리하고, 의롭지 못한 사람들은 그 사람의 비용으로 즐기기 위해서 공범자가 될 줄밖에 모릅니다. 한 입과 특히 한 마음이 연민과 굳셈과 참을성과 초자연적인 사랑을 가지고 그 불행한 사람을 찾아가서, 죄 속으로 내려가는 것을 억제하는 데 관심을 가지는 것은 극히 드문 일입니다.

그런데 어떻게 그렇게 됩니까? 영의 병이 더 중하고, 정말 중하고 치명적인 것이 아니겠습니까? 그 병이 하느님의 나라를 영원히 빼앗아 가지 않습니까? 하느님과 이웃에 대한 첫째 사랑이 그의 영혼의 이익과 하느님의 영광을 위하여 한 죄인의 병을 고쳐 주는 그 일이어야 하지 않습니까?

그리고 한 죄인이 회개했을 때, 왜 그를 끝내 비판하려 하고, 그가 영적인 건강을 회복한 것을 애석하게 여기는 것 같이 합니까? 여러분의 동향인들 중의 한 사람에 대한 확실한 영벌을 점치던 여러분의 예상이 거짓이었다는 것이 드러나는 것을 보아서 그렇습니까? 그러나 여러분은 오히려 그것을 기뻐해야 할 것입니다. 그것은 거짓이라고 말씀하시는 분이 자비로우신 하느님이시기 때문입니다. 여러분이 혹은 더 중하고 혹은 덜 중한 잘못을 저지른 후에 여러분에게 다시 용기를 내게 하시려고 당신 인자를 듬뿍 베풀어 주시는 분이시기 때문입니다.

그리고 하느님과 어떤 마음의 착한 뜻이 깨끗하고, 훌륭하고, 형제들의 존경과 그들의 감탄까지도 받을 만하게 만든 것을 왜 끝내 더럽혀지고, 업신여길만하고 외따로 떨어져 있어 마땅한 것이 남아 있는 것을 보기를 원하십니까?

　그러나 여러분은 여러분의 소나 나귀나 낙타나 양떼의 양이나 마음에 드는 비둘기가 병들었다가 나으면 기뻐하십니다! 여러분은 어떤 외부 사람이 문둥병자로 격리되어 있던 시절에 그에 대해 말하는 것을 들었기 때문에 겨우 이름이나 아는 그 사람이 다시 병이 나은 사람이 되면 분명히 기뻐하십니다. 그러면 저 영의 병나음과 하느님의 저 승리는 왜 기뻐하지 않으십니까? 한 죄인이 회개하면, 하늘은 기뻐서 어쩔 줄을 모릅니다. 하늘, 즉 하느님과 가장 순수한 천사들, 죄를 짓는다는 것이 무엇인지 알지 못하는 이들이 말입니다. 그런데 사람들인 여러분은 하느님보다도 더 단호하게 되고자 하십니까?

　제발 여러분의 마음을 올바르게 하시오. 그리고 성전의 유향 연기와 찬송가 속에, 대사제를 통하여 주님의 거룩하심이 들어가야 하고, 그 이름이 가리키는 것처럼 거룩해야 하는 곳에만 주님께서 계신 것을 인정하지 말고, 다시 살아난 저 영들의 기적과, 하느님의 사랑이 제물에 불을 붙이기 위하여 당신의 불을 가지고 내려오시는 새롭게 봉헌된 제단의 기적 속에도 주님께서 계시다는 것을 인정하시오."

　예수의 말씀은 찬미의 환성을 올리며 예수께 경배를 드리고 싶어하는 조금 전의 어머니 때문에 중단된다. 예수께서는 그 여인의 말을 들으시고 강복을 주시고 집으로 돌려보내시고 나서 중단된 말씀을 다시 시작하신다.

　"또 전의 여러분에게 눈쌀을 찌푸리게 하는 광경을 보였던 한 죄인에게서 교훈이 되는 광경을 받게 되거든 그 사람을 업신여기지 말고, 오히려 본 받으시오. 다른 사람에게서 가르침을 받는 것이 불가능할 정도로 완전한 사람은 아무도 없기 때문입니다. 그리고 선은 그것을 실천하는 사람이 전에 비난의 대상이었다 하더라도 항상 들어야 하는 교훈입니다. 도와주고 본 받으시오. 그렇게 함으로써 여러분은 주님을 찬미하고, 주님의 말씀을 이해했다는 것을 보이기 때문입니다. 그들의 행동이 그들의 말과 일치하지 않기 때문에 여러분의 마음 속으로 비판하는 그런 사람들 같이 되지 마시오. 오히려 여러분의 모든 착한 행동이 여러분의 모든 착한 말을 완성하도록 하시오. 그러면 영원하신 분께서 정말 호의를 가지고 여러분을 보시고 여러분의 청을 들어주실 것입니다.

하느님께서 보시기에 어떤 것들이 가치가 있는 것인지를 알기 위하여 이 다른 비유를 들으시오. 이 비유는 여러분에게 많은 사람의 마음 속에 있는 좋지 않은 생각을 고치도록 가르쳐 줄 것입니다. 대부분의 사람은 그들 자신을 스스로 판단합니다. 그런데 천 명 중에서 한 사람이나 참으로 겸손하기 때문에, 사람이 자기는 완전하다고 판단하면서 이웃에게서는 수백 개의 죄를 알아보는 일이 생깁니다.

어느날 볼 일이 있어서 예루살렘에 갔던 두 사람이, 어떤 이스라엘 사람이든지 착한 사람이면 성도에 발을 들여놓을 때마다 그렇게 하는 것이 마땅한 것처럼 성전에 올라 갔습니다. 한 사람은 바리사이파 사람이고, 또 한 사람은 세리였습니다. 전자는 어떤 상점들의 수입을 받고, 성도 근처에서 살고 있던 관리인들에게서 회계 보고를 받기 위해서 갔었습니다. 후자는 그가 징수한 세금을 바치고, 배와 그물에 대한 세금을 낼 수가 없는 과부의 이름으로 동정을 구하려고 갔었습니다. 과부의 맏아들이 하는 고기잡이로는 다른 많은 아들을 먹이기도 빠듯했기 때문이었습니다.

성전에 올라가기 전에, 바리사이파 사람은 상점 경영자들에게 들러서 상점들을 살펴보았는데, 상점에는 상품과 사는 사람이 가득한 것을 보았습니다. 그는 마음 속으로 만족을 느끼고, 그곳 경영자를 불러서 말했습니다. '자네 장사가 잘 되는 걸 알겠네.'

'예, 하느님 덕택으로, 저는 제 일에 만족합니다. 상품 재고를 늘릴 수 있었는데, 한층 더 늘릴 수 있기를 바랍니다. 상점을 개량했습니다. 그래서 오는 해에는 진열대와 선반에 대한 지출이 없겠습니다. 그러니까 이익이 더 남을 것입니다.'

'좋네! 좋아! 그게 기쁘네! 이 장소값을 얼마 내나?'

'한 달에 100드라크마입니다. 비쌉니다. 그렇지만 자리가 좋습니다…'

'자네 말이 맞네. 자리가 좋으네. 따라서 납부금을 곱절로 올리겠네.'

'아니, 나으리' 하고 장사꾼이 부르짖었습니다. '그렇게 하시면 나으리께서 이득을 전부 빼앗아 가시는게 됩니다!'

'그건 정당하네. 혹 내가 내 희생으로 자네를 부자를 만들어야 하겠나? 빨리 2천 4백 드라크마를 내게. 그것도 즉시 그렇지 않으면 자넬 내쫓고 물건을 내가 가지겠네. 이 장소는 내 것이니까 내가 마음대로 하네.'

그의 첫째, 둘째, 셋째 경영자에게 이렇게 해서 납부금을 모두에게 곱절로 올리고, 무슨 청을 해도 못 듣는 체했습니다. 가족을 책임지고 있는 셋째 경영자가 저항하려고 했기 때문에 그는 경비원들을 불러 봉인을 하게 하고, 불쌍한 사람을 밖으로 내쫓았습니다.

그런 다음, 그의 저택에서 관리인들을 게으름쟁이로 몰아 벌하고, 그들이 정당한 권리로 떼어둔 몫까지 빼앗을 구실을 찾아내기 위하여 관리인들의 장부를 검사했습니다. 그들 중의 한 사람은 아들이 죽어 가서 많은 지출을 해야 하기 때문에 약값을 치르기 위해 그의 기름을 일부분 팔았었습니다. 그러므로 까다로운 주인에게는 아무 것도 줄 것이 없었습니다.

'주인 어른, 저를 불쌍히 여겨 주십시오. 제 가엾은 아들이 죽어갑니다. 그러니까 다음에 추가로 일을 해서 주인어른께서 정당하다고 생각하시는 것을 갚아 드리겠습니다. 그러나 지금은 아시다시피 할 수가 없습니다.'

'할 수가 없어? 자네가 할 수 있는지 할 수 없는지 내가 보여 주겠네.' 그러면서 가엾은 관리인들를 데리고 압착기에 가서, 그 사람이 보잘 것 없는 양식으로 또 밤 동안에 아들을 간호할 수 있게 하여 줄 등잔에 기름을 넣으려고 남겨 두었던 나머지 기름을 빼앗았습니다.

한편 세리는 상관에게 가서 징수한 세금을 바치고 나서 이런 말을 들었습니다. '그러나 여기엔 3백 60 아스*가 모자라는구먼. 어떻게 된 일인가?'

'이렇습니다, 말씀 드리지요. 그 시내에는 아이 일곱을 둔 과부가 있습니다. 맏이만 일할 수 있는 나이가 되었습니다만, 배를 몰고 호숫가에서 멀리 떨어진 곳에는 가지를 못합니다. 팔이 아직 약해서 노

---

* 역주 : AS, 고대로마 시대의 청동화폐.

를 저을 수도 없고 돛을 다룰 수도 없기 때문입니다. 그리고 배를 부릴 사환도 쓸 수가 없습니다. 호숫가 가까이에만 있기 때문에 고기를 별로 잡지 못해서, 그가 잡는 고기로는 불쌍한 여덟 식구를 먹여 살리기에도 벅찹니다. 그래서 저는 세금을 요구할 마음을 가지지 못했습니다.'

'알겠네. 하지만 법은 법일세. 법이 동정을 하는 것을 사람들이 알게 되면 불행한 일일세! 모두가 세금을 내지 않기 위한 이유들을 찾아낼 터이니까. 그들이 세금을 낼 수 없으면, 젊은이가 직업을 바꾸고 배를 팔라고 하게.'

'그것이 미래의 그들의 밥벌이입니다…. 그리고 아버지의 추억이기도 하구요.'

'알겠네. 하지만 타협할 수가 없네.'

'좋습니다. 그렇지만 저는 그들의 유일한 재산을 잃은 불행한 여덟 사람을 생각할 수가 없습니다. 제 주머니에서 3백 60 아스를 물겠습니다.'

이런 일들을 하고 나서 두 사람은 성전에 올라 갔습니다. 헌금함이 있는 방을 지나가면서 바리사이파 사람은 보라는 듯이 품에서 묵직한 돈주머니를 꺼내서 마지막 한 닢까지 헌금함에 털어 넣었습니다. 그 주머니 속에는 장사꾼에게서 가외로 받아낸 돈과 관리인에게서 빼앗아서 즉시 장사꾼에게 판 기름값이 들어 있습니다. 한편 세리는 집으로 돌아가는 데 필요한 것을 떼어 놓은 다음 동전 한 줌을 헌금함에 넣었습니다. 그러니까 두 사람 다 그들이 가지고 있던 것을 바쳤는데, 바리사이파 사람은 그가 가지고 있던 것을 마지막 한 푼까지 바쳤기 때문에, 남보기에는 가장 너그러운 것으로 보이기까지 했습니다. 그러나 그의 저택에는 다른 돈이 있었고, 돈많은 환전상들에게 빌려준 돈이 있었다는 것을 생각해야 합니다.

거기서 두 사람은 주님 앞으로 갔습니다. 바리사이파 사람은 맨 앞으로, 지성소 쪽으로 있는 히브리인들의 안마당이 있는 경계에까지 갔고, 세리는 저 끝쪽, 거의 여자들의 마당으로 가는 둥근 천장 밑에서 하느님의 완전에 비해서 자기가 얼마나 비참한가 하는 생각에 짓눌려 몸을 구부리고 있었습니다. 그리고 두 사람 다 기도를 했습니다.

 바리사이파 사람은 마치 자기가 그곳 주인이고, 자기가 방문객에게 경의를 표해 주기라도 하는 듯이 꼿꼿이 서서 말했습니다. '여기 제가 우리의 영광인 집에 당신을 공경하러 왔습니다. 제가 의인이기 때문에 당신이 제 안에 계시다는 것을 느끼지만 저는 왔습니다. 저는 의인일 줄을 압니다. 그러나 비록 그런 것이 제 공로로 그렇게 된다는 것을 알고 있지만, 법률이 그렇게 명하기 때문에 제가 그런 것에 대해서 당신께 감사를 드립니다. 저는 저와 동시에 동전 한 줌을 헌금함에 집어넣은 저 세리와 같이 탐욕스럽지도 않고, 부정(不正)하지도 않고, 간통자도 아니고, 죄인도 아닙니다. 저는 당신도 보셨지만, 제 몸이 지녔던 것을 모두 바쳤습니다. 이와 반대로 저 인색한 자는 두 몫을 만들어서 작은 몫은 당신께 바쳤고, 다른 몫은 틀림없이 진수성찬과 여자들을 위해서 남겨 놓았습니다. 그러나 저는 깨끗합니다. 저는 더럽히지 않습니다. 저는 깨끗하고 올바릅니다. 저는 일주일에 두 번 단식을 하고, 제가 가진 모든 것에 대해서 십일조(十一租)를 냅니다. 그렇습니다. 저는 거룩하기 때문에 깨끗하고 올바르고 축복받았습니다. 주님, 이것을 잘 기억하십시오.'

 세리는 그가 있는 멀리 떨어진 구석에서 성전의 값진 문들을 향하여 감히 눈을 들지 못하고 가슴을 치면서 이렇게 기도했습니다. '주님, 저는 이곳에 있을 자격이 없습니다. 그러나 당신은 의로우시고 거룩하시지만, 사람은 죄인이고, 또 당신께로 오지 않으면 마귀가 된다는 것을 아시기 때문에 여기 오는 것을 제게 아직 허락하십시오. 오! 주님! 저는 밤낮으로 당신을 공경하고 싶습니다. 그런데 저는 많은 시간을 제 일에 매여서 지냅니다. 가장 불행한 제 이웃에게는 그것이 고통이기 때문에 제 기를 꺾는 힘든 일입니다, 그러나 그것이 제 밥벌이이기 때문에 제 상관들에게 복종해야 합니다. 하느님, 제 상관들에 대한 의무를 불쌍한 제 형제들에 대한 사랑과 일치시킬 줄을 알게 하셔서, 제 일에서 제 유죄판결을 얻지 않게 해 주십시오. 제 마음 속에 항상 당신의 사랑이 머물러 있게 하시어, 당신이 큰 죄인인 저를 불쌍히 여기시는 것과 같이, 보잘 것 없는 인간인 제가 제 밑에 있는 사람들을 불쌍히 여길 줄을 알게 해 주십시오. 주님, 제가 주님께 경의를 표하고 싶었다는 것을 당신은 아십니다. 그러나 성전에 드리기로 된 돈을 헌금함에 넣어서 죄없는 불행한 사람 여덟 명에게 슬픔으로 눈물을 흘리게 하는 것보다는 그 불행한 여덟 마음을 구해주기 위해서 쓰겠다고 생각했습니다. 그러나 주님, 만일 제가 잘못 생각했으면 알려 주십시오. 그러면 마지막 한 푼까지도 당신께 바치고 제 고장으로는 걸어서 걸식을 해 가면서 돌아가겠습니다. 당신의 정의를 깨닫게 해 주십시오. 주님, 저는 큰 죄인이오니, 불쌍히 여겨 주십시오' 하고.

이것이 비유입니다. 나 정말 진정으로 말합니다마는, 바리사이파 사람은 이미 모리아산을 더 올라가기 전에 지은 죄들에 새 죄를 더 보태 가지고 성전에서 나왔는데, 세리는 의롭게 되어서 성전에서 나왔고, 하느님의 강복이 그를 집에까지 따라 가서 머물렀습니다. 세리는 겸손하고 자비로웠고, 그의 행동이 그의 말보다 훨씬 더 거룩했는데, 바리사이파 사람은 말로만 그리고 겉으로만 착하고, 마음 속으로는 사탄의 일꾼이 되어 교만과 냉혹한 마음으로 사탄의 행동을 했고, 그런 이유로 하느님께서 그를 미워하셨기 때문입니다.

스스로 자기를 높이는 사람은 조만간 항상 창피를 당할 것입니다. 여기서 당하지 않으면, 내세에서 당할 것입니다. 스스로 자기를 낮추는 사람은 특히 저 하늘에서 찬양을 받을 것입니다. 하늘에서는 사람의 행동의 참다운 진실을 보는 것입니다.

자캐오, 갑시다. 자캐오와 같이 있는 사람들과 내 사도들과 제자들도 가자. 나 너희들에게 개별적으로 또 말하겠다."

그리고 겉옷으로 푹 감싸시고 자캐오의 집으로 돌아가신다.

221. 자캐오의 집에서 회개한 사람들과 같이

그들은 모두 넓고 아무 장식도 없는 방에 모였다. 전에는 틀림없이 아름다웠을 것이다. 그러나 지금은 큰 방일 뿐이다. 그들은 식당이나 침실들에서 의자와 침대를 가져다 놓고 모두 선생님을 둘러싸고 빙 둘러 앉았다. 그리고 선생님은 수직직(垂直織)의 양탄자를 깐, 순전히 조각된 나무로 된 일종의 안락의자에 앉으시게 하였다. 그 안락의자가 집 안에서 가장 호화로운 가구이다.

자캐오는 그들끼리 추렴한 돈으로 산 소유지에 대하여 말한다. "저희들은 그대로 뭔가 해야 했습니다! 한가함은 죄를 짓지 않는 데 좋은 약이 아닙니다. 그것은 저희들처럼 소홀히 했었고 또 저희들처럼 가시덤불과 돌과 메마른 곳과 잡초가 가득 차 있기 때문에 아직 별로 기름진 땅은 아닙니다. 니까가 저희들에게 농사꾼 하인들을 빌려주어서 소홀히 했던 우물들을 치고, 밭에서 잡초를 제거하고, 거기 있는 얼마 안 되는 나무들을 다듬고 어린 나무들을 심으려면 어떻게 해야 하는지를 가르쳐주게 했습니다. 저희들은 많은 것을 알고 있었지만… 사람으로서의 거룩한 일들은 알지 못했습니다. 그러나 저희들에게는 몹시 생소한 이 일에서 저희들은 정말 새로운 삶을 찾아냅니다. 저희들 주위에는 과거를 생각나게 하는 것이 아무 것도 없습니다. 양심만이 그것들을 생각나게 해 줍니다마는, 그것은 좋은 일입니다…. 저희들은 죄인입니다…. 그것을 보러 가시겠습니까?"

"여기서 함께 나가서 요르단강 쪽으로 갑시다. 그리고 나는 그곳에 머무르겠소. 그곳은 바론강으로 가는 길에 있다고 말했지요…."

"예, 선생님. 그러나 나쁜 상태에 있습니다. 집이 쓰러져 가고, 가구가 도무지 없습니다. 저희들은 모든 것을 갖출만한 돈이 없었습니다…. 저희가 할 수 있는 한도 내에서 이웃에 대한 저희들의 과실을 갚고 난 후에는 말입니다. 너무 나이가 많아서 어떤 불편을 견딜 수가 없기 때문에 여기서 자는 데메테스와 발렌스와 레위를 빼놓고는 건초로 만족합니다, 주님."

"나는 그곳 조차도 없는 때가 많았소. 자캐오, 나도 건초 위에서 자겠소. 나는 처음 잠을 건초 위에 잤는데, 사랑이 그것을 지키고 있었기 때문에 건초가 부드러웠소. 나도 거기에서 그 잠을 잘 수가 있는데, 착한 뜻이 돌아온 사람들 가운데에서 자겠기 때문에 그 잠은 불안하지 않을 거요."

그러면서 여러 나라의 이 만물을 바라보시는데, 그 눈길은 애무와도 같다. 그들도 예수를 바라본다…. 그들은 눈이 여린 사람들이 아니다. 그들이 얼마나 많은 눈물을 흐르게 했는지도 모른다. 그들의 얼굴은 그대로 그들의 불행한 과거가 쓰여 있는 책들이다. 그리고 지금은 그들의 새 생활이 그 말들의 거칢을 가리기는 하지만, 그래도 그들이 어떤 구렁에서 빛을 향하여 올라오는지를 볼 수 있게 할 만큼은 그 말들을 꿰뚫어볼 수가 있다. 그러나 그들이 착한 뜻으로 돌아왔다고 선생님이 그들에게 말씀하시는 것을 들었을 때, 그들의 얼굴은 환하게 빛나고, 그들의 눈길은 자신을 얻고, 초자연적인 소망과 정신적인 만족의 빛이 거기서 빛난다.

자캐오가 말한다. "그러면 제가 한 모든 것을 승인하시는 겁니까? 보십시오. 선생님, 그날 저는 '선생님을 따르겠습니다' 하고 말씀드렸습니다. 그리고 정말 실제적으로 선생님을 따르려고 했습니다. 그러나 바로 그날 저녁에 데메테스가 어떤 일로… 그의 고약한 거래 중의 하나 때문에 제 집에 왔습니다…. 그러면서 돈이 필요하다는 것이었습니다. 그는 그 도시가 거룩하다고 말들 하기 때문에… 예루살렘에서 오는 길이었습니다. 그러나 거기에서는 치욕이란 치욕은 다 만납니다. 그리고 그 치욕을 제일 먼저 원하는 사람들은 나중에 저희들에게 마치 문둥병자이기나 한 것처럼 돌을 던지는 사람들입니다…. 그러나 저는 저희들의 죄를 말해야 하는 것이지 저들의 죄를 말해야 하는 것은 아닙니다.

저는 돈이 없었습니다. 모두 선생님께 드렸었거든요. 제 집에 아직 있는 돈도 벌써 준 거나 다름없었습니다. 저는 그 돈을 가지고 제가 고리대금으로 빼앗았던 사람들에게 돌려주어야 하는 몫들을 벌써 만들어 놓았었으니까요. 저는 그에게 말했습니다. '나는 돈이 없네. 그렇지만 모든 보물보다도 더 가치 있는 것을 가지고 있네' 하고. 그리고 제 회개와 선생님의 말씀과 제 안에 있는 평화를 이야기해 주었습니다…. 제가 얼마나 말을 했던지 새로 밝아오는 날의 빛이 들어와서 얼굴들을 희게 비추었고, 제가 아직 말을 하고 있는 동안에 등불들을 쓸데 없게 했습니다. 제가 정확히 무슨 말을 했는지는 모르겠습니다. 제가 아는 것은 그가 저희가 앉아 있던 식탁을 탕 하고 주먹으로 치면서 이렇게 외친 것입니다. '메르쿠리우스*가 충실한 신하를 하나 잃었고, 사티로스*들이 동무를 하나 잃었네. 내 돈까지 받게. 범죄를 하는 데는 충분하지 않았지만, 거지에게 빵을 주는 데는 넉넉할 걸세. 그리고 나도 받아 주게. 그 숱한 악취를 맡은 다음에 향기를 좀 맡고 싶네' 하고. 그리고 남아 있었습니다.

　저희들은 예루살렘으로 함께 갔습니다. 저는 물건들을 팔려고, 그는 일체의… 약속을 면하려고 갔습니다. 그리고 돌아오면서 저는 이렇게 말했습니다…. ──저는 오래간만에 성전에서 어린 아이와 같이 깨끗하고 평화롭게 된 마음으로 기도했었습니다.── 저는 제 자신에게 이렇게 말했습니다. '예리고에 그대로 남아 있는 것이 선생님을 따르는 것이 아닐까. 혹 더 잘 따르는 것이 아닐까? 거기에서는 나처럼 불행한 내 친구 세리들, 도박장 경영자들, 뚜쟁이, 고리대금업자, 갤리선 노예들과 도형수와 노예들의 감독, 가지가지 비참한 사람들을 못살게 구는 사람들, 법도 동정도 모르는 군인들, 그들의 가책을 취중에 잊기 위해 소란떨기 좋아하는 사람들이 그들의 저주받은 돈을 쓰거나, 내게 사업을 제안하거나 나를 연회나 다른 불명예스러운 더러운 짓들을 하자고 권하러 오니까 말이야. 시내 사람들은 나를 업신여기고, 히브리인들은 나를 항상 죄인 취급을 하지만, 저들은 그렇지 않다. 저들은 나와 같다. 저들은 불결하다. 그러나 마음 속에 그들을 선으로 이끄는 무엇을 가지고 있을지도 모른다. 그런데 그들에게 구원의 손길을 내미는 사람이 아무도 없다. 나는 그들이 악을 행하는

---

* 역주 : 고대 로마인들의 상업과 도둑과 여행자들의 신.

* 역주 : 반인반수(半人半獸)의 숲의 신.

것을 도왔다. 어쩌면 그들이 내 권유 때문에, 내가 간혹 그들에게 부탁한 것 때문에 죄를 지었는지도 모른다. 나는 그들이 선으로 오도록 도와줄 의무가 있다. 내가 피해를 입힌 사람들에게 보상을 한 것과 같이, 동향인들에게 대해서 배상한 것과 같이 그들하고 속죄하도록 힘써야 한다' 하고.

그래서 그대로 여기 눌러 앉았습니다. 저들은 어느 때는 이 사람이 오고, 어느 때는 저 사람이 왔고, 어떤 때는 이 도시에서 어떤 때는 저 도시에서 왔습니다. 그리고 저는 그들에게 말을 했습니다. 모두가 데메테스 같지는 않았습니다. 더러는 저를 무시하고 나서 도망쳤고, 더러는 주저했고, 더러는 머물렀지만 얼마 후에는 그들의 지옥으로 돌아갔습니다. 이 사람들은 남았습니다. 그리고 이제는 저희 자신과 싸우기 위해서, 저희들을 용서할 줄을 모르는 세상 사람들의 업신여김을 견디기 위해서 제가 이렇게 선생님을 따라야 하고, 저희가 이렇게 선생님을 따라야 한다고 느낍니다. 세상이 용서하지 않는 것을 볼 때에, 기억들이 되살아날 때에는 저희들의 마음에 눈물이 흐릅니다…. 그런데 그 기억들은 너무 많고 몹시 괴로운 것입니다…. 어떤 사람들에게는 그 기억들이….″

″저희들의 죄를 비난하고, 사후에 복수를 약속하는 무시무시한 네메시스*입니다″ 하고 그 중의 한 사람이 말한다.

″기진맥진해 있는 것을 일을 시키느라고 제가 때린 사람들의 통곡입니다.″

″고리(高利)로 그들의 전 재산을 빼앗은 다음 노예를 만든 사람들의 저주입니다.″

″세금을 낼 수 없는 것을, 법의 이름으로 그들의 마지막 재원까지 몰수했던 과부와 고아들의 애원입니다.″

″정복된 나라들에서, 패전으로 인해 공포에 떠는 무장해제된 사람들에 대해서 행한 잔인한 행위들입니다.″

″제가 모든 것을 쾌락으로 낭비하는 동안, 궁핍으로 인해서 죽은 제 어머니와 제 아내와 딸의 눈물입니다.″

---

* 역주 : 인간의 오만, 부덕을 벌한 응보의 여신 (그리이스 신화).

"그것은… 아이고! 제 경우에는, 말로 할 수 없는 죄입니다! 주님, 저는 손에 피를 묻히지 않았고, 돈을 훔치지 않았고, 지나친 세금을 매기지 않았고, 고리를 받지 않았고, 전쟁에 진 사람들을 때리지는 않았습니다. 그러나 가지가지 불행을 이용했고, 패전한 사람들의 죄 없는 딸들과 여자 고아들과 빵을 얻기 위해 상품처럼 팔려 온 여자들로 돈을 모았습니다. 저는 군대의 뒤를 따라 온 세상을 두루 다니며, 기근이 있는 곳, 강이 넘쳐서 식량이 모두 없어진 곳, 전염병으로 어린 생명들이 보호를 받지 못한 채 있는 곳에서 그 기회들을 잡아서 그들을 가지고 상품을, 증오할 만한, 그러나 죄없는 상품을 만들었습니다. 거기서, 돈을 얻어내던 저로서는 증오할 만한 죄였고, 그것이 얼마나 소름끼치는 것인지를 아직 알지 못하기 때문에 죄없는 것이었습니다. 주님, 제 손에는 능욕을 당한 소녀들의 처녀성이 있고, 정복된 도시들에서 잡아 온 젊은 아내들의 정절이 있습니다. 제 상점들과… 창가(娼家)는 유명했습니다. 주님, 그것을 아신 지금 저를 저주하지 마십시오!…."

사도들은 말을 한 이 마지막 사람에게서 무의식 중에 물러났다. 예수께서는 일어나셔서 그에게로 가까이 가신다. 그리고 그의 어깨에 손을 얹으시고 말씀하신다. "사실이오! 당신의 죄는 **크오**. 당신은 속죄를 많이 해야 하오. 그러나 자비 자체인 나는 당신이 바로 마귀이고, 세상의 모든 죄를 가지고 있다 하더라도, **당신이 원하면**, 모든 것을 속죄할 수 있고, 하느님께, 위대하시고 온정이 넘치는 참 하느님께 용서를 받을 수 있다고 말하오. 당신이 원하면 당신의 뜻을 내 뜻에 합하시오. 나도 당신이 용서받기를 원하오. 나와 일치하시오. 손상되고 몰락한 당신의 불쌍한 영, 당신이 죄를 떠난 뒤로 상처 투성이이고 비천해진 당신의 불쌍한 영을 내게 주시오. 당신의 영을 나는 가장 큰 죄인들을 넣는 내 마음 속에 넣어서 구속하는 제사로 가져가겠소. 가장 거룩한 피, 내 마음의 피, 사람들을 위하여 소모될 마음의 마지막 피가 가장 심한 폐허에 부어져서 그것들을 재생시킬 거요. 지금 당장은 하느님의 자비에 대하여 바람을, 당신의 엄청난 죄악보다는 더 큰 바람을 가지시오. 여보시오, 하느님의 자비는 그것을 믿는 사람에게는 한이 없는 것이기 때문이오."

그 사람은 자기 어깨에 얹힌 그 손을, 당신의 갈색옷과 자기의 든든한 어깨 위에 비하여 너무도 창백하고 너무도 야윈 그 손을 잡아 입맞추고 싶지만, 감히 그러지를 못한다. 예수께서 그것을 알아차리시고, 그에게 손을 내미시며 말씀하신다. "여보시오, 손바닥에 입맞추시오. 나는 그 입맞춤을 내 고문 중의 하나를 고치기 위하여 다시 찾아 내겠소. 입맞춤을 받은 손, 상처를 입은 손, 사랑으로 입맞춘 손, 사랑으로 상처입은 손. 오! 모든 사람이 큰 희생자에게 입맞춤 할 줄을 알고, 그 희생자가 옷같이 상처에 뒤덮여서 죽으면서, 그 상처 하나하나에 구속된 모든 사람의 입맞춤과 애정이 있다는 것을 알면서 죽었으면!" 그러면서 당신의 손바닥을 그 사람의 수염을 깎은 입술에 대고 계신다. 그 사람의 모든 차림으로 보아서 로마인인 것 같다. 예수께서는 그 사람이 주님의 자비를 하느님의 손바닥에서 마셔서 그의 가책의 타는 듯한 느낌을 끈 다음 만족하여 손에서 입술을 뗄 때까지 그대로 계신다.

예수께서는 당신 자리로 돌아오신다. 그리고 지나시는 길에 아주 젊은 사람의 굽슬굽슬한 머리 위에 손을 얹으신다. 기껏해야 스무살이나 되었을 것 같고, 혹은 그보다도 더 젊은 것 같기도 하다. 그 사람은 말을 도무지 하지 않았다. 그는 틀림없이 히브리족의 사람이다. 예수께서 그에게 물으신다. "그런데 자네는 자네 구세주에게 아무 말도 하지 않나?"

젊은이는 고개를 들고 예수를 쳐다본다…. 그 눈길에는 사연이 많이 들어 있다. 그것은 고통과 증오와 뉘우침과 사랑의 이야기이다.

예수께서는 약간 그에게로 몸을 숙이시고 그의 눈을 똑바로 들여다보시며, 거기에서 말없는 어떤 이야기를 읽으시고 말씀하신다. "그 때문에 자네를 '여보게'라고 부른 걸세. 자네는 혼자가 아닐세. 같은 피를 나눈 **모든** 사람과 외국인들을 하느님께서 자네를 용서하시는 것처럼 용서하게. 그리고 자네를 구해 준 사랑을 사랑하게. 잠깐 나를 따라 오게. 자네에게 개별적으로 한 마디 하고 싶네."

젊은이가 일어나서 예수를 따라 간다. 둘이서만 있게 되었을 때, 예수께서 그에게 말씀하신다. "여보게, 자네에게 이 말을 하고 싶네. 비록 피상적인 판단으로는 그것이 나타나지 않지만, 주님은 자네를 많이 사랑하셨네. 인생이 자네에게 많은 시련을 겪게 했네. 사람들이 자네에게 많은 해를 끼쳤네. 인생과 사람들이 자네를 돌이킬 수 없는 파멸로 몰아갈 수 있었네. 그들 뒤에는 자네의 영혼을 새암하는 사탄이 있었네. 그러나 그의 위에는 하느님의 눈이 있었고, 이 복되신 눈이 자네 원수들을 억제했네. 주님의 사랑은 자네가 가는 오솔길에 자캐오를 보내셨고, 자캐오와 더불어 자네에게 말하고 있는 나를 보내셨네.

이제 자네에게 말하는 내가 확실히 말하겠는데, 자네는 이 사랑에서 자네가 가지지 못했던 모든 것을 얻어내야 하고, 자네의 기분을 거스른 모든 것을 잊어야 하고, 자네 어머니를 용서하고 또 용서해야 하고, 고약한 자네 주인을 용서해야 하고, 자네 자신을 용서해야 하네. 여보게, 자네 자신에 대해서 나쁜 증오를 가지지 말게. 자네가 죄를 지은 때를 미워하지, 그 죄를 떠날 줄 안 자네 정신을 미워하지는 말게. 자네 생각이 자네의 영에 대해서 좋은 친구가 되고, 함께 완전에 이르기를 바라네."

"완전하게요? 제가요?"

"자네는 내가 저 사람에게 말하는 것을 들었지? 그렇지만 저 사람은 심연의 밑에 내려가 있었네!…. 그리고 여보게, 고맙네!"

"무엇 때문에요, 주님? 제가 주님께 고맙다는 말씀을 드려야 할 텐데요…."

"나를 배반하라고 사람들을 매수하는 사람들에게로 가기를 원치 않은 데 대해서 말일세."

"이이고! 주님. 주님이 저희들을, 도둑인 저희들까지도 업신여기지 않으시는 것을 알면서 그렇게 할 수가 있었습니까? 저도 주님께 가릿산에 어린 양을 가져다 드린 사람들 중에 있었습니다. 저희들 중의 한 사람이 로마인들에게 붙잡혔습니다. ─ 적어도 그런 말을 들었습니다. 확실한 것은 장막질 훨씬 전에 그 사람을 도둑들의 소굴에서 다시 보지 못했다는 것입니다.─ 그 사람이 모든 근처의 어떤 계곡에서 주님 말씀을 해 주었습니다…. 그 때는 제가 아직 도둑들과 함께 있지 않았으니까요. 거기에는 지난 아다르달 말에 갔다가 에타님 달 초에 그들과 헤어졌습니다. 그러나 저는 주님이 고맙다는 말씀을 하실 만한 일은 아무 것도 한 것이 없습니다. 주님은 친절하셨습니다. 저도 착해지고자 했습니다. 그리고 주님의 친구 한 분에게 알리려고 했습니다…. 자캐오를 그렇게 부를 수 있습니까?"

"그럼, 그렇게 부를 수 있지. 나를 사랑하는 사람은 모두가 내 친구들일세…. 자네도 내 친굴세."

"아이고!…. 저는 주님이 당신 몸을 조심하시도록 알려 드리고자 했습니다. 그러나 경고는 고맙다는 인사를 받을 만한 것이 되지 못합니다…."

"자네에게 되풀이 해 말하네마는, 자네가 매수되지 않았기 때문에 고맙게 여기는 걸세. 그것이 가치가 있는 걸세."

"그러면 경고는 그렇지 않구요?"

"여보게. 증오가 나를 습격하는 것을 막을 수 있을 것은 아무 것도 없네. 자넨 급류가 넘치는 것을 본 일이 있나?"

"예. 야베스 갈라앗 근처에 있었는데, 요르단강에 이르기 전에 하상에서 넘쳐 나온 강으로 인해서 생긴 폐허를 보았습니다."

"그런데 물을 막을 수 있는 것이 있었나?"

"없었습니다. 물이 모든 것을 덮어서 폐허를 만들었고, 집들까지 쓰러뜨렸습니다."

"증오도 이와 같네. 그러나 증오가 나를 쓰러뜨리지는 못할 걸세. 증오 속에 잠기기는 할 걸세. 그러나 부수어지지는 않을 걸세. 그리고 지극히 쓴 시간에 죄없는 사람을 미워하려고 하지 않은 사람의 사랑이 내 위안이 될 것이고, 어두움의 그 시간에 어두움 속에서 내 빛이 될 것이고, 쓸개와 몰약(沒藥)을 섞은 포도주잔 속에서 내 단맛이 될 걸세."

"주님이?…. 주님이 당신 자신에 대해서 그렇게 말씀하시는 것입니까? 마치… 그 잔은 도둑들을 위한 것, 십자가의 죽음으로 가는 사람을 위한 것입니다. 그러나 주님은 도둑이 아니십니다! 주님은 죄가 없습니다! 주님은…."

"구속자일세. 여보게 내게 입맞춤을 해 주게."

예수께서는 젊은이의 머리를 두 손으로 잡으시고 그의 이마에 입을 맞추신다. 그런 다음 젊은이의 입맞춤을 받으시려고 몸을 숙이신다. 그것은 야윈 뺨을 스치는 수줍은 입맞춤이다…. 그런 다음 젊은 이는 울면서 예수의 가슴에 쓰러진다.

"여보게 울지 말게! 나는 사람으로 희생이 되네. 그리고 인생으로 는 그것이 고통이라 하더라도 그것은 언제나 즐거운 희생일세."

예수께서는 젊은이가 울음을 그칠 때까지 품에 안고 계시다가 손 으로 붙잡아 당신 곁에 두신 채 데리고 전에 베드로가 있던 자리로 돌아오신다.

예수께서는 다시 말씀하기 시작하신다.

"우리가 음식을 먹는 동안에 당신들 중의 한 사람, 이스라엘 사람 이 아닌 사람이 설명을 한 가지 청하고 싶다고 말했소. 우리가 곧 사 람들 있는 곳으로 가서 서로 헤어져야 할 터이니까, 지금 물어보도록 하시오."

"제가 그 말을 했습니다. 그러나 그것을 알기를 바라는 사람은 여 럿 있습니다. 자캐오도 그것을 잘 설명할 줄 모르고, 저희 중에 선생 님의 종교를 믿는 다른 사람들도 설명을 못합니다. 선생님의 제자들 이 이곳으로 지나갈 때에 그들에게 물었습니다만, 그들도 명백히 말 해 주지 못했습니다."

"도대체 무엇을 알고자 하오?"

"저희들은 우리가 영혼을 가지고 있다는 것조차 알지 못하고 있었 습니다…. 저희는 적어도 그것을 알고 있어야 했을 것입니다. 그것은 우리 옛날 작가들이…. 그러나 저희들은 고대 작가들의 책을 읽지 않 게 되었습니다. 저희들은 짐승같은 인간들이거든요…. 그래서 그 영 혼이라는 것이 무엇인지 알지 못하게 되었습니다. 지금도 저희는 그 걸 모릅니다. 영혼은 무엇입니까? 혹 이성인가요? 저희들은 그렇게 생각하지 않습니다. 왠고하니, 그렇다면 저희는 영혼이 없어야만 했 을 테니까요. 그런데 저희들은 영혼이 없으면 생명도 없다는 말을 들 었습니다. 도대체 영혼이라는 것이 이성이 아니라면, 무형의 것이라 고 하고 불사불멸의 것이라고 하는 영혼은 무엇입니까? 생각은 형체 가 없습니다. 그러나 우리 생명과 더불어 끝나니까 불멸의 것은 아닙 니다. 아무리 지혜로운 사람도 죽은 다음에는 생각하지 못하게 됩니 다."

"이거 보시오. 영혼은 생각이 아니오. 영혼은 영이고, 생명의 무형의 근원이고, 어떤 사람에게도 생명을 주고 사람이 죽은 후에도 계속되는, 만져서 느껴지지 않는, 그러나 참된 근원이오. 그것은 하도 숭고한 것이어서 아무리 강력한 생각도 그것도 비교하면 아무 것도 아니오. 생각은 끝이 있소. 그러나 영혼은 비록 시작은 있지만 끝은 없소. 더없이 행복하게 되거나 지옥에 떨어지거나 계속해서 존재하오. 그 영혼을 깨끗하게 보존하거나 더럽게 했다가 다시 깨끗하게 해서, 창조주께서 사람에게 그의 인성에 생명을 주라고 주셨던 대로 그분께 돌려드릴 줄을 아는 사람들은 참으로 행복하오."

"그렇지만 영혼이 우리들 안에 있습니까, 또는 하느님의 눈처럼 우리들 위에 있습니까?"

"우리 안에 있소."

"그러면 죽을 때까지 갇혀 있군요? 노예로?"

"아니오. 여왕으로 있소. 영원하신 분의 생각에는 영혼, 즉 영은 사람 안에, 사람이라고 불리는 창조된 동물 안에 군림하는 것이오. 영혼은 모든 왕중의 왕이시고, 모든 아버지 중의 아버지이신 분에게서 왔고, 그분의 입김과 그분의 모습, 그분의 선물과 그분의 권리이며, 사람이라고 불리는 피조물을 가지고, 위대한 영원한 나라의 왕을 만들고, 사람이라고 불리는 피조물을 가지고 이 세상의 생명이 끝난 다음 신(神)을 만들라는 사명을 가졌고, 사람이라고 불리는 사람을 가지고 지극히 높으시고 오직 한 분뿐이신 하느님의 집에서 '사는 사람'을 만들라는 사명을 가졌으며, 영혼은 여왕으로, 여왕의 권위와 운명을 가지고 창조되었소.

그의 하녀들은 사람의 모든 덕행과 기능이고, 그의 대신은 사람의 착한 뜻이고, 하인은 생각이고, 하녀와 생도는 사람의 생각이오. 생각은 영으로 능력과 진리를 얻고, 정의와 지혜를 얻고, 훌륭한 완전에 올라갈 수가 있소. 영의 빛이 없는 생각에는 언제나 결함과 어두움이 있을 것이고, 절대로 진리를 이해하지 못할 거요. 과연 영혼의 왕권을 잃었기 때문에 하느님과 헤어진 사람에게는 그 진리들이 신비들보다도 더 이해할 수 없는 것들이오. 세상을 떠나서 높은 곳으로 비약하면서, 완전한 지능, 완전한 능력, 한마디로 말해서 천주성을 만나러 올라가고 이해하는 데 필요불가결한 지렛대의 받침점이 없으면 사람의 생각은 눈이 어둡고 얼이 빠질 거요. 데메테스, 이것은 당신에게 하는 말이오. 그것은 당신이 항상 환전상만은 아니었으므로 알아들을 수 있고 다른 사람들에게 설명할 수 있기 때문이오."

"선생님은 정말 예언자이십니다. 그렇습니다. 저는 환전상만은 아니었습니다…. 그것은 제 내리막길의 마지막 단계이기도 했습니다…. 선생님, 말씀해 주십시오. 그러나 만일 영혼이 여왕이라면, 왜 군림하지 못하고, 사람의 나쁜 생각과 나쁜 육체를 굴복시키지 않습니까?"

"굴복시키는 것은 자유도 공로도 아닐 것이고, 압제일 거요."

"그러나 생각과 육체는 자주 영혼을 괴롭힙니다. 이건 저와 저희들에 대해서 말라는 것입니다만, 그래서 영혼을 노예를 만드는 일이 너무 많습니다. 그렇기 때문에 저는 영혼이 우리 안에 노예로 있다고 말한 것입니다. 이렇게도 고상한 ─선생님은 그것을 '하느님의 입김과 그분의 모습'이라고 정의하셨지요─ 것이 하등의 것에 의해서 품격이 떨어지는 것을 어떻게 하느님께서 허락하실 수 있습니까?"

"하느님의 생각은 영혼이 노예상태를 겪지 말하는 것이었소. 그러나 당신은 하느님과 사람의 원수를 잊고 있소? 하등(下等)의 영들은 당신들도 알고 있소."

"그렇습니다. 그리고 그 영들은 모두가 잔인한 욕망들을 가지고 있습니다. 저로서는 제가 어떤 아이였는지를 기억하면서 제가 이런 인간이 돼서 늙음의 문턱에까지 이른 것은 오직 지옥의 영들의 탓으로 돌릴 수 있다고 말할 수 있습니다. 이제는 그 때의 길잃은 어린 아이를 다시 찾아냈습니다. 그렇지만 다시 그 때처럼 깨끗하게 될 만큼 어린 아이가 될 수 있겠습니까? 혹 뒤로 돌아 걸어가는 것이 허용됩니까?"

"뒤로 돌아갈 필요는 없소. 당신이 그렇게 할 수는 없을 거요. 흘러간 세월은 다시 돌아오진 않소. 흘러간 시간을 돌아오게 할 수도 없고, 흘러간 시간으로 돌아갈 수도 없소. 그러나 그것은 필요하지 않소.

당신들 중의 어떤 사람들은 피타고라스학파의 학설을 아는 곳에서 왔소. 그것은 틀린 학설이오. 영혼들은 세상에 머무르는 기간이 지난 다음에는 절대로 이 세상의 육체로는 돌아오지 않소. 어떤 동물 안으로 돌아올 수 없는 것은, 그와 같이 초자연적인 것이 짐승 안에서 사는 것이 적합하지 않기 때문이오. 어떤 사람 안으로도 돌아올 수 없는 것은, 만일 그 영혼이 여러 육체 안에 들어 있을 수 있었다면, 최후의 심판에서 육체가 영혼과 다시 결합한 다음에 어떻게 갚음을 받겠느냐 말이오. 그 학설을 믿는 사람들은 계속적인 생(生)을 누리며 계속해서 깨끗해지는 동안에 최후의 재생*에서야 영혼이 상을 받을 자격이 있는 완전에 이르기 때문에 그 마지막 육체가 즐거움을 누린다고 말하오. 이것은 오류이고 모욕이오! 이것은 하느님께서 제한된 숫자의 영혼밖에 창조하지 못하셨다는 것을 인정하는 것이기 때문에 오류이고, 하느님께 대한 모욕이오. 또 사람을 하도 타락해서 상을 받을 만한 자격을 얻기가 힘들다고 판단함으로 오류이고 사람에 대한 모욕이오. 사람은 곧 상을 받지 못하고, 백의 아흔 아홉은 죽은 다음에 깨끗하게 함을 거쳐야 할 거요. 그러나 깨끗하게 하는 것은 기쁨을 준비하는 것이오. 그러므로 자기를 깨끗하게 하는 사람은 벌써 구원을 받은 사람이오. 그리고 구원을 받은 다음에는 마지막 날 이후에 그의 육체와 더불어 즐거움을 누릴 거요. 사람은 그의 영혼을 위하여 육체를 하나밖에 가질 수 없고, 이 세상에서 한 생명밖에 가질 수가 없으며, 그를 낳아준 사람들이 만들어 준 육체와 그 육체에 생명을 주라고 창조주께서 창조해 주신 영혼을 가지고 상급을 받으러 갈 것이오.

　시간을 뒤로 거슬러 걸어가는 것이 허락되지 않는 것과 같이 재생*이라는 것은 허락되지 않소. 그러나 자유로운 의지의 충동으로 새로 만들어지는 것은 허락되오. 그렇소. 하느님께서는 이 의지에 강복하시고 그것을 도와 주시오. 당신들은 모두가 이 의지를 가졌었소. 그러니까 죄인이고 악습에 젖고, 더럽혀지고, 사악하고, 도둑질 하고, 타락하고, 타락시키고, 살인자이고, 독성자(瀆聖者)이고, 간통자

＊ **역주**: 여기서「재생」(再生)이라고 번역한 것은 réincarnation, 즉 영혼이 다른 육체에 들어가 다시 살아난다는 뜻임.

＊ **역주**: 위의 주 참조

인 사람이 뉘우침의 목욕을 하고 나면, 영적으로 다시 태어나고, 마치 자신의 죄를 갚고자 하는 의지가 그 속에 어떤 보물이 감추어져 있는 병적인 껍질을 산(酸)이 침식해서 부수어 놓는 것과 같이 묵은 사람의 타락한 본질을 부수고, 한층 더 타락한 정신적인 **자아**를 흩어버리고, 다시 건강하게 되어 새로운 생각과 깨끗하고 좋고 어린애다운 새 옷으로 꾸며진 자신의 깨끗해진 영을 드러내 좋소. 오! 하느님께 가까이 갈 수 있고, 다시 만들어진 영혼을 훌륭하게 덮어 그를 완성된 거룩함인 그의 초월적인 창조에까지 지키고 도와 줄 수 있는 옷이오. 그 완성된 거룩함이 내일에는 ── 인간적인 정신과 인간적인 시간의 단위로 보면 먼 장래이겠지만, 영원의 생각으로 보면 매우 가까운 내일 ── 하느님의 나라에서 영광스러울 것이오.

그리고 그렇게 하기를 원하면 모든 사람이 그들 안에 어린 날의 깨끗했던 어린 아이를 다시 만들 수 있소. 어머니가 가슴에 껴안고, 아버지가 자랑스럽게 바라보고, 하느님의 천사가 사랑하고, 하느님께서 사랑으로 바라보시던 다정스럽고 겸손하고 솔직하고 착하던 어린 아이를 말이오. 당신들의 어머니들! 그 어머니들은 어쩌면 덕행을 많이 가진 여인들이었는지 모르오…. 하느님께서는 그 어머니들의 덕행에 상급을 주지 않고 그대로 놓아두지는 않으실 거요. 그러므로 모든 덕행있는 사람을 위하여 오직 한 가지, 즉 착한 사람들을 위한 하느님의 나라만이 있을 때, 그 어머니들과 같이 있게 같은 상급을 받을 수 있도록 하시오. 혹 어머니들이 좋지 않아서 당신들의 파멸에 이바지했을 수도 있소. 그러나 그 어머니들이 당신들을 사랑하지 않아서 당신들이 사랑을 알지 못하고, 이 사랑이 없는 것으로 인해서 당신들이 나쁘게 되었다 하더라도, 하느님의 사랑이 당신들을 거두어들인 지금, 당신들은 거룩하게 되어서, 천상의 기쁨 속에서 어떤 사랑도 초월하는 사랑을 누리도록 하시오.

다른 것 물어볼 것이 있소?"

"없습니다, 주님. 저희들은 모든 것을 배워야 합니다. 그러나 지금 당장은 다른 것이 생각나지 않습니다…."

"나는 요한과 안드레아를 며칠 동안 당신들에게 남겨 두겠소. 그 다음에는 착하고 지혜로운 제자들을 보내 주겠소. 나는 야생 망아지들이 이스라엘의 망아지들과 같이 주님의 길과 주님의 풀밭을 알기를 원하오. 나는 모든 사람을 위해서 왔고, 그들을 모두 똑같이 사랑하기 때문이오. 일어나시오, 갑시다."

그리고 제일 먼저 개간된 정원으로 나오시고, 그 뒤를 사도들이 바짝 따라 나오며 조용히 불평한다. "선생님은 선생님이 택하신 사람들에게 그렇게 말씀하시는 일이 별로 없는 것처럼 저 사람들에게 말씀하셨습니다."

"그래서 그것을 불평하느냐? 사랑하는 어떤 사람의 마음을 끌고자 할 때에 세상에서도 그렇게 한다는 것을 알지 못하느냐? 그러나 우리를 온전히 사랑하고, 그래서 이제는 우리 집안 식구라는 것을 아는 사람들에 대해서는 마음을 사로잡기 위한 기교가 필요치 않다. 서로 기쁨과 평화 속에 있기 위하여는 서로 보기만 하면 되는 것이다" 하고 숭고한 미소를 지으면서 말씀하신다. 정말 기쁨을 전달할 만큼 아주 훌륭한 미소이다. 그러니까 사도들은 불평을 하지 않고, 서로 주고받는 사랑의 기쁨 속에서 매우 행복스럽게 서로 바라보기까지 한다.

222. 예수께서 베틀레키의 사베아에 대하여 당신 의사를 표시하신다

자캐오의 친구의 이질 집단을 먹여살리는 농장은 매우 초라한 농장이다. 더구나 겨울인 지금은 그것이 확실히 마음을 기쁘게 하지는 않는다. 그러나 그들은 그것을 사랑하고 예수께 자랑스럽게 보여드린다. 갈아서 갈색을 띤 밀밭 세 뙈기, 많은 수확을 올리는 나무 몇 그루와 아직 어려서 열매를 맺기를 바랄 수 없는 다른 나무들이 있는 과수원, 보잘 것 없는 포도나무 몇 줄, 채소밭… 암소 한 마리와 물 푸는 수차(水車)를 위한 나귀 한 마리가 있는 외양간, 암탉 몇 마리, 비둘기 다섯 쌍, 양 여섯 마리가 있는 헛간, 부엌 하나와 방 셋이 있는 오막살이, 장작광과 건초광으로 쓰이는 창고, 전이 이가 빠진 우물 하나, 흙탕물이 있는 빗물받이 웅덩이 하나이다. 이 외에는 아무 것도 없다.

"날씨가 좋으면…."

"가축들이 새끼를 낳으면…."

"어린 나무들이 뿌리를 내리면…."

모든 것이 조건부이다…. 매우 불안정한 희망들이다….

그러나 어떤 사람은 지난 어느 해에 대하여 들은 것을 기억한다. 도라가 그의 하인 농부들에 대하여 인정 있으라고 선생님이 주신 강복 덕택으로 도라가 얻었던 기적적인 수확 이야기이다. 그래서 이렇게 말한다. "그러니까 선생님이 이곳에 강복하시면… 도라도 죄인이 었습니다…."

"당신 말이 옳소. 그마음을 바꾸지 못하리라는 것을 알면서 한 것을, 마음을 바꾼 당신들을 위해서도 해 주겠소." 그리고 강복하기 위해서 팔을 벌리시면서 말씀하신다.

"내가 당신들을 사랑한다는 것을 확신시키기를 원하기 때문에 즉시 이렇게 하오."

 그런 다음 일행은 기름진 검은 흙을 가진 경작한 밭들과 계절 때문에 잎이 떨어진 과수원들을 끼고 강을 향하여 길을 계속한다.
 어떤 길모퉁이에서 바리사이파 사람 몇이 온다.
 "선생님께 평화. 선생님께 경의를 표하기… 위해서 여기서 기다리고 있었습니다."
 "아닙니다. 내가 속임수를 쓰지 않는다는 것을 확실히 알기 위해서였습니다. 당신들은 잘 했습니다. 내가 그 여자나 그 여자와 같이 있는 어떤 사람도 볼 방법이 없었다는 것을 확실히 아시오. 당신과 당신은 자캐오의 집에서 지키고 있었으니까 우리 중의 아무도 나오지 않았다는 것을 압니다. 당신들은 나보다 길을 앞서 갔고, 우리 중의 아무도 앞서 가지 않은 것을 보았습니다. 당신들은 그 여자와 면담하는 데 대하여 내게 요구할 조건들을 가슴 속에 간직하고 있다는 것을 나는 압니다. 그리고 당신들이 요구하기 전에 그 조건들을 받아들인다고 분명히 말합니다."
 "그러나… 만일 선생님이 그 조건을 알지 못하시면…."
 "당신들이 조건들을 내놓고자 한다는 것이 사실이 아닙니까?"
 "그것은 사실입니다."
 "그러니까 당신들만이 알고 있는 당신들의 의향을 내가 아는 것과 마찬가지로, 당신들이 내게 무슨 말을 하려는지도 알고, 당신들이 내게 제의하고자 하는 것을 받아들인다고 분명히 말합니다. 그것이 진리를 찬미하는 데 소용될 터이니까요. 말들 하시오."
 "무슨 문제인지 아십니까?"
 "나는 당신들이 그 여자를 마귀들린 여자로 생각한다는 것과, 그런데도 어떤 구마자(驅魔者)도 마귀를 쫓아내지 못했다는 것을 압니다. 그러나 그 여자는 마귀 같은 말을 하지 않는다는 것도 나는 압니다. 그 여자가 말하는 것을 들은 사람들이 그렇게 말합니다."
 "선생님은 그 여자를 보신 적이 없다는 것을 맹세하실 수 있습니까?"
 "의인은 말을 하면 사람들에게 믿음을 받을 권리가 있다는 것을 알기 때문에 절대로 맹세를 하지 않습니다. 내가 당신들에게 말하는 것은 내가 그 여자를 본 일이 없고, 그의 마을로 지나간 일이 한번도 없다는 것입니다. 이것은 마을 사람 전부가 확인할 수 있는 일입니다."

"그렇지만 그 여자는 선생님의 얼굴과 목소리를 안다고 주장합니다."

"과연 그 여자의 영혼은 하느님의 뜻에 의해서 나를 압니다."

"선생님은 하느님의 뜻에 의해서라고 말씀하시지만, 어떻게 그것을 단언하실 수 있습니까?"

"사람들은 그 여자가 영감을 받은 말들을 한다고 말했습니다."

"마귀도 하느님에 대해서 말합니다."

"그러나 사람들을 틀린 생각으로 빗나가게 하기 위해서 일부러 오류를 섞어서 말합니다."

"그러면… 저희들은 선생님이 저희들에게 그 여자를 시험하게 내버려두시기를 바랍니다."

"어떤 방식으로?"

"선생님은 정말 그 여자를 알지 못하십니까?"

"알지 못한다니까요."

"그러면 이렇게 하십시오. 저희들은 어떤 사람을 보내서 '여기 주님이 오셨소' 하고 외치게 합니다. 그리고 선생님인 것처럼 그렇게 외치는 사람과 같이 있는 사람에게 그 여자가 인사를 하는지 보는 것입니다."

"하찮은 증거입니다! 그러나 그것을 받아들입니다. 나와 같이 있는 사람들 중에서 당신들이 앞으로 보내고 싶은 사람들을 고르시오. 그리고 나는 다른 사람들과 같이 당신들을 따라 가겠습니다. 그러나 만일 여자가 말하면, 내가 그의 말을 판단하게 그 여자가 말하게 내버려 두어야 합니다."

"그것은 당연한 것입니다. 협정은 이루어졌고, 저희들은 이 협정을 성실하게 지키겠습니다."

"그렇게 되기를 바랍니다. 그리고 이것이 당신들의 마음을 감동시키는 데 소용되기를 바랍니다."

"선생님, 저희들은 모두가 반대자는 아닙니다. 저희들 중의 어떤 사람들은 결정을 내리지 못하고 있습니다. 그리고 선생님을 따르기 위해 참된 것을 본 진실한 뜻을 가지고 있습니다" 하고 한 율법학자가 말한다.

"그것은 사실입니다. 그리고 그들은 또한 하느님께 사랑을 받을 것입니다."

율법학자들은 사도들을 살펴보고, 여럿이, 특히 가리옷 사람이 없는 것을 이상히 여긴다. 그리고 유다 타대오와 요한을 고른다. 그들은 그 외에 얼굴이 창백하고 야위고 약간 적갈색 머리를 가진 회개한 도둑도 고른다. 요컨대 나이와 얼굴 모습이 선생님과 공통된 점이 있는 사람들을 고른다.

"저희들이 이 사람들과 먼저 가겠습니다. 선생님은 저희 동료들과 선생님의 제자들과 같이 여기 계시다가, 조금 뒤에 저희를 따라 오십시오."

그리고 그렇게 한다.

그들은 벌써 강가에 있는 수풀이 보이는 곳에 이르렀다. 넘어가려고 하는 겨울 해가 나무 꼭대기들을 황금빛으로 물들이고, 나무 근처에 모여 있는 사람들 위에 강렬한 노란 빛을 퍼뜨린다.

"여기 오십니다! 메시아께서 여기 오십니다! 일어들 나시오! 마중 나오시오!" 하고 앞서간 율법학자들이 떡갈나무 있는 데까지 가는 오솔길로 들어서면서 외친다. 그 떡갈나무는 엄청나게 큰데, 굵은 뿌리들이 반쯤 드러나 있어서 그 줄기 곁에 몸을 의지하러 들어오는 사람들의 걸상 노릇을 할 수 있다.

나무를 빙 둘러싸고 모여 있는 사람들의 무리는 몸을 돌리고 일어나서 오는 사람들에게 마주 가기 위하여 서로 갈라서서 헤어진다. 나무 줄기 가까이에 남아 있는 것은 다만 율법학자 세 사람, 에페소의 요셉, 그리고 남자 한 사람과 여자 한 사람뿐이고, 그 밖에 또 한 여자가 줄기에 기대고, 머리는 양팔로 꼭 껴안은 무릎 위로 숙이고 툭 튀어나온 뿌리에 앉아 있는데, 하도 짙은 보라빛이어서 검게 보이는 베일을 푹 쓰고 있다. 그 여자는 아무 것에도 관심이 없는 것 같고, 외치는 소리에도 움직이지 않는다.

한 율법학자가 그의 어깨를 건드리면서 말한다. "사베아야, 선생님이 여기 오셨소. 일어나서 인사 드리시오."

여자는 대답도 하지 않고 움직이지도 않는다.

세 율법학자는 서로 바라보며 다가가는 다른 율법학자들에게 잘 알고 있다는 듯한 몸짓을 하면서 빈정거리는 미소를 짓는다. 그리고 기다리던 사람들이 예수께서 보이지 않으므로 잠자코 있자, 그들과 동료들은 여자가 협잡을 알아차리지 못하게 하느라고 그 어느 때보다도 더 크게 외친다.

"여보시오" 하고 한 율법학자가 딸과 같이 있는 늙은 어머니에게 말한다. "아주머니만이라도 선생님께 인사를 하시오. 그리고 딸더러도 그렇게 하라고 말하시오."

여인은 남편과 동시에 타대오와 요한과 뉘우친 도둑 앞에 엎드린다. 그리고 일어나서 딸에게 말한다. "사베아야, 선생님이 여기 오셨다. 숭배해라."

젊은 여자는 움직이지 않는다.

율법학자들은 한층 더 비꼬는 미소를 짓고, 그 중의 하나, 마르고 코가 큰 사람이 느릿느릿한 콧소리로 말한다. "당신은 이런 시험을 당할 줄은 생각하지 못했지? 그래서 당신의 마음이 떨리고, 여자 예언자라는 당신의 명성이 위태롭게 됐다는 걸 느끼고 당신의 운을 시험하지 않는 거지…. 내 생각에는 이것으로 당신을 거짓말쟁이라고 넉넉히 선언할 수 있어…."

이번에는 그 여자가 고개를 들고, 베일을 뒤로 젖히고, 눈을 똑바로 뜨고 말한다.

"율법학자님, 저는 거짓말을 하지 않습니다. 그리고 저는 진실 속에 있기 때문에 무섭지 않습니다. 주님이 어디 계십니까?"

"뭐라구? 당신이 그분을 안다고 하면서 그분을 보지 못해? 당신 앞에 계셔."

"이분들 중에 아무도 주님이 아니십니다. 그렇기 때문에 저는 움직이지 않았습니다. 이분들 중의 아무도 아닙니다."

"이분들 중의 아무도 아니라구? 뭐라구? 이 금발의 갈릴래아 사람이 주님이 아니시라구? 나는 그분을 알지 못해. 하지만 그분이 금발이라는 것과 눈이 하늘빛이라는 건 알아."

"이분은 주님이 아니십니다."

"그러면 키가 크고 준엄한 이분은? 얼마나 왕자다운 모습인지 보게. 틀림없이 이분이야."

"아닙니다. 그분도 주님이 아닙니다. 주님은 이분들 중에 안 계십니다." 그러면서 여자는 전과 같이 고개를 무릎 사이로 숙인다.

시간이 얼마 동안 지난다. 그리고 예수께서 앞으로 나아오신다. 율법학자들은 거기 있는 얼마 안 되는 사람들에게 잠자코 있으라고 명하였다. 그러므로 예수께서 오신 것이 아무런 호산나 소리로도 드러나지 않는다.

예수께서는 베드로와 사촌 야고보 사이에서 나아오신다. 천천히 걸으신다…. 조용히… 무성한 풀이 발소리를 일체 죽여버린다. 늙은 여인이 베일로 자기 눈물을 훔치고, 한 율법학자가 "당신 딸은 미치광이고 거짓말쟁이입니다" 하고 그에게 모욕을 주고, 아버지는 한숨을 쉬면서 딸을 나무라기까지 하는 동안, 예수께서 오솔길 끝까지 오셔서 걸음을 멈추신다.

젊은 여자는 아무 소리도 듣지 못하고 아무 것도 보지 못하였는데, 펄쩍 뛰어 일어나 베일을 뒤로 젖혀 머리를 전부 드러내고, 팔을 앞으로 내밀면서 큰 소리로 외친다. "자, 내 주님이 제게로 오십니다! 저를 속이고 제게 모욕을 주려고 하는 여러분, 이분이 메시아이십니다. 저는 이분 위에 이분이라는 것을 제게 가리켜 주는 하느님의 빛을 봅니다. 그래서 이분께 경의를 표합니다." 그러면서 땅에 엎드린다. 그러나 예수에게서 2미터쯤 떨어진 그의 자리에 그대로 있으면서 얼굴을 풀 속으로 땅바닥에 대고 외친다. "오, 모든 민족의 임금님, 오 놀라우신 분, 오 평화의 왕, 끝없는 세기의 아버지, 하느님의 새 백성의 지도자, 인사드립니다!"

그러면서 베일과 같이 거의 검게 보일 정도의 보라빛 넓은 겉옷 아래 엎드린 채로 있다. 그러나 그 여자가 검은 나무줄기를 등지고 일어섰을 때 ─그리고 베일을 젖히고 나서 조상과 같이 팔을 앞으로 내민 채로 있었다.─ 나는 그 여자가 겉옷 속에 목과 허리에 그저 끈으로만 졸라맨 상아색의 두꺼운 모직옷을 입고 있다는 것을 알아볼 수 있었다. 그리고 특히 그의 중년부인다운 아름다움을 감탄하며 바라볼 수 있었다. 그 여자는 서른 살쯤 되어 보인다. 그러나 팔레스티나에서 서른 살이면 적어도 일반적으로 우리네 여자들의 마흔 살과 맞먹는다. 성모님은 이 통칙에 예외가 되시지만, 다른 여자들에게는 중년기가 일찍 온다. 특히 머리와 얼굴이 갈색이고, 이 여자처럼 풍만한 여자들의 경우는 더 그러하다.

이 여자는 히브리 여자의 전형적인 유형(類型)이다. 아름다움으로 유명한 라켈과 롯과 유딧이 그러하였으리라고 생각한다. 키가 크고 풍만하지만 그래서 늘씬하고, 살갗은 반들반들하고 약간 갈색을 띤 흰 빛깔이고, 입은 작고 약간 통통한 입술은 새빨갛고, 코는 곧고 길고 날씬하며, 그윽한 두 눈은 어둡고, 길고 숱한 속눈썹이 활처럼 구부러진 속에서 부드럽게 보이며, 이마는 넓고 반들반들하며 완벽하고, 얼굴 전체는 약간 긴 타원형이고, 머리채는 줄마노(瑪瑙)로 만든 관과 같이 눈부신 흑발이다. 무슨 보석 같은 것이 아니라, 조각과 같은 육체로, 여왕과 같은 위엄이다.

그 여자가 가는 손목으로 팔에 이어진 매우 아름다운 갈색의 손을 보이면서 일어난다. 다시 우중충한 나무 줄기에 기대고 서 있다. 이제는 선생님을 조용히 바라보고 있는데, 율법학자들이 "사베아, 당신은 잘못 생각하는 거요. 그분은 메시아가 아니고, 당신이 조금 전에 보고도 알아보지 못한 그분이오" 하고 말하기 때문에 머리를 흔들고 있다.

그 여자는 단호하고 엄하게 머리를 흔들며, 주님에게서 눈을 떼지 않는다. 그리고 그 여자의 얼굴이 변모하여 어떤 표정을 띠는데, 그것이 열렬한 기쁨을 나타내는 것인지 또는 넋을 잃은 비몽사몽(非夢似夢)간의 상태를 나타내는 것인지 모르겠다. 이것과 저것이 다 들어 있는 것이어서, 기절하려고 하는 사람같이 창백해지는데, 온 생명이 눈으로 집중하는 것 같아, 기쁨과 승리와 사랑의 빛으로 빛나게 된다…. 모르겠다. 그 눈이 웃는 것인가? 아니다. 엄한 입이 웃지 않는 것과 마찬가지로 눈도 웃지 않는다. 그렇기는 하지만 그 눈에는 빛이 있고, 우리에게 충격을 주는 점점 더 강렬한 빛을 띤다. 예수께서는 다정스럽고 약간 슬픈 눈길로 그 여자를 바라보신다.

"이 여자가 미치광이라는 것을 아시겠지요?" 하고 한 율법학자가 예수께 속삭인다.

예수께서는 대꾸를 하지 않으신다. 왼손은 옆구리로 늘어뜨리시고, 오른손으로는 당신 겉옷을 가슴께에서 잡으시고 바라보시며 말씀을 하지 않으신다.

여자는 아까처럼 입을 열고 팔을 내민다. 그 여자는 보라빛 날개에 오래된 상아빛 몸을 가진 어머어마하게 큰 나비와 같다. 그리고 새로운 외침이 그의 입술에서 나온다. "오 아도나이*, 주님은 위대하십니다! 주님만이 위대하십니다. 오 아도나이! 주님은 하늘과 땅에서 위대하시고, 시간과 영원과 시간을 초월하여, 영원으로부터 영원에 이르기까지 위대하십니다. 오 주님의 아들이신 주님. 주님의 발밑에 주님의 원수들이 있고, 주님을 사랑하는 사람들의 사랑이 주님의 옥좌를 떠받치고 있습니다."

목소리는 점점 더 확실하고 힘차지는데, 그의 눈은 예수의 얼굴에서 떨어져서, 자기 주위에서 주의를 기울이고 있는 머리들 약간 위로 먼 곳을 바라보고 있다. 그 여자는 떡갈나무 줄기에 기대 서 있는데, 그 나무 자체가 두두룩한 땅 위에 서 있기 때문에 머리들을 쉽게 내려다볼 수 있다.

조금 쉰 다음에 그 여자는 다시 말을 잇는다. "내 주님의 옥좌는 열두 개의 보석, 의인들의 열두 지파의 보석으로 꾸며져 있습니다. 옥좌인 커다란 진주에, 지극히 거룩하신 어린 양의 희고 값진 찬란한 옥좌에 황옥들이 자수정들과 같이, 에메랄드들이 사파이어들과 같이, 루비들이 붉은 무늬 마노들과 같이, 마노들과 귀감람석(貴橄欖石)들과 녹주석(綠柱石)들과 줄마노들이 박혀 있습니다. 믿는 사람들, 바라는 사람들, 사랑하는 사람들, 뉘우치는 사람들, 의덕으로 살고 죽는 사람들, 고통당하는 사람들, 오류를 버리고 진리를 찾아오는 사람들, 마음이 냉혹하다가 주님의 이름으로 부드럽게 된 사람들, 죄없는 사람들, 날쌔게 되어 주님을 따르기 위하여 모든 것을 떨어버린 사람들, 하느님의 하늘의 새벽과 같은 빛으로 빛나는 정신을 가진 동정녀들입니다…. 주님께 영광! 아도나이께 영광! 당신 옥좌

---

* 역주 : 주님.

에 앉아계신 임금님께 영광!"

　목소리는 울리는 소리와 같다. 사람들은 몸을 떤다. 여자는 마치 그가 황홀한 눈길로 지켜보는 것 같은 맑은 하늘을 유유히 저어가는 금빛 구름이 하늘의 영광을 볼 수 있게 해주는 렌즈인 것처럼 그가 말하는 것을 실제로 보는 것 같다. 그 여자는 피로한 것처럼 쉰다. 그러나 태도는 바꾸지 않는다. 다만 그의 얼굴은 살갗의 창백함과 눈의 광채로 한층 더 변모한다.

　그런 다음 그 여자는 눈길을 예수께로 내리고 다시 말하기 시작한다. 예수께서는 믿지 않고 비웃으며 머리를 흔드는 율법학자들과 거룩한 감동으로 창백해진 사도들과 믿는 사람들이 둘러싼 가운데에서 주의를 기울이고 들으신다. 그 여자는 분명하지마는 덜 큰 목소리로 다시 말하기 시작한다. "저는 봅니다! 저는 사람을 보고, 사람 속에 감추어져 있는 것을 봅니다. 사람은 거룩하십니다. 그러나 저는 사람 안에 들어 계신 거룩한 분들 중에서도 거룩하신 분 앞에 무릎을 꿇습니다."

　목소리는 다시 커지고 명령을 하는 것처럼 강압적인 말투가 된다. "오 하느님의 백성아, 네 왕을 쳐다 보아라! 그분의 얼굴을 알아 보아라! 하느님의 아름다움이 네 앞에 있다. 하느님의 지혜가 너를 가르치기 위하여 입을 취하셨다. 오 이스라엘 백성아, 이제는 예언자들이 이름을 부를 수 없는 분에 대해서 네게 말하지 않고, 당신이 직접 말씀하신다. 하느님이라는 신비를 아시고, 하느님에 대해서 네게 말씀하시는 그분이. 하느님의 생각을 아시고, 그렇게도 많은 세월이 흘렀는데도 아직 어린 백성인 너를 당신 품으로 가까이 당기시어, 너를 하느님 안에서 어른이 되게 하려고 하느님의 지혜의 젖을 먹여 주시는 그분이. 이를 위하여 그분은 한 태 중에서 사람이 되셨다. 하느님과 사람들 앞에서 어떤 다른 여자보다도 위대한 한 이스라엘 여인의 태 중에서. 그 여인은 그 비둘기 같은 심장의 고통 중의 하나로 하느님의 마음을 사로잡았다. 그의 영의 아름다움이 지극히 높으신 분을 사로잡았고, 그리하여 지극히 높으신 분께서는 그 여인을 당신의 옥좌를 삼으셨다.

　아론의 마리아는 그의 안에 죄를 가지고 있었기 때문에 죄를 지었다. 데보라는 해야 할 일을 판단했으나, 자기 손으로 그것을 하지 않았다. 야헬은 용맹하였으나 자기를 피로 더럽혔다. 유딧은 의롭고 주님을 두려워하였으며, 하느님께서 그의 말 속에 계셨고, 이스라엘이 구원을 받게 그의 행위를 허락하셨다. 그러나 그는 조국에 대한 사랑으로 사람을 죽이는 꾀를 썼다. 그러나 그분을 낳은 여인은 하느님의 완전한 종이고, 죄를 짓지 않고 하느님을 섬기기 때문에 이 여자들을 능가한다. 온전히 깨끗하고 죄없고 아름다워 떠오를 때부터 질 때까지 하느님의 아름다운 별이다. 온전히 아름답고 찬란하고 깨끗하여 별과 달이 되며, 사람들이 주님을 찾도록 그들을 위한 빛이 된다. 그 여인은 자신이 성궤(聖櫃)이기 때문에 아론의 마리아와 같이 성궤를 앞서 가지도 따라 가지도 않는다. 죄의 홍수로 뒤덮인 땅의 흐린 물 위로 이 성궤는 미끄러져 가며 구원한다. 그 안으로 들어가는 사람은 주님을 만나기 때문이다. 티없는 비둘기인 그 여인은 나가서 사람들에게 올리브나무 가지를, 평화의 올리브나무 가지를 가지고 온다. 그 여인이 아름다운 올리브이기 때문이다. 그 여인은 잠자코 있다.

그러나 그의 침묵 속에서 데보라와 야헬과 유딧보다 더 말을 하고 일을 더 완수한다. 그러나 싸움을 권하지 않고 살육을 부추기지 않으며, 가장 선택받은 자기의 피, 그것으로 자기 아들을 만든 자기의 피 이외의 다른 피를 흘리지 않는다. 불행한 어머니! 숭고한 어머니!…. 유딧은 주님을 두려워 하였다. 그러나 그의 처녀성은 한 남자의 것이 되었었다. 그러나 그 여인은 침범되지 않은 그의 꽃을 지극히 높으신 분께 드렸고, 하느님의 불이 그윽한 백합꽃의 꽃받침 안으로 내려왔고, 이리하여 한 여인의 태는 하느님의 능력과 지혜와 사랑을 받아 간직하였다. 그 여인에게 영광! 이스라엘의 여자들아, 그 여인의 찬미 노래를 불러라!"

여인은 그의 목소리가 다한 것처럼 입을 다문다. 사실 그 여자가 어떻게 그렇게 큰 목소리로 계속 말할 수 있는지 모르겠다.

율법학자들은 말한다. "이 여자는 미쳤습니다! 미쳤어요! 말을 하지 못하게 하세요. 미치광이고 마귀들렸습니다. 이 여자를 붙잡고 있는 영더러 나가라고 명령하십시오."

"나는 할 수 없습니다. 오직 하느님의 영만이 계실 뿐인데, 하느님께서는 당신 자신을 쫓아내실 수 없습니다."

"이 여자가 선생님을 칭찬하고 선생님과 선생님의 어머니를 칭찬해서, 그것이 선생님의 교만을 기쁘게 하니까 그렇게 안 하시는 거지요."

"율법학자 양반, 당신이 내게 대해서 아는 것을 곰곰 생각해 보시오. 그러면 내가 교만을 알지 못한다는 것을 알게 될 것입니다."

"그렇지만 이 여자가 그렇게 한 여자를 찬양하는 것을 보면, 이 여자 안에서 말하는 것은 마귀일 수밖에 없습니다!…. 여자! 도대체 이스라엘에서, 이스라엘에게 여자란 무엇입니까? 또 여자는 하느님의 눈에 죄 이외의 무엇입니까? 유혹을 받았고, 유혹을 한 여자! 율법이 없었더라면, 우리들은 여자가 영혼을 가지고 있다고 생각하는 것을 망설일 것입니다. 그의 부정 때문에 여자에게는 지성소에 가까이 오는 것이 금지되어 있습니다. 그런데 이 여자는 하느님께서 여자 안에 내려오셨다고 말합니다!…" 하고 한 율법학자가 분개하여 말하고, 그의 동료들이 찬동한다.

예수께서는 아무도 똑바로 바라보지 않으시고 말씀하신다. 당신 자신에게 말씀하시는 것 같다. "'여자가 뱀의 머리를 밟아 으스러뜨릴 것이다…. 동정녀가 잉태하여 아들을 낳으리니, 그의 이름을 임마누엘이라 부를 것이다…. 이새의 뿌리에서 싹이 나올 것이고, 이 싹에서 꽃이 올 것이며, 주의 영이 그 싹 위에 머무르실 것이다.' 이 여인, 내 어머니. 율법학자 양반, 당신 지식의 명예를 위해서 성경의 말씀을 기억하고 이해하시오."

율법학자들은 어떻게 대답해야 할지를 모른다. 이 말들은 그들이 천번 만번 말하였고, 진실한 말이라고 말하였다. 그러니 지금 그 말들을 부인할 수 있는가? 그들은 잠자코 있다.

저녁 바람이 지나가는 강가 근처에서는 추위가 느껴지기 때문에 어떤 사람이 불을 피우라고 명령한다. 순종하여 나뭇가지를 태우는 불이 군중을 둘러싸고 둥글게 타오르니, 사람들이 바싹 다가선다.

펄럭이는 불빛이 마치 정신집중을 하는 듯이 말을 하지 않고 눈을 감고 있는 여인을 깨우는 것 같다. 그 여인은 눈을 다시 뜨고 몸을 흔든다. 예수를 다시 쳐다보며 외친다. "아도나이! 아도나이! 주님은 위대하십니다! 하느님이신 분께 새로운 찬송가를 노래합시다! 샬롬! 샬롬! 말키슈!…. 평화! 평화! 오 아무 것도 대항할 수 없는 임금님이여!…."

여인은 갑자기 입을 다문다. 말을 하기 시작한 뒤 처음으로 예수를 둘러싸고 있는 사람들에게로 눈을 돌리고, 율법학자들을 처음으로 보는 것처럼 뚫어지게 바라본다. 그리고 겉으로 드러나는 이유없이 그의 큰 눈에 눈물이 생기고, 얼굴은 침울해지고 싱싱한 아름다움이 없어진다. 그 여자가 이제는 천천히, 어떤 괴로운 일에 대하여 말하는 사람과 같이 심각한 목소리로 말한다.

"아닙니다. 주님께 대항하는 사람들이 있습니다. 여러분, 들으세요! 베틀레키의 여러분, 제 고통 이후에 제가 말하는 것을 여러분은 들었습니다. 여러 해 동안 말을 하지 않고 고통을 당한 후에 저는 들었고, 들은 것을 말했습니다. 이제 저는 베틀레키의 작은 푸른 숲 속에 있으면서 주님 안에서 평화를 얻은 처녀과부가 아닙니다. 제 둘레에는 제 동향인들만이 있지 않은데, 저는 이분들에게 이렇게 말합니다. '주님의 부르심에 응할 준비를 갖추고 있을 시간이 왔으니 주님을 두려워 합시다. 주님 앞에 어울리지 않는 사람이 되지 않게 우리 옷을 아름답게 합시다. 그리스도의 시기는 시련의 시기이니 용기를 지닙시다. 그리스도를 보내시는 분께 받아들여질 수 있도록 제단에 바쳐지는 제물처럼 깨끗하게 됩시다. 착한 사람은 더 착해지시오. 교만한 사람은 겸손하게 되시오. 음란으로 고통을 느끼는 사람은 어린 양을 따르기 위하여 자기의 육체를 버리시오. 하느님께서 당신 메시아를 통해서 우리를 충족시켜 주시니, 인색한 사람은 너그럽게 되시오. 그리고 각자는 오시는 복되신 분의 백성의 한 사람이 될 수 있도록 정의를 실천하시오.' 지금 저는 그분과 그분을 믿는 사람들, 그리고 또 그분을 믿지 않고 거룩하신 분과, 그분의 이름으로 말하고 그분의 이름과 그분을 믿는 사람들을 비웃는 사람들 앞에서도 말합니다.

그러나 저는 무서워하지 않습니다. 당신들은 나를 미친 여자라고 말하고, 내 안에서 마귀가 말한다고 말합니다. 나는 당신들이 나를 하느님을 모독하는 말을 하는 여자라고 해서 돌로 쳐 죽일 수 있으리라는 것을 압니다. 나는 내가 할 말이 당신들에게는 모욕적인 말과 하느님을 모욕하는 말같이 들리리라는 것을 압니다. 그러나 나는 무섭지 않습니다. 어쩌면 그분이 나타나시기 전에 그분에 대해서 말하는 마지막 목소리로서 다른 여러 목소리와 같은 운명을 가지게 될지도 모릅니다. 그러나 나는 무섭지 않습니다. 아브라함의 품과 아브라함의 품보다도 더 거룩한, 그리스도께서 우리에게 열어 주시는 하느님의 나라를 생각하는 사람에게는 이 세상의 추위와 고독 속에서 지내는 귀양살이는 너무나 깁니다. 아론의 후손인 가르멜의 사베아는 죽음을 무서워하지 않습니다. 그러나 주님은 두려워 합니다.

그리고 사베아는 주님이 말을 하라고 시키실 때에는 불복종하지 않기 위해 말을 합니다. 그리고 하느님께서 그에게 주시는 말로 하느님에 대해서 말하기 때문에 진리를 말합니다. 당신들이 나를 마귀라고 부르고, 하느님을 모독하는 말을 하는 여자라고 해서 돌로 쳐 죽인다 하더라도 나는 죽음을 무서워하지 않고, 내 아버지 어머니와 형제들이 이 불명예 때문에 죽는다 하더라도 나는 공포와 마음의 고통으로 떨지 않겠습니다. 나는 내 안에서 악한 불씨가 일체 잠잠하기 때문에, 마귀가 내 안에 있지 않다는 것을 압니다. 그리고 온 베틀레키도 그것을 압니다. 나는 돌들이 내 노래를 숨 한번 쉬는 동안 밖에는 멈추게 하지 못할 것이고, 곧 이어서 나는 이 세상 저 너머에서 더 자유롭게 노래 부를 수 있으리라는 것을 압니다. 나는 하느님께서 내 핏줄의 사람들의 고통을 위로해 주실 것이고, 그 고통은 짧을 것인데, 그후 순교자의 고통 당하는 부모형제로서의 그들의 기쁨은 영원하리라는 것을 압니다. 나는 **당신들이 주는** 죽음은 무서워하지 않고, 내가 불복종하면 하느님에게서 올 죽음을 두려워 합니다. 그래서 나는 말을 합니다. 그리고 내게 전달된 것을 말합니다. 오 여러분, 들으시오. 이스라엘의 율법학자 당신들도 들으시오."

그 여자는 다시 괴로워하는 목소리를 높여 말한다. "한 목소리가, 한 목소리가 하늘에서 내게로 와서 내 마음 속에서 외칩니다. 그 목소리는 이렇게 말합니다. '하느님의 옛날 백성은 그의 구세주를 사랑하지 않기 때문에 새 찬송가를 부르지 못한다. 새 찬송가를 부를 사람들은 모든 나라에서 구원을 받을 사람들, 주 그리스도의 새 백성의 사람들이지, 내 말씀을 미워할 사람들이 아닐 것이다'하고…. 소름끼치는 일입니다! (그 여자는 실제로 몸을 오싹하게 하는 소리를 지른다). 목소리는 빛을 주고, 빛은 보게 합니다! 소름끼치는 일을! 나는 봅니다!"

그 여자는 외친다기 보다는 차라리 울부짖는다. 그 여자는 그의 마음을 몹시 괴롭히기 때문에 도망쳐서 그것을 끝내게 하려고 애쓰는 어떤 몹시 무서운 광경 앞에 억지로 붙들려 있는 것과 같이 몸을 뒤튼다. 겉옷이 어깨에서 미끄러져 내리고, 그 여자는 그 흰 옷 차림으로 검은 나무 줄기에 기대 서 있다. 수풀의 푸른 반사광과 춤추는 불꽃의 불그스름한 반사광 속에서 그의 얼굴은 비극적이고 힘찬 모습을 띤다. 눈아래 콧구멍 둘레와 입술 밑에 그늘이 생긴다. 고통으로 움푹 꺼진 얼굴 같다. 그 여자는 손을 비틀면서 더 가만히 되풀이 말한다. "나는 봅니다! 나는 보아요!" 그리고 눈물을 삼키면서 계속한다. "나는 내 민족인 이 백성의 죄를 봅니다. 그리고 그것을 말릴 힘이 없습니다. 나는 내 동포들의 마음을 봅니다. 그런데 그것을 바꿀 수가 없습니다. 소름끼는 일! 소름끼치는 일! 사탄이 제가 있는 곳을 떠나서 내 동포들의 마음 속에 머무르려고 왔습니다."

"이 여자에게 말을 못하게 하시오" 하고 율법학자들이 예수께 명한다.

"당신들은 이 여자가 말을 하게 가만 놔 두겠다고 약속했습니다…" 하고 예수께서 대답하신다.

여자는 계속한다. "아직 주님을 사랑할 줄 아는 이스라엘아, 얼굴을 땅에, 진흙에 갖다 대라. 몸에 재를 뿌리고, 말총 내의를 입어라. 너를 위하여! 저들을 위하여! 예루살렘! 예루살렘아, 구원을 받아라! 나는 죄악을 요구하기 위하여 소동을 일으키는 한 도시를 본다. 나는 듣는다. 나는 증오에 불타며 자기들 위에 피가 내려오라고 부르는 사람들의 외침을 듣는다. 나는 피의 과월절에 사람들이 희생을 높이 올리고 그 피가 흐르는 것을 보고, 그 피가 아벨의 피보다 더 크게 외치는데 하늘이 열리고 땅이 흔들리고 해가 어두워지는 것을 본다. 그런데 이 피는 복수를 외치지 않고, 자기를 죽이는 자기 백성을 위하여 연민을, 우리를 위하여 연민을 빈다! 예루살렘아!!! 회개하여라! 저 피! 저 피! 강! 일체의 병을 고치고, 일체의 죄를 없애서 세상을 깨끗하게 씻어 주는 강…, 우리, 이스라엘 사람들에게는 저 피가 물이고, 우리에게는 저 피가 야곱의 후손들의 이마에 하느님을 죽인 자라는 이름과 하느님의 저주를 써 놓는 해부도(解剖刀)이다. 예루살렘아! 너 자신과 우리를 불쌍히 여겨라!….”

"아니, 이 여자가 말을 못하게 하시오. 명령입니다!” 하고 율법학자들이 외치는데, 그동안 여자는 얼굴을 가리고 흐느껴 운다.

"나는 진리가 말하는 것을 못하게 할 수는 없습니다.”

"진리라구요! 진리라구요! 이 여자는 정신착란을 일으키는 미치광이입니다! 정신착란을 일으키는 여자의 말을 진리로 생각하시는 선생님은 어떤 선생이십니까?”

"그리고 한 여자에게 입을 다물게 할 줄을 모르시면 무슨 메시아십니까?”

"그리고 마귀를 도망치게 할 줄을 모르면 무슨 예언자이십니까? 그렇지만 선생님은 여러번 마귀를 내쫓으셨는데요!”

"선생님이 그렇게 하신 것은 사실이야. 그러나 지금은 적당치 않다고 생각하시는 거야. 이것은 군중에게 공포를 주기 위해서 잘 꾸며낸 연기(演技)야!”

"그러면 내가 예리고에서 이렇게 할 수 있었고, 5천명도 넘는 사람이 나를 따르고 둘러싼 것이 여러번 있었고, 성전의 구내가 내 말을 들으려고 하는 사람들을 모두 받아들이기에는 너무 좁았었는데, 그래 그것을 하려고 이 시간과 이곳, 그리고 몇 명 안 되는 이 사람들을 골랐겠습니까? 혹 마귀가 지혜로운 말을 할 수가 있단 말입니까? 당신들 중의 누가 저 입술에서 틀린 말이 나왔다고 양심적으로 말할 수 있습니까? 이 여자의 입술에서는 여자의 목소리를 빌어 예언자들의 무시무시한 말들이 울리지 않습니까? 예레미야의 울부짖음과 이사야와 다른 예언자들의 울음소리가 들리지 않습니까? 인간을 통하여 하느님의 목소리가 들리지 않습니까? 당신들의 이익을 위하여 받아들여지려고 애쓰는 목소리가? 내 말은 당신들이 듣지 않습니다. 나는 나 자신을 위해서 말한다고 당신들을 생각할 수 있습니다.

222. 예수께서 베틀레키의 사베아에 대하여 당신 의사를 표시하신다

그러나 내가 알지 못하는 이 여자는 그 말로 무슨 특별한 호의를 바라는 것입니까? 그 말로 인해서 당신들의 업신여김, 당신들의 위협, 어쩌면 당신들의 보복 외에 무엇을 얻을 것입니까? 아닙니다. 나는 이 여자에게 침묵을 명하지 않겠습니다! 오히려 이 몇 사람이 이 여자의 말을 듣도록, 당신들도 이 여자의 말을 듣고 뉘우칠 수 있도록 이 여자에 명령합니다. '말하시오! 주님의 이름으로 당신에게 말하는 것이니, 말하시오!' 하고."

이제는 예수께서 위압하신다. 파란 별같이 찬란한 가운데 사람의 마음을 끄는 눈을 가지신, 기적을 행하시는 시간의 강력한 그리스도이시다. 그 눈은 여인과 예수 사이에 피워 놓은 장작불로 인하여 한층 더 반짝인다.

반대로 여인은 고통에 짓눌리어 덜 위엄있고 머리를 기울이고, 얼굴은 손과 검은 머리채로 가려진 채로 있다. 머리채는 풀어져서, 마치 그의 흰 옷 위에 걸친 검은 베일처럼 어깨와 앞으로 늘어져 있다.

"말하라니까요. 당신의 고통스러운 말들은 효과가 없지 않소. 아론 가문의 사베아, 말하시오."

여인은 순종한다. 그러나 가만히 말한다. 하도 가만히 말하여 모든 사람이 더 잘 듣기 위하여 더 가까이 다가올 정도이다. 그 여자는 넘어가는 해의 마지막 어렴풋한 빛을 받아 물이 마지막으로 반사하면서 오른 쪽에서 소리를 내며 흘러 가는 강을 바라보며 자기 자신에게 말하는 것 같다. 그 여자는 강보고 말하는 것 같다.

"깨끗한 별들과 흰 달빛을 반사하며, 네 양기슭의 버드나무들을 어루만지는 푸르스름하고 쪼글쪼글한 물을 가진, 우리 조상들의 신성한 강인 요르단강아, 너는 평화의 강이면서도 수많은 고통을 겪었다. 폭풍우가 휘몰아칠 때에는 불어나고 흐려진 네 물로 수많은 급류의 모래와 그것들이 억지로 떼어낸 것을 나르고, 때로는 그 위에 새 둥지가 있는 어린 나무를 뿌리채 뽑아, 소용돌이치며 사해의 심연을 향하여 날라가는 요르단강아, 너는 네 폭력으로 부수어진 그 놈들의 둥지를 따라서 날아가며 고통으로 우는 새 한 쌍을 불쌍히 여기지 않았다. 신성한 요르단강아, 이와 같이 너는 메시아를 원치 않은 백성이 하느님의 분노로 벌을 받아 집과 제단에서 억지로 떼어져서 그의 파멸로 가서 더 큰 죽음 속으로 사라지는 것을 볼 것이다.
 내 백성아, 너 자신을 구하여라! 네 구세주를 믿어라! 네 메시아를 따라라! 메시아를 있는 그대로 알아 보아라. 민족들과 군대들의 왕이 아니라, 영혼들의 왕, **네 영혼들의 왕, 모든 영혼의 왕**이시다. 그분은 의로운 영혼들을 모으려고 내려오셨고, 그들을 영원한 나라로 데려가시려고 다시 올라갈 것이다. 아직도 사랑할 수 있는 여러분, 거룩하신 분 가까이로 바싹 다가 오시오! 조국의 운명에 관심을 가진 여러분은 구세주와 결합하시오. 아브라함의 후손 전체가 죽지 않기를 바랍니다! 여러분을 구원에서 억지로 떼어내고자 하는 거짓말을 하는 입과 약탈을 하려는 마음을 가진 거짓 예언자들을 피하시오. 여러분을 둘러싸고 생기는 어두움에서 빠져 나오시오. 하느님의 목소리를 들으시오! 여러분이 오늘 두려워하는 권력자들은 하느님의 명령으로 벌써 하찮은 것이 되어 있습니다. 살아 계신 분은 오직 한 분뿐이십니다. 저들이 지배하고 압제하는 곳들은 벌써 폐허가 되었습니다. 오직 한 분만이 지속하십니다.
 예루살렘아! 네가 자랑하던 시온의 아들들이 어디 있느냐? 네 장식이고 네가 좋아하던 라삐들과 사제들이 어디 있느냐? 그들을 바라보아라! 그들은 짓눌리고 사슬에 묶여, 네 궁궐들의 잔해 사이로, 검이나 굶주림으로 죽은 사람들에게 나는 역한 냄새를 맡으며 유배지를 향하여 간다. 네 그리스도를 배척하고, 그의 얼굴과 마음을 때리는 예루살렘아, 하느님의 분노가 네 위에 있다. 네게서는 아름다움이 모두 망가졌고, 네 경우에는 모든 희망이 죽어 버렸다. 성전과 제단이 더럽혀졌다."
 "이 여자가 말을 못하게 하시오! 이 여자는 하느님을 모독하는 말을 합니다! 분명히 말하지만, 이 여자가 말을 하지 못하게 하시오."
 "… 제복(祭服)이 벗겨졌다. 그것은 이제 소용이 없다…."
 "만일 선생님이 이 여자에게 침묵을 명하지 못하시면, 선생님에게 죄가 있습니다!"
 "… 이제는 그가 군림하지 못하게 되었기 때문이다. 다른 대사제, 영원한 대사제이시며, 거룩하시고 하느님께 보냄을 받으신 분이시니, 그리스도에게 하는 모욕을 당신께 대한 모욕으로 생각하셔서 거기 대하여 원수를 갚으시는 분에 의하여 영원히 왕이시고 사제이시다. 다른 대사제. 하느님과 그의 희생에 의하여 기름이 발라진 참되고 거룩하신 대사제이시니, 소름끼치는 생각들을 가리고 있기 때문에, 치욕이 되는 삼층관을 이마에 쓰고 있는 그들 대신 들어서시는 대사제이시다!…."

"입닥쳐라, 고약한 것! 입닥쳐라. 그렇지 않으면 때릴 테다!" 그러면서 율법학자들은 그 여자를 거칠게 다룬다. 그러나 그 여자는 느끼지 않는 것 같다.

군중이 맹렬하게 항의한다.

"말을 몹시 많이 하는 당신들, 그 여자가 말을 하게 가만 놔 두시오. 그 여자는 진실을 말합니다. 사실이 그렇습니다. 당신네들 가운데에서는 거룩함이 없어졌습니다. 오직 한 분만이 거룩하신 분이신데, 당신들은 그분을 박해합니다."

율법학자들은 잠자코 있는 것이 신중한 일이라고 판단한다. 그래서 여자는 지치고 처량한 목소리로 말을 계속한다.

"그분은 네게 평화를 가져다 주려고 오셨는데, 너는 그분을 공격하였다…. 구원을 주려고 오셨는데, 너는 그분을 업신여겼다…. 사랑을 가져 오셨는데, 너는 그분을 미워하였다…. 기적을 가져 오셨는데, 너는 그분을 마귀라고 불렀다…. 그분의 손은 병자들을 고쳐 주셨다. 그런데 너는 그 손을 꿰뚫었다. 그리고 그분의 얼굴에 침을 뱉고 오물을 끼얹었다. 그분은 네게 생명을 가져다 주셨는데, 너는 그분을 죽였다.

이스라엘아, 네 잘못을 슬퍼하여라. 그리고 유배지로 가면서 주님을 비난하지 말아라. 그 귀양살이는 옛날의 귀양살이처럼 끝이 있는 것이 아닐 것이다. 이스라엘아, 너는 온 세상을 두루 다닐 것이다. 그러나 패배하고 저주받은 민족으로서, 하느님의 목소리와 카인에게 한 말과 같은 말에 쫓기며 두루 다닐 것이다. 그리고 다른 민족들과 더불어 그분이 예수 그리스도, 주님의 아들 주님이라는 것을 인정하지 않고는, 여기에 다시 돌아와 튼튼한 거처를 다시 짓지 못할 것이다…."

여인의 목소리는 고통과 피로로 인하여 억양이 없어졌고, 죽어 가는 사람의 목소리와 같이 지쳐빠졌다.
 그러나 그 여자는 아직 입을 다물지는 않는다. 오히려 다시 기운이 나서 마지막 명령을 한다.
 "아직 사랑할 줄 아는 백성아, 땅에 엎드려라. 머리에 재를 뿌리고 말총 내의를 입어라. 하느님의 분노가 저주받은 밭 위에 드리워진 우박과 번개를 품은 구름처럼 우리 위에 드리워져 있다."
 여인은 무릎을 꿇고 두 팔을 예수께로 내밀고 외친다. "정의와 평화의 임금님, 평화, 평화! 아버지 자신도 저항하지 못하시는 위대하고 능하신 아도나이여, 평화! 구세주이시고 메시아이시며, 구속자이시고 왕이시고 하느님이시며, 세번 거룩하신 예수님, 주님의 이름으로 저희들을 위해 평화를 간청해 주십시오!" 그러면서 흐느낌으로 몸이 흔들리면서, 풀에 얼굴을 대고 쓰러진다.
 율법학자들은 예수를 에워싸고 외따로 끌고가 눈짓과 위협하는 말로 다른 사람은 누구나 멀리하게 하고, 그중 한 사람이 예수께 말한다. "선생님이 할 수 있는 최소한의 일은 저 여자를 고치는 것입니다. 왜냐하면 선생님이 저 여자가 마귀들리지 않았다고 정말 말하고자 하시더라도, 저 여자가 병자라는 것은 부인하지 못하시겠기 때문입니다. 여자들!… 그리고 운명에 의해 희생된 여자들… 여자들의 생명력은 어딘가로 넘쳐 흘러야 합니다…. 그래서 여자들은 횡설수설하고… 사실이 아닌 것들을 봅니다…. 그리고 특히 젊고 미남인 선생님을 봅니다…. 그리고…."
 "간사한 입을 가진 당신, 입을 다무시오. 당신 자신 당신이 말하는 것을 믿지 않소" 하고 예수께서 명령적인 태도로 쏘아 붙이시니 코가 크고 야윈 율법학자의 입술에서 말이 뚝 끊어진다. 그 사람은 처음에 여자를 거짓 예언자라고 우롱하였던 사람이다.
 "선생님을 모욕하지 맙시다. 우리는 선생님을 우리가 판단하기에 이르지 못하는 어떤 일에 대한 심판으로 택했습니다…" 하고 다른 율법학자 한 사람이 말한다. 그 사람은 다른 사람들과 같이 길로 예수를 맞이하러 가서, 모든 율법학자가 예수께 반대하지는 않고, 어떤 사람들은 판단도 하기 위하여, 그리고 만일 예수를 하느님이라고 판단하면 예수를 따를 진정한 뜻을 가지고 살펴본다고 예수께 말한 사람이다.
 "아비아의 아들이고 알라못이라고 하는 요엘, 입 닥치시오! 당신 같은 팔삭동이나 그런 말을 할 수 있소"하고 다른 사람들이 심술궂게 말한다.
 그 율법학자는 모욕을 당하여 얼굴이 새빨개진다. 그러나 자제하고 이렇게 대답한다. "자연(自然)이 내 풍채는 유리하게 배려하지 않았지만, 내 지능을 축소하지는 않았소. 오히려 내게서 많은 쾌락을 없애서 자연은 나를 현인을 만들었소. 그러니 만일 당신들이 거룩한 사람이면, 사람을 모욕하지 않고, 현자를 존경할 것입니다."
 "좋소! 우리 관심사나 말합시다. 선생님은 저 여자를 고쳐 줄 의무가 있습니다. 그것은 저 여자가 정신착란을 일으켜 사람들을 불안하게 하고, 사제직과 바리사이파 사람들과 우리를 모욕하기 때문입니다."
 "만일 저 여자가 당신들을 칭찬했더라면, 저 여자를 고치라고 내게 청했습니까?"하고 예수께서 조용히 물으신다.
 "아닙니다. 그렇게 하면 사람들, 즉 마음 속으로 우리를 미워하고, 그렇게 할 수 있을 때에는 우리를 업신여기는 이 변덕스러운 백성이 우리에게 공손하게 되게 하는데 도움이 될 터이니까요"하고 한 율법학자가 함정에 빠진다는 것을 알아차리지 못하고 대답한다.
 "그러나 그래도 역시 병이 아니겠습니까? 그러니까 저 여자를 고쳐 줄 의무가 내게 있지 않을까요?"하고 예수께서 역시 조용히 물으신다. 마치 어떻게 해야 할지 선생에게 물어보는 국민학교 아동과도 같으시다. 그런데 교만으로 눈이 어두운 율법학자들은 자기네 본심을 드러내고 있는 중이라는 것을 깨닫지 못한다….
 "이 경우에는 그렇지 않습니다. 오히려 그 반대로! 저 여자를 정신착란을 일으킨 채로 그대로 놔 두어야 합니다. 그대로 놔 두어야 해요! 가능한 노력을 다 기울여서 사람들이 저 여자를 예언자로 믿게 해야 합니다. 저 여자를 존경하게 해야 합니다! 저 여자를 가리켜…."
 "그러나 그것이 사실이 아닌 것들이면요?!…"
 "오! 선생님! 일단 저 여자가 저희들에게 불리하게 말하는 것만 없애면, 나머지는 로마인에 대한 이스라엘의 긍지를 더 높이고, 저희에게 대한 군중의 교만을 꺾는 데 유익할 것입니다."

"그러나 저 여자에게 '이렇게 말하고, 저렇게는 말하지 말아라' 하고 말할 수는 없을 것입니다" 하고 예수께서 단호하게 말씀하신다.

"그건 왜 그렇습니까?"

"정신착란을 일으키는 사람은 자기가 무슨 말을 하는지 알지 못하고 말하니까요."

"오! 돈과 몇 마디 위협으로… 무엇이든지 얻을 수 있을 것입니다. 예언자들도 이렇게 조절되었습니다…."

"그것은 정말이지 나로서는 금시초문이로군요…."

"허! 그야 선생님이 글 뒤에 숨은 뜻을 읽을 줄 모르시고, 또 모든 것이 글로 쓰여서 내려오지도 않기 때문입니다."

"그러나 율법학자 양반, 예언자적 정신은 외부의 영향을 받지 않습니다. 그 정신은 하느님에게서 오는 것인데, 하느님은 매수되지도 않으시고, 그분을 우리가 무섭게 하지도 못합니다" 하고 예수께서 말투를 바꾸어서 말씀하신다. 이것이 예수의 반격의 시작이다.

"그렇지만 저 여자는 예언자가 아닙니다. 예언자들의 시대는 이미 지나갔습니다."

"예언자들의 시대가 이미 지나갔다구요? 그건 왜요?"

"그것은 우리가 예언자를 가질 자격이 없기 때문입니다. 우리는 너무 타락했습니다."

"정말입니까? 그런데 당신이 그 말을 하십니까? 조금 전에는 저 여자가 그와 같은 말을 했다고 벌을 받아 마땅하다고 판단하던 당신이?"

율법학자는 어찌 할지를 모른다. 다른 사람이 도와준다. "예언자의 시대는 요한과 더불어 끝났습니다. 예언자들은 이제 소용이 없게 되었습니다."

"그건 또 왜 그렇습니까?"

"그것은 선생님이 여기 오셔서 율법을 말씀하시고, 하느님에 대해서 말씀하시기 때문입니다."

"예언자 시대에도 율법이 있었고, 지혜가 하느님에 대해서 말했습니다. 그런데도 예언자들은 있었습니다."

"그러나 그들이 무엇을 예언했습니까? 선생님의 오심을 예언했습니다. 그런데 선생님이 오셨습니다. 그러니까 그들은 이제 소용이 없습니다."

"나는 백번 천번 당신들과 사제들과 바리사이파 사람들에게서 내가 그리스도인지 아닌지 묻는 말을 들었습니다. 그리고 내가 그리스도라고 말했기 때문에 내가 하느님을 모독하는 사람으로 미치광이로 취급되었고, 사람들이 돌을 집어 내게 던지려고 했습니다. 당신은 값진 율법학자라고 불리는 사독이 아닙니까?" 하고 예수께서 코가 큰 율법학자를 가리키며 말씀하신다. 여자를 속이려고 해보다가 구박을 한 그 사람이다.

"내가 사독입니다. 그런데요?"

"그러면 지스칼라와 성전에서 내게 대해서 폭력을 제일 먼저 시작한 사람이 당신입니다. 바로 당신입니다. 그러나 나는 당신을 용서합니다. 다만 내가 당신에게 상기시키는 것은 당신은 내가 그리스도일 수가 없다고 말하면서 그렇게 했는데, 지금은 그 반대를 주장한다는 사실입니다. 나는 또 내가 케데스에게 당신에게 한 도전도 상기시킵니다. 얼마 안 있어 당신은 그 일부분이 실현되는 것을 볼 것입니다. 달이 지금 하늘에서 빛나고 있는 것과 같은 월상(月相)이 다시 되면, 나는 증거, 첫째 증거를 당신에게 보여 주겠습니다. 다른 증거는 지금 땅 속에서 잠자고 있는 씨가 아직 푸른 이삭을 니산달의 바람에 흔들 때에 당신이 보게 될 것입니다.

그러나 예언자들이 쓸데 없다고 말하는 사람들에게 '그러면 누가 지극히 높으신 분께 한계를 강요할 수 있겠습니까?' 하고 대답하겠습니다. 나 당신들에게 분명히 말합니다만, 사람들이 있는 한, 항상 예언자들이 있을 것입니다. 그들은 세상의 어두움을 비추는 횃불입니다. 그들은 세상의 얼음 가운데 있는 화덕입니다. 그들은 잠든 사람들을 깨우는 나팔들입니다. 그들은 시간의 흐름과 더불어 잊혀지고 소홀히 다루어지는 하느님과 하느님의 진리들을 상기시키고, 하느님의 직접적인 목소리를 사람에게 전해 주어서 잊어버리고 무감각한 사람의 아들들에게 감동의 전율을 일으키는 목소리들입니다. 그들의 이름은 다를 것입니다.
 그러나 인간적인 고통과 초인간적인 기쁨이라는 같은 사명과 같은 운명을 가질 것입니다. 세상이 미워하고 하느님께서는 지극히 사랑하시는 저 사람들이 없으면 참으로 불행할 것입니다. 그런 사람들이 있어 주님께 대한 순종으로 고통을 당하고, 용서하고 사랑하고 일하지 않으면 참으로 불행할 것입니다! 세상은 어두움 가운데에서 추위와 치명적인 무기력과 감각의 마비와 야만적이고 어리석게 만드는 무지로 멸망할 것입니다. 이 때문에 하느님께서 예언자들을 일으키실 것이고, 예언자가 항상 있을 것입니다. 그런데 누가 하느님께 그렇게 하지 마시라고 강요할 수 있겠습니까? 사독 당신입니까? 당신입니까? 당신입니까? 나 당신들에게 분명히 말합니다. 아브라함과 야곱과 모세와 엘리야와 엘리세오의 영도 하느님께 이 한계를 강요하지 못할 것이고, 하느님만이 그들이 얼마나 거룩했는지, 그들이 어떤 영원한 빛인지를 아십니다."
 "그러면 선생님은 저 여자를 고치는 것도 저 여자를 단죄하는 것도 원치 않으시는 것입니까?"
 "그렇습니다."
 "그리고 저 여자를 예언자로 생각하시는 것입니까?"
 "영감을 받은 여자라고 생각합니다."
 "선생은 저 여자와 같이 마귀입니다. 갑시다. 마귀들과 함께 다른 시간을 허비하는 것은 적당치 않소" 하고 사독이 그리스도를 비키게 하려고 인형 모양으로 밀어젖히며 말한다.
 많은 사람이 그를 따라 간다. 더러는 남아 있는데, 그 중에는 그들이 요엘 알라못이라고 부른 사람도 있다.
 "그런데 당신들은 저 사람들을 따라 가지 않으십니까?"
 "예. 밤이 되기 때문에 저희들도 떠나겠습니다. 그러나 저희들은 선생님의 판단을 믿는다고 말씀드리고 싶습니다. 하느님께서는 무엇이든지 하실 수 있다는 것은 사실이고, 수많은 죄에 떨어지는 저희들을 위하여는 저희들에게 정의를 일깨워 줄 사람들을 일으킬 수 있습니다" 하고 그 중에서 매우 나이 많은 사람이 말한다.
 "바른 말을 하셨습니다. 그리고 선생이 보이시는 겸손은 하느님이 보시기에 선생의 지식보다 더 큽니다."
"그러면 선생님의 나라에 가셨을 때 저를 기억해 주십시오."
"그러지요, 야곱."
"어떻게 제 이름을 아십니까?"
예수께서는 대답은 하지 않으시고 빙그레 웃으신다.
"선생님, 저희들도 기억해 주십시오" 하고 다른 세 사람이 말한다. 그리고 맨 마지막으로 말하는 요엘 알라못이 "그리고 우리에게 이 시간을 주신 주님을 찬미합시다" 하고 말한다.
"주님을 찬미합시다" 하고 예수께서 대답하신다.
그들은 서로 인사를 하고 헤어진다.
예수께서는 당신 사도들 있는 데로 가셔서 그들과 같이 여인 곁으로 가신다. 그 여자는 처음에 가졌던 자세를 다시 취하였다. 즉 툭 튀어나온 나무 뿌리에 웅크리고 앉아 있다.
그의 아버지와 어머니는 불안하여 선생님께 묻는다. "그러면 저희 딸이 마귀입니까? 그 사람들이 떠나기 전에 그렇게 말했습니다."
"아닙니다. 따님은 마귀가 아닙니다. 안심하시오. 그리고 따님의 운명은 그의 운명과 비슷한 모든 운명이 그렇듯이 매우 고통스러운 것이니 따님을 많이 사랑하시오."
"그러나 그 사람들은 선생님이 그렇게 판단하셨다고 말했는데요…."
"그 사람들은 거짓말을 했습니다. 나는 거짓말을 하지 않습니다. 안심하시오."
에페소의 요한이 솔로몬과 다른 제자들과 같이 앞으로 나아오며 말한다. "사독이 이분들을 위협했다는 것을 말씀드리겠습니다."
"이분들이냐 혹은 이 여자냐?"
"이분들과 이 여자를 모두요. 그렇지요, 두 분."
"예. 그 사람들은 제 어미와 저에게 만일 저희가 딸에게 입을 다물게 하지 못하면 화를 입을 것이라고 말했습니다. 그리고 사베아에게는 '만일 네가 말을 하면 너를 최고회의에 고발하겠다' 하고 말했습니다. 저희들은 장차 불행한 나날을 보내게 될 것을 예견합니다…. 그러나 선생님이 말씀해 주신 것 때문에 마음은 편안합니다….

그리고 나머지 모든 것을 참아받겠습니다. 그러나 저애는… 저희가 어떻게 해야 하겠습니까? 주님, 조언을 해 주십시오."

예수께서는 곰곰 생각하시더니 대답하신다. "베틀레키에서 멀리 떨어진 곳에 친척이 없습니까?"

"없습니다."

… 예수께서는 곰곰 생각하시더니 얼굴을 드시고 요셉과 에페소의 요한과 아르벨라의 필립보를 보신다. 그리고 명령하신다. "너희들은 이분들과 같이 길을 떠나거라. 그리고 베틀레키에서는 사베아의 옷가지를 가지고 사베아와 같이 아에라로 가거라. 거기서 티몬의 어머니에게 내 이름으로 사베아를 데리고 있으라고 말해라. 티몬의 어머니는 박해 받은 아들을 둔 것이 어떤 것인지를 안다."

"주님, 그렇게 하겠습니다. 훌륭한 결정입니다" 하고 세 사람이 말한다.

사베아의 아버지와 어머니는 선생님의 손에 입맞춤 하고 감사하고 찬양한다.

예수께서는 여자에게로 몸을 구부리시고 베일을 쓴 그의 머리를 만지시며 가만히 부르신다. "사베아, 내 말을 들으시오!"

여자는 고개를 쳐들고 예수를 쳐다보더니 무릎을 꿇는다.

예수께서는 그의 머리에 손을 얹으시고 말씀하신다. "사베아, 들으시오. 당신은 내가 보내는 곳의 어떤 어머니에게로 가시오. 내 어머니께로 보내고 싶지만 그렇게는 할 수 없소. 정의와 순종으로 주님께 계속 봉사하시오. 당신게게 강복하오. 평안히 가시오."

"예, 내 주님이시고 내 하느님. 그러나 제가 말을 해야 할 때에는 말을 해도 되겠습니까?"

"당신을 사랑하시는 성령께서 때에 따라 당신을 인도하실 거요. 성령의 사랑을 의심하지 마시오. 겸손하고 순결하고 소박하고 솔직하시오. 그러면 성령께서 당신을 버리지 않으실 것입니다. 평안히 가시오!"

예수께서는 다른 구경꾼들도 막을 겸해서 몇 걸음 떨어진 곳에 머물러 있던 사도들과 자캐오와 그의 친구들에게로 다시 가신다.

"가자 밤이 되어 간다. 예리고로 가야 하는 당신들은 어떻게 하려는지 모르겠구려."

"오히려 저 여자와 그 부모가 걱정입니다. 그러나 선생님이 좋다고 생각하시면, 저희들은 집 밖에 있을 터이니까 선생님과 저분들은 집 안에서 아침까지 주무실 수 있을 것입니다" 하고 자캐오의 친구 중의 한 사람이 말한다.

"좋은 생각이오. 사베아에게 가서 부모님과 제자들과 같이 오라고 말하시오. 그분들은 집 안에서 쉬게 하지요. 나는 당신들과 같이 있겠소. 바람이 부는 밤이 아니오. 불을 피워 놓고 이렇게 새벽을 기다립시다. 나는 당신들을 가르치고, 당신들은 내 말을 듣고 하면서."

그리고 첫번 달빛을 받으시면서 천천히 걷기 시작하신다.

223. 베타바라에서

"선생님께 평화!" 며칠 전에 앞으로 가서, 그들이 모은 병자들과 선생님의 말씀을 듣기를 원하는 다른 사람들과 같이 걸어서 건너는 곳 강 건너편에서 기다리고 있던 목자 제자들의 인사이다.

"너희들에게 평화. 나를 기다리는 지가 오래 되었느냐?"

"사흘째 됩니다."

"나는 길에서 붙들렸었다. 병자들에게로 가자."

"저희들은 병자들이 이웃 마을들로 왔다갔다 하지 않고 들어 있을 천막들을 쳤습니다. 양젖은 저희 친구 목자들이 병자들을 위해 주었습니다. 그 사람들은 양떼들을 데리고 여기서 선생님을 기다리고 있습니다" 하고 제자들은 그곳으로 피해 들어오는 사람들에게 지붕 노릇을 할 수 있을 만큼 우거진 작은 숲으로 예수를 인도하며 말한다.

그곳에는 말뚝들이나 이 나무 줄기에서 저 나무 줄기에 걸쳐서 쳐 놓은 작은 천막이 스무 채쯤 있고, 그 아래에는 비참한 하층민 병자들의 무리가 기다리고 있는데, 지금 오시는 분이 누구인지를 알게 되자마자 그들은 으레 하는 소리를 지른다. "다윗의 후손 예수님, 저희를 불쌍히 여겨 주십시오."

예수께서는 그들을 오랫동안 기다리게 하기를 원치 않으셔서, 당신의 큰 키로 인하여 천막 안에서 서 계실 수가 없으므로 이 천막에서 저 천막으로 당신을 보이시기 보다는 오히려 몸을 숙이시면서 천막마다 얼굴과 미소를 넣어 주신다. 그것이 벌써 하나의 은총이다. 예수의 등 뒤에 있는 해가 예수의 그림자를 병상과 야윈 얼굴이나 생기가 없는 팔다리 위에 드리운다. 예수께서는 짤막하게 "믿는 당신들에게 평화"라는 말씀만을 하시고는 다음 천막으로 건너가신다.

그런데 외침소리가 예수를 따라 온다. 예수의 말씀이 되풀이 되는 것과 같이 되풀이 되는 외침소리, 그 전의 천막에서 나오는 외침의 메아리인 것처럼, 예수께서 방금 떠나신 천막에서 되풀이 되는 외침이다. "나는 나았다. 다윗의 후손에게 호산나!" 그리고 처음에는 어두운 천막 안에 누워 있다가 나와서 선생님의 발자취에 모이는 하층민의 병자들, 지팡이와 목발들을 집어던지고, 그들이 누워 있던 들것의 담요로 몸을 감싸고, 이제는 쓸데 없게 된 붕대들을 끌러 버리고, 특히 병이 나은 기쁨으로 어쩔 줄을 모르는 하층민의 병자들이다.

이제는 그들 모두가 병이 나았고, 예수께서는 말할 수 없이 다정스러운 미소를 지으시고 돌아다 보시면서 말씀하신다. "주님이 당신들의 믿음을 갚아 주셨소. 함께 주님의 인자를 찬미합시다." 그리고 시편 노래를 시작하신다. "온 땅에서 즐겁게 하느님께 환호하고, 기쁘게 주님을 섬겨라. 환희 속에 주님 앞에 오너라. 주님이 하느님이시고, 그분이 우리를 만드셨다는 것을 인정하여라…."

사람들은 할 수 있는 대로 따라 한다. 아마 이스라엘 사람이 아닌 어떤 사람들은 흥얼거리면서 노래를 따라 한다. 그러나 그들의 마음은 노래를 하고, 그들의 얼굴의 환한 빛이 그것을 나타낸다. 하느님께서는 어떤 바리사이파 사람들의 완전하지만 메마른 노래보다는 분명히 이 흥얼거리는 콧노래를 더잘 받아들이실 것이다.

마티아가 예수께 말씀 드린다. "주님, 주님의 말씀을 기다리는 사람들에게 말씀하실 때 우리 요한에 대한 말씀을 해 주십시오."

"이 장소가 내 마음에 세례자의 모습을 한층 더 생생하게 생각나게 하기 때문에 나도 그렇게 할 생각이었다"고 말씀하시면서 예수께서는 사람들에게 둘러싸이셔서 고운 풀이 쪽 깔린 조금 두둑한 띠 모양의 땅으로 올라가셔서 말씀을 시작하신다.

"여러분은 무엇을 찾아 이곳에 오셨습니까? 병자들 여러분은 육체의 건강을 찾아 왔는데, 여러분은 건강을 받았습니다. 기쁜 소식을 전하는 말을 찾아 왔는데, 여러분은 그 말을 찾아냈습니다. 그러나 육체의 건강은 영의 건강을 찾는 준비가 되어야 하고, 이와 마찬가지로 기쁜 소식을 전하는 말도 여러분의 의덕을 준비하는 것이 되어야 합니다. 육체의 건강이 살과 피의 기쁨에만 한정되고 영에 속한 것에 대하여는 무력한 채로 있으면 불행한 일입니다!

나는 여러분에게 건강과 더불어 은혜를 주신 주님을 찬미하게 했습니다. 그러나 환희의 순간이 지나간 다음에도 주님께 대한 여러분의 감사의 뜻을 나타내는 것을 그쳐서는 안 됩니다. 그런데 감사하는 마음은 주님을 사랑하겠다는 진정한 뜻으로 나타납니다.

하느님의 어떤 은혜도, 비록 그것이 활동적인 힘을 지니고 있다 하더라도, 만일 사람이 그 대신에 자기 자신의 영을 하느님께 바치겠다는 뜻을 가지고 있지 않으면, 아무 것도 아닙니다.

이곳은 요한의 전도를 들은 곳입니다. 여러분 중에 요한의 전도를 들은 사람이 분명히 몇 명 있을 것입니다. 이스라엘에서 많은 사람이 그의 전도를 들었습니다. 그러나 비록 세례자가 모든 사람에게 같은 말을 했지만, 모든 사람에게 같은 결과를 나타내지는 않았습니다. 도대체 어떻게 이와 같이 많은 차이가 나는 것입니까? 그 차이가 어디에서 옵니까? 그 말을 받아 넣은 사람들의 서로 다른 의지에서 오는 것입니다. 어떤 사람들의 경우에는, 그 말들이 실제로 내게 대한 준비를 시켰고, 따라서 그들의 거룩함을 준비시켰습니다. 다른 사람들의 경우에는 반대로 내게 대항하게 그들을 준비시켰고 따라서 그들의 불의를 준비시켰습니다. 그 말들은 보초의 외침같이 울려 퍼졌습니다. 그런데 외침소리는 다만 하나뿐이었는데도 정신의 군대는 갈라졌습니다. 그들 중의 일부분은 그들의 사령관을 따라 갈 준비를 하였고, 그들 중의 일부분은 나와 나를 따르는 사람들을 공격하기 위하여 무장하고 계획을 짰습니다. 그렇기 때문에 이스라엘은 패배할 것입니다. 내부에서 분열한 나라는 강할 수가 없고, 외국들은 그를 굴복시키기 위하여 그 사태를 이용하기 때문입니다.

각 사람의 영도 마찬가지입니다. 어떤 사람에게나 좋은 힘과 좋지 않은 힘이 있습니다. 지혜는 사람 전체에게 말합니다. **그러나 한 부분, 즉 좋은 부분만을 군림하게 하기를 원하는 사람은 그리 많지 않습니다. 한 부분만을 택해서 그것을 여왕을 삼으려는 의지에 관하여는 세속의 아들들이 능력이 더 많습니다.** 세속의 아들들은 그들이 그렇게 되기를 원할 때에는 완전히 악할 줄을 압니다. 그리고 그들 안에서 반항할 수 있을 좋은 부분은 쓸데 없는 옷처럼 버립니다.

이와 반대로 세속에 속해 있지 않고 빛으로 끌려가는 사람들은 세속의 아들들을 어렵게 본받아서 그들이 거부하는 옷, 그들 안에서 반

항하려고 시도하는 나쁜 부분을 멀리 버리기가 어렵습니다. 만일 눈이 죄짓는 기회가 되거든 그 눈을 빼 버리고, 손이 죄짓는 기회가 되거든 그 손을 잘라 버리라고, 왜냐하면 두 눈이나 두 손을 가지고 영원한 어두움 속으로 들어가는 것보다는 손이 잘린 채 영원한 빛 속으로 들어가는 것이 낫기 때문이라는 말을 내가 한 일이 있습니다.

세례자는 우리 시대의 사람이었습니다. 여러분 중에 그를 안 사람이 여럿 있습니다. 그의 영웅적인 모범을 본 받으시오. 요한은 주님과 자기 영혼에 대한 사랑으로 정의에 충실하기 위하여 한 눈이나 한 손보다 더한 것, 즉 자기 목숨까지도 버렸습니다. 여러분 중에는 그의 제자였고, 아직도 그를 사랑한다고 말할 사람이 아마 여럿 있을 것입니다. 그러나 하느님에 대한 사랑과 하느님께로 인도하는 선생들에 대한 사랑은 그들이 가르친 것을 행하는 것으로, 그들의 의로운 행실을 본받는 것으로, 또 자기의 온 존재를 다해서 영웅적인 행동에 이르기까지 하느님을 사랑하는 것으로 나타난다는 것을 기억하시오. 자 이렇게 하면, 하느님께서 베풀어 주신 건강과 지혜의 선물이 효력 없이 남아 있지 않고 단죄가 되지 않고, 오히려 반대로 우리 모두를 당신 나라에 들어오도록 기다리시는 나와 여러분의 아버지의 처소에 올라가는 사다리가 됩니다.

세례자의 희생, 즉 순교로 마무리 지어진 희생의 일생과 내 희생, 즉 희생의 일생, 그리고 내 예고자의 순교보다도 백배 천배 더 위대한 내 수단으로 끝나는 내 일생이 여러분의 이익을 위하여, 여러분을 위하여 효력없는 것으로 남아 있지 않게 하시오.

의인이 되고, 믿음을 가지고, 하늘의 말씀에 순종하고, 새 율법 안에서 새로워지시오. 좋은 소식이 여러분을 착한 사람이 되어 영원한 날에 인자하심, 즉 지극히 높으신 주님을 누릴 수 있는 자격을 얻게 해서 여러분에게 정말 좋은 것이 되게 하시오. 참 목자들과 거짓 목자들을 구별할 줄 알고, 내게서 배운 생명의 말씀을 여러분에게 주는 목자들을 따르시오.

빛의 명절, 성전 봉헌 축일이 가까웠습니다. 만일 여러분의 마음에 빛이 없으면, 명절과 주님을 위해 밝히는 수많은 등이 아무 것도 아니라는 것을 기억하시오. 빛은 사랑이고, 등피(燈皮)는 착한 행실로 하느님을 사랑하겠다는 의지입니다. 성전 봉헌을 상기시키는 것은 좋은 일입니다. 그러나 자기 자신의 영을 하느님께 바치고, 그것을 사랑으로 다시 봉헌하는 것이 훨씬 더 훌륭하고 좋은 일이고, 주님의 뜻에 맞는 일입니다. 의로운 영은 의로운 육체 안에 들어 있습니다. 그것은 육체는 제단을 둘러싸고 있는 벽과 같고, 영은 주님의 영광이 내려오는 제단이기 때문입니다. 하느님께서는 자신의 죄로 더럽혀졌거나 음란이나 나쁜 생각으로 좀먹힌 육체와의 접촉으로 더럽혀진 제단에는 내려오실 수가 없습니다.

착하게 사시오. 끊임없는 생활의 시련 속에서 착하게 살려고 하는 수고는 여러분이 겪은 것 이상으로 미래의 상급으로 갚아지고, 지금부터도 벌써 하루하루가 끝날 때에 의인들의 마음을 위로하는 평화로 갚음을 받습니다. 그들이 쉬려고 누워서, 옳지 않은 향락을 원해서 평화 없는 불안만을 얻게 되는 사람들의 악몽인 가책이 없는 그들의 베개를 발견할 때의 평화 말입니다.

부자들을 부러워하지 마시오. 아무도 미워하지 마시오. 다른 사람들에서 보는 것을 욕심내지 마시오. 무슨 일에서나 하느님의 뜻을 행하는 것이 영원한 예루살렘의 문을 여는 열쇠라는 것을 생각하고 여러분의 처지에 만족하시오.

나는 여러분을 떠납니다. 나는 내 제자들을 위해 자리를 마련하러 가겠으니까, 여러분 중의 많은 사람이 나를 다시 보지 못할 것입니다…. 내가 다시 보지 못할 여러분의 자녀들과 아내들에게 특별히 강복합니다. 또 그리고 남자 여러분… 그렇습니다. 여러분에게도 강복하고자 합니다…. 내 강복은 가장 강한 사람들을 넘어지지 않게 하고 가장 약한 사람들을 다시 일으키는 데 도움이 될 것입니다. 나를 미워해서 배반할 사람들에게만 내 강복이 가치가 없을 것입니다."

예수께서는 모두에게 함께 강복하시고, 그 다음에는 여자들에게 강복하시고, 어린이들을 안아 주시고, 당신과 같이 남아 있는 다섯 사도와 전에 목자였던 제자들과 같이 걸어서 건너는 곳을 향하여 천천히 돌아오신다.

224. 노베로 돌아오는 길에서

일행은 벌써 올리브밭의 비탈에 와 있고, 예리고와 데쿠아와 베다니아에 남겨 두었던 세 쌍의 사도들도 다시 선생님과 합류하였다.

그러나 가리옷의 유다는 여전히 없고, 사도들은 낮은 소리로 그 이야기를 한다….

예수께서는 끝없는 슬픔에 잠기신다. 그것을 알아차린 사람들은 서로 말한다. "분명히 라자로 때문이야. 그 사람은 정말 끝장난 사람이야…. 그리고 누이동생들이 보기에 가슴아파…. 선생님은 당신을 괴롭히는 그 많은 원한 때문에 그 집에 머무르실 수도 없어. 그랬으면 병자와 누이동생들에게 위안이 되고, 선생님께도 위안이 되었을 터인데 말이야."

"나는 선생님이 왜 그 사람을 고쳐주지 않으시는지 이해하지 못하겠어" 하고 토마가 외친다.

"당연한 일이기도 할 텐데. 선생님을 그렇게도 많이 도와드리는… 친구이고… 의인인데…" 하고 바르톨로메오가 중얼거린다.

"아! 의인이기로 말하면 정말 의인이야. 나는 요 며칠 동안에 자네가 그것을 확신하게 됐다고 생각하네…" 하고 열성당원이 바르톨로메오에게 말한다. "그래, 사실이야. 그리고 자네가 은연 중에 암시하는 것도 맞아. 나는 그의 의덕에 대해서 그리 확신을 가지지 못했었네…. 그들이 이방인들과 가지는 접촉하며, 우리네 생활 태도와는 다른 새로운 생활 태도에 매우, 매우… 뭐랄까 관대한 아버지에게서 받은 교육하며…."

"어머니는 천사 같은 여인이었어" 하고 열성당원 시몬이 단호한 태도로 말한다.

"어쩌면 그 때문에 그들이 의인인지도 몰라…. 마리아의 과거는 훌쩍 뛰어넘세. 이제는 속죄를 했으니까…" 하고 필립보가 말한다.

"그래. 그러나 그 모든 것 때문에 내가 의심을 품었었네. 그러나 지금은 정말 확신하게 됐어. 그래서 선생님이 왜…."

"우리 사촌은" 하고 알패오의 야고보가 말한다. "인간들의 가치를 평가할 줄 아시네. 우리도 한 집안인 우리보다도 외부 사람들의 청이 더 들어지는 것을 보고, 자연적이고 인간적인 질투로 인해서 매우 오랫동안 그 때문에 괴로웠네. 그러나 지금은 우리 생각이 틀렸고, 선생님의 생각이 올바르다는 것을 깨달았네. 우리는 선생님의 행동 방식을 무관심으로, 더 나아가서는 우리의 가치에 대한 경시(輕視)와 몰이해로 생각했었네. 그러나 지금은 깨달았어. 선생님은 보기 흉하고 조잡한 사람들을 당신께로 끌어오는 것을 더 낫게 여기신단 말이야.

선생님은… 당신의 무한한 방법으로 더 천하고, 더 멀리 떨어져 있고, 더 위험에 처해 있는 영혼들을 사로잡으시네. 길잃은 양의 비유를 기억하나? 선생님의 행동 방식의 진실, 열쇠가 그 비유에 들어있네. 당신의 충실한 양들이 당신을 따르고, 당신이 있으라고 한 곳에 있으라고 한 대로 있는 것을 보실 때에는 선생님의 정신이 쉬시네. 그러나 선생님은 이 휴식을 이용하셔서 길잃은 양들을 찾아 가시네. 선생님은 우리가 당신을 사랑한다는 것을 아시고, 라자로와 그의 누이동생들이 당신을 사랑하고, 여자 제자들이 당신을 사랑한다는 것, 그리고 마찬가지로 목자들도 당신을 사랑한다는 것을 아시네. 그래서 우리들하고는 특별한 사랑의 증거를 보이시느라고 시간을 허비하지 않으시네. 선생님은 끊임없이 우리를 사랑하시네. 우리를 항상 마음 속에 품고 계셔. 우리들 자신이 선생님의 마음 속에 들어가서 거기서 나오기를 원치 않네. 그러나 다른 사람들은… 죄인들과 길잃은 사람들!…. 선생님은 그들 뒤를 뛰어서 쫓아 다니면서 사랑과 기적과 능력으로 그들을 끌어들이셔야 하네. 또 사실 그렇게 하시네. 라자로와 마리아와 마르타는 기적이 없어도 선생님을 계속 사랑할 걸세…."

"그건 사실이야" 하고 안드레아가 말한다. "그렇지만… 선생님의 마지막 인사는 무슨 뜻이었을까? 자네들 들었지. '너희에게 대한 주님의 사랑은 너희들의 사랑에 비례해서 나타날 것이다. 그리고 사랑은 완전하기 위해서 두 날개를 가지고 있다는 것을 기억하여라. 사랑이 크면 클수록 더 터무니없이 큰 날개를 가진다는 것을. 두 날개란 믿음과 소망이다' 하고 말씀하셨어."

"그래! 그게 무슨 뜻이었을까?" 하고 여러 사람이 의아하게 생각한다.

침묵이 흐른다. 그러다가 토마가 큰 한숨을 쉬며 속으로 생각하던 것에 대한 결론을 내린다. "…그렇지만 선생님의 훌륭한 참을성이 항상 구속(救贖)을 얻으시는 것도 아니야. 나도 때로는 선생님이 가리옷의 유다에게 보이시는 편애 때문에 괴로웠어…"

"편애라구? 나는 그런 것같이 생각되지 않는데. 선생님은 우리 중의 누구나와 같이 그 사람도 나무라시는 걸…" 하고 안드레아가 말한다.

"정의로 그러시는 거지. 그렇지만 그 사람이 얼마나 더 엄하게 다루어져야 마땅한지를 생각해보게…."

"맞아."

"그러니까 때로는 그게 괴로웠어. 그렇지만 이제는 깨달았네. 선생님이 그렇게 하시는 것은 틀림없이 그 사람이 우리들 중에서 제일 미완성이기… 때문일 것이라는 것을."

"제일 불행한 사람이라고 말해야 할 걸세, 토마!" 하고 타대오가 말한다. "제일 불행한 사람. 자네들은 저 슬픔이 (그러면서 당신의 고뇌에 잠기셔서 혼자서 앞서 걸어 가시는 예수를 가리킨다.) 라자로의 병과 누이동생들의 눈물에서 선생님께 온다고 생각하는구먼. 나는 그것이 유다가 없는 데에서 온다고 말하겠네. 선생님은 베타바라에 가시면서 그를 만나기를 바라셨네. 적어도 돌아오는 길에 예리고나 데쿠아나 베다니아에서 그를 다시 만나기를 바라셨네. 이제는 바라지도 않으시네. 선생님은 유다가 잘못 행동한다는 확신을 가지고 계시네. 나는 끊임없이 선생님을 살펴보았는데… 바르톨로메오와 자네가 '유다가 안 왔습니다' 하고 말할 때에 선생님의 얼굴은 완전히 버려진 상태의 모습을 띠는 것을 보았네."

"그렇지만 선생님은 일이 일어나기 전에 아신다고 나는 확실해!" 하고 요한이 외친다.

"많이 아시지, 다는 아니야. 나는 선생님의 아버지께서 불쌍히 여기셔서 어떤 것들은 선생님께 숨겨 두신다고 생각하네" 하고 열성당원이 말한다.

열한 사도는 두 편으로 갈라진다. 이런 해석을 받아들이는 사람들과 저런 해석을 지지하는 사람들로. 그리고 각기 자기의 해석을 뒷받침하기 위하여 나름대로의 이유들을 갖다 댄다.

요한이 부르짖는다. "오! 나는 이쪽 말도 저쪽 말도 듣고 싶지 않고, 나 자신의 말도 듣고 싶지 않아! 우리는 모두 하찮은 인간들이라 정확하게 보지를 못해. 예수님에게 가서 여쭤보겠어."

"안 돼. 선생님이 다른 것을 생각하시는지도 몰라. 그래서 이 질문을 하면 유다를 생각하시고 더 괴로워하실지도 몰라."

"아니야. 물론 나는 우리가 유다 이야기를 하고 있었다는 말은 하지 않을 거야. 나는 이렇게 암시하지 않고… 말씀드릴 거야."

"가게, 가!" 하고 베드로가 요한을 밀면서 말한다. "그렇게 하면 선생님이 슬픔을 잠시 잊으시게 하는 데 도움이 될 걸세. 자네들은 선생님이 얼마나 슬퍼하시는지 보지 못하나?"

"가겠어. 누가 나하고 같이 갈래?"

"가게, 혼자 가. 자네와는 선생님이 남김없이 말씀하시네. 그런 다음 우리에게 말해 주게나…."

요한은 간다.

"선생님!"

"요한! 웬 일이냐?" 그러시면서 예수께서는 얼굴에 환한 미소를 띠시고, 당신의 귀염둥이를 팔로 감싸서 당신 곁에 데리고 걸어 가신다.

"저희들은 서로 이야기를 하다가 한 가지 일에 대해서 의심이 생겼습니다. 그것은 이런 것입니다. 선생님은 미래를 전부 아십니까, 그렇지 않으면 부분적으로는 선생님께 감추어졌습니까? 어떤 사람들은 이렇다고 하고, 어떤 사람들은 저렇다고 말했습니다."

"그래, 너는 뭐라고 말했느냐?"

"저는 선생님께 여쭈어보는 것이 나을 거라고 말했습니다."

"그래서 이렇게 왔구나. 잘 했다. 이것은 적어도 너와 내가 잠시 사랑을 누리는 데 도움이 된다…. 이제는 약간 조용한 시간을 가질 수 있는 것도 몹시 드물구나!…"

"그렇습니다! 처음 시절은 정말 아름다웠는데요!…"

"그렇다. 그래, 우리 인간으로서는 그 시절이 더 아름다웠다. 그러나 우리 안에 있는 영으로서는 이 시절이 더 낫다. 왜냐하면, 지금은 하느님의 말씀이 더 잘 알려졌고, 우리가 더 많은 고통을 당하기 때문이다. **고통을 더 많이 당하면 당할수록 더 많이 구속하는 것이다.** 요한아…. 그러므로 평화롭던 지난 날들을 생각하면서, 우리는 우리에게 고통을 주고, 고통과 더불어 영혼들을 주는 이 시절을 더 사랑해야 한다.

그러나 네 질문에 대답하겠다. 나는 하느님으로서 모르는 것이 없고, 사람으로서 모르는 것이 없다. 내가 장차 있을 사건들을 아는 것은 내가 시간 이전부터 아버지와 같이 있고, 시간을 초월해서 보기 때문이다. 원죄와 본죄에 내재(內在)하는 불완전과 한계가 없는 사람으로서 나는 사람들의 마음을 들여다보는 재능을 가지고 있다. 이 재능은 그리스도에게만 한정된 것은 아니다. 그렇지 않고, 이 재능은 정도는 다르지마는, 성덕에 이르러 하도 하느님과 결합해 있어서, 자기들 자신으로 행하지 않고, 자기들 안에 있는 더없는 완전과 더불어 행한다고 생각할 수 있을 정도가 된 모든 사람의 것이기도 하다. 그러므로 나는 하느님으로서는 미래에 올 세기들을 모르는 것이 없고, 의로운 사람으로서는 사람들의 마음의 상태를 환히 안다고 대답할 수 있다."

요한은 곰곰 생각하며 잠자코 있다.

예수께서는 그를 그대로 잠시 놔 두셨다가 말씀하신다. "예를 들어, 나는 네 안에 이런 생각이 있는 것을 본다. '아니 그럼 선생님은 가리옷의 유다의 상태도 정확히 아시는구나!' 하는 생각."

"아이고! 선생님!"

"그래. 나는 그를 안다. 내가 그를 알면서 계속 **그의** 선생님으로 있고, 너희들도 계속 **그의** 형제로 있기를 바란다."

"거룩하신 선생님!…. 그렇지만 선생님은 항상 모든 것을 아십니까? 저희들은 그렇지 않다고 가끔 말합니다. 선생님은 원수들을 만나시는 곳으로 가시는 일이 있으니까요. 그곳에 가시기 전에 그곳에서 그들을 만나시게 되리라는 것을 아시면서, 선생님의 사랑으로 그들과 싸우셔서 그들을 사랑에 복종시키려고 가시는 것입니까, 그렇지 않으면… 그것을 알지 못하시고 가셔서 원수들을 정면으로 대하시게 될 적에야 비로소 그들을 보시고 그들의 마음 속을 꿰뚫어 보시는 것입니까? 한번은 선생님이 ─그 때도 선생님은 매우 침울하셨고, 역시 같은 이유로 그리하셨습니다.─ 보지 못하는 어떤 사람과 같다고 제게 말씀하셨습니다.

"나는 나를 온전히 섭리에 맡기고, 보지 않고 앞으로 나아가야 하는 사람의 고통도 맛보았다. 나는 **완전한 죄를 빼놓고는 사람의 것을 모두 알아야 한다**. 그리고 이것은 내 아버지께서 내 육체에 쳐 주신 **방책(防柵)의 결과로써가 아니라, 인간으로서의 내 의지로 그렇게 되어야 하는 것이다**. 나도 너희들과 같다. 그러나 나는 너희들보다 더 원할 줄 안다. 그래서 나도 유혹을 당하지마는, 유혹에 넘어가지는 않는다. 그리고 너희의 경우와 마찬가지로 여기에 내 공로가 있는 것이다."

"유혹을, 선생님이!…. 제게는 그것이 거의 불가능한 것으로 생각됩니다…."

"그것은 네가 유혹 때문에 별로 고통을 당하지 않기 때문이다. 너는 깨끗하다. 그래서 내가 너보다 더 깨끗하기 때문에 유혹을 체험하지 않을 것이라고 생각한다. 사실 육체의 유혹은 내 순결에 대해 하도 약해서 내 **자아**에는 도무지 느껴지지 않을 정도이다. 그것은 마치 꽃잎 하나가 갈라진 곳이 없는 화강암 덩어리를 치는 것과 같은 것이다. 꽃잎은 더 멀리로 가버린다…. 마귀 자신도 이 투창(投槍)을 내게 던지는데 지쳐버렸다. 요한아, 그러나 너는 얼마나 많은 다른 유혹이 나를 에워싸고 있는지 너는 모른다."

"선생님을요? 선생님은 재산도 명예도 탐하지 않으시는데… 대관절 무엇이?…"

"그럼, 너는 내가 목숨과 애정과 또 내 어머니에 대한 의무도 가지고 있다는 것을, 그리고 이것들이 위험을 피하라고 나를 부추긴다는 것을 생각하지 않느냐? 뱀, 즉 마귀는 이것을 '위험'이라고 부르지마는, 그 진짜 이름은 '희생'이다. 또 너는 나도 감정을 가지고 있다는 것을 생각하지 않느냐? 내게도 정신적인 자아가 없지 않고, 그것은 모욕과 업신여김과 위선 때문에 괴로워한다. 오! 내 요한아! 내가 거짓말과 거짓말쟁이에 대해서 얼마나 혐오감을 느끼는지 너는 생각해 보지 않느냐? 내게 고통을 주는 이런 일에 반항하도록 마귀가 나를 이끌어서 나로 하여금 관용을 버리고 냉혹하고 단호하게 되게 하려는 때가 얼마나 많은지 아느냐? 끝으로 '이것이나 저것을 뽐내시오. 당신은 위대합니다. 세상이 당신을 우러러 봅니다. 자연의 힘이 당신에게 복종합니다' 하고 말하는 그의 교오의 타는 듯한 입김이 몇 번이나 부는지 생각하지 않느냐?

자기가 거룩하다고 자기만족을 느끼는 유혹! 가장 교묘한 유혹! 이 교오 때문에 이미 얻었던 성덕을 잃는 사람이 얼마나 많으냐! 사탄이 어떻게 아담을 타락시켰느냐? 관능과 생각과 정신을 유혹하는 것으로 그렇게 했다. 그런데 나는 사람을 다시 만들어 놓아야 하는 사람이 아니냐? 내게서 새로운 인류가 올 것이다. 그래서 사탄은 하느님의 아들들을 파멸시키기 위해서, 그것으로 영원히 파멸시키려고 같은 길을 찾는 것이다. 이제는 네 친구들에게 가서 내가 한 말을 일러주어라. 그리고 유다가 무엇을 하고 있는지 내가 알고 있나, 또는 알지 못하고 있나 하고 의아하게 생각하지 말아라. 내가 너를 사랑하고 있다는 것을 생각해라. 이 생각이 한 마음을 차지하는 데 충분하지 않느냐?" 예수께서는 요한에게 입맞춤 하시고 돌려보내신다.

그리고 다시 혼자 남으셔서, 올리브나무 잎들 사이로 보이는 하늘을 쳐다보시며 탄식하신다. "아버지! 적어도 마지막 시간까지 〈죄악〉을 숨겨 두어, 제가 지극히 사랑하는 사람들이 피로 그들의 몸을 더럽히지 못하게 막을 수 있게 해 주십시오. 아버지, 저들을 불쌍히 여겨 주십시오! 그들은 너무 약해서 모욕에 대해서 반응을 보이지 않을 수가 없을 것입니다! 완전한 사랑의 시간에 그들이 마음 속에 증오를 품지 말게 해 주십시오!" 그러면서 눈물을 닦으시는데, 그 눈물은 하느님만이 보신다.

225. 노베에서. 가리옷의 유다가 이제는 말을 듣지 않는다

"예, 선생님! 가리옷의 유다가 여러날 전부터 여기 와 있습니다. 그 사람이 어느 안식일 저녁에 왔습니다. 피곤하고 숨이 찬 것 같았습니다. 그 사람 말로는 선생님을 예루살렘의 거리에서 잃어버려서 선생님이 흔히 가시는 모든 집으로 뛰어 다니며 선생님을 찾았다고 했습니다. 그 사람이 매일 저녁 여길 왔습니다. 곧 올 것입니다. 아침에는 나가는데, 선생님을 전하려고 이 근처로 간다고 말합니다."

"좋습니다, 엘리사 아주머니…. 그래, 그 사람의 말을 믿으셨습니까?"

"선생님도 제가 그 사람을 좋아하지 않는다는 것을 아시지요. 만일 제 아들들이 그랬더라면, 주님께 그들을 데려가시라고 청했을 것입니다. 아닙니다, 저는 그 사람의 말을 믿지 않았습니다. 그렇지만 선생님에 대한 사랑으로 제 판단을 저 혼자만 간직했습니다…. 그리고 그에 대해 어미답게 굴었습니다. 그렇게 해서 그가 매일 저녁 이리로 돌아오게라도 했습니다."

"잘 하셨습니다." 예수께서는 엘리사를 뚫어지게 들여다보시며 느닷없이 물으신다. "아나스타시카는 어디 있습니까?"

엘리사의 얼굴은 나이 많은 여자의 보라빛 도는 얼굴이 된다. 그러나 솔직히 대답한다. "벳수르에 있습니다."

"그 일도 잘 하셨습니다. 그리고 제발 부탁입니다. 그 사람을 불쌍히 여기십시오."

"그 사람을 불쌍히 여겼기 때문에 화재가 터무니없이 크게 일어나기 전에 또는 적어도 처녀를 놀라게 하기 전에 불을 덮어씌워 끄고자 했습니다."

"의로운 여인이신 아주머니께 하느님께서 강복하시를 바랍니다…."

"선생님, 많이 괴로우십니까?"

"제가 괴로운 것은 사실입니다. 한 어머니께는 이 말씀을 드릴 수 있습니다."

"한 어머니에게는 선생님이 그 말씀을 하실 수 있습니다…. 선생님이 주님 예수가 아니셨더라면, 선생님의 지친 머리를 제 어깨에 받고, 선생님의 슬픔에 젖은 가슴을 제 가슴에 꼭 껴안고 싶습니다. 그러나 선생님은 너무도 거룩하셔서 선생님의 어머니가 아닌 다른 여인은 선생님을 만질 수가 없습니다…."

"제 어머니의 친한 친구이시고 착한 어머니이신 엘리사 아주머니, 아주머니의 주님은 머지 않아 아주머니의 손보다 훨씬 덜 거룩한 손으로 만져지고 입맞춤을 받을 것입니다…. 오! 그리고 곧 이어 다른 손들로도… 엘리사 아주머니, 만일 아주머니에게 거룩한 사람들 중에서 거룩한 사람을 만지는 것이 허락되면, 어떤 정신으로 그렇게 하시겠습니까? 그렇게도 많은 사람이 사랑없이 하느님께로 가까이 간 다음, 마침내 사랑의 애무를 받으시기 위해서 하느님의 목소리가 유향 연기를 통해서 아주머니께 사랑을 부탁하시면 혹 그렇게 하는 것을 삼가시겠습니까?"

"주님! 아니, 하느님께서 제게 그렇게 하라고 부탁하시면, 저는 무릎으로 기어가서 거룩한 곳에 입맞춤을 수없이 하겠고, 하느님께서 제 사랑으로 만족을 얻으시고 위로를 받으실 수 있도록 하겠습니다."

"그러면, 제 어머니의 친한 친구이시고 괴로워하는 구세주의 충실하고 훌륭한 제자이신 엘리사 아주머니, 제가 아주머니 가슴에 머리를 얹게 허락하십시오. 제 마음이 견딜 수 없는 고통을 느낄 정도로 괴로워서 그럽니다."

그리고 아주 가까이에 서 있는 엘리사 곁에 그대로 앉아 계신 예수께서는 실제로 당신 이마를 늙은 제자의 가슴에 갖다 대신다. 그리고 말씀이 없는 가운데 눈물이 여인의 옷을 타고 흐른다. 여인은 참지 못하고 자기 가슴에 기댄 머리에 손을 얹는다. 그리고 샌들을 신은 맨발에 눈물이 떨어지는 것을 느끼자 몸을 구부려 예수의 머리카락에 살짝 입맞춤을 한다. 이번에는 엘리사도 하늘을 향하여 눈을 들고 말없는 기도를 드리며 조용히 운다. 엘리사는 매우 나이 많은 통고의 성모 같다. 엘리사는 다른 말이나 다른 몸짓을 해 보려고 하지 않는다. 그러나 그 태도가 너무나 "어머니"다워서 그 이상 어머니다울 수가 없을 정도이다.

예수께서 얼굴을 드시고 엘리사를 쳐다 보신다. 그리고 힘없는 미소를 지으시며 말씀하신다. "하느님께서 아주머니의 연민 때문에 아주머니께 강복하시기를 바랍니다. 오! 고통이 사람의 힘을 짓누를 때에는 어머니가 매우 필요합니다!"

예수께서는 일어나셔서 또 제자를 바라보시고 말씀하신다. "이 시간에 있었던 자세한 사항은 아주머니와 저 사이의 일로만 남아 있어야 합니다. 그렇기 때문에 제가 혼자서 앞서 왔습니다."

"예, 선생님. 그러나 선생님은 혼자 계실 수는 없습니다. 어머니를 오시게 하세요."

"지금부터 두 달 후에는 어머니가 저와 같이 계실 것입니다…." 그리고 다른 말씀을 무엇인지 덧붙이려고 하시는데, 아랫층 부엌에서 항상 좀 뻔뻔스럽고 빈정거리는 가리옷의 유다의 목소리가 울린다. "여전히 뭘 새기고 있는 거요, 영감님? 추운데! 그리고 여긴 불도 없는데. 나는 시장한데 아무 것도 준비된 것이 없군요. 엘리사는 아마 자나보지요? 엘리사는 혼자서 하려 했어요. 하지만 늙은이들은 느리고, 기억력이 약해요. 이 보세요! 영감님은 말을 안 하세요? 오늘 저녁은 완전히 귀머거리가 됐어요?"

"아니오. 그렇지만 사도인 당신이 말을 하게 놔 두지요. 그리고 내가 당신에게 비난을 하는 것은 적당치 않아요" 하고 늙은이가 대답한다.

"비난이라니? 왜요?"

"마음 속을 찾아보시오. 그러면 찾아내게 될 겁니다."

"내 양심은 말이 없는데요…."

"그건 당신의 양심이 타락했거나 당신이 양심을 병신을 만들었다는 표입니다."

225. 노베에서. 가리옷의 유다가 이제는 말을 듣지 않는다 **689**

"하! 하! 하!" 그러면서 문이 쾅하고 닫히는 소리가 들리고 층계에 발소리가 들리는 것으로 보아 유다가 부엌에서 나오는 모양이다.

"선생님, 저는 내려가서 준비하겠습니다."

"가보세요, 아주머니."

엘리사가 위층 방에서 내려오다가 즉시 옥상에 발을 들여놓는 유다를 만난다.

"전 시장하고 춥습니다."

"그 뿐이오? 그러면 당신은 별 것을 가지고 있는 것도 아니오."

"그 이상 무엇을 가져야 합니까?"

"오! 아주 많지요!…." 엘리사의 목소리는 멀어진다.

"모두 늙은 얼간이들이란 말이야. 후유!…." 그는 문을 열고 들어오다가 예수와 딱 마주친다. 그는 깜짝 놀라서 한 걸음 물러선다. 그러다가 침착해져서 말한다. "선생님!! 선생님께 평화!"

"유다야, 네게 평화." 예수께서는 사도의 입맞춤을 받으신다. 그러나 그에게 입맞춤을 하시지는 않는다.

"선생님, 선생님은… 선생님은 제게 입맞춤을 주지 않으십니까?"

예수께서는 그를 바라보시며 잠자코 계신다.

"그렇지요. 제가 잘못 했지요. 그래서 제게 입맞춤 안 하시는 것이 제게 하실 수 있는 최소한의 일이지요. 그렇지만 저를 너무 엄하게 판단하지 마십시오. 그날 선생님을 사랑하지 않는 사람들이 제게 귀찮게 굴어서, 목소리가 나오지 않게 될 정도로 그들과 토론을 했습니다. 그리고… 저는 '어디로 가셨는지 알 수가 있나?' 하고 말하고, 선생님을 기다리려고 이리로 왔습니다. 이제는 여기가 선생님의 집이 아닙니까?"

"사람들이 내게 허락하는 한은 그렇다."

"그렇다고 해서 제게 원한을 품으시려는 것은 아니겠지요?"

"아니다. 다만 네가 다른 사람들에게 준 본보기를 생각하라고 하겠다."

"오! 그들의 말이 벌써 들리는 것 같습니다. 그러나 저는 그들에게 변명할 만한 것을 가지고 있습니다. 선생님이 벌써 저를 용서하셨다는 것을 제가 알기 때문에 선생님께는 변명도 하지 않습니다."

"너를 벌써 용서했다. 그것은 사실이다."

이렇게도 많은 인자에 대하여 우리는 유다 쪽에서 겸손과 사랑의 행위가 있기를 기대할 것이다. 그러나 오히려 그는 정반대의 행위, 원한을 품은 행위를 하여 외친다. "아니, 선생님이 화내시는 걸 볼 방법이 없단 말입니까? 선생님은 어떤 사람이십니까?"

예수께서는 잠자코 계신다. 유다는 서서 앉아 계신 예수를 머리를 기울이고 바라보며 입술에는 못된 미소를 머금고 머리를 흔든다. 그리고 그의 생각으로는 이 작은 사건은 이제 넘어갔다. 그는 그 누구보다도 격식에 맞는 상태에 있는 것처럼 이런 이야기 저런 이야기를 하기 시작한다.

밤이 되었다. 거리의 소음이 그쳤다.

"내려가자" 하고 예수께서 명령하신다.

그들은 불이 환하게 타고 있고 화구(火口)가 셋 달린 등이 타고 있는 부엌으로 내려온다.

예수께서 피곤하셔서 화덕 곁에 앉으시는데, 뜨뜻한 방안에서 졸으시는 것 같다….

문을 두드리는 소리가 난다. 노인이 문을 연다. 사도들이다. 제일 먼저 들어온 베드로가 유다를 보고 그를 괴롭힌다. "자네가 어디 가 있었는지 알 수 있겠나?"

"여기, 그저 여기 있었지. 사라진 사람들을 찾아서 이리 뛰고 저리 뛰고 했더라면, 나도 어리석은 사람이었을 거야. 자네들이 이리로 돌아올 걸 확실히 알기 때문에 이리로 왔지."

"거 참 아주 잘한 노릇일세!"

"선생님은 나를 나무라지 않으셨네. 게다가 내가 허송세월을 하지 않았다는 걸 알게. 난 날마다 복음을 전했어. 그리고 기적도 행했단 말이야. 이건 좋은 일이야."

"그런데 누가 자네에게 허가했나?" 하고 바르톨로메오가 엄하게 말한다.

"아무도. 자네도 또 아무도 허가하지 않았지. 그렇지만… 그러기만 하면 되는 거야…. 요컨대 사람들은 아무 것도 하지 않는 사도들인 우리를 이상히 여기고 불평하고 비웃는단 말이야. 그래서 그걸 아는 내가 모두를 대신해서 행한 거야. 그리고 나는 그보다 더한 일도 있어. 엘키아를 만나러 가서, 사람이 거룩할 때에는 나쁘게 행동할 수는 없다는 걸 증명했지. 그 사람들 많이 있었는데, 내가 그들을 설득했네. 이제는 그들이 우리를 방해하지 않을 테니 두고들 보게. 그래 나는 이제 만족하네."

사도들은 서로 바라보고, 예수를 바라본다. 예수의 얼굴은 속을 들여다볼 수 없는 표정이다. 그 얼굴에는 커다란 육체적인 피로가 씌워져 있는 것 같다. 그것만이 보인다.

"그렇지만 자넨 선생님의 허락을 받아 가지고 그럴 수도 있었는데" 하고 알패오의 야고보가 지적한다. "우린 자네 때문에 줄곧 불안했네."

"오! 그래? 이젠 자네들 조금도 불안하지 않게 됐네. 선생님은 절대로 내게 허락을 주지 않으셨을 거야. 선생님은 우리를… 너무 보호하신단 말이야. 선생님이 우리를 질투하고, 우리가 선생님보다 더 많은 일을 할까봐 겁을 내시고, 우리를 벌하기까지 하신다고 사람들이 불평을 할 정도야. 사람들은 혀가 신랄하단 말이야. 이와 반대로 사실은 우리가 선생님에게 그 무엇보다도 더 소중하단 말이야. 그렇지요, 선생님? 그리고 우리가 위험을 당하거나 초라하게… 보일까봐 염려하신단 말이야. 그런데 우리도 마음 속으로는 우리가 말하자면 벌을 받았다고, 그리고 선생님이 질투를 하신다고 생각했단 말이야…."

"그건 아니야. 나는 절대로 그렇게 생각하지 않았네!" 하고 토마가 말을 막는다. 그리고 다른 사람들도 같은 말을 한다. 다만 타대오만은 그의 솔직하고 매우 아름다운 눈으로 역시 매우 아름답지만 사람의 시선을 피하는 유다의 눈을 똑바로 쏘아보며 말한다. "그런데 자네가 어떻게 기적을 행할 수 있었나? 누구의 이름으로?"

"어떻게 했느냐구? 누구의 이름으로 했느냐구? 아니, 자넨 선생님이 우리에게 그 권한을 주신 걸 기억 못하나? 혹 선생님이 그 권한을 우리에게서 빼앗아 가기라도 하셨단 말인가? 내가 아는 한 그렇지 않아. 또 그 때문에…."

"또 그 때문에 나는 선생님의 동의와 명령 없이는 절대로 감히 아무 일도 하지 않을 걸세."

"그런데 나는 그렇게 하기를 원했네. 그렇게 할 줄을 모르게 됐을까봐 걱정을 했었는데 해냈어. 난 행복하단 말이야!" 그러면서 어두운 정원으로 나가는 것으로 입씨름에 종지부를 찍는다.

사도들은 돌아서서 그를 바라본다. 그들은 그렇게도 대담한 데 깜짝 놀랐다. 그러나 고통을 나타내는 얼굴을 하고 계신 선생님을 더 괴롭힐 수 있는 어떤 말을 할 마음을 가진 사람은 아무도 없다.

그들은 배낭을 내려놓고, 요한과 안드레아와 토마가 그것들을 위층으로 올려간다. 그리고 바르톨로메오는 나뭇단에서 떨어진 마른 나뭇가지를 줍느라고 몸을 구부리면서 베드로에게 속삭인다. "제발 마귀가 저 사람을 도와준 것이 아니기를 바라네!"

베드로는 "맙소사!" 하고 말하는 것 같은 손짓을 하지만, 한 마디도 대꾸는 하지 않는다. 그는 예수께로 가서 어깨에 한 손을 얹으면서 묻는다. "선생님은 몹시 피곤하십니까?"

"몹시 피곤하다, 시몬아."

"선생님, 다 준비되었습니다. 식탁으로 오십시오. 그렇잖으면… 아니, 여기 불 옆에 그대로 계십시오. 양젖과 빵을 갖다드리겠습니다" 하고 엘리사가 말한다. 과연 쟁반에 김이 나는 양젖이 들어 있는 큰 사발과 꿀을 흠뻑 바른 빵을 놓은 다음, 예수께로 가져와서, 예수께서 일어나시어 음식을 바치시기를 기다린다. 그리고 온전히 어머니다운 늙은 여인은 예수를 위로하고자 하는 욕망에 온전히 사로잡혀 방바닥에 쭈그리고 앉아, 예수께 미소를 보내며 잡수시도록 격려하고, 빵에 꿀을 바른 것을 가볍게 나무라시는 예수께 대답한다. "선생님의 기운을 북돋아 드리기 위해서라면 제 피라도 드리겠습니다! 이것은 벳수르의 제 집 정원의 보잘 것 없는 꿀이고, 선생님의 육체의 기분밖에는 북돋우지 못합니다. 그러나 제 마음은…."

다른 사람들은 식탁에 앉아서 걸음을 많이 걸은 사람들의 왕성한 식욕으로 먹는다. 그리고 유다도 태연하게, 거의 뻔뻔스럽게 그들과 같이 먹으며, 말을 하는 사람은 그뿐이다….

그가 아직 말을 하고 있는데, 예수께서 명령하신다. "각기 너희들을 재워주는 집으로 가거라. 평화가 너희와 함께 있기를 바란다."

예수와는 유다와 바르톨로메오와 베드로와 안드레아가 남아 있다.

그리고 예수께서는 즉시 쉬라고 명령하신다. 예수께서는 말을 하고 말을 듣는 데에서 오는 피로를 견디실 수 없을 정도로, 또 내 생각에는 가리옷의 유다에 관하여 당신의 감정을 억제하는 노력을 견딜 수 없을 정도로 극도의 피로를 느끼신다.

226. 노베에서 그후 얼마 동안

 춥고 맑은 겨울날들이다. 노베 마을이 서 있는 작은 산의 꼭대기에는 말하자면 바람이 불지 않는 때가 없다. 그러나 바람은 해로 인하여 완화된다. 해는 새벽부터 넘어갈 때까지 집들과 겨울 채소가 푸르러지는 텃밭들을 햇살로 어루만진다. 집으로 바람이 막아져서 푸른 채소가 나 있는 작은 화단같은 것으로 되어 있는 작은 텃밭들과 채소 씨앗을 뿌리려고 벌써 준비를 해놓은 아무 것도 없고, 거름을 잘 주었을 때의 흙빛깔을 띤 다른 텃밭들이다.
 눈을 들어 빙 둘러 보면, 단조로운 올리브나무들과 잎이 떨어진 꾸불꾸불하고 앙상한 포도나무들이 줄지어 서 있지 않은 곳에는 벌써 곡식 종자를 뿌린 경작된 작은 밭들이 보인다. 그 씨앗들은 햇볕으로 따스워진 철이른 팔레스티나의 봄의 처음 온화한 날씨에 싹이 틀 참이다. 내가 보고 있는 것과 같이 맑은 날씨에는 벌써 봄의 온화함, 싹을 트게 하는 온화함이 느껴져서, 집들의 담에 기대 심은 편도나무들에는 며칠 전까지도 아주 메말랐던 가지에 눈들이 부풀어 오른다고 말할 수도 있을 것 같다. 우중충한 가지에서 겨우 나오기 시작한 아직은 가지와 마찬가지로 우중충하지만, 생명이 올라온다는 것을, 튼튼한 줄기가 깨어날 날이 가까웠다는 것을 벌써 증명하는 눈들이다.
 집 뒤에 있는 요한의 작은 정원에는 가꾸어진 띠모양의 작은 땅이 있는데, 한쪽에는 호두나무가 그림자를 드리우고 있다. 그리고 바로 이 작은 띠모양으로 된 땅에 아마 주인보다도 더 늙은 큰 편도나무가 서 있는데, 집에 하도 바싹 기대 있어서, 한편은 작은 집의 벽으로 방해가 되기 때문에 줄기의 상당한 부분에서는 가지가 세 방향으로만 뻗어 나갈 수밖에 없게 되었다. 그러나 더 올라가면, 나무는 가지들이 얼기설기 어지럽게 엉키어 있다. 그 가지들은 꽃이 만발할 때에는 초라한 옥상에 가벼운 꽃구름을 드리우고, 왕의 닫집보다 더 아름다운 값진 천막을 만들어 놓을 것이다.

한가로이 있지 않기 위하여 예수와 사도들은 홍겹게 하고 따뜻하게 하는 햇볕을 받으며 일을 한다. 짧은 옷을 입고, 목수일이나 철물 다루는 일에 정통한 사람들은 연장을 고치거나 새 연장과 액자를 만들거나 한다. 어떤 사람들은 땅을 다시 갈고, 모종낸 채소를 북돋우고, 작은 정원 양쪽에 울타리를 만들고 있는 마른 갈대와 푸른 산사나무 울타리를 보강한다. 또는 편도나무와 호두나무의 가지를 치고, 겨울 바람에 풀어진 포도나무 덩굴들을 맨다. 나는 예수께서 계신 곳에서는 절대로 한가하게 있는 일이 없다는 것을 눈여겨 보았다. 복음 전파의 일이 중단되었을 때에는 예수께서 제일 먼저 육체 노동의 아름다움을 가르치신다. 오늘도 예수께서는 밑부분이 썩고 자물쇠가 반쯤 떨어진 문을 고치시느라고 사도들과 같이 일하신다. 한편 필립보와 바르톨로메오는 전지가위와 낫을 가지고 늙은 과일나무를 다듬고 어부들은 밧줄과 헌 담요들을 가지고 이것 저것 뜯어맞추는데, 더러는 매우… 남성적인 수리를 하고, 더러는 아마 여름에 유익한 차일을 옥상에 만들려는 생각으로 고리와 도르레들을 만들어 놓는다.

"엘리사 아주머니, 아주머니는 여기서 아주 편하시겠어요" 하고 베드로가 늙은 여자 제자에게 말하기 위하여 옥상의 낮은 담 위로 몸을 구부리면서 약속한다. 엘리사는 해가 잘 드는 벽에 기대 앉아서 양털로 실을 만들고 있다.

"그래. 포도나무를 붙잡아 매놓고 편도나무를 정리하고 나면, 여기는 여름에 정말 좋은 곳이 될 거야" 하고 필립보가 포도 덩굴을 지주(支柱)에 매는 골풀들을 입에 물고 있기 때문에 입 안에서 어물어물 말한다.

예수께서 머리를 들고 쳐다보시는데, 엘리사가 선생님을 쳐다보려고 고개를 들고 말한다. "우리가 여름에 여기 있게 될지 누가 알겠어요?…."

"왜 여기 있지 못할 겁니까? 아주머니?" 하고 안드레아가 묻는다.

"그래도… 나는 모르겠어요…. 나는 얼마 전부터는… 계획을 하지 않게 됐어요. 내 예측이 모두 무덤으로 끝나는 것을 본 다음부터요."

"오! 그렇지만 선생님이 돌아가셔야만 우리가 여기 오지 않게 될 것입니다! 이제는 선생님이 이곳을 거처로 택하셨거든요. 그렇지요, 선생님?" 하고 토마가 묻는다.

"그렇다. 그러나 엘리사 아주머니가 말하는 것도 사실이다…" 하고 예수께서 고치시는 문의 옆구리를 대패로 손질하시면서 대답하신다.

"그렇지만 선생님은 젊으시고 건강이 좋으신데요!"

"사람이 병으로만 죽는 것이 아니다" 하고 예수께서 또 말씀하신다.

"누가 죽음 이야기를 합니까?" 하고 바르톨로메오가 말한다. "선생님이? 선생님에 대해서요?…. 정말이지 얼마 전부터 원한이 가라앉은 것 같습니다. 보십시오. 이제는 아무도 저희를 방해하지 않습니다. 그 사람들은 우리가 여기 있는 것을 압니다. 바로 어제도 물건들을 사 가지고 시내에서 돌아오는 길에 그들을 만났는데, 저희를 방해하지 않았습니다."

"예, 저희들도 선생님이 여기 계시다는 것을 알리려고 이웃 마을 여러 군데로 다니는데 그랬습니다. 아무 난처한 일도 당하지 않았습니다. 그렇지만 저희들은 엘키아와 시몬을 만났고, 다음에는 사독과 사무엘을, 그리고 바로 도라와 나훔도 만났습니다. 그 사람들이 저희들에게 인사까지 했습니다. 형, 그렇지?" 하고 요한이 야고보를 보고 말한다.

"그래. 우리 마음 속으로 가리옷의 유다를 비난하고 있었는데, 그 사람이 일을 잘 했다는 것을 인정해야겠어. 이리 돌아오고 나서도 아무런 난처한 일도 없었어! 유다의 말이 사실로 확인됐어. '고운 내'의 좋은 시절로 돌아간 것 같아. 그 시절이 시작되던 때로 말이야…. 오! 그것이 참말이었으면!" 하고 제베대오의 야고보가 말한다.

"그게 사실일 수 있었으면!" 하고 베드로가 한숨지으며 말한다.

"천둥이 우르릉거리지 않는다고 날씨가 늘 맑은 건 아니예요" 하고 엘리사가 물레가락*을 돌리면서 격언조로 말한다.

"그게 무슨 뜻입니까?" 하고 베드로가 묻는다.

---

*역주 : 실을 자아 감는 토리 구실을 하는 막대기.

"돌풍이 불 위험이 있는 곳에서는 아주 고요한 것이 때로는 그 어느 때보다도 더 위험한 폭풍의 전조란 말이에요. 어부인 당신도 그걸 알고 있을 거예요."

"어! 알고 말고요, 아주머니! 호수가 때로는 파란 기름이 가득 찬 엄청나게 큰 대야 같습니다. 그러나 돛이 늘어져 있고, 물이 이렇게 움직이지 않고 있을 때는 거의 언제나 돌풍이, 그것도 가장 못된 것 중의 하나가 가까이 와 있습니다. 잔잔한 바람은 뱃사람들에게는 무덤의 바람입니다."

"흠! 그래요. 그렇기 때문에 내가 당신들이라면 이렇게 많은 평화를 경계할 겁니다. 너무 평화로워요!"

"아니 그렇다면! 전쟁이 있는 동안에는 전쟁이 있기 때문에 고통을 당하고, 평화가 있을 때에는 한층 더 잔인한 전쟁이 올지도 모르니까 고통을 당한다면, 언제 기쁨을 누리게 됩니까?" 하고 토마가 묻는다.

"저 세상에서요. 여기에는 고통이 늘 준비되어 있어요…."

"아이고! 아주머니는 정말 음울하십니다! 제 기쁨의 때는 매우 멀리 떨어져 있군요. 저는 제일 나이 적은 축에 드니까요! 바르톨로메오, 자네는 기뻐하게. 자네 기쁨을 누릴 때가 더 가까우니까 말이야. 자네와 열성당원하고." 제베대오의 야고보는 이렇게 농담을 한다.

"아주머니는 음울하고 꾀바르십니다! 아! 나이 많은 여자들! 그렇지만 그 여자들이 가끔 알아맞힙니다. 제 어머니도 너희 중의 한 사람에게 '조심해라! 너는 이러저러한 동기로 어리석은 짓을 하려는 참이다' 하고 말씀하시면 언제나 맞히시거든요" 하고 토마가 말하고, 땅을 긁으려고 몸을 구부린다.

"여자들은 여우들보다도 더 약삭빠르고 음흉해. 여자들이 이해하지 못하기를 우리가 바라는 어떤 일들을 이해하는 데 있어서 우리는 여자들에 비해서 아무 것도 아니야" 하고 베드로가 점잔을 빼며 말한다.

"형은 잠자코 있어. 형은 레바논 산맥이 버터로 되어 있다고 말해도 형의 말을 믿을 여자를 만났단 말이야. 형이 말하는 것은 형수님에게는 율법과 같단 말이야. 형의 말을 듣고 믿고 잠자코 있거든" 하고 안드레아가•형에게 말한다.

"그래… 하지만 내 처의 어머니는 당신 몫에다가 다른 여자 백 명 몫은 한단 말이야. 얼마나 흉악한지!"

엘리사와 젊은이들이 땅을 두번째 가는 것을 도와주는 늙은이까지도 포함해서 모두가 웃는다.

열성당원과 마태오와 가리옷의 유다가 돌아온다.

"선생님, 다 했습니다. 저희들은 지쳤습니다! 굉장히 멀리 돌아다녔습니다. 그렇지만 내일은 내가 쉴 걸세. 내일은 자네들 차례야" 하고 가리옷 사람이 땅을 파고 있는 사람들에게 말하고, 삽을 들고 일을 하려고 그들에게로 간다.

"그런데 피곤하다면서 왜 일을 하나?" 하고 토마가 그에게 묻는다.

"어린 묘목들을 심을 게 있어서 그래. 이곳은 늙은이의 머리처럼 벗어져서 안 됐단 말이야" 하고 점잔을 빼고 말하면서 힘찬 발질로 삽을 땅에 박는다.

"옛날 좋던 시절에는 이렇지 않았어요! 그러나 그 뒤로… 너무나 많은 것이 죽었지요. 그런데 나로서는 그것들을 다시 만들 필요가 없었지요. 나는 늙었고, 늙은 것보다 더하게 비탄에 잠겨 있었거든요" 하고 늙은이가 대답한다.

"아니 자넨 무슨 구멍을 파는 건가? 그건 큰 나무를 심기에 알맞지. 자네가 말하는 것처럼 어린 묘목을 심는 데는 적당치 않네" 하고 포도나무들을 매고 나서 내려오는 필립보가 지적한다.

"나무가 어릴 때는 언제나 어린 나무지. 내 묘목들이 그런 것들이야. 날씨가 유리해. 이 나무들을 내게 준 사람이 내게 그걸 보장했어. 누군지 아십니까, 선생님? 농삿군인 엘키아의 친척입니다. 그런데 그 사람 농사를 잘 짓습니다. 과수원 하나에, 올리브밭이 여럿입니다! 그 사람이 올리브밭의 일부분을 갈아심고 있었습니다. 제가 그 사람에게 '이 묘목들을 주시오' 하고 말했더니 '누구에게 주려고?' 하고 물었습니다. '우리에게 숙소를 제공해 주는 노베의 한 작은 노인을 위해서입니다. 이 묘목들은 내가 그분에게 일으키게 한 모든 분노를 용서받게 하는 데 도움이 될 것입니다' 하고 대답했습니다."

"아니오, 젊은이. 묘목으로가 아니라, 착한 행실로 그렇게 될 수 있는 거요. 그리고 하느님과 더불어. 나는… 나는 바라보고, 기도하고 용서해요. 그러나 내 용서는… 그래도 묘목들에 대해서 당신에게 감사합니다…. 비록… 이 묘목들의 열매를 내가 먹을 수 있겠어요?"

"왜 아니예요? 항상 바람을 가져야 합니다. 또 성공을 거둘 마음도 가져야 하구요…. 그러면 성공을 거두게 됩니다."

"늙음은 이기지 못합니다! 그리고 나는 그것을 바라지도 않아요."

"우리가 이기지 못하는 다른 것도 많이 있어요. 가지기를 원하는 것이 소용이 된다면! 나는 내 아들들을 가지고 있을 거예요" 하고 엘리사가 한숨을 쉰다.

"선생님" 하고 마태오가 말한다. "엘리사 아주머니의 말을 들으니 오늘 길에서 어떤 사람들이 저희들에게 한 질문이 생각납니다. 그 사람들은 어떤 마을에서 어떤 사건이 일어났기 때문에, 기적은 언제나 성덕의 증거가 되느냐고 물었습니다. 저는 그렇다고 말했습니다. 그러나 그들은 그렇지 않다고 말하는 것이었습니다. 과연 사마리아 경계에 있는 그 마을에서 놀랄 만한 일을 한 사람은 분명히 의인이 아니라는 것이었습니다. 저는 사람은 항상 잘못 판단하며, 그들이 의인이 아니라고 말하는 그 사람이 어쩌면 그들보다도 더 의인일지도 모른다고 말하면서 그들에게 입을 다물게 했습니다. 선생님은 어떻게 생각하십니까?"

"너희들 모두가 각기 제나름대로 옳은 면이 있다고 말하겠다. 너는 기적이 언제나 성덕의 증거라고 말하는 것으로 옳은 말을 했다. 일반적으로는 그러니까. 또 잘못 생각하지 않기 위해서 판단하지 말아야 한다고 말하는 것으로도 옳은 말을 했다. 그러나 그 사람들도 그 사람이 놀랄 만한 일을 한 것에 대해 다른 근원을 의심하는 것도 옳은 생각이었다."

"무슨 근원입니까?" 하고 가리옷 사람이 묻는다.

"어두운 근원 말이다. 다른 사람들에게서 인정을 받기 위하여 사탄을 친구로 두려고 그에게 자기 자신을 팔아넘기는, 사탄 숭배자들이 벌써 있다. 그런 인간들은 교만을 숭상(崇尚)하기 때문이다" 하고 예수께서 대답하신다.

"그러나 그것이 있을 수 있는 일입니까? 사람이 마귀나 지옥의 악신들과 계약을 할 수 있다는 것은 이교국들의 전설이 아닙니까?" 하고 요한이 깜짝 놀라서 묻는다.

"있을 수 있는 일이다. 이교도들의 전설에서 이야기하는 것처럼이 아니고, 돈이나 물질적인 계약으로가 아니라, 악에 찬동하고, 악을 선택하고, 어떤 일시적인 대성공을 얻기 위하여 자기 자신을 악에 넘겨 줌으로써 그렇게 될 수 있는 것이다. 정말 잘 들어두어라. 그들의 목적에 도달하기 위하여 자기를 악마에게 팔아넘기는 사람은 우리가 생각하는 것보다 더 많다."

"그런데 그들이 성공합니까? 그들이 청하는 것을 정말 얻습니까?" 하고 안드레아가 묻는다.

"항상 얻는 것도 아니고 다 얻는 것도 아니다. 그러나 무엇인가 얻는 것이 있다."

"그런데 어떻게 그것이 가능합니까? 마귀가 하느님의 흉내를 낼 수 있을 만큼 그렇게 능력이 있습니까?"

"대단히 많다…. **그런데 사람이 거룩하면 아무 것도 가지지 못한 다**. 그러나 흔히는 사람 자신이 마귀이기 때문에 그렇다. 우리는 명백하고 떠들썩하고 야단스러운 마귀들림과는 싸운다. 이런 마귀들림은 누구나 다 알아차린다…. 그리고 이런 것들은 가족이나 그 도시 사람들에게 기분좋은 것이 아니고, 특히 물질적인 형태로 나타난다. 사람은 언제나 무거운 느낌을 주는 것, 관능에 거슬리는 것에 충격을 받는다. 비물질적이고 비물질적인 것에만 지각되는 것, 즉 이성과 정신은 알아보지를 못하고, 또 알아본다 하더라도 거기에 관심을 가지지 않는다. 특히 그것이 자기에게 해를 끼치지 않을 때에는 더 그렇다. 그러므로 이러한 감추어진 마귀들림은 구마자(驅魔者)로서의 우리 능력에서 벗어나는 것이다! 그리고 이것들이 가장 손해를 끼치는 것들이다. 그것들은 가장 선택된 부분에 작용하고, 가장 선택된 부분과 더불어 다른 선택된 부분들, 즉 이성에서 이성으로, 정신에서 정신으로 영향력을 미치기 때문이다. 그것은 열이 나서 그것에 걸렸다는 것을 알게 될 때까지는 알아차리지 못하는 부패시키는 만져서 느껴지지 않는 장기(瘴氣)와 같은 것이다."

모두가 묻는다. "그럼 사탄이 도와줍니까? 정말입니까? 왜요? 그리고 하느님께서는 그가 하게 내버려두십니까? 하느님께서는 사탄이 하는 것을 항상 그대로 놔 두실 것입니까? 선생님이 군림하신 뒤에도요?"

"사탄은 마저 굴복시키기 위해서 돕는다. 하느님께서 사탄이 하는 대로 내버려두시는 것은 높은 것과 낮은 것, 선과 악 사이의 이 싸움에서 인간의 가치가 드러나기 때문이다. 가치는 의지이다. 하느님께서는 내가 높이 올려진 후에도 사탄이 하는 대로 항상 내버려두실 것이다. 그러나 그 때에는 사탄이 그에게 대항하는 매우 큰 적을 가지게 될 것이고, 사람은 매우 힘있는 친구를 가지게 될 것이다."

"누굽니까? 누굽니까?"

"은총이다."

"오! 그렇군요! 그러면 은총이 없는 우리 시대의 사람들로서는 굴복하기가 더 쉽겠지만, 죄도 덜 중하겠군요" 하고 가리옷 사람이 여전히 삽질을 하면서 말한다.

"아니다. 유다야, 심판은 같을 것이다."

"그러면 그것은 불공평한 일입니다. 왜냐하면 우리가 도움을 덜 받게 되면, 따라서 단죄도 덜 받아야 할 테니까요."

"자네 생각이 전부 틀리지는 않네" 하고 토마가 말한다.

"그렇기는 커녕 유다의 생각은 틀렸다, 토마야. 왜 그런고 하니, 우리 이스라엘 사람들은 벌써 너무나 많은 믿음과 소망과 사랑을 가지고 있고, 너무나 많은 지혜의 빛을 가지고 있어서 알지 못한다는 핑계를 댈 수가 없기 때문이다. 그리고 너희들, 거의 3년 전부터 벌써 은총을 선생으로 모시고 있는 **너희들은 벌써 새 시대의 사람들과 같이 심판을 받을 것이다**" 하고 이 말에 힘을 주시고, 또 머리를 쳐든 유다를 바라보시면서 말씀하신다. 유다는 생각에 잠긴 채 허공을 바라본다.

그러다가 가리옷의 유다는 마치 속으로 하던 추리를 끝맺는 것처럼, 그리고 다시 삽을 땅 속으로 밟아넣으면서 묻는다. "그러면 이렇게 자기를 마귀에게 넘겨주는 사람은 무엇이 됩니까?"

"마귀가 된다."

"마귀가 된다! 그러면 가령 제가 선생님의 접촉이 초자연적인 능력을 준다는 것을 단언하기 위해서 선생님이 비난하시는… 일을 하면, 저는 마귀가 된단 말씀입니까?"

"네가 바로 말했다."

"그렇지만 자네가 그런 일은 하지 않으리라고 생각하네" 하고 안드레아가 거의 공포에 사로잡혀서 말한다.

"내가? 아! 아! 나는 우리 노인을 위해서 어린 나무들을 심고 있네." 그러면서 정원 저쪽으로 뛰어 가서 묘목 다섯 그루를 가지고 돌아온다. 그 나무들은 뿌리를 둘러싼 흙 때문에 확실히 무거울 것이다.

"아니, 자넨 베테론에서 이 무거운 짐을 메고 왔나?" 하고 베드로가 묻는다.

"가바온 저쪽에서라고 말해야 할 걸세! 다니엘의 과수원이 일부분은 그곳에 있네. 참 훌륭한 땅이야. 보게들!…" 그러면서 유다는 뿌리를 둘러싼 흙을 손가락으로 잘게 부수고, 그런 다음 벌써 팔뚝 만큼 굵은 줄기 다섯을 묶은 끈을 끄른다. 두 줄기만 끝에 잎이 조금 있는데, 그것은 올리브의 잎이다. "자, 이것은 예수님의 것이고, 이것은 마리아 어머니의 것, 두 분은 세상의 평화이시지. 내가 이 나무들을 제일 먼저 심는 것은 평화의 사람이기 때문이야. 여기하고 …여기." 그러면서 그는 그 나무들을 띠모양의 작은 땅의 양쪽 끝에 갖다 놓는다. "그리고 여기에는 어리고 에덴동산의 사과나무 같이 맛있는 사과가 열릴 사과나무를 심네. 그것은 요한 자네에게 자네도 아담에게서 왔다는 것과, 내가 죄인이 될 수 있다 하더라도… 놀라서는 안 된다는 것을 상기시키기 위해서일세. 자네, 뱀을 조심하게… 그리고 여기에는… 아니야, 여긴 좋지 않아. 저기 앞쪽 벽 옆에 이 어린 무화과나무를 심어야지. 여기에 무화과나무들이 개밀속(屬)처럼 잘 나는데, 정원에 무화과나무가 한 그루도 없다니, 어떻게 된 일이지? 그리고 가운데 구덩이에는 이 어린 편도나무를 심을 거야. 이 편도나무는 백살 난 노인에게 생산의 힘을 가르쳐 줄 거야. 자 이제 다 됐다! 영감님의 작은 정원은 장차 아름다울 겁니다…. 그러면 이걸 바라보면서 저를 기억하세요."

"당신이 선생님과 함께 여기 있었으니까 그렇지 않아도 당신을 기억할 거요. 모든 것이 이 시기에 대해서 말해 줄 겁니다. 그리고 물건들을 바라보면서 나는 이렇게 말할 거예요. '선생님은 아들처럼 내 집을 정리하고자 하셨다!'고. 그렇지만… 아마 벌써 하늘에 쓰여 있을 의지와 다른 의지를 가질 수 있으면, 내게 있어서 아주 아름다운 이 시기를 기억할 필요가 없었으면 좋겠어요. 지금은 늙은 이 나무들이 어렸을 때, 그리고 나도 젊고, 내 아내도 젊고, 내 어린 딸이 여기서 놀고 있을 때… 그리고 내 딸의 고사리 같은 손이 욕심이 많았고, 또 내 아내가 나무들의 푸른 그늘에 앉아서 피륙을 짜거나 실을 잣는 것을 보는 것이 아름다웠기 때문에 사과나무와 석류나무, 무화과나무와 포도나무를 손질하는 것이 즐거웠던 시절보다도 더 아름다운 이 시절을 말입니다…. 그후… 내 딸은 떠나가서… 나를 온전히 잊었고!… 내 아내는 병이 들었다가 죽었지요…. 옛날에 그렇게 아름답던 것을 누구를 위해 뭣 때문에 돌보겠소? 그리고는 내 어린 시절을 기억하는 늙은 것 둘만 빼놓고는 모두가 죽었어요. 나는 기억할 필요가 있기 전에, 그리고 리아가 그랬던 것처럼 의로운 여인이 여기 있을 때 죽었으면 좋겠소. 당신에게는 묘목들과 일해 준 것과 모든 것에 대해서 고맙게 생각하오. 그리고 여러분 모두에게 감사하오. 그러나 늙은 요한에게 이 평화의 시간이 넘어가기 전에 이 늙은이를 이 땅에서 뽑아 주시기를 주님께 청합니다…."

예수께서는 그에게로 가까이 가셔서 어깨에 손을 얹으시고 부드러우면서도 동시에 엄하게 말씀하신다. "할아버지는 긴 일생 동안에 많은 일을 할 줄 아셨습니다. 그러나 아직 부족한 것이 하나 있습니다. 죽음이 일분도 앞당겨지거나 늦추어지기를 청하지 않고 하느님에게서 죽음의 시간을 받아들이는 일입니다. 할아버지는 아주 많은 일에 운명을 감수하셨습니다. 그렇기 때문에 하느님께서 할아버지를 사랑하십니다. 가장 어려운 일, 즉 그저 죽기만 바라는데 살아야 하는 일에도 체념을 할 줄 아십시오. 그리고 이제는 들어가십시다. 해가 서산으로 넘어가고, 추위가 이내 더해집니다. 안식일이 시작됩니다. 나중에 일을 끝내기로 합시다…." 그러시면서 톱과 삽과 망치를 주워 가지고 집 안으로 들어가신다. 그동안 다른 사람들은 자른 나뭇가지들을 묶고, 옮겨 심은 어린 나무들에 물을주고, 새 것처럼 고쳐 놓은 문을 돌쩌귀에 맞추어 단다.

227. 예수께서 음란한 사람인 가리옷의 유다를 기다리신다

노베 전체가 아직 잠들어 있다. 해의 첫번째 희미한 빛이다. 겨울의 가라앉은 희미한 빛 속에서 다가오는 새벽은 환상적인 섬세한 빛깔을 띠었다. 그것은 몹시 빨리 확실히 나타나서 연한 황금빛으로 변했다가 곧 이어 점점 더 뚜렷하게 붉은 빛으로 변하는 여름의 새벽의 은빛을 띤 푸른 빛이 아니다. 그렇지 않고, 매우 연한 회색을 띤 파란 색채가 있는 비취 빛깔이 지평선에 낮게 깔린 반원으로 동쪽에 빛이 있다는 것을 가리킨다.

희끄무레한 연기가 휘장처럼 드리운 뒤에 켜 놓은 유황의 연한 불꽃의 빛처럼 가려지고, 말하자면 몹시 피곤한 빛이다. 그리고 그 빛은 맑게 개였으면서도 아직 회색이고, 아직 세상을 내려다보는 별들이 있는 하늘 위로 길게 뻗기를 망설인다. 빛은 회색의 색조를 물리치고 그 귀중한 연한 옥빛깔과 팔레스티나의 하늘의 맑은 코발트색을 드러내기를 망서린다. 빛은 겁이 많고 조심성 있어서 동쪽의 경계에서 머뭇거리고 있는 것 같다. 빛은 아직도 그곳에서 머뭇거리고 겨우 연초록으로 희석된 유황질 빛의 반원을 느낄 수 없을 만큼 천천히 노란 기운이 약간 섞인 흰 빛깔로 팽창시키는데, 그 때 갑자기 나타난 분홍빛으로 아주 무력하게 되고 만다. 그 분홍빛깔은 하늘에서 밤의 마지막 장막을 벗기고 사파이어 빛깔 공단으로 된 닫집과 같이 분명하고 깨끗하게 만들어 놓는다. 그러니까 마치 방금 담이 무너지면서 활활 타는 불을 드러내는 것처럼 지평선 끝에 불이 붙는다.

그러나 그것은 불인가, 그렇지 않으면 감추어진 불로 비추어진 루비인가? 아니다, 그것은 떠오르는 해이다. 해가 떴다. 지평선의 곡선에서 솟아오르자마자, 해는 벌써 구름 덩어리를 분홍빛 산호빛깔로 물들이고, 상록활엽수들 꼭대기에 맺힌 이슬 방울들을 금강석으로 변하게 하였다. 마을 끝에 있는 큰 참나무는 동쪽을 향한 청동색 잎들에 금강석 베일을 썼다. 그 잎들은 꼭대기가 하늘을 찌르는 듯한 이 커다란 참나무의 가지들에서 한들거리는 밝은 별들과 같다. 아마 밤동안에 노베의 주민들에게 하늘의 비밀을 속삭여 주려고, 또는 잠이 깨어 저기 요한의 집의 옥상에서 조용히 걷고 있는 사람을 그들의 깨끗한 빛으로 위로하려고 마을 위로 너무 낮게 내려온 모양이다.

그렇다. 잠들어 있는 노베에서 예수만이 혼자 깨셔서, 추위를 막기 위하여 몸을 푹 감싸고 두건 노릇까지 하는 겉옷 속으로 팔짱을 끼시고, 작은 집의 옥상을 왔다갔다 하시기 때문이다. 옥상의 한 끝에 이르러서는 예수께서 마을가운데로 지나가는 거리를 보시기 위하여 몸을 기울이시고 바깥을 내다보신다.

거리는 아직 좀 어둡고, 텅 비었고, 조용하다. 그런 다음 예수께서는 다시 걷기 시작하여 천천히, 조용히 앞으로 가셨다 뒤로 가셨다, 앞으로 가셨다 뒤로 가셨다 하시는데, 대개는 고개를 기울이시고 생각에 잠기신 채이시고, 때로는 점점 더 밝아가는 하늘과 새벽과 이른 아침의 희미한 빛깔들을 살펴보시거나, 빛 때문에 잠이 깨서 그 놈이 들어 있는 어떤 이웃집 지붕을 떠나, 요한의 집의 오래된 사과나무 밑으로 내려와서 무엇인지 쪼아 먹고는 예수를 보고 나서 푸르륵 소리를 내며 다시 날아가는 첫번째 참새를 지켜보신다. 그 놈이 짹짹거리는 바람에 여기저기에 둥지에 들어있는 다른 새들이 잠이 깬다.

어떤 담을 두른 땅에서 양들이 매애매애하고 우는 소리가 들려 오다가 떨면서 공중으로 사라진다. 거리에서 빨리 걷는 발소리가 들려온다.

예수께서는 바라보시려고 몸을 기울인다. 그런 다음 급히 작은 층층대로 뛰어서 컴컴한 부엌으로 들어가시어 다시 문을 닫으신다.

발소리가 가까워져서 이제는 집 곁에 있는 정원 안에서 울린다. 걸음은 부엌어귀에 멎고, 손 하나가 자물쇠를 더듬어 보더니, 열쇠가 그곳에 없는 것을 알아차리고는, 안에서와 마찬가지로 밖에서도 움직일 수 있는 빗장을 움직이게 한다. 그리고 동시에 이렇게 말하는 목소리가 들린다. "누가 벌써 일어났나?" 손 하나가 삐걱 소리가 나지 않게 조심조심 문을 연다. 가리옷의 유다의 머리가 문 열린 데로

227. 예수께서 음란한 사람인 가리옷의 유다를 기다리신다

들어온다…. 그는 바라본다…. 아주 깜깜하다. 춥고, 조용하다.
 "이 사람들 문을 연 채로 두었구먼…. 그렇지만… 잠겨 있는 것 같았는데… 하긴 중요한 일이 아니야!…. 가난뱅이들의 물건은 훔치지 않는 거니까. 그런데 우리보다 더 가난한 사람들이 있어?… 이봐!… 그렇지만 계속 이러지 말기를… 바라자. 그 망할놈의 부시가 어디 있지?… 찾을 수가 없으니… 불을 켤 수 있었으면 좋겠는데… 내가 늦게 돌아왔거든. 그래 너무 늦었어…. 아니, 부시가 어디 있을까? 그걸 만지는 손이 하도 많아 놔서. 화덕 위에 있나? 아니야… 식탁 위에? 아니야… 걸상 위에? 아니야… 선반 위에?… 거기두 아니야…. 이 헐어빠진 문은 열 때는 삐걱거린단 말이야…. 벌레먹은 나무… 녹슨 돌쩌귀…. 여기는 모두가 낡고, 곰팡이가 슬고 소름끼치는 거야. 아! 불쌍한 유다! 그리고 부시도 없고… 정말 영감 방으로 들어가야겠는걸…." 말을 하면서 어두움 속에서 보이지 않게 이리 저리 더듬으며 다니는데, 소리를 낼 수 있을 장애물을 피하기 위하여 도둑이나 밤새처럼 조심한다…. 그는 어떤 몸에 부딪고 공포에 질린 소리를 지르려다가 멈칫한다.
 "두려워 말아라. 나다. 그리고 부시는 내 손에 있다. 자, 여기 있다. 불을 켜라" 하고 예수께서 조용히 말씀하신다.
 "선생님이? 깜깜하고 추운 여기서 혼자 뭘 하고 계셨습니까?…. 안식일 후이고 이틀 동안 비가 온 끝이라 오늘은 분명히 병자들이 많을 것입니다. 그러나 이렇게 일찍 오지는 않을 것입니다. 병자들은 이웃 여러 도시에서 이제야 겨우 길을 떠날 것입니다. 오늘은 비가 오지 않으리라는 것을 이제야 겨우 알게 되었을 테니까요. 밤새 분바람으로 길은 벌써 깨끗해졌습니다."
 "나도 안다, 그러나 불을 켜라. 점잖은 사람들에게는 이렇게 어두움 속에서 말하는 것이 좋지 않고, 도둑, 거짓말쟁이, 음란한 사람, 살인자들에게나 좋은 일이다. 나쁜 행동의 공범자들은 어두움을 좋아한다. 나는 아무의 공범도 아니다."
 "저도 아닙니다, 선생님. 저는 불을 활활 타게 피워 놓으려고 했습니다. 그 때문에 일찍 일어났습니다…. 선생님, 뭐라고 하셨습니까? 입 속으로 무슨 말씀을 하셨는데 알아듣지 못했습니다."

"불이나 켜라."

"아!… 이렇게 해서 저는 날씨가 좋은 것을 보았습니다. 그러나 춥습니다. 따뜻한 불을 만나면 모두 좋아할 것입니다…. 선생님은 제가 여기서 움직이는 소리를 들으시고, 또는 노인 때문에 일어나셨군요…. 노인이 아직도 아픈가요…. 자, 마침내! 부싯깃과 부시가 불똥을 내지 않으려고 할 정도로 축축한 것 같았습니다…. 이놈들은 젖었습니다."

작은 불꽃이 등잔의 심지에서 올라온다. 작은 흔들리는 불꽃이… 그러나 두 얼굴을 보는 데에는 충분하다. 창백한 그리스도의 얼굴과 유다의 태연한 갈색 얼굴을.

"이제는 불을 피우겠습니다…. 선생님은 송장처럼 창백하십니다. 주무시지 않으셨군요! 그 노인 때문에! 선생님은 너무나 착하십니다."

"사실이다. **나는 너무 착하다.** 모든 사람에게, 그런 대우를 받을 만한 자격이 없는 사람들에게까지도. 그러나 노인은 그럴 만한 자격이 있다. 정직한 분이고 충실한 마음을 가진 분이다. 그러나 노인을 위해 깨어 있는 것이 아니라, 다른 사람 때문이었다. 그렇다. 부싯깃과 부시가 젖어 있었다. 그러나 그것은 우연히 물사발이 엎어졌거나 다른 액체가 쏟아져서 그런 것이 아니라, 그 위에 내 눈물이 떨어졌기 때문이다. 사실이다. 날씨는 맑지만 춥다. 그리고 바람이 길을 말렸다. 그러나 새벽녘에 이슬이 내렸다. 내 겉옷을 만져 보아라. 이슬에 젖어 있다…. 그런 다음 새벽이 와서 맑은 날씨를 보였고, 빛이 와서 텅 빈 광장을 보여 주었고, 새벽의 해가 와서 잎들에 맺힌 이슬과 속눈썹에 맺힌 눈물을 반짝이게 했다. 사실이다. 오늘은 병자들이 많이 올 것이다. 그러나 나는 그들을 기다리고 있지는 않았다. **나는 너를 기다리고 있었다. 너를.** 내가 밤을 새운 것은 너 때문이었으니까. 너 때문에, 너를 기다리느라고 여기 들어박혀 있을 수가 없어서, 바람에 내 부르는 소리를 보내고, 별들에게 내 고통을, 새벽에게 내 눈물을 보이기 위해 옥상으로 올라갔다. 병든 노인이 아니라, 선생님을 피하는 제자, 하늘보다 하수구를, 진리보다 거짓말을 더 좋아하는 하느님의 사도가 나로 하여금 밤새껏 너를 기다리느라고 일어나 있게 한 것이다.
 그리고 네 발소리가 들렸을 때 나는 이리로 내려와서… 너를 또 기다렸다. 이제는 내 가까이에 와서 깜깜한 부엌에서 도둑과 같은 움직임으로 헤매는 네 몸이 아니라, 네 감정을… 나는 말 한 마디를 기다렸다…. 그런데 너는 네 앞에 내가 서 있는 것을 느꼈을 때 그 말을 할 줄 몰랐다. 네가 정신을 팔아 넘기고 있는 그 자가, 내가 알고 있다는 것을 네게 알리지 않더란 말이냐? 그럴 수가 없었지! 그는 네게 알려줄 수도 없었고, 네가 의인이었더라면 알 수 있는 말, 네가 **해야 하는** 오직 한 마디 말을 네게 암시할 수가 없었다. 그리고 그는 내가 요구하지 않던 거짓말을, 쓸데 없고, 네 야간 실종보다도 한층 더 모욕적인 거짓말을 네게 암시하였다. 그는 너를 한층 더 내려가게 하고 내게 다른 고통 또 하나를 준 것이 만족스러워서 비웃으면서 그 거짓말들을 네게 암시하였다. 사실이다. 많은 병자가 올 것이다. 그러나 **가장 큰 병자**는 그의 의사를 찾아오지 않을 것이다. 그래서 의사 자신이 **낫기를 원치 않는 이 병자 때문에 병자가 되었다.** 사실이다. 모든 것이 사실이다. 네가 알아듣지 못한 말을 내가 중얼거린 것도. 내가 한 말을 들은 다음에는 그 말을 짐작하겠느냐?"
 예수께서는 낮기는 하지만 몹시 날카롭고 몹시 고통스럽고, 동시에 몹시 엄한 목소리로 말씀하셨다. 그래서 처음 말씀하실 때에는 예수 아주 가까이에서 뻔뻔스럽게 똑바로 서서 실실 웃고 있던 유다가 마치 말 한 마디 한 마디가 매인 것처럼 차츰 물러가고 움츠러드는 반면 예수께서는 정말 재판관으로, 당신의 고통스러운 태도로 정말 비통하게 점점 더 몸을 일으키셨다.
 유다는 이제 빵 반죽 통과 벽 구석 사이에 끼여서 중얼거린다.
 "그렇지만… 저는 모르겠는데요…."
 "모르겠다고? 그러면 나는 참말을 하는 것을 두려워하지 않으니까 내가 말해 주마. **거짓말쟁이!** 이렇게 말했다. 그리고 어린 아이는 아직 거짓말의 결과를 알지 못하고 또 그에게는 다시는 거짓말을 하지 말라고 가르치기 때문에 거짓말 하는 어린 아이를 아직 용인하지만, 어른에게서는 그것을 용인하지 않고, 진리 자체의 제자인 사도에 있어서는 거짓말이 혐오감을 일으킨다. 전적인 혐오감을. 그렇기 때문에 나는 너를 밤새껏 기다렸고, 그렇기 때문에 부시가 있던 식탁을 적시면서 울었고, 그 다음에는 밤을 새워 내 온 마음을 기울여 별빛에 대고 너를 부르면서 울었고, 그렇기 때문에 아가의 애인처럼 이슬에 젖었다.

그러나 내 머리가 이슬에 젖은 것도 내 굽슬거리는 머리가 밤이슬 방울 투성이가 된 것도 쓸데 없는 일이고, 네 영혼의 문을 두드리면서 '비록 네가 순결하지는 않지만 너를 사랑하니, 문을 열어 다오' 하고 말해도 소용이 없다. 그리고 바로 네 영혼이 더럽혀졌기 때문에 그 안에 들어가서 깨끗하게 하기를 원하는 것이다. 바로 네 영혼이 병들었기 때문에, 나는 그 안에 들어가서 고쳐 주기를 원하는 것이다. 유다야, 조심하여라! 신랑이 떠나버리지 않을까, 그것도 영원히 떠나버려서 네가 다시는 만나지 못하게 될까봐 조심하여라…. 유다야, 말을 하지 않느냐?…"

"말을 하기에는 이제 너무 늦었습니다! 선생님이 말씀하신 것처럼 저는 선생님께 혐오감을 일으킵니다. 저를 쫓아내십시오…."

"아니다. 문둥병자들조차도 내게 혐오감을 일으키지 않는다. 오히려 그들을 불쌍히 여기고, 그들이 부르면 달려 가서 그들을 깨끗하게 해 준다. 깨끗하게 되고 싶지 않으냐?"

"너무 늦었습니다…. 그래서 쓸데 없습니다. 저는 거룩하게 될 줄을 모릅니다. 내쫓으시라니까요."

"나는 네 친구 바리사이파 사람들 중의 한 사람이 아니다. 그들은 수많은 것들을 부정하다고 부르면서, 사랑으로 그것들을 깨끗하게 할 수 있는데도 피하거나 냉정하게 내쫓거나 한다. 나는 **구세주여서 아무도 내쫓지 않는다**…."

오랜 침묵이 계속된다. 유다는 그가 있는 구석에 그대로 있고, 예수께서는 식탁에 등을 기대고 계신데, 피로하고 괴로워하시며 식탁 덕택으로 지탱하고 계신 것 같다…. 유다가 머리를 든다. 예수를 주저하면서 바라보고 중얼거린다.

"그런데 제가 선생님을 떠나면 어떻게 하시겠습니까?"

"아무렇게 하지 않겠다. 너를 위해 기도하면서 네 의사를 존중할 것이다. 그러나 이번에는 내가 네게 말한다마는 네가 나를 떠난다 하더라도 **이제는** 너무 늦었다."

"무엇 때문에요, 선생님?"

"무엇 때문에? 너도 나처럼 그것을 알고 있다…. 이제는 불이나 피워라. 저 위에서 사람들이 걸어 다닌다. 빈축을 살 만한 일을 여기서 우리끼리 적당히 수습하자. **모두에게는 우리가 잠이 일찍 깼고… 몸을 덥게 하고 싶어서 모였었다고 하자…. 아버지!….**"

그리고 유다가 벌써 화덕에 넣은 나뭇가지에 불꽃을 가까이 갖다 대고 나뭇개비에 불을 붙이려고 불고 있는 동안, 예수께서는 두 손을 머리 위로 치켜 드셨다가, 두 손으로 눈을 꼭 누르신다….

228. 예수와 발레리아. 노베의 어린 레위의 기적

 예수께서 팔레스티나의 많은 곳에서 온 병자나 순례자들 가운데 계신다. 바다의 사고로 인하여 마비된 따로의 뱃사람까지 있는데, 그 사람은 자기의 불운을 이야기 한다. 배가 좌우로 흔들리는 바람에 무거운 짐이 떨어졌는데, 무거운 상품들이 그의 몸을 덮쳐서 척추를 상하게 하였다는 것이다. 그는 죽지는 않았지만, 그가 그 지경으로 회복의 가망이 없게 되어서 부모가 그를 간호하기 위하여 일을 놓을 수밖에 없기 때문에 그에게는 죽은 것보다도 더 못하다는 것이다. 그는 부모와 함께 가파르나움으로 갔고, 그 다음에는 나자렛으로 갔다고 한다. 거기서 예수께서 유다에 가 계시고 마침 예루살렘에 계시다는 말을 성모님에게 들어서 알았다고 한다.
 "어머님은 선생님께 숙소를 제공할 수 있는 친구들의 이름을 제게 가르쳐 주셨는데, 세포리스의 갈릴래아 사람이 선생님이 여기 계시다는 말을 해 주었습니다. 그래서 왔습니다. 저는 선생님이 아무도 업신여기지 않으신다는 것을, 사마리아 사람들까지도 업신여기지 않으신다는 것을 압니다. 그래서 제 청을 들어 주시리라고 생각합니다. 저는 많은 믿음을 가지고 있습니다." 그의 아내는 말을 하지 않고 병자가 누워 있는 병상 곁에 쭈그리고 앉아 있으면서 그 어떤 말보다도 더 애원하는 눈으로 예수를 쳐다보고 있다.
 "어디를 다쳤소?"
 "목 아랫쪽입니다. 바로 거기에 충격을 받았고, 제 머리 속에서는 청동을 두드리는 소리가 들렸습니다. 그런 다음 충격에 뒤이어 폭풍우가 휘몰아치는 바다의 으르렁거리는 소리가 계속 들렸고, 빛들이, 가지각색 빛들이 제 앞에서 춤추기 시작했습니다… 그런 다음 저는 여러 날 동안 아무 감각도 없었습니다. 우리들은 친티움의 바다를 항해하고 있었는데, 저는 집으로 왔지만, 어떻게 돌아왔는지는 모릅니다. 그리고 여러 날 동안 머리 속에는 바다의 으르렁거리는 소리가 다시 들렸고, 눈에는 빛들이 다시 보였습니다. 그런 다음 그것은 없어졌습니다…. 그러나 팔이 죽어 있었고, 다리도 마찬가지였습니다. 40세에 끝장이 난 남자, 그런데 저는 자녀가 일곱 명이 있습니다, 주님."

"아주머니, 남편을 들어올리고 타격을 입은 자리를 드러내 보이시오."

여인은 말없이 순종한다. 오빠인지 시아주버니인지는 알 수 없지만 그 여자와 같이 온 남자의 도움을 받으며, 능란하고 어머니다운 움직임으로 한 팔은 남편의 밑으로 넣고, 다른 손으로는 머리를 받치며, 갓난 아기를 돌려 누이는 것같이 조심스럽게 무거운 몸을 자리에서 일으킨다. 아직도 붉은 흉터가 주요한 충격의 자리를 알린다.

예수께서 몸을 굽히신다. 모든 사람이 보려고 목을 늘인다. 예수께서는 손가락 끝으로 흉터를 누르시면서 말씀하신다. "나는 원한다!"

그 남자는 그의 몸에 전류가 흐르는 듯이 몸이 흔들리며 소리를 지른다. "아이고 뜨거워!"

예수께서는 손가락을 상처 입은 척추에서 떼시고 말씀하신다. "일어나시오!"

그 남자는 즉시 말을 듣는다. 여러 달째 꼼짝 못하는 팔로 병상을 짚고, 그를 부축하고 있는 사람들에게서 빠져 나오려고 몸을 흔들고, 들것 아래로 발을 내리고, 일어서고 하는 것이 내가 기적의 과정을 설명하기 위하여 쓴 시간보다도 훨씬 더 짧은 시간에 이루어졌다.

여자가 외치고, 친척이 소리를 지르고, 고쳐진 사람은 기쁨으로 인하여 말을 못하는 채 팔을 하늘로 올린다. 깜짝 놀란 기쁨의 순간이 지난 다음, 그 사람은 빙 돌아 가장 날쌘 사람과 같이 민첩하게 예수 앞에 와 선다. 그 때에야 그는 목소리를 다시 찾아 외친다. "선생님과 선생님을 보내신 분은 찬미 받으십시오! 저는 이스라엘의 하느님을 믿고, 하느님의 메시아이신 선생님을 믿습니다." 그러면서 그 사람은 땅에 엎드려 예수의 발에 입맞춤 한다. 그동안 사람들은 환성을 올린다.

그리고는 대부분 어린이와 여자와 늙은이들에 대한 기적이다. 그런 다음 예수께서 말씀하신다.

"여러분은 부러졌던 뼈가 다시 단단해지고, 죽었던 팔다리가 다시 살아나는 것을 보셨습니다. 이것은 믿음을 가진 사람들에게는 믿음을 튼튼하게 하고, 믿음이 없는 사람들에게는 믿음을 일으키기 위하여 주님이 여러분에게 주신 것입니다. 그리고 기적은 내 치유의 능력에 대한 믿음에 끌려 건강을 찾아 이곳에 온 모든 곳의 사람들에게 베풀어졌습니다.

여기에는 유다인들과 갈릴래아 사람들, 레바논 사람들과 시로―페니키아 사람들, 멀리 떨어진 바타네아와 해안지방 주민들도 있습니다. 그리고 이분들은 모두 계절이 나쁘고 길이 먼 것은 걱정하지 않고 왔고, 부모는 일이 중단되고 장사를 그만두어야 하는 것을 원망하지 않고 불평하지 않고 이들을 데리고 왔습니다. 그것은 어떤 희생도 그들이 얻으려고 하는 것과 비교하면 아무 것도 아니기 때문이었습니다. 그리고 건강과 위안을 원하고 바라기 위하여, 사람의 이기주의와 망설임이 사라진 것과 같이, 마찬가지로 자기들이 모두 형제이고 삶과 고통에 있어서는 모두가 동등하다고 생각하는 것을 막는 일종의 벽을 만드는 정치적이거나 종교적인 사상도 사라졌습니다.

그리고 나는 벌써 믿음이 되는 바람으로 일치할 줄을 안 모든이에게 건강과 위안을 주었습니다. 그렇게 하는 것이 올바른 일이었기 때문입니다.

나는 모든 양의 목자입니다. 그래서 내 양떼에 들어오기를 원하는 모든 양을 받아들여야 합니다. 나는 건강한 양들과 병든 양들, 약한 양들과 튼튼한 양들, 벌써 하느님의 양떼 안에 있었기 때문에 나를 아는 양들과 지금까지 나를 알지 못하고 참 하느님조차도 알지 못하던 양들을 구별하지 않습니다. 그것은 내가 온 인류의 목자여서 양들에 있으면서 내게로 향해 오는 모든 장소에서 내 양들을 받아들이기 때문입니다. 그들을 사랑하지 않고, 그들을 부정하다고 말하면서 물리친 목자들에게 매를 맞은 야위고, 더럽고, 천해지고, 무식한 양들입니까? 깨끗해질 수 없는 부정은 없습니다. 그리고 깨끗해지기를 원하고 깨끗해지기 위하여 도움을 청하는데, 부정하다는 핑계로 배척을 받을 수 있는 부정도 없습니다.

착한 소원은 하느님께서 일으켜 주시는 것입니다. 하느님께서 그런 소원들을 일으키시는 것은 그 소원들이 실현되기를 원하신다는 표입니다. 같은 하느님의 성령께서 이루 말할 수 없는 기도로 사랑의 부탁에 따라서 모든 사람을 흡수하기를 청하십니다. 하느님의 성령께서는 퍼지고 부유하게 되기를 원하시기 때문입니다. 당신의 무한한 사랑을 만족시킬까 말까 한 무수한 사람들을 사랑하시는 것으로 퍼지고, 당신의 달콤한 향기로 당신에게로 끌려오는 무수한 사람들의 사랑으로 부유해지기를 원하시는 것입니다. 그러므로 거룩한 양떼 안으로 들어오기를 원하는 사람을 업신여기고 물리치는 일은 아무에게도 용납되지 않습니다.

이 말은 여러분 중에서 이스라엘의 대부분의 사람의 사상, 즉 하느님께 사랑을 받지 못하는 차별과 판단의 사상을 마음 속에 품고 있을지도 모르는 사람들을 위해서 하는 말입니다. 이 사상은 모든 민족을 당신께서 보내신 메시아의 이름을 가진 오직 하나의 민족을 만들고자 하시는 하느님의 의도에 반대되는 것이기 때문입니다.

그러나 지금 나는 밖에서 온 모든 양들, 즉 지금까지는 야생양으로 있었지만 오직 한 사람인 목자의 오직 하나뿐인 양떼에 들어오기를 원하는 양들에게도 말합니다. 그런데 내 말은 이렇습니다. 아무 것도 그들을 낙담시켜서는 안 되고, 아무 것도 그들을 비천하게 해서는 안 된다는 것입니다. 정신이 새 씨앗을 받고 새 옷을 입을 수 있기 위하여 어떤 잡초에서도 해방되어 다시 새로워지도록 허락하기 위하여 버리고 배척할 수 없을 이교도 없고, 우상숭배도 없으며, 내가 가르치는 것과 다른 생활도 없습니다.

그리고 이것이야말로 팔다리의 건강보다도 한층 더 민족들을 내게로 이끌어와야 할 것입니다. 이와 같이 ㅡ그리고 이것은 팔레스티나의 히브리인들에게나 디아스포라의 히브리인들과 개종자들에게나 이방인들에게나 모두 소용되는 말입니다만ㅡ 여러분의 병든 육체에서 병약이라는 멍에가 벗겨지게 하려고 내게 올 줄 아는 것과 같이 여러분의 정신에서 죄나 이교의 멍에가 벗겨지도록 하기 위하여 내게로 올 줄을 아시오. 여러분은 모두 제일 먼저 여러분의 정신이 그것을 지배하는 악한 힘의 노예가 되게 하는 것에서 해방되기를 내게 청하고 힘을 다해 원해야 할 것입니다. 여러분은 우선 이 해방을 원하고, 여러분 안에 하느님의 나라가 이르는 것을 첫째 기적으로 원해야 할 것입니다. 하느님의 나라가 여러분 안에 오기만 하면, 다른 것은 무엇이든지 여러분에게 주어질 것이고, 또 그 선물이 저 세상에서 벌처럼 괴롭게 느껴지지 않도록 주어질 것입니다.

팔다리는 오늘 고쳐진다 하더라도 가까운 장래에 육체의 죽음으로 죽을 터인데도, 여러분은 그 팔다리의 건강을 얻기 위하여 일기불순과 피로와 돈을 생각하지 않았습니다. 여러분은 같은 마음으로 정신의 건강과 영원한 생명과 하느님의 나라를 차지하는 것을 얻기 위하여 모든 것을 무릅쓸 줄 알아야 할 것입니다. 부모나 동향인이나 권력의 업신여김이나 위협은 여러분 모두가 진리와 생명으로 올 줄 알면, 여러분이 어떤 곳에서 오던지 받게 될 것과 비교하면 무엇입니까? 해가 지면 끝날 즐거움에 하루를 남아 있기 위해서 행복한 생활이 그를 기다리고 있다는 것을 아는 곳으로 가기를 망설일 사람이 누구이겠습니까? 그렇지만 그렇게 하는 사람이 많습니다. 세상의 재미없고 무익한 기쁨을 잠깐 동안 실컷 누리기 위하여, 그들은 참된 음식과 참된 기쁨을, 그것도 적의 증오로 인하여 빼앗기게 될 염려가 없이, 영원히 가질 곳으로 달려 가기를 피하는 것입니다.

하느님의 나라에는 증오도 없고 전쟁도 없고 불의도 없습니다. 그곳으로 들어갈 줄 아는 사람은 고통과 불안과 굴욕을 겪지 않고, 내 아버지에게서 나오는 기쁜 평화를 차지합니다.

여러분을 돌려보내겠습니다. 가시오. 여러분의 마을로 돌아가시오. 이제는 내 제자들이 많아졌고, 팔레스티나의 모든 지방에 퍼져 있습니다. 내 가르침을 알고 싶고, 많은 사람의 영원한 생명이 거기 달리게 될 결정의 날을 위하여 준비되어 있기를 원하면 그들의 말을 들으시오. 내 평화가 여러분과 같이 가도록 내 평화를 여러분께 줍니다."

그리고 예수께서는 군중에게 강복하신 다음 집 안으로 들어가신다…. 사도들은 아직 얼마 동안 밖에 그대로 있다가, 중천에 높이 떠 있는 해가 오정이 되었음을 알리기 때문에 식사를 하려고 들어온다. 그들은 치즈와 삶아서 기름으로 조미한 풀상치로 된 음식을 먹기 위하여 촌스러운 식탁에 앉는다. 그리고 음식의 강복이 있은 다음 아침나절에 일어난 일들을 이야기 한다. 그들은 선생님이 이제는 지금과 같이 피로한 상태에서 계속 말씀하시는 피로를 더시게 될 만큼 복음을 전하는 제자들의 수가 많아진 것을 기뻐한다.

과연 예수께서는 요즈음 한층 더 야위셨다. 원래는 짙은 흰 상아색이고, 뺨위쪽 갈색 살갗 밑에 약간 분홍빛을 띠기만 하던 살빛이 이제는 완전히 희어서 신선함을 잃은 목련 꽃잎과 비슷하다. 밀라노에 오래 살아서 찬란한 대성당 건축에 쓰인 깐돌리아의 대리석의 섬세한 빛깔을 아는 나에게는 지상에서 살으신 생애의 이 고통스러운 마지막 몇 달 동안의 주님의 얼굴은, 정말 희지도 않고 분홍빛도 아니고 노란빛도 아니고, 이 세 가지 빛깔의 가장 미묘한 뉘앙스로 상기시켜 주는 대리석 빛깔처럼 보인다. 눈은 더 깊숙하고, 그러니까 더 어두워 보이고, 아마 피로의 그림자가 눈꺼풀과 눈구멍을 가리는지도 모르겠다. 잠을 별로 자지 못하고, 많이 울고 괴로워하는 사람의 눈이다.

그리고 손은 야위고 창백해졌기 때문에 더 길어 보인다. 벌써 두드러진 힘줄과 정맥이 보이고, 너무 야위어서 오목한 데가 있고, 그 밑으로는 아래에 있는 뼈가 비쳐 보이는 내 주님의 부드러운 손, 그것을 꿰뚫을 못을 받을 준비를 벌써 갖추고 있고, 내 주님의 고행자로서의 손에는 지방이 가려져 있지 않기 때문에 사형 집행인들이 못을 박을 자리를 찾기가 쉬울 학대받는 거룩한 손이다. 지금은 그 손이 지쳐서 그런 것처럼 식탁의 우중충한 나무 위에 힘없이 놓여 있는데, 예수께서는 당신의 사도들에게 애써 미소를 보이시며 머리를 흔드신다. 사도들은 예수의 팔다리와 목소리가 극도로 피로하였음을 알아차리고, 특히 서로 다른 그 많은 마음을 일치시켜야 하고, 고치기 어려운 제자의 불명예를 숨겨 두어야 하는 노력으로 인하여 너무 고민하고 너무 지친 선생님의 마음이 극도로 피로하였음을 알아차린다….

베드로가 선언한다. "선생님은 성전 봉헌 명절까지는 절대로 쉬셔야 합니다. 찾아오는 사람들에 대해서는 저희가 유념하겠습니다. 선생님은 가십시오…. 그렇구 말구요! 토마의 집으로 가세요. 선생님은 아주 가까이 계시고 평안히 계실 것입니다."

토마가 베드로의 제안을 지지한다. 그러나 예수께서는 머리를 흔드신다. 아니다. 예수께서는 그리로 가기를 원치 않으신다.

"그러면 요 며칠 동안은 말씀을 하지 마십시오. 저희들이 그렇게 할 수 있습니다. 고상한 말들은 아닐 것입니다. 저희들은 그저 저희가 아닌 것이나 말할 것입니다. 선생님은 병자들만 돌보십시오."

"그것은 우리도 할 수 있어" 하고 가리옷의 유다가 말한다.

"흠! 난 그거 포기하네" 하고 베드로가 말한다.

"그렇지만 자네도 벌써 그 일을 했는데."

"암, 했지. 선생님이 우리와 함께 계시지 않고, 우리가 선생님을 대표하고 선생님을 사랑하게 해야 할 때는 말이야. 그러나 지금은 선생님이 여기 계시니까, 기적을 행하는 것은 선생님이셔. 선생님만이 기적을 행할 자격을 가지고 계시단 말이야. 기적을 우리가! 아니 그보다도 우리의 쇄신의 기적을 우리가 받을 필요가 있네. 우리 힘으로는 절대로 좋은 일을 아무 것도 하지 못하리라는 것을 나는 알아차리니까 말일세. 우리는 하찮은 인간이고, 죄인이고, 무식쟁이란 말이야."

"제발 자네에 대해서나 말하게. 나는 조금도 하찮은 인간이라고 느끼질 않네" 하고 가리옷의 유다가 대꾸한다.

"선생님은 지치셨네. 선생님의 피로는 육체적이기 보다는 정신적이야. 우리가 선생님을 사랑하는 것이 사실이라면, 말다툼을 그만두세. 이것이 선생님을 가장 지치시게 하는 걸세" 하고 열성당원이 엄하게 말한다.

예수께서 눈을 들어 항상 매우 현명한 나이든 사도를 바라보신다. 그리고 식탁 위로 그에게 손을 내밀어 쓰다듬으신다. 열성당원은 그의 갈색 손으로 이 흰 손을 잡고 입맞춤 한다.

"자네 말이 옳으네. 그러나 선생님이 절대로 쉬셔야 한다고 내가 말하는 것도 옳은 말이야. 선생님은 병자 같으셔!…" 하고 베드로가 역설한다.

모두가 찬성한다. 늙은 요한과 엘리사까지도. 엘리사는 말한다.

"나는 오래 전부터 그 말을 했어요. 그 때문에 나는…."

문 두드리는 소리가 들린다.

문에서 제일 가까운 데에 있는 안드레아가 문을 열고 나가서 문을 다시 닫는다.

안드레아가 다시 들어온다. "선생님, 어떤 여자가 있는데, 선생님을 뵙겠다고 간청합니다. 계집 아이를 하나 데리고 있습니다. 옷은 수수하게 입었지만 높은 신분의 여자 같습니다. 그 여자도 딸도 병자 같지는 않습니다. 그러나 왜 그 여자가 그렇게 두꺼운 베일을 쓰고 있는지 모르겠습니다. 계집 아이는 눈부신 꽃들을 안고 있습니다."

"돌려보내라. 우리는 선생님이 쉬셔야 한다고 말하고 있는 중이었는데, 너는 선생님께 식사를 마치실 시간도 드리지 않는구나!" 하고 베드로가 불평한다.

"그 말을 했어. 그렇지만 그 여자는 선생님을 피로하게 하지 않을 것이고, 선생님이 그 여자를 보시면 분명히 기뻐하실 거라고 대답했어."

"내일 모든 사람이 오는 시간에 오라고 말해라. 이제는 선생님 쉬실 참이다."

"안드레아야, 그 여자를 이층 방으로 데리고 가라. 곧 가마" 하고 예수께서 말씀하신다.

"자 봐! 내 그럴 줄 알았어! 선생님은 이렇게 당신 몸을 아끼신단 말이야! 우리가 하시라고 청하는 꼭 그대로 하신단 말이야!" 베드로는 화가 났다.

예수께서는 일어나신다. 그리고 나가시기 전에 베드로 뒤로 지나가시면서 양손을 그의 어깨에 얹으시고, 몸을 약간 굽히시고 그의 머리카락에 입맞춤을 하시며 말씀하신다. "됐다, 시몬아! 나를 사랑하는 사람은 침대에서 쉬는 것 보다도 내 피로를 더 덜어 준다."

"그 여자가 선생님을 사랑하는 사람인지 아십니까?"

"오! 시몬아! 불안으로 인해서 너는 그 말이 어리석은 말이라는 것을 깨닫기 때문에 벌써 후회한 말을 하게 되었구나! 됐다! 됐어! 죄없는 계집 아이를 데리고 온 여자, 꽃을 잔뜩 안은 죄없는 자기 딸을 데리고 온 여자는 나를 사랑하는 여자일 수밖에 없고, 이렇게도 많은 증오와 더러움 가운데에서 사랑과 깨끗함을 조금 얻어만날 내 필요를 보는 여자일 수밖에 없다." 그런 다음 옥상으로 올라가는 층계를 올라가시는데, 안드레아는 그의 임무를 마치고 부엌으로 돌아온다.

여인은 위층방 문 앞에 있다. 두꺼운 회색 겉옷을 입고, 머리에 쓴 두건에서 얼굴 둘레에 내려오는 상아색 비단으로 얼굴을 가린 키가 크고 날씬한 여자이다. 기껏해야 세 살이나 되었을까 말까 하기 때문에 아직 어린 계집 아이는 흰 모직으로 된 작은 옷을 입고, 두건이 달린 역시 흰 빛깔의 망또를 입었다. 그러나 어린 아이가 품에 꼭 껴안고 있는 꽃에서 드러나는 작은 얼굴을 들어 여인을 쳐다보기 때문에 두건이 우아한 엷은 밤색의 곱슬한 머리 뒤로 미끄러져 내려갔다. 추운 12월에는 이 나라들에서만 만날 수 있는 찬란한 꽃들이다. 살색 장미꽃들이 내가 알지 못하는 우아한 흰 꽃들과 섞여 있다. 나는 화초 재배에는 별로 능력이 없다.

예수께서는 옥상에 발을 들여놓으시자마자 여인의 부추김으로 당신께로 마주 달려오는 어린 아이의 작은 목소리로 "아베, 도미네 예수!"* 하고 인사하는 소리를 들으신다.

예수께서는 그 큰 키를 꼬마 신봉자에게로 굽히시고 그의 머리에 한 손을 얹으시며 "평화가 너와 함께 있기를" 하고 말씀하신다. 그런 다음 몸을 일으키시고, 기쁘게 종알거리며 여인에게로 돌아가는 계집 아이를 따라 가신다. 여인은 선생님을 지나가시게 하기 위하여 문 앞에서 비켜나면서 몸을 깊이 숙였다.

예수께서는 고개를 끄덕여 인사를 하시고, 방으로 들어가 제일 먼저 만나시는 의자에 앉으셔서, 기다리시는 것처럼 말씀을 하지 않으신다. 예수께서는 매우 **왕**다우시다. 등받침도 없는 초라한 나무 의자에 앉으셨지만, 품위가 얼마나 엄숙한지 옥좌에 앉아 계신 것 같다. 겉옷을 입지 않으시고, 비와 햇볕과 먼지와 땀이 빛깔을 침식한 어깨에는 빛이 좀 바랜 매우 짙은 파란색 모직옷만을, 깨끗하지만 초라한 옷만을 입고 계시지마는, 태도가 어떻게나 위엄이 있는지 주홍빛 옷을 입으신 것 같다. 목위에 매우 꼿꼿이 세운 머리는 거의 엄숙할 정도이고, 손은 손바닥을 펴신 채 무릎에 올려놓으시고, 맨발은

---

* **역주** : "Ave, Domine Jesu!"(예수님, 안녕하세요?)라는 라틴어 인사.

228. 예수와 발레리아. 노베의 어린 레위의 기적

아무 것도 깔지 않은 오래된 벽돌 바닥을 딛고 계시고, 배경으로는 아무 장식도 없고 겨우 회로 희게 바른 벽에, 예수의 머리 뒤에는 천이나 닫집이 늘어져 있지 않고, 밀가루를 치는 체와 마늘과 파 뭉치가 매달려 있는 밧줄이 걸려 있는데, 발 아래 값진 포석(鋪石)이 깔려있고, 예수 뒤에는 금으로 된 벽이 있고, 머리 위에는 보석으로 꾸며진 주홍색 포장이 늘어져 있는 것보다도 더 위엄이 있다.

예수께서 기다리신다. 예수의 위엄은 몹시 놀란 존경으로 여인을 움직이지 못하게 만든다. 계집 아이도 말이 없이, 아마 조금 무서워 하며 여인 곁에 꼼짝 하지 않고 있다. 그러나 예수께서 미소를 지으시며 말씀하신다. "나는 당신들을 위해 여기 왔소. 두려워 마시오."

그러니까 일체의 두려움이 사라진다. 여인이 계집 아이에게 무슨 말인지 속삭이니, 계집 아이는 여인의 앞장을 서서 예수의 무릎 앞으로 다가가서 예수의 무릎 위에 꽃을 전부 내려놓으면서 말한다. "저를 살려 주신 분에게 파우스띠나가 드리는 장미꽃이예요." 계집 아이는 그 말을 마치 모국어가 아닌 외국 말을 알지 못하는 사람처럼 천천히 말한다. 그러는 동안 여인은 베일을 뒤로 젖히고 계집 아이 뒤에 무릎을 꿇었다. 그 여자는 계집 아이의 어머니 발레리아이다. 발레리아는 로마식으로 예수께 인사한다. "선생님, 안녕하십니까?"

"부인, 하느님께서 당신께 오시기를 바랍니다. 어떻게 여길 오셨습니까? 또 이렇게 혼자서?" 하고 예수께서는 계집 아이를 쓰다듬어 주시면서 말씀하신다. 계집 아이는 이제는 겁이 없어져서, 예수의 무릎에 꽃을 갖다 놓은 것으로 만족하지 않고, 향기가 나는 꽃다발에서 제딴에는 가장 아름답다고 생각되는 꽃들을 고사리 같은 손으로 찾으면서 말한다. "받으세요! 받으세요! 이건 선생님 거예요. 아세요?" 그러면서 혹은 장미꽃 한 송이를, 혹은 향기나는 작은 별모양의 술이 있는 넓은 흰 꽃 한 송이를 예수의 얼굴 가까이로 올린다. 예수께서는 그것들을 받아 향기나는 꽃다발 위에 얹으신다.

그 동안 발레리아가 말한다. "제 딸이 좀 병이 들고 저희 의사가 권고했기 때문에 저는 티베리아에 갔었습니다…."

발레리아는 오랫동안 말을 끊고 얼굴빛이 변하더니 말을 빨리 한다. "그런데 저는 마음에 아주 큰 고통이 있어서 선생님을 뵙기를 갈망했습니다. 제 고통에 대해서는 오직 의사 한분만이 치료방법을 찾아내실 수 있으니까요. 그 의사란 모든 일에 정의의 말씀을 가지고 계신 선생님이십니다…. 그러니까 저는 어떻든 왔을 것입니다. 선생님의 격려를 얻는다는 이기심으로도 그렇고, 제가 어떻게 해야 할지를 알기 위해서도요…. 그렇습니다. 제 아이를 가질 수 있게 해 주신 선생님과 선생님의 하느님에 대한 제 감사하는 마음을 보여 드리기 위해서도….

그러나 선생님, 저희들은 아주 많은 것을 알고 있습니다. 식민지의 아주 작은 사건에 대한 보고까지도 날마다 본시오 빌라도의 책상에 놓입니다. 빌라도는 그것들을 읽어봅니다. 그러나 그 문제들에 대해서 결정을 내리기 위해서는 끌라우디아에게 맡기는 일이 많습니다 …. 많은 보고에 선생님과 나라 안에서 계속 소란을 일으키는 히브리인들에 대한 말이 많이 있는데, 선생님을 민족 각성의 깃발과 동시에 시민들의 증오의 동기로 묘사합니다. 끌라우디아가 팔레스티나 전체에서 빌라도에게 불행의 원인이 될까봐 걱정할 필요가 없는 사람은 오직 한 사람, 즉 선생님뿐이라고 남편에게 말할 때에 끌라우디아는 정확히 본 것입니다. 그리고 빌라도는 날마다 끌라우디아의 말을 듣습니다…. 지금까지는 가장 강한 사람이 끌라우디아입니다. 그러나 만일 내일 다른 세력이 빌라도를 지배하면… 그래서 저는 죄 없는 제 어린 딸이 선생님을 위로해 드리리라는 것을 알았고 또 느꼈습니다…."

"부인은 동정심 가득하고 견식 있는 마음을 가지셨습니다. 하느님께서 이제와 또 항상 부인을 온전히 비추시고, 따님을 지켜 주시기를 바랍니다."

"고맙습니다, 주님. 저는 하느님이 필요합니다…." 발레리아의 눈에서 눈물이 떨어진다.

"그렇습니다. 부인에게는 하느님이 필요합니다. 하느님에게서 부인은 어떤 위안이든지 다 받을 것이고, 올바르게 판단하고 용서하고 아직도 사랑하는 데 있어서, 특히 이 어린 딸이 참 하느님의 자녀들의 행복한 생명을 가지도록 교육하는 데 있어서 인도자를 만나시게 될 것입니다.

　보세요. 부인이 알지 못하시던 하느님, 부인이 당신네들의 신들과 당신네들의 종교적 규범과 의례(儀禮)와 전혀 다른 그분과 그분의 율법을 비웃었을지도 모르는 하느님, 아직 가벼울지도 모르지만 덕행을 더 심하게 어기고 당신을 창조하신 신께 죄를 짓도록 이끌어가는 많은 일에서 덕행이 존중되지 않는 생활 방식으로 틀림없이 모욕을 했을 하느님, 그 하느님께서 부인을 너무나 사랑하셔서 어머니로서의 부인의 인간성으로, 즉 내세를 알지 못하고, 따라서 자기 혈육의 육체의 이별의 성격이 일시적이라는 것을 알지 못하는 어머니로서의 인간성으로 느낀 고통으로 인하여 부인을 내게로 데려 오셨습니다.

　하느님께서 부인을 너무나 사랑하셔서, 임종의 고통 속에서 벌써 싸늘하게 식어가는 부인의 어린 아이의 육체를 보면서, 말하자면 부인이 임종의 고통을 느끼고 있던 가이사리아로 나를 인도하실 정도였습니다. 하느님께서 부인을 지극히 사랑하셔서 부인이 참 하느님의 인자와 능력을 항상 정신에 새겨 가지고 있고, 부인이 이교적인 방종에 대한 억제력과 기혼녀로서의 모든 고통에 위안을 얻도록 그 아이를 부인에게 돌려주기까지 하셨습니다. 하느님께서는 부인을 하도 사랑하셔서 또 다른 고통으로 부인 안에 길과 진리와 생명에 와서 부인의 딸과 더불어 거기에 자리잡아, **따님만이라도** 어려서부터 세상의 보잘 것 없는 세월에 위안과 평화, 구원과 빛이 되는 것을 차지하고, 부인을 자신의 가장 훌륭한 부분과 감정적인 부분에서 괴롭히는 모든 것에서 보호되도록 하셨습니다. 가장 훌륭한 부분이란 그것이 살 수밖에 없는 어두운 진흙을 견디어내지 못하는 본능적으로 착한 부분을 말하는 것이고, 감정적인 부분이란 그 착함에 있어서 무질서한 부분을 말하는 것입니다.

　부인은 부인의 애정에 있어서 이교적입니다. 그것은 부인의 탓은 아닙니다. 부인이 살고 있는 세기와 부인이 자란 이교도국의 탓입니다. 한 종교에서 사는 사람만이 애정에 그 가치와 알맞은 정도와 올바른 표현을 줄줄 압니다. 영원한 생명을 알지 못하는 어머니인 부인은 어린 것을 무질서하게 사랑하셨습니다. 그래서 아이가 죽어 가는 것을 보고, 갑자기 오려고 하는 죽음으로 미치다시피 되어 그 잃음에 대해 절망적으로 반항했습니다. 자기에게 가장 소중한 사람이 미치광이에게 붙잡혀, 떨어지기만 하면 다시는 돌아오지 못할 심연 위에, 그의 사랑의 입맞춤을 받을 차디찬 시체로도 돌아올 수 없을 심연 위에 매달려 있는 것을 보는 사람과 같이, 부인은 따님 파우스따가 벌써 허무의 심연 위에 매달려 있는 것을 보는 것이었습니다 …. 딸을 잃게 될 가엾은 어머니! 육체로도 정신적으로도 가지고 있지 못하게 될 딸, 허무, 영의 생명을 믿지 않는 사람들에게는 죽음은 끝장, 가혹한 끝장입니다.

사랑하고 충실한 이교도 아내인 부인은 남편을 지상의 신처럼 육체적인 사랑으로 사랑했습니다. 남편은 동등한 부인의 품위를 노예의 지위로 떨어뜨리며 부인에게서 숭배를 받는 부인의 아름다운 신이 되었습니다. 아내는 남편에게 겸손하고 충실하고 정숙하게 복종해야 합니다. 그것은 맞습니다. 남자인 남편은 가장입니다. 그러나 가장이라는 것이 횡포한 사람이라는 뜻은 아닙니다. 가장이란 아내의 육체뿐 아니라 가장 훌륭한 부분에까지 어떤 변덕스러운 짓을 해도 되는 제멋대로인 주인이라는 뜻은 아닙니다. 당신네들은 이렇게 말합니다. '까이우스, 당신이 있는 곳에는 까이아 저도 있어요' 하고. 방종이 당신네 신들의 이야기에까지 있는 곳의 불쌍한 여인들, 당신들 중에서 과도하게 음란하지 않은 여자들은 어떻게 그들의 남편들이 있는 곳에 있을 수가 있겠습니까? 방탕하지 않고 타락하지 않은 여자가 자기가 신처럼 숭배하던 남편이 짐승 같은 동물성에 지배되고, 추잡스럽고, 간통하고, 정신이 산만하고, 무관심하고, 아내의 감정과 품위는 아랑곳하지 않는 비열한 인간이라는 것을 알게 되면, 그에게서 혐오감을 가지고 떨어져 나가고, 그 때까지 신처럼 생각하던 남편에 대하여 심금이 끊어지는 것과 같은 정말 지독한 고통과 공포를 느끼고 모든 숭배가 무너져 내리는 것을 느끼게 될 것은 필연적인 일입니다.

울지 마시오. 나는 다 압니다. 백부장들의 보고를 볼 필요도 없이 다 압니다. 부인, 울지 마시오. 오히려 남편을 **질서 있게 사랑하도록** 배우시오."

"이제는 남편을 사랑할 수가 없게 되었습니다. 남편은 사랑을 받을 자격을 잃었습니다. 저는 남편을 업신여깁니다. 저는 남편을 본받는 것으로 저 자신의 품위를 떨어뜨리지 않겠습니다. 그러나 이제는 남편을 사랑할 수 없습니다. 저희들 사이는 모든 것이 끝났습니다. 저는 남편이 떠나는 것을… 붙잡으려고 애쓰지 않고… 가게 내버려 두었습니다…. 사실은 남편이 멀리 간 데 대해 마지막으로 그에게 고맙게 생각합니다…. 저는 남편을 다시 찾지 않겠습니다. 그뿐 아니라, 도대체 남편이 언제 제게 동반자 노릇을 했습니까? 제 숭배의 눈가리개가 벗겨지고 나니까 이제는 그의 행동이 기억나고 판단하게 됩니다. 제가 갓 시집오고 산월이 가까웠을 때 어머니와 고향을 떠나 남편을 따라 이곳에 와야 하는 것 때문에 울 때에 혹 남편이 저와 같은 마음을 가지고 있었습니까? 그는 친구들과 같이 제 눈물과 구역질을 어리석게 비웃으면서, 제 옷을 더럽히지 말라고만 주의를 주었습니다. 낯설은 곳에서 향수에 젖어 있을 때 혹 제 곁에 있어 주었습니까? 아닙니다. 제 몸의 상태로 인해서 갈 수가 없는 밖의 연회에 가는 것이었습니다….

혹 저와 같이 아기의 요람을 들여다 보았습니까? 그에게 딸을 보였을 때 남편은 웃기 시작하면서 이렇게 말했습니다. '이 애를 땅에 파묻으라고 하고 싶구먼. 내가 결혼의 멍에를 멘 것은 계집애들을 낳으려고 한 것은 아니거든' 하고요. 그는 그것이 쓸데 없는 무언극이라고 말하면서 정결의식에도 참석하지 않았습니다. 그리고 아기가 우니까 나가면서 '그 애에게 리비티나라는 이름을 붙여 주고 여신에게나 바쳐요' 하고 말했습니다. 그리고 파우스따가 죽어 갈 때에 저와 같이 극도의 불안을 나누었습니까? 선생님께서 오시기 전날 밤 남편이 어디에 가 있었겠습니까? 발레리아노의 집 연회에 가 있었습니다. 그러나 저는 남편을 사랑하고 있었습니다. 선생님께서 바로 말씀하시는 대로 남편은 제 신이었습니다. 남편에게 있는 모든 것이 제게는 좋은 것으로, 옳은 것으로 보였습니다. 남편은 제가 그를 사랑하는 것을 허락했습니다…. 그리고 저는 그의 뜻에 가장 맹목적으로 복종하는 노예였습니다. 남편이 왜 저를 멀리하는지 아십니까?"

"압니다. 부인의 육체 안에서 영혼이 깨어났고, 부인이 이제는 암컷이 아닌 여자이기 때문이었습니다."

"그렇습니다. 저는 제 집을 고결한 집을 만들려고 했습니다…. 그랬더니 남편은 안티오키아의 집정관에게로 파견되도록 하고, 저는 따라 가지 못하게 하고, 마음에 드는 여자노예들을 데리고 갔습니다. 오! 저는 따라 가지 않겠습니다! 저는 딸이 있으니까 전부를 가졌습니다."

"아닙니다. 전부를 가지지는 못했습니다. 부인은 일부분을, 전체의 작은 일부분을 가졌습니다. 부인이 덕이 있는 사람이 되게 하는 데 소용되는 것입니다. 전체는 하느님이십니다. 부인의 딸은 전체이신 분에 대한 불의의 이유가 되어서 안 되고, 정의의 이유가 되어야 합니다. 딸을 위하여, 딸과 함께 부인은 덕있는 여자가 될 의무가 있습니다."

"저는 선생님을 위로해 드리려고 왔는데, 선생님께서 저를 위로하시는군요. 그러나 저는 제 딸이 그를 구해 주신 분에 어울리는 사람이 되게 하려면 이 어린 아이를 어떻게 교육해야 할지도 여쭈어보려고 왔습니다. 저는 선생님의 개종자가 되고, 제 딸도 그렇게 만들려고 생각했었습니다…."

"그러면 남편은요?"

"오! 남편과는 모든 것이 끝났습니다."

"아닙니다. 모든 것이 시작됩니다. 부인은 여전히 그의 아내이십니다. 훌륭한 아내의 의무는 남편을 훌륭하게 만드는 것입니다."

"남편은 이혼하고자 합니다. 그리고 틀림없이 그렇게 할 것입니다. 그 때문에…."

"그렇게 할 것입니다. 그러나 아직은 그렇게 하지 않았습니다. 그리고 남편이 이혼을 하지 않는 한 부인은 **당신들의** 법률에 의해서도 그의 아내입니다. 그리고 아내로서 부인의 자리에 있을 의무가 있습니다. 부인의 자리는 딸에 대해서 또 하인들과 세상 사람들 앞에서 남편 다음으로 집 안의 둘째의 자리입니다. 남편이 나쁜 모범을 보였다고 부인은 생각하시지요. 그것은 사실입니다. 그러나 그렇다고 부인이 덕행의 모범을 보여야 하는 의무를 면하는 것은 아닙니다. 남편이 간 것은 사실입니다. 부인은 딸과 하인들에 대해서 남편을 대신하시오.

 당신네들의 풍습에서 모든 것이 비난받을 만한 것은 아닙니다. 로마가 덜 부패했을 때에는 여자들이 정숙하고 근면하였고 덕행과 믿음의 생활로 신을 섬겼습니다. 이교도라는 그들의 불쌍한 처지로 인해서 거짓 신들을 섬기게 되기는 했지만, 그 사상 만큼은 좋은 것이었습니다. 여자들은 그들의 덕행을 종교 사상에, 종교와 신에 대한 공경의 필요에 바쳤습니다. 그 신의 진짜 이름을 여자들은 알지 못했지마는, 그 존재는 느끼고 있었고, 또 신화적인 전설에 따라 타락한 신들이 살던 난잡한 올림포스산의 신들보다 위대한 분이었습니다. 당신네들의 올림포스산의 신들도 없는 것이고, 다른 신들도 없는 것들입니다.

 그러나 당신네들의 옛날 덕행은 신들이 사랑으로 바라보는 사람이 될 수 있기 위하여 덕행이 있는 사람이 되어야 한다는 참된 신념의 결과였습니다. 그 덕행들은 당신네들이 숭배하던 신들에 대하여 가졌다는 느낌을 가진 의무의 결과였습니다. 세상 사람들, 특히 우리 유다 사람들의 눈으로 볼 때에는 존재하지 않은 것에 당신네들이 드리는 그 존경 때문에 당신들은 어리석은 사람으로 보였습니다. 그러나 영원하고 참된 정의에게는, 모든 인간과 모든 것의 오직 한 분뿐이시고 전능하신 창조주이신 지극히 높으신 하느님이 보시기에는 그 덕행과 존경과 의무가 헛된 것이 아니었습니다. 만일 선과 믿음과 종교를 따르고 실천하는 사람이 자기가 진리를 가지고 있다고 확신하면, **선은 언제나 선이고, 믿음은 언제나 믿음의 가치가 있고, 종교는 언제나 종교의 가치가 있습니다.**

 나는 부인에게 부인의 집안에 또 부인의 집의 기둥과 빛으로 부인의 자리에 그대로 남아 있으면서, 정숙하고 근면하고 충실하던 당신네들의 옛날 여자들을 본받으라고 권합니다. 부인은 혼자 남아 있다고 해서 하인들이 부인에 대해서 존경을 덜 가지리라고 생각하지 않습니다. 지금까지는 그들이 두려움으로, 또 때로는 눈에 띄지 않는 미움과 반항의 감정을 가지고 부인을 섬겼습니다. 그런데 이제부터는 사랑을 가지고 섬길 것입니다. 불행한 사람들은 불행한 사람들을 사랑합니다. 노예들은 고통을 압니다. 부인의 기쁨은 그들에게 쓰라린 자극이었습니다. 부인의 고통은 이 단어의 가장 불쾌감을 주는 뜻으로서의 여주인이라는 차디찬 광채를 부인에게서 없애고 동정이라는 따뜻한 빛으로 감쌀 것입니다. 발레리아, 부인은 하느님과 딸과 하인들의 사랑을 받을 것입니다. 그리고 이제는 아내가 아니고 이혼녀가 되었더라도, (예수께서는 일어 나신다) **법적인 별거도 아내로서의 맹세에 충실해야 하는 아내의 의무를 없애지는 않는다는** 것을 기억하시오.

부인은 우리 종교에 들어오고 싶다고 했지요. 하느님의 계명 중의 하나는 아내가 남편의 몸의 몸이고, 하느님께서 오직 한몸을 만드신 것을 아무 것도 아무도 갈라놓지 못한다는 것입니다. 우리에게도 이혼이 있기는 합니다. 이혼은 인간의 음란과 원죄와 남자들의 타락의 나쁜 결과로 온 것입니다. 그러나 하느님에게서 자발적으로 온 것은 아닙니다. 하느님께서는 당신의 말씀을 바꾸지 않으십니다. 하느님께서는 아직 죄를 짓지 않은 그러니까 죄가 가리지 않은 지능으로 말하는 아담에게 이 말을 불어 넣어 주시면서, 부부는 한번 결합하면 오직 한몸이 되어야 한다고 말씀하셨습니다. 몸은 죽음이나 병의 불행으로 인해서가 아니고 갈리는 몸에서 갈라지지 않습니다.

잔인한 죄를 피하기 위하여 인정한 모세법에 따른 이혼은 여자에게 매우 보잘 것 없는 자유밖에 주지 않습니다. 이혼한 여자는 그대로 있건 재혼을 하건, 사람들의 생각에 언제나 가치가 줄어든 여자입니다. 하느님의 심판으로는 여자가 남편의 악의 때문에 이혼을 당하고, 이혼녀로 남아 있으면 불행한 여자입니다. 그러나 그 자신의 비열한 죄로 인하여 이혼을 당하고 재혼을 하면 죄녀와 간부(姦婦)에 지나지 않습니다. 그러나 만일 부인이 우리 종교에 들어오기를 원한다면 나를 따르기 위해서 그러시는 것인데, 하느님의 말씀인 나는 완전한 종교의 시대가 왔으므로 많은 사람에게 말하는 것을 부인에게도 말합니다. 즉 하느님께서 맺어 주신 것을 사람이 갈라놓을 수는 없고, 배우자가 살아 있는 동안에 재혼을 하는 남자나 여자는 항상 간통하는 사람이라는 것입니다.

이혼은 남자와 여자를 음란죄를 지을 상황에 놓아 두는 합법적인 매음입니다. 이혼당한 여자는 살아 있는 남자의 과부로, 충실한 과부로 남아 있기가 어렵습니다. 이혼한 남자는 첫번 결혼에 충실하게 남아 있는 일이 절대로 없습니다. 남자이건 여자이건 다른 결합을 하면, 사람의 수준에서 짐승의 수준으로 내려갑니다. 짐승들은 관능의 유혹에 따라 암컷을 바꾸어도 되는 것입니다. 가정과 조국에 대한 합법적인 간음이 죄없는 어린 아이들에게 대하여는 죄가 됩니다. 이혼한 부모들의 자녀들은 그들의 부모를 심판하게 됩니다 자녀들의 심판은 엄한 것입니다! 자녀들은 적어도 부모 중의 한 사람은 단죄하게 됩니다. 그리고 자녀들은 부모의 이기주의로 인하여 손상된 감정적 생활을 할 수밖에 없게 됩니다. 그후 죄없는 자녀들에게서 아버지나 어머니를 빼앗아 가는 이혼의 가정적 결과에 자녀들을 맡은 배우자의 재혼이 덧붙여지면, 부모 중의 한 사람의 절단된 감정적 생활의 선고에 또 다른 절단이 덧붙여집니다. 그것은 갈라졌거나 새 사랑이나 재혼에서 얻은 자녀들에 대한 사랑이 완전히 빠져버린 부모 중 한 사람의 애정을 다소간 전적으로 잃는다는 절단입니다.

이혼한 남자나 여자의 새 결합의 경우에 결혼식이니 결혼이니 하고 말하는 것은 결혼이라는 것의 의미와 실상을 모독하는 것입니다. 배우자 중 한 사람의 죽음과 그로 인한 남아 있는 사람의 홀아비나 과부의 신분만이 재혼을 정당화할 수 있습니다. 하긴 내 판단으로는 사람들의 운명을 조절하시는 분의 항상 옳은 결정에 복종하고, 죽음으로 인하여 결혼상태가 끝났을 때에는 순결 속에 들어박혀 자기를 온전히 자녀들에게 바치고, 저 세상으로 간 사람을 자녀들을 통하여 사랑하는 것이 나을 것이기는 하지만 말입니다. 그것은 일체 물질성이 없어진 거룩하고 참된 사랑입니다.

가엾은 어린 아이들! 죽음이나 가정의 붕괴 후에 둘째 아버지나 둘째 어머니의 박정을 맛보고, 형제들이 아닌 다른 자녀들과 애무가 나누어지는 것을 보는 고민을 맛보다니!

아닙니다. 내 종교에는 이혼이 존재하지 않을 것입니다. 그리고 새로운 결합을 맺기 위하여 세속적인 이혼을 하는 사람은 간통자이고 죄인일 것입니다. 인간의 법률이 내 법령을 바꾸지 못할 것입니다. 내 종교에서는 결혼이 그 일을 위하여 세운 증인들의 참석으로 이루어지고 확인되는 세속적인 계약이나 정신적인 약속이 아닐 것입니다. 그렇지 않고, 성사가 되는 계약에 내가 줄 힘으로 고정되고 접합되는 풀어질 수 없는 관계가 될 것입니다. 부인에게 알아 듣게 하기 위해서 말하자면, 신성한 의식일 것입니다. 그 힘은 **결혼의 모든 의무를 거룩하게 행하는 것을 도와주기도 하겠지만, 관계의 파기불가능에 대한 확인도 될 것입니다.**

이제까지는 결혼이 이성 두 사람 사이의 자연적이고 도덕적인 상호 계약입니다. 그러나 내 법이 존재하는 때부터는 그것은 부부의 영혼에까지 확장될 것입니다. 따라서 하느님의 사제들을 통하여 하느님께서 확인하시는 영적인 계약도 될 것입니다. 부인은 이제 하느님 위에는 아무 것도 없다는 것을 아십니다. 그러므로 **하느님께서 맺어 주신 것은 인간의 아무 권한도 아무 법률이나 일시적인 기분도 갈라놓지 못할 것입니다.**

당신네들의 의식에 있는 '까이우스, 당신이 있는 곳에 까이아 저도 있겠습니다' 라는 것은 저 세상에까지, 우리 의식까지, 내 의식에까지 계속됩니다. **그것은 죽음이 끝이 아니라, 부부 사이의 일시적인 이별에 지나지 않고, 사랑해야 하는 의무는 죽음 다음에까지도 존속하기 때문입니다.** 그렇기 때문에 나는 홀아비나 과부에게 순결이 있었으면 좋겠다고 말할 것입니다. 그러나 사람은 순결하게 될 줄을 모릅니다. 역시 그렇기 때문에 부부는 서로 상대방을 개선할 의무가 있다고 말하는 것입니다.

머리를 흔들지 마시오. 의무는 이러합니다. 그리고 정말 나를 따르고자 하는 사람은 이 의무를 다해야 합니다."

"선생님이 오늘은 엄격하십니다."

"아닙니다. 나는 선생이고, 내 앞에는 은총이 생명으로 커질 수 있는 인간이 있습니다. 만일 부인이 지금의 부인과 같은 사람이 아니면, 나는 부인에게 짐을 덜 지워 줄 것입니다. 그러나 부인은 정신력이 판단하고, 고통은 부인의 정신력을 점점 더 깨끗하게 하고 단단하게 합니다. 언젠가는 부인이 나를 기억하고 내가 이러했던 것 때문에 나를 찬미할 것입니다."

"제 남편이 뒤로 돌아오지는 않을 것입니다…."

"그리고 부인은 앞으로 나아 가시오. 부인의 죄없는 어린 딸의 손을 잡고, 미워하지 말고, 복수할 생각을 가지지 말고, 그러나 또 쓸데 없이 기다리지도 말고, 잃은 것에 대한 미련을 가지지 말고 정의의 길을 걸으시오."

"그러면 제가 남편을 잃었다는 것을 선생님께서도 아십니까?"

"압니다. 그러나 부인이 남편을 잃은 것이 아니라, 남편이 부인을 잃은 것입니다. 남편은 부인의 남편 될 자격이 없었습니다. 이제는 들으시오…. 이것은 엄격합니다. 그렇습니다. 부인은 나를 위로 하기 위하여 장미꽃들과 죄없는 어린이의 미소를 가져왔습니다…. 그런데 나는… 부인이 써야 할 버림받은 아내들의 가시관밖에 마련해 줄 수가 없습니다…. 그러나 잘 생각해 보시오. 만일 시간이 뒤로 돌아갈 수가 있어서 부인을 파우스따가 죽어 가던 그날 아침으로 도로 데려 가고, 부인의 마음이 딸이나 남편 중의 한 사람은 반드시 잃어야 하는데, 둘 중에 한 사람을 골라야 하게 되어 있다면, 부인은 누구를 고르시겠습니까?"

부인은 대화 첫머리에서 눈물을 좀 흘린 후 얼굴이 창백해졌으나, 고통 중에도 용맹하게 곰곰 생각한다…. 그리고는 몸을 굽혀 방바닥에 앉아서 예수의 발 둘레에 작은 흰 꽃들을 놓으면서 놀고 있는 어린 딸을 껴안으며 외친다. "이 애를 택하겠습니다. 이 애에게는 제 마음까지도 줄 수 있고, 어떻게 살아야 하는지를 제가 배운 것과 같이 이 애를 키울 수가 있으니까요. 제 딸! 그리고 세상에서도 결합해 있어서, 저는 이 애의 어미로, 이 애는 항상 제 딸로 있게요!" 그러면서 딸에게 입맞춤을 퍼부으니, 어린 딸은 온통 사랑과 미소가 되어 엄마의 목을 꼭 껴안는다.

"말씀해 주십시오. 오! 영웅적으로 사는 것을 가르쳐 주시는 선생님께서 저희 둘이 다 선생님의 나라에 가기 위해서는 이 애를 어떻게 키워야 하는지를 말씀해 주십시오. 어떤 말을, 어떤 행동을 가르쳐야 하겠습니까?…."

"특별한 말도 행위도 필요치 않습니다. 딸이 부인의 완전을 반영하도록 완전한 사람이 되시오. 이 아이가 사랑하는 것을 배우게 하느님과 이웃을 사랑하시오. 세상에서 하느님에 대한 애정을 가지고 사시오. 그러면 딸이 부인을 본받을 것입니다. 우선은 이렇게 하시오. 이 다음에는 당신들을 특별히 사랑하신 내 아버지께서 당신들의 영적으로 필요한 것들을 마련해 주실 것이고, 그러면 당신들은 내 이름을 가질 믿음으로 지혜로운 사람이 될 것입니다. 이것이 해야 할 일 전부입니다. 하느님에 대한 사랑 안에서 부인은 악에 대한 일체의 억제력을 얻을 것이고, 이웃에 대한 사랑에서는 짓누르는 고독에 대한 도움을 얻을 것입니다. 그리고 **용서하도록** 가르치시오. 부인 자신과… 따님에게 내 말이 무슨 뜻인지 알아듣겠습니까?"

"알아듣습니다…. 그것은 올바른 말씀입니다…. 선생님, 가겠습니다. 불쌍한 여자에게 강복해 주십시오…. 저는 충실한 배우자를 가진 거지보다도 더 불쌍합니다…."

"지금 어디 계십니까? 예루살렘입니까?"

"아닙니다. 베델에 있습니다. 매우 친절한 요안나가 그의 저택으로 저를 보냈습니다…. 저기서 저는 너무 괴로웠습니다…. 요안나가 예루살렘에 올 때까지 그곳에 있겠습니다. 요안나는 머지않아 예루살렘으로 올 것입니다. 요안나는 선생님의 어머님과 다른 제자들과 함께 봄이 되어 따뜻하기 시작하면 유다로 올 것입니다. 그 다음에는 얼마 동안 요안나와 함께 있겠습니다. 그런 다음 여자들이 오면, 저는 그 여자들과 같이 가겠습니다. 그러나 시간은 벌써 제 상처를 그전에 낫게 했을 것입니다."

"시간도 그렇고, 특히 하느님과 부인의 어린 딸의 미소가 그렇게 할 것입니다. 발레리아, 안녕히 가세요. 부인이 착한 정신으로 찾는 참 하느님께서 부인의 용기를 북돋아 주시고, 부인을 보호하시기를 바랍니다." 예수께서는 계집 아이에게 강복하시려고 그의 머리에 손을 얹으신다. 그런 다음 닫힌 문으로 가까이 가시면서 물으신다.

"혼자 오셨습니까?"

"아닙니다. 해방된 노예 한 사람과 같이 왔습니다. 마차가 마을 어귀 수풀 속에서 기다리고 있습니다. 선생님, 또 만나뵙게 될까요?"

"성전 봉헌 축일에는 예루살렘에 가겠습니다, 성전에."

"선생님, 저도 거기 가겠습니다. 제 새생활을 위해서는 선생님의 말씀을 들을 필요가 있습니다…."

228. 예수와 발레리아. 노배의 어린 레위의 기적

"안심하고 가시오. 하느님께서는 당신을 찾는 사람을 돕지 않고 그냥 두지 않으십니다."

"믿습니다…. 오! 저희들의 이교 세계는 정말 슬픕니다."

"하느님 안에서의 참 생활이 없는 곳에서는 어디에나 슬픔이 있습니다. 이스라엘에서도 사람들이 웁니다. 그것은 사람들이 하느님의 율법을 지키면서 살지 않게 되었기 때문입니다. 안녕히 가세요. 평화가 부인과 함께 있기를 바랍니다."

여인은 몸을 깊이 숙여 인사를 하고, 딸에게 무슨 말인지 암시를 준다. 그러니까 계집아이는 얼굴을 들고, 그 작은 팔을 내밀면서 매우 명랑한 작은 목소리로 "예수님, 안녕히 계세요!" 하고 되풀이 한다.

예수께서는 그 작은 입에 벌써 만들어지는 죄없는 입맞춤을 받으시려고 몸을 굽히시고 또 한번 강복하신다…. 그런 다음 방으로 돌아오셔서 방바닥에 흩어져 있는 꽃들 가까이에 앉으신다.

얼마 동안이 지난 다음, 누군가 문을 두드린다.

"들어오너라."

문이 벙싯 열리고 반쯤 열린 틈으로 베드로의 성실한 얼굴이 나타난다.

"너냐? 오너라…."

"아닙니다. 선생님이 저희들 있는 데로 오셔야 할 것입니다. 여기는 춥습니다. 참 아름다운 꽃들이로군요! 아주 비싸겠습니다!" 베드로는 말을 하면서 선생님을 살펴본다.

"그렇다. 아주 비싼 것이다. 그러나 행위와 그 행위가 행해진 방식은 꽃들보다 더 가치가 있다. 이 꽃은 끌라우디아의 로마 여자 친구 발레리아의 어린 딸이 가져온 것이다."

"예! 저도 압니다! 알아요! 그렇지만 왜요?"

"나를 위로하기 위해서였다. 그 여자들은 내가 어떤 고통을 당하는지를 안다. 그래서 발레리아가 그런 생각을 한 것이다. 그 여자는 죄없는 어린 아이의 꽃이 나를 위로할 수 있을 것이라고 생각한 것이다…."

"로마 여자가!…. 그런데 저희 이스라엘 사람들은 선생님께 고통밖에 드리지 않는군요…. 유다가 잘 알아맞혔습니다. 유다는 마차 한 대가 멈추어 있는 것을 보았는데, 틀림없이 로마 여자일 것이라고 말했습니다…. 그러면서… 불안해하고 있었습니다, 선생님…." 베드로는 몹시 의아스러운 모양이다.

그러나 예수께서는 그저 "유다는 어디 있느냐?" 하고만 말씀하신다.

"밖에 있습니다. 길에, 수풀 근처에 가 있단 말씀입니다. 그 사람은 누가 선생님을 뵈러 왔는지 보려고 합니다…."

"내려가자."

유다는 부엌에 있다. 그는 예수께서 들어오시는 것을 보고 돌아서며 말한다.

"선생님이 부인하시려고 하셔도 그 여자가 무슨 불평을 하기 위해서 왔다는 것을 부인하지 못하실 것입니다! 그 여자들이 다른 말 할 것이 또 있습니까? 그 여자들이 할 일은 그저 염탐하고 고자질 하는 것 뿐입니다. 그리고…."

"나는 네게 대답할 의무는 없다만, 모든 사람을 위해서 대답한다. 그리고 시몬 베드로는 그 여자가 누구인지 안다. 그리고 나는 모두에게 그 여자가 왜 왔는지 말하겠다. 겉으로 보기에는 가장 행복한 사람들도 위안과 조언의 필요를 느낄 수가 있다…. 안드레아야, 올라가서 계집 아이가 가져온 꽃들을 어린 레위에게 가져다 주어라."

"왜요?"

"죽어가고 있기 때문이다."

"죽어가고 있다구요? 그렇지만 제가 아침 아홉시쯤에 그 애를 보았는데, 아주 건강했는데요" 하고 바르톨로메오가 몹시 놀라서 말한다.

"건강했었다. 그러나 저녁이 되기 전에 죽을 것이었다."

"그애가 그렇게 병이 중하면, 꽃을 즐기지 못할 것입니다…."

"그렇다. 그러나 겁에 질린 집에서는 구세주가 보낸 꽃들이 빛나는 말을 해 줄 것이다."

예수께서 앉으시는데 모두가 인생의 약함에 대하여 말하고, 엘리사가 겉옷을 입으면서 말한다. "저도 안드레아와 같이 가겠습니다.

228. 예수와 발레리아. 노배의 어린 레위의 기적

그 가엾은 어머니!…."

안드레아와 엘리사가 꽃들을 들고 멀어져 가는 것이 보인다….

예수께서는 입을 다물고 계신다. 유다도 어쩔 줄을 몰라 잠자코 있다. 예수께서는 말씀을 하지 않으시나 엄격하지는 않으시다…. 유다는 알고자 하는 욕망과 양심의 평화를 가지지 못한 사람의 괴롭히는 극도의 불안에 자극되어 빙빙 돌아다닌다. 그러나 마침내 베드로를 외따로 끌고 가서 물어본다. 그는 베드로와 말을 한 후에 안심하고, 식탁 구석에서 조용히 글을 쓰고 있는 마태오에게로 가서 귀찮게 군다.

안드레아가 뛰어서 돌아온다. 그는 숨이 턱이 닿아서 말한다 "선생님… 어린 아이가 정말 죽어갑니다…. 갑작스레 미친 사람들 같았습니다…. 그러나 엘리사 아주머니가 '이건 주님이 보내시는 거예요' 하고 말해서, 저는 그들이 '상여에 놓으라고'라는 뜻으로 알아듣는 줄로 생각했었는데, 어머니와 아버지가… 동시에 말했습니다. '오! 맞아! 뛰어 가서 선생님을 모셔 와요. 선생님이 애를 고쳐 주실 거예요' 하고."

"믿음의 말이다. 가자." 그러면서 예수께서는 뛰다시피하며 나가신다. 자연 모두가 예수를 따라 가고, 늙은 요한까지도 다리를 절면서 모든 사람 뒤에 따라 간다.

집은 마을 끝에 있다. 그러나 예수께서는 이내 그곳에 도착하셔서, 열린 문을 막고 있는 사람들을 헤치시며 가신다. 그리고 출입문 저 안쪽에 있는 어떤 방으로 곧장 가신다. 아마 형제끼리인 많은 사람이 사는 넓은 집이기 때문이다.

방안에는 임시변통으로 만든 침대를 아버지와 어머니와 엘리사가 몸을 굽히고 들여다 본다…. 그들은 예수께서 "이 집에 평화" 하고 말씀하실 때에야 비로소 예수를 본다.

그러자 불행한 부모는 침대를 떠나 예수의 발 앞에 엎드린다. 엘리사만이 그대로 남아서 싸늘해져 가는 팔다리를 방향성(芳香性) 물질로 문지르는 일에 골몰해 있다.

어린 아이는 정말 임종이 가까워서, 그의 몸은 벌써 죽은 사람처럼 무겁게 축 늘어져 있고, 그 작은 얼굴은 밀랍 빛깔이고, 콧구멍서는 매연이 나오는 것 같고, 입술은 보라빛이 돈다. 어린 아이는 그 작은 가슴에 경련을 일으키면서 어렵게 숨을 쉬는데, 앞에 숨쉰 것과 너무나 사이가 떨어지기 때문에, 숨을 쉴 때마다 마지막 숨인 것 같다.

어머니는 예수의 발 앞에 얼굴을 대고 운다. 아버지도 몸을 땅에 닿도록 굽히고 "불쌍히 여겨 주십시오! 불쌍히 여겨 주십시오!"하고 말한다. 다른 말은 할 줄을 모른다.

예수께서는 "레위야, 이리 오너라" 하고 말씀하시면서 팔을 내미신다.

다섯살쯤 되었을 그 어린 아이는 자고 있는 동안에 누가 큰 소리로 부른 것같이 몸을 흔든다. 그는 어렵지 않게 앉아서 그 작은 주먹으로 눈을 비비고 놀라서 주위를 둘러보다가 그에게 미소를 보내시는 예수를 보고, 그의 작은 침대에서 아래로 뛰어 내려, 작은 속옷 바람으로 구세주를 향하여 자신 있게 간다.

부모는 구부리고 있기 때문에 아무 것도 보지 못한다. 그러나 "영원히 인자하신 분!" 하고 외치는 엘리사의 감탄과 출입문에서 놀라서 "오!" 하고 소리를 지르는 사도들과 구경꾼들의 외침으로 그들은 무슨 일이 일어났는지를 알게 된다. 그들은 방바닥에서 얼굴을 들고 그들의 어린 아들이 언제 죽어갔었느냐는 듯이 아주 건강한 모습으로 거기 있는 것을 본다.

각자의 반응에 따라 기쁨으로 웃기도 하고, 울기도 하고, 소리를 지르기도 하고 잠자코 있기도 한다. 여기서는 기쁨이 마치 공포에 질린 것 같은 말없는 심한 놀람을 자아낸다…. 바로 앞에 있었던 상황과 지금의 상황은 너무나 달라서, 고통으로 인하여 벌써 어리둥절해졌던 부모는 기쁨을 받아들이기를 망설인다.

어린 아이가 예수의 품에 안겨 있자, 마침내 그들은 기쁨을 받아들이게 되고, 그 때에는 무언(無言)에 뒤이어 기쁨과 찬미의 외침이 섞인 말이 쏟아져 나온다. 그래서 무질서하게 넘쳐 흐르는 이 말의 홍수를 따라 가기가 어렵다. 그 말에 따라 이 사건을 재구성하면 이렇다. 오정때쯤 해서 정원에서 놀던 어린 아이가 배가 아프다고 신음하면서 집 안으로 들어왔었다. 할머니가 안고 불 곁에 데리고 있었더니, 아픈 것이 덜한 것 같았다. 그러나 그후 오후 세시 좀 못 미쳐 아이는 냄새나는 더러운 물을 토하기 시작하였고, 이내 임종으로 들어갔었다. 전형적인 격렬한 급성복막염이었다.

아버지는 병의 첫번 증세를 보고 예루살렘으로 달려 가 의사를 데려 왔었다. 의사는 그동안 토하기 시작한 아이를 보고 나서 "이 애는 살 수 없습니다" 하고 말하고 갔었다…. 과연 병은 시시각각 악화하고, 아이는 벌써 몸이 식어가기 시작하였었다. 부모는 그 뜻하지 않은 불행으로 인한 극도의 불안 속에서 아들이 머지 않아 살아날 것이라고 생각할 수는 없었다. 안드레아와 엘리사가 꽃을 가지고 들어오면서 "예수님이 이 꽃을 레위에게 보내십니다" 하고 말하였을 적에야 비로소 그들은 일종의 내적인 빛을 얻어 "예수님이 이 애를 살려 주실 것이다" 하고 말하였었다.

"그런데 이 애를 살려 주셨습니다. 영원히 찬미받으시는 분! 선생님의 꽃! 소망! 믿음! 오! 그렇구 말구요! 저희에 대해 가지신 사랑에 대한 믿음입니다! 그러나 어떻게 아셨습니까? 찬미받으십시오! 선생님이 원하시는 것을 저희에게 요구하십시오! 노예들에게 명령하듯이 명령하십시오! 저희들은 모든 것을 선생님께 바쳐야 합니다!…."

예수께서는 여전히 어린 아이를 안으신 채 그들의 말을 들으신다. 그들이 지칠 때까지, 그렇게도 몹시 긴장하였던 그들의 신경이 편해지면서 부드러워질 때까지 말을 하게 그냥 놔 두신다. 그러다가 조용히 말씀하신다. "나는 어린이들과 충실한 마음을 가진 사람들을 사랑합니다. 노베의 주민 여러분은 모두 내게 대해 친절하십니다. 내가 나를 미워하는 사람들에게 친절을 베푸는데, 나를 사랑하는 사람들에게는 무엇을 주겠습니까? 나는 알고 있었습니다…. 또 고통으로 인해서 당신들이 생명의 원천을 잊게 되었다는 것도 알고 있었습니다. 나는 당신들에게 길을 일러주고자 했습니다…."

"그러나 왜 직접 오지 않으셨습니까, 주님? 혹 저희가 주님을 받아들이지 않을까봐 염려하셨습니까?"

"아닙니다. 나는 당신들이 나를 사랑으로 받아들이라는 것을 알고 있었습니다. 그러나 우리 주위에 있는 사람들 가운데에는 내가 사람들과 사람들의 심경에 관해서 아무 것도 모르는 것이 없다는 것을 확신할 필요가 있는 사람이 있었습니다. 또 나는 믿음을 가지고 하느님께 구원하는 사람들을 하느님께서 들어주신다는 것을 다른 사람들도 깨닫기를 원합니다. 이제는 안심하고 하느님의 자비를 점점 더 믿으십시오. 평화가 당신들 모두와 함께 있기를 바랍니다. 레위야, 잘 있어라. 이제는 엄마한테 가거라. 부인, 안녕히 계십시오. 주님께서 당신에게 베풀어 주신 친절을 기억하고 지금 품에 안고 있는 아이를 주님께 바치기도 하시오. 안녕히 계십시오. 주인 양반, 당신의 정신을 정의 안에 보존하시오."

예수께서는 떠나시려고 돌아서시어, 출입문에 몰려 있는 친척들, 즉 기적을 받은 아이의 할아버지 할머니, 삼촌들과 사촌들이 몰려 있는 가운데를 어렵게 헤치며 지나가신다. 그들은 모두가 예수께 말을 하고, 예수를 찬미하고, 예수의 강복을 받고, 예수의 옷과 손에 입맞춤하기를 원한다….

그리고 많은 친척 다음에는 마을 사람들도 같은 일을 하기를 원한다. 그러나 그들은 기적으로 축복받은 집의 식구들은 기쁨을 맛보며 있으라고 놔 두고 예수의 뒤를 따라 길로 쏟아져 나온다. 그리고 이제는 어두워진 길로 즐거운 때에 으레 있는 소란스러운 소리와 더불어 노베 사람 전체가 예수를 요한의 작은 집으로 다시 모시고 간다. 그리고 선생님을 조용히 놔 두고 집으로 돌아가라고 읍내 사람들을 설득하는 데는 사도들의 온 권위가 필요하였고, 또 만일 그들이 예수를 쉽게 가만두지 않으면, 사도들의 계획을 성공으로 이끌기 위하여 이튿날 모두 그곳에서 떠나겠다고 위협하는 더 단호한 방법을 그들의 권위에 덧붙여야만 하였다.

그래서 마침내 피로하신 분께서 쉬실 수 있게 되었다….

229. 예수와 예수를 유혹하려고 보내진 죄녀

 집단적으로 본 군중이나 개인적으로 본 사람이나 새롭고 이상한 느낌이 들고 명절 기분같이 떠들썩한 느낌이 드는 것에 대하여는 항상 조금은 어린 아이 같고, 약간 미개하거나 적어도 원시적이며, 따라서 거기에 매우 민감하다.
 축제가 가까워지는 것은 마치 사람들을 슬프게 하고 지치게 하던 것이 명절로 인하여 사라지는 것처럼 사람들을 흥분시키는 힘이 있다. 명절이 가까워지면서부터 마치 이렇게 가까워지는 것이 미개인들의 우상숭배적인 축제나 호전적인 계획을 할 때에 그들이 치는 북과 비슷한 것처럼 뭐라고 말할 수 없는 활기와 가벼운 흥분이 모든 사람을 자극한다.
 그래서 등불 명절이 가까워지면서 사도들도 이러한 도취 상태에 있다. 기쁘게 떠들면서 그들은 계획들을 하고 지난 날의 명절들을 상기시키기 시작한다. 회화에 약간 우울한 빛이 띄기도 하지만, 이내 명절 기분이 그들을 다시 휩쓸어 명절 동안에는 모든 것이 아름답게 되도록 행동하게 몰아 간다.
 요한의 집에는 등이 별로 많지 않은가? 오! 라마에 있는 토마의 집에는 등이 얼마든지 있다! 그래서 토마는 등을 가지러 라마로 떠난다. 기름이 많지 않은가? 오! 엘리사는 벳수르에 기름이 많이 있다. 그래서 그것을 바친다. 그러니까 요한과 안드레아는 기름을 가지러 벳수르로 간다. 비스킷을 굽기 위하여는 잔가지로 약한 불을 만들 필요가 있는가? 두 야고보가 잔가지를 주으려고 산으로 가고 있다. 관례의 음식을 만들 밀가루와 보리와 꿀이 별로 없는 것 같은가? 그럼 자기에게는 한번도 무엇을 청하지 않는다고 기분나빠 하다시피 한 니까가 그의 훌륭한 소유지의 황금빛 꿀과 밀가루와 보리를 주지 않고 예루살렘에서 무엇을 하겠는가? 그래서 베드로와 열성당원 시몬은 니까의 집으로 가는데, 알패오의 유다는 엘리사를 도와 집안을 아름답게 꾸미고, 나이 많은 바르톨로메오까지 공동의 기쁨을 같이 하여 필립보와 함께 연기로 검게 된 부엌을 더 밝게 보이게 하려고 회칠을 한번 잘 한다.

가리옷의 유다는 장식하는 일을 맡아 가지고 장과(漿果)가 많이 달린 향기나는 상록 식물의 가지를 끊어 가지고 와서 선반들과 화덕 덮개 둘레에 우아하게 늘어놓는다.

그리하여 등불 명절 전날 밤에는 작은 집이 반짝거리는 구리 식기와 해같이 밝은 등불들과 희게 회칠을 한 벽에 걸린 명랑한 나뭇가지들로 인하여 어떻게나 달라졌는지 신부를 맞이하기 위하여 준비된 것 같다. 한편 잘라 온 나뭇가지들로 인하여 벌써 향기가 밴 공기에는 빵과 비스킷 냄새가 퍼진다.

예수께서는 하는 대로 그냥 놔 두신다. 예수께서는 모든 사람에게서 아주 멀리 떨어지셔서 깊은 생각에 잠기시고 침울하기까지 하신 것 같다. 그리고 그들이 하는 질문으로 그들이 한 것에 대한 치하를 청하면 질문하는 제자들에게 대답하신다. 그 질문들은 그들이 지적한 것을 가지고 제자들이 한 일을 재구성 할 수 있게 하는 질문들이다. 그 지적들은 이런 것들이다. "제가 등불을 가지러 집에 간 것은 좋은 생각이었지요?" 또는 "필립보와 제가 모두 흰 칠을 한 것은 잘 한 일이지요? 밝고 명랑하고 더 커 보입니다." 또는 "선생님, 보세요. 엘리사 아주머니가 좋아합니다. 그 아들들이 있을 때 자기 집에 있는 것 같습니다. 오늘은 등에 기름을 넣고, 꿀로 밀가루 반죽을 하고, 보리에 쓰려고 꿀을 양젖에 넣어 풀면서 노래를 부르고 있습니다." 또는 "엘키아가 뭐라고 하던, 푸른 기운이 좀 있는 것은 좋습니다. 결국!… 조물주께서 나뭇가지들을 만드신 것은 우리더러 쓰라고 하신 것이지요?" 이 모든 것으로 나는 각자가 한 일을 재구성할 수 있게 된다. 그러나 칭찬을 듣고자 하는 욕망을 가정하는 이 질문들에도 예수께서 대답을 하시지만, 예수의 생각은 딴 데가 있다. 그리고 그것은 확실히 눈에 띈다.

저녁이 되었다. 자기들의 집에 들어박혀 있기 전에 선생님께 인사를 드리려고 부엌 안으로 머리를 들여보내는 주민들의 마지막 인사가 있은 다음에는 고요가 노베에 자리잡는다. 저녁 식사 시간이다. 그리고 어린이들과 노인들, 병이나 나이로 인하여 허약해진 모든 사람에게는 벌써 잘 시간이다.

등불 명절에는 선물을 하는 것이 관습인 모양이다. 과연 늙은 요한이 부엌 옆에 있는 그의 작은 방으로 물러가자마자, 엘리사와 사도들이, 엘리사는 옷을, 사도들은 나무를 깎아 만든 유익한 물건들과 어부들의 전문적인 일인 빨강, 초록, 노랑, 남빛 물을 들인 노끈으로 그물 모양의 커튼을 만드는 일을 마저 끝낸다.

토마와 마태오와 바르톨로메오와 열성당원은 구경하는 일을 한다.

"자, 다 됐다." 엘리사는 일어나서 옷에 남아 있을지도 모르는 실을 떨어 버리기 위하여 옷을 털면서 말한다.

"이거면 가엾은 노인은 뜨뜻하게 지내겠구먼!" 하고 베드로가 옷감을 만지면서 말한다. "이거 보세요! 아주머니, 저희 남자들은 여자들 없이는 정말 불쌍합니다. 저는 집에서 나와 있는 것이 여러 달이 된 지금 아주머니가 안 계셨더라면 어떻게 되었을까 하고 생각합니다. 저는 이것은 만들 줄 알지만, 고리쇠를 달아야 한다면!…."

"아주머니는 빨리도 하셨어요. 제 아내와 비슷하십니다" 하고 바르톨로메오가 말한다.

"나도 끝냈다. 나무가 좋고, 자르기가 쉽고, 그러면서도 단단했어" 하고 유다 타대오가 소금이나 양념을 넣는 데 쓸 수 있는 상자를 우중충한 식탁에 내려 놓으면서 말한다.

"반대로 내 일은 아직 끝나지 않았어. 결 하나가 가공이 되지 않으려고 한단 말이야. 어쩌면 일거리를 성공하지 못할지도 모르겠는데 그게 아쉬워. 더 밝은 나무에 이 어두운 결이 아름다웠는데. 예수님, 보세요. 이 결들이 나무 위에 그린 산꼭대기를 연상시키지 않습니까?" 하고 알패오의 야고보가 말하면서 일종의 그릇을 보이는데. 그것이 어떤 용도에 쓰이게 마련인지는 모르겠는데, 둥근 모양의 뚜껑이 있고, 볼록한 부분과 뚜껑에 우아한 결들이 있어 모양이 참으로 아름답다. 그러나 바로 뚜껑이 동그스름한 손잡이 곁에 나무가 끈질기게 말을 안 듣는 것이다.

"꾸준히 계속해라, 계속해. 그러면 하고야 말 것이다. 쇠를 빨갛게 달구어서 섬유를 공격해라. 그러면 성공할 것이다. 한 껍질만 벗기고 나면…" 하고 살펴보신 예수께서 말씀하신다.
"그렇지만 불로 망쳐지지 않을까요?" 하고 마태오가 묻는다.
"불을 능란하게 사용하면 그렇지 않다. 게다가! 그 방법을 쓰던가 모두 포기하던가 해야 한다."
야고보는 끌을 달구어서 그 끝을 저항하는 부분에 갖다 댄다. 나무 타는 냄새가 난다….
"그만. 이제는 가공해라. 그러면 성공할 것이다" 하고 예수께서 말씀하신다. 그리고 뚜껑을 바이스처럼 꼭 쥐고 사촌을 도우신다. 두 번이나 날이 미끄러지면서 예수의 손가락을 스친다.
"선생님, 손을 치우세요. 상처를 입혀드리고 싶지는 않습니다" 하고 알패오의 야고보가 말한다. 그러나 예수께서는 계속 그릇을 붙잡고 계신다.
세번째는 끌이 예수의 엄지에 피를 낸다.
"자! 보세요! 아프시지요! 보여 주세요!"
"아무렇지 않다. 피 한 두 방울…" 하고 예수께서 대답하시면서 벤 상처에서 흐르는 피를 떨어뜨리려고 손가락을 흔드신다. "그 보다도 얼룩이 졌으니 뚜껑이나 훔쳐라" 하고 곧이어 덧붙이신다.
"아니, 그냥 놔 두시오! 이렇게 되어서 그릇이 귀중합니다. 선생님, 차라리 손가락을 여기 제 베일에 닦으세요. 선생님의 피, 축복받은 피를" 하고 엘리사가 말하며 손을 그의 베일 천으로 감싼다.
그 많은 불행의 원인인 뚜껑이 졌다. 줄이 완성되었다.
"그 놈이 처음에는 아프게 하려고 했어" 하고 열성당원이 해석을 한다.
"맞았어! 그러다간 이내 그 고집쟁이 나무가 지고 말았어!" 하고 토마가 말한다.
"쇠와 불과 고통으로. 이건 로마인들이 잘 쓰는 글귀 같은 걸" 하고 열성당원이 지적한다.
"왠지 모르지만 내게는 이것이 어떤 점에서는 예언자들을 생각나게 해 주네. 우리도 고집이 센 나무야…. 그래서 저희에게도 쇠와 불과 고통이 필요한 것입니까?" 하고 바르톨로메오가 묻는다.

"정말 그것들이 필요한 것이다. 그런데 아직은 그것이 소용되지 않을 것이다. 나는 불과 내 고통을 가지고 일하지만, 모든 사람의 마음은 이 나무를 본받을 줄을 모른다…. 조용히 해라! 밖에 누가 있다…. 발소리다…."

그들은 귀를 기울인다. 그러나 아무 소리도 들리지 않는다.

"선생님, 아마 바람소린가 봅니다. 정원에는 마른 나뭇잎들이 있으니까요…."

"아니다. 분명히 발소리다…."

"어떤 밤짐승인가 봅니다. 제게는 아무 소리도 들리지 않는데요."

"나도 안 들려, 나도…."

예수께서는 귀를 기울이신다. 귀를 기울이시는 것 같다. 그런 다음 얼굴을 들어 역시 귀를 기울이고 있는, 다른 사람들보다 더 온 신경을 귀에 집중시키고 듣고 있는 가리옷의 유다를 뚫어지게 들여다 보신다. 예수께서는 어떻게나 뚫어지게 들여다 보시는지 유다가 묻는다. "선생님, 왜 그렇게 저를 바라보십니까?" 그러나 어떤 손이 문을 두드리기 때문에 대답이 나오지 않는다.

등불이 비추고 있는 열네 얼굴 중에서 예수의 얼굴만이 그대로 있고, 다른 얼굴들은 빛이 변한다.

"문을 열어라! 가리옷의 유다야, 문을 열어라!"

"저요, 저는 열지 않겠습니다. 밤 동안에 일부러 온 악당들인지도 모릅니다. 제가 선생님께 해를 끼치는 일이 있어서는 안 됩니다!"

"요나의 시몬, 네가 열어라."

"절대로 안 열겠습니다! 오히려 식탁을 문에 대놓겠습니다!" 하고 베드로가 말하면서 그렇게 하려고 한다.

"요한아, 열어라. 그리고 겁내지 말아라."

"오! 선생님이 정말 들어오게 하시면 저는 노인 방으로 가겠습니다. 저는 아무 것도 보고 싶지 않습니다" 하고 가리옷의 사람이 말한다. 이 말을 하면서 그는 노인의 방과 떨어져 있는 거리를 네 걸음 성큼성큼 걸어 가서 그 방 안으로 사라진다.

요한은 문 옆에 서서 열쇠를 손으로 잡고 무서워하며 예수를 바라보고 중얼 거린다. "주님!…"

"열어라, 그리고 무서워하지 말아라."

"아무렴. 결국 우리는 튼튼한 남자 열세 명이야. 그들이 한 부대는 아닐 테지! 주먹 넷으로, 그리고 고함소리를 많이 지르면 ―엘리사 아주머니 필요하면 소리를 지르세요.― 그 놈들을 쫓아버릴 수 있을 거야. 여기는 황야가 아니란 말이야!" 제베대오의 야고보가 말하며 옷을 벗고 속옷 소매를 걷어올리며 방어태세를 취한다. 베드로가 따라서 그렇게 한다.

요한은 아직 머뭇거리면서 문을 열고, 열린 문으로 바라보지만 아무 것도 보이지 않는다. 그는 외친다. "성가시게 구는 사람이 누구요?"

여자의, 목소리가 대답하는데, 아픈 사람같이 약한 목소리다. "여자입니다. 저는 선생님을 원합니다."

"지금은 남의 집에 올 시간이 아니오" 하고 요한 뒤에 가서 있던 베드로가 말한다. "만일 당신이 병자이면, 어떻게 이 시간에 밖에 있단 말이오? 만일 당신이 문둥병자이면, 어떻게 위험을 무릅쓰고 마을에까지 온단 말이오? 만일 당신이 아픈 사람이면 내일 다시 오시오. 가시오, 가서 당신 볼 일이나 보시오."

"오! 제발 불쌍히 여겨 주십시오! 저는 길에 혼자 있습니다. 춥고, 배가 고픕니다. 그리고 저는 불행합니다…. 선생님을 불러 주십시오. 선생님은 동정을 하십니다…."

사도들은 어리둥절하여 예수를 바라본다. 예수께서는 대단히 엄하시다. 그리고 잠자코 계신다. 그들은 문을 도로 닫는다.

"선생님, 어떻게 할까요? 빵이라도 조금 줄까요? 여긴 자리가 없으니 모르는 여자를 데리고 다른 집들을 가보아야 하겠군요…" 하고 필립보가 개입한다.

"가만있게. 내가 가보겠네" 하고 바르톨로메오가 길을 밝히려고 등을 하나 잡으면서 말한다.

"네가 가 볼 필요는 없다. 여자는 배도 고프지 않고, 춥지도 않고, 어디로 가야 할지도 썩잘 알고 있다. 그 여자는 밤을 무서워하지 않는다. 그러나 그 여자가 비록 병자도 아니고 문둥병자도 아니지만 불행한 여자이기는 하다. 창녀인데, 나를 유혹하러 온 것이다. 여기 대해서 이렇게 말을 많이 하는 것은 내가 알고 있다는 것을 너희들이 알라고, 내가 알고 있다는 것을 너희들이 확신시키려고 하는 것이다. 또 너희들에게 말한다마는, 그 여자는 개인적인 변덕으로 온 것이 아니라, 여기 오라고 돈을 받았기 때문에 온 것이다." 예수께서는 큰 소리로, 유다가 있는 옆방에서도 들을 수 있을 만큼 큰 소리로 말씀하신다.

"그런데 선생님은 누가 이런 짓을 했다고 생각하십니까? 무슨 목적으로?" 하고 유다가 부엌에 다시 나타나면서 말한다. "확실히 바리사이파 사람들은 아닐 것이고, 저 여자가 창녀라면 율법학자들도 사제들도 하지 않았을 것입니다. 또 헤로데 당원들도 어떤 난처한 일을 스스로 당할 만큼 원한을 품고… 있을 것으로는 생각하지 않습니다…. 그러니까 저도 그 이유를 알지 못하겠습니다."

"그 이유는 내가 말해 주마. 내가 죄인이라고, 공공연한 죄녀와 관계가 있는 사람이라고 말할 수 있기 위해서이다. 그리고 너도 그렇다는 것을 나 만큼 안다. 또 나 네게 분명히 말하지만, 나는 저 여자도 저 여자를 보낸 사람들도 저주하지 않는다. 나는 아직도 또 항상 자비이다. 그래서 저 여자를 만나러 가겠다. 만일 네가 나와 같이 가는 것이 유익하다고 생각하거든 오너라. 내가 저 여자를 만나러 가는 것은 정말 저 여자는 불행하기 때문이다. 저 여자는 젊고, 아름답고, 돈을 많이 받았고, 건강하고, 자기의 더러운 생활에 만족하고 있기 때문에, 자기가 거짓말을 한다고 생각하면서 불행하다고 말한다. 그러나 저 여자는 불행하다. 저 여자가 그 많은 거짓말 중에서 말한 다만 한 가지 진실이 이것이다. 앞서 가서 이야기하는 데 입회하여라."

"저는 싫습니다. 거기 입회하지 않겠습니다! 제가 그 일을 해야 하겠습니까?"

"네게 질문할 사람들에게 증언하기 위해서이다."

"그런데 누가 제게 질문을 한단 말씀입니까? 저희들 가운데에는 질문을 할 사람이 아무도 없고, 또 다른 사람들은… 저는 아무도 보지 않습니다."

"순종하여라. 앞서 가라."

"싫습니다. 이 일에는 순종하지 않겠습니다. 또 선생님도 저더러 창녀에게 가까이 가라고 강요하실 수는 없습니다."

"흥! 자넨 뭔가? 대사제인가? 선생님, 제가 가겠습니다. 그리고 겁내지 않고 아무 것도 가지지 않고 가겠습니다"하고 베드로가 말한다.

"아니다. 내가 혼자 가겠다. 문을 열어라."

예수께서 정원으로 나가신다. 오직 달이 뜨지 않은 밤의 완전한 어두움 속에 아무 것도 보이지 않는다. 부엌 문이 다시 열리니 베드로가 등을 하나 가지고 밖으로 나온다. "선생님, 정말 저를 원치 않으시면 이것만이라도 받으십시오"하고 큰소리로 말한다. 그런 다음 아주 낮은 목소리로 "그렇지만 저희들이 문 뒤에 있다는 점에 유의하십시오. 필요하면 부르십시오…."

예수께서 등을 받으시고, 비추어 보시려고 등을 쳐드신다. 굵은 호두나무 줄기 뒤에 사람의 형체가 있다. 예수께서 그 쪽으로 두어 걸음 가셔서 명령하신다. "나를 따라 오시오." 그리고 동쪽에 집에 붙여 놓은 작은 돌걸상에 가서 앉으신다.

여자는 베일을 쑥 쓴 채 몸을 구부리고 나아온다. 예수께서 등을 당신 곁에 있는 돌에 놓으신다.

"말하시오." 명령은 몹시 엄하고 뻣뻣하고, 예수께서는 너무도 하느님다워서 여자는 앞으로 나아와 말하지 않고, 오히려 뒷걸음질하며 몸을 한층 더 굽히고 말이 없다.

"말하라니까요. 당신이 나를 찾기에 내가 왔소. 말하시오"하고 예수께서는 목소리를 약간 부드럽게 하셔서 말씀하신다.

말이 없다.

"그러면 내가 말하겠소. 당신에게 묻겠는데, 당신은 왜 내 파멸을 원하는 사람들, 그리고 모든 방법으로 또 모든 가능한 모든 이익을 찾으면서 그렇게 할 생각을 하는 사람들을 도울 정도로 나를 미워하오? 대답하시오. 불행한 여자, 내가 당신에게 무슨 해를 끼쳤소? 당신이 하고 있는 고약한 생활 때문에 당신을 마음 속으로도 업신여기지 않은 사람이 당신에게 어떤 해를 끼쳤소? 아니? 마음 속으로도 당신을 원하지 않은 그 사람이 당신을 타락시켰기에, 당신을 더럽히고, 당신에게 올 때마다 당신을 업신여기는 사람들보다 그를 더 미워해야 한단 말이오? 대답하시오! 당신이 시내의 거리에서 만났기 때문에 겨우 얼굴이나 아는 사람의 아들인 나자렛의 예수가 당신에게 무슨 짓을 했소? 당신의 영혼의 더럽혀지고 흉하게 된 모습을 알아서 고쳐 주기 위하여 그것만을 찾기 때문에, 당신의 얼굴을 알지도 못하고 당신의 매력에는 관심도 가지지 않는 예수가 말이오. 말하라니까요! 당신은 내가 누구인지 알지 못하오? 아니, 부분적으로는 알지요. 당신은 그것을 3분의 2 가량까지도 아오. 당신은 내가 남자라는 것과 내 인물이 당신 마음에 든다는 것을 아오. 이것은 억제되지 않은 당신의 동물성이 당신에게 말해 준 것이오. 그리고 흥분한 여자로서의 당신의 혀가 당신의 관능의 동의를 받아들인 사람에게 이 말을 했고, 그 사람은 이 말을 가지고 나를 해치기 위한 무기를 만들었소.

당신은 내가 나자렛의 예수, 그리스도라는 것을 알고 있소. 이것은 당신의 육욕을 이용해서 당신이 나를 유혹하러 여기 오도록 당신에게 돈을 준 사람들이 당신에게 말한 것이오. 그들은 당신에게 이렇게 말했소. '그 사람은 자칭 그리스도라고 하고, 군중은 그 사람을 성인이라고 메시아라고 말한다. 그러나 그 사람은 사기꾼에 지나지 않는다. 우리는 그가 하찮은 인간이라는 증거를 가질 필요가 있다. 그 증거들을 우리에게 다오. 그러면 네게 많은 돈을 주마.' 당신은 하느님께서 당신의 육체 안에 영혼과 더불어 넣어주셨지만 당신이 부수어 흩어버린 정의의 나머지, 정의의 보물의 마지막 약간의 나머지로 인해서, 내게 해를 끼치기를 원치 않았소. 당신은 당신 나름대로 나를 사랑하고 있었으니까. 그러니까 그들은 당신에게 이렇게 말했소. '우리는 그 사람을 해치지 않을 것이다. 오히려 그 반대다. 그 사람을 네게 맡기고, 그를 네 곁에서 왕처럼 호사스럽게 살게 할 재산을 주겠다. 우리는 그저 우리 양심을 평안하게 하기 위해서 그가 그저 사람일 뿐이라고 우리 자신에게 말할 수 있기만 하면 되는 것이다. 그가 메시아라고 믿지 않는 것이 올바른 생각이라는 증거를 말이다' 하고. 그들이 당신에게 이런 말을 했소. 그래서 당신이 왔소. 그러나 만일 내가 당신의 아첨을 받아들이면, 지옥이 나를 덮칠 거요. 그들은 벌써 내 명예를 손상하고 나를 붙잡을 만반의 준비를 갖추고 있소. 그리고 당신은 그렇게 하는 데 연장 노릇을 할 거요.

보시오, 나는 당신에게 물어보지 않소. **나는 물어볼 필요없이 알고 있기 때문에** 말하오. 그러나 당신이 이 두 가지는 안다 하더라도 셋째 것은 알지 못하오. 당신은 내가 사람이라는 것과 예수라는 것을 빼놓고는 내가 누구인지 알지 못하오. 당신은 사람을 보오. 다른 사람들은 당신에게 '저 사람은 나자렛 사람이다' 하고 말하오. 그러나 나는 내가 누구인지 말해 주겠소. 나는 구속자요. 구속하기 위하여는 내가 죄가 없어야 하오. 인간으로서 있을 수 있는 내 관능성을 내가 어떻게 짓밟았는지를 보시오. 그 음탕한 사랑을 찾아 어두움 가운데에서 이 진흙에서 저 진흙으로 가는 저 기분나쁜 벌레에 대해서 한 것과 같이, 나는 **항상** 관능성을 짓밟았소. 그리고 지금도 그것을 이렇게 짓밟으오. 또 이와 같이 당신에게서 당신의 병을 뽑아내서 짓밟아, 당신을 건강하고 거룩하게 만들기 위해 그 병에서 구해낼 마음이 있소. 나는 구속자이기 때문이오. 오직 그 때문이오. 내가 사람의 육체를 취한 것은 당신들을 구원하고 죄를 쳐없애기 위해서이지 **죄를 짓기 위해서는 아니오**. 내가 육체를 취한 것은 당신들의 죄를 없애기 위해서이지, **당신들과 함께 죄를 짓기 위해서는 아니오**. 내가 육체를 취한 것은 당신들을 사랑하기 위해서요. 그러나 당신들을 하늘과 정의로 인도하기 위하여 그 생명과 피와 말, 모두를 주는 사랑으로 사랑하기 위해서이지, 당신들을 짐승처럼 사랑하기 위해서는 아니오. 또 나는 사람 이상의 존재이기 때문에 사람처럼 사랑하기 위해서도 아니오.

내가 누구인지 당신은 정확히 아오? 알지 못하지요. 당신은 당신이 하려고 온 그 일의 결과도 알지 못하고 있었소. 그래서 당신이 청하지 않아도 그것을 용서해 주오. 당신은 알지 못했었으니까. 그러나 당신의 매춘에 대해서 말이오! 당신은 어떻게 그 상태에서 살 수 있었소? 당신도 처음에는 그렇지 않았소. 당신은 착했었소. 오! 불행한 여자! 당신의 어린 시절이 생각나지 않소? 당신의 어머니의 입맞춤이 생각나지 않소? 어머니의 말은? 그리고 기도 시간은? 저녁에 당신 아버지가, 그리고 안식일에는 회당장이 설명하는 것을 당신이 들었던 지혜의 말씀들…, 누가 당신의 정신을 몽롱하게 만들고 취하게 했소? 기억하지 못하오? 후회하지 않소? 말하시오! 당신 정말 행복하오? 대답 안 하시는군요. 내가 당신 대신 말하겠소. 내가 말하겠는데, 아니오, 당신은 행복하지 못하오.

당신은 잠이 깨면, 머리맡에 당신의 치욕이 있다가 날마다 당신이 느끼는 첫번째 가책을 주오. 그리고 당신이 남자의 마음에 들기 위해 머리 단장을 하고 향수를 뿌리는 동안 당신의 양심은 소리높이 당신을 비난하오. 그래서 당신은 가장 정제된 향유에서도 고약한 냄새를 맡게 되고, 가장 진기한 요리도 당신에게 구역질 나게 하오. 또 당신의 목걸이는 사슬처럼 무겁게 느껴지오. 사실 사슬이기도 하지만 그리고 당신이 웃고 유혹하는 동안, 당신 안에서는 무엇인지 탄식하는 것이 있소. 그래서 당신은 당신 생활의 권태와 혐오감을 이기기 위하여 술에 취하오. 그리고 그들에게서 이득을 얻어내기 위해 당신이 사랑한다고 말하는 그들을 당신은 미워하오. 또 당신은 당신 자신을 저주하오. 또 당신의 잠은 악몽에 시달리오. 그리고 당신 어머니의 생각은 당신의 마음 속에 칼이 되오. 또 당신 아버지의 저주는 당신을 평안하게 내버려두지 않소. 그리고 당신이 만나는 사람들의 모욕과 당신을 절대로 동정하지 않고 이용하는 사람들의 흉포가 있소.

당신은 상품이오. 당신은 당신을 팔았소. 상품을 사고 나면, 자기 마음대로 사용하오. 찢고, 태워버리고, 짓밟고, 그 위에 침을 뱉고 하오. 그것은 물건을 산 사람의 권리요. 당신은 거역하지 못하오…. 그래 이 처지가 당신을 행복하게 하오? 아니오. 당신은 비관하고 있소. 당신은 속박되어 있소. 고통을 당하고 있소. 세상에서 당신은 누구나 짓밟을 수 있는 불결한 넝마 조각이오. 만일 괴로운 어떤 시간에 당신의 정신을 하느님께로 올려 위안을 얻으려고 하면, 창녀인 당신 위에 하느님의 분노를 느끼고, 하늘은 아담에게 보다도 한층 더 단단히 닫혀 있는 것을 느끼오. 당신이 몸이 불편할 때에는 당신의 운명을 당신이 알고 있기 때문에 죽음을 몹시 두려워 하오. 당신에게는 그것이 파멸이오.

오! 불행한 여자! 그런데 이것이 당신에게는 아직 넉넉하지 못했소? 당신은 당신 죄들로 이루어진 사슬에 사람의 아들의 파멸이라는 죄를 더하기를 원하는 거요? 당신을 사랑하는 사람, 당신을 사랑하는 오직 한 사람의 파멸의 죄를? 왜냐하면 사람의 아들이 육체를 취한 것은 당신의 영혼을 위해서도 한 것이기 때문이오. 만일 당신이 원하면, 나는 당신을 구해 줄 수 있을 거요. 당신의 비천의 심연을 심연과 같은 자비로운 성덕이 내려다보고, 당신을 당신의 더러운 심연에서 당신을 꺼내주기 위하여 당신에게서 하나의 욕망을 기다리고 있소. 당신은 하느님께서 당신을 용서하시는 것은 불가능한 일이라고 마음 속으로 생각하고 있소. 당신이 가진 이 생각의 근본을 당신이 창녀라는 것을 용서하지 않는 세상 사람들과의 비교에서 끌어내오. 그러나 하느님은 세상 사람이 아니시오. 하느님은 무한히 인자하시오. 하느님은 용서이시오. 하느님은 사랑이시오.

　당신은 내게 해를 끼치기 위하여 돈을 받고 내게 왔소. 나 분명히 당신에게 말하지만, 창조주께서는 한 인간을 구하기 위하여 악인 것까지도 선으로 바꾸실 수 있소. 그러니까 당신이 원하면, 당신이 내게로 온 것이 선으로 변할 거요. 당신의 구원자 앞에서 부끄러워 하지 말고, 그에게 당신 마음을 숨김없이 드러내는 것을 부끄러워하지 마시오. 당신이 당신 마음을 감추려고 해도 그는 그것을 보고 슬퍼하오. 우시오. 사랑하시오. 뉘우치는 것을 부끄러워하지 마시오. 당신이 죄를 짓는 데 과감했던 것처럼 뉘우치는 데에도 과감하시오. 내 발 앞에서 울고, 내가 정의로 돌아오게 한 창녀로는 당신이 첫번째가 아니오…. 나는 인간이 아무리 죄가 많았다 하더라도 인간을 쫓아낸 적이 절대로 없소. 오히려 나는 인간을 끌어당기고 구하려고 애를 썼소. 이것이 내 사명이오.

　어떤 마음의 상태가 나를 소름끼치게 하지 않소. 나는 사탄과 그의 행위를 아오. 나는 사람들과 그들의 약함을 아오. 나는 그래야 마땅한 것처럼, 하와의 죄의 결과를 남자보다 더 가혹하게 당하는 여자의 처지를 아오. 그러므로 나는 판단하고 동정할 줄을 알고, 분명히 말하지만, 죄에 떨어진 여자들 보다는 그들을 죄에 떨어지게 이끌어가는 남자들에 대해서 더 엄하오. 불행한 여자인 당신의 경우에는, 당신이 무슨 일에 참가하는지 정확히 알지 못하고 온 당신에게 보다는 당신을 보낸 사람들에게 더 엄하게 구오. 나는 당신이 당신과 같은 다른 여자들처럼 구속되고자 하는 갈망으로 왔으면 더 좋아했을 거요. 그러나 만일 당신이 하느님의 소원을 들어드려서 당신의 나쁜 행동을 가지고 당신의 새 생활의 주춧돌을 만들면, 나는 당신에게 평화의 말을 해 주겠소…."

처음에는 매우 엄하셨던 예수께서 차차 부드러워지셨고, 이런 태도로 계속 계셨다…. 즉 일체의 감정의 약함과 당신의 인자에 대한 일체의 그릇된 평가를 배제하시는 하느님으로. 이제는 예수께서 말씀을 하지 않으시고, 당신에게서 두어 미터 떨어진 곳에 그대로 서 있는, 그러나 몸을 굽히고, 점점 더 굽히고 있는 여자를 바라보신다. 예수께서 말씀하시는 중간에 그 여자는 아름다운 두 손을 얼굴로 가져가 베일 위로 꼭 누르고 있었는데, 이제는 온통 가락지들로 장식된 손이 떨어져서 어두운 빛깔의 겉옷 위에 놓여 있다. 그 여자는 팔꿈치까지 드러난 팔목에 팔찌를 끼었다.

여자가 우는지 울지 않는지 말하지 못하겠다. 운다 하더라도 흐느낌 소리도 들리지 않고, 몸도 흔들리지 않으므로 조용히 우는 것이 틀림없을 것이다. 우중충한 옷을 입은 그 여자가 하도 꼼짝 않고 있어서 무슨 조상과도 같다. 그러다가 갑자기 무릎을 꿇고, 땅 위에서 몸을 움추린다. 그 때에는 그 여자가 정말 울고, 그것을 보이지 않으려고 자제하지 못한다. 그리고 넝마처럼 땅에 엎드린 채로 있으면서 말한다. "사실입니다! 선생님은 정말 예언자이십니다…. 모두가 사실입니다…. 그들이 이 때문에 제게 돈을 주었습니다…. 그러나 그 사람은 내기를 하기 때문이라고 말했습니다…. 그들이 선생님을 제 집에서 발견할 것이라고… 그렇지만 선생님 곁에서도…."

"여보시오. 나는 **당신의** 죄에 대한 이야기만을 듣겠소…" 하고 예수께서 그여자의 말을 막으신다.

"맞습니다. 저는 쓰레기 구덩이이니까 어떤 사람을 비난할 권리가 없습니다. 모두가 사실입니다. 저는 행복하지 못합니다…. 저는 재산과 연회와 사랑을 즐기지 못합니다…. 저는 어머니 생각을 하면서 얼굴을 붉힙니다…. 저는 하느님과 죽음을 무서워합니다…. 저는 저를 사는 남자들을 미워합니다. 선생님이 말씀하신 것 모두가 사실입니다. 그러나 주님, 저를 쫓아내지 마십시오. 제 어머니를 비롯해서 일찍이 아무도 선생님처럼 말한 적이 없습니다. 그리고 선생님은 제 어머니보다도 훨씬 더 부드럽게 말씀하셨습니다. 어머니는 마지막 시기에는 제 행실 때문에 제게 대해 엄격했었습니다…. 더 이상 어머니의 말을 듣지 않으려고 예루살렘으로 도망쳤습니다…. 그러나 선생님은… 그런데도 선생님의 친절은 저를 몹시 괴롭히는 불에 눈을 붓는 것과 같았습니다. 제 불은 진정되고, 또 다른 불이 피기까지 했습니다. 그 불은 활활 타올랐지만, 빛도 열도 주지 못했습니다. 저는 얼음과 같고 어두움 속에 있었습니다. 오! 저는 얼마나 고통당하기를 원했는지 모릅니다! 얼마나 무익하고 저주받은 고통을 저 스스로에게 주었는지 모릅니다! 주님, 저는 벙싯 열린 문을 통해서 제가 불행한 여자라고, 저를 불쌍히 여겨 주십사고 말했습니다. 그것은 그들이 선생님을 함정에 빠뜨리기 위해서 말하라고 제게 가르쳐 준 거짓말이었습니다. 그들은 그런 다음에는 제 아름다움이 나머지 일을 할 것이라고 말했습니다…. 제 아름다움! 제 옷들!…"

여자가 일어난다. 그 여자가 일어난 지금, 나는 그 여자가 키가 큰 것을 본다. 그 여자가 베일과 겉옷을 휙 벗어 던지니, 매우 살갗이 흰 갈색 머리 여자의 그의 참 아름다움이 나타난다. 흑갈색으로 더 크게 만든 그의 눈은 크고 매우 아름답다. 그 눈은 이런 부류의 여자에게서 만나는 것이 이상한 악의없는 놀란 눈길을 가지고 있다. 어쩌면 눈물이 벌써 그 눈을 깨끗이 했는지도 모르겠다.

여자는 겉옷을 휙 잡아채서 그 천을 짓밟고, 베일을 찢고, 겉옷과 베일에서 값진 죔쇠들을 뜯어 내서 땅바닥에 던지고, 반지와 팔찌들을 떼어내고, 머리 장식을 멀리 던지고, 반짝이는 머리핀을 잔뜩 꽂은 곱슬곱슬한 컬을 잡고 머리핀들을 잡아채서, 무섭기까지 한 격정적인 희생으로 머리모양의 기교를 사라지게 하기 위하여 머리를 흐트러뜨린다. 목에 걸고 있는 목걸이는 휙 잡아채져서 보석들이 떨어져 나가는데, 장식을 한 샌들을 신은 그의 발이 보석들을 짓밟아 으깬다. 값진 허리띠로 같은 운명이 되고, 옷감을 가슴 위에 솜씨있게 고정시키던 장식 핀도 그렇게 된다. 그리고 이 모든 것이 진행되는 동안에 그 여자는 괴로워하는 낮은 목소리로 되풀이 한다.

"멀리 가라! 멀리 가! 저주받은 물건들. 멀리 가라! 너희들과 너희들을 준 사람들. 멀리 가라, 내 아름다움아! 멀리 가라, 내 머리카락! 멀리 가라, 재스민 빛깔의 내 살갗!"

그 여자는 땅에 보이는 뾰족한 돌을 급히 주워 가지고 얼굴과 입을 피가 나도록 친다. 그의 물들인 손톱으로 자기의 얼굴을 할퀸다. 상처에서 피가 뚝뚝 떨어지고, 얼굴 모습이 매를 맞아 부어 오른다…. 그의 분노가 가라앉을 때까지. 숨을 헐떡이고, 기진맥진하고, 머리가 흐트러지고, 찢어지고, 옷이 피와 흙으로 더러워진 그 여자는 예수의 발 앞에 땅에 엎어지며 신음한다.

"이제는 제 마음을 보시면 저를 용서하실 수 있습니다. 이제는 과거의 것이 아무 것도 남아 있지 않으니까요. 아무 것도… 주님이 주님의 원수들과 제 육체를 이기셨습니다…. 제 죄를 용서하십시오…."

"나는 당신을 만나러 왔을 때 벌써 당신 죄를 용서했었소. 일어나시오. 그리고 다시는 절대로 죄짓지 마시오."

"그렇게 하려면 어떻게 해야 할지 가르쳐 주십시오."

"당신이 죄를 짓던 곳에서, 당신이 누구인지를 아는 사람들에게서 멀리 떠나시오. 당신 어머니는…."

"오! 주님! 어머니는 다시는 저를 받아들이지 않을 것입니다. 어머니는 제 탓으로 저를 저주하면서 돌아가신 아버지 때문에 저를 미워합니다."

"하느님이신 하느님께서 당신을 받아들이시고, 하느님께서는 아버지이시기 때문에 당신을 받아들이시는데, 당신을 낳았고, 당신과 같은 여자인 어머니가 당신을 받아들이지 않을 수가 있습니까? 겸손되이 어머니에게로 가시오. 그리고 지금 내 발 앞에서 우는 것과 같이 어머니의 발 앞에서 우시오. 내게 한 것과 같이 어머니에게 자백을 하시오. 어머니에게 당신의 고통을 말하고, 연민을 청하시오. 당신 어머니는 이 순간을 여러 해째 기다리고 있소. 어머니는 편안히 세상을 떠나기 위해 이 순간을 기다리고 있소. 내 꾸지람을 견딘 것과 같이 어머니의 사랑 가득한 꾸지람을 참아 견디시오. 나는 당신과 상관없는 사람이었는데도, 당신은 내 말을 들었소. 그분은 당신 어머니요, 그러니 당신은 어머니의 말을 공손히 들을 이중의 의무가 있소."

"주님은 메시아이십니다. 주님은 제 어머니보다도 더 나으십니다."

"당신은 이제야 그 말을 하는구려. 그러나 당신이 나를 유혹하려고 왔을 적에는 내가 메시아인 줄 알지 못했소. 그런데도 내 말을 들었소."

"주님은 다른 사람들과는 아주 다르셨습니다…. 그래서… 오 나자렛의 예수님, 예수님은 거룩하십니다!"

"당신 어머니는 어머니로서도 인간으로서도 거룩하오. 어머니의 기도로 인해서 당신은 하느님의 자비를 얻은 것이오. 어머니는 항상 거룩하시오! 그리고 하느님께서는 사람들이 어머니를 공경하기를 원하시오."

"저는 어머니의 명예를 더럽혔습니다. 온 마을이 그것을 알고 있습니다."

"그러니까 더군다나 어머니에게 가서 '어머니, 용서해 주세요' 하고 말하는 것이 당연하오. 그리고 당신 때문에 어머니가 받으신 고통을 배상해 드리기 위해서 당신의 일생을 어머니에게 바치는 것이 당연하오."

"그렇게 하겠습니다…. 그러나… 주님, 저를 예루살렘으로는 돌려보내지 마십시오. **그들이** 저를 기다리고 있습니다…. 그래서 저는 위협에 저항할 수 있을 지 모르겠습니다…. 새벽까지 저를 여기 있게 놔 주십시오. 그런 다음…."

"잠깐 기다리시오."

예수께서는 일어나셔서 부엌문 쪽으로 가셔서 문을 두드려 열게 하시고 말씀하신다. "엘리사 아주머니 밖으로 나오세요." 엘리사는 순종한다. 예수께서는 엘리사를 여자 쪽으로 데리고 가신다. 그 여자는 나이 든 다른 여자가 오는 것을 보고 부끄러워하는 몸짓을 하고, 얼굴과 선정적인 옷을 겉옷과 찢어진 베일의 나머지 부분으로 가리려고 애쓴다.

"엘리사 아주머니, 들으세요. 저는 곧 이 집을 떠납니다. 제 사도들에게는 새벽에 헤로데 문으로 저를 찾아오라고 말씀하세요. 저와 같이 **가야 하는** 가리옷의 유다를 빼놓고는 모두 말입니다. 이 여자를 아주머니와 같이 재우세요. 저는 지금부터 오랫동안 노베에 돌아오지 않을 터이니까 제 침대를 쓰셔도 됩니다. 내일 요한이 깨면, 아주머니와 요한 두 분이 이 여자가 말하는 곳으로 데려다 주세요. 이 여자에게 보통옷 한 벌과 아주머니의 겉옷 한 벌을 주세요. 그리고 두 분이 모든 일에 이 여자를 도와 주세요."

"알겠습니다, 주님. 시키시는 대로 하겠습니다. 요한 때문에 안 됐습니다…."

"저도 할아버지를 기쁘게 해 드리려고 했습니다. 그러나 사람들의 증오는 사람의 아들이 의인에게 즐거운 시간을 한 시간 주는 것을 못하게 하는군요…."

"그런 다음에는요, 주님?"

"그런 다음에는? 우선 벳수르로 돌아가셔도 됩니다…. 엘리사 아주머니, 안녕히 계십시오. 제 강복과 내 평화가 아주머니와 함께 있기를 바랍니다. 당신도 잘 있으시오. 당신을 한 어머니와 한 의인에게 맡기오. 그렇지만 당신의 소지품을 가지러 돌아가야 한다고 생각하면…."

"아닙니다. 저는 과거의 것은 아무 것도 가지기를 원치 않습니다."

"그러나 이거 보시오! 당신은 분명히 모든 것을 내팽개칠 수는 없소. 당신은 하인들이나 친척들이 없소?" 하고 엘리사가 말한다.

"저는 하녀 한 사람밖에 없습니다…. 그리고…."

"당신은 그 하녀를 돌려보내야 할 거요. 그리고 또…."

"아주머니께서 돌아오셔서 그렇게 해 주십시오, 제발. 아주머니, 제가 온전히 병이 고쳐지게 도와주십시오." 그런데 그의 목소리에는 참다운 고민이 들어 있다.

"그러시오. 색시, 그래요. 걱정 마시오. 내일 모든 것을 생각하기로 합시다. 이제는 나와 같이 위층으로 올라 갑시다." 그리고 엘리사는 여자의 손을 잡고 층계로 해서 위층으로 데리고 올라가 작은 방들 중의 하나에 인도하고 나서 빨리 내려온다. "주님, 저는 모든 사람이 그 여자없이 주님을 보는 것이 좋으리라고 생각했습니다. 그리고 그 여자가 어디 있는지 모르는 것이. 이 보석들은…." 엘리사는 몸을 굽혀 반지들과 팔찌, 죔쇠와 머리 핀과 허리띠와 끊어진 목걸이에서 찾아낼 수 있는 만큼의 진주를 줍는다. "이것들은 어떻게 합니까, 주님?"

"저와 같이 오십시오. 아주머니 말씀이 옳습니다. 사도들이 저를 보는 것이 좋습니다."

두 사람은 부엌으로 들어간다. 모두가 예수를 의아스러운 듯한 태도로 바라본다. 늙은 요한도 일어나 있는데, 아마 사도들이 떠드는 바람에 깬 모양이다.

"아주머니, 값진 물건들을 토마에게 주십시오. 그리고 토마, 너는 그것들을 내일 어떤 금은방 주인에게 팔아라. 그것은 가난한 사람들에게 소용될 것이다. 그렇다. 여자의 보석들이다. 그 여자의. 이것이 사람의 아들을 육욕이 유혹해서 그의 사명에서 벗어나게 할 수 있다고 생각하는 사람들에 대한 대답이다. 또 나를 미워하는 사람들에게는 비난거리를 찾아내기 위해서 하는 일체의 흉계가 쓸데 없다는 충고도 된다. 할아버지, 엘리사 아주머니가 할아버지께 하셔야 할 일을 말씀드릴 것입니다. 강복을 드립니다…."

"주님, 저를 떠나십니까?" 하고 노인이 몹시 슬퍼하며 묻는다.

"그렇게 해야 합니다. 안녕히 계십시오. 평화가 할아버지와 함께 있기를 바랍니다." 그리고 사도들에게로 몸을 돌려 말씀하신다. "쉬러들 가라. 가리옷의 유다를 빼놓고는 모두. 유다는 나와 같이 간다."

"아니, 어디루요? 밤이 되었는데요" 하고 유다가 반대한다.

"기도하러. 이것이 네게 해롭지는 않을 것이다. 나와 같이 마시는 밤공기가 무섭다면 몰라도 말이다."

유다는 고개를 숙이고 마지 못해 겉옷을 입는다. 그동안 예수께서는 겉옷을 입으신다.

"내일 새벽에 헤로데 문으로 오너라. 우리는 성전으로 간다, 그리고…."

"안 됩니다!" 안 됩니다 하는 말은 이구동성으로 나온다. 유다의 소리가 제일 크다.

"우리는 성전으로 갈 것이다. 나를 가만 놔 두라고 그들을 설득했다고 혹 네가 말하지 않았느냐?"

"맞습니다."

"그러면 우리가 성전에 가는 거다. 가자." 그러시면서 출입문 쪽으로 향하신다.

"이렇게 해서 우리가 준비한 축제가 벌써 끝났구먼…" 하고 베드로가 한숨을 쉬며 말한다.

"시작되기도 전에 끝났다고 말해야 할 걸세" 하고 제베대오의 야고보가 대답한다.

예수께서는 벌써 열린 문어귀에 계신다. 그리고 돌아서시며 강복을 하신다. 그런 다음 밤어두움 속으로 사라지신다.

부엌에서는 모두가 말이 없다. 이윽고 마태오가 엘리사에게 묻는다. "아니, 도대체 무슨 일이 있었습니까?"

"나도 몰라요. 울고 있는 여자가 한 사람 있었어요. 그리고 선생님은 당신들에게도 말씀하신 것과 같은 말을 내게도 하셨어요. 그 여자가 누구인지, 어디서 왜 왔는지는 나도 몰라요…."

"그럼, 가세…." 그러면서 이 집에서 자는 마태오와 바르톨로메오를 **빼놓고는** 모두 간다.

230. 예수와 유다가 예루살렘을 향하여

　새벽빛이 지평선을 비춘다. 언덕을 뒤덮고 있는 올리브나무 수풀이 천천히 밝아지며 어둠 속에서 나온다. 그늘진 줄기들은 아직 보이지 않지만, 은빛도는 잎들이 벌써 나타난다. 안개가 언덕 위에 터져 있는 것 같다. 그러나 그것은 새벽의 어렴풋한 빛을 받은 회색을 띤 잎들일 뿐이다.
　예수께서는 올리브나무들 아래 혼자 계신다. 그러나 여기는 게쎄마니는 아니다. 게쎄마니 동산은 말하자면 모리아산과 평행을 이루고 있는데, 여기서는 모리아산이 정면으로 있기 때문이다. 그러니까 여기는 예루살렘의 북쪽, 왕릉들이 있는 너머쪽이다. 예수께서는 아직 기도하고 계신다. 그리고 새들의 지저귐이 날이 밝았다는 것을 알려드리는 데도 기도를 계속 하신다. 이제는 떠오른 해의 첫번 햇살이 지금까지는 매우 흐리게 보이던 성전의 둥근 지붕의 금빛 중에서 금빛 한 점을 비출 때에야 비로소 몸을 일으키시고, 일어나셔서 흙 묻은 자국이 있고, 두꺼운 천에 작은 마른 잎 몇 개가 붙어 있는 겉옷을 터신다. 손으로 수염과 머리카락을 다듬으시고, 옷과 허리띠를 매만지시고, 샌들의 끈을 살펴보시고, 겉옷을 다시 입으시고, 나무 줄기들 사이로 겨우 표가 나 있는 오솔길로 해서 언덕 아래로 내려오신다. 아마 언덕 중턱에 있는 지붕에서 연기가 올라오는 저 작은 집을 향하여 하시는 모양이다. 그런데 그것이 아니다. 시내로 가는 주요 도로 쪽으로 내려가는 더 넓은 길로 돌아가신다.
　예수 뒤에서는 가리옷 사람이 언덕을 곤두박질해 내려온다. 곤두박질 해 내려온다고 말하는 것은 선생님을 따라 오려고 미친 사람처럼 뛰어 내려오기 때문이다. 목소리가 들릴 만한 거리에 이르자 예수를 부른다. 예수께서 걸음을 멈추신다. 유다는 숨을 몰아 쉬며 예수 계신 곳에 왔다. "선생님… 제가 선생님을 찾으러 온 것이 다행이었

230. 예수와 유다가 예루살렘을 향하여

습니다! 선생님은 이렇게 저는 놔 두고 가십니까? 어제 저녁에는 집에서 선생님을 기다리라고, 꼭 오실 거라고 말씀하셨는데, 반대로…."

"내가 모두에게 새벽에 헤로데 문에서 나를 기다리라고 말하지 않았느냐? 지금은 새벽이다. 그래서 헤로데 문으로 가는 것이다."

"예, 그렇지만… 그건 다른 사람들에게 하신 말씀이지요. 우리는 같이 있었는데요."

"같이?" 예수께서는 매우 근엄하시다.

"그렇구 말구요. 우리는 같이 왔습니다. 선생님이 그렇게 하라고 그러셨습니다. 그리고는 선생님 혼자서 기도하러 가시는 편을 택하셨지요. 그러나 저도 선생님과 같이 갈 마음이 있었습니다."

"노베에서 너는 나와 함께 기도로 밤을 새우는 것이 네 뜻에 맞지 않는다는 것을 분명하게 보였다. 그래서 강제로 덕행의 행위를 하는 것을 네게 면해 주었다. 그 덕행의 행위는 아무 소용이 없었을 것이다. 선이 향기가 있고 풍부한 것이 되게 하려면 그것을 자발적으로 행할 줄 알아야 한다. 그렇지 않은 경우에는 그것이 과장된 태도에… 지나지 않고, 때로는 과장된 태도보다 더 나쁜 것이다."

"그러나 저는… 왜 얼마 전부터 제게 대해서 엄한 태도를 취하십니까? 선생님이 이제는 저를 사랑하지 않으십니까?"

"내가 네게 이제는 나를 사랑하지 않느냐고 네게 묻는 것이 이치에 더 맞을 것이다. 그러나 나는 이 말을 네게 묻지 않는다. 이 질문은 쓸데 없는 일일 것이기 때문인데, 나는 무익한 일을 절대로 하지 않는다."

"어! 물론이지요! 선생님은 제가 선생님을 사랑한다는 것을 잘 아시니까요!"

"가리옷의 유다야, 나는 그것을 알았으면 좋겠다. 그래서 네가 나를 사랑한다는 것을 안다고 네게 말할 수 있었으면 좋겠다. 그러나 나는 무익한 일을 절대로 하지 않는 것과 같이 거짓말도 절대로 하지 않는다. 그러므로 네가 나를 사랑한다는 것을 안다고 네게 말하지 않는다."

"아니, 뭐라구요. 선생님! 제가 선생님을 사랑하지 않는다구요? 제가 선생님을 위해 일하지 않습니까? 그걸 의심하실 수 있습니까? 저는 이것이 슬픕니다. 저는 어떤 일이 선생님을 몹시 슬프게 한다는 것을 깨달으면, 다시는 그렇게 하지 않고 그 일이 행해지지 않도록 조심합니다! 보세요. 저는 제가 밤에… 나가는 것이 선생님의 마음에 들지 않는다는 것을 깨달았습니다. 그래서 이제는 밤에 나가지 않습니다. 저는 선생님의 적대자들과의 토론이 선생님을 몹시 피로하게 한다는 것을 알아차렸습니다. 그래서 저는 그들에게 가서—그들은 저를 마구 모욕했습니다.— 토론하는 일은 단념하라고 말했습니다. 그리고 보시다시피 선생님은 귀찮은 일을 당하지 않으셨습니다. 그리고 성전에서도 귀찮은 일을 당하지 않으시리라고 생각합니다. 선생님은 불쌍한 유다에게 대해서 공평하지 않으십니다!"

"나를 따르는 사람들 중에서 불공평하다고 나를 비난하는 것은 네가 처음이다…."

"오! 용서하십시오! 그러나 선생님의 말씀과 선생님의 엄함이 저를 너무도 괴롭혀서 이제는 깊이 생각할 줄을 모르게 되었습니다. 그 때문에 저는 미칠 지경이 됩니다. 정말입니다. 자, 제 평화를, 서로 화해를 하십시다. 저는 선생님과 오직 한 사람인 것처럼 선생님과 같이 있고 싶습니다. 항상 함께…."

"이전에는 우리가 그랬었다. 그러나 지금은 유다야, 말해 보아라. 대관절 우리가 언제 그렇게 같이 있느냐?"

"또 그날 밤이요? 혹은 또 제가 베타바라에 선생님과 같이 가지 않았기 때문이요? 그러나 선생님은 제가 왜 가지 않았는지 아십니다. 선생님의 이익을 위해서였습니다…. 또 그날 밤에는… 주님, 저는 젊습니다! 그러나 그 시간들만 빼놓고는, 그 때에는 제가 잘못 생각했는지도 모르고, 틀림없이 잘못하기도 했습니다만, 다른 때에는 항상 선생님 곁에 있습니다."

"나는 육체적으로 곁에 있는 것에 대해서 말하는 것이 아니라, 정신적으로 가까이 있는 것, 생각과 마음으로 가까이 있는 것에 대해서 말하는 것이다. 유다야, 너는 네 구세주에게서 멀리 떨어져 있고, 점점 더 멀어져 간다."

"그겁니다! 모든 비난은 제게 대해서입니다! 그렇지만 보시다시피 저는 정말 그 비난들을 아주 겸손하게 받아들입니다. 저는 '저를 내 쫓으십시오' 하고 말씀드렸는데, 선생님이 붙잡으셨습니다…. 그러면 저더러 어떻게 하라시는 것입니까?"

"내가 원하는 것!! 너를 위해서는 쓸데 없는 육체를 취하지 않았기를 바란다. 내가 원하는 것은 이것이다! 그러나 이제 너는 다른 아버지와 다른 나라의 사람이 되었고, 다른 나라 말을 하게 되었다…. 오! 아버지, 아버지의 아들이요 제 형제인 사람의 더럽혀진 성전을 깨끗하게 하기 위하여는 어떻게 해야 하겠습니까?" 예수께서는 당신 아버지께 말씀하시면서 매우 창백하게 된 얼굴로 우신다.

유다도 핏기 없는 안색이 되면서 말없이 조금 비켜난다. 예수께서는 그보다 몇 걸음 앞서서 고개를 기울이시고 당신 고통 속에 잠기신 채 내려오신다. 그러자 유다는 죄없는 분 뒤에서 업신여김과 위협, 말하자면 잔인한 맹세의 몸짓을 한다. 그 때까지는 상냥함과 겸손의 위선적인 색채의 가면을 썼던 그의 얼굴이 모가 나고 냉혹하고 거칠고 난폭하게 된다. 정말 마귀 같은 얼굴이다. 모든 증오가, 그러나 인간적인 것이 아닌 증오가 그의 검은 눈동자의 반짝임 속에 있고, 그 증오의 불길은 키가 큰 예수의 몸으로 집중된다. 그런 다음 어깨를 한번 들썩 하고 화가 난 발길질을 한번 하고, 유다는 그의 마음 속으로 하는 추론에 종지부를 찍고, 이제는 돌이킬 수 없는 결심을 한 사람과 같이 다시 침착해진 다음 길을 다시 걷기 시작한다.

성벽에 둘러싸인 도시가 가까워졌다. 사람들이 성문들로 몰려든다. 외국인들, 야채 재배인들, 이웃 마을들의 사람들이다. 성벽 가까이에 있는 사람들 가운데에는 열한 사도가 있다가 선생님을 보고 마주 온다.

"선생님, 저희가 여기서 기다리고 있는 동산에 어떤 사람이 선생님을 찾아 왔습니다. 그 사람은 발레리아가 선생님께 자유로운 몸이 된 로마인들의 회당 근처로 오십사고 부탁한다고, 자기가 거기 있을 터이니까 정말 그리 오시라고 부탁한다고 말했습니다."

"좋다. 그리고 가자. 내 옷이 깨끗하지 못하니까 우선 세포리스의 요셉의 집으로 가자."

"주님, 어디서 주무셨습니까?" 하고 베드로가 묻는다.

"아무 데서도 자지 않았다. 시몬아, 언덕 위에서 기도를 드렸는데 땅이 젖어 있고 질척하기까지 했다. 보다시피."
"왜 그렇게 한데서 기도하십니까, 주님? 선생님께 해로울지도 모릅니다…."
"자연의 힘은 사람의 아들에게 해를 끼치지 않는다. 하느님께서 만드신 것들은 착하다…. 이 사람을 미워하는 것은 사람들이다."
베드로는 한숨을 쉰다. 일행은 갈릴래아 사람의 집을 향하여 떠나는데, 다른 사람들이 따라 간다.

231. 예수께서 자유의 몸이 된 로마인들의 회당에 가시다

로마인들의 회당은 성전의 정반대쪽 경마장 근처에 있다. 예수를 기다리는 사람들이 있는데, 길 초입에서 신호로 예수 오신 것을 알리자, 여자들이 제일 먼저 마주 나온다. 예수께서는 베드로와 타대오와 함께 오신다.

"선생님, 안녕하세요? 제 청을 들어주셔서 감사합니다. 시내에 들어오시는 길입니까?"

"아닙니다. 아침 일찍부터 시내에 들어와 있습니다. 성전에 갔었지요."

"성전에요? 그들이 선생님을 모욕하지 않았습니까?"

"예. 시간이 일러서 내가 온 것을 모르고 있었습니다."

"그 때문에 선생님을 모셔 오라고 했습니다…. 또 여기에는 선생님의 말씀을 듣기를 원하는 이방인들이 있기도 해서 그랬습니다. 여러 날 전부터 이 사람들은 선생님을 기다리려고 성전에 갔습니다. 그러나 이들을 비웃고 위협까지 했답니다. 어제 저도 성전에 갔었는데, 그들이 선생님을 모욕하려고 기다리고 있다는 것을 알아차렸습니다. 저는 성문마다 사람들을 보냈습니다. 돈을 가지고는 무엇이든지 얻을 수 있어요…."

"고맙습니다. 그러나 이스라엘의 라삐인 나는 성전에 올라가지 않을 수가 없습니다. 이 여자들은 어떤 사람들입니까?"

"주님, 테웃베르그 수풀 속에서 살던 더없이 야만인 해방된 제 노예 투스닐다입니다. 많은 사람의 피를 흐르게 한 저 무모한 진격들의 희생물입니다. 제 아버지가 어머니에게 이 여자를 선사 하셨고, 어머니는 제 결혼 선물로 주셨습니다. 이 여자의 신들에게서 우리 신들에게로 넘어왔고, 우리 신들에게서 선생님께로 넘어왔습니다. 이 여자는 제가 하는 대로 하니까요. 다른 여자들은 선생님을 기다리는 이방인들의 아내들로 여러 지방에서 남편들의 배를 타고 왔는데, 대부분이 몸이 편치 않습니다."

"회당으로 들어갑시다…."

회당장이 문어귀에 서서 몸을 굽혀 인사를 하며 자기 소개를 한다. "마타티아스 시쿨루스올시다. 선생님, 선생님께 찬미와 축복이 있기를."

"선생에게 평화."

"들어오십시오. 조용히 있기 위해 문을 닫습니다. 증오가 얼마나 심한지 벽돌들이 눈이 있고, 돌들이 귀가 있어 선생님을 살피고 밀고할 정도입니다. 아마도 그들의 이익을 건드리지만 않으면 우리 하는 대로 가만 내버려두는 이 사람들이 나을 것입니다" 하고 작은 마당 저쪽에 있는 회당인 넓은 방으로 예수를 인도하기 위하여 예수 곁에서 걸어 가는 늙은 회당장이 말한다.

"마타티아스 선생, 우선 병자들을 고칩시다. 그들의 믿음은 갚음을 받을만 합니다" 하고 예수께서 말씀하신다. 그리고 이 여자에게서 저 여자에게로 옮겨가시며 두 손을 얹으신다.

어떤 여자들은 건강하다. 그러나 그들이 안고 있는 어린 것이 아프다. 그러면 예수께서는 어린 아이를 고쳐 주신다. 완전히 마비가 되었던 계집 아이가 있는데, 병이 고쳐지자 "주님, 시타레가 주님의 손에 입맞춤 합니다" 하고 외친다.

벌써 지나가셨던 예수께서 미소를 짓고 돌아서시며 물으신다. "너는 시리아 아이냐?" 하고.

어머니가 설명한다. "주님, 시돈 저쪽에서 온 페니키아 아이입니다. 저희들은 타미리강 연안에서 살고 있는데, 저는 다른 아들 열 명과 다른 딸 두 명이 또 있습니다. 딸 하나는 시라이고, 또 하나는 타미라입니다. 시라는 겨우 아이를 면했지만 과부입니다. 그래서 자유의 몸이 되어서 여기 시내에 제 오빠 곁에 자리잡았습니다. 그리고 그 애는 주님을 믿는 사람들 중의 하나입니다. 주님은 무엇이든지 하실 수 있다고 그 애가 저희들에게 말해 주었습니다."

"딸은 당신과 같이 오지 않았소?"

"왔습니다, 주님. 저 여자들 뒤에 있습니다."
"앞으로 나아오시오" 하고 예수께서 명령하신다.
여자는 두려워하며 나아온다.
"당신이 나를 사랑하면 나를 무서워해서는 안 되오" 하고 예수께서 그의 용기를 돋우어 주시려고 말씀하신다.
"저는 주님을 사랑합니다. 그렇기 때문에 알렉산드로셴을 떠났습니다. 주님의 말씀을 또 듣고 또… 제 고통을 받아들이는 일을 배우리라고 생각했기 때문입니다…." 그러면서 그 여자는 운다.
"언제 남편을 잃었소?"
"이곳 달력의 아다프달 말예요…. 만일 주님이 거기 계셨더라면 제 노는 죽지 않았을 것입니다. 남편이 그렇게 말하고 있었습니다…. 남편은 주님이 말씀하시는 걸 들었고, 주님을 믿고 있었으니까요…."
"그러면 남편은 죽지 않았소. 나를 믿는 사람은 살아 있기 때문이오. 육체가 살고 있는 이 인생이 진짜 생명이 아니오. 진짜 생명은 길과 진리와 생명을 믿고 따르면서, 그것의 말에 일치하게 행동하는 것으로 얻는 생명이오. 얼마 안 되는 시간밖에는 믿고 따르지 않았다 하더라도, 또 육체의 죽음으로 이내 중단되어서 얼마 안 되는 동안밖에는 일하지 못했다 하더라도, 다만 하루, 다만 한 시간만 일했다 하더라도, 나 당신에게 분명히 말하지만 그 사람은 이제 죽음을 겪지 않을 것이오. 사실, 모든 사람의 아버지이신 내 아버지는 내 율법과 내 믿음에서 지낸 시간을 계산하지 않으시고, **죽을 때까지 이 율법과 믿음 속에 살겠다는 사람의 뜻을** 헤아리실 거요. 나는 나를 믿고 내가 말하는 것에 따라 행동하며, 구세주를 사랑하고, 이 사랑을 전파하고, 그에게 주어진 시간 동안에 내 가르침을 지키는 사람에게 영원한 생명을 약속하오. 내게로 와서 '주님, 저를 주님의 일꾼들 가운데 받아 주십시오' 하고 말하고, 내 아버지께서 그들의 하루일이 끝났다고 판단하실 때까지 그 뜻을 계속 가지고 있는 사람들은 모두가 내 포도밭의 일꾼들이오. 나 여러분에게 아주 분명히 말합니다만, 다만 한 시간 동안만, 즉 **그들의 마지막 시간만** 일하고서도, 첫시간부터 일했지만, 항상 열의 없이, 지옥에 가게 되지 않을까 하는 생각으로, 즉 벌이 무서워서 일을 하게 된 일꾼들보다 더 빠른 상급을 받을 일꾼들이 있을 것입니다. 이렇게 일하는 방식을 내 아버지께서 즉각적인 영광으로 갚아주지 않으십니다. 오히려 반대로 영원한 벌을 받지 않기 위해서 필요한 선을, 그리고 얼마 안 되는 선을 행하는 데에만 관심을 가진 저 이기주의적이고 타산적인 사람들에게는 영원한 심판께서 오랜 속죄를 명하실 것입니다.

그들은 스스로 손해를 보며 오랫동안의 속죄로 온전히 하느님의 영광으로 향한 적극적인 사랑, 적극적인 **참 사랑**을 가진 정신을 스스로 가지는 것을 배워야 할 것입니다. 그리고 다시 한번 분명히 말합니다만, 특히 이방인들 가운데에 한 시간이나 또는 한 시간도 못 되게 일하고서 내 나라에서 영광스럽게 될 일꾼들이 많이 있을 것입니다. 그것은 주님의 포도밭으로 들어오라고 그들을 권유하는 은총과 일치한 오직 한 시간에 그들은 사랑의 영웅적인 완전에 도달했겠기 때문입니다. 그러므로 부인, 용기를 가지시오. 당신 남편은 죽지 않고 살아 있소. 당신에게는 남편이 잃어진 사람이 아니라, 얼마 동안 당신과 헤어진 사람일 뿐이오. 당신은 이제 아직 신랑집으로 들어가지 않은 신부처럼, 당신이 슬퍼하는 사람과의 불멸의 진짜 결혼식을 준비해야 하오. 오! 거룩하게 되어서, 다시는 이별도 없고 애정이 식을 염려도 없고 고뇌도 없는 곳, 영들이 하느님의 사랑과 서로의 사랑 속에서 더없이 기뻐할 곳에서 영원히 결합하는 두 영의 행복한 결혼식! **의인들에게 있어서는 죽음이 참 생명이오. 그것은 영의 생명력, 즉 영이 의덕 안에 계속 있는 것을 위협할 수 있는 것이 아무 것도 없기 때문이오.** 울지 말고, 덧없는 것을 애석하게 여기지 마오. 시라, 정신을 들어 정의와 진리로 보도록 하오. 하느님께서는 세상의 일이 내게 대한 당신 남편의 믿음을 망칠 위험에서 그를 구해 주심으로 당신을 사랑하셨소."

"주님, 주님은 저를 위로해 주셨습니다. 주님이 말씀하시는 대로 살겠습니다. 주님은 찬미받으십시오. 그리고 주님과 더불어 주님의 아버지도 영원히 찬미받으시기 바랍니다."

예수께서 지나가시려고 하는 순간에 회당장이 말한다. "제가 이의를 한 가지 제기해도 그것이 선생님께 모욕으로 보이지 않을 수 있겠습니까?"

"말씀하십시오. 나는 여기 선생으로 있는데, 그것은 질문하는 사람들에게 지혜를 주기 위해서입니다."

"선생님은 어떤 사람들은 곧 하늘에서 영광스럽게 되리라고 말씀하셨는데, 하늘이 닫혀 있지 않습니까? 의인들이 임보에 있으면서 하늘에 들어가기를 기다리지 않습니까?"

"그렇습니다. 하늘은 닫혀 있습니다. 그리고 구속자에 의해서나 열릴 것입니다. 그러나 그 때가 왔습니다. 나 선생께 분명히 말합니다만, 구속의 날이 벌써 동쪽하늘에 새벽처럼 밝아오고, 곧 대낮이 될 것입니다. 정말 잘 들어 두십시오. 그 날이 오기까지는 이 축제 뒤에 다른 축제가 없을 것입니다. 분명히 말합니다만, 나는 벌써 내 제헌의 산꼭대기에 와 있기 때문에 벌써 문을 밀고 들어갑니다…. 내 제헌은 벌써 하늘의 문을 떼밀고 있습니다. 벌써 활동을 하고 있으니까요. 선생, 이것을 기억하십시오. 내 제헌이 완성되면, 신성한 휘장들과 하늘의 문들이 열릴 것입니다. 야훼께서 이제는 지성소에 당신 영광 중에 계시지 않게 될 것이고, 알 수 없는 분과 사람들 사이에 휘장을 쳐 놓은 것이 무익할 것이고, 우리를 앞서 간 의로웠던 인류는 이미 육체와 정신이 완전하게 된 맏아들을 선두로, 빛나는 옷을 입고 형제들과 같이 그가 가기로 예정되었던 곳으로 돌아갈 것입니다. 형제들은 그 빛나는 옷을 그들의 육체도 더없는 기쁨에 불릴 때까지 입고 있을 것입니다."

예수께서는 회당장이나 라삐가 성경 말씀이나 시편을 되풀이 할 때에 쓰는, 노래하는 것 같은 독특한 어조를 써서 말씀하신다. "그리고 주님은 내게 말씀하셨다. '이 해골들에게 예언하고 이렇게 말하여라. 〈바싹 마른 뼈들아, 주님의 말씀을 들어라…. 보라! 내가 너희에게 영을 불어넣을 것이니 너희는 살리라. 나는 너희 위에 힘줄을 놓고, 너희 위에 살이 자라게 하리라. 나는 살갗을 펼 것이고, 너희에게 영을 주리니, 너희는 살 것이고, 내가 주님임을 알게 될 것이다. 보라! 나는 너희 무덤을 열고… 너희를 거기에서 나오게 하리라…. 내가 너희에게 내 영을 불어넣어 주면, 너희는 생명을 가질 것이고, 나는 너희를 너희 땅인 땅 위에서 쉬게 하리라.〉'"

예수께서는 다시 보통때 말씀하시는 어조를 취하시고 앞으로 내밀었던 팔을 내리시며 말씀하신다. "메마르고 생명이 죽었던 것의 이 부활은 두 가지가 있습니다. 이 두 가지가 예언자의 말에 나타납니다. 첫째 부활은 아버지께서 낳으신 영이며, 아버지의 아들로 아버지와 같이 하느님이고, 말씀이라고 불리는 주님의 말씀을 받아들이는 사람들이 생명에, 생명 안에서, 즉 생명인 은총 안에서 하는 부활입니다. 말씀은 생명이고 생명을 주는데, 이것은 모두에게 필요한 생명인데도, 이스라엘이나 이방인이나 모두 가지고 있지 못한 생명입니다. 이스라엘로서는 이제까지는 영원한 생명을 얻기 위하여 하늘에서 오는 생명을 바라고 기다리기만 하면 되었지만, 이제부터는 이스라엘이 생명을 얻기 위하여는 생명을 받아들여야 할 것입니다.

나 분명히 여러분에게 말합니다만, 내 백성 중에서 생명인 나를 받아들이지 않는 사람들은 생명을 얻지 못할 것이고, 내가 온 것이 그들에게는 죽음의 원인이 될 것입니다. 그것은 그들에게 전해지려고 그들에게로 오는 생명을 물리쳤을 것이기 때문입니다. 이스라엘이 산 사람들과 죽은 사람들로 갈라질 때가 왔습니다. 사는 것이나 죽는 것을 선택할 시간입니다. 말씀이 말을 했고, 그의 기원과 그의 능력을 보였고, 병을 고쳐 주었고, 가르쳤고, 죽은 사람을 다시 살려냈고, 이제 곧 그의 사명을 완수할 것입니다. 생명에 오지 않는 사람들은 이제 핑계가 없어졌습니다. 주님이 지나 가십니다. 주님이 한번 지나 가시면, 다시 돌아오지는 않으십니다. 주님은 당신을 업신여기고 당신의 자식들을 통하여 당신을 압제한 사람들의 맏아들들에게 생명을 돌려주기 위하여 에집트로 다시 가지 않으셨습니다. 이번에도 어린 양의 제헌이 운명들을 결정한 다음에는 다시 돌아오지 않으실 것입니다.

내가 지나가기 전에 나를 받아들이지 않고 나를 미워하는 사람들, 나를 미워할 사람들은 그들의 영들 위에 그 영들을 거룩하게 하기 위한 내 피를 받지 못할 것이고, 이 세상의 그들의 나그네길의 나머지 부분을 위하여 하느님을 모시지 못할 것입니다. 하느님의 만나 없이, 보호하고 빛나는 구름 없이, 하늘에서 오는 물도 없이, 하느님을 모시지 못한 그들은 세상이라는 넓은 광야를 떠돌아 다닐 것입니다. 만일 세상을 돌아다니는 사람들에게 하늘과의 결합과 아버지이시오 친구이신 분, 즉 하느님과의 이웃함이 없으면 사막과 같은 온 땅을 떠돌아다닐 것입니다.

　둘째 부활이 있는데, 그것은 오랜 세월을 두고 검게 타고 흩어졌던 뼈들이 다시 생생하게 되어 신경과 살과 살갗이 덮히게 될 전반적인 부활입니다. 그리고는 심판이 있을 것입니다. 의인들의 살과 피는 영과 더불어 영원한 나라에서 몹시 기뻐할 것이고, 지옥벌의 선고를 받은 사람들의 살과 피는 영과 더불어 영원한 벌을 당할 것입니다. 오 이스라엘아, 나는 너를 사랑한다. 오 이교도들아, 나는 너희를 사랑한다! 오 인류야, 나는 너를 사랑한다! 그리고 이 사랑 때문에 나는 여러분을 생명으로, 지극히 행복한 부활로 청하는 것입니다."

　넓은 방에 모인 사람들은 마치 황홀해진 것 같다. 히브리인들의 놀람과 다른 곳과 다른 종교에서 온 다른 사람들 놀람 사이에는 차이가 없다. 놀람에 가장 많은 존경이 나타나는 것은 이방인들이라고 말할 수 있겠다.

　어떤 사람, 매우 점잖은 한 작은 노인이 입 속으로 중얼거린다.

　"여보세요, 무슨 말씀을 하셨습니까?" 하고 예수께서 몸을 돌리시며 물으신다.

　"제가 말한 것은… 저는 젊었을 때 제 선생님에게서 들었던 말을 혼자서 되풀이 하고 있었습니다. 그 말은 이런 것이었습니다. '사람에게는 덕행으로 신의 완전에 올라가는 것이 허락되어 있다. 인간 안에는 조물주의 반영이 있는데, 그것은 사람이 물질을, 말하자면 덕행의 불로 태워서, 덕행 안에서 자기 자신을 높이면 높일수록 더 잘 드러난다. 또 사람에게는 일생 동안에 적어도 한 번은 엄하거나 온정이 넘치는 애정으로 인간에게 나타나, 인간으로 하여금 다음과 같이 말할 수 있게 하는 존재를 알도록 허락된다. 〈나는 착하게 되어야 한다. 만일 내가 착하지 않으면 불행한 사람일 것이다! 그것은 무한한 능력이 내 앞에서 빛나서 나로 하여금 덕행이 하나의 의무이고, 사람의 고귀한 성질의 표라는 것을 깨닫게 하기 때문이다.〉

　너희들은 신의 이 빛을 때로는 자연의 아름다움에서 만날 것이고, 때로는 죽어가는 사람의 말에서나 너희들을 바라보고 심판하는 불행한 사람의 눈길에서나 또는 너희들의 수치스러운 행동을 아무 말 없이 비난하는 사랑하는 사람의 침묵에서도 발견할 것이고, 너희들은 이 빛을 너희들의 폭력행위 중의 하나를 보고 어린 아이가 느끼는 공포에서나 너희들이 혼자 있는 밤의 고요 속에서도 만날 것이며, 가장 단단히 잠기고 가장 외따로 떨어진 방에서도 너희들은 너희들의 자아보다 훨씬 더 강력하고, 소리가 없는 소리를 말하는 다른 〈자아〉를 느낄 것이다.

그런데 그 자아는 신일 것이다. 존재할 것이 틀림없는 그 신, 만물이 의식하지 못하면서도 숭배하는 그 신, 우리의 의식(儀式)과 우리의 학설로 만족과 위로를 느끼지 못하고, 비록 그 위에 조상이 놓여 있더라도 빈, 텅빈 제단 앞에서도 만족과 위로를 느끼지 못하는 덕있는 사람들의 감정을 유일하게 참으로 만족시키는 그 신일 것이다.'

제가 이 말들을 잘 아는 것은 오래 전부터 이 말들을 제 계율과 제 소망처럼 되풀이 하기 때문입니다. 저는 살고 일했고, 또 고통을 당하고 울기도 했습니다. 그러나 저는 제가 알게 될 것이라고 헤르모게네스가 약속했던 그 신을 죽기 전에 만나기를 바라면서 모든 것을 참아받았고, 덕을 가지고 참아견디었기를 바랍니다. 이제 저는 그 신을 정말 보았다고 혼잣말을 하고 있었습니다. 그런데 그것은 번쩍 하는 빛 같지도 않았고, 소리 없는 소리처럼 말을 들은 것도 아닙니다. 그렇지 않고, 신은 차분하고 매우 아름다운 사람의 형상으로 제게 나타나셨고, 저는 그분의 말을 들었고, 제 안에는 신성한 놀람이 가득 찼습니다. 참다운 사람들은 인정하는 그 존재인 영혼, 제 영혼은, 오 완전하신 분이여, 선생님을 받아들이면서 말씀드립니다. '선생님의 길과 선생님의 생명과 선생님의 진리를 제게 가르쳐 주셔서, 외로운 사람인 제가 언젠가는 최고의 아름다움이신 선생님과 모이게 해 주십시오' 하고."

"우리는 함께 모일 것입니다. 또 할아버지께는 헤르모게네스와도 모이실 것이라는 말도 하겠습니다."

"그러나 그이는 선생님을 알지 못하고 세상을 떠났는데요."

"나를 차지하는 데 필요한 것은 나를 실제적으로 아는 것만이 아닙니다. 그의 덕행으로 알지 못하는 하느님을 느끼고, 알지 못하는 그 하느님을 찬양하기 위하여 덕행을 닦으며 살기에 이르는 사람은 하느님을 알았다고 생각할 수 있습니다. 그것은 하느님께서 그의 고결한 생활을 갚아 주시기 위해 당신을 그에게 드러내셨기 때문입니다. 나를 직접 아는 것이 필요하다면 불행한 일일 것입니다! 머지 않아 아무도 나를 만날 방법이 없게 될 것입니다. 과연 내가 여러분에게 하는 말인데, 머지 않아 산 사람은 죽은 사람들의 나라를 떠나 생명의 나라로 돌아갈 것이고, 사람들은 믿음과 정신으로 나를 아는 것 외에 다른 방법이 없을 것입니다.

그러나 내게 대한 앎은 멎지 않고 퍼져나갈 것이고, 그것도 완전하게 퍼져 나갈 것이니, 그 앎은 관능의 둔중함에서 완전히 벗어나겠기 때문입니다. 하느님께서 말씀하실 것이고, 하느님께서 행할실 것이고, 하느님께서 사실 것이며, 하느님께서 당신의 알 수 없는 완전한 천주성을 가지고 신자들의 영혼에 당신을 나타내실 것입니다. 그러면 사람들이 하느님이요 사람인 이를 사랑할 것입니다. 그리고 하느님이요 사람인 이는 새로운 방법으로, 그가 모든 것을 이룩한 다음에 아버지께로 돌아가기 전에 세상에 남겨 놓았을 이루 말할 수 없는 방법으로 사람들을 사랑할 것입니다."

"오! 주님! 주님!" 하고 여러 사람이 외친다. "주님이 떠나신 다음에는 저희들이 어떻게 주님을 만날 수 있을지, 저희들에게 말하는 것이 주님이신지, 주님이 어디 계신지 어떻게 알지 말씀해 주십시오!" 그리고 어떤 사람들은 이렇게 덧붙인다. "저희들은 이방인이라 주님의 율법을 알지 못합니다. 저희들은 여기 남아서 선생님을 따를 시간이 없습니다. 저희들에게 하느님을 아는 자격을 가지게 하는 그 덕행을 얻기 위해서는 어떻게 해야 하겠습니까?"

예수께서는 이방인들 가운데에서 사람들의 마음을 끄신 것이 기뻐서 환한 미소를 지으시며 말씀하신다. "내 가르침을 많이 알리고 걱정하지 마시오. 세상에 내 가르침을 가져다주기 위해 이 사람들이 (그러시면서 베드로와 타대오의 어깨에 손을 얹으신다) 갈 것입니다. 그러나 이 사람들이 가지 않는 동안은, 내 구원의 가르침 전부가 들어 있는 다음 몇 구절을 내 가르침으로 여기시오.

여러분의 마음을 다해서 하느님을 사랑하시오. 당국자들과 부모와 친구들과 하인들과 일반 대중과 원수들까지도 여러분 자신과 같이 사랑하시오. 그리고 죄를 짓지 않는다는 확신을 가지기 위하여는, 명령된 것이건 자발적인 것이건, 어떤 행동이라도 하기 전에 여러분 자신에게 이렇게 물어보시오. '내가 이 사람에게 하려는 것을 다른 사람이 내게 하는 것을 내가 좋아하겠는가?' 하고. 그래서 여러분이 그것을 좋아하지 않으리라는 것을 알게 되거든, 그 일을 하지 마시오.

이 간단한 방침만 가지면, 하느님께서 여러분에게 오시고, 여러분이 하느님께로 갈 길을 여러분 안에 닦을 수 있을 것입니다. 과연, 아들이 자기에 대해 배은망덕하고, 어떤 사람이 자기를 죽이고, 어떤 사람이 자기의 물건을 훔치거나 자기 아내를 유괴하거나 누이동생이나 딸을 욕보이거나 자기의 집이나 밭이나 충실한 하인들을 빼앗아 가는 것을 좋아할 사람은 아무도 없을 것입니다. 이 계율만 지키면, 여러분은 착한 아들과 착한 부모, 착한 남편, 착한 형제, 착한 상인, 참다운 친구가 될 것입니다. 따라서 덕행이 있는 사람이 될 것이고, 하느님께서 여러분에게 오실 것입니다.

내 주위에는 악의가 없는 히브리인들과 개종자들, 즉 여러분이 생명으로 오는 것을 막기 위하여 성전에서 내쫓은 사람들이 그러는 것처럼, 내가 잘못 하는 것을 잡으려고 온 사람들이 아닌 히브리인과 개종자들뿐 아니라, 세상의 여러 나라에서 온 이방인들도 있습니다. 크레타섬 사람들과 페니키아 사람들이 뽄또와 프리기아 사람들과 섞여 있는 것이 보이고, 알지 못하는 땅으로 가는 길인 알려지지 않은 바다 연안에서 온 사람도 있습니다. 그런데 내가 거기에서도 사랑을 받을 것입니다. 또 그리이스인들과 시칠리아 동쪽의 원주민들과 키레나이카의 주민들과 아시아 사람들도 있습니다. 그런데, 나는 여러분에게 말합니다. 가시오! 여러분의 나라에 가서 세상에 빛이 왔다고, 그 빛을 찾아오라고 말하시오. 지혜가 사람들을 위하여 빵이 되고, 활기를 잃어가는 사람들을 위한 물이 되려고 하늘을 떠나 왔다고 말하시오. 병자나 죽은 사람을 고쳐 주거나 다시 살아나게 하려고 생명이 왔다고 말하시오. 그리고 말하시오…. 시간은 여름의 번갯불 같이 빨리 지나간다고 말하시오. 하느님을 원하는 사람은 오시오. 그의 영이 하느님을 알 것입니다. 병낫기를 원하는 사람은 오시오. 내 손이 자유로운 동안은 믿음을 가지고 비는 사람들에게 병나음을 줄 것입니다.

 말하시오…. 그렇습니다! 가시오, 빨리 가서 구세주가 하느님의 도우심을 기다리고 원하는 사람들을 과월절에 성도에서 기다린다고 말하시오. 하느님의 도움이 필요한 사람들과 그저 호기심만 가진 사람들에게도 이 말을 하시오. 호기심이라는 불순한 충동에서도 그들에게 내게 대한 믿음의 불똥, 구원하는 믿음의 불똥이 솟아오를 수 있습니다. 가시오! 이스라엘의 왕, 세상의 왕인 나자렛의 예수는 그들에게 그의 은총의 보물들을 주기 위해서, 그리고 왕중의 왕, 주님들 중의 주님으로서의 그의 승리를 영원히 인정할 들어올려짐의 증인을 삼기 위하여 세상의 대표자들을 모으려고 그들을 부릅니다. 가시오! 가시오!

 내 지상 생활의 시초에, 무한하신 분이 그 안에 감추여 계신 갓난 아이에게 경배하기 위하여 내 백성의 대표자들이 여러 곳에서 왔습니다. 자기가 권위있다고 믿고 있었지만, 사실은 하느님의 뜻의 하인이었던 한 사람의 뜻이 제국 안에 인구조사를 명령했습니다. 이 이교도는 지극히 높으신 분의 항거할 수 없는 알지 못하는 명령에 복종하여 세상의 곳곳에 퍼져 있는 이스라엘의 모든 사람들을 에프라타의 베들레헴 근처에 있는 이 민족의 땅에 오게 하여 갓난 아기의 첫번 울음소리에서 하늘에서 온 표들을 보고 놀라게 하기를 원하시는 하느님의 뜻을 알리는 사자(使者)가 되어야 했던 것입니다. 그리고 그것으로는 아직 넉넉하지 못하기 때문에 다른 표들이 이방인들에게 말했고, 그 대표자들이 왕중의 왕에게 경배하러 온 것입니다. 그 왕중의 왕은 어리고 가난하고 세상에서의 대관식에서는 멀리 떨어져 있었지마는, 그러나 벌써, 오! 그러나 벌써 천사들 앞에서는 왕이었습니다.

 이제는 내가 떠나 온 곳으로 돌아가기 전에 여러 민족들 앞에서 내가 왕이 될 시간이 왔습니다.

 내 지상의 생활의 끝머리에, 인간으로서의 내 일생의 황혼에, 사람들이 경배해야 하고, 그 안에 온 자비가 감추여 있는 그 사람을 보기 위하여 모든 민족의 사람들이 와 있는 것이 마땅합니다. 그래서 새로운 추수의 만물인 착한 사람들은 에제키엘서에 있는 것과 같이 니산달의 구름들이 갈라져서 강가에 심은 나무들에 열매를 맺게 할 수 있는 유익한 물이 흐르는 강물을 불어나게 하는 것처럼, 갈라져서 내려올 그 자비를 누리기를 바랍니다."

그리고 예수께서는 남녀 병자들을 다시 고쳐 주기 시작하시는데, 이제는 모두가 그들의 이름을 말하고자 하기 때문에 그들의 이름을 들으신다. "저는 질라입니다… 저는 잡디… 저는 가일… 저는 안드레아… 저는 테오파노스… 저는 셀리마… 저는 올린토… 저는 필립보… 저는 엘릿사… 저는 베레니스… 제 딸 가이아… 저는 아르제니드… 저는… 저는… 저는…"

이제는 끝마치셨다. 그래서 떠나고자 하신다. 그러나 얼마나 많은 사람이 좀 더 계시면서 말씀을 해 주십사고 청하는가!

그리고 한 눈을 붕대로 가리고 있는 것으로 보아 아마 애꾸인 어떤 사람이 예수를 더 붙들기 위하여 이렇게 말한다. "주님, 저는 제 장사가 잘 되는 것을 새암내는 사람에게서 맞았습니다. 간신히 목숨은 구했습니다마는, 매를 맞아 터진 눈 하나를 잃었습니다. 그런데 이제는 제 경쟁자가 가난하게 됐고 호평을 받지 못하게 되었습니다. 그 사람은 고린토 근처의 마을로 피해 갔습니다. 그런데 저는 고린토 사람입니다. 저를 죽일 뻔한 사람을 어떻게 해야 하겠습니까? 다른 사람에게 받는 것이 마음에 들지 않은 일은 다른 사람들에게 하지 않는 것이 좋습니다마는, 저는 그 사람에게서 벌써… 손해를, 많은 손해를 입었습니다…" 그러면서 그의 얼굴은 "그래서 저는 복수를 해야 할 것입니다…" 하는 표현되지 않은 그의 생각을 알아챌 수 있을 정도로 표정이 풍부해진다.

그러나 예수께서는 그 사파이어같이 파란 눈에 어렴풋한 미소를 띠시고, 그러면서도 온 얼굴에 선생으로서의 위엄을 갖추시고 그를 바라보시며 말씀하신다. "그리이스인인 당신이 그걸 내게 물으시오? 인간들은 신이 당신과 같게 되라고 그들에게 준 두 가지 은혜에 일치할 때에 신과 비슷하게 되는데, 그 두 가지 은혜란 **진리를 가질 수 있다는 것과 이웃에게 선을 행할 수 있다는 것**이라는 말을 혹 당신네 위인들이 하지 않았소?"

"아! 예! 피타고라스!"

"또 사람은 지식으로나 권력으로나 또는 달리 신과 가까워지는 것이 아니고, **선을 행함으로써** 가까워진다고 그들이 말하지 않았소?"

"아! 예! 데모스테네스! 그러나 선생님께 질문하는 것을 용서하십시오…. 선생님은 히브리인이실 뿐이고, 히브리인들은 우리 철학자들을 좋아하지 않습니다…. 그런데 선생님은 어떻게 그런 것들을 아십니까?"

"이거 보시오. 그것은 내가 이 말들이 나타내는 것을 지성에 불어넣어 주는 지혜였기 때문이오. 나는 선이 활동하는 곳에 있소. 그리스인인 당신은 현인들의 권고를 들으시오. 거기에서는 역시 내가 말하고 있는 것이오. 당신에게 해를 끼친 사람에게 선을 행하시오. 그러면 하느님께 성인이라고 불릴 것입니다. 그러면 이제는 나를 가게 놔 두시오. 나를 기다리는 다른 사람들이 있습니다. 발레리아, 안녕히 계십시오. 그리고 나 때문에 걱정은 마십시오. 아직 내 시간이 되지 않았습니다. 시간이 되면, 카이사르의 모든 군대도 내 반대자들에게 방책을 막아놓을 수 없을 것입니다."

"선생님, 안녕히 가십시오. 그리고 저를 위해 기도해 주십시오."

"평화가 부인을 차지하도록. 안녕히 계십시오. 회당장님에게 평화. 믿는 이들과 평화를 지향하는 분들에게 평화."

그리고 인사와 강복인 손짓을 하시면서 방에서 나오셔서 마당을 건너질러 길로 나오신다….

232. 유다와 예수의 적들

예수도 베드로도 알패오의 유다도 토마도 보이지 않고, 다른 아홉 사도가 변두리 마을 오펠 쪽으로 걸어가는 것이 보인다.
길을 다니는 사람들도 과월절과 오순절과 장막절의 큰 군중이 아니다. 대개는 시내 사람들이다. 아마 등불 명절은 그리 중요하지 않고, 히브리인들이 예루살렘에 오기를 요구하는 것은 아닌 모양이다. 성전에 올라가기 위하여 시내에 오는 사람들은 우연히 예루살렘에 있던 사람들이나 예루살렘 근처 마을 사람들이었다. 다른 사람들은 계절 때문에 또는 명절의 특별한 성격 때문에 그들의 도시와 그들의 집에 그대로 있는 것이었다.
그러나 주님에 대한 사랑으로 집과 부모, 이익과 일을 버린 많은 제자들은 예루살렘에 왔고, 사도들과 합쳐졌다. 그러나 이사악도 아벨도 필립보도 보이지 않고, 사베아를 아에라에 데려다주러 간 니꼴라이도 보이지 않는다. 그들은 서로 친근하게 말하고, 헤어져 있는 동안에 일어난 일들을 이야기도 하고 듣기도 한다. 그렇지만 그들이 선생님이 안 계신 것을 이상히 여기지 않는 것을 보면, 그들은 아마 성전에서 벌써 선생님을 뵌 모양이다. 그들은 천천히 걷고, 기다리려고 그러는 것처럼 이따금씩 걸음을 멈추고 앞뒤를 둘러보고, 시온으로 해서 시의 남쪽 성문들 쪽으로 가는 저 큰 길로 내려가는 길들을 살펴본다.
가리옷 사람은 다른 사도들 모두의 거의 뒤에 있으면서 지식보다는 착한 뜻이 가득한 제자들의 무리 가운데에서 연설자 노릇을 한다. 제자들의 집단에 섞이지는 않고 따라 오는 몇몇 유다인들에게 두 번이나 이름이 불린다. 그들의 의향이 어떤 것인지 또는 무슨 임무를 맡은 사람들인지 모르겠다. 그런데 가리옷 사람은 두번이나 돌아다 보지도 않고 어깨만 들썩 한다. 그러나 세번째는 돌아다 볼 수밖에 없다. 그것은 유다인 한 사람이 그의 집단을 떠나 제자들의 집단을 마구 건너질러 와서 유다의 소매를 붙잡고 멈추게 하며 이렇게 말하였기 때문이다.

"우리가 당신에게 할 말이 있으니 이리 잠깐만 오시오."

"나는 시간이 없어서 그럴 수가 없소" 하고 가리옷 사람이 단호한 태도로 대답한다.

"가 보게, 가 봐. 우리가 기다리고 있겠네. 토마가 보이지 않으면 우린 시내에서 나갈 수 없으니까" 하고 가장 그와 가까운 곳에 있는 안드레아가 말한다.

"좋네, 먼저들 가게. 내가 곧 갈 테니까" 하고 유다는 그가 해야 할 일을 하는 데 조금도 열의를 보이지 않으면서 말한다.

혼자 있게 되자 유다는 그를 귀찮게 하는 사람에게 말한다. "그래서요? 무슨 일이요? 당신들이 원하는 것이 뭐요? 아직도 나를 귀찮게 하는 일을 끝내지 않았단 말이요?"

"오! 오! 당신 무슨 태도를 취하는 거요! 그렇지만 우리가 돈을 주려고 부르면, 우리가 당신을 귀찮게 한다고 생각하지는 않았지요! 여보시오, 당신은 교만하오! 그러나 당신을 겸손하게 만들 사람이 있소…. 그걸 기억하시오."

"나는 자유로운 사람이오. 그리고…."

"아니오, 당신은 자유로운 사람이 아니오. 자유로운 사람은 우리가 아무렇게도 노예를 만들 수 없는 그 사람이오. 그리고 당신도 그 사람의 이름을 아오. 당신은!… 당신은 모든 것의, 모든 사람의 노예요. 그리고 무엇보다도 우선 당신의 오만의 노예요. 요컨대, 당신이 오정 전에 가야파의 첩으로 오지 않으면 조심하시오. 당신은 화를 입을 거요!"

참으로 위협적인 "화"이다.

"좋소! 가겠소. 하지만 제발 당신들이 나를 가만 놔 두는 것이 더 나을 거요…."

"뭐라구요? 뭐라구, 거짓말 장수. 아무 짝에도 쓸모없는…." 유다는 그를 붙잡고 있는 사람을 세차게 떠밀면서 빠져나와 달아나면서 말한다. "거기 가서 말하겠소."

그는 그가 있던 집단의 다른 사람들에게로 다시 온다. 안드레아가 친절히 묻는다. "나쁜 소식인가? 아니지. 응! 혹 자네 어머니가…"
처음에는 톡 쏘는 대답을 할 생각을 하며 안드레아를 흘겨보던 유다가 더 인간미 있게 되며 말한다. "그래. 별로 좋지 않은 소식이야…. 알겠지… 계절이… 이제는… 이제는 선생님의 명령이 생각나니까 말이야. 저 사람이 나를 멈추게 하지 않았더라면 그것도 잊을 뻔했어…. 그런데 그 사람이 자기가 사는 곳의 이름을 말해 주었고, 그 이름을 들으니까 내가 받은 명령도 생각났단 말이야. 그럼 이제는 그 일로 해서 갈 적에 저 사람 집에도 가서 자세한 소식을 알게 될 거야…"
안드레아는 순진하고 정직하기 때문에 동료가 거짓말을 할 수 있으리라고는 조금도 의심하지 않고 친절하게 말한다.
"아니, 곧 가 보게, 가 봐. 내가 다른 사람들에게 말할 테니까. 가보게 가 봐! 그 걱정거리를 없애게."
"아니야, 아니야. 나는 돈 때문에 토마를 기다려야 해. 조금 더 늦고 덜 늦고 하는 거야…"
그를 기다리느라고 멈추었던 다른 사람들은 그가 오는 것을 바라본다.
"유다가 슬픈 소식을 들었다네" 하고 친절하게 말한다.
"그래… 몇 마디로. 그러나 내가 해야 할 일을 하러 갈 때에 더 많이 알게 될 걸세."
"뭔데?" 하고 바르톨로메오가 묻는다.
"저기 토마가 뛰어 오네" 하고 바로 그 순간에 말한다. 그래서 유다는 그것을 이용하여 대답을 하지 않는다.
"기다리게 했지? 많이 기다렸나? 유리한 거래를 하려고 했기 때문이야…. 그리고 성공했어. 이 훌륭한 돈주머니를 보게 가난한 사람들에게 좋은 거야. 선생님이 기뻐하실 걸세."
"그래야 했어. 우린 거지들에게 줄 돈이 한 푼도 없었거든" 하고 알패오의 야고보가 말한다.
"주머니를 내게 주게" 하고 가리옷 사람이 두 손으로 흔들고 있는 무거운 돈주머니 쪽으로 손을 내밀면서 말한다.

"그렇지만 정말이지…. 예수님이 나더러 팔라는 책임을 맡기셨으니까 내가 받은 것을 선생님 손에 넘겨드려야 하네."

"선생님께는 액수가 얼마라고 말씀드리게. 나는 급히 가야 하니까 지금 그걸 내게 주게."

"아니, 자네에게 주지 않겠어! 우리가 식스토강을 건너올 때에 선생님이 '그런 다음 돈을 내게 가져 오너라' 하고 말씀하셨네. 그러니까 난 그렇게 할 걸세."

"자넨 뭘 겁내는 건가? 내가 돈을 축낼까봐 그러나, 또는 물건 판 공로를 자네에게서 빼앗을까봐 그러나? 예리고에서는 나도 물건을 팔았고, 또 유리하게 팔았네. 몇년째 내가 돈을 맡아 가지고 있어. 그건 내 권리야."

"오! 이거 보게. 자네가 이 때문에 말썽을 부리겠으면, 여기 있네. 나는 내 책임은 다 했으니, 나머지는 상관하지 않네. 자, 받게. 이것보다 훌륭한 것이 얼마든지 있네!…." 그러면서 토마는 돈주머니를 유다에게 넘겨준다.

"정말이지, 선생님이 말씀하셨으면…" 하고 필립보가 말한다.

"하지만 억지 이론은 그만 두세! 그보다도 이제는 우리가 모두 모였으니 가세. 선생님은 오정 전에 베다니아에 가 있으라고 말씀하셨거든. 겨우 시간이 있을까 말까 해" 하고 제베대오의 야고보가 말한다.

"그럼, 나는 가네. 앞서들 가게. 난 갔다 올 테니까."

"그건 안 돼! 선생님은 분명히 '모두 같이 있으라'고 말씀하셨어" 하고 마태오가 말한다.

"자네들은 모두 함께 있게. 나는 가야 해. 특히 내 어머니의 소식을 들은 지금은 말이야!…."

"일이 이렇게 해석될 수도 있어. 이 사람이 우리가 알지 못하는 명령을 받았다면…" 하고 요한이 타협적으로 말한다.

안드레아가 토마를 빼놓고 다른 사람들은 그를 가게 내버려두는 것이 마음에 내키지 않는 것 같다. 그러나 결국은 이렇게 말한다.

"그럼 가보게. 그렇지만 빨리 하게, 그리고 조심하게…."

이러하여 다른 사도들은 다시 걷기 시작하는데, 유다는 시온 언덕으로 가는 골목길로 도망친다.
"하지만 이건 옳지 않네" 하고 얼마 후에 열성당원이 말한다. "우리는 잘 하지 못했네. 선생님은 '늘 함께 있어라. 그리고 착하게 굴어라' 하고 말씀하셨거든. 우리는 선생님의 명령을 어겼네. 나는 그것이 괴롭네."
"나도 그렇게 생각했었네…" 하고 마태오가 그에게 대답한다.
 사도들은 그들이 해야 할 일에 대하여 결정을 해야 한 때부터 모두 한데 모여 있다. 나는 사도들이 의논을 하기 위하여 모일 때는 제자들은 항상 경의를 표하는 태도로 멀찍이 물러가 있는 것을 눈여겨 보았다.
 바르톨로메오가 말한다. "이렇게 하세. 베다니아 길에 나서는 것을 기다릴 것없이, 우리를 따라 오는 사람들을 지금부터 돌아가게 하세. 그리고 우리는 두 패로 갈라져서 한 패는 낮은 길에서, 한 패는 높은 길에서 유다를 기다리기로 하세. 선생님이 우리보다 앞서 가신다 해도, 한 패가 베다니아 밖에서 다른 패를 기다릴 테니까 우리가 함께 도착하는 것을 보실 걸세."
 일이 그렇게 결정되었다. 그들은 제자들을 돌려보내고 나서, 한편으로는 게쎄마니 쪽으로 돌아서 올리브나무 동산 위에 있는 높은 길로 돌 수 있고, 또 한편으로는 키드론 개울을 끼고 베다니아와 예리고로 가는 낮은 길로 가는 곳에 이르기까지 모두 함께 간다….

 그동안 유다는 쫓기는 사람처럼 뛰어서 도망한다. 그는 얼마 동안 서쪽에 있는 시온산 꼭대기 방향으로 가는 좁은 길을 계속 올라가다가 한층 더 좁은 길로 도는데, 그 길은 거의 골목길이고 올라가지 않고 남쪽으로 내려간다. 그는 의심하며 뛰어 가고, 가끔 겁이 나는 듯이 돌아본다. 분명히 뒤를 밟힐까봐 염려한다. 무질서하게 널려 있는 집들의 굴곡을 따라 가는 꼬불꼬불한 골목 앞에 이제는 넓은 벌판이 탁 트인다. 성곽 너머에 있는 계곡 저쪽에는 야산이 하나 있는데, 흰 논 골짜기의 메마른 돌무더기 너머에 있는 올리브나무가 뒤덮인 낮은 언덕이다.
 유다는 이제 성곽에 대서 지은 마지막 집들, 예루살렘의 가난한 사람들의 초라한 집들의 정원에 둘러친 울타리들 사이로 빨리 뛰어간다. 그리고 시내에서 나가는데 아주 가까이 있는 시온문으로 나가지 않고, 조금 서쪽에 있는 다른 문을 향하여 뛰어 올라간다. 이제는 시내에서 나왔다. 그는 빨리 가기 위하여 망아지처럼 종종걸음을 친다. 그는 한 수로교(水路橋) 곁을 바람처럼 지나, 힌논의 문둥병들의 비참한 동굴들 곁을 지나가며 그들의 푸념에는 귀를 기울이지 않는다. 그는 다른 사람들이 피하는 곳을 찾는 것이 분명하다. 그는 시의 남쪽에 외따로 떨어진 올리브나무가 우거진 언덕으로 곧장 간다. 그는 그 비탈에 왔을 때 안도의 한숨을 쉬고 천천히 걷는다. 두건과 허리띠와 걸어올렸던 옷을 바로잡고, 햇빛이 눈으로 곧장 들어오기 때문에 햇빛을 가리면서 베다니아와 예리고로 가는 낮은 길이 있는 동쪽을 바라본다.

그러나 그를 불안하게 하는 것이 아무 것도 보이지 않는다. 오히려 언덕 한 끝이 그와 그 길 사이에 가로 놓여 있다. 그는 빙그레 웃는다. 그는 가쁜 숨을 돌리기 위하여 언덕 위로 천천히 올라간다. 그동안 그는 곰곰 생각한다. 깊이 생각하면 생각할수록 더 침울해진다. 틀림없이 속으로 혼잣말을 하는 모양이다. 그러나 말은 하지 않는다. 어떤 지점에 이르러서는 걸음을 멈추고, 품에서 돈주머니를 꺼내서 들여다보고 나서, 아마 품에 감춘 물건의 부피가 눈에 덜 띄게 하려고 그러는지 주머니에 들어 있는 것을 나누어서 그 일부분을 그의 돈주머니에 넣고, 돈주머니를 다시 품 속에 집어넣는다.

올리브나무들 가운데 집 한 채가 있다. 언덕에서 가장 훌륭한 집이다. 비탈 여기저기에 흩어져 있는 다른 집들은 훌륭한 집의 부속건물인지 다른 집들인지 모르지만 매우 보잘 것 없기 때문이다. 그는 잘 줄지어 서 있는 올리브나무들 사이로 지나가는 일종의 모래 깔린 길로 해서 그 집에 이른다. 문을 두드리고, 누구라고 알리고, 들어간다. 그는 안마당을 자신있게 지나서 네모난 마당으로 가는데, 마당 양 옆으로는 문이 많이 있다. 그 중 한 문을 열고 넓은 방으로 들어가는데 거기에는 내가 얼굴을 아는 여러 사람이 있다. 음험하고 증오심에 불타는 가야파의 얼굴, 극단적인 바리사이파 사람인 엘키아의 얼굴, 최고회의 의원 펠릭스의 교활한 얼굴, 독사 같은 시몬의 얼굴들이다.

좀더 저쪽에는 도라의 아들 도라가 있는데, 그의 얼굴 모습이 점점 더 그의 아버지의 얼굴을 생각나게 한다. 그와 함께 꼬르넬리우스와 톨마이가 있다. 또 다른 율법학자들도 있다. 사독과 나이가 많아 얼굴은 주름투성이지만 악의는 젊은이처럼 왕성한 가나니아, 원로 골라세보나, 나타나엘 벤 파바, 그리고 내가 알지 못하는 도로, 시몬, 요셉, 요아킴이라는 사람들이 있다. 가야파가 이름들을 말하기에 나는 쓰는 것이다. 가야파는 이렇게 말을 끝맺는다. "…자네를 심판하려고 여기 모였네."

유다는 이상야릇한 얼굴을 하고 있다. 겁많은 얼굴이기도 하고 분해하는 얼굴이기도 하고 화를 잘 내는 얼굴이기도 하다. 그러나 말을 하지 않는다. 그는 그의 거만함을 보이지 않는다. 다른 사람들은 빈정거리며 그를 에워싸고, 제각기 말을 한다.

"그래! 당신은 우리 돈을 어떻게 했소? 영리한 사람, 모든 것을 빨리 잘 하는 사람인 당신이 할 말이 있소? 당신이 한 일이 어디 있소? 당신은 거짓말쟁이요. 아무 짝에도 쓸데 없는 떠버리요. 여자는 어디 있소? 이제는 여자도 데리고 오지 못했소? 이렇게 해서 당신은 우리에게 봉사하는 것이 아니라, 그 자에게 봉사하는 거요? 우리를 이렇게 돕는 거요?" 외치고 고함을 지르고 위협하는 돌격인데, 그 중에서 많은 말을 놓쳤다.

유다는 그들이 마음대로 고함치게 내버려 둔다. 그들이 피로하고 숨이 차게 되었을 때, 이번에는 그가 말한다. "내가 할 수 있는 일을 했습니다. 그분이 아무도 죄를 짓게 할 수 없는 분이라는 것이 내 탓입니까? 당신들은 그분의 덕행을 시험하고자 한다고 말했지요. 나는 그분이 죄를 짓지 않는다는 증거를 당신들에게 주었습니다. 그러니까 나는 당신들의 계획을 도운 셈입니다. 당신들은 혹 그분을 피고의 처지에 몰아넣는 데 성공했습니까? 못했습니다. 그분을 죄인으로 보이게 하고, 그분을 함정에 빠뜨리려고 한 당신들의 모든 시도에서 그분은 더 위대한 사람이 되어 나왔습니다. 그러면, 당신들이 당신들의 원한으로 성공하지 못했는데, 그분을 미워하지는 않고, 다만 왕이 될 수 있기에는, 그의 적을 압도하는 왕이 되기에는 너무나 거룩한 보잘것 없는 죄없는 사람을 따른 것에 환멸을 느끼기만 하는 내가 성공을 해야 하겠습니까? 그분이 내게 어떤 해를 끼쳤기에, 내가 그분에게 해를 끼쳐야 한단 말입니까? 내가 이렇게 말하는 것은 당신들이 그분을 너무나 미워해서 그분의 죽음을 원할 정도이기 때문입니다.

나는 당신들이 그분이 미친 사람이라고 민중을 설득하고, 우리는, 나는 우리의 이익을 위해서라고 설득하고, 그분 자신은 그분에 대한 동정으로 그런다고 설득하고 해서 그런다고는 믿지 못하게 되었습니다. 당신들이 내게 대해서 너무 너그럽고, 그분이 죄를 초월해 있는 것을 보고 너무나 화를 내기 때문에 나는 그렇게 믿을 수가 없습니다. 당신들의 돈을 내가 어떻게 했느냐고 물었지요. 당신들이 아는 용도에 썼습니다. 여자를 설득하느라고 많은 돈을 써야 했습니다…. 그런데 나는 첫번 여자를 가지고 그렇게 하는 데 성공하지 못했고, 또….”

"아니, 입닥치지 못하오? 참말은 하나도 없소. 그 여자는 그 자에게 홀딱 반해 있었소. 그러니까 틀림없이 즉시 갔을 거요. 게다가 당신은 그 여자가 당신에게 그 말을 했기 때문이라고 하면서 그것을 장담했소. 당신은 도둑이오. 우리 돈이 무엇에 쓰였는지 누가 알겠소!”

"내 영혼을 파멸시키는 데 썼습니다. 영혼을 죽이는 사람들! 나를 음험한 사람, 평화를 가지지 못하게 된 사람, 그분과 그분의 친구들에게 수상한 사람이 된 어떤 사람을 만드는 데 썼습니다. 왜냐하면, 그분이 내 정체를 알아냈다는 것을 아시오…. 오! 나를 쫓아냈으면 더 좋았을 텐데! 그러나 그분은 나를 내쫓지 않습니다. 그래요. 나를 쫓아내지 않아요. 나를 옹호하고 보호하고 사랑합니다!…. 당신들의 돈!…. 아니, 왜 내가 당신들의 돈을 다만 한 푼이라도 받았는지 모르겠습니다.”

"당신은 비열한 사람이기 때문이오. 그동안 당신은 우리 돈을 가지고 즐겼소. 그리고 이제 와서는 그 돈을 썼다고 한탄하는구려. 거짓 말쟁이! 지금으로서는 아무 것도 성공한 것이 없고, 그 자를 둘러싼 군중은 더 많아지고, 점점 더 매혹되어 가오. 우리의 파멸이 가까워지는데, 당신 탓으로 그렇게 되는 거요!”

"내 탓이라구요? 그러면 당신들은 왜 감히 그분을 붙잡아서 왕이 되려고 한다고 고발하지 못했습니까? 그러면서도 당신들은 내가 그분은 권력을 탐하지 않기 때문에 쓸데 없는 일이라고 말했는데도 그분을 유혹하려고 했다고 말했습니다. 당신들이 그렇게 용감하면, 왜 그분에게 자기 사명을 어기는 죄를 짓게 하지 못했습니까?"

"그것은 그 자가 우리 손에서 빠져 나갔기 때문이었소. 그 자는 원할 때에는 연기 같이 사라지는 마귀요. 그 자는 뱀과 같은 자요. 그 자는 눈독을 들여 호리오. 그 자가 바라볼 때에는 사람들이 아무 것도 하지 못하게 되오."

"그분의 적들, 즉 당신들을 바라볼 때는 그렇지요. 왜 이렇게 말하느냐 하면 당신들과 같이 있는 힘을 다해서 그분을 미워하지 않는 사람들을 그분이 바라보실 때는 그분의 눈길이 사람을 움직이게 하고 행동하게 한다는 것을 내가 아니까 그럽니다. 오! 그분의 눈길. 나 자신에 대해서도 추악한 사람이고, 나를 열 곱절이나 더 추악한 사람이 되게 하는 당신들에 대해서 추악한 사람을 그분은 왜 그렇게 바라보아서 나를 착하게 만드는지?!"

"말이 많기도 하군! 당신은 이스라엘의 이익을 위해서 우리를 도와주겠다고 장담했소. 그러나 당신은 그 사람이 우리의 파멸의 원인이라는 것을 깨닫지 못하오, 이 쓸모없는 사람?"

"우리라니? 누구 말입니까?"

"그야 우리 민족 전부를 말하는 것이오! 로마인들은…."

"아닙니다. **당신들의** 파멸의 원인일 뿐입니다. 당신들은 당신들 자신 때문에 걱정하는 것입니다. 로마가 그분 때문에 우리들을 탄압하지 않으리라는 것은 당신들도 압니다. 내가 그것을 알고, 백성들이 아는 것과 같이, 당신들도 그것을 압니다. 그렇지 않고, 당신들이 떠는 것은 그분이 당신들을 성전 밖으로, 이스라엘 밖으로 내쫓을까봐 염려해서 그런 것입니다. 그리고 그분이 그렇게 하면 잘하는 일일 것입니다. 당신의 마당에서 더러운 하이에나 같고, 오물과 독사 같은 당신들을 치워버리면 잘 하는 일일 것입니다!…." 유다는 화가 몹시 나 있다.

그들도 화가 잔뜩 나서 그를 붙잡고 흔든다. 겨우 땅에 쓰러뜨리지만 않을 뿐이다…. 가야파가 유다의 얼굴에 대고 외친다. "좋네. 그렇게 되었네. 그러나 이렇게 되었으니, 우리는 우리의 것을 지킬 권리가 있네. 그리고 작은 방법들은 그 자에게 도망쳐서 우리에게 행동의 자유를 주게 하는 데 충분치 않으니, 이제는 비겁한 하인이고 말을 팔아먹는 사람인 자네를 제쳐놓고 우리가 직접 행동하겠네. 그리고 그 자 다음으로는 자네도 대접할 걸세. 틀림없네. 그리고…."

엘키아가 가야파의 입을 막고, 독사와 같은 그의 얼음장 같은 침착성을 가지고 말한다. "아니오. 그렇지 않소. 가야파, 당신은 과장하오. 유다는 그가 할 수 있는 일을 했소. 당신은 유다를 위협해서는 안 되오. 요컨대 이 사람도 우리와 이해관계가 같지 않소?"

"아니, 당신 바보요. 엘키아? 나는 이 사람의 이해관계? 나는 그 자가 파멸하기를 원하오! 그런데 유다는 그 자와 같이 성공하려고 그 자가 성공하기를 원하고 있소. 그런데 당신은…" 하고 시몬이 외친다.

"조용하시오! 조용히! 당신들은 내가 엄격하다고 늘 말하오. 그러나 오늘은 친절한 사람이 나 하나뿐이오. 유다를 이해하고 양해해야 하오. 이 사람은 할 수 있는 대로 우리를 돕고 있는 거요. 이 사람은 우리에게 좋은 친구요. 그렇지만 당연히 선생님의 친구이기도 하오. 이 사람의 마음은 고민에 빠져 있소…. 선생님도, 자기 자신도, 이스라엘도 구하고 싶은 거요…. 어떻게 이렇게 서로 반대되는 일을 일치시킬 것인지? 유다에게 말을 하게 놔 둡시다."

일당이 진정된다. 마침내 유다가 말을 할 수 있다. "엘키아의 말이 맞습니다. 나는… 당신들은 내게서 뭘 원하는 것입니까? 나는 그것을 아직 정확히 알지 못합니다. 나는 할 수 있는 일을 했고, 그 이상은 할 수가 없습니다. 그분은 나보다 너무나 더 훌륭합니다. 내 마음 속을 환히 들여다 보고 있습니다…. 그런데도 내가 받아 마땅한 대우를 절대로 하지 않습니다. 나는 죄인입니다. 그런데 그분은 이것을 알면서 나를 용서해 줍니다. 만일 내가 덜 비겁하면 나는… 나는 그 분에게 해를 끼칠 수 없게 되기 위해서 스스로 목숨을 끊어야 할 것입니다."

유다는 낙심하여 얼굴을 두 손으로 가리고, 눈을 크게 뜨고 허공을 바라보며, 서로 반대되는 그의 두 본능 사이의 싸움에서 분명히 괴로 위한다….

"되지도 않는 말. 그 자가 알긴 뭘 안단 말이요? 당신이 그렇게 행동하는 것은 주제넘게 나선 것을 후회하기 때문이오!" 하고 꼬르넬리우스라고 하는 사람이 말한다.

"그런데 사실 그렇다면? 오! 사실 그렇게 됐으면! 내가 실제로 뉘우치고, 그 감정을 그대로 가질 수 있었으면 좋겠습니다!…."

"아니, 여러분 아셨습니까? 아니, 이 사람의 말을 들으셨습니까? 우리 가엾은 돈!" 하고 가나니아가 시끄럽게 떠들어댄다.

"우리는 자기가 뭘 하고자 하는지도 알지 못하는 사람은 필요없습니다. 우리가 택한 사람은 얼간이보다도 더 못한 사람입니다!" 하고 펠릭스가 한술 더 뜬다.

"얼간이? 당신은 꼭두각시라고 말해야 했을 거요! 갈릴래아 사람이 이 사람을 노끈으로 잡아당겨서 갈릴래아 사람에게로 가는 거요. 우리가 끌면 우리에게로 오고" 하고 사독이 소리를 지른다.

"그러면, 만일 당신들이 그렇게도 나보다 더 능란하면, 당신들이 직접 행동하시오. 나는 오늘부터는 이 일에 관심을 가지지 않겠습니다. 이제는 내게서 한 가지 정보도 한 마디 말도 기대하지 마시오. 하긴 그분이 이제는 경계를 하고 나를 감시하기 때문에 당신들에게 정보를 줄 수가 없을 것입니다…."

"그러나 그 자가 당신을 용서해 준다면서?"

"그렇습니다. 나를 용서해 줍니다. 그러나 그것은 바로 모든 것을 알고 있기 때문입니다. 그분은 모든 것을 압니다! 모든 것을 알아요! 오!" 유다는 얼굴을 두 손에 파묻는다.

"그럼 가시오. 남자 옷을 입은 여자, 팔삭동이, 못생긴 사람! 가시오! 우리가 직접 행동하겠소. 그리고 조심하오. 그 자에게 여기 대한 말을 하지 않도록 조심하오. 그렇잖으면 당신에게 대가를 치르게 할 테니까."

"가겠습니다! 가겠어요! 내가 오지 않았더라면 좋았을 걸. 그렇지만 내가 당신들에게 말한 것을 잊지 마시오. 그분이 시몬, 당신의 아버지와 엘키아, 당신의 처남을 만났소. 나는 다니엘이 말을 했다고는 생각하지 않습니다. 내가 거기 있었는데, 따로 말하는 것은 도무지 보지 못했거든요. 그러나 당신 아버지는! 내 동료들의 말에 의하면 그이가 말은 하지 않았습니다. 당신의 이름조차도 알리지 않았습니다. 다만 그이가 선생님을 사랑하기 때문에, 그리고 당신의 행동에 동의하지 않기 때문에 아들에게 쫓겨났다는 말만 했습니다. 그러나 당신 아버지는 우리가 서로 만난다고, 내가 당신 집에 간다고 말했습니다…. 그러니 나머지 말도 할 수 있는 것입니다. 데꾸아는 세상 끝에 있는 곳이 아닙니다…. 당신들의 계획을 아는 사람이 벌써 너무나 많은데, 이후로는 내가 말했다고 말하지 마시오."

"내 아버지는 다시는 말하지 못하실 거요. 돌아가셨으니까!" 하고 시몬이 천천히 말한다.

"돌아가셨다구요? 당신이 죽였군요? 소름끼친다! 그이가 어디 있는지 내가 왜 당신에게 말했지!…."

"나는 아무도 죽이지 않았소. 나는 예루살렘에서 꼼짝도 하지 않았소. 죽는 데도 여러 가지 방법이 있소. 한 노인이, 돈을 요구하러 간 노인이 죽임을 당하는 것을 당신은 이상하게 생각하오? 게다가… 그것은 그이의 잘못이었소. 만일 그이가 조용히 있었더라면, 보고 듣고 비난을 하는 눈과 귀와 혀가 없었더라면 그이는 아들의 집에서 공경을 받고 대접을 받았을 거요…" 하고 시몬은 약이 오를 정도로 천천히 말한다.

"요컨대… 당신이 아버지를 죽이게 했군요? 존속살해자!"

"당신 미쳤구려. 노인은 맞아서 넘어졌고 머리가 부딪혀서 돌아가셨소. 사고요, 순전히 사고요. 그이가 부랑배에게 돈을 요구한 것이 잘못이었소…."

"나는 당신을 압니다. 나는 믿을 수가 없습니다…. 당신은 살인자입니다…." 유다는 그 일에 매우 놀랐다.

상대는 그를 맞대놓고 비웃으며 되풀이 한다. "그리고 당신은 정신 착란을 일으키고 있소. 당신은 불행밖에 없는 곳에서 범죄를 보는 거요. 나는 그저께야 비로소 그 사실을 알았고, 복수를 하고 아버지를 장사 지내도록 조치를 했소. 그러나 시신은 장사를 지냈지만, 살인자는 잡지 못했소. 틀림없이 도둑질 한 물건들을 시장에 벌여놓으려고 아도민산에서 내려온 어떤 도둑일 거요…. 이제는 누가 그를 붙잡겠소?"
 "나는 믿지 않습니다…. 믿지 않아요…. 나는 갑니다! 나는 가요!" 그러면서 떨어졌던 겉옷을 주워가지고 나가려고 한다.
 그러나 가나니아가 그의 맹금류 같은 손으로 그를 잡는다. "그런데 여자는? 여자는 어디 있소? 그 여자는 무슨 말을 했소? 무슨 짓을 했소? 당신은 그걸 아오?"
 "나는 아무 것도 알지 못합니다…. 나를 가게 내버려 두시오…."
 "거짓말이오! 당신은 거짓말쟁이요!" 하고 가나니아가 소리를 지른다.
 "나는 모릅니다. 맹세합니다. 그 여자가 거기 간 것은 확실합니다. 그러나 아무도 그 여자를 보지는 못했습니다. 라빼와 같이 곧 떠나야 한 나도 보지 못했습니다. 내 동료들도 보지 못했고, 나는 그들에게 재치있게 물어 보았습니다…. 나는 엘리사가 부엌으로 가지고 온 깨진 보석들을 보았습니다…. 그 외의 일은 아무 것도 알지 못합니다. 제단과 성막(聖幕)을 두고 맹세합니다."
 "그래 누가 당신을 믿을 수 있단 말이요? 당신은 비열한 자요. 당신은 당신 선생을 배반하는 것처럼 우리들도 배반할 수 있소. 그러나 당신 자신을 조심하시오!"
 "나는 배신하지 않습니다. 하느님의 성전을 두고 맹세합니다!"
 "당신은 위증자요. 당신의 얼굴이 그렇게 말하고 있소. 당신은 그 자에게 봉사하지, 우리에게 봉사하지는 않소…."
 "아닙니다. 나는 하느님의 이름을 두고 그걸 맹세합니다."
 "만일 당신이 당신의 맹세를 확인하기 위해 감히 그럴 수 있으면 그 말을 해 보시오!"
 "나는 야훼를 두고 그것을 맹세합니다!" 그리고 이렇게 하느님의 이름을 부르면서 얼굴이 흙빛이 된다. 그는 떨고, 더듬거리고, 그 말을 보통 발음하는 것처럼 말할 줄도 모른다. 그는 j자와 h자와 v자를* 아주 길게 기식음(氣息音)으로 말하는 것 같다. 나는 그것을 Jeocvéh(여옥배)라고 재구성하겠다. 어떻든 그의 발음은 이상하다.

---

*역주 : Je-ho-va 야훼의 음을 나타내는 글자들.

소름이 끼친다고 할 침묵이 방 안에 감돈다. 그들은 유다에게서 물러나기까지 하였다…. 그러나 곧 이어서 도라와 또 한 사람이 말한다. "당신이 우리에게만 봉사하겠다는 것을 확인하기 위해 같은 맹세를 되풀이 하시오…."
 "아! 안 됩니다! 저주 받은 사람들! 그건 안 됩니다! 나는 당신들을 배반하지 않았고 당신들을 선생님에게 일러바치지 않겠다는 것은 맹세합니다. 그런데 이것도 벌써 죄입니다. 그러나 내 장래를 당신들에게 매놓지는 않습니다. 내일 내 맹세의 이름으로 무엇이든지, 범죄까지도… 내게 강요할지도 모르는 당신들에게 말입니다. 안 됩니다! 나를 독성자(瀆聖者)라고 최고회의에 밀고하시오. 나를 살인자라고 로마인들에게 밀고하시오. 나는 나자신을 변호하지 않고 죽어가겠습니다…. 그러면 그것이 내게 좋은 일일 것입니다. 그러나 이제 다시는 맹세하지 않겠습니다…. 다시는 맹세하지 않아요…." 그러면서 그를 붙잡고 있는 사람에게서 맹렬한 노력으로 빠져나와 도망치면서 외친다. "그렇지만 로마가 당신들을 감시한다는 것을, 로마가 선생님을 사랑한다는 것을 아시오…." 집 안을 울리게 하는 떠들썩한 격노가 유다가 이 늑대굴에서 나갔다는 것을 알린다.
 그들은 서로 얼굴을 바라본다…. 격노로 인하여, 어쩌면 공포로 인하여 그들의 얼굴이 창백해진다…. 그리고 그들의 분노와 공포를 아무에게도 떠넘길 수가 없으므로, 서로 다툰다. 지금까지 한 교섭과 그로 인하여 생길지도 모르는 결과에 대한 책임을 제각기 다른 사람에게 지게 하려고 애쓴다. 어떤 사람들은 이 일을 비난하고, 어떤 사람들은 저 일을 비난한다. 어떤 사람들은 지난 일을 가지고 비난하고, 어떤 사람들은 미래의 일을 가지고 비난한다. 어떤 사람들은 외친다. "당신이 유다를 꾀려고 했지." 또 어떤 사람들은 "당신들이 그를 푸대접한 것은 잘못이오. 당신들의 정체를 들어냈소!" 하고 말하고, 어떤 사람들은 "돈을 가지고 뛰어서 그 사람을 쫓아가서 사과를 합시다…."
 "아! 그것은 안 되오!" 하고 비난을 가장 많이 받는 엘키아가 외친다. "내가 하는 대로 내버려 두시오. 그러면 당신들은 나를 슬기로운 사람이라고 말하게 될 거요. 유다는 돈이 떨어지면 온순하게 될 거요. 오! 어린 양처럼 온순하게 되지요!" 그러면서 간사하게 웃는다. "그는 오늘, 내일, 어쩌면 한 달은 견딜 거요…. 그러나 그 다음에는… 라삐가 그에게 시키는 가난 가운데에서의 생활을 할 수 있기에는 그가 너무나 타락했소…. 그래서 우리에게 돌아올 거요…. 하! 하! 나 하는 대로 놔 둬요! 나 하는 대로 놔 둬요! 나는 아오…."

"그럽시다. 그러나 그동안… 당신도 들었지요? 로마인들이 우리를 염탐하고 있어요! 로마인들이 그를 좋아한다는 것은 사실이오! 오늘 아침에도 어제와 그저께도 이교도들의 안마당에는 로마인들이 그를 기다리고 있었어요. 안토니아의 여자들은 항상 거기 와 있소…. 그 여자들은 그 자의 말을 들으려고 가이사리아에서도 온단 말이오…."

"여자들의 일시적인 기분이오! 나는 그 여자들은 걱정하지 않소. 그 사람은 미남자이고 말을 잘하오. 그 여자들은 민중을 선동하는 수다쟁이들과 철학자들을 몹시 좋아하오. 그 여자들에게는 갈릴래아 사람이 그런 사람들 중의 하나이지 그 이상의 아무 것도 아니오. 그리고 그 사람은 그 여자들에게 한가한 때에 소일거리가 되오. 성공하기 위해서는 참을성이 있어야 하오! 참을성과 꾀와 용기도 있어야 하오. 그러나 당신들은 그런 것들이 없소. 그러면서 행동하기를 원하지만 그렇지 않은 체하면서 행동하기를 바라오. 나는 어떻게 하겠다는 걸 당신들에게 말했소. 그러나 당신들은 원치 않소…."

"내가 두려워하는 것은 백성이오. 백성들은 그를 너무 좋아하오. 여기에도 사랑, 저기에도 사랑이오…. 누가 그를 건드리겠소? 우리가 그 자를 쫓아내면, 우리도 쫓겨날 거요…. 필요한 것은…" 하고 가야파가 말한다.

"더이상 기회를 놓치지 않는 것이 필요하오. 우리가 얼마나 많은 기회를 놓쳤소! 기회가 오기만 하면, 우리들 가운데 줏대없는 사람들에게 압력을 가하고 나서 로마인들과도 같이 행동해야 하오."

"말은 쉽지요! 그러나 우리가 언제 어디서 그렇게 할 기회가 있었소? 그 자는 죄를 짓지 않소. 그렇게 하려고 애쓰지 마시오. 그리고…."

"기회가 없으면, 기회를 만드는 거요…. 그럼 이제는 갑시다. 우선 내일 그 자를 감시합시다. 성전은 우리의 것이오. 밖에서는 로마가 명령하오. 밖에는 그를 옹호하는 백성이 있소. 그러나 성전 안에서는 …."

233. 병이 고쳐진 일곱 문둥병자. 예수께서 사도들과 마르타와 마리아에게 말씀하신다

예수께서 베드로와 유다 타대오와 함께 예루살렘 곁에 있는 을씨년스럽고 돌이 많은 곳을 빨리 걸어 가신다. 푸른 올리브나무들이 보이지 않고, 언덕만이, 아니, 예루살렘의 서쪽에 있는 푸른 기운이 별로 없거나 전혀 없는 언덕 여럿이 보이고, 그 중에는 음산한 골고타 언덕도 있으므로, 나는 정말 서쪽 시외라고 생각한다.

"우리가 장만할 수 있는 것을 가지고 무얼 좀 줄 수 있겠네. 겨울에 무덤 속에서 사는 것은 무시무시한 일일 거야" 하고 베드로와 같이 꾸러미를 잔뜩 안은 타대오가 말한다.

"나는 해방된 노예들에게 가서 문둥병자들을 위한 이 돈을 얻은 것을 기쁘게 생각하네. 가엾고 불행한 사람들! 명절인 요사이에는 그들을 생각하는 사람이 아무도 없단 말이야. 모든 사람이 즐기는데…, 저 사람들은 잃어버린 그들의 집을 생각하네…. 아아! 그들이 다만 선생님을 믿기라도 했으면 좋겠는데요! 선생님, 그 사람들이 믿을까요?" 하고 그의 예수께 몹시 집착하는, 항상 매우 순박한 베드로가 말한다.

"그렇기를 바라자. 시몬아, 그렇기를 바라자. 우선 기도하자…." 그러면서 일행은 기도를 드리면서 계속 간다.

음산한 흰논 골짜기가 산 사람들의 무덤과 더불어 나타난다.

"앞으로 가서 주어라" 하고 예수께서 말씀하신다.

두 사람은 큰소리로 말하면서 간다. 문둥병자들의 얼굴이 동굴과 은신처 어귀에 나타난다.

"우리는 라삐 예수님의 제자들이오" 하고 베드로가 말한다. "선생님이 오실 건데, 당신들에게 도움을 주라고 우리를 보내셨소. 당신들 몇 명이오?"

233. 병이 고쳐진 일곱 문둥병자. 예수께서 사도들과 … 마리아에게 말씀하신다

"여기에 일곱 명이 있고, 엔 로젤 너머 저쪽에 세명이 있습니다" 하고 그 중의 한 사람이 모두를 대신하여 말한다.

베드로는 그의 꾸러미를 끄르고, 타대오도 그의 꾸러미를 끄른다. 그들은 빵과 치즈와 버터와 올리브를 열 몫으로 나눈다. 그런데 작은 항아리 안에 있는 기름은 어디에 붓는다?

"당신들 중의 한 사람이 그릇을 거기 바위에 갖다 놓으시오. 기름은 당신들이 실제로 형제이기도 하지만 형제처럼 그리고 이웃에 대한 사랑을 권장하시는 선생님의 이름으로 나누어 가지시오" 하고 베드로가 말한다.

그동안 넓은 바위 곁으로 간 그들에게로 한 문둥병자가 내려와 이가 빠진 단지 하나를 바위에 내려놓는다. 그러면서 놀라서 묻는다. "당신들은 제게 이렇게 가까이 있는 것이 무섭지 않습니까?" 과연 사도들과 문둥병자 사이에는 바위가 있을 뿐이다.

"우리는 사랑을 어기는 것만을 무서워하오. 선생님은 당신들을 도우라고 말씀하시면서 우리를 보내셨소. 그리스도의 사람은 그리스도께서 사랑하시는 것과 같이 사랑해야 하기 때문이오. 제발 이 기름이 당신들의 마음의 문을 열어서, 벌써 당신들의 마음의 등에 불이 켜진 것과 같이 당신들의 마음에 빛을 주기를 바라오. 주 예수께 바라는 사람들에게는 은총의 때가 왔소. 주 예수께 대한 믿음을 가지시오. 그분은 메시아이시며, 육체와 영혼을 고쳐 주시오. 그분은 임마누엘*이시기 때문에 무엇이든지 하실 수 있소" 하고 타대오가 항상 존경심을 일으키게 하는 그의 품위를 가지고 말한다.

문둥병자는 단지를 두 손으로 든 채 황홀한 듯이 그를 바라보고 있다. 그러다가 말한다. "메시아를 찾아서 예루살렘으로 오는 순례자들이 그분에 대한 말을 하고, 우리는 그들이 말하는 것을 듣기 때문에 이스라엘에 그의 메시아가 계시다는 것은 저도 압니다. 그러나 저는 여기 온 지가 얼마 안 되기 때문에 그분을 한번도 보지 못했습니다. 그런데 그분이 저를 고쳐 주실 거라고 말하는 것입니까? 우리

---

*역주 : '우리와 함께 계신 하느님' 또는 '하느님이 우리와 함께 계신다' 라는 뜻의 히브리어.

들 중에는 그분에게 모욕적인 말을 하는 사람들도 있고, 그분을 찬미하는 사람들도 있습니다. 그래서 저는 어떤 사람들의 말을 믿어야 할지 모릅니다."

"그분을 미워하는 사람들은 착한 사람들이오?"

"아닙니다. 그 사람들은 흉포하고 우리를 학대합니다. 그들은 가장 좋은 자리와 가장 풍성한 몫을 원합니다. 그래서 우리들은 여기서 남아 있을 수 있겠는지 알지 못합니다."

"그러니까 당신은 마음 속에 지옥이 들어 있는 사람만이 메시아를 미워한다는 것을 알지요. 그것은 지옥이 벌써 그분에게 졌다는 것을 느끼기 때문이오. 그래서 그분을 미워하는 거요. 그러나 내가 분명히 말하지만, 이 세상과 저 세상에서 지극히 높으신 분의 은총을 얻기를 원하면 그분을 사랑해야 하고, 그것도 믿음을 가지고 사랑해야 하오." 하고 역시 타대오가 말한다.

"저도 은총을 얻고 싶고 말고요! 저는 2년 전에 결혼해서 어린 아들이 하나 있는데, 그 애는 저를 알지 못합니다. 저는 문둥병자 된 지가 몇 달 안 됩니다. 당신들도 보시지요." 과연 그는 자국이 별로 많지 않다.

"그러면 믿음을 가지고 선생님께 말씀드리시오. 보시오! 선생님이 오시오. 당신 동료들에게 알리고 이리 다시 오시오. 선생님이 지나시면서 당신을 고쳐 주실 거요."

그 사람은 다리를 절면서 비탈을 올라가 부른다. "우리아! 죠압! 아디나! 그리고 믿지 않는 당신들도 오시오. 주님이 우리를 구하려고 오셨습니다."

하나, 둘, 셋. 점점 더 큰 세개의 비참한 몰골이 앞으로 나아온다. 그러나 여자는 모습을 거의 나타내지 못한다. 그것은 살아 있는 소름끼치는 물건이다. …아마 울고, 아마 말을 하는 모양이다. 그러나 알아들을 수가 없다. 그의 목소리는 전에는 입이었지마는 지금은 이가 빠지고 보기 흉하게 드러난 두개의 턱뼈에 지나지 않는 곳에서 나오는 불분명한 소리이기 때문이다….

"그렇습니다. 선생님이 우리를 고쳐 주려고 오신다고 저분들이 내게 말했다니까요."

"나는 안 돼요! 나는 지난 날에도 몇 번 믿질 않았어요…. 그러니까 그분이 이제는 내 말을 들어주지 않으실 거예요. …그리고 이젠 걸을 수가 없어요"하고 여자가 얼마나 어렵게 그렇게 하는지 모르겠지만 더 분명히 말한다. 그 여자는 남이 알아들을 수 있게 하기 위하여 너덜너덜한 입술을 붙잡느라고 손가락까지 쓴다.

"아디나, 우리가 들고 가겠어요…"하고 두 남자와 단지를 가진 남자가 말한다.

"아니… 아니… 나는 죄를 너무 많이 지었어요…." 그러면서 그 여자는 그 자리에 주저앉는다.

다른 세 사람이 할 수 있는 대로 뛰어 와서 권력을 남용하는 태도로 말한다. "우선 기름이나 우릴 주소. 그리고 나서 가보고 싶으면 베엘제불에게 가 보오."

"기름은 모두의 것입니다!"하고 단지를 가진 남자가 그의 보물을 지키려고 애쓰며 말한다. 그러나 세 사사람은 격렬하고 무자비하게 그를 눌러버리고 단지를 빼앗는다.

"보세요! 늘 이렇습니다…. 기름을 좀 가지게 된 것이 그렇게도 오래간만인데!…. 그러나 선생님이 오십니다…. 선생님을 만나러 갑시다. 아디나, 정말 안 오시겠어요?"

"감히 가지 못하겠어요…."

세 사람은 바위 있는 곳으로 내려온다. 그들은 두 사도가 마중 나간 예수를 기다리기 위하여 멈추어 선다. 그리고 예수께서 도착하시자 외친다. "이스라엘의 예수님, 저희를 불쌍히 여겨 주십시오! 주님, 저희는 주님께 바랍니다!"

예수께서는 얼굴을 드시고, 모방할 수 없는 눈길로 그들을 바라보신다. 그리고 물으신다. "왜 건강을 원하오?"

"저희 가족들과 저희를 위해서입니다…. 여기서 사는 것은 소름끼치는 일입니다…."

"여보시오, 당신들은 육체뿐이 아니오. 당신들은 영혼을 가지고 있는데, 영혼은 육체보다 더 가치가 있소. 당신들이 걱정해야 할 것은 영혼이오. 그러므로 당신들과 당신들의 가족을 위해서만 병 낫기를 청하지 말고, 하느님의 말씀을 알고, 하느님의 나라에 들어갈 자격을 얻기 위하여 살 시간을 가지기 위하여 병 낫기를 청하시오. 당신들이 의인이오? 그러면 더 의인이 되시오. 당신들이 죄인이오? 그러면 당신들이 지은 죄를 속죄할 시간을 가지기 위해 살게 해 주십사고 청하시오…. 여자는 어디 있소? 여자는 왜 오지 않소? 죄를 지을 때에는 하느님의 얼굴을 만나는 것을 두려워하지 않았으면서, 사람의 아들의 얼굴과는 감히 과감하게 맞서지 못하는 거요? 그 여자에게 가서 그의 뉘우침과 인종(忍從) 때문에 많은 용서를 받았다고, 그리고 영원하신 분께서는 과거를 뉘우친 사람들의 모든 죄를 사해 주라고 나를 보내셨다고 말하시오."

"선생님, 아디나가 이제는 걷지를 못합니다…."

"가서 그 여자를 도와 이리 내려오게 하시오. 그리고 다른 그릇을 가져 오시오. 기름을 또 주겠소…."

"주님, 겨우 다른 사람들에게 줄 것만 있을 뿐입니다" 하고 문둥병자들이 여자를 데리러 가는 동안에 베드로가 낮은 목소리로 말한다.

"모두에게 줄 만큼 있을 것이다. 저 불행한 사람들로서 그들의 육체가 이전 상태로 돌아가리라는 믿음을 가지는 것보다 너로서 이 점에 대해 믿음을 가지는 것이 더 쉬우니, 믿음을 가져라."

그러는 동안 저 위에 있는 동굴에서는 음식을 나누는 것 때문에 나쁜 세 문둥병자들 사이에 싸움이 벌어졌다….

여자가 들려서 내려온다…. 그러면서 할 수 있는 대로 한탄을 한다. "용서하십시오! 과거의 일을! 지난 날 몇 번 용서를 청하지 않은 것을!…. 다윗의 후손 예수님, 저를 불쌍히 여겨 주십시오!"

문둥병자들은 여자를 바위 아래 내려놓고, 바위 위에는 울퉁불퉁한 남비 같은 것을 내려놓는다.

예수께서 물으신다. "말해 보시오. 그릇 안에 기름을 불어나게 하는 것이 더 쉽소. 그렇지 않고 문둥병이 살을 없앤 곳에 살을 자라게 하는 것이 더 쉽소?"

침묵이 흐른다…. 그러다가 바로 여자가 말한다. "기름입니다. 그러나 주님은 무엇이든지 하실 수 있으니까 살도 마찬가지입니다. 그리고 주님은 제게 어릴 때의 영혼을 주실 수도 있습니다. 주님을 믿습니다."

오! 아주 훌륭한 미소! 그것은 마치 즐거움과 기쁨과 우아함을 잔뜩 싣고 퍼지는 빛과 같다! 빛은 눈에도 있고 입술에도 있고 말씀하실 때에 목소리에도 있다.

"당신의 믿음 때문에 병이 고쳐지고 용서를 받으시오. 그리고 당신들도 마찬가지요. 또 기름과 음식물을 받아 식사를 하시오. 그리고 규정에 따라 당신들을 사제에게 가서 보이시오. 내일 새벽에 옷을 가지고 다시 오겠소. 그러면 당신들이 품위를 지키면서 갈 수 있을 것입니다. 자 주님을 찬미하시오. 이제 당신들은 문둥병자가 아니오!"

그 때에야 지금까지 주님을 뚫어지게 바라보고 있던 네 사람이 자기 몸을 보고는 놀라서 소리지른다. 여자는 일어나고 싶지만, 너무 헐벗어서 그렇게 할 수가 없다. 그의 옷은 너덜너덜 떨어져 나가서 그 여자의 몸에는 가려진 부분보다 드러난 부분이 더 많다. 그 여자는 제대로 먹지 못하여 가느다랗게 되었을 뿐인 다시 조직이 살아난 얼굴 모습으로 수줍음으로 바위로 반쯤 가려져 있는데, 그 수줍음은 예수 때문이 아니라 남자 동료들 때문이기도 하다. 그 여자는 울면서 끊임없이 말한다. "찬미받으십시오! 찬미받으십시오! 찬미받으십시오!" 그리고 그의 찬미는 다른 사람들의 병이 고쳐진 것을 보고 화가 잔뜩 난 나쁜 세 사람의 문둥병자들의 소름끼치는 모독의 말과 섞인다. 오물과 돌들이 날아온다.

"당신들은 여기 그대로 있을 수가 없소. 나와 같이 갑시다. 당신들은 아무런 불행도 당하지 않을 거요. 보시오. 길에 아무도 없소. 오정이 되면 사람들은 집으로 돌아가오. 내일까지는 다른 문둥병자들에게 가 있으시오. 염려 마시오. 내 뒤에 따라 오시오. 아주머니, 받으시오." 그러면서 여자에게 몸을 가리라고 당신의 겉옷을 주신다.

네 사람은 조금 겁을 내고 조금 멍하니 세 마리의 어린 양처럼 예수를 따라 간다. 그들은 흰논 골짜기의 나머지 부분을 지나, 길을 건너 또 다른 음산한 문둥병자들의 장소인 실로안 쪽으로 간다. 예수께서는 비탈 아래에서 걸음을 멈추시고 명령하신다. "올라가서 그들에게 내가 내일 아침 일찍 이곳으로 오겠단다고 말하시오. 가서 기쁜 소식의 선생님을 알리면서 그들과 함께 즐기시오."

예수께서는 음식 남은 것을 모두 그들에게 주게 하시고, 그들과 작별하시기 전에 그들에게 강복하신다….

"이제는 가자. 벌써 오정이 넘었다" 하고 예수께서 말씀하시면서 베다니아로 가는 낮은 길로 돌아가시기 위하여 돌아서신다.

그러나 곧 고함소리가 예수를 다시 부른다. "다윗의 후손 예수님, 저희들도 불쌍히 여겨 주십시오!"

"그 사람들은 새벽까지 기다리지 않았군요" 하고 베드로가 지적한다.

"저 사람들을 가서 보자. 나를 미워하는 사람들이 내가 은혜를 베풀어 준 사람들의 평화를 깨뜨리는 일없이 내가 은혜를 베풀 수 있는 시간이 별로 많지 않다!" 하고 예수께서 대답하신다. 그리고 실로안의 세 문둥병자들에게로 얼굴을 똑바로 쳐드시고 왔던 길로 되돌아가신다. 그 문둥병자들은 작은 언덕의 평평한 곳에 와서 이미 병이 고쳐진 몸으로 그들 뒤에 와 있는 사람들의 도움을 받으며 그들의 외침을 되풀이 한다.

예수께서는 그저 손을 내밀고 "당신들이 청하는 대로 이루어지기를 원하오. 가서 주님의 길을 따라 가며 사시오" 하고만 말씀하신다. 예수께서 그들에게 강복하시는 동안 그들의 문둥병은 얇게 쌓인 눈이 햇볕에 녹듯이 그들의 몸에서 사라진다. 그리고 예수께서는 즉시 떠나시는데, 그들이 있는 평평한 곳에서 팔을 내밀어 실제로 껴안는 것보다도 더 진짜로 껴안으면서 기적받은 사람들이 보내는 찬미가 따라 온다.

예수의 일행은 실로안에서 백보 가량 온 다음 예각(銳角)을 이루며 구부러지는 키드론 개울 줄기를 따라 가는 베다니아 길로 돌아온다. 그러나 모퉁이를 지나면 베다니아로 계속되는 길의 다른 부분을 볼 수가 있는데, 가리옷의 유다가 혼자 빨리 걸어가는 것이 보인다.

"아니, 유단데 그래!" 하고 그를 제일 먼저 본 타대오가 외친다.

"왜 여기! 혼자서? 이보게 유다!" 하고 베드로가 소리친다.

유다가 갑자기 뒤돌아본다. 그는 창백하다 못해 거의 푸르스름하다. 베드로가 그것을 그에게 말한다. "자네가 마귀를 봤나? 얼굴이 상처 빛깔이게?"

"너 여기서 뭘 하느냐, 유다야? 왜 동료들을 떠났느냐?" 하고 예수께서 동시에 물으신다.

유다는 벌써 제 정신으로 돌아왔다. 그래서 말한다.

"저는 동료들과 같이 있었는데, 제 어머니의 소식을 가져온 어떤 사람을 만났습니다. 보십시오…." 그러면서 허리춤을 뒤진다. 그리고 손으로 이마를 탁 치면서 말한다. "그걸 그 사람 집에 놓고 왔군요! 선생님께 편지를 읽게 하시려고 했었는데… 혹은 길에서 잃어버렸는지도 모르겠군요…. 어머니의 건강이 썩 좋지 않습니다. 앓기까지 하셨답니다…. 그러나 동료들이 저기 있군요…. 저 사람들은 걸음을 멈추었습니다. 선생님을 본 것입니다…. 선생님, 저는 깜짝 놀랐습니다…."

"나도 알겠다."

"선생님… 여기 돈주머니들이 있습니다. 돈주머니를 두개를 만들었습니다…. 사람들의 주의를 끌지 않기 위해서요…. 저는 혼자였거든요…."

사도 바르톨로메오, 필립보, 마태오, 시몬, 그리고 제베대오의 야고보는 조금 거북해하며 예수께로 다정스럽게 다가온다. 그러나 명령을 어겼다는 의식을 가지고 온다.

예수께서 그들을 바라보시며 말씀하신다. "다시는 그렇게 하지 말아라. 너희들이 서로 떨어져 있는 것은 너희들에게 절대로 좋지 않다. 내가 너희들에게 그렇게 하지 말라고 말하는 것은 너희들이 서로 서로 도울 필요가 있기 때문이다. 너희들은 혼자서 행동할 수 있을 만큼 넉넉히 강하지 못하다. 결합해 있으면 한 사람이 다른 사람을 억제하거나 도와준다. 갈라져 있으면…."

"선생님 나쁜 권고를 한 것은 저입니다. 나중에야 선생님이 저희더러 서로 헤어지지 말고 모두 함께 베다니아로 가라고 말씀하신 것을 기억했기 때문입니다. 그런데 유다는 정당한 이유로 떠나 갔는데, 저희들은 그와 함께 갈 생각을 하지 않았습니다. 주님, 용서해 주십시오" 하고 바르톨로메오가 겸손하고 솔직하게 말한다.

"물론 너희들을 용서하고 말고. 그러나 거듭 말한다마는 다시는 그렇게 하지 말아라. 순종하는 것은 항상 적어도 한 가지 죄에서는 구해 준다는 것을 깊이 생각하여라. 그 죄란 자기 자신의 힘으로 행동할 수 있다고 과신하는 죄이다. 너희들은 마귀가 너희로 하여금 죄를 짓게 하고, 그렇지 않아도 몹시 박해를 당하고 있는 너희 선생에게 해를 끼치게 하기 위하여 모든 동기를 포착하려고 얼마나 너희 주위를 돌아다니고 있는지 알지 못한다.

나와 내가 만들려고 온 조직체에게는 점점 더 어려운 세월이다. 그렇기 때문에 그 조직체의 명예가 손상되지 않도록 많이 조심해야 한다. 이 조직체가 상하고 죽지 않도록 조심하라고 말하지 않는 것은 그것이 세상 마칠 때까지 절대로 상하고 죽지는 않을 것이기 때문이다. 이 조직체의 적대자들은 너희를 주의깊게 살펴보고, 너희들에게서 절대로 눈을 떼지 않으며, 마찬가지로 내 모든 행위와 내 모든 말을 저울질 한다. 그런데 이것은 헐뜯을 거리를 얻기 위해서이다. 만일 너희들이 아주 보잘 것 없는 일에 대해서라도 서로 싸우기를 좋아하고 갈라지고 어떤 모양으로든 불완전한 사람으로 나타나면, 그들은 너희들이 한 것을 모아 가지고 농간을 부려 나와 지금 형성되는 중에 있는 내 교회에 대하여 진흙처럼 던지고 비난을 할 것이다. 알겠지! 나는 너희들을 나무라지 않고 충고를 한다. 너희들의 이익을 위해서 오! 벗들아, 아무리 좋은 것이라도 그들은 그것을 조작해서 정의를 가장해 가지고 나를 비난하기 위하여 그것들을 제시하리라는 것을 알지 못하느냐? 제발 좀, 이 후로는 더 순종하고 더 신중하여라."

사도들은 예수의 다정스러움에 몹시 감동하였다. 가리옷의 유다는 끊임없이 얼굴빛이 변한다. 그는 수수하게 모두의 약간 뒤에 쳐져서 있다. 마침내 베드로가 "자네 거기서 뭘 하나? 자네도 다른 사람들보다 더 잘못 한 것이 없네. 그러니 다른 사람들과 같이 앞으로 오게" 하고 말하는 바람에 복종할 수밖에 없다.

해가 있기는 하지만 북풍이 불어 몸을 덥게 하기 위하여 빨리 걷도록 재촉하기 때문에 그들은 빨리 걷는다. 그래서 얼마 동안을 벌써 갔는데, 그 때 나타나엘이 추워서 그 어느 때보다도 겉옷을 꼭 여미면서 춥다는 말을 하다가 예수께서는 옷밖에 안 입고 계신 것을 알아보고 말한다. "선생님, 그런데 겉옷은 어떻게 하셨습니까?"

"한 문둥병자 여자에게 주었다. 우리는 문둥병자 일곱을 고쳐 주고 위로해 주었다."

"그렇지만 추우시겠습니다! 제 겉옷을 입으십시오" 하고 열성당원이 말하고, 이렇게 덧붙인다. "얼음장 같은 무덤에서 저는 겨울 바람에 익숙해졌습니다."

"아니다, 시몬아. 보아라! 저기 베다니아가 벌써 보인다. 우리는 곧 집 안에 들어갈 것이다. 그리고 나는 도무지 춥지 않다. 나는 오늘 정신적인 기쁨을 많이 맛보았는데, 그것이 따뜻한 겉옷보다 더 안락하다."

"선생님은 저희가 세우지 않은 공로를 저희에게 주시는군요. 병을 고치고 위로하신 것은 선생님이지 저희가 아닙니다…" 하고 타대오가 말한다.

"너희들은 기적을 믿도록 마음 준비를 시켰다. 그러므로 너희는 나와 같이 또 나처럼 병을 고치고 위로하는 일을 도와 주었다. 내가 하는 모든 일에 너희를 내게 참가시키는 것을 내가 얼마나 기뻐하는지 너희들은 모를 것이다. '저분은 커져야 하고 나는 작아져야 한다'고 한 내 종형 즈가리야의 요한의 말을 기억하지 못하느냐? 그가 이 말을 한 것은 사람은 누구든, 아무리 위대할지라도, 모세와 엘리야 같은 사람일지라도, 하늘에서 온 사람, 그리고 지극히 거룩하신 아버지에게서 온 사람이기 때문에 그 어떤 사람보다도 더 위대한 사람이 나타나면, 마치 햇빛에 둘러싸인 별과 같이 흐려진다는 바로 그 때문이다.

그러나 세상이 있는 한 존속하고, 그 설립자와 지도자와 같이 거룩할 조직체의 설립자인 나, 나를 대신하기 위하여 존속하고, 마치 사람의 지체와 몸이 그것들을 지배하는 머리가 하나인 것과 같이 나와 하나가 될 조직체의 설립자요 지도자인 나도 '이 몸은 빛나고, 나는 내 광휘를 잃어야 한다'고 말해야 한다. 너희들은 나를 계승해야 한다. 나는 머지 않아 여기 땅 위에 너희들 가운데, 여기 육체적으로 있으면서 내 사도들과 제자들과 나를 따르는 사람들을 지도하지는 못할 것이다…. 그러나 영적으로는 항상 너희들과 같이 있을 것이고, 너희 영들이 내 영을 느끼고 내 빛을 받을 것이다.
 그러나 내가 떠나 온 곳으로 돌아가면, 너희들이 제일선에 나서야 할 것이다. 그렇기 때문에 너희들이 앞에 나서는 것을 차차 준비시키려고 애쓰는 것이다. 너희들은 가끔 '처음에는 저희들은 더 많이 보내셨는데요.' 하고 지적한다. 너희들은 알려질 필요가 있었다. 너희들이 알려진 지금은, 세상의 이 작은 구석에서는 너희들이 벌써 '**사도들**'인 지금은, 내가 항상 너희들을 같이 있게 하고 내 모든 행동에 참여케 하는데, 그것은 세상 사람들이 이렇게 말하도록 하기 위해서이다. '그는 자기가 하는 일에 저 사람들을 참가시켰다. 그것은 저 사람들이 그의 뒤에 남아서 그를 계승할 것이기 때문이다' 하고.
 벗들아, 그렇다. 너희들은 점점 앞으로 나서야 하고, 더 견식있는 사람이 되어 나를 계승하고 제2의 내가 되어야 한다. 그동안 나는 걸음마를 배운 자기 어린 아이를 부축하는 것을 천천히 그만두는 어머니처럼 물러난다…. 내게서 너희들에게 넘어가는 것이 갑작스럽게 되어서는 못 쓴다. 양떼의 어린 양들, 보잘 것 없는 신자들은 그것으로 인하여 놀랄 것이다. 나는 그들이 다만 한 순간만이라도 혼자라는 인상을 가지지 않도록 내게서 천천히 너희에게로 넘겨준다. 그리고 너희는 그들을 내가 사랑하는 것과 같이 극진히 사랑하여라. 나를 기억해서 내가 그들을 사랑한 것과 같이 사랑하여라…."
 예수께서는 당신의 은밀한 생각 중의 하나에 빠져들어가시면서 입을 다무신다. 그러다가 베다니아의 조금 밖에서 다른 길로 온 다른 사도들을 만나실 때에야 그 생각에서 깨어나신다. 일행은 모여서 라자로의 집을 향하여 길을 계속한다. 요한은 하인들이 벌써 그들을 보았기 때문에 벌써 일행을 기다리고 있다고 말하고, 라자로의 병이 대단하다고 말한다.
 "나도 안다. 그렇기 때문에 우리가 시몬의 집에 있을 것이라고 너희에게 말한 것이다. 그러나 나는 그에게 다시 한번 인사를 하지 않고 떠나고 싶지 않았다."
 "그러나 왜 그를 고쳐 주지 않으십니까? 그것은 아주 당연한 일일 텐데요. 선생님의 가장 훌륭한 봉사자들은 모두 죽게 내버려 두시거든요. 저는 이해하지 못하겠습니다…"하고 그가 가장 착한 순간에도 언제나 대담한 가리옷 사람이 말한다.

"네가 미리 이해할 필요는 없다."

"예. 그것은 필요하지는 않습니다. 그러나 선생님의 원수들이 뭐라고 말하는지 아십니까? 선생님은 병을 고치실 수 있을 때 고치시지, 고치기를 원하실 때 고치지는 못하신다고, 선생님이 그렇게 하실 수 있을 때에 보호하신다고요…. 데쿠아의 늙은이가 벌써 죽었다는 것을 알지 못하십니까? 그것도 암살을 당했다는 것을?"

"죽었어? 누가? 엘리―안나가? 어떻게?"하고 모두가 흥분하여 묻는다. 다만 베드로는 이렇게 묻는다.

"그런데 그걸 자네가 어떻게 아나?"

"내가 갔던 집에서 방금 우연히 그것을 알았네. 그리고 그건 거짓말이 아닐세. 도둑이 장사꾼으로 내려와서 자리값은 내지 않고 늙은이를 죽였다는가봐…."

"가엾은 노인! 얼마나 불행한 일생이고, 얼마나 가슴 아픈 죽음이야! 선생님은 말씀을 안 하십니까?"하고 여럿이 말한다.

"노인이 죽을 때까지 그리스도를 섬겼다는 것 외에 아무 말도 할 것이 없다. 모두가 그랬으면 좋으련만!"

"알패오의 아들, 말 좀 해 보게. 아니 이건 어쩌면 자네가 말한 대로인지도 몰라, 응?"하고 베드로가 타대오에게 묻는다.

"그럴 수도 있겠지. 증오로 인해서, 그것도 그런 종류의 증오로 인해서 아버지를 내쫓는 아들은 무엇이든지 다 할 수 있지. 선생님, '그러므로 형제가 형제를 반대하고, 아버지가 아들들과 대립할 것이라'고 하신 말씀이 정말 맞는 말이로군요."

"그렇다. 그리고 그렇게 하는 사람은 자기가 하느님을 섬긴다고 생각할 것이다. 보지 못하는 눈, 냉혹한 마음, 빛 없는 정신. 그런데도 너희는 그들을 사랑해야 할 것이다"하고 예수께서 말씀하신다.

"그러나 저희를 그렇게 대우하는 사람들을 사랑하려면 어떻게 해야 하겠습니까? 저희들이 반항을 하지 않고, 그들의 행동을 체념하고 참아견디는 것만도 대단한 일일 것인데요…"하고 필립보가 외친다.

"내가 너희들에게 너희를 교훈할 모범을 주겠다. 때가 되면, 그리고 만일 너희들이 나를 사랑하면 내가 하는 대로 하여라."

"막시민과 사라가 저기 옵니다. 자매들이 마중을 나오지 않는 것을 보면 라자로가 대단히 좋지 못한 모양입니다!" 하고 열성당원이 말한다.

두 사람은 달려 와서 땅에 엎드린다. 그들의 얼굴과 그들의 옷에도 죽음과 싸우는 가정의 식구들에게 고통과 피로가 자국을 내는 풀죽은 모습이 나타난다. 그들은 그저 "선생님, 오십시오…" 하고만 말한다. 그러나 하도 슬퍼하는 태도로 그 말을 해서 긴 연설보다도 더 웅변적이다. 그리고 즉시 예수를 라자로의 작은 방으로 인도한다. 그동안 다른 하인들은 사도들을 돌본다.

문을 가볍게 두드리는 소리에 마르타가 달려와서 문을 반쯤 열고 그 문 벌어진 틈으로 마르고 창백한 얼굴을 내민다.

"선생님! 오십시오. 참으로 복되신 선생님!"

예수께서 들어가셔서 병자의 방 앞에 있는 방을 건너질러 바로 병자의 방으로 들어가신다. 라자로는 자고 있다. 라자로? 숨을 쉬고 있는 해골, 누르스름한 미이라 같다…. 그의 얼굴은 벌써 송장의 머리 같고, 잠들어 있으니까 벌써 죽음으로 바싹 마른 머리가 되게 하는 그 파괴가 훨씬 더 눈에 띈다. 밀랍 빛깔의 야윈 살갗이 광대뼈의 날카로운 모서리, 턱뼈, 이마, 너무 꺼져서 눈이 없는 것같이 보이는 눈구멍, 뺨의 윤곽이 너무도 사라져서 지나치게 길어진 것 같이 보이는 날카로운 코 위에서 반짝이고 있다. 입술은 사라질 정도로 창백하고, 반쯤 드러나고 반쯤 벌어진 두 치열 위에 다물어지지 못하는 것 같다…. 벌써 송장의 얼굴이다.

예수께서 몸을 구부리고 들여다 보신다. 그리고 몸을 다시 일으켜 두 자매를 바라보시니, 두 자매는 온 마음을, 고통스러운 마음, 바람이 가득 찬 마음을 눈에 집중시켜 예수를 쳐다본다. 예수께서는 그들에게 눈짓을 하시고 소리없이 밖으로 다시 나오셔서 두 방 앞에 있는 작은 마당으로 오신다. 마르타와 마리아가 예수를 따라 온다. 두 자매는 나오고 나서 방문을 닫는다.

세 사람만이 둘러친 담 안에 말없이 파란 하늘을 이고 있으면서

233. 병이 고쳐진 일곱 문둥병자. 예수께서 사도들과 …마리아에게 말씀하신다   *805*

서로 바라본다. 자매들은 이제는 청할 줄도 모르고 말조차도 하지 못한다. 그러나 예수께서는 말씀하신다.

 "너희는 내가 누구인지 알고, 나도 너희가 누구인지 안다. 너희는 내가 너희를 사랑한다는 것을 알고, 나도 너희가 나를 사랑한다는 것을 안다. 너희는 내 능력을 안다. 나는 내게 대한 너희의 믿음을 안다. 너희는, 특히 너 마리아는 **많이 사랑할수록 그만큼 더 많이 얻는다는** 것을 안다. **믿음과 바람 어길 수 있는 일체의 현실을 초월해서, 모든 한도를 넘어서 바라고 믿을 줄 아는 것은 사랑하는 것이다.** 그래서 이 모든 것 때문에, 나는 너희에게 **반대되는 어떤 현실에도 불구하고 바라고 믿을 줄 알라고** 말한다. 내 말을 알아듣겠느냐? 내 말은 반대되는 어떤 현실에도 불구하고 바라고 믿을 줄 알라는 것이다. 나는 몇 시간밖에 머무를 수 없다. 내가 사람으로서는 얼마나 여기 너희와 같이 머무르면서 라자로를 도와주고 위로하고, 너희를 도와주고 너희 용기를 돋우어 주고 싶은지 지극히 높으신 분께서 아신다.

 그러나 하느님의 아들로서는 내가 가는 것이, 떠나는 것이 필요하다는 것을 안다…. 너희가 마시는 공기보다도 더 나를 갈망할 때에 … 내가 여기 있지 않는 것이 말이다. 머지 않은 어느날, 너희는 지금은 잔인한 것으로 보일 수도 있는 이유들을 깨달을 것이다. 그것은 하느님의 이유들이다. 너희들에게나 마찬가지로 사람으로서의 나에게는 고통스러운 이유들. **지금은** 고통스러운 이유들. 너희가 그 이유들의 아름다움과 지혜를 이해할 수 없는 지금은, 그런데 나는 그것을 너희에게 알릴 수가 없다. 모든 것이 이루어졌을 때에는 너희가 이해할 것이고, 즐길 것이다…. 잘 들어라. 라자로가… 죽으면. 그렇게 울지들 말아라! 그러면 **즉시** 나를 부르러 사람을 보내라. 그리고 우선 장사 지내는 일을 보살피고, 라자로를 위해서도 너희 집을 위해서도 마땅한 것처럼 사람을 **많이** 청하여라. 라자로는 위대한 유다인이다. 그의 진면목을 평가하는 사람은 별로 많지 않다. 그러나 그는 하느님의 눈으로 볼 때 많은 사람을 능가한다…. 너희가 항상 나를 찾아낼 수 있게 내가 어디 있는지 알려주마."

 "그렇지만 왜 그 순간만이라도 여기 계시지 않으십니까? 저희들은 오빠의 죽음을 감수합니다…. 그러나 선생님은… 그러나 선생님은… 그러나 선생님은….” 마르타는 다른 말은 하지 못하고 흐느끼며, 옷으로 울음을 억제한다….

이와 반대로 마리아는 정신을 빼앗긴 것처럼 예수를 뚫어지게 쳐다보고 또 쳐다보며… 울지는 않는다.

"순종할 줄 알고, 믿고 바랄 줄 알아라…. 하느님께 항상 예 하고 말씀드릴 줄 알아라…. 라자로가 너희를 부른다…. 가거라. 이제 나는 간다…. 그리고 내가 너희에게 따로 말할 수 없게 되거든, 내가 말해 준 것을 기억하여라."

그리고 두 자매가 급히 돌아가는 동안 예수께서는 돌걸상에 앉으셔서 기도하신다.

234. 예수께서 성전 봉헌 축일에

　춥고 바람 부는 아침나절에 움직이지 않고 있을 수는 없다. 모리아 산 위에는 동북쪽으로 불어오는 바람이 매섭게 몰아쳐 옷들을 흩날리고 얼굴과 눈을 빨갛게 한다. 그런데도 기도하러 성전에 올라온 사람들이 있다. 이와 반대로 그들의 개인적인 학생들의 무리를 데리고 있는 라삐는 하나도 없다. 그래서 행각이 더 넓어 보이고, 특히 보통은 그곳을 차지하고 있는 떠들썩하고 호화로운 모임이 없어서 더 품위 있어 보인다.

　그리고 행각이 이렇게 텅 빈 것을 보는 것은 매우 이상한 일인 모양이다. 왜냐하면 모두가 그것을 예사롭지 않은 일인 것처럼 이상히 여기고, 베드로는 그것을 경계하기까지 하기 때문이다. 그러나 넓은 두꺼운 겉옷에 푹 싸여서 훨씬 더 튼튼해 보이는 토마는 이렇게 말한다. "그들은 목소리를 버릴까봐 어떤 방에 들어박혀 있는 모양이지. 자넨 그 사람들이 없어 섭섭한가?" 그러면서 웃는다.

　"내가? 천만에! 그들은 다시는 영영 보지 않을 수 있으면 좋겠네! 그렇지만 나는 이것이 혹…" 그러면서 가리옷 사람을 바라본다. 그는 말은 하고 있지 않지만 베드로가 바라보는 것을 알아차리고 말한다.

　"그들은 선생님이 그들을… 분개시키는 경우를 빼놓고는 달리 귀찮게 굴지 않겠다고 정말 약속했어. 틀림없이 경계는 하고 있겠지만, 여기서는 죄를 짓지 않고 모욕을 하지 않으니까 여기 없는 거야."

　"이런 편이 낫구먼. 그리고 자네가 그들을 이성 있는 사람이 되게 하는데 성공했으면 하느님의 강복을 받기 바라네. 총각."

　아직 이른 시간이다. 성전에 사람이 별로 많지 않다. 내가 "별로 많지 않다"고 말하고 또 그렇게 보이는 것은 성전이 몹시 넓어서 꽉 찬 것처럼 보이려면 많은 군중이 필요해서 그런 것이다. 이 마당들,

행각들, 안마당들, 복도들로 이루어진 전체에는 2, 3백명 쯤은 눈에 보이지도 않는다….

선생으로는 오직 한 분뿐인 예수께서는 이교도들의 행각에서 왔다갔다 하시면서 당신 사도들과 벌써 성전 구내에서 만나신 제자들과 말씀하신다. 그들의 이의와 질문들에 대답하시고, 그들이 자기 자신들을 위하여나 다른 사람들을 위하여 명확히 하지 못한 점들을 밝혀 주신다.

이방인 두 사람이 예수를 바라보고는 아무 말도 하지 않고 간다. 성전에 딸린 사람들이 지나가는데, 그들도 예수를 바라보지만 역시 아무 말도 하지 않는다. 몇몇 신자들이 다가와서 인사를 하고 듣는다. 그러나 아직 많지 않다.

"여기에 더 남아 있습니까?" 하고 바르톨로메오가 묻는다.

"춥고 아무도 없습니다. 그렇지만 여기 이렇게 조용히 있는 것은 기분좋은 일입니다. 선생님, 오늘은 선생님이 정말 선생님의 아버지 집에 계시고, 계셔도 선생님으로 계십니다" 하고 알패오의 야고보가 빙그레 웃으면서 말하고 이렇게 덧붙인다. "느헤미야와 슬기롭고 경건한 왕들이 있었을 때에는 성전이 아마 이러했을 것입니다."

"나는 떠났으면 하는데, 그들이 저기서 엿보고 있어…" 하고 베드로가 말한다.

"누가? 바리사이파 사람들이?"

"아니야. 아까 지나간 사람들과 또 다른 사람들. 선생님, 가십시다…."

"나는 병자들을 기다린다. 그들은 내가 시내에 들어오는 것을 보았으니, 틀림없이 소문이 퍼졌을 것이다. 더 따뜻해지면 병자들이 올 것이다. 열시까지만이라도 있자" 하고 예수께서 대답하신다. 그리고 추운 공기 속에 가만히 계시지 않으려고 다시 왔다갔다 하기 시작하신다.

과연 얼마 후 해가 북풍의 결과를 완화하려고 할 때에 한 여자가 병든 계집 아이를 데리고 와서 고쳐 주시기를 청한다. 예수께서는 그의 청을 들어 주신다. 여자는 예수의 발 앞에 헌금을 놓으며 말한다. "고통을 당하는 다른 어린이들을 위해서입니다." 가리옷 사람이 돈을 줍는다.
 얼마 후에 다리가 병든 나이 먹은 사람을 들것에 싣고 온다. 그리고 예수께서 그를 고쳐 주신다.
 세번째로는 한 떼의 사람이 와서 성전 성곽 밖으로 나오셔서 계집 아이에게서 마귀를 쫓아내 주십사고 예수께 청한다. 계집 아이의 날카로운 고함소리가 안에까지 들린다. 그래서 예수께서는 그 사람들의 뒤를 따라 시내로 가는 길로 나오신다. 외국인들도 끼여 있는 사람들이 거품을 물고 눈을 흡뜨고 몸부림치는 계집 아이를 붙잡고 있는 사람들에게로 바싹 다가서 있다. 예수께서 계집 아이에게 가까이 가시는 만큼 가지가지 욕설이 계집 아이의 입술에서 더 쏟아져 나오고 몸부림도 더 심하게 친다. 젊고 튼튼한 남자 넷이 간신히 붙잡고 있을 지경이다. 또 욕설과 함께 그리스도를 알아보는 외침도 나오고, 계집 아이에게 들어가 있는 악령이 내쫓지 말아 달라는 안타까운 애원과 단조롭게 되풀이 하는 진실들도 튀어나온다.
 "물러들 가시오! 이 저주받은 자를 내게 보이지 마시오! 가시오! 가! 우리의 파멸을 가져오는 자. 나는 당신이 누군지 아오. 당신은… 당신은 그리스도지. 당신은… 당신은 하늘에서 받은 기름 바름 말고 다른 기름 바름은 받지 못했소. 하늘의 능력이 당신을 감싸 주고 지켜 주오. 나는 당신을 미워하오! 저주 받은 자! 나를 내쫓지 마시오. 당신은 당신 곁에 다만 한 사람 안에 들어 있는 마귀의 한 부대를 그대로 두면서 왜 우리를 내쫓고 우리를 받아들이지 않는 거요? 당신은 지옥 전체가 다만 한 사람 안에 있다는 것을 모르오? 아니지, 당신도 그걸 알고 있소. 그 시간까지만이라도 나를 여기 그냥 있게 놔 두시오…."
 말은 어쩌다 목이 졸리는 것처럼 끊어지기도 하고, 어떤 때는 변하기도 하고, 어떤 때는 다음과 같이 외치기 전에 끊어지기도 하고, 사람의 소리 같지 않게 부르짖는 동안에 계속되기도 한다.
 "나를 그 사람 안에라도 들어가게 하시오. 나를 저기 저 심연 속으로 보내지 마시오! 하느님의 아들 예수, 당신은 왜 우리를 미워하오? 당신의 정체 만으로는 당신에게 충분하지 않소? 왜 우리에게도 명령하기를 원하오? 우리는 당신의 명령을 받아들이지 않소! 우리는 거짓으로 당신을 모른다고 했는데, 왜 우리를 괴롭히려고 왔소? 가시오! 우리 위에 하늘의 불을 쏟지 마시오! 당신의 눈! 그 눈이 꺼질 때 우리는 웃을 거요…. 아! 아니야! 그 때도 아니야…. 당신이 우리를 이기오! 당신이 우리를 이겨! 당신과 당신을 보낸 아비도 저주받으시오. 당신들에게서 오는 자, 그리고 당신들인 자… 아아아!…"

이 마지막 부르짖음은 정말 무시무시하여, 사람을 죽이는 칼이 천천히 뚫고 들어가는 참살당하는 사람의 부르짖음과 같으며, 그 부르짖음은 예수께서 마음으로 하는 명령으로 마귀들린 계집 아이의 말을 여러번 막으신 다음 손가락으로 계집 아이의 이마를 만져 그 말을 끝나게 하시는 사실로부터 시작되었다. 그리고 그 부르짖음과 무서운 경련을 일으키는 가운데 악몽을 꾸는 짐승의 냉소와 부르짖음 같은 격렬한 소리와 더불어 끝나고, 마귀는 "그렇지만 나는 멀리 가지 않소…. 하! 하! 하!"하고 외치면서 계집 아이에게서 떠난다. 그 외침에 뒤이어 하늘에는 구름 한점 없는데 벼락치는 소리 같은 둔탁한 소리가 들린다.

많은 사람이 공포에 질려서 간다. 어떤 사람들은 그를 붙잡고 있는 사람들의 품으로 털썩 주저앉으며 갑자기 진정된 계집 아이를 살펴 보려고 한층 더 가까이 온다. 계집 아이는 얼마 동안 그대로 있다가 눈을 뜨고 미소를 짓고, 자기가 얼굴과 머리에 베일도 없이 사람들 가운데 있는 것을 보고는 얼굴을 숙이고 한 팔을 올려 가린다. 계집 아이를 데리고 온 사람들은 계집 아이에게 고맙다는 인사를 시키려고 하였으나 예수께서는 "그 애를 수줍어 하는 대로 놔 두시오. 그 애의 영혼은 벌써 내게 감사하고 있소. 집으로 어머니에게로 데려다 주시오…. 그곳이 계집 아이가 있을 자리요"하고 말씀하시고 그 사람들에게 등을 돌리시고 다시 성전으로 들어가셔서 아까 계시던 자리로 가신다.

"주님, 유다인 여럿이 우리 뒤로 온 것을 보셨습니까? 저는 그 중 몇 사람을 알아보았습니다…. 저기 있습니다! 앞서 우리를 엿보던 사람들입니다. 얼마나 저희들끼리 의논을 하는지 보십시오…"하고 베드로가 말한다.

"저들은 마귀가 그들중 어떤 사람에게 들어갔는지를 결정하는 중이야. 안나의 심복 나훔도 있어. 그 사람은 적재 적소의 인물이지…" 하고 토마가 말한다.

"그래. 자네는 등을 돌리고 있었기 때문에 보지 못했지만, 불이 바로 그의 머리 위에서 터졌어" 하고 안드레아가 그 때문에 이를 딱딱 마주치며 말한다. "내가 그 사람 옆에 있었는데, 무서웠어!…."

"정말이지 그들은 모두 단합해 있었어. 그렇지만 나는 불이 우리 위에서 터지는 것을 보고 죽는 줄 알았어…. 나는 선생님 때문에도 몸을 떨었어. 불이 정말 선생님의 머리 위에 매달려 있는 것처럼 보였거든" 하고 마태오가 말한다.

"어디가요. 저는 반대로 불이 계집 아이에게서 나와서 성전 담 위에서 터지는 것을 보았습니다" 하고 목자 제자인 레위가 대꾸한다.

"너희들끼리 다투지 말아라. 불은 이 사람도 가리키지 않고 저 사람도 가리키지 않았다. 그저 마귀가 도망쳤다는 표일뿐이다" 하고 예수께서 말씀하신다.

"그렇지만 멀리는 가지 않는다고 말했는 걸요!…" 하고 안드레아가 이의를 제기한다.

"마귀의 말이다…. 그 말을 들어서는 안 된다. 차라리 육체와 영혼의 병이 나은 아브라함의 세 자손을 위해서 지극히 높으신 분을 찬미하자."

그동안 여기 저기서 나온 많은 유다인이 ─그러나 그들 집단에는 바리사이파 사람이나 율법학자나 사제는 한 사람도 없다.─ 예수께로 다가 와서 둘러싼다. 그리고 그 중 한 사람이 앞으로 나아오며 말한다.

"선생님은 오늘 큰 일들을 하셨습니다! 그리고 정말 예언자, 위대한 예언자나 할 일입니다. 그리고 지옥의 악령들이 선생님에 대해서 주요한 말들을 했습니다. 그러나 그들의 말은 선생님의 말씀이 확인하지 않으면 받아들여질 수 없습니다. 저희들은 그 말 때문에 겁이 납니다. 그러나 저희들은 커다란 속임수도 염려합니다. 베엘제불은 거짓말의 영이라는 것을 다들 알기 때문입니다. 저희들은 실수를 하고 싶지도 않고, 속고 싶지도 않습니다. 그러니 선생님이 누구신지 선생님의 진리와 정의를 입으로 말씀해 주십시오."

"그런데 내가 누구라는 것을 당신들이 여러번 말하지 않았습니까? 그 말을 내가 하는 지가 거의 3년이 되고, 나보다 앞서 요르단강에서 요한이 말해 주었고, 하늘에서 온 하느님의 목소리가 말해 주었습니다."

"사실입니다. 그러나 저희들이 그 때에는 그곳에 있지 않았습니다. 저희들은… 공정하신 선생님은 저희들의 고민을 이해하실 것입니다. 저희들은 선생님을 메시아로 믿고 싶습니다. 그러나 지금은 하느님의 백성이 거짓 그리스도에게 너무나 여러번 속았습니다. 바라고 기다리는 저희 마음을 확실한 말씀으로 위로해 주십시오. 그러면 선생님께 경배하겠습니다."

예수께서는 그들을 엄하게 바라보신다. 예수의 눈은 그들의 살을 꿰뚫고 그들의 마음을 있는 그대로 내놓으시는 것 같다. 그리고 말씀하신다. "정말이지 사람들이 사탄보다 거짓말을 더 잘 할 줄 아는 때가 아주 많습니다. 아니, 당신들은 내게 경배하지 않을 것입니다. **절대로** 내가 당신들에게 무슨 말을 하더라도 또 당신들이 그렇게 하게 된다 하더라도 누구에게 경배하겠습니까?"

"누구에게냐구요? 그야 우리의 메시아에게지요!"

"당신들이 그만큼 쓸모가 있겠습니까? 당신들 생각에 메시아는 누구입니까? 당신들에게 어떤 능력이 있는지 알게 대답하시오."

"메시아요? 그야 메시아는 흩어져 있는 이스라엘을 하느님의 명령으로 모아서 그 권력 아래 세상을 굴복시키는 승리한 민족을 만들 사람입니다. 아니, 선생님은 메시아가 어떤 사람인지도 모르십니까?"

"나는 당신이 메시아를 알지 못하는 만큼 잘 압니다. 그러니까 당신들 생각에는 메시아가 다윗과 솔로몬과 유다 마카베오보다도 뛰어나서 이스라엘을 가지고 세계를 지배하는 나라가 되게 할 사람이란 말입니까?"

"그렇습니다. 하느님께서 그것을 약속하셨습니다. 일체의 복수와 영광과 요구가 언약된 메시아에게서 올 것입니다."

"'네 주 하느님 외의 다른 신에게 경배하지 말아라' 하는 말이 있습니다. 그러면 당신들이 나를 인간인 메시아로 밖에 볼 수 없으면 왜 내게 경배하겠습니까?"

"그러면 선생님을 다른 무엇으로 보아야 하겠습니까?"

"무엇으로 보겠느냐구요? 그래 당신들은 그런 감정을 가지고 내게 질문하러 왔습니까? 음험하고 독을 품은 독사같은 족속! 그리고 독성자이기도 한 사람들. 왜냐하면, 만일 당신들이 인간적인 메시아가 아닌 다른 것으로 볼 수가 없다면, 내게 경배하는 것은 우상숭배일 것이기 때문입니다. 경배해야 할 분은 하느님 한 분뿐입니다. 그리고 나 진정으로 당신들에게 다시 한번 말합니다만, 당신들에게 말하고 있는 사람은 정신과 지혜가 없는 당신들이 생각하는 것과 같은 사명과 임무와 능력을 가졌다고 상상하는 메시아보다 뛰어난 사람입니다. 메시아는 자기 백성에게 당신들이 믿는 것과 같은 나라를 주기 위하여 오지 않습니다. 메시아는 다른 권력자들에 대해서 복수를 하려고 오지는 않습니다. 메시아의 나라는 이 세상의 것이 아니고, 그의 권력은 이 세상의 제한된 다른 어떤 권력도 능가하는 것입니다."

"선생님은 저희들을 모욕하십니다. 선생님이 선생님이시고 저희들이 무식쟁이면 왜 저희들을 가르치고자 하지 않으십니까?"

"나는 당신들을 가르치는 지가 3년이 됩니다. 그런데 당신들은 빛을 배척하기 때문에 점점 더 어두움 속에 있습니다."

"사실입니다. 사실인지도 모르겠습니다. 그러나 과거에 있었던 일이 미래에도 있을 수는 없습니다. 그리고 또 뭡니까? 세리들과 창녀들을 불쌍히 여기시고, 죄인들을 용서해 주시는 선생님이 다만 저희들이 머리가 둔하고 선생님이 누구신지 이해하기 어려워한다는 이유 때문에 저희들에 대해서는 동정을 베풀지 않으시려는 것입니까?"

"그것은 당신들이 이해하기 어려워하기 때문이 아닙니다. **당신들이 이해하고자 하지 않기 때문입니다.** 얼빠진 사람이라는 사실은 잘못이 아닐 것입니다. 하느님께서는 하도 많은 빛을 가지고 계셔서 아무리 우둔한 지능이라도 그 사람이 착한 뜻만 많이 가지고 있으면 환하게 비추실 수 있을 것입니다. 그 착한 뜻이 당신들에게는 없고, 그와 반대되는 뜻을 가지기까지 했습니다. 그렇기 때문에 당신들은 내가 누구인지 이해하지 못하는 것입니다."

"선생님의 말씀대로인지도 모르겠습니다. 저희들이 얼마나 겸손한지 아시겠지요. 그러나 하느님의 이름으로 청하는 것이니 제발 저희들의 질문에 대답해 주십시오. 언제까지 저희들의 정신이 불확실한 채로 있어야 합니까? 만일 선생님이 그리스도이시면 그렇다고 공공연하게 말씀해 주십시오."

"나는 당신들에게 그 말을 했습니다. 집 안에서, 광장에서, 길에서, 마을에서, 산 위에서, 강가에서, 바다 앞에서, 광야 앞에서, 성전에서, 회당에서, 장마당에서 내가 그 말을 당신들에게 했는데, 당신들은 믿지 않습니다. 이스라엘에서 내 목소리를 듣지 않은 곳은 없습니다. 여러 세기 전부터 이스라엘이라는 이름을 남용하고 있지만 성전에서 떨어져나간 곳에 이르기까지, 그들의 이름을 우리 땅에 주었지마는 지배자에서 지배받는 사람이 되고, 그러면서도 진리로 오기 위하여 그들의 오류에서 절대로 완전히 해방되지 않는 사람들의 곳에 이르기까지, 라삐들이 죄악의 땅처럼 피하는 시로—페니키아에 이르기까지, 모든 사람이 내 목소리를 들었고, 내 존재를 알았습니다.

나는 당신들에게 그 말을 했습니다. 그런데 당신들은 내 말을 믿지 않습니다. 나는 행동했습니다. 그런데 당신들은 착한 정신으로 당신들의 생각을 내 행동에 가져오지 않았습니다. 만일 당신들이 바른 의향으로 내게 대해서 알아보는 일을 했더라면 내게 대한 믿음을 가지게 되었을 것입니다. 내가 내 아버지의 이름으로 하는 행동이 내게 대해서 증언을 하니까요. 나를 목자로 알아보았기 때문에 나를 따라온 착한 뜻을 가진 사람들은 내 말을 믿었고, 내 행동이 주는 증언을 믿었습니다.

아니. 당신들은 혹 내가 하는 일의 목적이 **당신들의** 이익이 아니라고 생각하십니까? 모든 사람의 이익이 아니라고? 당신들의 생각은 잘못입니다. 그리고 내 능력으로 되찾은 개인의 건강이나 이러저러한 사람이 마귀들린 데에서 풀려나거나 죄에서 해방되는 것으로 그 이익이 주어진다고 생각하지 마시오. 그것은 개인에게 한정된 이익입니다. 이것은 해방된 능력과 그 능력을 해방하는 초자연적인 근원, 아니 초자연적인 것보다도 더한 **하느님이라는** 근원에 비하면 너무도 보잘 것 없는 것이어서, 그것이 유일한 공동의 이익일 수는 없습니다. 내가 하는 일의 공동의 이익이 있습니다. 믿는 사람들의 믿음을 점점 더 강하게 하는 이익 외에 확신을 가지지 못한 사람들에게서 일체의 의심을 없애는 이익, 반대자들을 설득하는 이익입니다.
　이 공동의 이익을 위하여, 지금과 미래의 **모든** 사람을 위하여 ── 내가 하는 일들은 장차 올 세대들에게도 내게 대한 증언을 가져다 주고, 내게 대해서 그들을 설득하겠기 때문에── 이 때문에 내 아버지께서 내가 하는 것을 할 능력을 내게 주시는 것입니다. 하느님의 일에는 좋은 목적없이 되는 것이 아무 것도 없습니다. 이것을 항상 기억하고, 이 진리를 묵상하시오."
　예수께서는 잠시 말씀을 멈추시고, 머리를 갸우뚱 하고 있는 유다인을 뚫어지게 바라보시더니 말씀하신다.
　"그렇게 곰곰 생각하고 있는 당신, 익은 올리브 빛깔 옷을 입은 당신, 사탄도 좋은 목적으로 창조되었는가 하고 의아하게 생각하는 당신, 나를 반대하고, 내 말에서 잘못을 찾으려고 바보인 체하지 마시오. 당신에게 대답하겠는데, **사탄은 하느님의 작품이 아니라, 반역한 천사의 자유의사의 작품입니다.** 하느님께서는 그를 당신의 영광스러운 종을 만드셨던 것입니다. 그러니까 좋은 목적을 위해 창조하셨던 것입니다. 자 보시오. 이제 당신은 마음 속으로 이렇게 말합니다. '그러면 하느님은 장차 반역할 자에게 영광을 주시고, 불복종하는 자에게 당신 뜻을 맡기셨으니 어리석으시다'고. 나는 당신에게 대답하겠습니다. '하느님께서는 어리석지 않으시고, 당신 행동과 당신 생각에 있어서 완전하십니다. 하느님께서는 절대적으로 완전하신 분이십니다. 인간들은 아무리 완전한 것이라도 불완전합니다. 인간들에게는 하느님과 비교하여 항상 열등한 것이 있습니다.
　그러나 그들을 사랑하시는 하느님께서는 사람들에게 자유의지를 주셔서, 그 자유의지로 사람이 덕행에 있어서 자신을 완성하고, 그래서 그의 아버지이신 하느님과 더 같아지게 하셨습니다' 하고 빈정거리고, 내 말에서 죄를 찾아내려고 하는 간사한 양반, 나는 또 당신에게 이렇게 말하겠습니다. 제 스스로 원해서 생겨난 악에서 하느님께서는 좋은 목적, 즉 사람들이 공로를 세운 영광을 차지하는 사람이 되게 하는 데 소용되는 목적을 끌어내신다는 것입니다. 악에 대한 승리는 선택된 사람들의 월계관입니다. 만일 악이 착한 뜻을 가진 사람들을 위하여 좋은 결과를 생기게 할 수 없었더라면, 하느님께서는 악을 파괴하셨을 것입니다. 피조물 가운데 있는 아무 것도 자극이나 좋은 결과가 없는 것이어서는 안 되는 것이니까요.

대답을 하지 않습니까? 내가 당신의 마음 속을 환히 들여다 보았다는 것과 삐뚤어진 당신 생각의 옳지 못한 가정을 내가 제압했다는 것을 공언하기가 힘들어서 그럽니까? 당신더러 그렇게 하라고 강요하지는 않겠습니다. 많은 사람이 있는 앞에서이니, 당신의 교만 속에 그대로 놔 두겠습니다. 나는 당신에게 나를 승리자로 공언하라고 요구하지는 않습니다. 그러나 당신이 당신과 비슷한 사람들과 당신들을 보낸 사람들하고만 있을 때에는, 나자렛의 예수가 당신 정신의 생각을 알아챘다는 것과 당신의 이의들을 그의 진리의 말이라는 무기만으로 당신 목 안에서 막아버렸다는 것도 말하시오.

그러나 이 개인적인 일로 중단한 것은 이쯤 해두고, 내 말을 듣는 많은 사람들을 다시 상대합시다. 이 많은 수에서 다만 한 사람만이라도 그의 정신을 빛을 향하여 돌리면, 나는 돌들에게, 아니 독사가 가득 차 있는 무덤들에게 말하는 수고에 대한 갚음을 받는 것이 될 것입니다.

나를 사랑하는 사람들은 내 말과 내 행동 때문에 나를 목자로 알아보았다는 말을 아까 했습니다. 그러나 당신들은 내 양들이 아니기 때문에 나를 믿지 않습니다. 아니, **믿을 수가 없습니다.**

당신들은 무엇입니까? 당신들에게 묻겠습니다. 이 질문을 마음 속으로 당신들 스스로에게 해 보시오. 당신들은 바보가 아니니, 당신들의 정체를 알 수 있습니다. 그를 창조하신 분의 아들에게 계속 모욕을 주는 것이 편안치 않은 당신들의 영혼의 목소리를 듣기만 하면 됩니다. 당신들은 당신들이 어떤 사람인지를 알면서도 그 말을 하지는 않을 것입니다. 당신들은 겸손하지도 않고 솔직하지도 못합니다.

그러나 나는 당신들의 정체를 말하겠습니다. 당신들은 부분적으로는 늑대들이고, 부분적으로는 야생 새끼 염소입니다. 그러나 당신들이 어린 양으로 통하기 위해 어린 양의 가죽을 쓰고 있는데도 불구하고, 당신들 중의 아무도 참다운 어린 양이 아닙니다. 보드러운 횐털 밑에, 당신들은 모두가 염소 수컷이나 야수의 사나운 모습과 뾰족한 뿔과 사나운 송곳니와 발톱을 가지고 있습니다. 그러면서 당신들은 그런 사람으로 있는 것이 좋기 때문에 그런 대로 있기를 원하고, 잔인성과 반항을 꿈꿉니다. 그러므로 당신들은 나를 사랑할 수가 없고, 나를 따르고 이해할 수가 없습니다. 당신들이 양의 우리로 들어오는 것은 해를 끼치기 위한 것이고 고통이나 혼란을 가져오기 위해서입니다.

내 양들은 당신들을 무서워합니다. 만일 내 양들이 당신들 같았으면 당신들을 미워해야 할 것이지만, 내 양들은 미워할 줄을 모릅니다. 그들은 평화의 왕, 사랑의 선생님, 자비로운 목자의 어린 양들입니다. 그래서 미워할 줄을 모릅니다. 내가 당신들을 절대로 미워하지 않을 것과 같이 내 양들도 당신들을 절대로 미워하지 않을 것입니다. 나는 **세 가지 사욕의 나쁜 결과인 증오를 자기가 육체인 외에 영이기도 하다는 것을 잊고 사는 동물적인 사람 안에서 날뛰는 자아와 더불어** 당신들에게 남겨둡니다. 그리고 나는 내 것인 사랑을 간직합니다. 그리고 이것을 나는 내 어린 양들에게 건네주고, 당신들을 착하게 하기 위해서 당신들에게도 줍니다.

만일 당신들이 착하게 되면, 그 때에는 당신들이 나를 이해하고 내 양떼로 와서 거기 있는 다른 양들과 같게 될 것입니다. 그러면 우리는 서로 사랑할 것입니다. 양들과 나는 서로 사랑합니다. 양들은 내 말을 듣고 내 목소리를 알아듣습니다. 당신들은 내 목소리를 안다는 것이 실제로 무엇인지를 이해하지 못합니다. 내 목소리를 안다는 것은 내 목소리의 근원을 의심하지 않고, 거짓 예언자들의 수많은 다른 목소리 가운데에서 내 목소리를 하늘에서 오는 참다운 목소려로 구별하는 것입니다. 지금도 그렇고 언제까지도 그렇고, 자기들이 지혜의 신자들이라고 믿고 또 부분적으로는 그런 사람들 가운데에도, 하느님에 대해서 다소간 옳게 말하겠지만 모두가 내 목소리보다는 못한 목소리를 분간할 줄 모르는 사람이 많을 것입니다…."

"선생님은 항상 머지 않아 가신다고 말씀하시면서 그리고 나서도 여전히 말씀하실 거란 말입니까?" 하고 한 유다인이 정신이 쇠약한 사람에게나 말하는 것 같은 경멸하는 어조로 이의를 제기한다.

처음에 유다인들에게 말씀하실 때에 그 다음에 그 유다인의 마음 속으로 하는 이의에 대답하실 때에만 엄한 소리를 내셨던 예수께서는 다시 당신의 참을성있고 슬퍼하시는 말투로 대답하신다.

"나는 세상이 완전히 우상숭배자가 되지 않도록 항상 말할 것입니다. 그리고 나는 내 제자들에게, 당신들에게 내 말을 되풀이 하라고 선택한 사람들에게 말하겠습니다. 하느님의 성령께서 말씀하실 것인데, 그들은 지혜로운 사람들 자신도 알아듣지 못할 것을 알아들을 것입니다. 과연 학자들은 말과 어귀와 방식과 장소, 그리고 말씀이 무슨 수단을 써서 어떻게 말하는지를 연구하지만, 내가 택한 사람들은 그런 무익한 연구에 몰두하지 않고, 사랑에 몰두하여 들을 것이고, 또 그들에게 말하는 것은 사랑일 것이니까 알아들을 것입니다. 그들은 학자들의 장식된 글이나, 타락한 학설을 가르치거나 자기들은 실천하지 않는 것을 가르치는 거짓 예언자들과 위선적인 라삐들의 거짓말 하는 글들을 분명히 알아볼 것이고, 그 글들을 내게서 오는 소박하고 참되고 심오한 말들과 구별할 것입니다. 그러나 세상은 이 때문에 그들을 미워할 것입니다. 그것은 세상이 빛인 나를 미워하고 빛의 아들들을 미워하기 때문입니다. 그의 죄에 유리한 어두움을 사랑하는 어두운 세상이 말입니다.

내 양들은 나를 압니다. 그리고 장차도 나를 알 것이고, 피로 물든 고통스러운 길에서도 항상 나를 따라 올 것입니다. 그 길은 내가 제일 먼저 지나갈 것이고, 그들도 나를 따라 지나갈 것입니다. 영혼들을 지혜 있는 곳으로 인도하는 길. 정의를 가르치기 때문에 박해를 당하는 사람들의 피와 눈물로 빛나게 피는 길입니다. 그것은 세상과 사탄의 연기와 안개 속에서 그 길이 빛나서, 길과 진리와 생명을 찾지만 그들을 그리로 인도할 사람을 아무도 만나지 못하는 사람들을 인도하기 위한 별의 항적(航跡)과 같은 것이기 때문입니다.

사실 영혼들에게 필요한 것은 이것이기 때문입니다. 즉 그들을 생명과 진리와 옳은 길로 인도하는 사람들이 말입니다. 하느님께서는 그 사람들, 즉 찾기는 하지만, 그들의 탓으로가 아니라, 숭배를 받는 목자들의 게으름으로 인하여 찾아내지 못하는 사람들에 대하여 깊은 연민을 가지십니다. 하느님께서는 자기 자신에게 내맡겨져서 길을 잃고, 길잃은 사람들을 맞아 들여 그들의 가르침의 찬성자가 되게 하려는 만반의 준비를 갖추고 있는 루치펠의 종들에게 맞아들여지는 영혼들에 대하여 깊은 연민을 가지십니다. 하느님께서는 하느님의 라삐들, 소위 하느님의 라삐들이 그들에 대하여 관심을 가지지 않았다는 그 이유 때문에만 잘못한 사람들에 대하여 깊은 연민을 가지십니다. 하느님께서는 거짓 선생들의 탓으로 낙담과 모호한 것과 죽음을 향하여 가는 사람들에 대하여 깊은 연민을 가지고 계십니다.

거짓 선생들은 그저 선생의 옷을 입고 있고, 선생이라고 불리는 오만만을 가지고 있을 뿐입니다. 그리고 이 불쌍한 영혼들을 위하여는, 마치 당신 백성을 위하여 예언자들을 보내셨던 것처럼, 온 세상을 위하여 나를 보내신 것처럼, 이와 같이 이 다음 나 이후에도 말씀과 진리와 사랑의 종들을 보내셔서 내 말을 되풀이 하게 하실 것입니다. 생명을 주는 것은 내 말들입니다. 그렇기 때문에 지금과 이 다음의 내 양들은 그것을 받아들이는 사람들에게 영원한 생명을 주는 내 말을 통하여 내가 그들에게 주는 생명을 받아 영원히 죽지 않을 것이고, 또 아무도 그들을 내 손에서 빼앗아 가지 못할 것입니다."

"저희들은 참 예언자들의 말을 배척한 적이 없습니다. 저희들은 마지막 예언자였던 요한을 항상 존경했습니다" 하고 한 유다인이 성을 내며 말하고 그의 동료들은 그를 찬성한다.

"요한은 당신들에게 잘못 뵈지 않고 당신들에게 박해까지도 당하지 않게 때 맞추어 죽었습니다. 그가 아직 살아 있었더라면, 그가 육체적인 근친상간에 대해서 '그것은 용납되지 않습니다' 하고 말한 것을 하느님을 거스르는 사탄과의 당신들의 관계로 영적인 간음을 범하는 당신들에게 했을 것이고, 당신들은 나를 죽일 작정을 하고 있는 것과 같이 그를 죽일 것입니다."

유다인들은 온순을 가장하는 데 지쳐서 벌써 예수를 때릴 마음을 가지고 성을 내고 요란스럽게 시위를 한다.

그러나 예수께서는 그런 것은 걱정하지 않으시고 소란을 제압하기 위하여 목소리를 높여 말씀하신다.

"오 위선자들, 그러면서 당신들은 내가 누구냐고 물었습니까? 당신들은 확신을 가지기 위해서 그것을 알고 싶다고 말했지요? 그리고 이제는 요한이 마지막 예언자였다고 말합니까? 그래서 당신들은 자기들을 거짓말 죄로 두번 단죄합니다. 첫번째는 당신들이 **참 예언자**

들의 말을 한번도 배척하지 않았다고 말하기 때문이고, 두번째는 요한이 마지막 예언자이고 당신들이 참 예언자들은 믿는다고 말함으로써 나도 예언자라는 것을, 적어도 예언자, **참** 예언자라는 것을 배제하기 때문입니다. 거짓말 하는 입들! 속이는 마음들! 그렇습니다. 정말이지, 정말이지, 나는 여기 내 아버지의 집에서 나는 예언자보다 뛰어나다고 선언합니다. 나는 내 아버지께서 주신 것을 가지고 있습니다. 내 아버지께서 내게 주신 것은 모든 것보다 모든 사람보다 더 귀중한 것입니다. 그것은 사람들의 의지와 능력이 그들의 탐욕스러운 손을 댈 수 없는 것이기 때문입니다. 나는 하느님께서 주신 것을 가졌는데, 그것은 내게 있으면서도 하느님께도 항상 있고, 아무도 그것을 내 아버지의 손에서도 내 손에서도 빼앗지 못합니다. 같은 천주성이기 때문입니다. 아버지와 나는 하나입니다."

"아! 소름끼치는 일이다! 하느님께 대한 모독이다! 저주받아라!"

유다인들의 고함이 성전 안에 울려 퍼지고, 또 한번 환전상들과 짐승 파는 사람들이 울타리를 치는데 쓰이는 돌들이 때리는 데 쓰일 무기를 찾는 사람들에게는 무기가 된다.

그러나 예수께서는 팔짱을 끼시고 높이 올라 가신다. 더 높아지고 더 잘 보이기 위하여 돌벤치 위로 올라가셔서, 거기서 당신의 파란 눈의 광채로 그들을 내려다 보신다. 예수께서는 내려다 보시고 쏘아보신다. 어떻게나 위엄이 있는지 그들을 움직이지 못하게 하실 지경이다. 돌들을 던지는 대신에 그것들을 집어던지거나 그대로 쥐고 있다. 그러나 이제는 예수께 돌을 던질 만한 대담성이 없다. 고함조차도 가라앉고, 그대신 이상한 공포가 자리잡는다. 정말이지 하느님께서 그리스도 안에 나타나신 것이다. 그리고 하느님께서 이렇게 나타나실 때에는 아무리 오만한 사람이라도 약하게 되고 무서워한다.

나는 신비가 감추어져 있었기에 성 금요일에 유다인들이 그렇게까지 사나울 수가 있었는가 하고 생각해 본다. 그날 그리스도께 그 지배력이 없었던 것에는 무슨 신비가 들어 있는 것인가? 정말이지 그것은 어두움의 시간, 사탄의 시간이었고, 그들만이 지배하고 있었다 …. 천주성, 하느님의 부성(父性)이 당신의 그리스도를 내버리셨던 것이다. 그리고 그리스도는 희생자 외의 아무 것도 아니셨다.

예수께서는 몇 분 동안을 그러고 계시다가 하느님의 섬광을 보았다는 그 사실만으로 거만을 완전히 잃은 매수되고 비겁한 그 군중에게 다시 말씀하기 시작하신다.

"그러면? 당신들은 무엇을 하려고 하는 것입니까? 당신들은 내가 누구냐고 물었습니다. 나는 그것을 당신들에게 말했습니다. 그랬더니 당신들은 몹시 화를 냈습니다. 나는 당신들에게 내가 한 일을 상기시켰습니다. 내 아버지에게 오는 것으로, 내 아버지에게서 내게 오는 능력 덕택으로 이룩한 많은 좋은 일을 당신들에게 보이고 상기시켰습니다. 그 일 중에서 어떤 것 때문에 나를 돌로 치려고 합니까? 정의를 가르쳤기 때문입니까? 사람들에게 기쁜 소식을 가져왔기 때문입니까? 당신들의 병자들을 고쳐 주고, 당신들의 소경들에게 시력을, 마비환자들에게 움직임을, 벙어리들에게 말을 돌려주고, 마귀들린 사람들을 구해 주고, 죽은 사람들을 다시 살려내고, 가난한 사람들에게 적선을 하고, 죄인들을 용서해 주고, 모든 사람을, 나를 미워하는 당신들과 당신들을 보낸 사람들까지도 사랑했기 때문입니까? 이 일들 중에서 대관절 어떤 것 때문에 나를 돌로 치려고 합니까?"

"당신이 행한 좋은 일 때문에 당신을 돌로 치는 것이 아니고, 당신의 모독하는 말 때문에, 당신이 사람이면서 하느님이라 하기 때문입니다."

"당신들의 율법에 이런 말이 있지 않습니까? '나는 말하였노라. 너희들은 신들이고, 지극히 높으신 분의 아들들이다' 하고? 그런데 하느님께서 어떤 명령을, 즉 사람 안에 있는 하느님을 닮은 모습이 나타나고, 사람이 마귀도 짐승도 되지 않도록 살라는 명령을 주시기 위하여 말씀하시는 사람들을 '신들'이라고 부르시는데, 순전히 하느님의 영감을 받아 쓰여져서 사람의 뜻과 이익에 따라 변경될 수 없는 성경에서 사람들이 '신들'이라고 불리는데, 아버지께서 축성해서 세상에 보내신 내가 '나는 하느님의 아들이오' 하고 말한다고 해서 왜 내가 하느님을 모독하는 말을 한다고 말합니까? 만일 내가 내 아버지의 일을 하지 않으면, 당신들이 나를 믿지 않는 것이 옳은 일일 것입니다. 그러나 나는 아버지의 일을 합니다. 그런데 당신들은 나를 믿고자 하지 않습니다. 그러면 이 일들만이라도 믿어서 아버지께서 내 안에 계시고 내가 아버지 안에 있다는 것을 알고 인정하도록 하시오."

고함과 난폭한 말의 소란이 전보다도 더 세차게 다시 시작한다. 틀림없이 그곳에서 엿들으면서 숨어 있는 성전의 평평한 지대 중의 하나에서 사제들과 율법학자들과 바리사이파 사람들이 많은 고함을 지른다.

"아니, 그 하느님을 모독하는 자를 잡으시오. 이제는 그 자의 죄가 공공연히 나타났소. 우리 모두가 들었소. 자기를 하느님이라고 공언하는 하느님을 모독하는 자를 죽입시다! 그 자에게 다브리의 살루밋의 아들에게 준 것과 같은 벌을 주시오. 시외로 끌고 나가서 돌로 쳐죽입시다! 이것은 우리의 권리요! '하느님을 모독하는 자는 죽임을 당해야 한다'고 했소."

우두머리들의 외침이 유다인들의 분노를 자극하여, 이들은 예수를 붙잡아서 성전의 수위들을 데리고 달려오는 성전의 행정관리들의 손에 넘겨 주려고 시도한다.

그러나 이번에도 그들보다 로마 병사들이 더 빠르다. 그들은 안토니아에서 감시하면서 소란을 지켜보고 있다가, 사람들이 고함을 지르고 있는 곳으로 오기 위하여 그들의 병영에서 나온다. 그리고 그들은 아무도 고려하지 않는다. 창자루들이 머리와 등줄기 위에서 난무한다. 그리고 그들은 유다인들을 괴롭힐 농담과 욕설로 서로 흥분시킨다.

"이 개들아, 집으로 들어가거라! 비켜라! 리치누스, 그 머리버짐에 걸린 자를 세게 패주게. 가라들! 무서우니까 너희들이 그 어느 때보다 더 역한 냄새가 나는구나! 이 욕심쟁이들아, 아니 너희들은 무엇을 먹기에 이렇게 고약한 냄새가 나느냐? 밧수스, 자네 말 잘했네. 이자들은 몸을 깨끗하게 하지만 악취를 풍기네. 거기 그 코 큰 자를 보게! 벽으로 가라! 벽으로 가, 너희들 이름을 적게! 그리고 거기 사람들을 싫어서 피하는 자들, 거기서 내려 오너라. 이제는 우리가 너희들을 안다. 백부장은 우두머리에게 훌륭한 보고서를 하나 써야 할 거다. 아니야! 그 사람은 놔 둬, 라삐의 사도란 말이야. 그 사람은 재칼의 얼굴이 아니라 사람의 얼굴을 가진 걸 보지 못하나? 보게! 저 자들이 저 쪽으로 어떻게 도망치나 보게! 가게 내버려 둬! 그 자들을 설득하려면 모두들 우리 창으로 죽 꿰야 할 거야! 그래야만 저자들을 길들일 거야! 내일이라도 그렇게 됐으면! 아! 너는 붙잡혔는데도 왜 빠져나가지 않아? 난 너를 봤어, 알겠어? 첫번 던진 돌은 네가 던진 거였어. 너는 로마 병사를 때린 데 대해서 책임을 져야 할 거다…. 이 자도 그랬어. 이 자는 군기를 모욕하면서 우리를 저주했어. 아! 그래? 정말이야? 가자, 우리 감옥에서 군기를 사랑하게 만들겠다…."

이와 같이 그들을 공격하고 놀리고 어떤 사람들은 체포하고 다른 사람들은 도망치게 하면서 로마 병사들은 그 넓은 마당을 정리한다.

그러나 유다인들이 그 중 두 사람이 실제로 체포되는 것을 보았을 때에 그들의 정체를 드러냈다. 비겁하고 비겁하고 또 비겁한 자로서의. 새매가 내려오는 것을 보고 한 떼의 병아리처럼 수다를 떨면서 도망치거나, 병사들의 발 앞에 넓죽 엎드리면서 차마 볼 수 없는 노예근성과 아부로 동정을 빌거나 한다.

예수께 대하여 가장 악착같이 굴던 사람들 중의 하나인 주름 투성의 늙은이는 한 하사관의 장딴지에 매달리면서 "관대하고 의로우신 분"이라고 부른다. 하사관은 힘있게 흔들어서 유다인을 서너 걸음 뒤로 나가동그라지게 해서 빠져나오며 외친다.

"이 머리버짐 걸린 늙은 여우 같은 영감, 가시오." 그리고 돌아서서 동료에게 장딴지를 보이면서 말한다. "이 자들은 여우 발톱과 뱀의 독설을 가지고 있네. 여길 보게! 하느님 맙소사! 이제 나는 즉시 공동목욕탕으로 가서 이 늙은 수다쟁이의 흔적을 지우겠네!" 그러면서 스친 상처가 분명히 난 장딴지를 움직이며 화가 나서 실제로 간다.

나는 예수를 완전히 놓쳤다. 나는 예수께서 어디로 가셨는지 어느 문으로 나가셨는지 말하지 못하겠다. 나는 다만 뚫고 나가려고 사람들을 헤치느라고 싸우는 알패오의 두 아들과 토마의 얼굴과, 같은 일에 골몰하고 있는 목자 제자들의 얼굴이 얼마 동안 혼란 가운데에서 솟아올랐다가 사라지는 것을 보았을 뿐이다. 그리고는 그들도 사라졌고, 내 눈과 귀에는 로마 병사들이 붙잡고 알아보고 하지 못하게 하느라고 이리저리 뛰어 다니는 데 골몰한 신의 없는 유다인들의 아우성소리가 남아 있을 뿐이다. 나는 로마 병사들에게는 유다인들을 마구 때려서 그들에게서 듬뿍 받는 모든 증오를 메울 수 있는 것이 즐거운 일이라는 인상을 받았다.

235. 예수께서 혼자 계시기 위하여 당신이 나신 동굴에 가신다

예수께서는 성전 뒤편, 양떼문 근처 시외에 계신다. 예수의 주위에는 겁을 집어먹고 화가 나기까지 한 사도들과 목자 제자들이 있는데, 레위만은 없다. 전에 예수와 같이 성전에 있던 제자들 중의 다른 사람은 아무도 보이지 않는다. 그들은 서로 논쟁을 한다. 그들이 서로, 또 예수와 특히 가리옷의 유다와 논쟁을 한다고 말할 수 있을 것 같다. 그들은 유다에게 유다인들의 분노를 비난하는데, 약간 날카롭게 비꼬면서 그렇게 한다. 유다는 그들이 말하게 가만 내버려두다가 이렇게 되풀이 말한다.

"나는 바리사이파 사람들과 율법학자들과 사제들과 말했는데, 그들 중의 아무도 그 사람들 가운데에는 있지 않았네."

그들은 토론을 처음 진정한 다음에 그것을 그만두지 않은 것을 예수께 비난한다. 그러니까 예수께서는 "나는 내 표시를 완전히 할 필요가 있었다" 하고 대답하신다.

그리고 또 안식일이 가까워지고 명절날들인 지금 어디로 갈지에 대하여도 의견이 분분하다. 시몬 베드로는 특히 예수께서 다시 베다니아로 가서는 안 된다고 말씀하신 뒤로는 그리로 가서 방해를 할 계제가 아니니 아리마태아의 요셉의 집으로 가자고 제안한다.

토마가 대답한다. "요셉은 집에 없어, 니고데모도 그렇고. 명절 때문에 그들은 집을 떠났네. 어제 우리가 유다를 기다릴 때에 그들에게 인사를 했는데, 그 때 그 말을 내게 했네."

"그럼 니까의 집으로 가지" 하고 마태오가 제안한다.

"니까는 명절을 지내러 예리고에 갔어" 하고 필립보가 대답한다.

"세포리스의 요셉의 집으로 가지" 하고 알패오의 야고보가 말한다.

"흠! 요셉…" 하고 베드로가 말한다.
"우리는 그 사람에게 재미있는 일을 하는 것이 아닐 걸세. 그리고 … 그야 물론! 그 사람이 선생님을 존경은 하지. 그렇지만 걱정이 없기를 바라네. 그 사람은 서로 반대 방향으로 흐르는 두 물결 사이에 끼여 있는 배와 같으네…. 그래서 계속 떠 있기 위해서는… 모든 바닥짐을 고려에 넣는다네. 어린 마르시알까지도… 그 애를 아리마태아의 요셉에게 넘겨 준 것을 너무나 잘한 일로 생각할 지경일세."
"아! 그래서 그 애가 어제 아리마태아의 요셉과 같이 있었구먼?!" 하고 안드레아가 외친다.
"물론이지! 그러니까 어떤 조용한 작은 포구에서 마음을 가라앉히게 놔 두는 것이 더 나을 걸세…. 이거 봐! 우린 별로 용기가 없군 그래! 그리고 최고회의가 모두에게 겁을 주는구먼!" 하고 역시 베드로가 말한다.
"제발 자네에 대해서나 말하게. 나는 아무도 무섭지 않네" 하고 가리옷 사람이 말한다.
"나도 그래. 선생님을 지키기 위해서라면, 나는 모든 군대에도 대항할 거야. 그렇지만 우리는 우리야…. 다른 사람들은… 이거 봐! 그들은 그들의 사업이 있고, 집이 있고, 아내가 있고, 딸들이 있단 말이야…. 그 사람들은 그걸 생각한단 말일세."
"우리도 아내와 딸들이 있어" 하고 바르톨로메오가 지적한다.
"그러나 우리는 사도들이야. 그리고…."
"그리고 너희들도 다른 사람들과 마찬가지이다. 시련이 아직 오지 않았으니까 아무도 비난하지 말아라" 하고 예수께서 말씀하신다.
"시련이 아직 오지 않았다구요? 그러면 저희가 이미 겪은 시련 말고 또 어떤 것들이 있단 말씀입니까? 그렇지만 오늘 제가 얼마나 선생님을 지켰는지 보셨지요! 저희 모두가 선생님을 지켰습니다. 그러나 저는 누구보다도 더 지켰습니다! 저는 배라도 뒤집을 수 있을 만큼 밀어서 자리를 만들었습니다!…. 생각이 하나 떠올랐습니다! 노베로 가십시다. 노인이 기뻐할 것입니다!"
"예. 예. 노베로 가십시다." 모두가 찬성이다.
"요한은 노베에 없다. 너희들은 공연한 길을 갈 것이다. 너희들이 노베로 갈 수는 있다. 그러나 요한의 집에는 안 된다."

"너희들은 갈 수 있다니요! 그럼 선생님은 가지 못하십니까?"

"나는 원치 않는다, 요나의 시몬아. 나는 이 등불 명절 며칠 저녁에 벌써 갈 데가 있다. 그러나 내가 없으면, 너희들은 어디에서나 안심하고 있을 수 있다. 그렇기 때문에 너희더러 가고 싶은 데로 가라고 말하는 것이다. 너희에게 강복한다. 나는 너희들에게 육체와 정신으로 결합해 있고, 너희들의 우두머리인 베드로에게 순종하라고 일깨워 준다. 선생에게처럼 순종하는 것이 아니라, 오히려 맏형에게처럼 순종하라고 말이다. 레위가 내 배낭을 가지고 돌아오는 대로 작별을 하자."

"그건 안 됩니다, 주님! 주님을 혼자 가시게 하는 것은 절대로 안 됩니다!" 하고 베드로가 외친다.

"내가 원하면 언제나 그렇게 할 수 있다. 요나의 시몬아, 그러나 염려 말아라. 나는 시내에 있지 않을 것이다. 천사나 마귀가 아니면, 아무도 내 은신처를 찾아내지 못할 것이다."

"좋습니다. 주님을 미워하는 마귀가 너무 많으니까. 주님 혼자 가시면 안 된다는 말씀입니다!"

"천사들도 있다, 시몬아. 그래서 나는 가겠다."

"그러나 어디로 가십니까? 아니, 선생님이 자의로든 여러 가지 상황으로 인해서든 가장 좋은 집들을 거절하셨으니 어떤 집으로 가신다는 말씀입니까?! 이 계절에 산 위에 있는 동굴에는 분명 안 가시겠지요?"

"또 만일 그런다면? 그곳은 역시 나를 사랑하지 않는 사람들의 마음보다는 덜 찰 것이다" 하고 당신 자신에게 말씀하시는 것처럼, 눈에는 반짝이는 눈물을 감추시려고 고개를 숙이시며 말씀하신다.

"저기 레위가 옵니다. 뛰어 오는데요" 하고 길가에서 바라보고 있는 안드레아가 말한다.

"그러면 서로 평화를 주고 헤어지자. 너희들이 노베에 갈 생각이면, 해지기 전에 갈 시간이 빠듯하겠다."

레위는 숨을 몹시 헐떡거리며 온다.

"그들이 선생님을 찾는답니다…. 선생님을 사랑하는 사람들이 그렇게 말했습니다…. 그들은 많은 집에 갔는데, 특히 초라한 사람들 집에 갔었답니다….”

"자넬 그들이 봤나?" 하고 제베대오의 야고보가 묻는다.

"물론입니다. 그들이 저를 붙잡기까지 했습니다. 그렇지만 벌써 그걸 알고 있던 저는 '가바온에 간다'고 말하고 다마스커스문으로 해서 나와서 성곽 뒤로 뛰어 왔습니다…. 주님, 저는 거짓말을 하지 않습니다. 저 사람들과 저는 안식일이 지난 다음에 가바온에 가니까요. 오늘 밤에는 다윗의 도시의 들판에 있을 것입니다…. 저희들에게는 추억의 날들입니다…." 그러면서 수염이 난 씩씩한 얼굴에 천사 같은 미소를 띠고 예수를 바라본다. 그의 얼굴 모습에 오래 전에 지나간 밤의 어린 아이의 기억을 되살아나게 하는 추억이다.

"좋다. 너희들도 가고 너희들도 가거라. 나도 가겠다. 각기 제 갈길로 가도록 하자. 내가 며칠 뒤에 갈 솔로몬의 마을에 나보다 먼저 가 있거라. 그리고 너희들을 떠나기 전에, 너희들을 둘씩 둘씩 이 도시 저 도시로 보내기 전에 한 말을 되풀이 한다. '가서 전도하고, 하느님의 나라가 **매우** 가까웠다고 전하여라. 병자들을 고치고, 문둥병자들을 깨끗하게 하고, 영과 육체로 죽은 사람들에게 내 이름으로 영의 부활이나 생명인 나를 찾는 것이나 죽음에서의 부활을 명하면서 그들을 다시 살려라. 그리고 너희들이 하는 일을 뽐내지 말아라. 너희들끼리와 너희를 사랑하지 않는 사람들과의 말다툼을 피하여라. 너희들이 하는 것에 대하여 아무 것도 요구하지 말아라. 이방인들과 사마리아 사람들에게 보다는 오히려 이스라엘의 집에서 길잃은 양들에게로 가라. 그리고 그렇게 하는 것은 이방인과 사마리아 사람들을 싫어해서가 아니라, 너희들이 아직 그들을 회개시킬 수 없기 때문이다.

다음날 걱정을 하지 말고 너희가 가진 것을 주어라. 내가 하는 것을 본 모든 것을 하고, 내 정신과 같은 정신으로 하여라. 자, 내가 하는 것, 그리고 하느님의 영광이 나타나기 위하여 너희가 하기를 내가 원하는 것을 할 권한을 너희에게 준다." 예수께서는 그들에게 입김을 불으시고, 한 사람씩 껴안으시고 떠나 보내신다.

모두가 마지 못해 떠나면서 여러번 돌아다 본다. 예수께서는 그들이 모두 떠나는 것을 보실 때까지 손으로 인사를 하신다. 그리고 덤불 사이로 키드론 개울 바닥으로 내려 가신다. 그리고 거품이 이는 물 근처 개울가의 바위에 앉으신다. 맑고 틀림없이 몹시 차가울 그 물을 드신다. 얼굴과 손과 발을 씻으시고 나서 옷을 다시 입으시고 다시 와서 앉으신다. 그리고 곰곰 생각하신다…. 그래서 당신 주위에서 무슨 일이 일어나는지 알아차리지 못하신다. 과연 동료들과 같이 떠났던 사도 요한이 혼자서 돌아와 우거진 덤불 속에 숨어서 예수께서 하시는 대로 따라 한다.

예수께서는 그곳에 얼마 동안 계시다가 일어나셔서 배낭을 어깨에서 허리로 비스듬히 메시고 키드론 개울을 따라 덤불들 사이로 엔로젤 우물까지 이르신다. 그리고는 서남쪽으로 돌아서 베들레헴으로 가는 길로 들어서신다. 요한은 알아보지 못하라고 겉옷으로 몸을 푹 감싸고 백 미터쯤 뒤에서 예수를 따라 간다.

그들은 겨울로 인하여 헐벗은 길을 따라 쉬지 않고 걷는다. 예수께서는 그 긴 걸음으로 길을 빨리 가신다. 요한은 들키지 않도록 조심해야 하기 때문에 예수를 힘들게 따라 간다. 예수께서는 두번 걸음을 멈추시고 돌아 보신다. 첫번째는 유다가 가야파와 그 일당과 말하려고 떠나 갔던 작은 언덕에서였고, 두번째는 어떤 우물 곁에서였는데, 그곳에서는 어떤 사람의 항아리에서 물을 마시면서 빵을 조금 드신다. 그런 다음 해가 내려가고, 내려가고, 또 내려가서… 황혼이 되는데, 길을 다시 떠나신다. 예수께서는 서쪽 하늘의 마지막 붉은 빛이 꺼지면서 보라빛이 길게 퍼질 때 라켈의 무덤에 이르신다. 서쪽 하늘은 꽃이 만발한 등나무를 올린 정자 같은데 동쪽에는 벌써 추운 겨울 하늘의 맑은 코발트색이 나타나고, 벌써 이른 별들의 희미한 빛이 가장 먼 하늘의 경계에 나타난다.

예수께서는 완전히 밤이 되기 전에 자리를 잡으시려고 걸음을 재촉하신다. 그러나 베들레헴의 작은 도시가 전부 보이는 언덕에 이르셔서는 걸음을 멈추시고 바라보시고 한숨을 쉬신다. 시내로 들어가지 않으시고, 마지막 집을 돌아 다윗의 집 또는 탑의 폐허에 있는 당신이 나신 곳으로 곧장 가신다. 동굴 옆으로 흘러 가는 개울을 건너신다. 그리고 마른 잎들이 깔린 작은 공간에 발을 들여놓으신다…. 그리고 안을 한 번 들여다 보신다. 아무도 없다. 그래서 들어 가신다.

요한은 들리지도 않고 보이지도 않게 하느라고 조심스럽게 더 이쪽에 남아 있다. 그는 찾고 바라보고 한다. 눈으로 보는 것보다는 오히려 더듬어서 폐허가 된 또 다른 외양간을 발견한다. 그도 그리로 들어가서 한 구석에 불을 켜 놓는다. 짚이 조금 있고, 더러운 짐승의 잠자리짚과 나뭇가지 몇 개, 그리고 구유에는 건초가 있다.

요한은 만족하다. 그는 혼잣말을 한다. "적어도… 듣기는 할 거야…. 그래서 함께 죽거나 선생님을 내가 구하거나 할 거야."

그리고 한숨을 쉬며 말한다. "그런데 선생님은 이렇게 나셨어. 그리고 당신 고통을 슬퍼하시기 위해서 여길 오신 거야…. 그리고… 아! 영원하신 하느님! 당신의 그리스도를 구하십시오! 지극히 높으신 하느님, 선생님은 큰 일을 하시기 전에는 언제나 외따로 떨어져 계시기 때문에 제 마음이 떨립니다…. 그런데 당신을 메시아왕으로 드러내시는 것 말고 어떤 큰 일을 하실 수 있습니까? 오! 선생님의 모든 말씀이 제 마음 속에 있습니다…. 저는 어리석은 아이라 별로 이해를 하지 못합니다. 오 저희들의 영원하신 아버지, 저희는 모두가 별로 이해를 하지 못합니다! 그러나 저는 무섭습니다. 무서워요! 선생님은 죽음에 대해서 말씀하시고, 고통스러운 죽음과 배반과 소름끼치는 일에 대해서 말씀하시기 때문입니다…. 저는 무섭습니다! 하느님, 저는 무섭습니다! 영원하신 주님, 제 마음을 굳세게 해 주십시오. 장차 일어날 일을 위해서 틀림없이 당신 아들의 마음을 굳세게 하시는 것과 같이, 이 불쌍한 아이의 마음도 굳세게 해 주십시오…. 오! 저는 느낍니다! 선생님이 여기 오신 것은 그 때문이라는 것을, 당신의 말씀을 그 어느 때보다도 더 듣고, 당신 사랑으로 굳세어지기 위해 여기 오셨다는 것을. 오 지극히 거룩하신 아버지, 저도 선생님을 본받습니다! 저를 사랑해 주십시오. 그리고 당신 아들을 위로해 드리기 위하여 모든 것을 겁없이 견디는 힘을 가지게 아버지를 사랑하게 해 주십시오."

요한은 그가 조잡한 화덕에 불을 붙여 놓은 나뭇가지 두개의 흔들리는 불빛을 받으며, 서서 팔을 들고 오래 기도한다. 그는 불이 꺼지려는 것을 볼 때까지 기도한다. 그리고 넓은 구유로 올라가 건초에 쭈그리고 앉는다. 짙은 빛깔의 겉옷에 잘 감싸여 있고 동굴도 어두움 속에 감싸여 있기 때문에 그는 어두움 속에 있는 그림자에 지나지 않는다. 마침내 첫번째 달빛이 동쪽을 향한 입구로 해서 들어와 밤이 깊었다는 것을 알린다. 그러나 요한은 피곤하여 잠이 들었다. 이 12월의 밤에 들리는 소리는 오직 그의 숨소리와 개울이 흐르는 희미한 소리뿐이다.

달이 부딪는 돛단배들 같이 가벼운 구름이 떠 다니는 저 높은 하늘에는 온통 천사들의 떼가 돌아다니는 것 같다…. 그러나 천사들의 노래는 없다. 이따금 폐허에서 밤새들이 "우! 우! 우!" 하고 우는 소리를 주고 받고, 때로는 올빼미들 특유의 마녀의 웃음소리 같은 것으로 끝나기도 하며, 멀리서는 울음소리 같은 신음소리가 들려온다. 양의 우리에 갇힌 개가 달을 보고 짖는 것이거나, 늑대가 바람에 불려 오는 먹이의 냄새를 맡고 꼬리로 옆구리를 치면서, 잘 지켜진 외양간에 감히 가까이 가지는 못하고 욕심이 나서 우는 것이거나 할 것이다. 나는 잘 모르겠다.

그러다가 목소리들과 발소리들이 들리고, 폐허에 흔들리는 불그스름한 불빛이 보인다. 그리고 하나씩 차례로 목자 제자 마티아, 요한, 레위, 요셉, 다니엘, 베냐민, 엘리야, 시메온이 온다. 마티아는 불붙인 나뭇가지를 쳐들고 길을 밝힌다. 그러나 앞으로 뛰어 오는 것은 레위이다. 그리고 맨 먼저 예수의 동굴 속으로 머리를 들이민다. 그는 즉시 돌아보며 걸음을 멈추고 잠자코 있으라는 손짓을 하고, 또 바라본다…. 그리고는 오른 손을 뒤로 돌려 다른 사람들에게 오라는 손짓을 하고, 잠자코 있으라고 하는 뜻으로 손가락 하나를 입술에 대고 비켜서서 다른 사람들에게 자리를 내준다. 다른 사람들은 하나씩 차례로 와서 보고는, 레위와 같이 모두 감동하여 물러선다.

"어떻게 할까?" 하고 엘리야가 속삭이며 말한다.

"여기 있으면서 선생님을 지켜보세" 하고 요셉이 말한다.

"안 돼. 아무도 다른 사람의 영적인 비밀을 침범하는 것은 허락되지 않네. 물러가세" 하고 마티아가 말한다.

"자네 말이 맞아. 옆에 있는 외양간으로 들어가세. 그러면 아직 여기 선생님 곁에 있는 것이 될 거야" 하고 레위가 말한다.

"가세" 하고 그들은 말한다. 그러나 떠나기 전에 그들은 다시 한번 몰래 탄생하는 동굴 속을 들여다 본다. 그리고는 감격하여, 소리를 내지 않으려고 애쓰며 물러간다.

그러나 그들이 옆의 외양간 어귀에 왔을 때 요한의 코고는 소리를 듣는다.

"누가 있네" 하고 마티아가 걸음을 멈추면서 말한다.

"무슨 상관 있어? 우리도 들어가세. 어떤 거지가 이리 피신해 들어온 것처럼 ― 저 사람은 틀림없이 거지일 테니까 말이야.― 우리도 이리로 피신할 수 있어" 하고 베냐민이 대꾸한다.

그들은 불붙인 나뭇가지를 높이 쳐들고 들어간다. 임시변통으로 만든 불편한 침대에 잔뜩 몸을 움츠리고 있는 요한은 머리카락과 겉옷으로 얼굴이 가려진 채 계속 자고 있다. 그들은 구유 옆에 깔려 있는 짚 위에 앉을 생각으로 조용히 가까이 간다. 그러나 그렇게 하면서 다니엘이 자고 있는 사람을 더 자세히 들여다 보다가 누구인지를 알아본다. 그는 말한다. "주님의 사도, 제베대오의 요한이야. 두 분은 기도하려고 이리 피해 오셨는데…, 사도는 잠에 지고 말았구먼…. 물러가세. 기도에 전념하지 않고 잠든 것이 발견된 것을 알면 창피를 당했다고 생각할지도 모르네…."

그들은 다시 밖으로 나와서 그 다음에 있는 피신처로 들어간다. 그러면서 시메온은 그것을 불평하기까지 한다.

"왜 선생님 동굴 어귀에 있으면서 선생님을 가끔 살펴보지 못하는 거야? 우리는 오랜 세월을 이슬을 맞으면서 별빛 아래에서 어린 양들을 지켰는데, 하느님의 어린 양을 위해서는 그렇게 하지 않을 건가? 아기가 첫번 잠이 들었을 때 경배한 우리들은 그렇게 할 권리가 얼마든지 있네."

"사람으로서, 또 하느님이신 사람에게 경배한 사람으로서의 자네 말은 옳네. 그러나 안을 들여다 보면서 자네는 무엇을 보았나? 아마 사람을 보았겠지? 아닐세. 우리는 본의 아니게, 신비를 보호하기 위해 쳐놓은 휘장 세 겹을 젖힌 다음 넘지 못할 문턱을 넘었네. 그리고 대사제조차도 지성소에 들어가면서 보지 못하는 것을 보았네. 우리는 하느님과의, 하느님의 이루 말할 수 없는 사랑을 보았네. 우리가 그 사랑을 또 엿보는 것은 용납되지 않네. 하느님의 능력은 하느님의 아들의 탈혼을 본 대담한 눈동자를 벌하실지도 모르네. 오! 우리는 우리가 얻은 것으로 만족하세! 우리는 우리의 사명을 위해서 떠나기 전에 기도로 밤을 지내려고 여기 오기를 원할 걸세. 기도하고 오래된 그날 밤을 기억하려고⋯.

그런데 반대로 우리는 하느님의 사랑을 보았네! 오! 영원하신 분께서는 갓난 아기를 보는 기쁨과 그분을 위해 고통을 당하는 기쁨과 하느님이신 아기와 하느님이신 사람을 제자로서 세상에 알리는 기쁨을 주심으로 정말 우리를 많이 사랑하셨네! 이제는 하느님께서 우리에게 이 신비까지 베푸셨네⋯. 지극히 높으신 분을 찬미하세. 그리고 그 이상의 것을 바라지 마세!" 하고 마티아가 말한다. 그런데 나는 그가 지혜와 의덕으로 목자들 가운데에서 가장 권위가 많다는 느낌이 든다.

"자네 말이 옳으네. 하느님께서는 우리를 많이 사랑하셨네. 우리는 그 이상의 것을 요구해서는 안 되네. 사무엘과 요셉과 마티아는 갓난 아기에게 경배하고 그분을 위해서 고통을 당하는 기쁨밖에 맛보지 못했네. 요나는 선생님을 따르지도 못하고 죽었네. 이사악 자신도 여기 있지 않아서 우리가 본 것을 보지 못했네. 그런데 그렇게 할 자격이 있는 사람이 있다면, 바로 선생님을 전하느라고 쇠약해진 이사악일세" 하고 요한이 말한다.

"사실이야! 사실이야! 이사악이 그것을 보았더라면 얼마나 기뻐했을까! 그러나 우리가 그에게 이 말을 해 주세" 하고 다니엘이 말한다.

"그래. 그 말을 이사악에게 해 주기 위해서 모든 것을 우리 마음 속에 간직하세" 하고 엘리야가 말한다.

"또 다른 제자들과 신자들에게도!" 하고 베냐민이 외친다.

"안 돼. 다른 사람들에게는 안 돼. 그런데 이것은 이기주의로 그러는 것이 아니라, 조심성과 신비에 대한 경의로 그러는 거야. 만일 하느님께서 원하시면, 그걸 말할 수 있을 때가 오겠지. 그렇지만 지금 당장은 다물고 있을 줄을 알아야 하네" 하고 또 마티아가 말한다. 그리고 시메온에게 말한다.

"자네도 나와 같이 요한의 제자였지. 거룩한 일에 대한 조심성에 대해서 요한이 얼마나 우리에게 가르쳤는지 기억하게. '만일 하느님께서 벌써 너희들에게 은혜를 한껏 주신 것과 같이 어느날 또 특별한 선물을 잔뜩 주시면, 그 일로 인해서 너희가 취한 것처럼 수다스러워져서는 안 된다. 하느님께서는 육체 안에 들어 있는 영들에게 당신을 나타내시는 것은, 그것들이 세상의 오점에 노출되어서는 안 되는 하늘의 보석들이기 때문이다. 너희의 지체와 관능을 거룩하게 지켜 일체의 육욕의 충동을 억제할 줄 알도록 하여라. 너희의 눈과 귀, 너희의 혀와 너희 손, 모두를.

 그리고 너희 생각을 거룩하게 하여 너희가 가지고 있는 것을 알리려는 오만을 억제할 줄 알도록 하여라. 관능과 기관과 지능은 봉사해야지 지배해서는 안 되기 때문이다. 영에 봉사해야지, 영을 지배해서는 안 된다. 그것들은 영을 보호해야지, 영을 흐리게 해서는 안 된다. 따라서 너희들 안에 있는 하느님의 신비에는, 분명한 명령이 없는한, 너희들의 조심성의 봉인을 해라. 마치 영에 육체 안에 임시로 갇혀 있으라는 봉인이 되어 있는 것과 같이. 만일 육체와 지능이, 그것들이 우리에게 주는 자극에 대응하기 위하여 우리가 그것들에게 주는 고뇌로 공로를 주는 데 소용되지 않고, 또 그것들이 하느님의 영광이 그 위에서 감돌고 있는 제단, 즉 우리의 영에 대하여 성전 노릇을 하지 않으면, 육체와 지능이라는 것은 아주 무익하고 나쁘고 위험한 물건일 것이다.'

 자네들 그걸 기억하나? 요한 자네는, 또 시메온 자네는? 나는 그렇기를 바라네. 만일 자네들이 우리 첫번째 선생님의 말씀을 기억하지 못한다면, 그분이 자네들에게는 정말 죽은 분일 테니까 말일세. **선생은 그의 가르침이 제자들 안에 있는 한 살아 있는 걸세. 그리고 그후 그 선생이 더 위대한 선생으로 계승된다 하더라도, 그리고 예수의 제자들의 경우에는 선생님 중의 선생님으로 계승된다 하더라도, 지혜를 가지고 하느님의 어린 양을 이해하도록 우리를 준비시킨 첫번 선생님의 말씀을 잊는 것은 절대로 용인되지 않네."**

 "사실이야. 자네는 지혜롭게 말하네. 우리는 자네에게 순종하겠네."

 "그렇지만 이렇게 선생님 바로 곁에 있으면서 선생님을 한번 더 바라보지 않으려고 참고 견디는 것은 얼마나 힘들고 피곤한 일인가! 지금도 아까처럼 하고 계실까?" 하고 시메온이 묻는다.

"알 수 있나? 선생님의 얼굴은 정말 빛나고 있었어!"

"맑게 갠 밤에 달빛보다 더 했어!"

"입에는 숭고한 미소가 감돌고 있었어…"

"말씀은 안하고 계셨지만, 선생님은 전체가 기도였어."

"대관절 무엇을 보셨을까?"

"영원하신 당신 아버지를 보셨지. 자네 그걸 의심하나? 아버지를 보는 것만이 그런 모습이 되게 할 수 있어. 아니, 내가 무슨 말을 하는 거지? 아버지를 보는 것보다 오히려 아버지와 같이 계셨고, 아버지 안에 계셨어! 말씀이 생각과 함께! 그리고 서로 사랑하셨어!…, 아!…." 자기도 역시 활홀경에 빠진 것같이 보이는 레위가 말한다.

"그렇기 때문에 우리가 여기 있는 것이 허용되지 않는다고 말한 걸세. 선생님이 당신 사도도 당신과 함께 있는 것을 원치 않으셨다는 것을 생각들 하게…."

"맞아! 거룩하신 선생님! 마른 땅에 물이 필요한 것보다도 선생님께는 하느님의 사랑에 잠기실 필요가 더 있는 걸세! 선생님을 둘러싸고 있는 미움이 너무나 크거든!…."

"그렇지만 사랑도 그만큼 크네. 내가 하고 싶은 것은… 그래 나는 이렇게 할 거야! 지극히 높으신 분께서 여기 계시네. 그래서 나는 나를 바치며 이렇게 말씀드리네. '지극히 높으신 주 하느님, 마음과 제단을 받아들여 축성하시고, 당신의 뜻에 맞는 희생을 제헌하시는 당신의 백성의 하느님이시요 아버지이신 분이여, 당신의 뜻이 불처럼 내려와서, 당신의 아들이시요 메시아이시며 제 하느님이시요 선생님이신 그리스도와 더불어, 그리스도처럼, 그리고 그리스도를 통하여 저를 불사르게 하십시오. 당신께 보호를 청합니다. 제 청을 들어 주십시오' 하고." 그리고 서서 팔을 들고 기도한 마티아가 돌아와 그들에게 의자 노릇을 하는 나뭇가지들 위에 앉는다.

달이 이제는 서쪽으로 돌아가기 때문에 동굴을 비추지 않게 되었다. 달빛이 아직 들판은 비추고 있으나 여기 동굴 안으로는 들어오지 않는다. 그래서 얼굴들과 물건들이 같은 어두움 속으로 사라진다. 말들도 점점 드물어지고, 목소리들도 더 약해진다. 마침내 착한 듯이 졸음에 져서 이제는 따로 떨어진 말들이나 있을 뿐, 때로는 대답도 없다…. 새벽녘에 매서워지는 추위가 잠을 깨우는 자극제이다. 그래서 그들은 다시 일어나서 나뭇가지에 불을 붙이고 마비가 된 사지를 녹인다.

"틀림없이 불은 생각하지 않으시는 선생님은 어떻게 하실까?" 거의 이를 마주치는 레위가 말한다.

"그리고 잡수실 것이라도 가지고 계실까?" 하고 엘리야가 물으며 이렇게 덧붙인다. "이제 우리는 우리의 사랑과 우리의 가난한 음식물 밖에 없네…. 그리고 오늘은 안식일이야…."

"이거 봐. 우리 음식물을 모두 동굴 어귀에 놔 두고 떠나세. 우리는 저녁 전에 언제나 라켈의 집이나 엘리쉬아의 집에서 빵을 얻을 수 있네. 그러면 우리는 우리에게 모든 것을 마련해 주신 분의 아들의, 그러니까 섭리의 가호자가 될 걸세" 하고 요셉이 제안한다.

"그래, 그래. 불을 활활 타오르게 해서 잘 보이게 하고 몸을 녹이세. 그리고 모든 것을 저리 갖다 놓고, 새벽이 돼서 선생님이나 사도가 나와서 우리를 보기 전에 떠나세."

희미한 불빛에 그들의 배낭을 열고 빵과 마른 치즈와 사과 몇 개를 꺼낸다. 그리고는 나무를 한아름 안고 소리 없이 나온다. 그동안 마티아는 불에서 꺼낸 나뭇가지로 그들을 비춘다. 그들은 정확히 모든 것을 동굴 어귀 밖에 놓는다. 나무는 땅에 내려놓고, 그 위에 빵과 다른 음식물들을 올려놓는다. 그리고는 물러나 일렬종대로 개울을 다시 건너 갑자기 닭 울음소리가 깨뜨리는 새벽의 정적 가운데 처음 밝아오는 빛 속으로 떠나 간다.

236. 예수와 제베대오의 요한

맑기는 하지만 혹독한 겨울 아침이다. 서리가 그 결정체의 맑은 가루로 땅과 풀들을 하얗게 만들었고, 땅바닥에 널려 있는 마른 잔가지들을 진주 가루를 뿌린 값진 보석처럼 만들어 놓았다.

요한이 그의 동굴에서 나온다. 짙은 개암열매 빛깔 옷을 입은 그의 얼굴이 매우 창백하다. 그도 매우 춥거나 몸이 불편한 모양이다. 잘 모르겠다. 내가 아는 것은 그가 거의 납빛깔일 정도로 창백하고 걸음걸이도 몸이 좋지 않은 사람과 같이 확실하지 않다는 것이다. 그는 개울 쪽으로 가서 손을 물에 담글까 말까 망서리다가 결단을 내리고, 손을 모은 다음, 맑기는 하지만 분명히 매우 차가운 물을 한 모금 마신다. 그는 손을 흔들고 옷자락으로 손을 마저 말리고 나서 결정을 내리지 못하고 있다…. 예수께서 계신 폐허와 그의 피신처를 바라본다. 그는 그의 피신처를 향하여 천천히 돌아온다.

그러나 출입구 노릇을 하는 구멍에 이르러서는 일종의 현기증을 느껴 비틀거린다. 반쯤 무너진 벽에 의지하지 않으면 넘어질 것이다. 그는 구부린 팔에 머리를 대고 벽에 기대 한 동안 거기 그대로 있다가 머리를 들어 사방을 둘러본다…. 그는 자기의 동굴로 들어가지 않는다. 그는 흔들거리고 초벽도 바르지 않은 돌들을 붙잡고 담을 끼고 돌아 예수께서 계신 외양간까지 떨어져 있는 몇 걸음을 간다. 그리고 거의 어귀에 이르러서 무릎을 꿇고 신음한다.

"주 예수님, 저를 불쌍히 여겨 주십시오!"

예수께서 이내 나타나신다.

"요한이? 뭘 하고 있느냐? 무슨 일이냐?"

"오! 주님! 배가 고픕니다! 아무 것도 먹지 않은 것이 거의 이틀이나 되었습니다. 배가 고프고 춥습니다…." 그리고 매우 창백한 얼굴로 이를 딱딱 마주친다.

"오너라! 안으로 들어 오너라!" 하고 예수께서 그를 도와 일으키시며 말씀하신다.
사도는 예수의 팔로 부축을 받으며 머리를 예수의 어깨에 기대고 울면서 한숨을 쉰다.
"주님, 제가 주님께 불복종했어도 벌하지 마십시오…."
예수께서는 미소를 지으시며 대답하신다.
"너는 벌써 벌을 받았다. 너는 숨이 넘어가는 사람과 같다…. 여기 이 돌 위에 앉아라. 이제 불을 피우겠다. 그리고 먹을 것을 주마…."
그러면서 예수께서는 잔가지들에 불을 붙여 문 옆에 있는 투박한 화덕에 불을 활활 일으키신다. 타는 나뭇가지의 냄새와 명랑한 불꽃이 볼품없는 동굴 안에 퍼진다. 예수께서는 잔가지에 빵조각들을 꿰어 불꽃에 내미신다. 그리고 빵조각들이 뜨뜻해진 것을 보시고는 목자들이 놓고 간 치즈의 지방질 속을 빵 위에 얹으신다. 그러니까 치즈가 누르스름하게 되면서 빵 위로 흘러 내린다. 이것을 이제는 마치 접시처럼 불꽃 위에 받쳐 드신다.
"이제는 먹고 울지 말아라" 하고 여전히 미소지으시고 빵을 요한에게 건네주시며 말씀하신다. 요한은 기진맥진한 어린 아이처럼 소리없이 울고, 그 원기를 회복시키는 음식을 탐욕스럽게 먹으면서도 계속 운다.
예수께서는 구유 쪽으로 몸을 돌리셨다가 사과들을 가지고 돌아오셔서, 장작 받침쇠 노릇을 하는 돌 두개에 받쳐져서 타고 있는 나무의 열로 뜨거워진 잿속에 묻으신다.
"이제는 좀 나으냐?" 하고 당신 사도 곁에 앉으시며 말씀하신다. 사도는 여전히 울면서 고개를 끄덕여 그렇다는 표시를 한다.
예수께서는 한 팔을 그의 목에 감으시고 당신께로 끌어당기신다. 그러니까 아직도 너무 지쳐 있고, 아마도 꾸중을 듣지 않을까 하는 두려움과, 그렇게 따뜻하게 대해지는 것을 보는 감격으로 우는 일 말고 다른 일은 할 수 없을 만큼 마음이 너무 혼란하여 더 심하게 운다.
예수께서는 사도가 먹는 동안 말없이 꼭 껴안고 계시다가 말씀하신다. "우선은 이것으로 넉넉하다. 사과는 나중에 먹어라. 포도주를 좀 주었으면 좋겠다마는 포도주는 없다. 나는 그저께 새벽에 나무와 음식을 외양간 밖에서 발견했다. 그러나 포도주는 없었다. 그래서 포도주는 줄 수가 없다. 시간이 더 늦었으면 개울 건너편에서 양떼에게 풀을 뜯기고 있는 것을 본 목자들에게서 양젖을 얻어올 수 있을 터이지만, 양떼들은 서리가 녹기 전에는 나오지 않는다…."

"주님, 저는 기분이 나아졌습니다…. 저 때문에 걱정하지는 마십시오."

"그러면 무엇이 그렇게 슬퍼서 꼭 햇볕에 서리가 녹아내리는 나무와 같단 말이냐?" 하고 예수께서는 더 환하게 미소지으시고 요한의 이마 위쪽에 입맞춤 하시면서 말씀하신다.

"그것은 제가 가책으로 인해서 몹시 괴롭기 때문입니다. 주님… 그리고… 예! 저를 봐 주십시오. 저는 무릎을 꿇고 말씀을 드리고, 용서를 청해야 합니다…."

"가엾은 요한아! 정말이지 네가 할 수 있는 것을 초월하는 노력으로 인해서 네 지능까지 약해졌구나. 그래 너는 내가 너를 심판하고 네 죄를 사해 주는 데 네 말이 필요하다고 생각하느냐?"

"예, 예. 선생님은 모든 것을 다 아신다는 것은 저도 압니다. 그러나 제 죄를, 아니 제 죄들을 선생님께 말씀드리기 전에는 평화를 얻지 못할 것입니다. 저를 봐 주십시오. 제가 제 죄들을 고백하게 놔 두십시오."

"그러면 그렇게 해야 평화를 얻게 된다면 말하여라."

요한은 무릎을 꿇고 눈물 젖은 얼굴을 들고 말한다. "저는 불복종과 자만심과… 이렇게 말씀드리는 것이 바른 표현인지도 모르겠습니다만, 인정으로 죄를 지었습니다. 그러나 분명히 이것이 가장 최근의, 가장 중한 죄이고, 제게 가장 큰 고통을 주고 제가 얼마나 무익하고, 아니 오히려 이기적이고 타락한 종인지를 말해 주는 죄입니다."

눈물이 정말 그의 얼굴을 적시는데 예수의 미소는 점점 더 환해진다. 예수께서는 눈물을 흘리고 있는 당신 사도 위로 몸을 약간 구부리고 계시며, 멋진 미소는 완전히 요한의 고통을 어루만져 주는 애무이다. 그러나 요한은 너무 슬퍼하는 나머지 그 미소의 위안도 받지 못하고 말을 계속한다.
 "저는 선생님께 불복종했습니다. 선생님은 저희들이 헤어져서는 안 된다고 말씀하셨는데, 저는 동료들과 즉시 헤어져서 그들이 눈쌀을 찌푸리게 했습니다. 저는 제가 죄를 짓는다고 지적하는 가리옷의 유다에게 잘못된 대답을 했습니다. '자네가 어제 그렇게 했지. 그래서 나도 오늘 이렇게 하네. 자넨 어머니의 소식을 들으려고 그렇게 했는데, 나는 선생님을 모시고, 선생님을 지키고 보호하기 위해서 이렇게 하네….' 저는 그렇게 하려고 했으니까 제 힘을 과신한 것입니다…. 보잘 것 없는 무능력자인 제가 선생님을 보호하다니! 그리고 저는 선생님이 하시는 대로 하고자 했기 때문에 저를 과신한 것입니다. 저는 이렇게 말했습니다. '선생님은 틀림없이 기도하고 단식하실 거야. 나도 선생님 하시는 대로, 그리고 선생님과 같은 의향으로 할 거야' 하고. 그런데 반대로…." 인간의 미약함과 정신의 의지를 이긴 물질에 대한 고백이 요한의 입술에서 나오는 동안 눈물은 흐느낌으로 변한다.
 "그런데 반대로… 저는 잤습니다. 즉시 잤습니다! 그리고 해가 높이 올라갔을 때에 잠이 깨서 선생님이 개울에 가셔서 세수를 하시고 이리로 돌아오시는 것을 보았습니다. 그래서 저는 제가 선생님을 준비를 갖추고 있지도 않는데 그들이 선생님을 붙잡을 수도 있으리라는 것을 깨달았습니다. 또 그리고 저는 속죄를 하고 단식을 하고자 했습니다. 그러나 그렇게 할 수가 없었습니다. 첫날은 거의 먹지 않으려고 얼마 안 되는 제 빵을 조금씩 떼어서 다 먹고 말았습니다. 제가 다른 것은 아무 것도 가지지 않았다는 것을 선생님도 아시지요.
 그런데 제가 다 먹었는데도 배가 부르지 않았습니다. 그리고 다음 날은 배가 한층 더 고팠습니다. 그리고 지난 밤에는 배가 고프고 추워서 별로 자지를 못했고, 오늘 밤에는 도무지 자지를 못했습니다…. 그리고 오늘 아침에는 더이상 견딜 수가 없었습니다…. 그래서 지쳐서 죽을까봐 무서워서 왔습니다…. 그런데 제게는 이것이 제일 괴롭습니다. 기도를 하고 선생님을 지키기 위해서 밤을 새우지 못하고, 시장기에 몹시 시달리기 때문에 밤을 새울 수 있었다는 것 말입니다…. 저는 어리석고 비겁한 종입니다. 예수님, 저를 벌하십시오!"

"가엾은 것! 모든 사람이 네 죄 같은 죄 때문에 슬퍼해야 했으면 좋겠다! 그러나 이봐라, 일어나서 내 말을 들어라. 그러면 평화가 네 마음에 돌아올 것이다. 너는 요나의 시몬에게도 불복종했느냐?"

"아닙니다, 선생님. 시몬에게는 저희들이 맏형에게처럼 순종해야 한다고 말씀하셨기 때문에 저는 절대로 그렇게 하지 않았을 것입니다. 그러나 시몬은 제가 '선생님이 혼자 떠나시는 것을 보니 내 마음이 편치 않네' 하고 말했더니 '자네 말이 맞네. 그러나 나는 자네들을 인도해야 할 의무가 있으니까 갈 수가 없네. 자네는 가게, 그리고 하느님께서 자네와 함께 계시기를 바라네' 하고 대답했습니다. 다른 사람들은 음성을 높였고, 유다는 다른 사람들보다 더 했습니다. 그들은 순종을 환기시켰고, 시몬 베드로를 비난하기까지 했습니다."

"그들이 비난했느냐? 요한아, 솔직해라."

"사실입니다, 선생님. 유다가 시몬을 비난하고 저를 어지간히 구박했습니다. 다른 사람들은 그저 '선생님은 함께 있으라고 명령하셨는데' 하고만 말했습니다. 그리고 제게 그 말을 했지 저희 우두머리에게 말하지는 않았습니다. 그러나 시몬은 '하느님께서는 행위의 의향을 보시고 용서하실 걸세. 그리고 이것은 사랑이니까 선생님도 용서하실 걸세' 하고 대답했습니다. 그리고 선생님이 쿠자와 함께 호수 건너편으로 가신 날과 같이 제게 축복을 하고 입맞춤을 하고 선생님 뒤를 따르게 보냈습니다."

"그러면, 나는 네게 그 죄를 사해 줄 것이 없다…."

"죄가 너무 중하기 때문에요?"

"아니다. 죄가 없기 때문이다. 요한아, 이리 네 선생님 곁으로 와서 선생님의 교훈을 들어라. **명령을 구성하는 글자들뿐 아니라 명령의 정신을 이해할 줄 알아서 명령들을 올바르게 판별을 가지고 적용할 줄 알아야 한다.** 내가 '헤어지지들 말아라' 하고 말했다. 그런데 너는 **헤어졌다. 따라서 너는 죄를 지었을 것이다.** 그러나 나는 그전에 이렇게 말했다. '육체와 정신으로 일치해 있으면서 베드로에게 순종하여라' 하고. 이 말로 나는 베드로를 너희들 가운데에서 판단하고 너희들에게 명령하는 전권을 가진 내 **합법적인 대리자로 택한 것이다. 따라서 베드로가 내가 없는 동안 하는 것이나 이 다음에 할 것은**

잘 하는 일일 것이다. 그것은 내가 그에게 너희들을 인도할 권한을 주었으므로, 내 안에 계신 주님의 성령께서 그와도 함께 계실 것이고, 그를 인도하셔서, 그 때의 상황이 요구하고 또 모든 사람의 이익을 위하여 지혜가 으뜸 사도에게 권할 명령을 내리게 할 것이기 때문이다. 만일 베드로가 '가지 말아라' 하고 말했는데, 그래도 네가 왔더라면, 네 행위의 좋은 충동, 즉 나를 지키고 위험 중에 나와 같이 있기를 원하는 사랑으로 나를 따라 오고자 하는 뜻이 죄를 없애는 데에는 **충분하지 못했을** 것이다. 그 행위에는 내 용서가 필요했을 것이다. 그러나 네 우두머리인 베드로가 '가라' 하고 말했다. 그에 대한 네 순종이 너를 완전히 정당화한다. 이제 확신하게 되었느냐?"

"예, 선생님."

"내가 네 자만의 죄를 용서해 주어야 하겠느냐? 내가 네 마음을 아는지 생각해보지 말고 말해라. '내가 원하는 것은 할 수 있기 때문에 내 의지로 육체의 생리적 욕구들을 없앴다' 하고 말할 수 있기 위하여 나를 본받고 싶다고 교만하게 생각했느냐? 잘 생각해 보아라 …."

요한은 곰곰 생각하더니 말한다.

"아닙니다, 주님. 저 자신을 잘 살펴보니까 그렇지 않습니다. 그 때문에 그렇지는 않았습니다. 저는 보속이 육체에는 고통이고 정신에는 빛이라는 것을 깨달았기 때문에 그렇게 할 수 있기를 바랐습니다. 저는 그것이 저희들의 약함을 튼튼하게 하고 하느님에게서 많은 것을 얻는 방법이라는 것을 깨달았습니다. 선생님은 이 때문에 그렇게 하시고, 저도 그 때문에 그렇게 하려고 했습니다. 그리고 강하시고 능력을 가지시고 거룩하신 선생님이 그렇게 하시니, 우리도 항상 그렇게 할 수 있으면 덜 약하고 덜 물질적이기 위해서 그렇게 해야 할 것이라고 말해도 틀리지 않는다고 생각합니다. 그러나 저는 그렇게 할 수가 없었습니다. 저는 항상 배가 고프고 몹시 잠이 옵니다 …." 그리고 눈물이 천천히 겸손하게 다시 흐르기 시작한다. 인간의 능력의 한계에 대한 참다운 고백이다.

"그런데, 육체의 그 하찮은 미약함이 무익하였다고 생각하느냐? 오! 장래에 네가 제자들과 신자들에 대해서 엄하고 까다롭게 굴려고 생각이 들 때 너는 이것을 잘 기억할 것이다! 이 미약함이 네 머리에 떠올라서 이렇게 말할 것이다. '너도 피로와 허기에 못 견디었다는 것을 기억하여라. 다른 사람들더러 너보다 더 강하라고 하지 말아라. 그날 아침 네 선생님이 네게 아버지였던 것과 같이 너도 네 신자들에게 아버지가 되어라' 하고. 너도 얼마든지 밤을 새우고, 그 다음에는 그 큰 시장기를 느끼지 않을 수도 있었을 것이다. 그러나 주께서는 너를 겸손하게 하시려고, 점점 겸손하게 하시고, 너와 같은 사람들에 대해서 더 많은 동정심을 가지게 하시려고 그 육체의 욕구를 겪게 허락하셨다.

많은 사람이 유혹과 완전한 죄과를 구별할 줄 모른다. 유혹은 공로를 주고 은총을 빼앗아 가지 못하는 시험이고, 죄는 공로와 은총을 없애는 타락이다. 어떤 사람들은 자연적인 사건과 죄를 구별할 줄 알지 못해서 죄를 지었다고 공연한 걱정을 하는데, 사실은 네 경우와 같이 다만 좋은 자연법칙에 복종했을 뿐이다. '좋은'이라고 말하면서도 나는 자연 법칙을 억제되지 않은 본능들과 구별한다. 왜냐하면 사람들이 지금 '자연 법칙'이라고 부르는 것이 사실은 그것이 아니고 좋지 못한 것이기 때문이다. 하느님께서 최초의 조상들에게 주셨던 인간의 본성에 딸린 모든 법칙은 좋은 것이었다. 먹을 것, 휴식, 마실 것 따위의 욕구 말이다. 그러다가 죄와 더불어 동물적인 본능들이 침투해서 방탕과 가지가지 관능성과 더불어 자연 법칙과 섞여서 원래 좋던 것을 절제의 부족으로 인하여 더럽혔다.

그리고 사탄은 그의 유혹으로 불을 꺼지지 않게 하고 악습을 부추겼다. 이제는 휴식과 음식에 대한 욕구를 들어주는 것은 죄가 아니지만, 반대로 크게 차려먹고 술에 취하고 오랫동안 한가로이 있는 것은 죄라는 것을 네가 알 것이다. 결혼을 해서 아이를 낳고자 하는 욕구도 죄가 아니다. 오히려 하느님께서는 땅을 채우기 위하여 그렇게 하라는 명령을 주셨다. 그러나 다만 관능을 만족시키기 위하여서만 결합하는 행위는 좋지 않다. 이것도 확실히 믿게 되었느냐?"

"예, 선생님. 그러나 그렇다면 한 가지를 말씀해 주십시오. 아이를 생산하고자 하지 않는 사람들은 하느님께 죄를 짓는 것입니까? 선생님이 언젠가 동정 신분이 좋은 것이라고 말씀하셨는데요."

"그것이 가장 완전한 것이다. 재산을 잘 쓰는 것으로 만족하지 않고 재산을 완전히 버리는 사람의 처지가 더 완전한 것처럼 말이다. 이것들은 인간들이 다다를 수 있는 완전들이며, 큰 상을 받을 것이다. 가장 완전한 것이 세 가지가 있으니, 자발적인 가난, 종신적인 순결, 죄가 아닌 모든 것에 있어서의 절대적인 순종이 그것이다. 이 세 가지는 사람을 천사와 같이 되게 한다. 그리고 아주 완전한 것이 한 가지 있으니, 그것은 하느님과 형제들에 대한 사랑으로 자기의 목숨을 바치는 것이다. 이 일은 인간을 절대적인 사랑으로 가져가기 때문에 나와 비슷하게 만든다. 또 완전히 사랑하는 사람은 하느님과 비슷하고, 하느님 안에 흡수되어 하느님과 융합한다. 그러니 내 사랑하는 제자야, 안심하여라. 네게는 죄가 없다. 내가 분명히 말한다. 그런데 왜 더 우느냐?"

"한 가지 죄가 여전히 남아 있기 때문입니다. 필요로 인해서 선생님께로 올 줄을 알고, 시장기로 인해서 깨어 있을 줄을 알았지, 사랑으로 그럴 줄을 알지 못한 죄 말입니다. 저 자신 이것을 절대로 용서하지 않겠고, 다시는 제게 그런 일이 일어나지 않을 것입니다. 저는 선생님이 고통을 당하시는 데 자지는 않겠습니다. 선생님이 우시는데, 선생님을 절대로 잊지는 않겠습니다."

"요한아, 미래를 걸지 말아라. 네 의지는 준비가 되어 있다. 그러나 또 육체에 질 수가 있을 것이고, 만일 나중에 이 약속을 너 자신에게 했는데, 그것을 그후 육체의 연약함으로 인하여 지키지 못했다는 것을 기억하게 되면, 그 때문에 너는 대단한 그리고 무익한 권위의 실추를 맛보게 될 것이다. 잘 들어라. 네가 어떤 일을 당하던 마음의 평화를 가지기 위해서 네가 해야 할 말을 내가 말해 주마. 나와 같이 말해라. '나는 하느님의 도우심으로 내가 할 수 있는 한 다시는 육체의 둔함에 굴하지 않을 생각이다' 하고. 그리고 이 의지를 굳세게 지켜 나가라. 그런 다음 만일 어느날 본의 아니게라도 지치고 괴로워하는 육체가 네 의지를 이기게 되면, 그러면 그 때에는 지금과 같이 '나는 내가 모든 형제들과 같이 보잘 것 없는 사람이라는 것을 인정한다. 그리고 이것이 내 교만을 꺾는 데 소용되기를 바란다' 하고.

오! 요한아! 요한아! 내게 고통을 줄 수 있는 것은 죄없는 네 잠이 아니다! 자 옛다. 이것이 네 기운을 완전히 돋우어 줄 것이다. 이것들을 우리에게 준 사람들에게 축복하면서 나누어 먹자." 그러면서 이제는 구워지고 아주 뜨거운 사과들을 꺼내서 세개는 요한에게 주시고, 세개는 당신 몫으로 가지신다.

"주님, 이것들을 누가 드렸습니까? 누가 주님을 찾아 왔습니까? 주님이 여기 계신 줄을 누가 알았습니까? 저는 목소리도 발소리도 듣지 못했는데요. 그렇지만 저는 첫날 밤부터 끊임없이 살폈습니다…"

"새벽에 나갔더니, 입구 어귀에 나무가 있고, 그 위에 빵과 치즈와 사과가 있더라. 나는 아무도 보지 못했다. 그러나 순례와 사랑의 행동을 되풀이 할 소원을 가질 수 있는 사람은 몇 사람밖에 없다…" 하고 예수께서 천천히 말씀하신다.

"맞습니다! 목자들입니다! 그 사람들이 그 말을 했었습니다. '다윗의 땅에 가세…. 요새는 추억의 때야…' 하고. 그렇지만 그들이 왜 머무르지 않았을까요?"

"왜냐구? 그들은 경배했다. 그리고…."

"그리고 동정을 했군요. 선생님께는 경배하고, 저는 불쌍히 여겼습니다…. 그 사람들은 저희들보다 낫습니다."

"그렇다. 그들은 착한 뜻을, 점점 더 착한 그들의 뜻을 보존하였다. 그들의 경우에는 하느님께서 그들에게 베푸신 선물이 손상을 입지 않았다…" 예수께서 이제는 미소를 짓지 않으신다. 곰곰 생각하시고 침울해지신다. 그리고는 몸을 흔드시고, 요한을 바라보시고 말씀하신다.

"그러면 떠나 볼까? 이제는 기진맥진하지 않느냐?"

"예. 사지가 아프기 때문에 썩잘 견디어 내지는 못할 것으로 생각합니다마는, 걸을 수는 있다고 생각합니다."

"그러면 떠나자. 나머지 것을 내 배낭에 거두어 넣는 동안 가서 네 배낭을 가져 오너라. 그리고 떠나자. 우리는 예루살렘을 피하기 위해 요르단강으로 가는 길을 가기로 한다."

그리고 요한이 돌아오자 두 사람은 길을 떠나 올 때 지나온 길을 다시 가며, 12월의 온화한 햇볕에 따뜻해지는 들판 가운데로 멀어져 간다.

237. 예수와 요한과 마나헨

두 사람은 벌써 사해가 근처에 있음으로 인하여 영향을 받는, 짐승의 발자취가 일체 없는 땅에 와 있으며, 곧바로 동북쪽을 향하여 간다. 날카로운 돌과 소금 결정 투성이이고 키가 작고 가시가 있는 풀이 깔린 땅이 껄껄하다는 점만 빼놓고는 걸음 걷기가 좋고 무엇보다 조용하다. 눈 닿는 곳까지 사람의 그림자 하나 없고 날씨는 온화하고 땅은 말랐기 때문이다.

두 사람은 서로 말을 주고 받는데, 목자들 이야기를 하는 것을 보면 지난 며칠 동안 그들을 만나서 그들의 집에 머물던 것 같다. 그들은 또 병이 고쳐진 어린 아이에 대하여도 말한다. 서로 사랑하며 조용히 말한다. 서로 말을 하지 않고 있을 때에도, 지극히 사랑하는 친구와 같이 있는 것을 기뻐하는 사람과 같은 눈길로 서로 바라보며 마음으로 말을 주고 받는다. 두 사람은 쉬거나 음식을 조금 들기 위하여 앉았다가 다시 길을 가곤 하는데, 항상 보기만 해도 내 마음에 평화를 주는 화평한 태도로 그렇게 한다.

"여기에는 갈갈라가 있다" 하고 예수께서 앞에 동북쪽에 있는 산 위에 햇빛에 그 흰 빛을 반사하고 있는 한 무더기의 집을 가리키시며 말씀하신다. "이제는 강이 가까웠다."

"그럼 갈갈라에 들어가서 밤을 지냅니까?"

"아니다, 요한아. 나는 도시란 도시는 모두 계획적으로 피했다. 그래도 이 도시도 피하겠다. 만일 어떤 다른 목자를 만나면 그의 집으로 갈 것이다. 우리가 곧 다다르게 될 큰 길 근처에서 밤을 지내려고 걸음을 멈추려고 하는 대상(隊商)들을 보면, 그들의 천막에 받아들여 달라고 청하자. 사막의 유목민들은 항상 인심이 좋고, 지금은 대상들을 쉽게 만날 수 있는 시기이다. 만일 아무도 우리를 받아주지 않으면, 한데서 우리 겉옷 속에 꼭 붙어서 자자. 그러면 천사들이 우리를 지켜 줄 것이다."

"오! 그렇습니다. 무엇이든지 슬픈 밤, 베들레헴에서 제가 지낸 마지막 밤보다는 그래도 나을 것입니다!"

"그렇지만 왜 내게로 즉시 오지 않았느냐?"

"제가 죄인이라고 느꼈기 때문입니다. 그리고 저는 이렇게 말했습니다. 예수님은 하도 인자하셔서 나를 꾸짖지 않으시고, 오히려 위로해 주실 것이다. 실제로 그렇게 하신 것처럼. 그러면 내가 하려고 한 보속은 어디로 갈 것인가? 하고요."

"요한아, 우리는 그 보속을 함께 했을 것이다. 아침에 음식물과 나무를 발견했지만, 나도 음식을 먹지 않고 불을 피우지 않은 채 있었다."

"그렇습니다. 그러나 선생님과 같이 있을 때에는 아무 것도 없게 됩니다. 선생님과 같이 있으면, 저는 아무 고통도 느끼지 못하게 됩니다. 저는 선생님을 쳐다보고, 선생님의 말씀을 듣습니다. 그러면 저는 아주 행복합니다."

"나도 안다. 또 아무에게도 내 요한에게 만큼 내 생각이 새겨지지 않는다는 것도 알고, 네가 이해를 하고, 필요한 때에는 침묵을 지킬 줄 안다는 사실도 알고 있다. 그렇다, 너는 나를 사랑하기 때문에 나를 이해한다. 요한아, 내 말을 들어라. 이제 얼마 있으면…"

"무엇 말씀입니까, 주님?" 요한은 즉시 예수의 말씀을 막고, 예수의 팔을 붙잡고, 겁에 질리고 의아하다는 듯한 눈과 납빛깔이 된 얼굴로 똑바로 쳐다보려고 예수를 멈추어 서시게 하면서 묻는다.

"이제 얼마 있으면, 내가 복음을 전하는 지가 3년이 된다. 내가 군중들에게 해야 할 말은 다 했다. 나를 사랑하고 따르기를 원하는 사람은 이제 자신있게 그렇게 할 수 있는 모든 요소를 가지고 있다. 다른 사람들은… 어떤 사람들은 사실로 인해서 설득될 것이지만, 대부분은 사실들을 보고도 귀머거리로 남아 있을 것이다. 그러나 이런 사람들에게 내가 할 말이 별로 없다. 그래도 그 말을 하겠다. 자비 외에 정의로 지켜져야 하기 때문이다. 지금까지는 자비가 여러번 또 많은 일에 대해서 잠자코 있었다. 그러나 영원히 입을 다물기 전에 선생은 재판관과 같은 엄격을 가지고도 말을 할 것이다. 그러나 네게 이 말을 하려던 것은 아니다. 내가 네게 말하고자 하던 것은 얼마 안 있어, 내 양떼가 내 것이 되게 하기 위해서 그들에게 해야 할 모든 말을 하고 나서, 나는 기도를 하고 준비를 하기 위하여 정신집중을 많이 하겠다. 그리고 기도를 드리지 않을 때에는 너희들에게 몸을 바치겠다. 내가 처음에 한 것과 같이 끝에 가서도 그렇게 하겠다. 여자 제자들이 올 것이고, 내 어머니도 오실 것이다. 우리는 모두 과월절 준비를 할 것이다. 요한아, 그 제자들에게 많이 헌신하라고 지금부터 부탁한다. 특히 내 어머니께…."

"주님, 선생님의 어머니께서는 저희 모두에게 주셔야 할 만큼 벌써 지나칠 정도로 많이 가지고 계신데, 무엇을 제가 드릴 수 있습니까?"

"네 사랑이다. 네가 내 어머니께 둘째 아들과 같다고 가정하여라. 내 어머니는 너를 사랑하시고, 너도 내 어머니를 사랑한다. 육체와 마음에 의한 어머니의 아들인 나는 점점 더 …어머니를 떠나 있겠고, 내… 일에 몰두하겠다. 그리고 어머니는 아시기 때문에 괴로우실 것이다…. 어머니는 무슨 일이 일어날지를 아신다. 너는 내 대신으로도 어머니를 위로해 드려야 하고, 어머니의 절친한 친구가 되어서, 어머니가 네 가슴에서 우시고 네 마음에서 위안을 받으실 수 있도록 해야 한다. 내 어머니는 네게 모르는 여인이 아니시다. 너는 벌써 내 어머니를 모시고 산 적이 있었다. 그러나 선생님의 어머니를 경의를 가지고 사랑하는 제자로서 그렇게 하는 것 다르고, 아들로서 그렇게 하는 것 다르다. 나는 내 어머니가 나를 잃으셨을 때 좀 덜 괴로워하시도록 네가 아들로서 그렇게 하기를 바란다."

"주님, 주님은 돌아가시려는 것입니까? 주님은 곧 죽게 된 사람이 말하듯 말씀하십니다! 주님은 저를 슬프게 하십니다…."

"**내가 죽어야 한다**는 말을 너희들에게 여러번 해 주었다. 그런데 정신이 산만하거나 알아듣게 되지 못하는 아이들에게 말하는 것과 같구나. 그래, 나는 죽음을 향해 간다. 이 말을 다른 사람들에게 하겠다마는 나중에 하겠다. 네게는 지금 말해 준다. 요한아, 이 말을 기억하여라."

"저는 주님의 말씀을 기억하려고 항상 노력합니다…. 그러나 이 말쏨은 너무나 고통스럽습니다…"

"너는 이 말을 잊기 위해서 할 수 있는 일을 다 한다는 말이지? 가엾은 것! 네가 잊어버리는 것이 아니고, 네가 기억하는 것이 아니다. 네가 네 의지로 그렇게 하는 것이 아니다. 바로 네 인간성이 견디어낼 수 없을 정도로 이 너무 큰 일을, **너무나 큰 일을** 기억할 수 없는 것이다. 그리고 너는 네 머리 위에 떨어지는 덩어리처럼 얼빠지게 하는 너무나 큰 일이 얼마나 크고 극악무도할 것인지 완전히 알지도 못한다. 그렇지만 그렇게 될 것이다. 이제는 머지 않아 내가 죽음으로 갈 것이고, 내 어머니는 혼자 남으실 것이다. 만일 내가 너를 내 어머니께 '아들'인 것을 보게 되면, 대양과 같은 내 고통 속에서 한 방울과 같은 즐거움을 가지고 죽겠다…"

"오! 주님! 만일 제가 그렇게 할 수 있으면… 베들레헴에서와 같은 일이 제게 일어나지 않으면, 물론 그렇게 하겠습니다. 아들과 같은 마음으로 지켜 드리겠습니다. 그러나 어머니께서 주님을 잃으시면, 어머니를 위로해 드릴 수 있는 그 무엇을 제가 드릴 수 있겠습니까? 저도 모든 것을 잃고 고통 때문에 얼이 빠진 사람처럼 되었을 터인데, 제가 어머니께 무엇을 드릴 수 있겠습니까? 지금 평온한 가운데에서 하룻밤을 깨어 있지 못하고 조금 배가 고픈 것 때문에 고통을 당한 제가 무엇을 하겠습니까? 제가 어떻게 할 수 있겠습니까?"

"불안해 하지 말고, 이 때에 많이 기도하여라. 나는 너를 많이 데리고 있고, 내 어머니와 함께 데리고 있겠다. 요한아, 너는 우리의 평화인데, 그 때에도 우리의 평화일 것이다. 염려 말아라, 요한아. 네 사랑이 모든 것을 할 것이다."

"오! 그렇구 말구요 주님! 저를 많이 데리고 계셔 주십시오. 저는 주님도 아시다시피 사람의 시선을 끌고 기적을 행하기를 열망하지 않고, 다만 사랑하기만 원하고, 또 사랑할 줄만 압니다…"

예수께서는 동굴에서처럼 관자놀이 쪽 이마에 또 입맞춤을 하신다….

두 사람은 강으로 가는 길이 보이는 곳에 와 있다. 여기에는 여행자들이 있는데, 밤이 되기 전에 머무를 수 있는 곳에 갈 수 있기 위하여 타고 가는 짐승들을 막대로 찔러 몰거나 걸음을 재촉하거나 한다. 그러나 해가 진 다음에는 추위가 매서워지기 때문에 모두가 몸을 포근하게 싸고 간다. 그래서 강을 향하여 빨리 가고 있는 두 여행자를 눈여겨보는 사람은 아무도 없다.

말을 탄 사람 하나가 거의 구보(驅步)라고 할 수 있을 정도로 줄기찬 속보(速步)로 두 사람을 쫓아와서 지나쳐 가더니 몇 미터쯤 가서 큰 시내 위에 놓인 작은 다리 근처에 나귀들이 몰려서 가로막고 있기 때문에 정지한다. 그 시냇물은 제법 급류인 체하며 거품이 일면서 요르단강 또는 사해 쪽으로 흘러간다. 건너갈 차례를 기다리는 동안, 그 사람은 뒤를 돌아보다가 놀라는 몸짓을 한다. 그는 말에서 내려서 말고삐를 잡고, 그를 알아보지 못한 예수와 요한에게 향하여 뒤로 돌아온다.

"선생님! 아니, 어떻게 여기 계십니까? 요한하고만" 하고 말 탔던 사람은 그의 모자전을 뒤로 젖히며 묻는다. 그는 모자전을 두건 모양으로 내려뜨리고 있었는데, 바람과 먼지를 막는 마스크 노릇을 하는 것이라고 말할 수도 있겠다. 마나헨의 씩씩한 갈색 얼굴이 나타난다.

"마나헨, 당신에게 평화." 강을 건너려고 강 쪽으로 가는데, 밤이 되기 전에 건널 수 있을는지 모르겠소. 그런데 당신은 어디로 가는 길이오?"

"마케론테의 몹시 불쾌한 소굴로 갑니다. 주무실 데가 없습니까? 저와 같이 가시지요. 저는 대상로에 있는 어떤 여관으로 급히 가던 길입니다. 혹 더 원하시면 나무 아래 천막을 치겠습니다. 필요한 것이 모두 안장 위에 있습니다."

"그쪽이 낫겠소. 그러나 당신은 분명히 여관이 더 낫겠지요."

"주님, 저는 주님이 더 좋습니다. 저는 주님을 만난 것을 큰 은총으로 생각합니다. 그럼 가십시다. 저는 강의 연안을 제 집의 복도처럼 잘 압니다. 갈갈라의 언덕 아래에는 바람이 막힌 수풀이 있고, 제 말이 먹을 풀과 불을 피울 나무가 많이 있습니다. 거기면 우리가 기분이 좋을 것입니다."

그들은 정말 동쪽으로 돌아 걸어서 건네는 곳이나 예리고로 가는 길을 버리고 빨리 간다. 오래지 않아 언덕 비탈을 타고 내려와 강안쪽 평야로 퍼지는 우거진 수풀 기슭에 이른다.

"저는 저 집으로 가 보겠습니다. 그 사람들이 저를 압니다. 우리 모두를 위해 양젖과 짚을 청하겠습니다" 하고 말하며 말을 끌고 갔다가 빨리 돌아오는데, 짚단들을 메고 양젖이 가득 찬 구리로 만든 물통을 든 두 사람이 따라 온다.

그들은 말없이 수풀 속으로 들어온다. 마나헨은 짚을 땅에 내려놓게 하고, 두 사람을 돌려보낸다. 그는 안장 주머니에서 부싯깃과 부시를 꺼내서 땅에 깔려 있는 많은 나뭇가지로 불을 피운다. 불은 기쁘게 하고 따뜻하게 한다. 요한이 가져온 돌 두개에 올려놓은 남비가 뜨거워진다. 그동안 마나헨은 말에서 안장을 내려놓은 다음, 낙타털로 만든 폭신한 천막을 땅에 박은 말뚝 두개에 매고, 매우 오래된 나무의 튼튼한 줄기에 기대게 해서 친다. 그리고 역시 안장 앞테에 비끌어 맸던 양가죽을 풀 위에 깔고 그 위에 안장을 놓으면서 말한다.

"선생님, 오십시오. 이것은 사막의 기수(騎手)가 몸두는 곳입니다. 그러나 이슬과 땅의 축축한 기운을 막아 줍니다. 저희들은 짚만 있으면 됩니다. 선생님, 정말이지 제게는 왕궁의 값진 양탄자들과 단집들과 의자들이 선생님의 옥좌와 이 천막과 이 짚보다 덜, 훨씬 덜 아름다워 보입니다. 그리고 제가 여러번 맛본 맛좋은 요리도 절대로 우리가 함께 들 여기 있는 양젖과 빵 같은 맛은 없을 것입니다. 선생님, 저는 행복합니다."

"나도 그렇소, 마나헨. 그리고 요한도 물론 그럴 것이오. 섭리는 오늘 저녁 우리 공동의 기쁨을 위해 우리를 모아놓았소."

"선생님, 오늘 저녁도 그렇고, 내일도 모레도, 선생님께서 사도들 가운데 안전하게 계신 것을 제가 알 때까지입니다. 사도들에게로 가시겠지요…."

"그렇소, 그들을 다시 만나러 가오. 솔로몬의 집에서 나를 기다리고 있소."

마나헨은 예수를 쳐다보고 나서 말한다. "저는 예루살렘에 들렀는데… 소식을 들었습니다. 베다니아를 통해서. 그리고 선생님께서 왜 거기 머무르지 않으셨는지를 깨달았습니다. 거기서 떠나신 것은 잘 하신 일입니다. 예루살렘은 가엾은 라자로보다도 더 독과 썩은 부분이 가득한 몸과 같습니다."

"라자로를 보았소?"

"예, 육체의 고통과 선생님에 대한 마음의 고통으로 괴로워합니다. 라자로는 몹시 고민하며 죽어갑니다…. 그러나 저도 저희 동포들의 죄를 보기보다는 차라리 죽고 싶습니다."

"예루살렘이 술렁이고 있었습니까?" 하고 불을 보살피고 있는 요한이 묻는다.

"대단히, 두 패로 갈라져 있습니다. 그리고 이상한 일은 로마인들이 전날 반란으로 인해서 체포된 어떤 사람들에 대해서 관용을 베푼다는 사실입니다. 그것은 동요를 증가시키지 않기 위해서라고 비밀히 말들 합니다. 그리고 총독이 오래지 않아, 예상했던 것보다 더 일찍 예루살렘에 올 것이라는 말도 있습니다. 그게 좋은 일인지 모르겠습니다. 헤로데도 분명히 총독이 하는 대로 하리라는 것을 저는 압니다. 그러면 선생님 가까이에 있을 수 있을 것이니까 제게는 분명히 좋은 일일 것입니다. 좋은 말로는 ―그런데 안티파의 마구간에는 빠른 아랍말들이 있습니다.― 시내에서 강까지는 이내 가게 됩니다. 선생님께서 그곳에 머무르신다면 말입니다…."

"그렇소, 그곳에 머무르겠소. 적어도 당분간은…."

요한이 뜨거운 양젖을 가져오고, 각자는 예수께서 바치시고 강복하신 다음 빵을 양젖에 담근다. 마나헨은 꿀같이 금빛깔이 도는 야자 대추들을 드린다.

"아니, 이렇게 많은 물건을 어디에 두셨습니까?" 하고 요한이 놀라서 묻는다.

"말 타고 다니는 사람의 안장은 조그마한 장이오. 요한, 사람과 짐승을 위한 모든 것이 있어요" 하고 마나헨은 그의 갈색 얼굴에 솔직한 미소를 지으면서 대답한다. 그리고 한동안 곰곰 생각하더니 묻는다. "선생님, 저희들에게 봉사하고, 또 흔히는 사람보다도 더 충실하게 봉사하는 짐승들을 사랑해도 됩니까?"

"왜 그런 질문을 하오?"

"달리고 나서 땀을 줄줄 흘리는 제 말을 지금 우리의 천막으로 쓰이는 담요로 덮어 주는 것을 어떤 사람들에게서 업신여김과 비난을 받았기 때문입니다."

"그리고 그 사람들이 다른 말을 하지 않았소?"

마나헨은 어리둥절하여 예수를 쳐다보며… 잠자코 있다.

"솔직히 말하시오. 그들이 나를 또 한 번 헐뜯기 위해서 당신에게 한 말을 하는 것은 불평하는 것이 아니고 나를 모욕하는 것도 아니오."

"선생님. 선생님께서는 무엇이든지 다 아시는군요. 정말 선생님께서는 무엇이든지 다 아시니. 저희들의 생각이나 다른 사람들의 생각을 숨기려고 하는 것은 쓸데 없는 짓입니다. 그렇습니다. 그들은 제게 이렇게 말했습니다. '당신이 그 사마리아인의 제자라는 걸 알겠소. 당신은 부정한 짐승들을 만져서 자기를 부정하게 만들려고 안식일까지도 어기는 그 사람과 같이 이교도요' 하고."

"아! 그것은 틀림없이 이스마엘이었을 것입니다!" 하고 요한이 외친다.

"그래요, 그리고 그와 같이 다른 사람들도 그랬어요. 그래서 저는 이렇게 대꾸했습니다. '내가 안티파스의 조정에 있기 때문에 부정하지 하느님께서 창조하신 짐승을 돌보았기 때문에 부정한 것은 아니라고 당신들이 말하면 당신들을 이해하겠소.' 그랬더니 그들은 이렇게 대답했습니다. 그들의 집단에는 헤로데 당원들도 있었으니까요. ─얼마 전부터 헤로데 당원들을 보기가 쉬운데, 전에는 그들 사이에 심각한 불화가 있었기 때문에 아주 놀라운 일입니다.─ 그들은 이렇게 대답했습니다. '우리는 안티파스의 행동을 비판하는 것이 아니라 당신의 행동을 비판하는 거요. 세례자 요한도 마케론테에 있었고, 왕과 관계를 가지고 있었소. 그러나 그는 항상 의인으로 있었소. 반대로 당신은 우상 숭배자요…' 하고. 사람들이 모여들고 있었습니다. 그래서 그들을 흥분시키지 않으려고 말을 그만두었습니다. 얼마 전부터 이 흥분상태가 선생님의 거짓 제자 중의 몇 사람에 의해서 계속됩니다. 그들은 선생님께 반대하는 사람에 대해서 들고 일어나라고 군중을 부추기거나, 자기들이 선생님께서 보내신 제자들이라고 말하면서 부당한 행위들을 합니다…"

"아니, 그건 너무합니다! 선생님? 그들이 어디까지 갈 것입니까?"

하고 요한이 흥분하며 말한다.
"그들이 다다를 수 있는 한계 너머로는 가지 못할 것이다. 그 한계 너머로는 나만이 나아갈 것이고 빛이 빛날 것이며, 아무도 내가 하느님의 아들이라는 것을 의심하지 못하게 될 것이다. 그러나 두 사람 다 내게로 가까이 와서 내 말을 들으시오. 그전에 불에 나무를 더 넣으시오."

두 사람은 매우 기뻐하며 예수의 발 앞에 땅바닥에 깐 두꺼운 양가죽 위로 달려든다. 예수께서는 나무 줄기에 의지하여 세운 천막에 기대 놓은 진홍색 안장에 앉아 계신다. 마나헨은 거의 눕다시피 하고, 땅바닥에 팔꿈치를 붙이고, 머리는 손으로 받치고, 눈은 예수의 눈을 바라보고 있다. 요한은 발꿈치를 괴고 앉아서, 그가 늘 취하는 자세대로 머리는 예수의 가슴에 대고, 한 팔로는 예수를 껴안고 있다.

"창조주께서 만물을 창조하시고, 당신을 닮은 모습으로 창조된 사람을 만물의 왕으로 주시고 나서, 창조된 모든 것을 사람에게 보이시며 서로 구별하기 위하여 그것들에 이름을 지어 주라고 하셨소. 그래서 창세기에는 '아담이 동물 하나하나에게 붙여 준 이름이 좋았고, 그것이 그대로 그 동물의 이름이 되었다'고 했고, 창세기에는 또 하느님께서 남자와 여자를 창조하신 다음, '우리 모습을 닮은 사람을 만들어 바다의 물고기와 공중의 새, 또 집짐승과 모든 들짐승과 땅 위를 기어 다니는 모든 길짐승을 다스리게 하자'고 말씀하셨다는 말이 있소.

그리고 하느님께서 아담을 위하여 아담과 같이 하느님을 닮은 모습으로 만들어진 여자를 동무로 창조하신 다음, 망을 보고 있는 유혹하는 자가 하느님의 모습으로 창조된 남자를 한층 더 흉측하게 유혹하는 것은 좋지 않으므로, 남자와 여자에게 말씀하셨소. '자식을 낳고 번성하여 온 땅에 퍼져서 땅을 정복하여라. 바다의 고기와 공중의 새와 땅 위에 돌아다니는 모든 짐승을 부려라' 하고 또 하느님께서는 이렇게도 말씀하셨소. '이제 내가 너희에게 온 땅 위에서 낟알을 내는 풀과 씨가 든 과일나무들을 준다. 너희는 이것을 양식으로 삼아라. 모든 들짐승과 공중의 모든 새와 땅 위를 기어 다니는 모든 생물

237. 예수와 요한과 마나헨 855

에게도 푸른 풀을 먹이로 준다' 하고.

사람에게 유익하라고 창조주께서 창조하신 짐승들과 초목들과 모든 것은 그러니까 아들들이 그들의 이익을 위해서, 그리고 일체의 섭리를 주신 분께 대한 감사하는 마음을 가지고 쓰라고 아버지가 아들들에게 맡겨 준 사랑의 선물과 상속재산을 나타내는 것이오. 그러므로 그것들을 사랑하고 적당히 보살펴야 하오.

아버지가 한 아들에게 옷과 가구와 돈과 밭과 집을 주면서, '내가 이것들을 너와 네 자손들을 위해서, 너희들이 행복하게 될 만한 것을 가지라고 네게 준다. 이 모든 것을 너희에게 주는 내 사랑을 기억해서 이것을 모두 사랑으로 써라' 하고 말했는데, 그후 그들이 모든 것을 쓰러지게 내버려두거나 아버지의 모든 재산을 낭비하거나 하면, 그 아들에 대해서 무엇이라고 당신들은 말하겠소? 그들이 아버지를 공경하지 않았고, 아버지와 아버지의 선물을 사랑하지 않았다고 말할 것입니다. 이와 마찬가지로 사람은 하느님께서 섭리적인 배려로 그에게 맡기신 것을 정성스럽게 써야 하오.

정성을 들인다는 것은 짐승이나 초목이나 다른 어떤 물건에 대한 우상 숭배도 아니고 터무니 없는 애정이라는 뜻이 아니오. 정성을 들인다는 것은 우리에게 소용이 되면서 그것들의 생명 즉 그것들의 감수성를 가진 중요성이 덜한 것들에 대한 동정과 감사의 감정을 가진다는 뜻이오.

창세기에서 말하는 하등 피조물들의 살아 있는 혼은 사람의 영혼과 같은 그런 혼이 아니오. 그것은 생명, 순전히 생명일 뿐이오. 물질적이거나 감정적이거나 현재의 것을 감각할 수 있다는 것 뿐이오. 어떤 짐승이 죽으면, 그 짐승은 감각이 없소. 그것은 죽음과 더불어 그에게는 진짜 끝이 오기 때문이오. 짐승에게는 미래가 없소. 그러나 살아 있는 동안에는 배고픈 것, 추위, 피로로 고통을 느끼고, 상처와 고통과 즐거움과 사랑과 미움과 병과 죽음을 느끼오. 그래서 사람은 세상에서의 귀양살이를 덜 힘들게 하기 위하여 이 방법을 그에게 주신 하느님을 기억해서, 그가 보기에 짐승들이라는 낮은 종들에 대하여 인정이 있어야 하오. 모세의 책에 혹 새건 네 발짐승이건 동물들에 대해서도 인정을 가지라고 명령하지 않았소?

나 분명히 말하지만, 창조주의 작품들을 올바르게 볼 줄 알아야 하오. 그것들을 올바르게 보면, 그것들이 '좋다'는 것을 알게 되오. 그런데 좋은 것은 항상 사랑을 받아야 하오. 우리는 그것들이 좋은 목적으로 사랑의 충동으로 주어졌다는 것과, 유한한 존재 너머로 우리를 위하여 그것들을 창조하신 무한하신 존재를 보면서 그것들을 그런 것으로 사랑할 수 있고, 사랑해야 한다는 것을 알게 되오. 우리는 그것들이 유익한 것이고, 그러한 것으로서 사랑을 받아야 한다는 것을 아오. 우주에는 목적없이 창조된 것이 아무 것도 없다는 것을 기억하시오. 하느님께서는 당신의 완전한 능력을 무익한 일에 허비하지는 않으시오. 이 풀포기도 우리의 임시 피신처가 의지하고 있는 이 커다란 줄기보다 덜 유익하지 않소. 이슬 방울과 작은 진주같은 서리도 무한히 넓은 큰 바다보다 덜 유익하지 않소. 각다귀도 코끼리보다 덜 유익하지 않고, 진흙 속에서 사는 지렁이도 고래보다 덜 유익하지 않소. 우주만물에 무익한 것은 아무 것도 없소. 하느님께서는 사람에 대한 사랑으로 모든 것을 좋은 목적으로 만드셨소. 사람은 모든 것을 바른 의향으로, 세상에 있는 모든 것을 그에게 주셔서 만물의 왕에게 복종하게 하신 하느님께 대한 사랑으로 써야 하오.

마나헨, 당신은 짐승이 흔히 사람들보다 더 낫게 사람들에게 봉사한다고 말했지요. 나는 이렇게 말하겠소. 동물, 식물, 광물, 따위 기본 요소는 모두가 복종하는 데 있어서는 사람보다 나아서, 수동적(受動的)으로 만물의 법칙을 따르거나, 창조주께서 그것들 안에 넣어 주신 본능을 능동적으로 따르거나, 그것을 위하여 창조된 목적으로 길들임에 동의하오. 만물의 정화(精華)이어야 할 사람이 만물의 추물인 경우가 너무나 많소. 사람은 하느님을 찬미하는 천사들의 합창에 더 어울리는 음이어야 할 거요. 그런데 저주나 모독하는 말을 하는 귀에 거슬리는 음이 되거나, 반항을 가거나 그의 노래를 창조주께 바치지 않고 피조물을 찬미하는 데 바치는 일이 너무나 많소. 따라서 그것은 우상 숭배요. 그러니까 모욕이 되고, 흠이 되오. 그리고 그것은 죄요.

그러므로 마나헨, 안심하시오. 당신에게 봉사했기 때문에 땀에 젖은 말에 대한 당신의 동정은 죄가 아니오. 자기와 같은 사람에게 흘리게 하는 눈물이 죄이고, 사람의 모든 사랑을 드려야 마땅한 하느님에 대한 모욕인 억제되지 않은 사랑들이 죄요."

"그러나 안티파스 곁에 있으면 제가 죄를 짓는 것입니까?"

"무슨 목적으로 거기 남아 있소? 심심풀이로 있는 거요?"

"아닙니다, 선생님. 선생님을 보살피기 위해서입니다. 선생님도 그것을 아십니다. 지금도 그 때문에 가는 길이었습니다. 저는 그들이 선생님께 대해 헤로데를 부추기기 위해 사자(使者)들을 보냈다는 것을 알기 때문입니다."

"그러면 죄가 없소. 당신은 나와 같이 있으면서 가난한 생활을 하는 것을 더 좋아하겠소?"

"선생님께서 그것을 제게 물으십니까? 처음에 그 말씀을 드렸습니다. 천막에서 지내는 오늘 밤과 우리가 먹은 보잘 것 없는 음식이 제게는 비할 데가 없습니다. 오! 뱀들의 쌕쌕거리는 소리를 듣기 위해 그들의 소굴 곁에 머물러 있어야 하는 것만 아니면 선생님 곁에 남아 있을 것입니다! 저는 선생님의 사명의 실상을 깨달았습니다. 언젠가는 제가 잘못 생각했었습니다. 그러나 그것이 제가 깨닫는 데 도움이 되었습니다. 그래서 이제는 정의에서 벗어나지 않겠습니다."

"보시오! 무익한 것은 아무 것도 없소. 잘못도 선을 지향하는 사람에게는 선을 위한 방법이 되오. 잘못은 번데기의 껍데기 처럼 떨어져 나가고, 보기 흉하지 않은 나비가 나와서 고약한 냄새를 풍기지 않고, 기지 않고, 꽃받침과 빛살을 찾아 날아 다니오. 그런데 착한 영혼들도 이러하오. 영혼들이 한동안 모욕적인 비참과 곤란에 둘러싸이게 될 수는 있소. 그러나 곧 이어서 거기에서 빠져나와 이 꽃에서 저 꽃으로, 이 덕행에서 저 덕행으로, 빛을 향하여, 완전을 향하여 날아 가오. 사람이 알지 못하는 사이에도 사람의 마음 속과 사람의 주위에서 작용하는 끊임없는 당신의 자비의 행위에 대하여 주님을 찬미합시다."

그러면서 예수께서는 무릎을 꿇고 기도하신다. 천막이 낮고 좁아서 다른 자세는 취할 수가 없기 때문이다. 그런 다음 천막 앞에 피워놓은 불에 나무를 던져넣고 말을 매놓은 다음, 일행은 번갈아 불과 말을 보살피기로 서로 약속하며 쉴 준비를 한다. 말에는 마나헨이 담요 역할을 하고 밤의 찬 기운을 막아 주라고 두꺼운 양털을 덮어 주었다.
　예수와 마나헨은 잠자리짚에 누워 자기들의 겉옷을 덮고 잠을 청한다. 요한은 잠에 곯아떨어질까봐 겁이 나서 천막 밖에서 왔다갔다 하며 불에 나무를 집어넣고 말을 보살핀다. 말은 영리한 검은 눈으로 그를 바라보고 머리를 흔들면서 박자를 맞추어 굽으로 땅을 치며, 마구(馬具)의 은사슬을 울리게 하고, 제가 매여 있는 나무 아래 돋아난 향기가 있는 야생 회향(茴香) 줄기를 뜯어먹는다. 그리고 요한이 좀 더 멀리에 난 더 좋은 것들을 갖다 주니까 말은 좋아서 히힝 소리를 내며 그 부드러운 분홍빛 코를 사도의 목에 비비려고 한다. 멀리서는 밤의 깊은 적요 속에 강물이 조용히 흘러 가는 소리가 들려 온다.

　　예수께서 말씀하신다.
　"이렇게 해서 공생활의 셋째 해도 끝난다. 이제는 수난의 준비 시기가 온다. 모든 것이 적은 수의 행동과 적은 수의 사람에 한정되는 것같이 보이는 시기이다. 내 모습과 내 사명이 어렴풋하게 되는 것 같다. 그런데 실제로는 지고 압도된 것처럼 보이는 사람이 최고의 영예를 받을 준비를 하는 것이었고, 그의 둘레에는 사람들이 아니라 사람들의 격정이 집중되어 그 극한을 향하여 치닫는 것이었다.
　앞에서 이야기한 것, 그리고 어떤 삽화들의 경우에는 악의를 가졌거나 피상적인 독자들에게 어쩌면 목적이 없는 것으로 보였을 모든 것이 여기서 어둡거나 환한 빛으로 밝혀진다. 특히 가장 중요한 모습들이 그러하다. 많은 사람이 유익하다고 인정하고자 하지 않은 모습들이 그러한데, 참된 정신의 선생이 되기 위하여 그 어느 때보다도 더 교육을 받을 필요가 있는 지금의 선생들을 위한 교훈들이 바로 거기에 있기 때문이다. 내가 요한과 마나헨에게 말한 것과 같이 하느님께서 만드신 것에는, 보잘 것 없는 풀포기 하나까지도 무익한 것은 하나도 없다. 이와 같이 이 작품에도 쓸데 없는 것은 아무 것도 없다. 찬란한 모습도, 약하고 어두운 모습도, 오히려 정신의 선생들에게는 윤곽이 뚜렷하고 영웅적인 모습들보다는 약하고 어두운 모습들이 더 유익하다.
　어떤 산 위 정상이 가까운 곳에서는 산의 지형 전체와 수풀, 급류, 풀밭 따위와 평야에서 산꼭대기에 이르기 위한 비탈들의 존재 이유를 파악하고, 아름다운 전경을 모두 보고, 게다가 하느님의 작품은 모두가 유익하고 훌륭하며 서로서로 보충하여 모든 것이 만물의 아름다움을 형성하는 데 협력한다는 것을 확신하게 되는 것과 같이, 마찬가지로 올바른 정신을 가진 사람에게는 내 선생의 일이라는 산꼭대기에서 내려다본 이 복음 전파의 3년 동안의 모습과 삽화와 교훈의 다양성은, 내가 선생님이었고, 구속자가 된, 죄악에 이르기까지 이기적이거나 희생에 이르기까지 이타적(利他的)인 정치적, 종교적, 사회적, 집단적, 정신적인 이 복합체에 대한 정확한 이해를 주는 데 소용된다. 이 극적인 사건의 위대한 성격은 다만 한 장면에서만을 볼 수 없고, 이 극적 사건의 모든 부분을 통해서 볼 수 있는 것이다. 주역의 모습은 부차적인 부분이 비추는 여러 가지 빛에서 드러난다.

이제는 산꼭대기에 거의 올라왔는데 ──그리고 정상은 내가 이를 위하여 사람이 된 그 희생이었다.── 사람들의 마음의 모든 은밀한 구석과 당파들의 모든 음모가 드러나면, 산꼭대기 가까이에 이른 여행자와 같이 할 일밖에 남지 않았다. 즉 보는 것, 모든 일과 모든 사람을 바라보는 것이다. 히브리인의 세계를 아는 것이다. 나의 정체를 아는 것이다. 즉 내가 관능과 이기주의와 원한을 초월한 사람이었다는 것, 복수와 권력과 또 결혼과 가정의 올바른 기쁨에 관해서까지도 온 세상 사람에게서 유혹을 받아야 한 사람, 세상과 접촉하면서 살아야 했는데, 세상의 불완전과 죄와 내 완전 사이에는 무한한 거리가 있기 때문에 세상과의 접촉에서 고통을 당해야 한 사람, 그리고 세상과 사탄과 자아의 모든 목소리, 모든 유혹, 모든 반응에 대하여 '안 된다'고 대답할 줄 알고, 십자가의 죽음에 이르기까지 순결하고 온유하고 충실하고 자비롭고 겸손하고 순종하는 사람으로 있을 줄 안 사람이었다는 것을 알아야 하는 것이다.

사탄과 세상의 점점 더 격렬해지는 습격에 대하여 강해지라고 내게 대한 이 지식을 주는 오늘의 사회가 이 모든 것을 이해하겠느냐?

오늘도 20세기 전과 마찬가지로 내가 나를 드러내 보이는 사람들 가운데 반대가 있을 것이다. 나는 한번 더 반대의 표가 된다. 그러나 그것은 내가 아니고 나 자신에 의해서 그런 것이 아니라, 내가 그들에게 일으키는 것에 관해서 그런 것이다. 착한 사람들, 착한 뜻을 가진 사람들은 목자들과 겸손한 사람들의 착한 반응을 보일 것이고, 다른 사람들은 그 시대의 율법학자들과 바리사이 사람들과 사무가이와 사람들과 사세들과 같이 나쁜 반응을 보일 것이다. 각자는 자기가 가진 것을 주는 것이다. 악한 사람들과 접촉을 하는 착한 사람은 이들 안에 더 큰 사악의 격동을 폭발시킨다. 그리고 성 금요일에 심판이 행해진 것과 같이, 사람들에 대해서 벌써 심판이 행해질 것인데, 무한한 자비의 새로운 시도로 자기를 다시 한번 알린 선생님을 어떻게 판단하고 받아들이고 따랐느냐 하는 데 따라서 심판이 행해질 것이다.

　눈을 뜨고 나를 알아보고 '그분이셔! 그분이 우리에게 말씀하실 때나 성서를 설명해 주실 때에 우리가 얼마나 뜨거운 감동을 느꼈던가?' 하고 말할 사람들에게.

　그들에게와, 귀엽고 충실하고 다정스러운 요한인 너에게 내 평화를 준다."

출판 허가서
신앙교리성성 제144 / 58 i 호
1994년 6월 21일

하느님이시요 사람이신 그리스도의 시
제7권 공생활 세째 해(하)

1991년 5월 1일 초판
2025년 6월 15일 12쇄

저 자	마리아 발또르따 (Maria Valtorta)
역 자	안 응 렬
추 천	파 레 몬 드 (현우) (Fr. Raymond Spies)
발행자	한상천
발행소	가톨릭 크리스챤

142-806 서울 강북구 미아9동 103-127
전 화   987-9333
FAX   987-9334
등 록   1979. 10. 25 제7-109호
우리은행 1002-533-493419 한상천

값 40,000 원

□ 허가없이 이 책을 전재. 일부를 복사할 수 없습니다.
□ 통신판매 02) 987-9333로 하시면 됩니다.

수덕 · 신비 신학 (전 5권)

아돌프 땅꼬레 지음 / 정대식 옮김
<우리 그리스도인의 신앙생활 지침서>

제1권 그리스도적 생명

수덕·신비 신학의 고유한 목적은 그리스도적 생명의 완성에 있다. 그리스도적 생명은 바로 하느님의 생명에 참여하는 것이므로, 하느님만이 이 생명의 은총을 우리에게 주신다. 이것은 예수님의 생명에 참여하는 것이므로, 곧 예수님이 우리 안에 사시고 우리 또한 예수님 안에 사는 것이다.

제2권 완덕의 삶

모든 그리스도인은 완덕으로 나아가야 할 의무가 있다. 그리스도적 완덕은 자기 생명을 희생하는 사랑에 있다. 완덕은 오직 하느님을 사랑하는데 있으므로 우리를 하느님과 완전하게 일치시킨다.

제3권 정화의 길

완덕의 첫 단계인 정화의 길은 자기 희생과 포기의 길이다. 초보자들이 추구하는 완덕의 목적은 하느님과 일치하기 위해 죄의 기회와 영적 장애물들을 없애는 영혼의 정화를 실천하는데 있다.

제4권 빛의 길

예수님도 세상의 빛이시기에 그 분을 따르는 사람은 어둠 속을 걷지 않으며 사랑하는 하느님의 뜻을 따를 때 행복하다. 그러므로 항상 선을 실천하고 영원한 생명을 얻기 위해 끊임없이 하느님의 도움을 간청해야 한다.

제5권 일치의 길

일치의 길을 걷는 영혼의 목적은 자신 안에 현존하시는 하느님만을 위하여 사는데 있다. 그러므로 우리들의 삶 전체가 하느님 안에서 단순화 되어간다. 고요의 기도는 영혼 가까이에 현존하시는 하느님을 느끼고 맛보게 된다.

저의 묵상(피정)은 언제 했었나?

2000년 대희년(은총의 해)를 지내고,
우리는 희망찬 새 천년을 맞이 하였다.

그러나 우리는,
    우리 가정은,
더구나 나는 세속 일로 바쁘다고 핑계대면서
오늘도 그냥 아무런 변화없이 덤벙덤벙 지냈구나!
노력이 없다 보니,
은총 속에서 새 변화가 있을리 있겠는가?
그나마 다행한 일은,
주일미사 하는 것, (그러나 근무 5일제, 쉬는 신자들)
어쨌든 나는 신앙생활의 전부인양 자위할 수 있었다.

과연 저의 묵상(피정)은 언제 했었나?
        저희 가정의 묵상(피정)은 언제 했었나??
옛 생활을 청산하고 새 생활로 바뀌어야 하는,
새 천년에는 저(저희)부터 새롭게 꼭 변하고 싶다.

과거와 같이 〈성가정〉, 습관화된 그 말로만 하지 마라.
이번에는, 참으로 〈성가정!〉(작은 교회)을 이루고 싶다.
― 주님, 참회한 각자(가정)의 신앙고백이 되게 하소서!

그래서 여기 「**예수님과 함께**」 주님의 메시지 곧 성가정의 메시지를,
평생 동참하는 모든 신자의 각 가정에 전해드립니다.
반드시 먼저 본문을 세 번 반복해서 읽고 난 후,
성서와 같이, 일정에 따라 정성껏 묵상(피정)을 드리자!

· ·

1. **예수님의 눈으로** 1 · 2 · 3 · 4 · 5 · 6
    반양장 / :

2. **예수님의 눈으로** 1 · 2 · 3 ·
    양장(우리 가정의 묵상 기도서 · 한정판) / [택배]

3. **하느님이시요 사람이신 그리스도의 시**(1~10권)
    반양장(전 10권) / [택배]

4. **성 요셉의 생애**(성가정 생활)
    반양장 /

5. **수덕신비신학**(그리스도인의 삶 / 1~5권)
    아돌프 땅끄레 지음 · 정대식 신부 옮김
    ★ 완덕의 삶―나의 정화의 길, 빛의 길, 일치의 길
    반양장 / [택배]

▶ 구매 연락처: (02) 987-9333   크리스찬 출판사